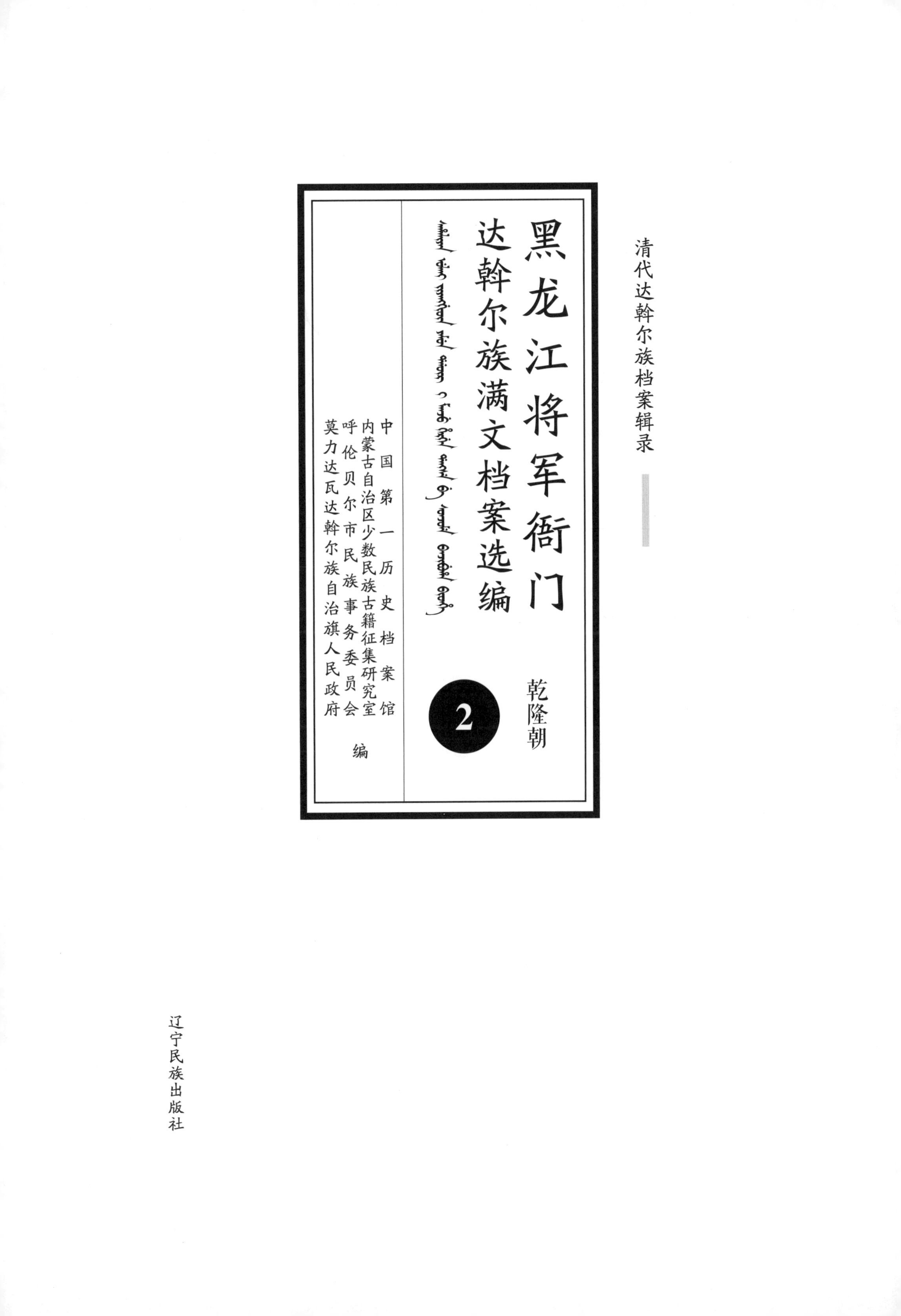

清代达斡尔族档案辑录

黑龙江将军衙门达斡尔族满文档案选编

2

乾隆朝

中国第一历史档案馆
内蒙古自治区少数民族古籍征集研究室
呼伦贝尔市民族事务委员会
莫力达瓦达斡尔族自治旗人民政府
编

辽宁民族出版社

目 录

一四三　黑龙江将军衙门为报索伦达斡尔等捕貂丁数并派员赴京解送貂皮事咨理藩院文
乾隆六年八月十一日 ……1
一四四　黑龙江将军衙门为布特哈正白旗达斡尔佐领乌雅图出缺拟定正陪人员补放事咨理藩院文
乾隆六年八月十二日 ……3
一四五　黑龙江将军衙门为布特哈索伦达斡尔副总管锡克古勒出缺拣员补放事咨理藩院文
乾隆六年八月十二日 ……6
一四六　黑龙江将军衙门为布特哈索伦达斡尔骁骑校出缺拣员拟补事咨理藩院文
乾隆六年八月十二日 ……11
一四七　黑龙江将军衙门为照齐齐哈尔达斡尔世管佐领承袭例造送黑龙江城新满洲纳尔泰等佐领家谱事咨黑龙江副都统文
乾隆六年八月二十九日 ……16
一四八　暂署定边左副将军印务都统阿岱等为解送墨尔根城镶白旗达斡尔佐领安泰等佐领源流册事咨黑龙江将军衙门文
乾隆六年十月初八日 ……32
一四九　理藩院为拨给赴木兰围场效力索伦达斡尔官兵马匹钱粮事咨户

部文
乾隆六年十月二十七日 ……50
一五〇　兵部为军营效力达斡尔骁骑校枚赫图等返回布特哈任职食俸事咨黑龙江将军等文
乾隆六年十一月十四日 ……60
一五一　兵部为遵旨令将军博第会同塔勒岱办理索伦达斡尔官兵分驻呼伦贝尔鄂木博齐事宜事咨黑龙江将军文
乾隆六年十一月三十日 ……63
一五二　理藩院为遵旨拣员补放布特哈达斡尔鄂伦春佐领等缺事咨黑龙江将军等文
乾隆六年十二月初五日 ……70
一五三　黑龙江将军衙门为令达斡尔骁骑校枚赫图等至布特哈效力事咨黑龙江副都统文（附名单一件）
乾隆六年十二月十八日 ……74
一五四　黑龙江将军博第等奏请变通管理黑龙江民人商人并完善布特哈索伦达斡尔等出售貂皮事项折
乾隆六年十二月二十日 ……79
一五五　兵部为查明黑龙江镶红旗达斡尔内色图佐领源流事咨黑龙江将军文
乾隆六年十二月二十六日 ……93
一五六　户部为索伦达斡尔贡貂数目足额照例赏赐事咨黑龙江将军文
乾隆七年二月十四日 ……107
一五七　黑龙江将军衙门为令查明玛萨博齐图父子是否为达斡尔兵丁事札布特哈索伦达斡尔总管纳木球等文
乾隆七年二月十八日 ……113
一五八　黑龙江将军衙门为索伦达斡尔贡貂数目足额照例赏赐事札布特哈索伦达斡尔总管纳木球等文
乾隆七年二月十九日 ……119

一五九　布特哈索伦达斡尔总管纳木球等为请严查索伦达斡尔无路票人员肆意出行事呈黑龙江将军衙门文
乾隆七年二月二十四日 ……125
一六〇　布特哈索伦达斡尔总管纳木球等为请裁撤布特哈官庄遣回种田索伦达斡尔丁仍旧交纳貂贡事呈黑龙江将军衙门文
乾隆七年三月十五日 ……128
一六一　布特哈索伦达斡尔总管纳木球等为查明新满洲达斡尔等合编牛录原各头目子孙现状并造册呈送事呈黑龙江将军衙门文
乾隆七年三月二十二日 ……133
一六二　管带呼伦贝尔等处地方索伦巴尔虎官兵副都统为请查照定例巴尔虎佐领出缺不再从索伦达斡尔骁骑校内任用事咨黑龙江将军衙门文
乾隆七年三月二十三日 ……135
一六三　布特哈索伦达斡尔总管纳木球等为报索伦达斡尔贡貂数目并请尽早确定会盟日期事呈黑龙江将军衙门文
乾隆七年三月二十八日 ……137
一六四　黑龙江将军衙门为令查明布特哈正黄旗达斡尔佐领赛木布尔是否为穆和臣之孙等情事咨黑龙江副都统文
乾隆七年四月初五日 ……139
一六五　黑龙江将军衙门为令查明索伦达斡尔副总管缫达勒图牛录编设原委事札布特哈索伦达斡尔总管纳木球等文
乾隆七年四月十六日 ……143
一六六　黑龙江将军衙门为令火速解送达斡尔托尼逊丹巴承袭佐领源流册事咨墨尔根副都统文
乾隆七年四月十六日 ……154
一六七　吏部为咨送达斡尔佐领额勒颇辰等军功牌事咨黑龙江将军文
乾隆七年四月十七日 ……173

一六八　黑龙江将军衙门为严禁布特哈索伦达斡尔私卖貂皮事札布特哈索伦达斡尔总管纳木球等文（附抄折一件）
乾隆七年四月十九日 ……189
一六九　兵部为令呼伦贝尔索伦达斡尔官兵分驻呼伦贝尔鄂木博齐事咨黑龙江将军等文
乾隆七年五月十三日 ……219
一七〇　布特哈索伦达斡尔总管纳木球等为报索伦达斡尔等打牲丁及交纳貂皮数目事呈黑龙江将军衙门文
乾隆七年五月二十日 ……233
一七一　黑龙江将军衙门为令陈明裁撤布特哈官庄遣返种田索伦达斡尔丁是否有利于大众事札布特哈索伦达斡尔总管纳木球等文
乾隆七年六月二十一日 ……236
一七二　黑龙江将军衙门为商人携带所买布特哈索伦达斡尔等貂皮赴京贩卖请准予入关事咨崇文门税务衙门文
乾隆七年七月初二日 ……239
一七三　黑龙江将军衙门为呼伦贝尔博尔多驻防索伦达斡尔官兵撤回布特哈原籍请准收存其军械事咨兵部文
乾隆七年七月十八日 ……244
一七四　黑龙江将军衙门为呼伦贝尔索伦佐领达斡尔骁骑校等缺拟定正陪人员补放事咨兵部文
乾隆七年七月十九日 ……259
一七五　兵部为办理黑龙江镶红旗达斡尔内色图世管佐领承袭事宜事咨黑龙江将军等文
乾隆七年七月二十一日 ……267
一七六　布特哈索伦达斡尔总管纳木球等为报索伦达斡尔捕貂丁数并派员解送貂皮事呈黑龙江将军衙门文
乾隆七年七月二十七日 ……283

一七七　黑龙江将军衙门为报索伦达斡尔等捕貂丁数并派员赴京解送贡貂事咨理藩院文
乾隆七年八月初八日 ······286
一七八　黑龙江副都统衙门为造送镶黄旗达斡尔世管佐领罗尔布哈尔等源流册事咨黑龙江将军衙门文
乾隆七年九月初七日 ······289
一七九　布特哈索伦达斡尔副都统衔总管巴里孟古等为报镶黄旗达斡尔托尼逊等启程赴将军衙门日期事呈黑龙江将军衙门文
乾隆七年九月十三日 ······293
一八〇　黑龙江将军衙门为令查明达斡尔密济尔等世管佐领源流事咨呈理藩院文
乾隆七年九月二十五日 ······298
一八一　兵部为俟军机大臣议奏奉旨后再办理撤回布特哈原籍索伦达斡尔官兵军械事宜事咨黑龙江将军文
乾隆七年十月二十三日 ······315
一八二　兵部为呼伦贝尔索伦达斡尔等副总管佐领等缺拣员补放事咨黑龙江将军等文
乾隆七年十月二十三日 ······323
一八三　黑龙江将军衙门为请查明齐齐哈尔正红旗达斡尔世管佐领斐色源流事咨呈理藩院文
乾隆七年十一月十七日 ······330
一八四　黑龙江副都统衙门为咨送镶黄旗达斡尔世管佐领罗尔布哈尔等源流册事咨黑龙江将军衙门文
乾隆七年十一月二十四日 ······348
一八五　理藩院为布特哈索伦达斡尔等世管佐领照例造送家谱事咨黑龙江将军等文
乾隆七年十二月初一日 ······351

一八六　黑龙江将军衙门为查明索伦达斡尔等世管佐领世袭并造送源流册事咨值月旗都统衙门文
乾隆七年十二月十九日 ……353
一八七　兵部为知会呼伦贝尔旧索伦达斡尔兵丁返回布特哈地方照例贡貂事咨黑龙江将军等文
乾隆八年正月初六日 ……409
一八八　黑龙江将军博第等题请布特哈索伦达斡尔丁停止耕种官田照常贡貂本
乾隆八年二月初三日 ……418
一八九　黑龙江将军衙门为催送呼伦贝尔索伦达斡尔官兵俸禄钱粮册事咨管带呼伦贝尔索伦巴尔虎官兵副都统文
乾隆八年二月初五日 ……423
一九〇　管带呼伦贝尔等处地方索伦巴尔虎官兵副都统为旧索伦达斡尔兵丁返回布特哈地方照例贡貂事咨黑龙江将军衙门文
乾隆八年二月二十三日 ……425
一九一　黑龙江将军衙门为呼伦贝尔达斡尔笔帖式是否留用需经咨部后方可领取钱粮事咨管带呼伦贝尔索伦巴尔虎官兵副都统文
乾隆八年二月二十四日 ……434
一九二　黑龙江将军衙门为催报索伦达斡尔等贡貂数目事札布特哈索伦达斡尔总管纳木球等文
乾隆八年二月二十九日 ……439
一九三　布特哈索伦达斡尔总管纳木球等为报达斡尔密济尔世管佐领源流事呈黑龙江将军衙门文
乾隆八年三月初三日 ……441
一九四　理藩院为知会查得达斡尔斐色世管佐领源流事咨黑龙江将军衙门文
乾隆八年三月二十三日 ……449

一九五　黑龙江将军衙门为领取呼伦贝尔索伦达斡尔官兵俸禄钱粮事咨盛京户部文
乾隆八年三月二十六日 ……451
一九六　正白满洲旗为查明齐齐哈尔正白旗达斡尔科提雅世管佐领源流事咨黑龙江将军衙门文
乾隆八年三月二十九日 ……469
一九七　布特哈索伦达斡尔总管纳木球等为报索伦达斡尔等捕貂数目事呈黑龙江将军衙门文
乾隆八年四月初八日 ……487
一九八　值月镶黄三旗为查明镶黄旗达斡尔托尼逊丹巴等世管佐领源流事咨黑龙江将军衙门文
乾隆八年四月十八日 ……488
一九九　值月镶黄三旗为查明镶黄旗达斡尔阿弥拉等佐领源流并造送家谱事咨黑龙江将军衙门文
乾隆八年四月十八日 ……491
二〇〇　黑龙江将军衙门为令查明镶白旗达斡尔塔济佐领根源并造送家谱事咨黑龙江副都统文
乾隆八年四月三十日 ……496
二〇一　黑龙江将军衙门为令查明齐齐哈尔正白旗达斡尔布拉尔等佐领源流事咨黑龙江副都统文
乾隆八年四月三十日 ……503
二〇二　黑龙江将军衙门为令查明布特哈正白旗达斡尔托多尔凯等佐领源流并造送家谱事咨黑龙江副都统文
乾隆八年四月三十日 ……510
二〇三　值月镶黄三旗为查明齐齐哈尔正白旗达斡尔布拉尔等佐领源流事咨黑龙江将军衙门文
乾隆八年四月 ……525

二〇四　值月镶黄三旗为查明布特哈正白旗达斡尔索希纳等佐领源流事咨黑龙江将军衙门文
乾隆八年四月 ……532
二〇五　黑龙江将军衙门为查明镶黄旗达斡尔佐领托尼逊丹巴高祖齐帕补放佐领日期事咨值月镶黄三旗文
乾隆八年闰四月二十日 ……544
二〇六　布特哈索伦达斡尔总管纳木球为呈请与布特哈索伦达斡尔官兵同赴木兰围场效力事呈黑龙江将军衙门文
乾隆八年闰四月二十四日 ……550
二〇七　布特哈索伦达斡尔总管纳木球等为报镶黄旗达斡尔副总管缫达勒图等员遗缺数目事呈黑龙江将军衙门文
乾隆八年闰四月二十四日 ……552
二〇八　布特哈索伦达斡尔总管纳木球等为报镶黄旗达斡尔佐领托尼逊高祖齐帕承袭佐领日期事呈黑龙江将军衙门文
乾隆八年闰四月二十七日 ……555
二〇九　黑龙江副都统衙门为派员解送黑龙江正蓝旗达斡尔巴里克萨佐领源流册事咨黑龙江将军衙门文
乾隆八年五月初五日 ……557
二一〇　布特哈索伦达斡尔总管纳木球等为解送布特哈索伦达斡尔等官兵及贡貂数目清册事呈黑龙江将军衙门文
乾隆八年五月初六日 ……575
二一一　布特哈索伦达斡尔总管纳木球等为请拨给自呼伦贝尔返回布特哈索伦达斡尔官兵秋季钱粮事呈黑龙江将军衙门文
乾隆八年五月初九日 ……577
二一二　布特哈索伦达斡尔总管纳木球等为请将镶红旗达斡尔佐领察库赖俸禄拨给布特哈事呈黑龙江将军衙门文
乾隆八年五月初九日 ……579

二一三　布特哈索伦达斡尔总管纳木球等为布特哈镶黄旗达斡尔公中佐领纳苏勒图等年迈休致事呈黑龙江将军衙门文

乾隆八年五月十二日 ……581

二一四　黑龙江将军衙门为拨给自呼伦贝尔返回布特哈索伦达斡尔官兵秋季钱粮事札布特哈索伦达斡尔总管纳木球等文

乾隆八年五月十四日 ……585

二一五　布特哈索伦达斡尔总管纳木球等为请原隶镶黄达斡尔旗索伦牛录拨归该旗索伦旗事呈黑龙江将军衙门文

乾隆八年五月十五日 ……587

二一六　管带呼伦贝尔等处地方索伦巴尔虎官兵副都统为呈请自布特哈处发放镶红旗达斡尔佐领察库赖俸禄事咨黑龙江将军衙门文

乾隆八年六月十五日 ……589

二一七　黑龙江将军衙门为布特哈镶黄旗达斡尔副总管缫达勒图遗缺拣选拟定正陪人员补放事咨呈理藩院文

乾隆八年七月二十三日 ……592

二一八　布特哈索伦达斡尔总管乌察喇勒图等为报索伦达斡尔等捕貂丁数并派员解送貂皮事呈黑龙江将军衙门文

乾隆八年八月十二日 ……595

二一九　值月镶红三旗为查明达斡尔罗尔布哈尔佐领源流事咨黑龙江将军衙门文

乾隆八年八月十七日 ……598

二二〇　黑龙江将军衙门为布特哈镶黄旗达斡尔副总管缫达勒图遗缺拣选拟定正陪人员补放事咨呈理藩院文

乾隆八年八月二十二日 ……601

二二一　黑龙江将军衙门为镶白旗达斡尔佐领班达尔等缺拣员补放事咨黑龙江副都统文（附名单一件）

乾隆八年八月二十六日 ……604

二二二　黑龙江将军衙门为报送齐齐哈尔墨尔根等城满洲索伦达斡尔等官员缺额数目册事咨兵部文（附清册一件）
乾隆八年十月十一日 ……610
二二三　黑龙江将军衙门为布特哈镶黄旗达斡尔公中佐领纳苏勒图等年迈休致事咨呈理藩院文
乾隆八年十月十一日 ……627
二二四　黑龙江将军衙门为请查明镶黄旗达斡尔佐领托尼逊丹巴高祖带领兵丁数目及补放佐领情由事咨兵部文
乾隆八年十一月初四日 ……630
二二五　暂护黑龙江副都统印务协领鄂三为查送镶黄旗达斡尔罗尔布哈尔等佐领下兵丁数目册事呈黑龙江将军衙门文
乾隆八年十一月三十日 ……636
二二六　黑龙江将军衙门为镶黄旗达斡尔佐领纳苏勒图等年迈休致事札布特哈索伦达斡尔总管纳木球等文
乾隆九年正月二十二日 ……641
二二七　布特哈镶黄正黄正白正红四旗索伦达斡尔等为将军博第收取猎物给价甚低导致生计困苦事呈文
乾隆九年正月二十七日 ……645
二二八　布特哈索伦达斡尔总管纳木球等为整饬布特哈索伦达斡尔等兵丁旗佐并造送清册事呈黑龙江将军衙门文（附清册一件）
乾隆九年正月三十日 ……648
二二九　黑龙江将军衙门为核查正白旗达斡尔廷鼐佐领下开户披甲情形事札护理布特哈索伦达斡尔总管阿纳布等文（附咨文一件）
乾隆九年二月二十六日 ……676
二三〇　黑龙江将军衙门为本年索伦达斡尔等解送貂皮等次稍差遵旨停止赏赐事札护理布特哈索伦达斡尔总管阿纳布文
乾隆九年三月初一日 ……694

二三一　黑龙江将军衙门为报整饬布特哈索伦达斡尔旗佐及其兵丁数目事咨理藩院文（附清单一件）
乾隆九年四月初三日 ……702

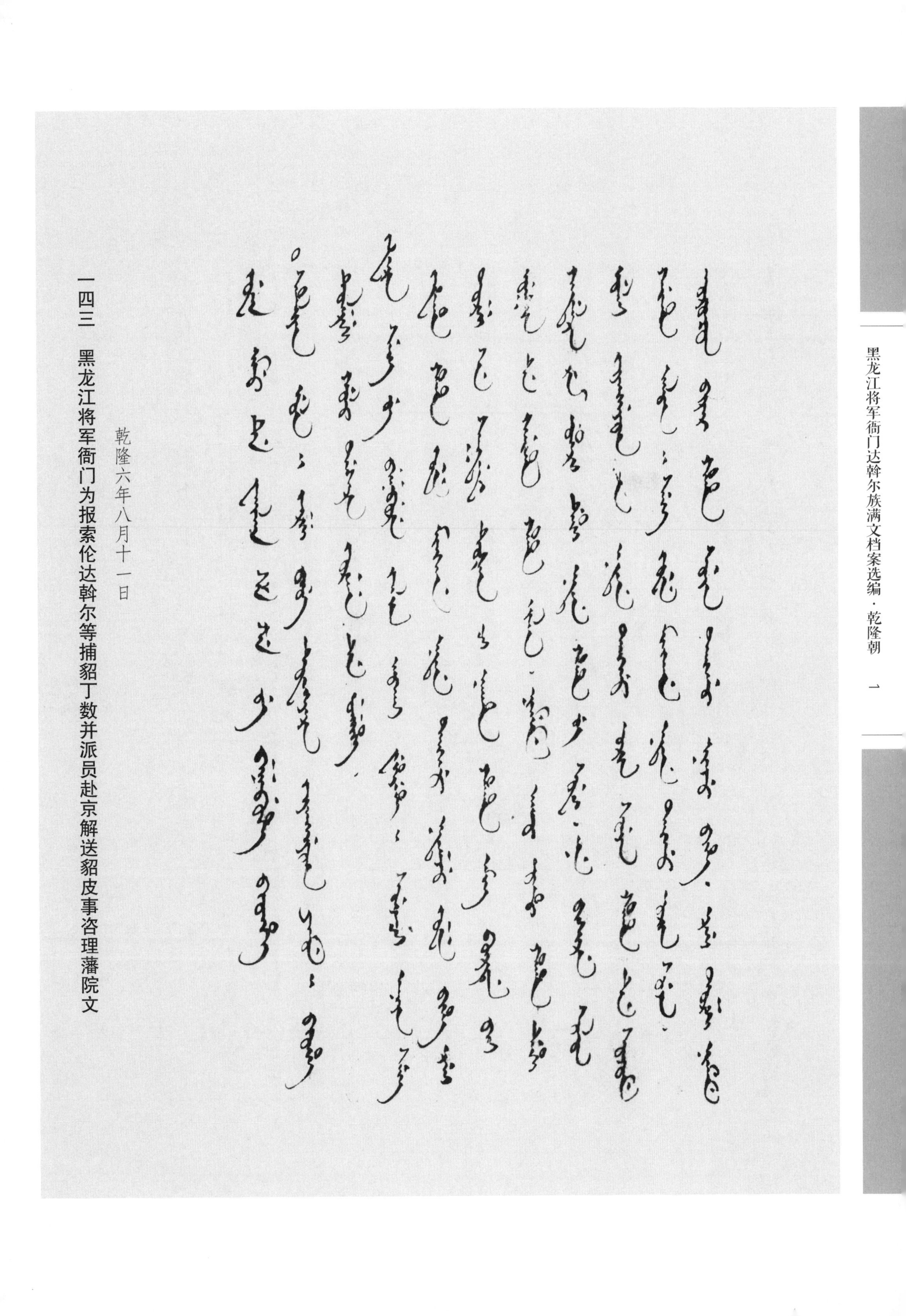

一四三　黑龙江将军衙门为报索伦达斡尔等捕貂丁数并派员赴京解送貂皮事咨理藩院文

乾隆六年八月十一日

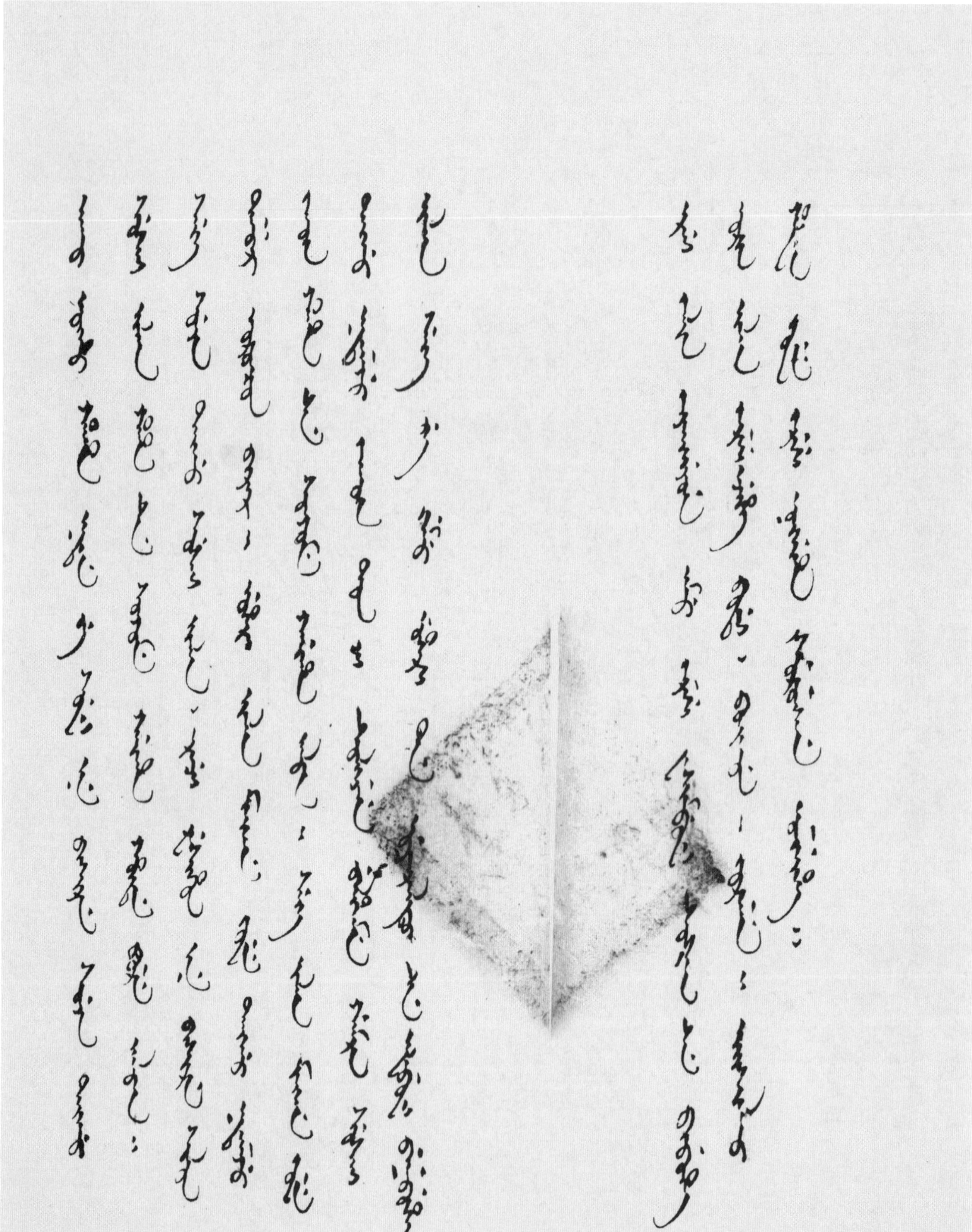

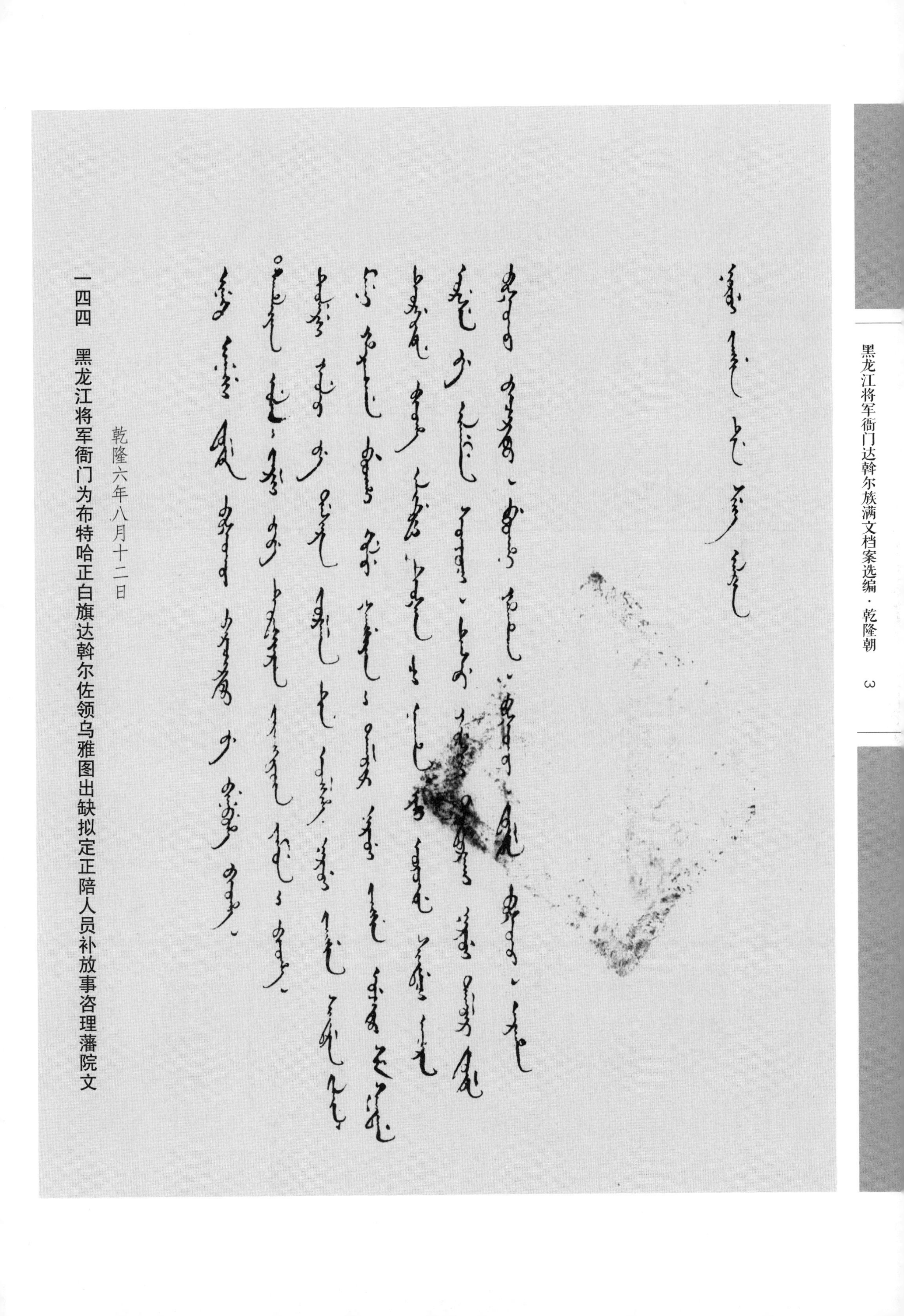

一四四 黑龙江将军衙门为布特哈正白旗达斡尔佐领乌雅图出缺拟定正陪人员补放事咨理藩院文

乾隆六年八月十二日

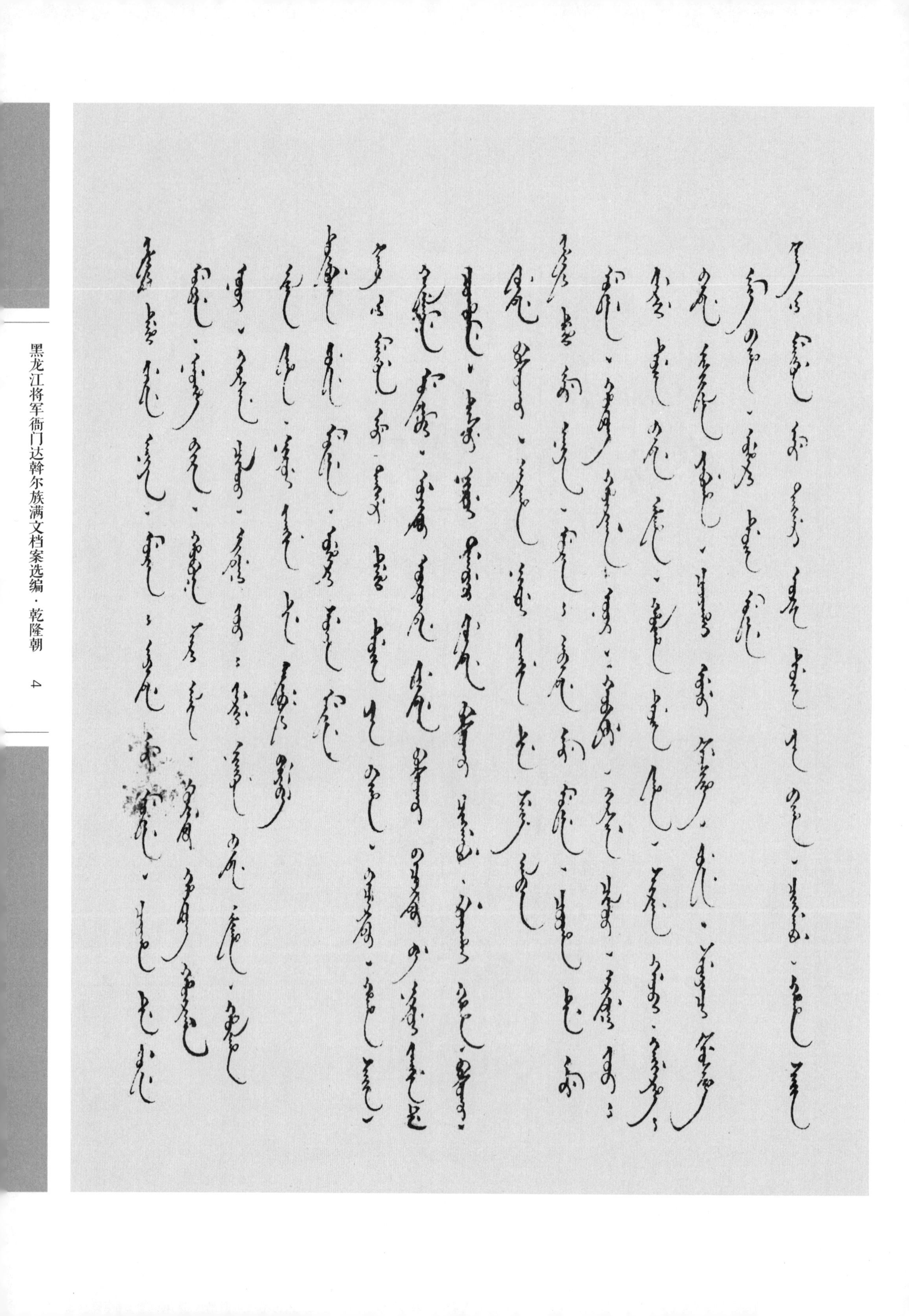

[illegible]

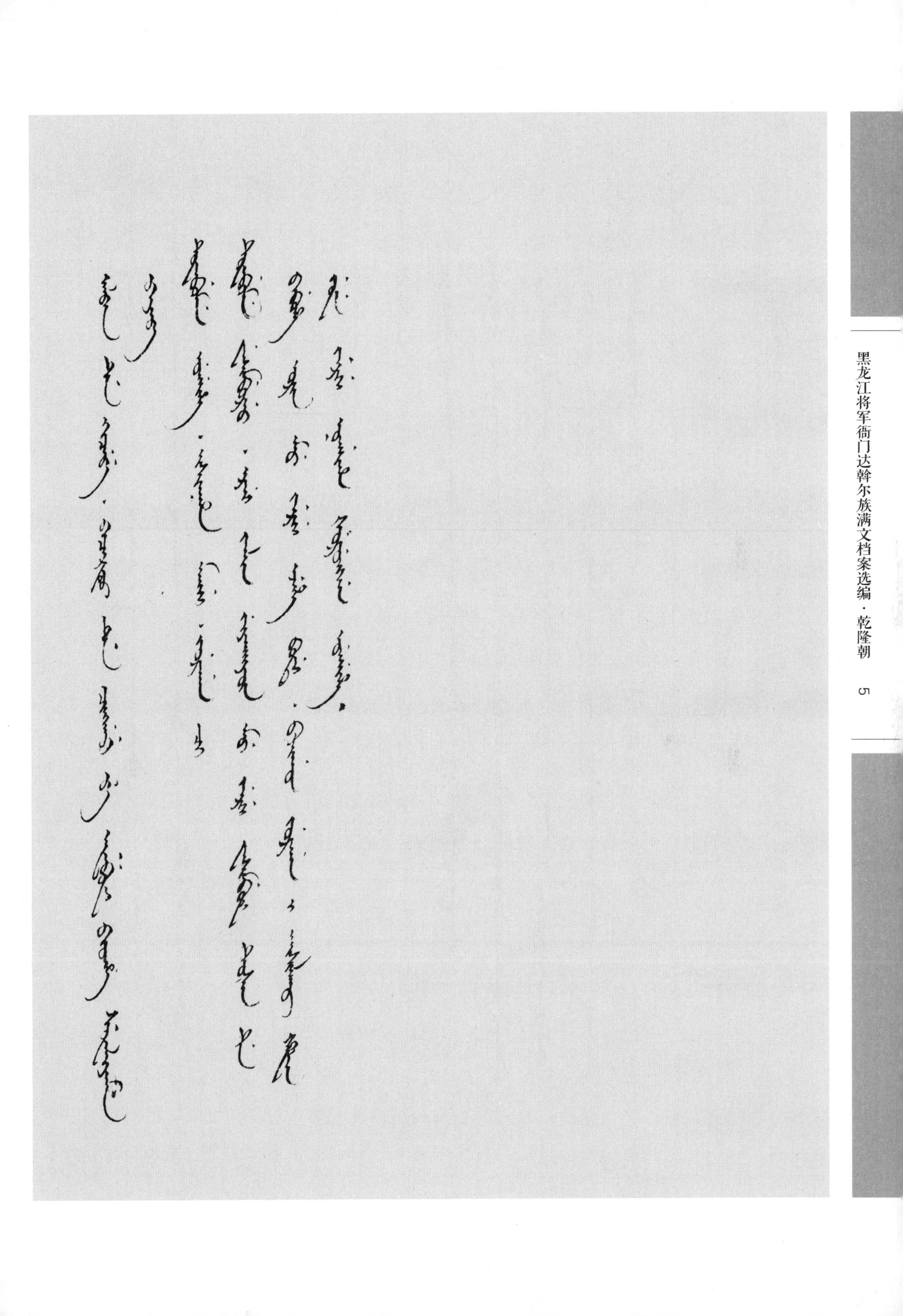

一四五　黑龙江将军衙门为布特哈索伦达斡尔副总管锡克古勒出缺拣员补放事咨理藩院文

乾隆六年八月十二日

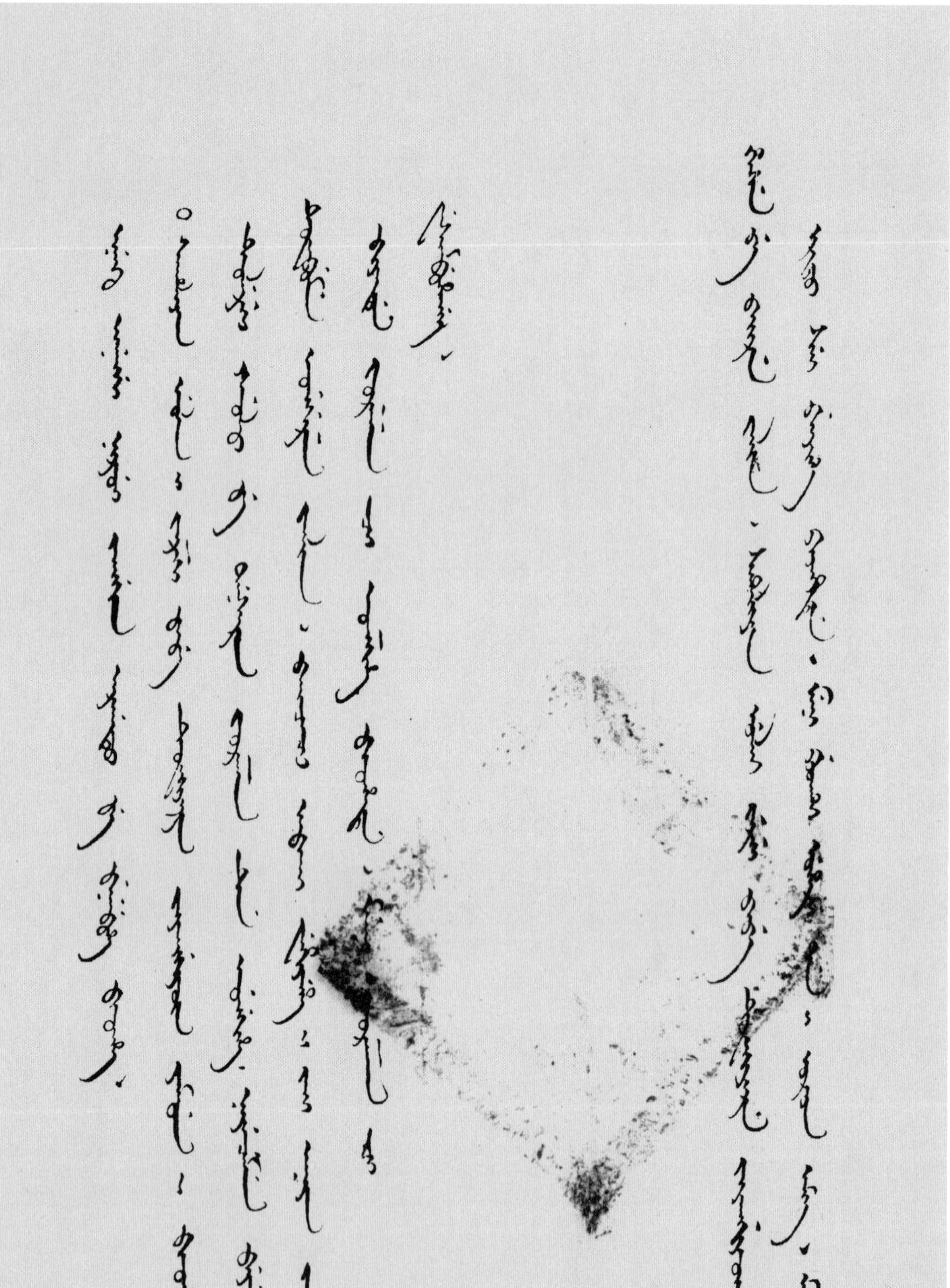

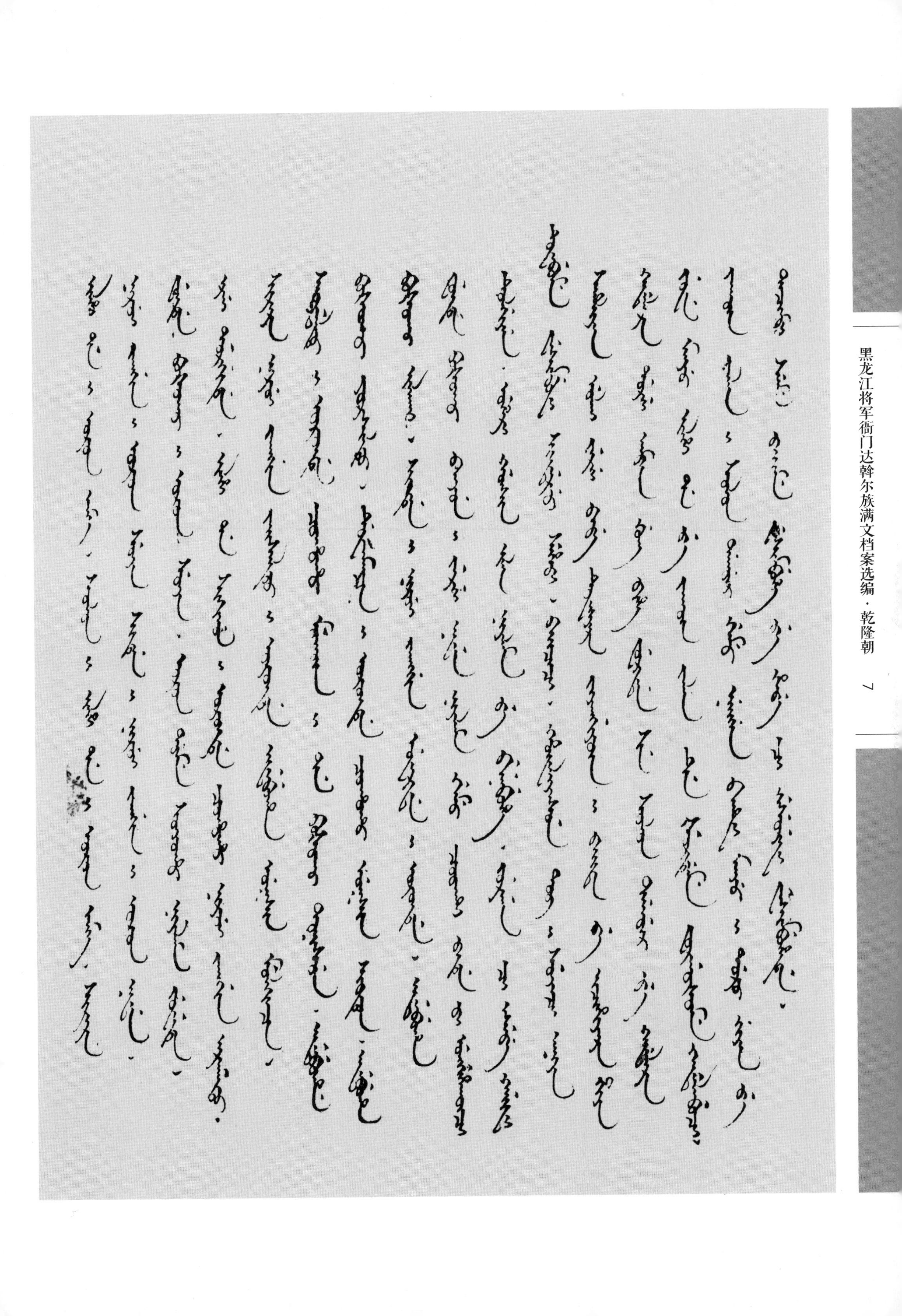

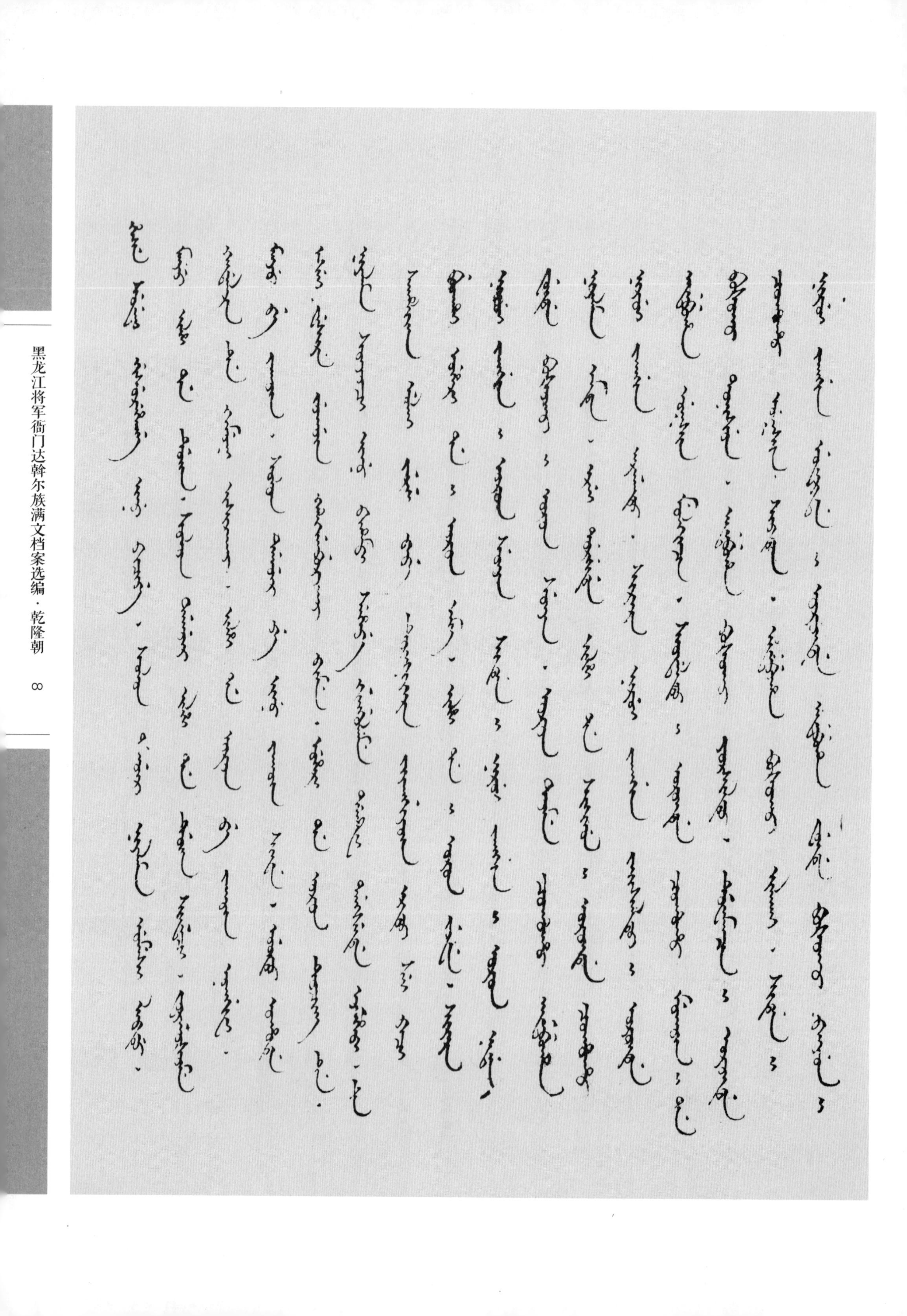

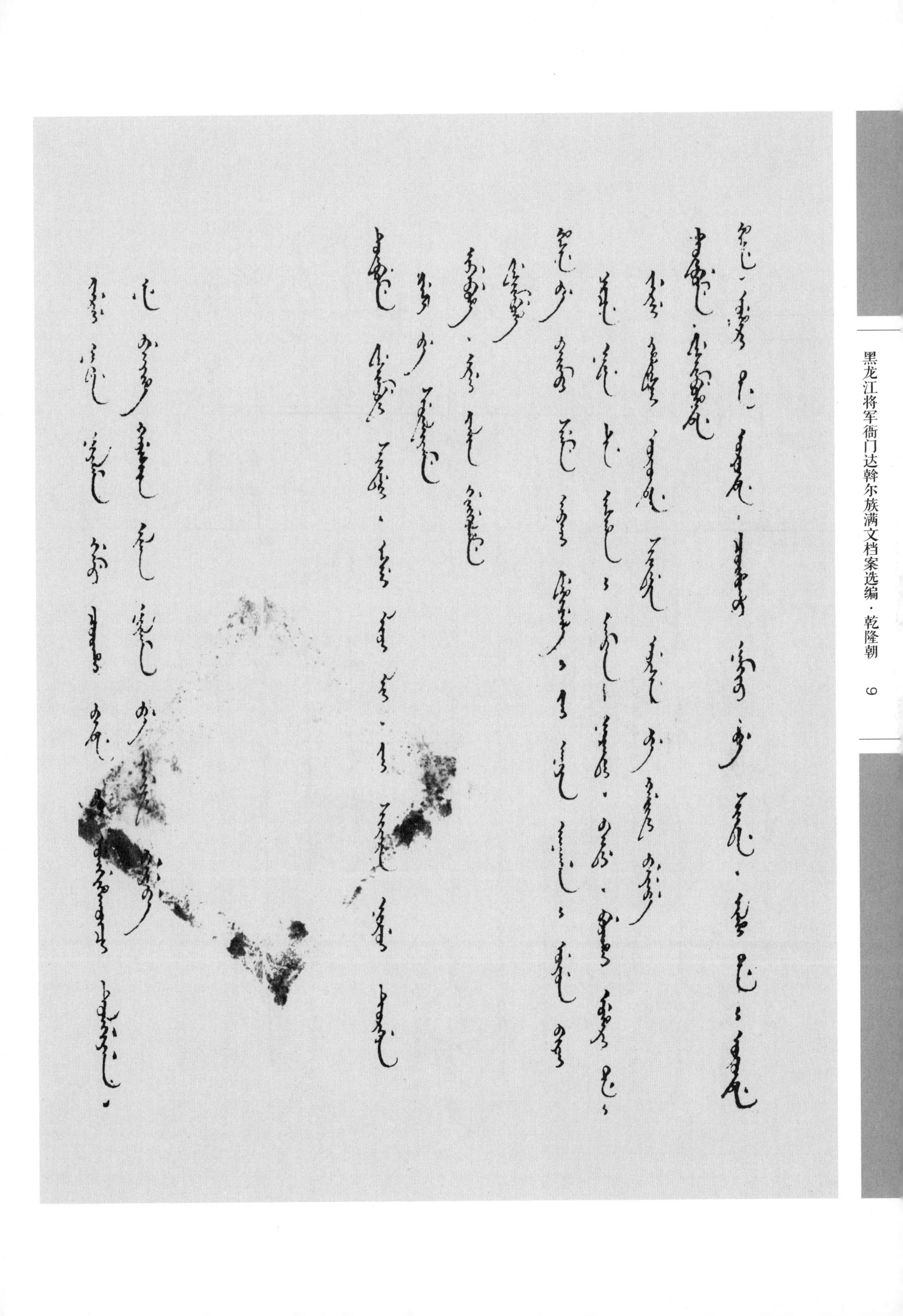

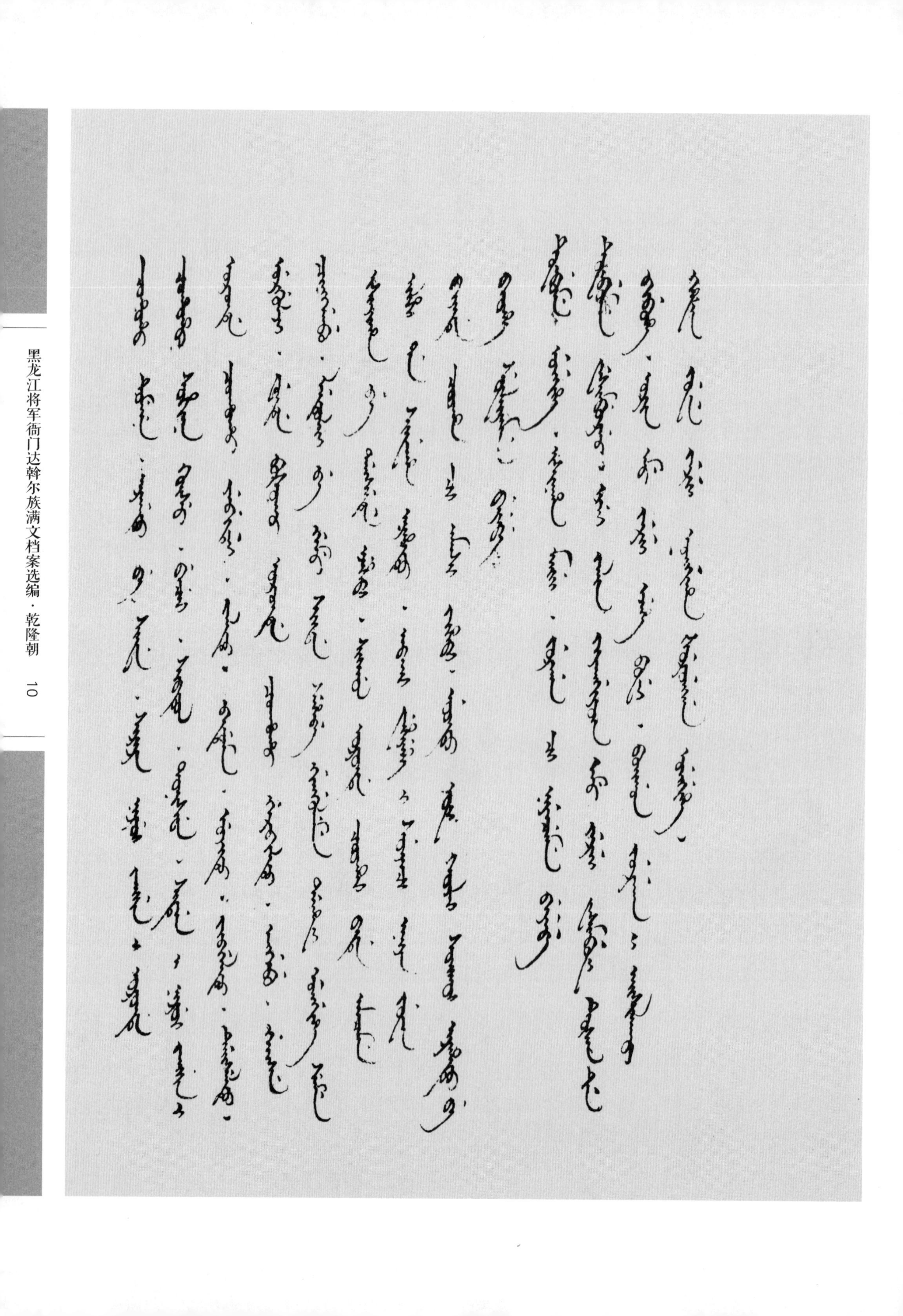

[illegible]

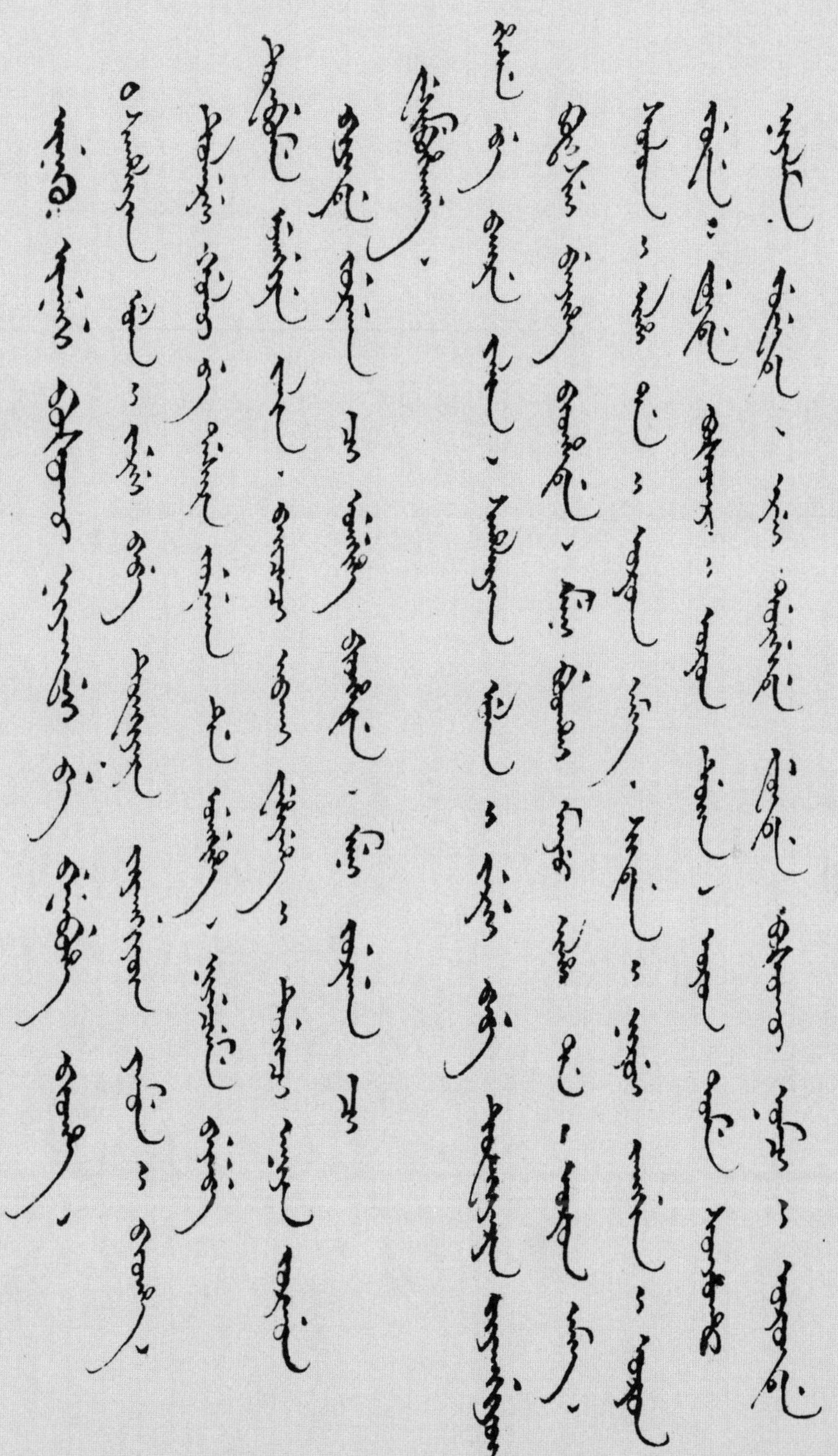

一四六 黑龙江将军衙门为布特哈索伦达斡尔骁骑校出缺拣员拟补事咨理藩院文

乾隆六年八月十二日

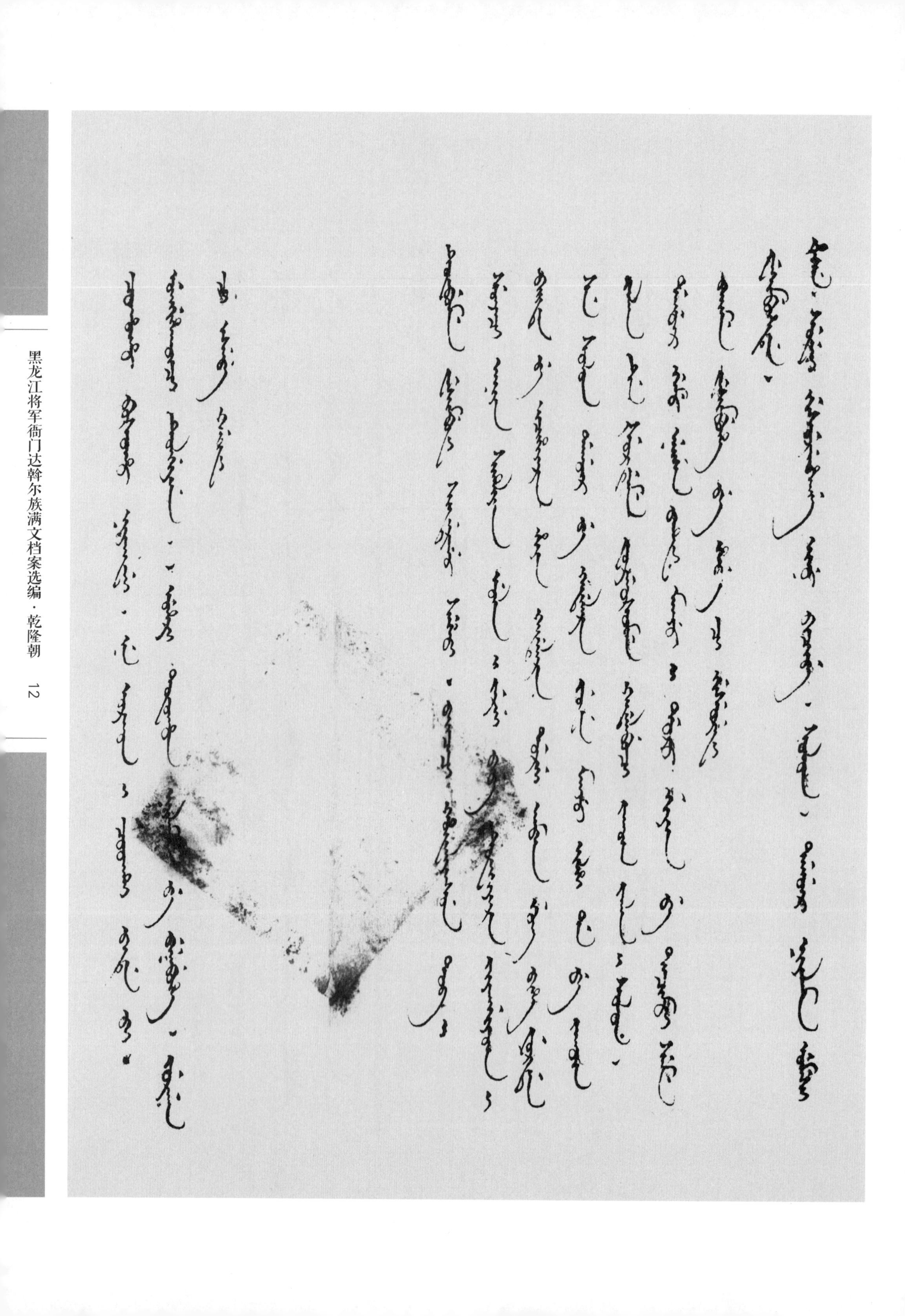

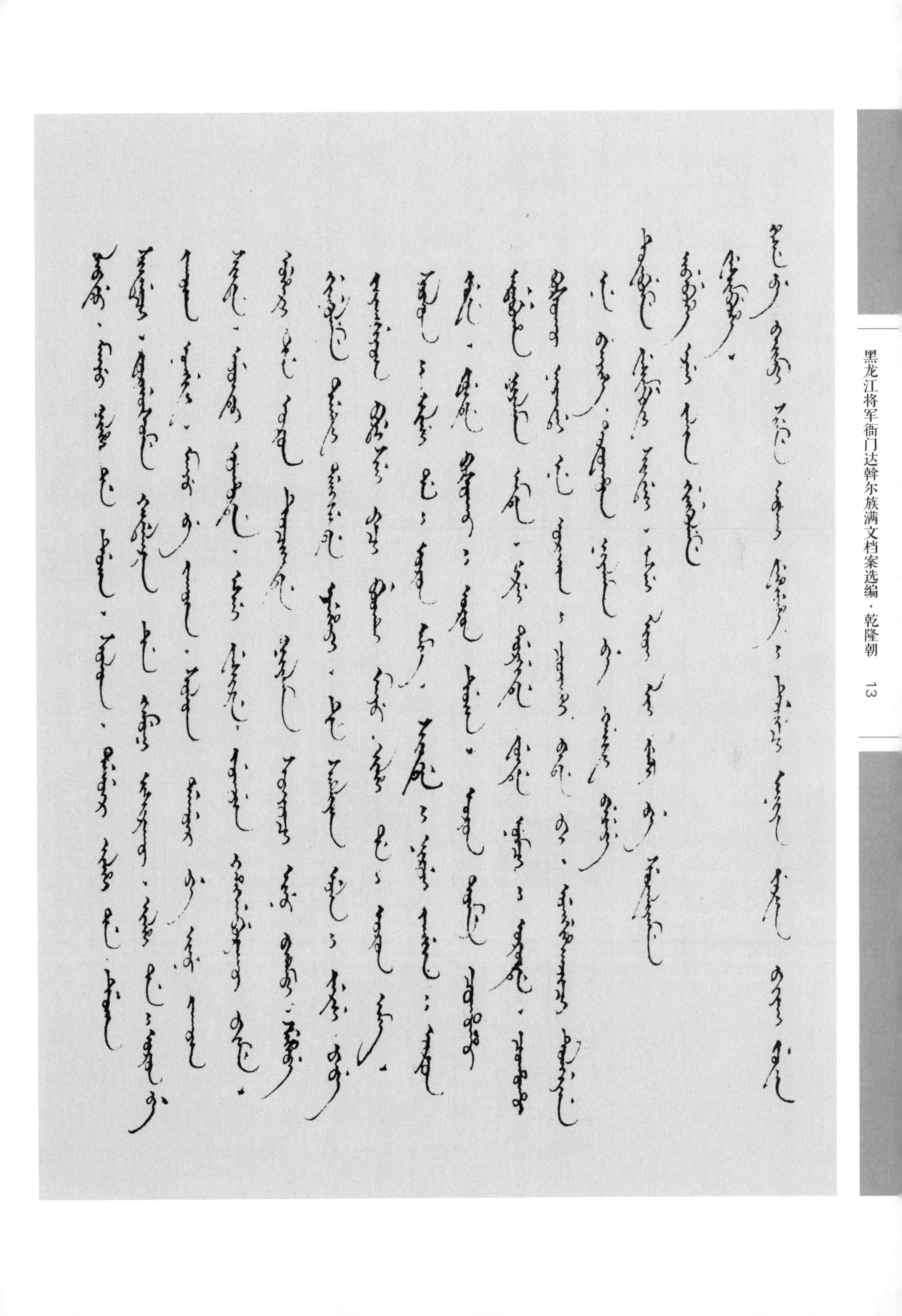

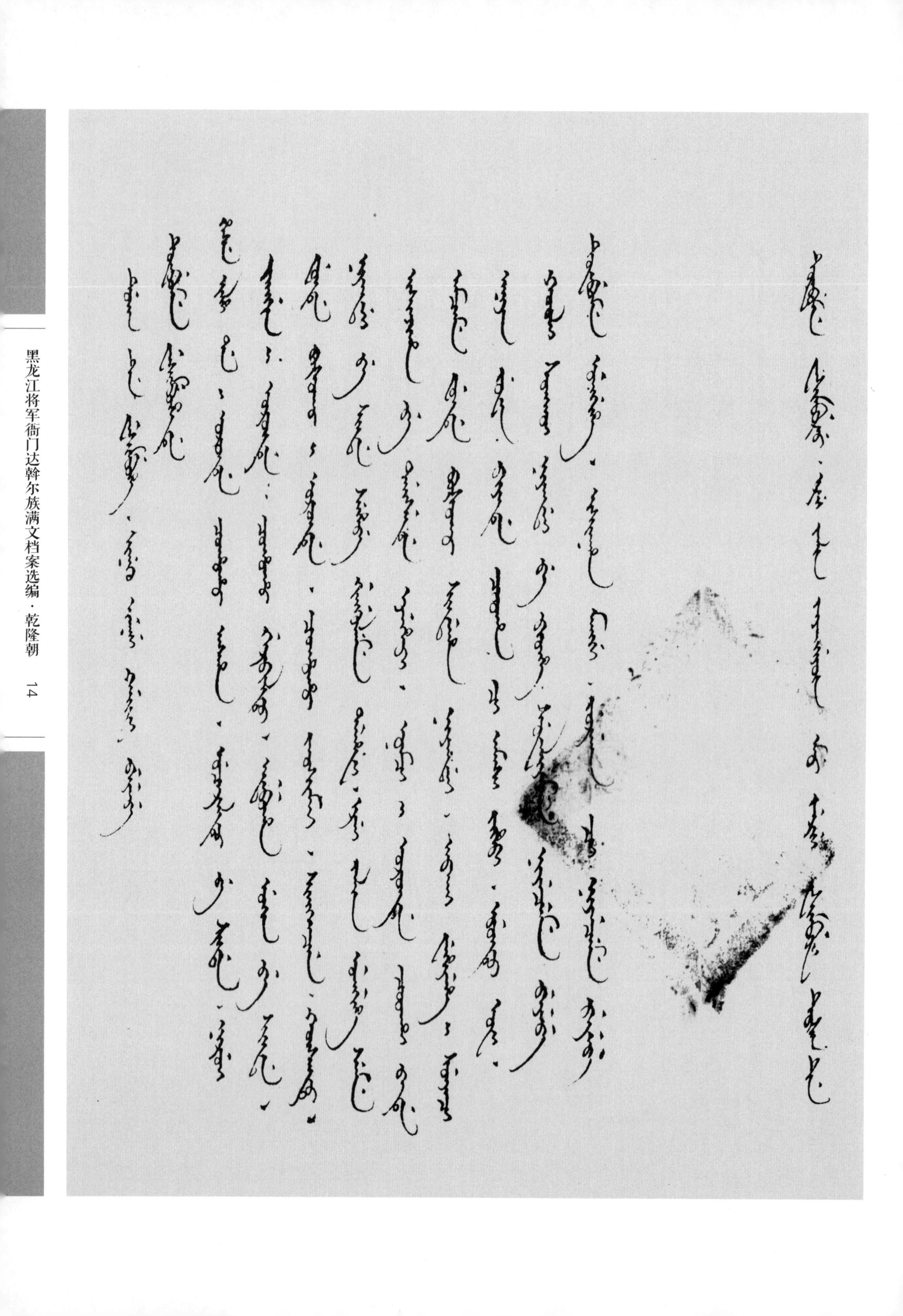

[illegible]

[illegible]

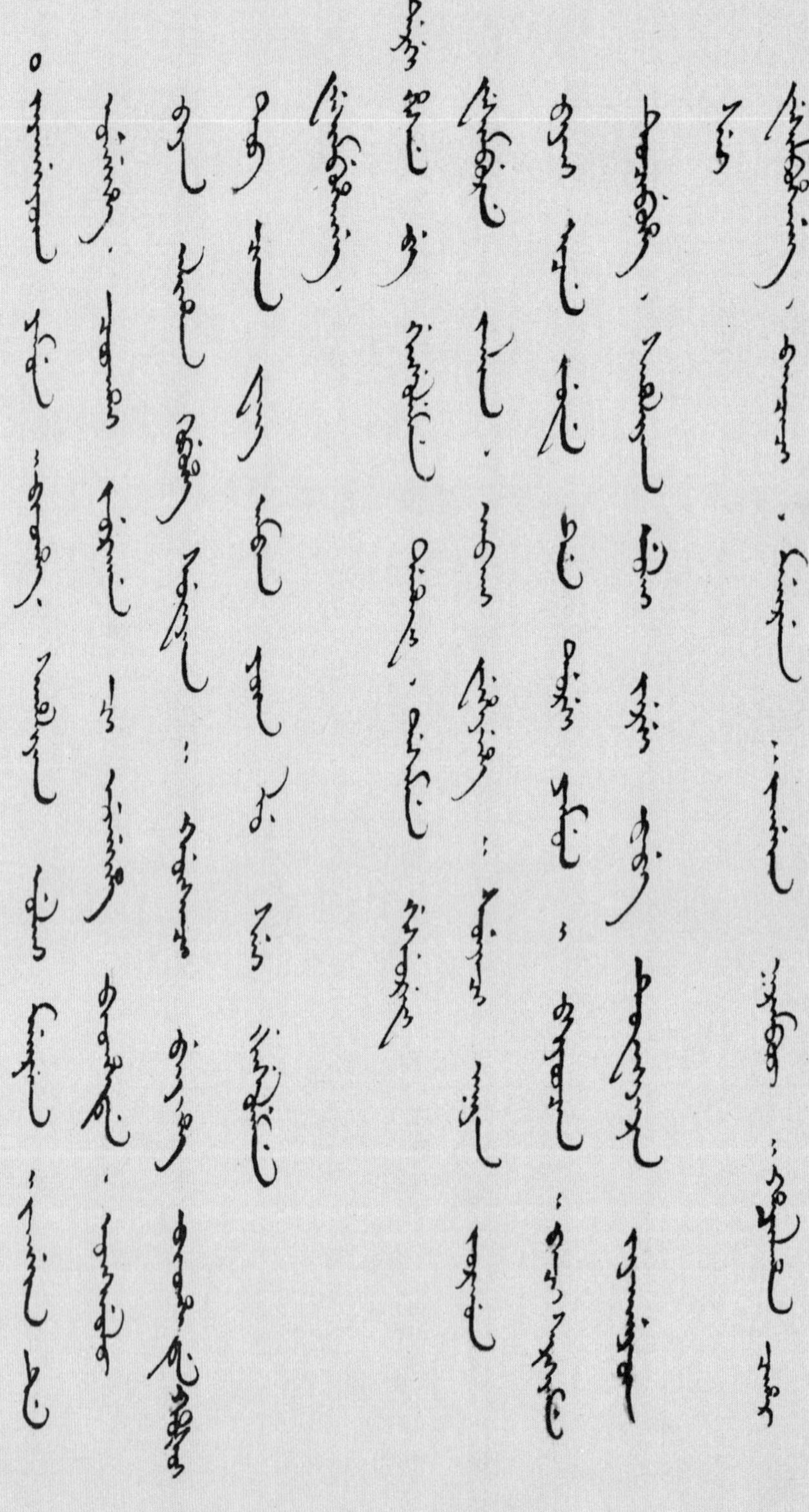

乾隆六年八月二十九日

事咨黑龙江副都统文

一四七 黑龙江将军衙门为照齐齐哈尔达斡尔世管佐领承袭例造送黑龙江城新满洲纳尔泰等佐领家谱

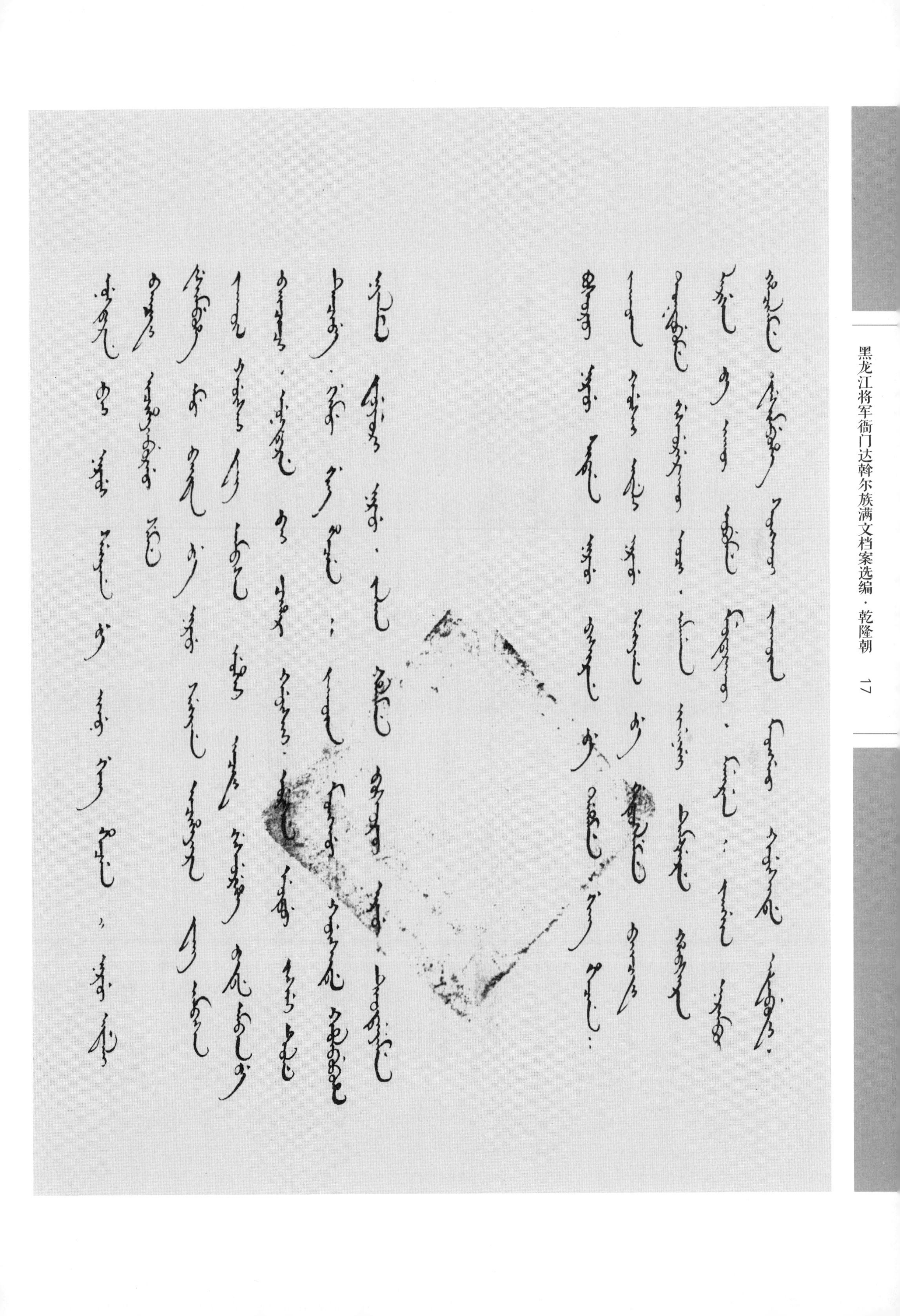

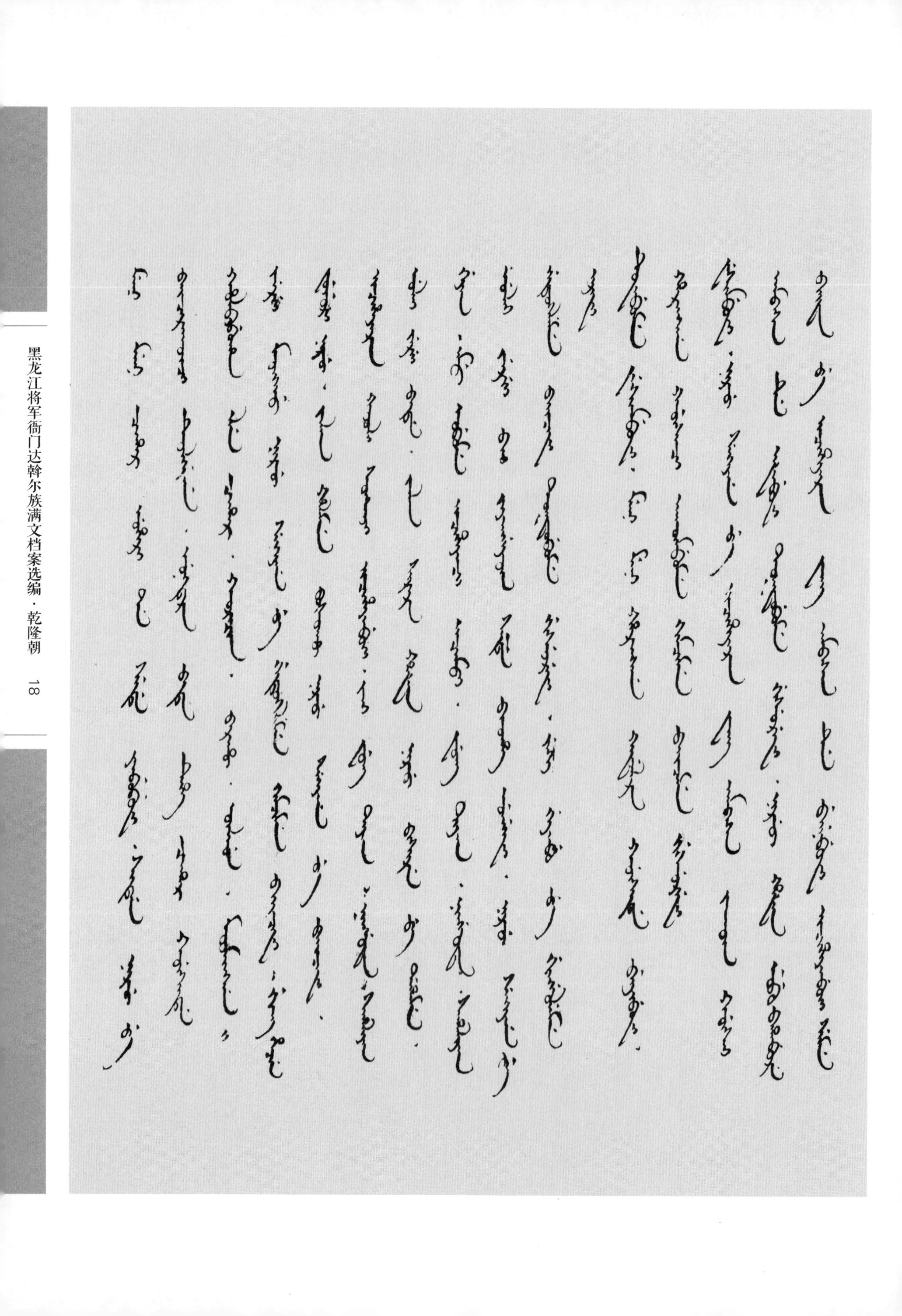

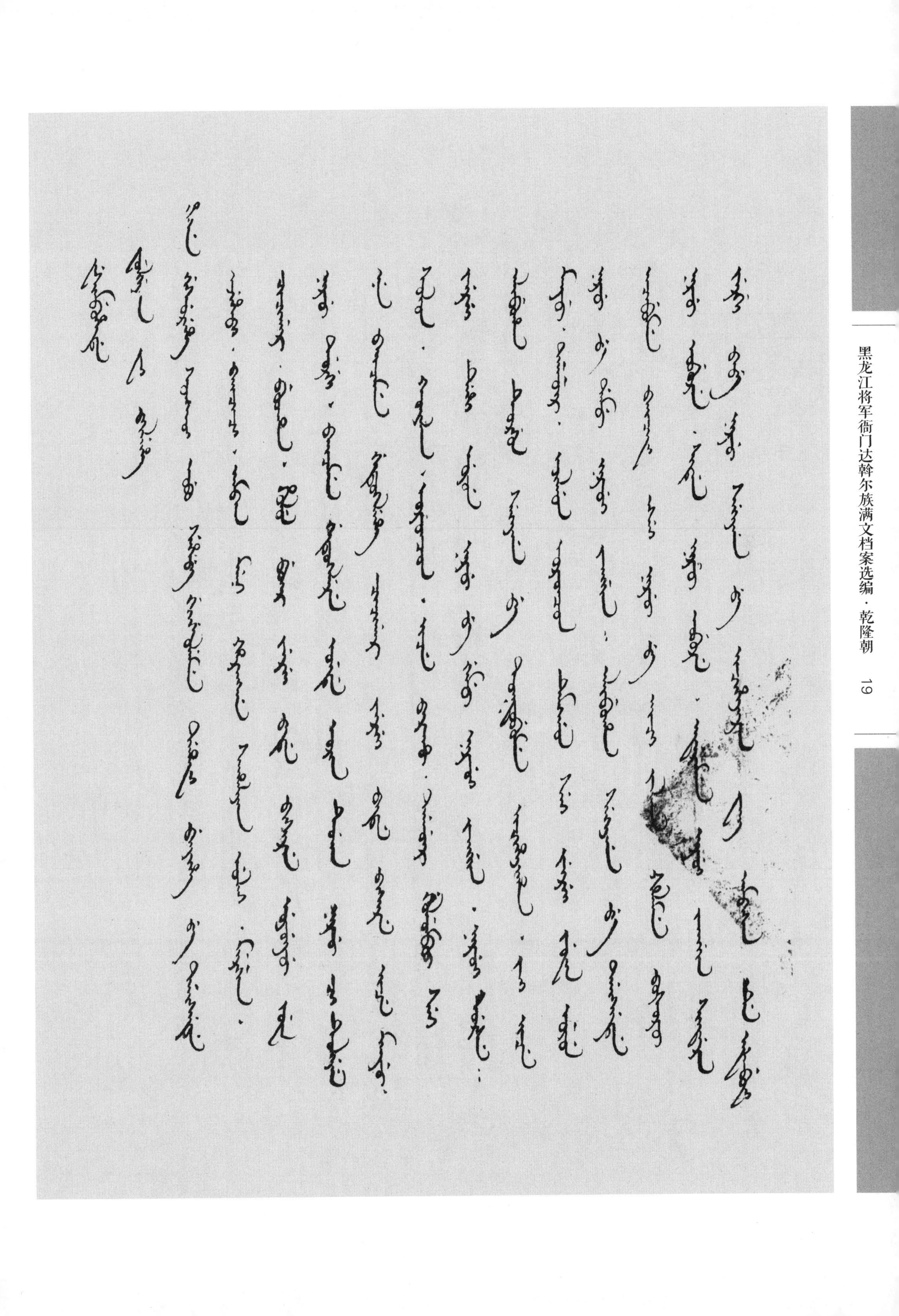

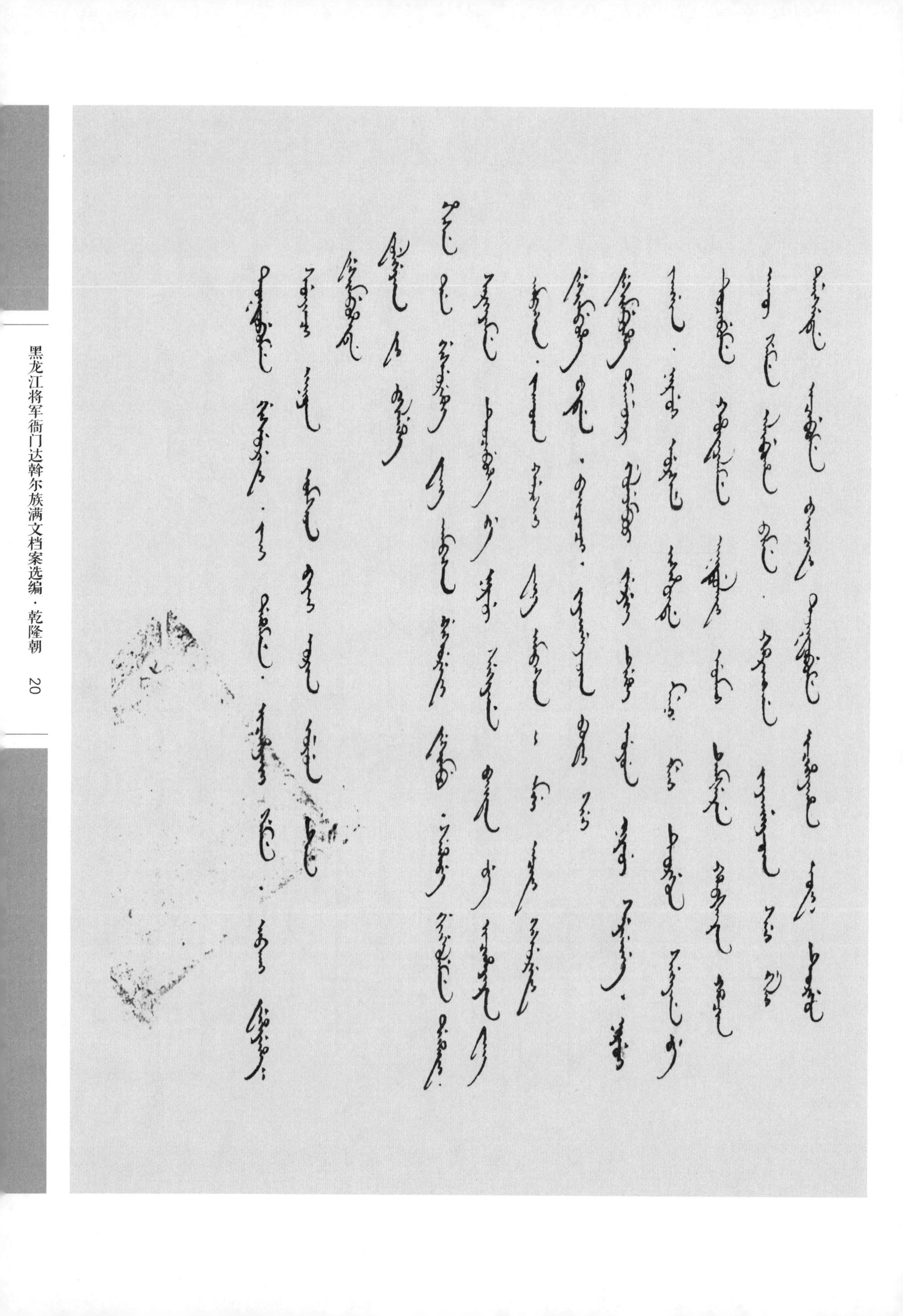

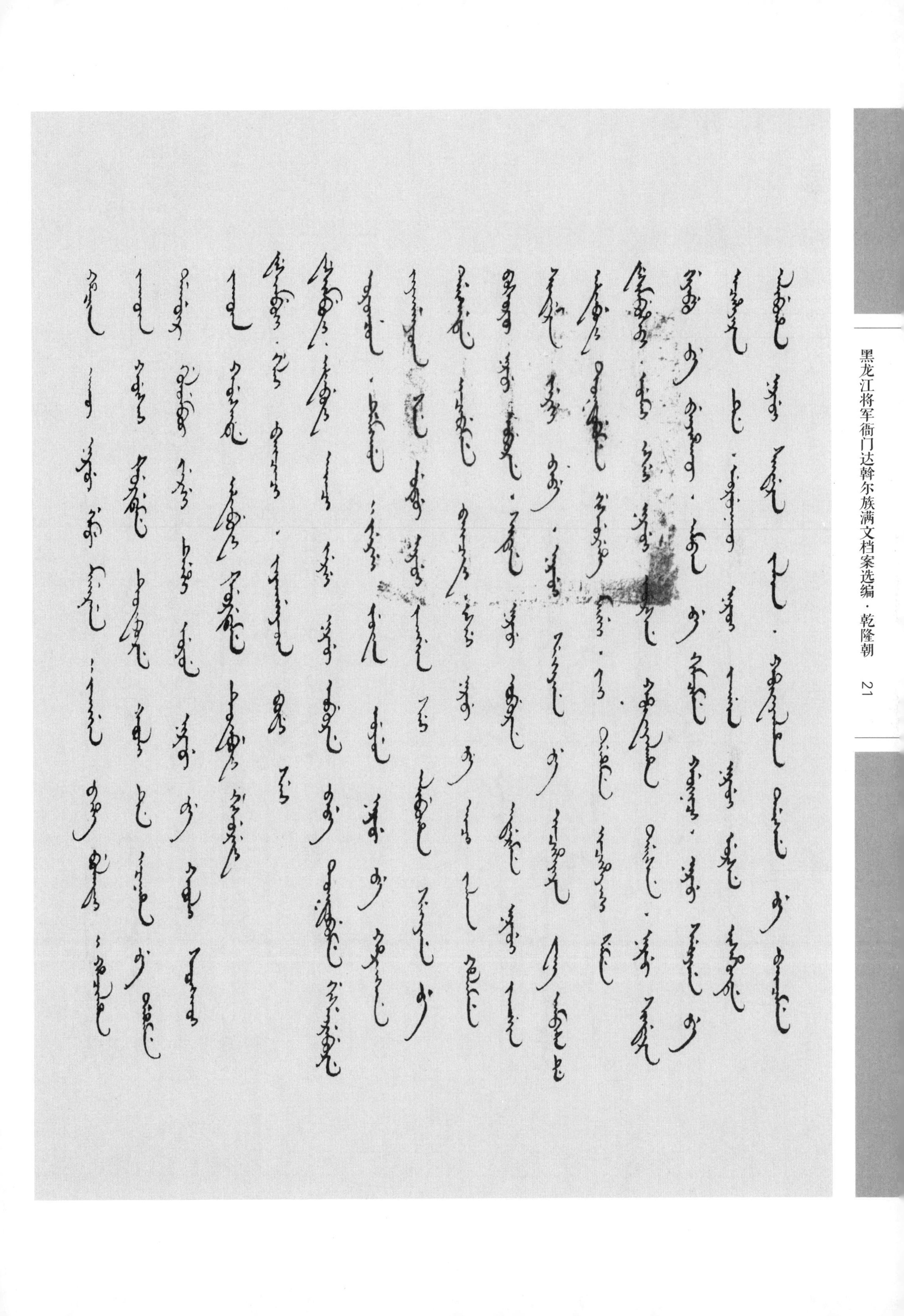

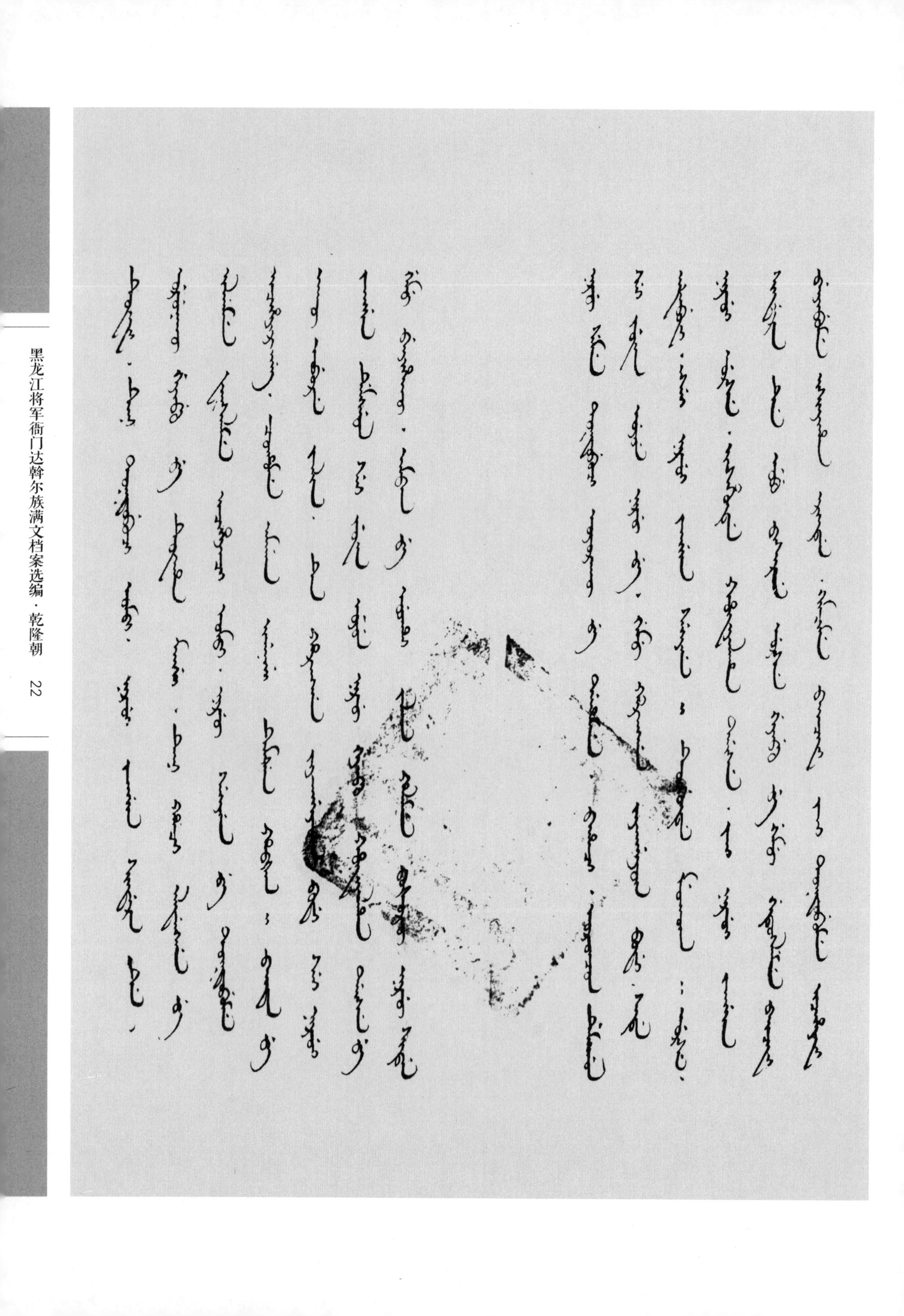

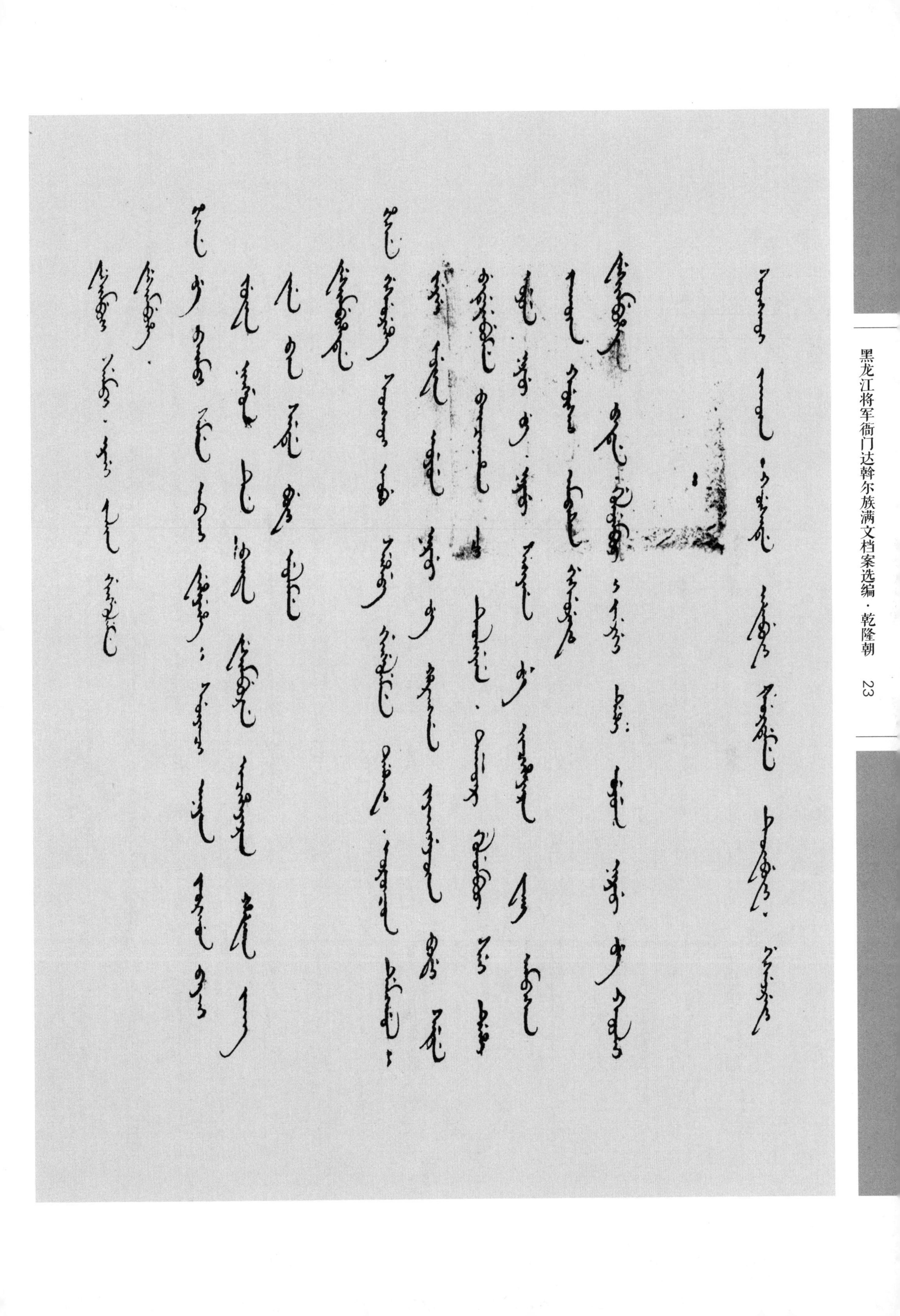

[illegible]

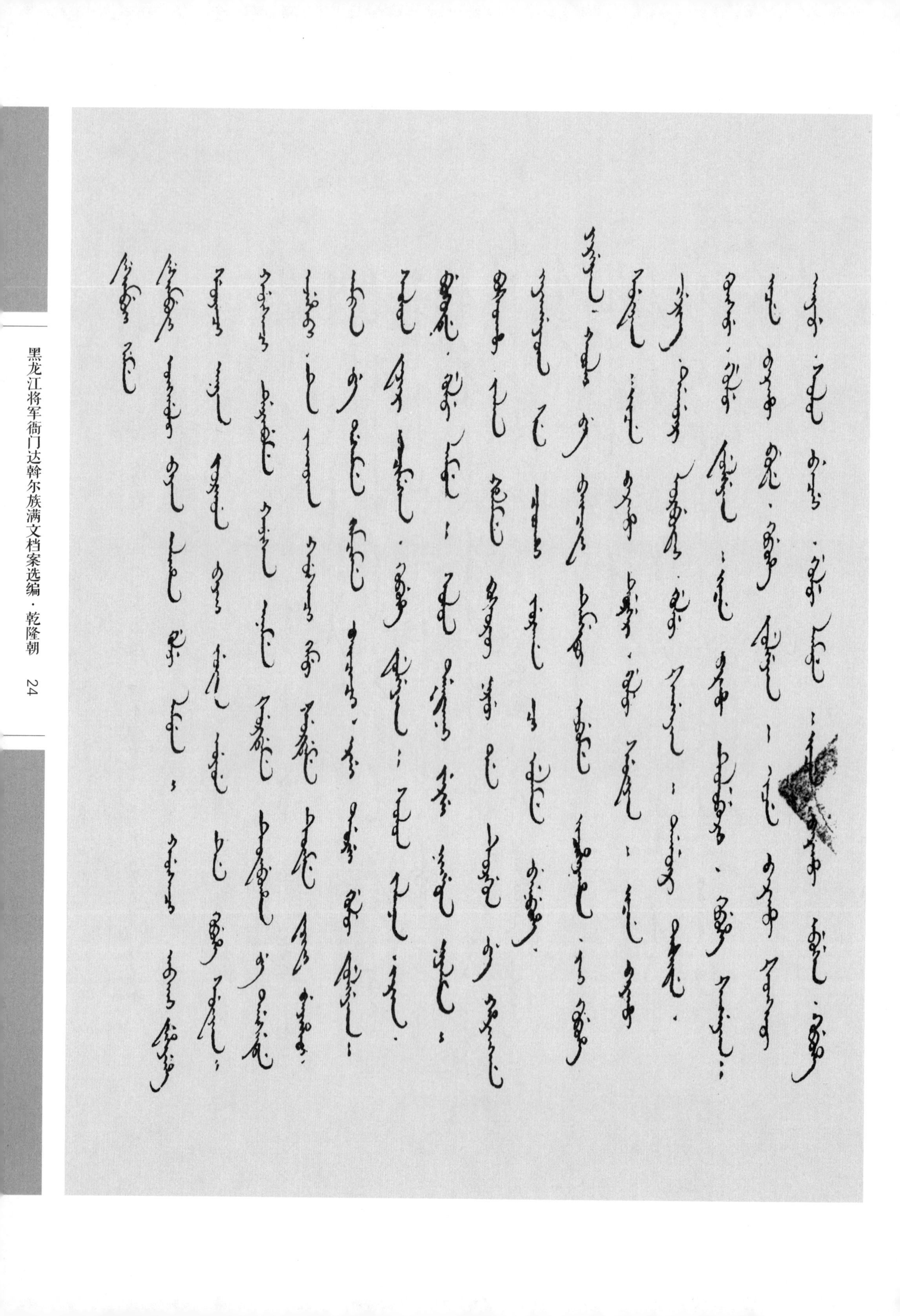

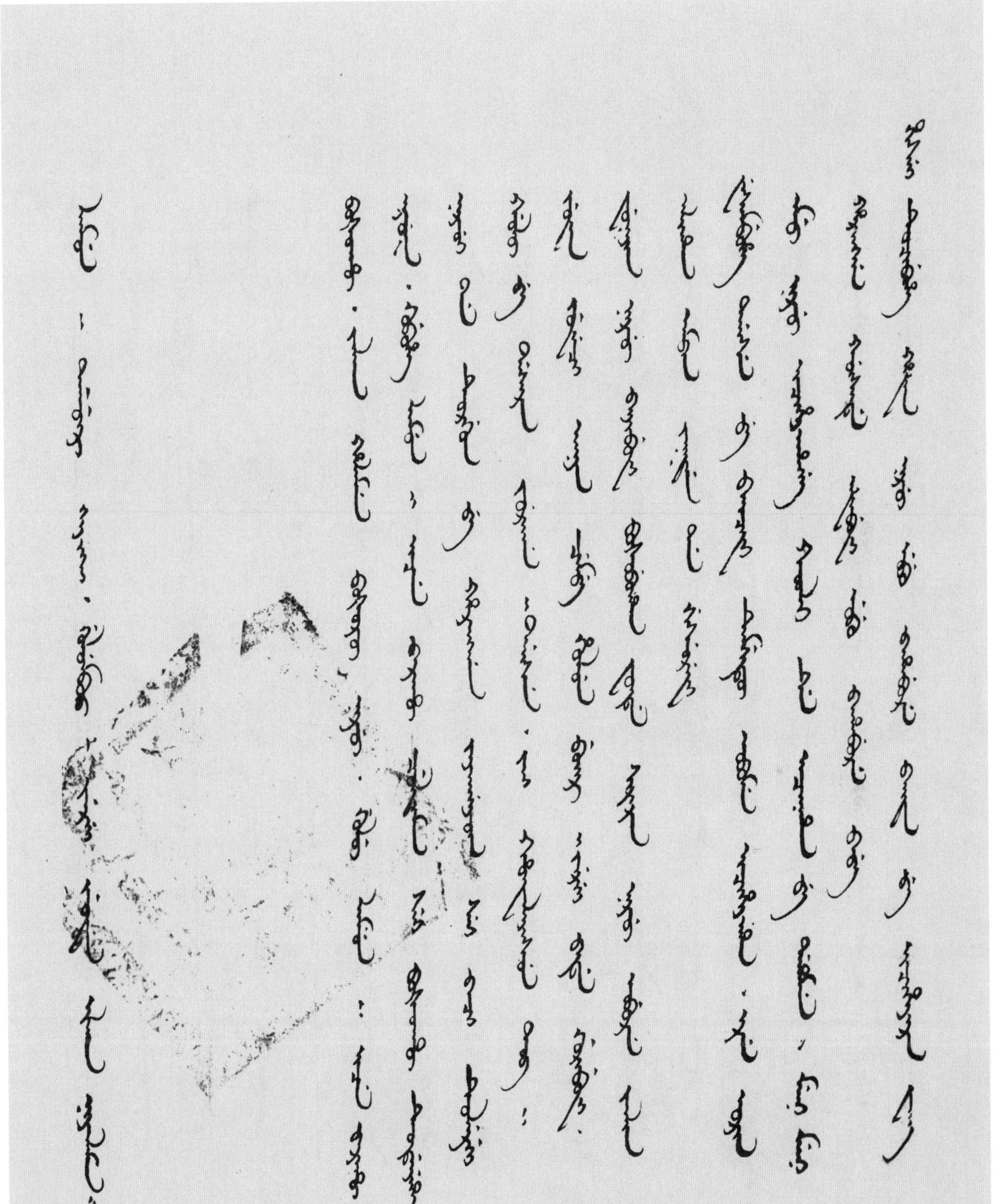

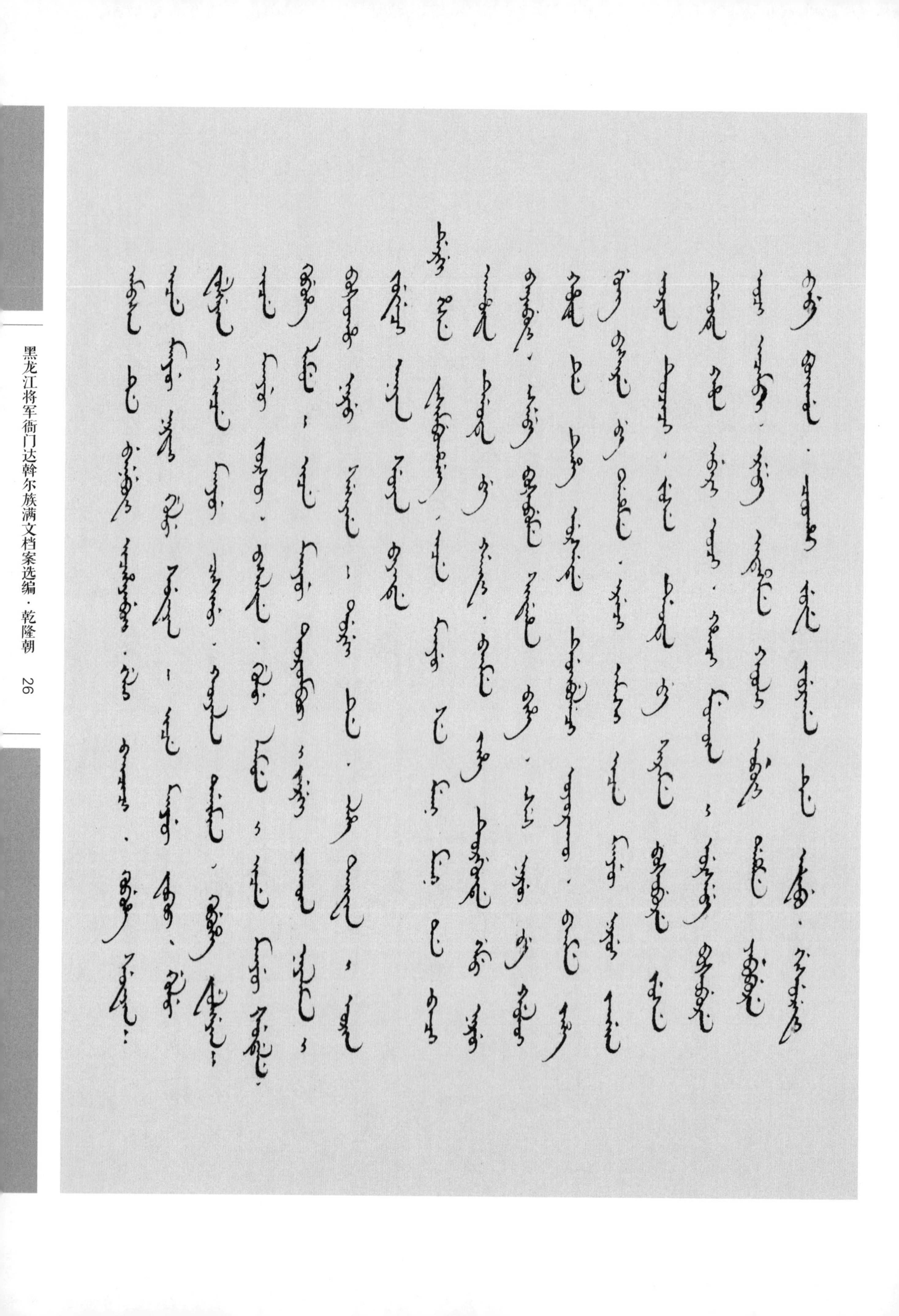

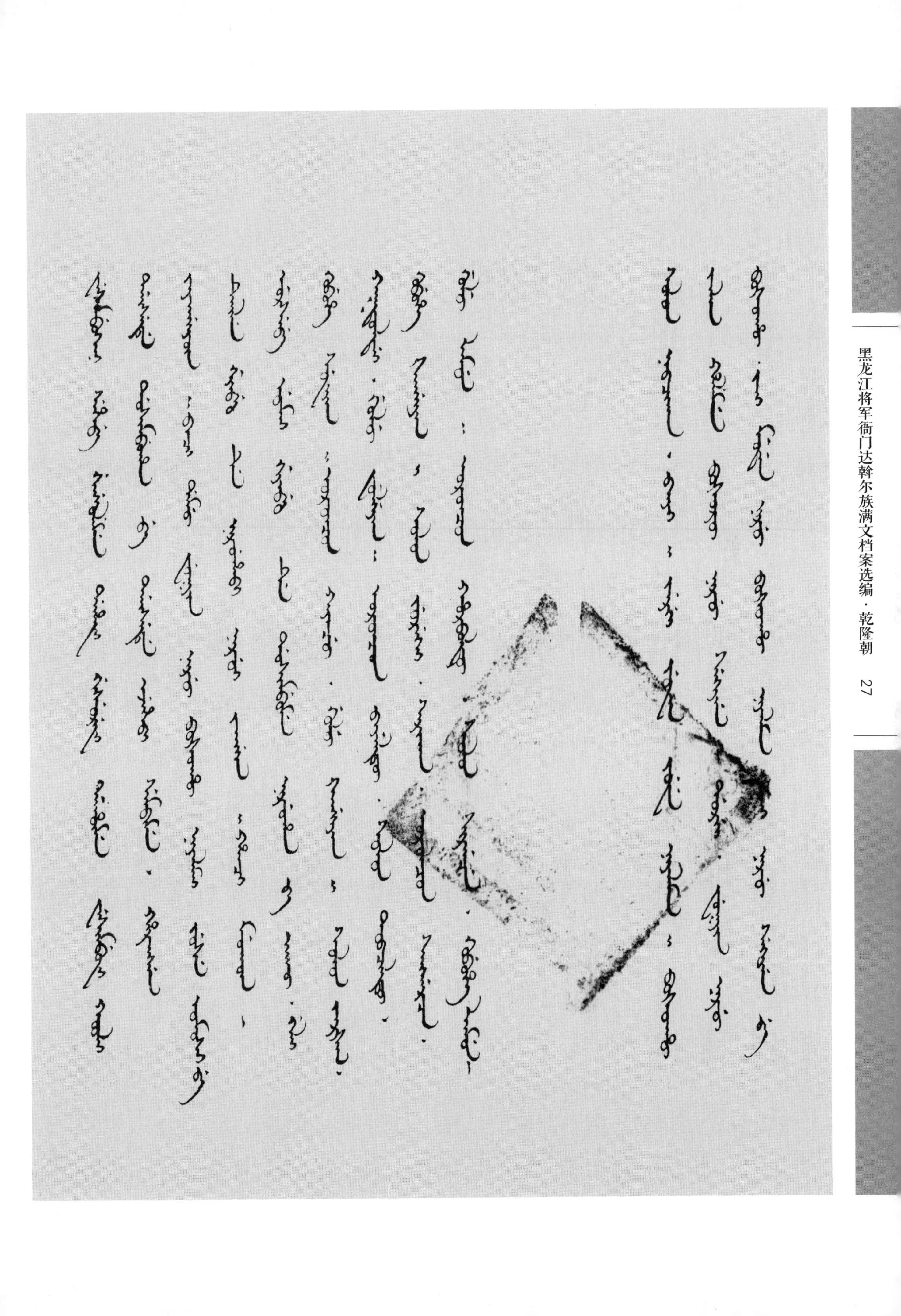

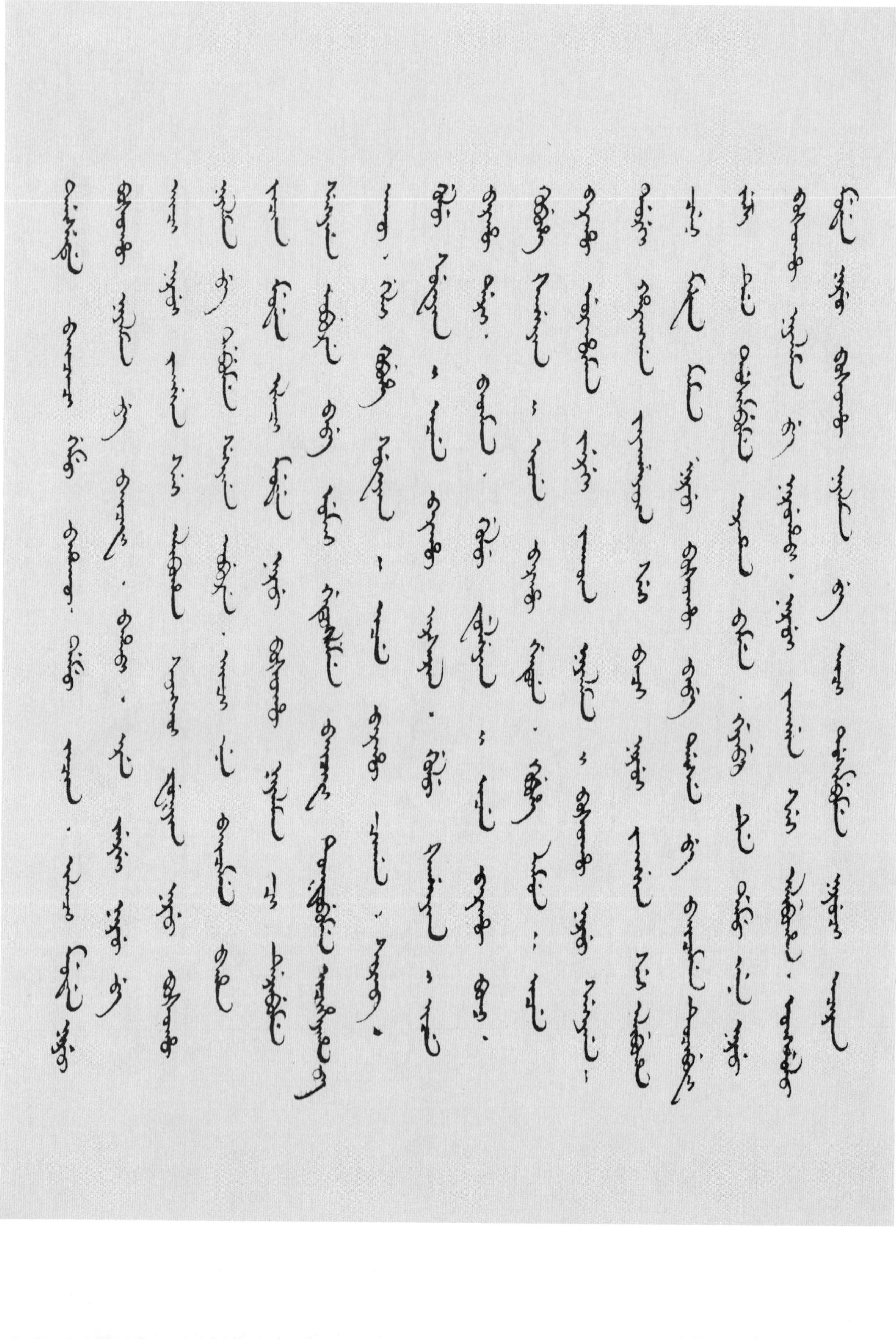

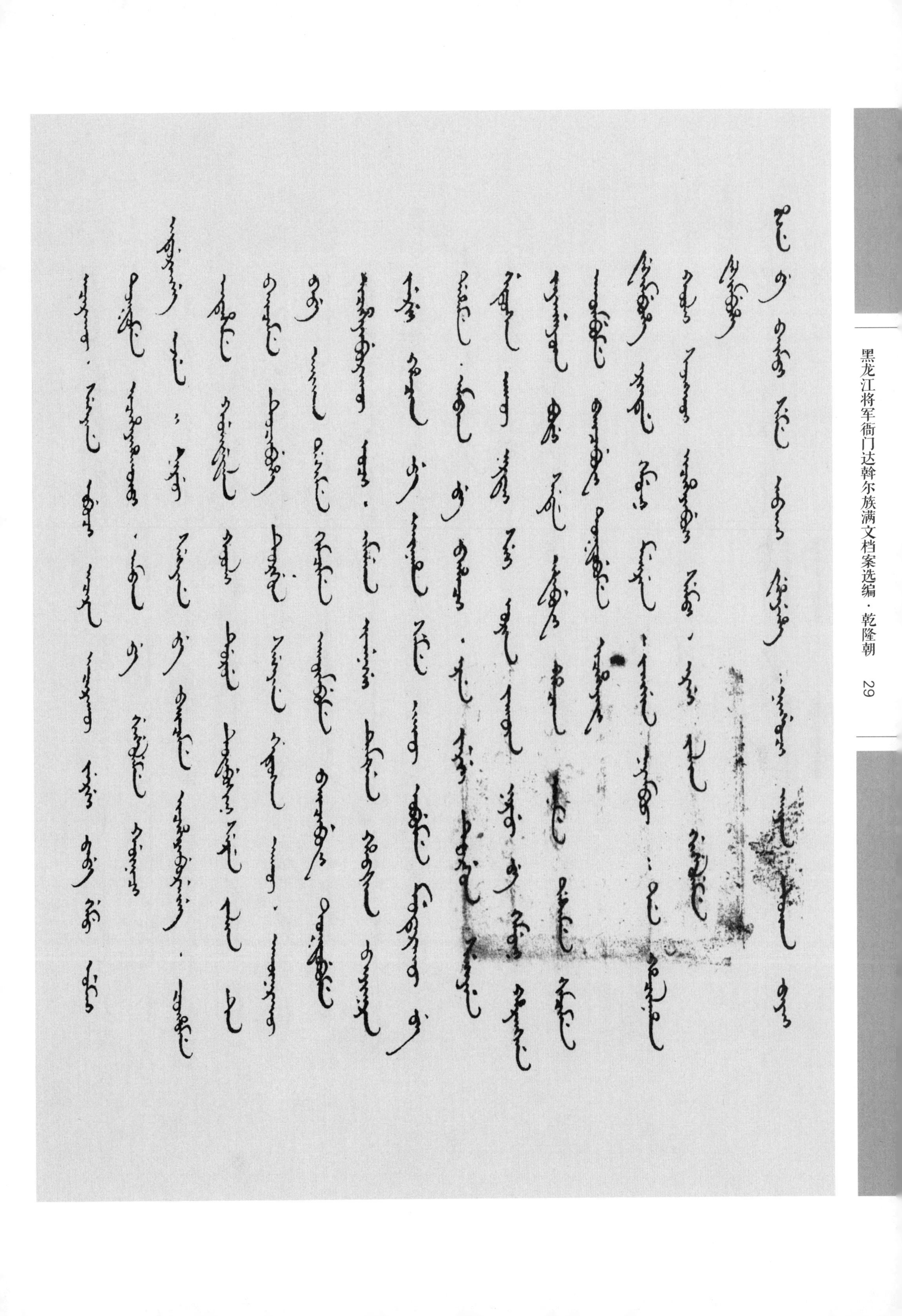

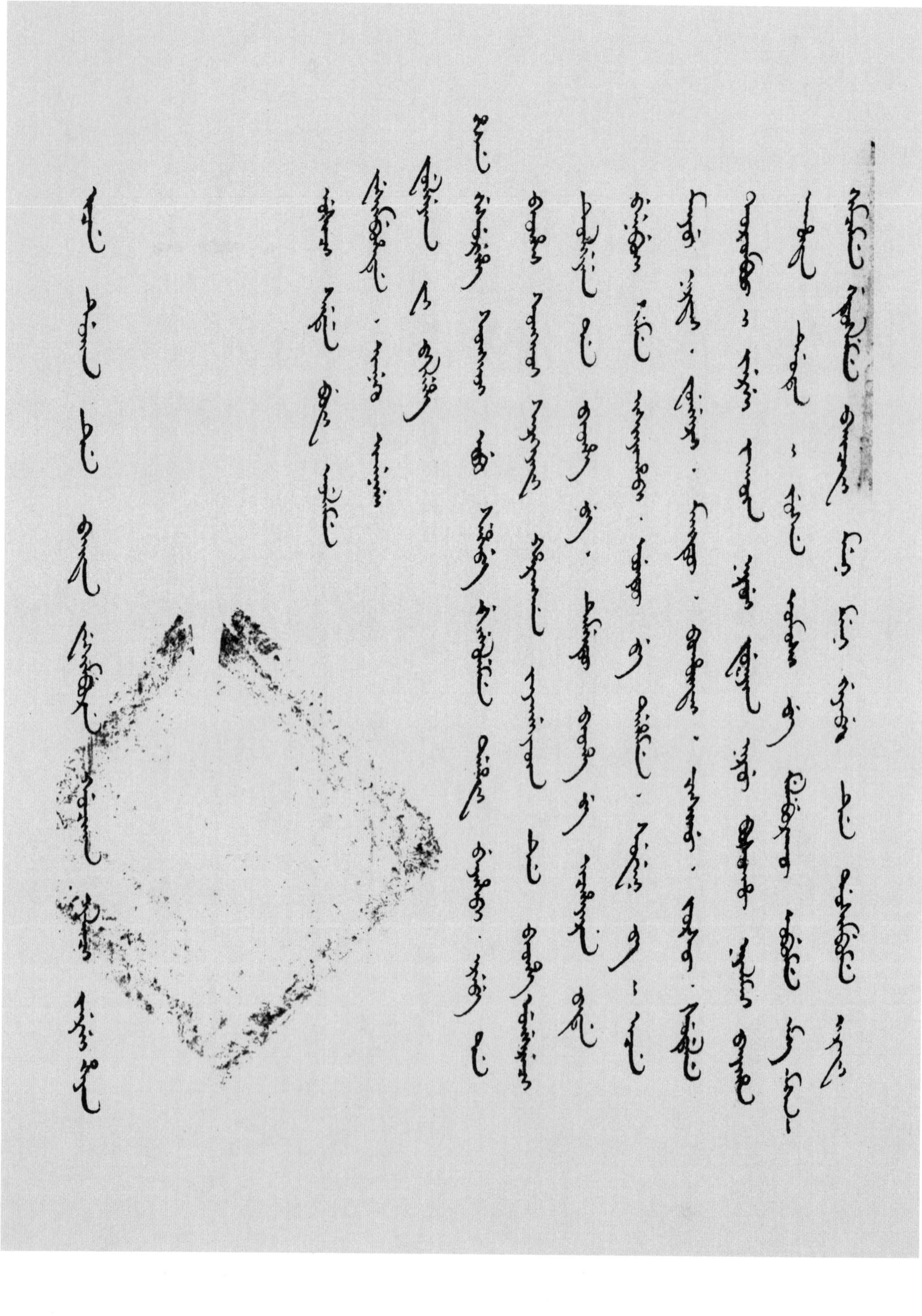

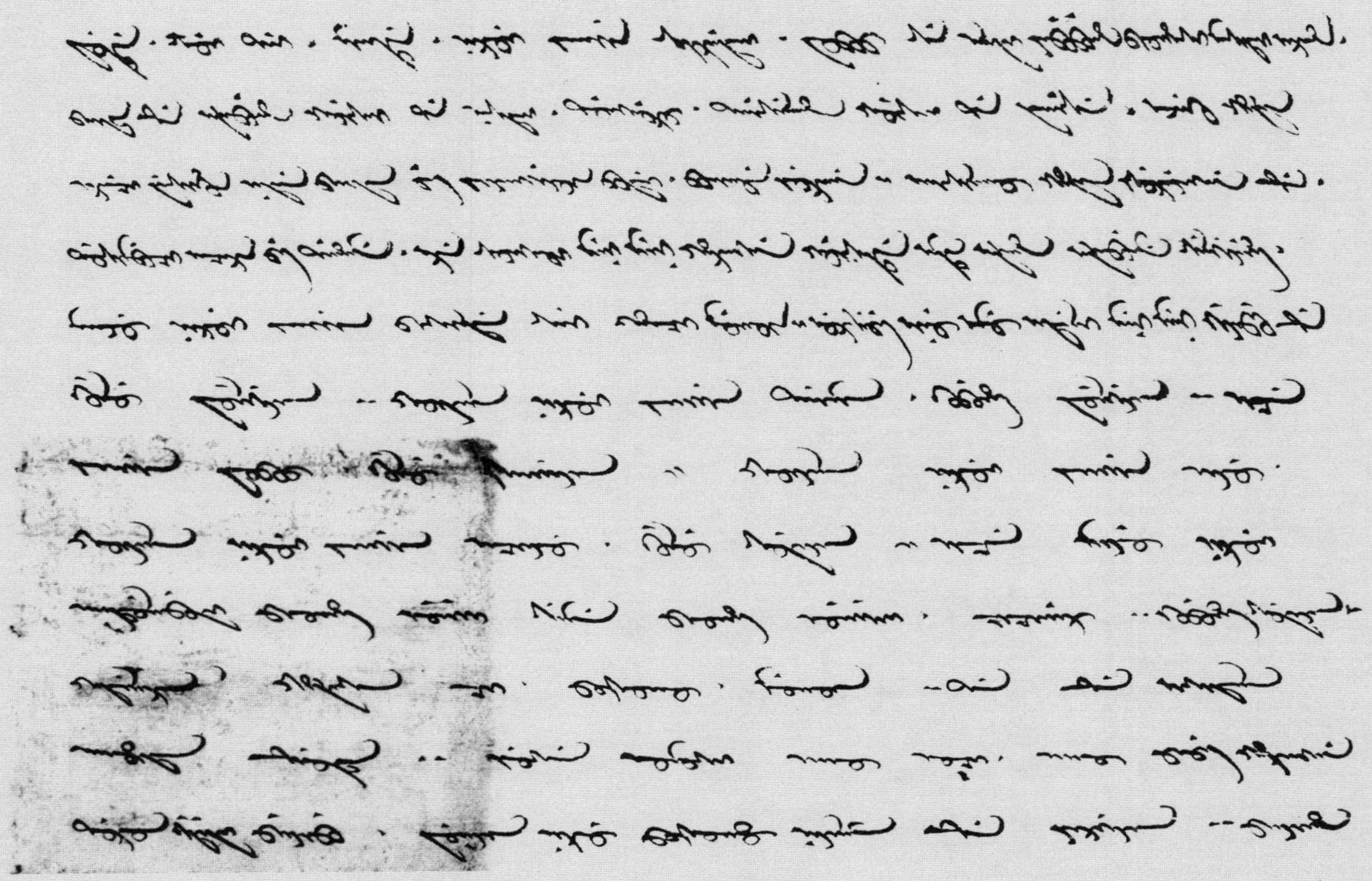

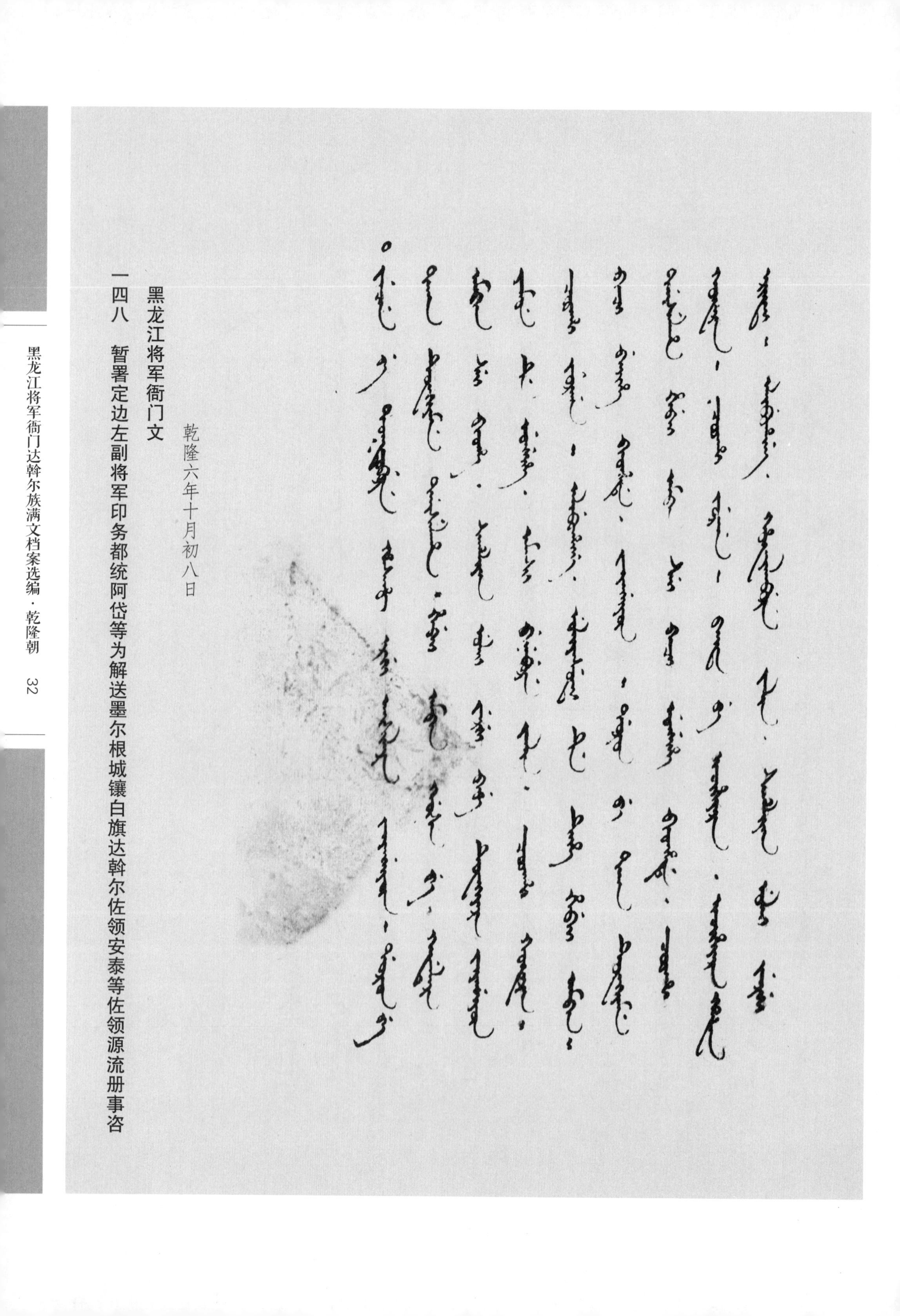

一四八　暂署定边左副将军印务都统阿岱等为解送墨尔根城镶白旗达斡尔佐领安泰等佐领源流册事咨

黑龙江将军衙门文

乾隆六年十月初八日

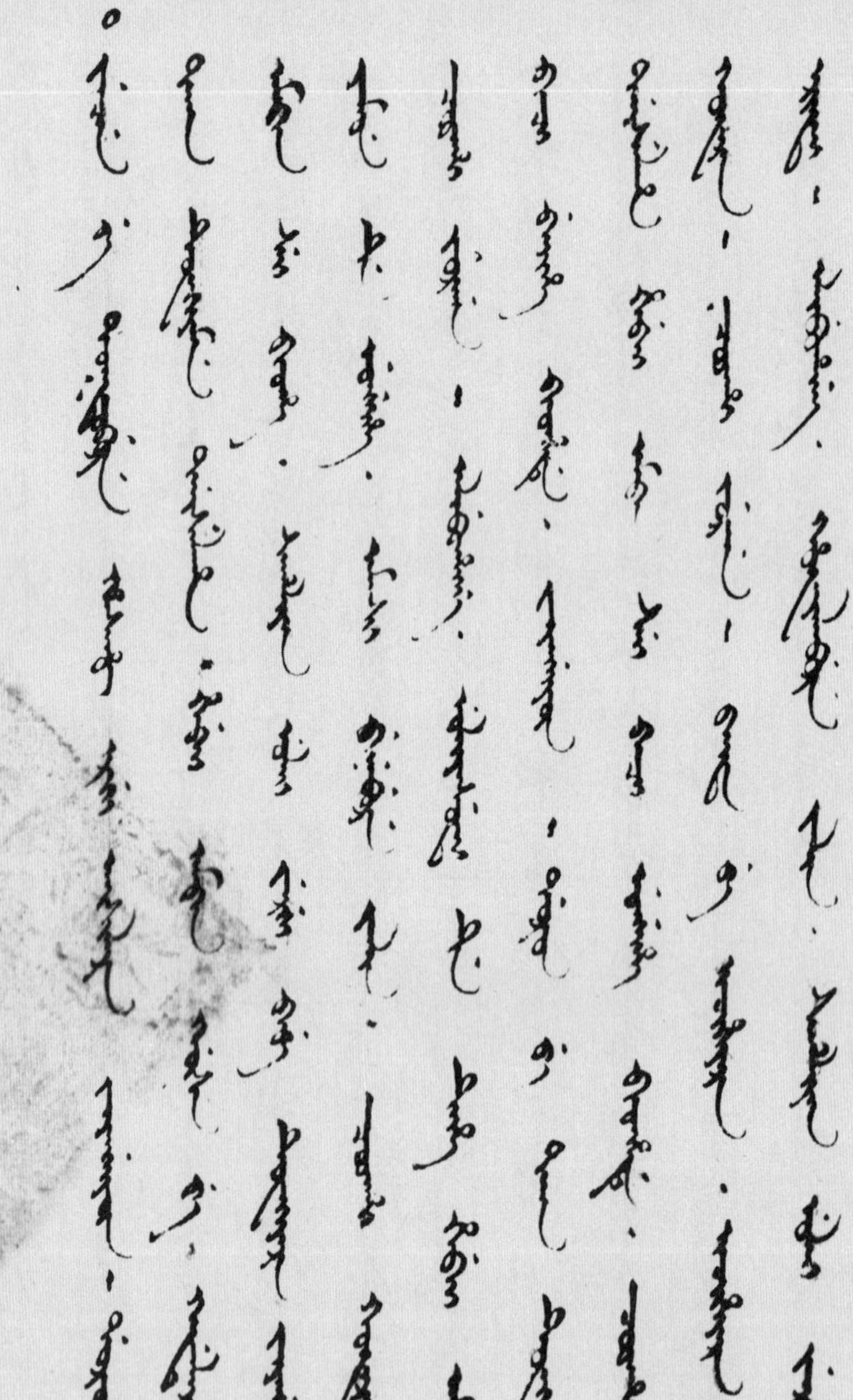

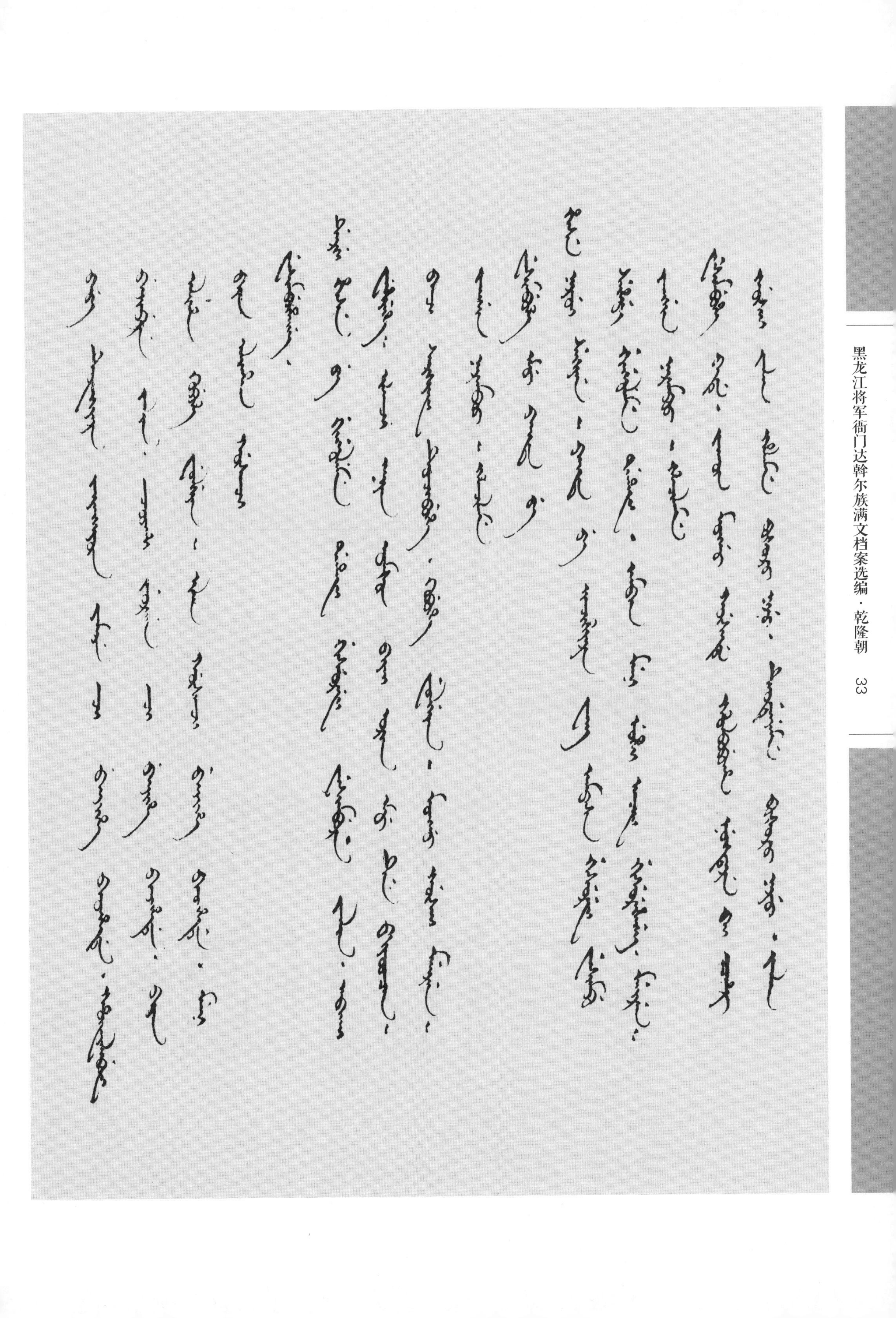

[illegible]

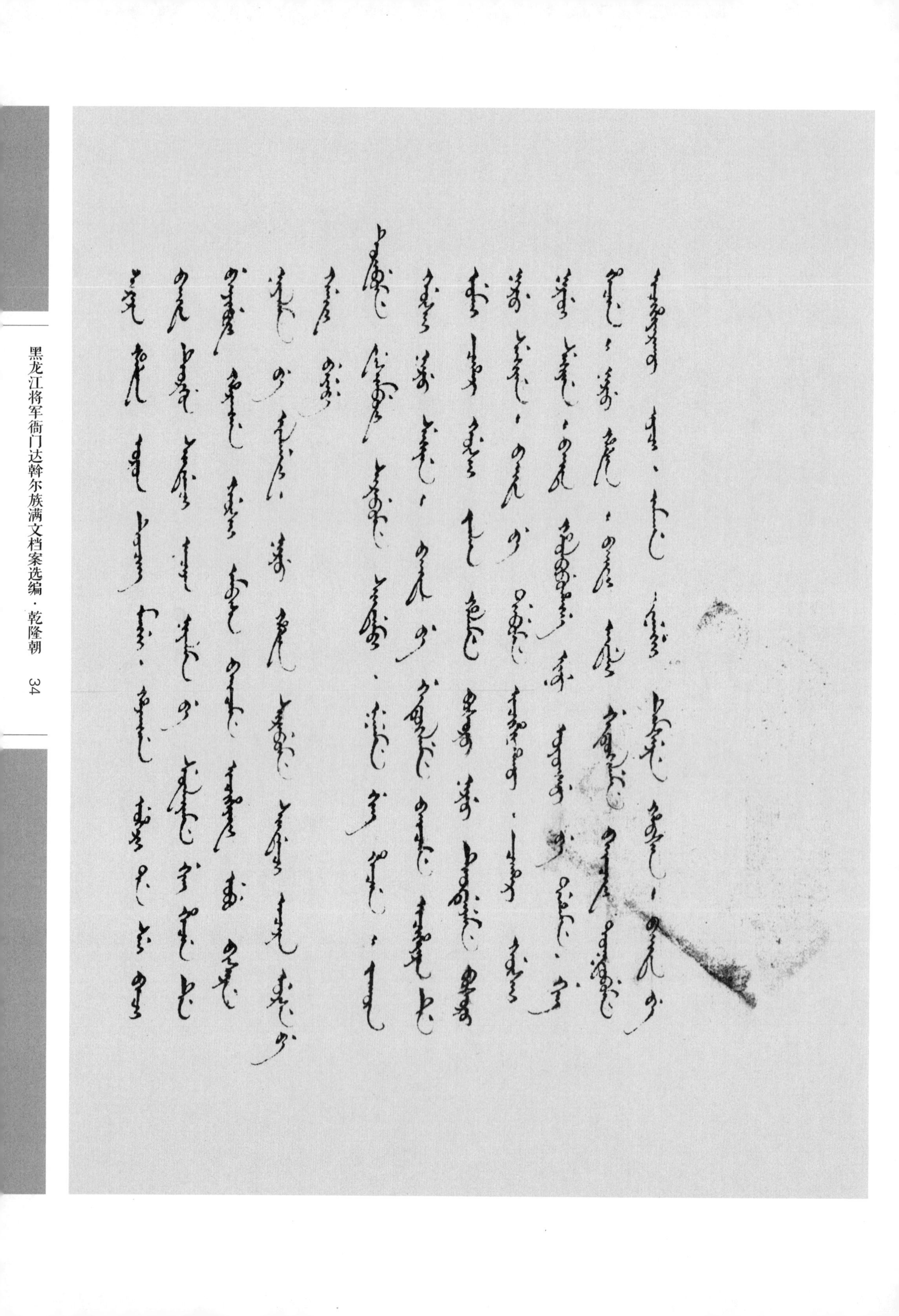

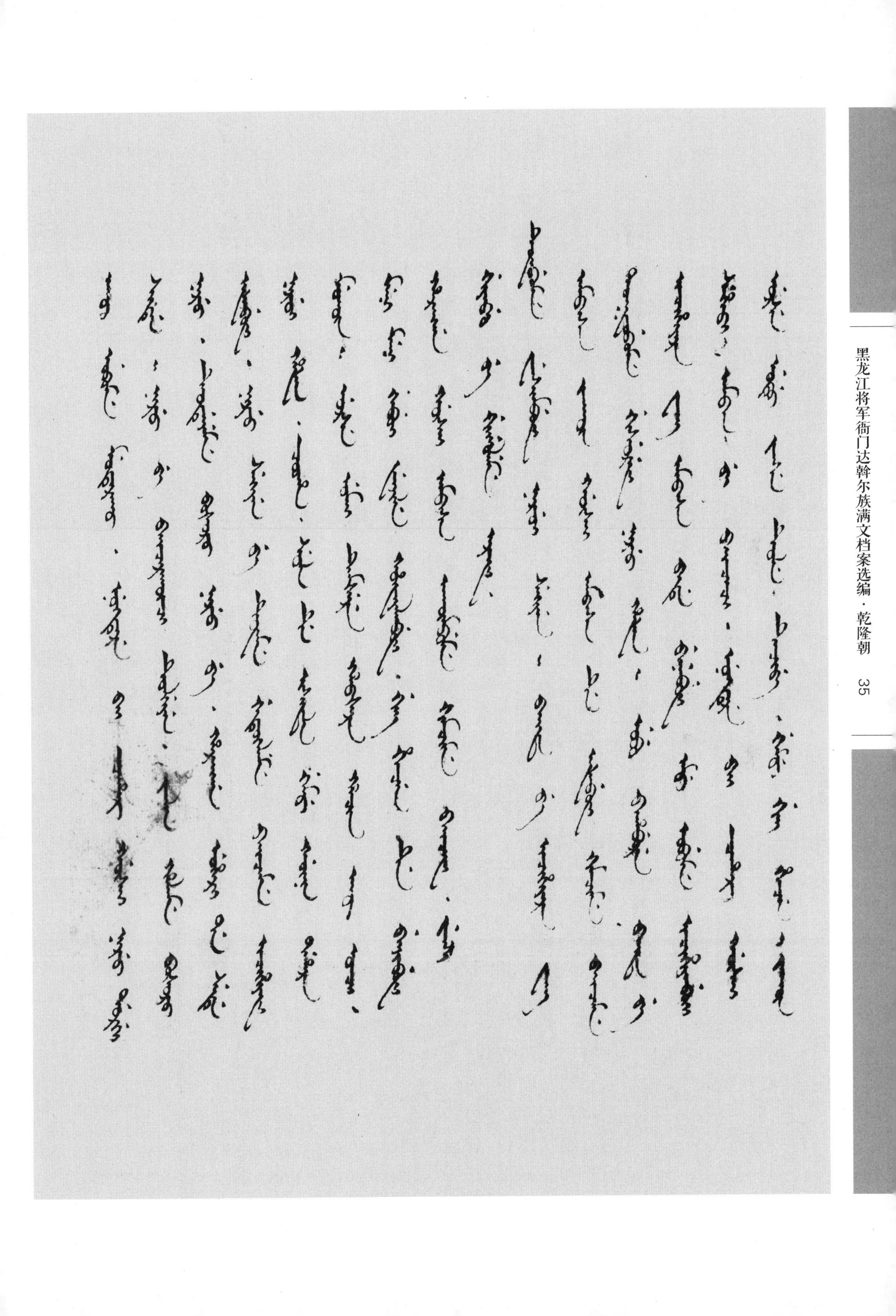

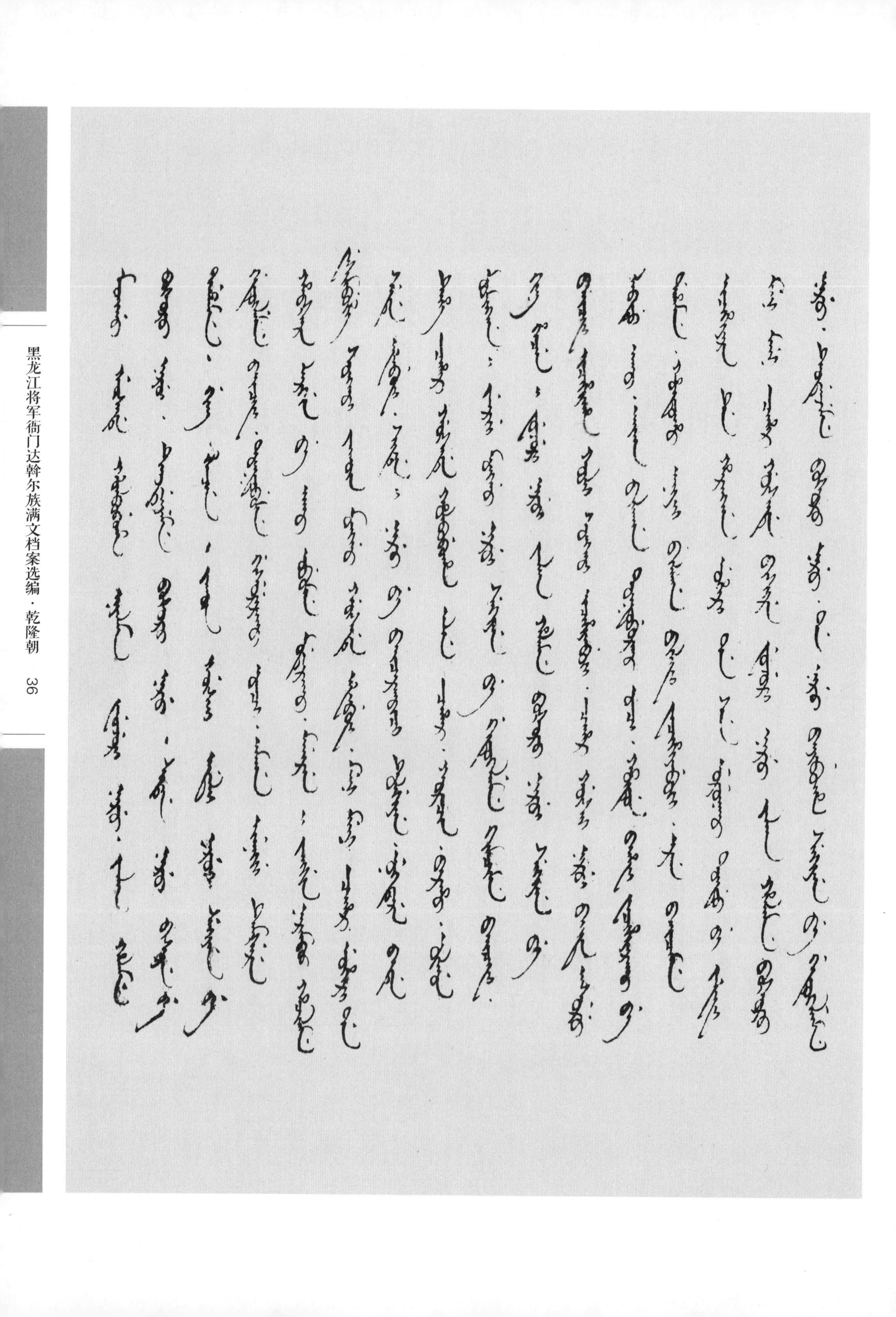

[illegible]

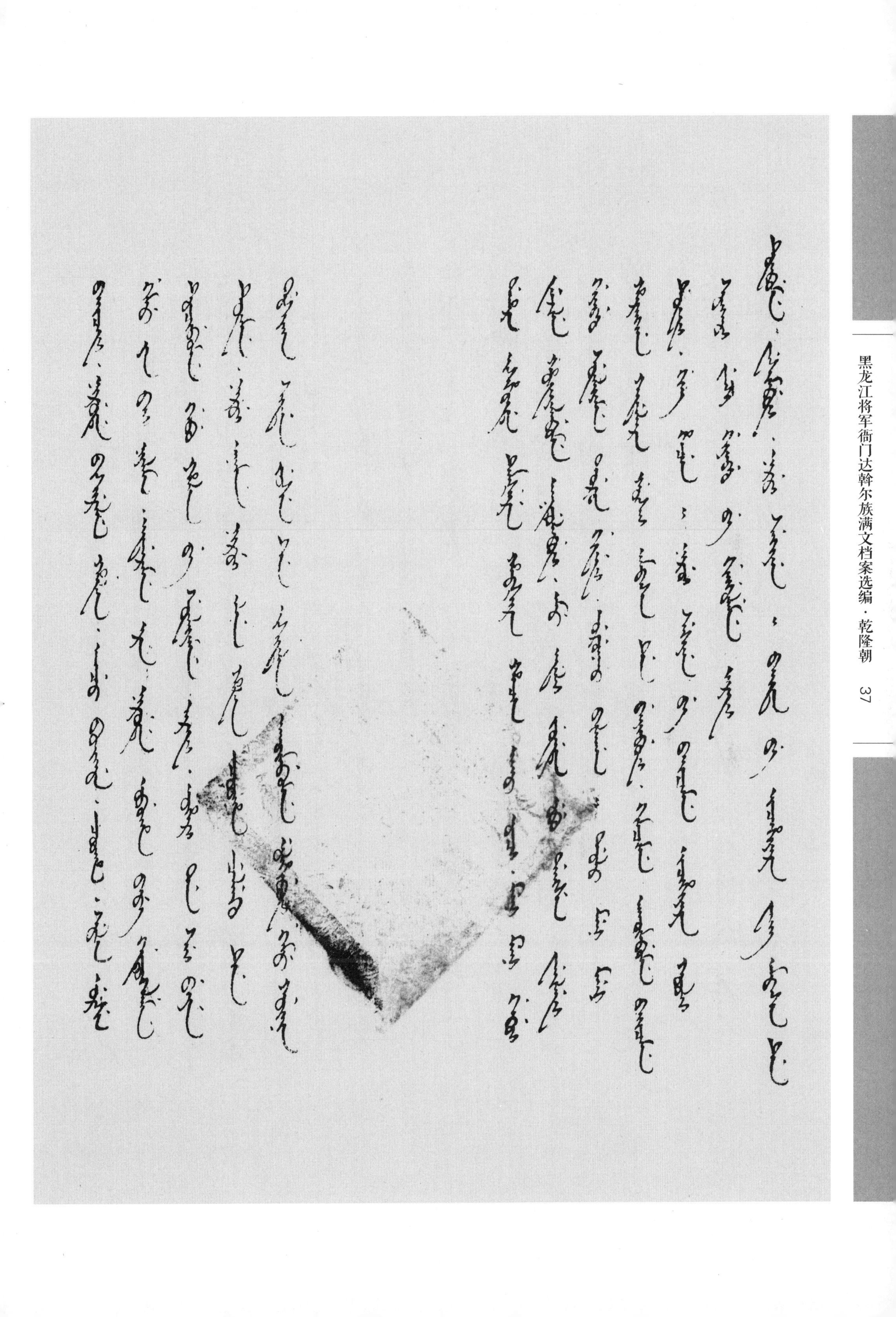

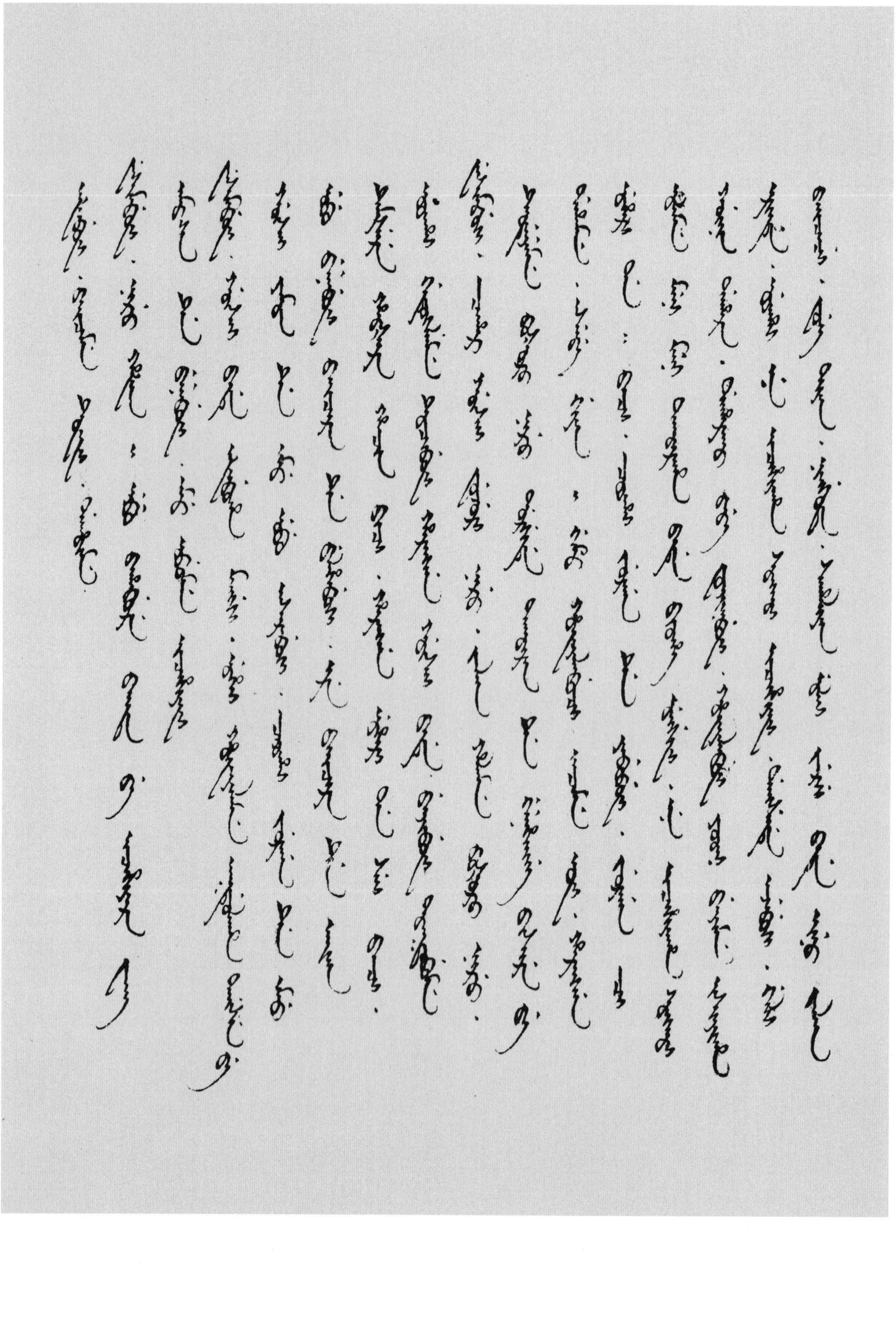

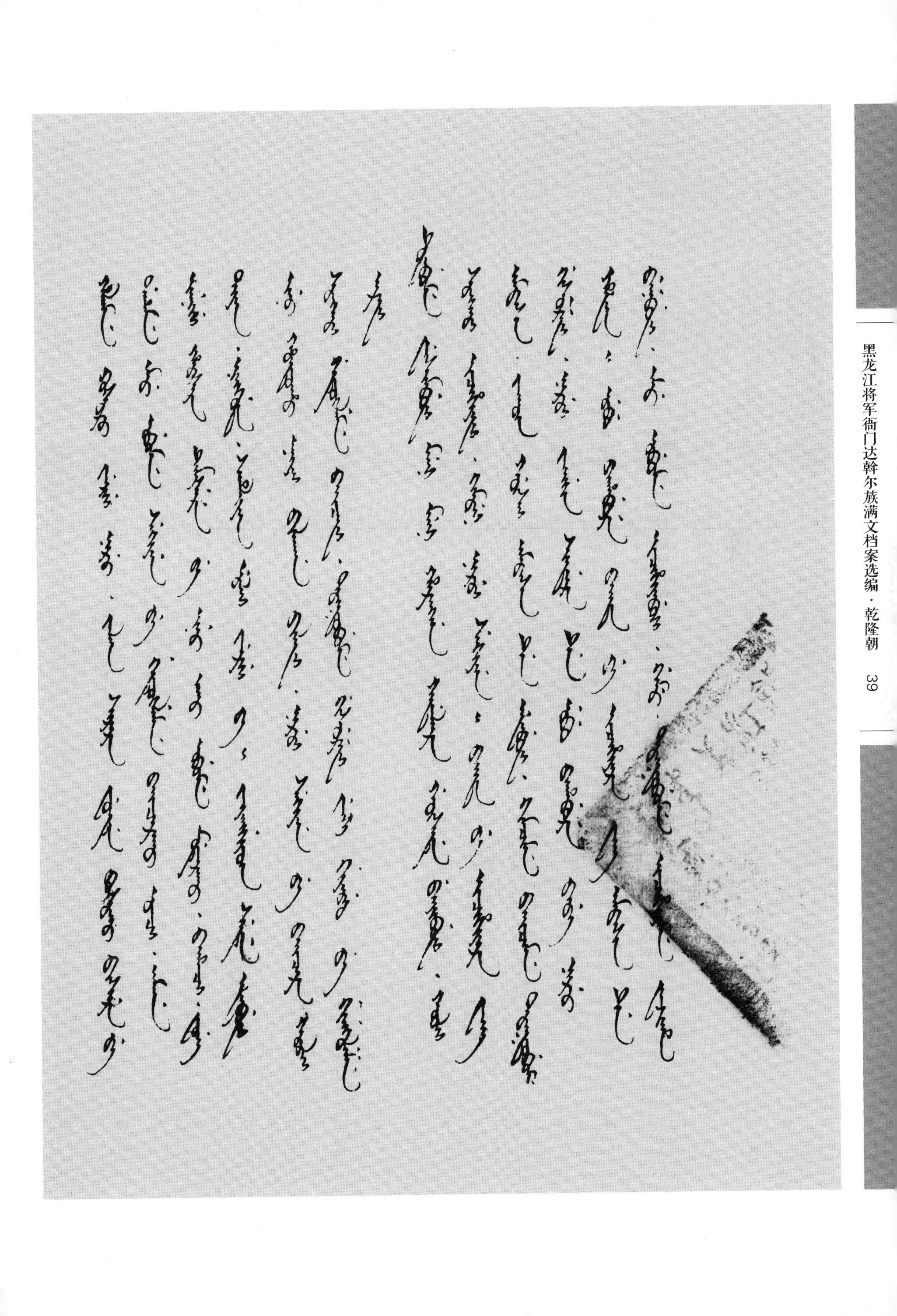

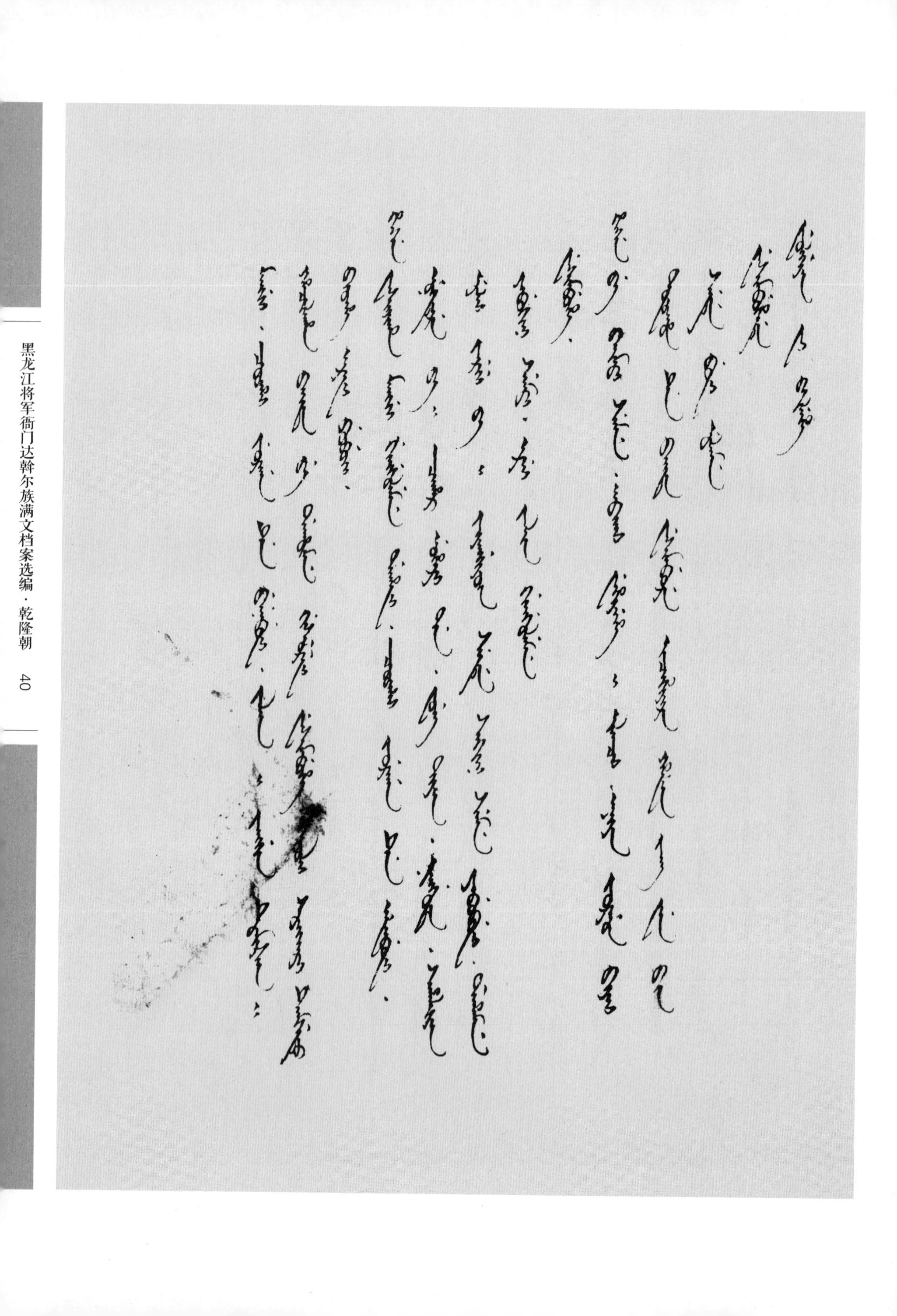

[illegible]

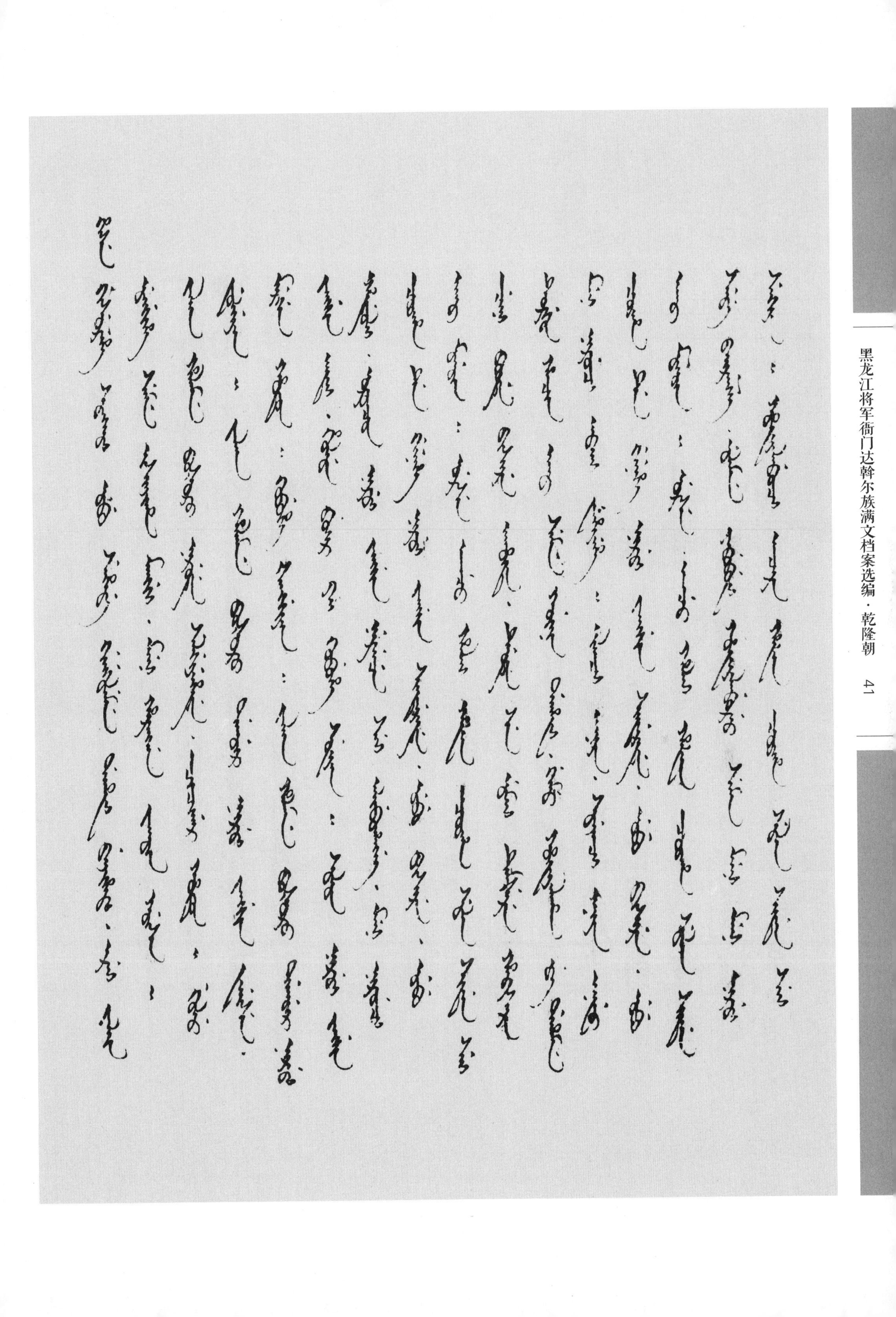

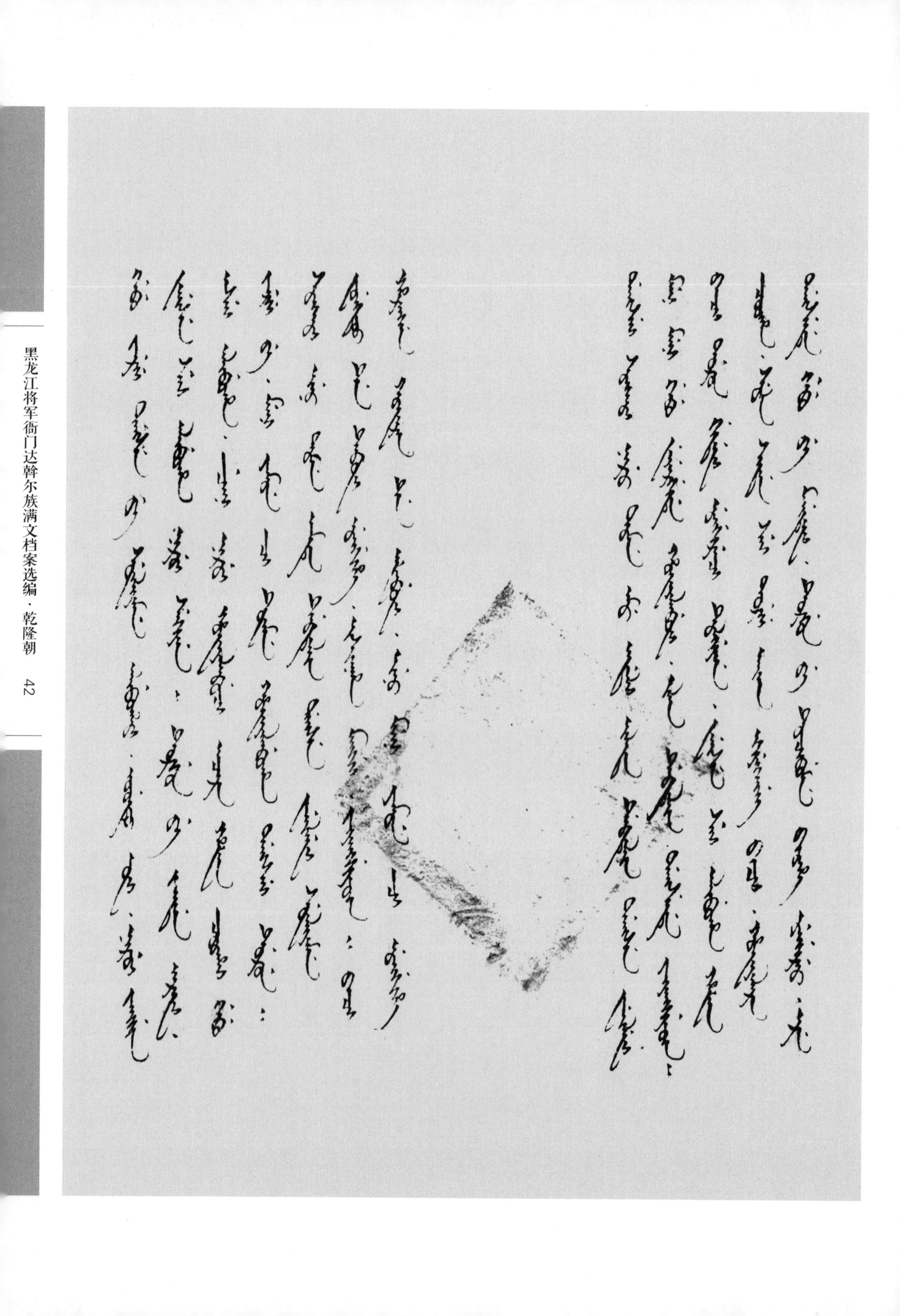

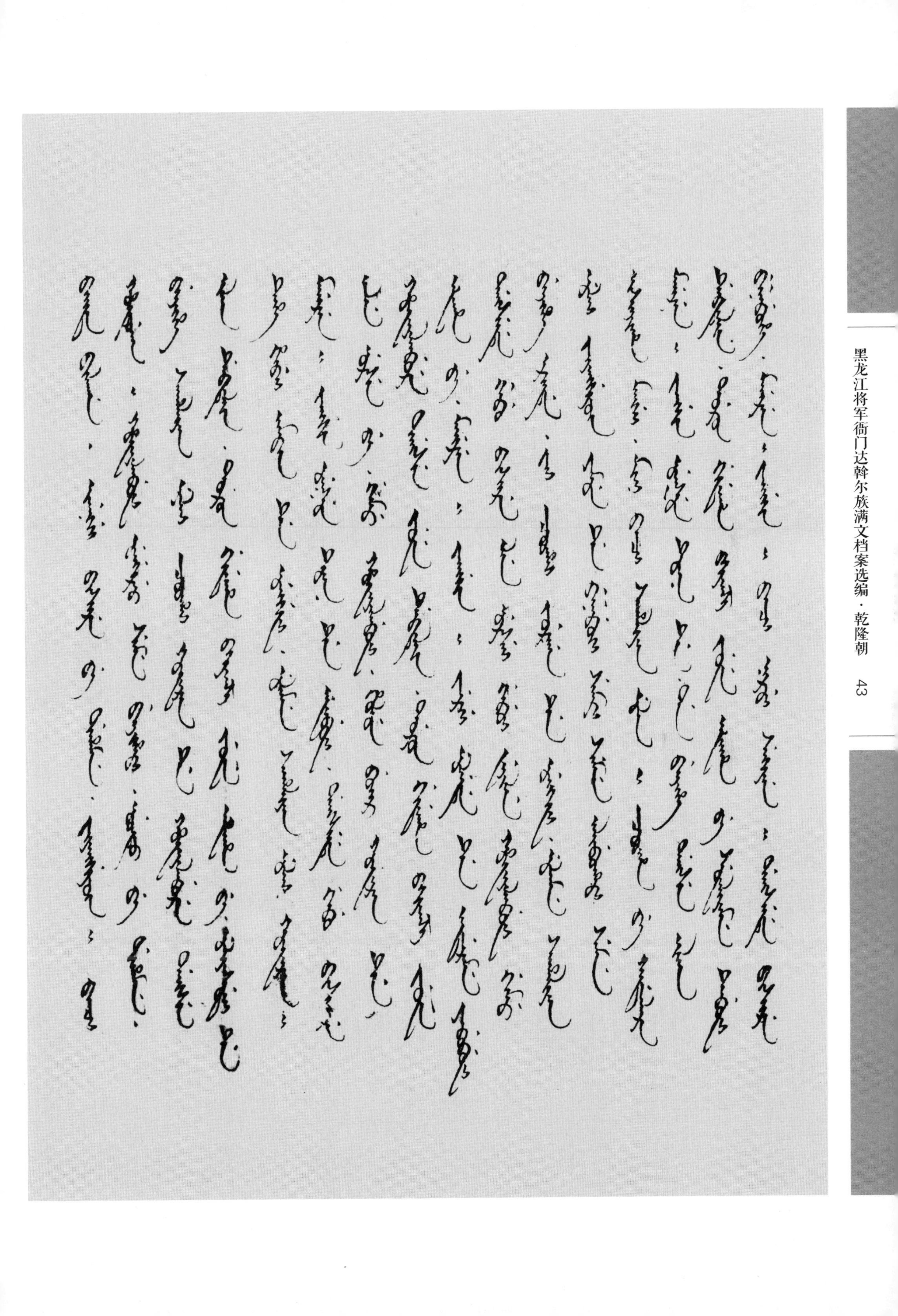

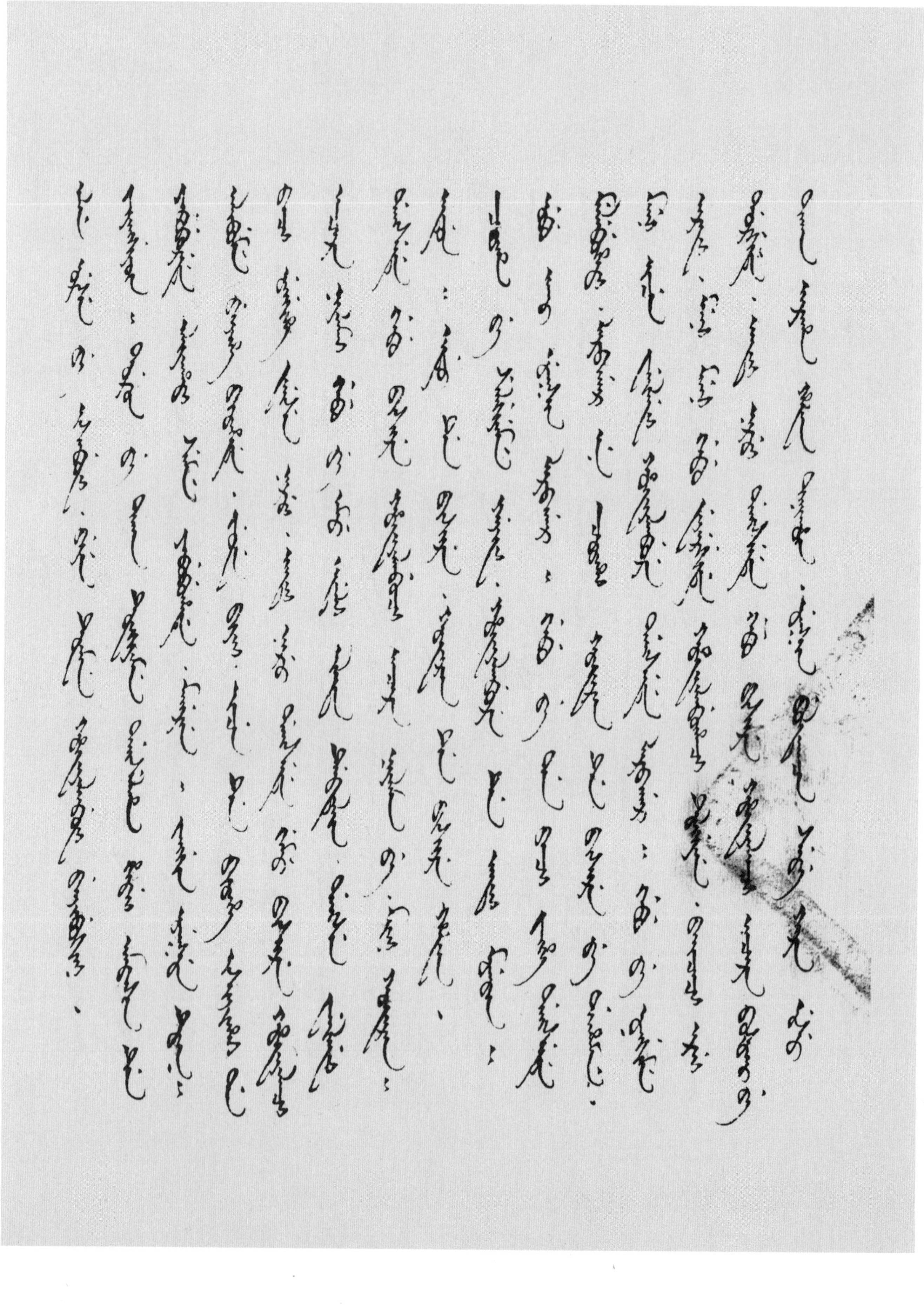

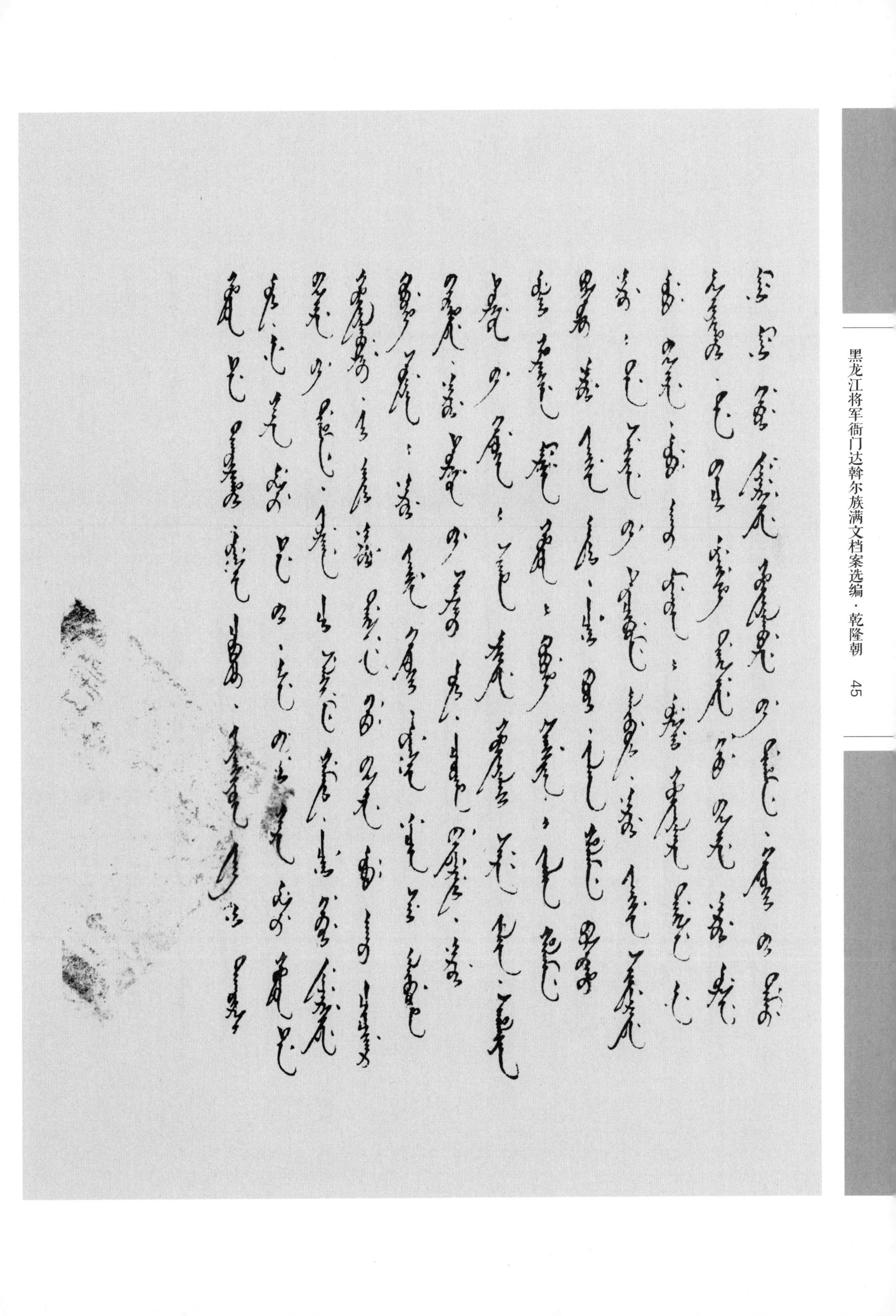

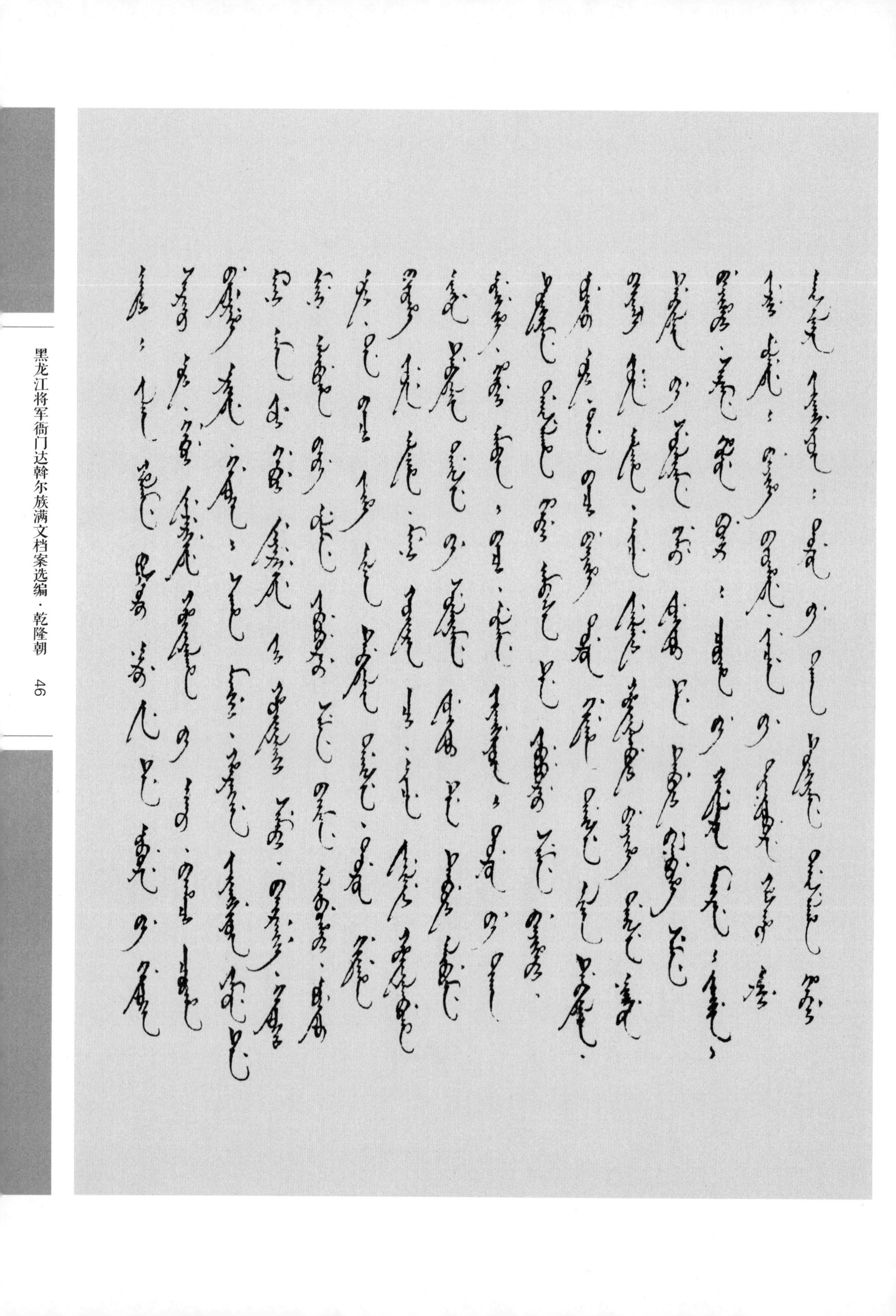

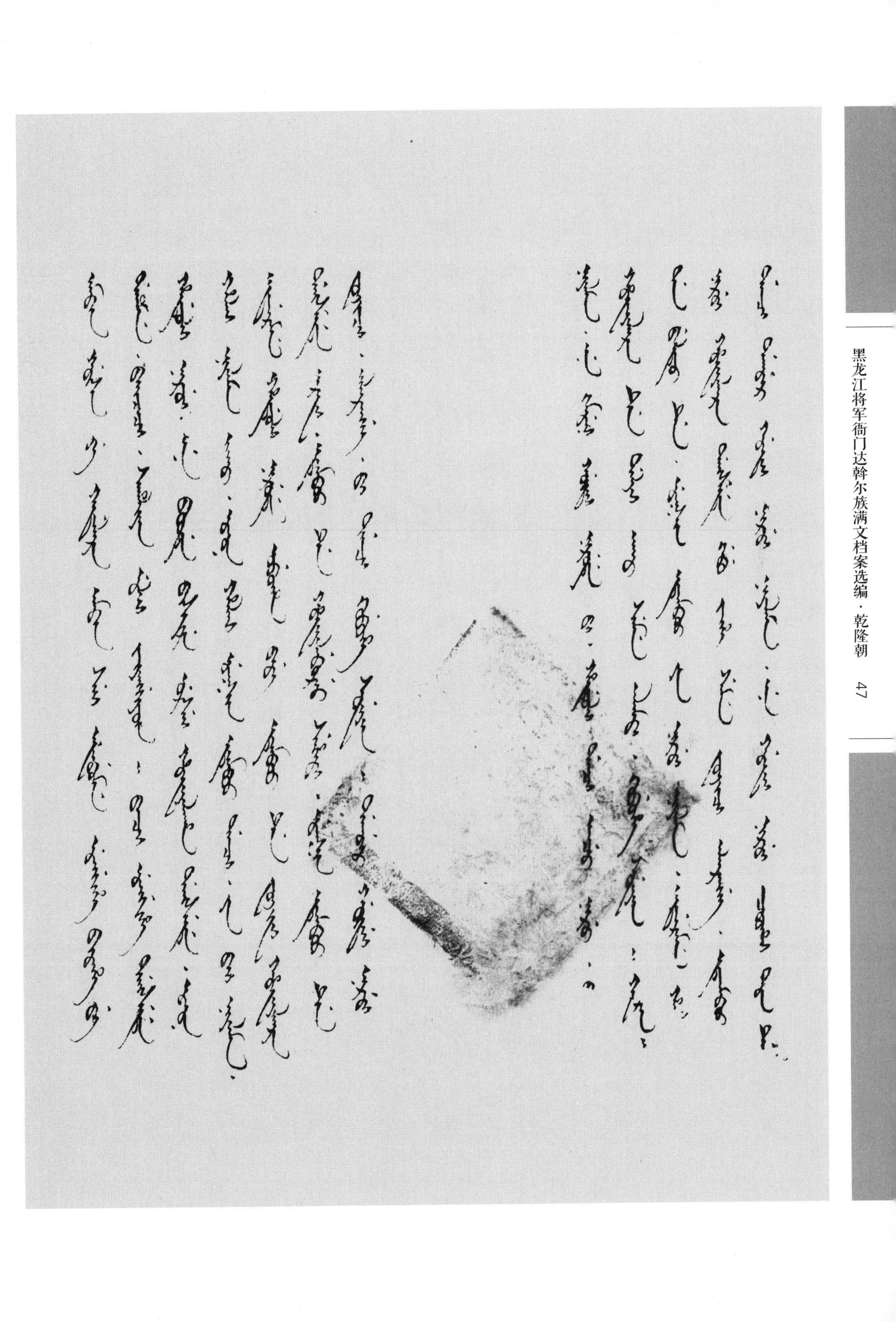

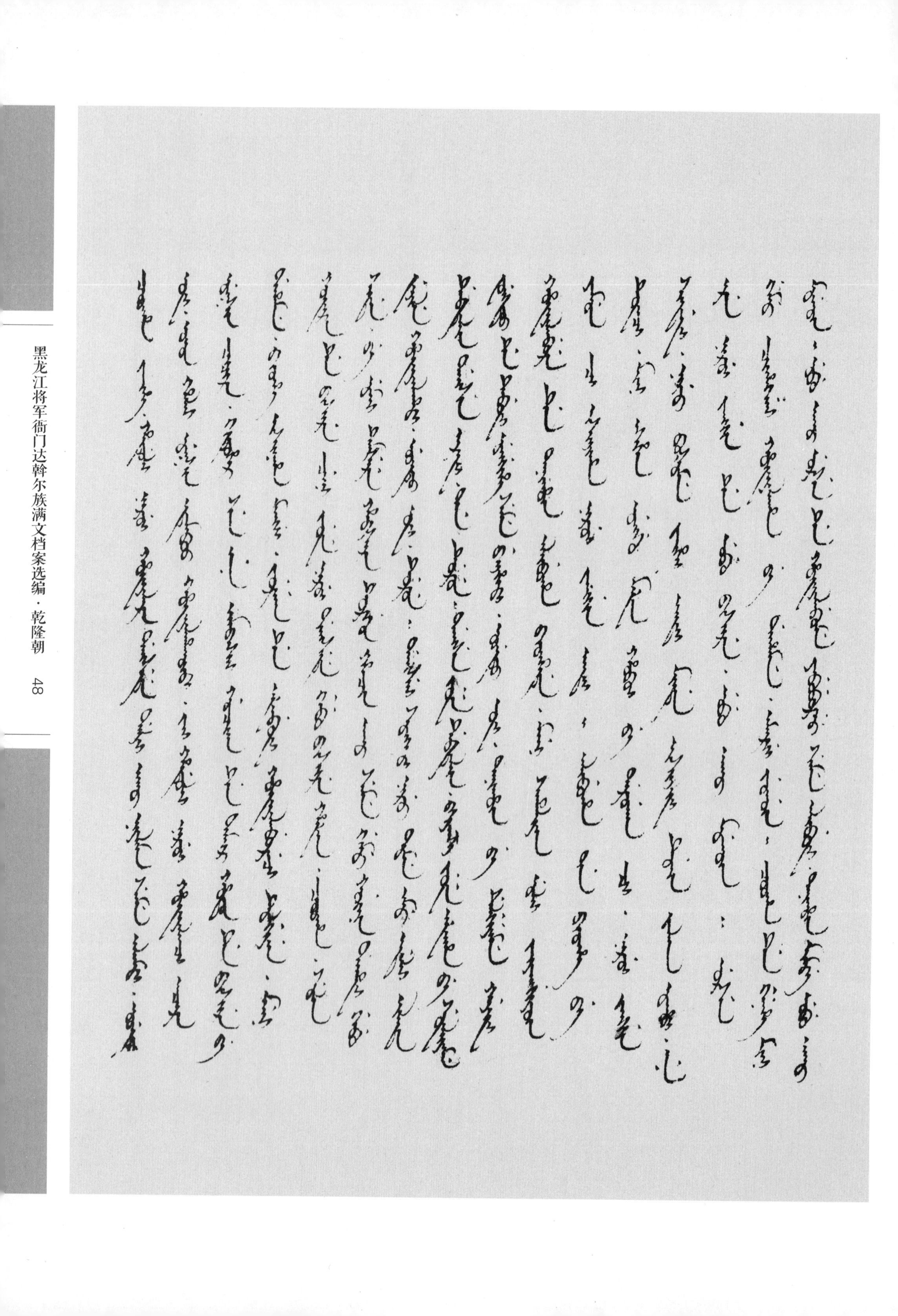

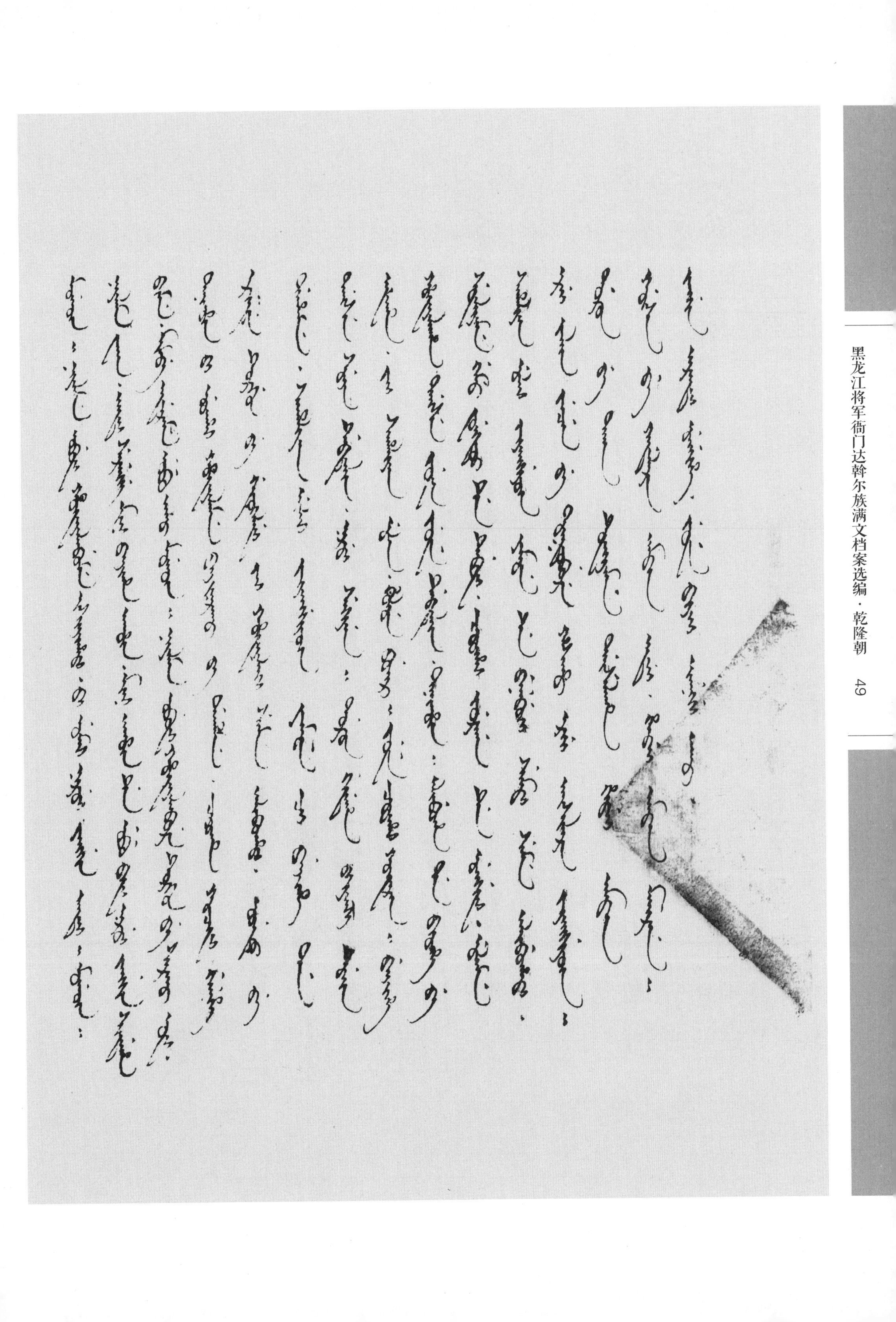

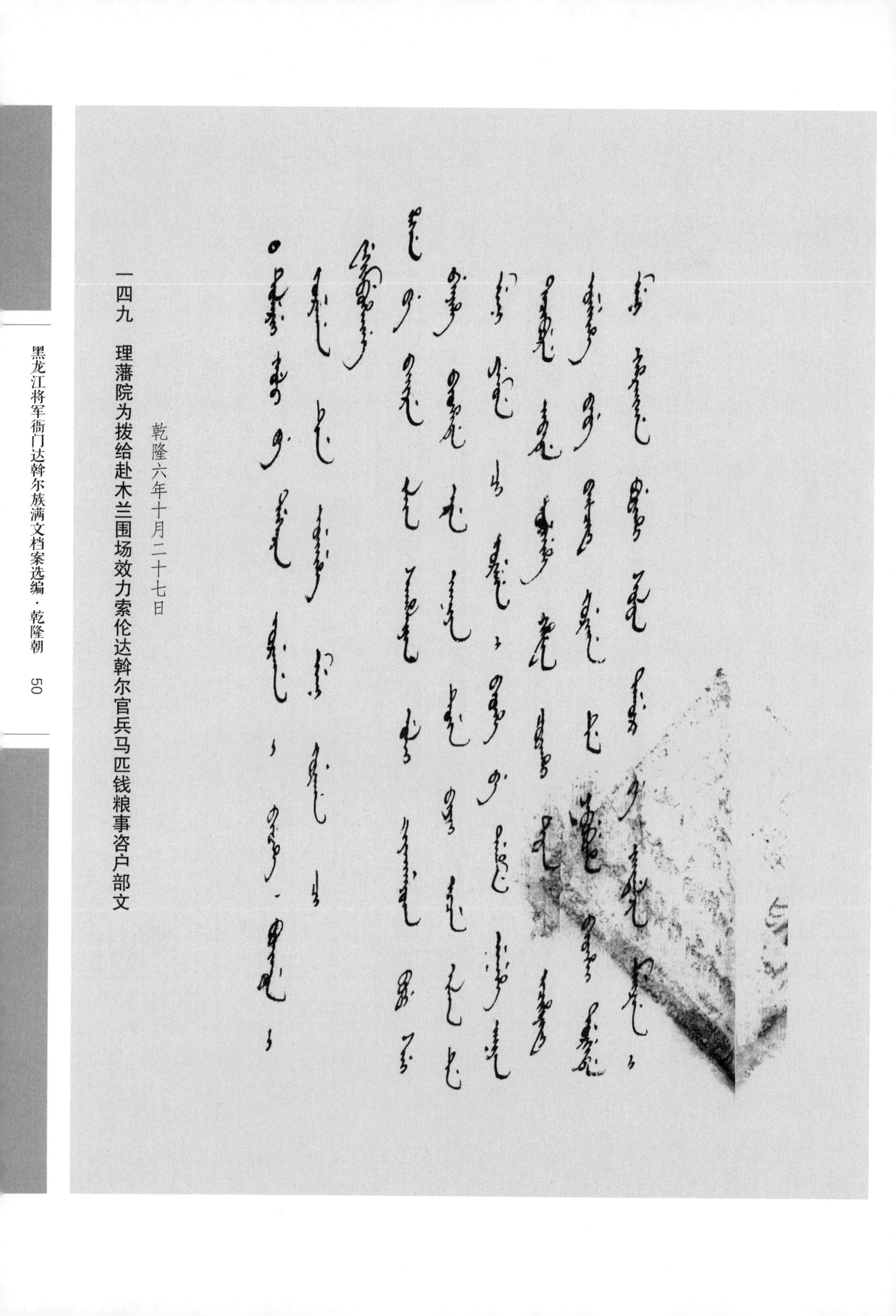

乾隆六年十月二十七日

一四九　理藩院为拨给赴木兰围场效力索伦达斡尔官兵马匹钱粮事咨户部文

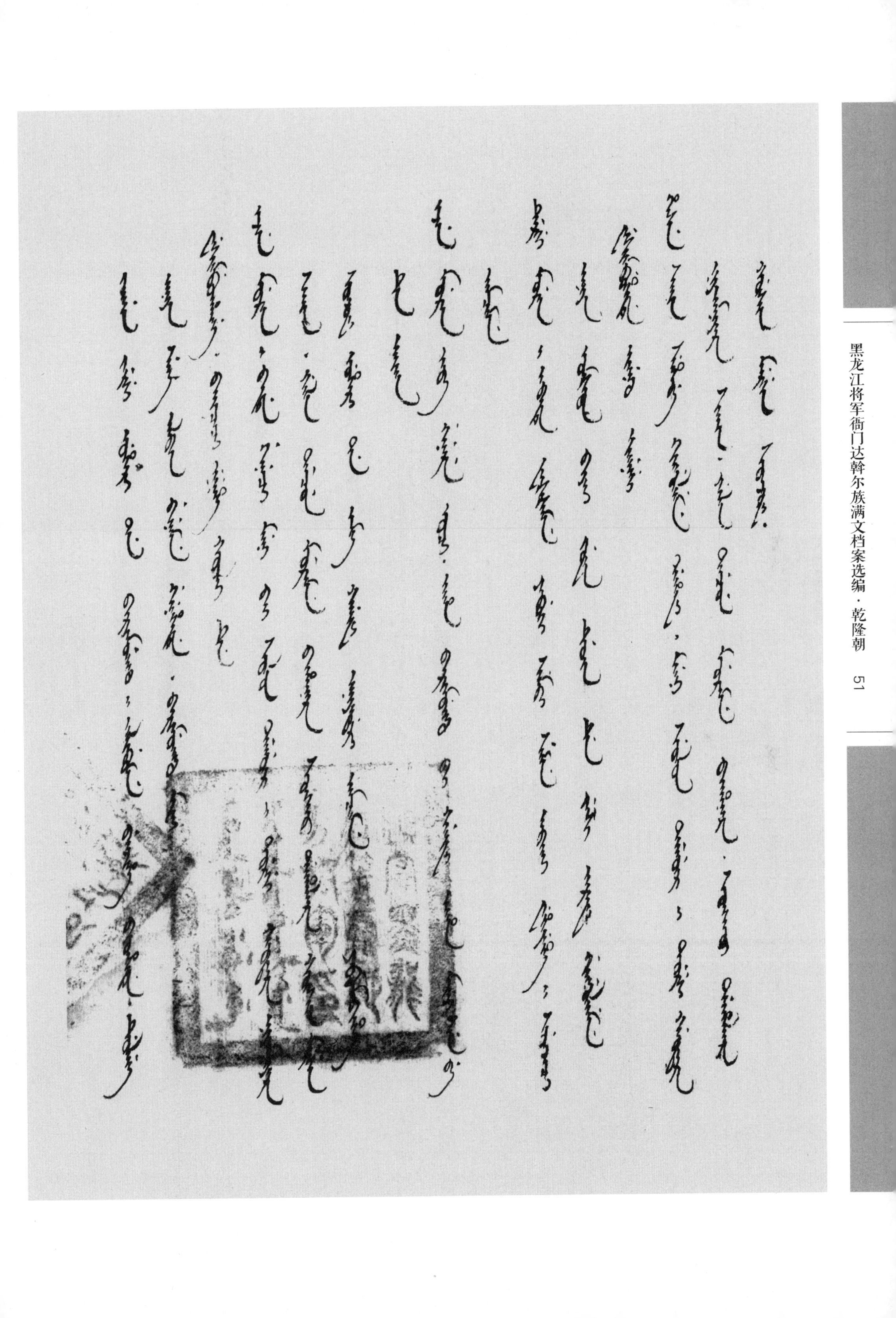

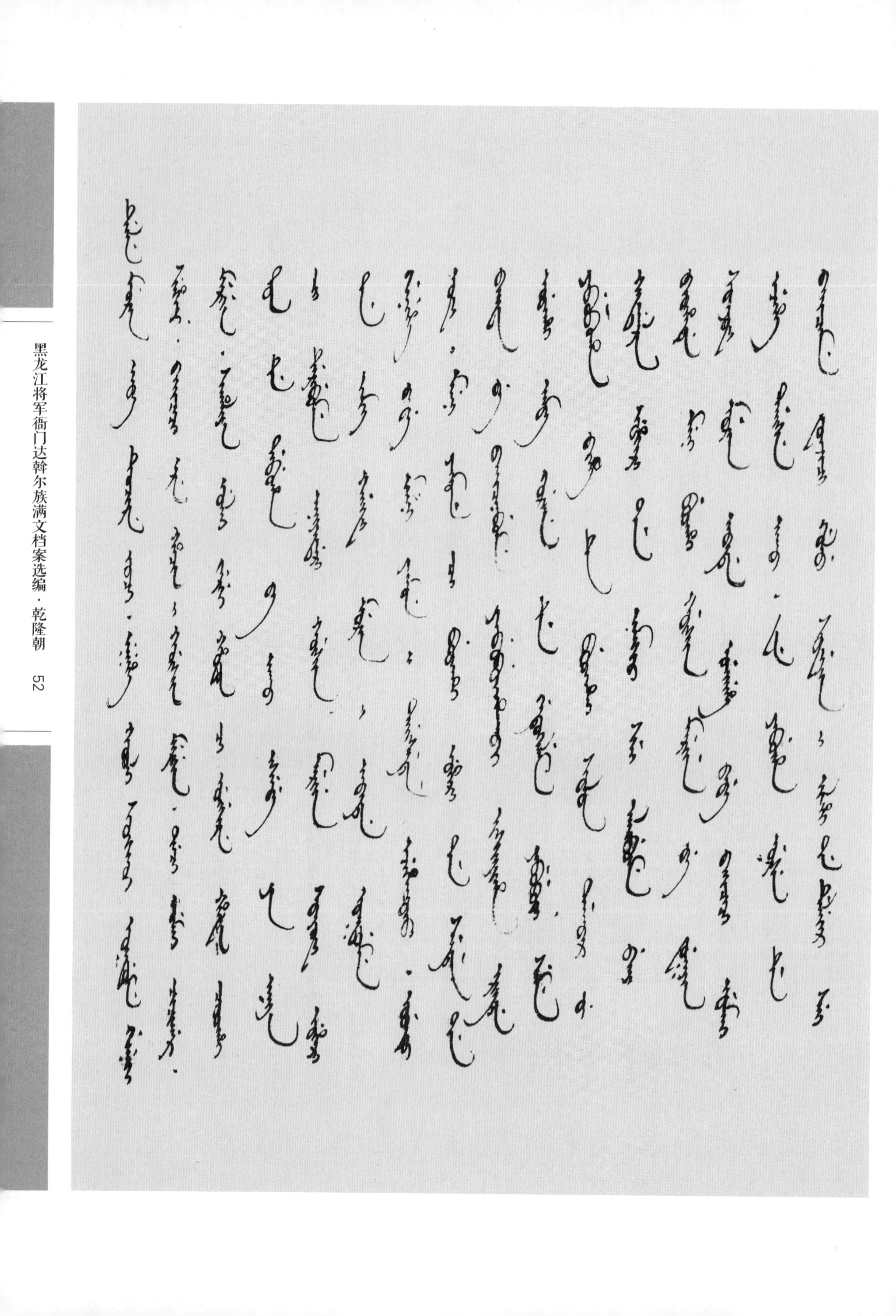

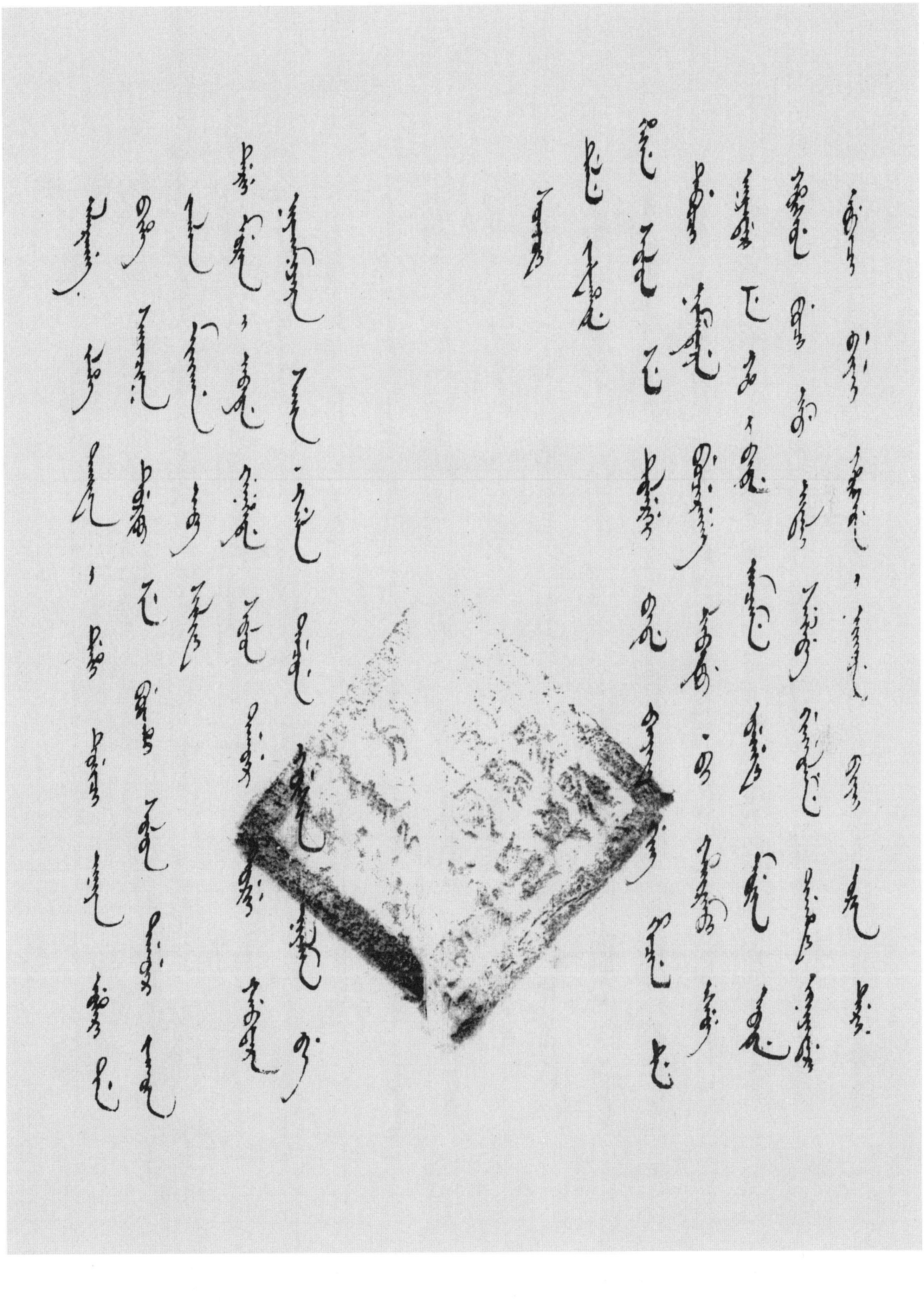

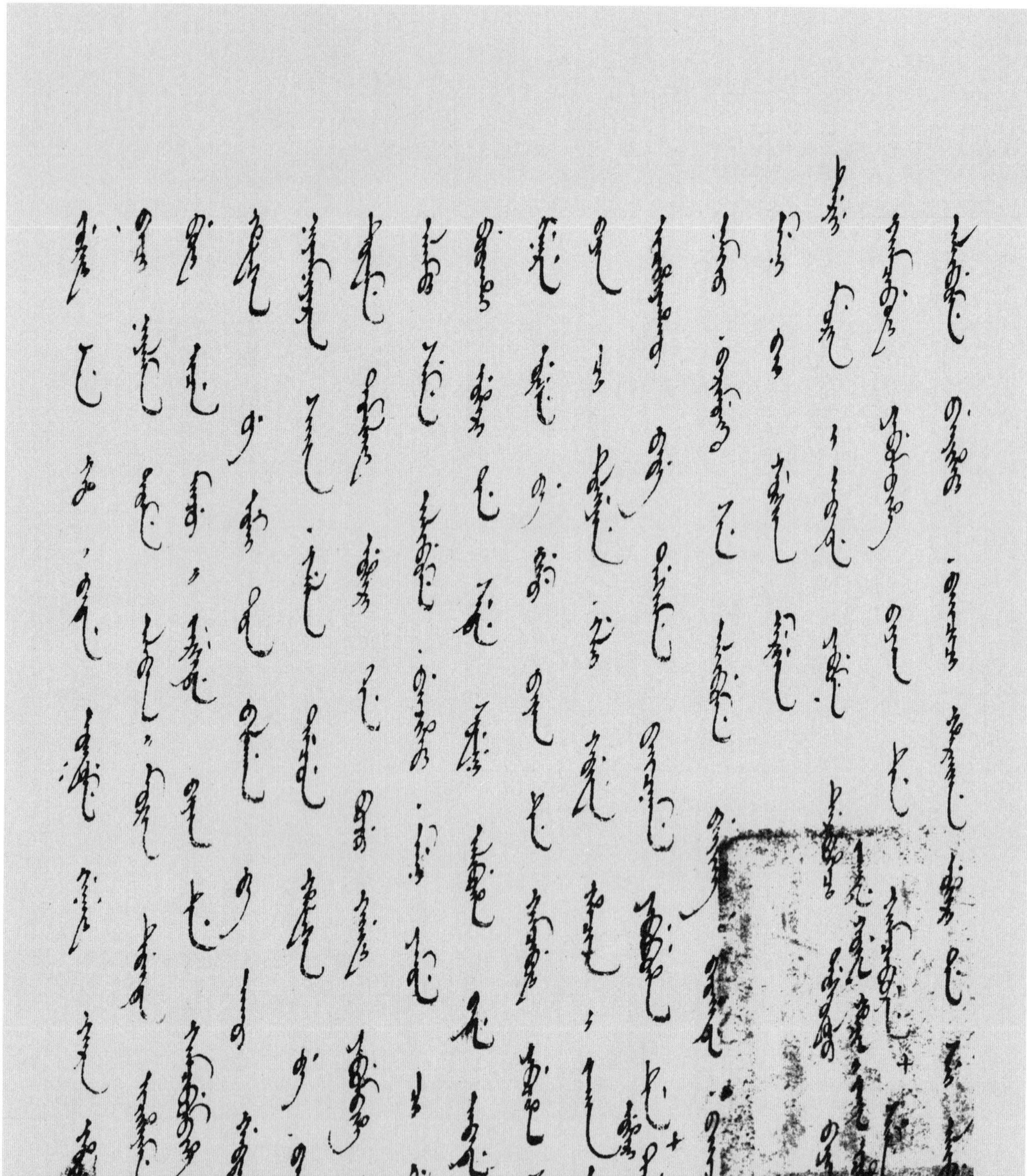

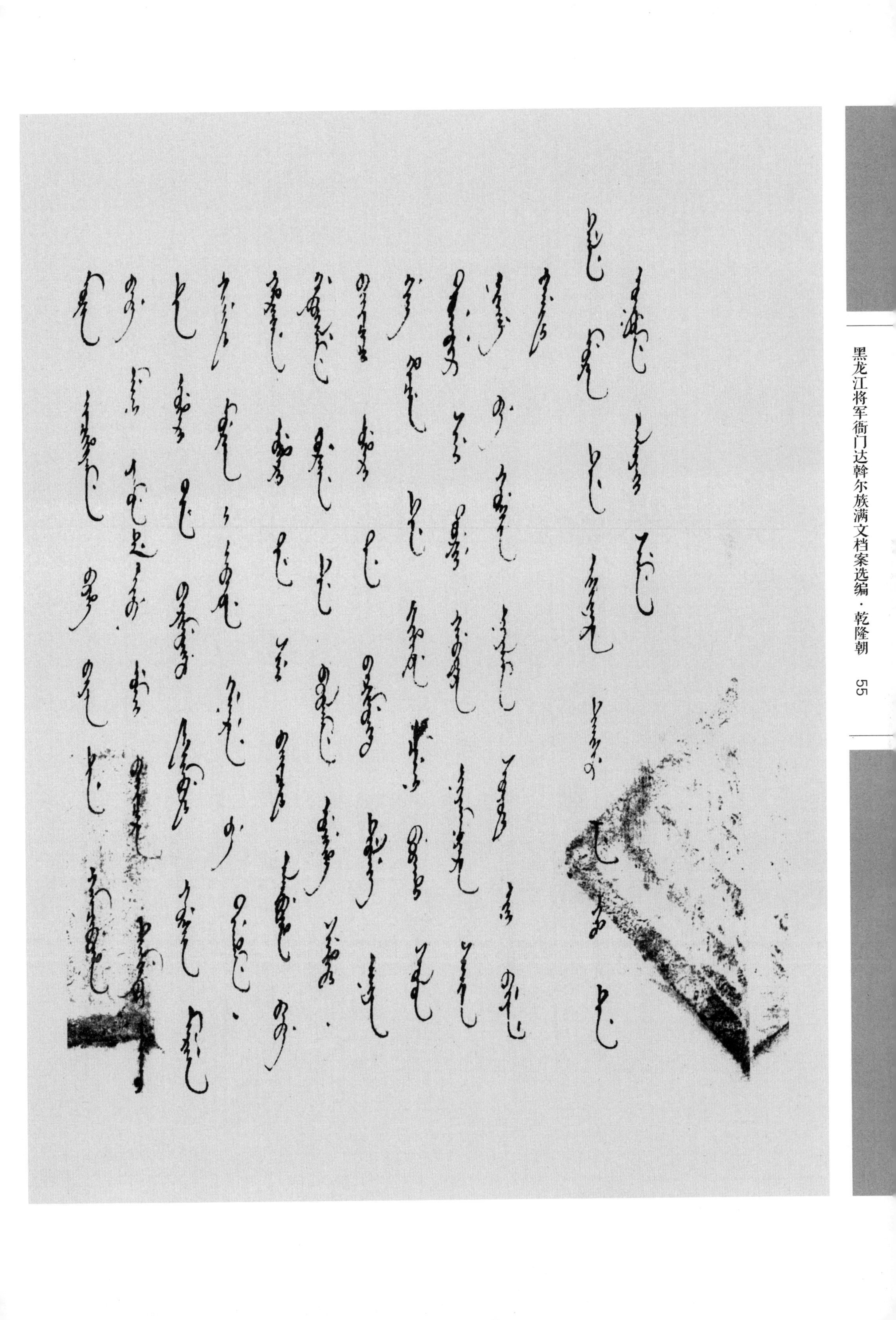

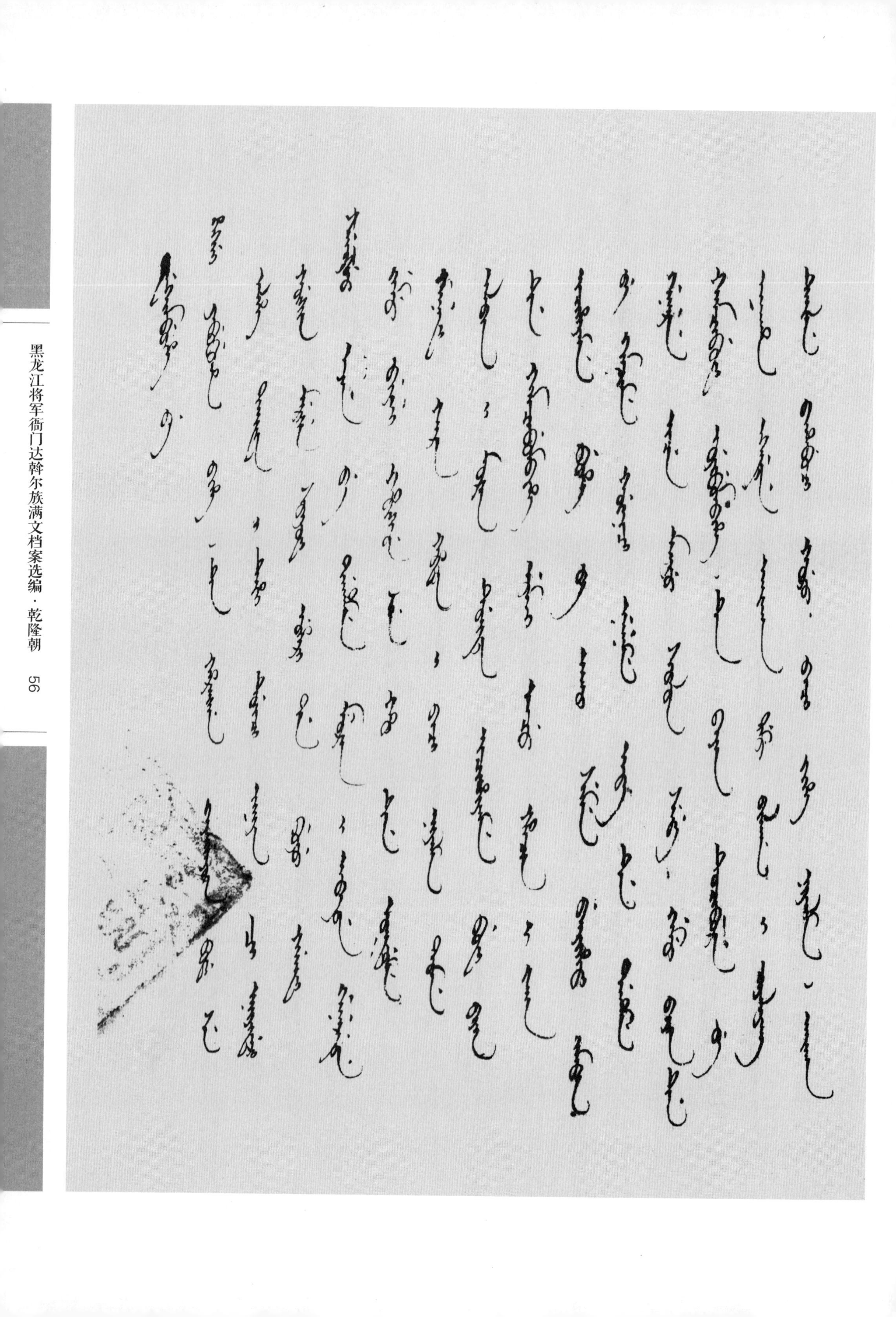

[illegible]

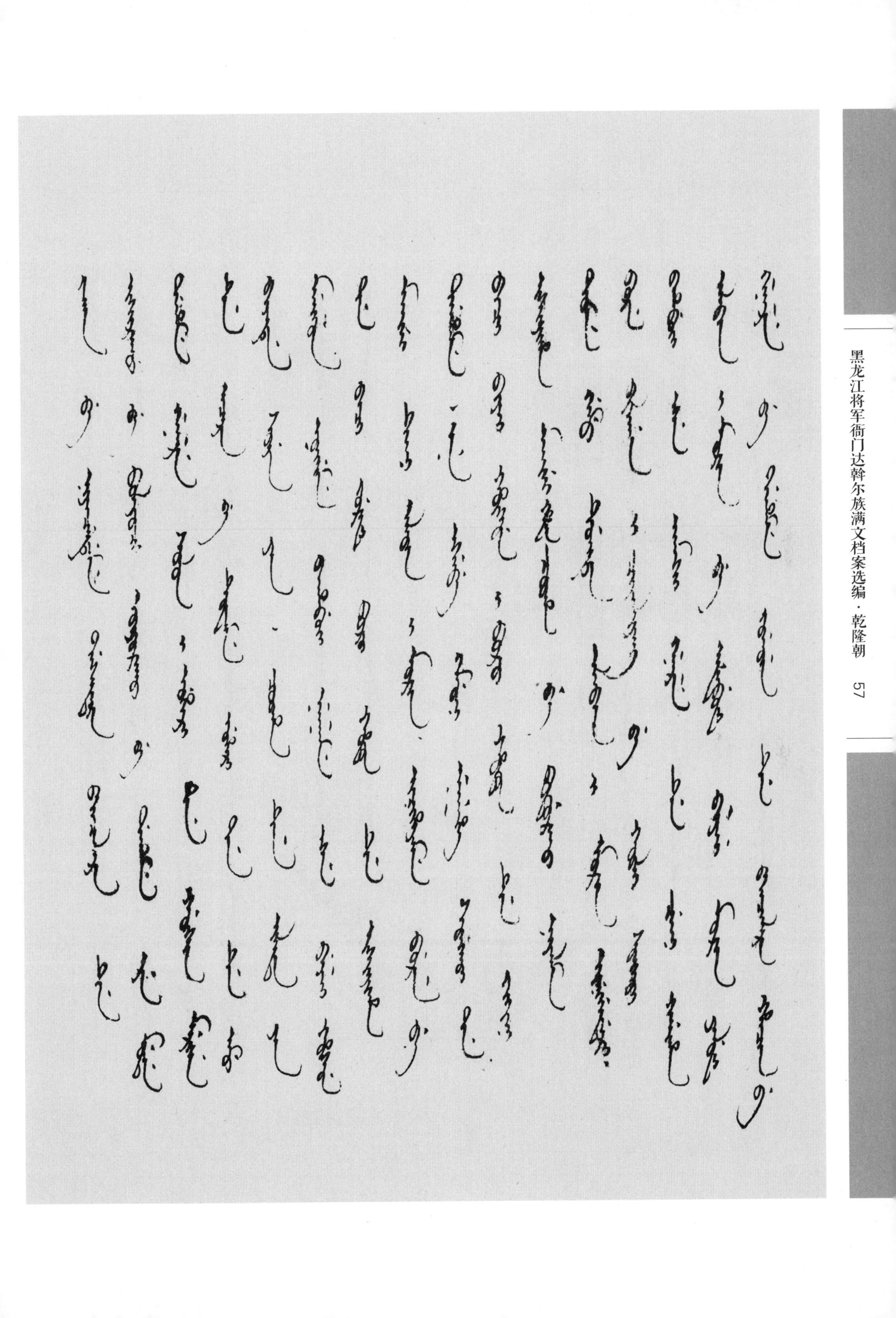

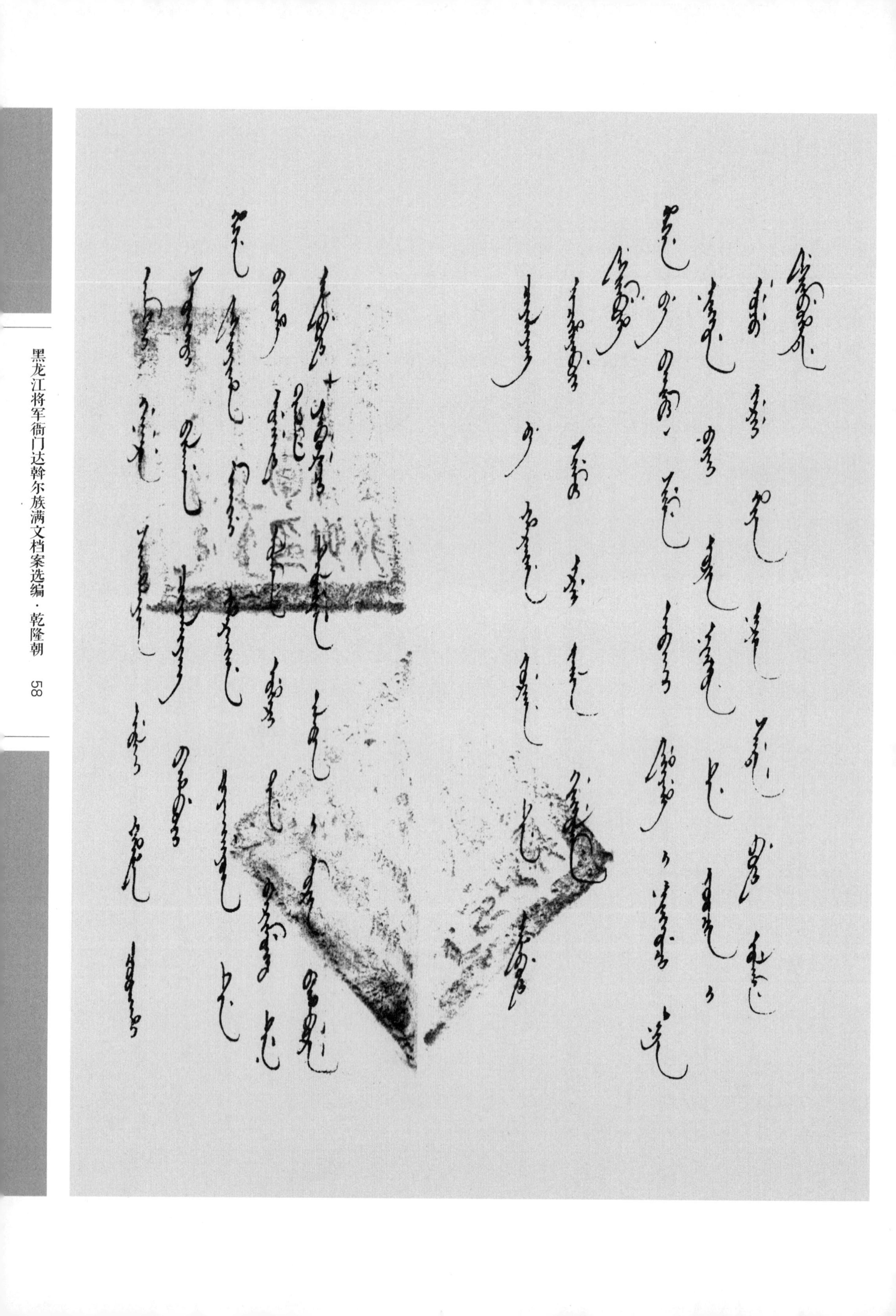

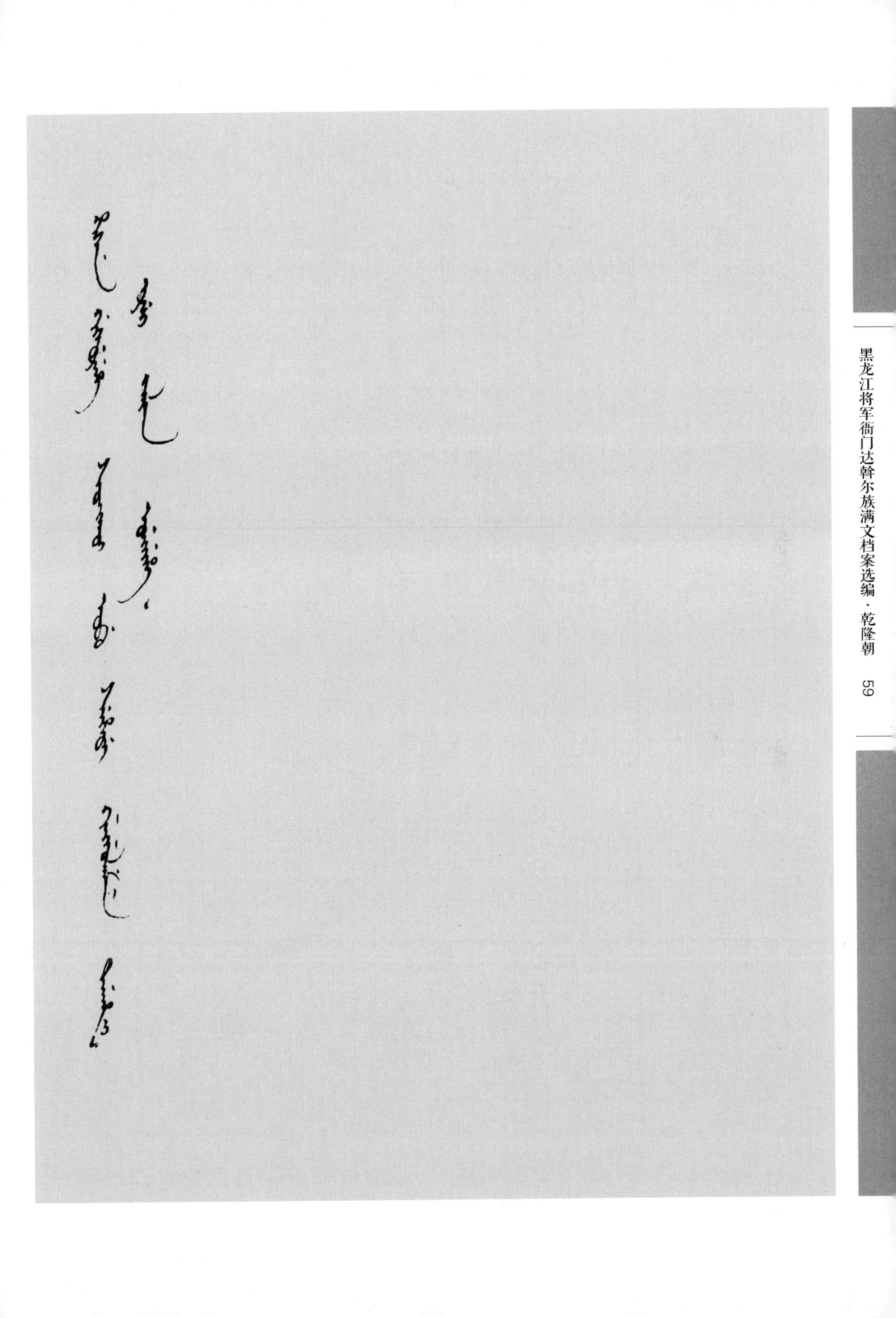

乾隆六年十一月十四日

一五〇　兵部为军营效力达斡尔骁骑校枚赫图等返回布特哈任职食俸事咨黑龙江将军等文

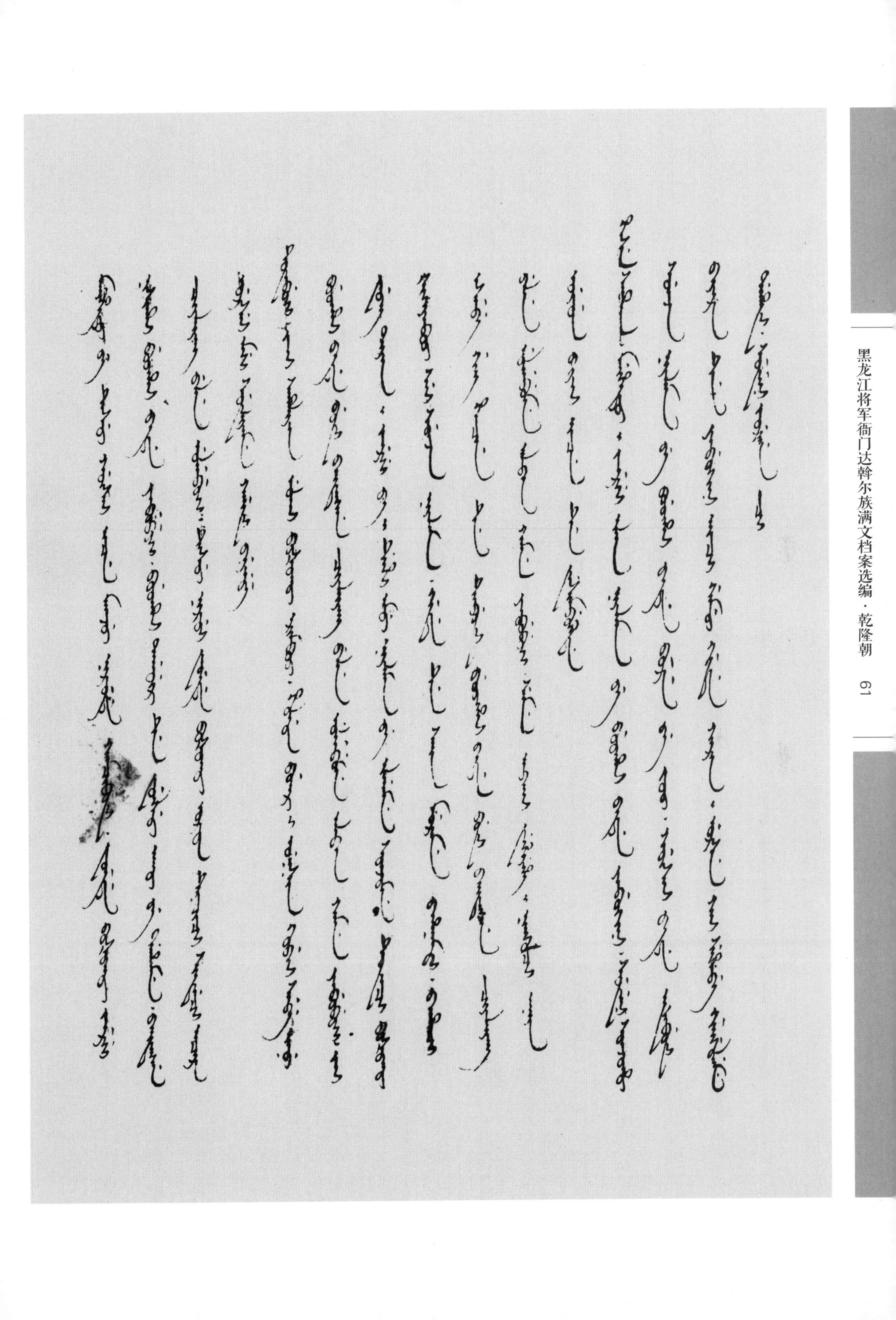

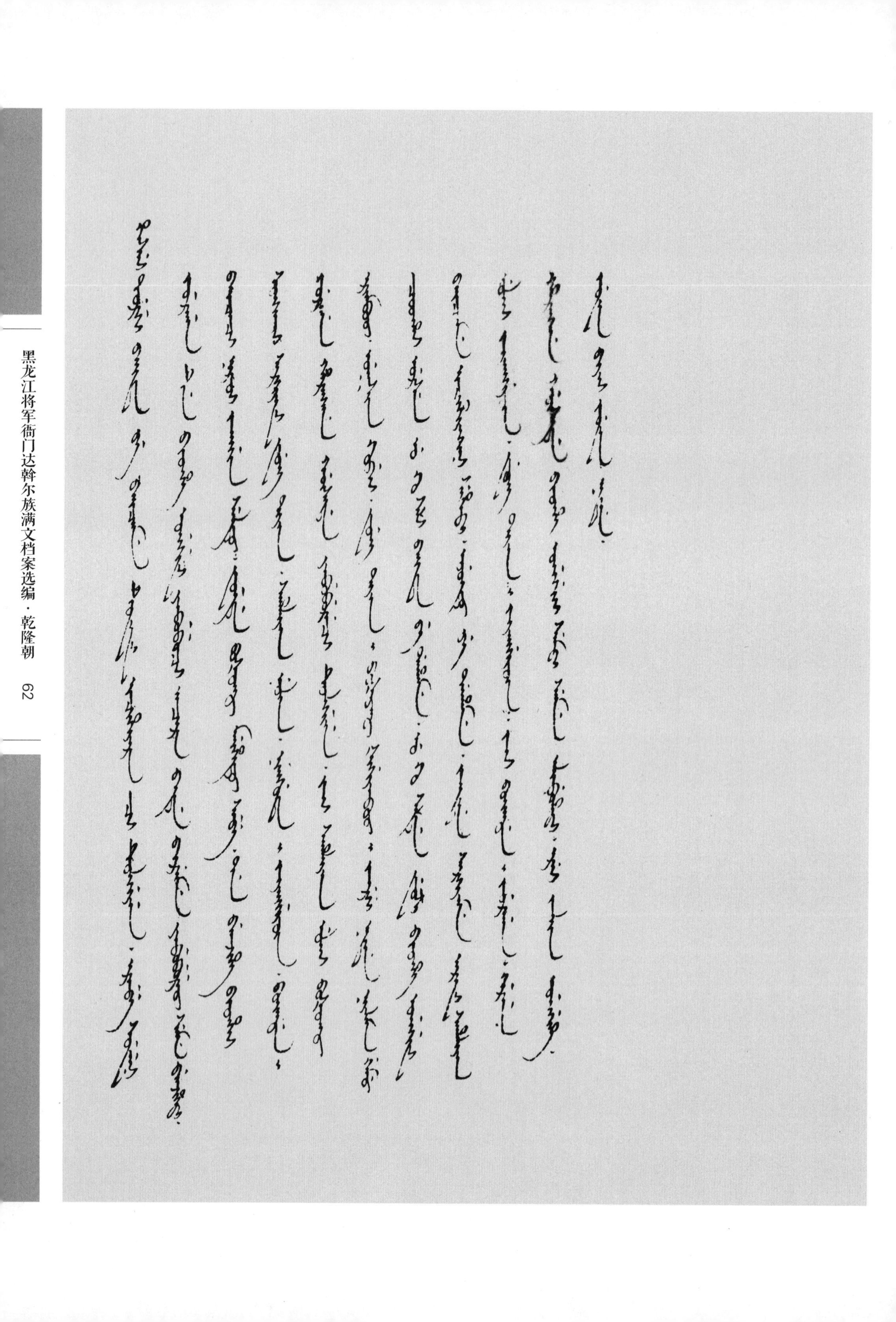

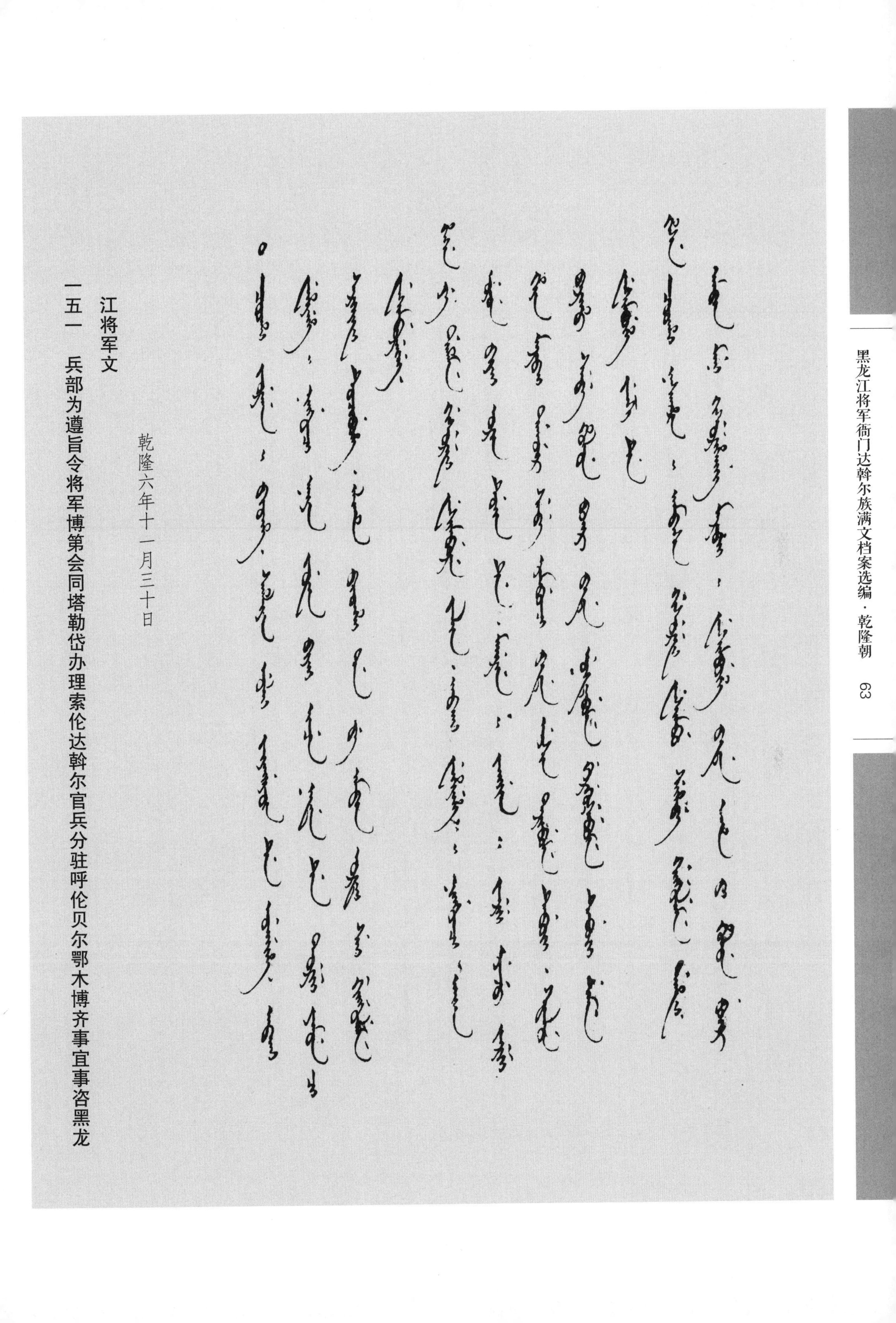

一五一 兵部为遵旨令将军博第会同塔勒岱办理索伦达斡尔官兵分驻呼伦贝尔鄂木博齐事宜事咨黑龙江将军文

乾隆六年十一月三十日

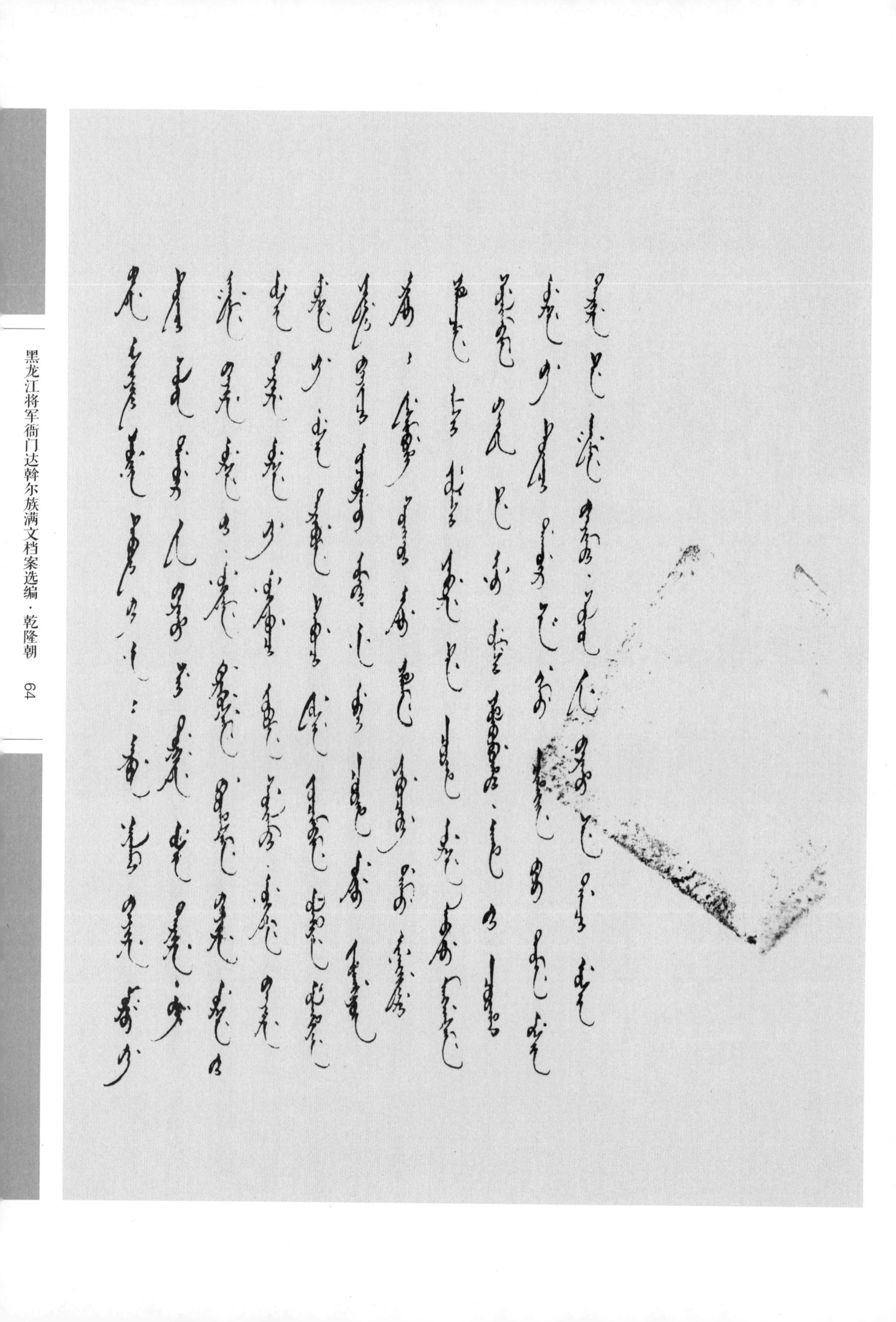

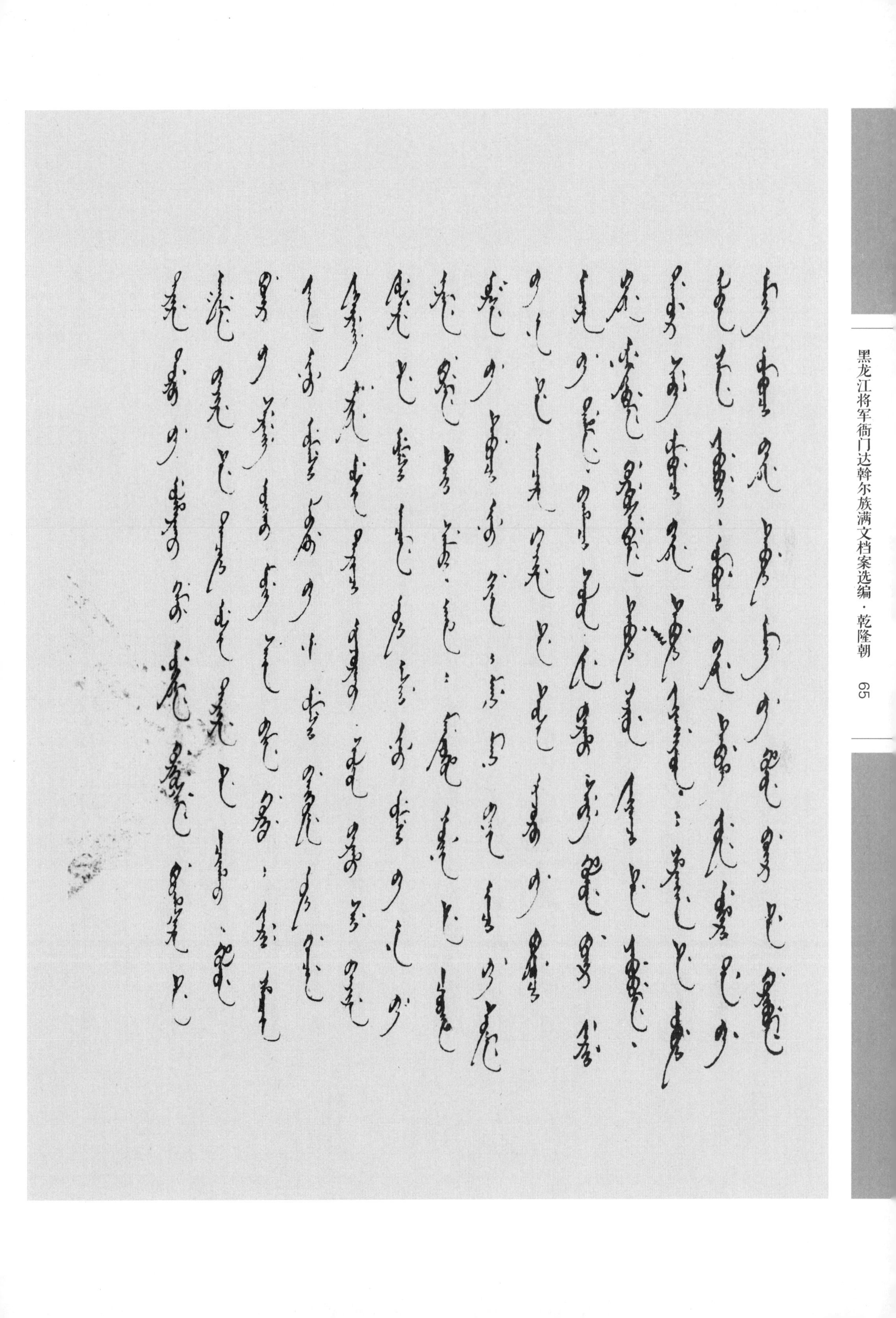

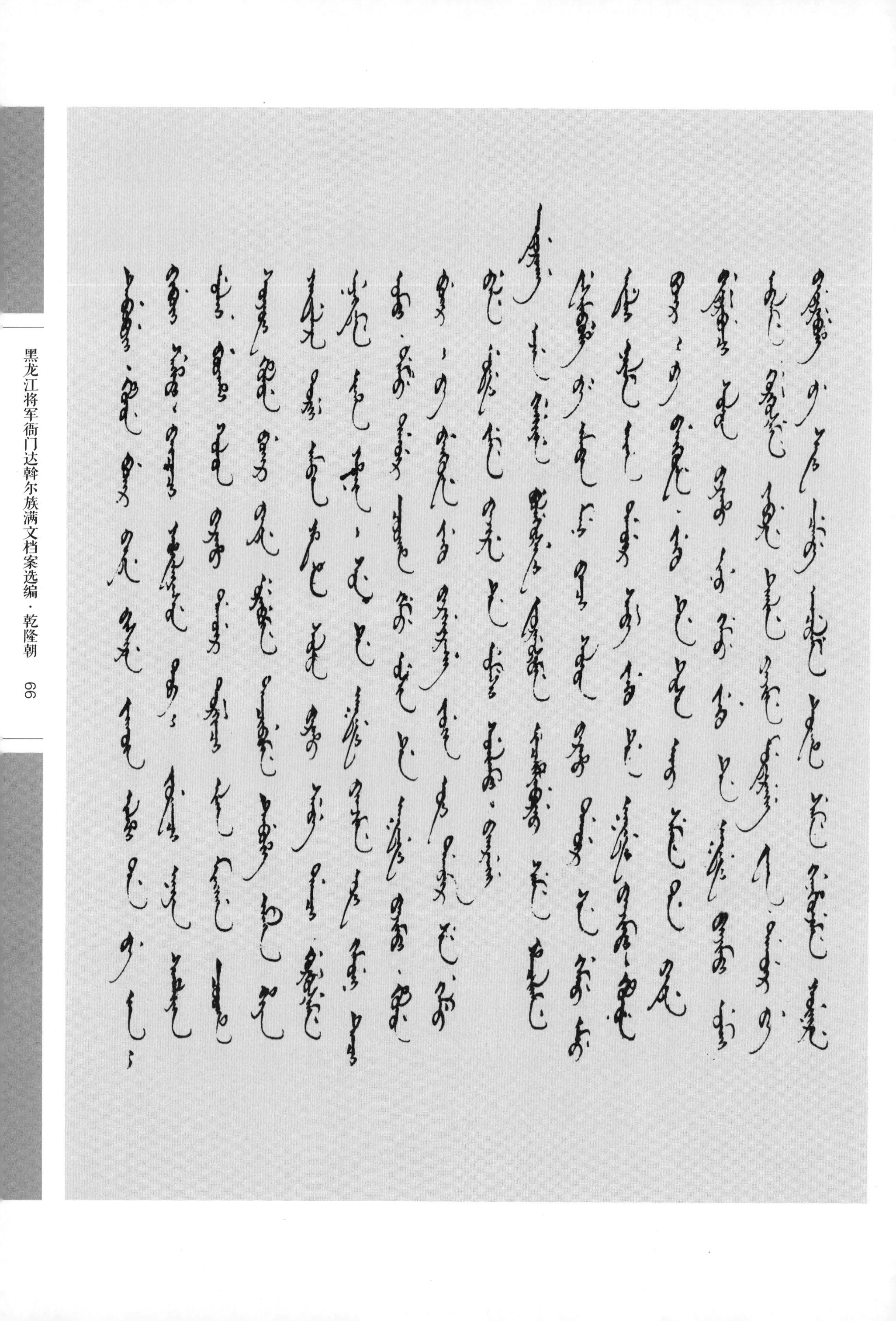

[illegible]

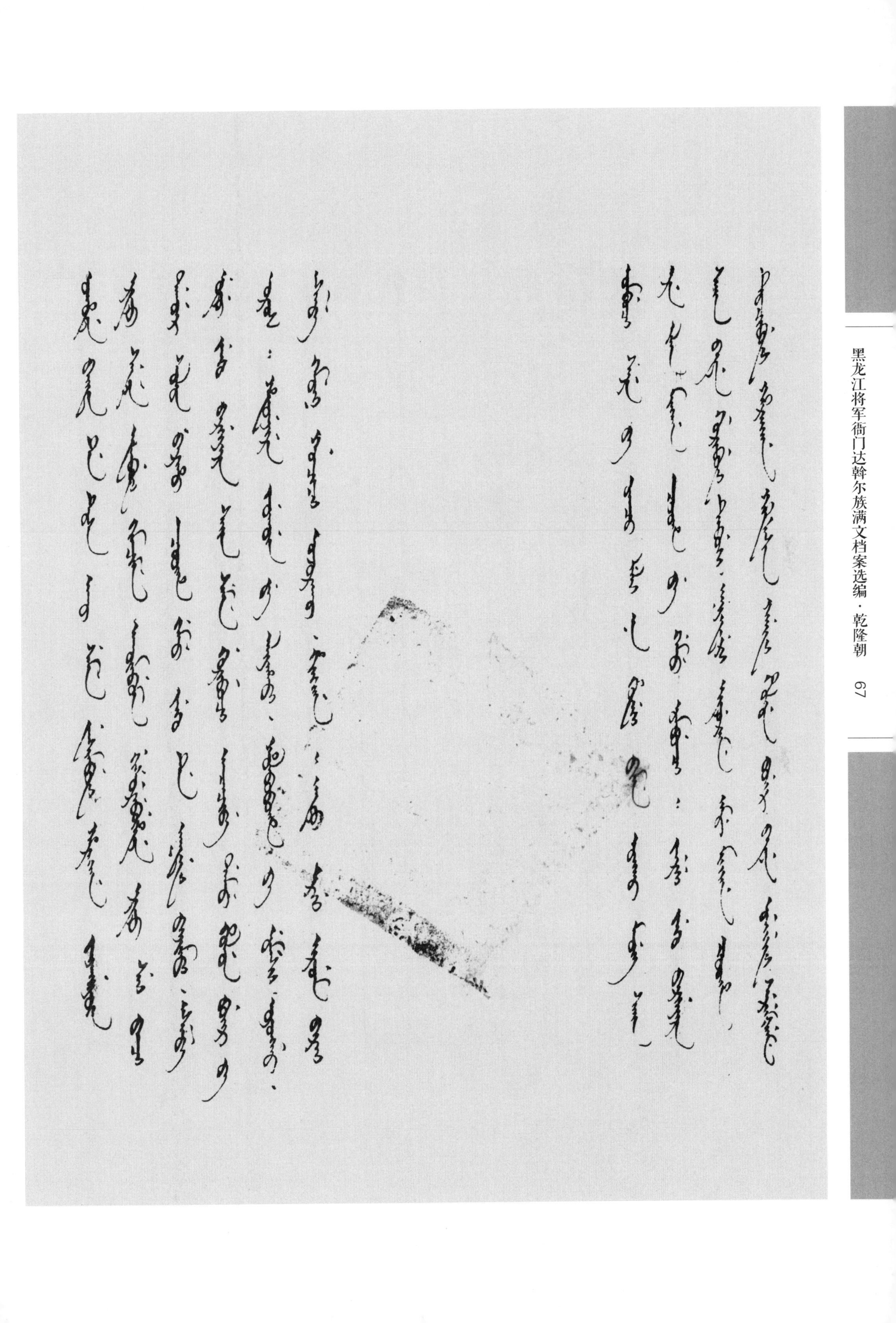

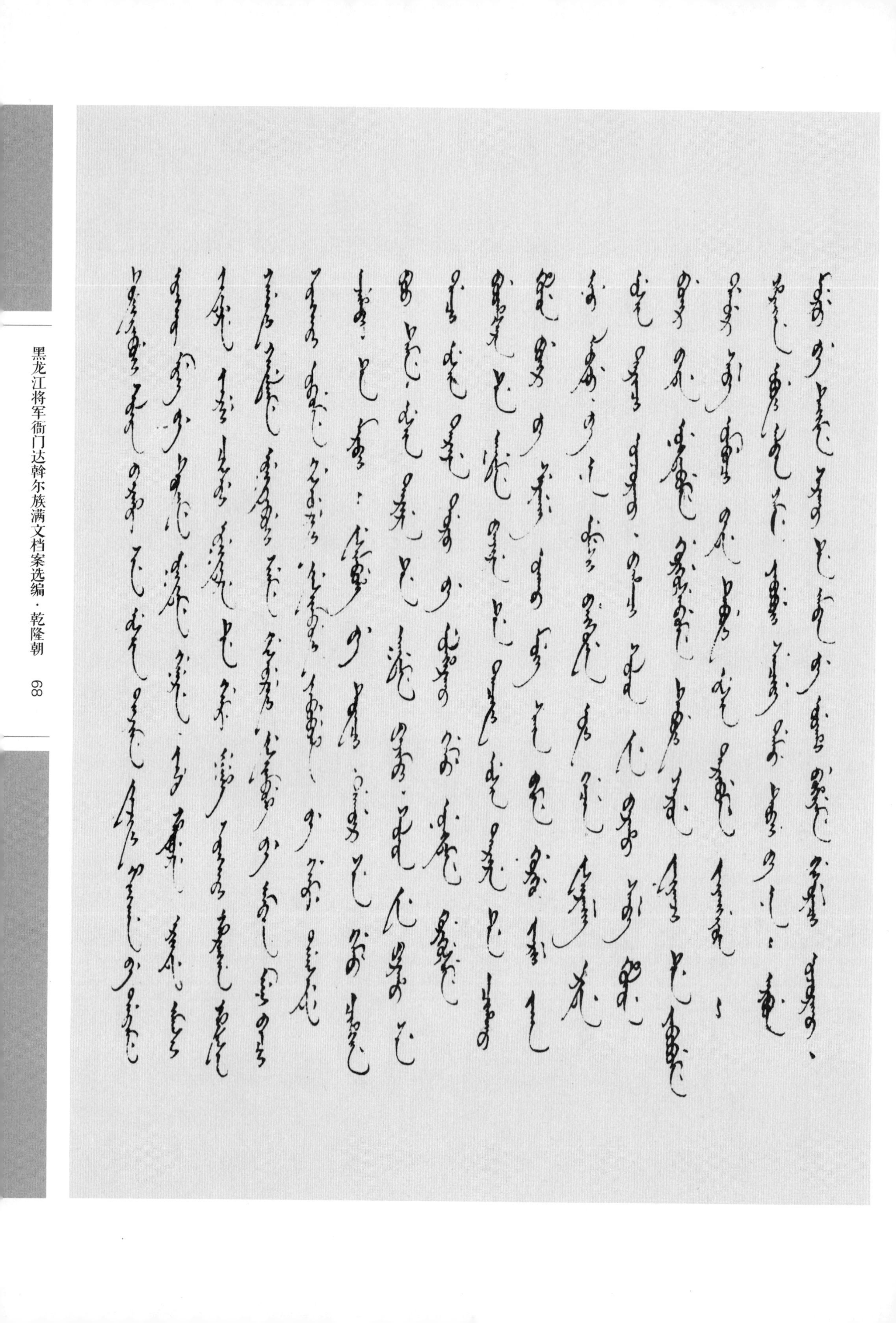

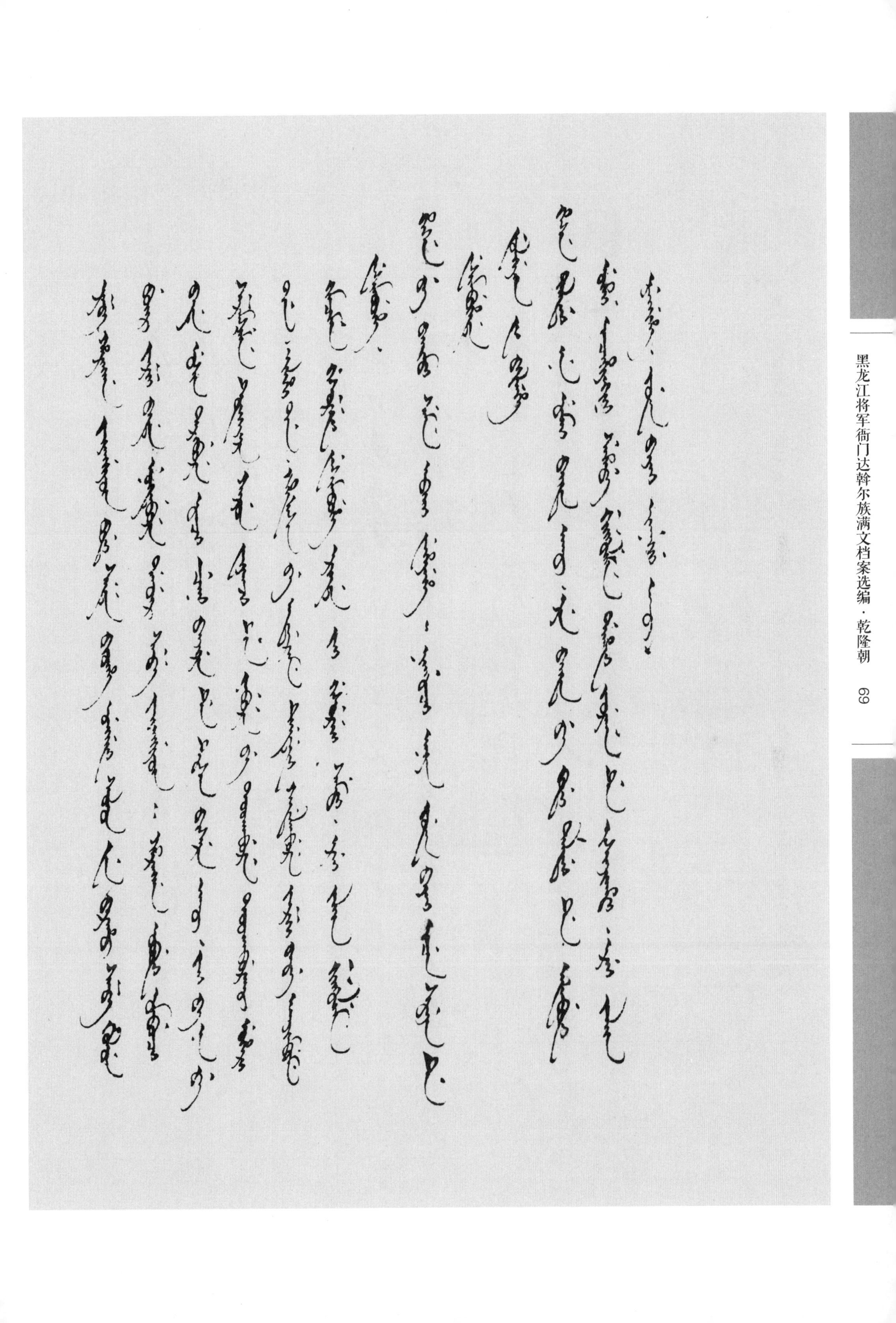

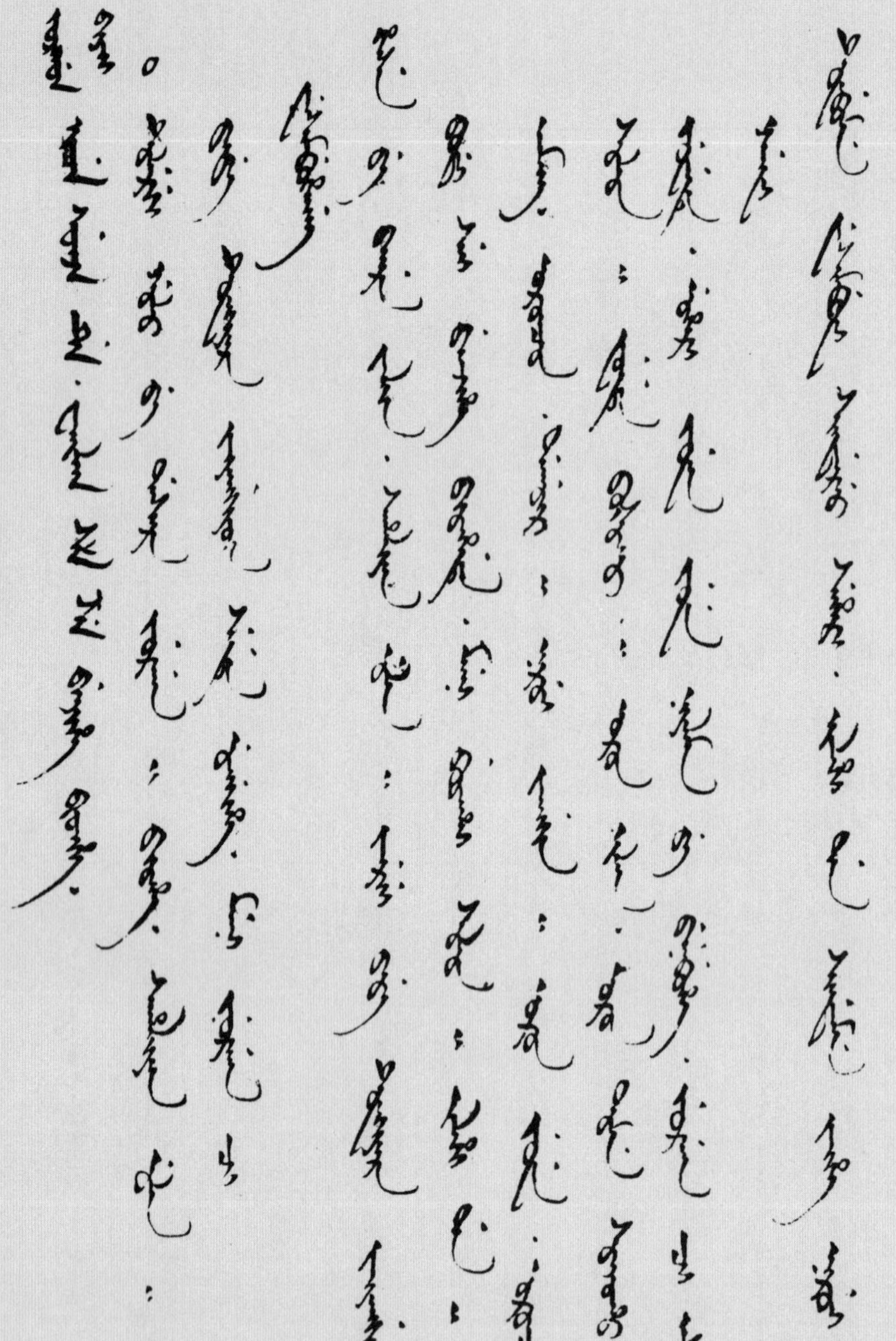

一五二 理藩院为遵旨拣员补放布特哈达斡尔鄂伦春佐领等缺事咨黑龙江将军等文

乾隆六年十二月初五日

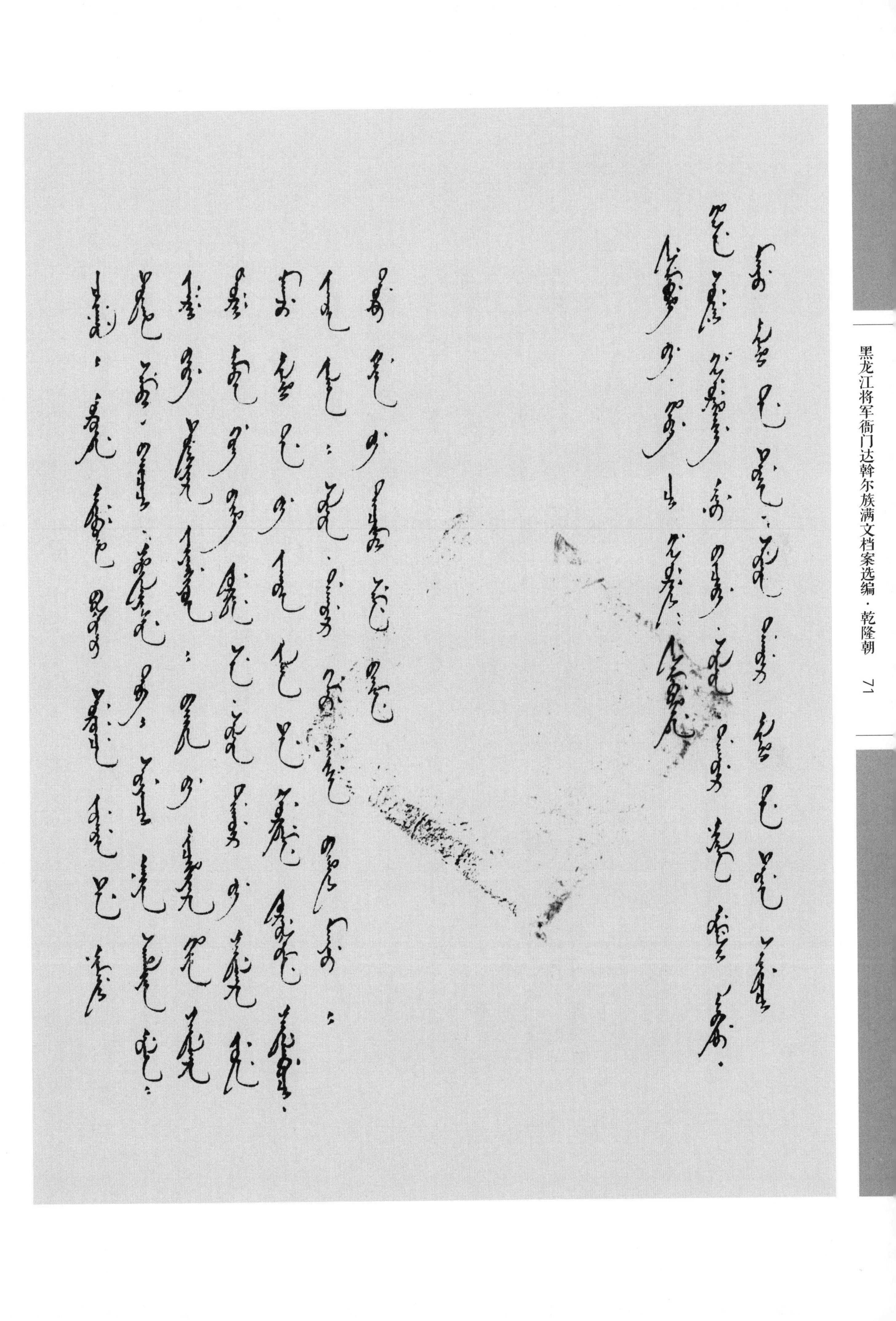

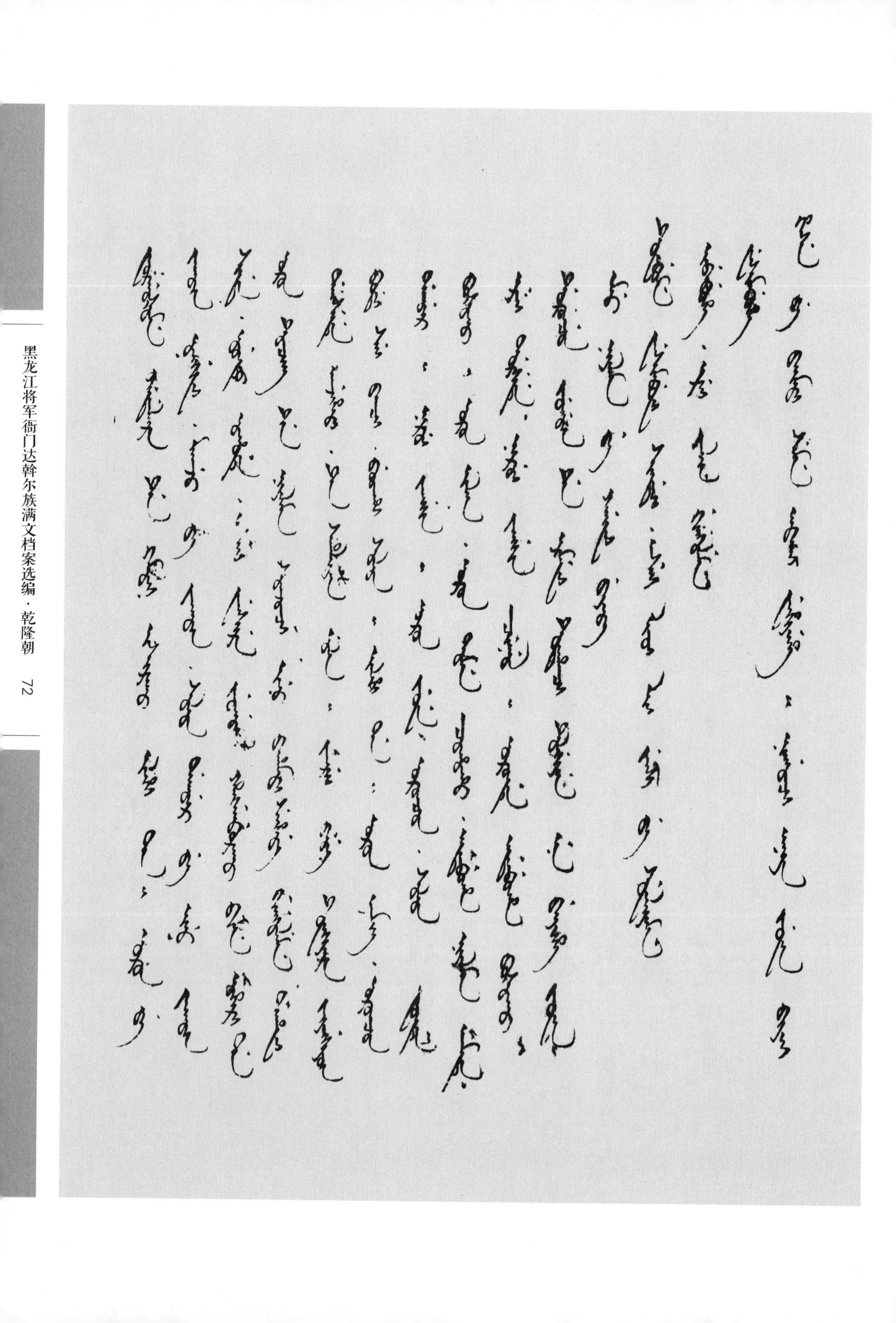

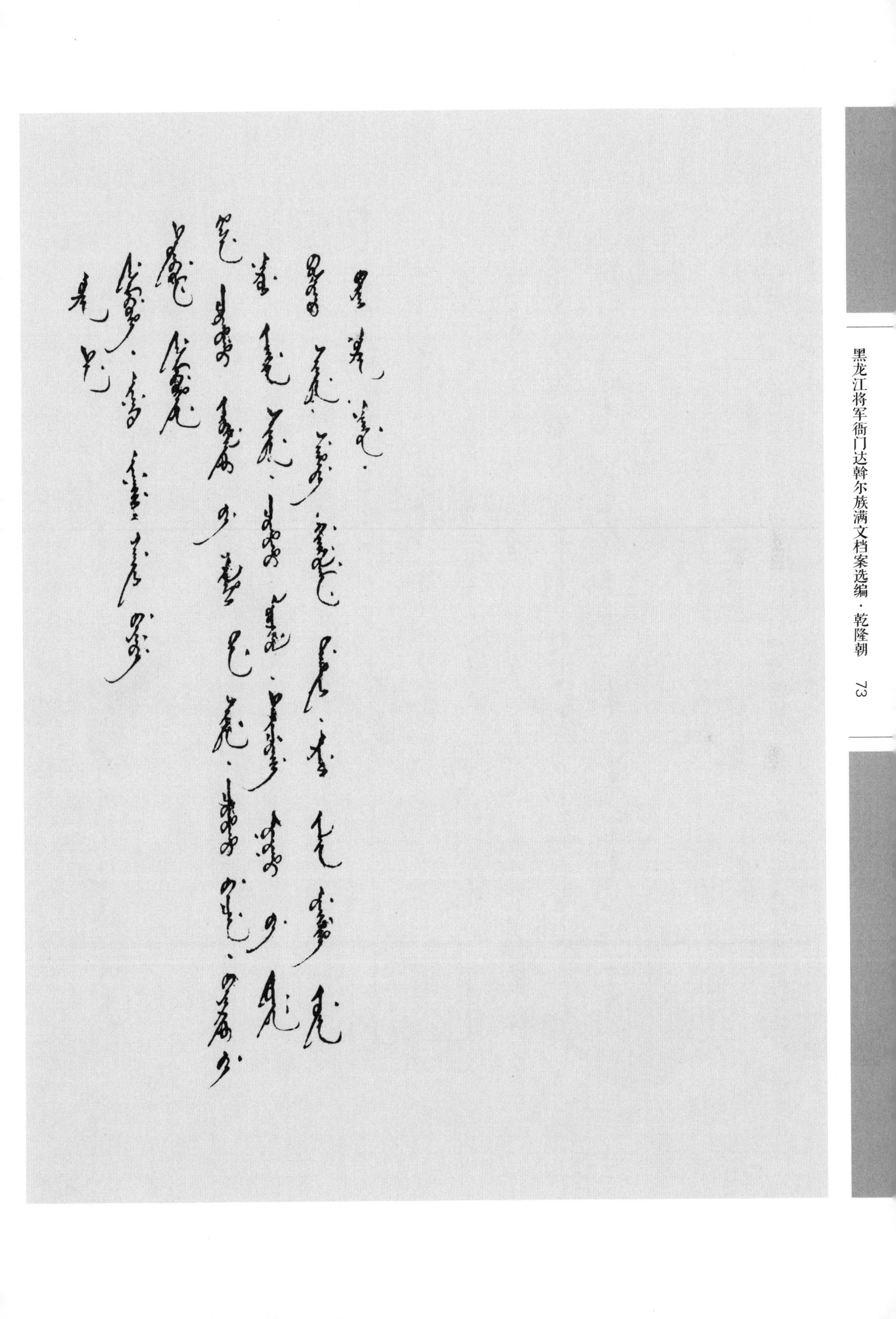

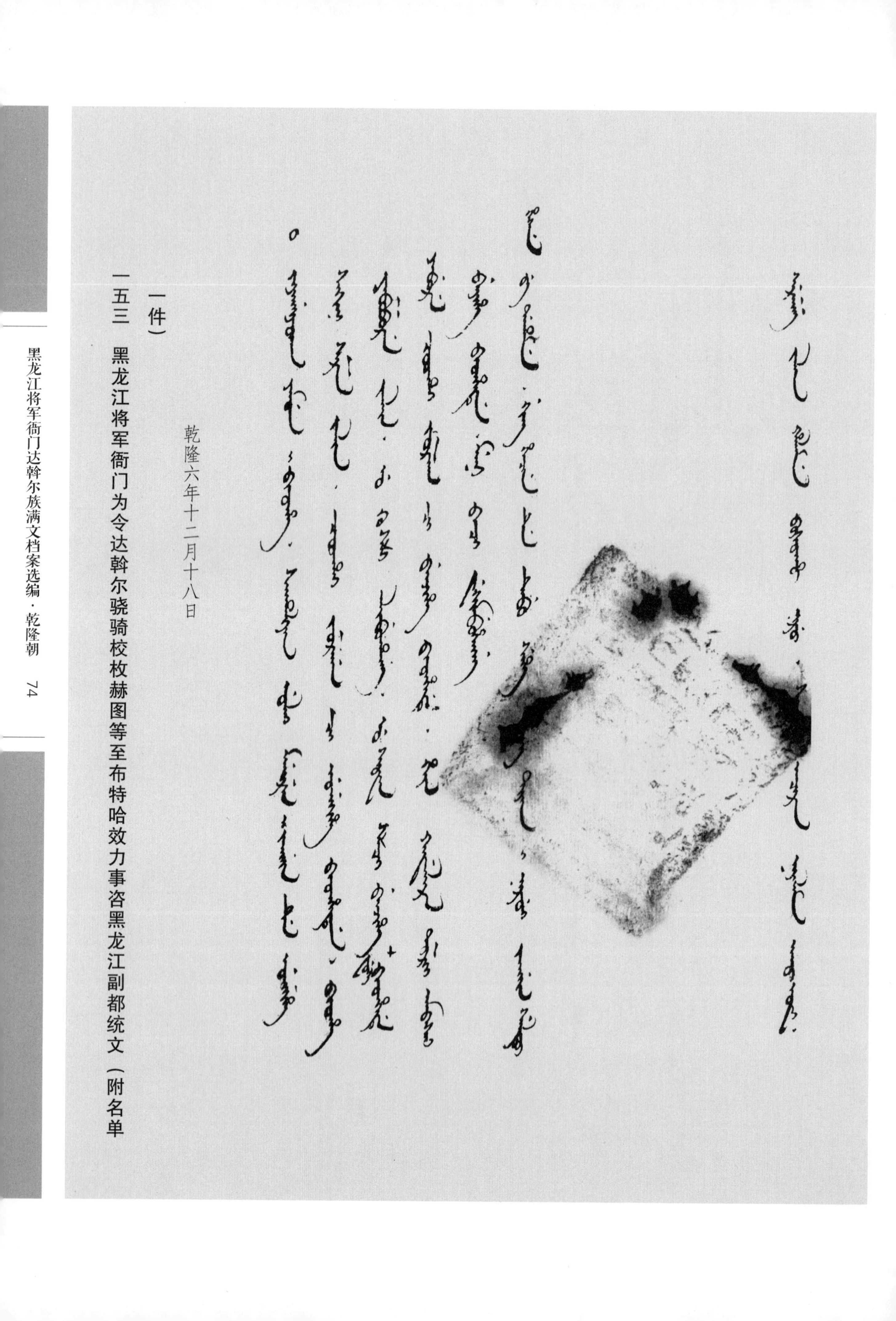

一五三 黑龙江将军衙门为令达斡尔骁骑校枚赫图等至布特哈效力事咨黑龙江副都统文（附名单一件）

乾隆六年十二月十八日

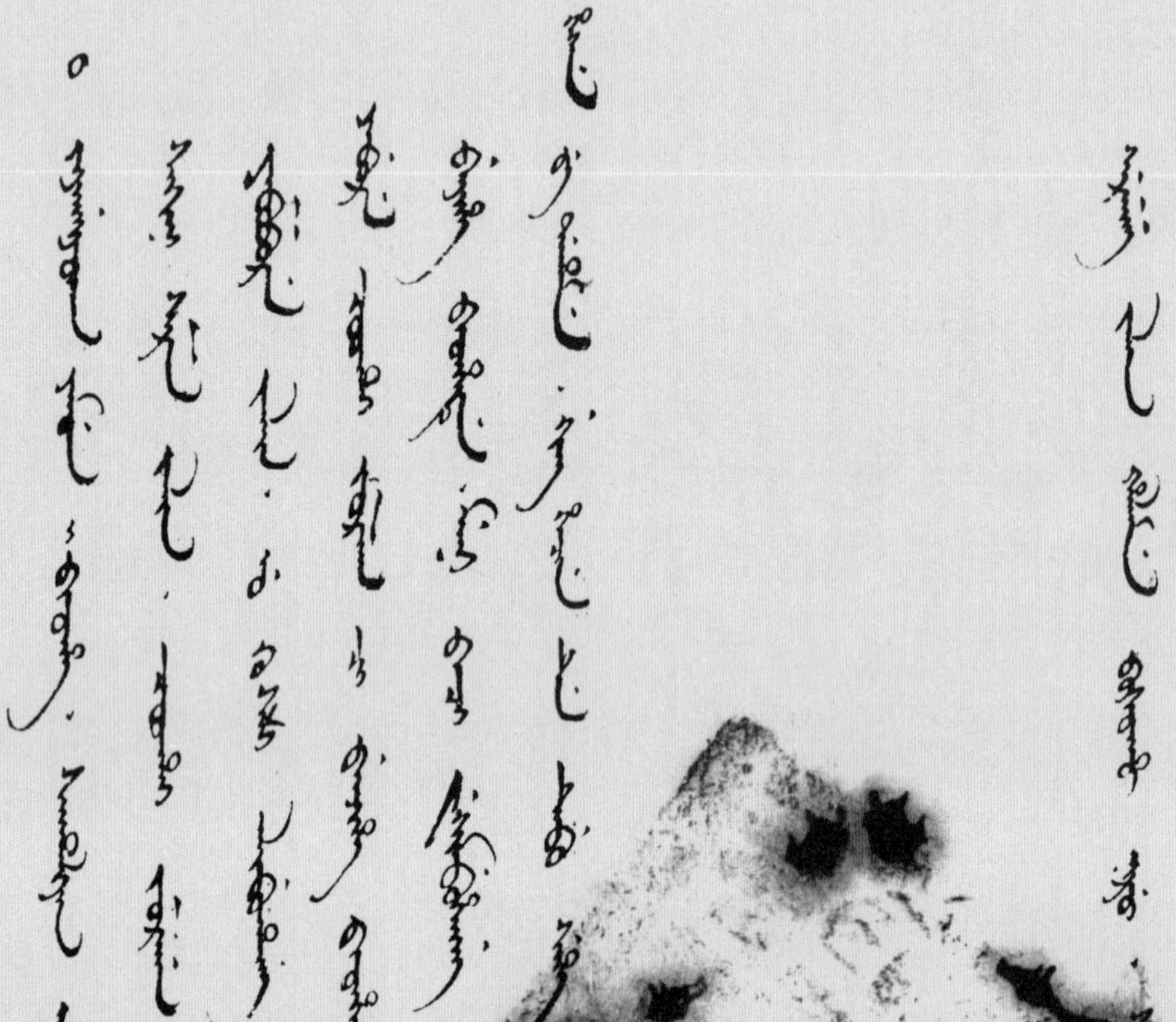

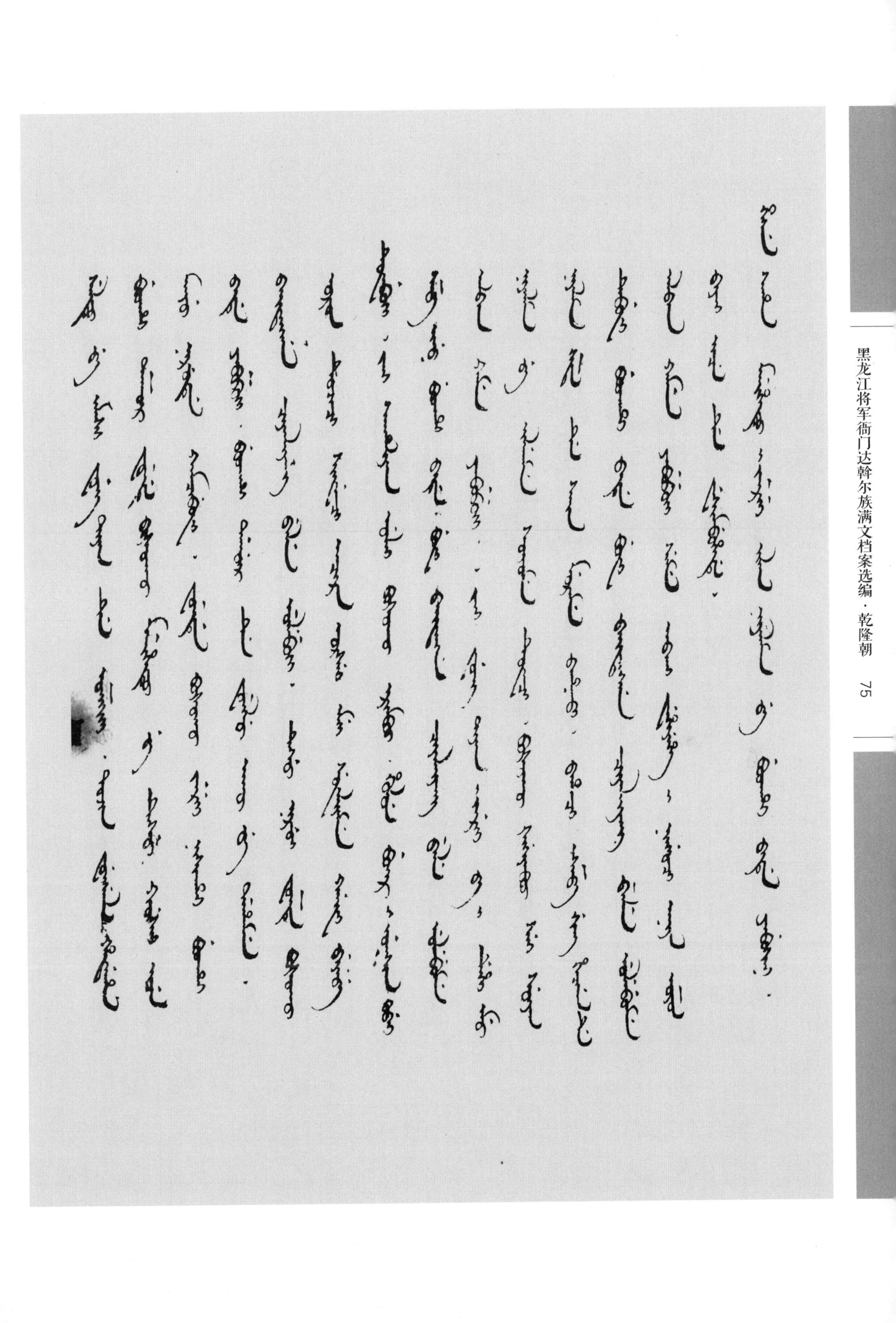

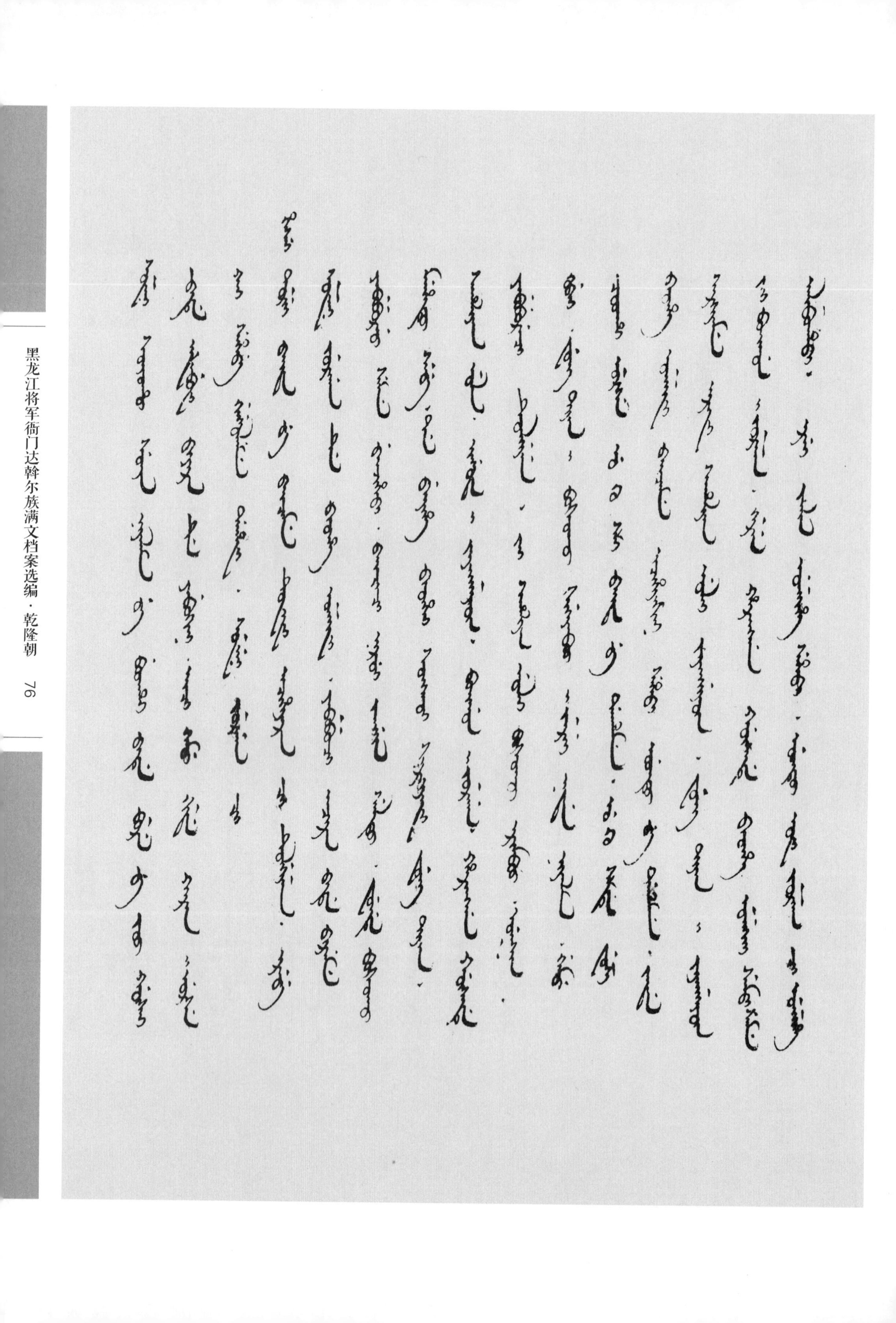

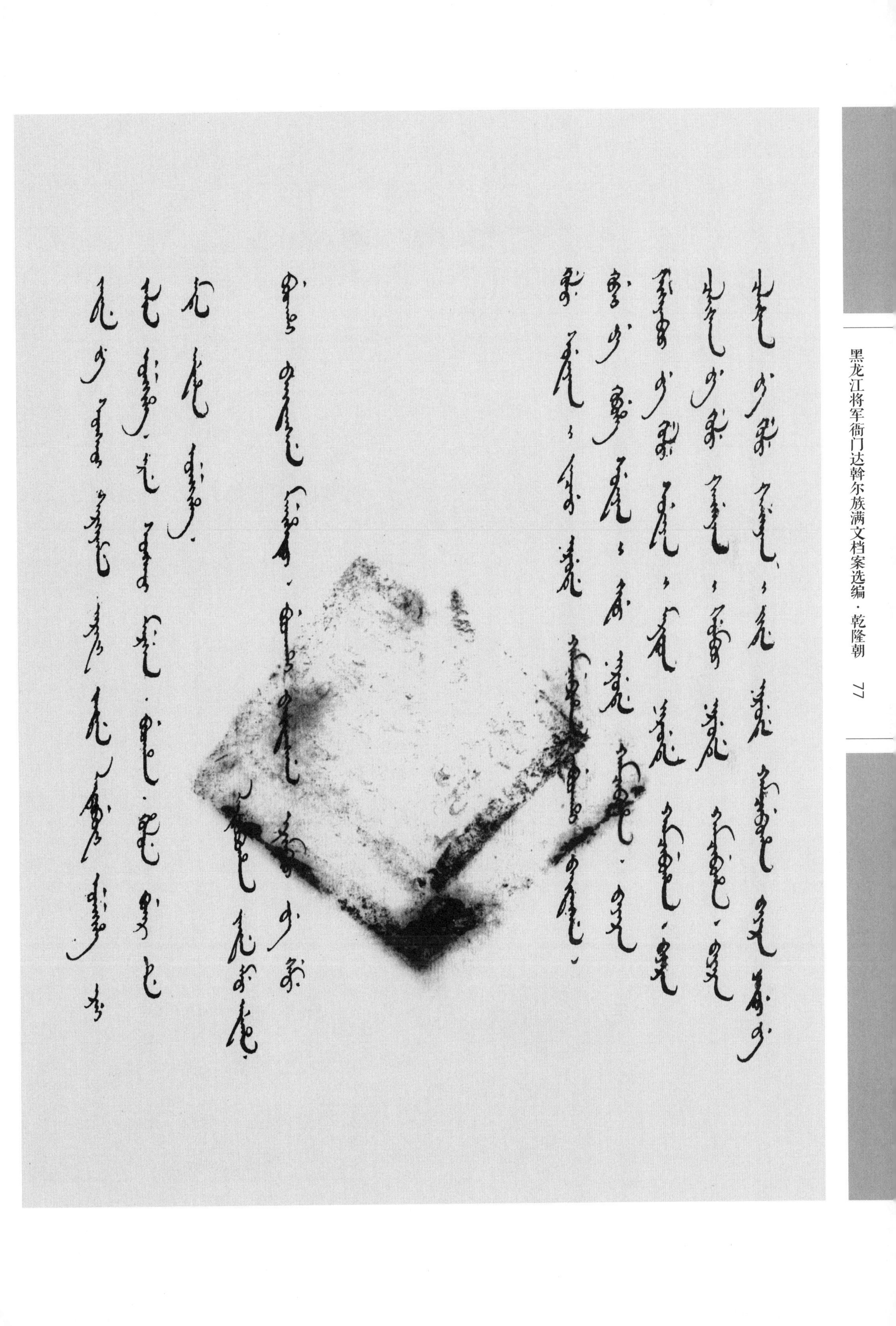

[illegible]

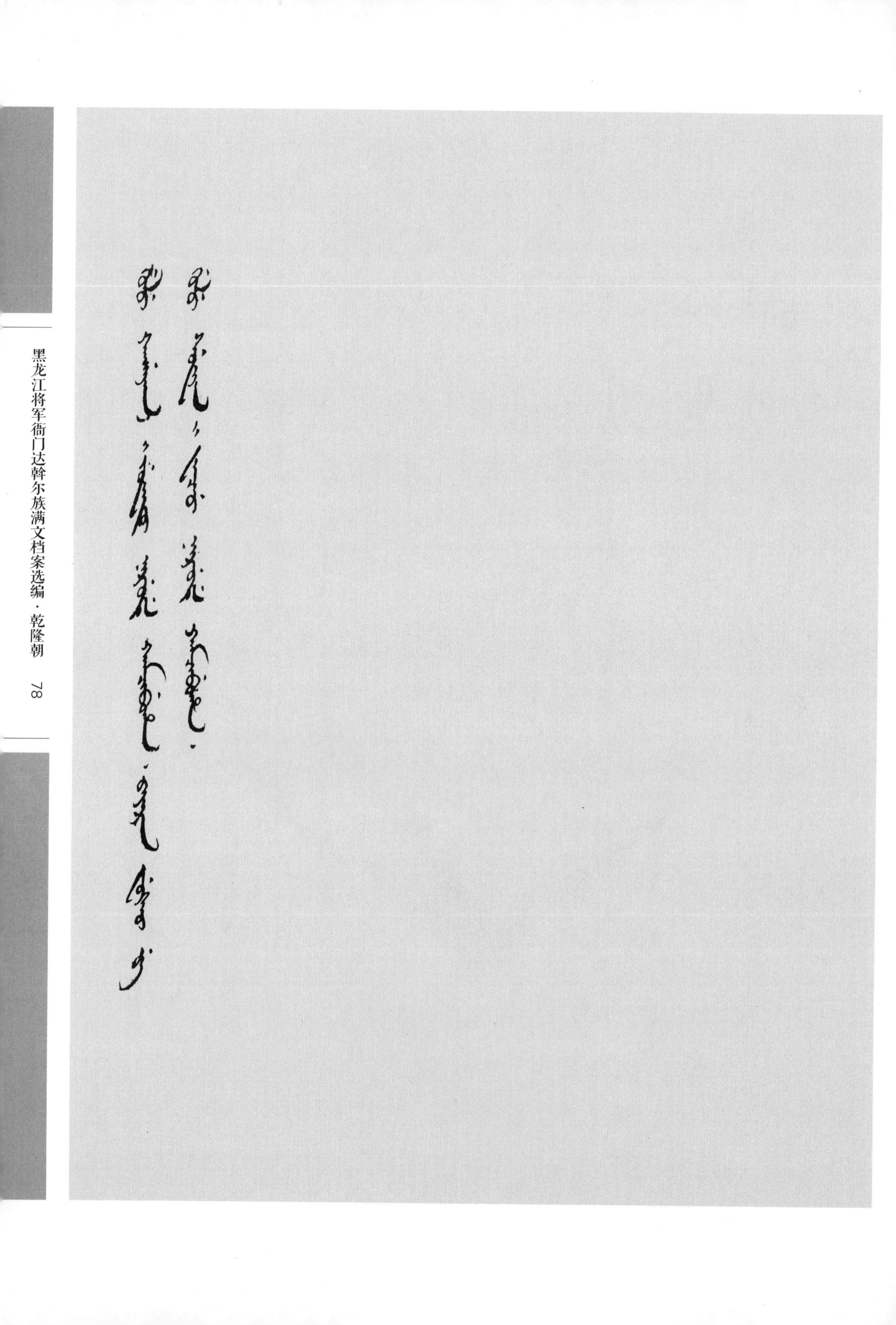

[illegible]

[illegible]

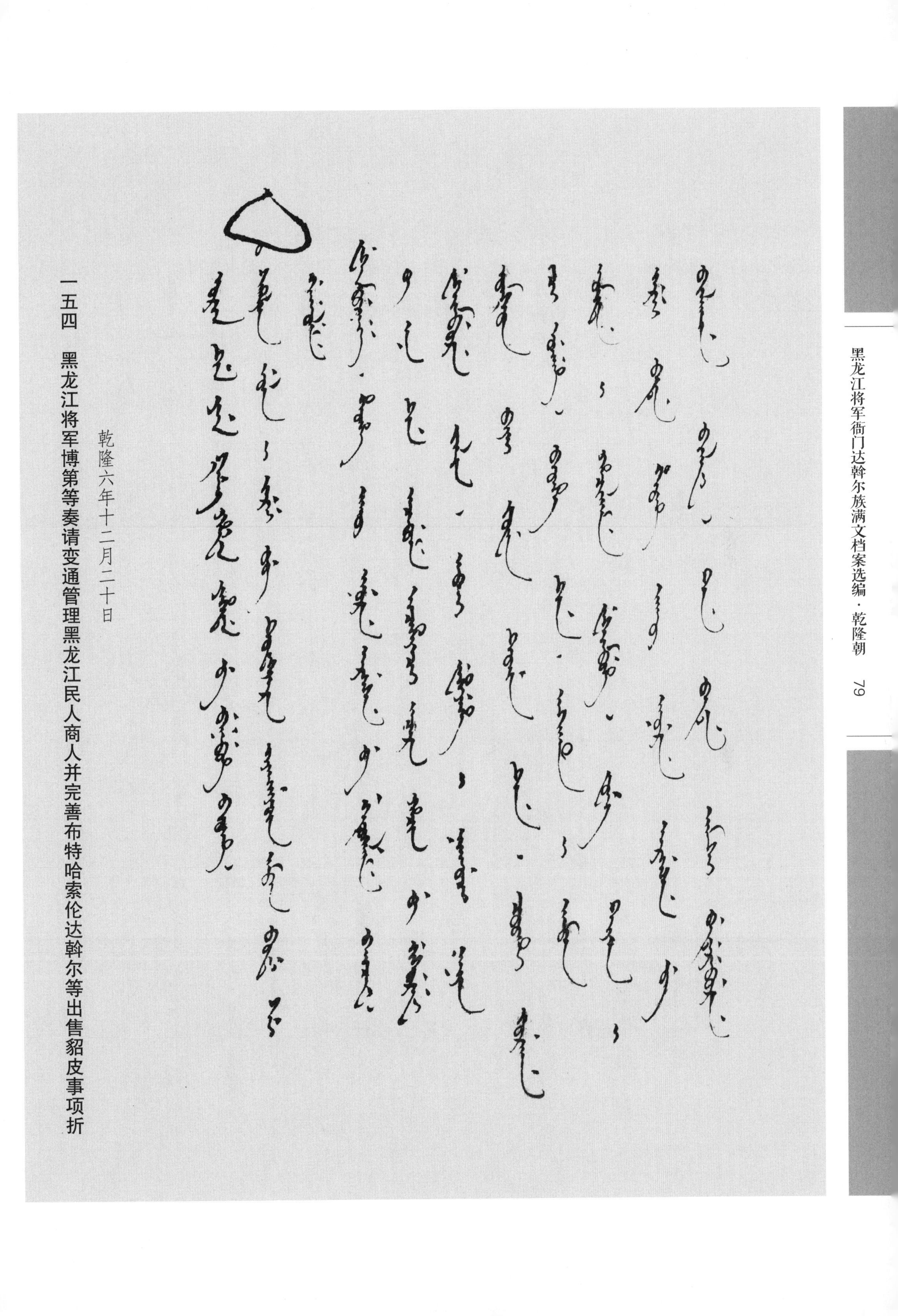

一五四　黑龙江将军博第等奏请变通管理黑龙江民人商人并完善布特哈索伦达斡尔等出售貂皮事项折

乾隆六年十二月二十日

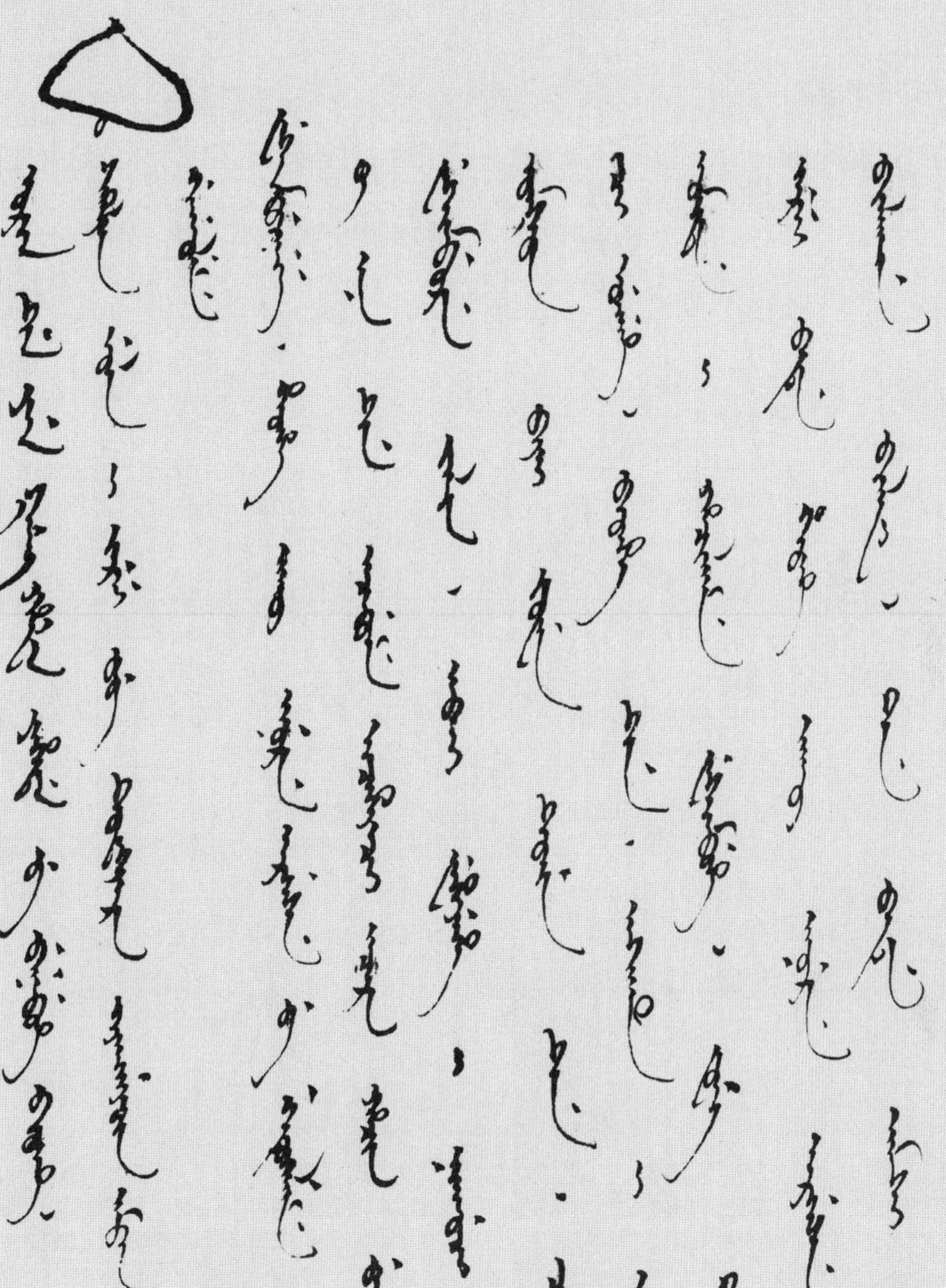

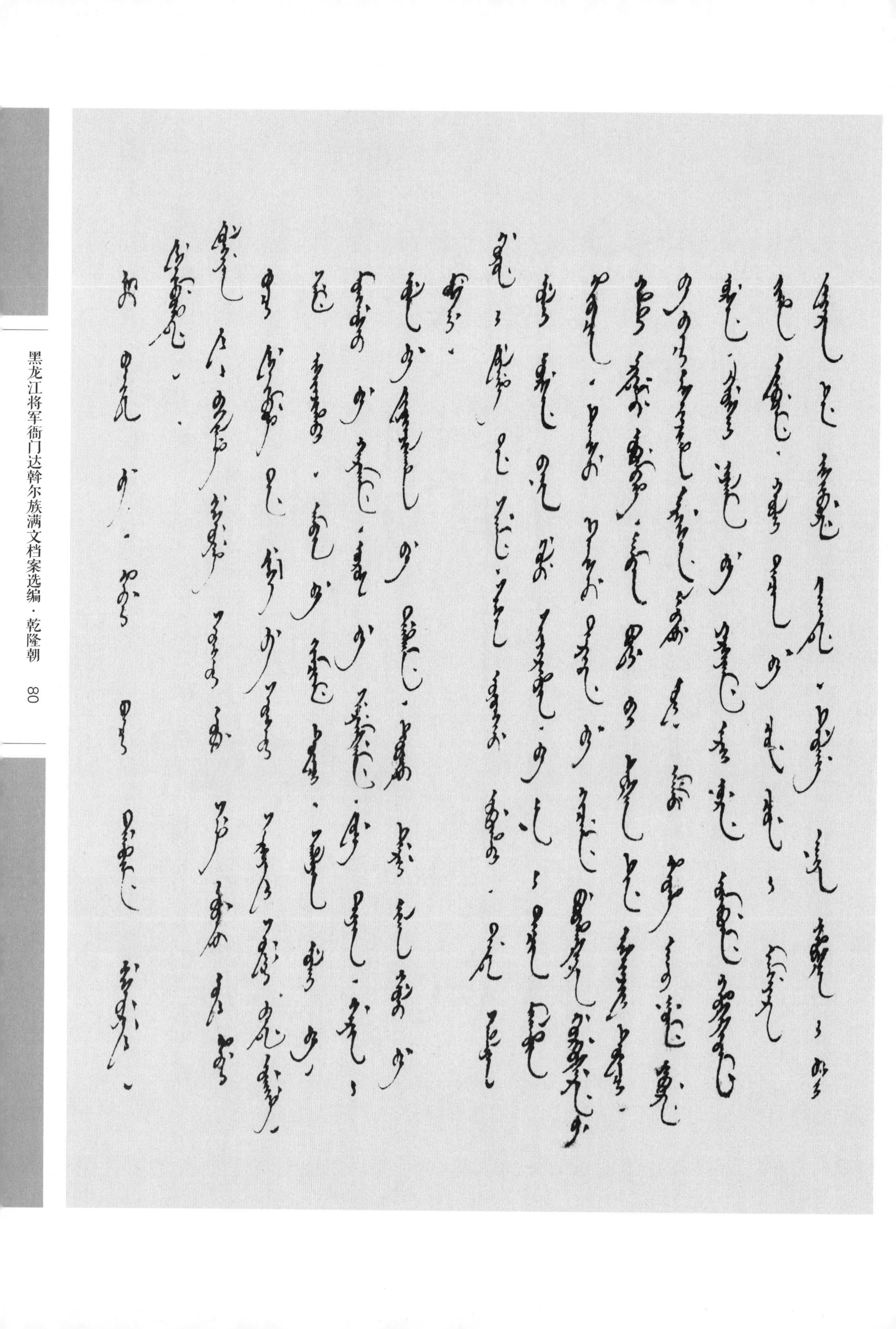

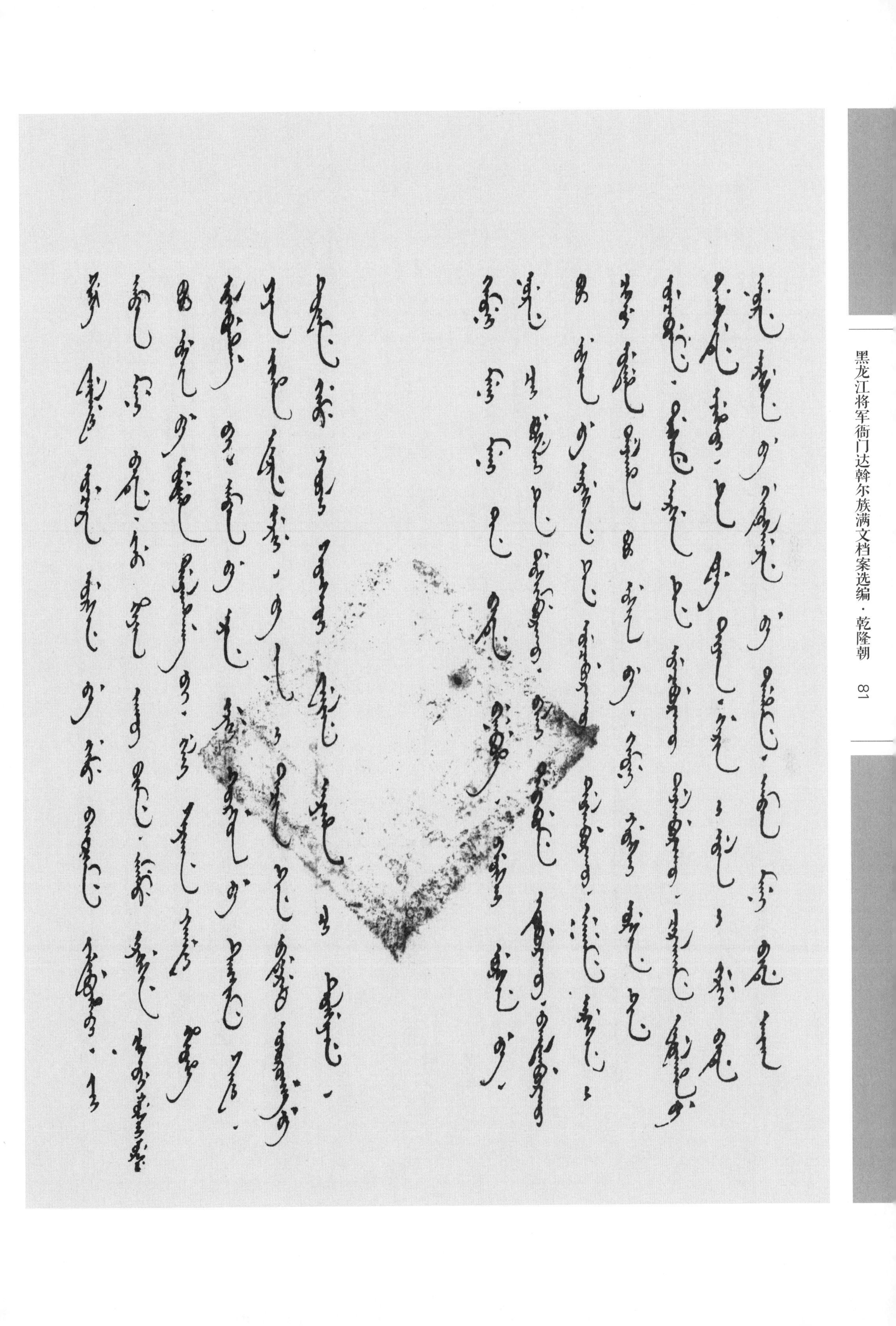

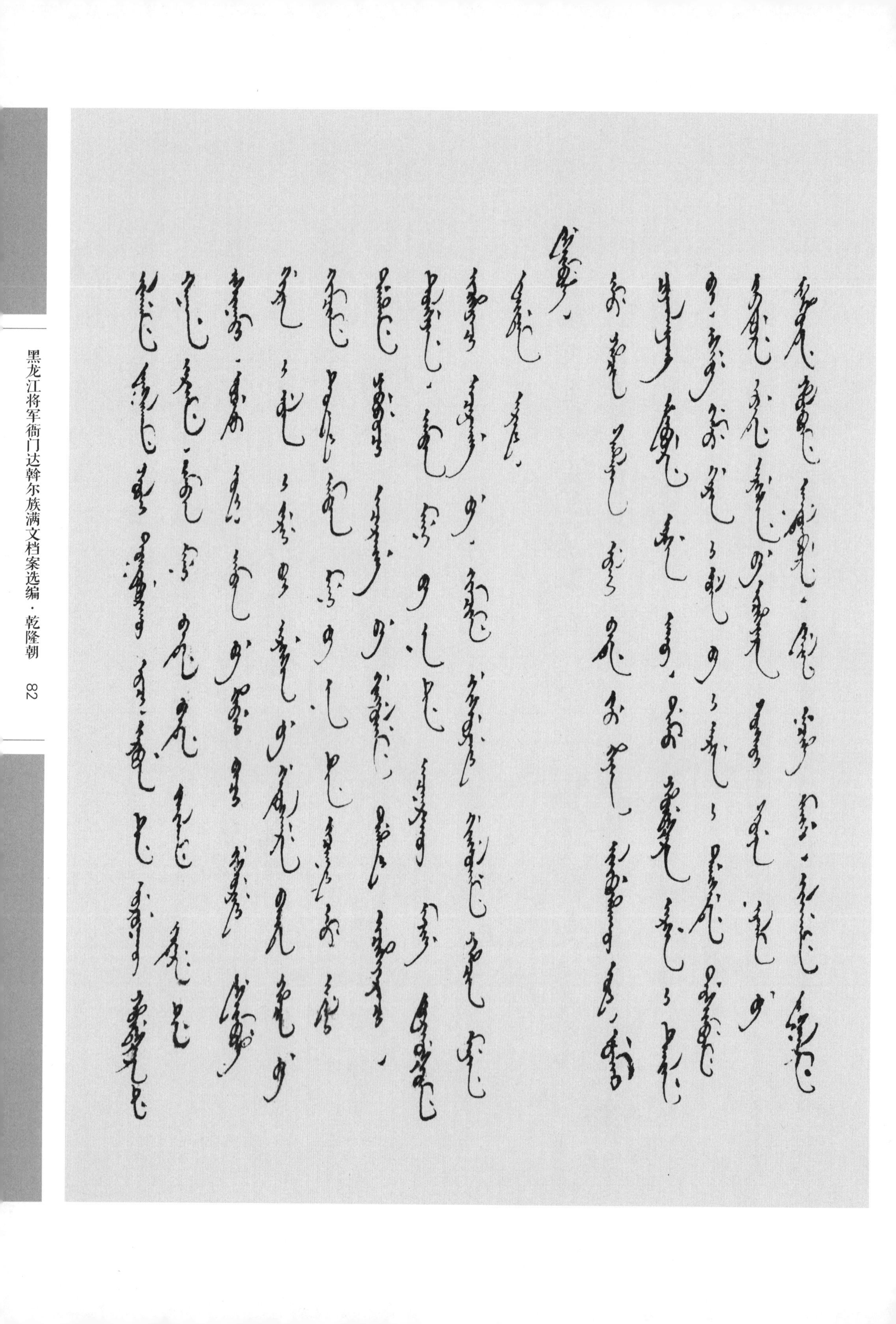

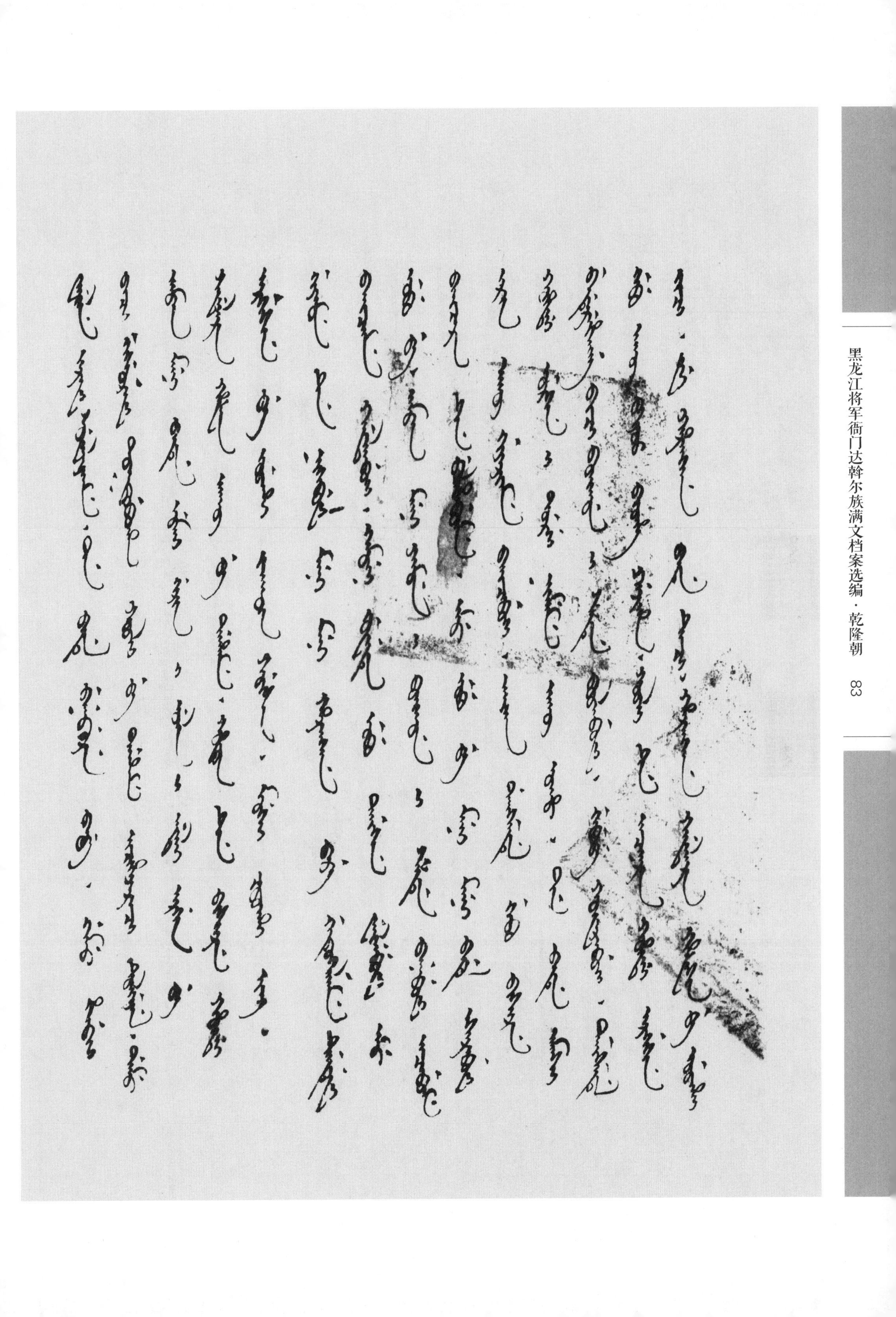

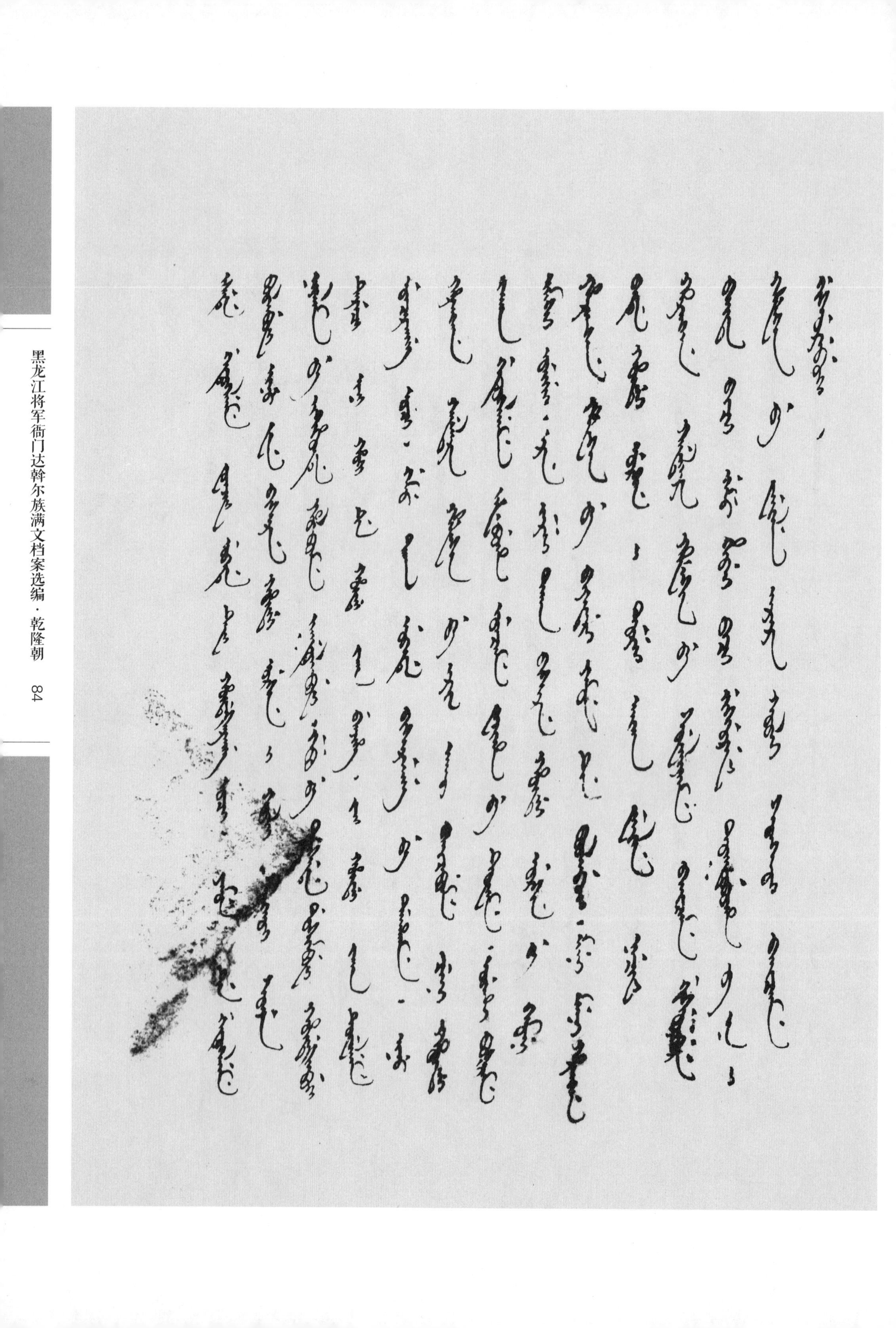

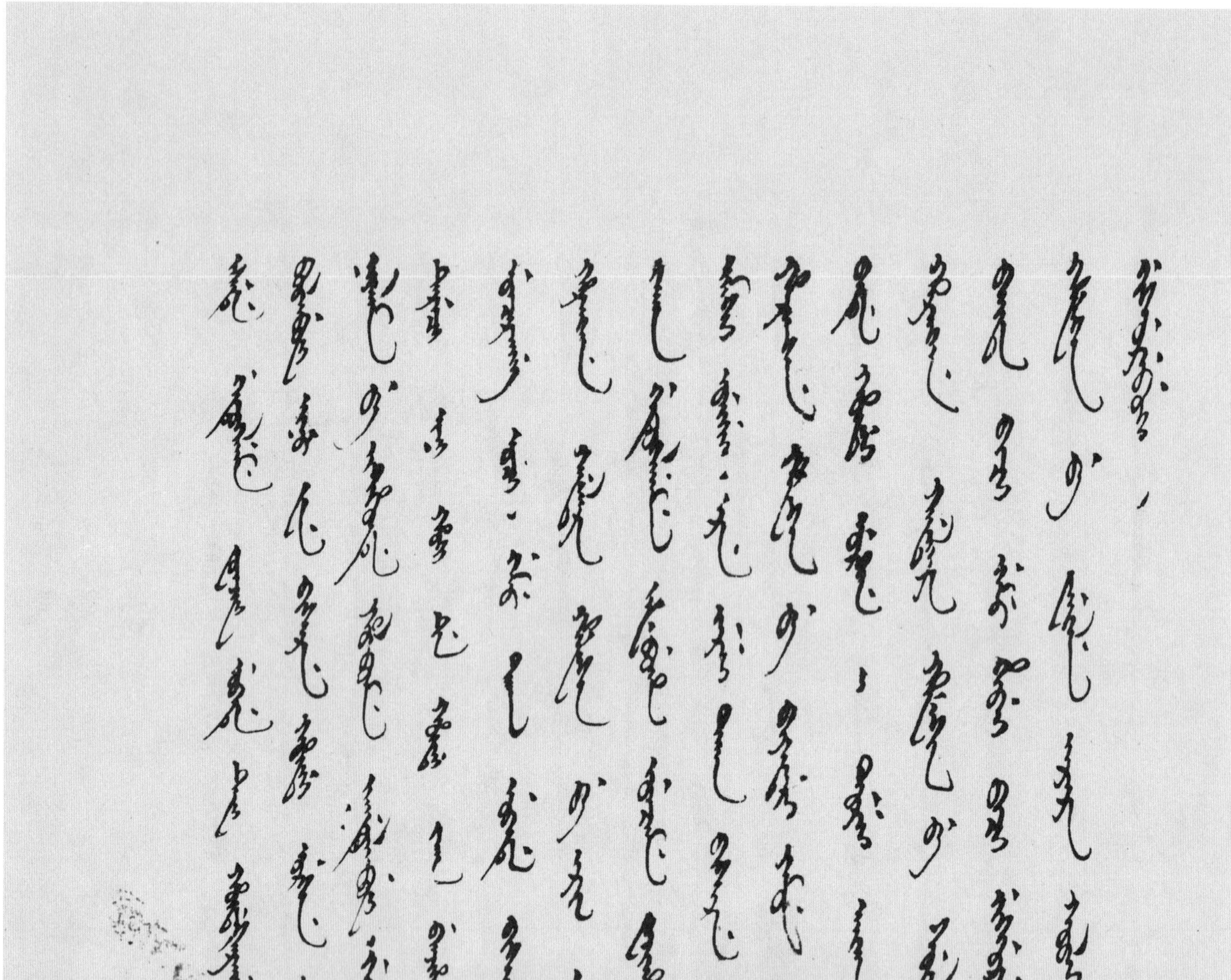

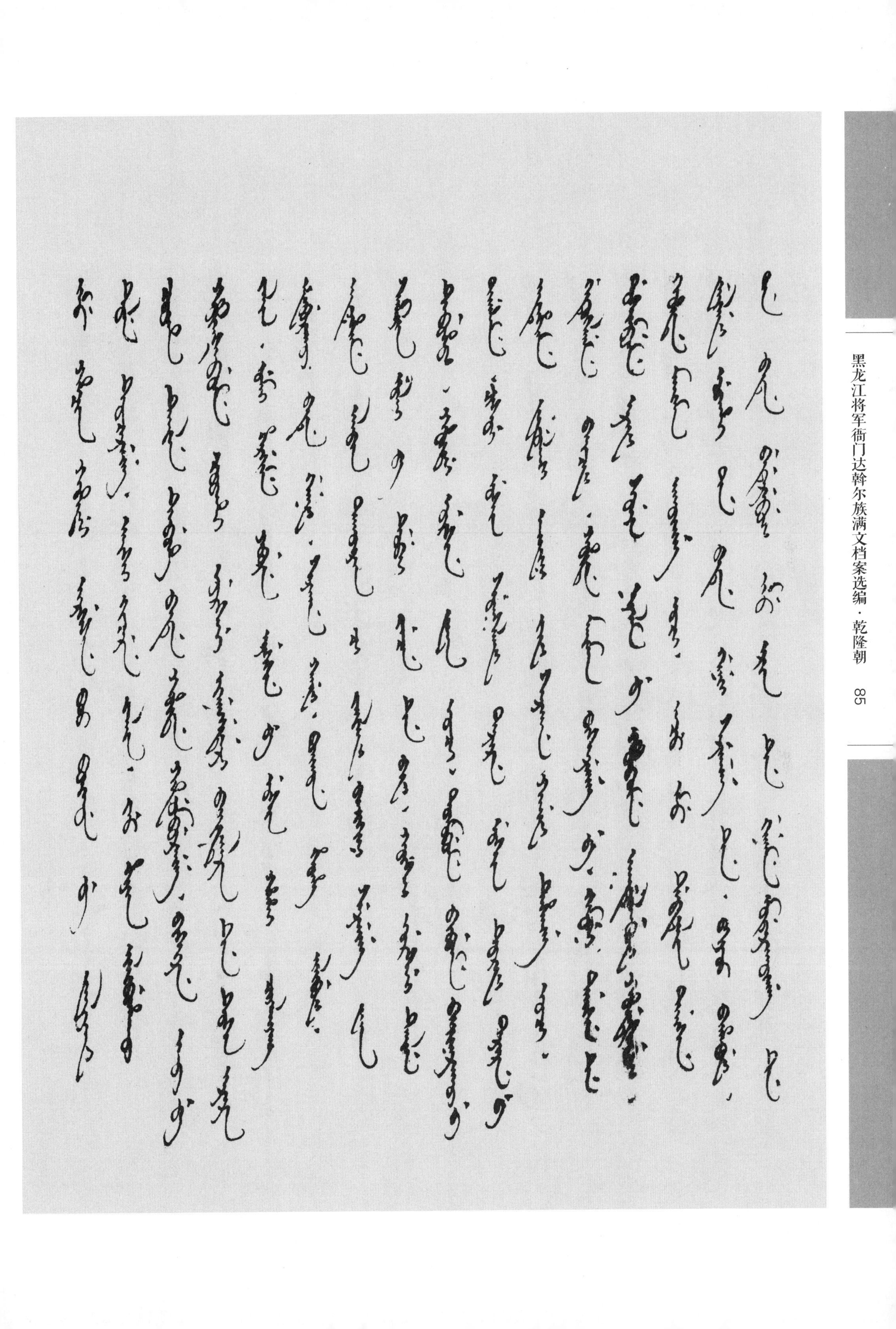

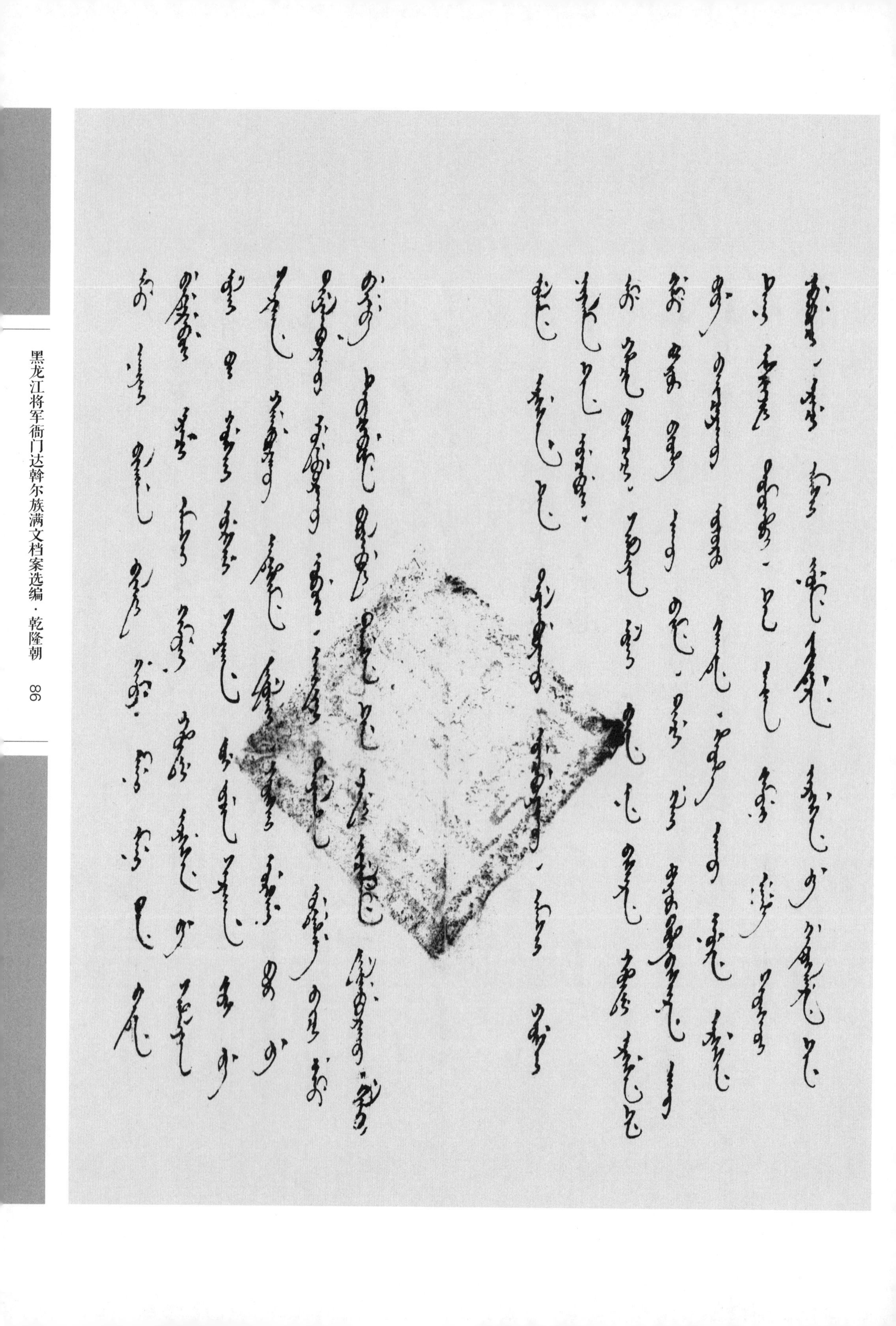

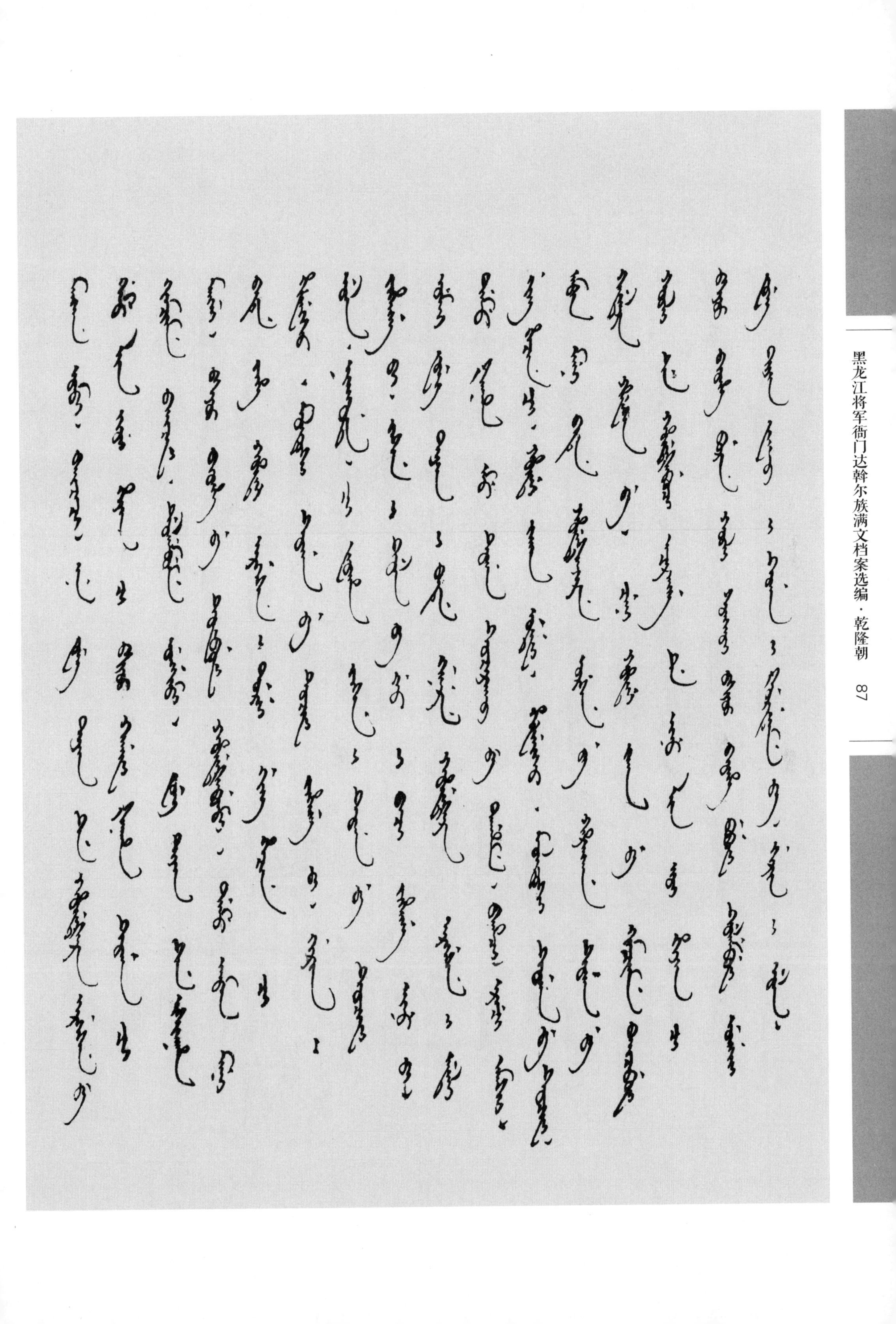

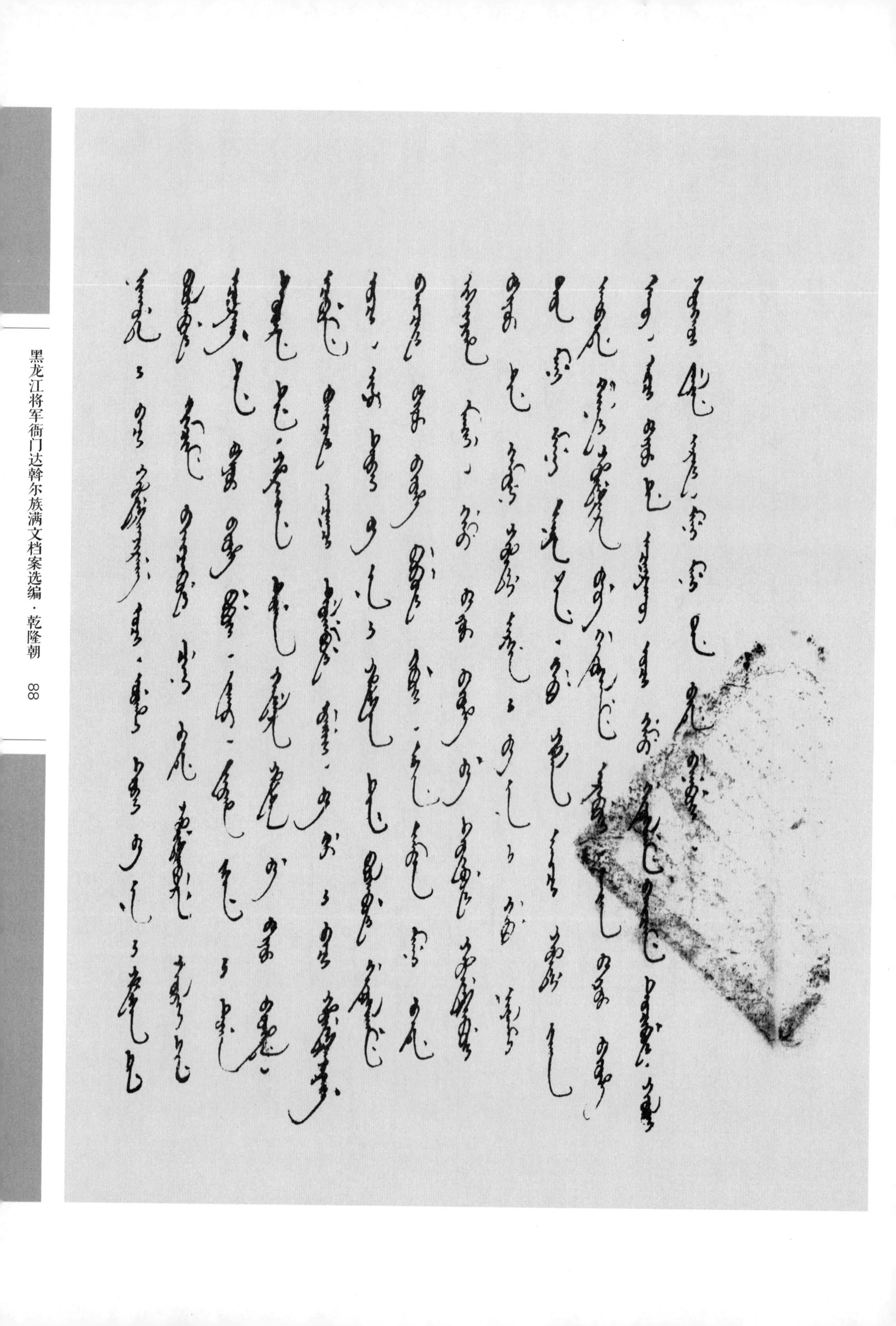

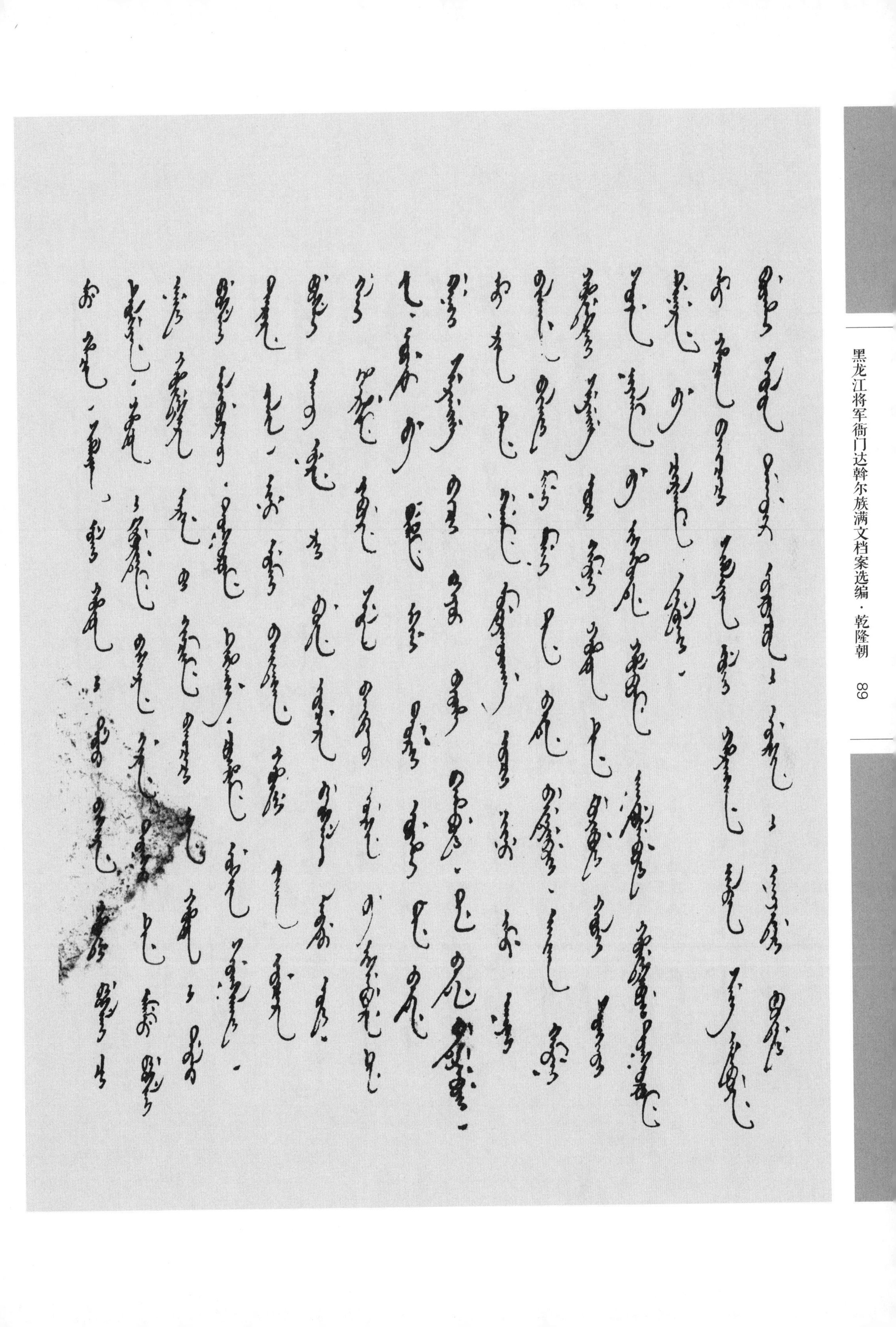

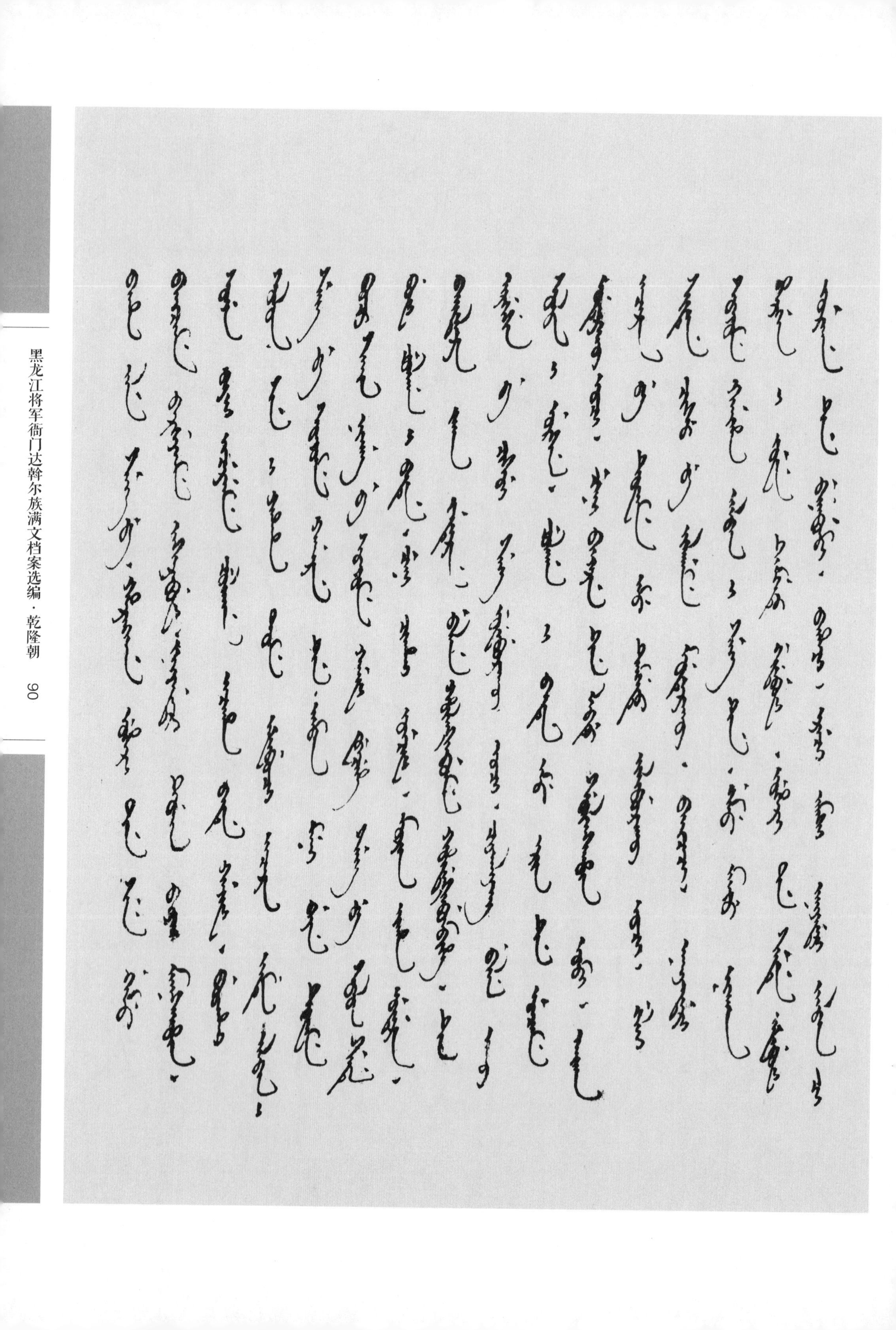

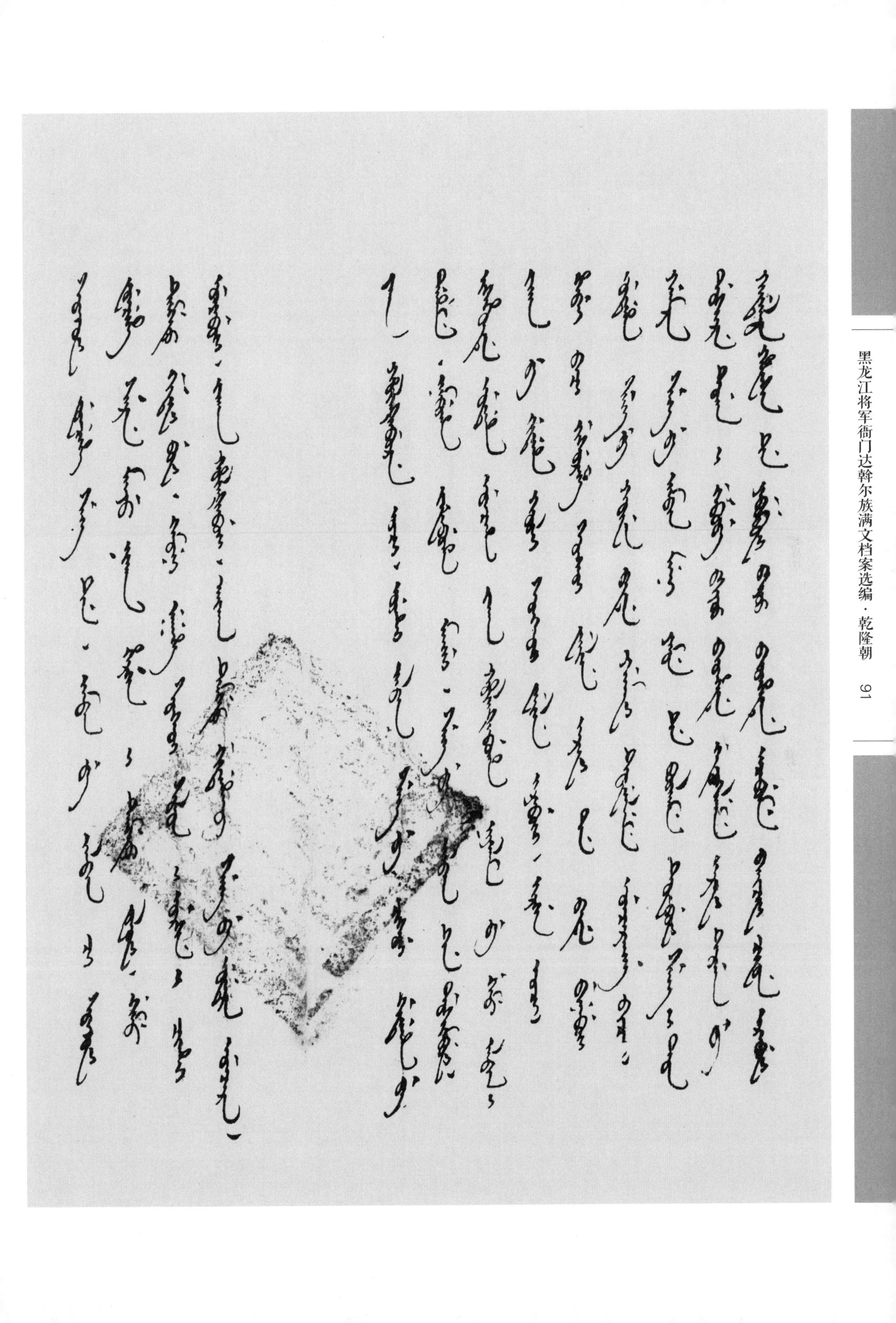

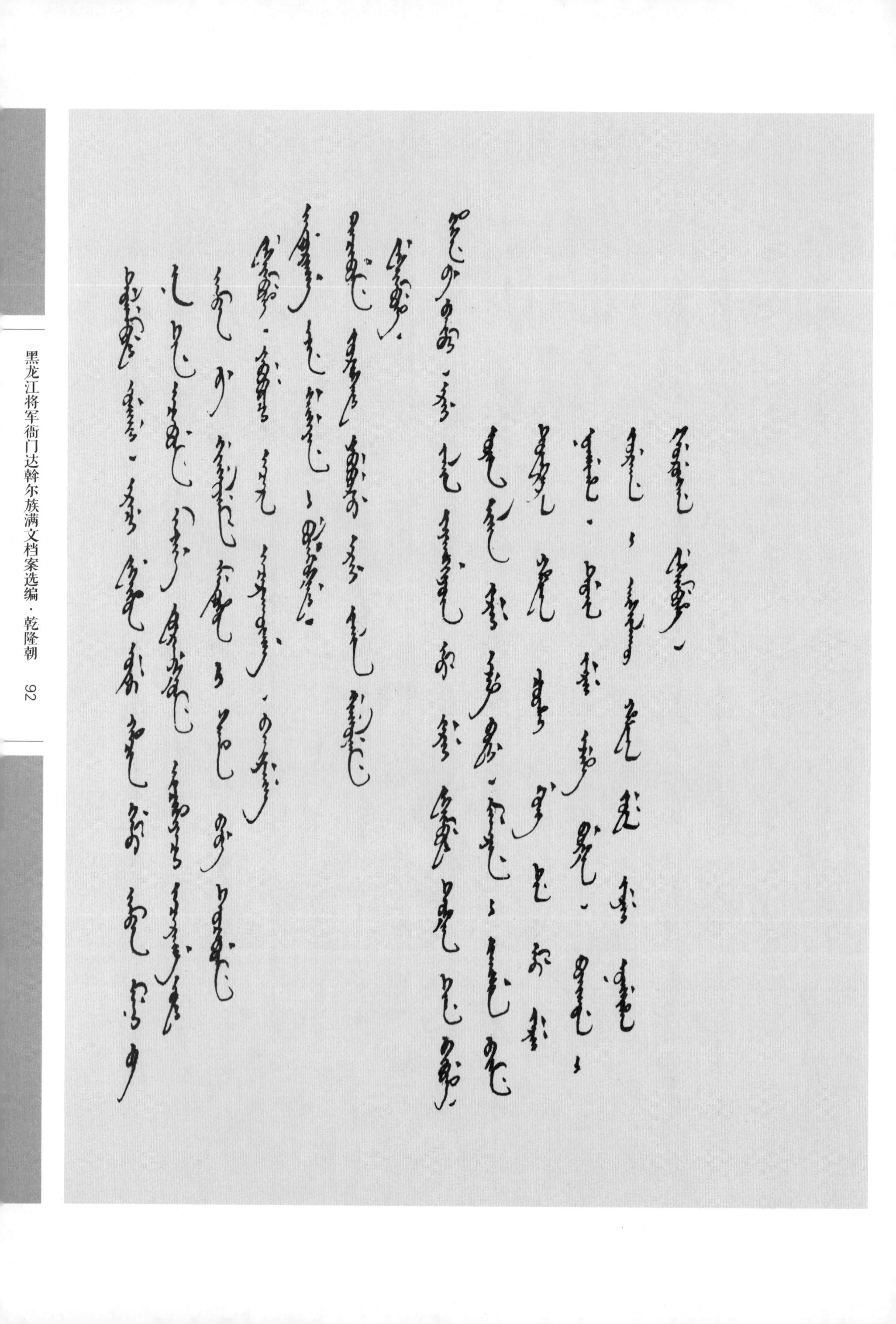

一五五 兵部为查明黑龙江镶红旗达斡尔内色图佐领源流事咨黑龙江将军文

乾隆六年十二月二十六日

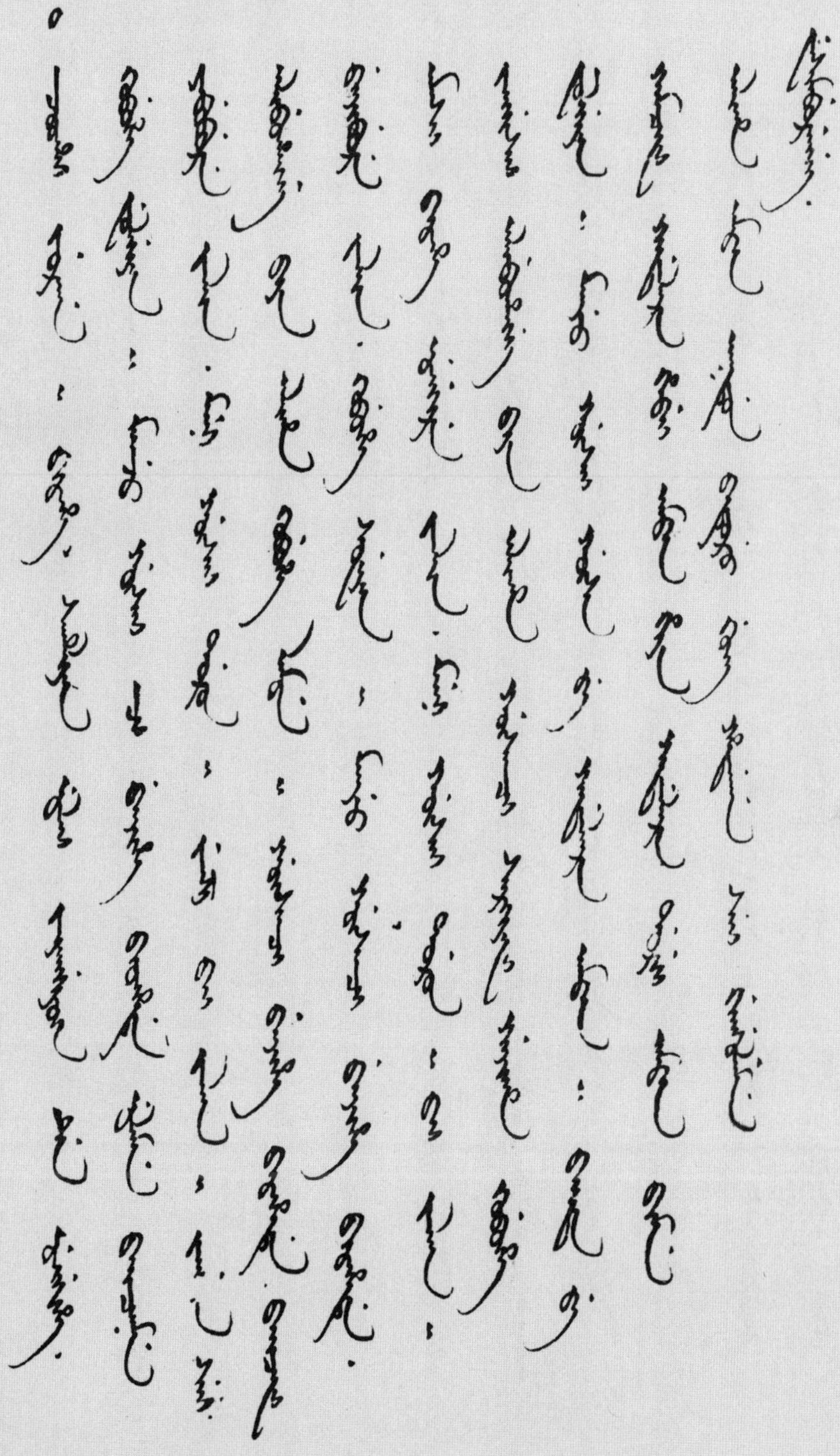

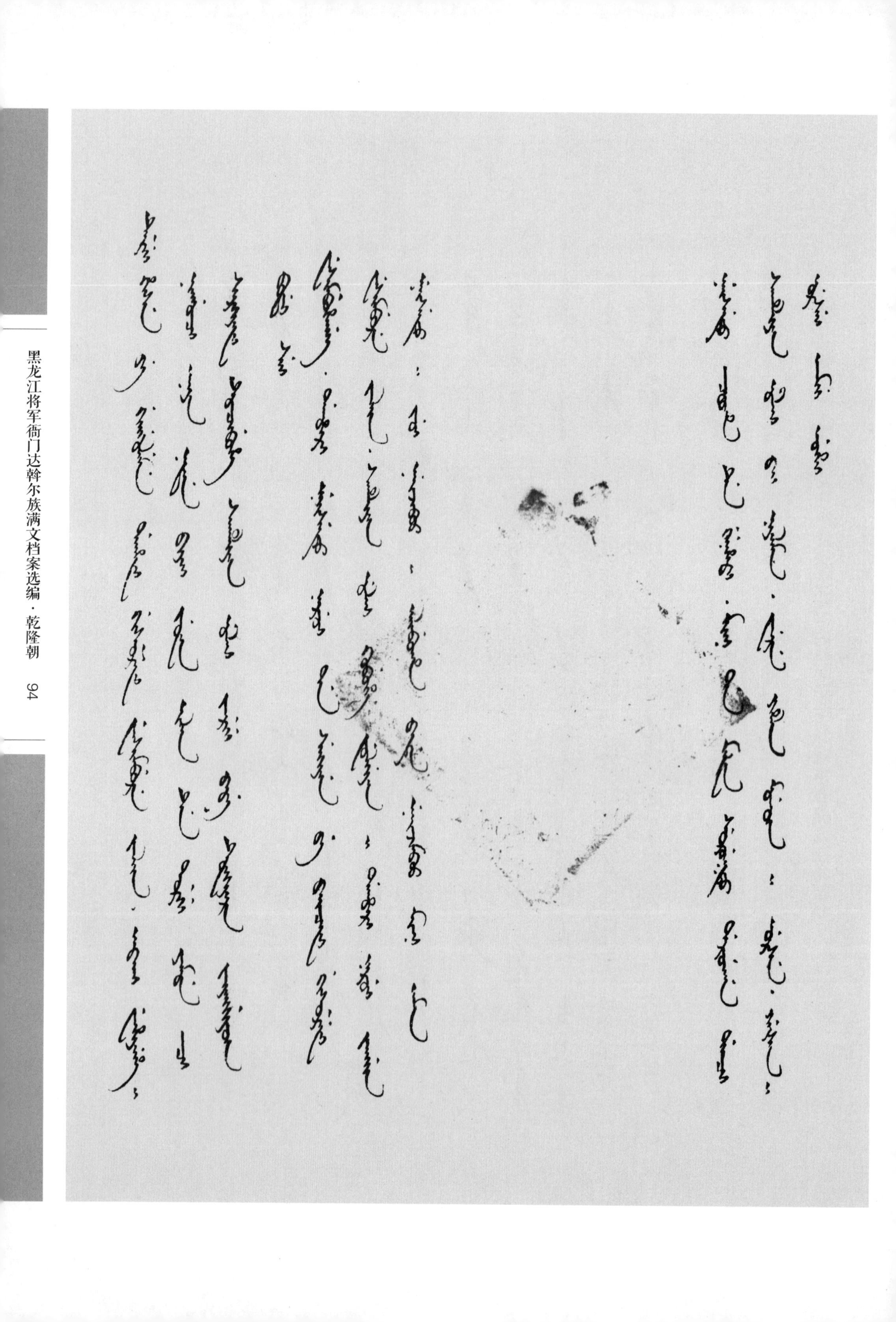

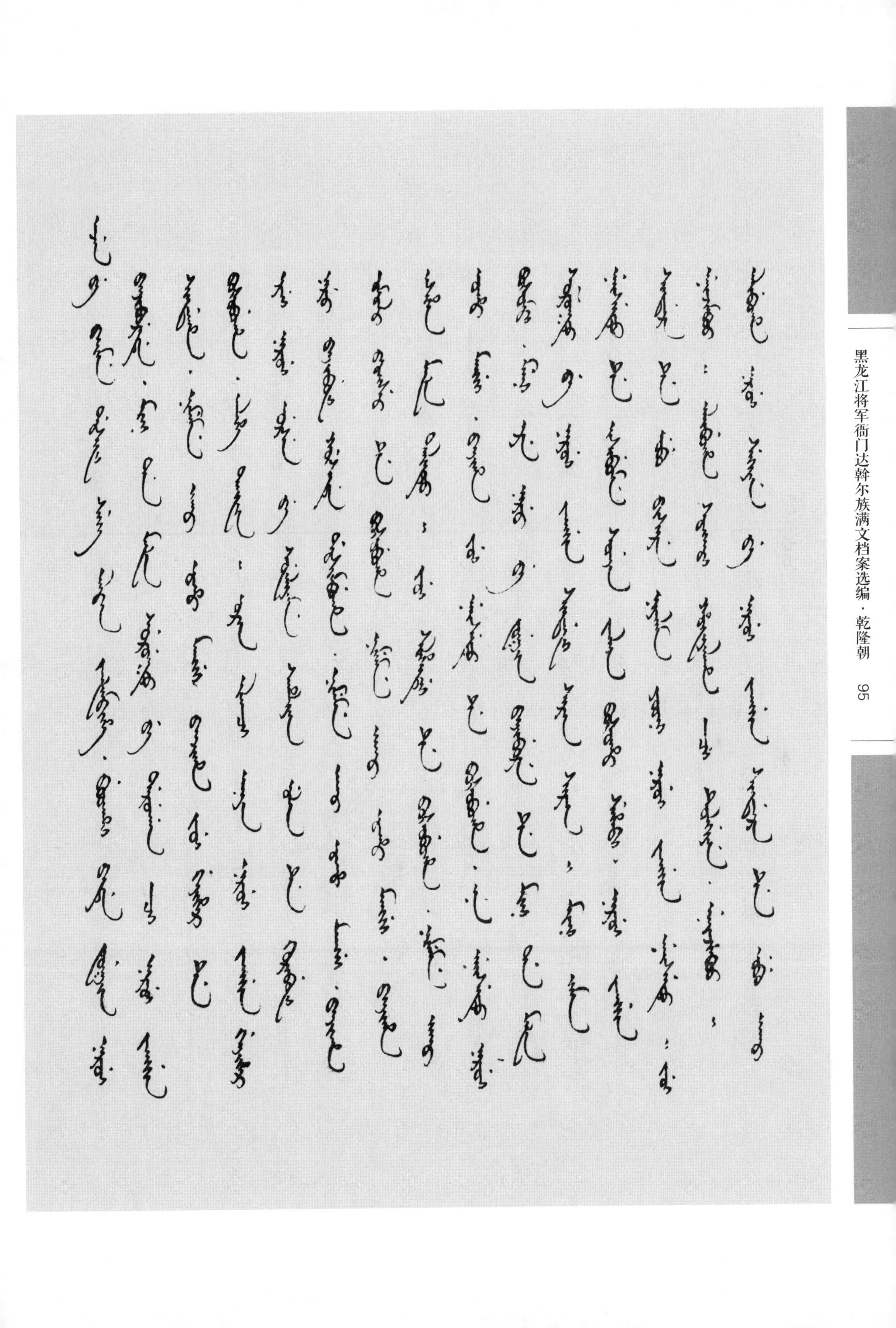

[illegible]

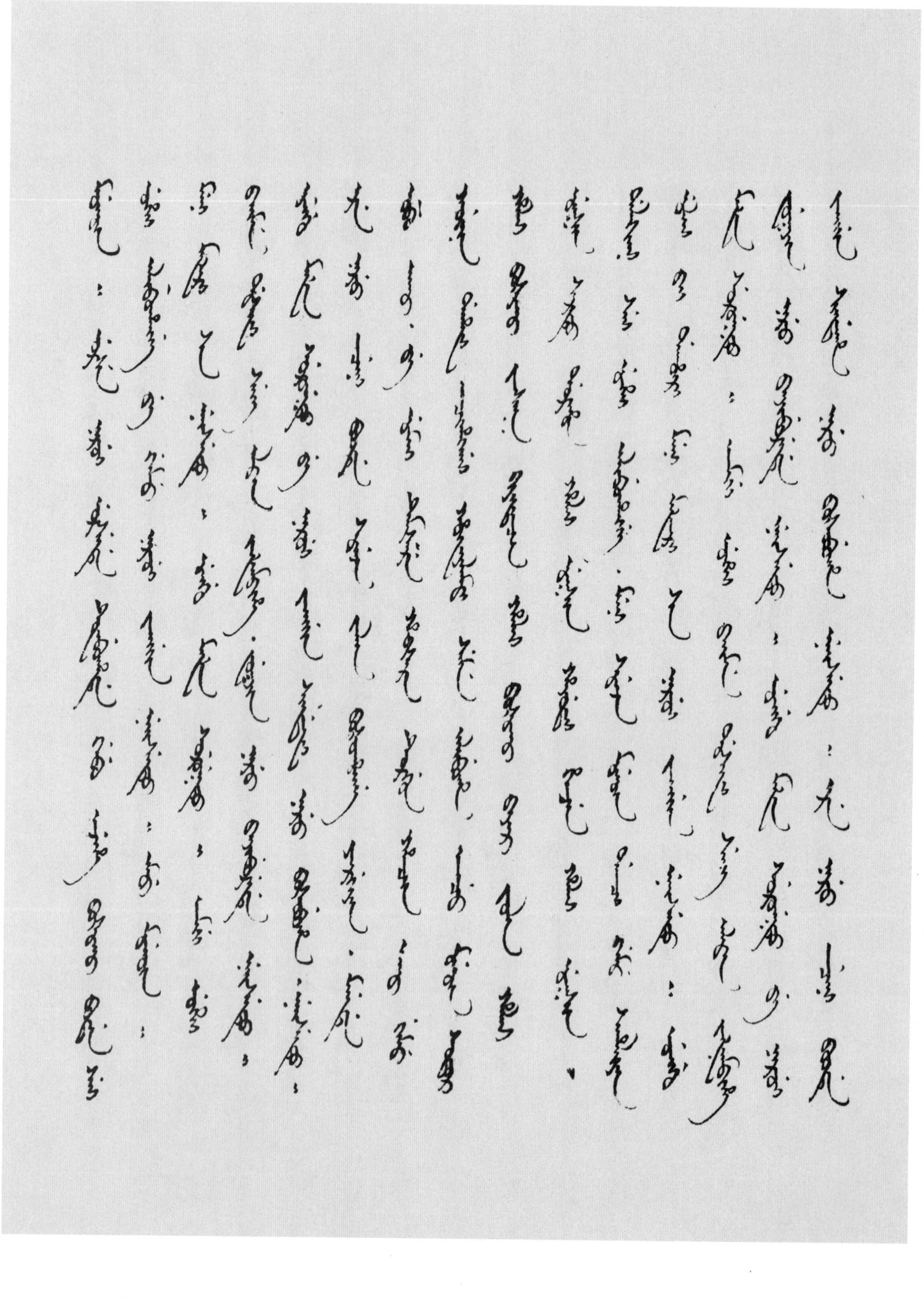

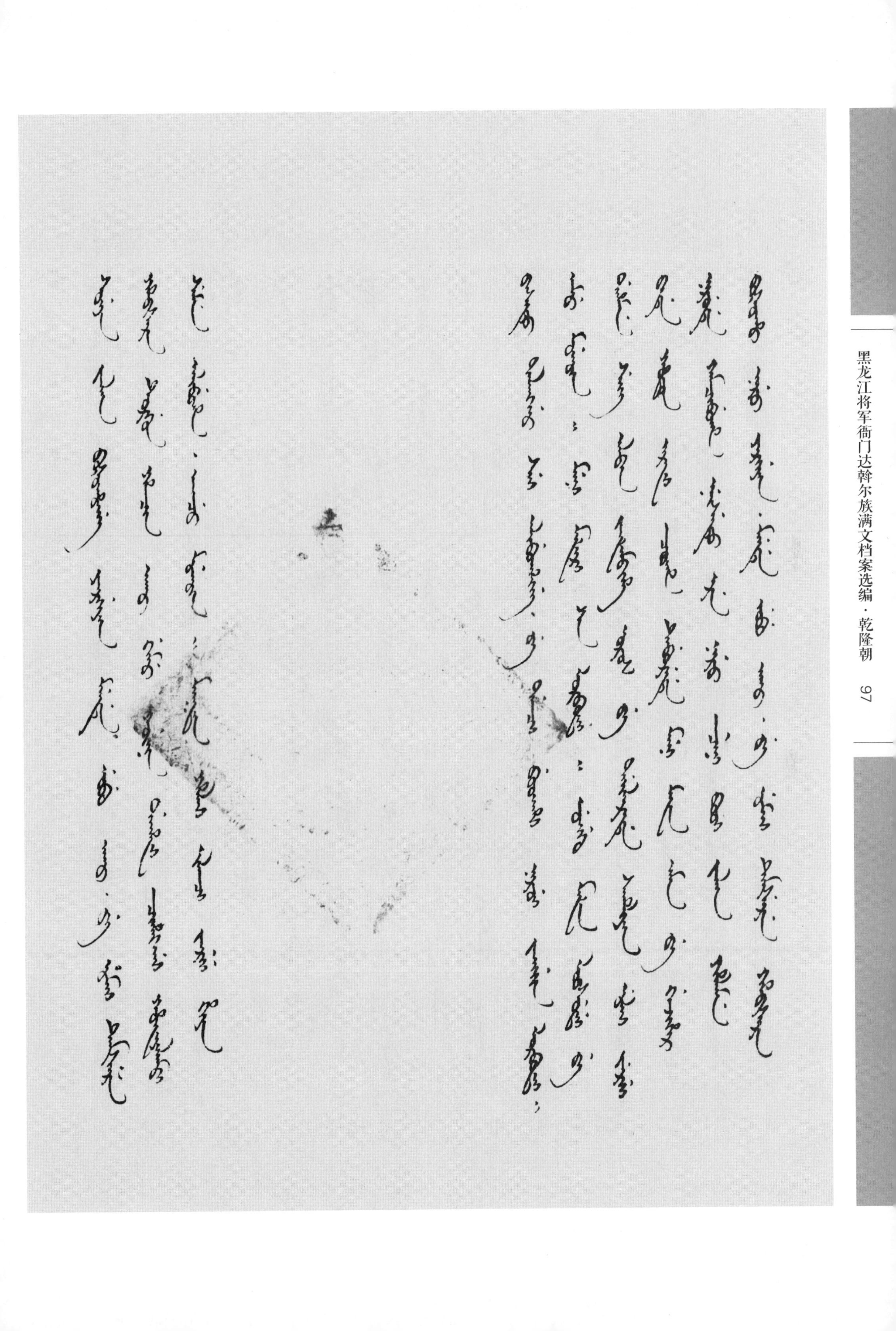

[illegible]

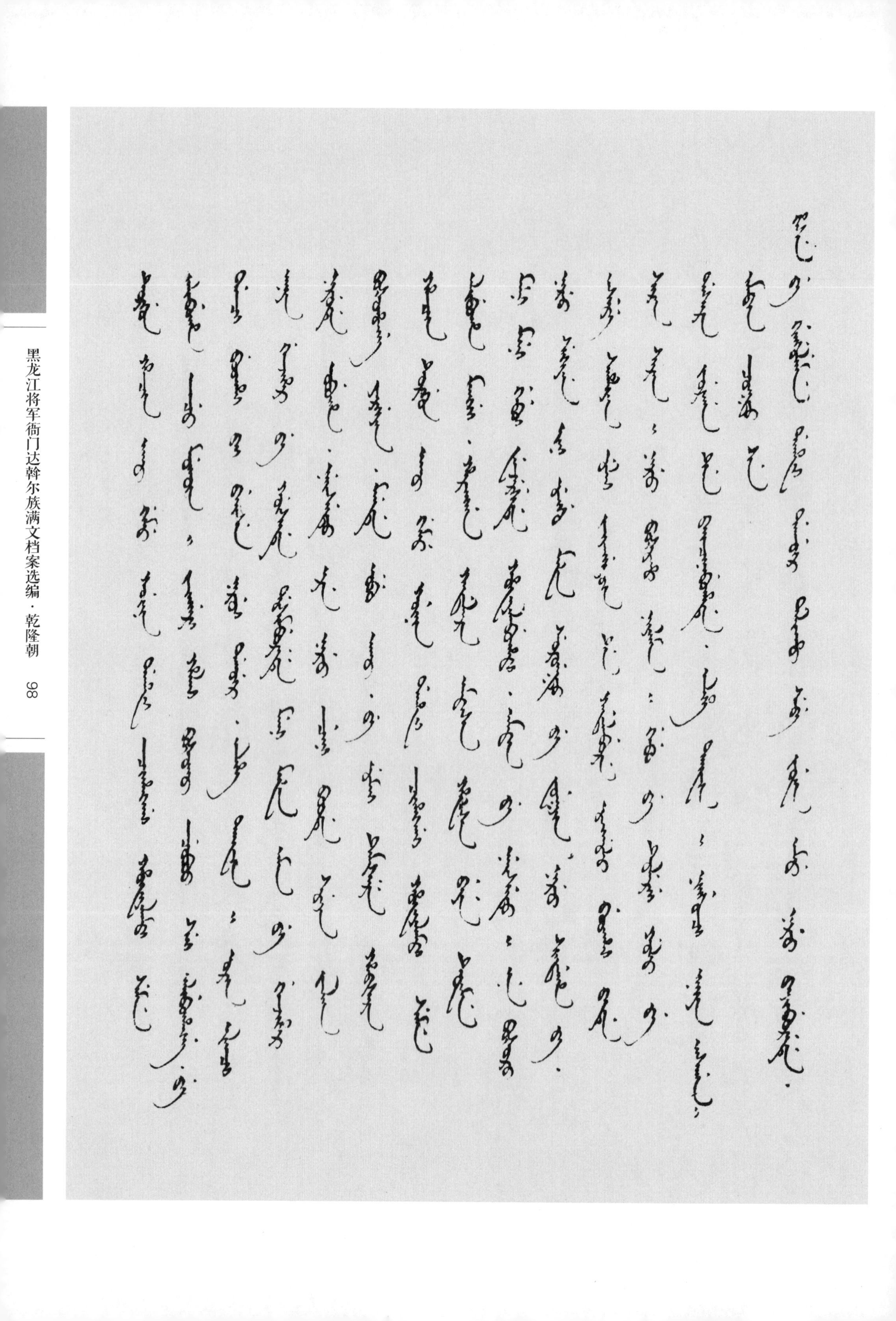

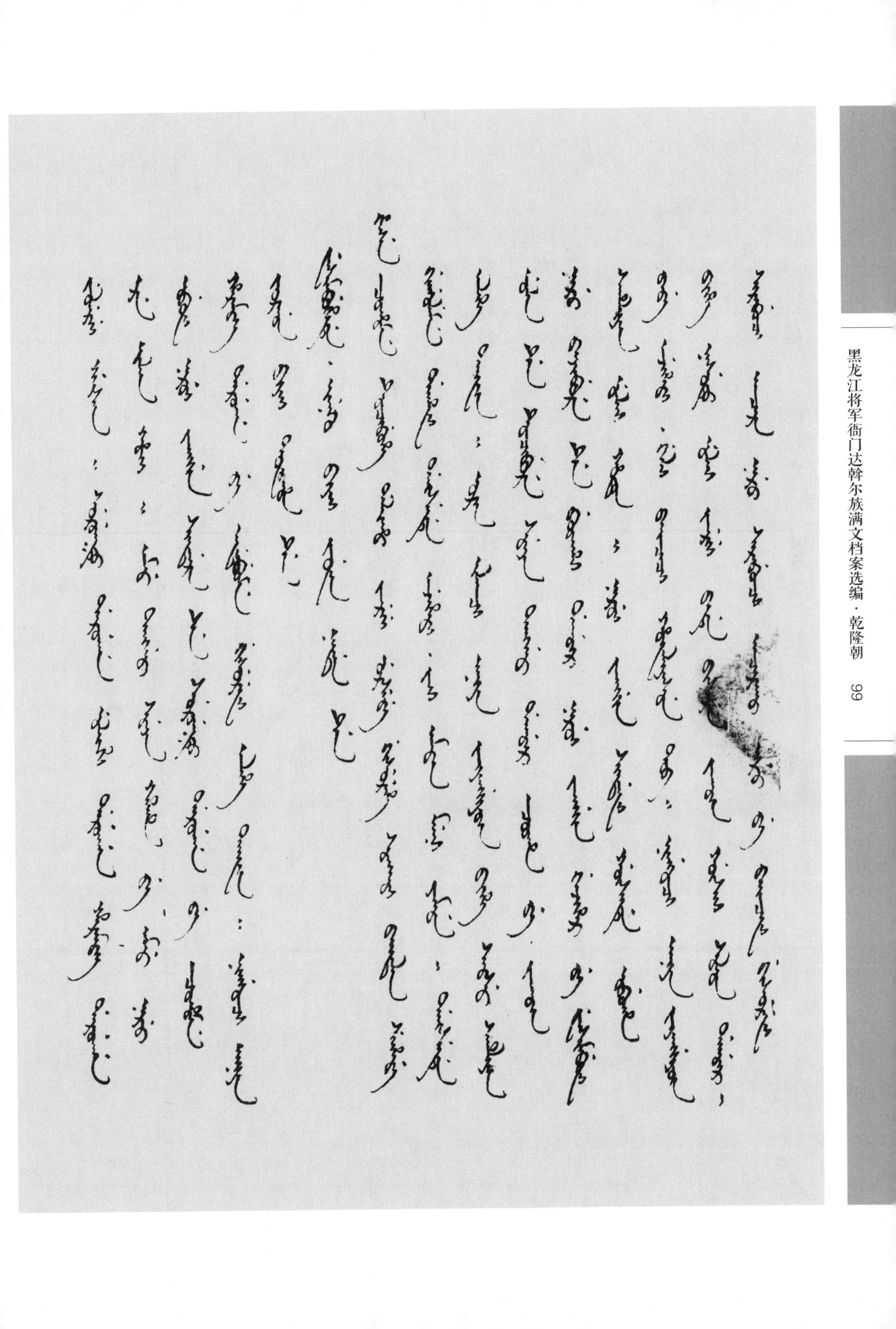

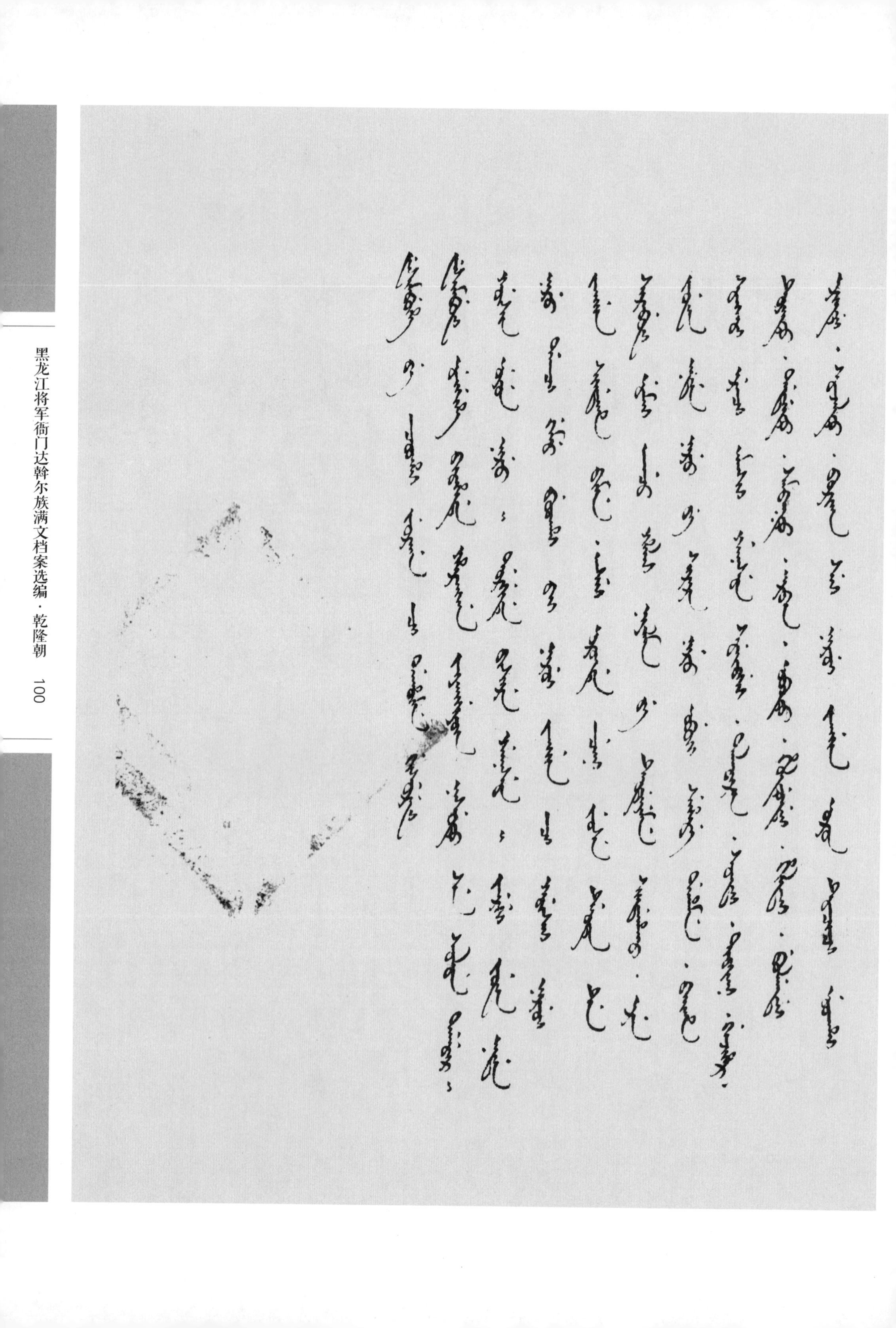

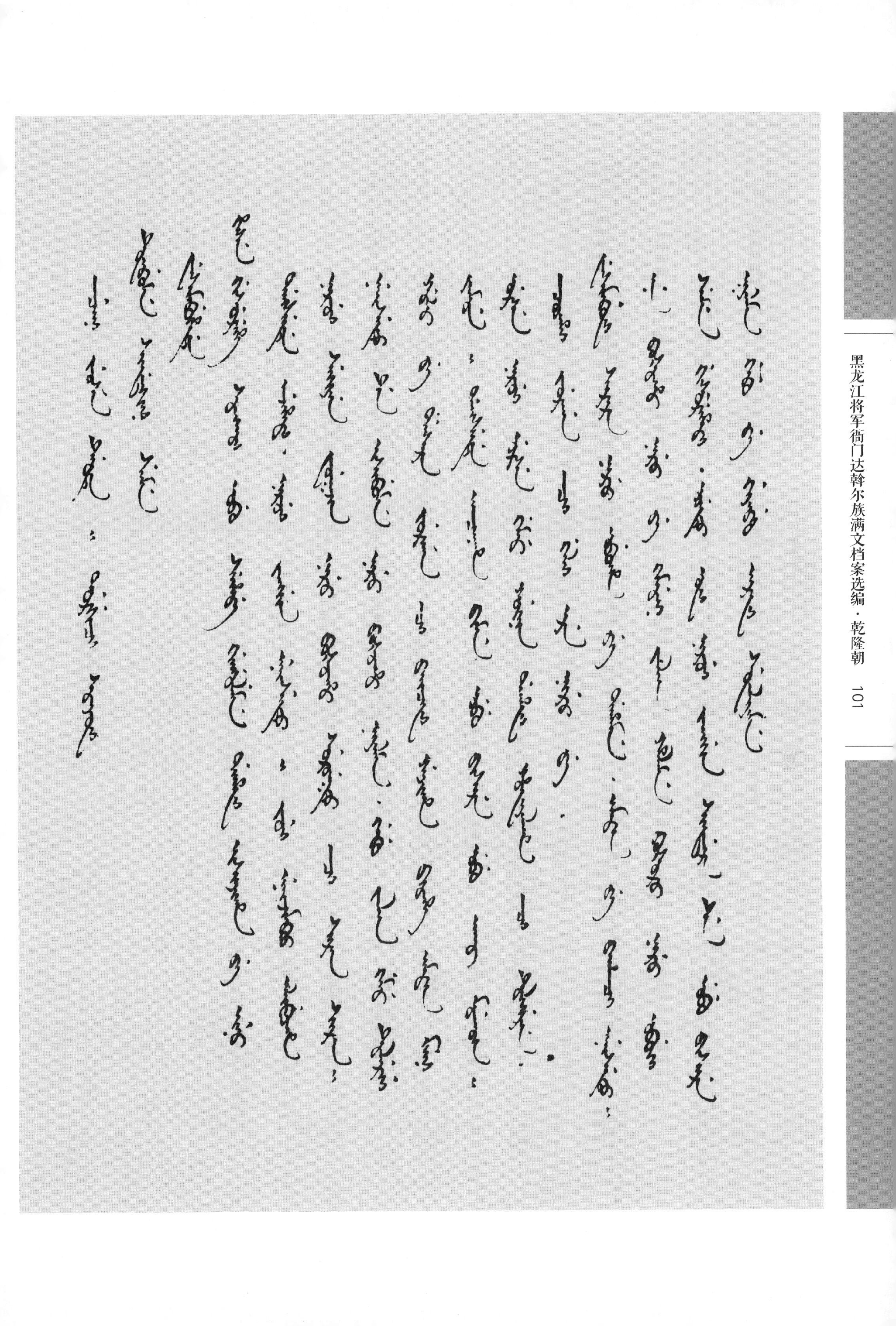

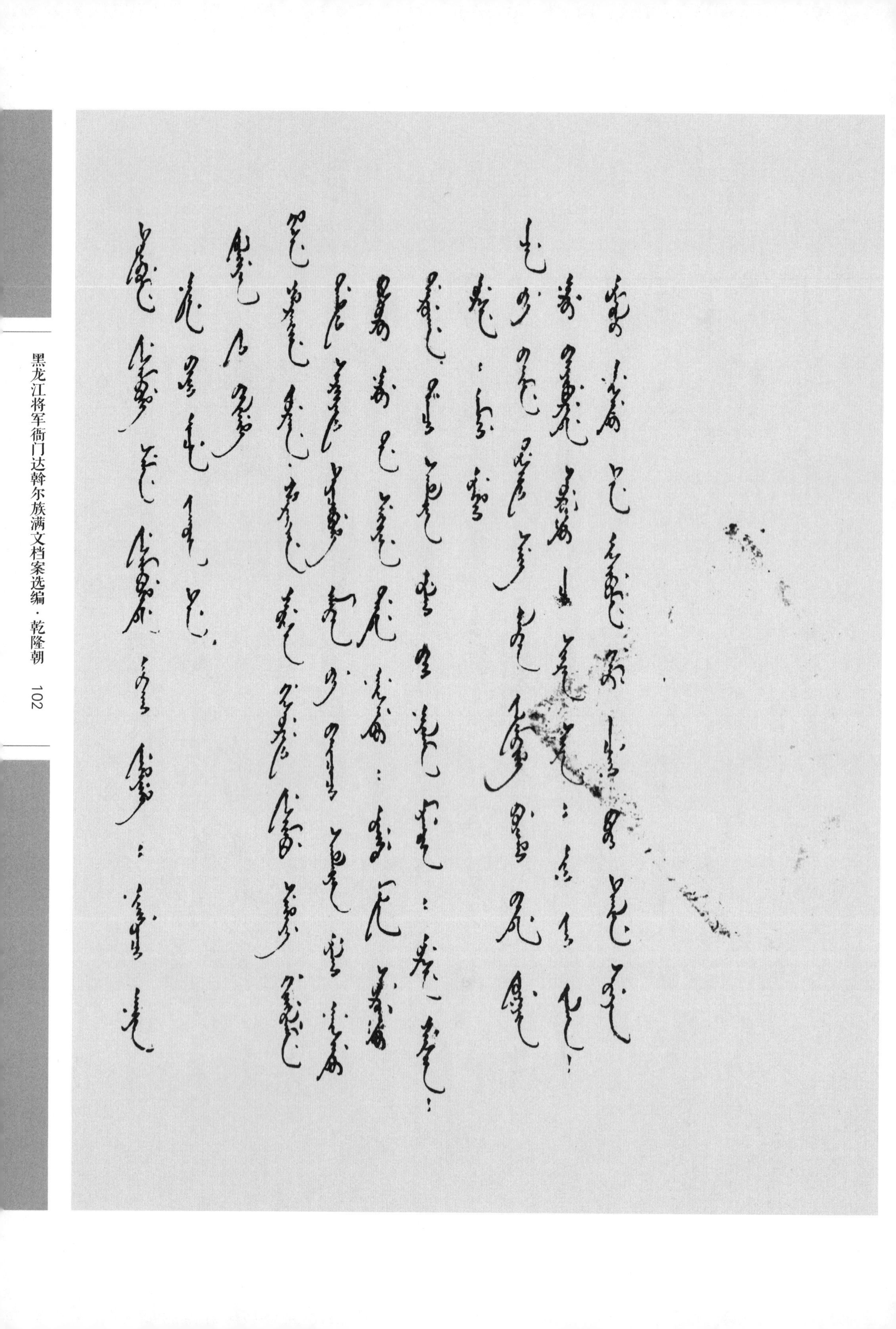

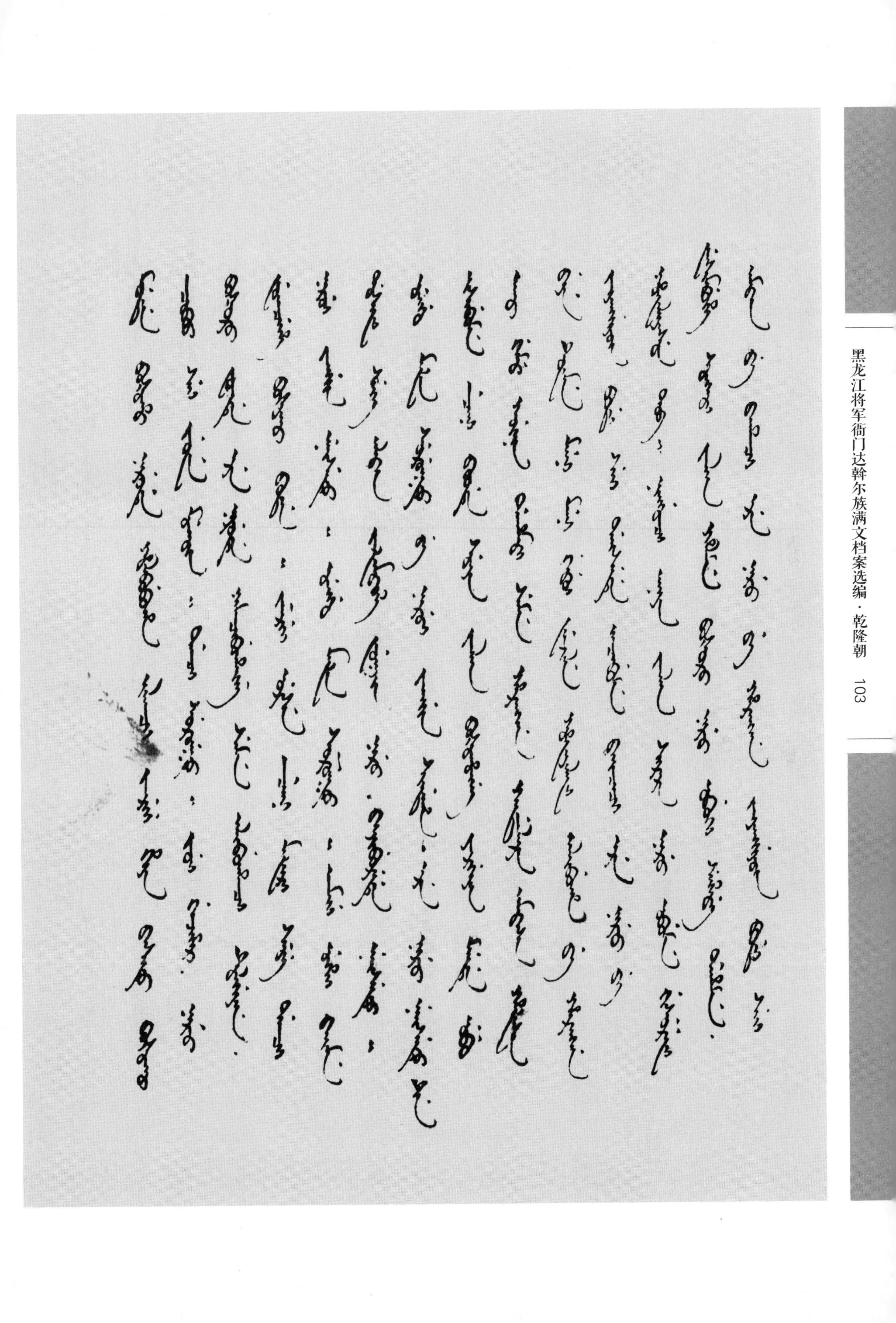

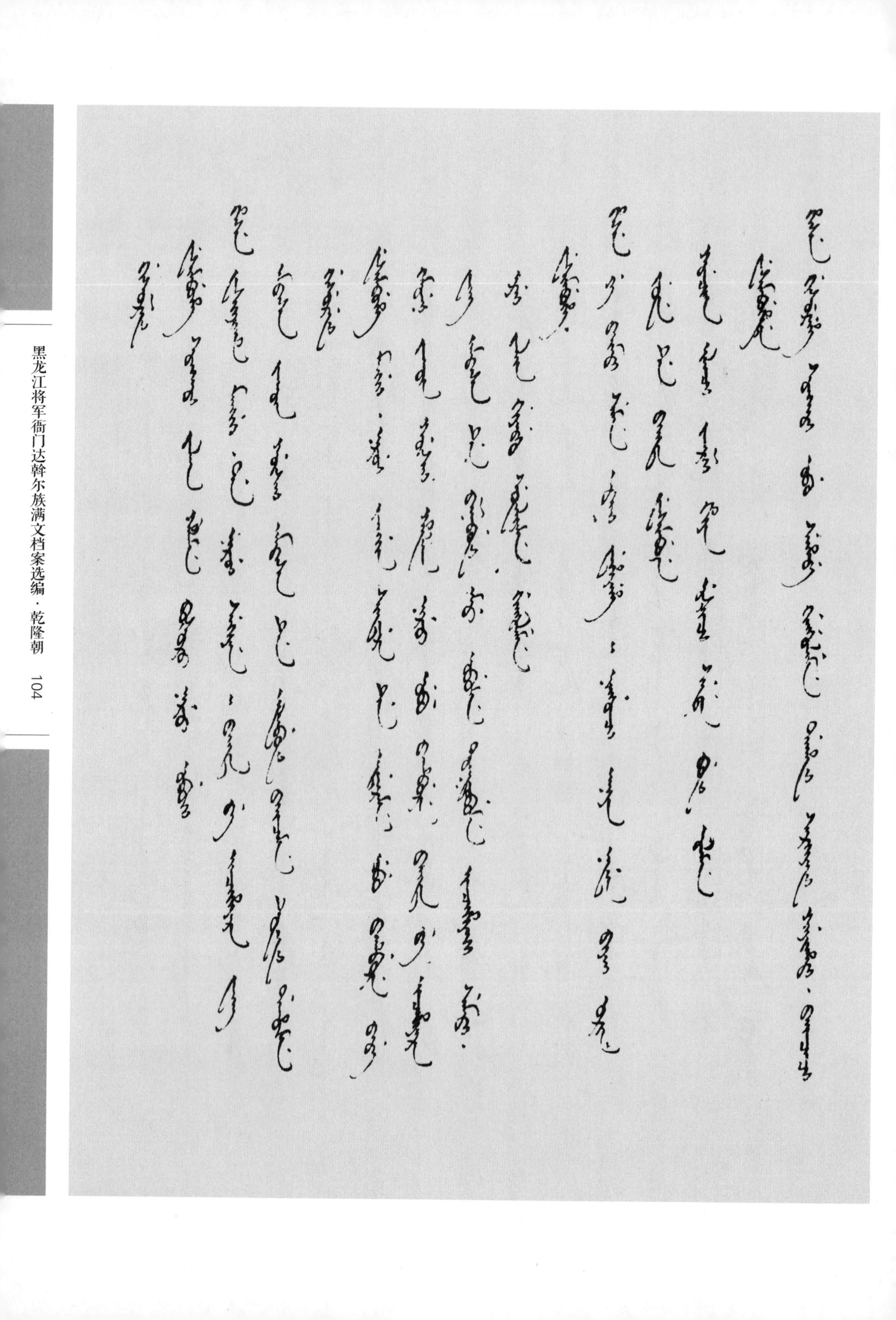

[illegible]

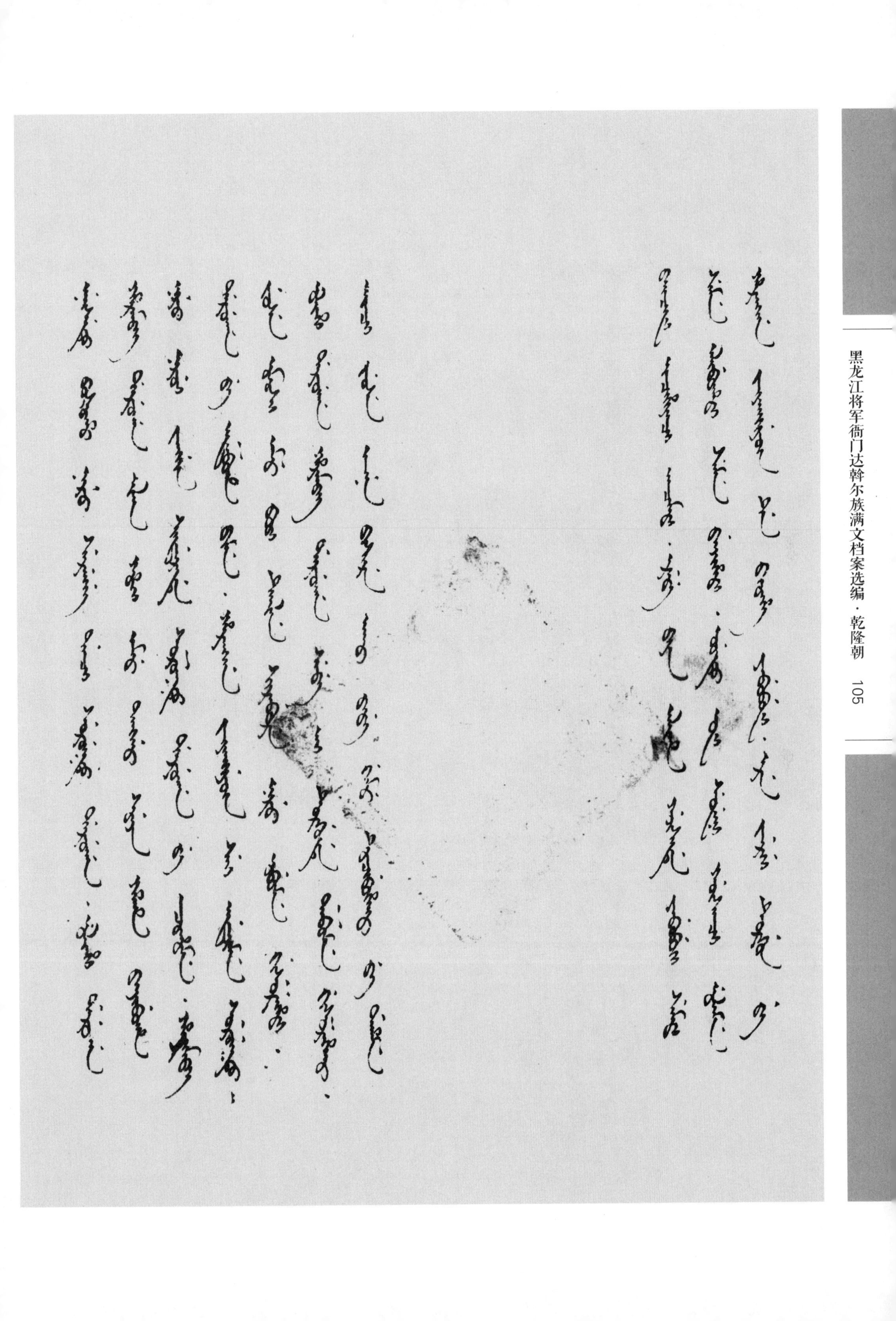

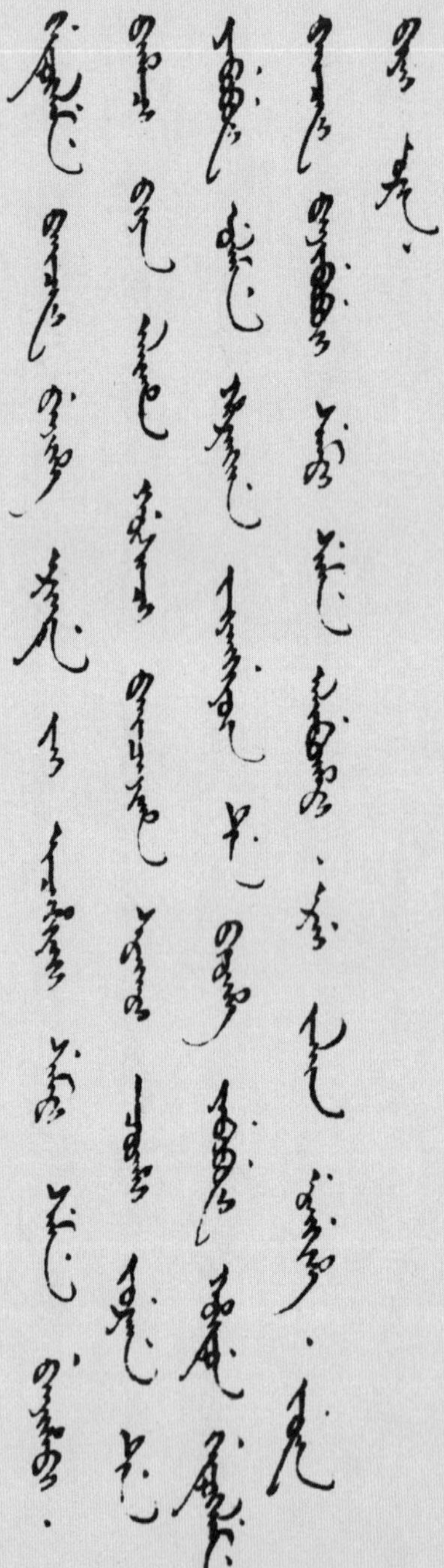

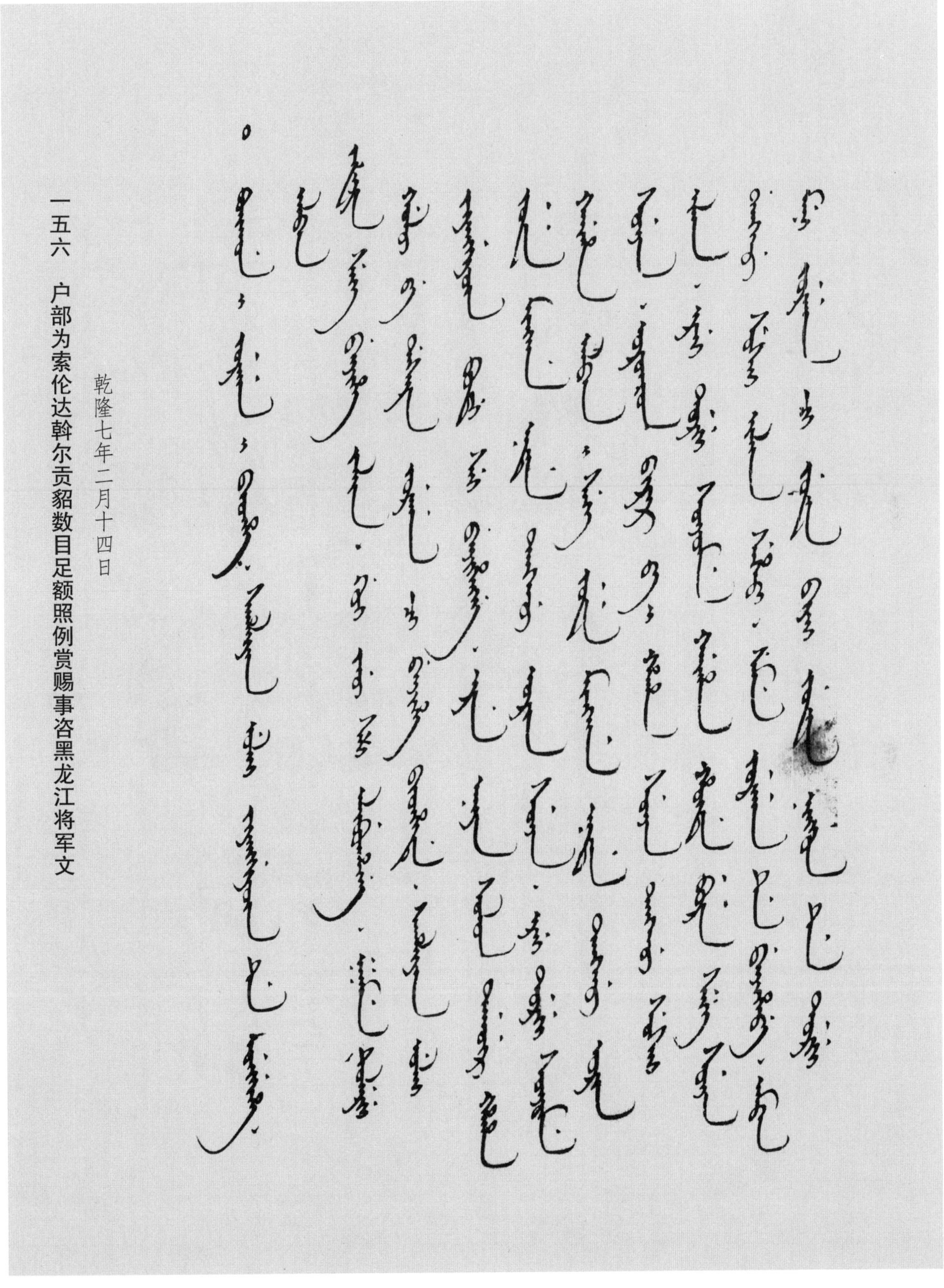

一五六 户部为索伦达斡尔贡貂数目足额照例赏赐事咨黑龙江将军文

乾隆七年二月十四日

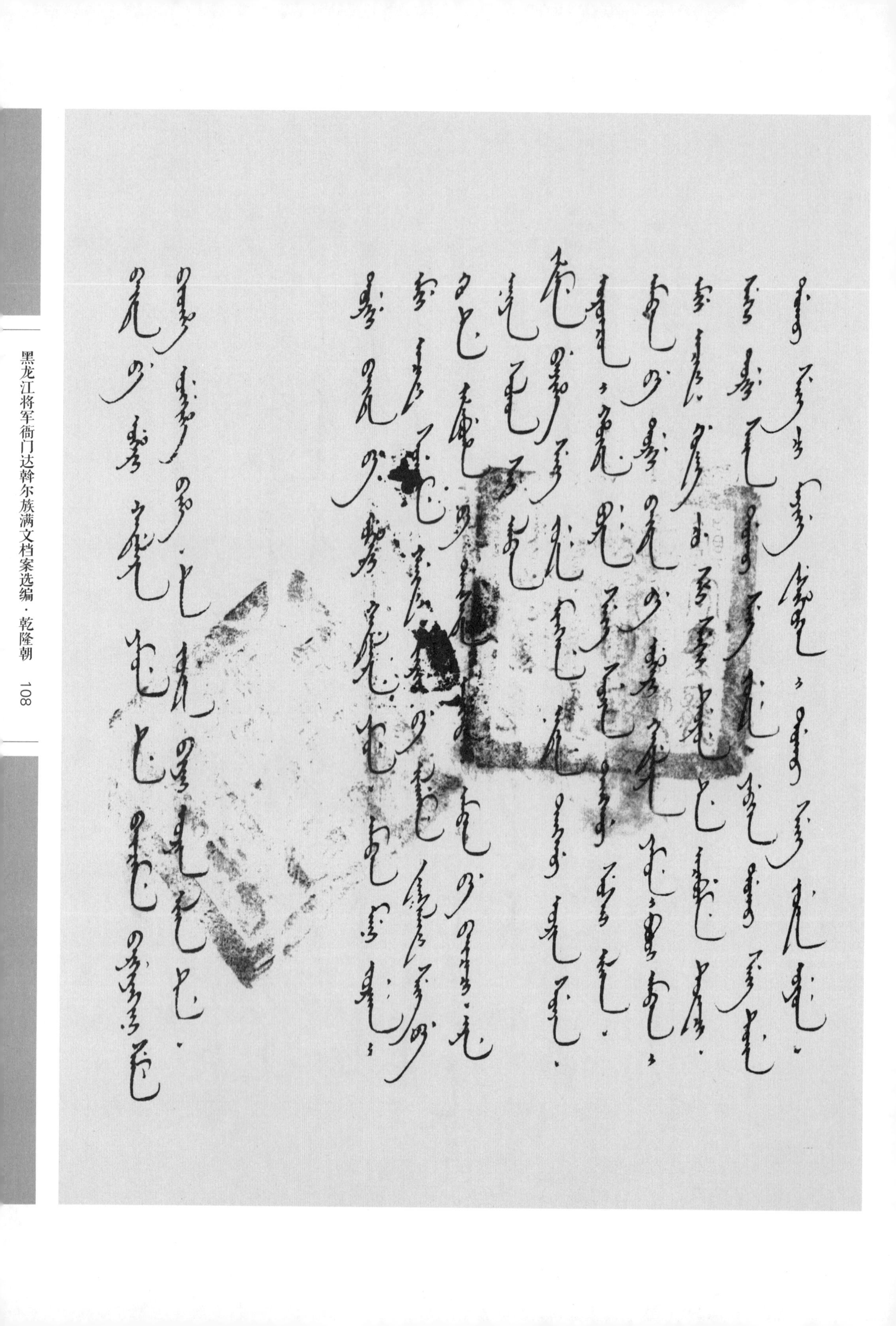

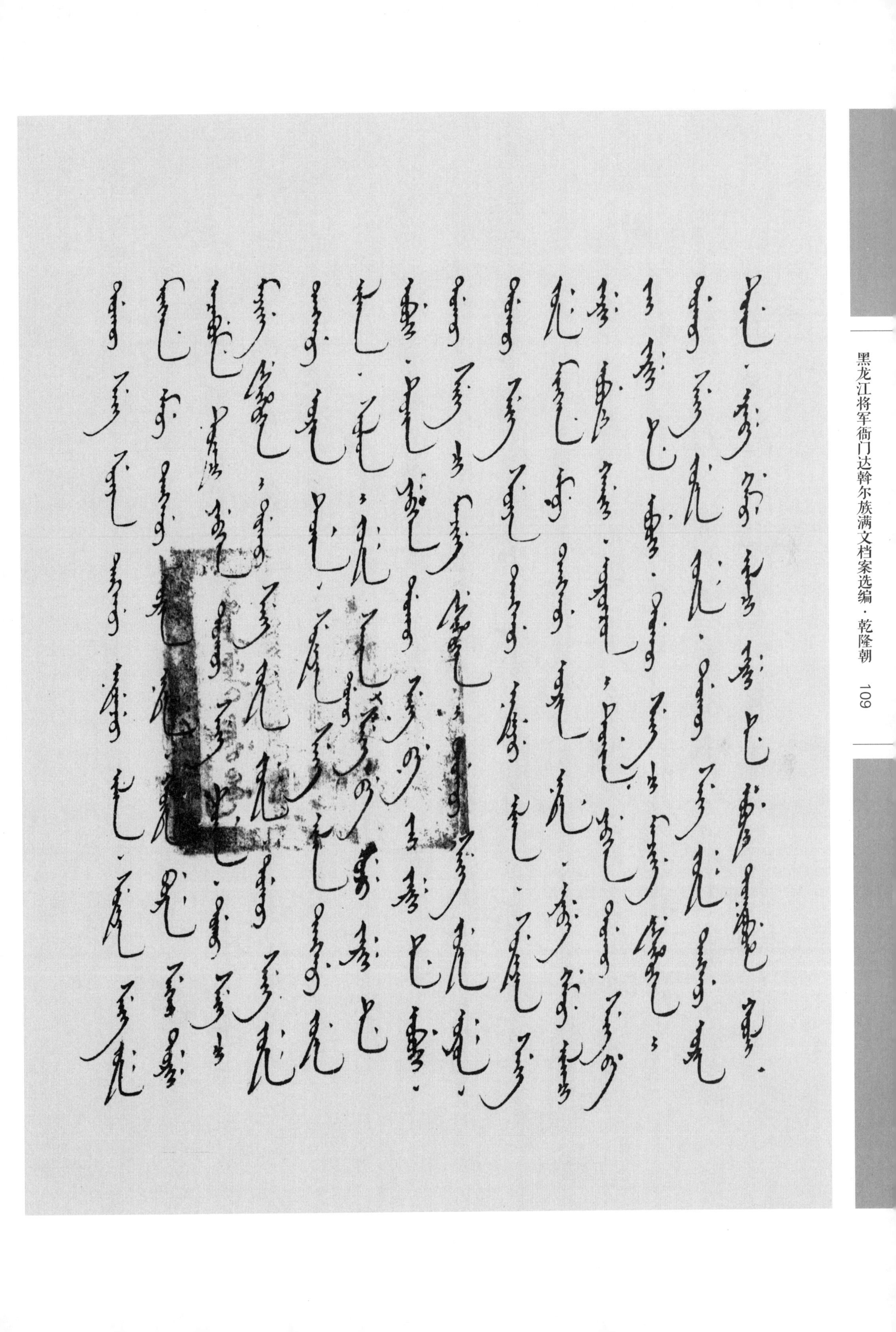

[illegible]

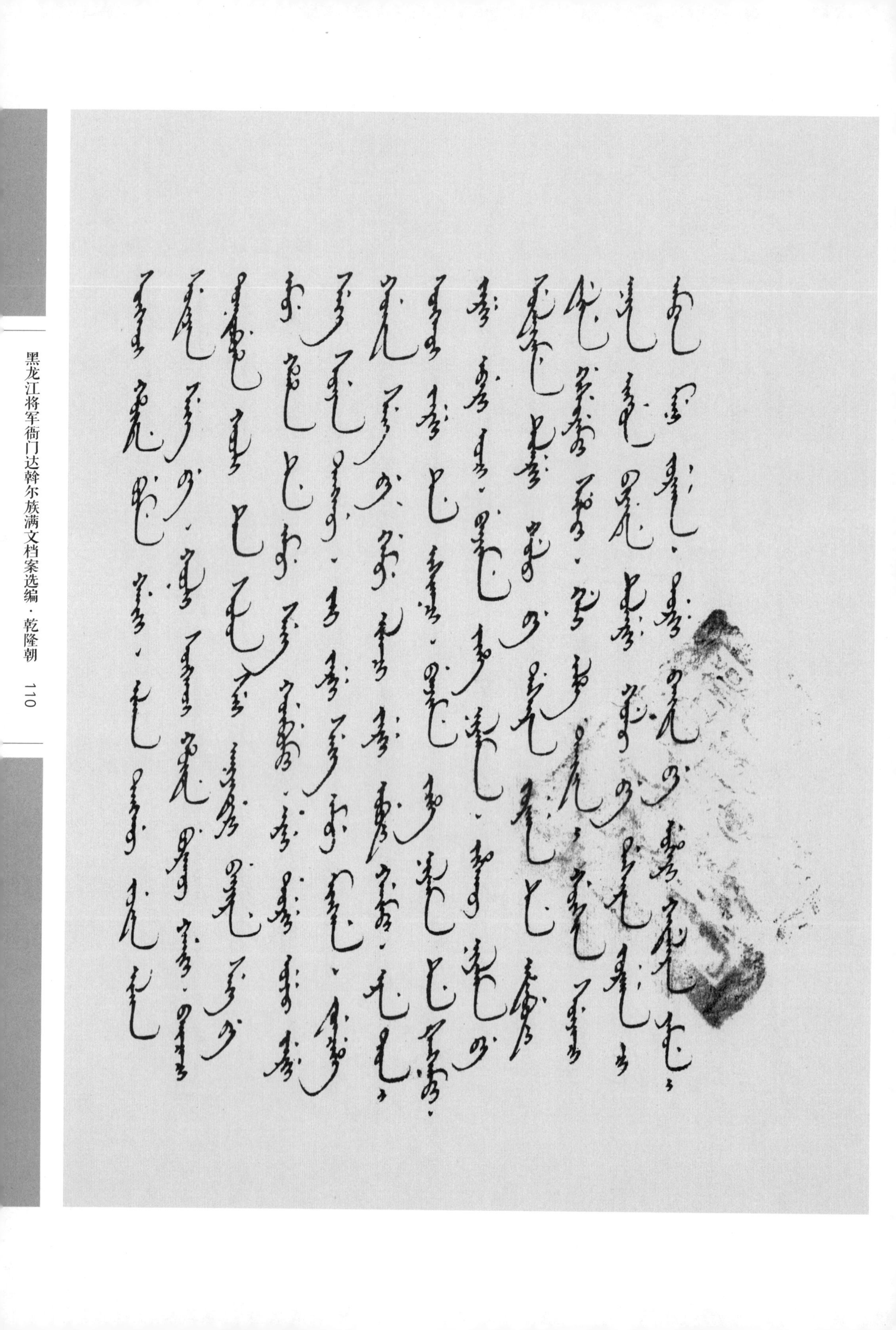

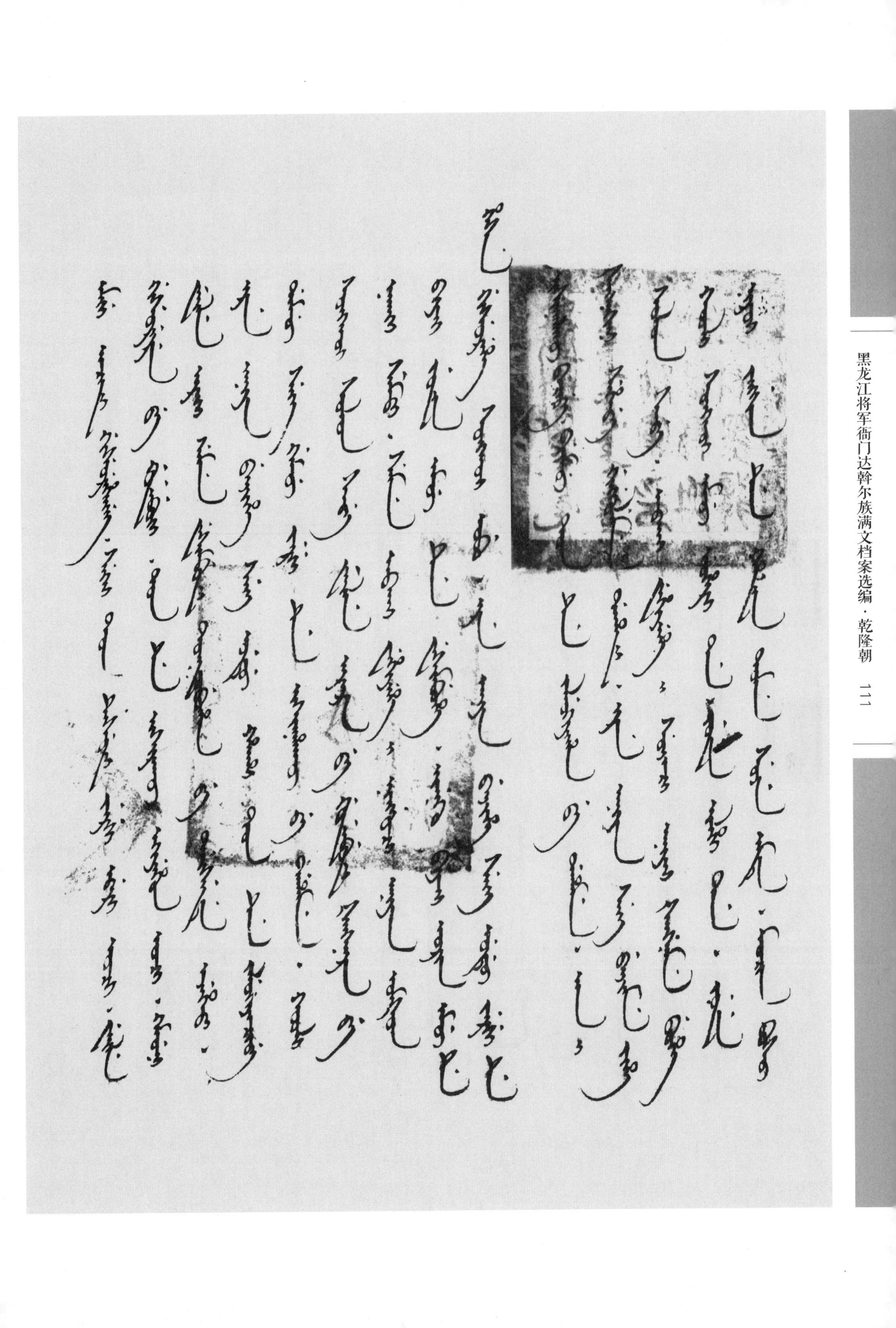

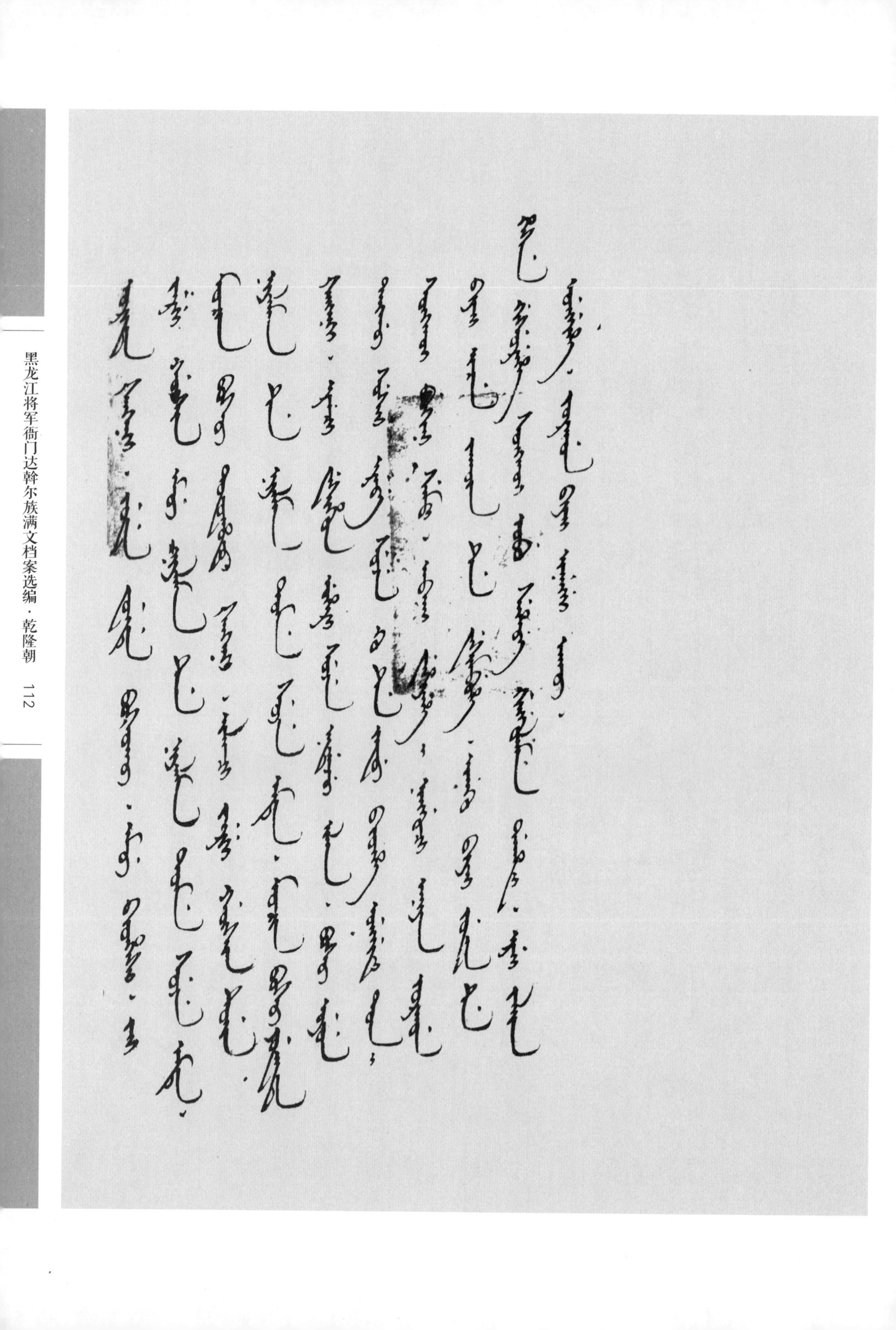

一五七 黑龙江将军衙门为令查明玛萨博齐图父子是否为达斡尔兵丁事札布特哈索伦达斡尔总管纳木球等文

乾隆七年二月十八日

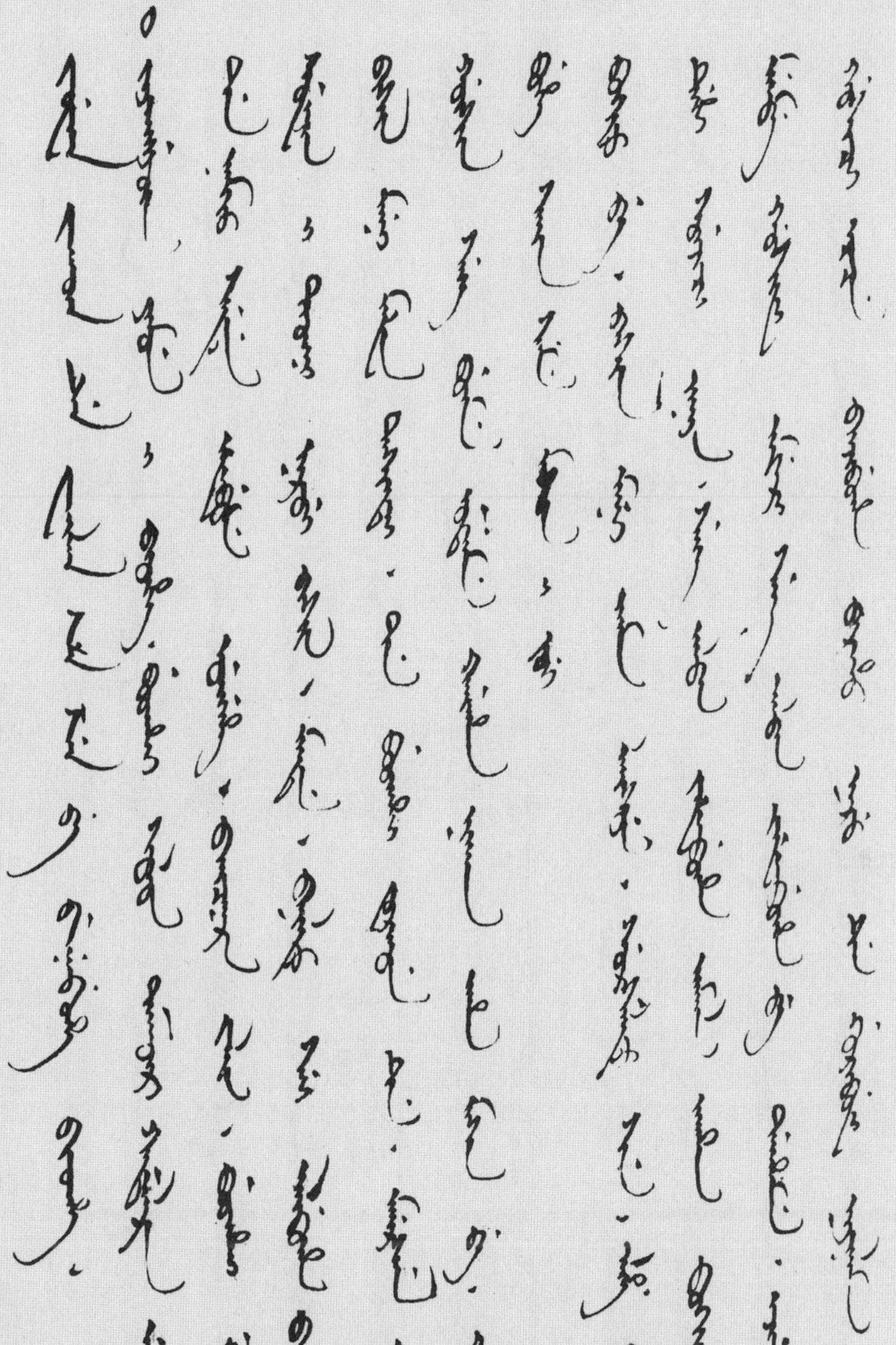

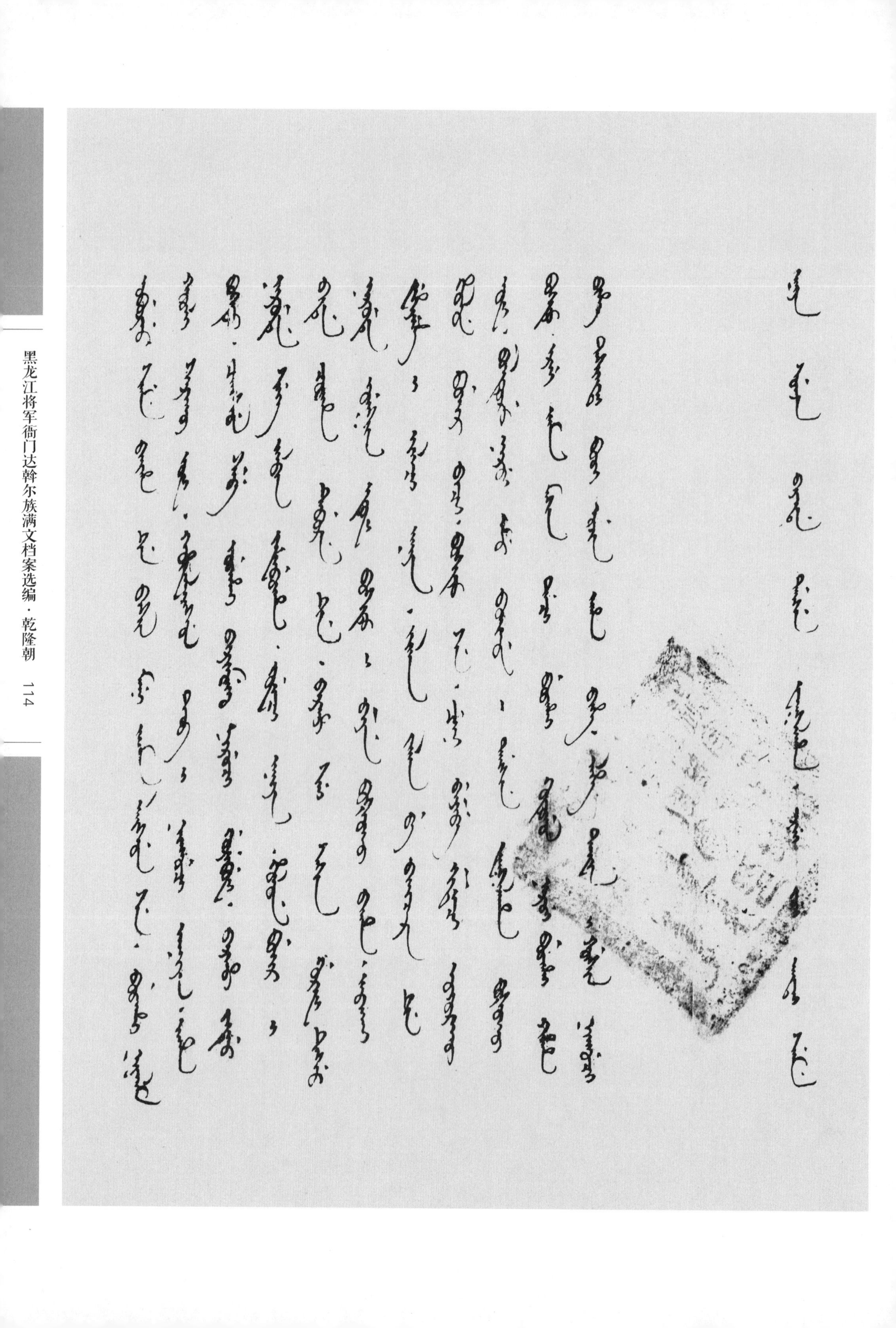

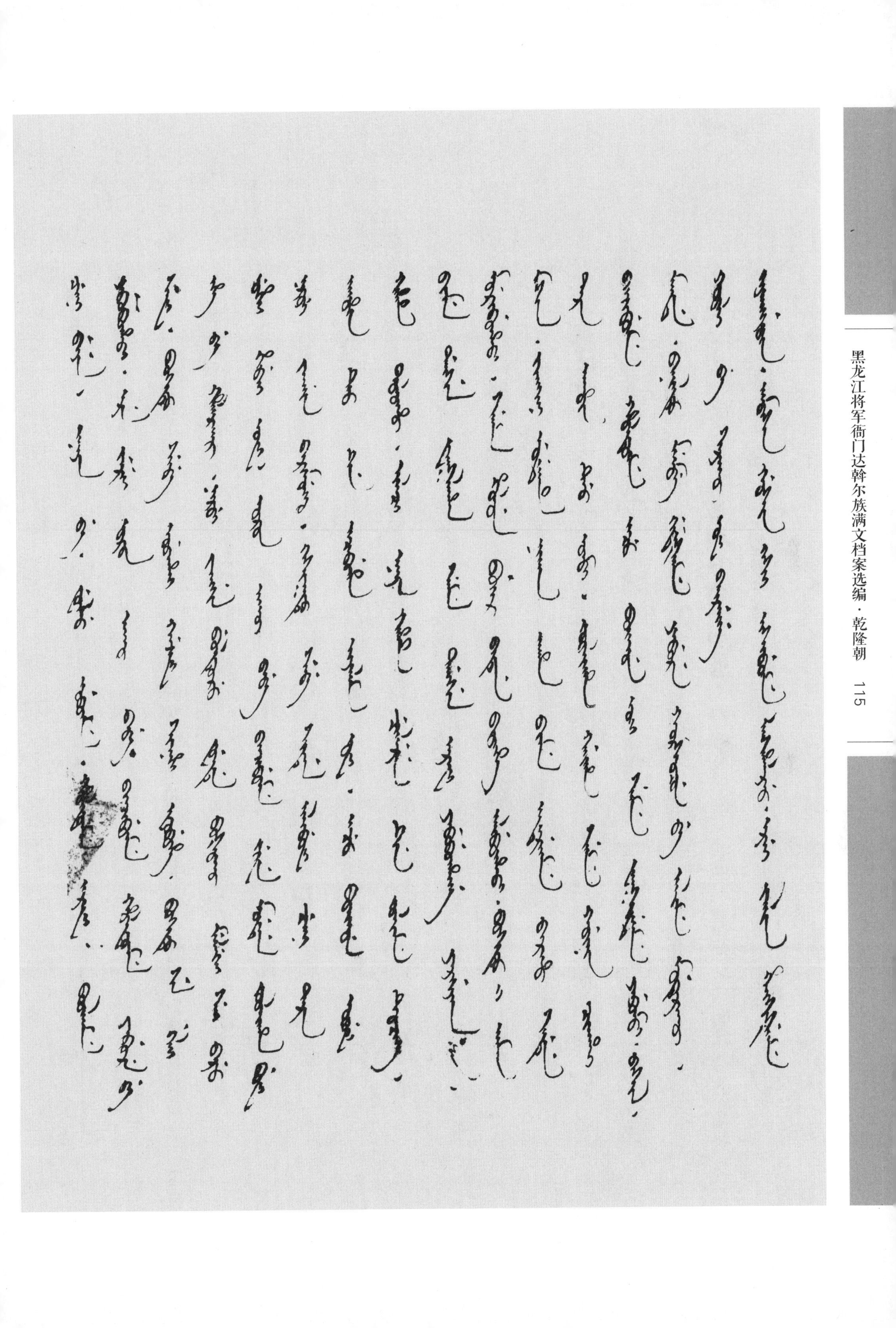

[illegible]

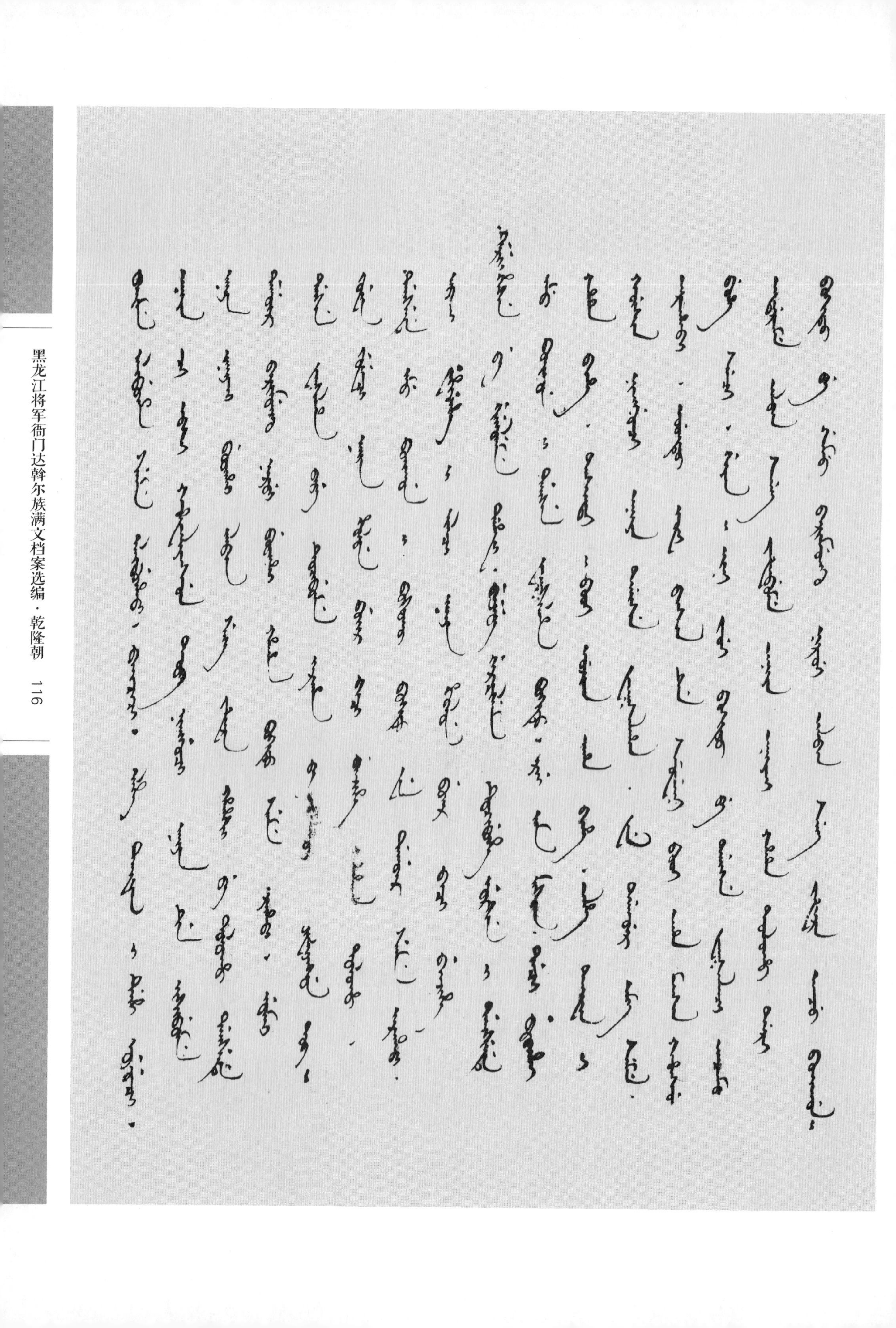

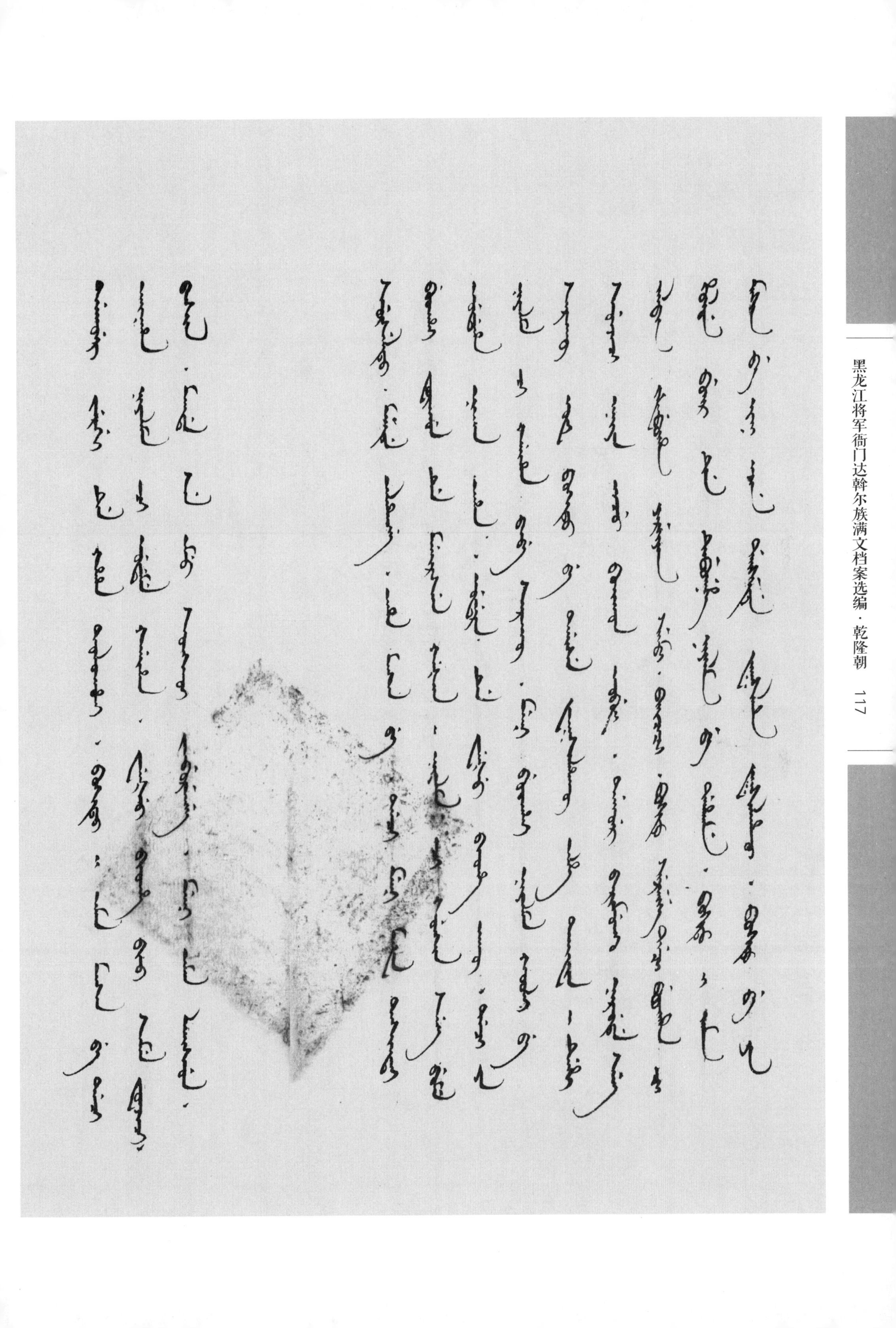

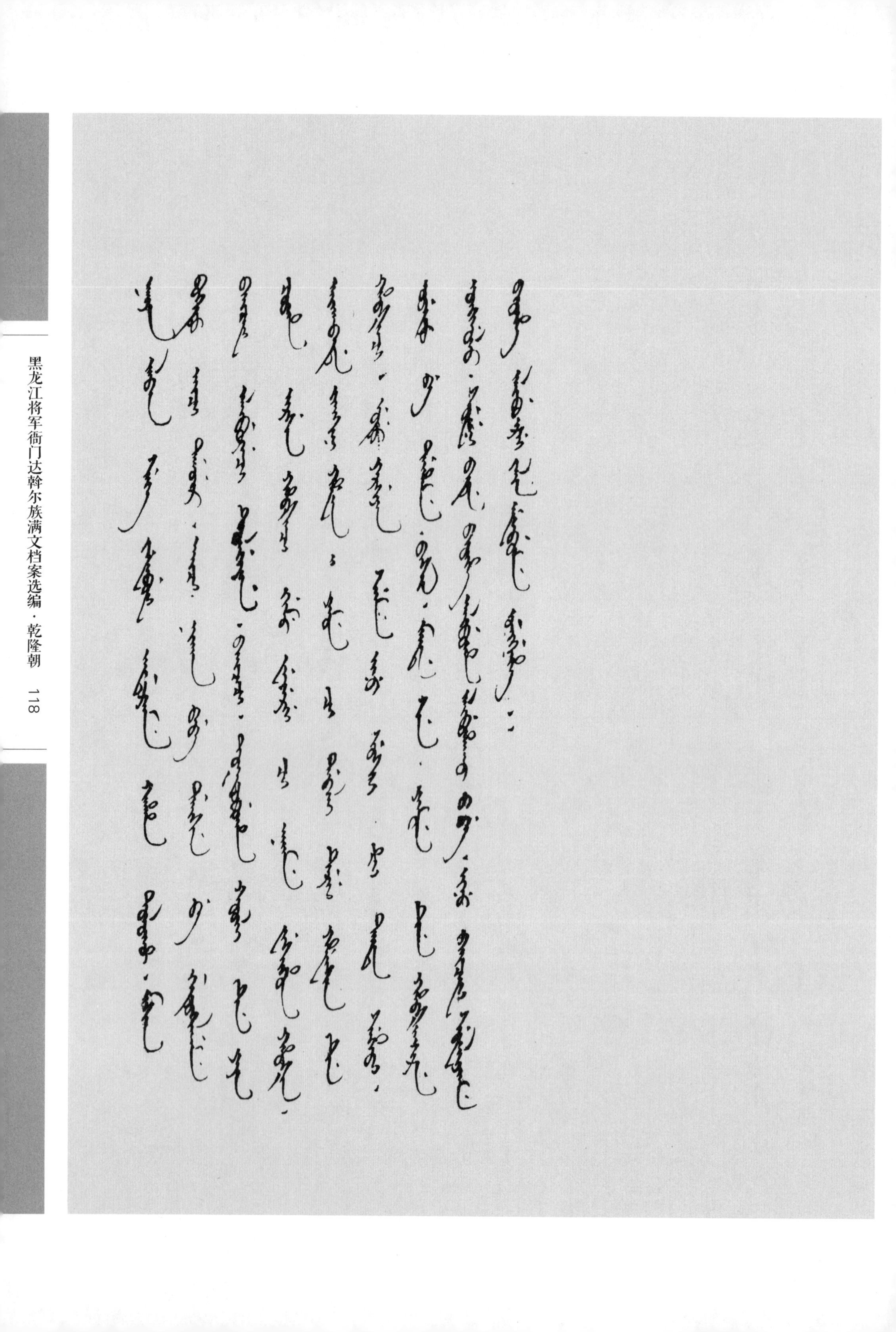

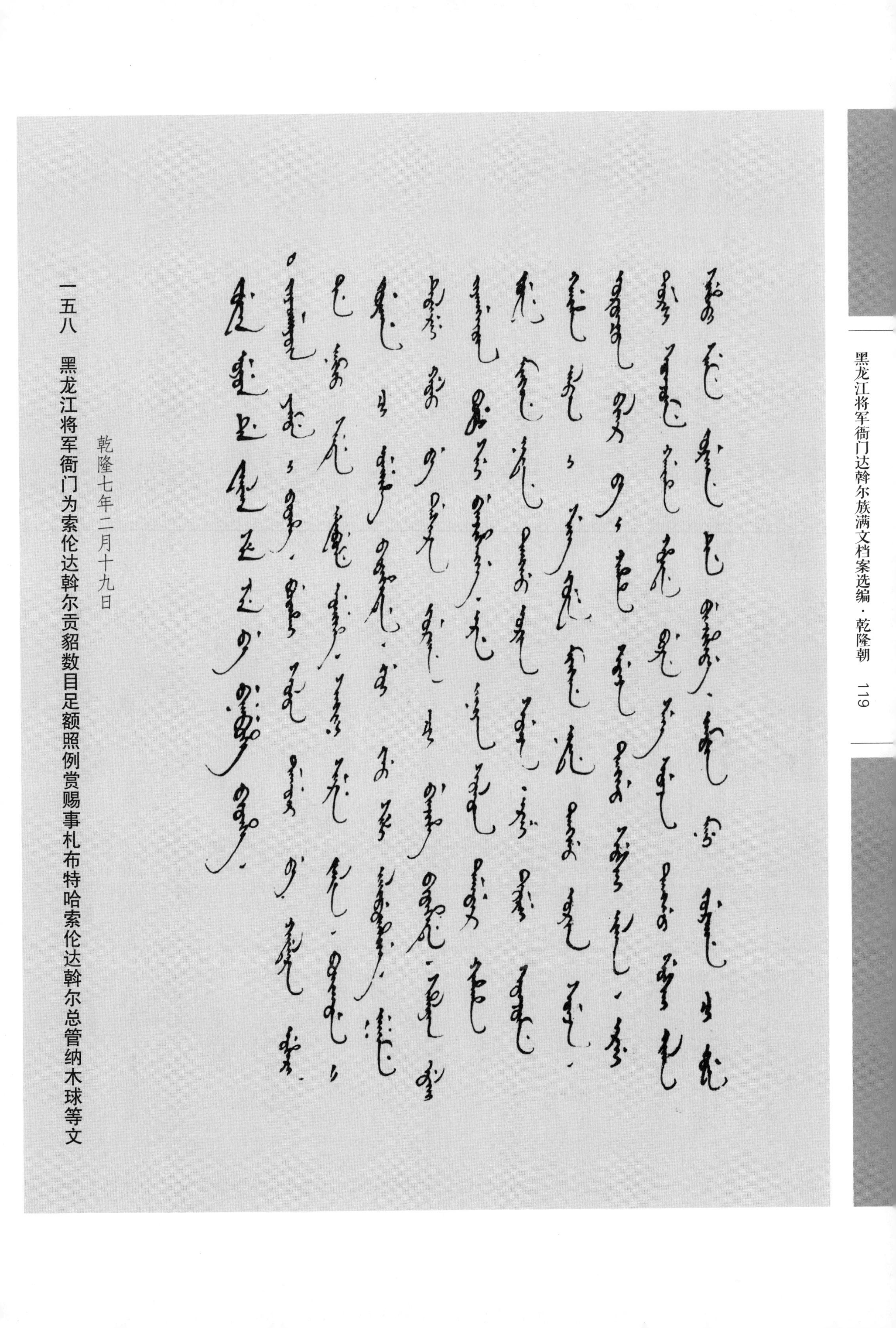

一五八 黑龙江将军衙门为索伦达斡尔贡貂数目足额照例赏赐事札布特哈索伦达斡尔总管纳木球等文

乾隆七年二月十九日

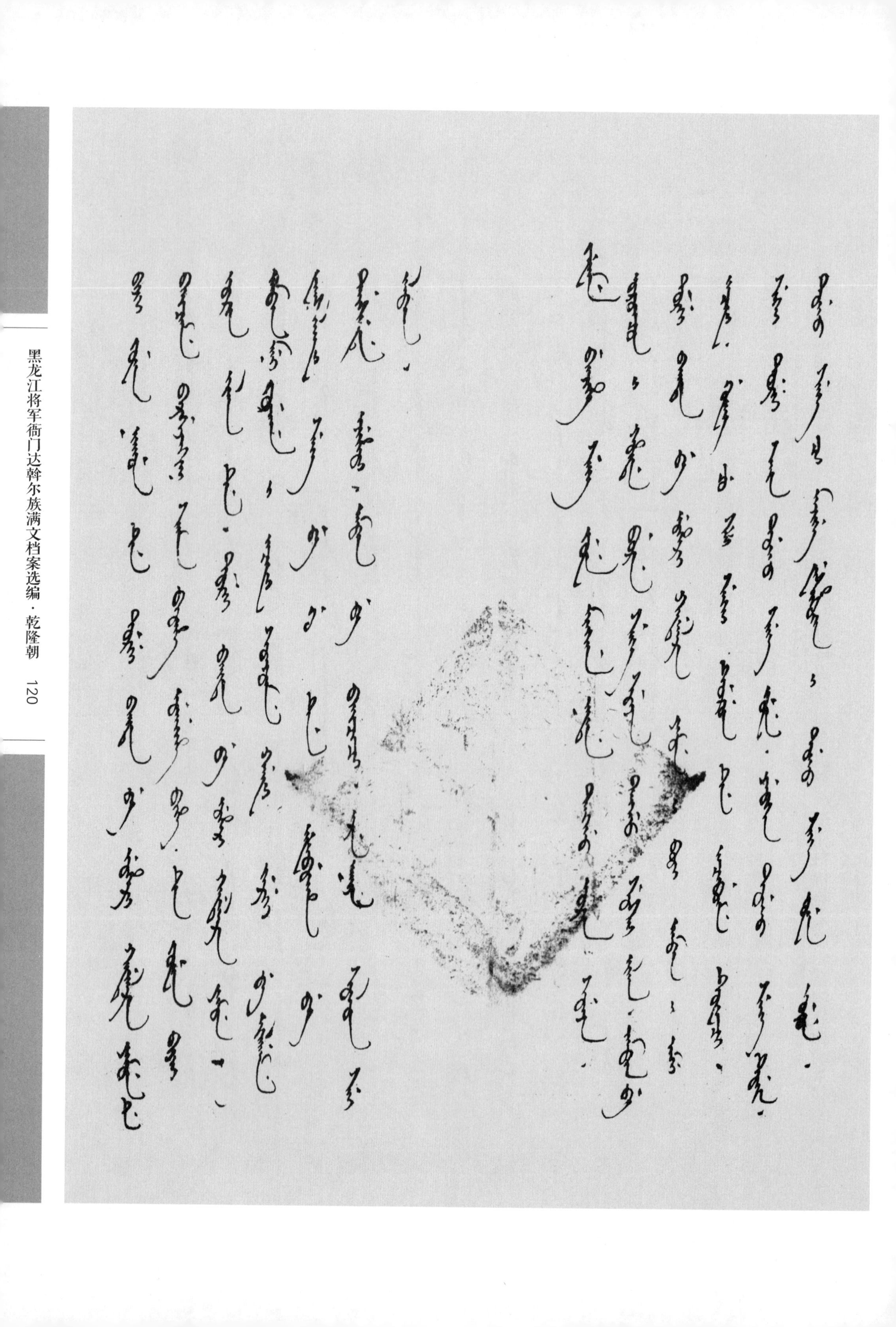

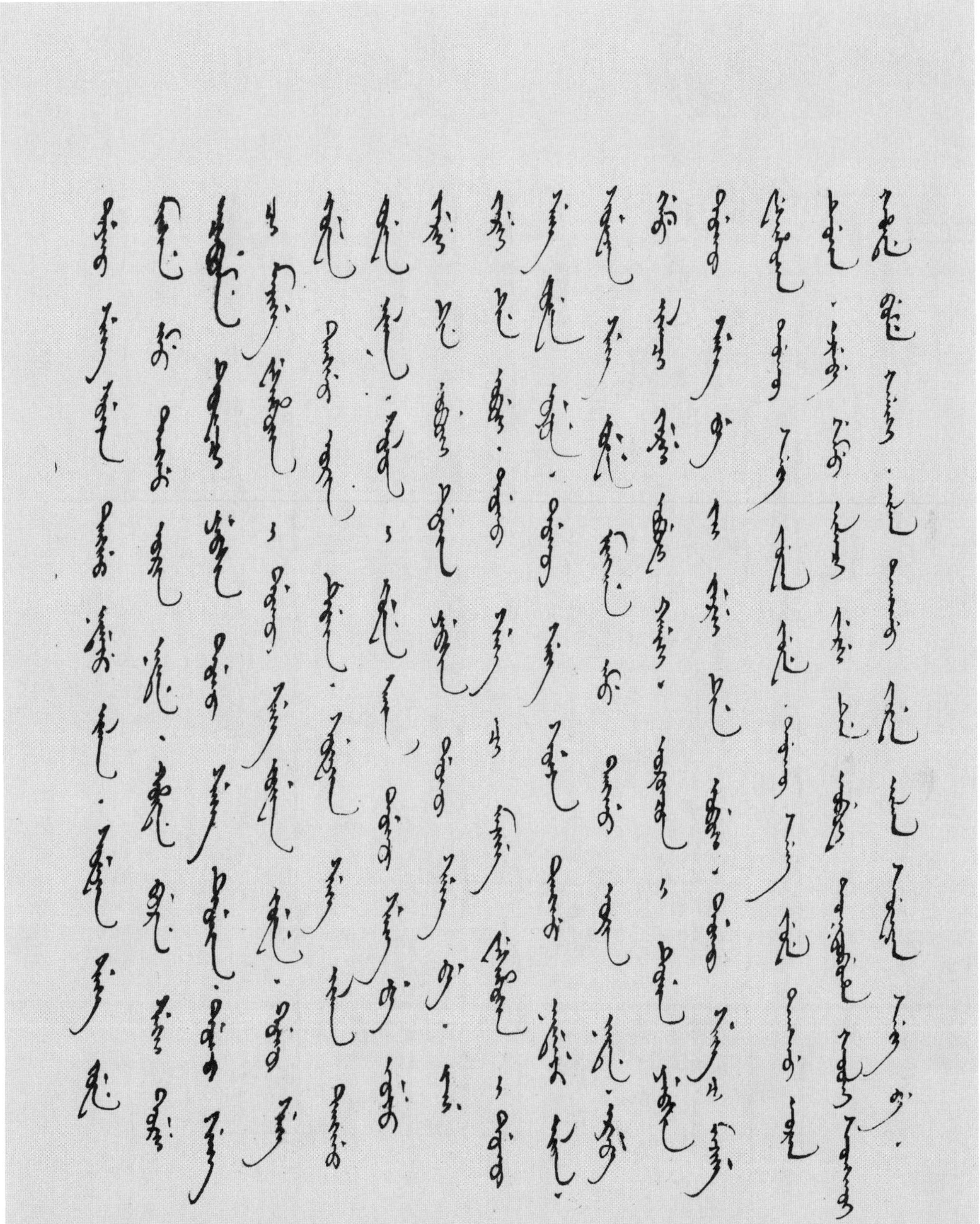

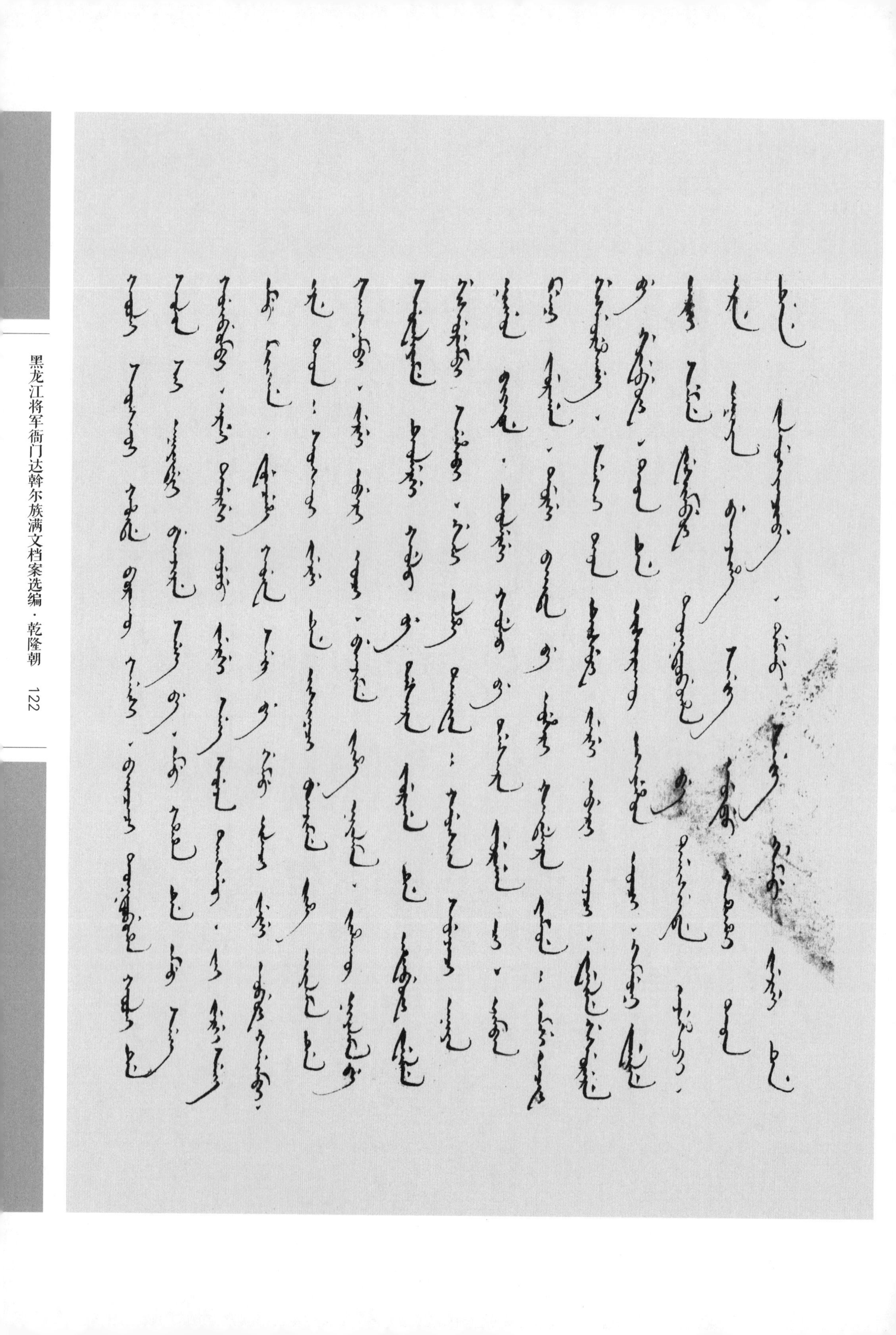

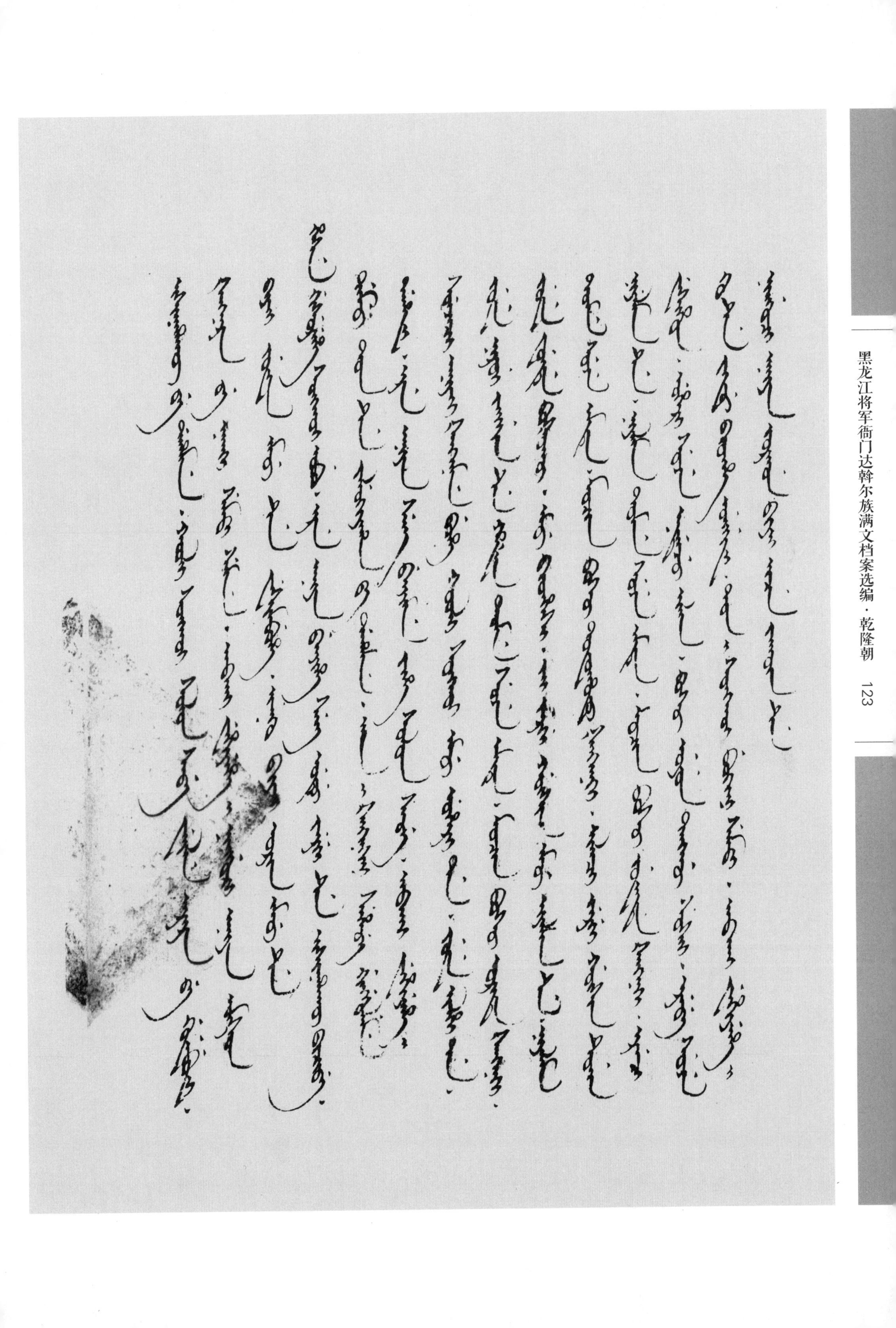

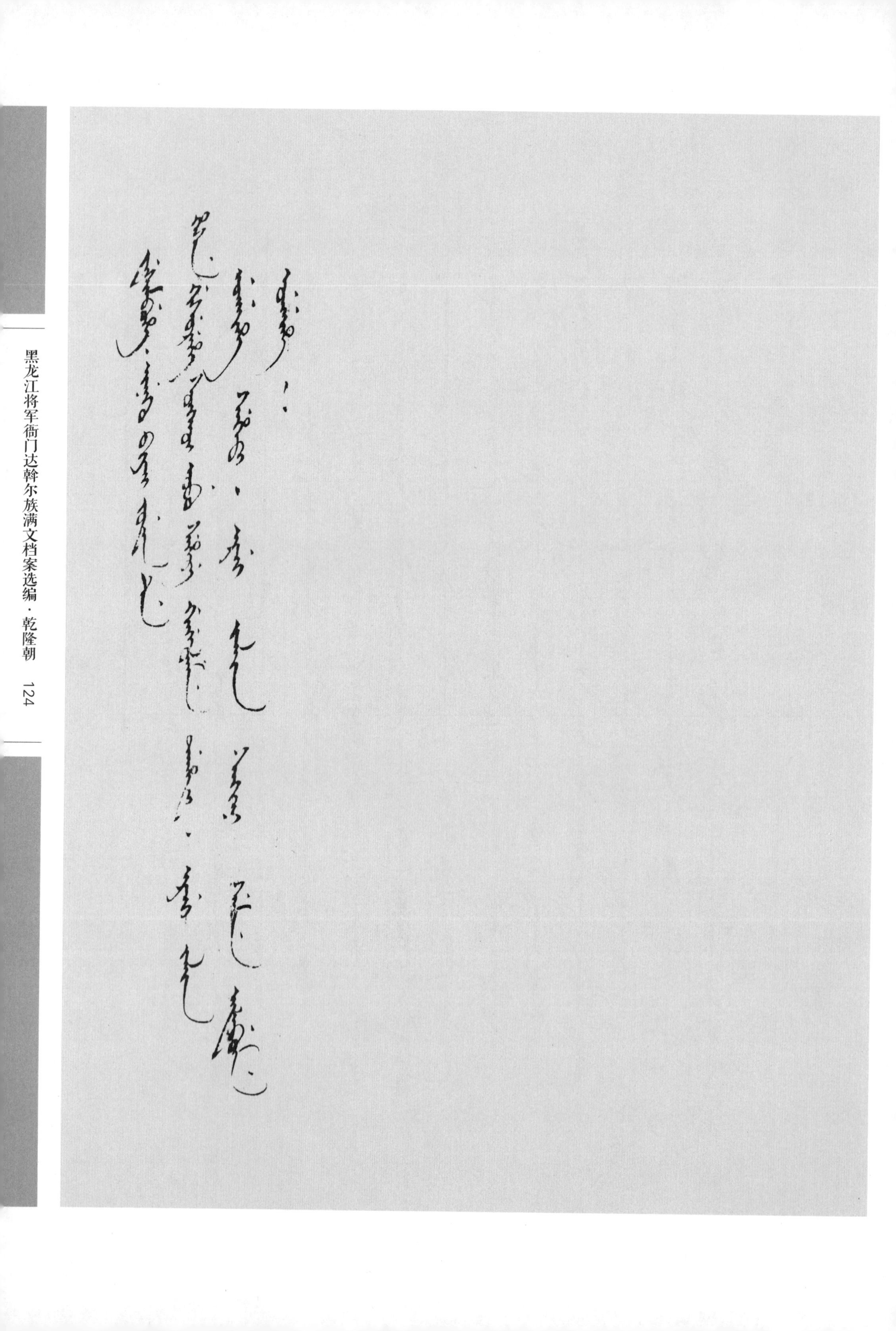

一五九 布特哈索伦达斡尔总管纳木球等为请严查索伦达斡尔无路票人员肆意出行事呈黑龙江将军衙门文

乾隆七年二月二十四日

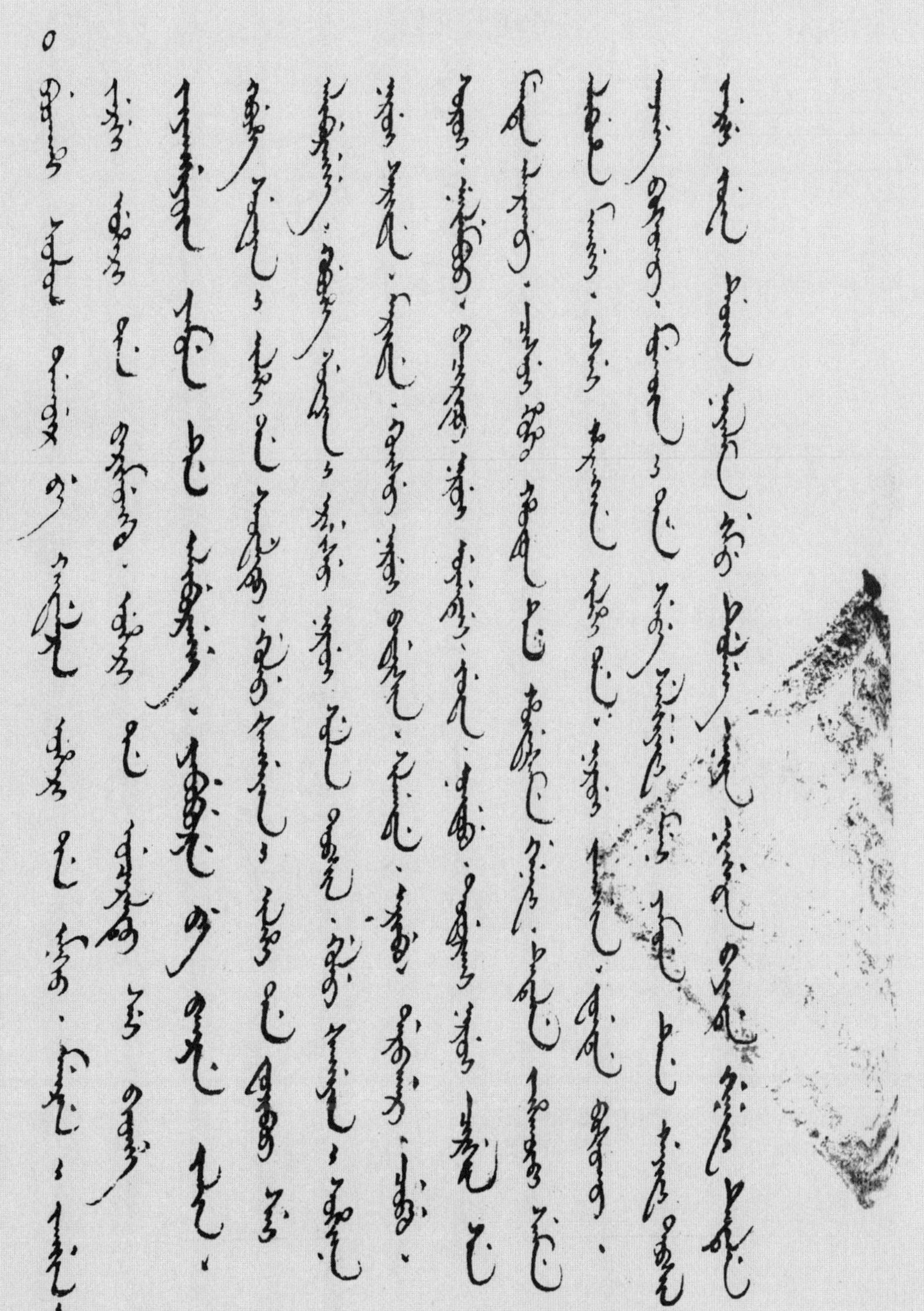

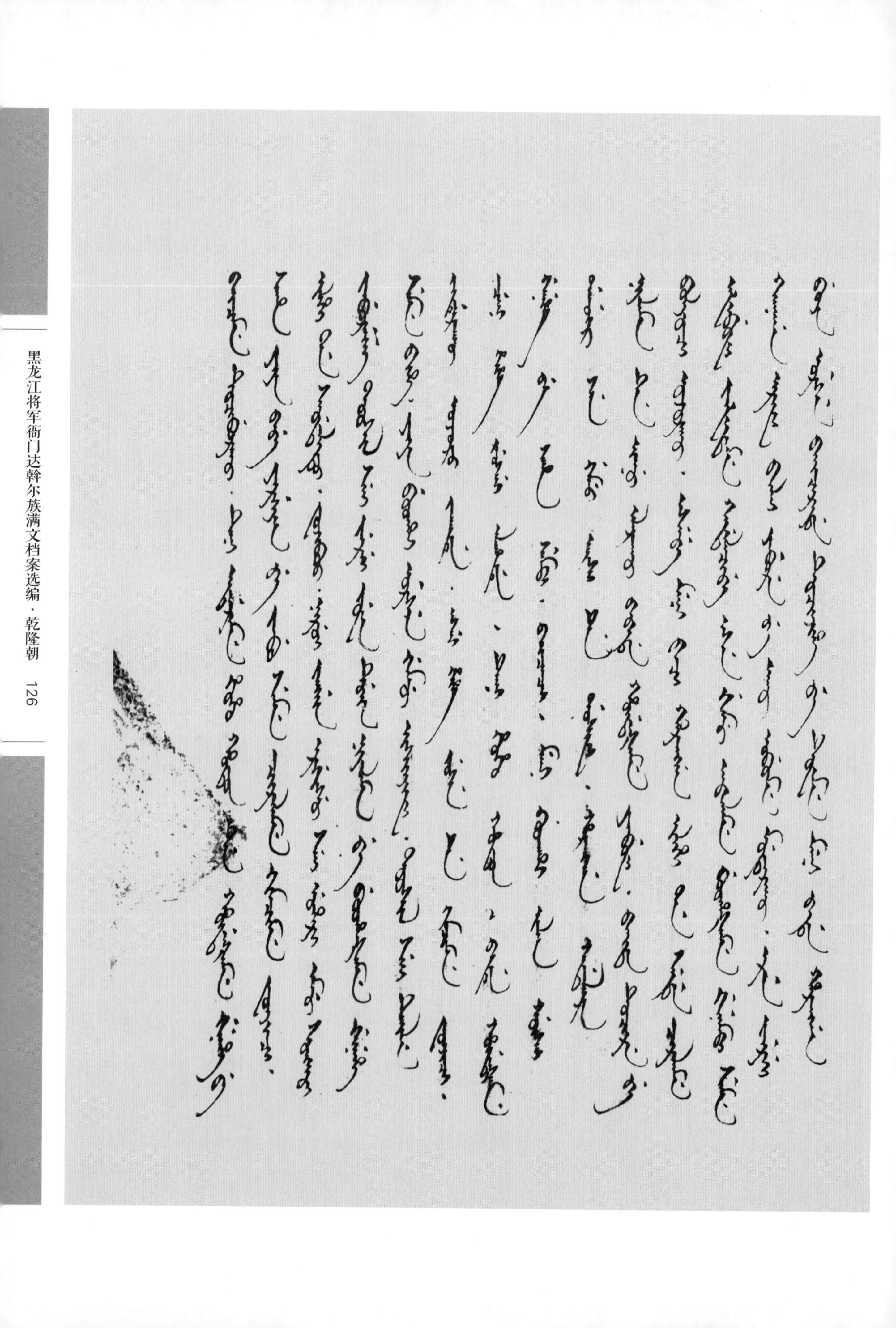

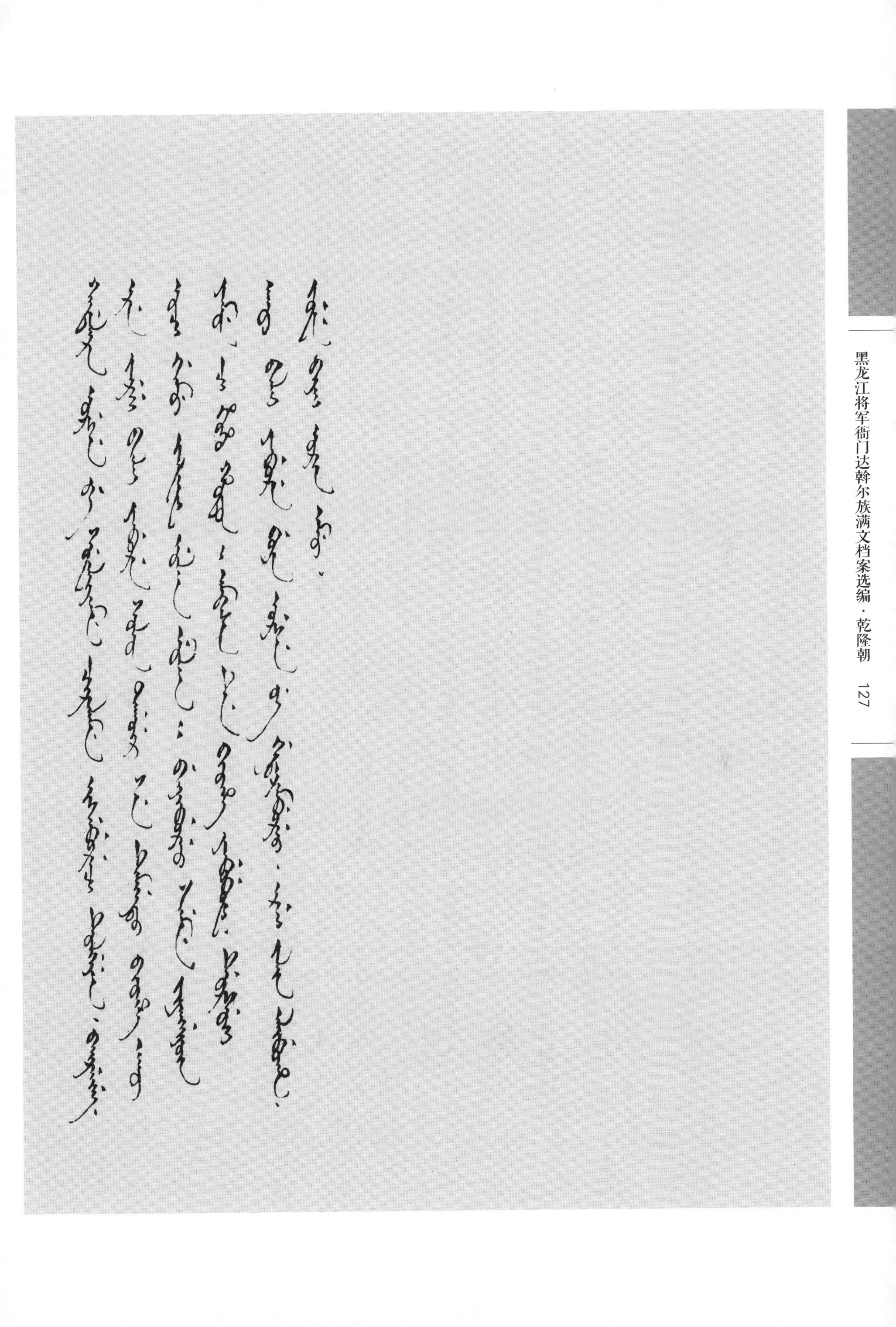

[illegible]

一六〇 布特哈索伦达斡尔总管纳木球等为请裁撤布特哈官庄遣回种田索伦达斡尔丁仍旧交纳貂贡事

呈黑龙江将军衙门文

乾隆七年三月十五日

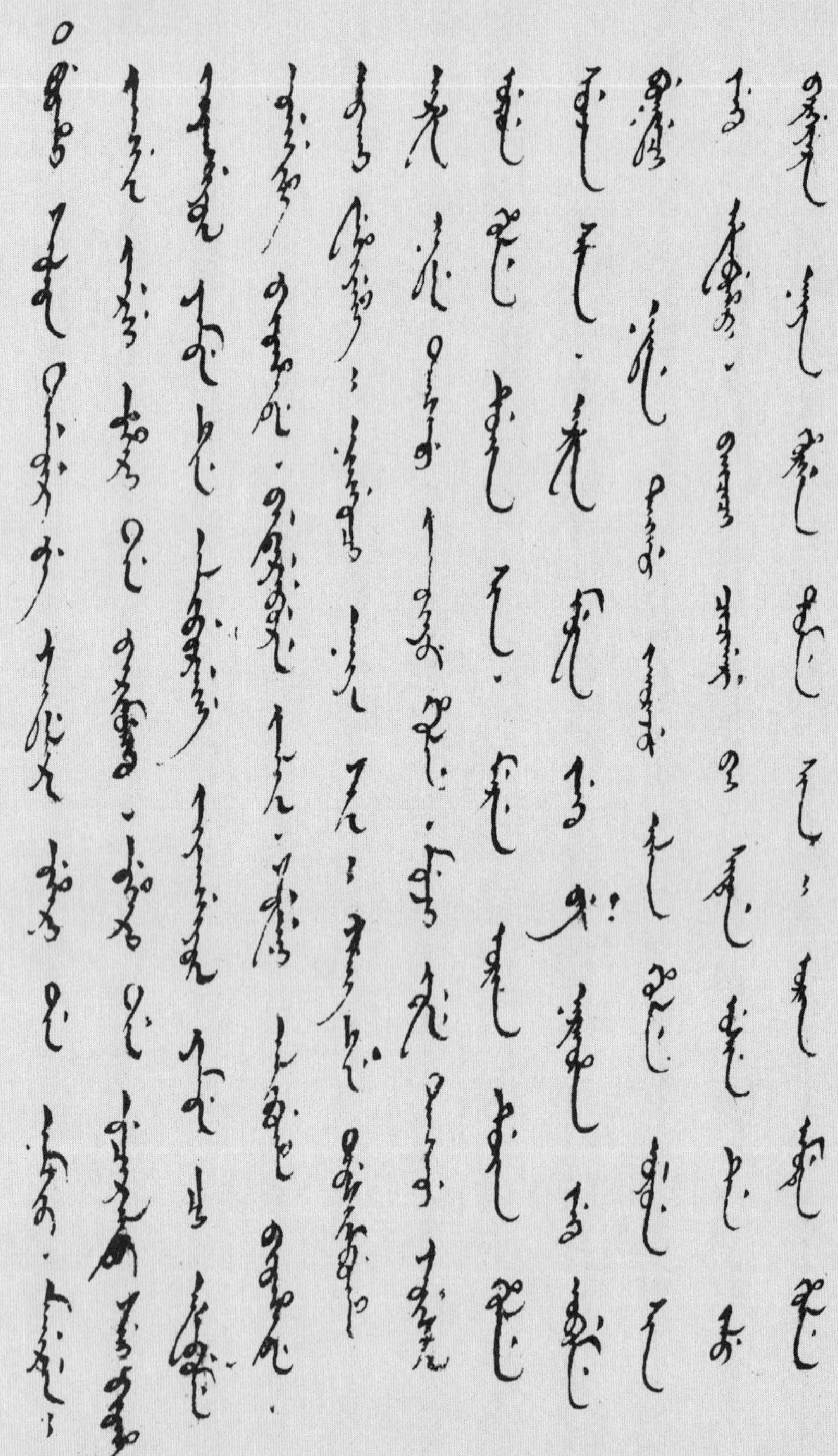

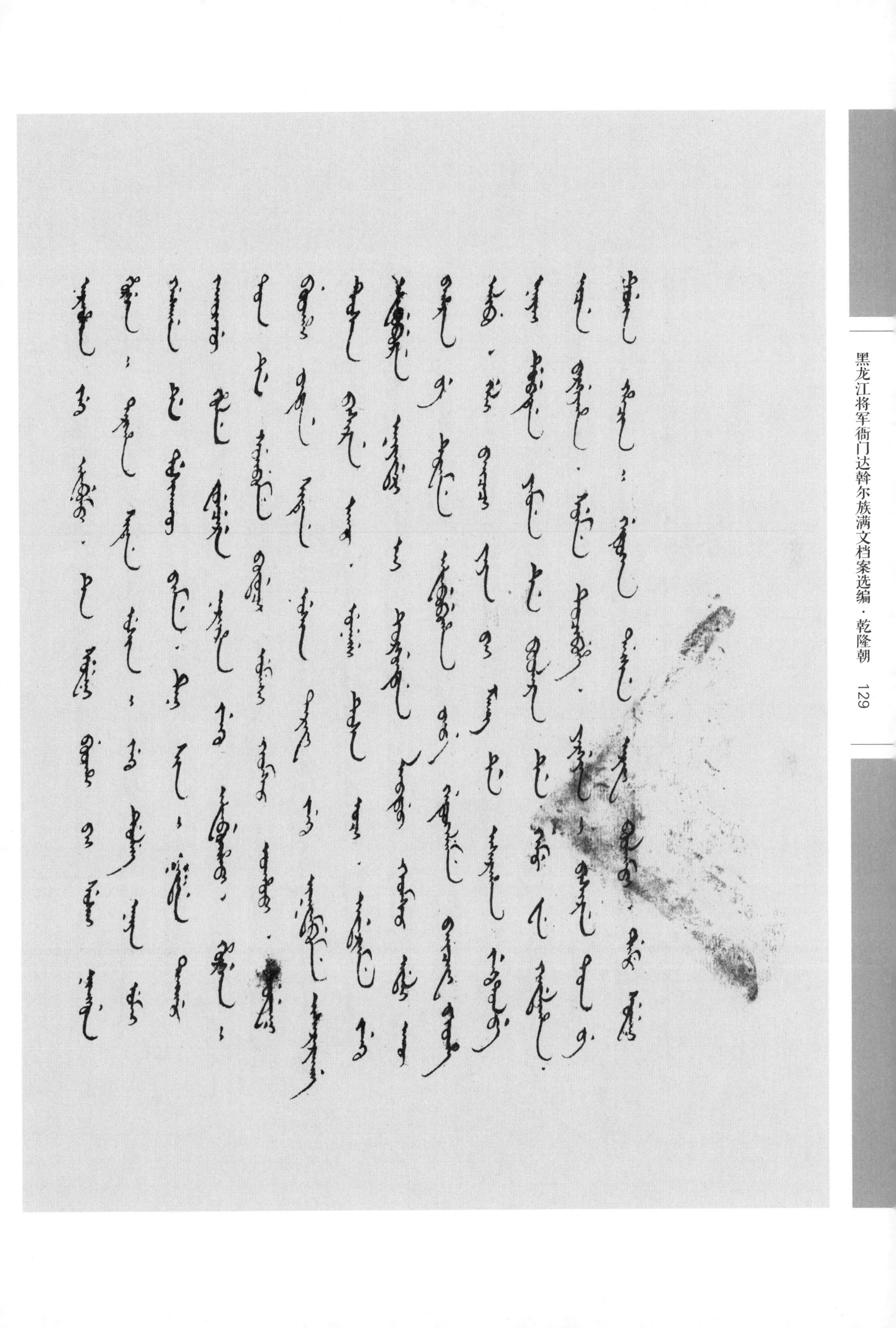

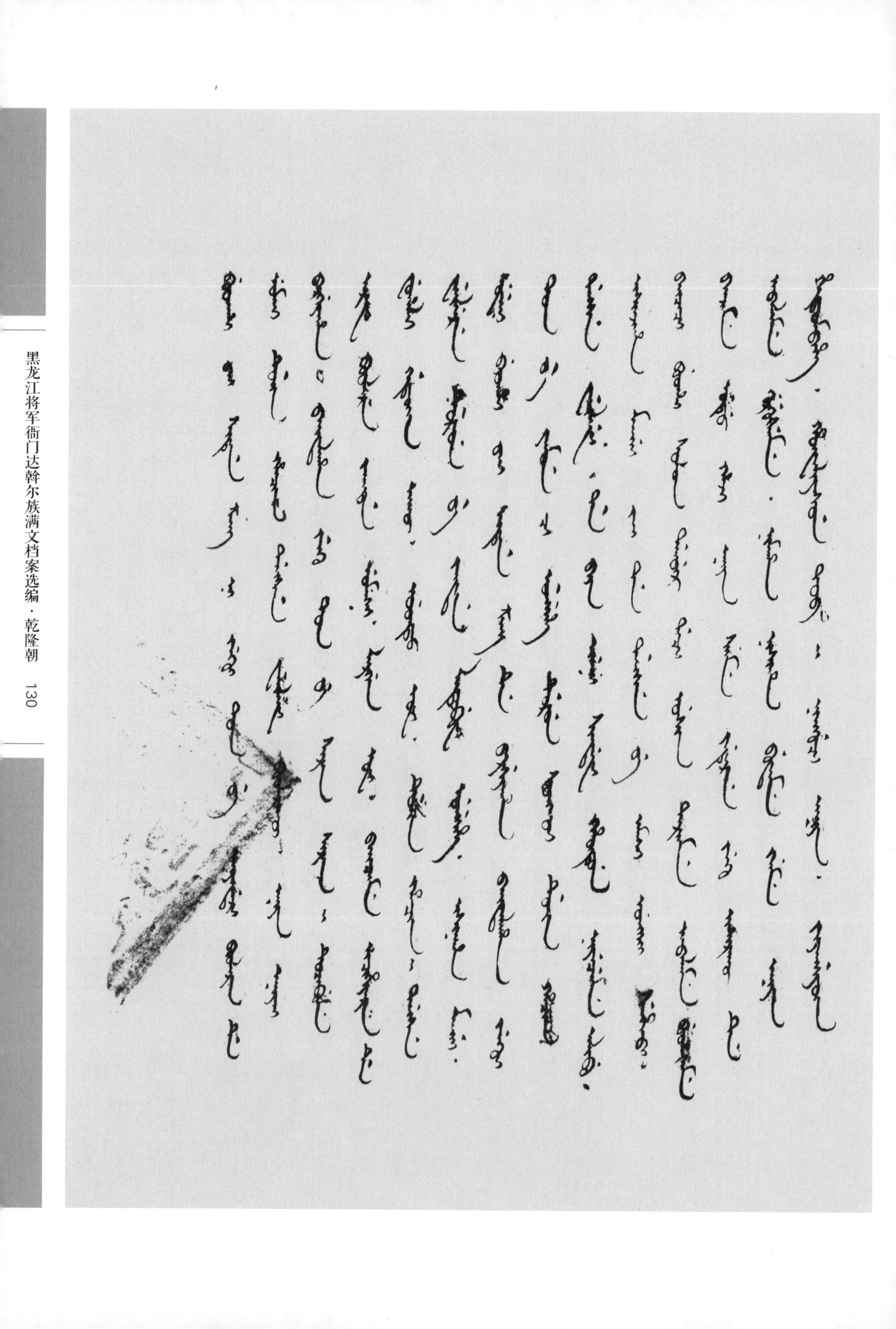

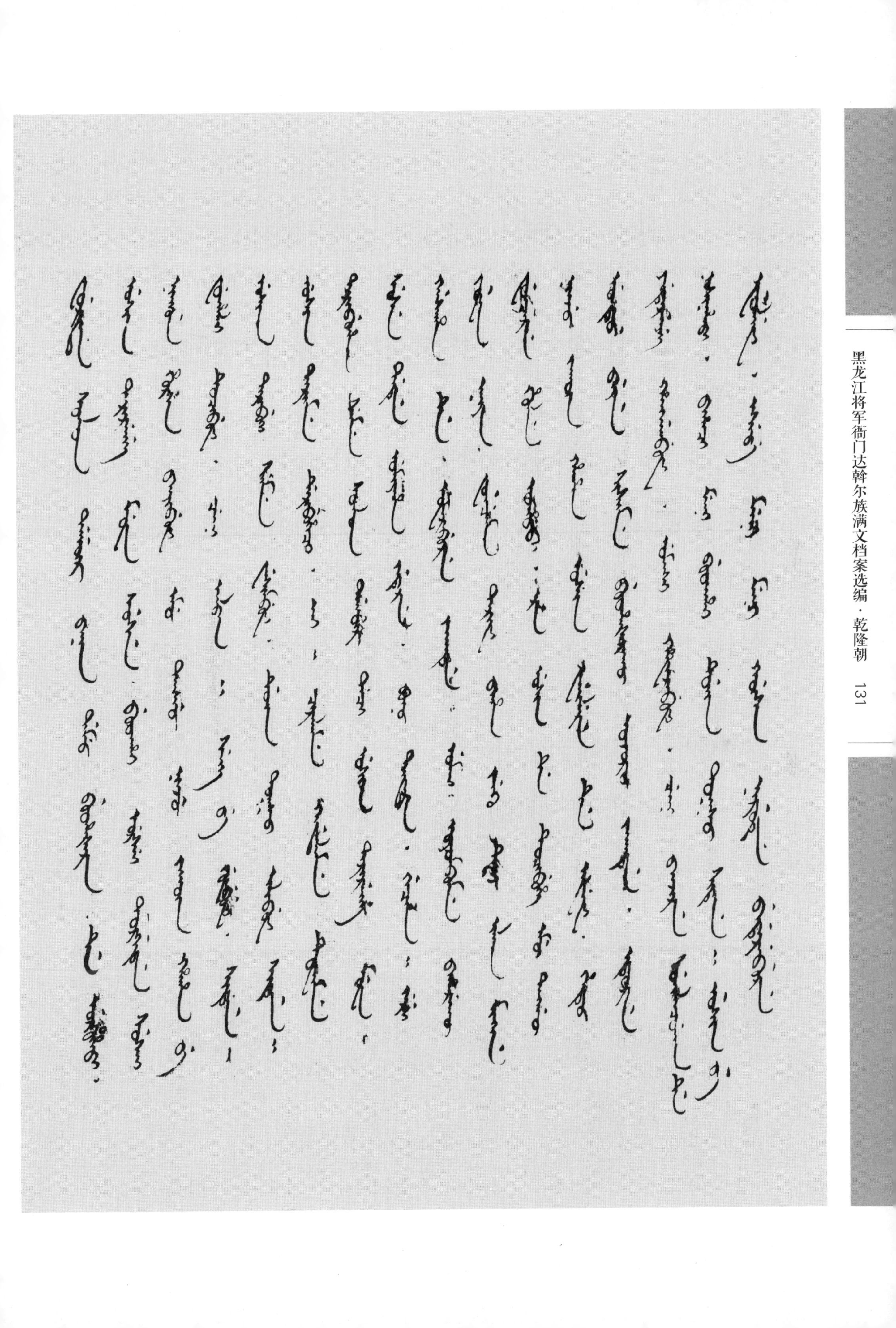

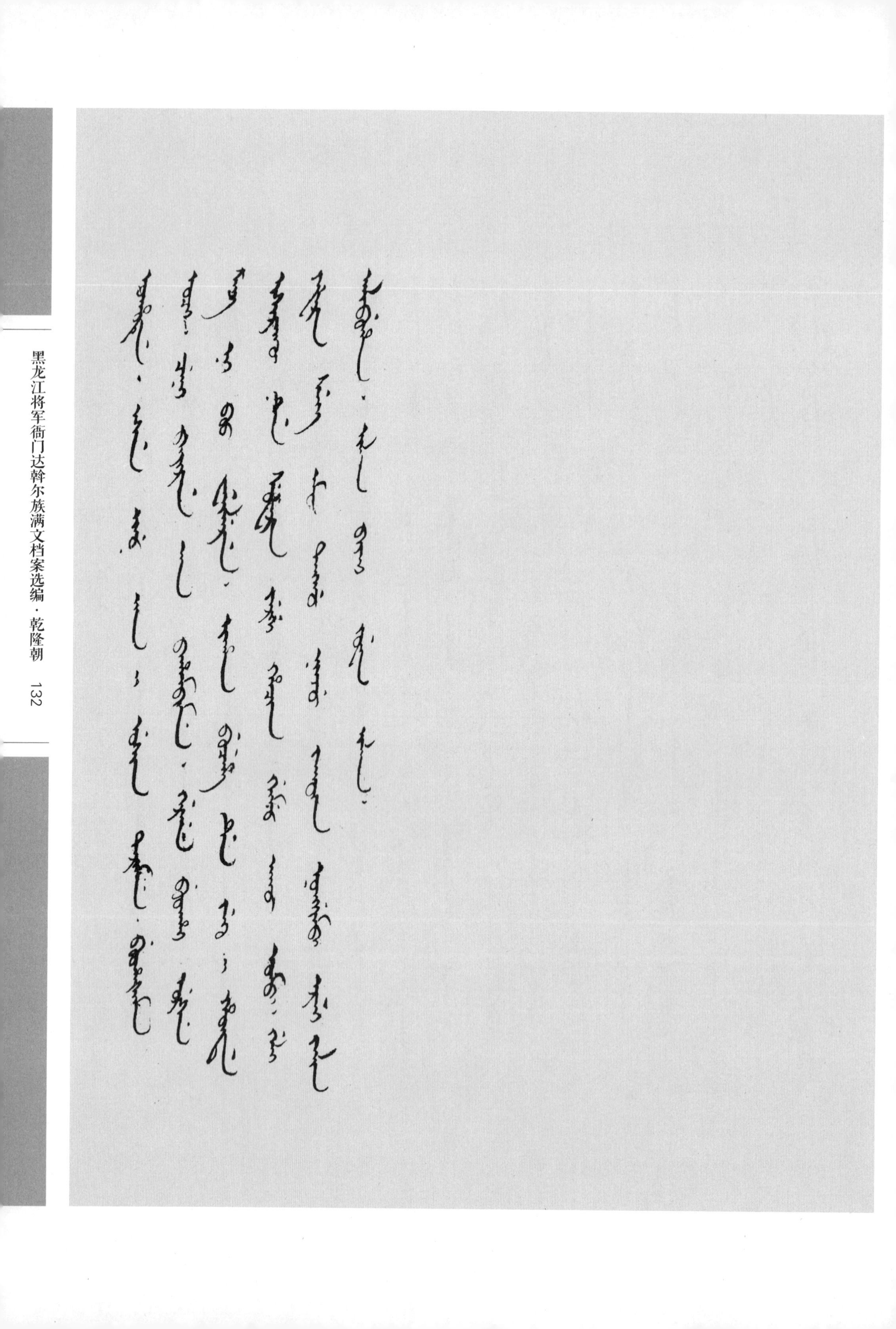

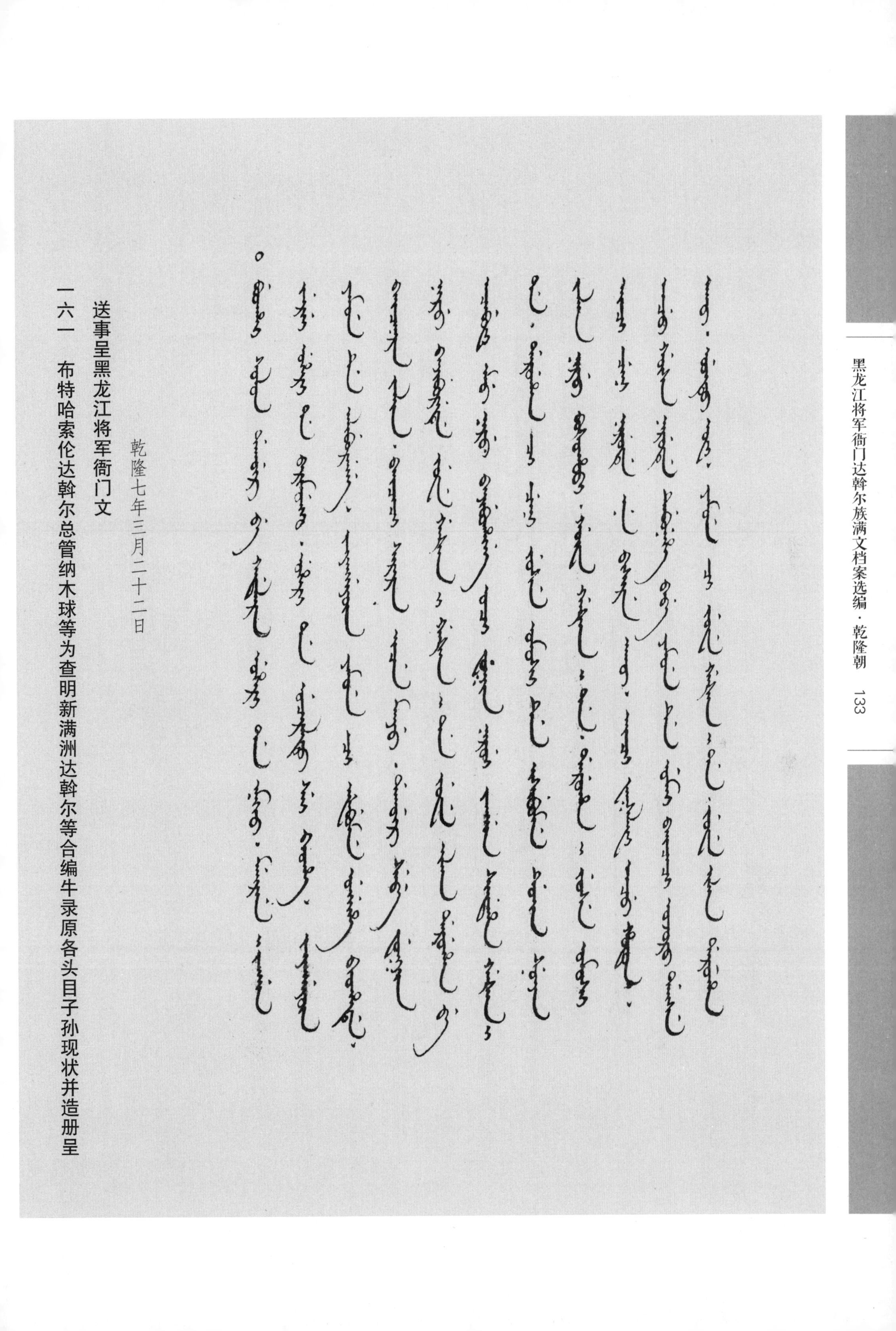

乾隆七年三月二十二日

一六一　布特哈索伦达斡尔总管纳木球等为查明新满洲达斡尔等合编牛录原各头目子孙现状并造册呈送事呈黑龙江将军衙门文

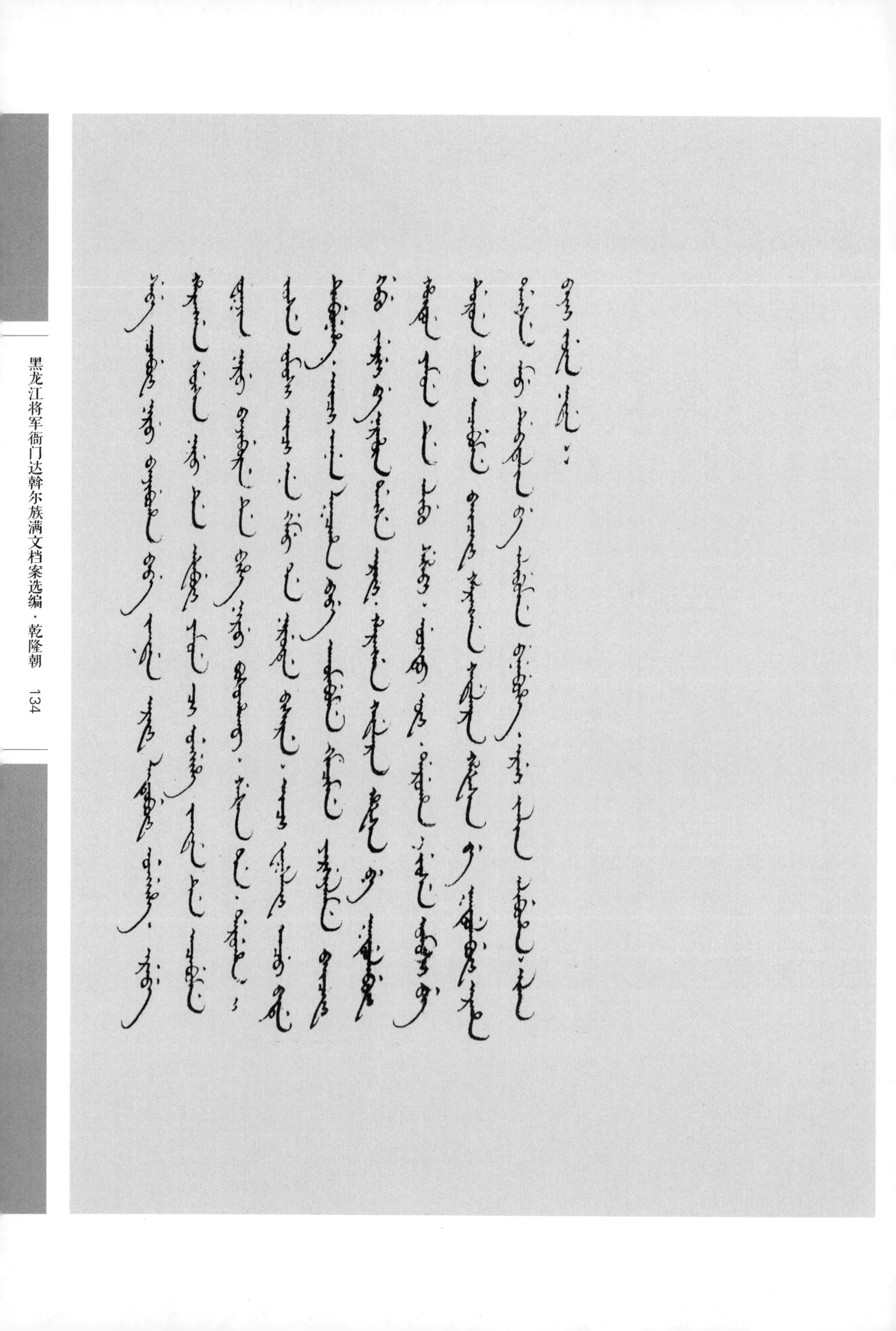

[illegible]

[illegible]

[illegible]

[illegible]

[illegible]

[illegible]

[illegible]

ᡥᡝᠰᡝ ᠪᡝ ᠪᠠᡳᠮᠪᡳ᠉

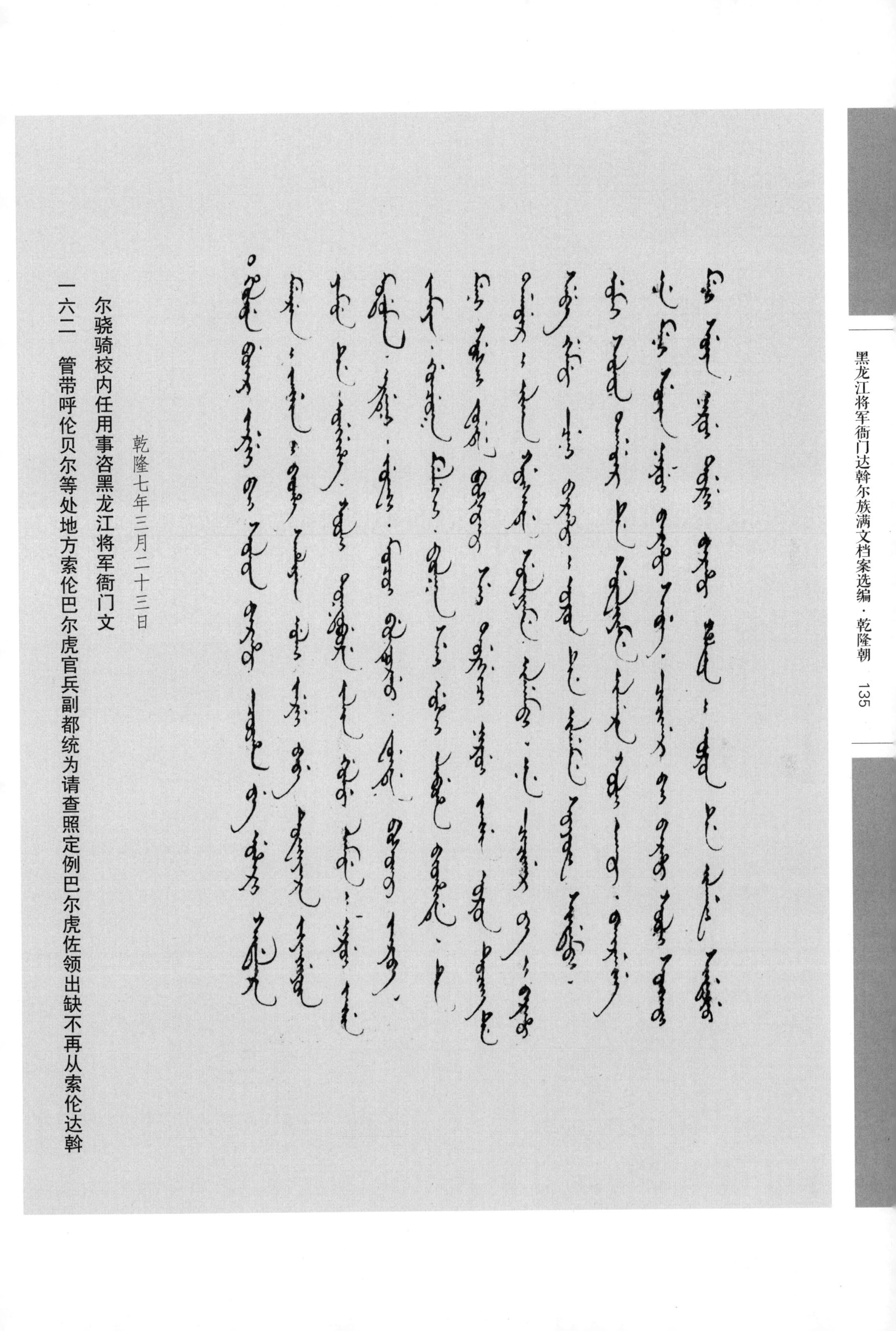

一六二 管带呼伦贝尔等处地方索伦巴尔虎官兵副都统为请查照定例巴尔虎佐领出缺不再从索伦达斡尔骁骑校内任用事咨黑龙江将军衙门文

乾隆七年三月二十三日

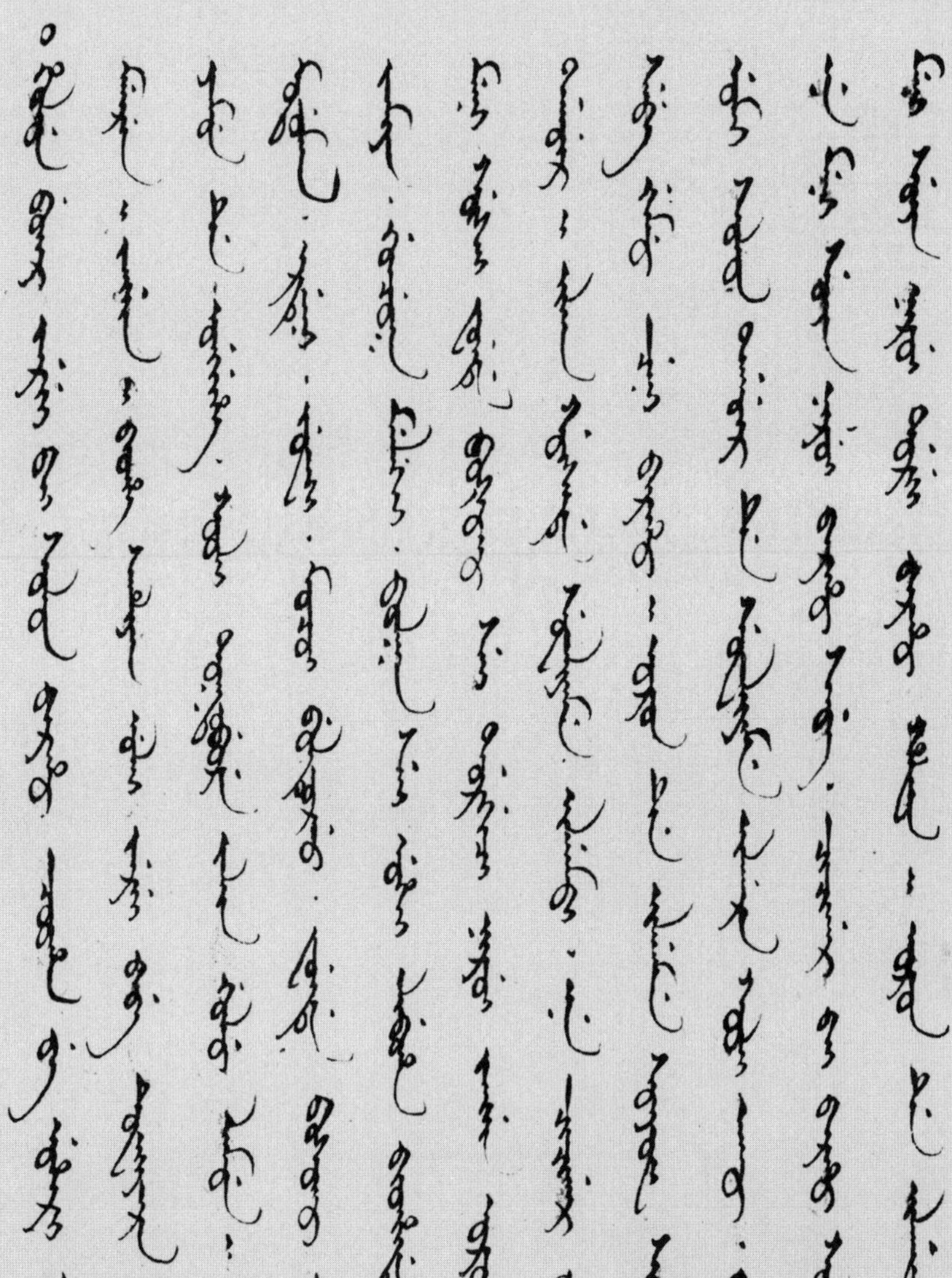

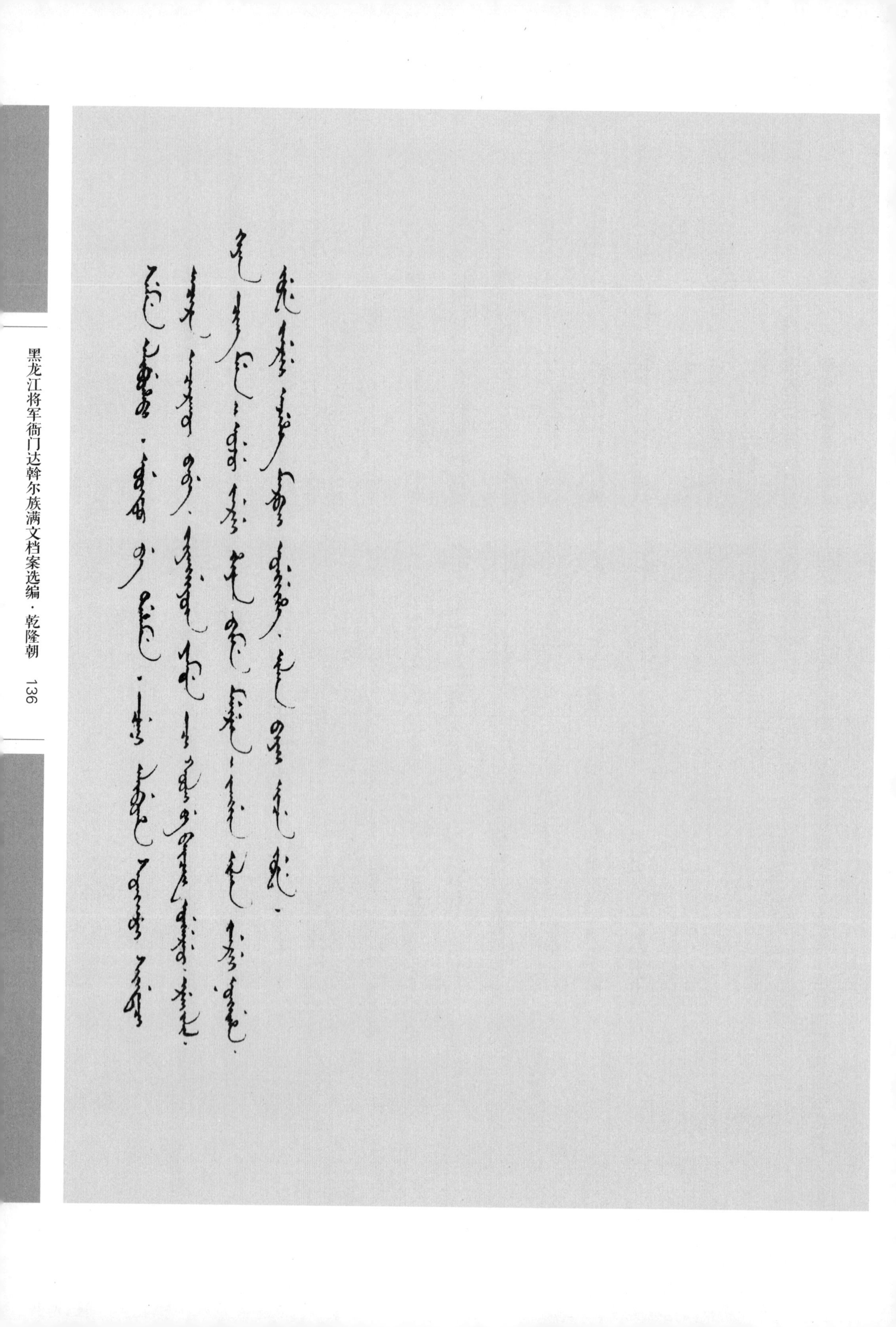

一六三 布特哈索伦达斡尔总管纳木球等为报索伦达斡尔贡貂数目并请尽早确定会盟日期事呈黑龙江将军衙门文

乾隆七年三月二十八日

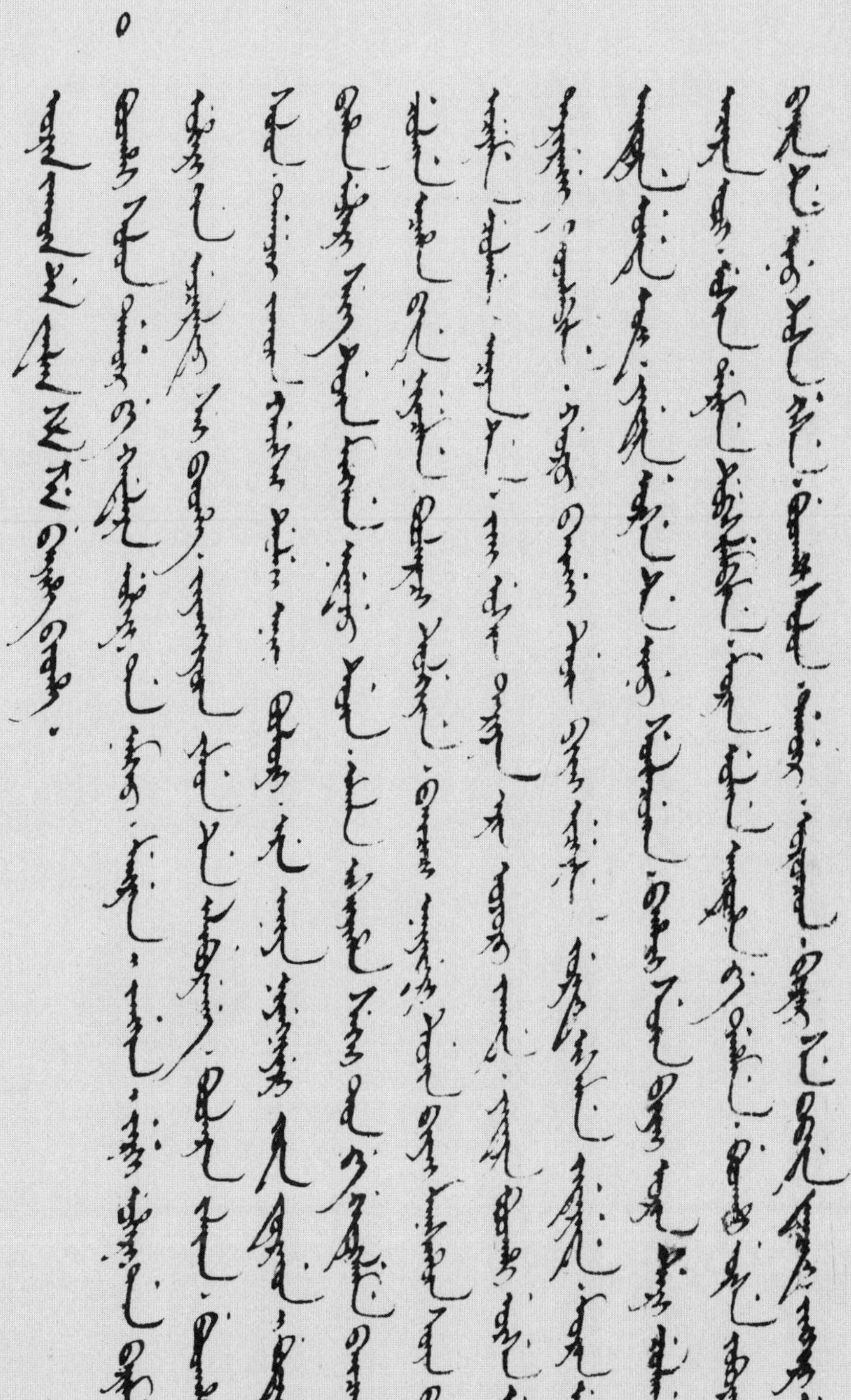

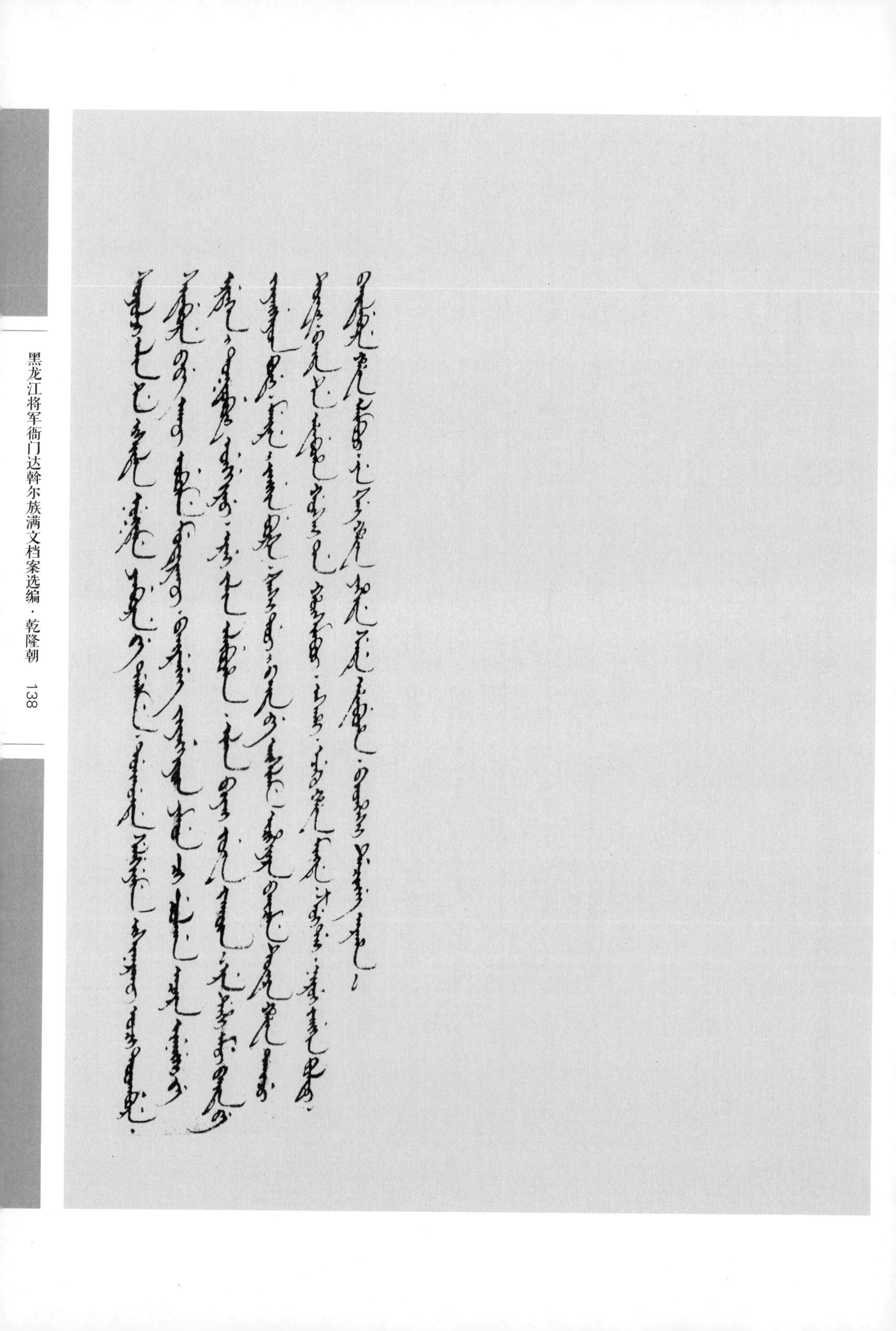

一六四 黑龙江将军衙门为令查明布特哈正黄旗达斡尔佐领赛木布尔是否为穆和臣之孙等情事咨黑龙江副都统文

乾隆七年四月初五日

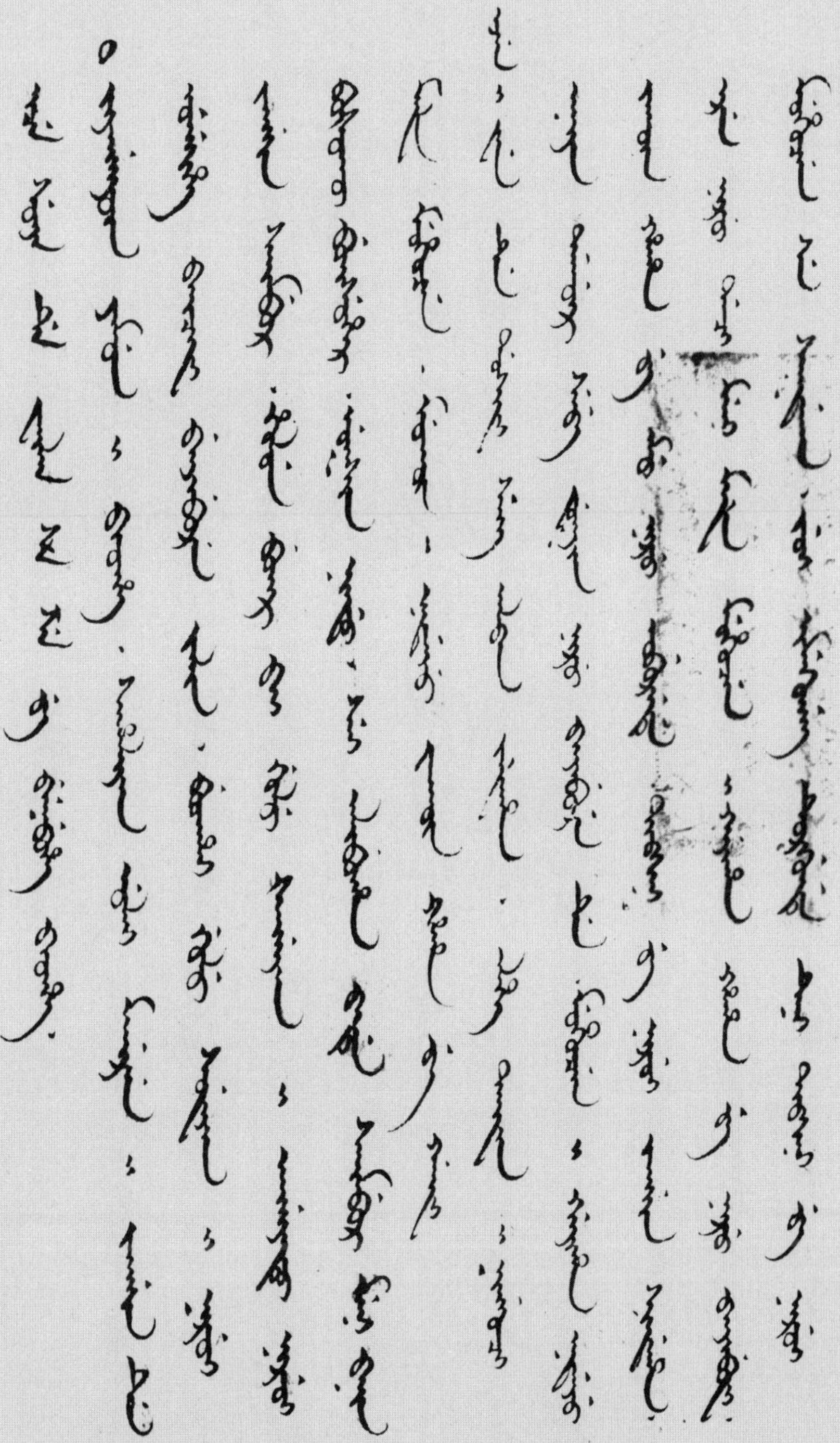

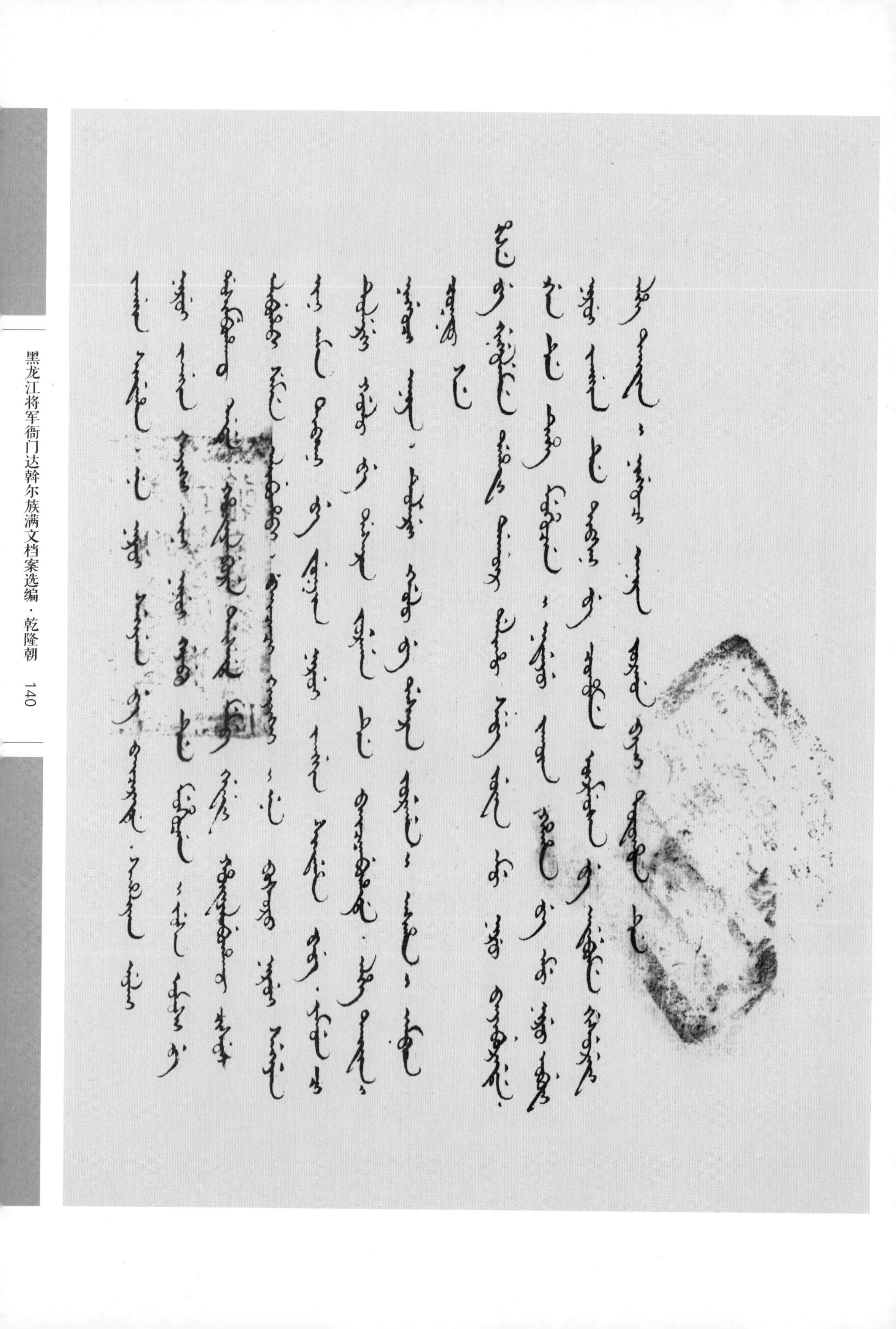

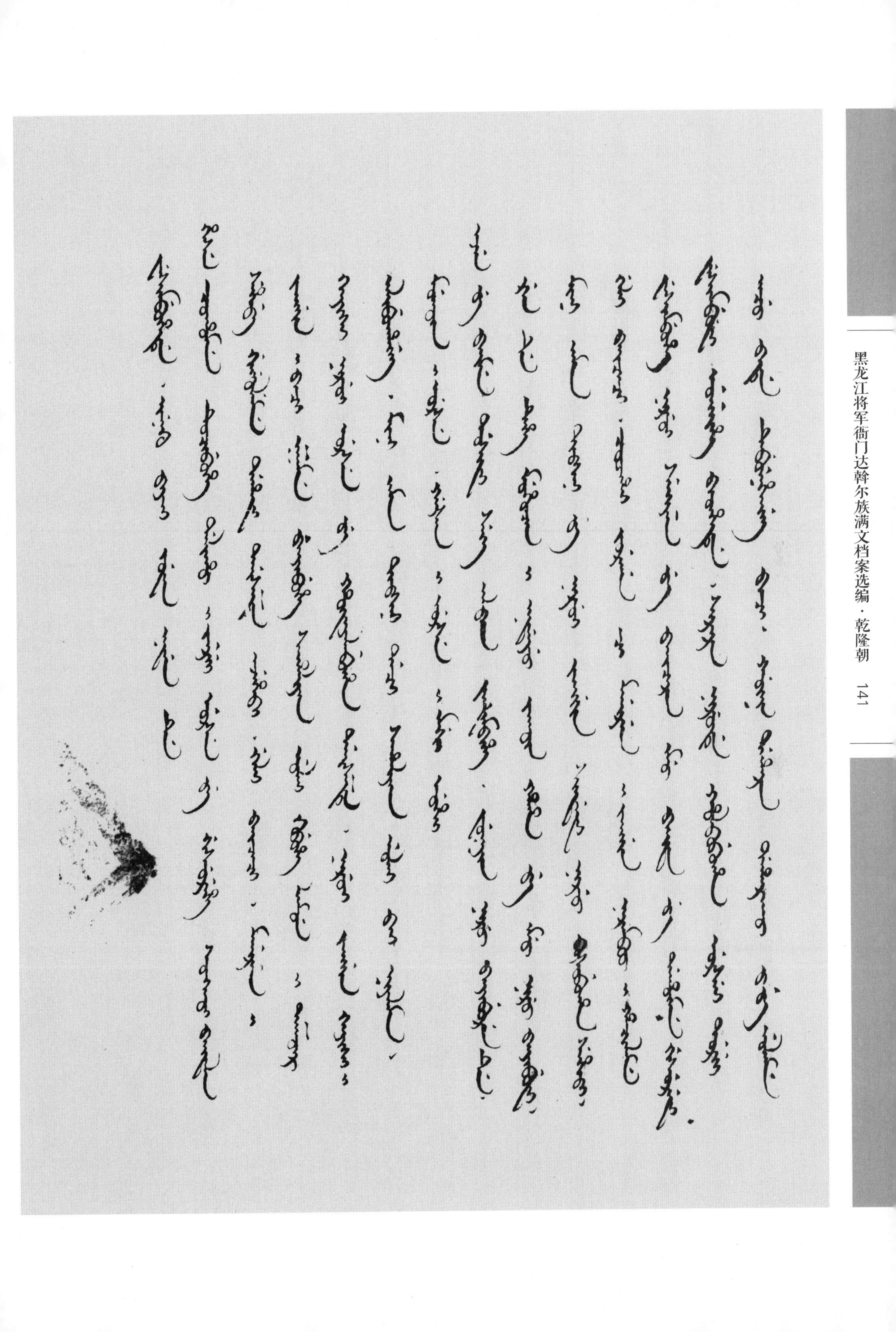

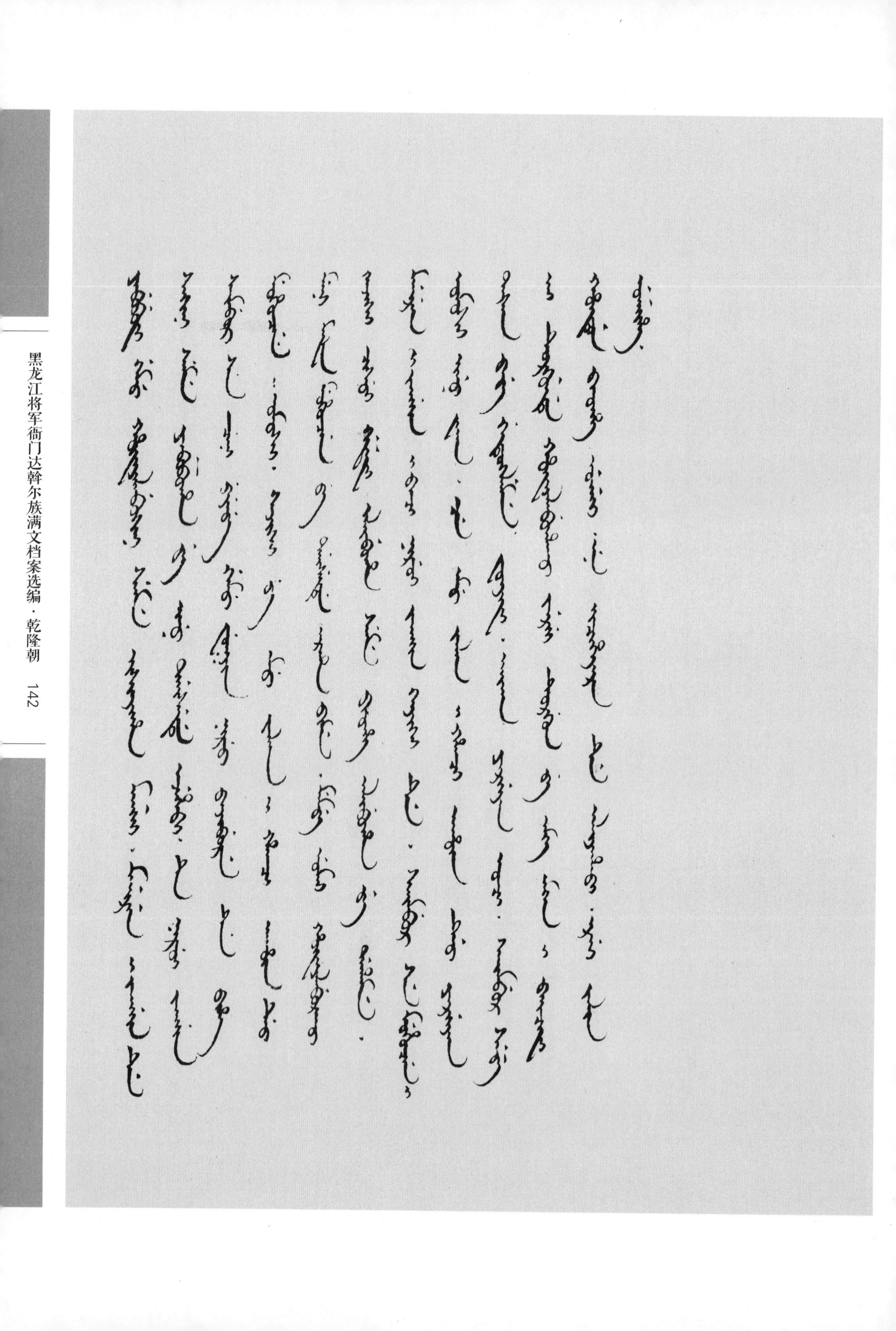

一六五 黑龙江将军衙门为令查明索伦达斡尔副总管缫达勒图牛录编设原委事札布特哈索伦达斡尔总管纳木球等文

乾隆七年四月十六日

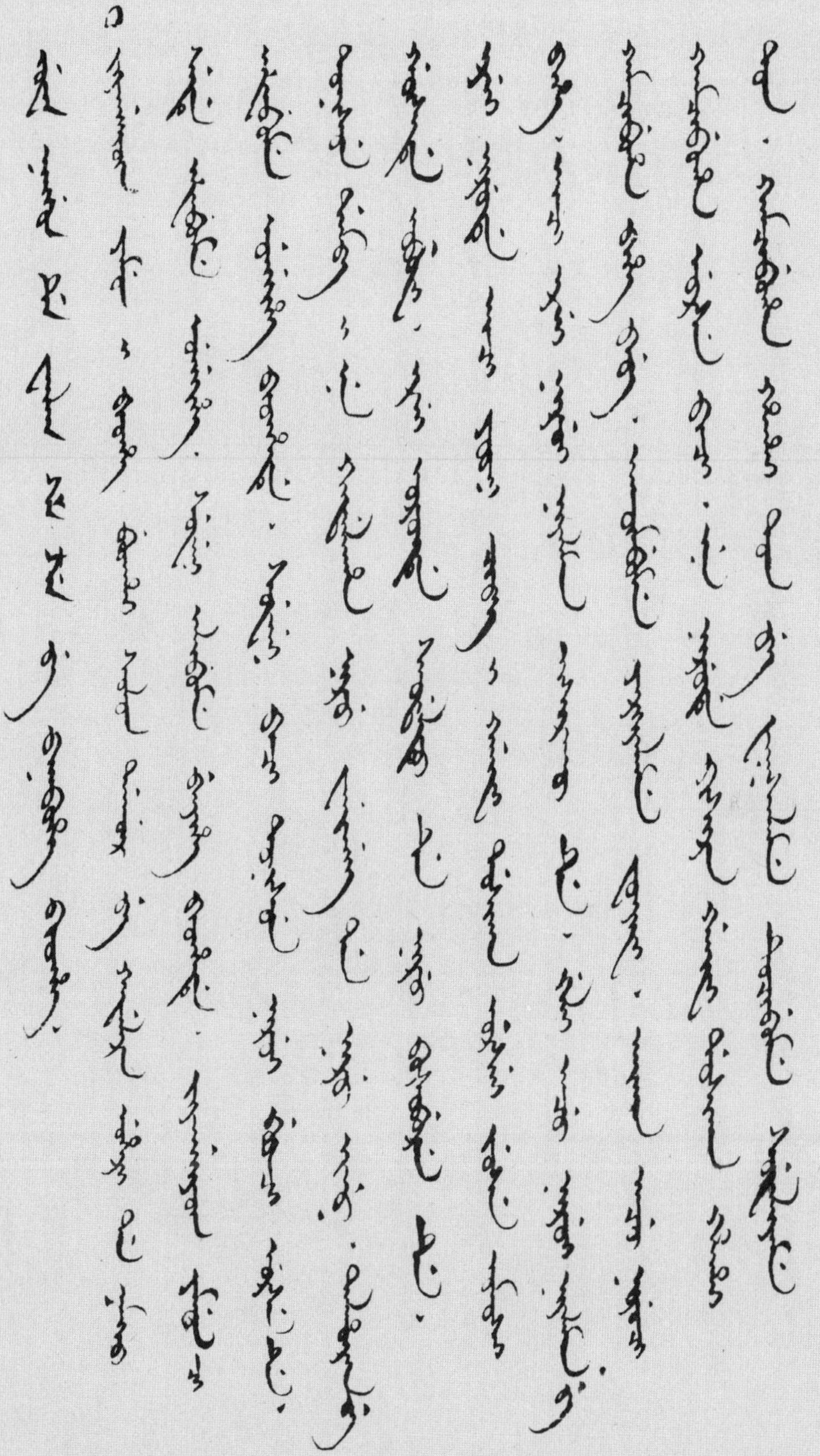

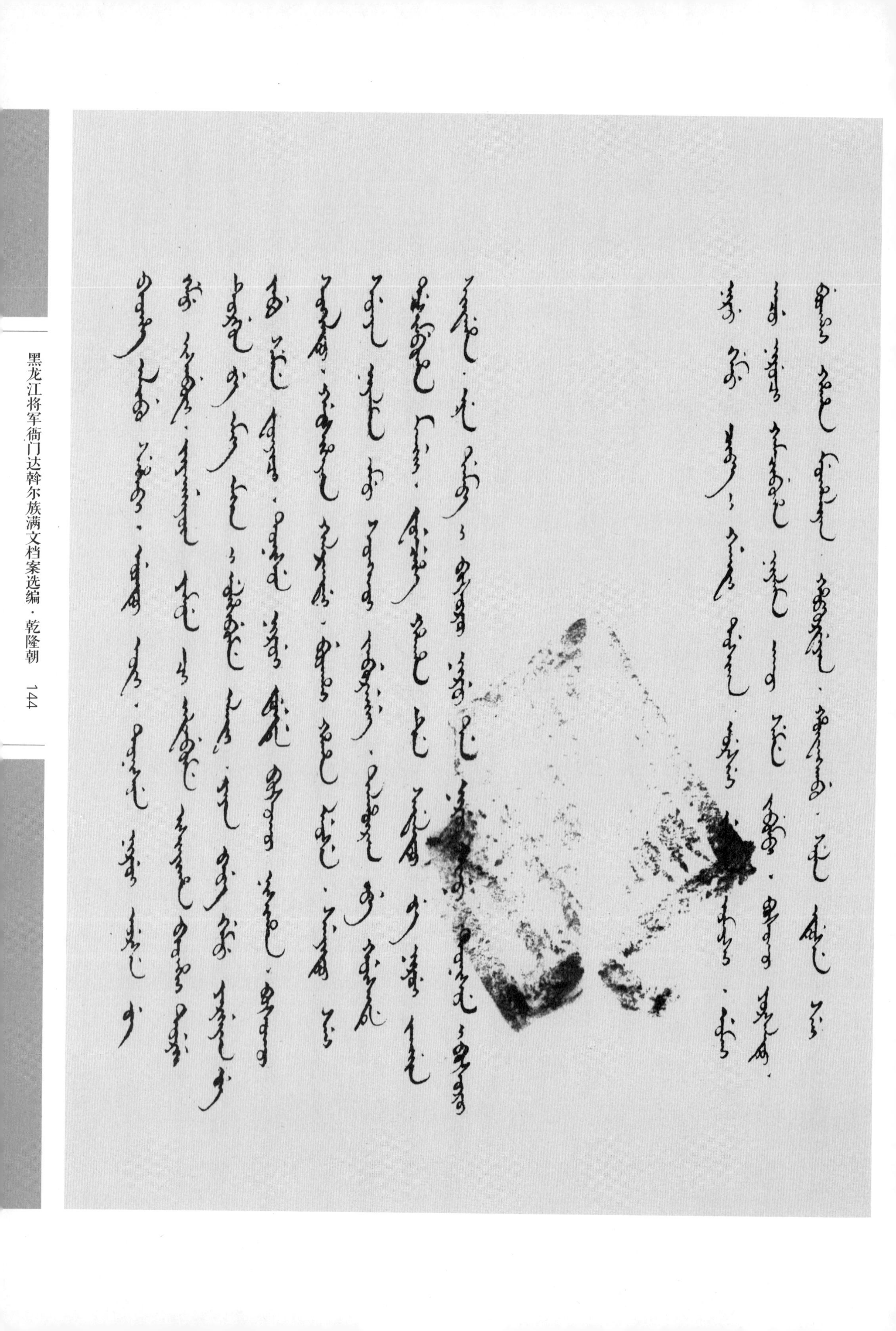

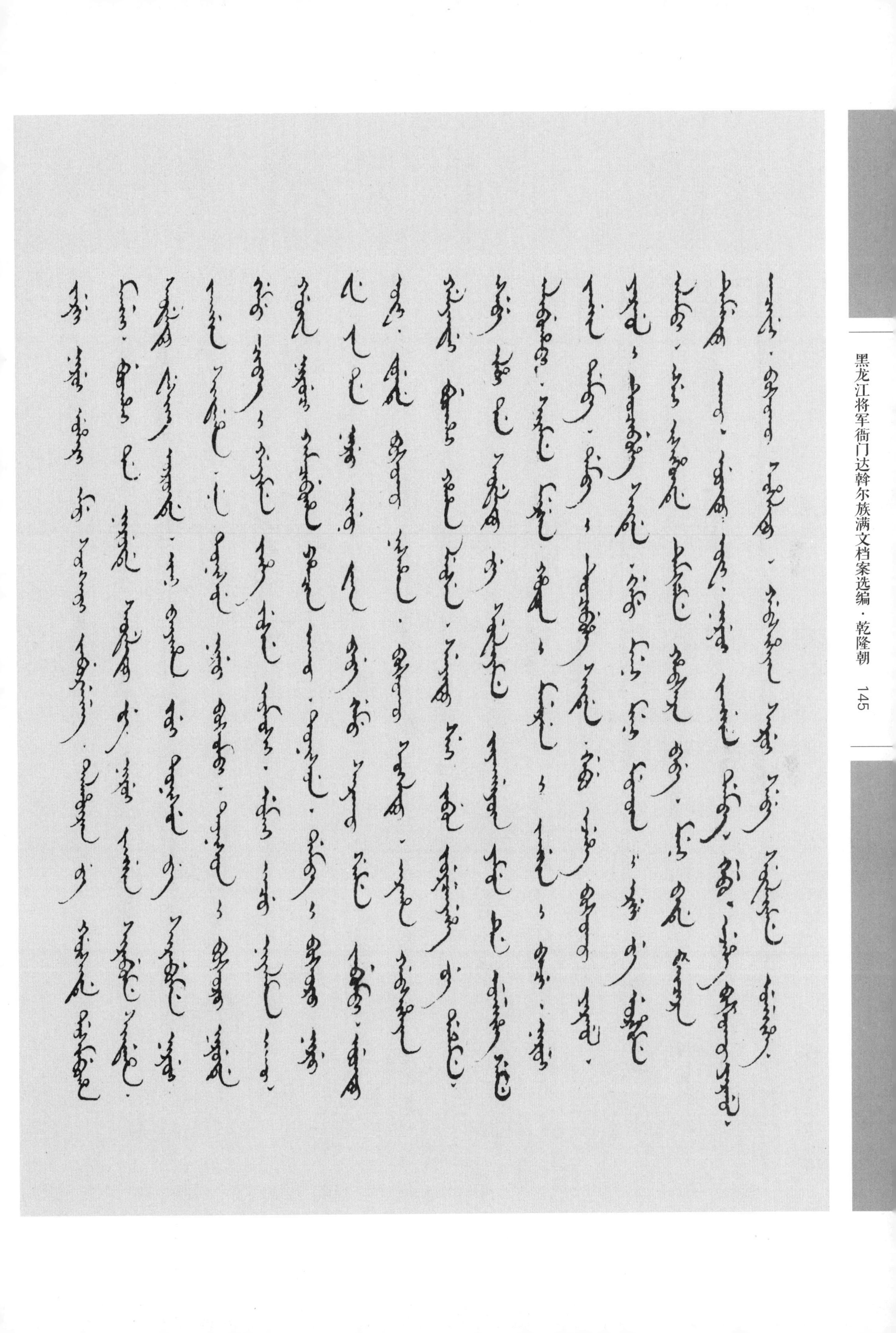

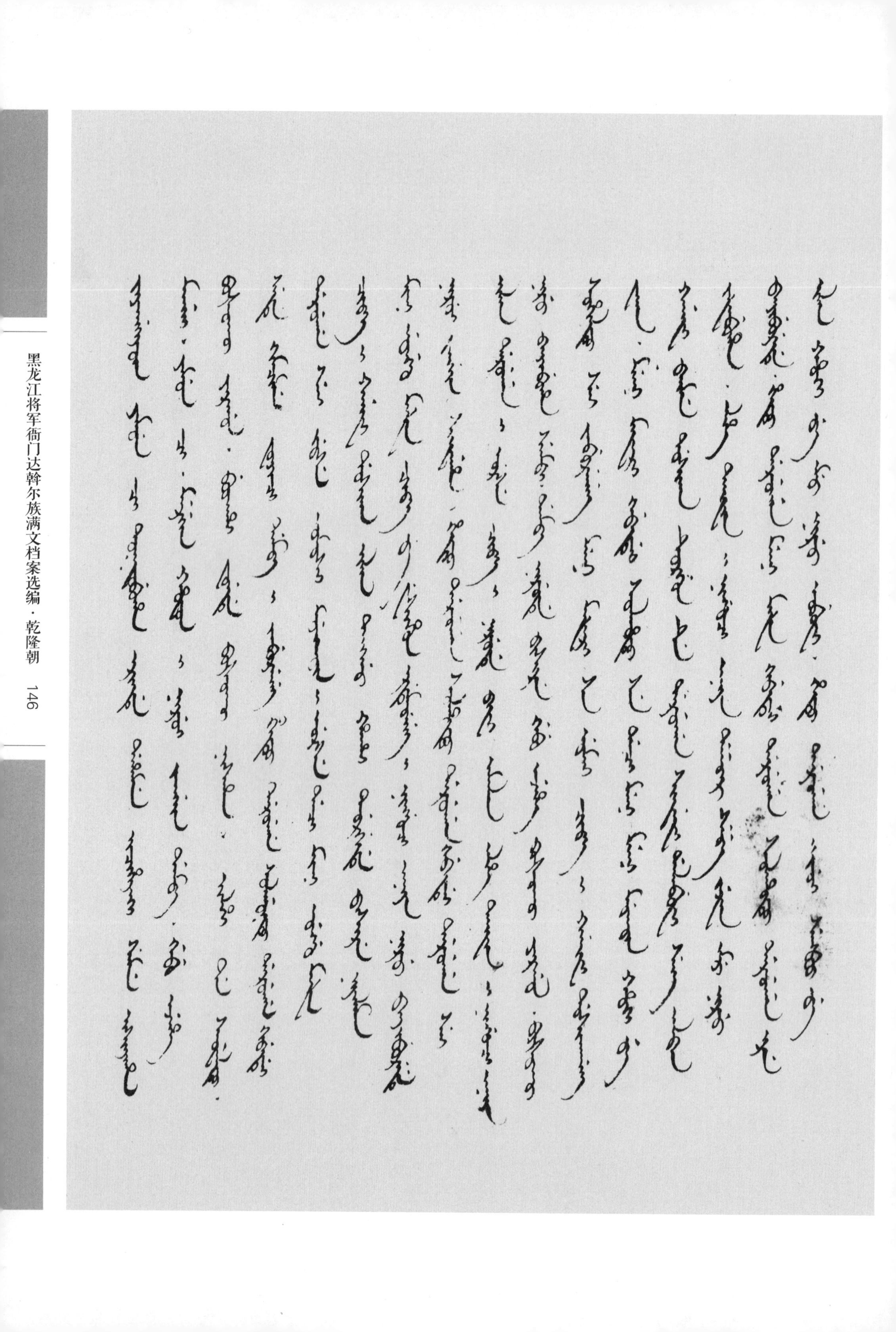

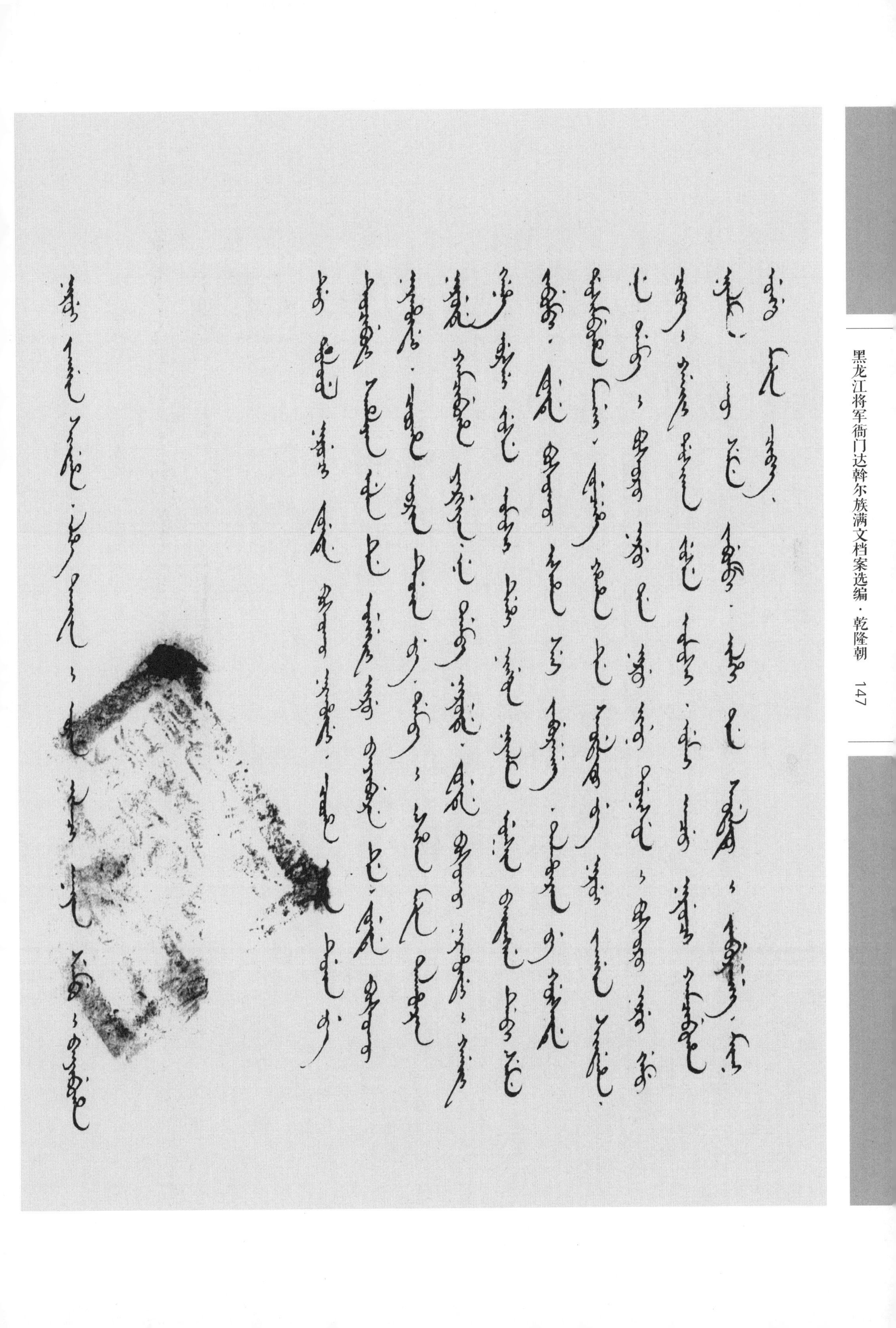

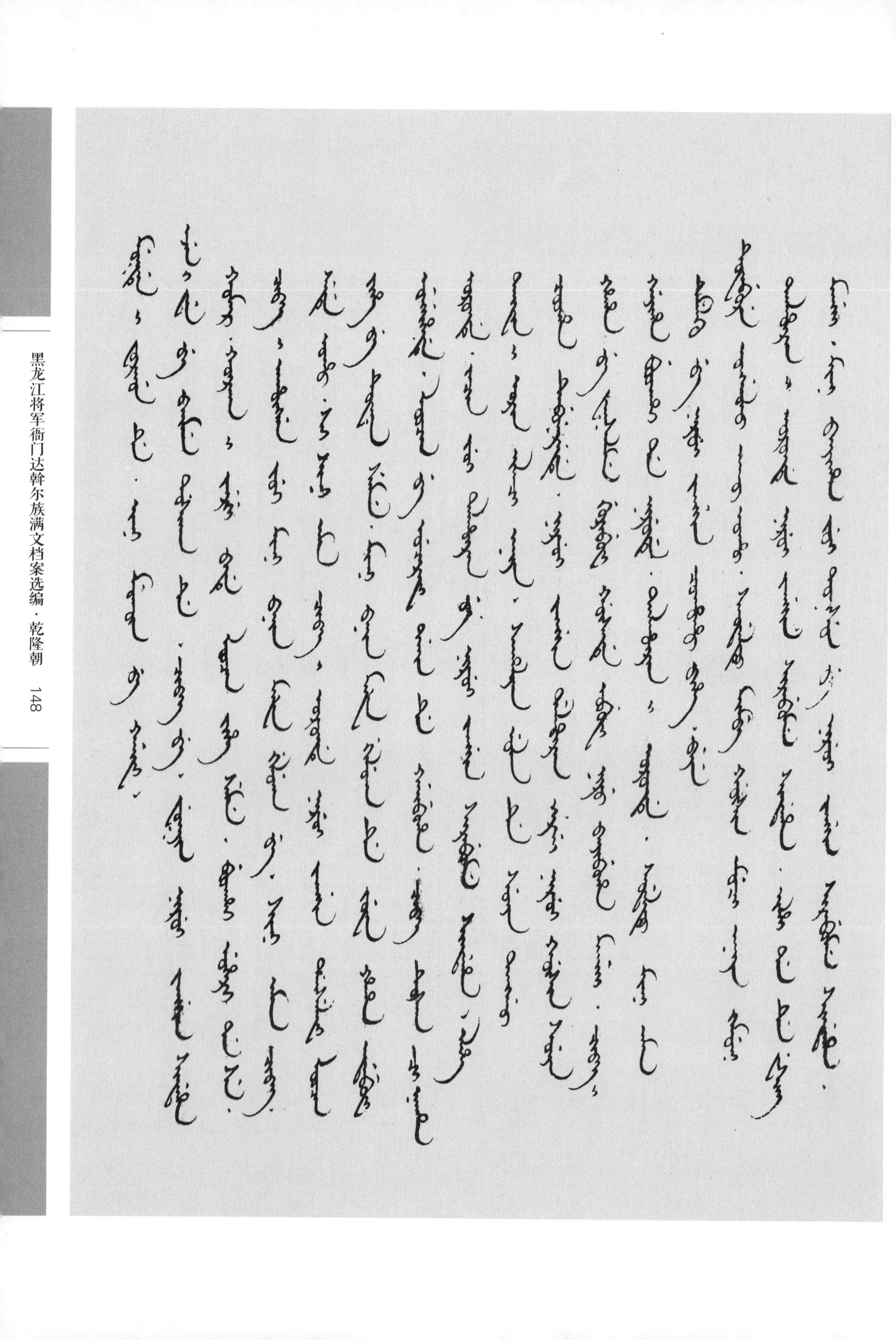

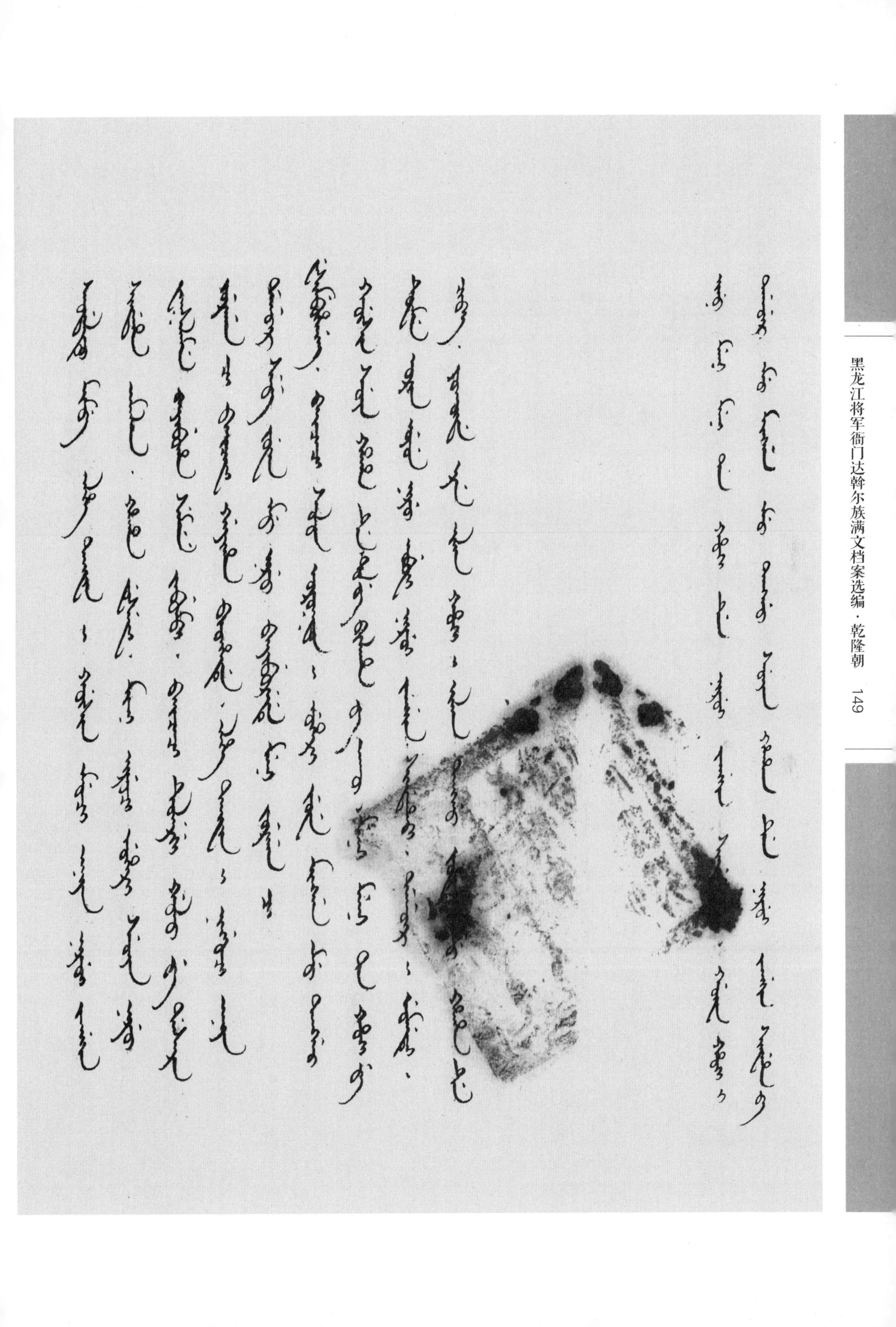

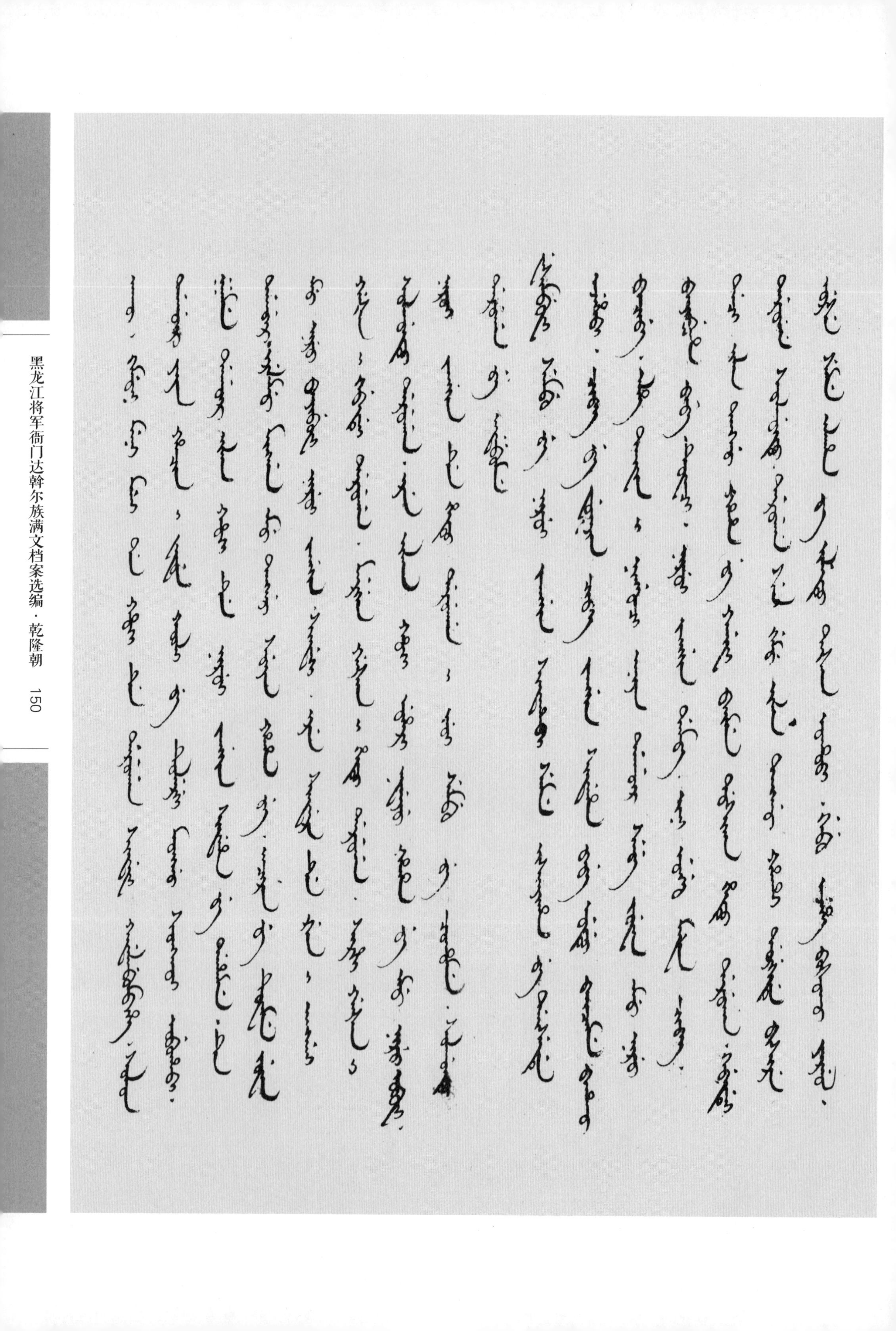

[illegible]

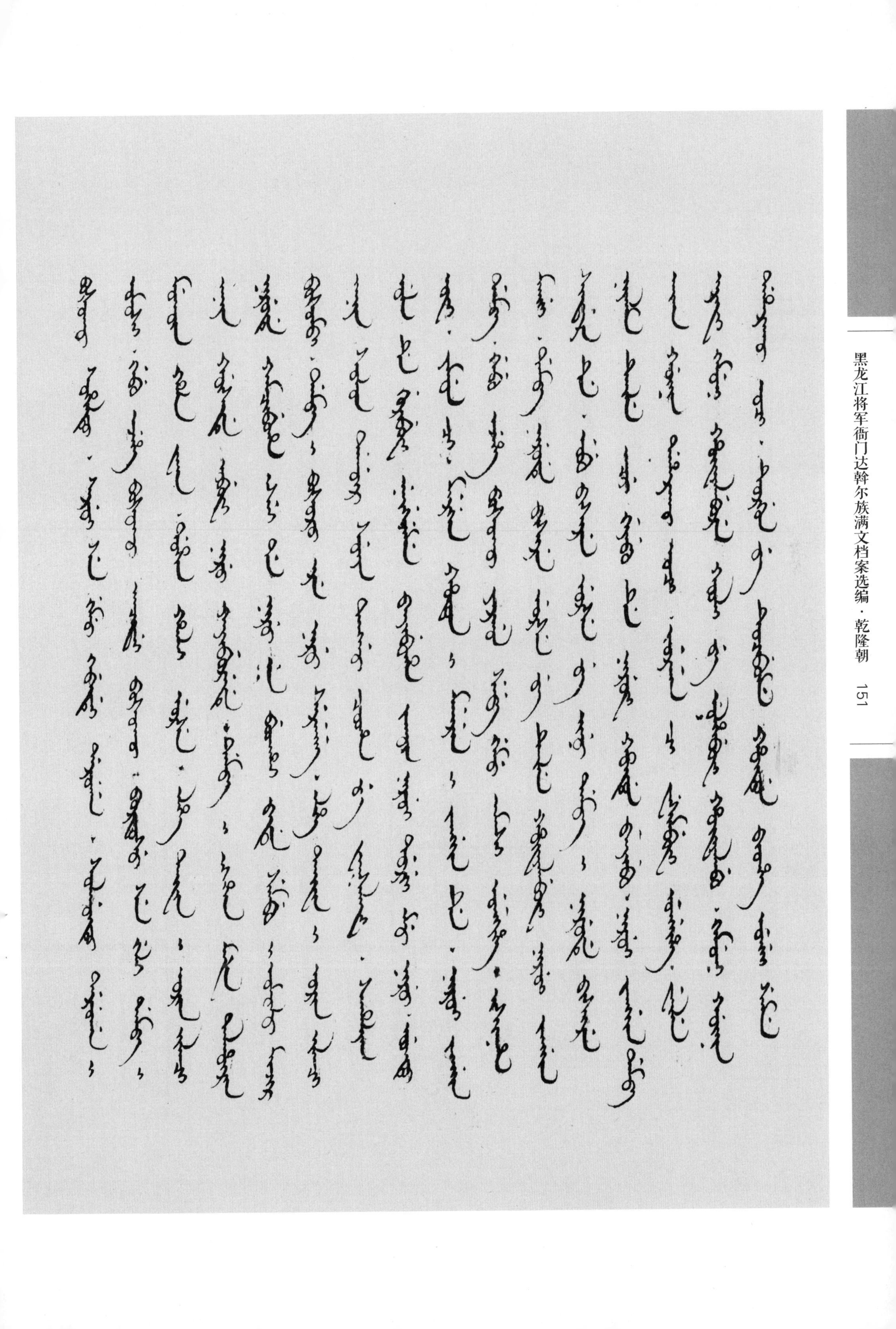

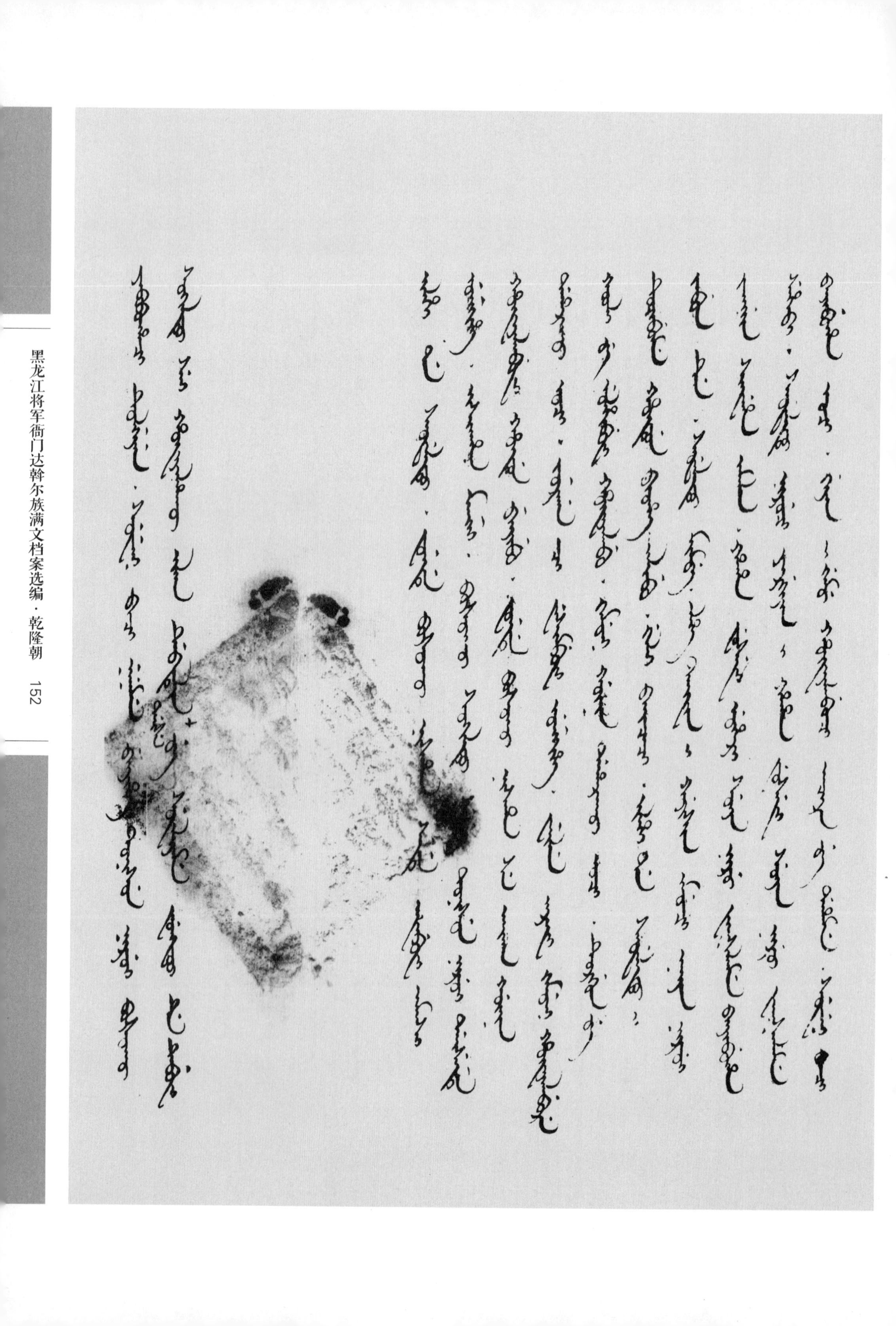

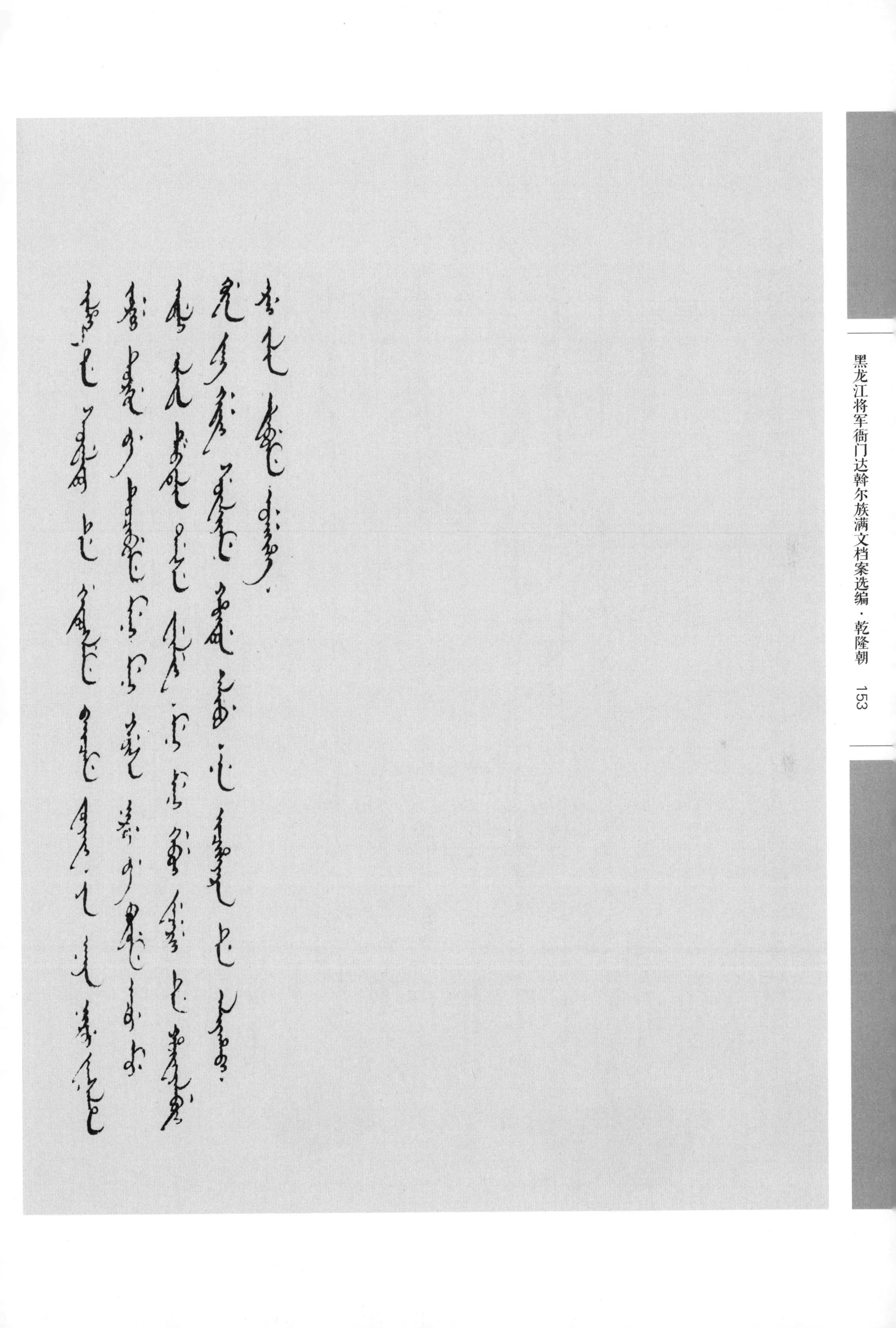

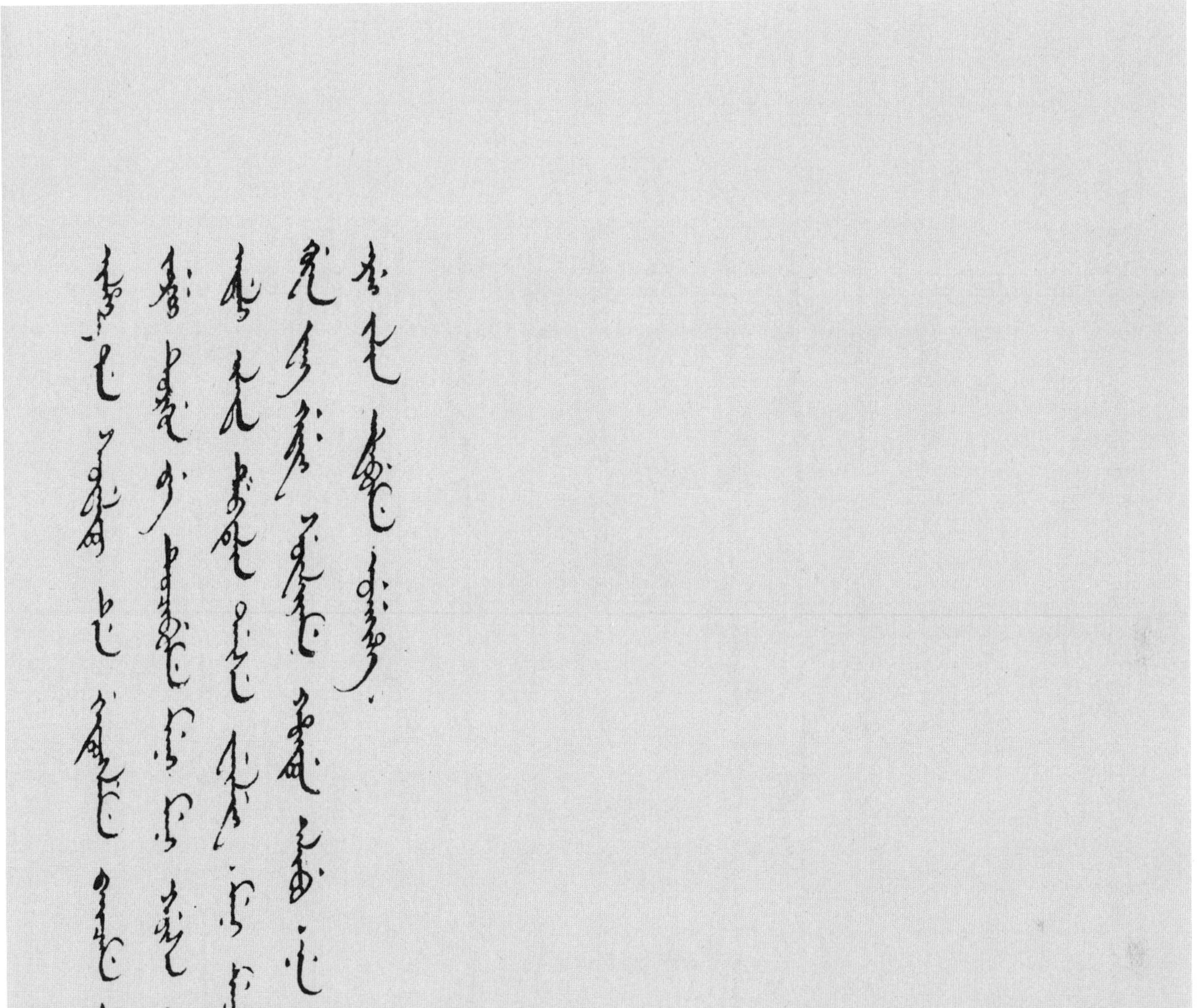

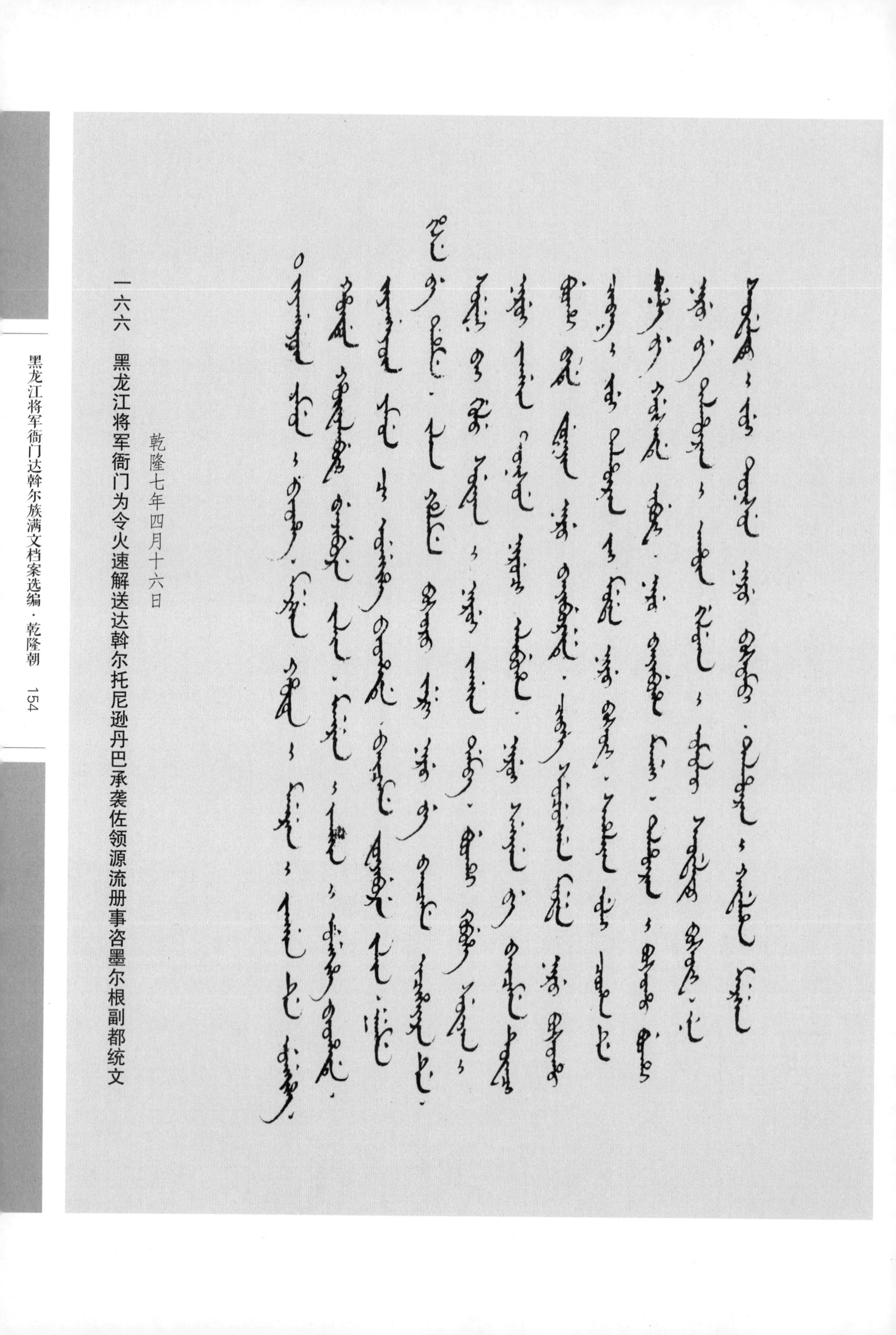

一六六 黑龙江将军衙门为令火速解送达斡尔托尼逊丹巴承袭佐领源流册事咨墨尔根副都统文

乾隆七年四月十六日

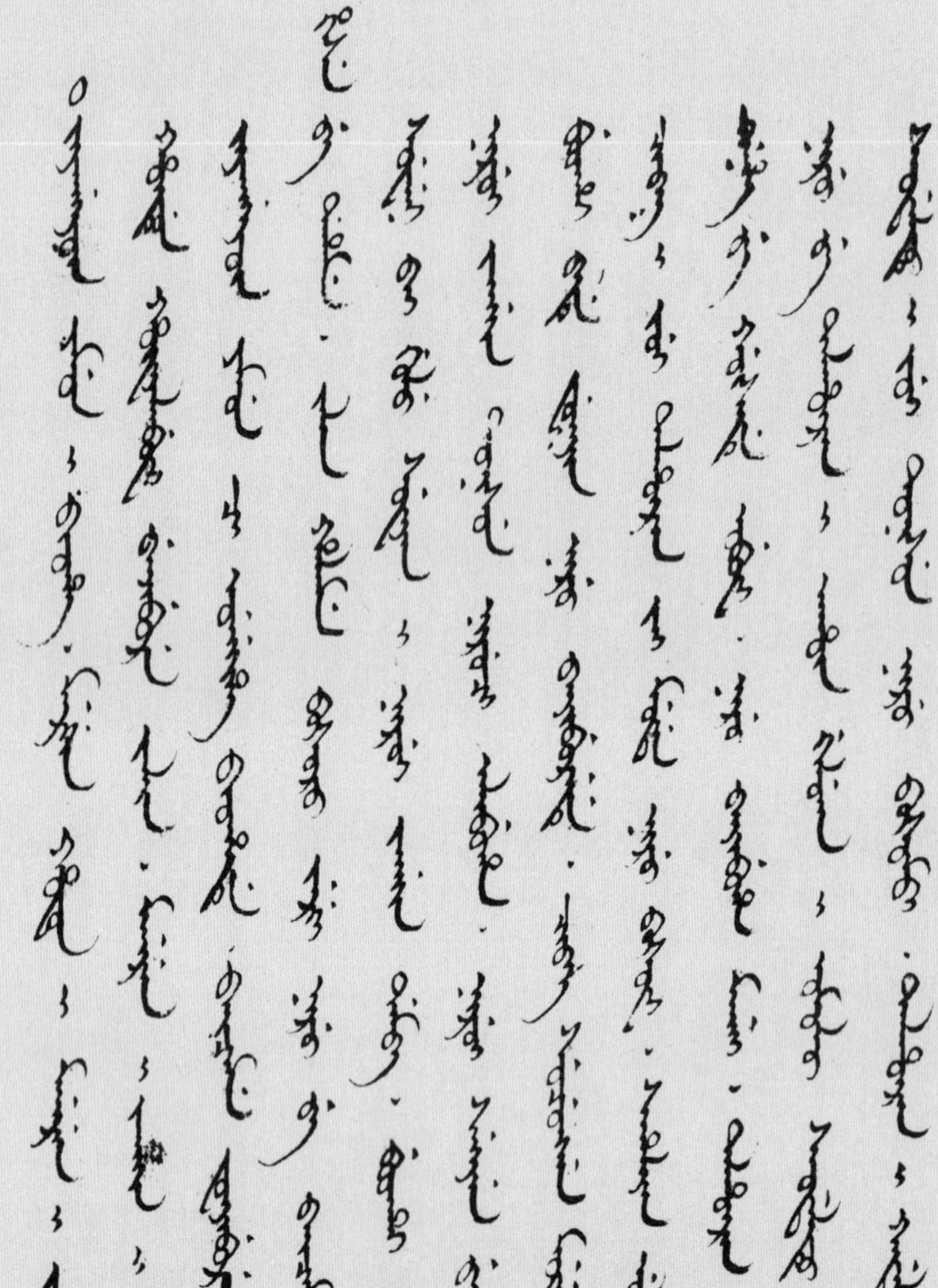

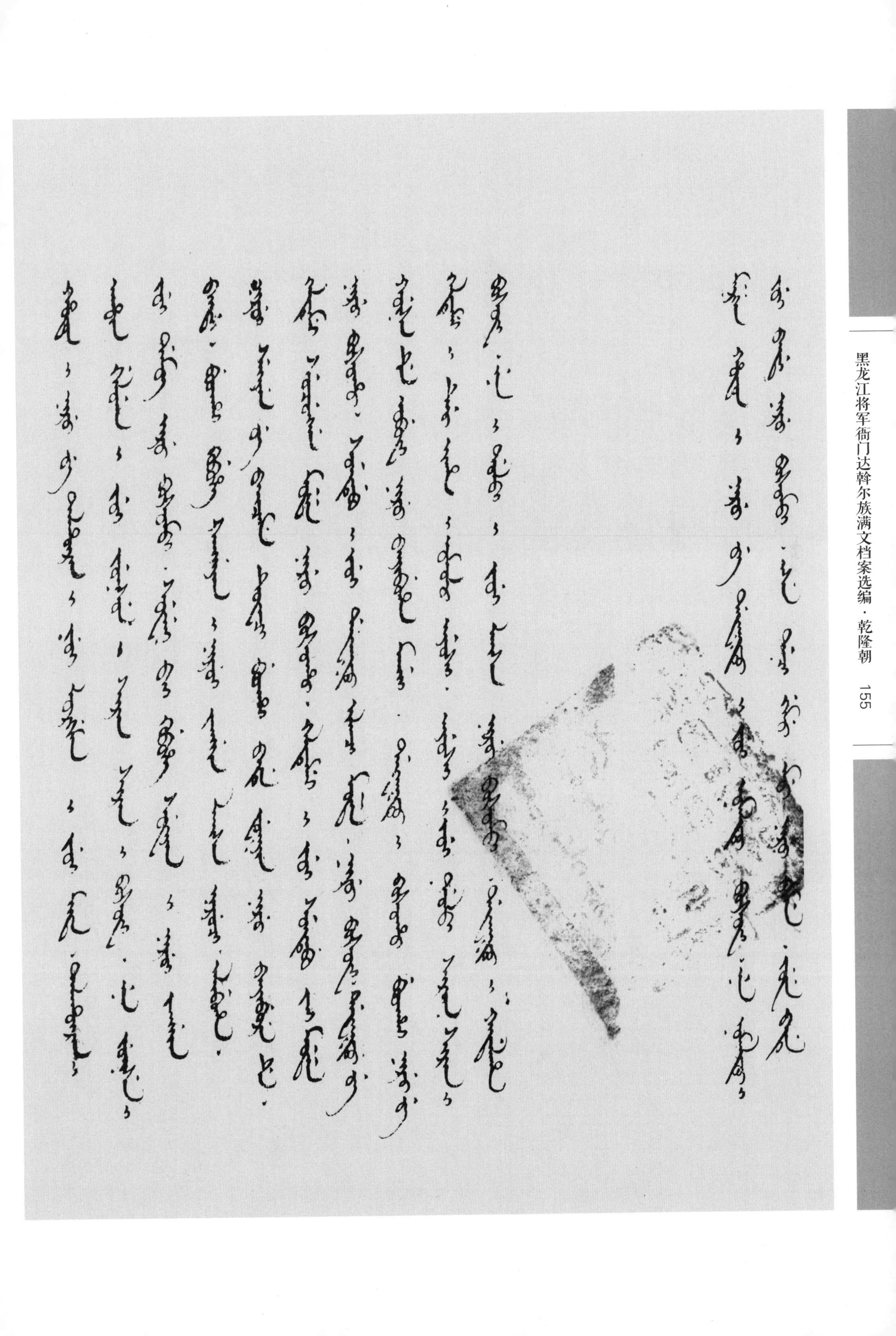

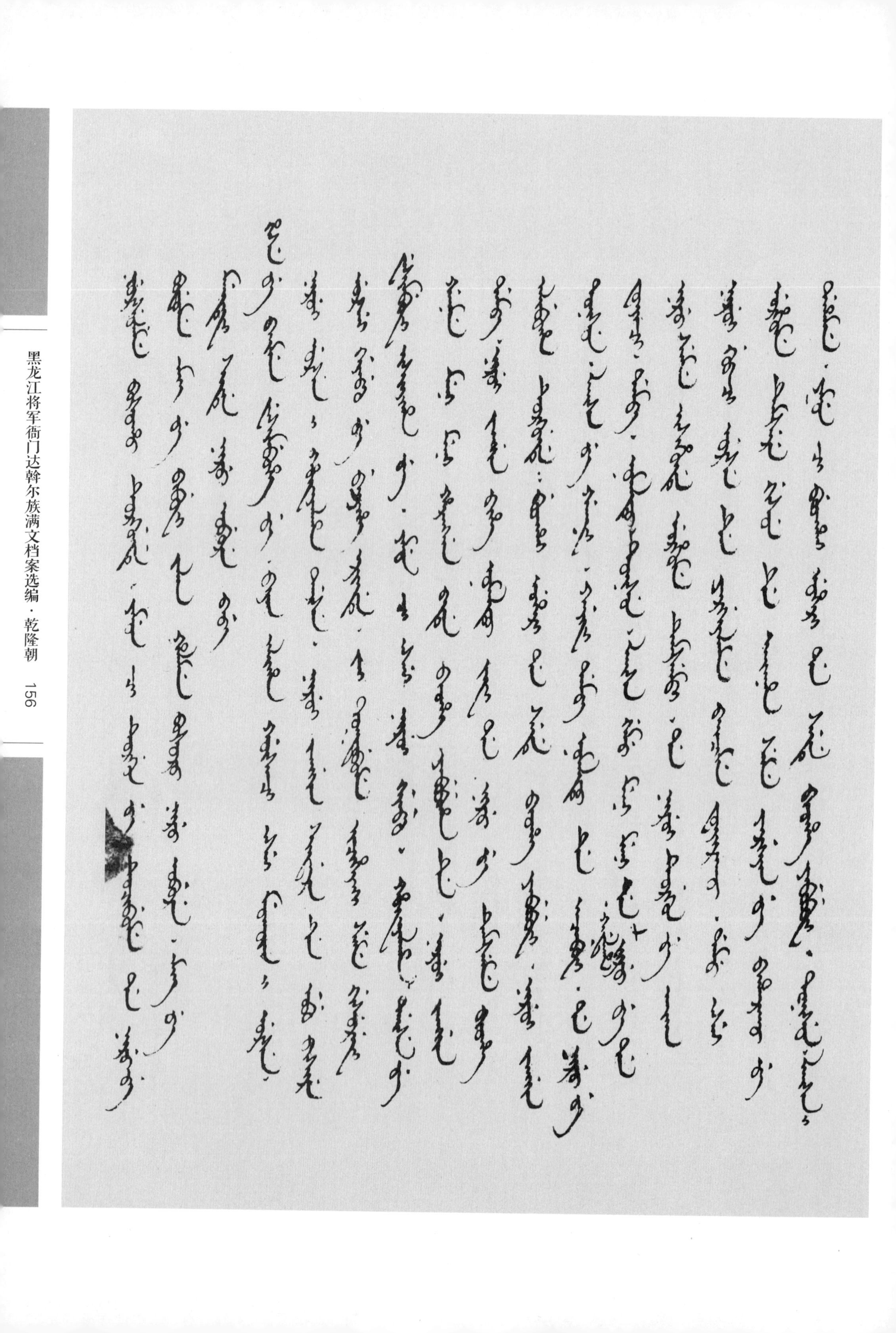

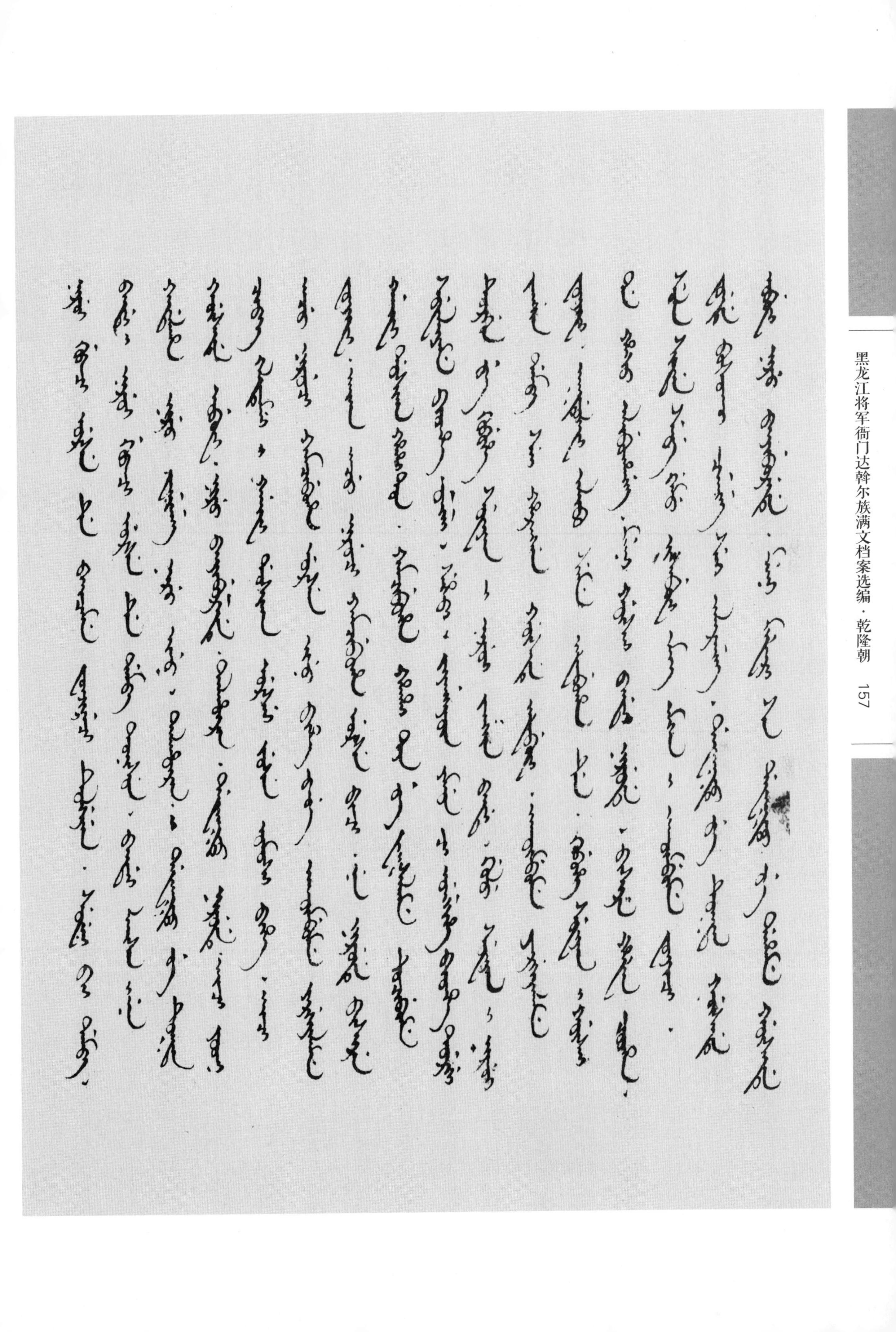

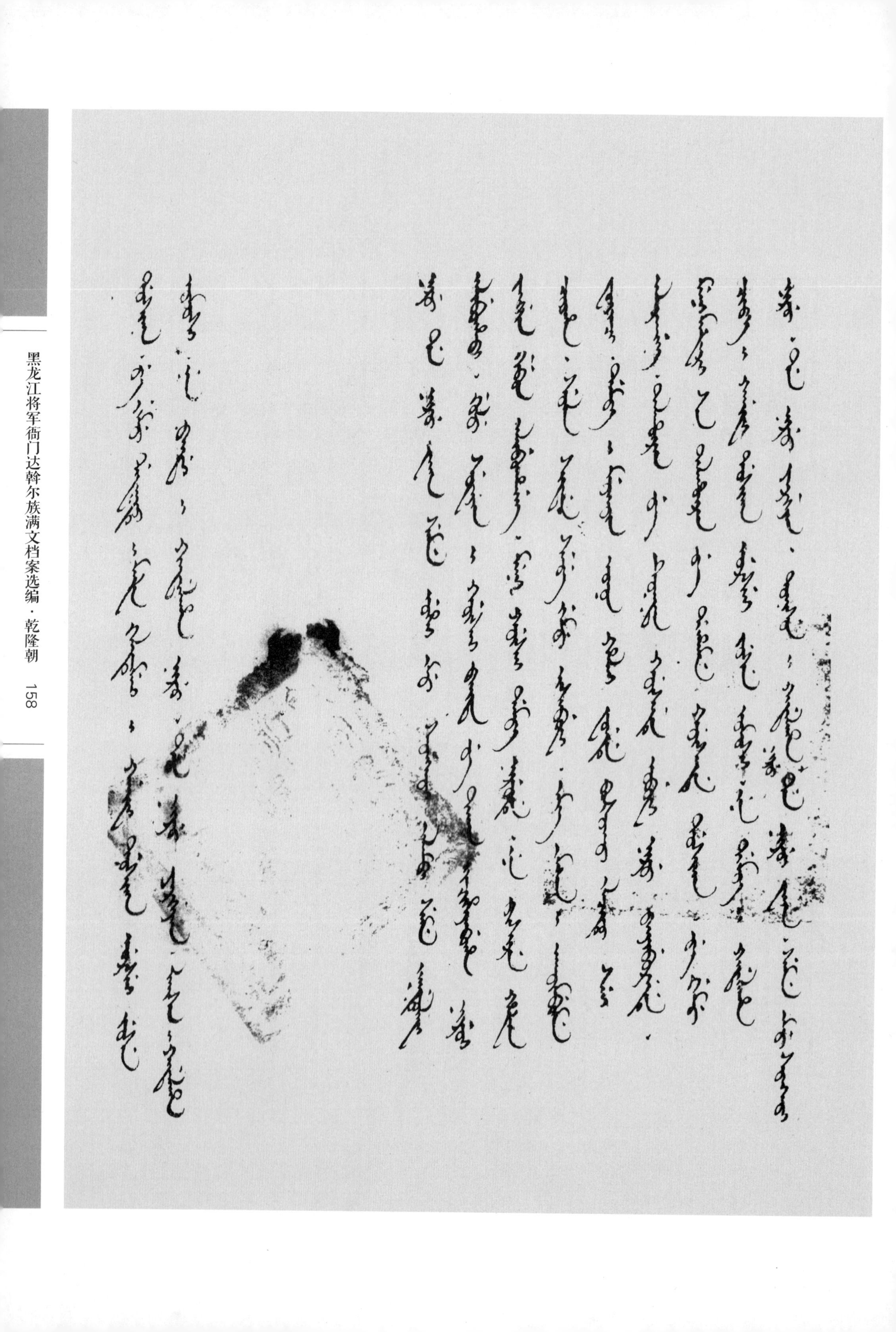

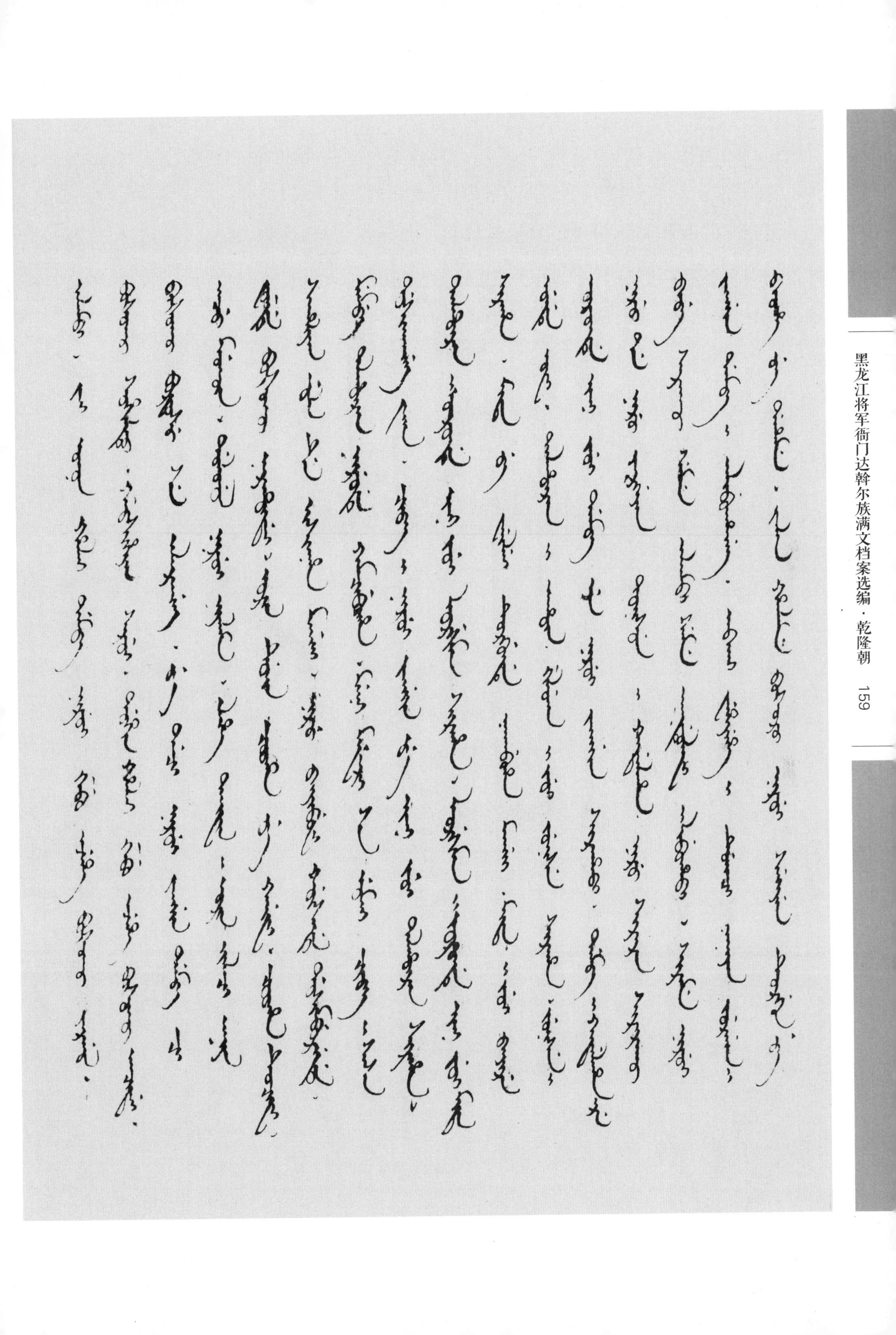

[illegible]

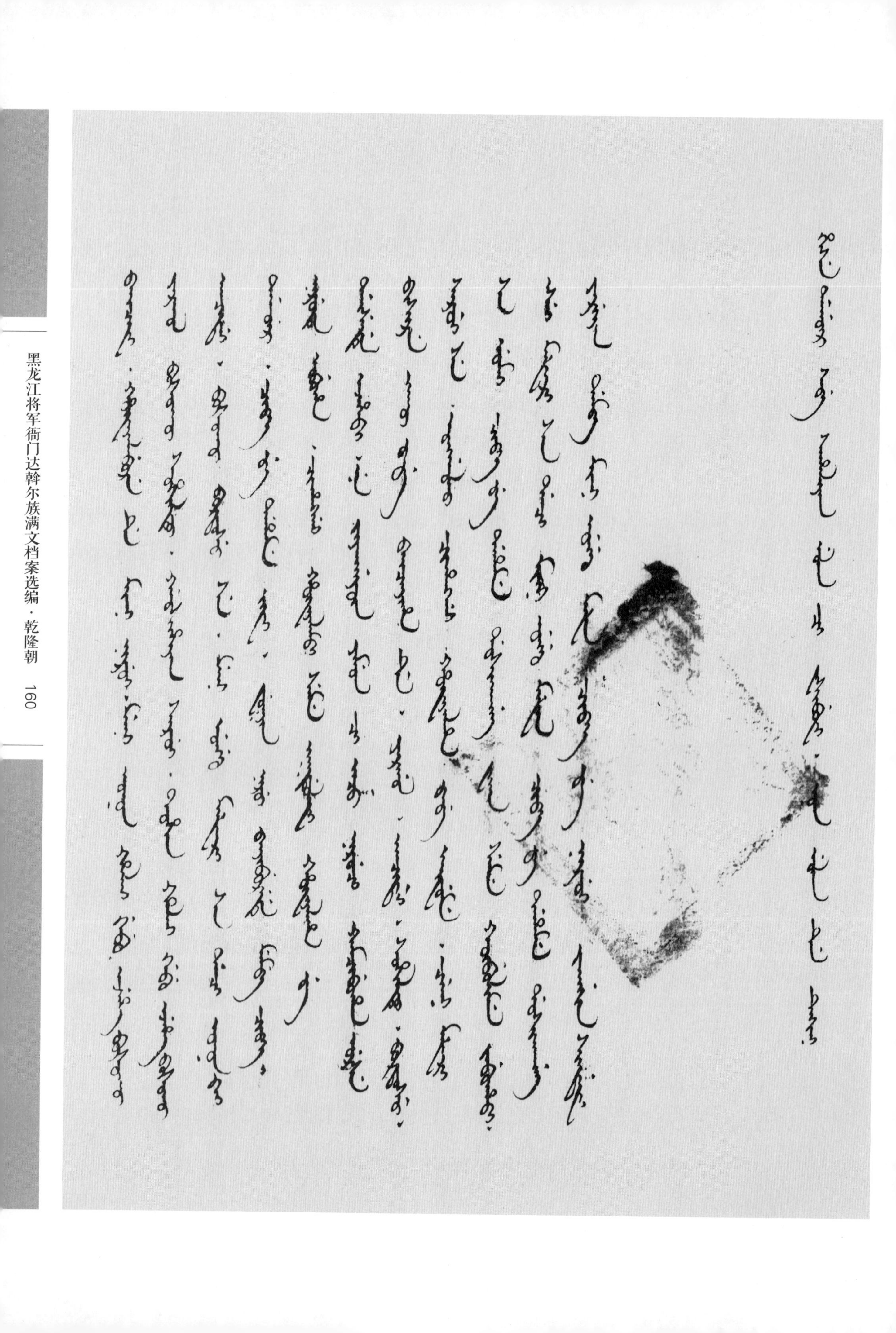

[illegible]

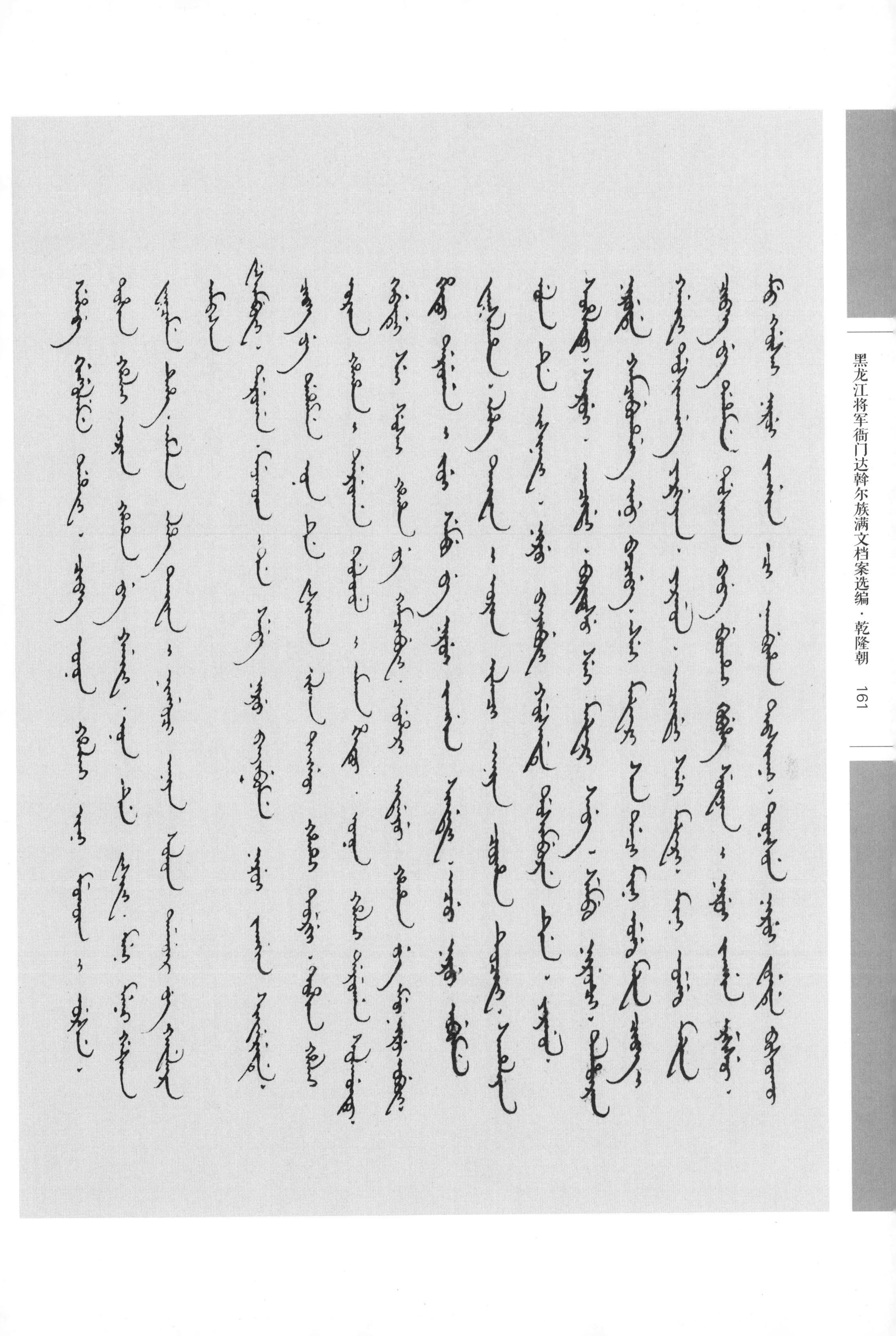

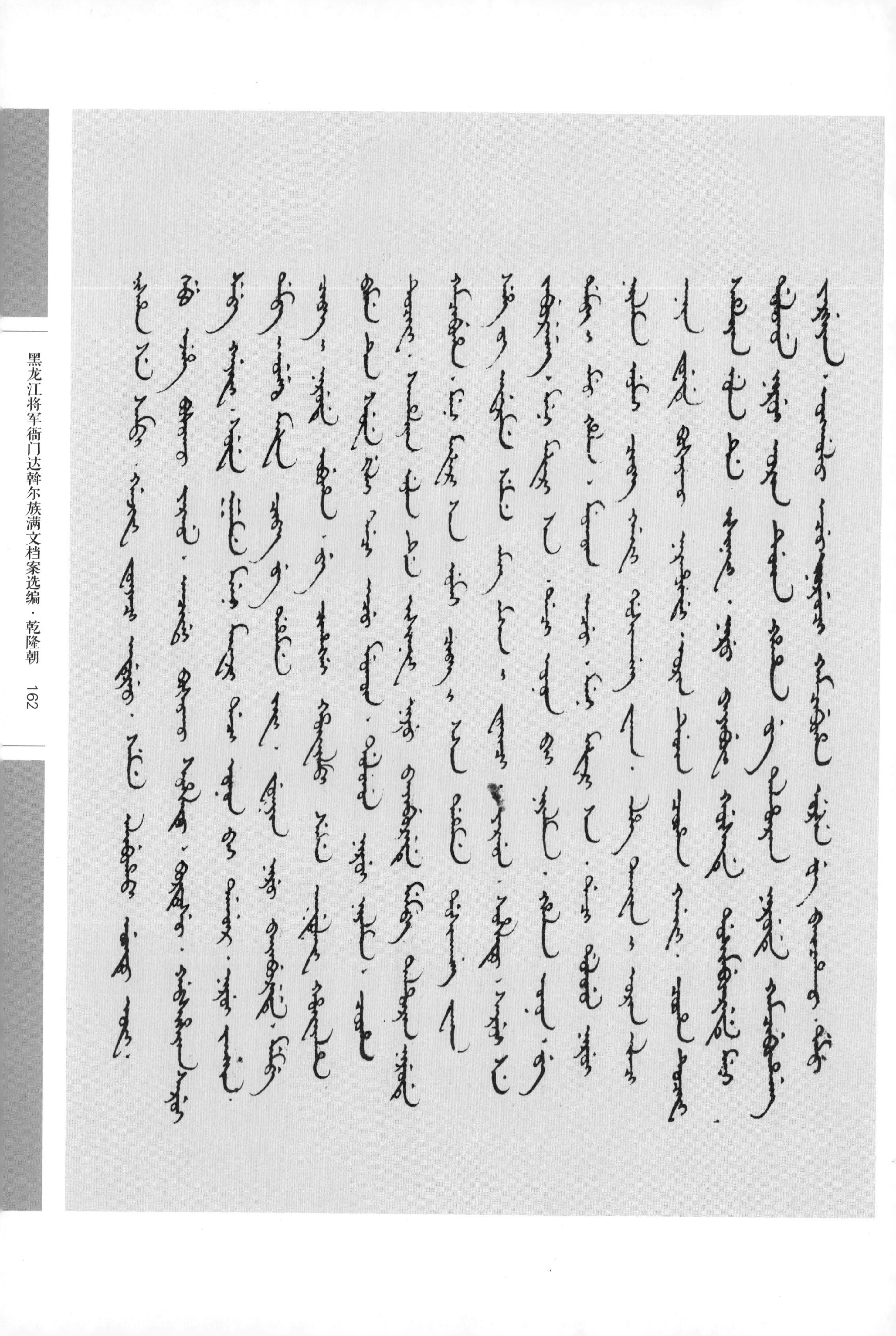

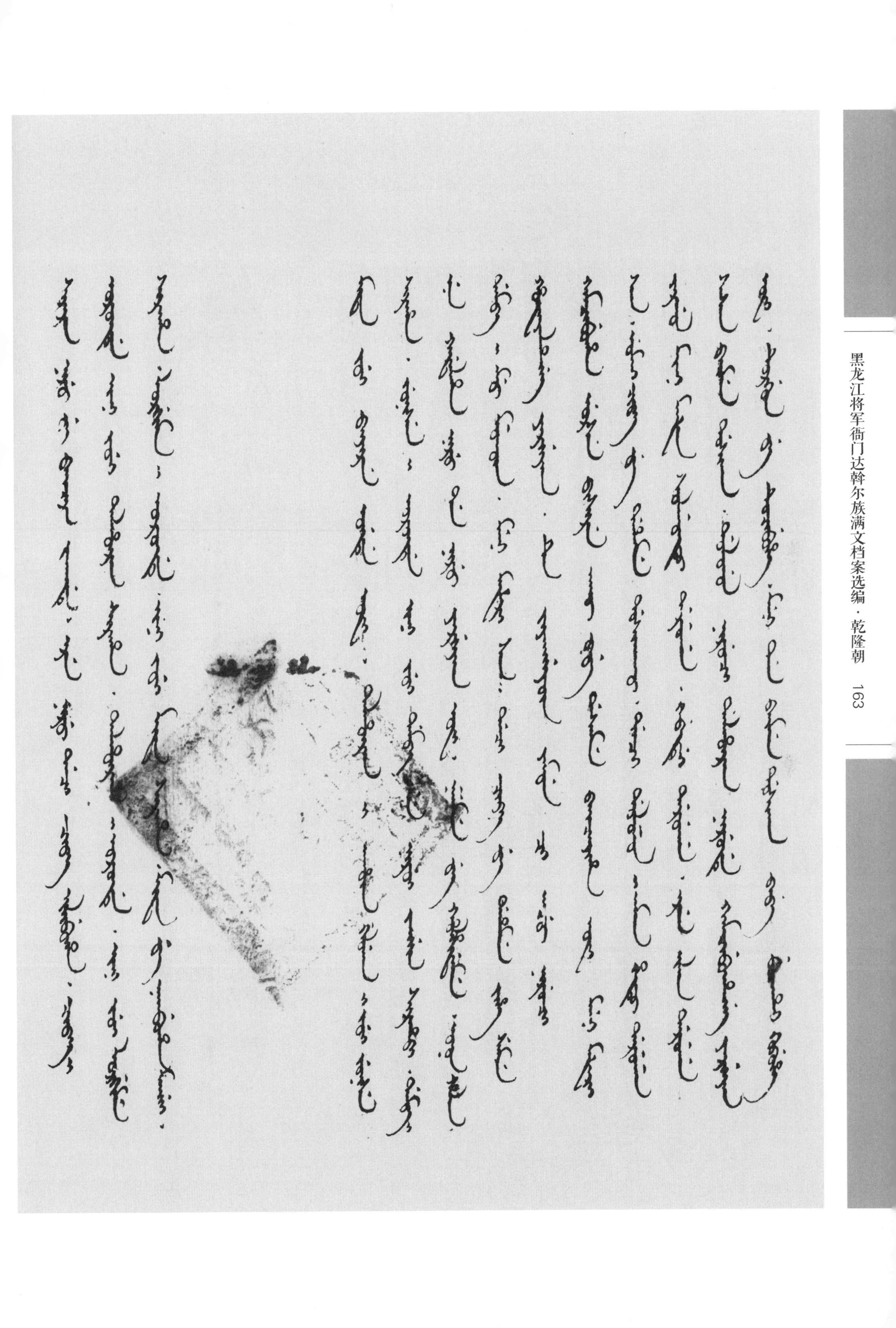

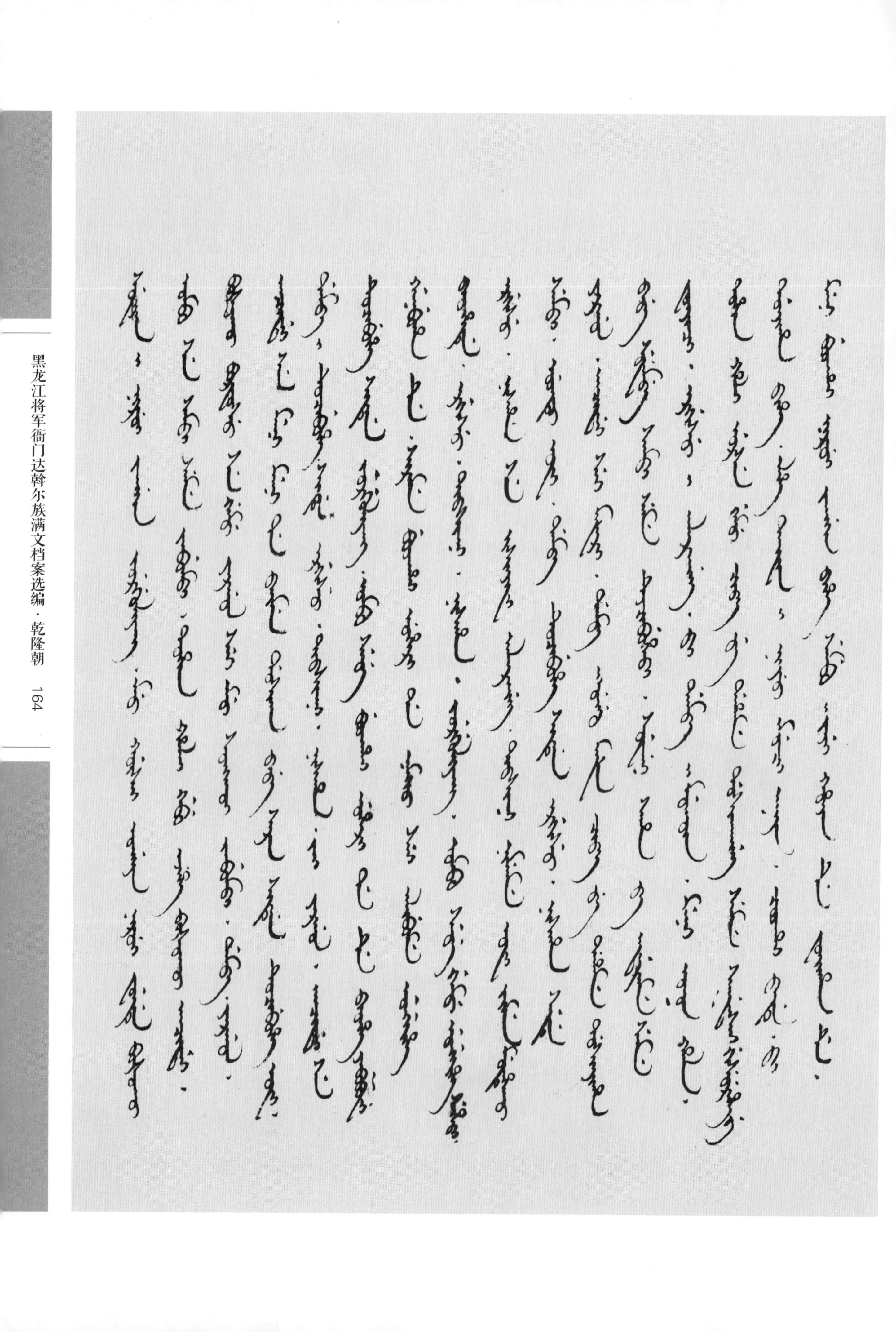

[illegible]

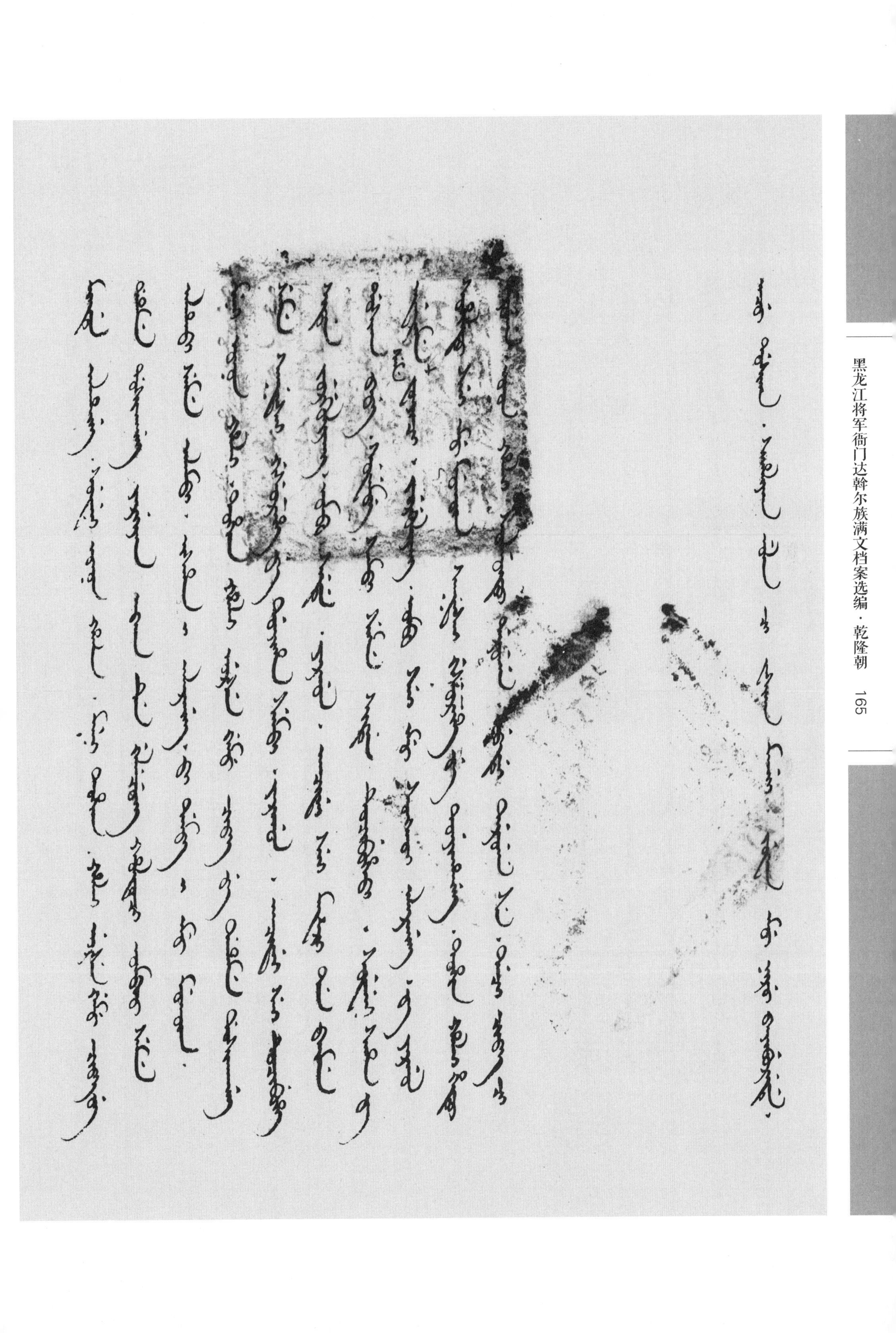

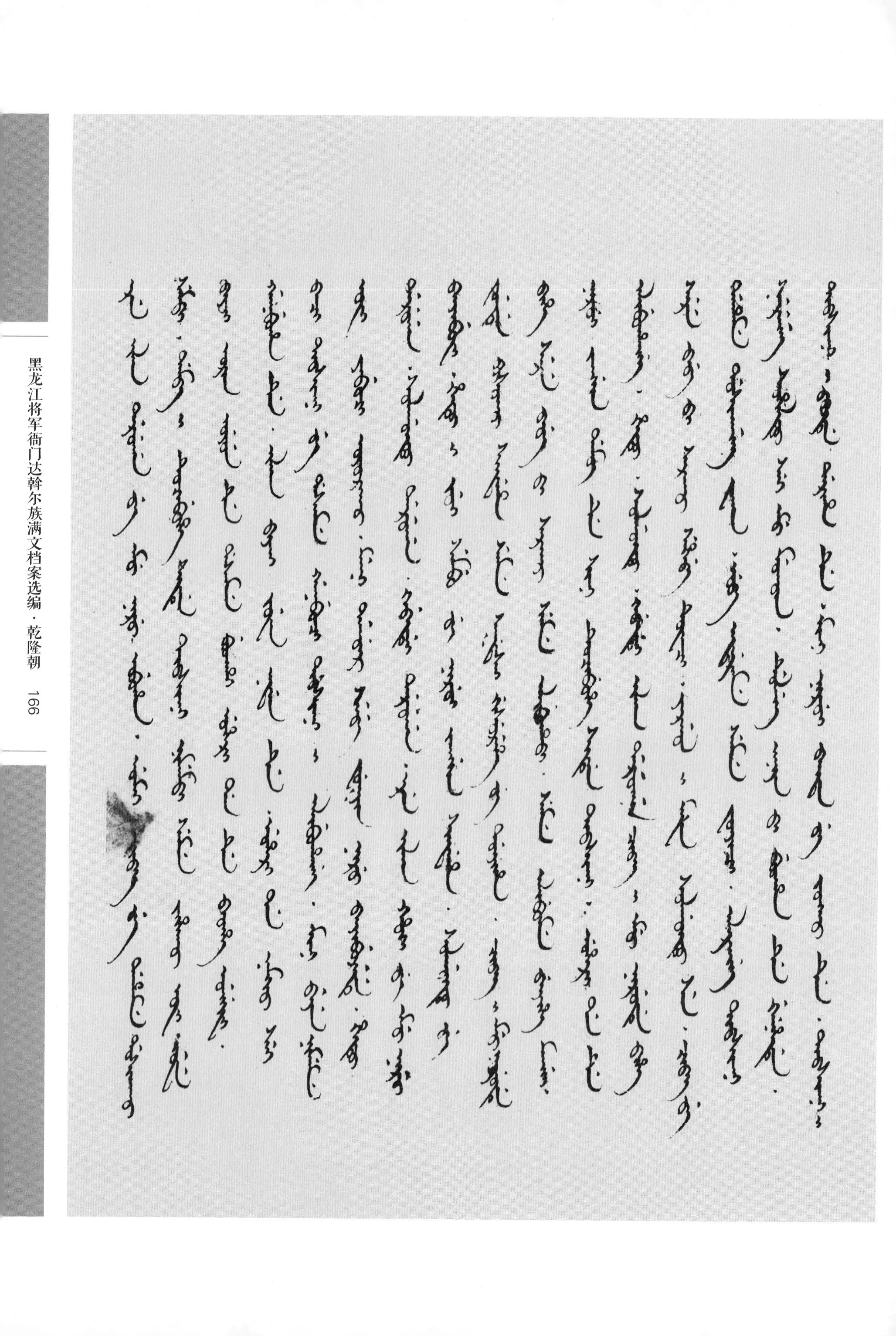

[illegible]

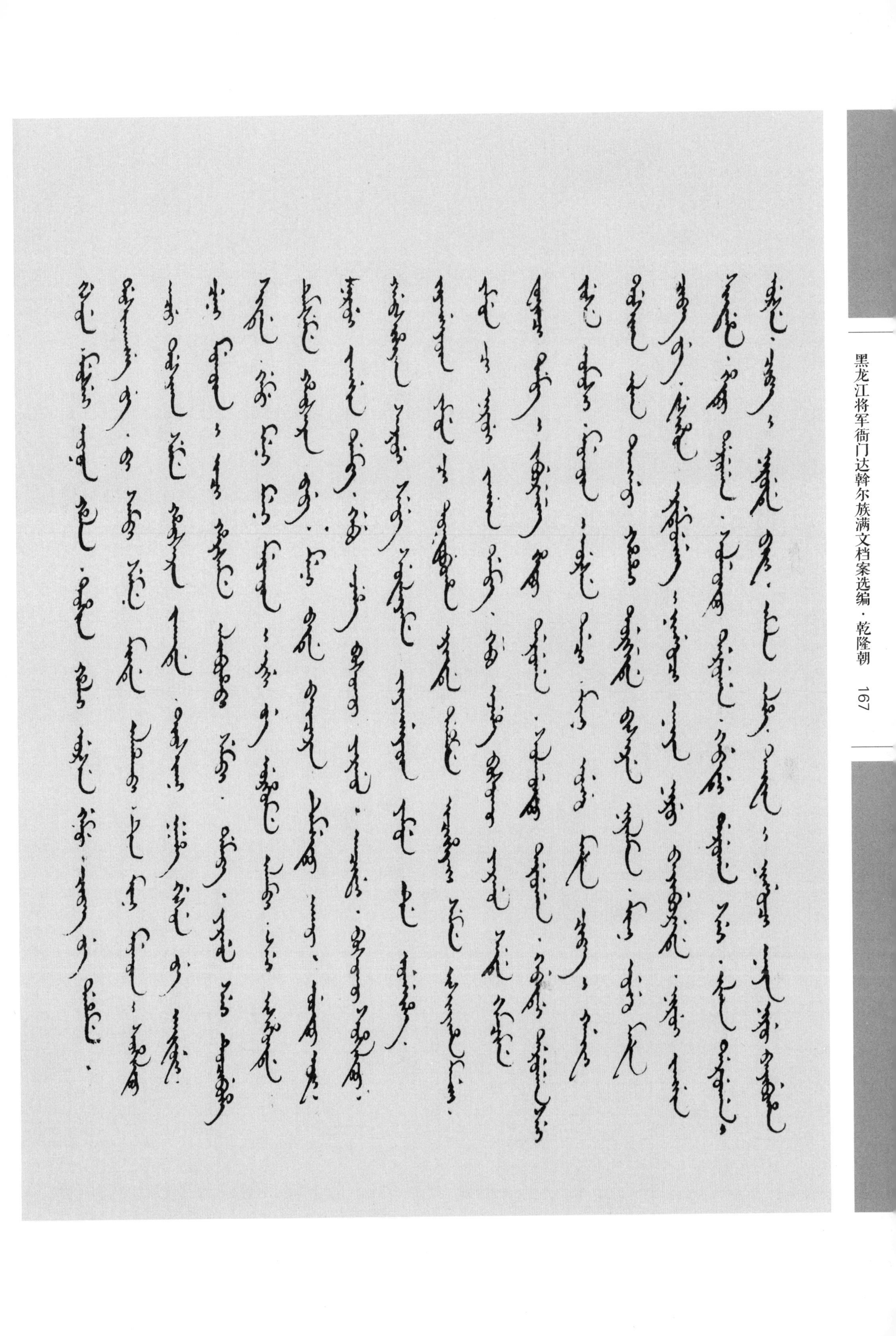

[illegible]

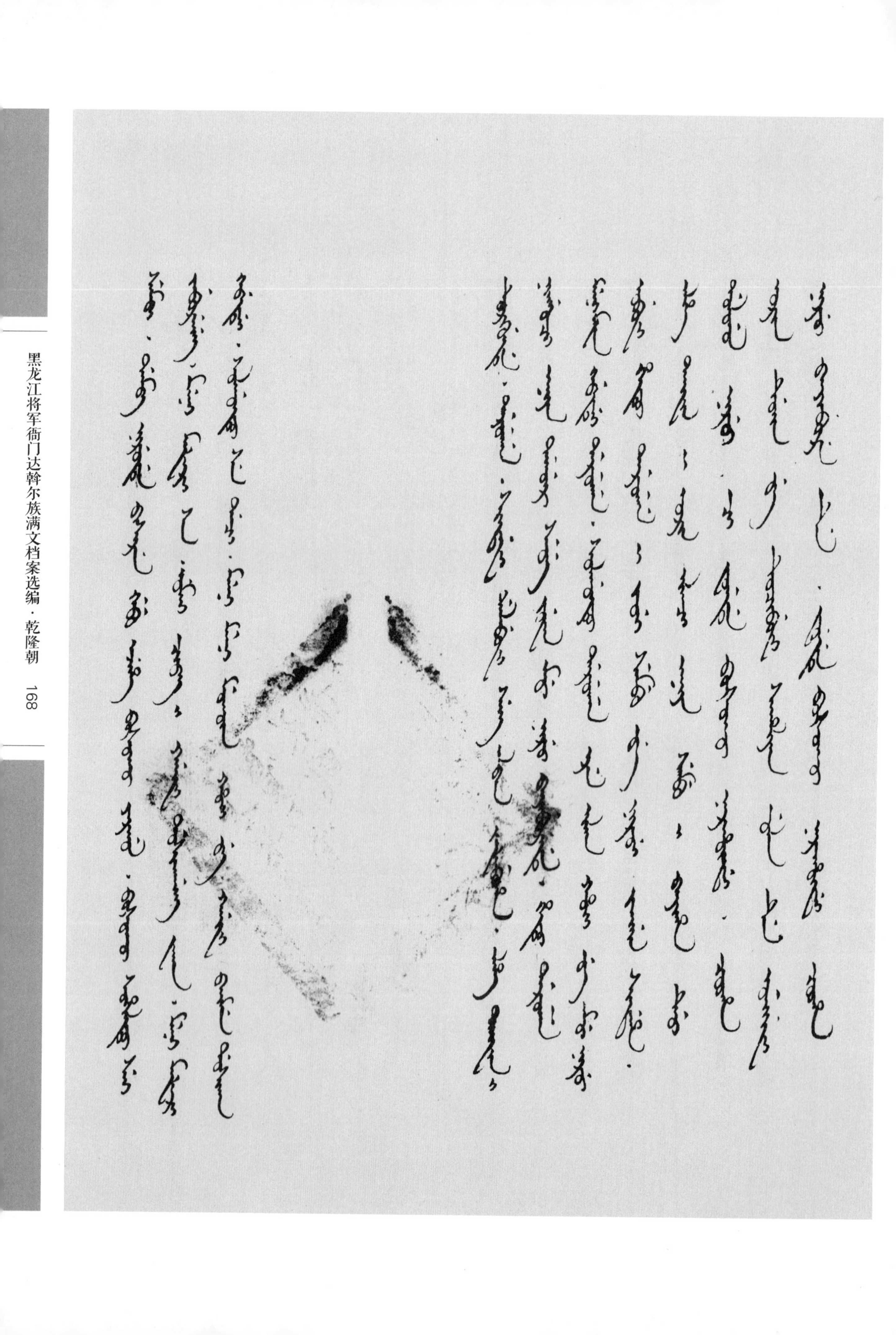

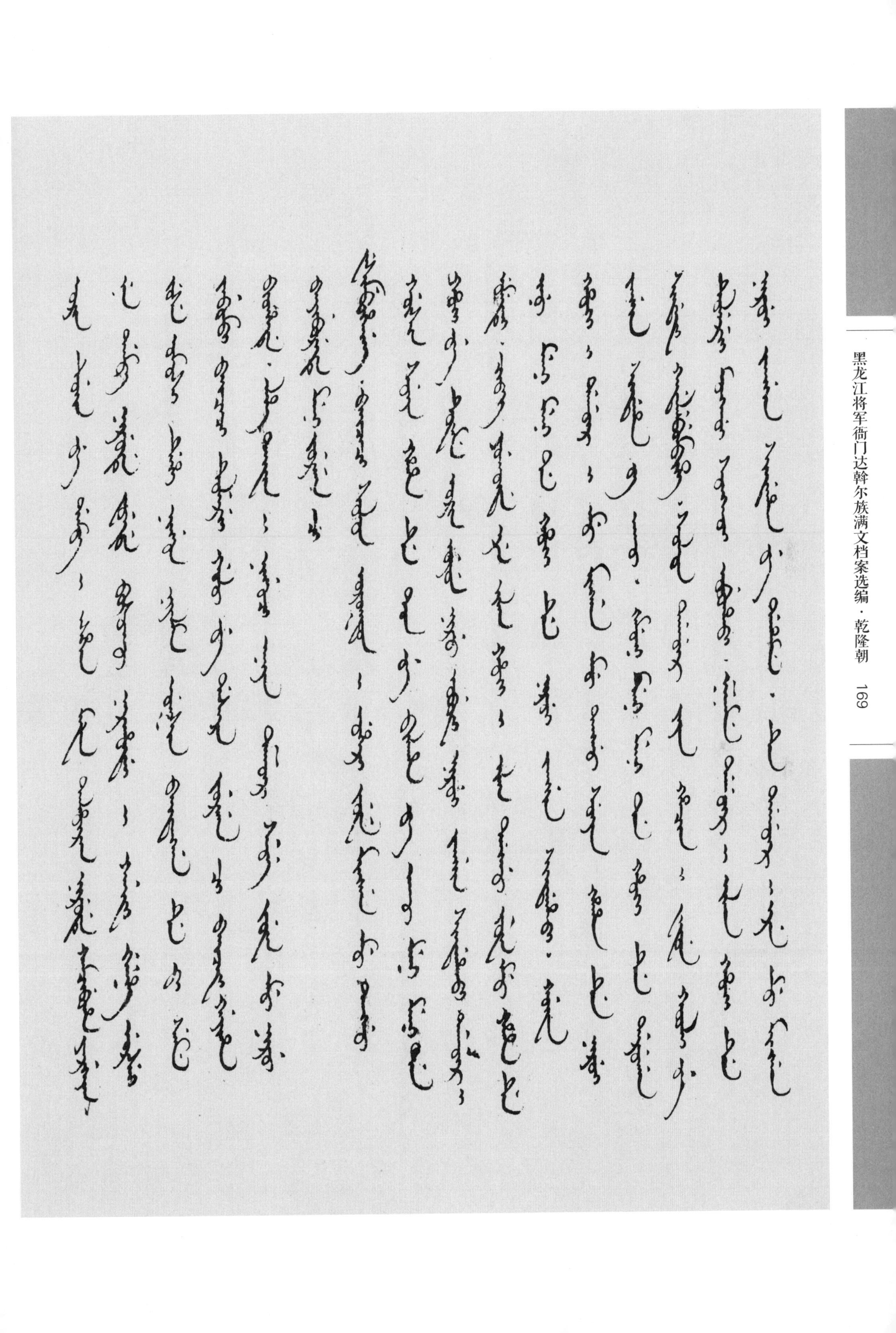

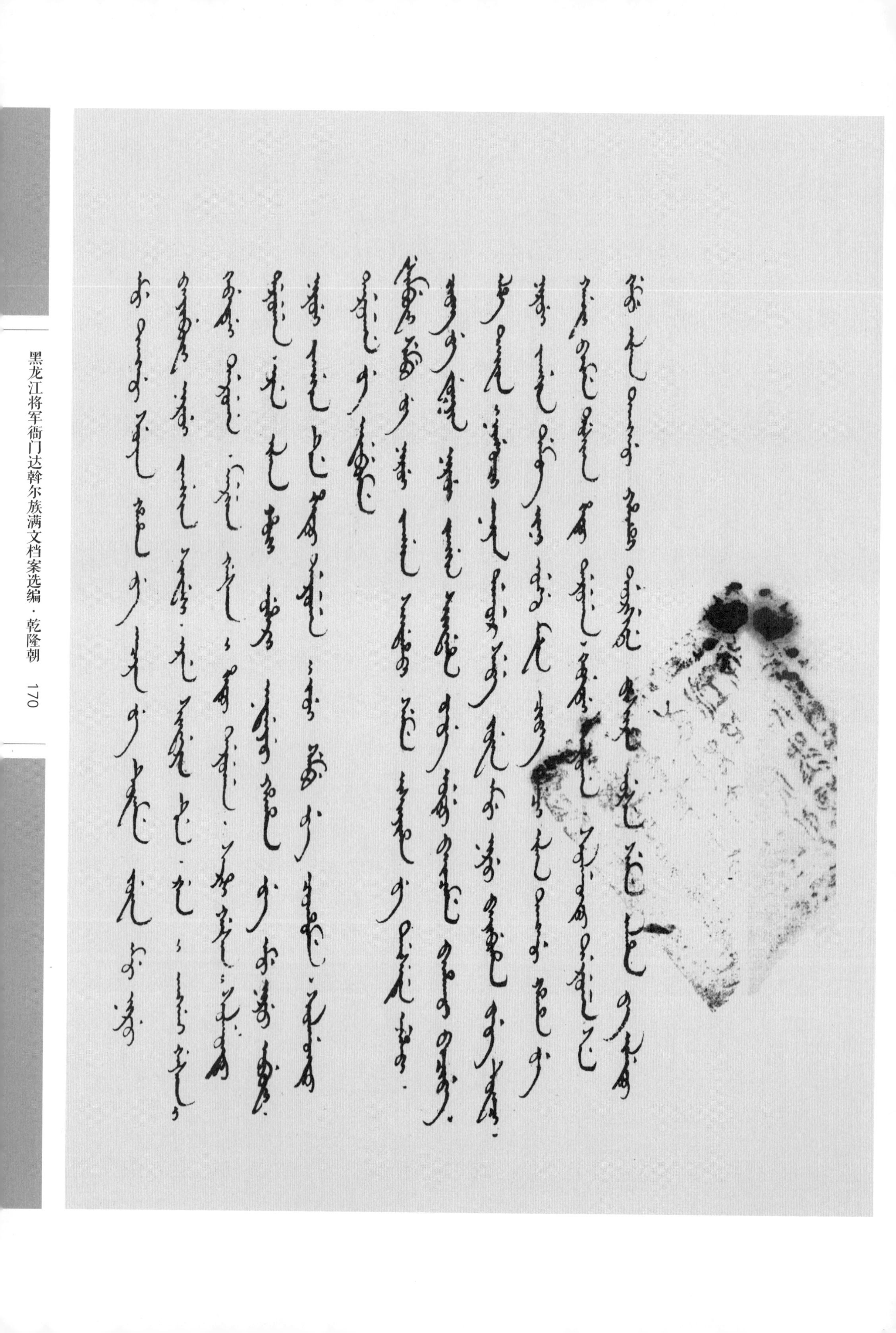

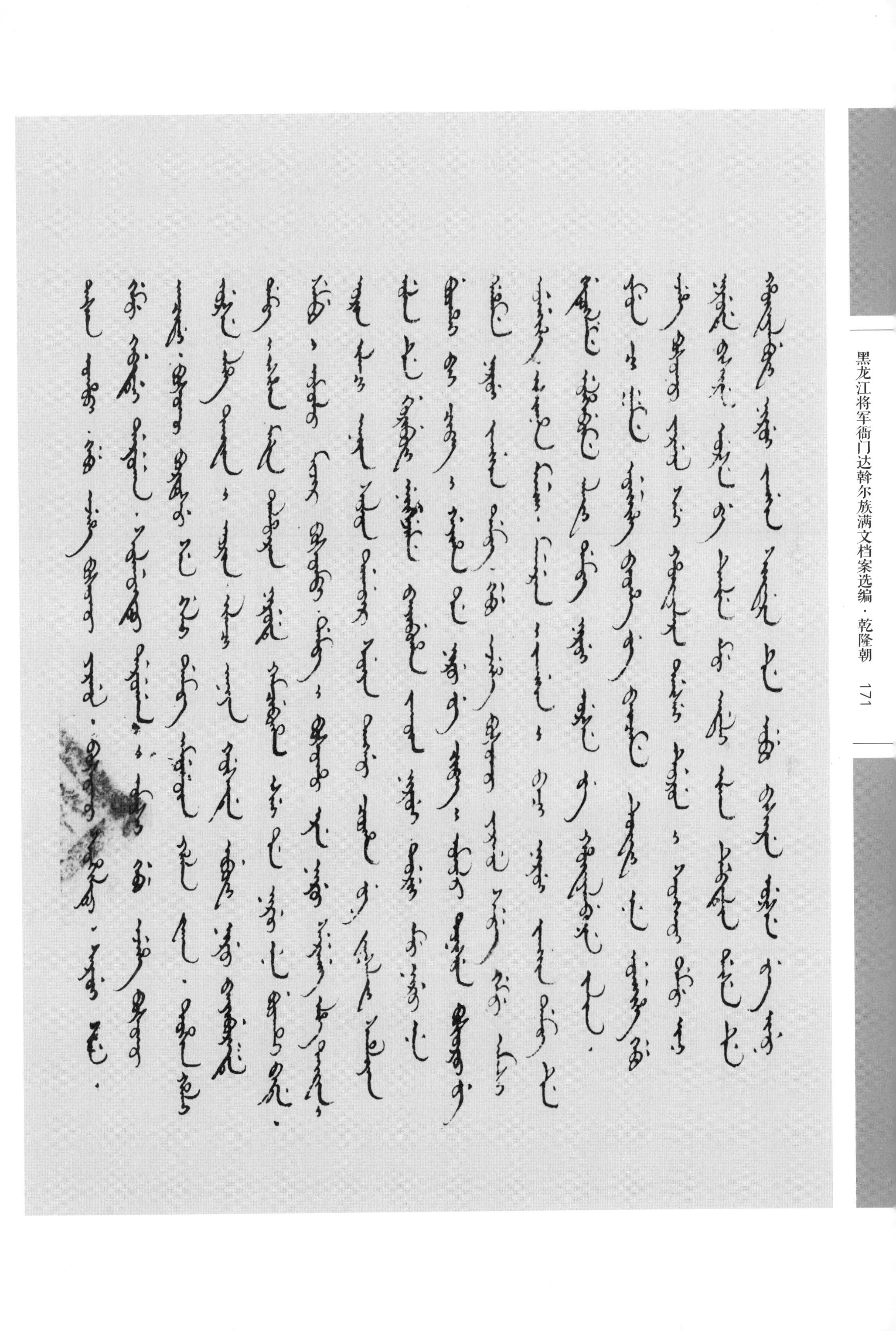

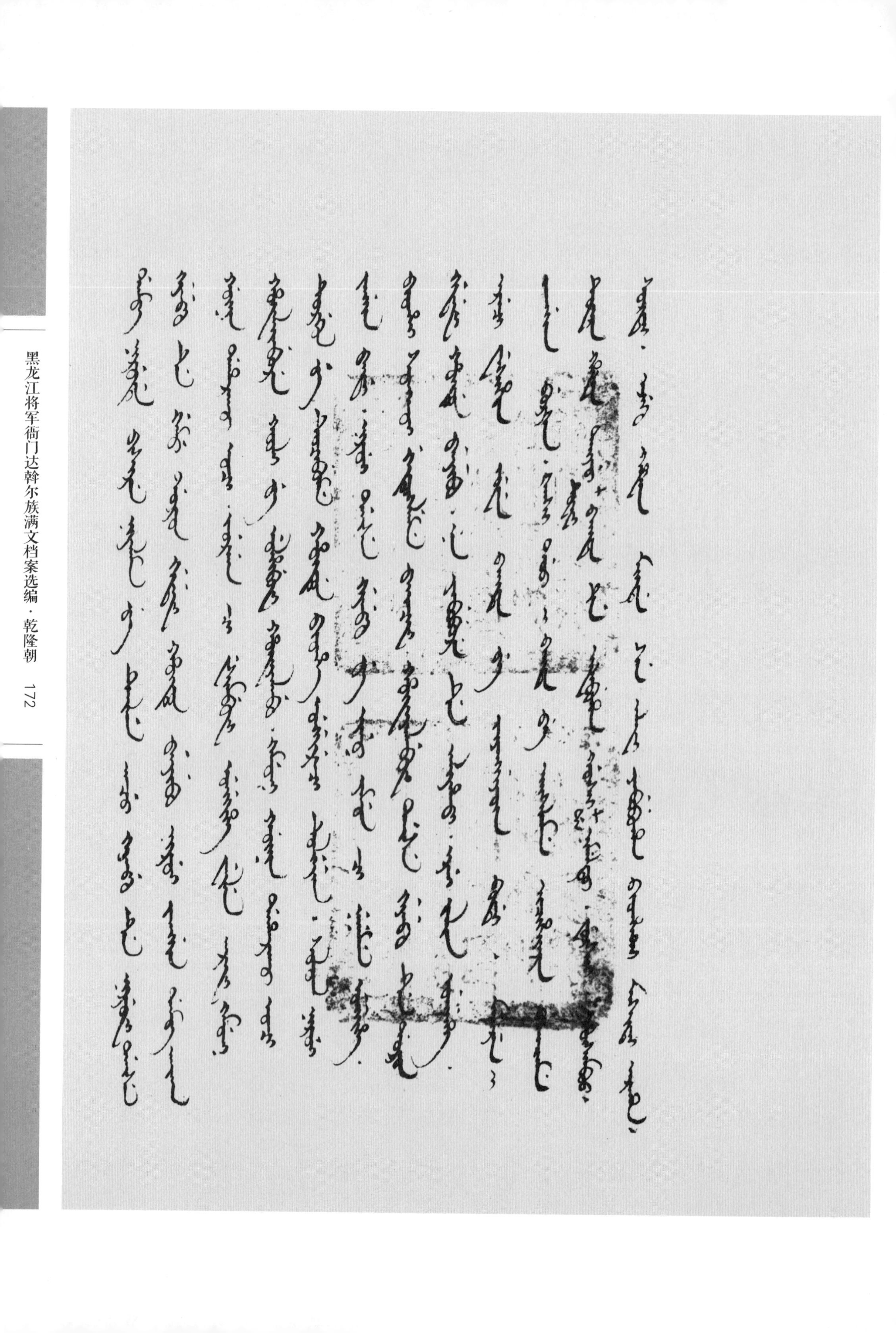

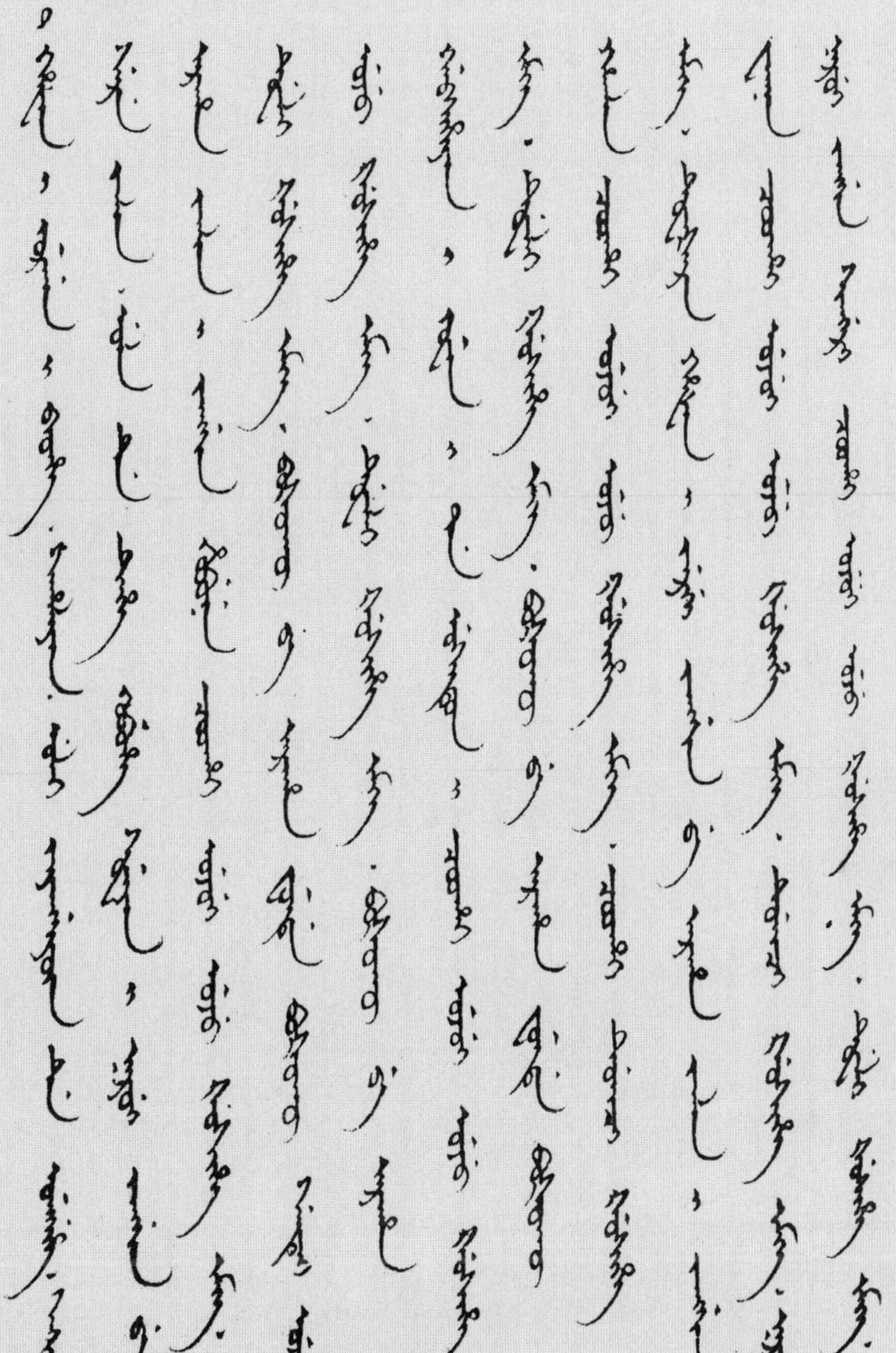

乾隆七年四月十七日

一六七 吏部为咨送达斡尔佐领额勒颇辰等军功牌事咨黑龙江将军文

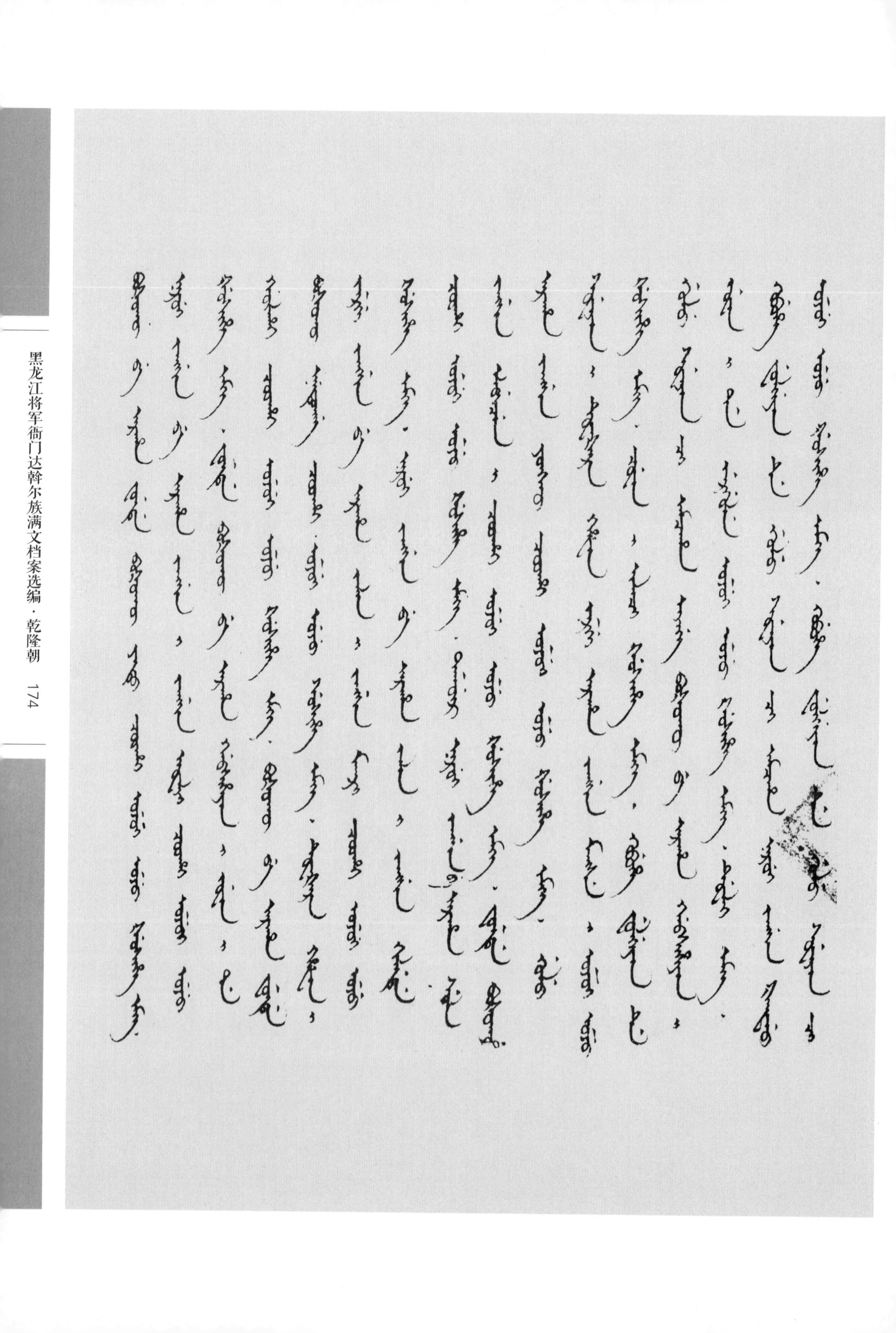

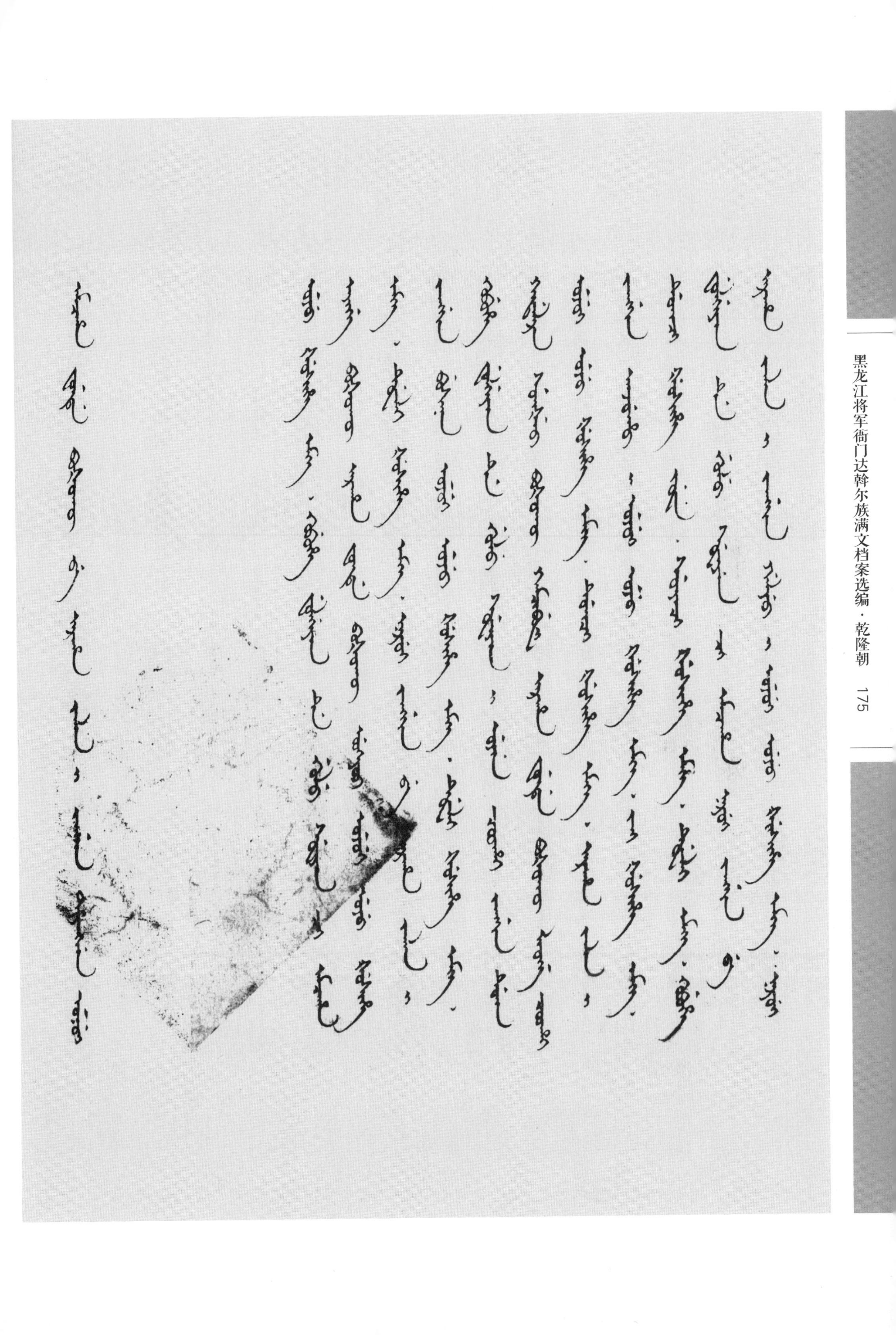

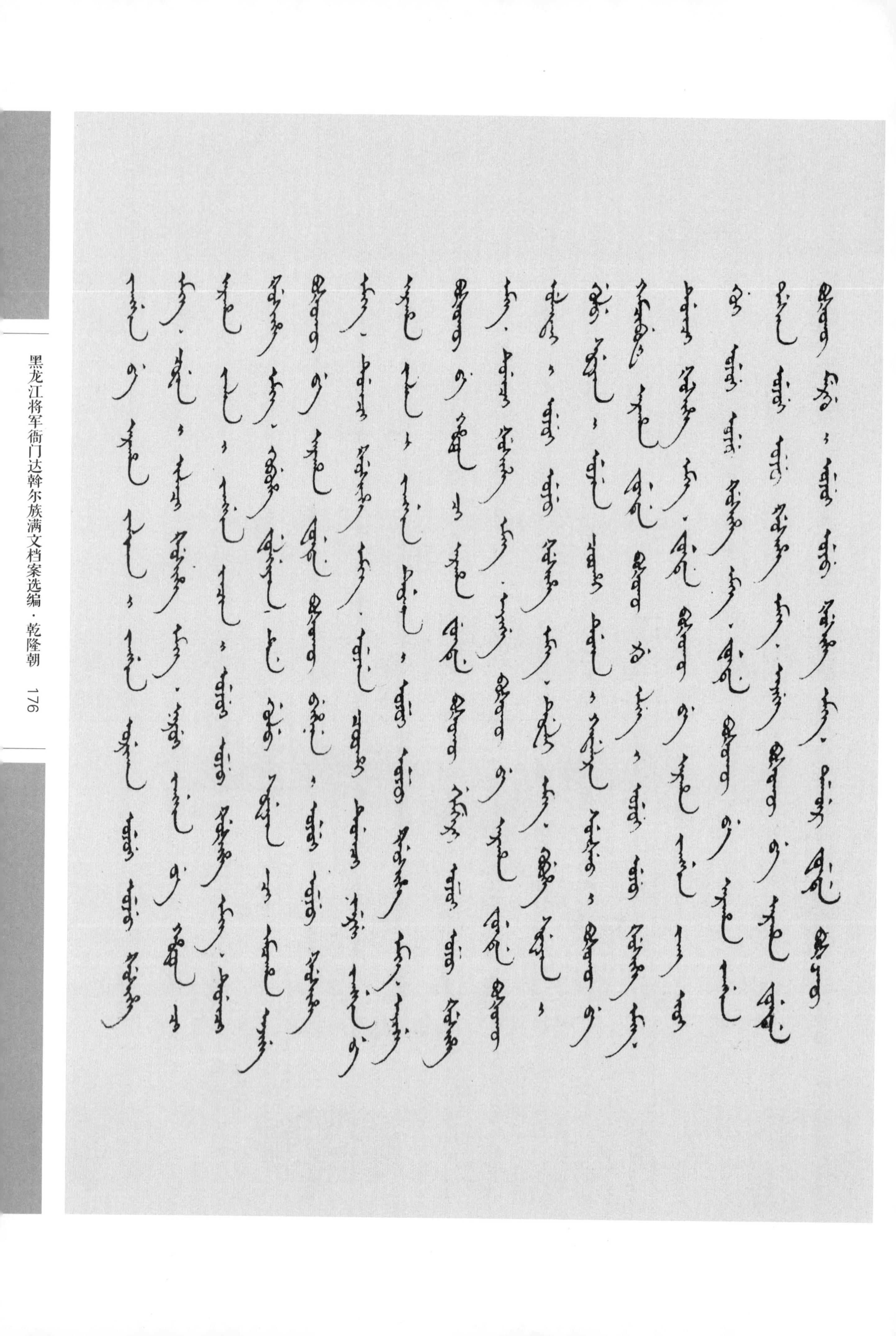

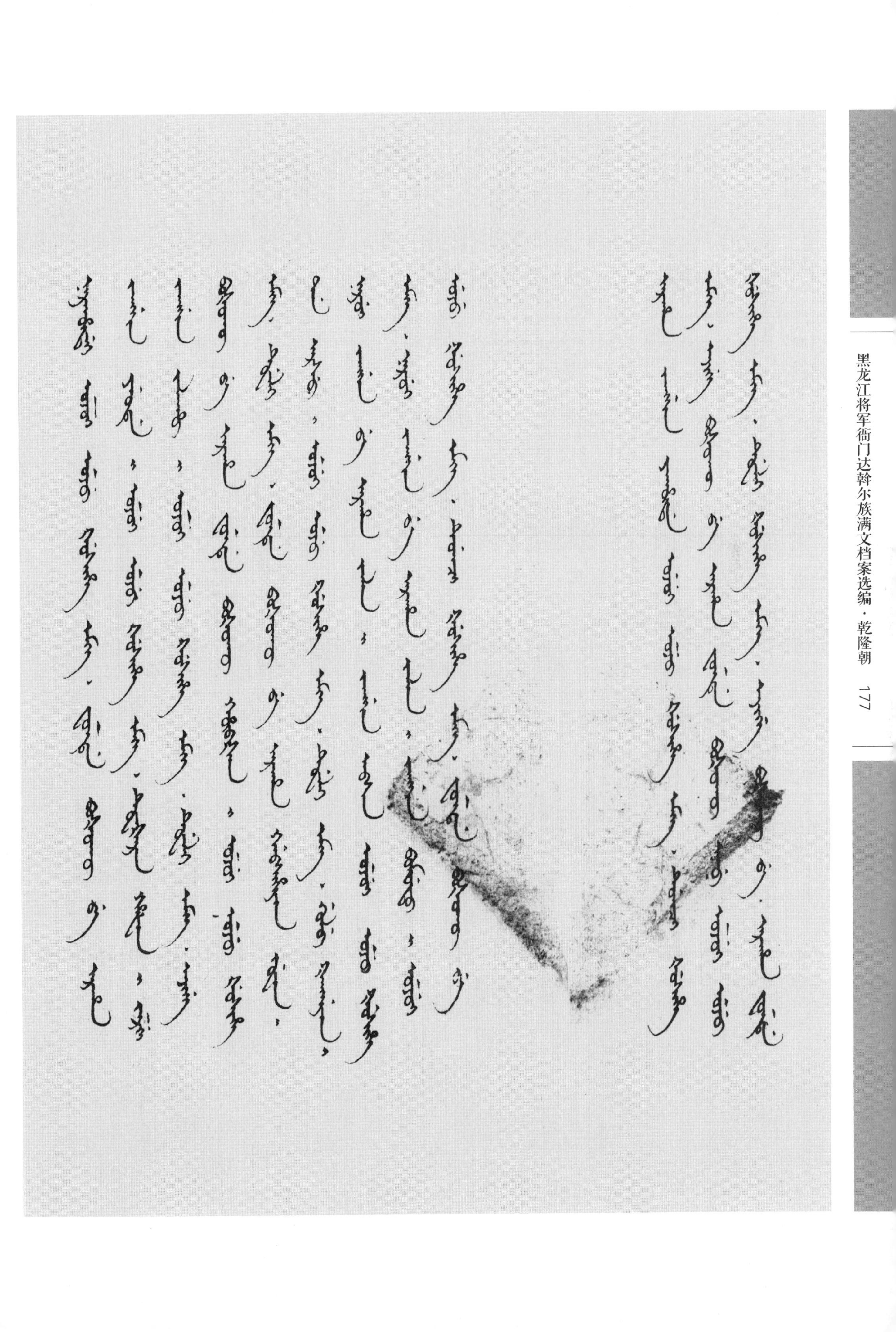

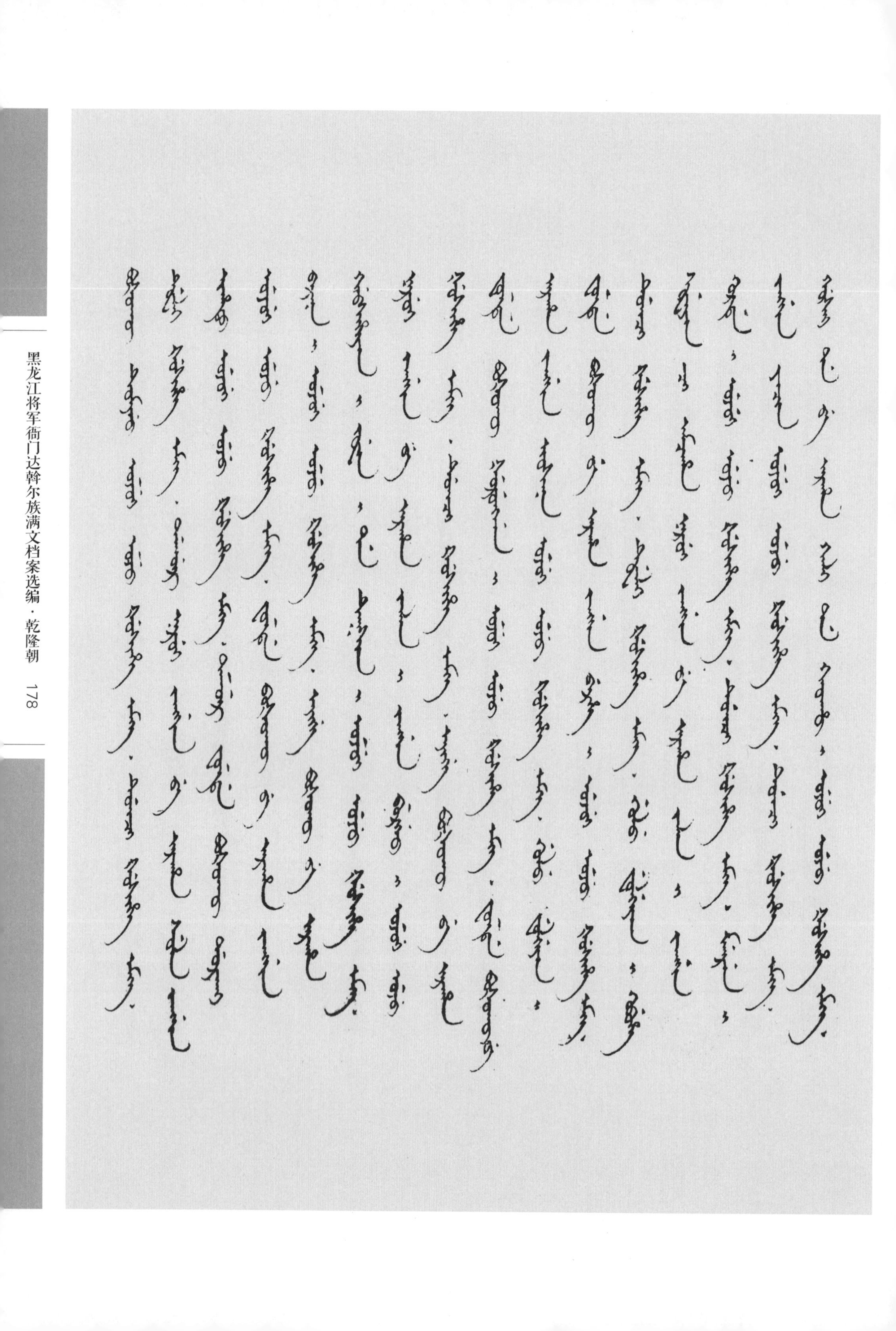

[illegible]

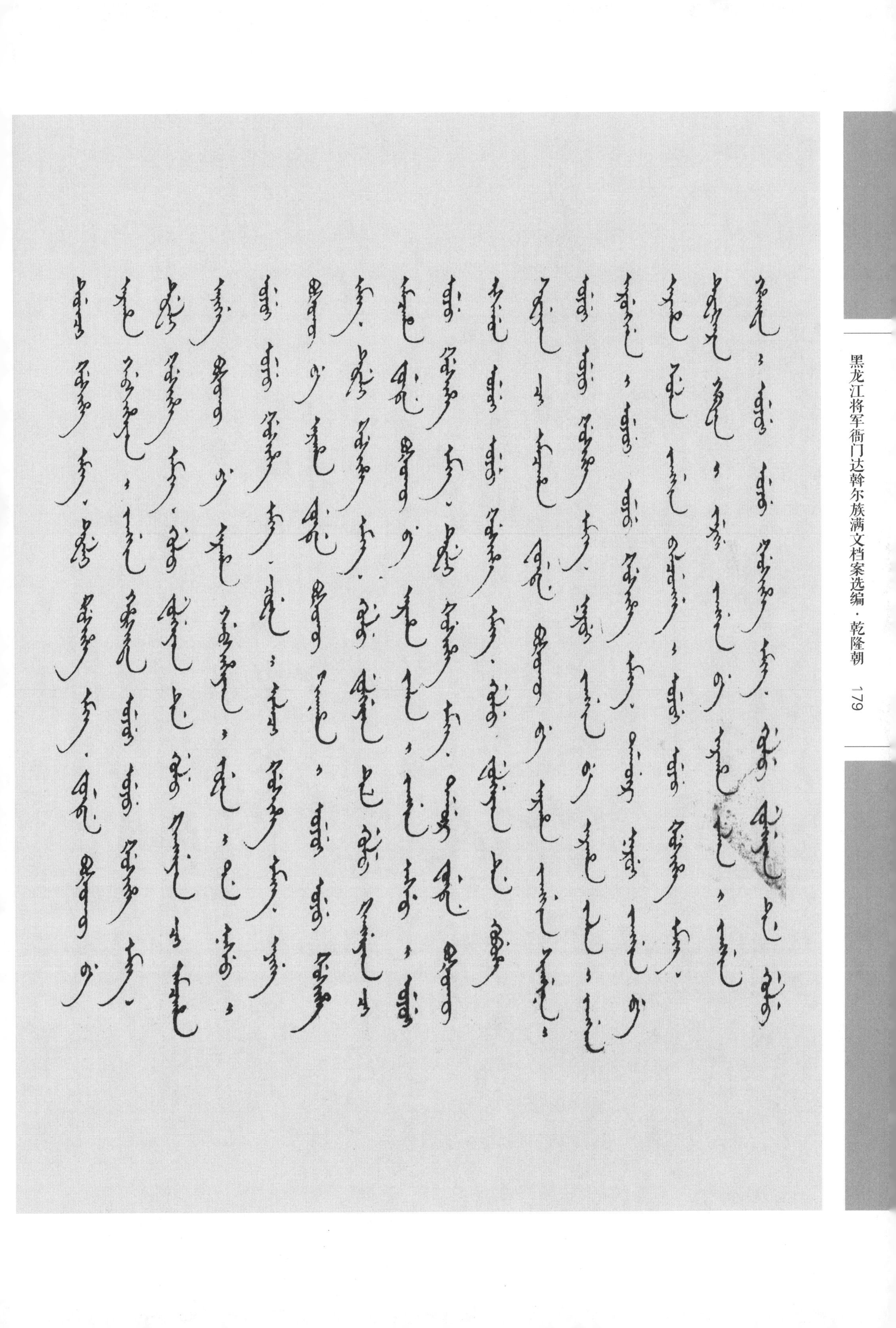

[illegible]

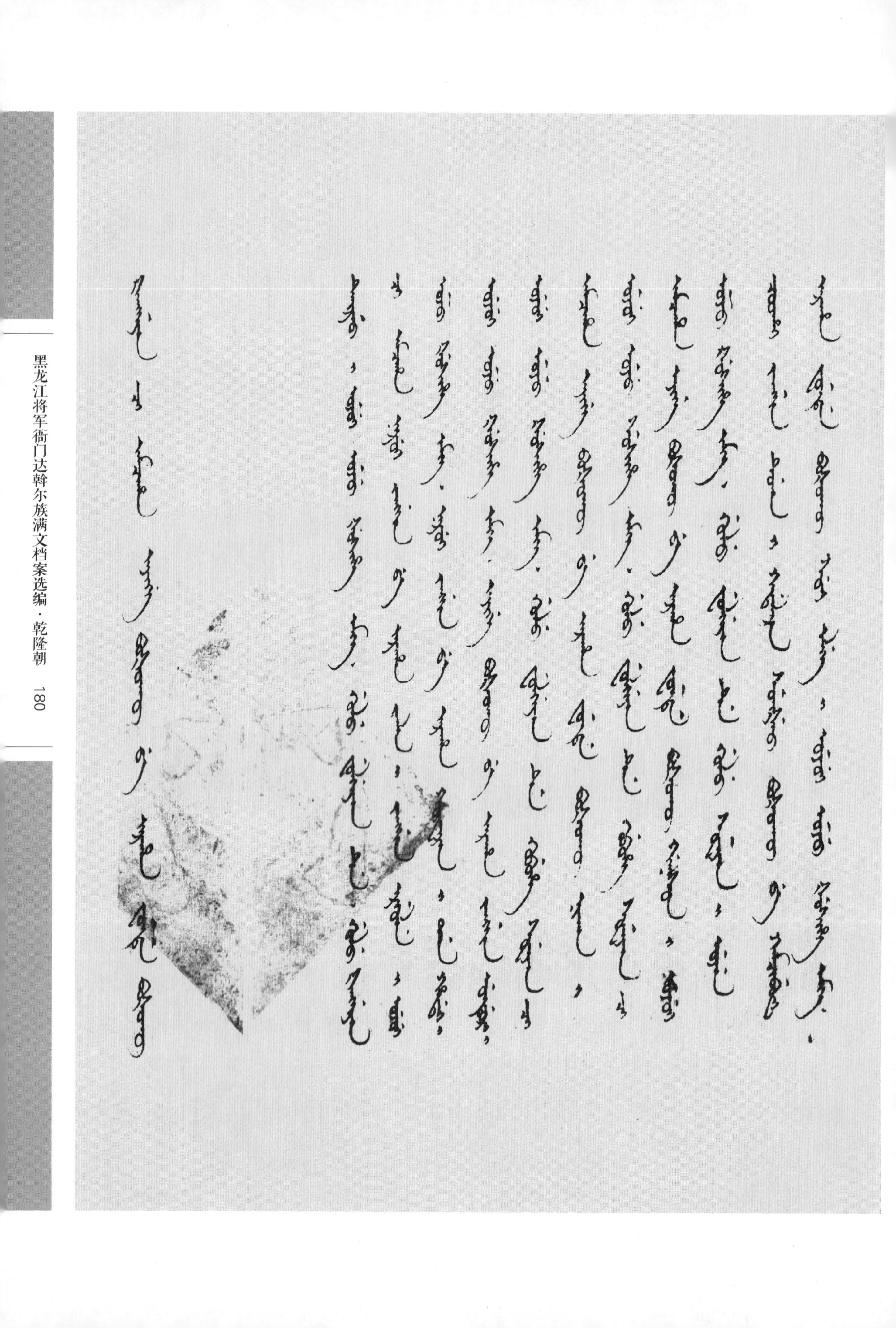

[illegible]

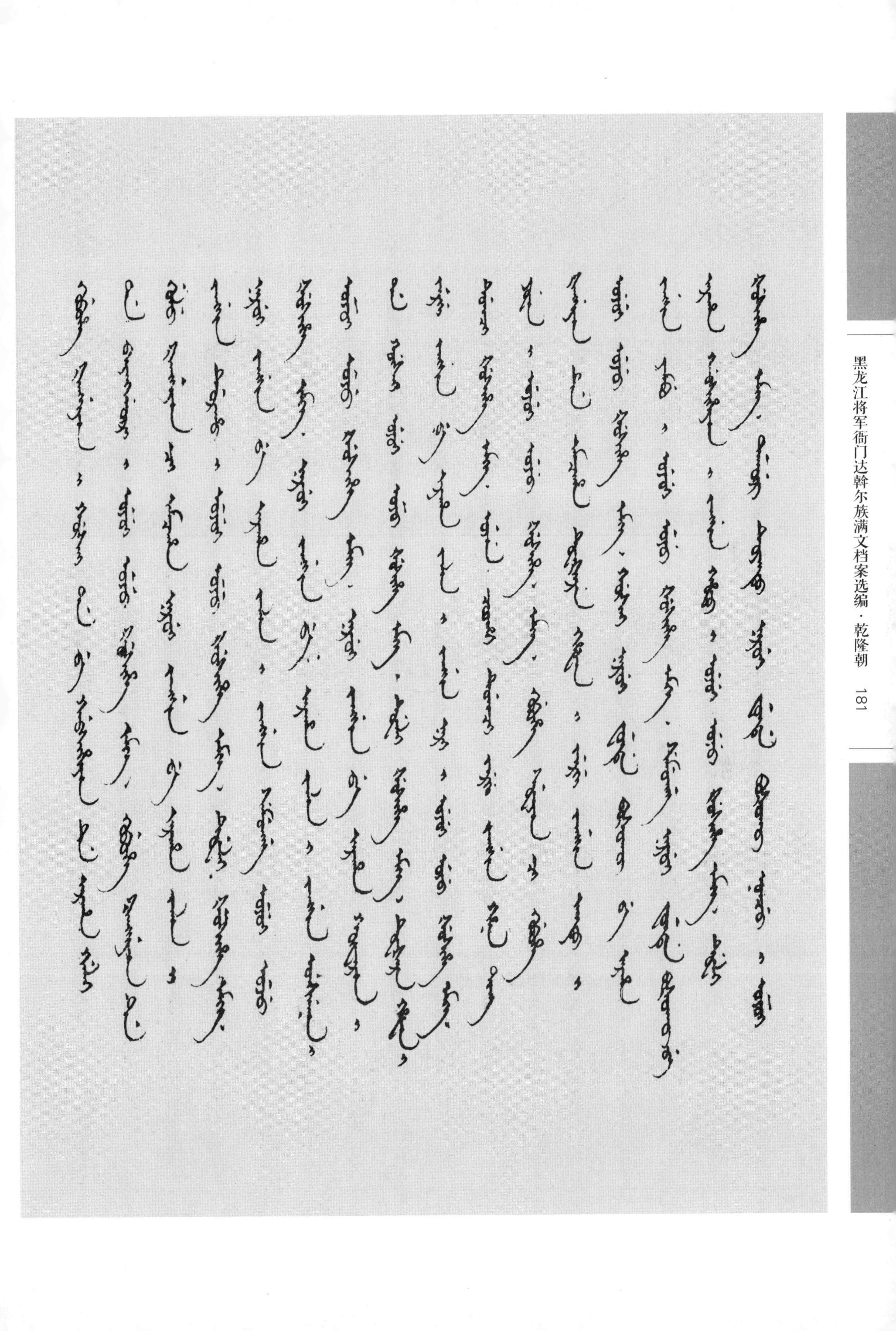

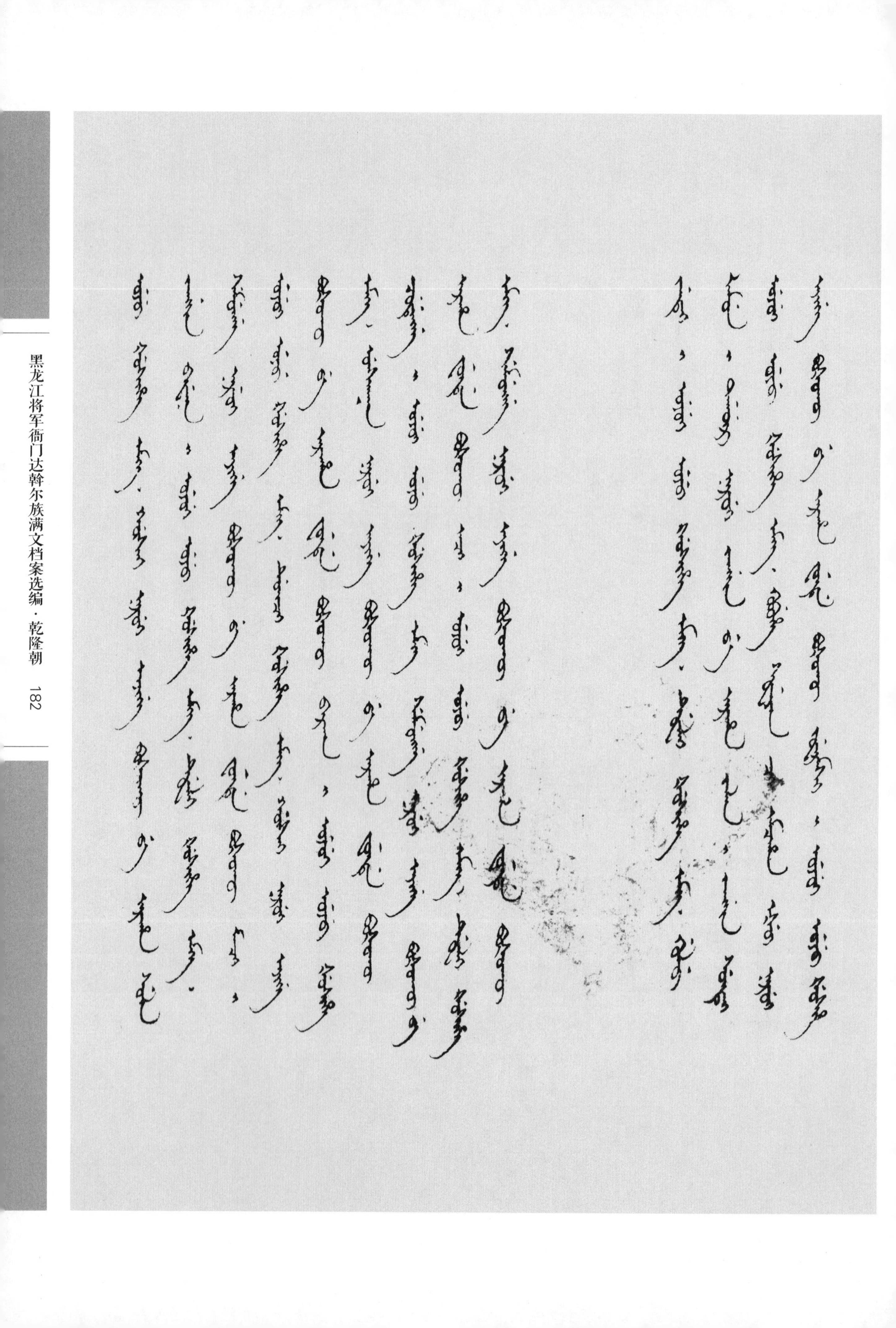

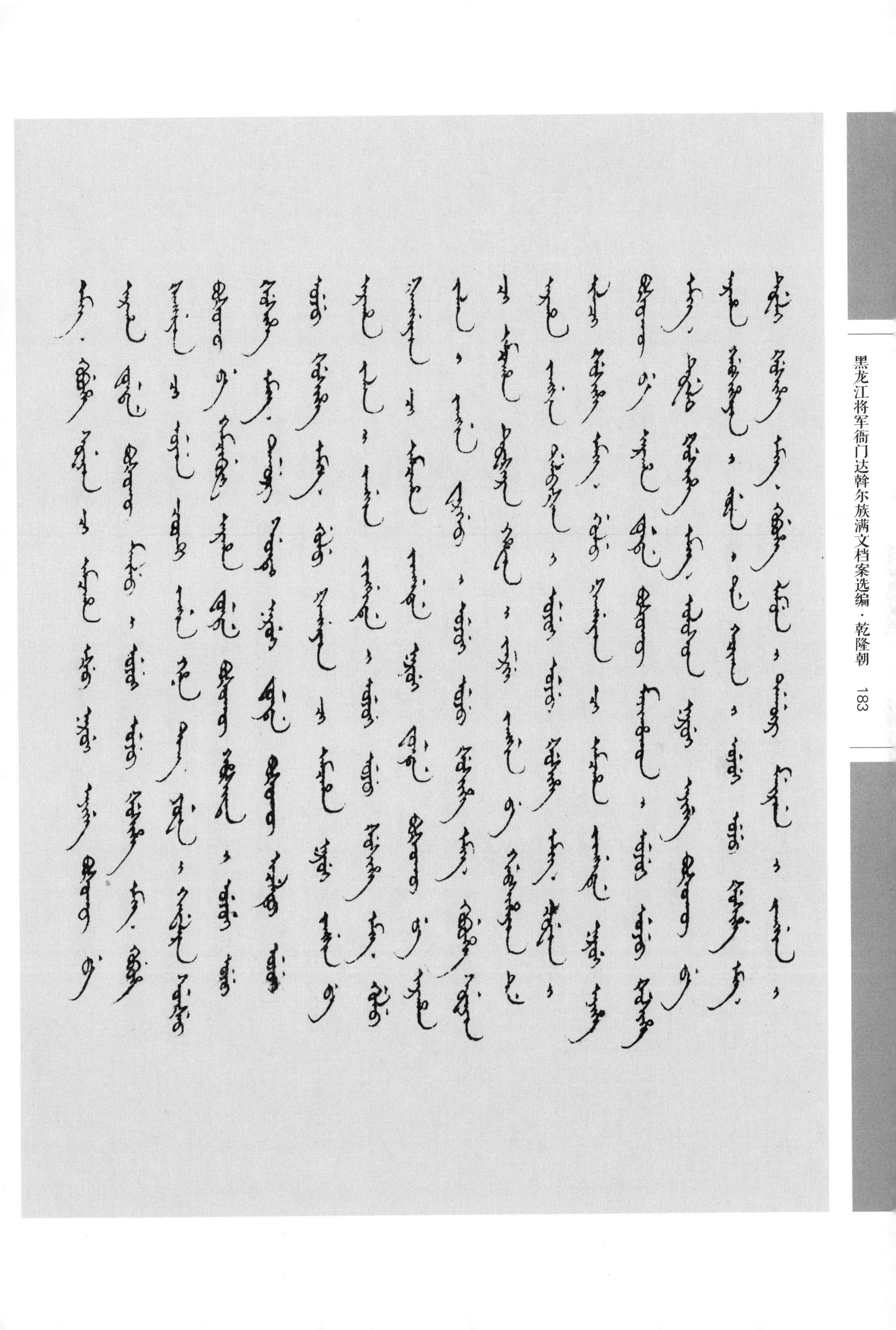

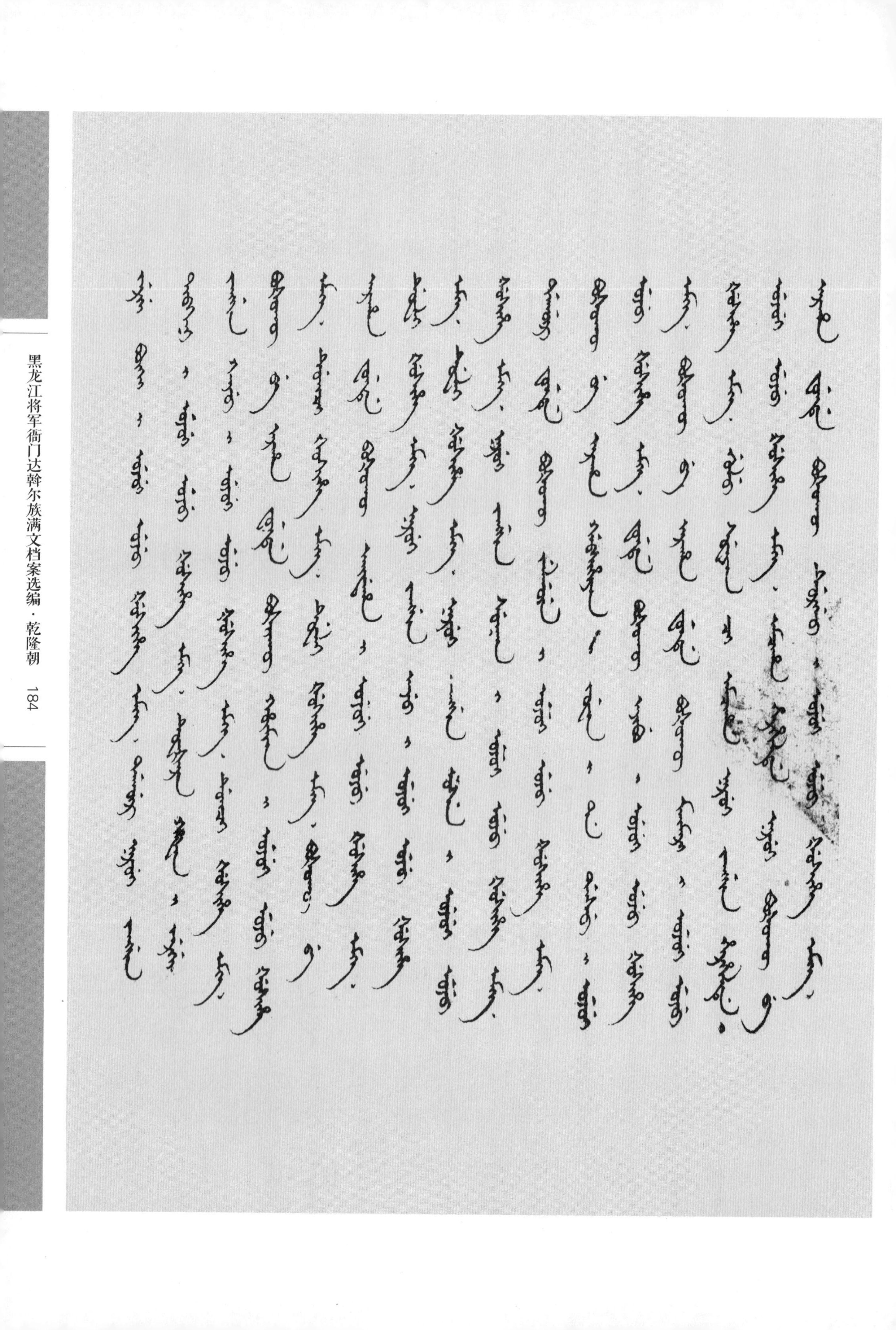

[illegible]

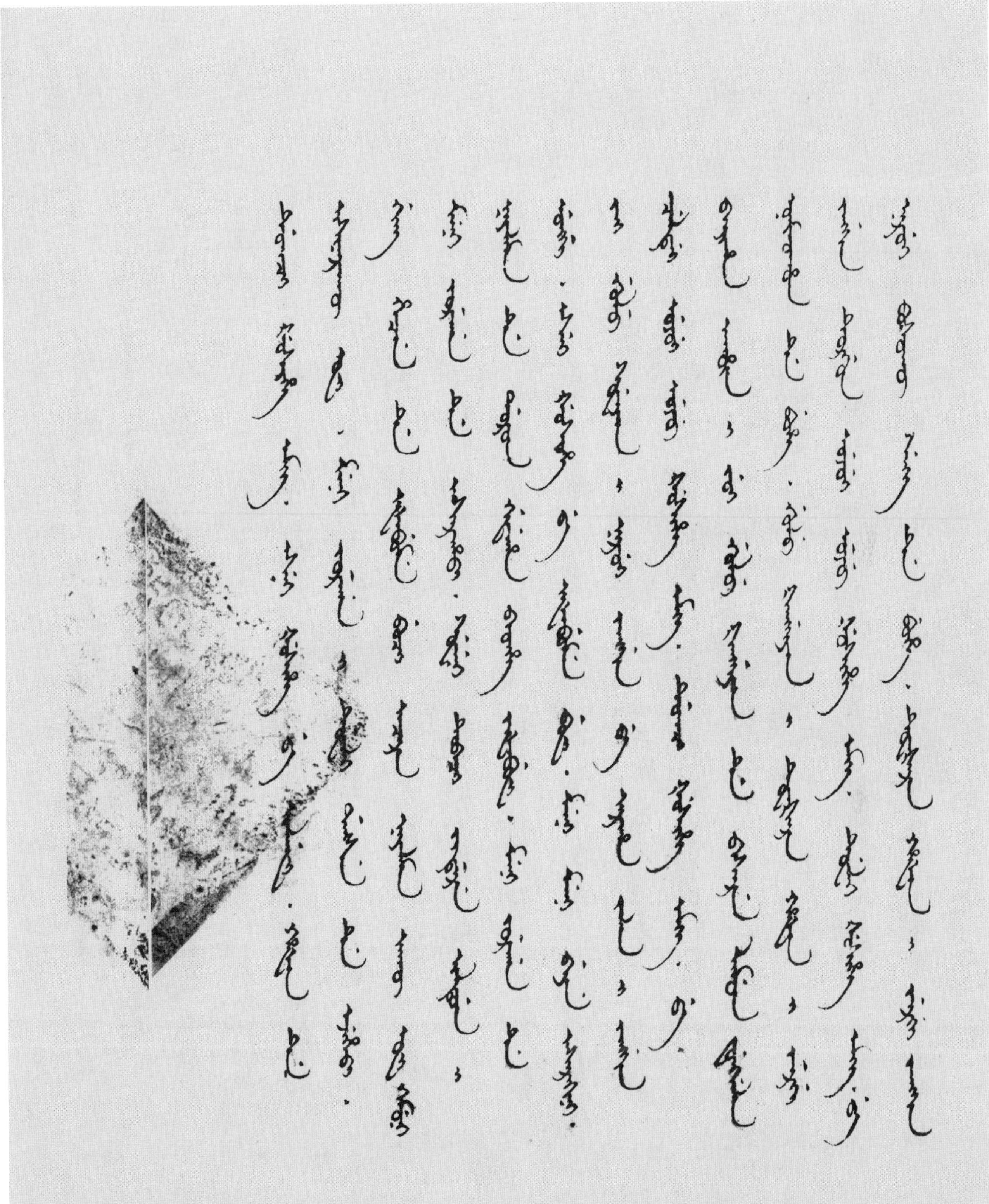

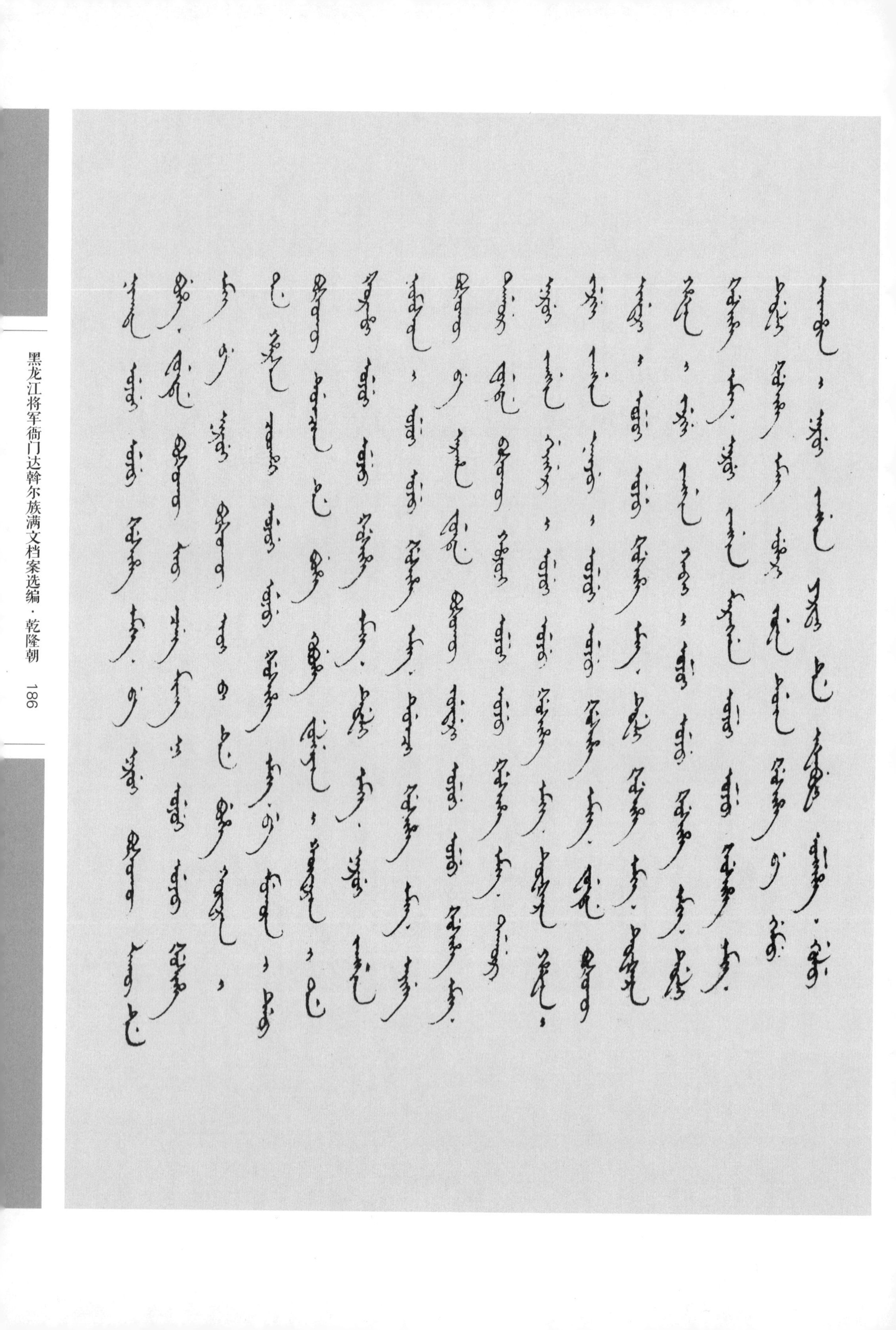

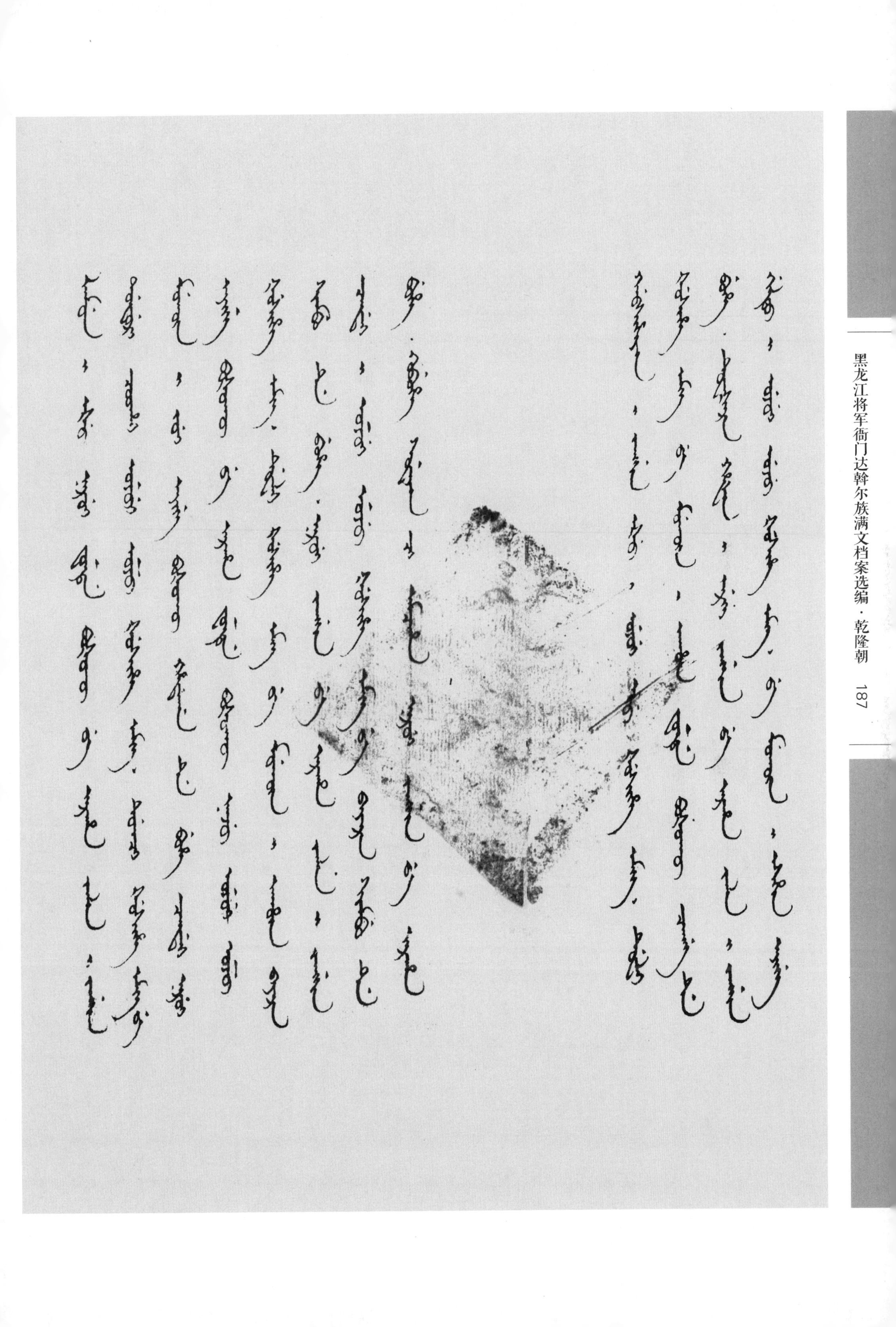

[illegible]

[illegible]

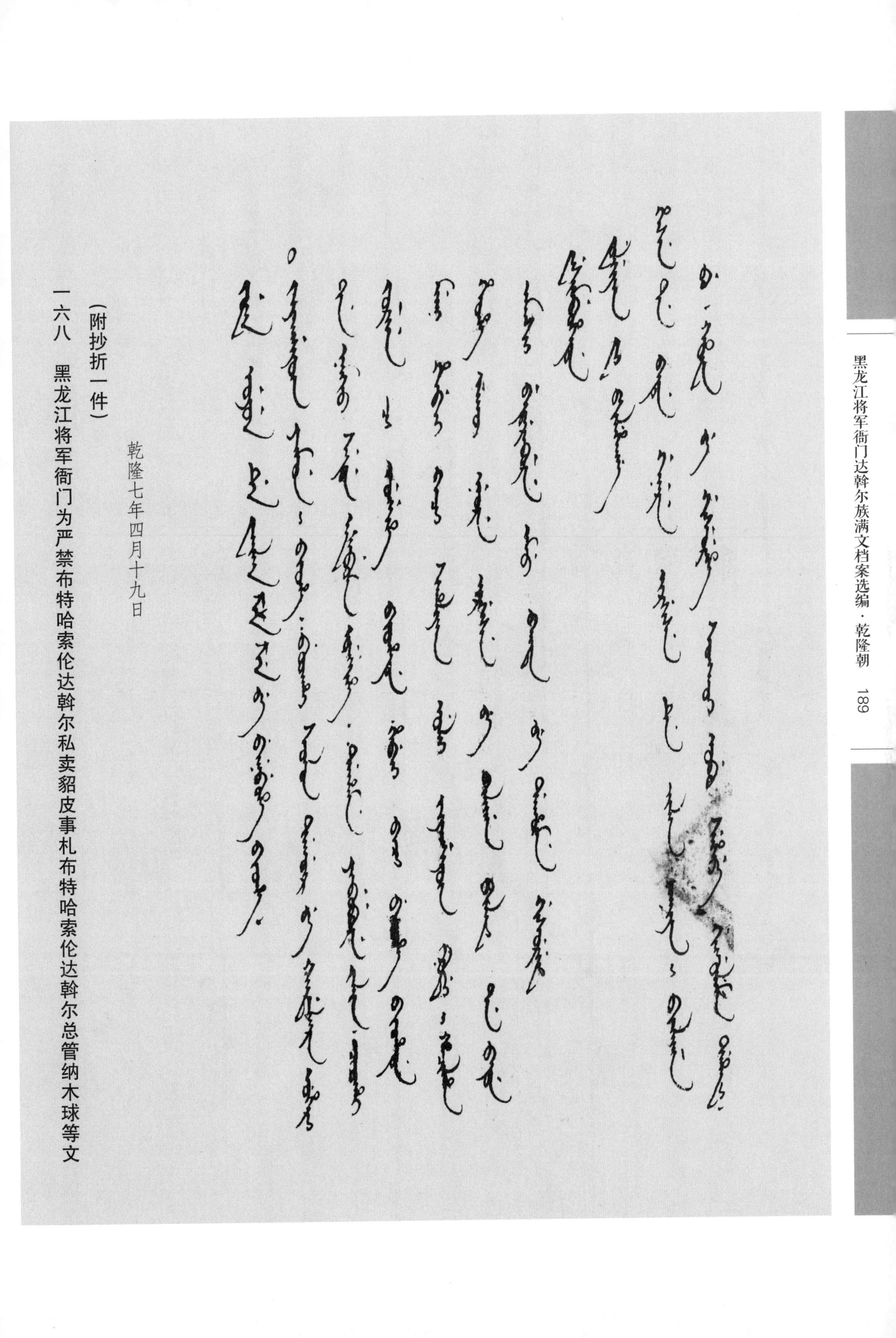

乾隆七年四月十九日

（附抄折一件）

一六八 黑龙江将军衙门为严禁布特哈索伦达斡尔私卖貂皮事札布特哈索伦达斡尔总管纳木球等文

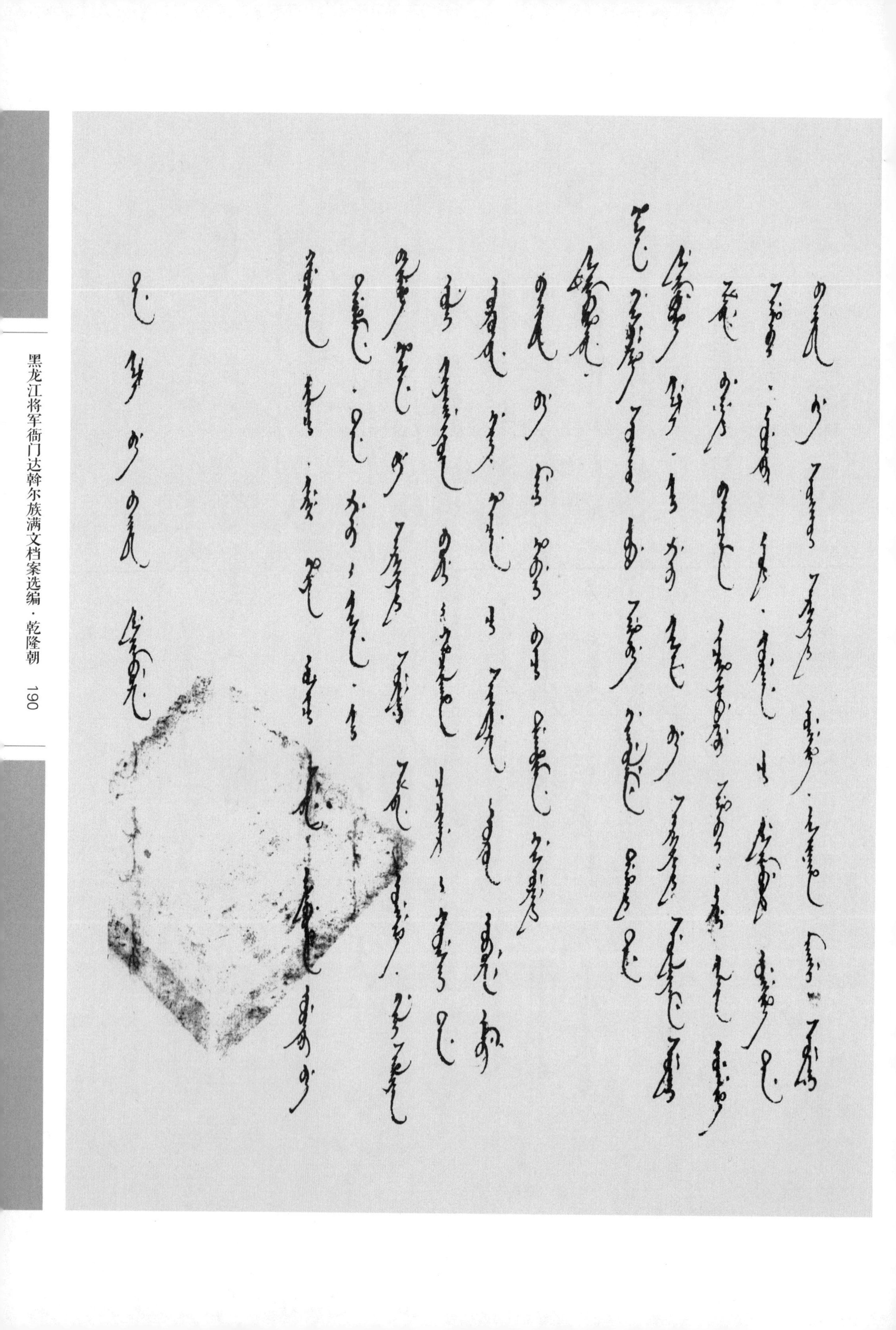

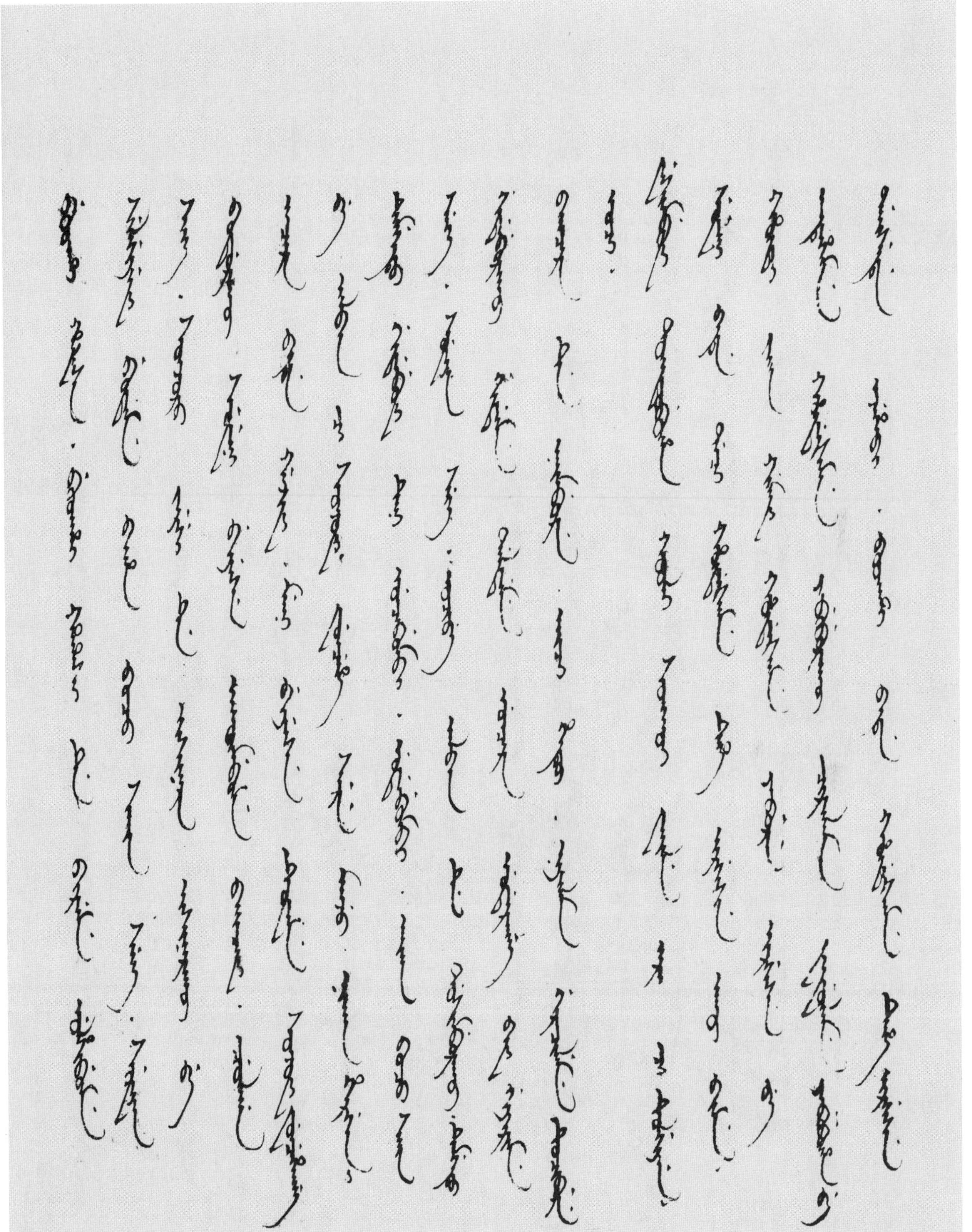

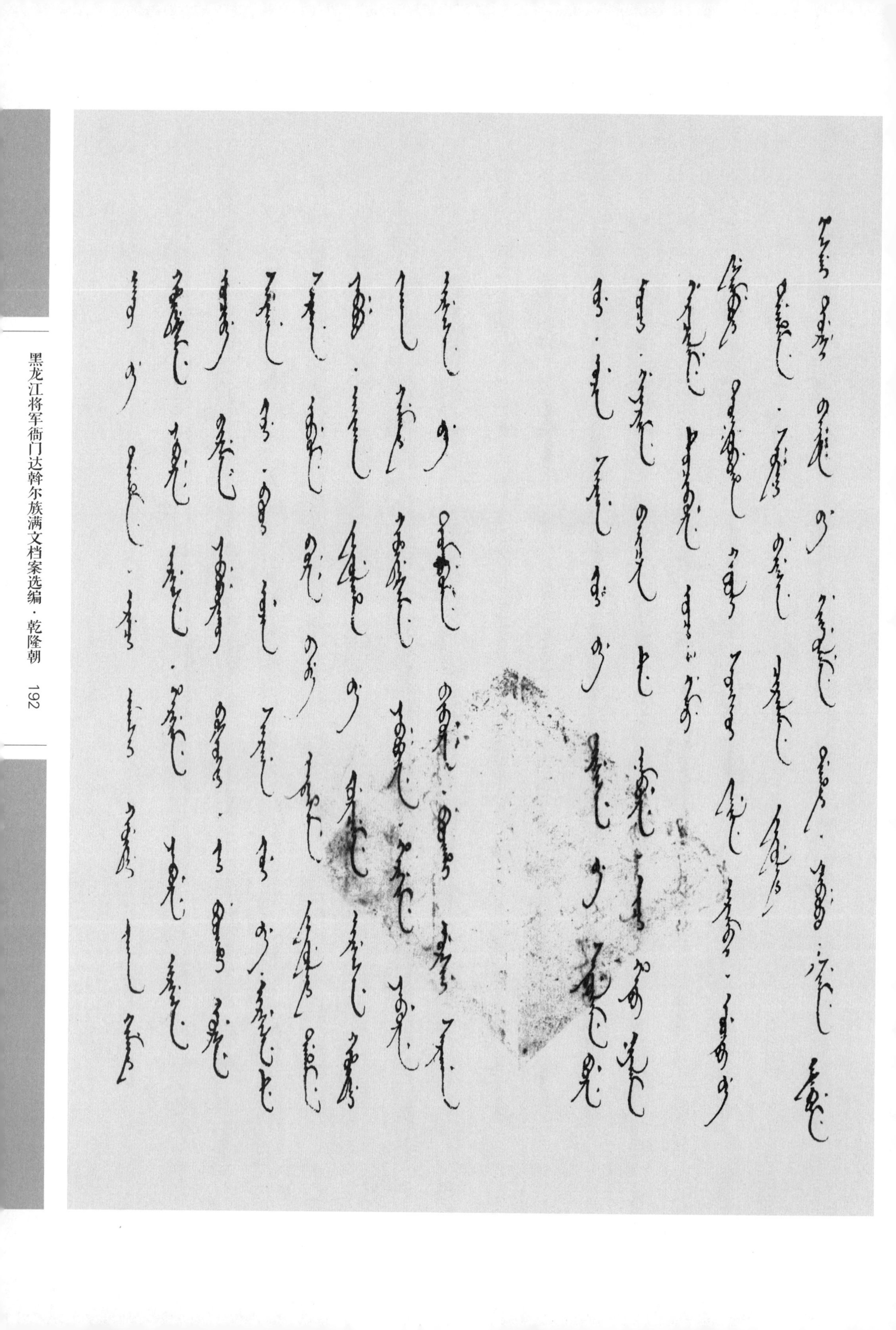

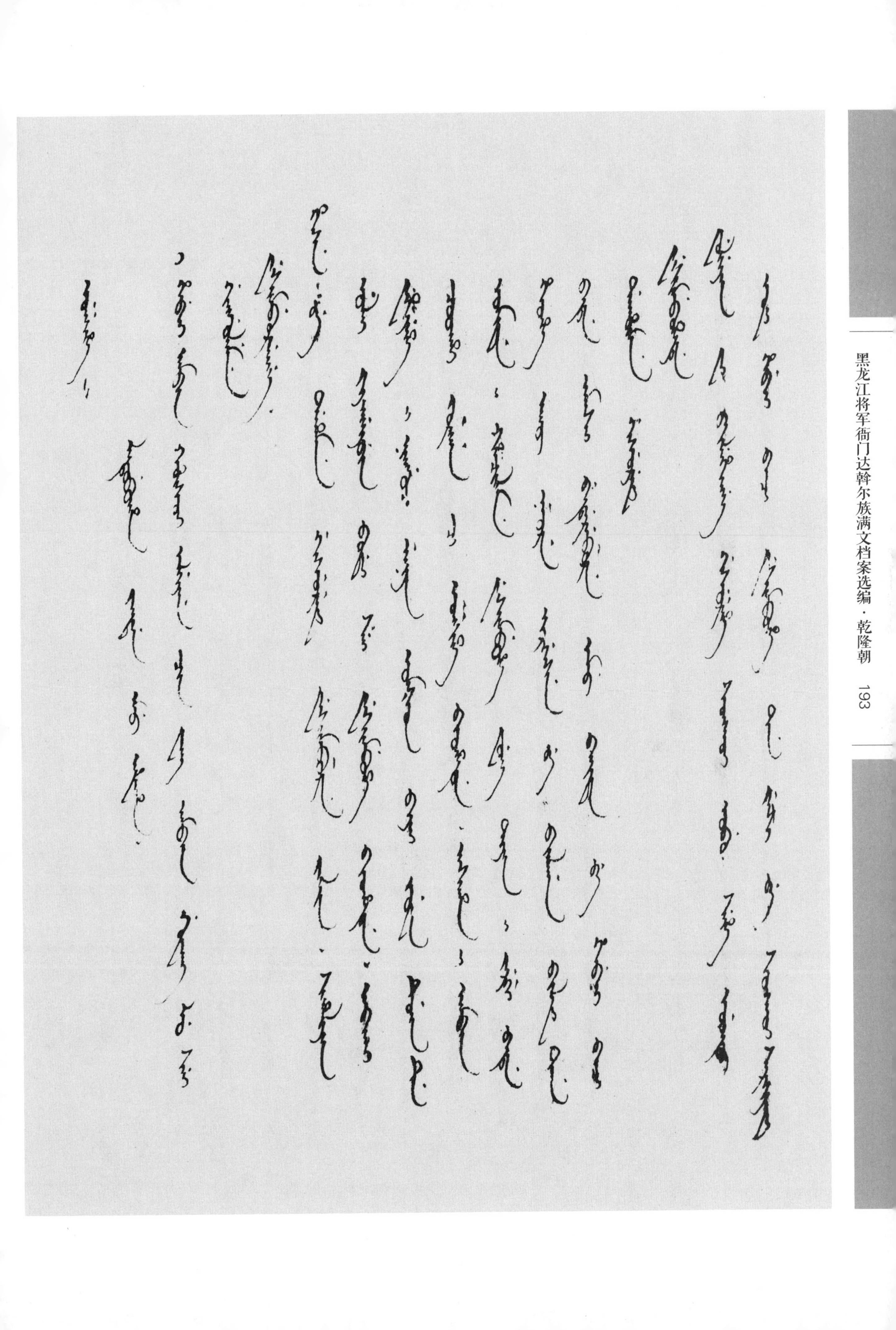

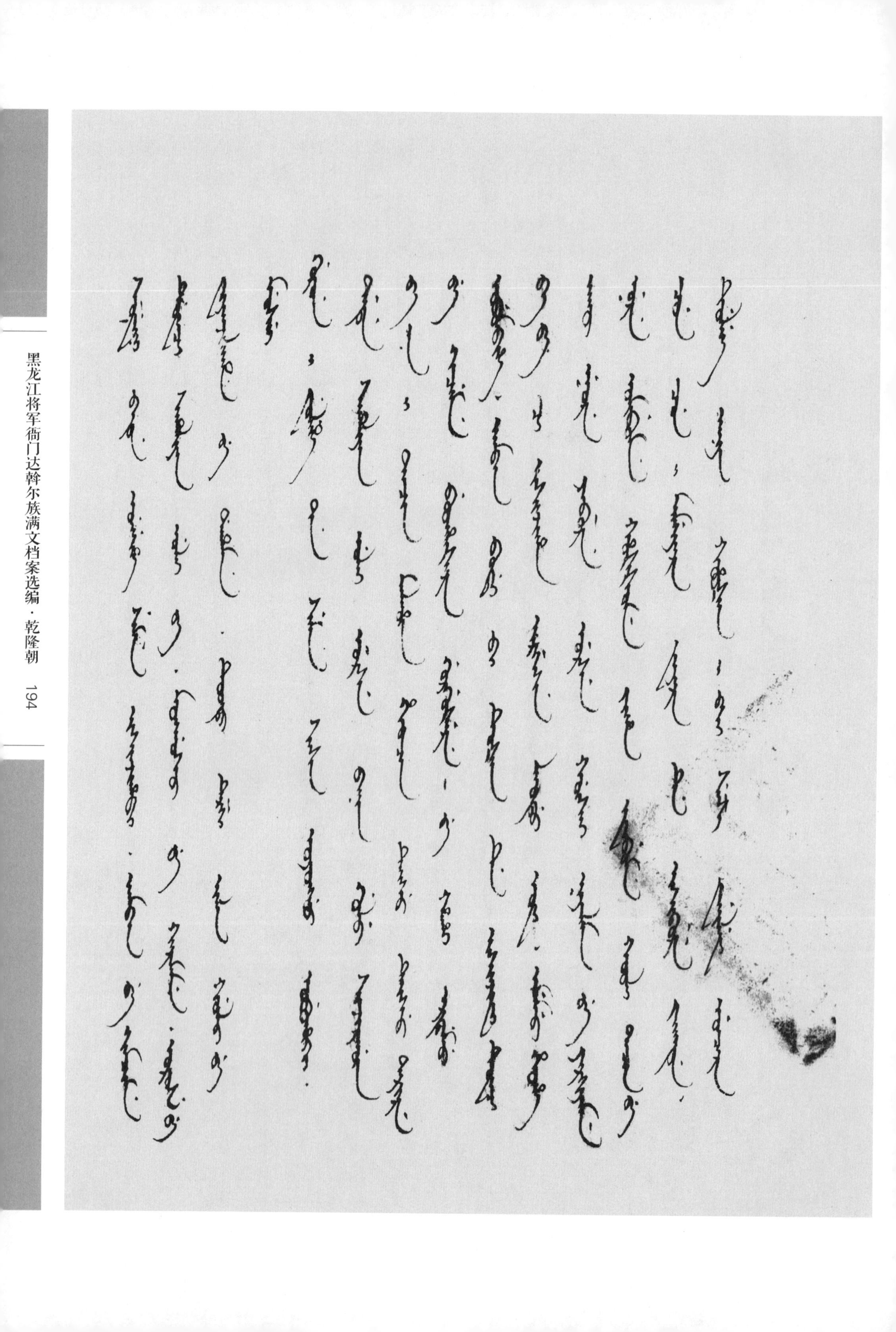

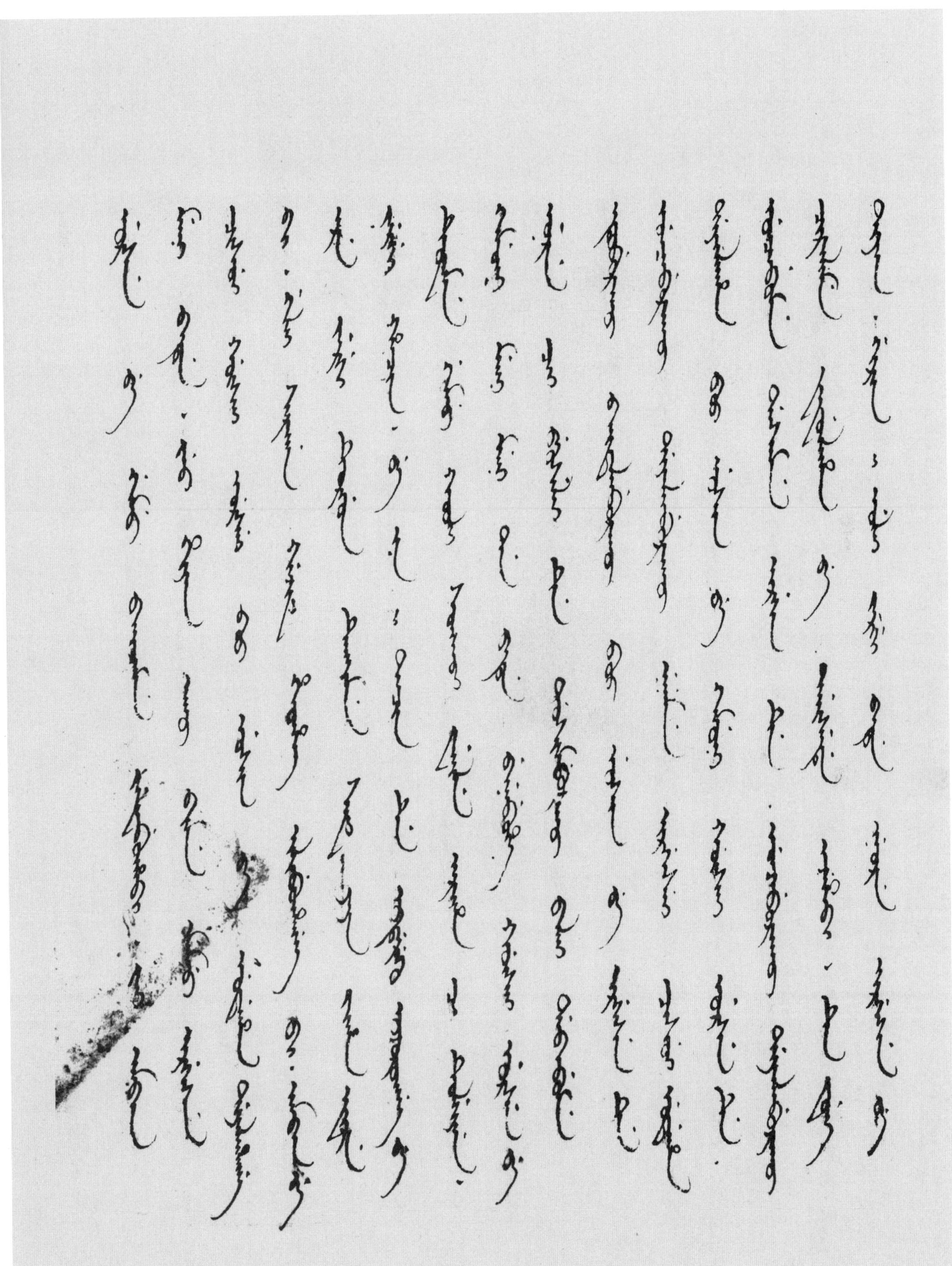

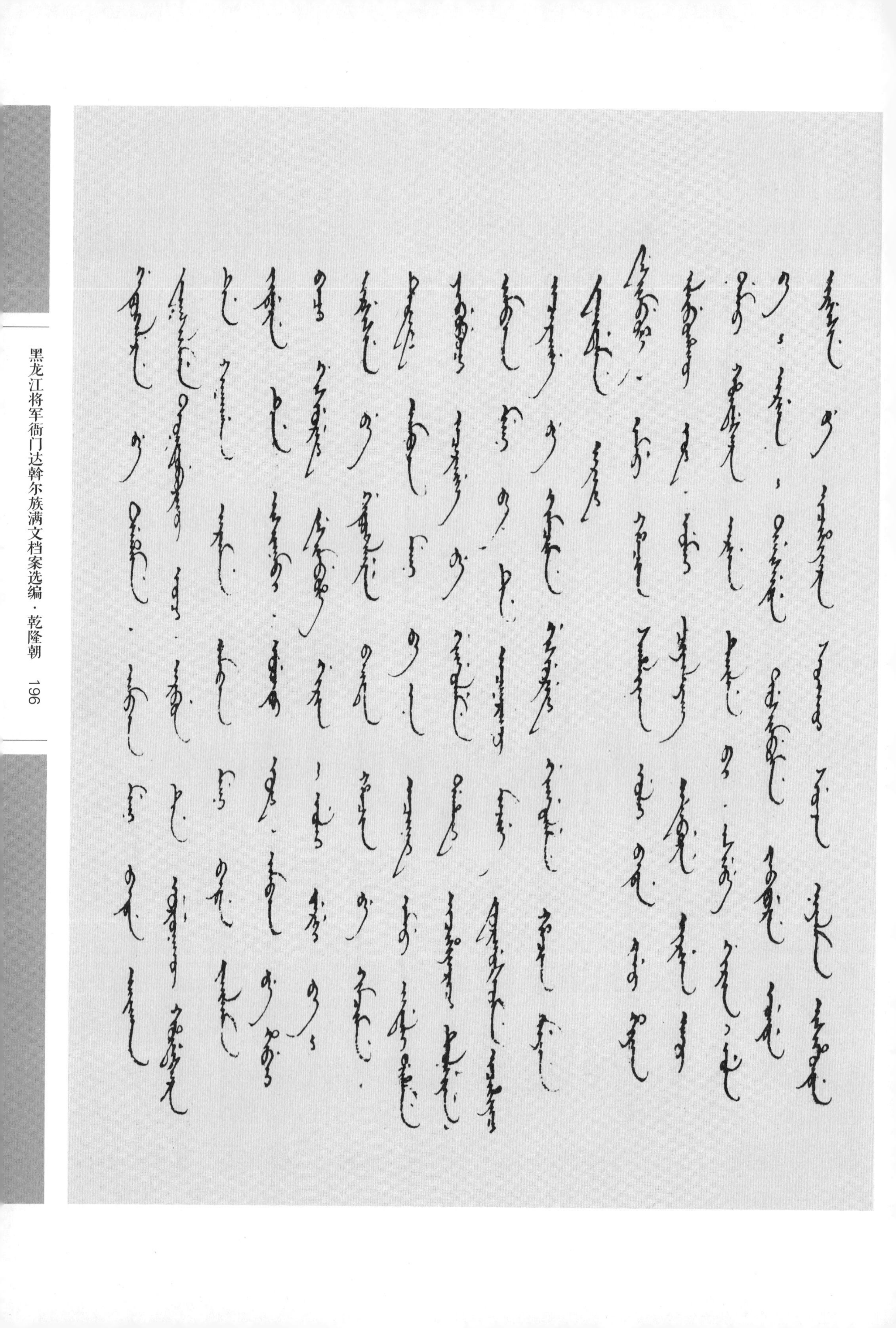

[illegible]

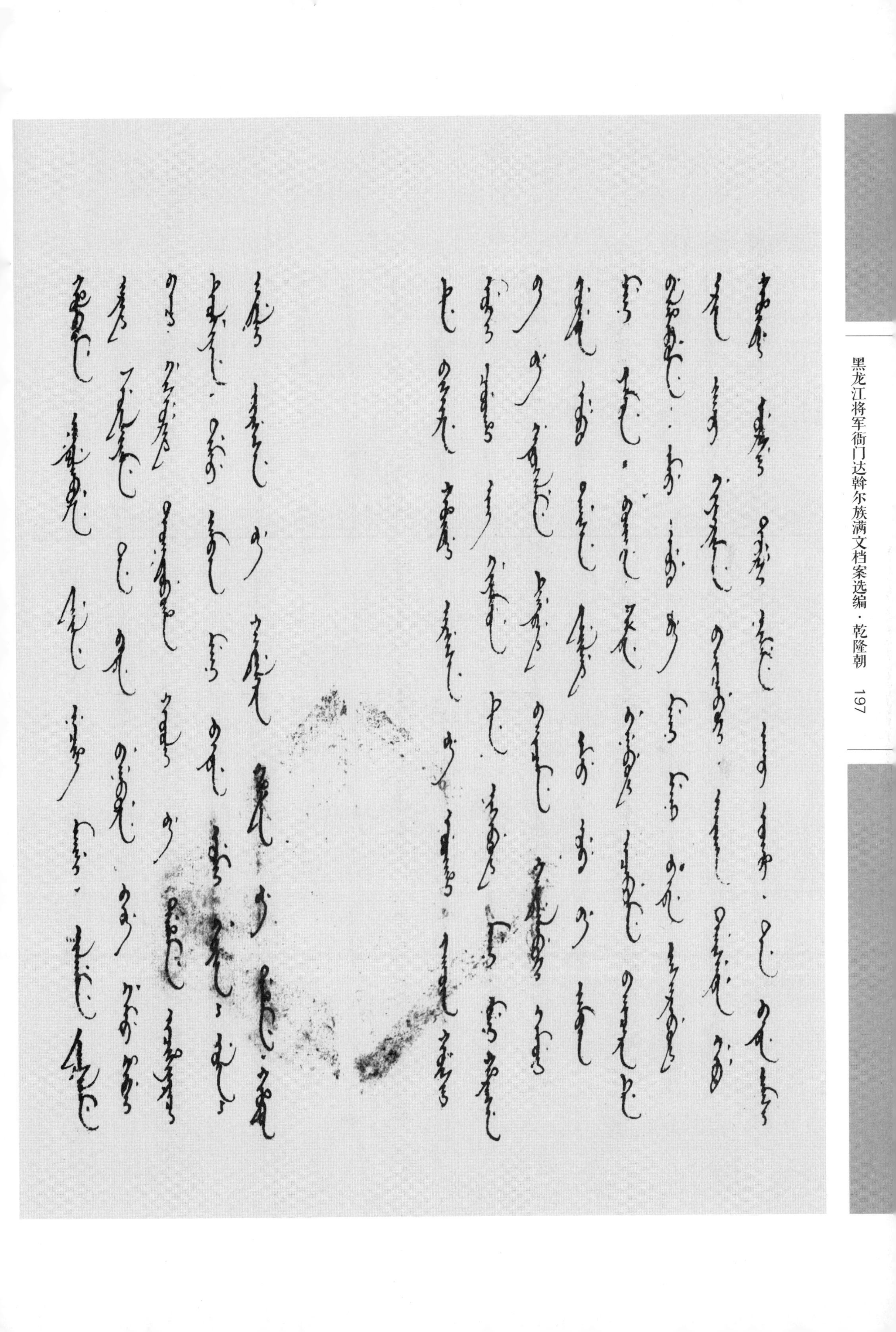

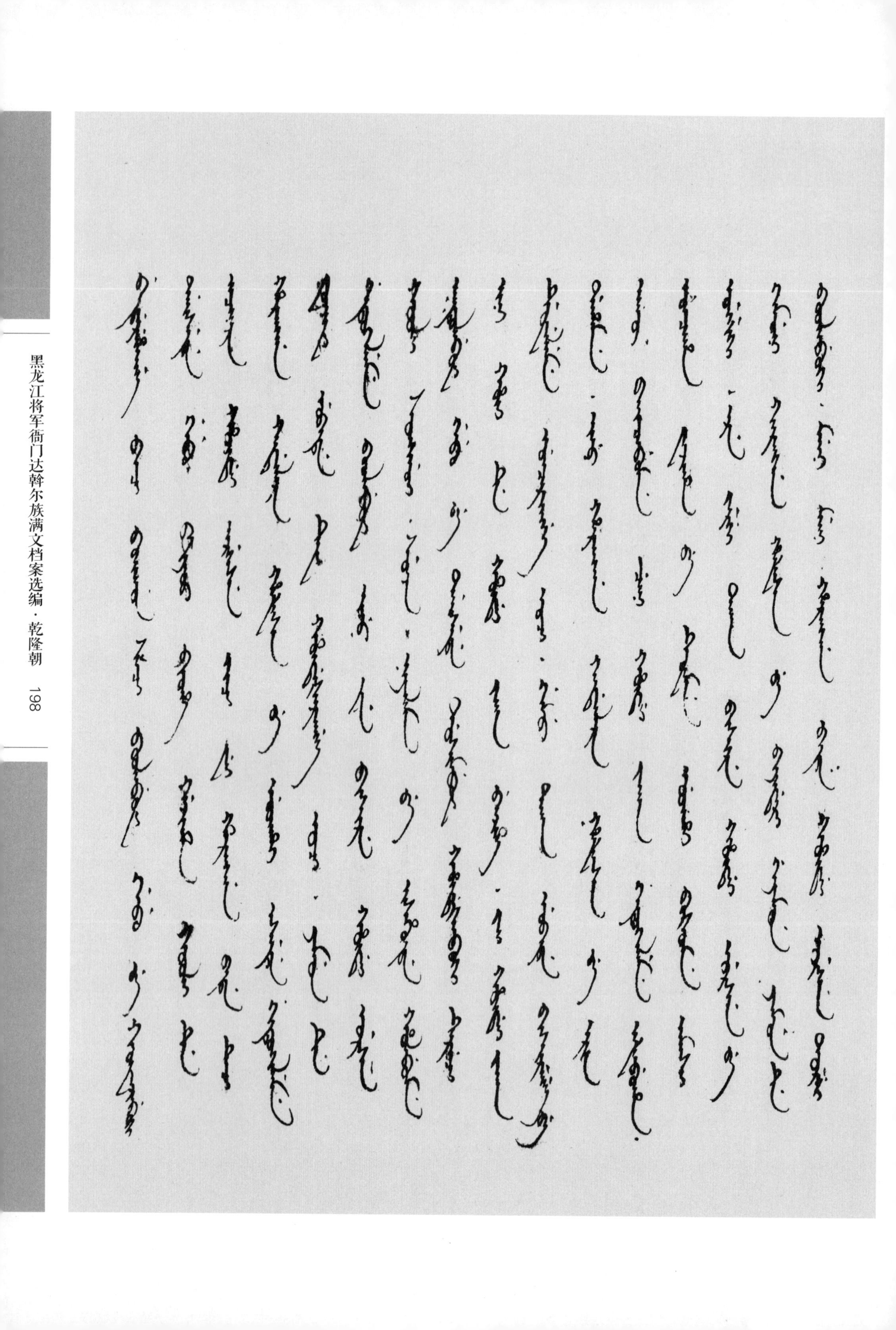

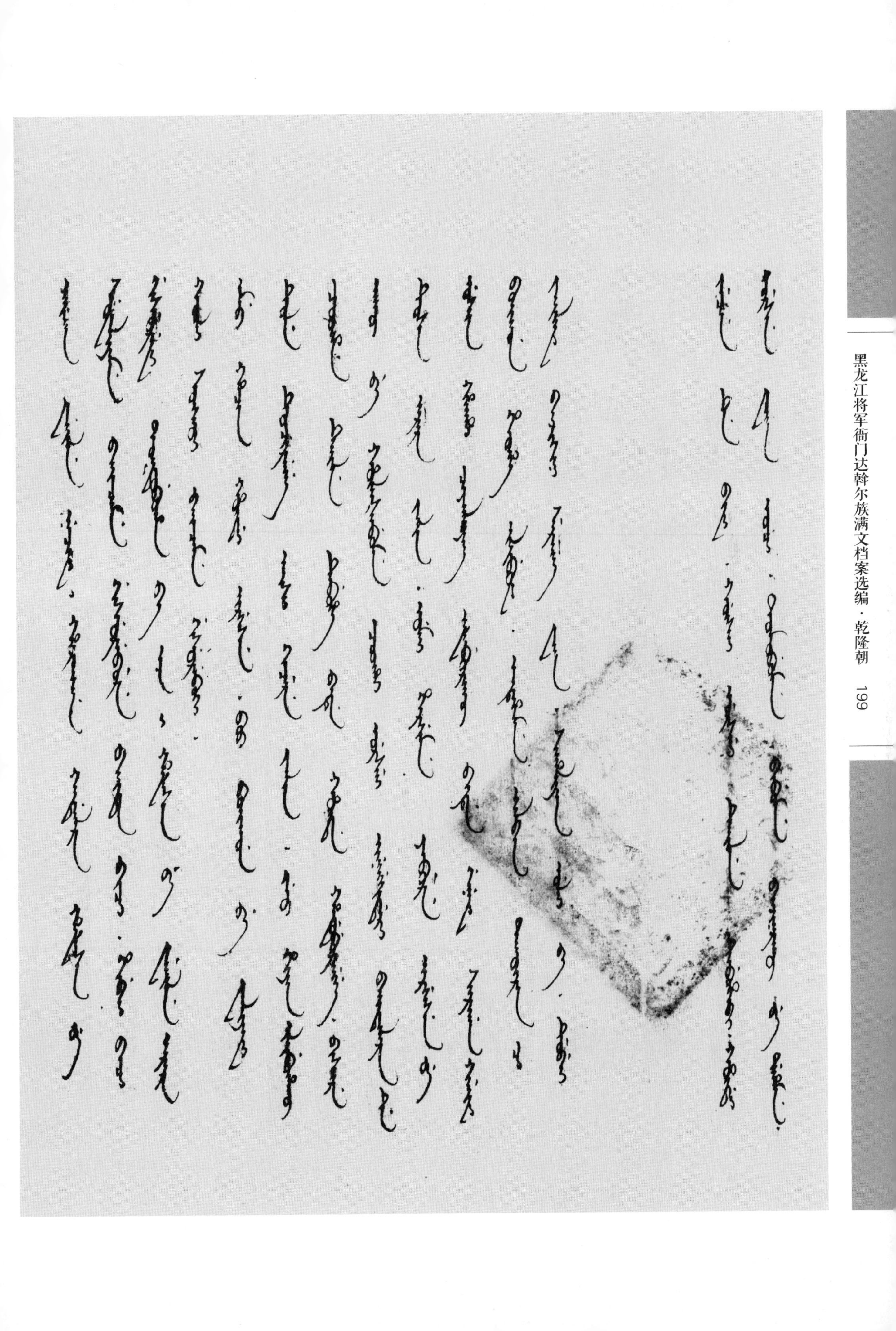

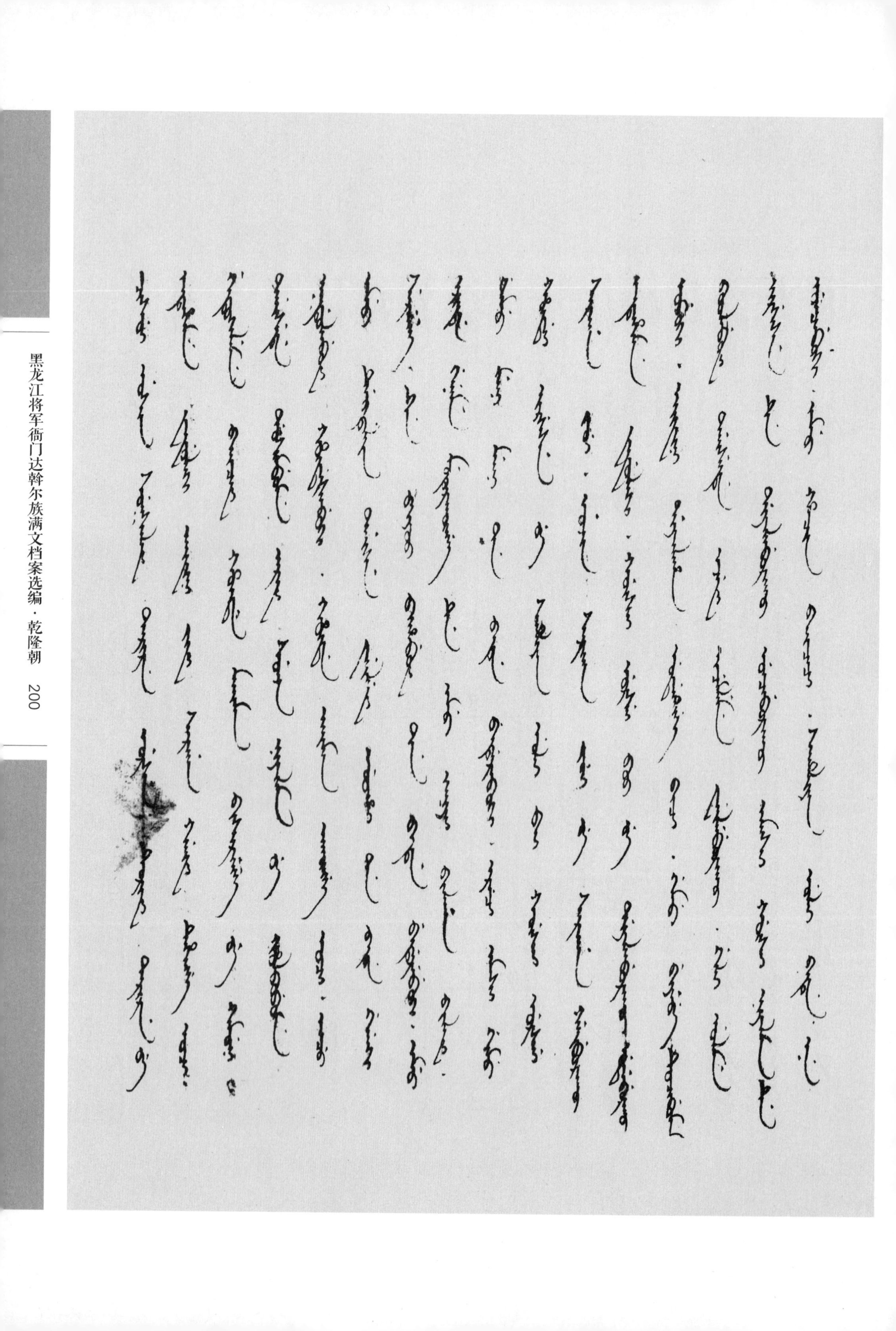

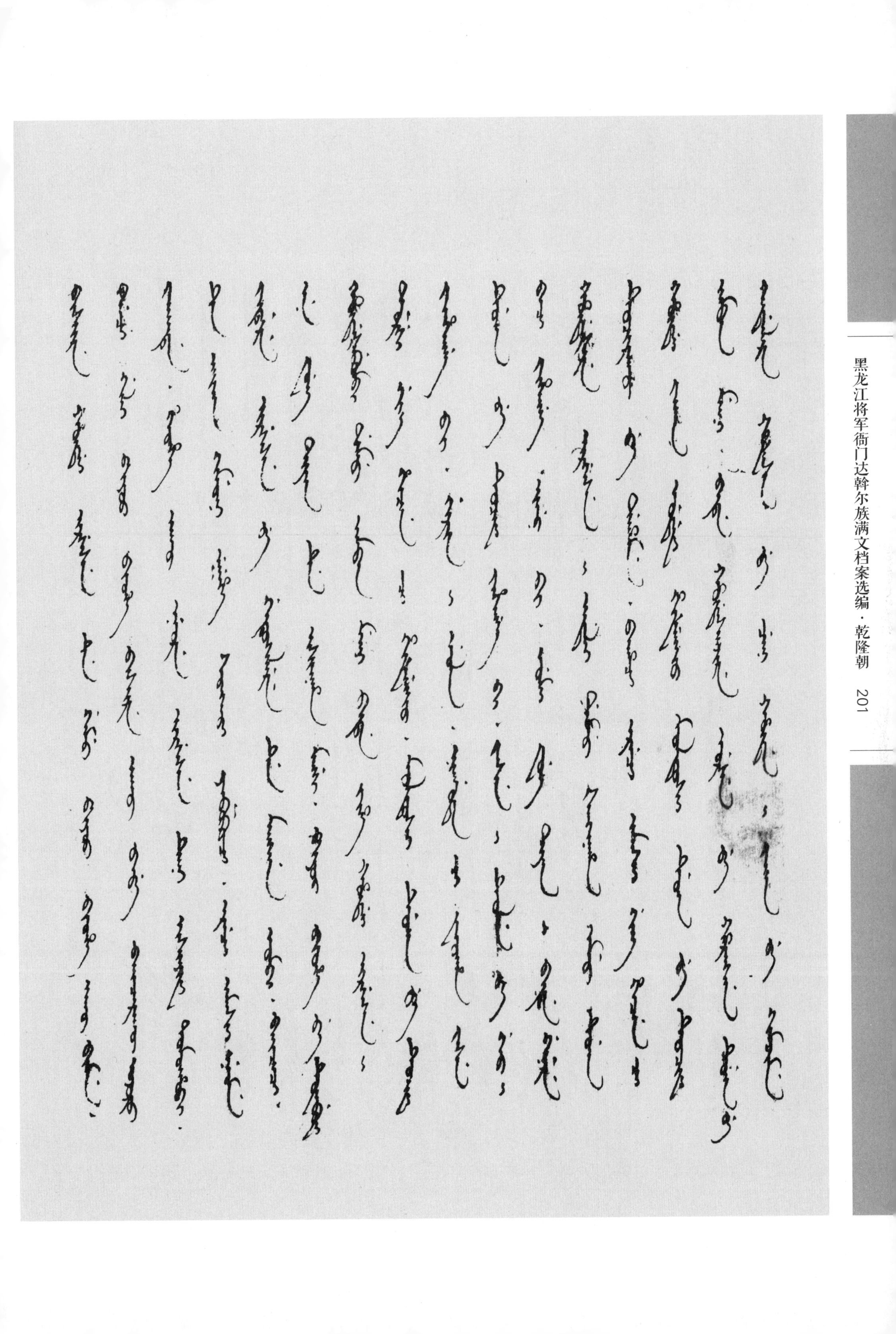

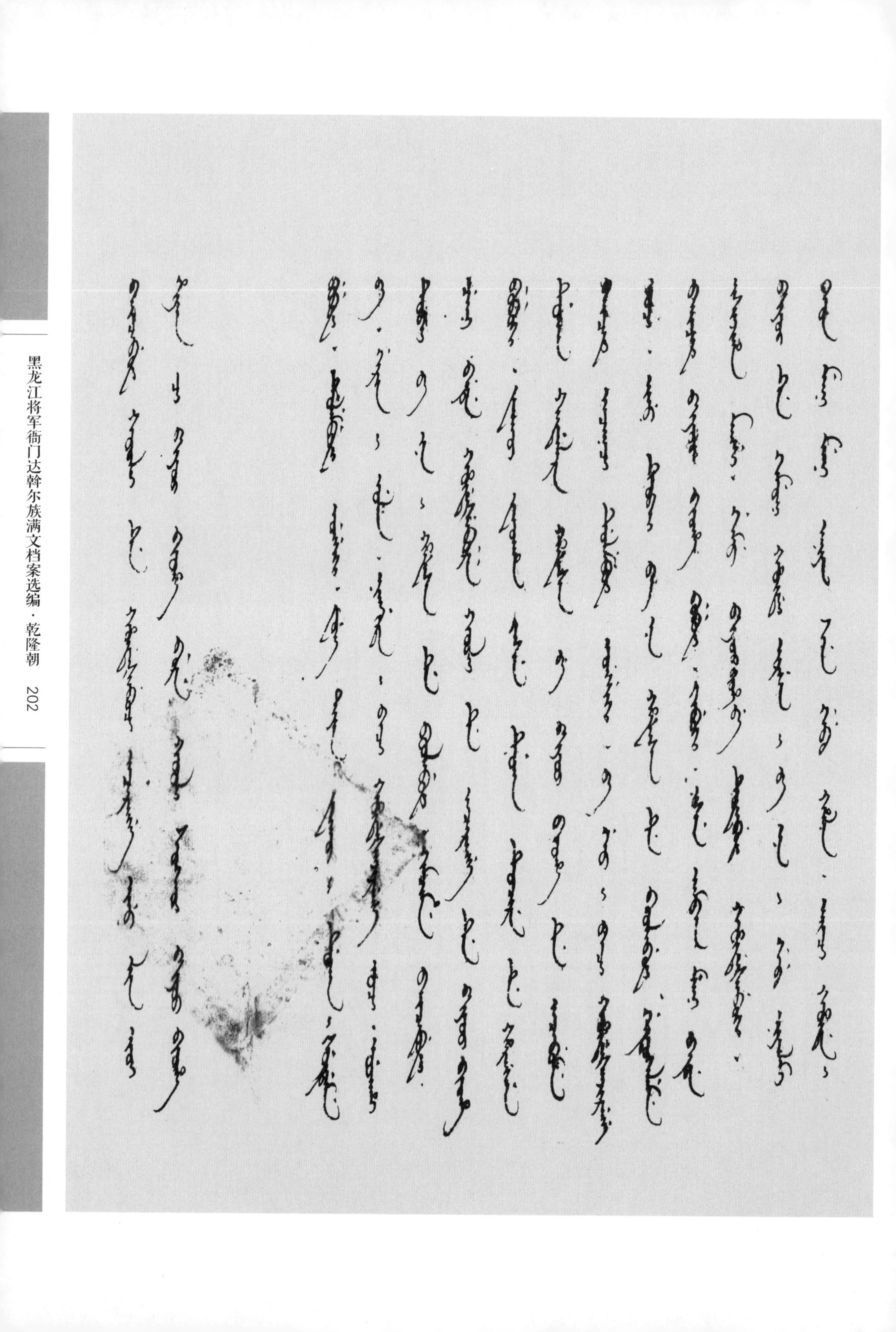

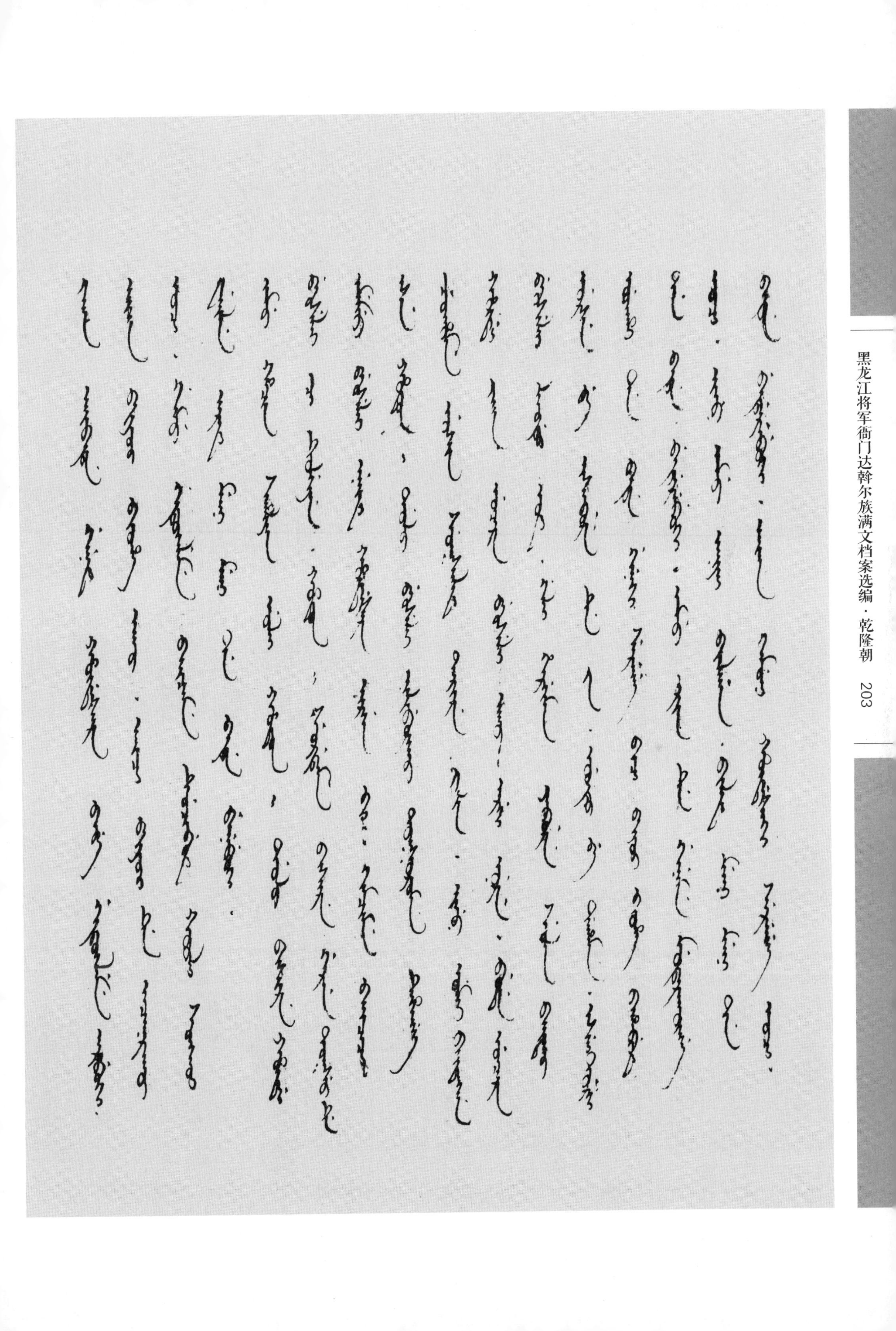

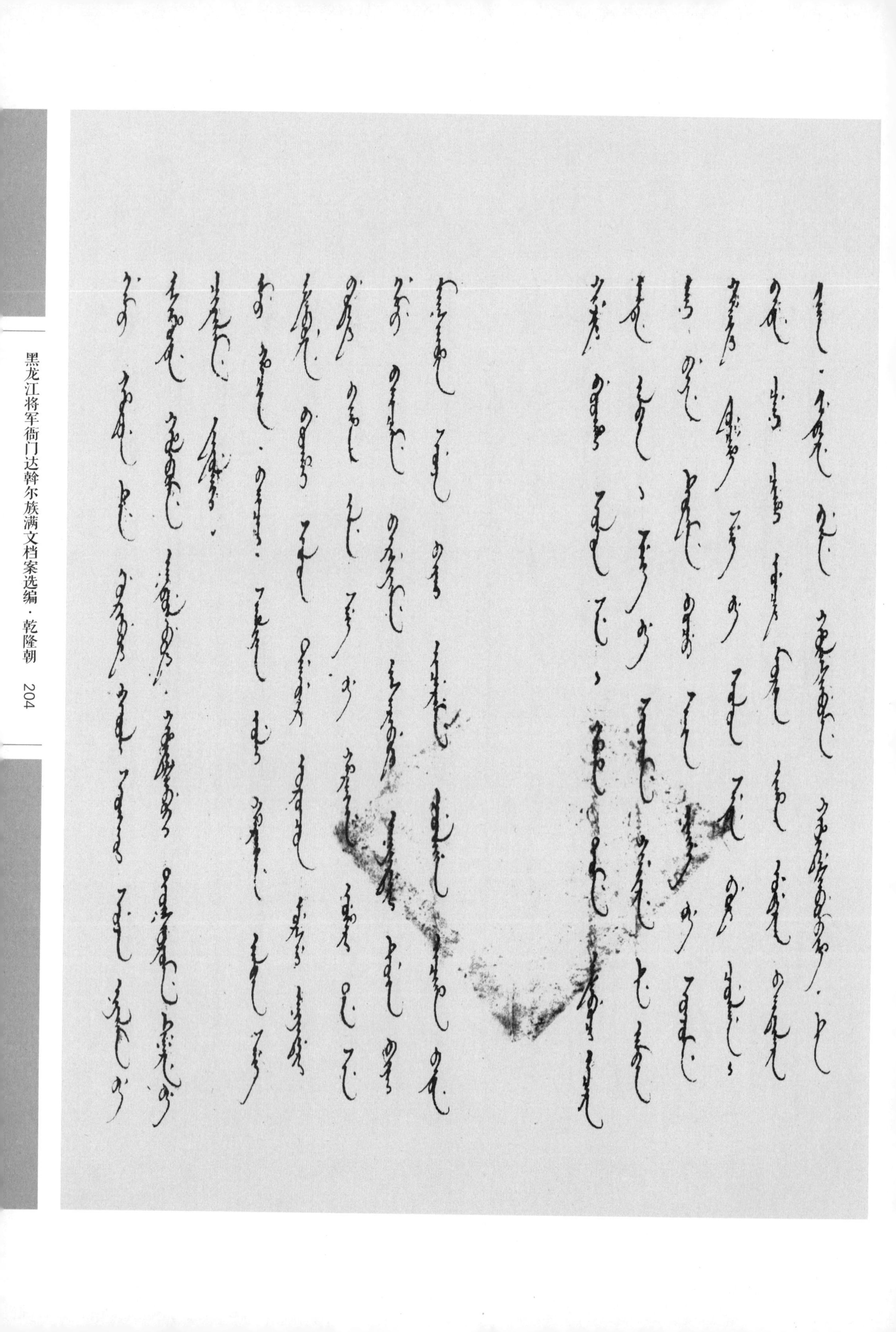

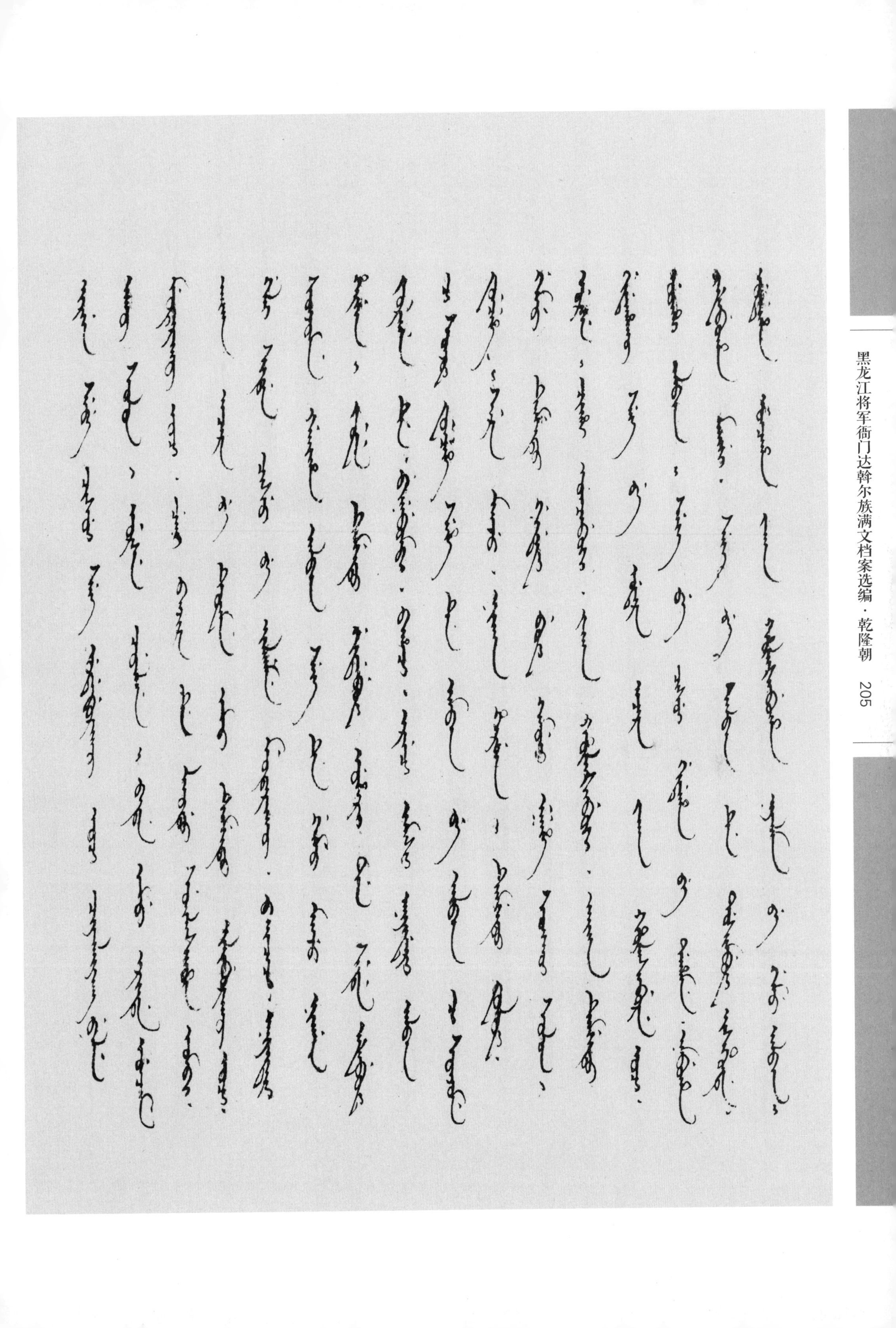

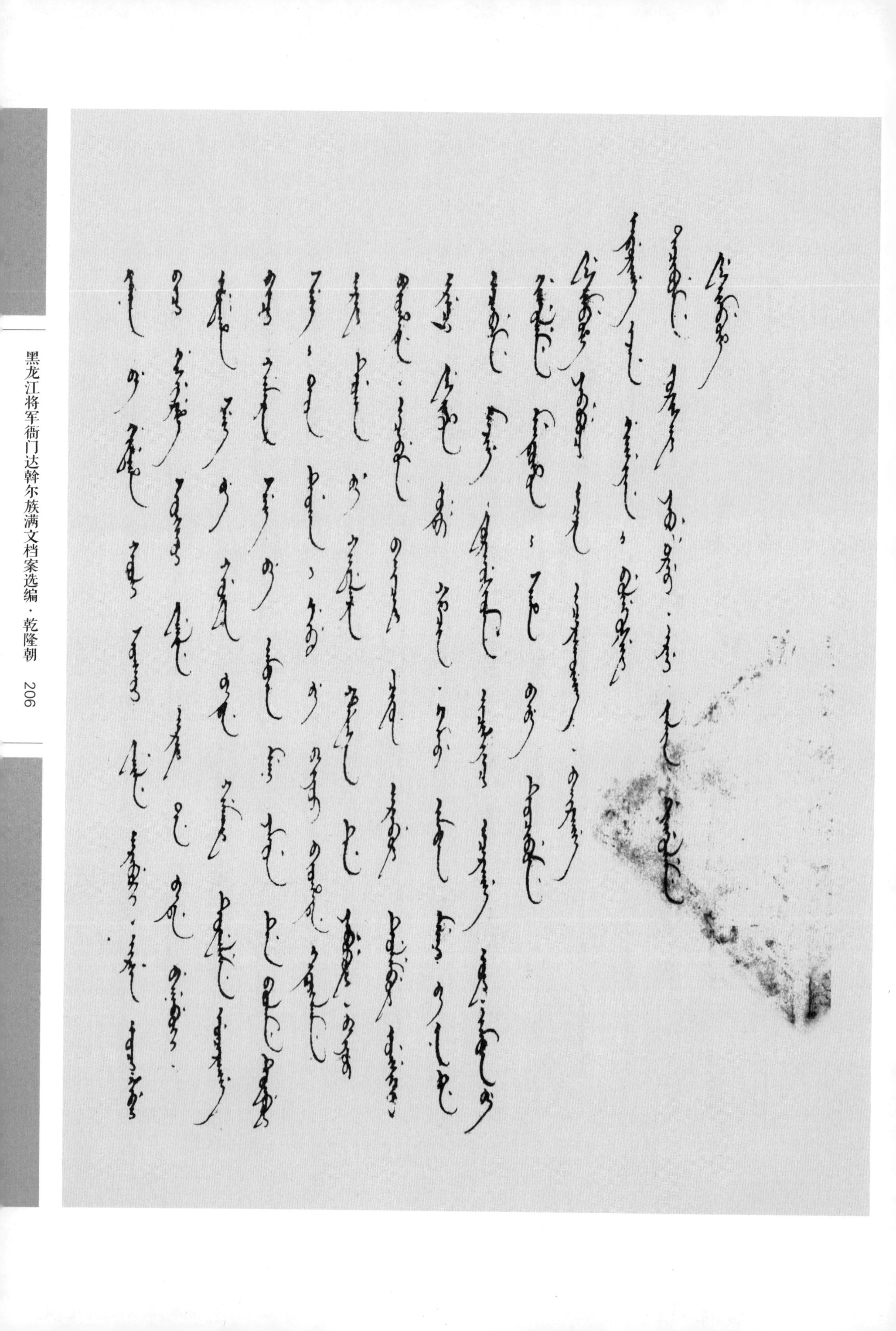

[illegible]

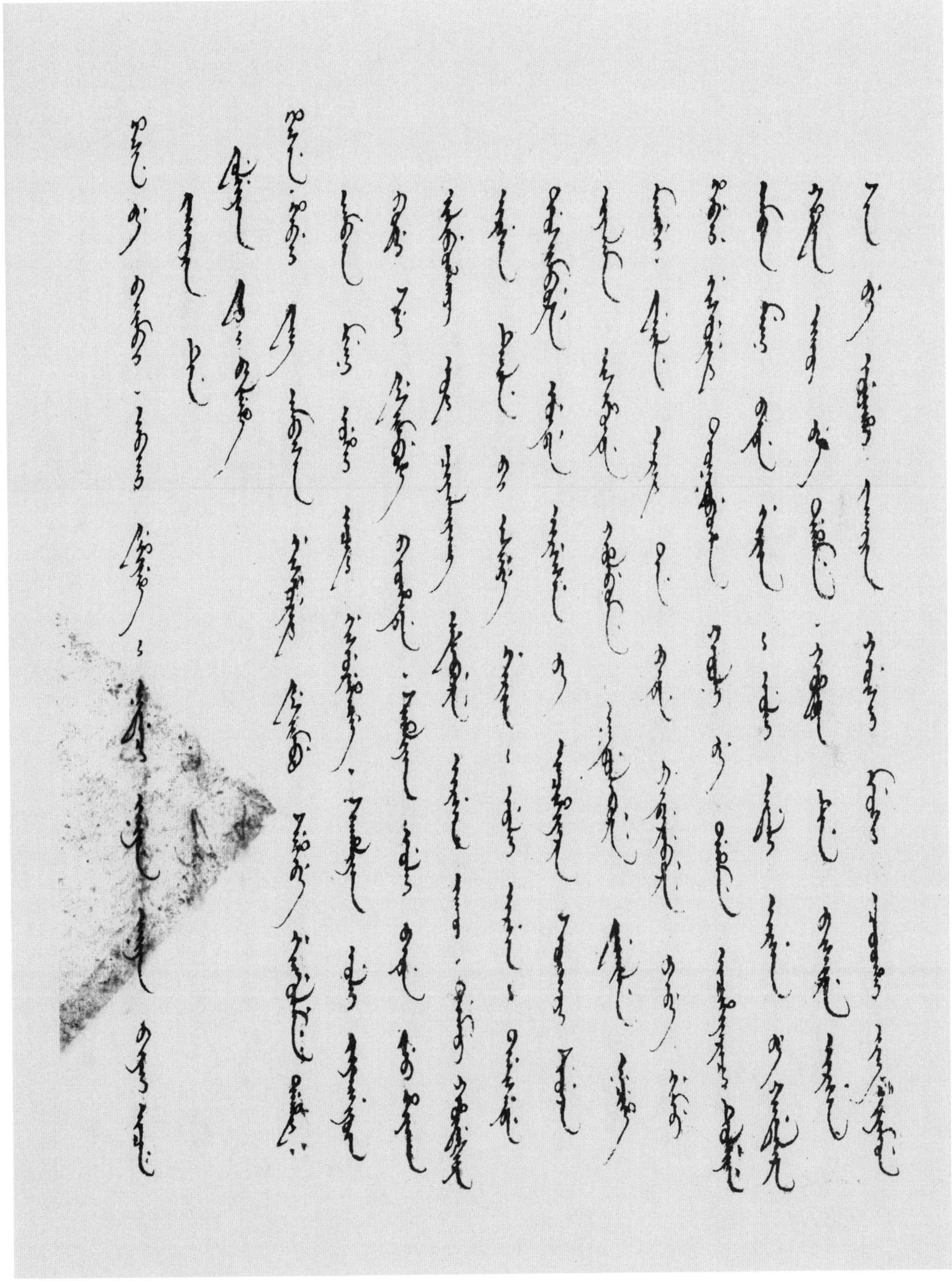

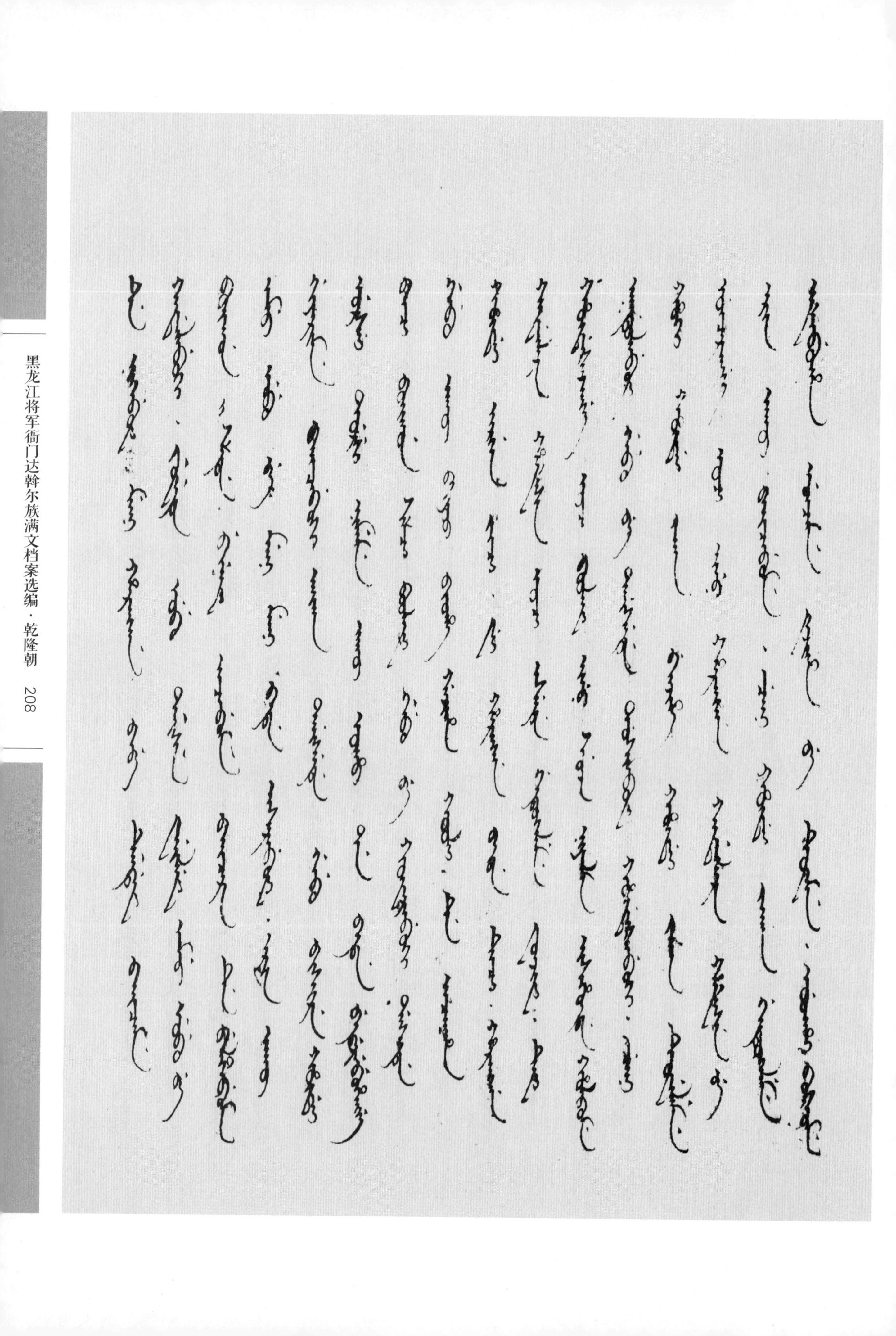

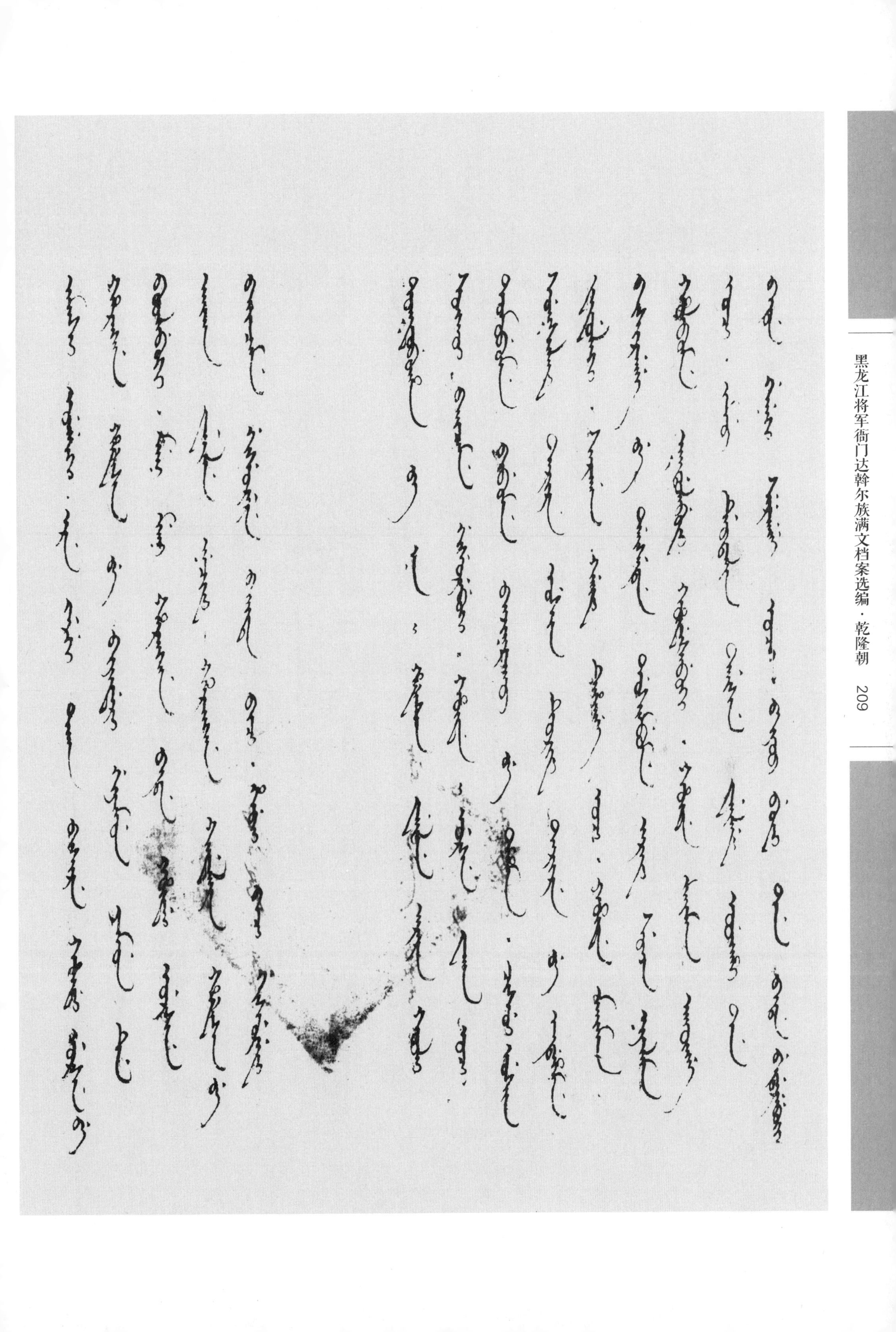

[illegible]

[illegible]

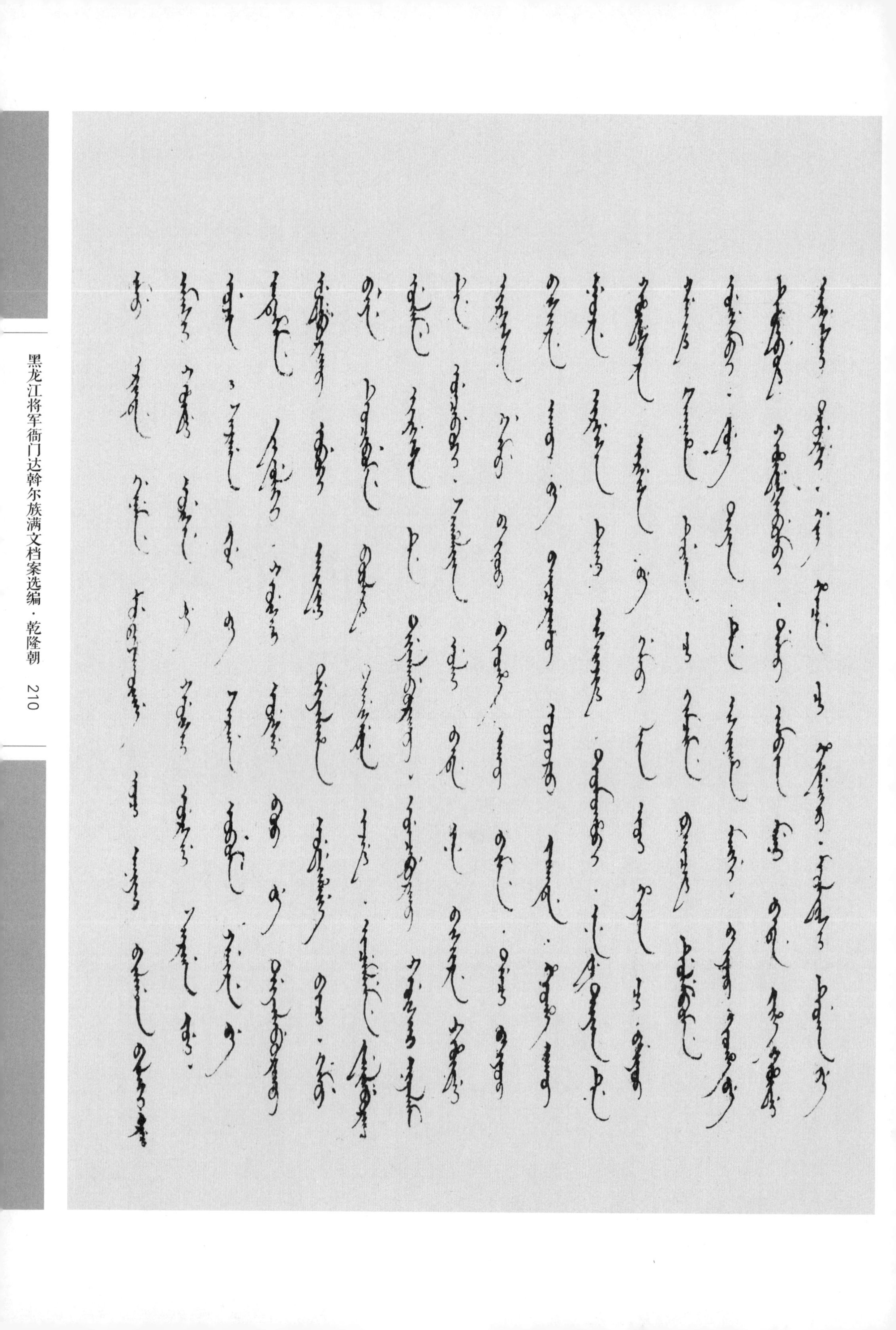

[illegible]

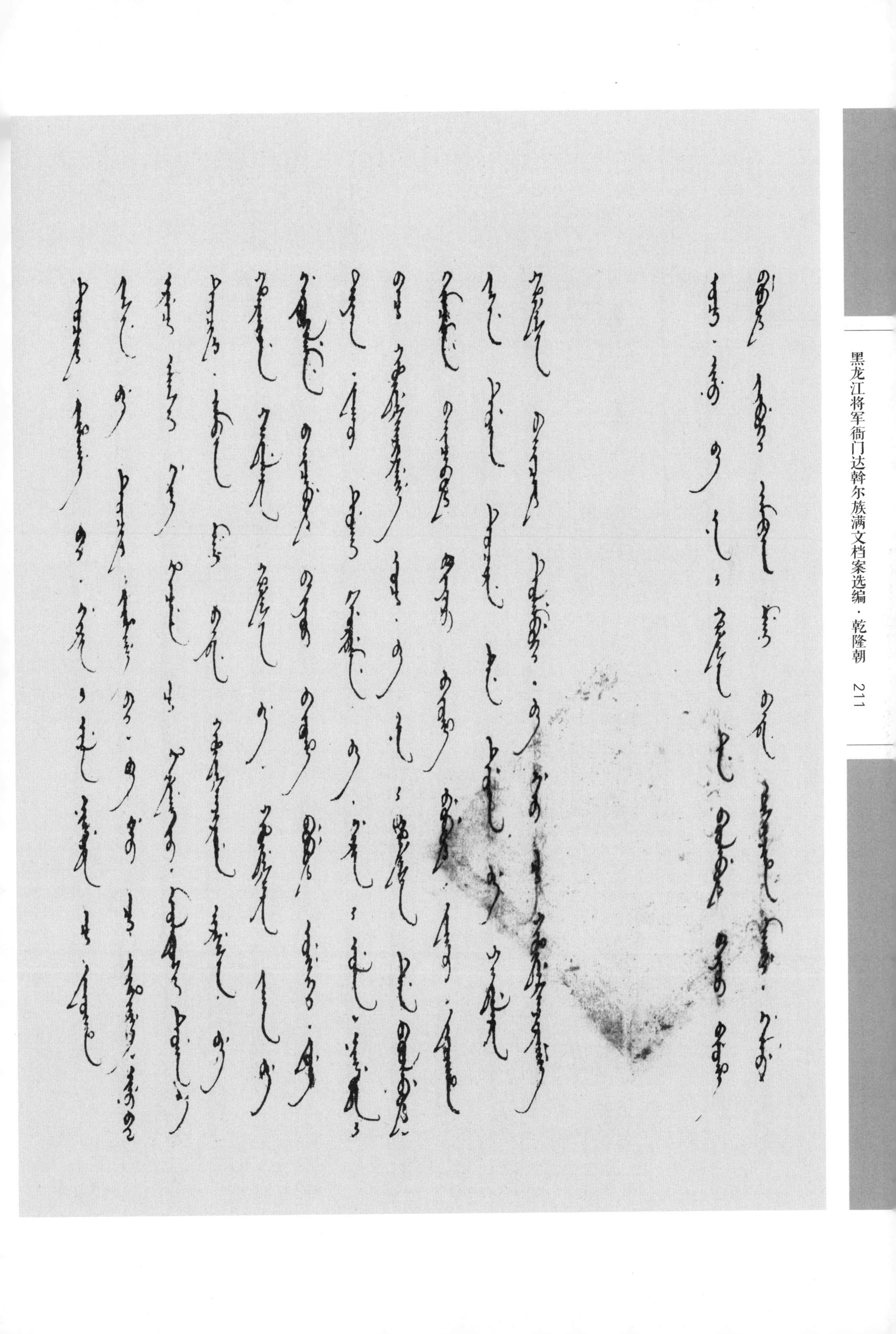

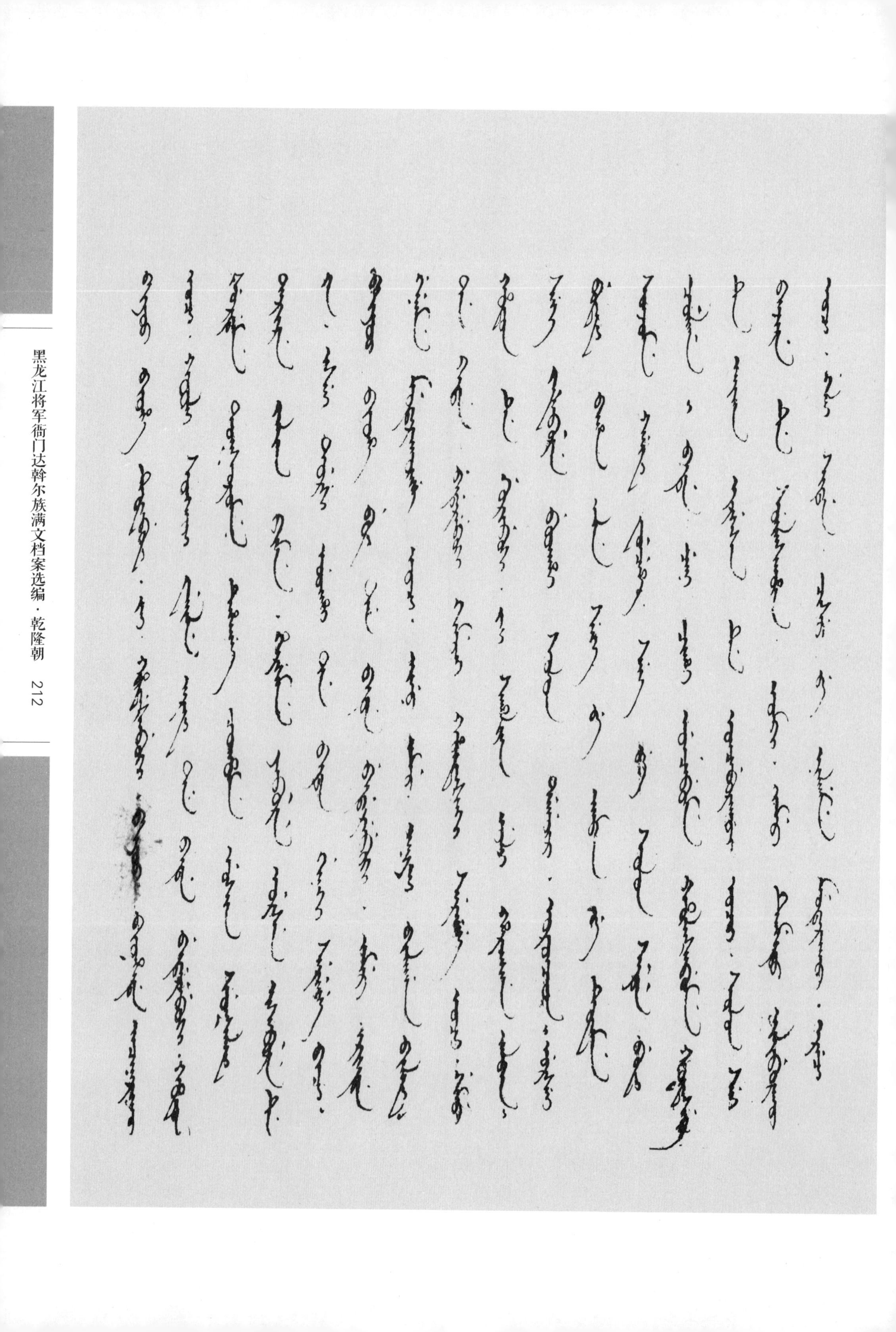

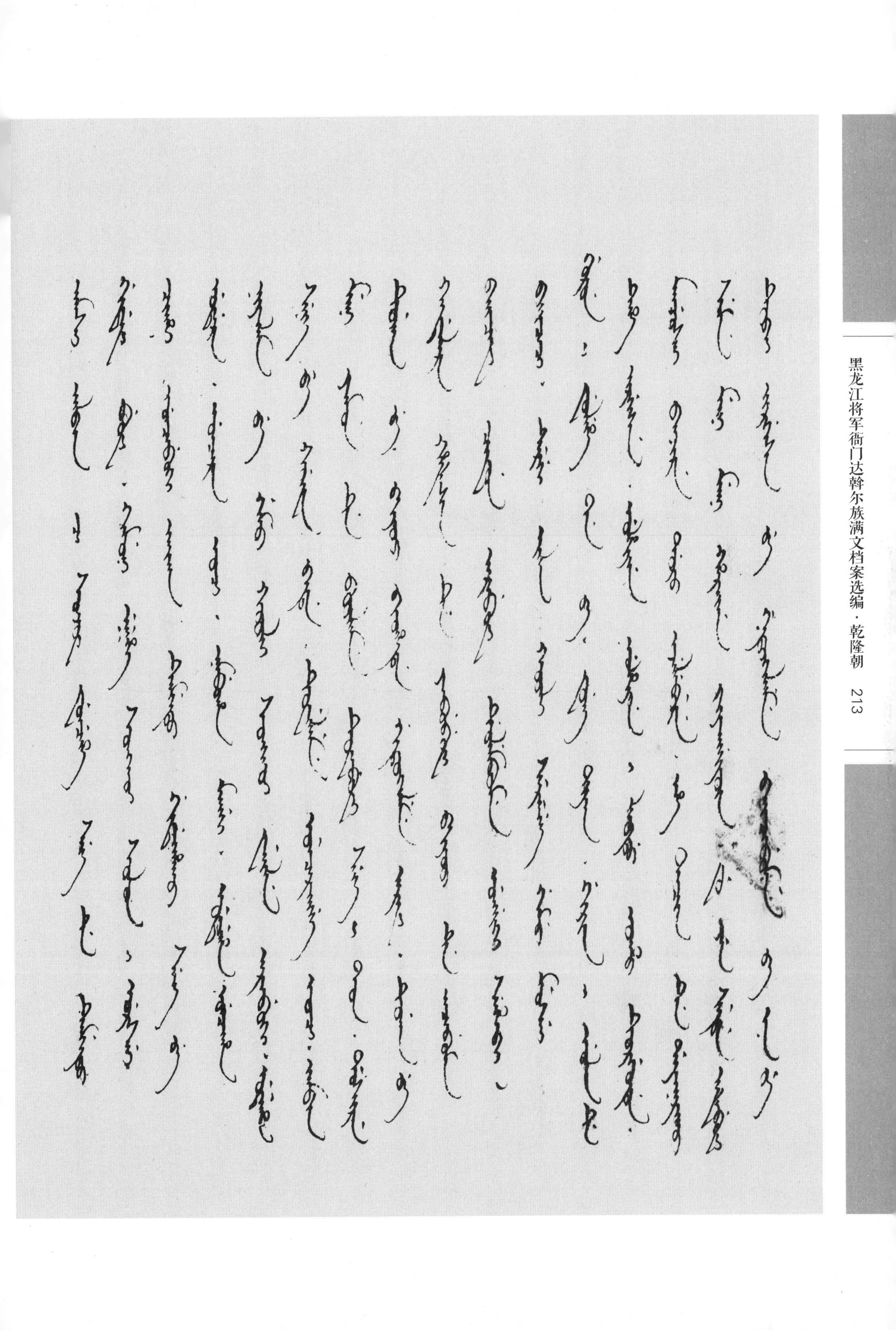

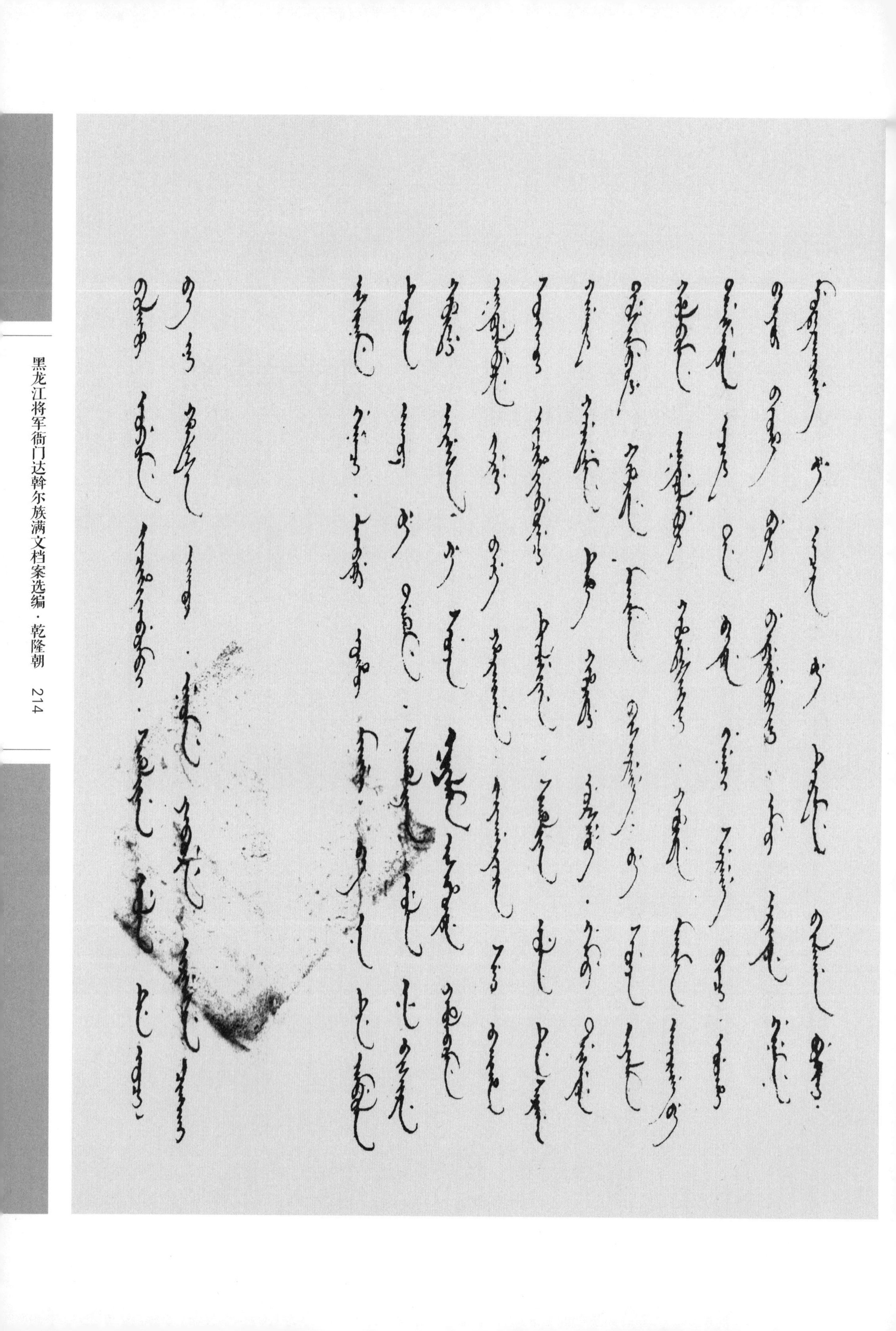

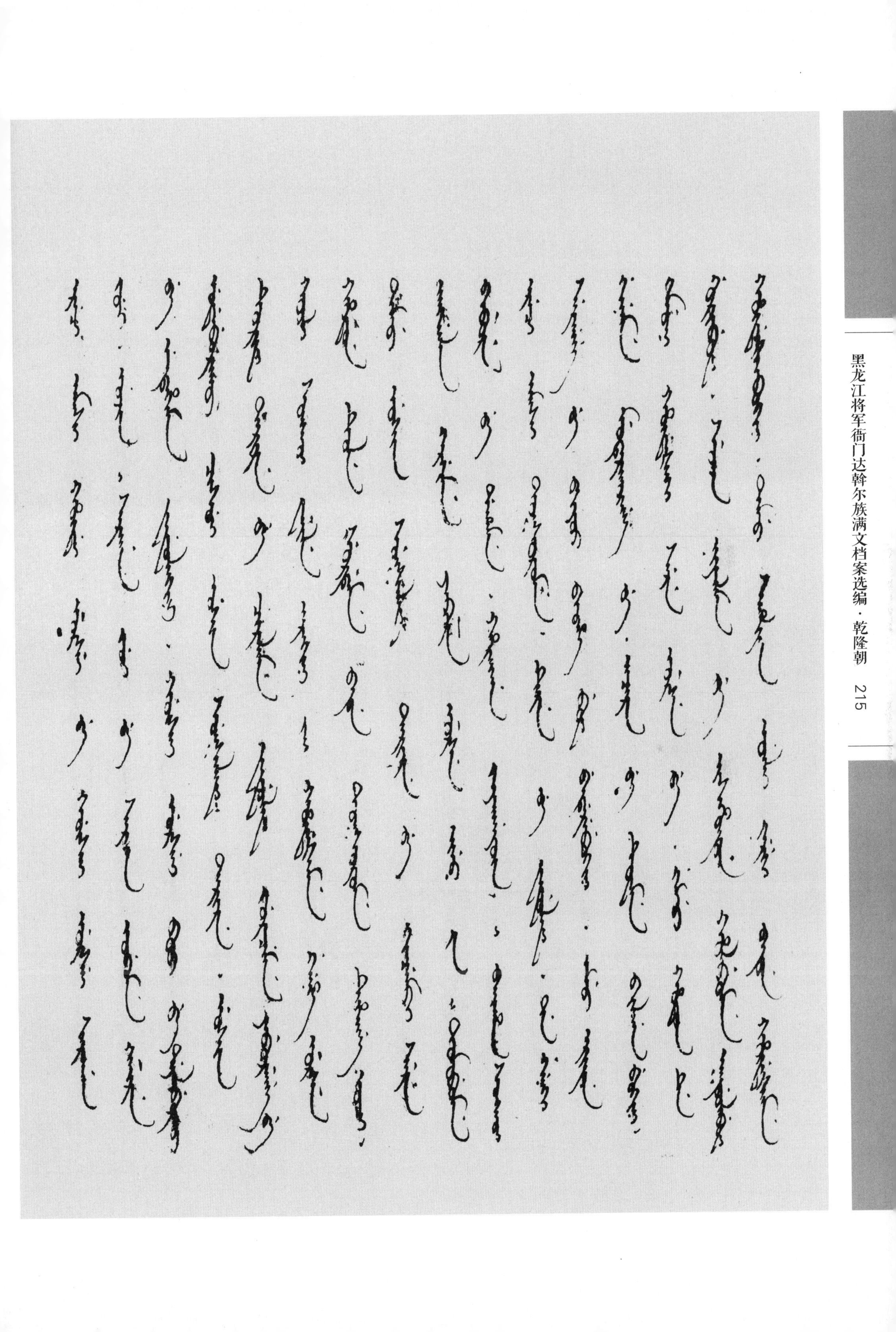

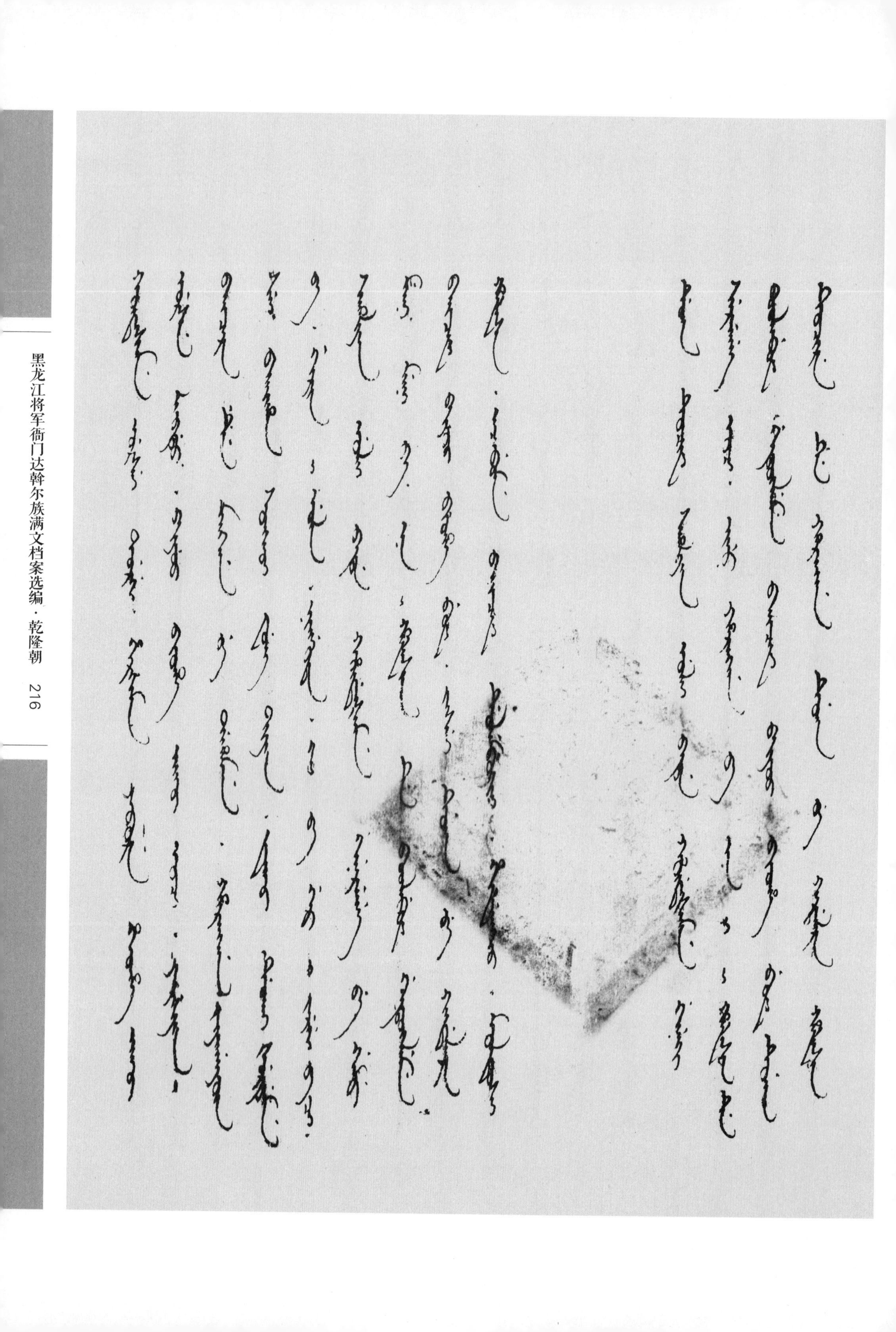

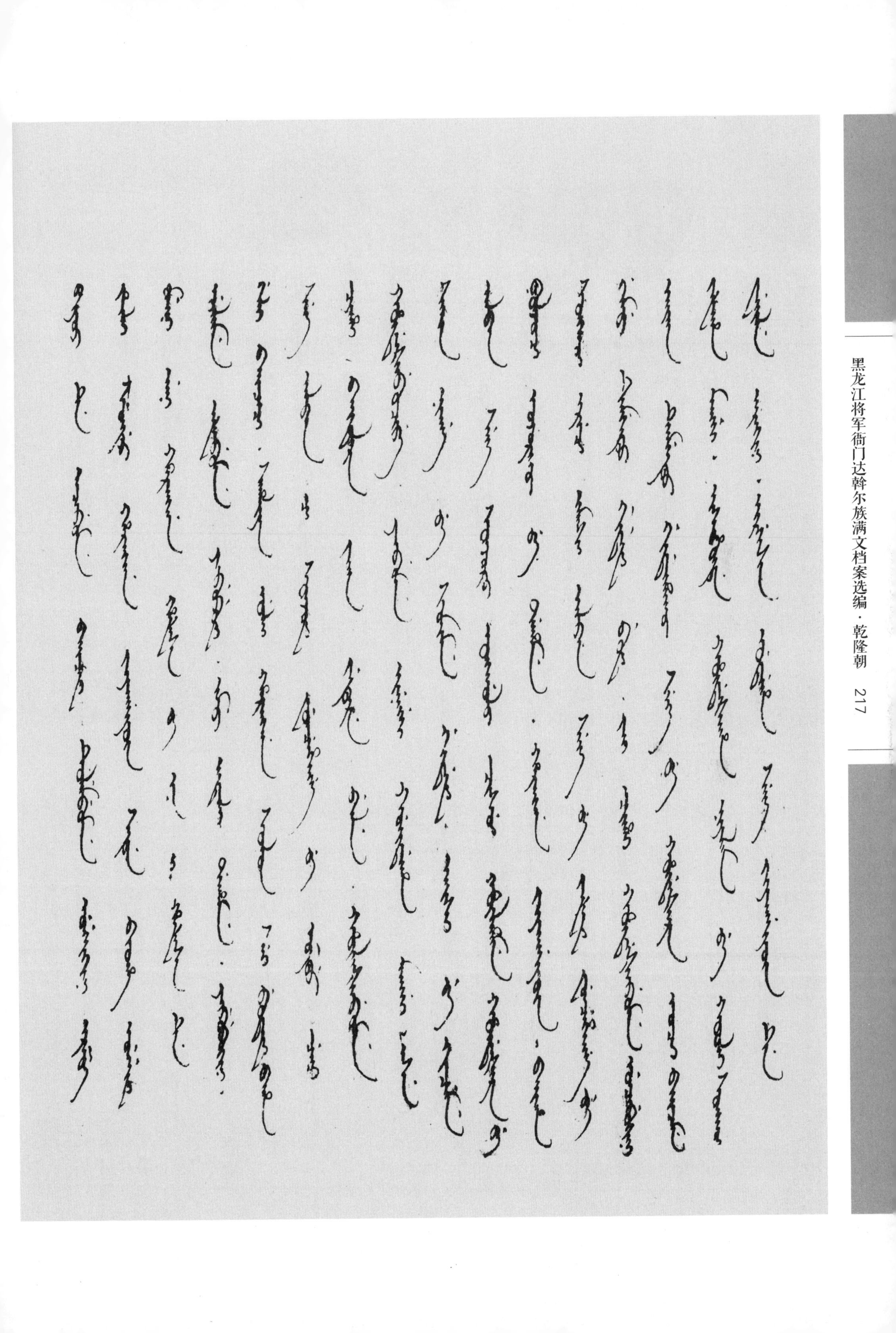

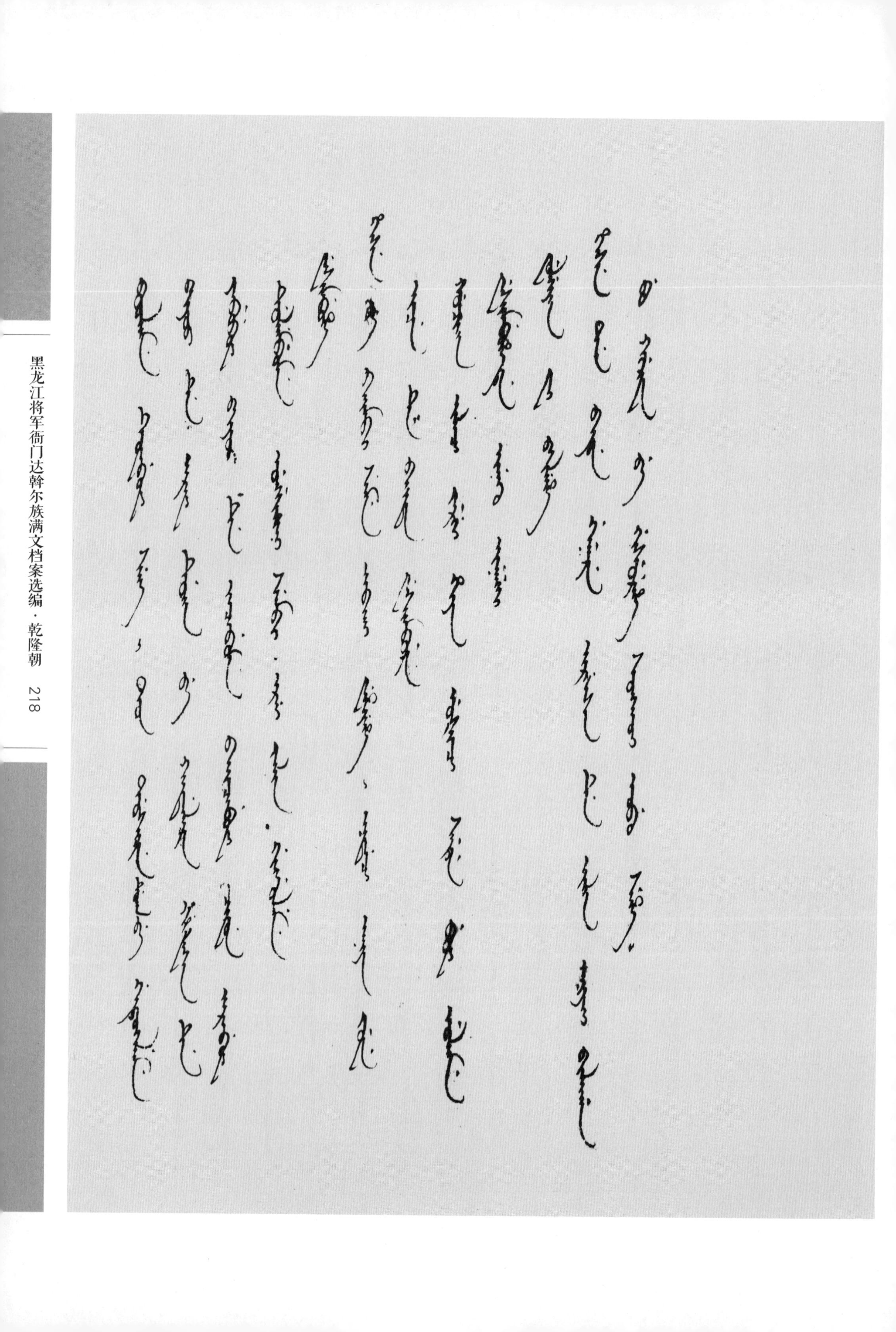

一六九 兵部为令呼伦贝尔索伦达斡尔官兵分驻呼伦贝尔鄂木博齐事咨黑龙江将军等文

乾隆七年五月十三日

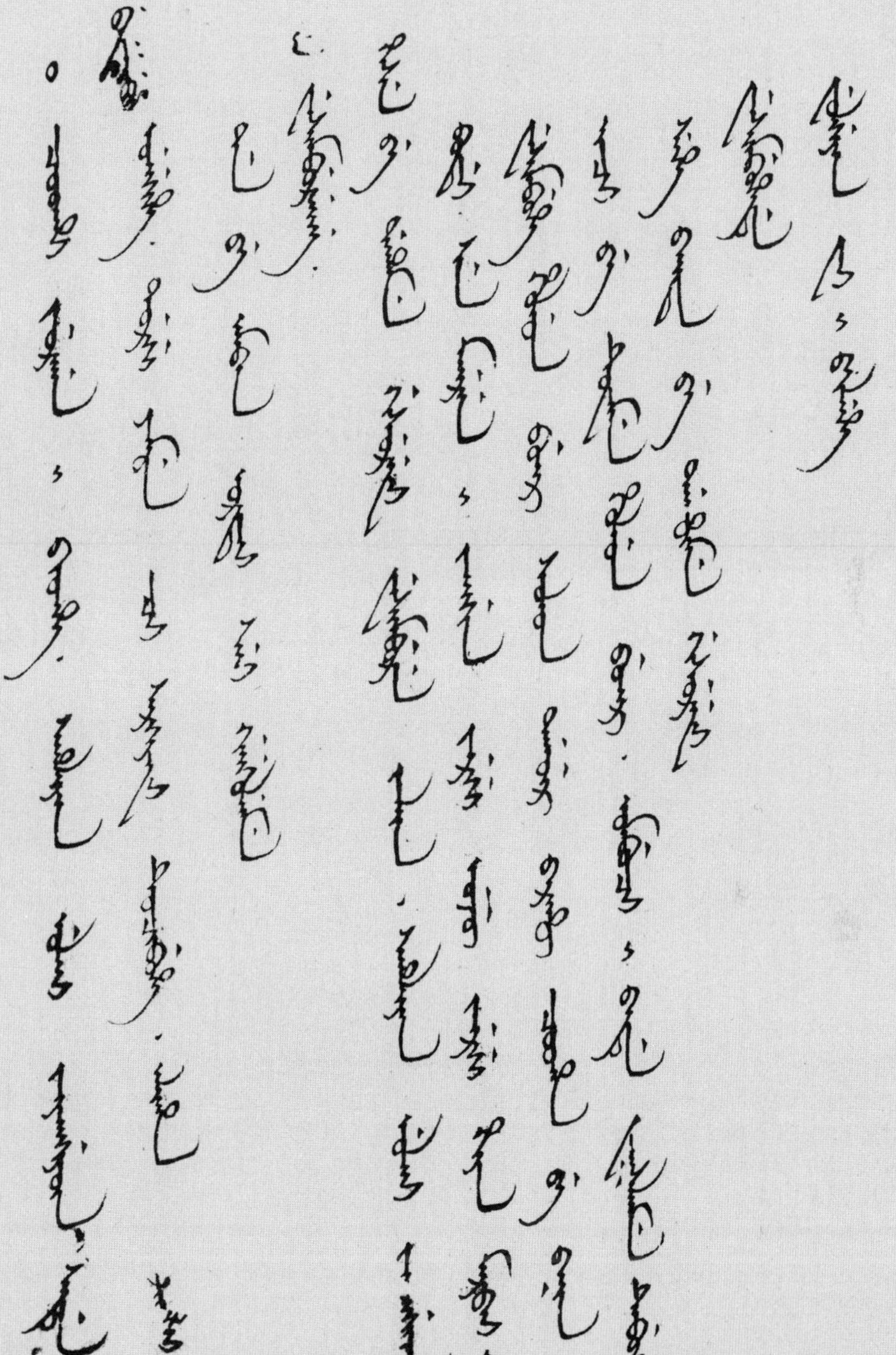

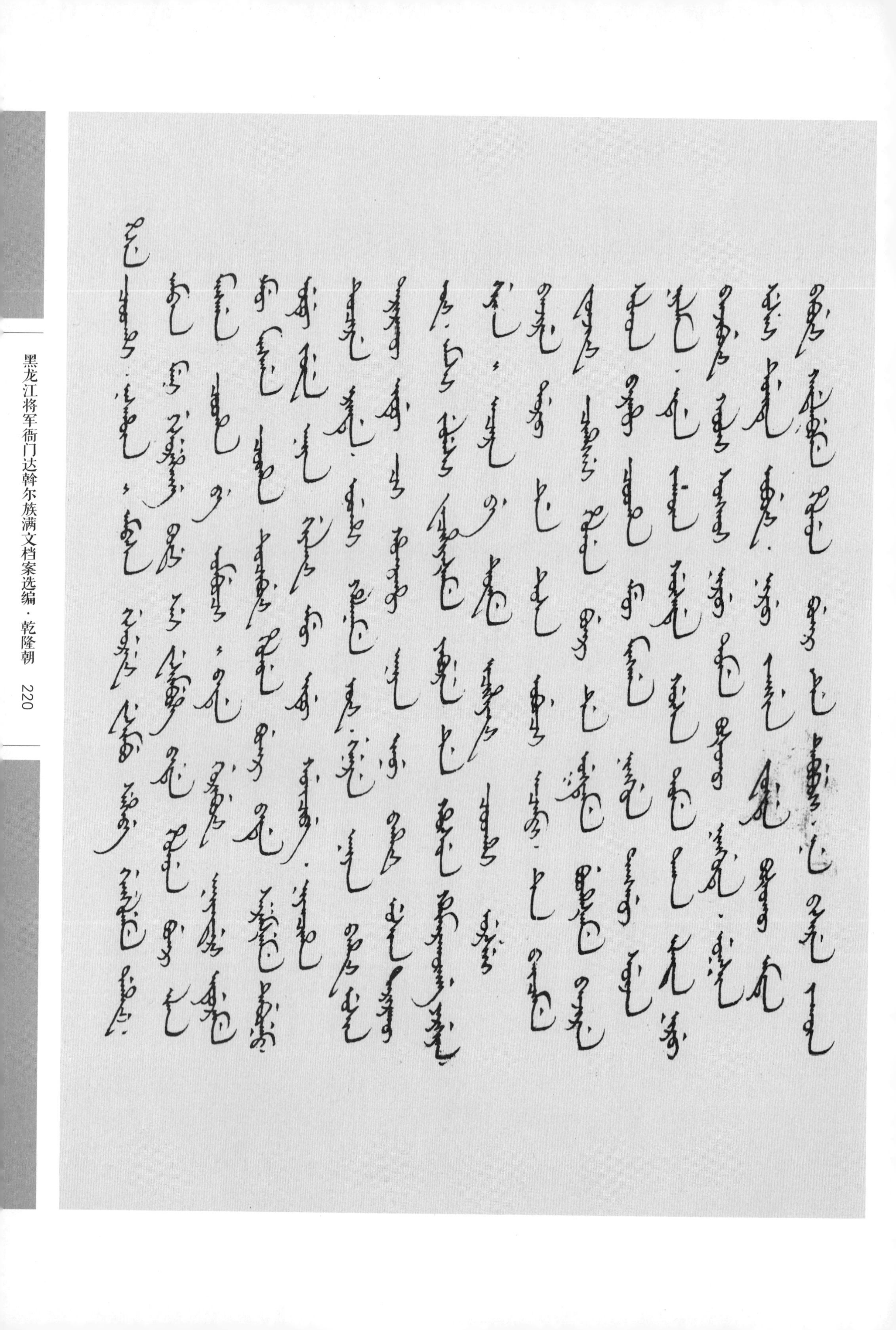

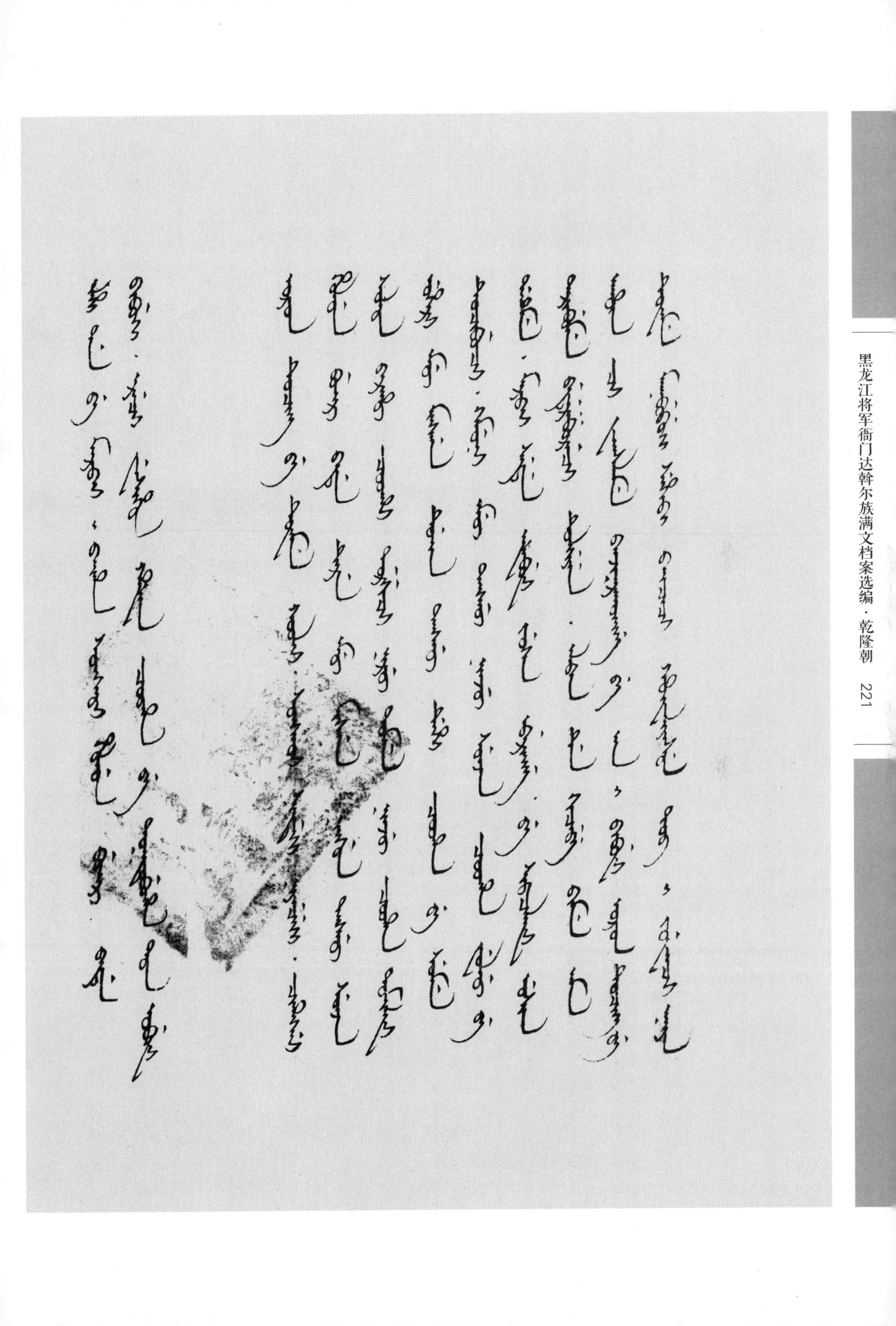

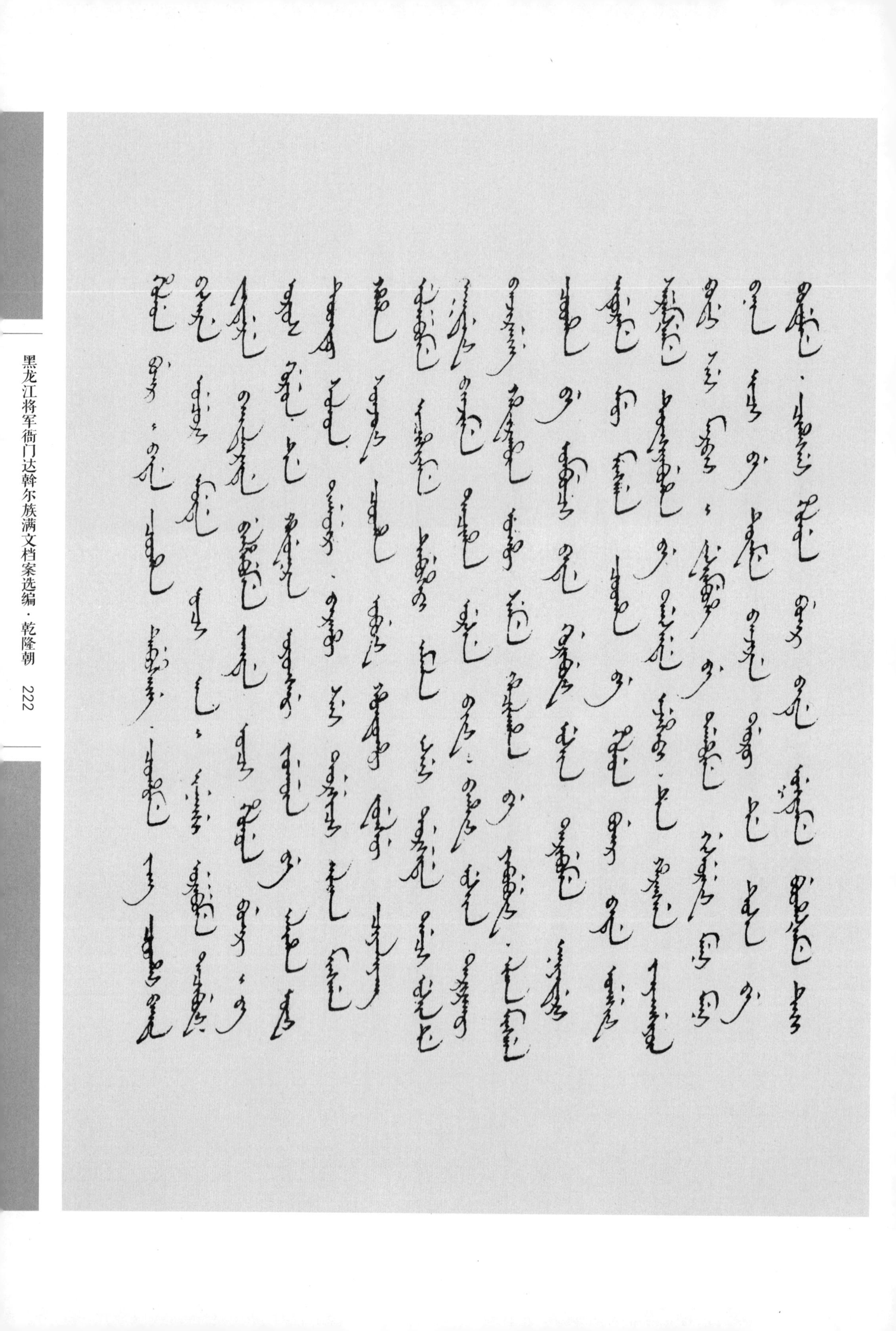

[illegible]

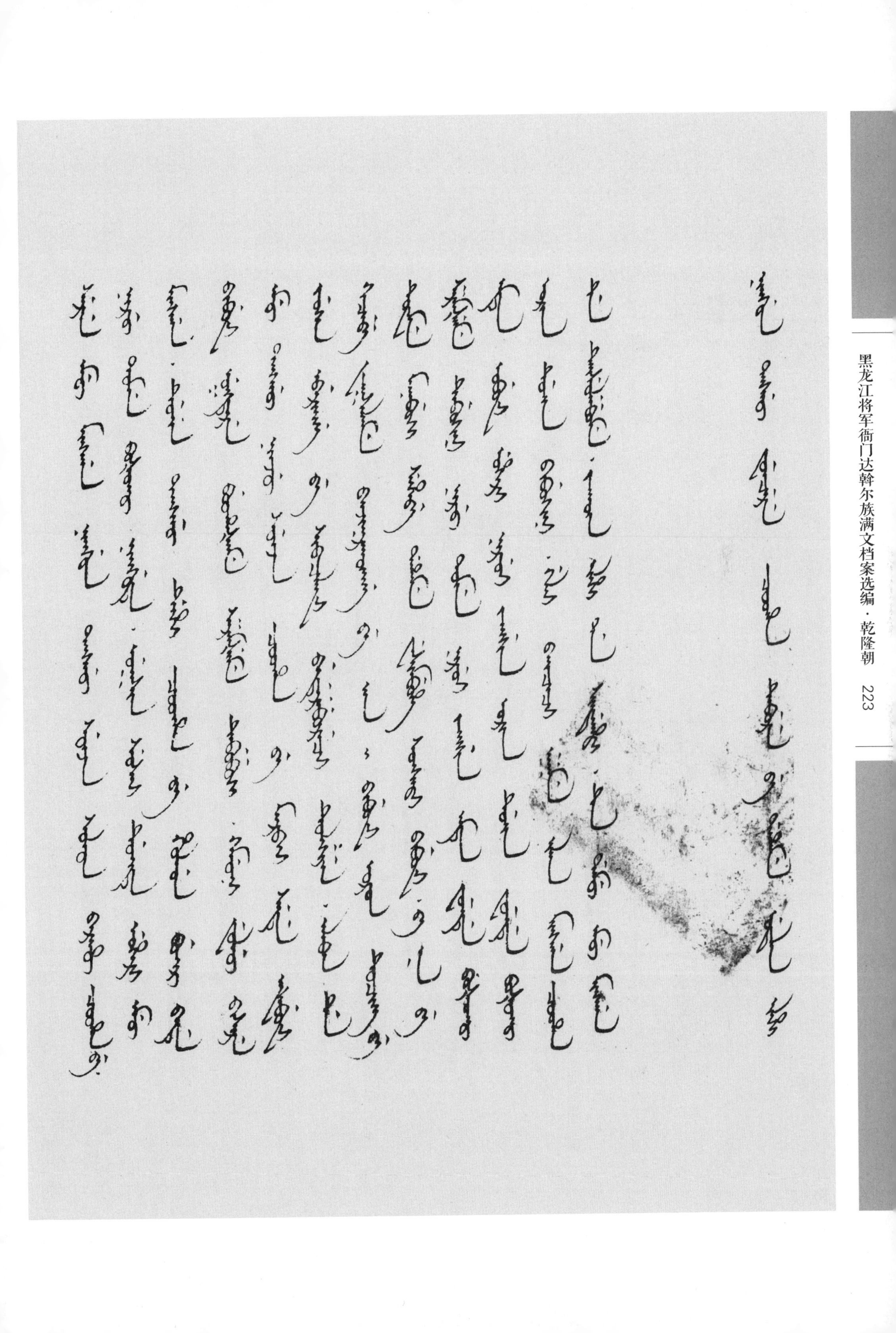

[illegible]

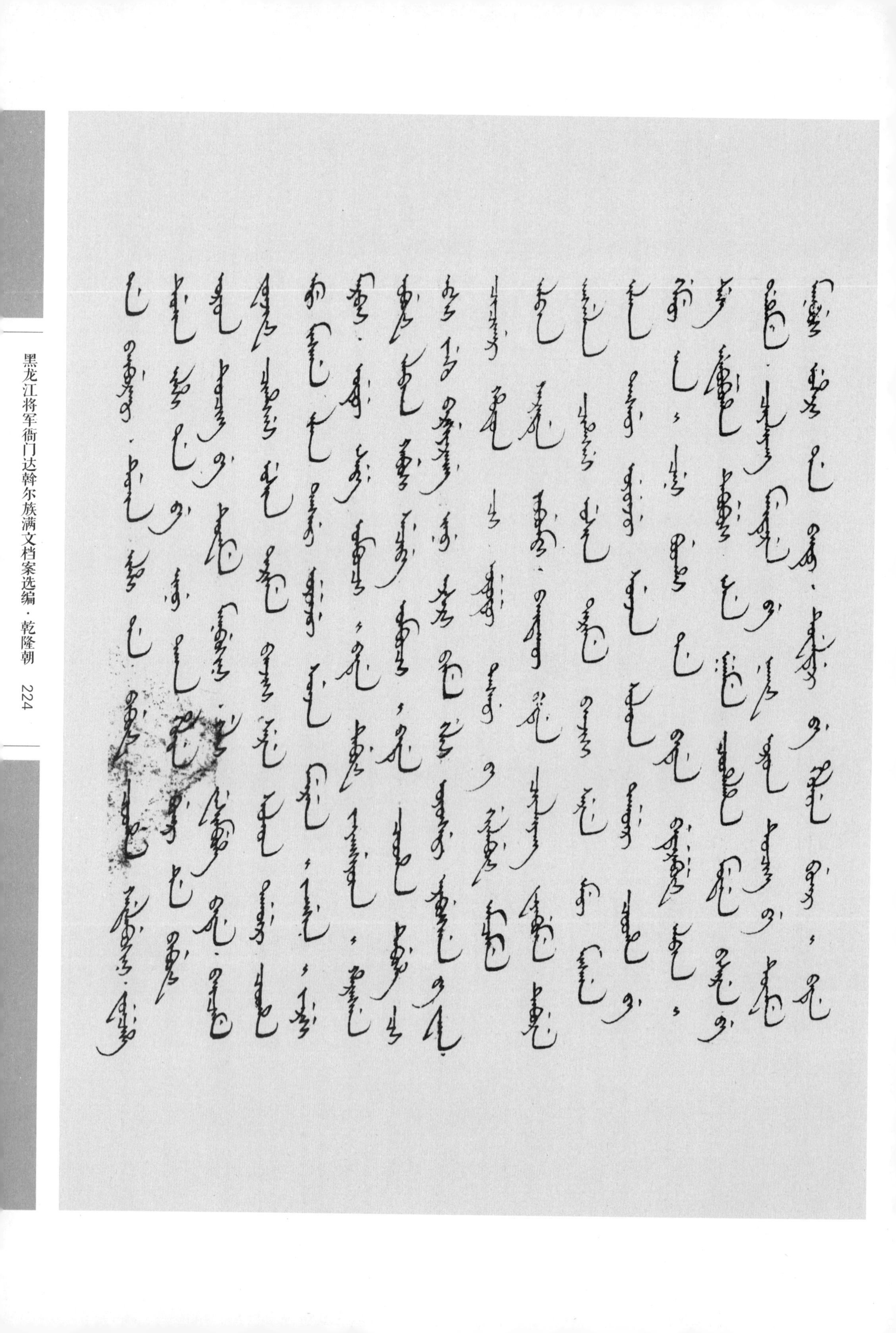

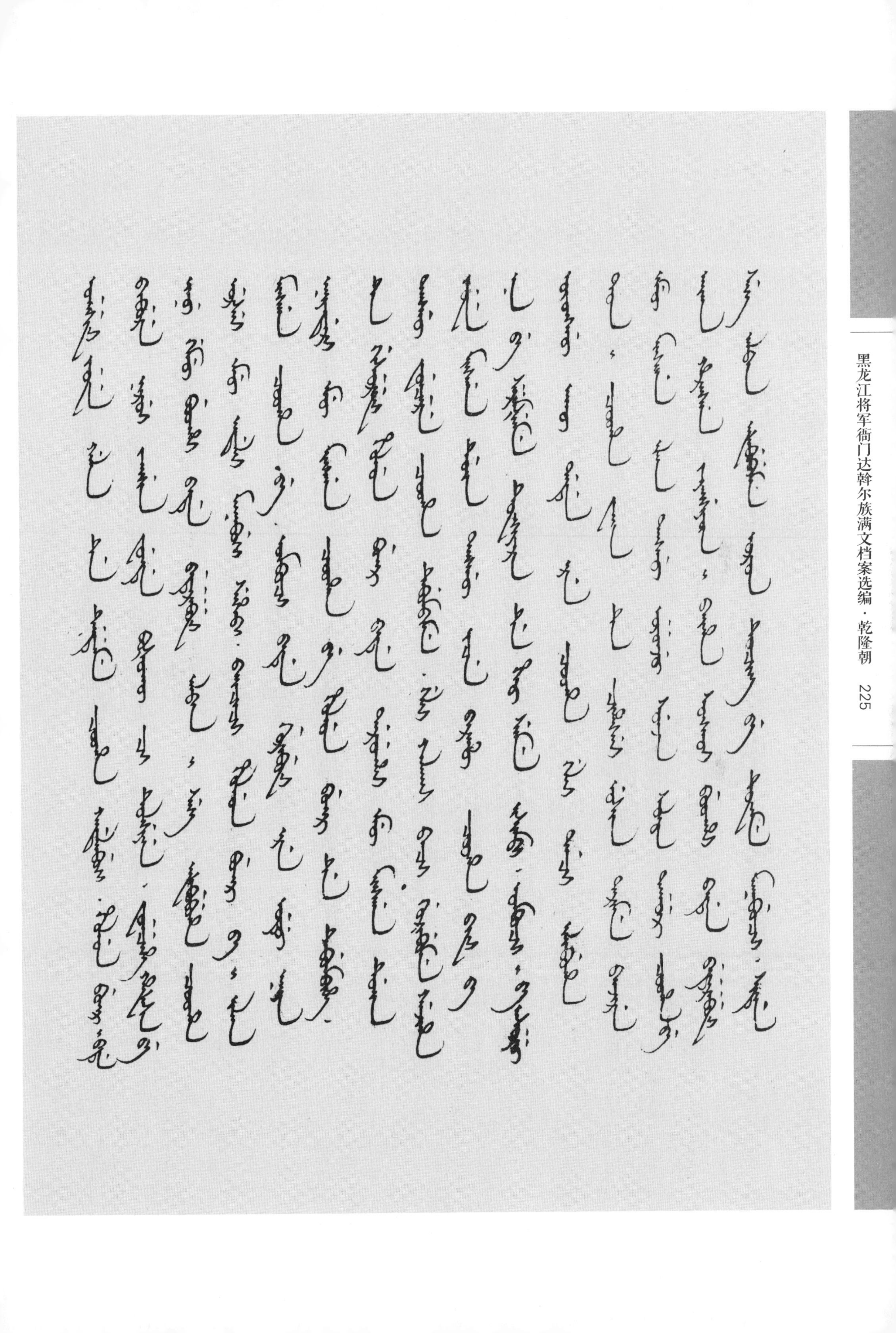

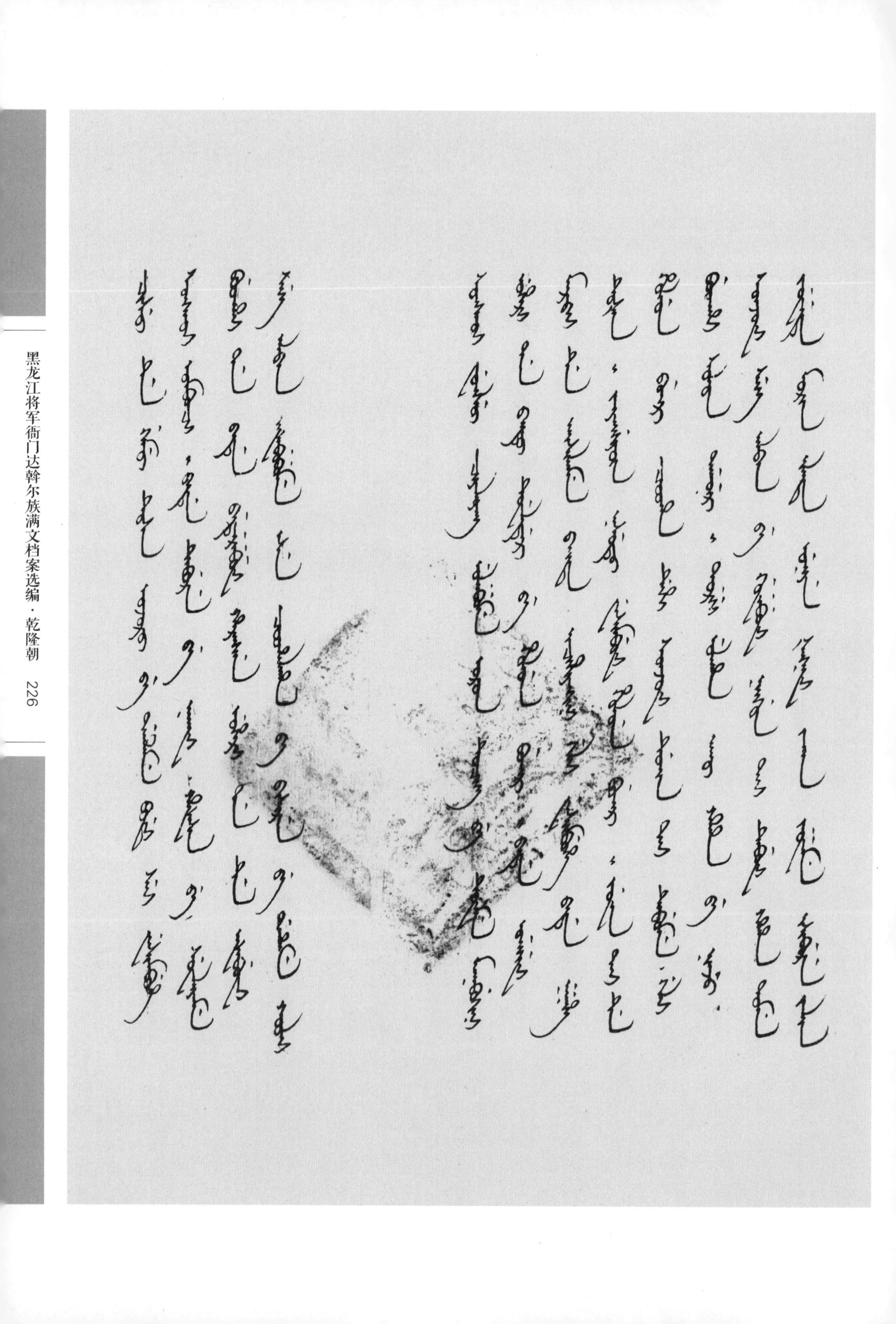

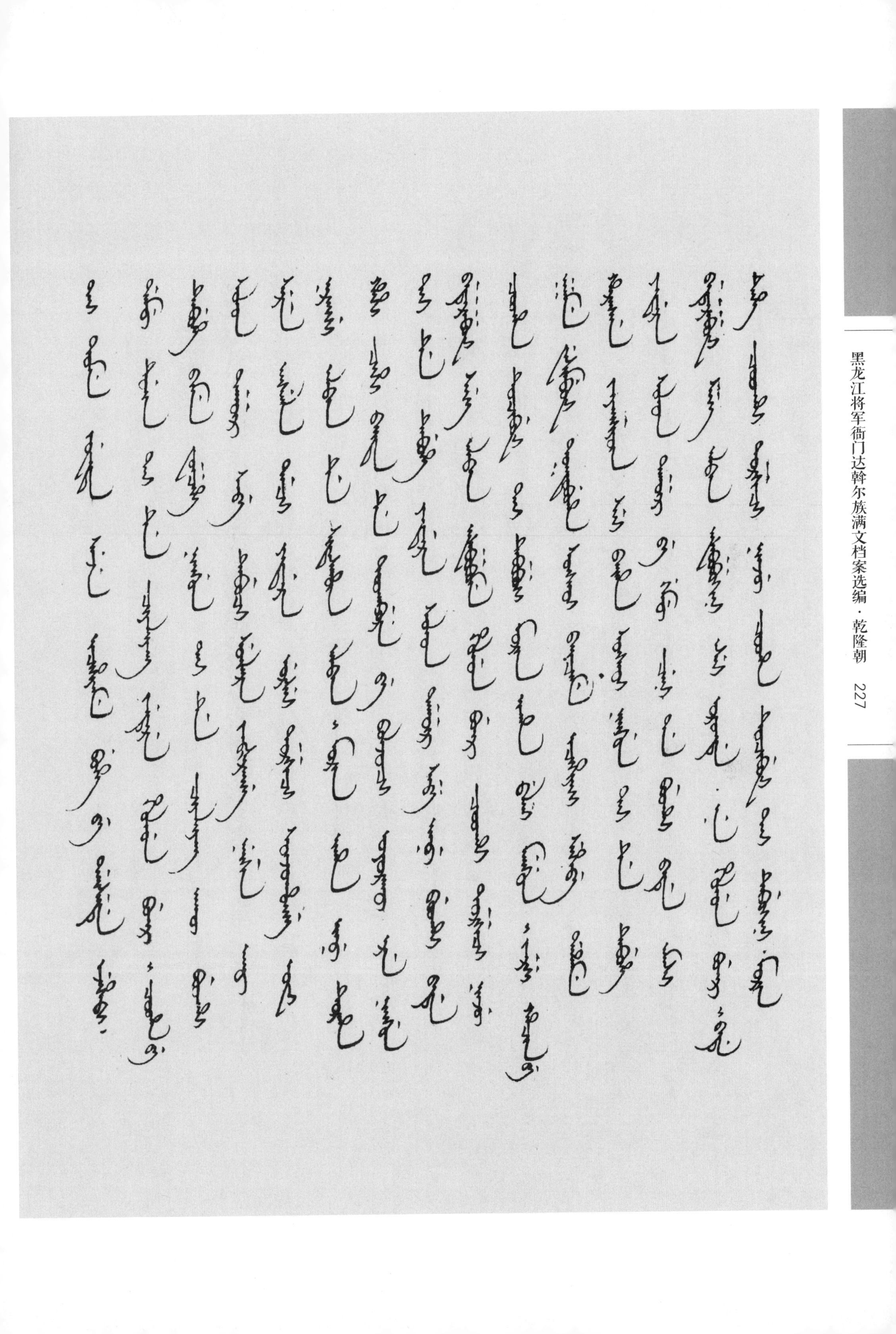

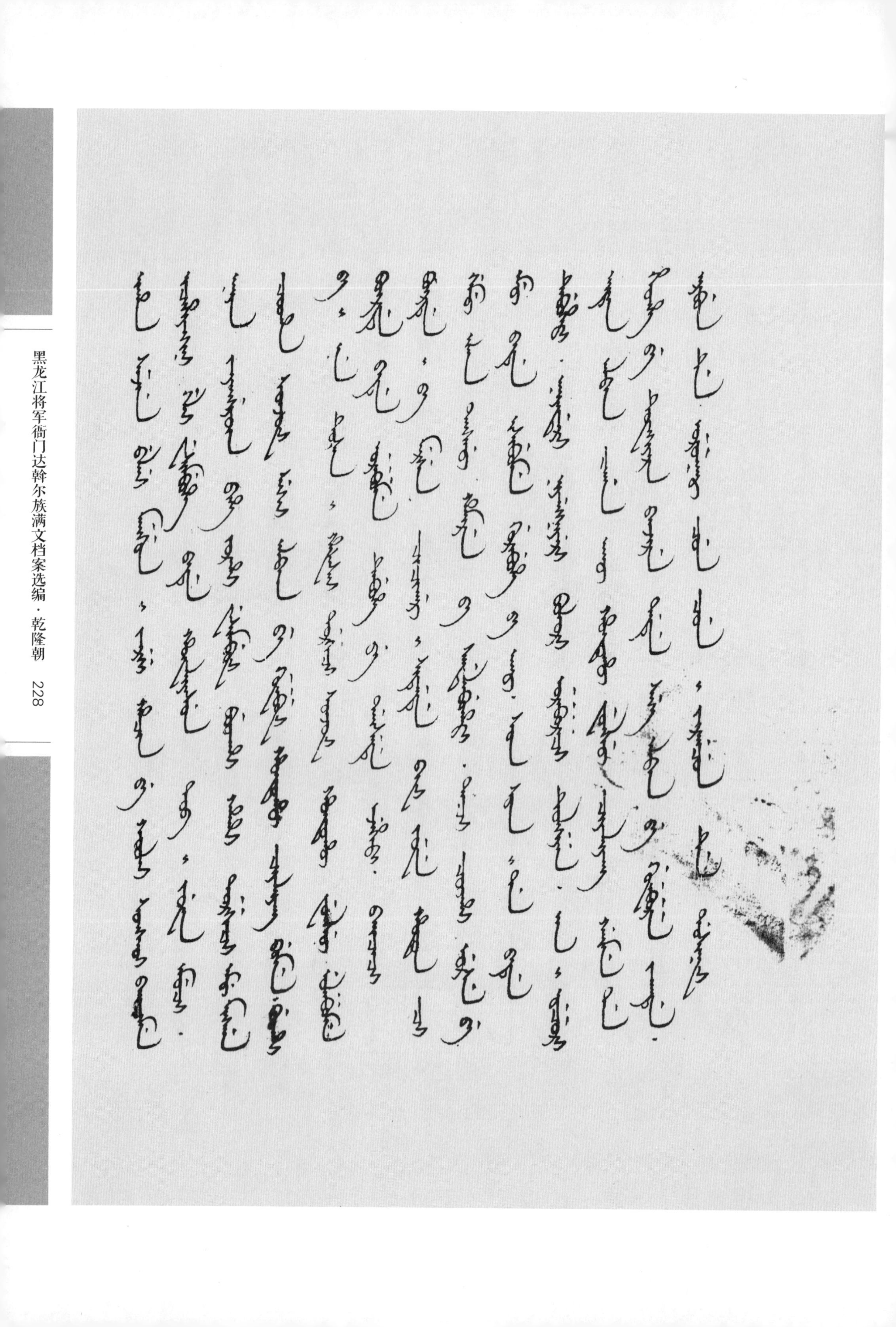

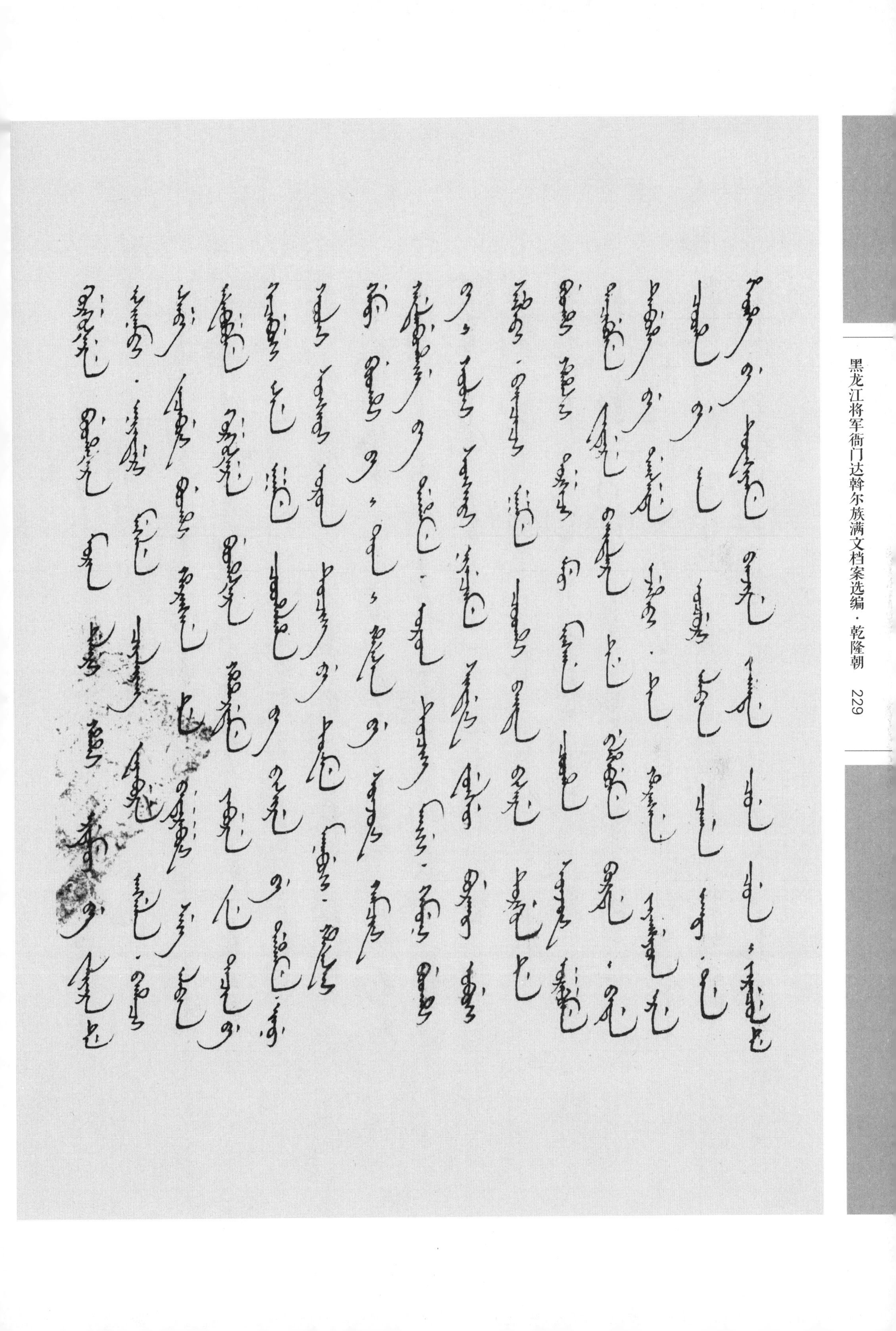

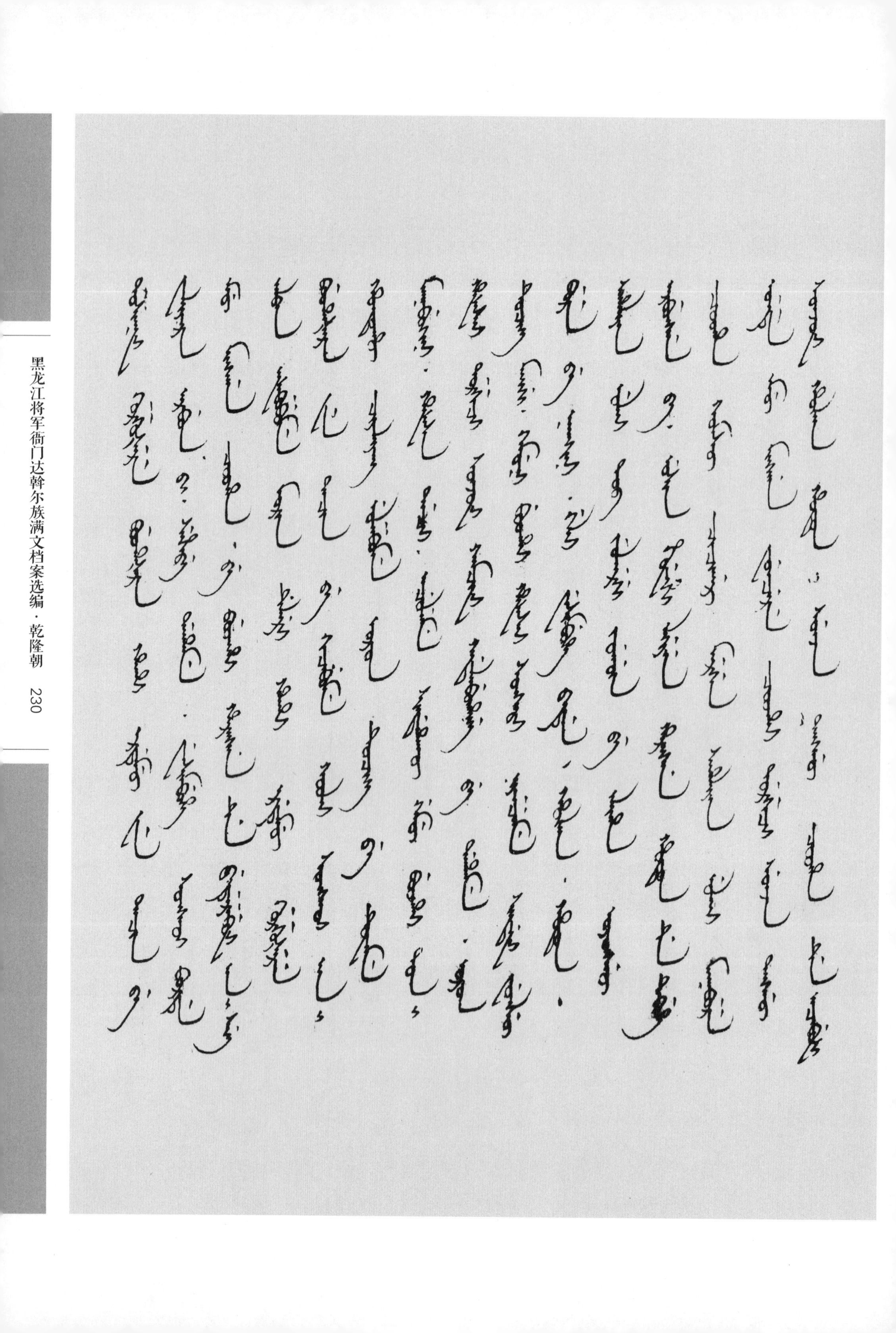

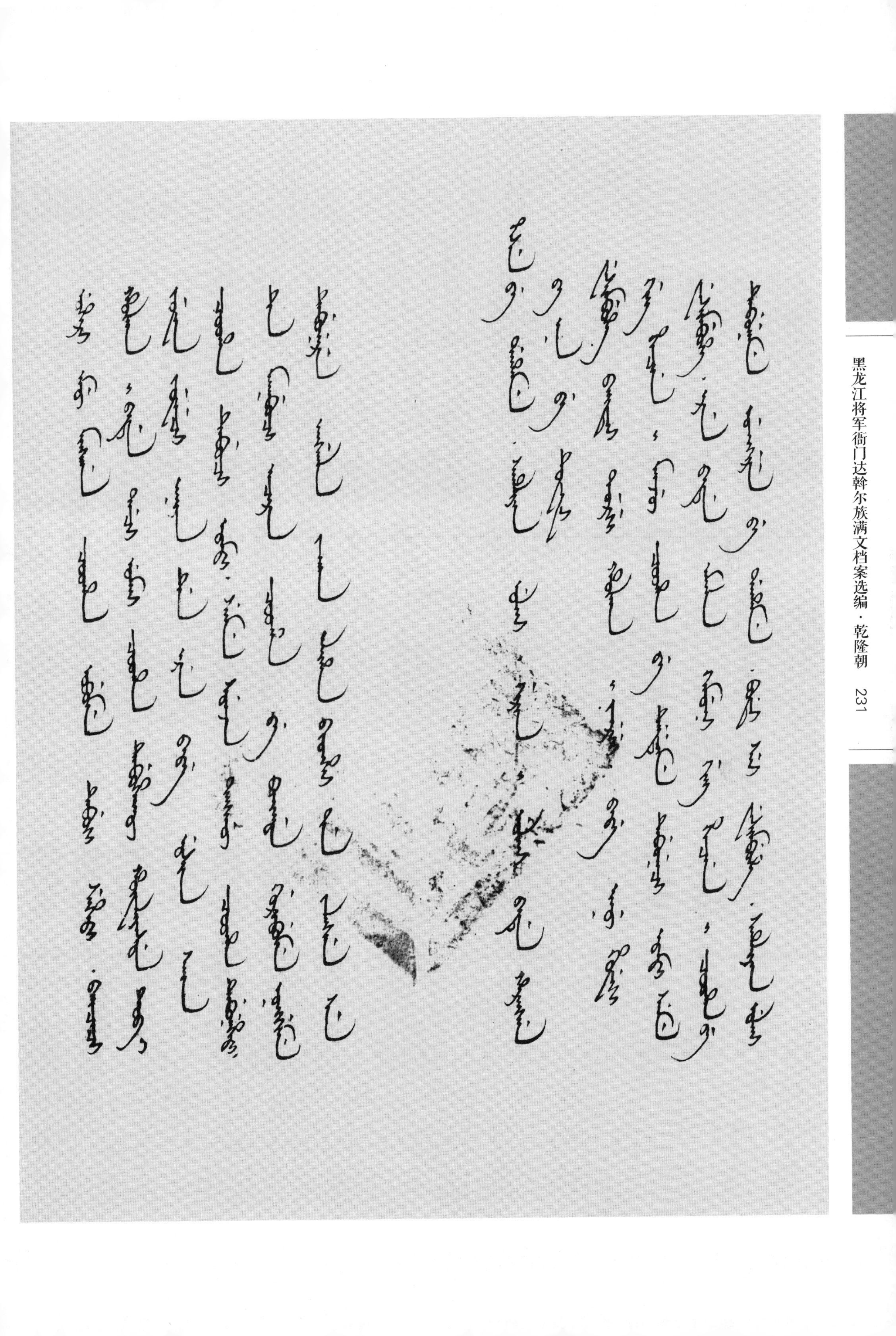

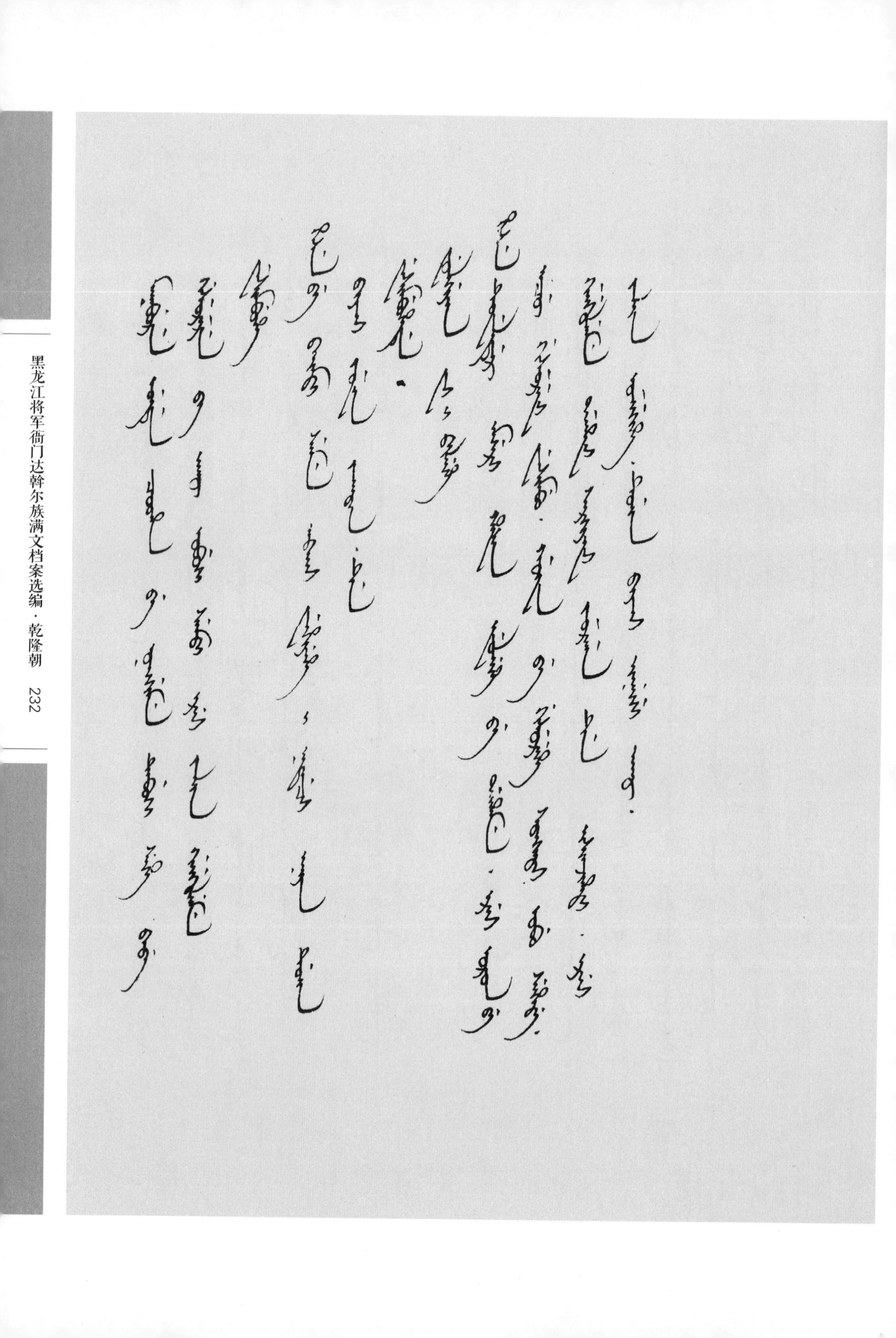

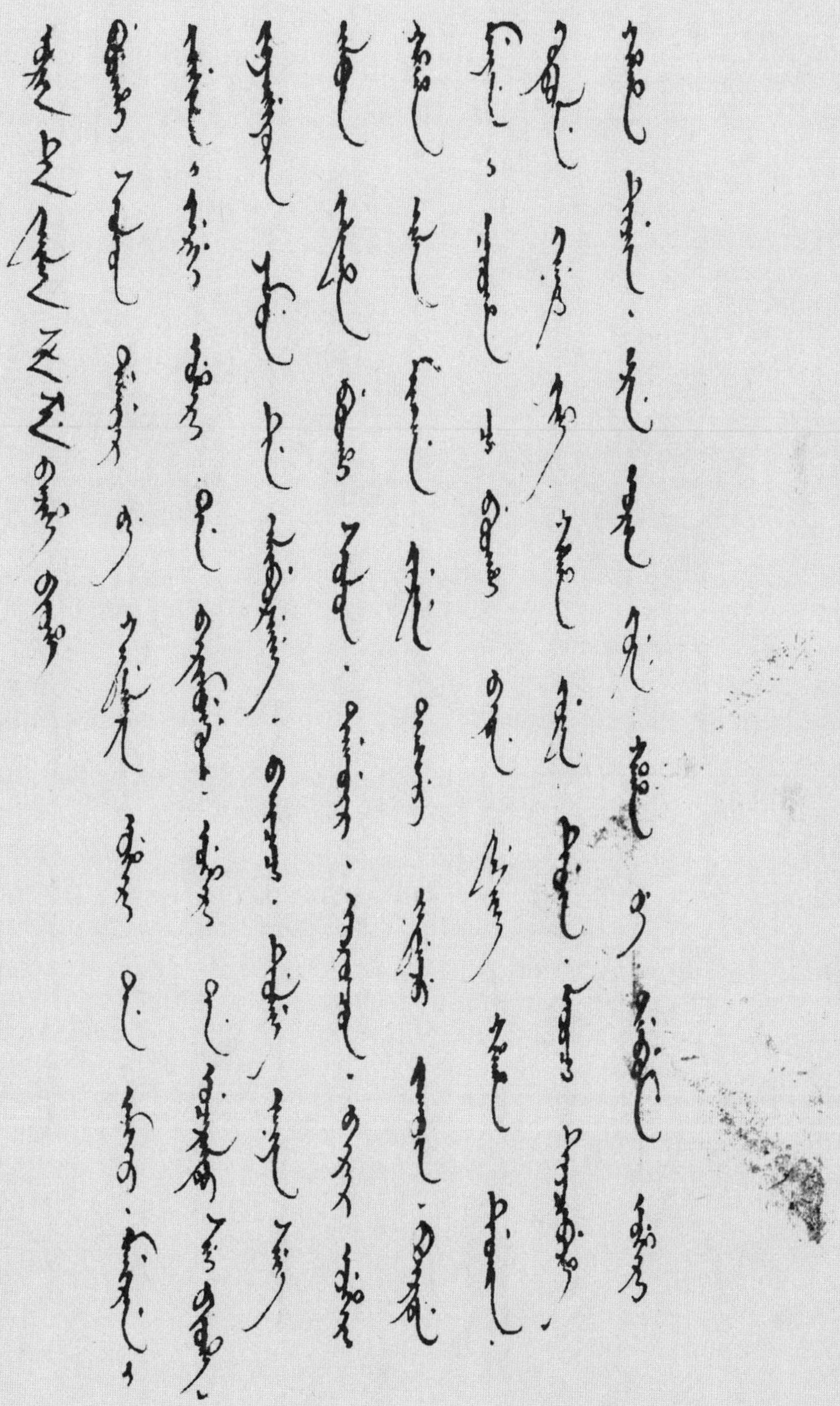

乾隆七年五月二十日

一七〇　布特哈索伦达斡尔总管纳木球等为报索伦达斡尔等打牲丁及交纳貂皮数目事呈黑龙江将军衙门文

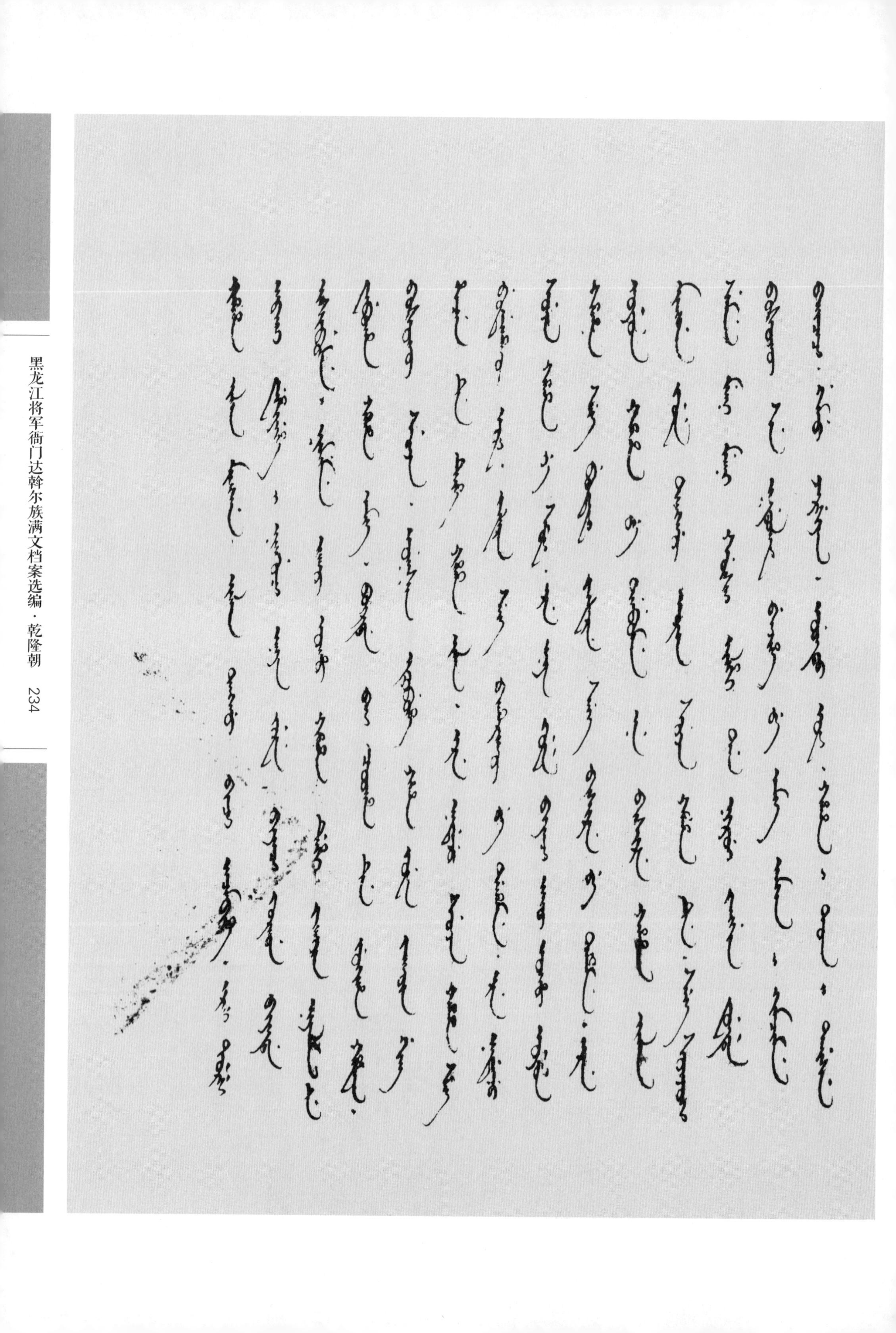

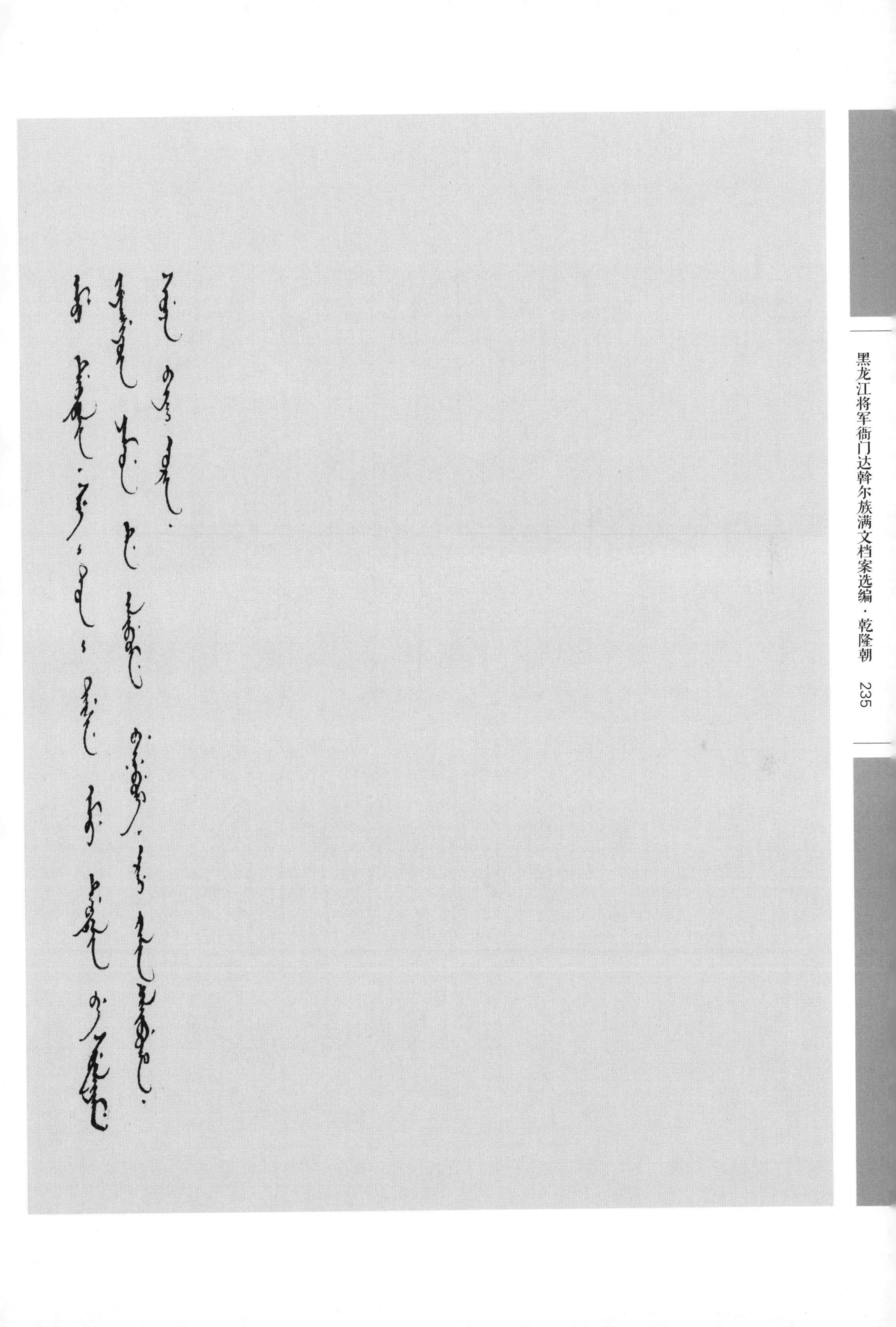

[illegible]

[illegible]

[illegible]

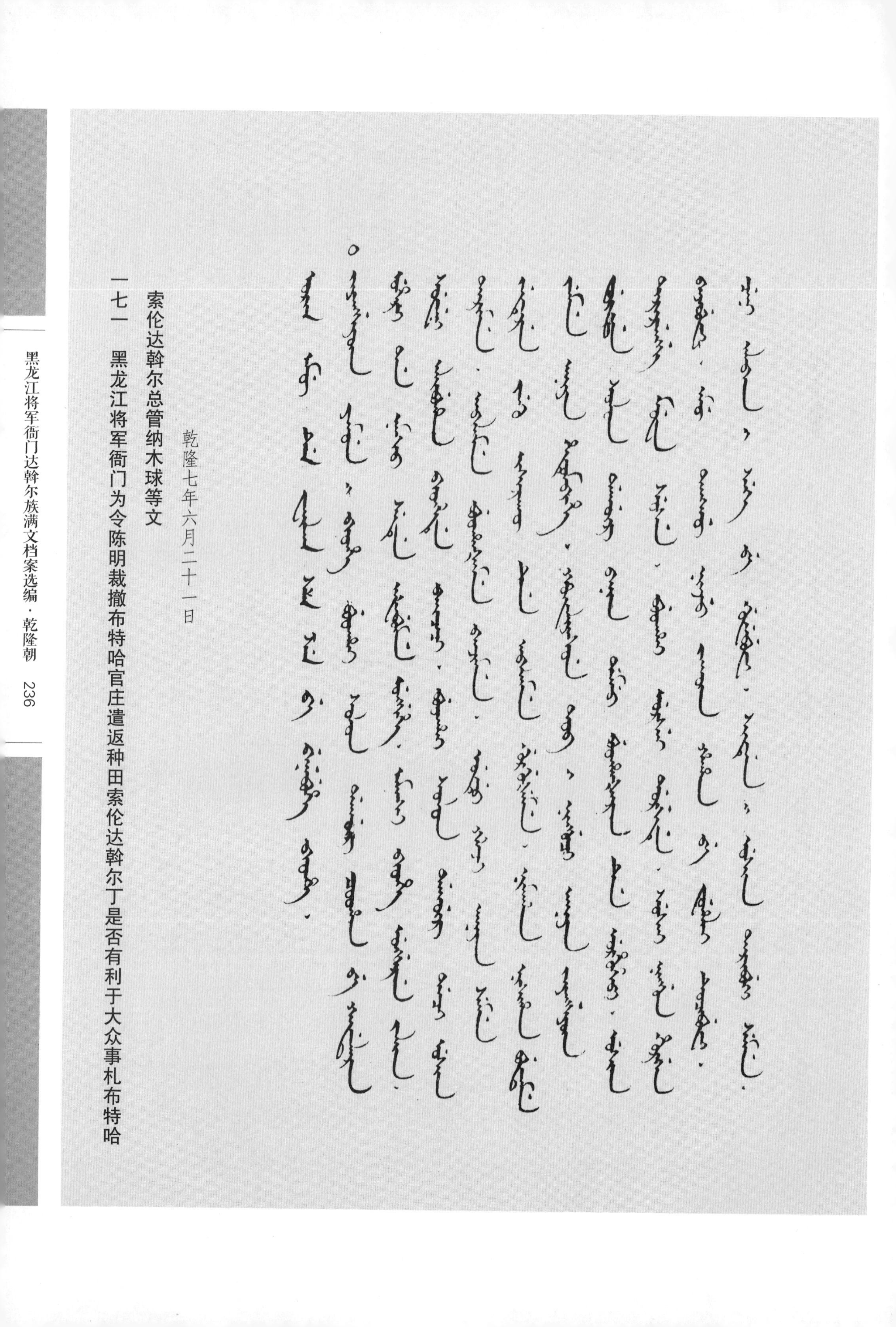

一七一 黑龙江将军衙门为令陈明裁撤布特哈官庄遣返种田索伦达斡尔丁是否有利于大众事札布特哈索伦达斡尔总管纳木球等文

乾隆七年六月二十一日

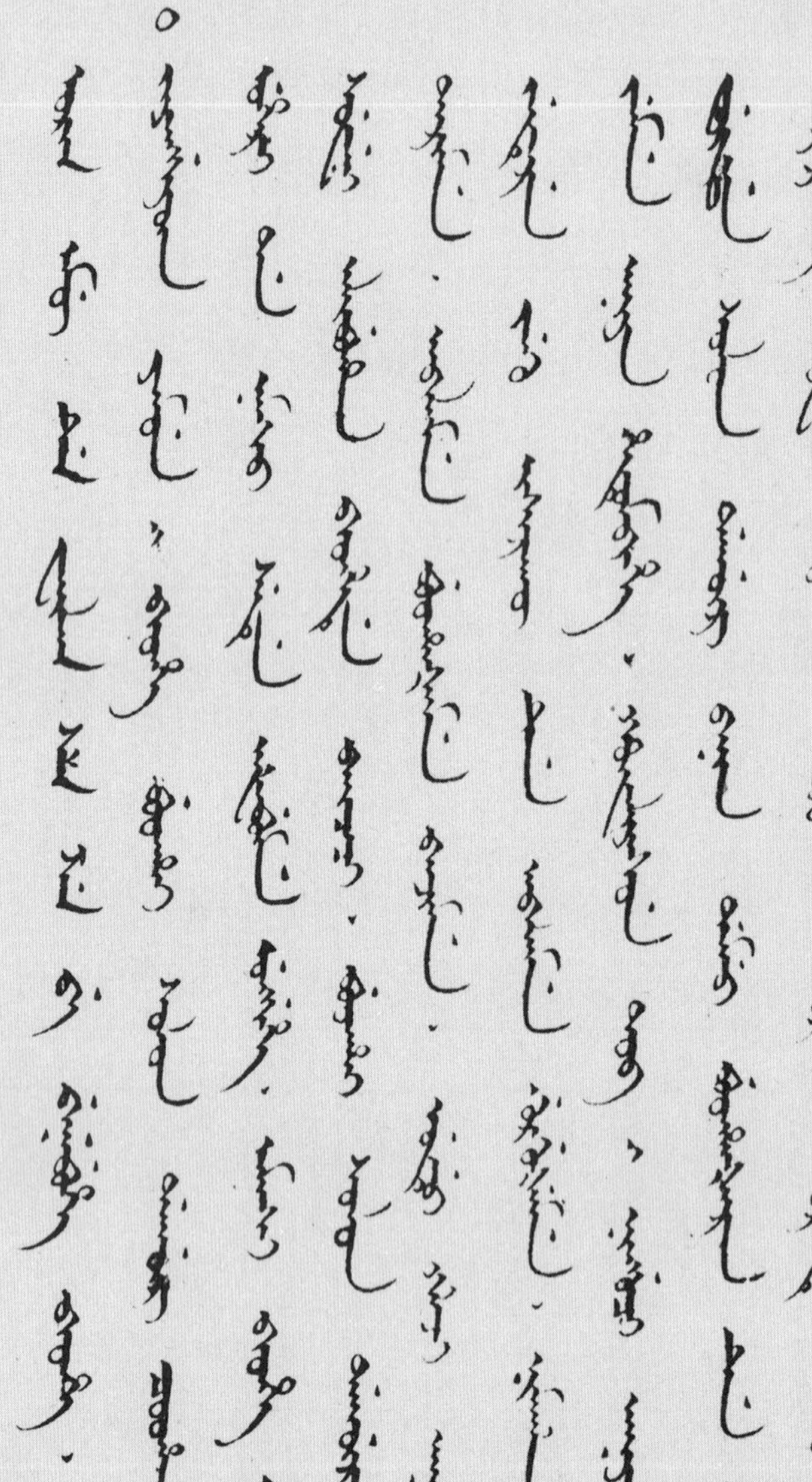

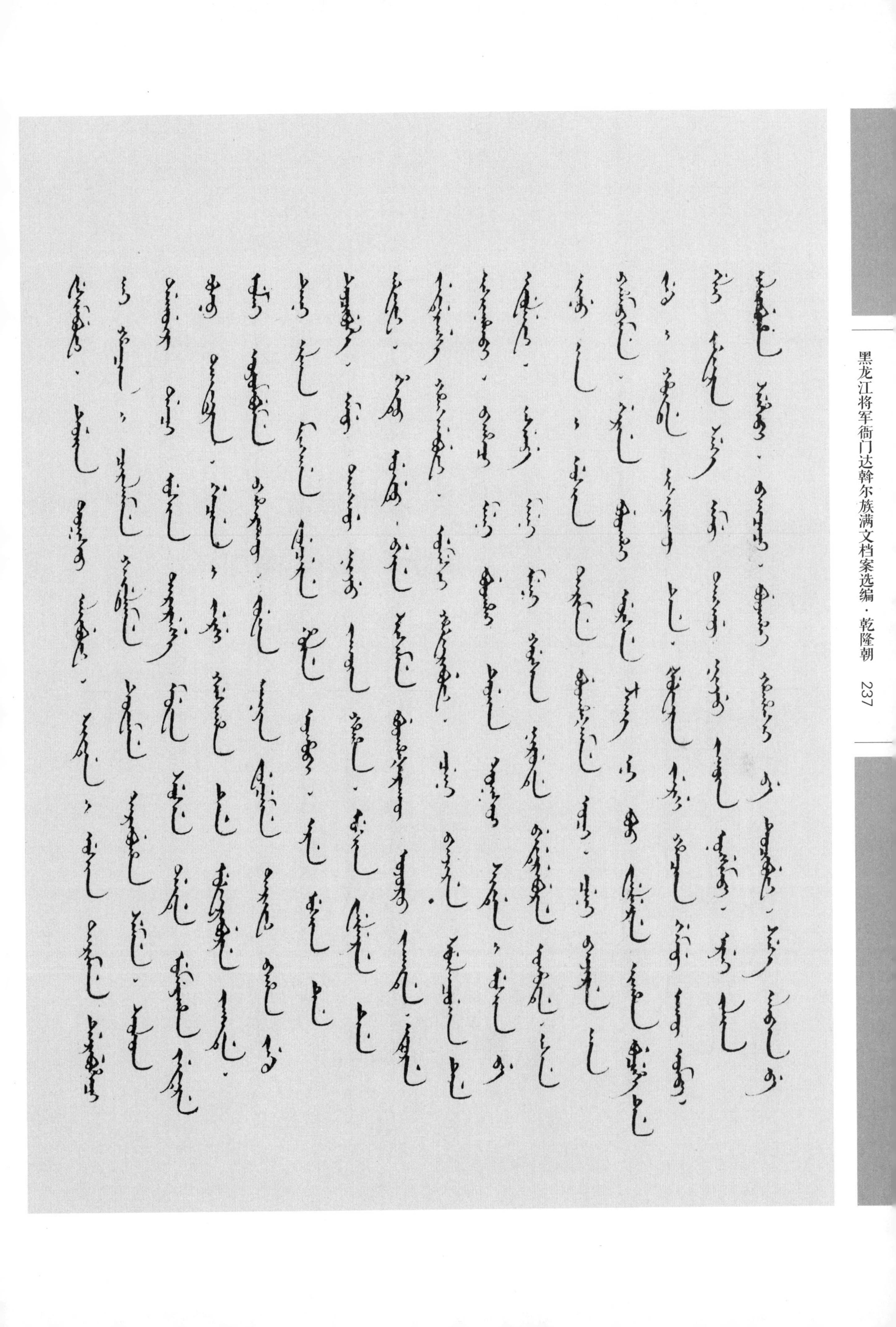

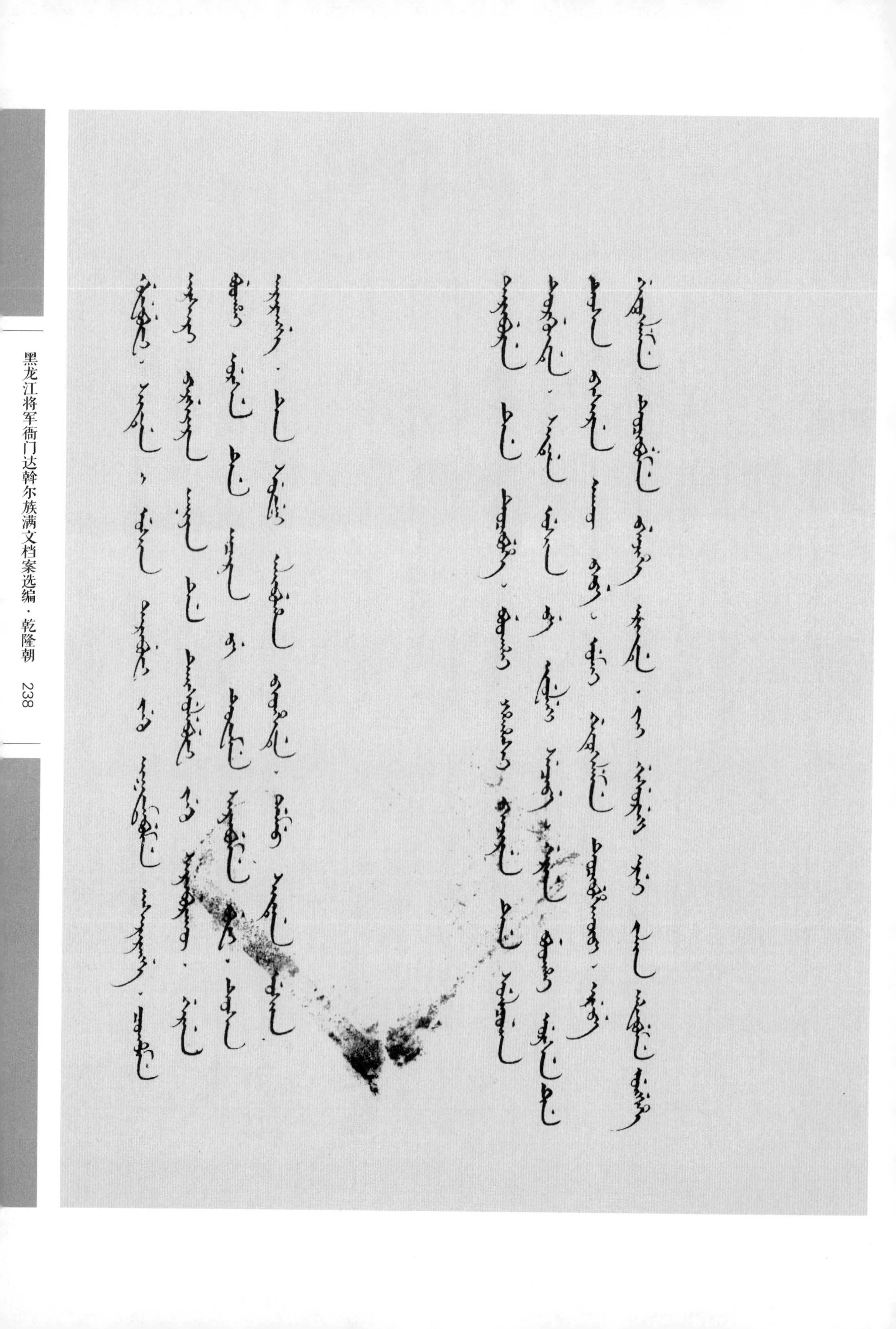

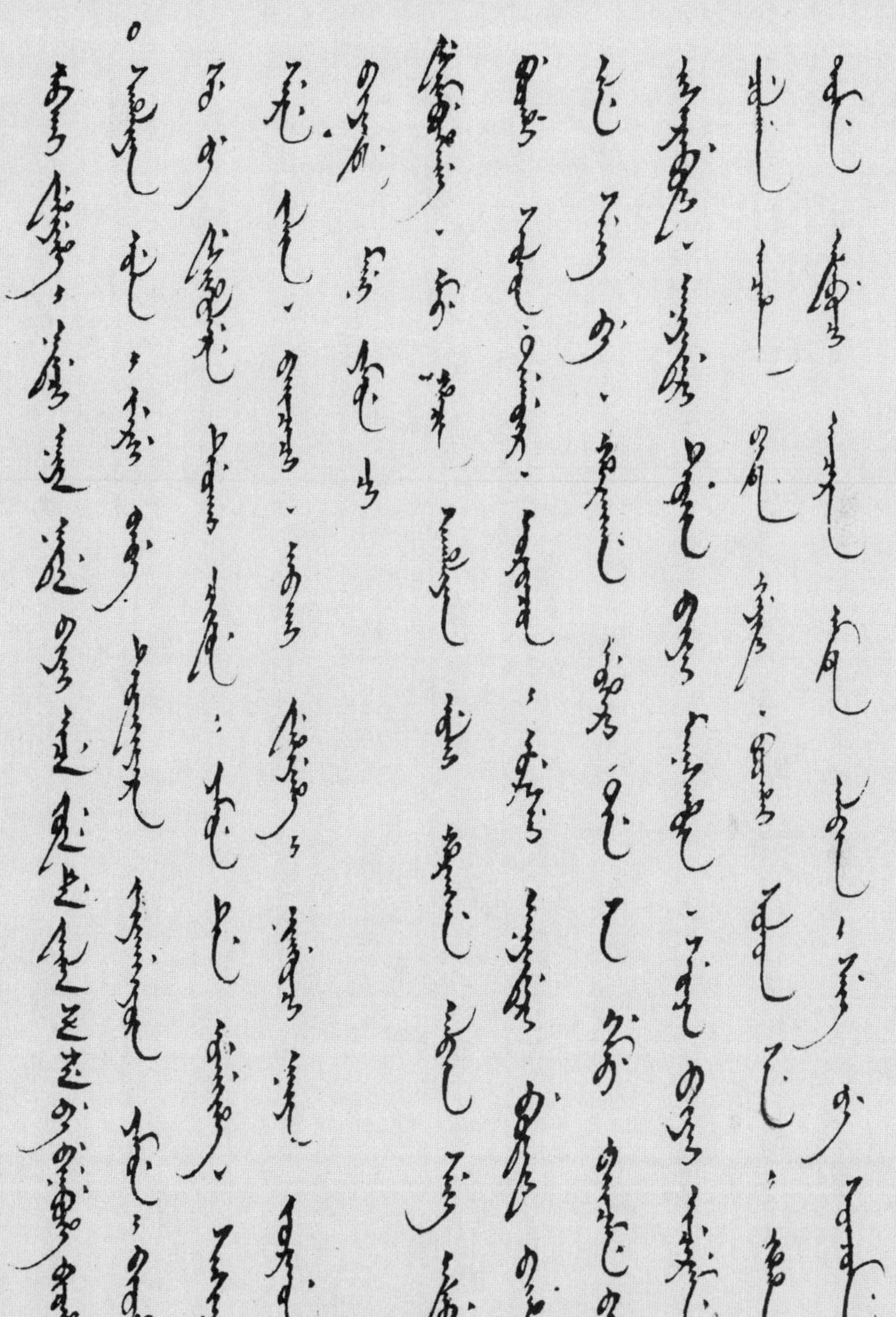

乾隆七年七月初二日

一七二 黑龙江将军衙门为商人携带所买布特哈索伦达斡尔等貂皮赴京贩卖请准予入关事咨崇文门税务衙门文

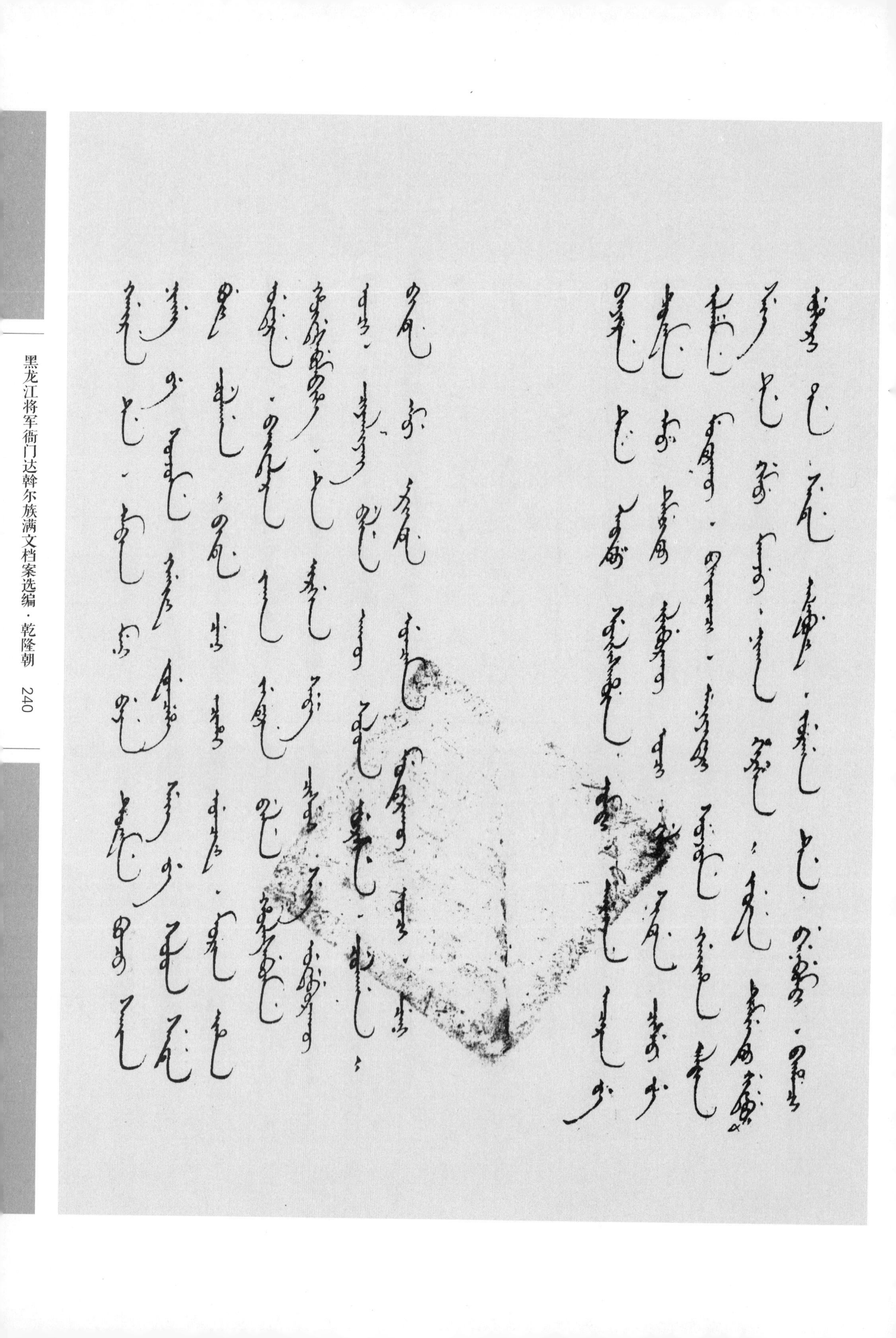

[illegible]

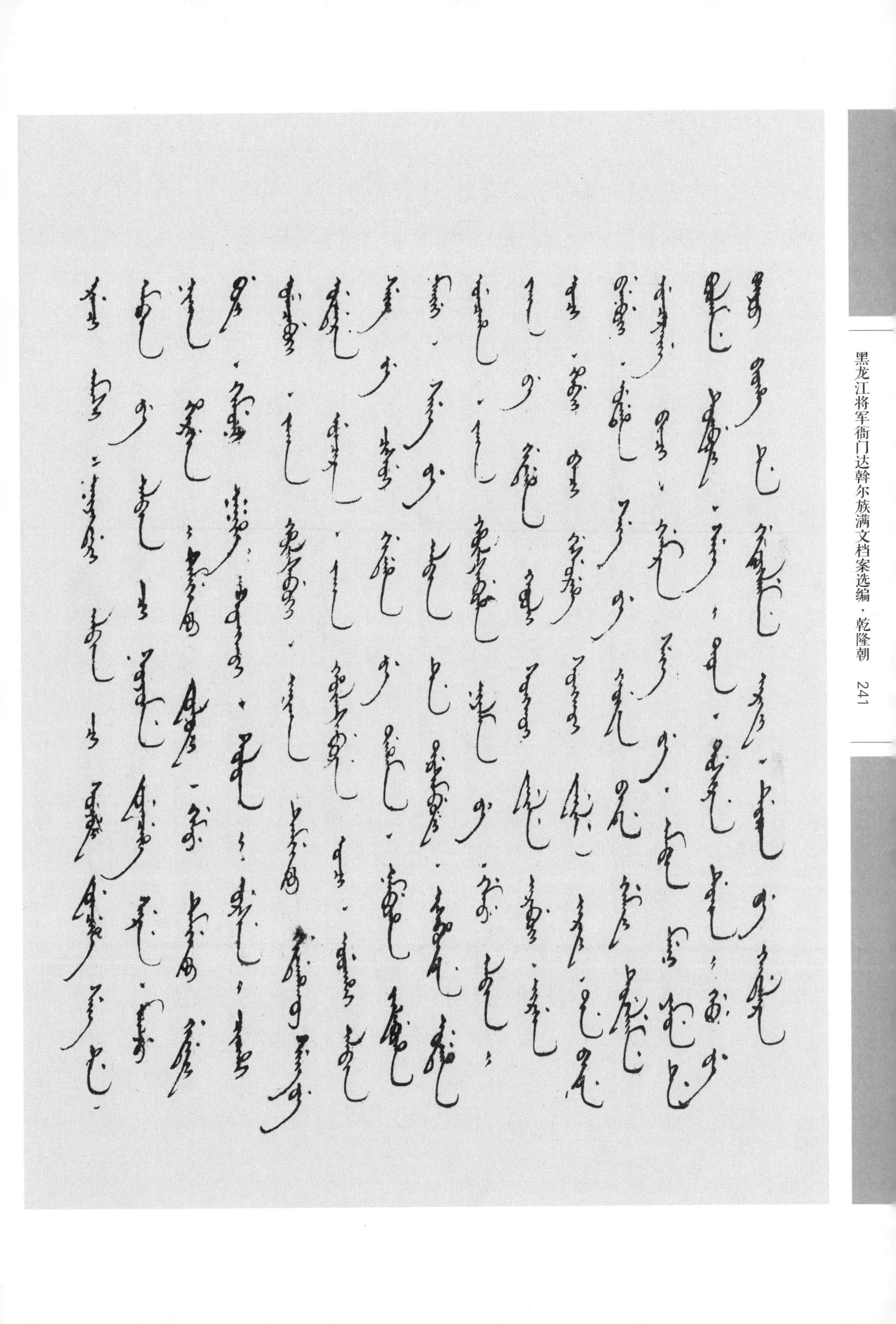

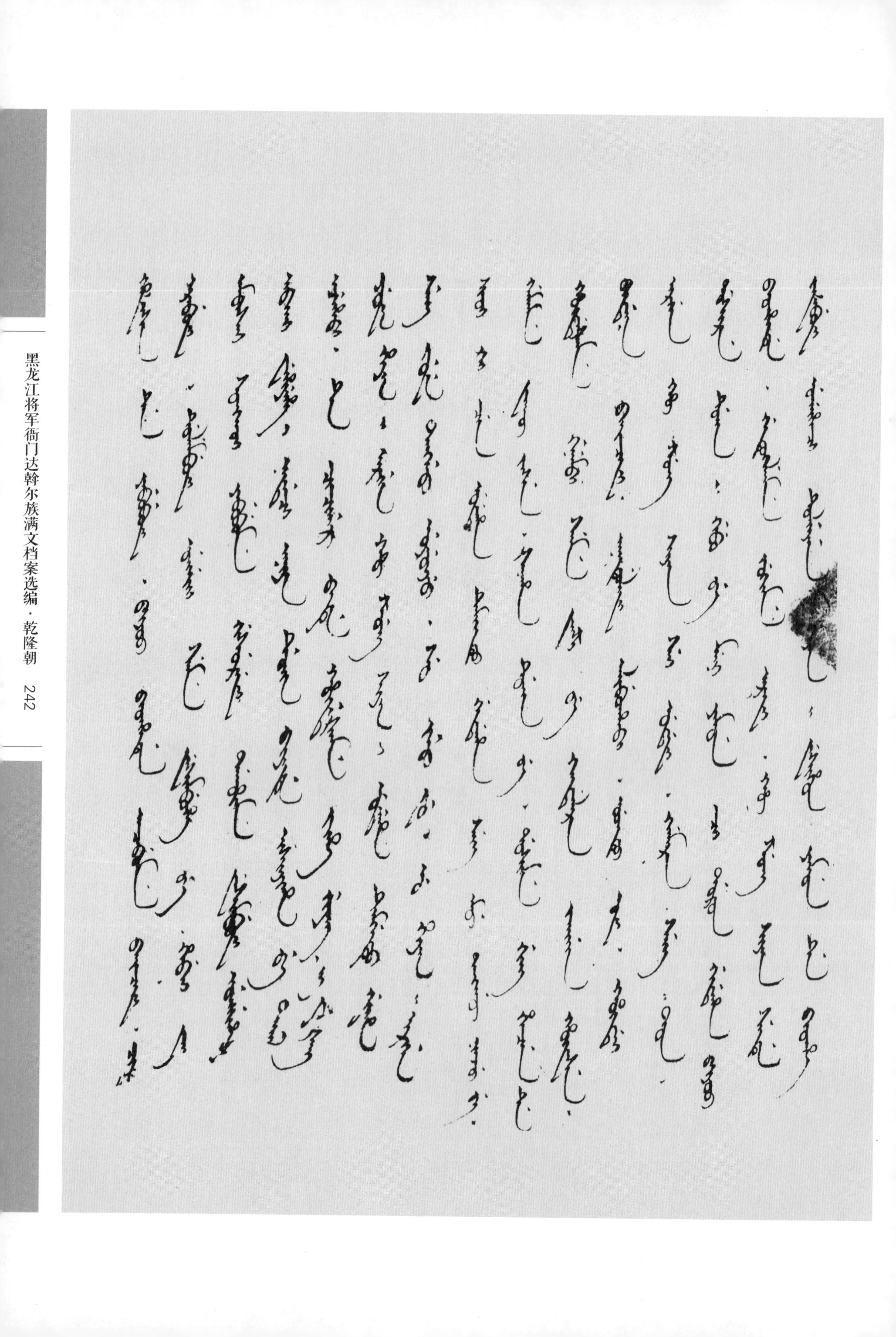

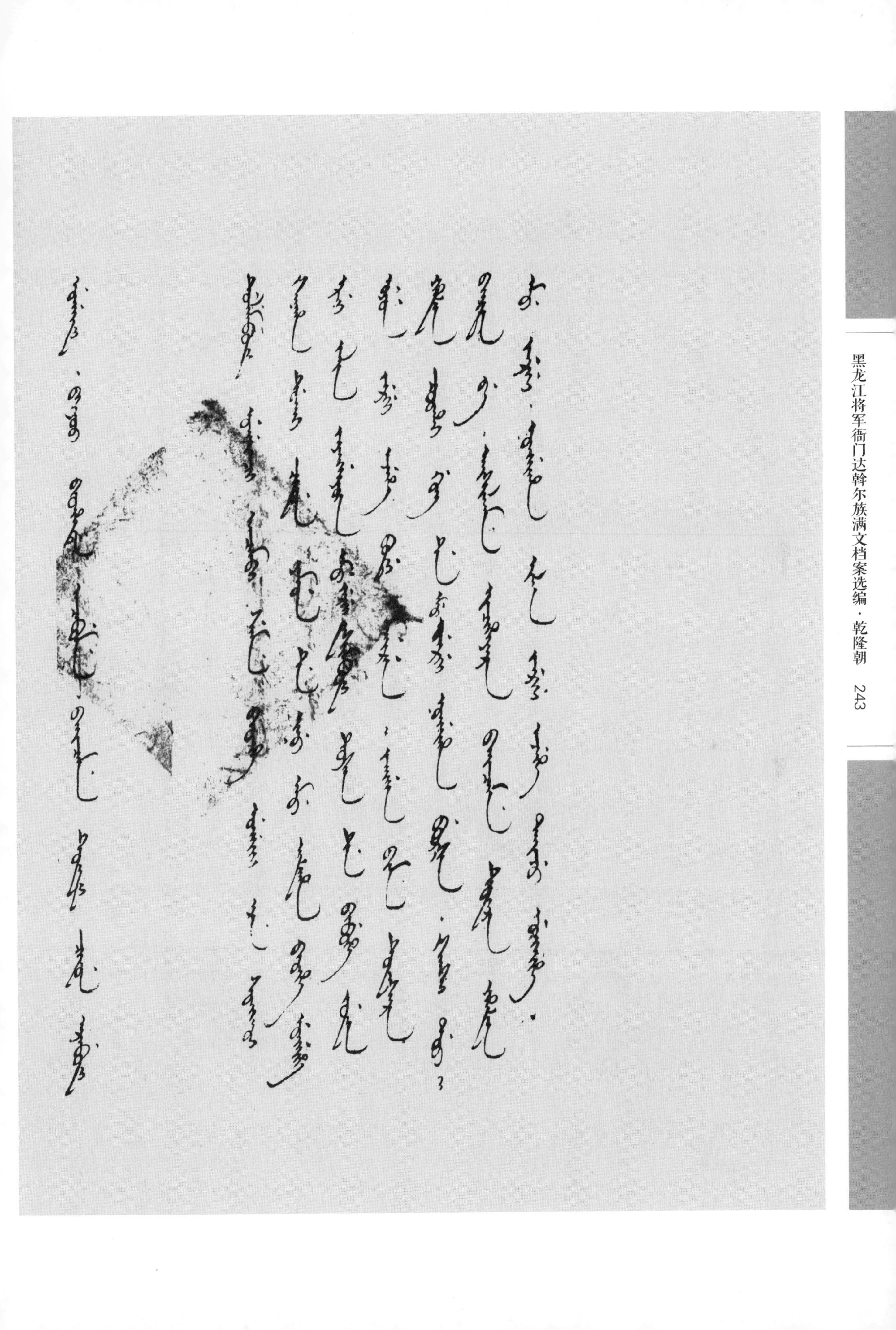

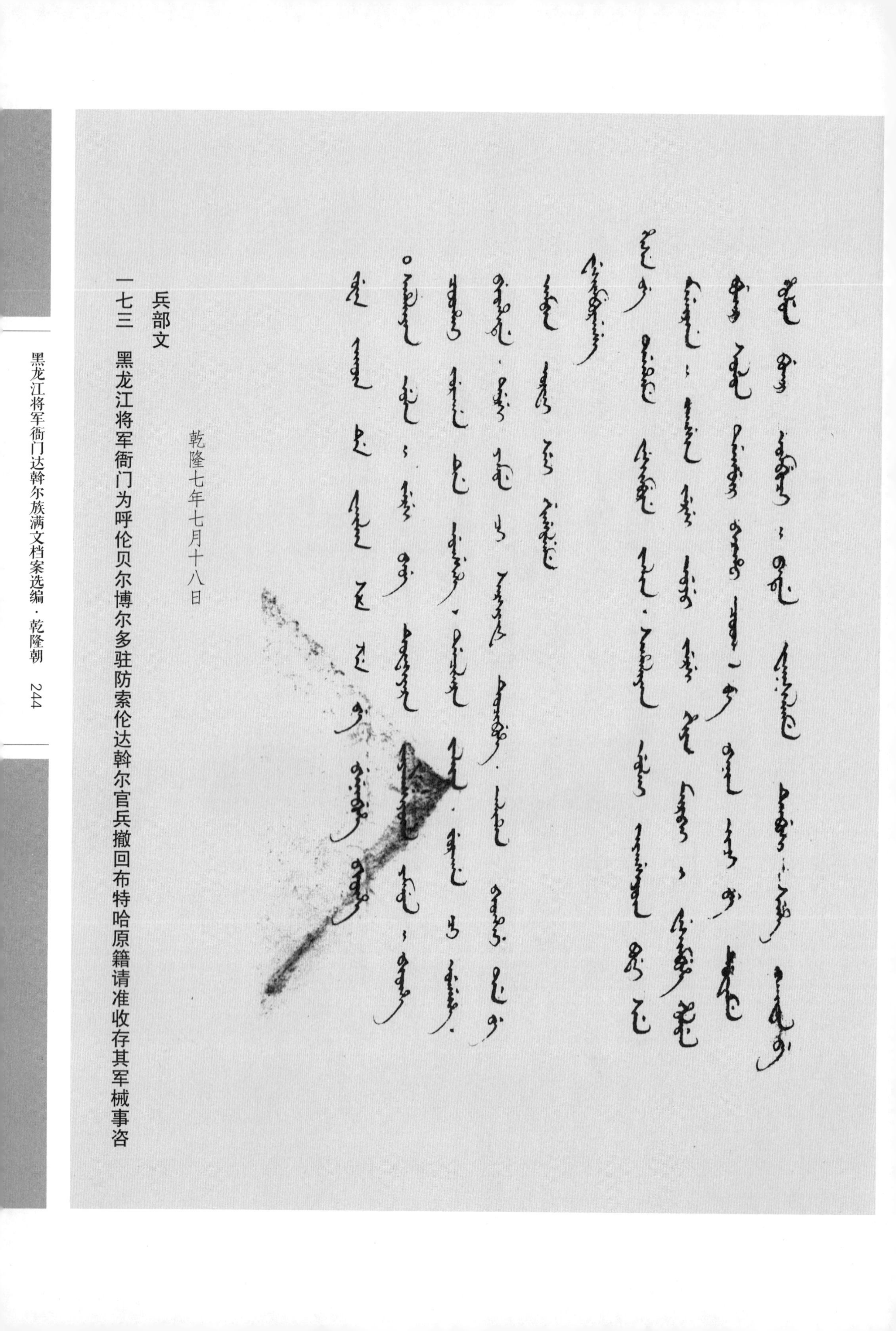

一七三　黑龙江将军衙门为呼伦贝尔博尔多驻防索伦达斡尔官兵撤回布特哈原籍请准收存其军械事咨

兵部文

乾隆七年七月十八日

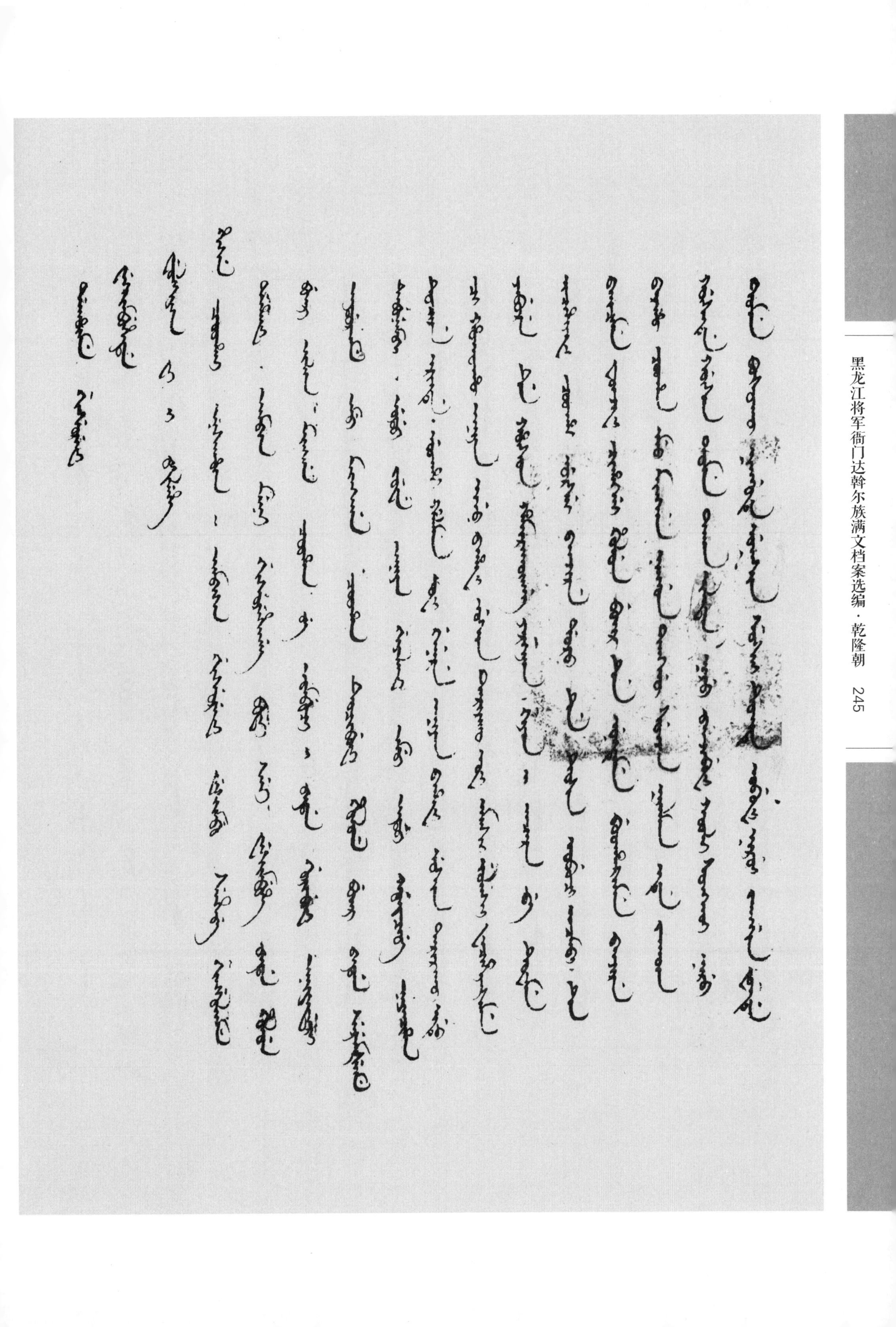

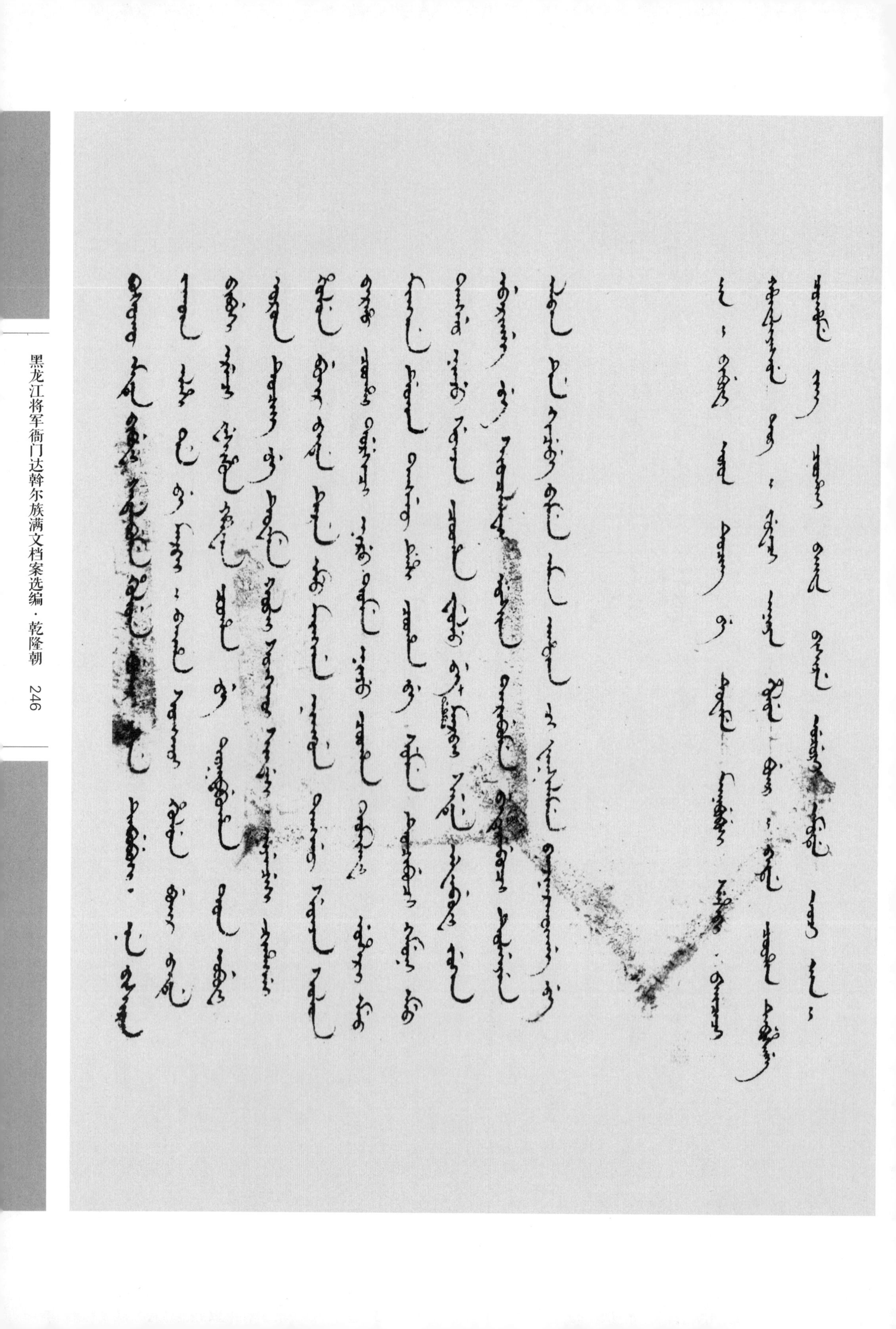

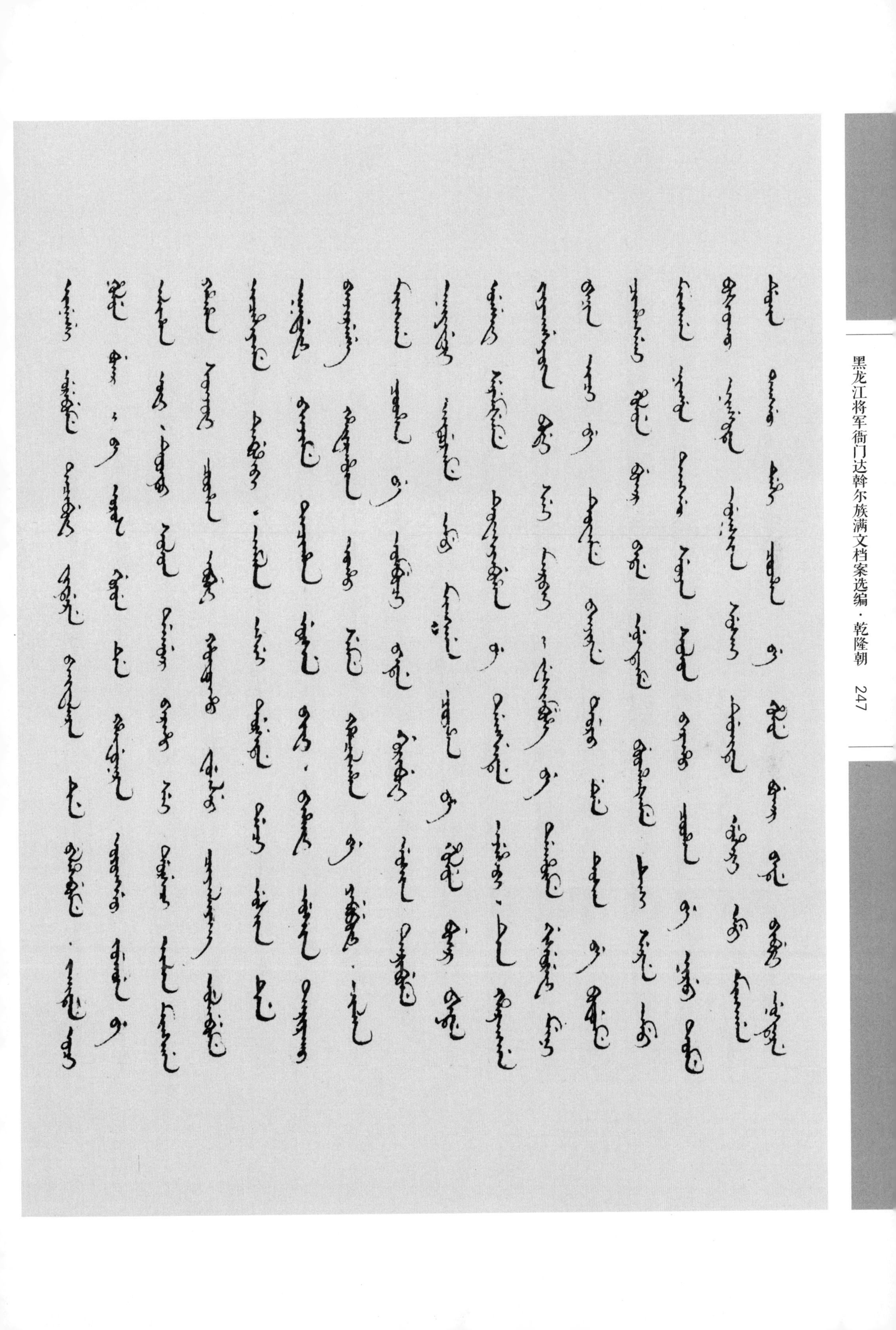

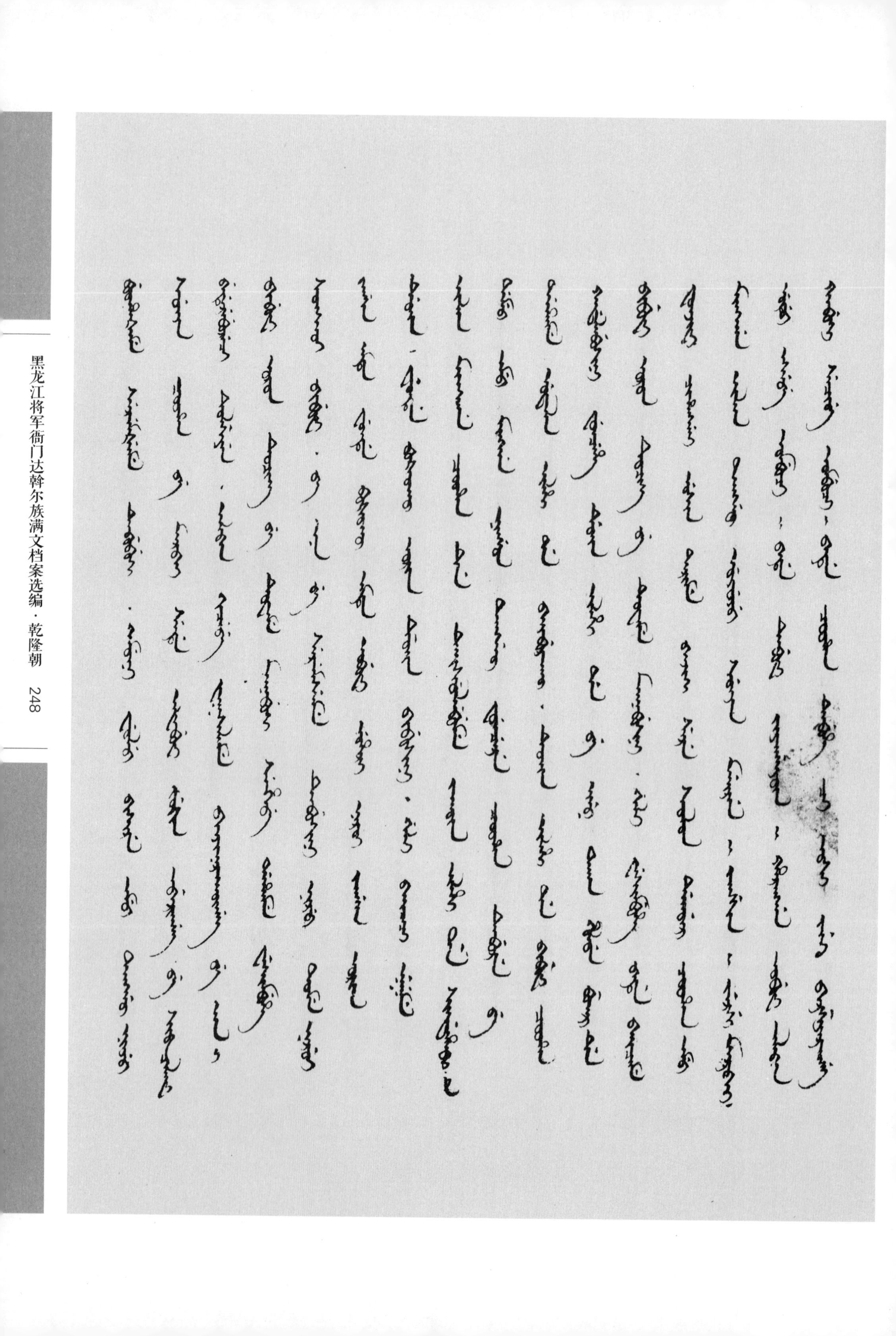

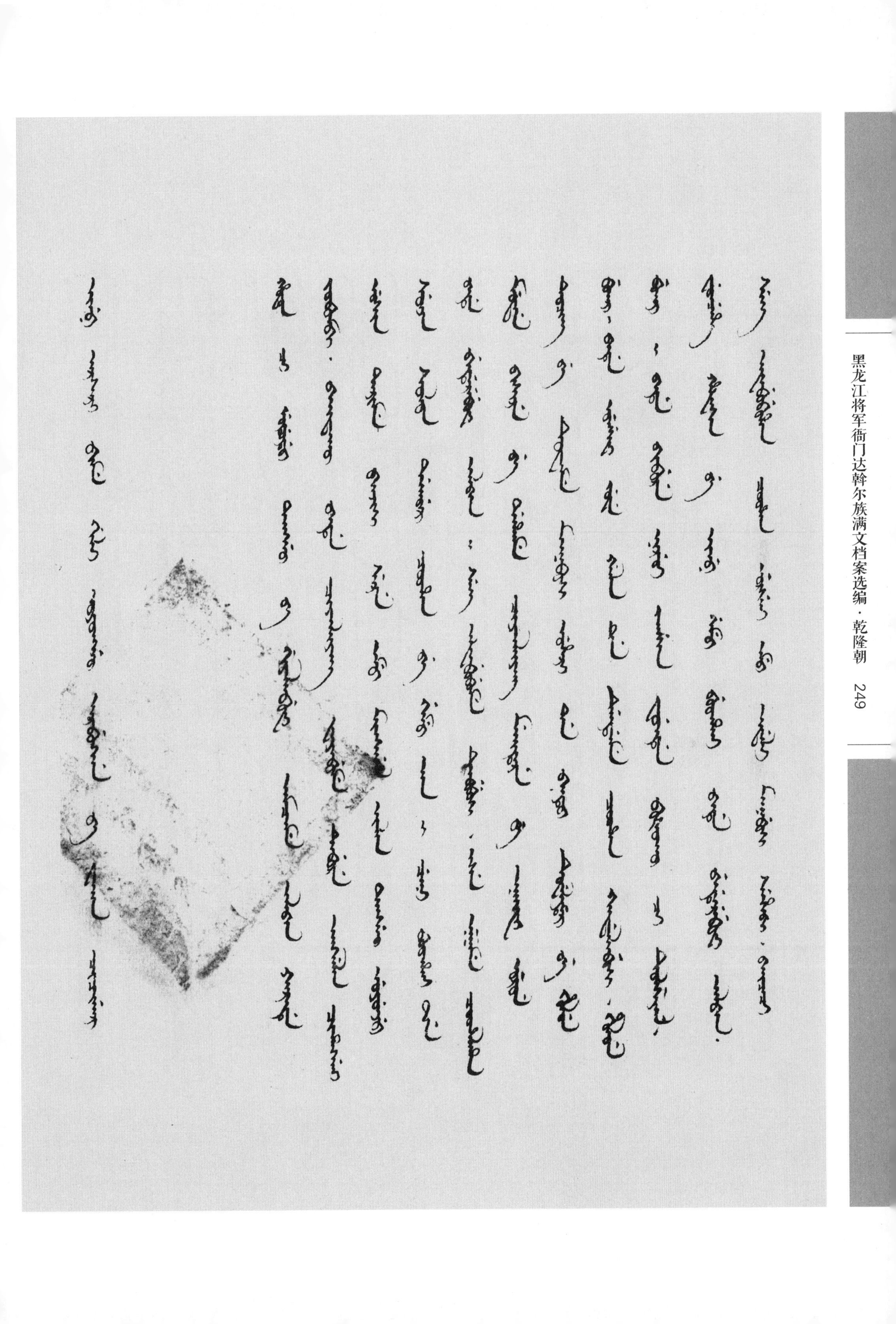

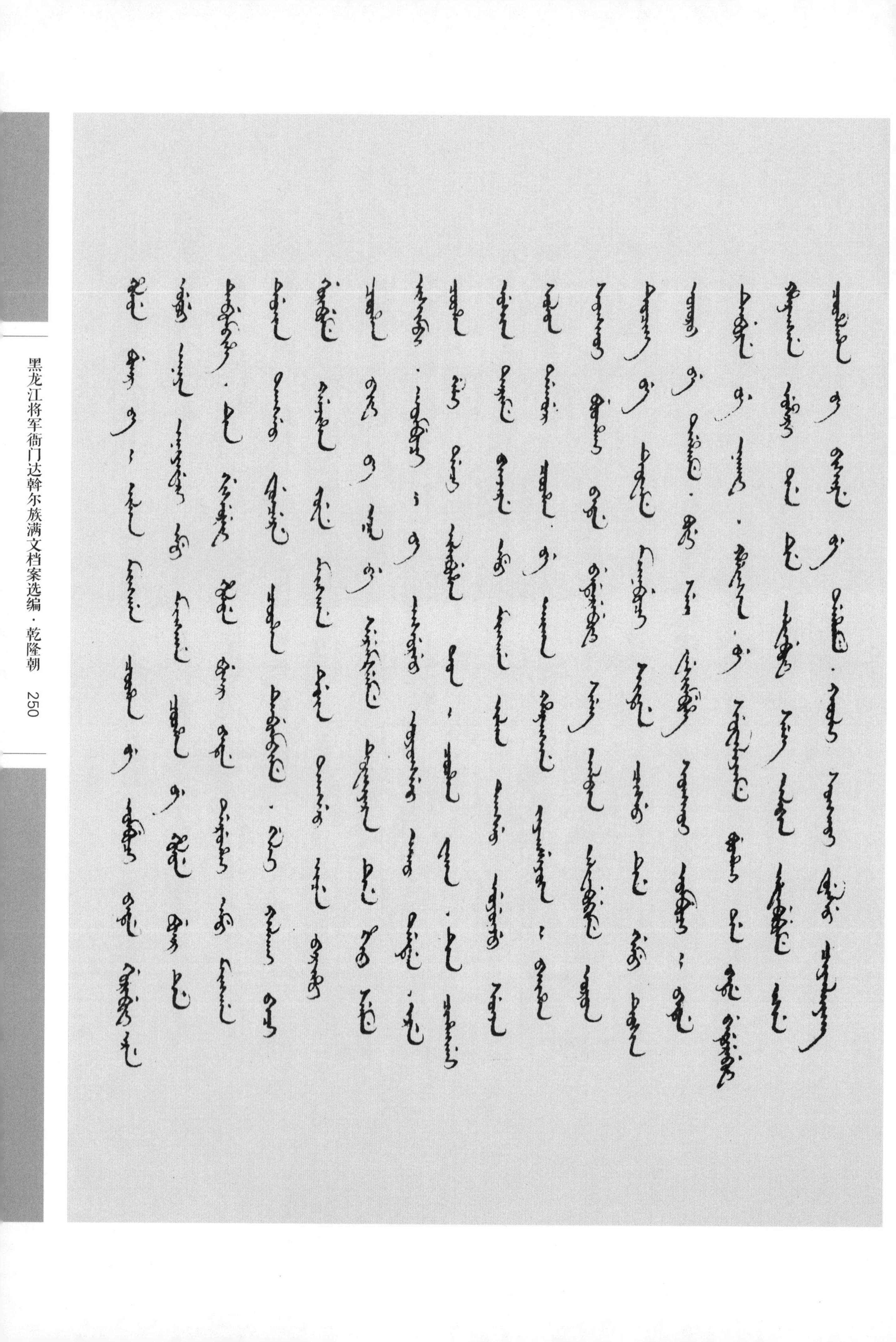

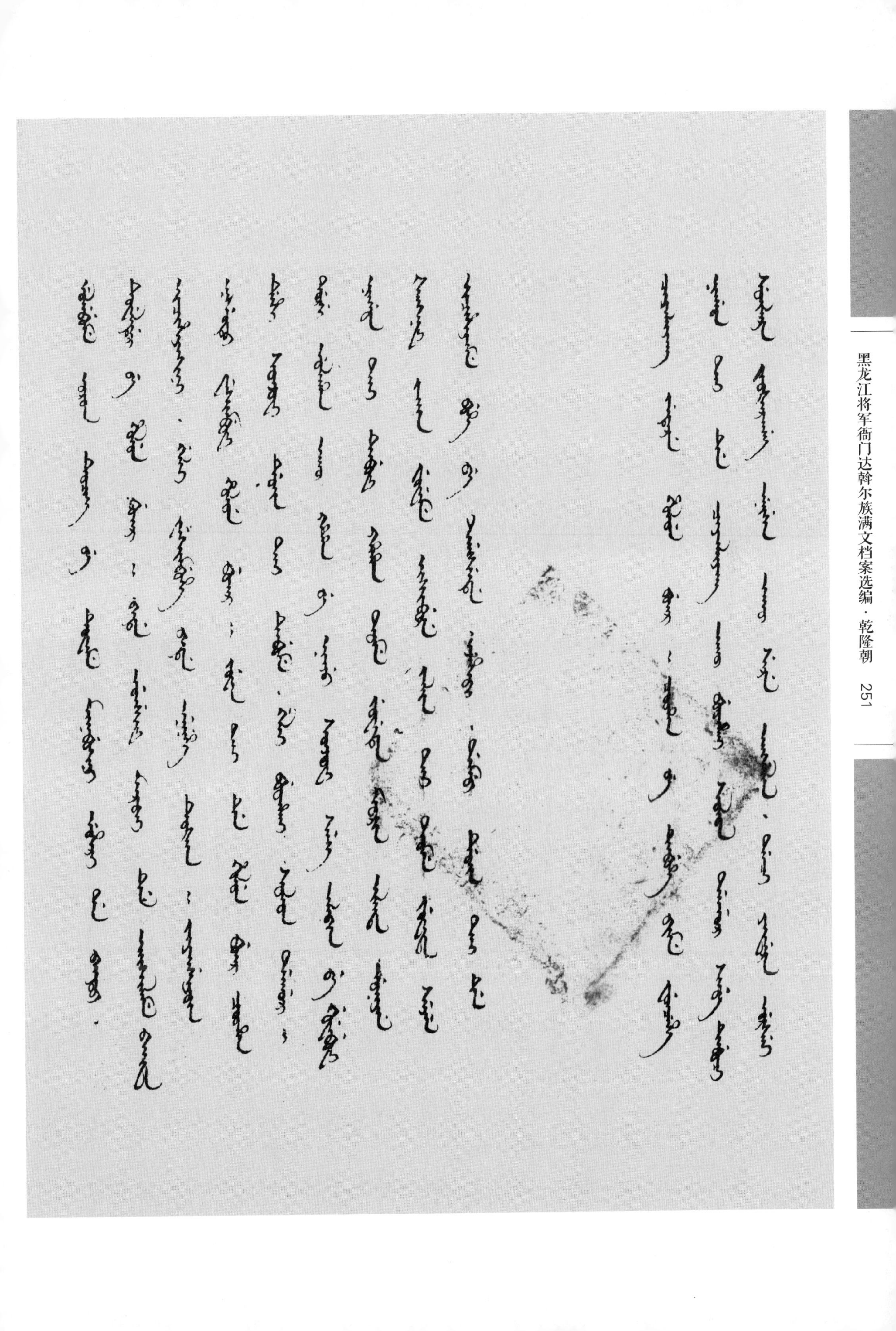

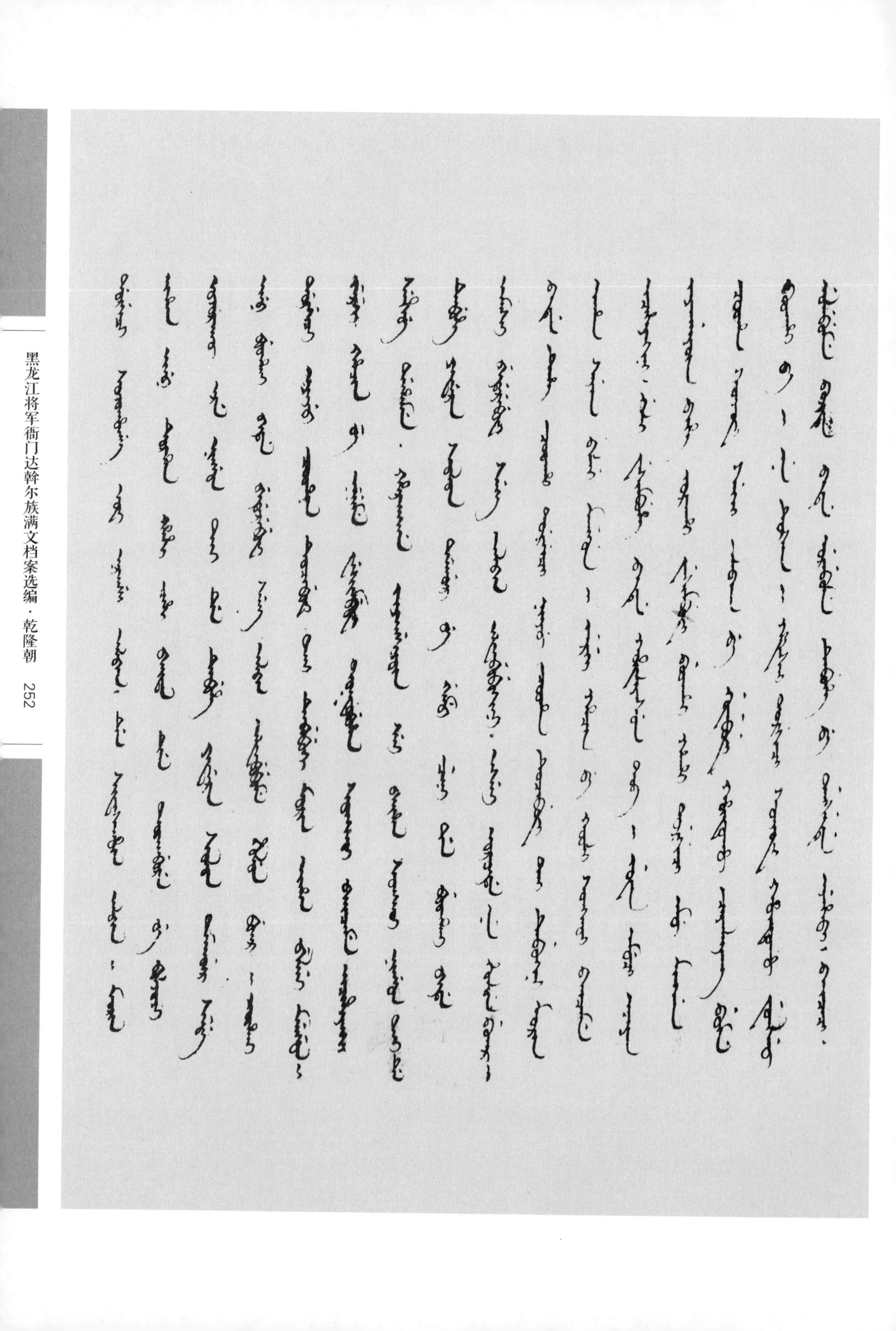

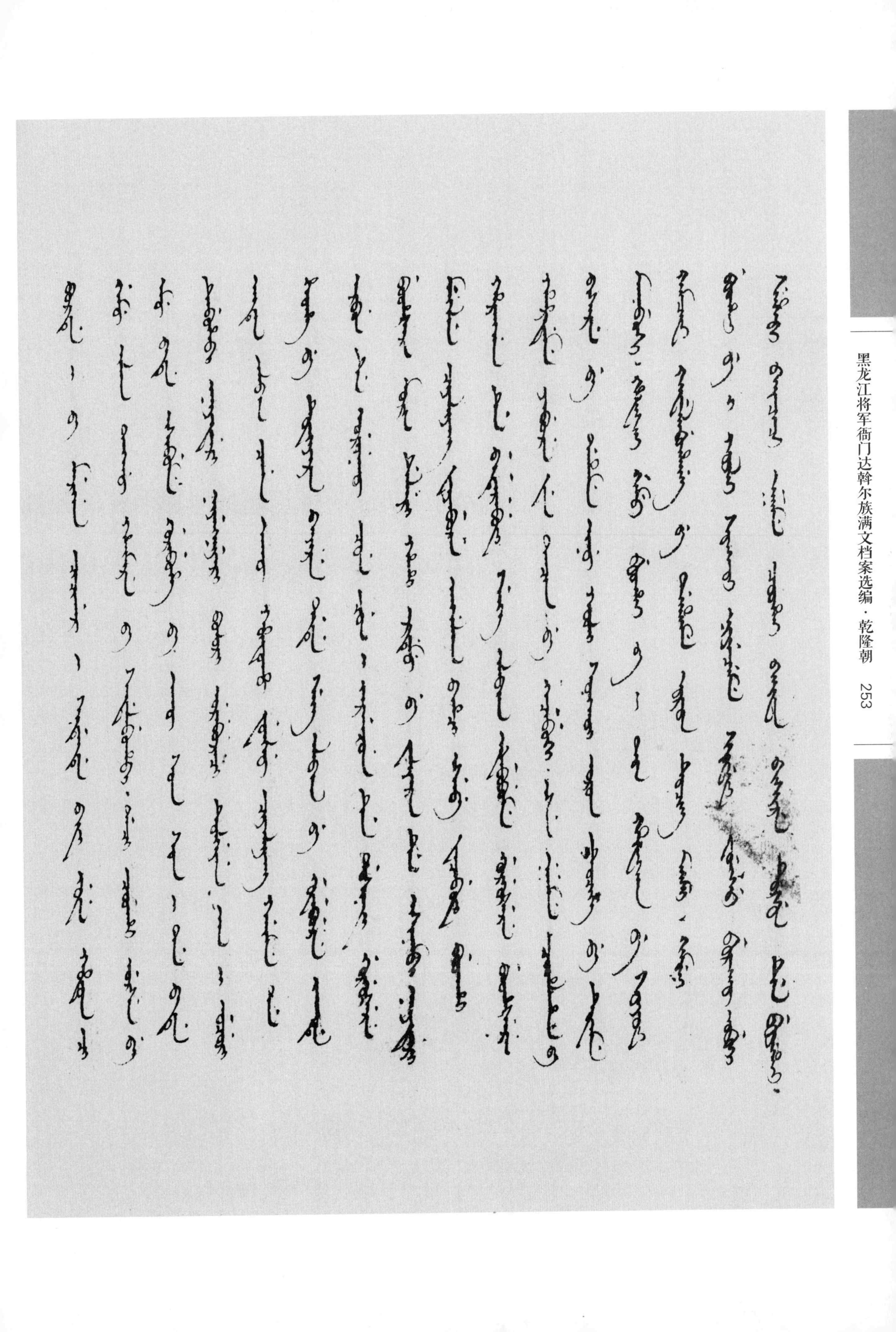

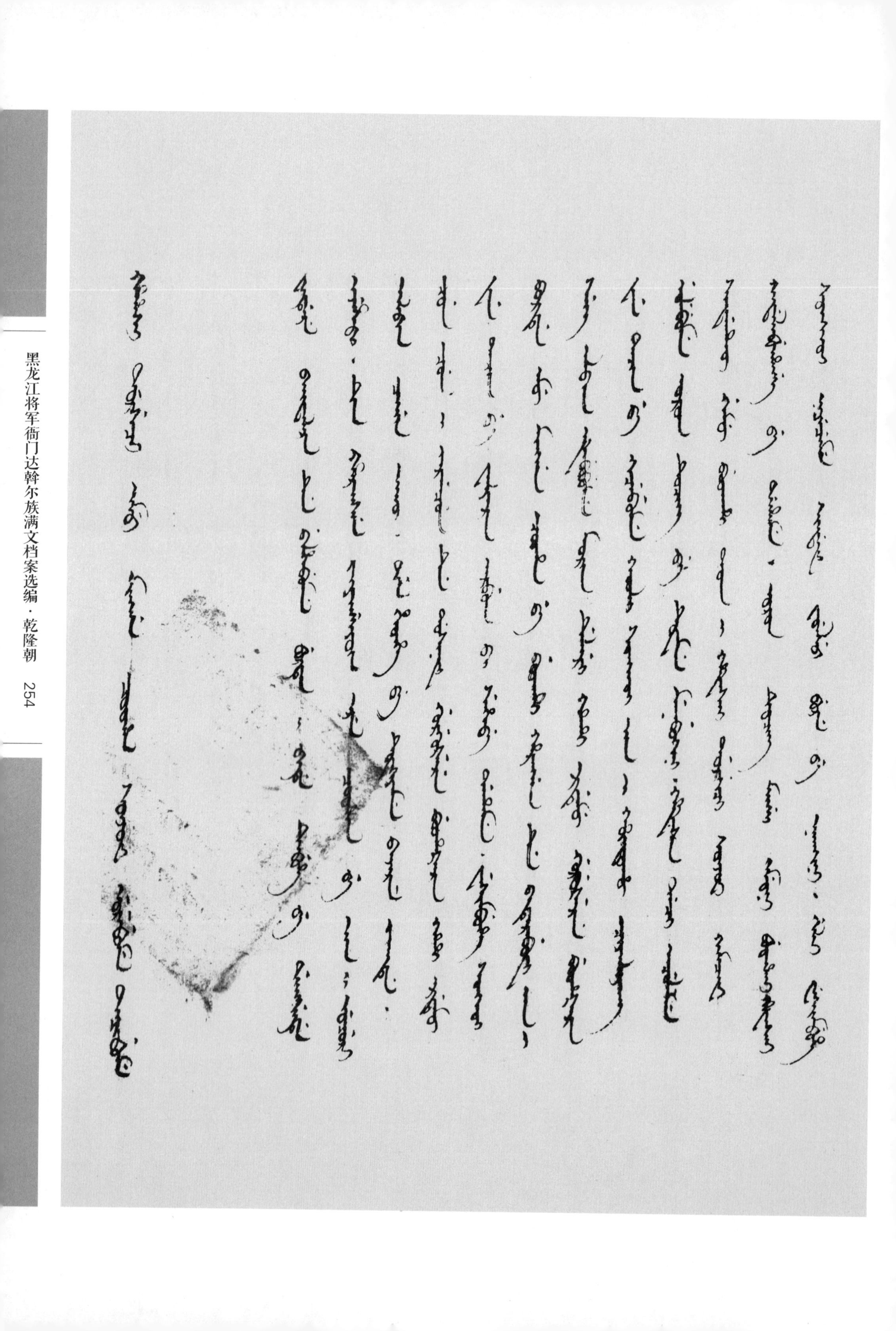

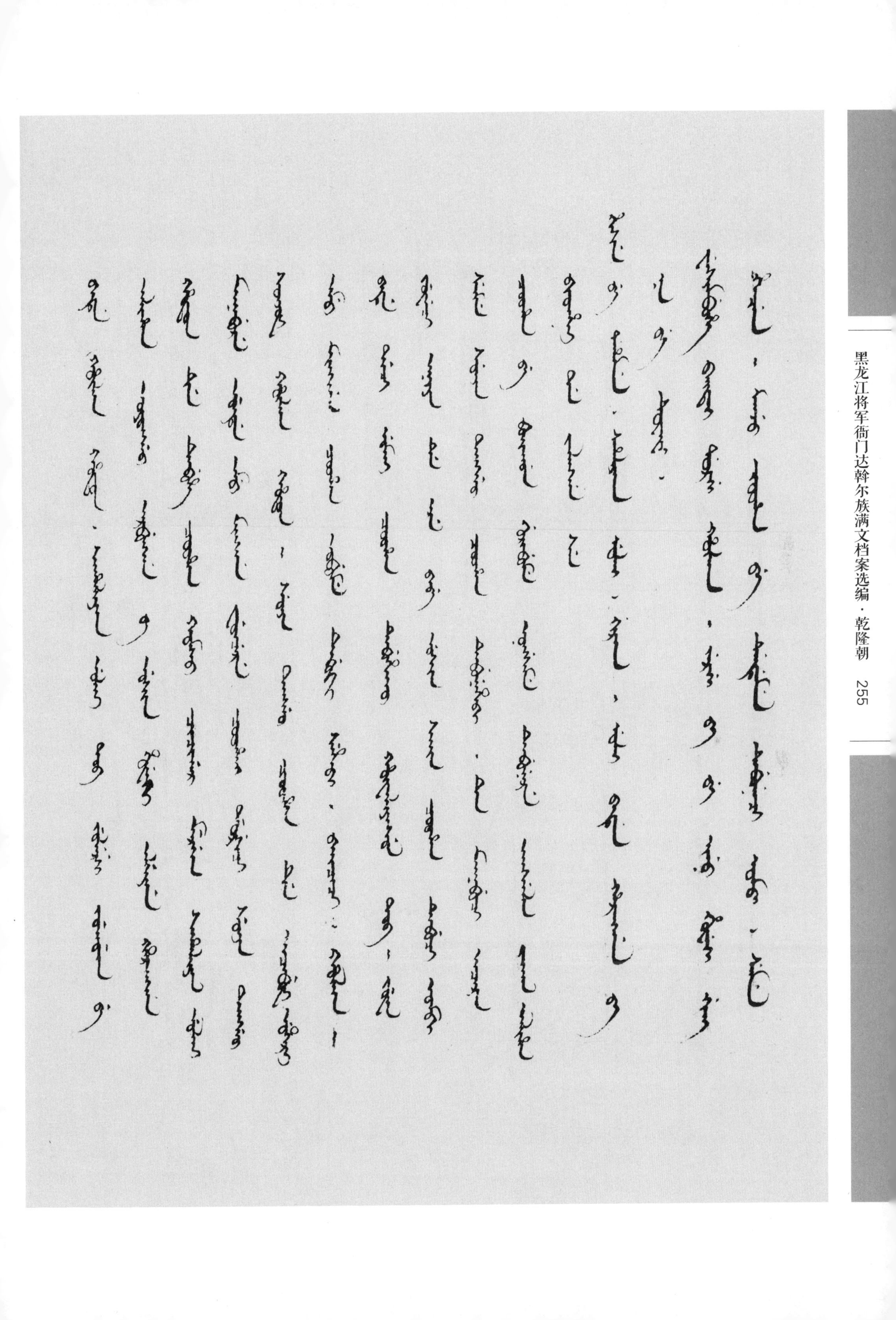

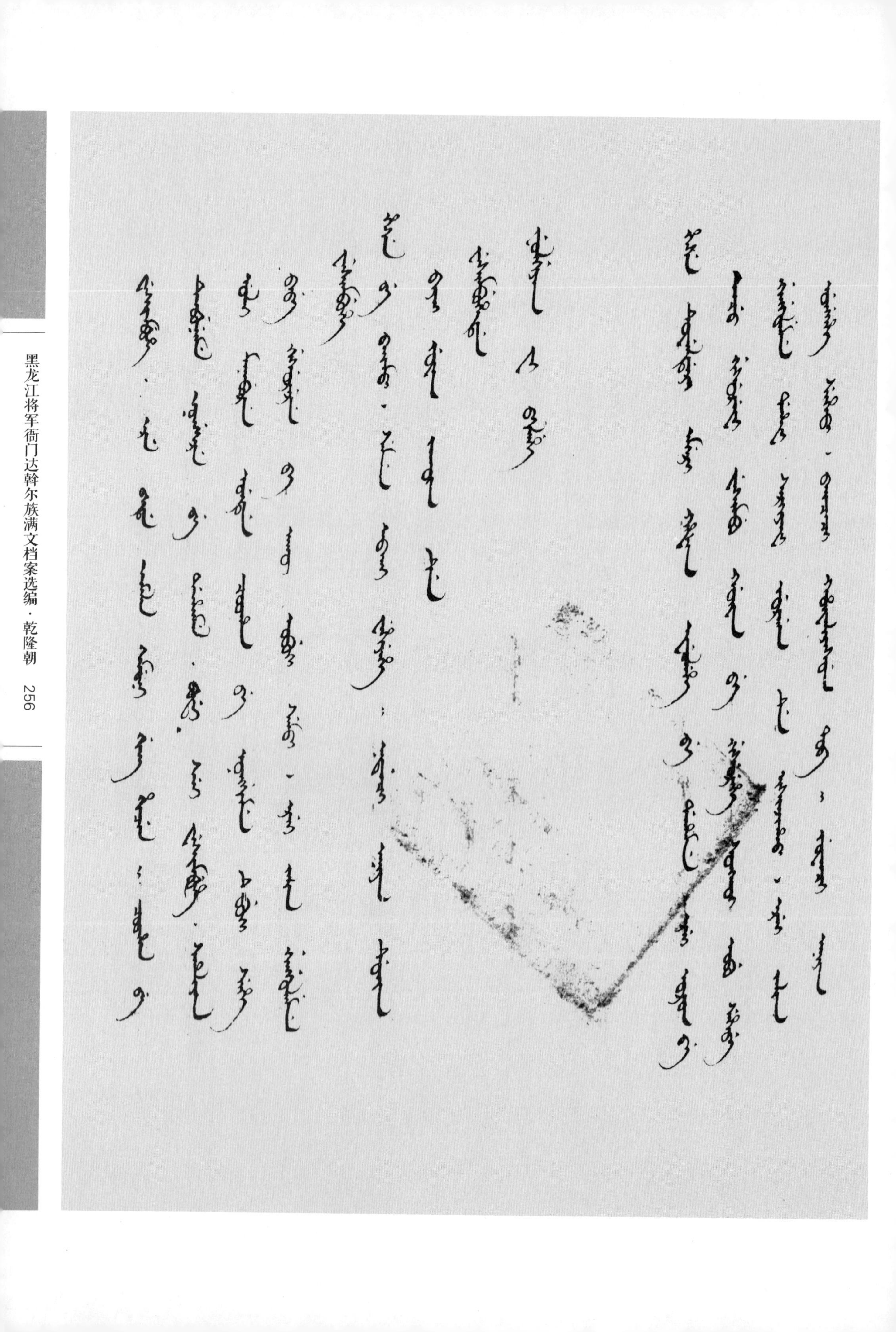

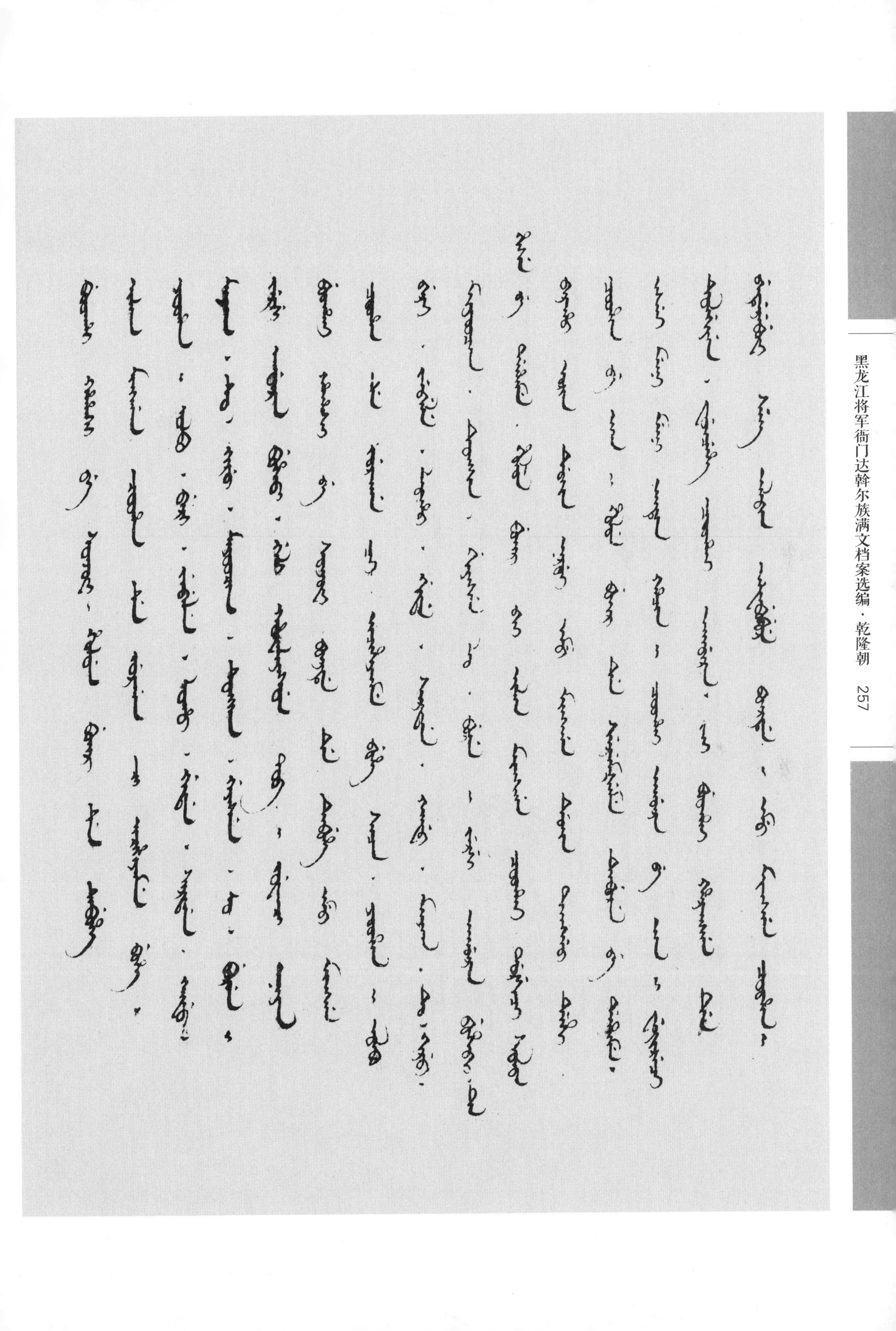

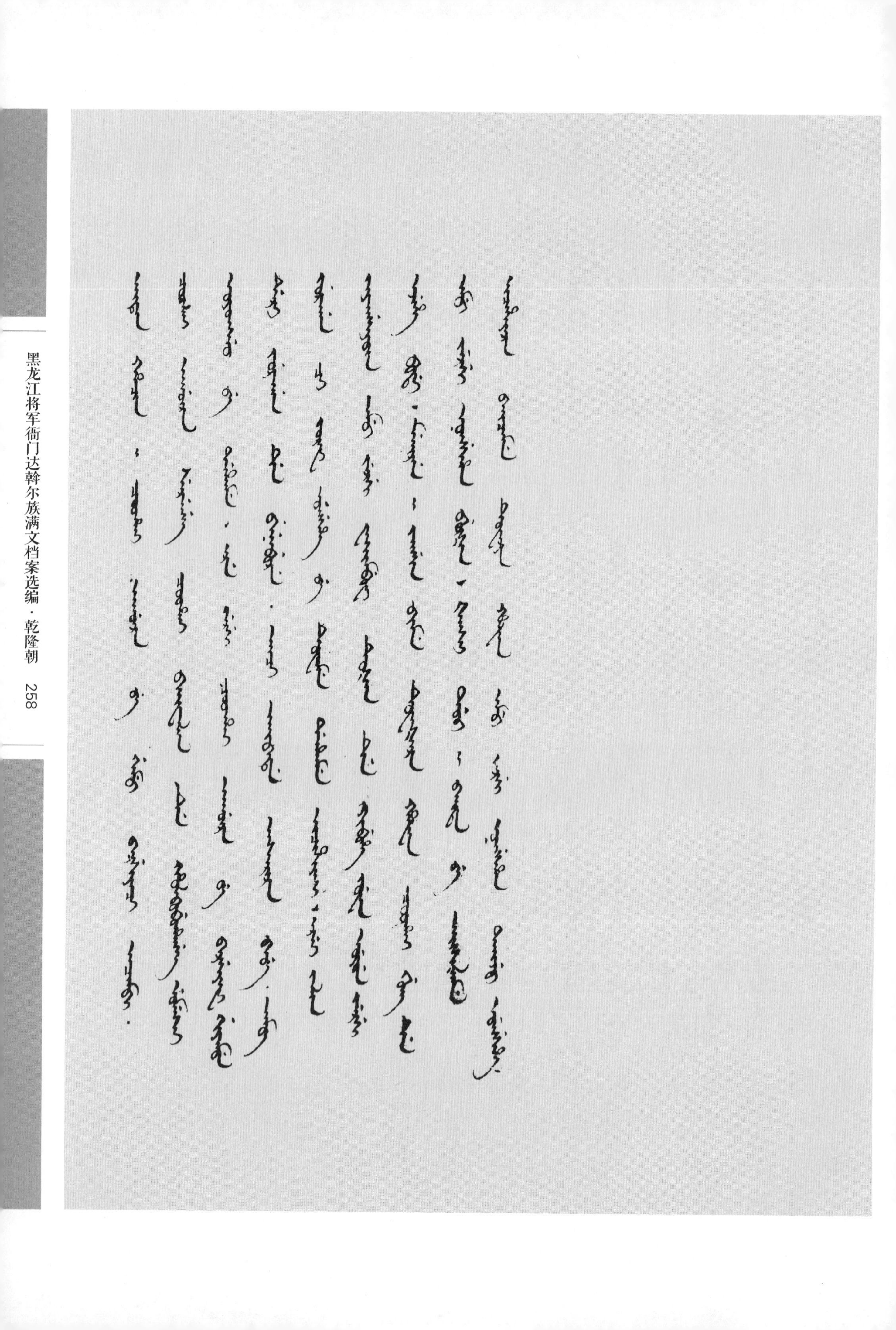

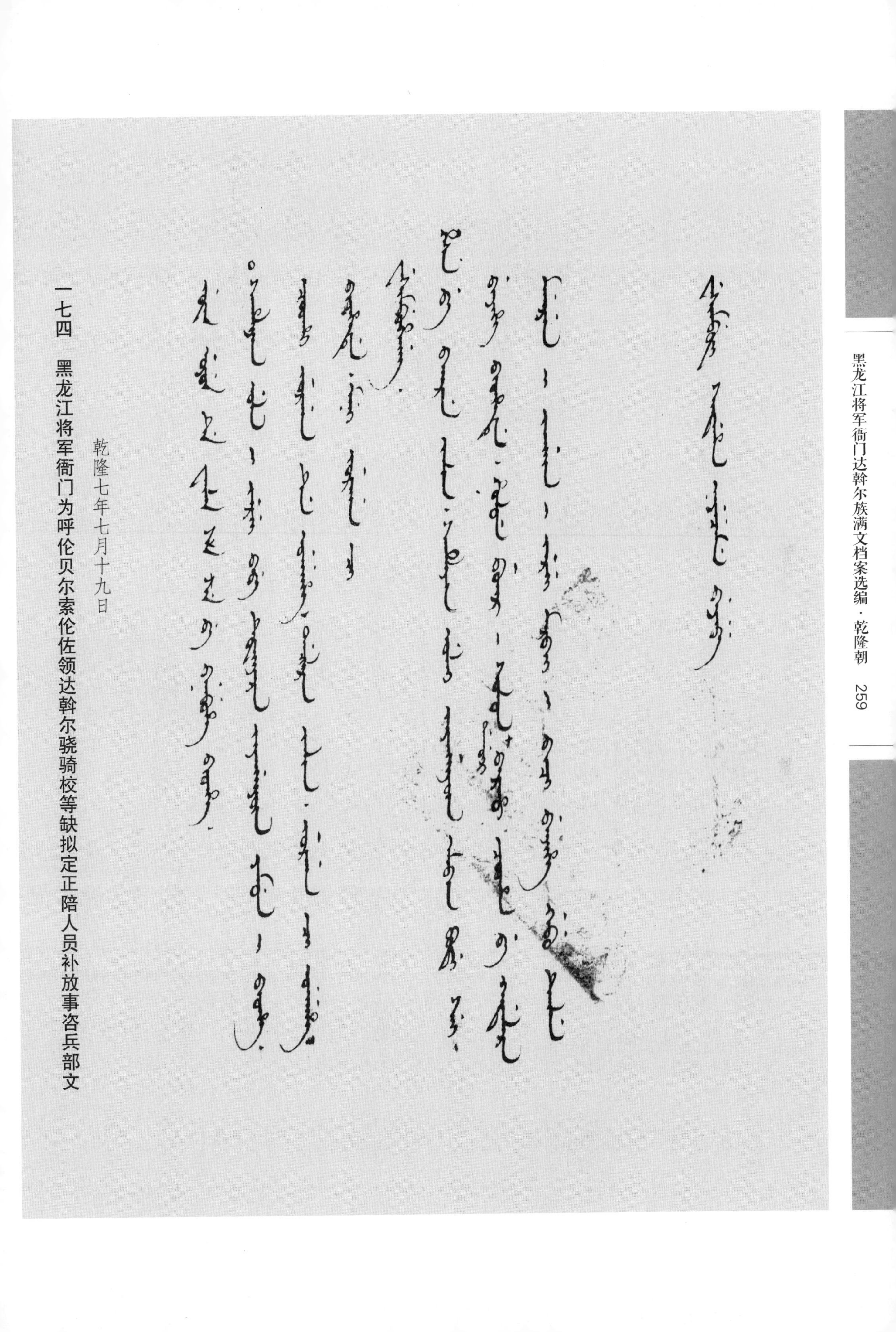

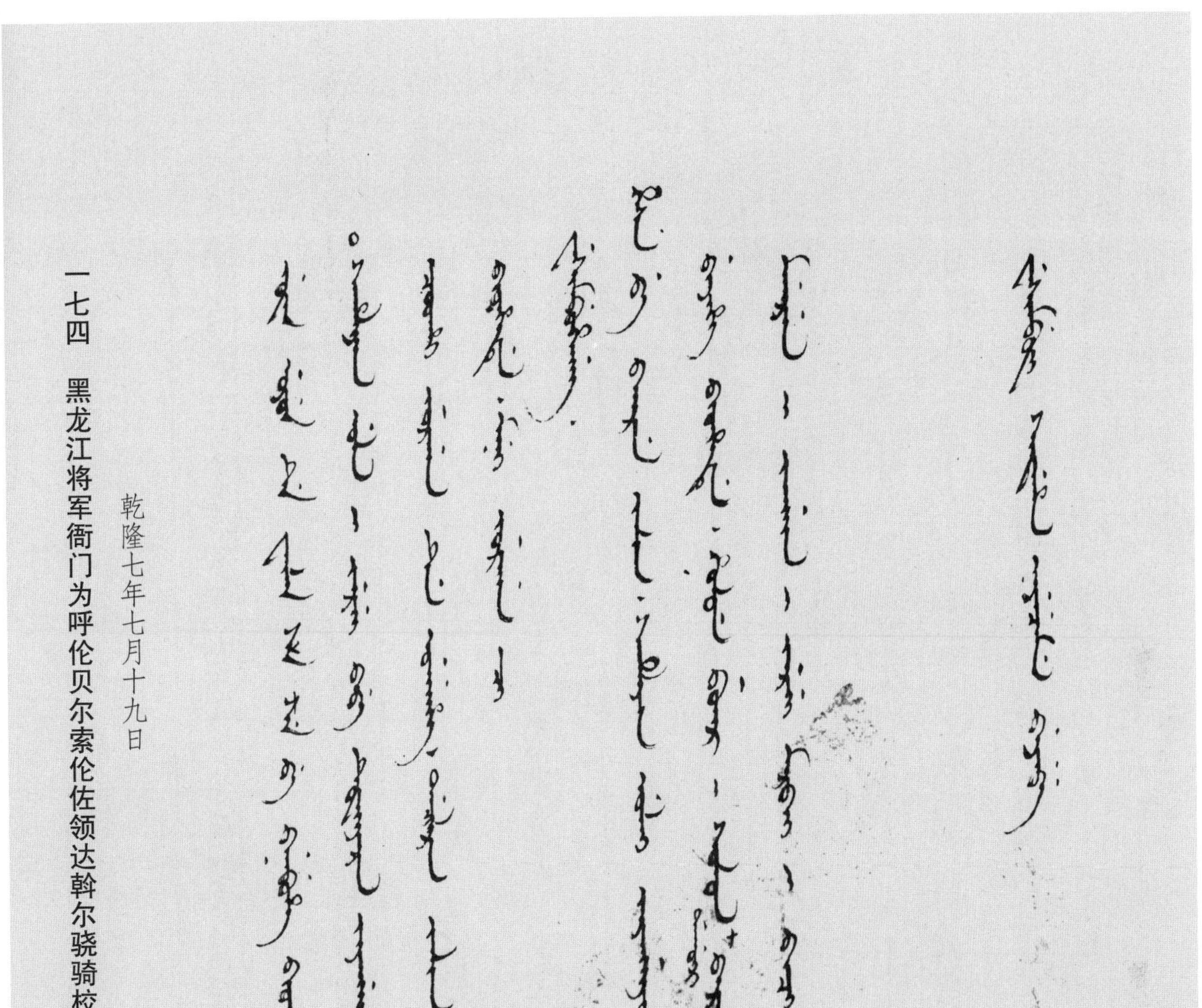

一七四 黑龙江将军衙门为呼伦贝尔索伦佐领达斡尔骁骑校等缺拟定正陪人员补放事咨兵部文

乾隆七年七月十九日

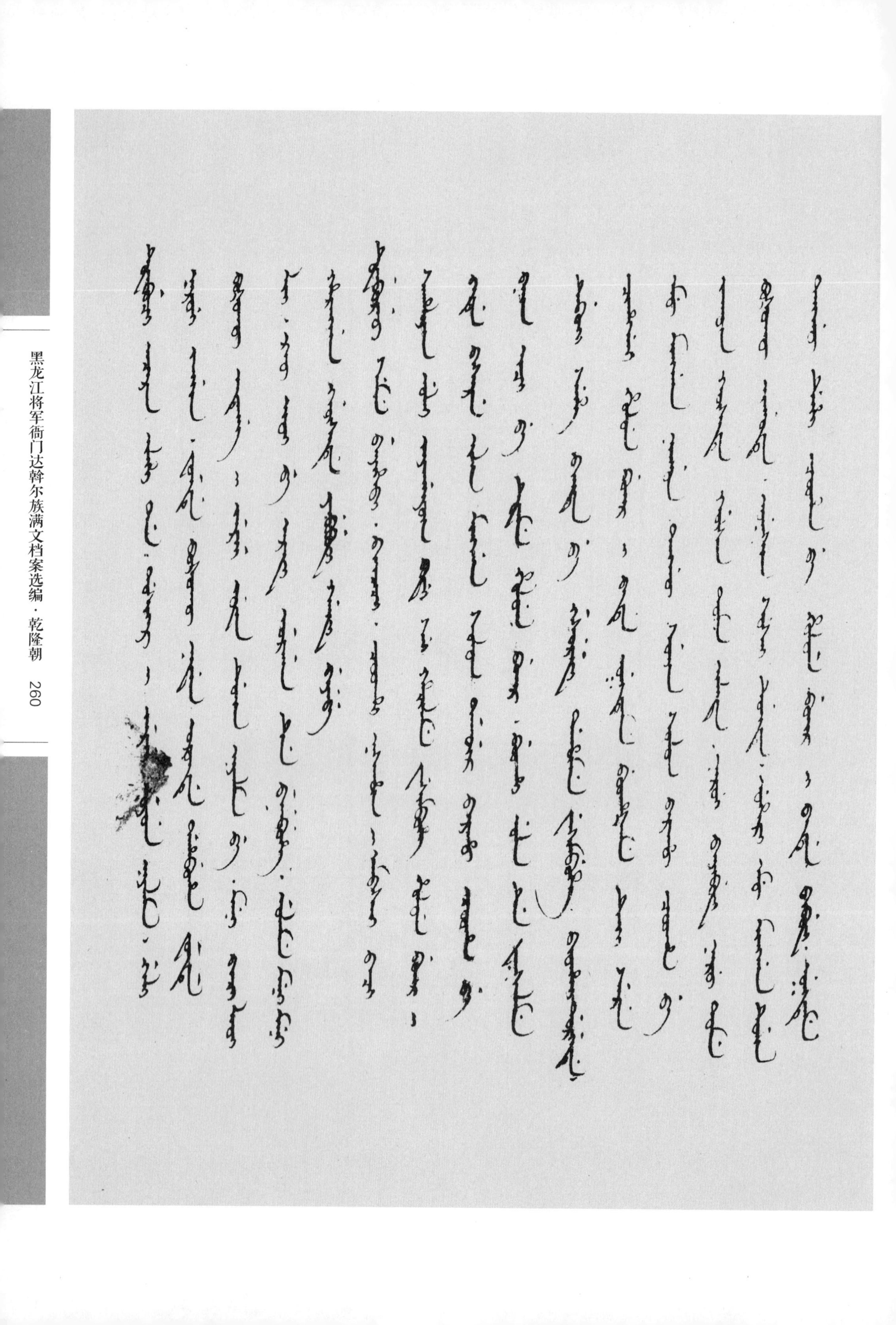

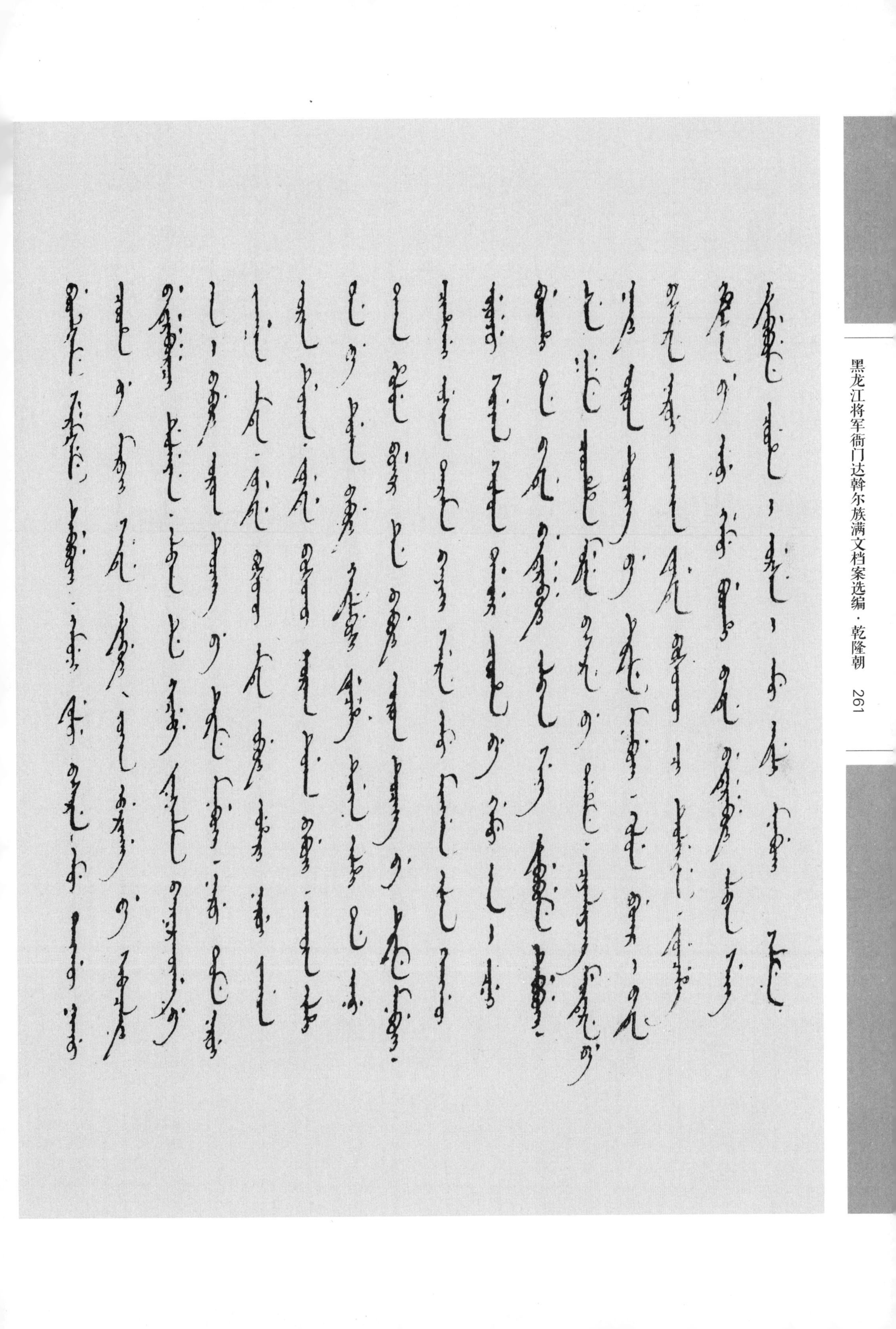

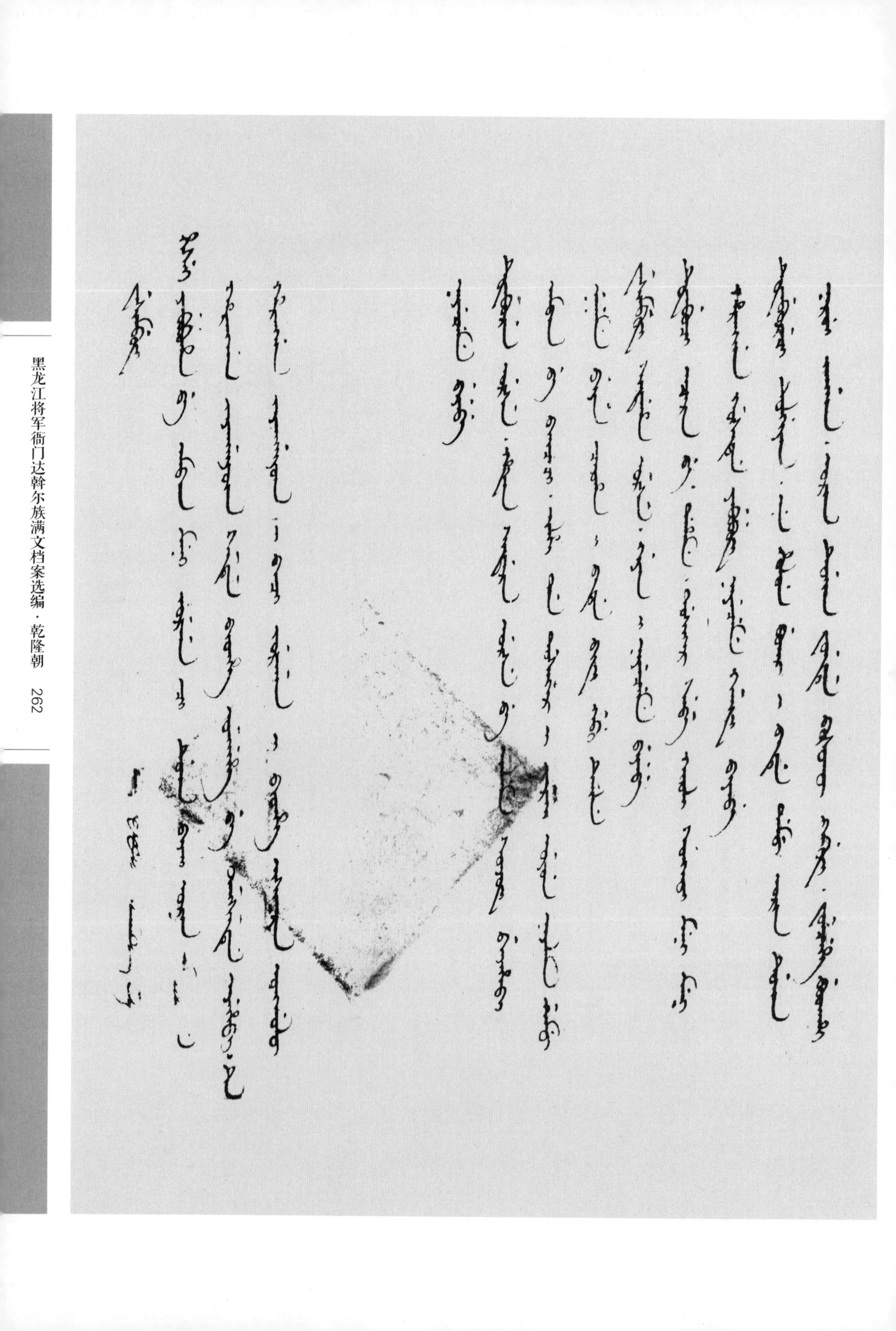

[illegible]

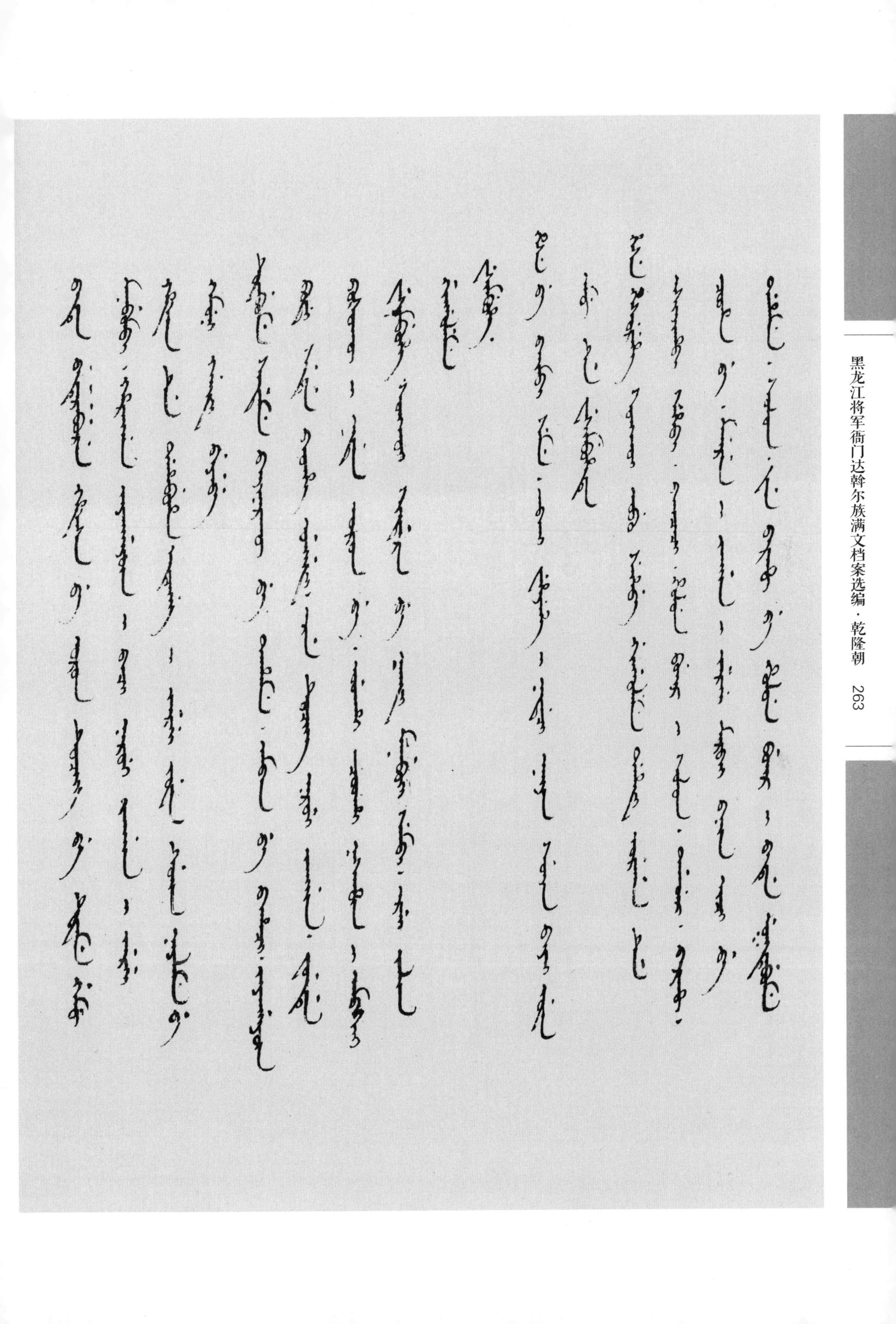

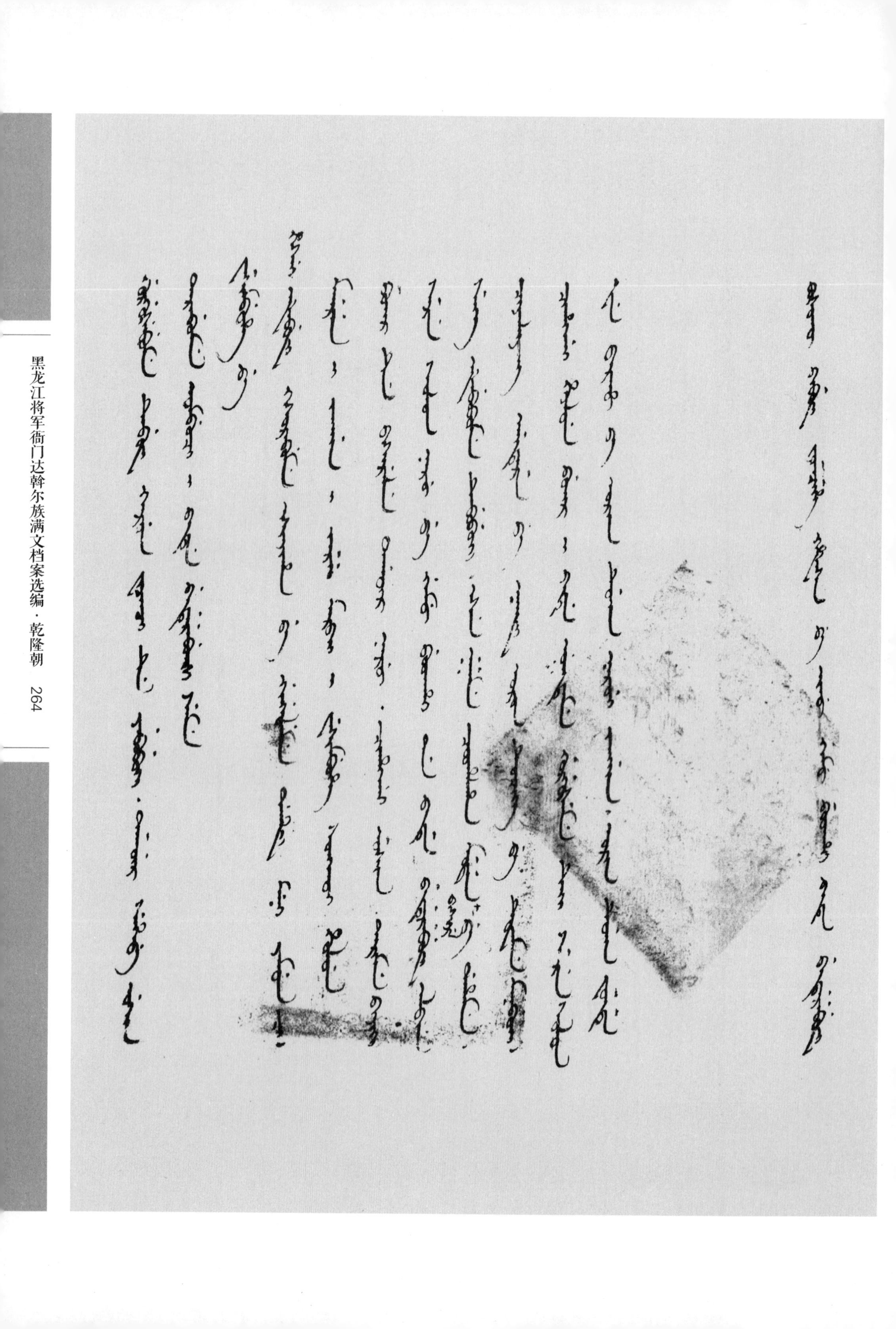

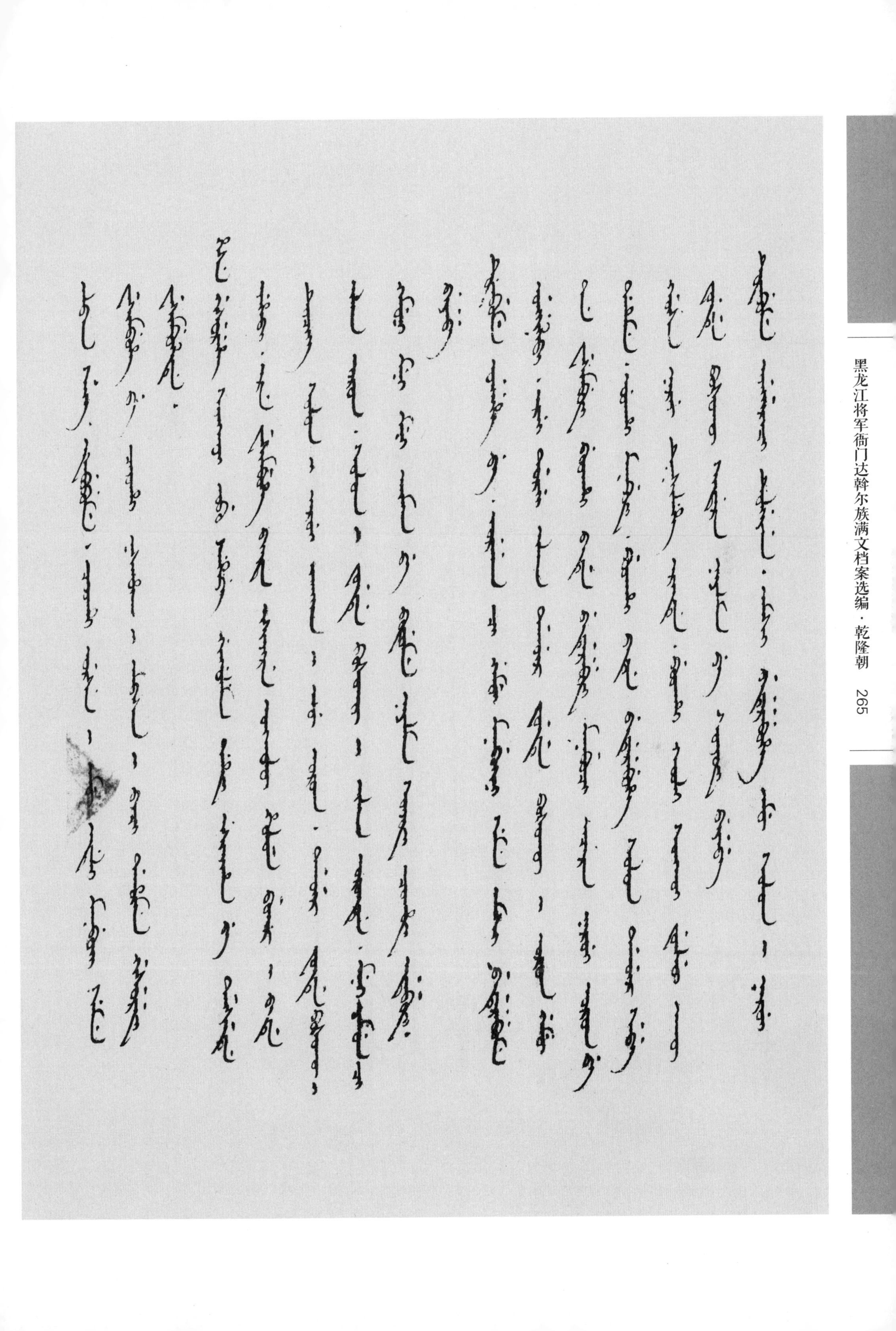

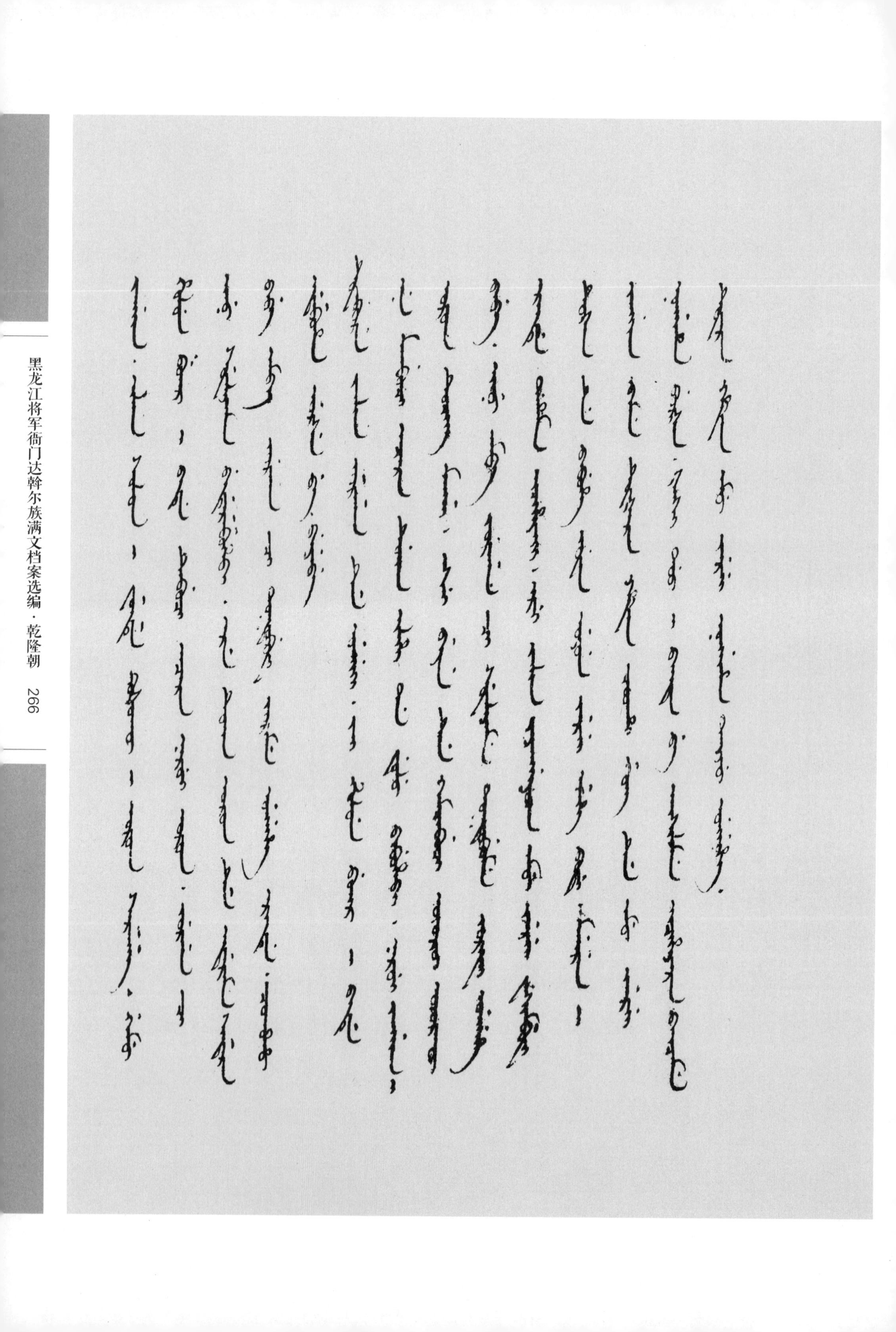

一七五 兵部为办理黑龙江镶红旗达斡尔内色图世管佐领承袭事宜事咨黑龙江将军等文

乾隆七年七月二十一日

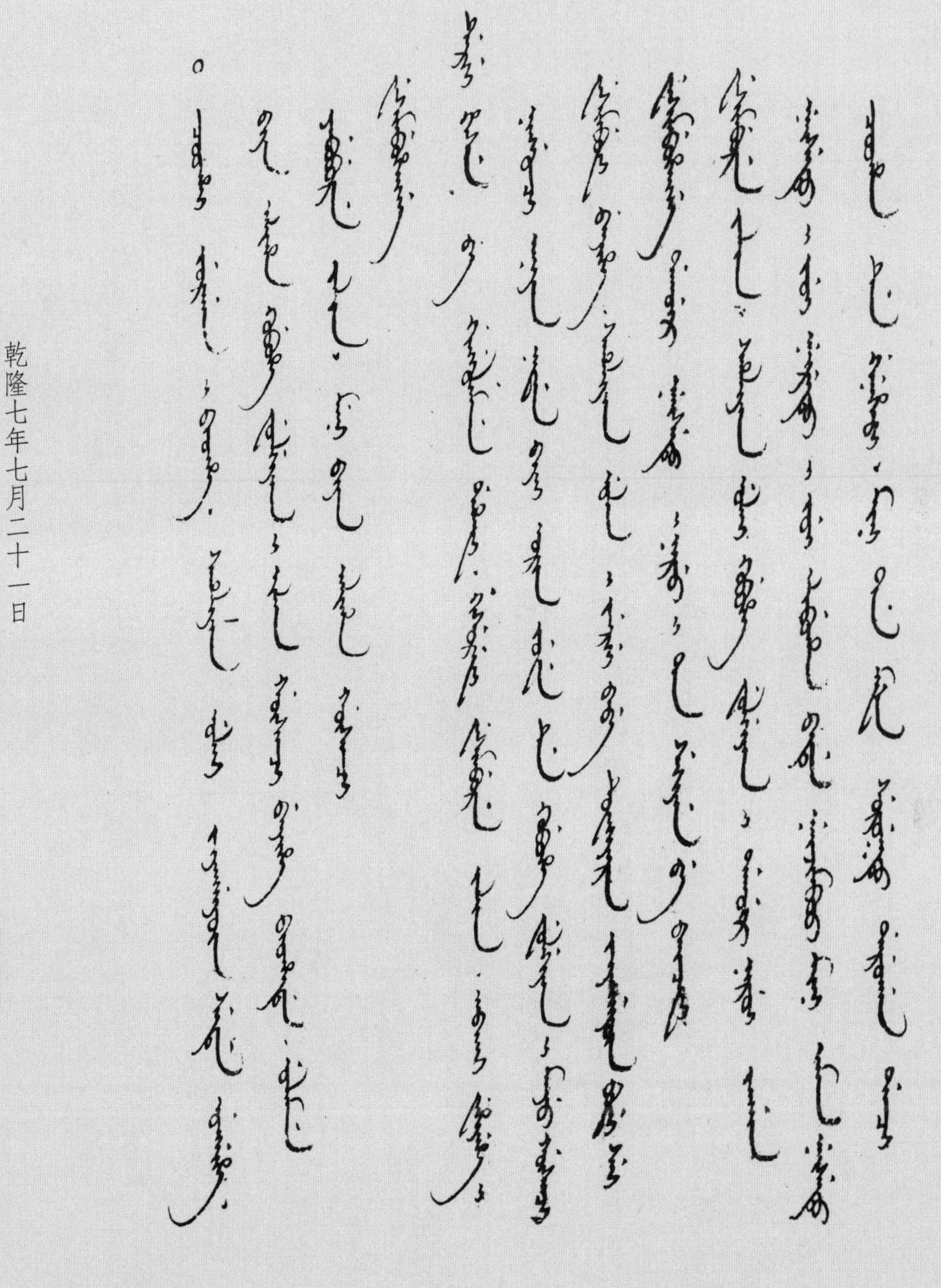

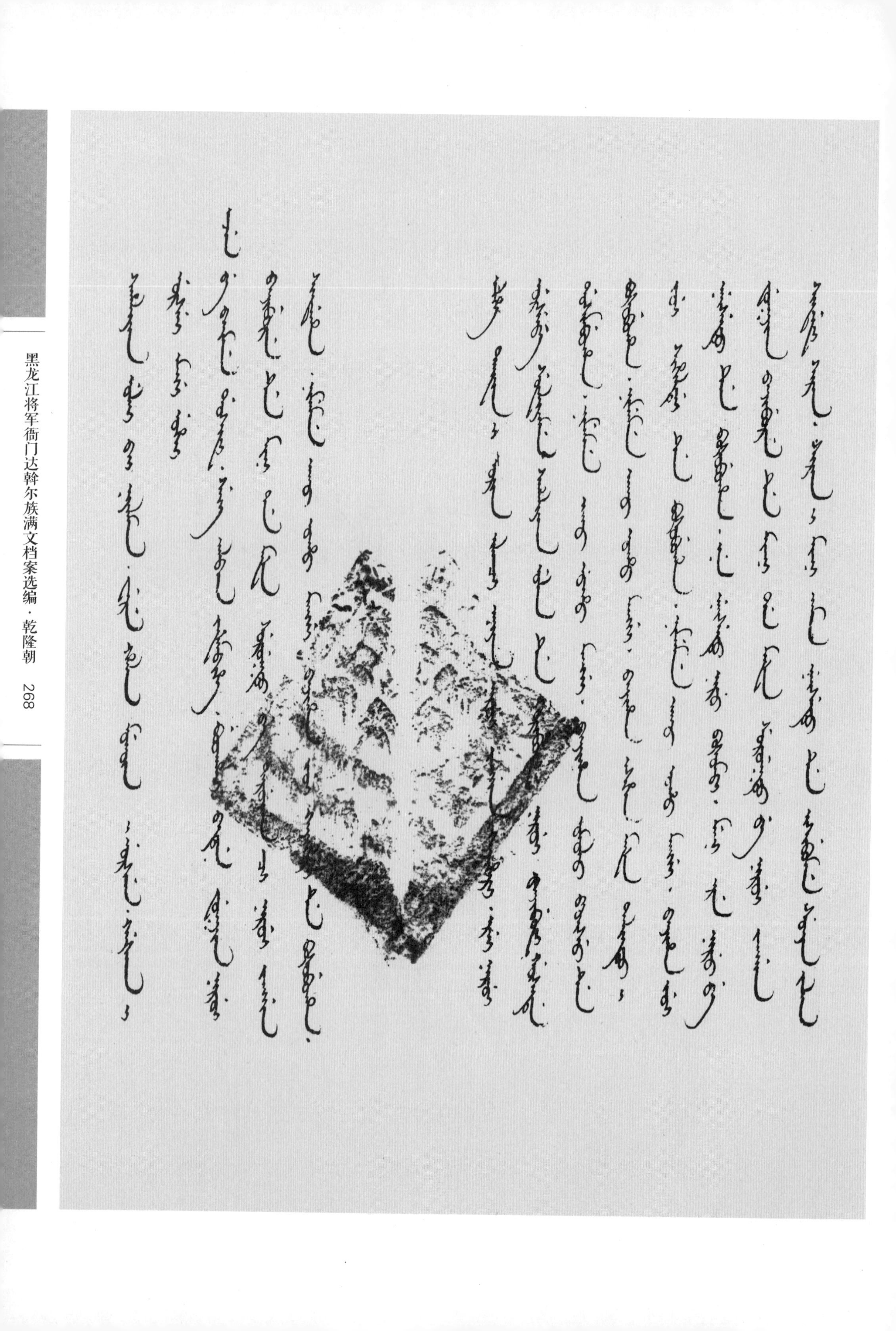

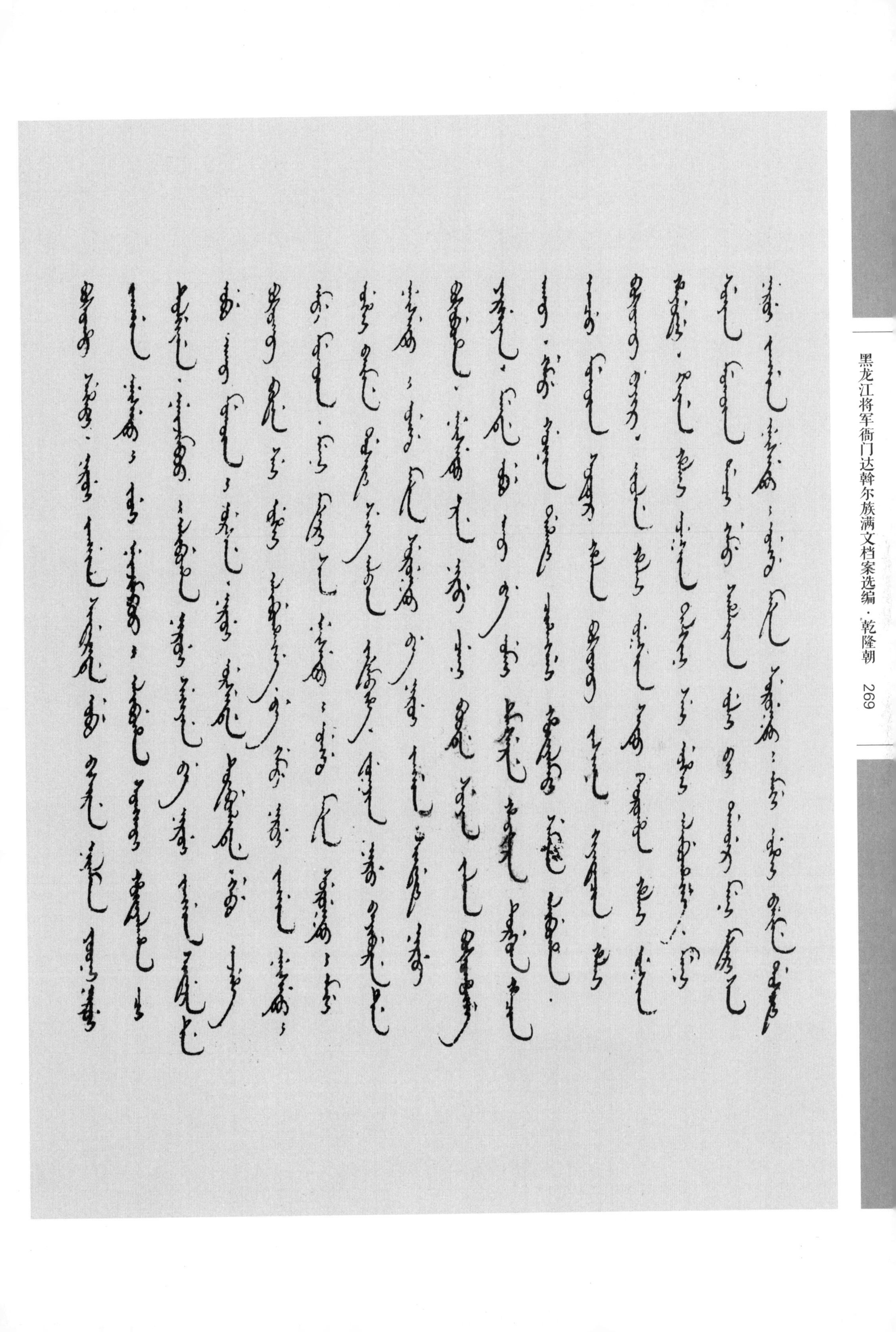

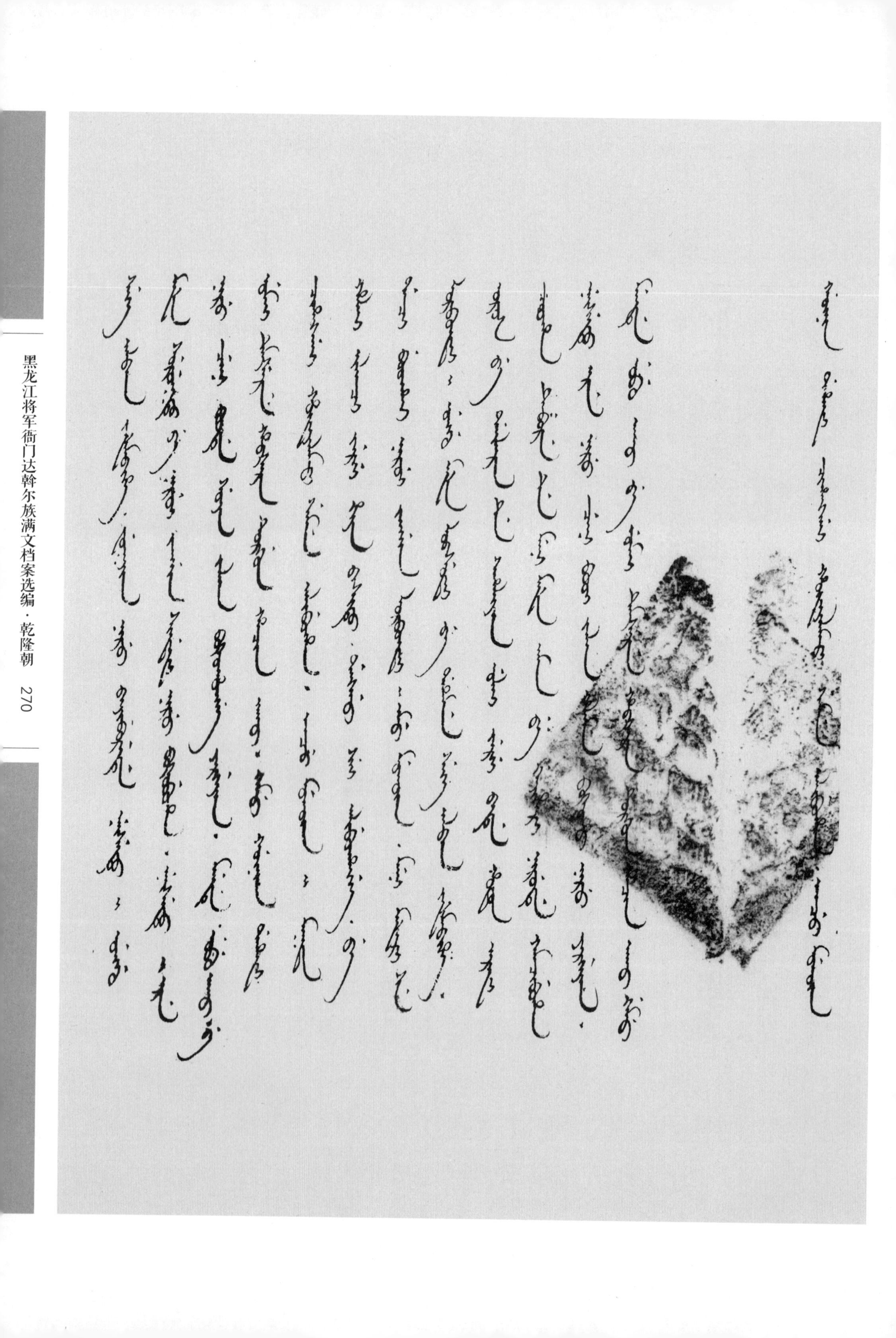

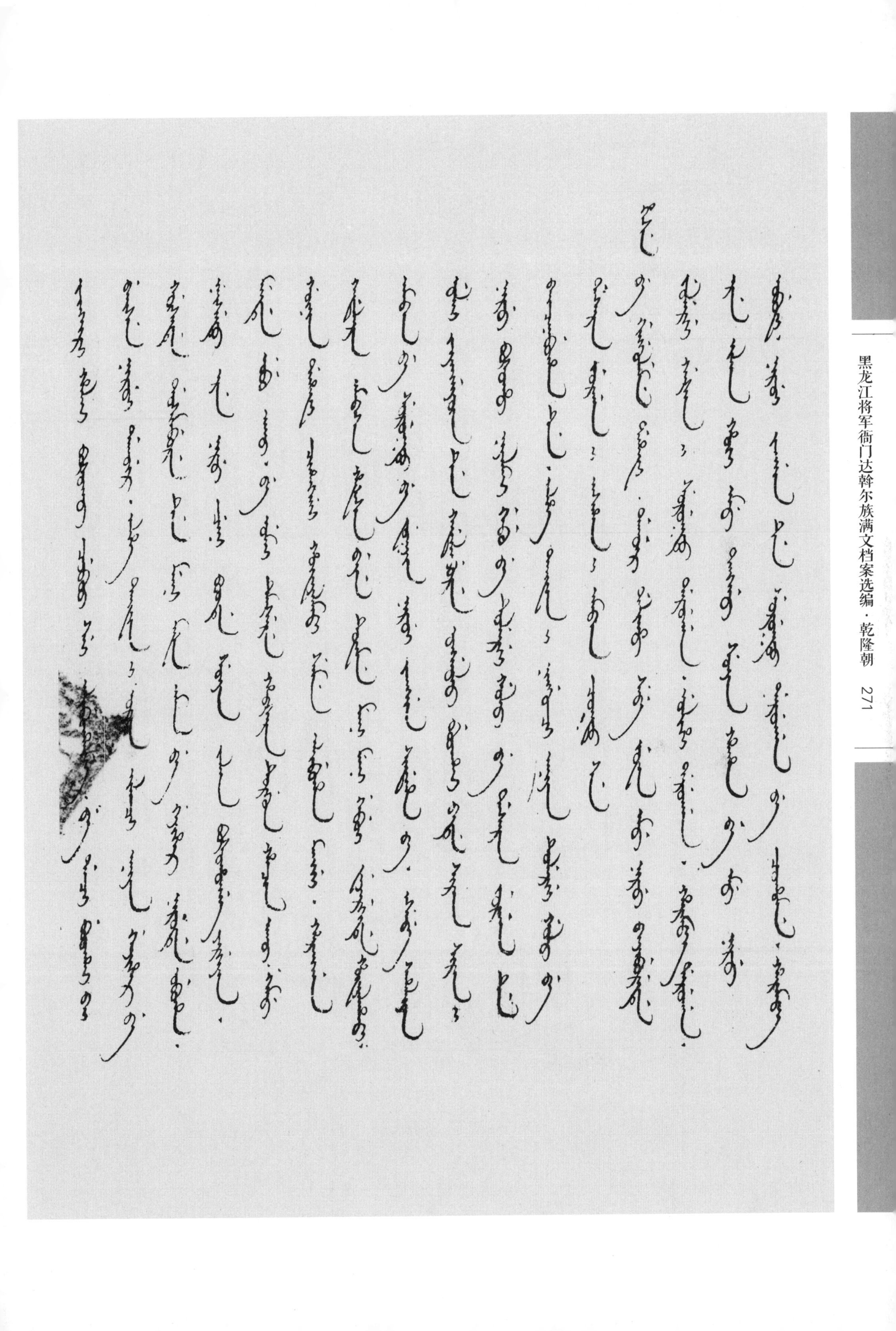

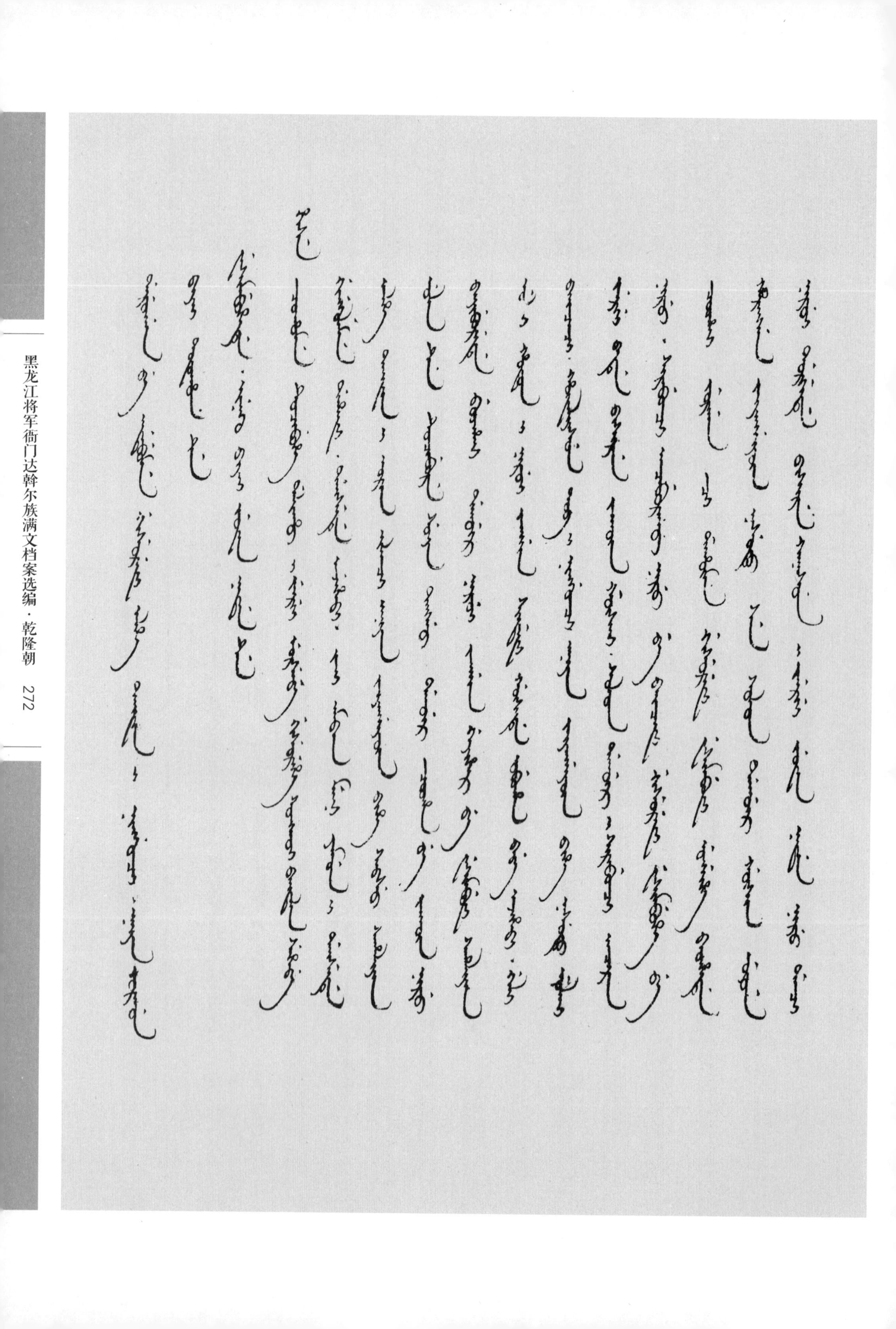

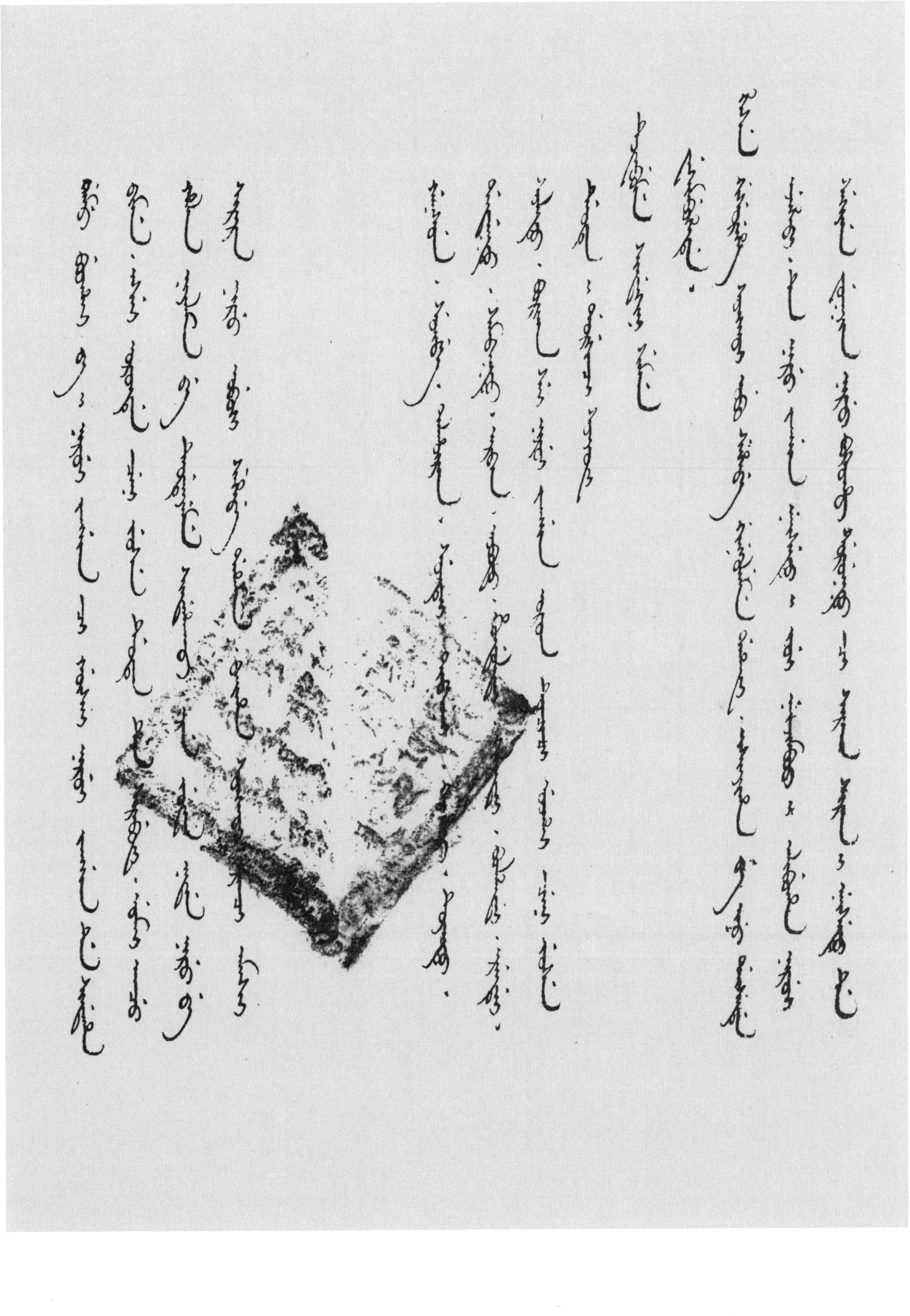

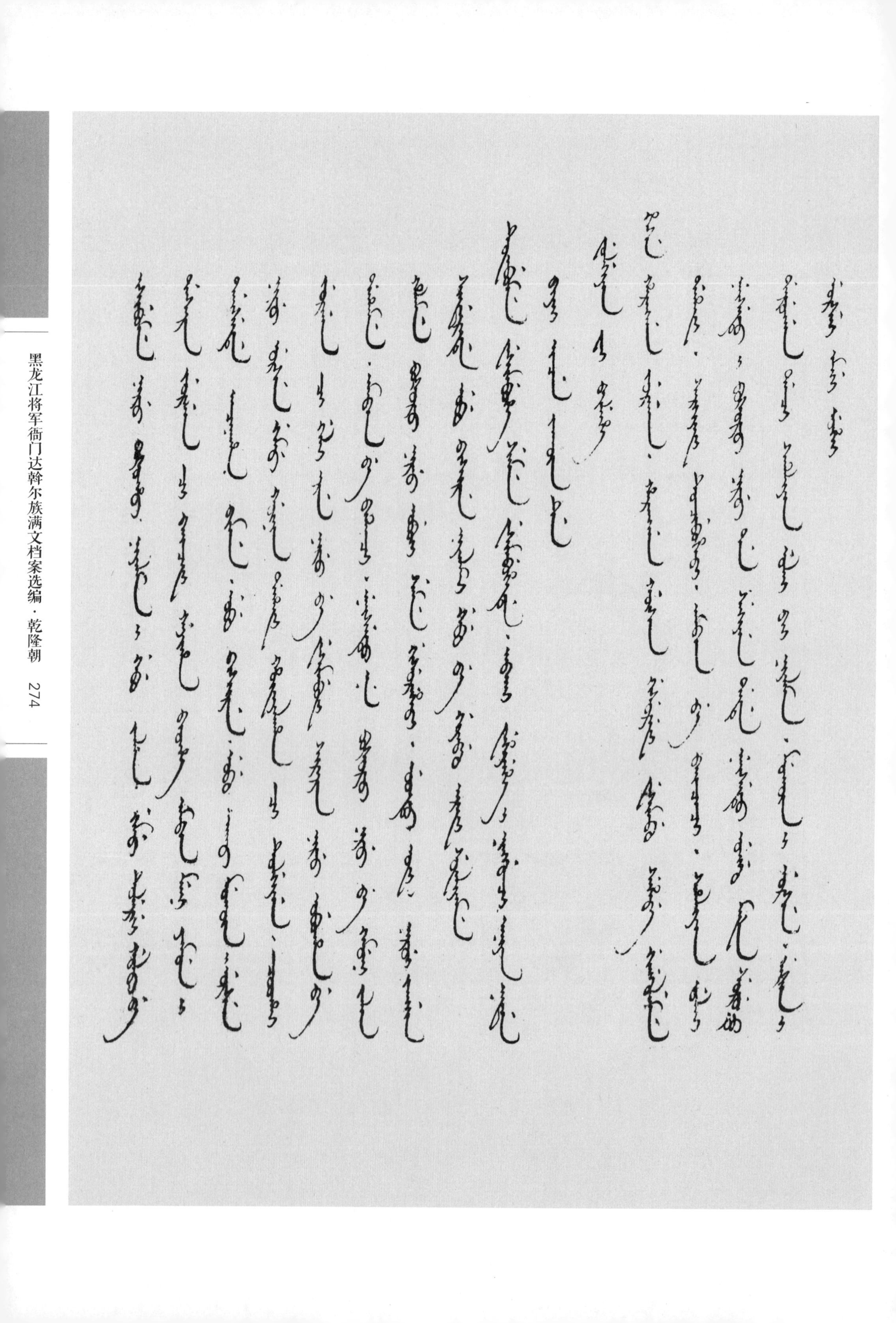

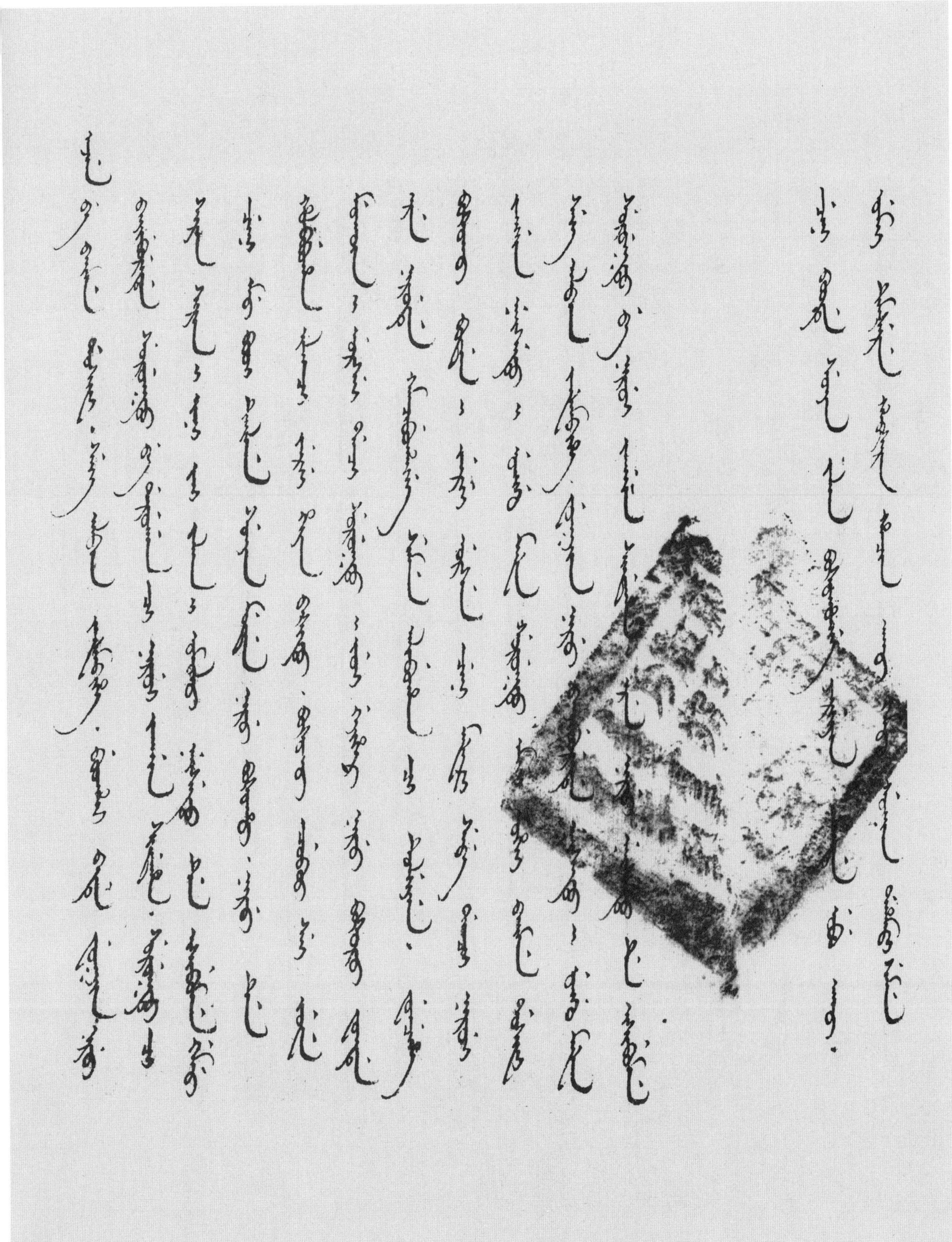

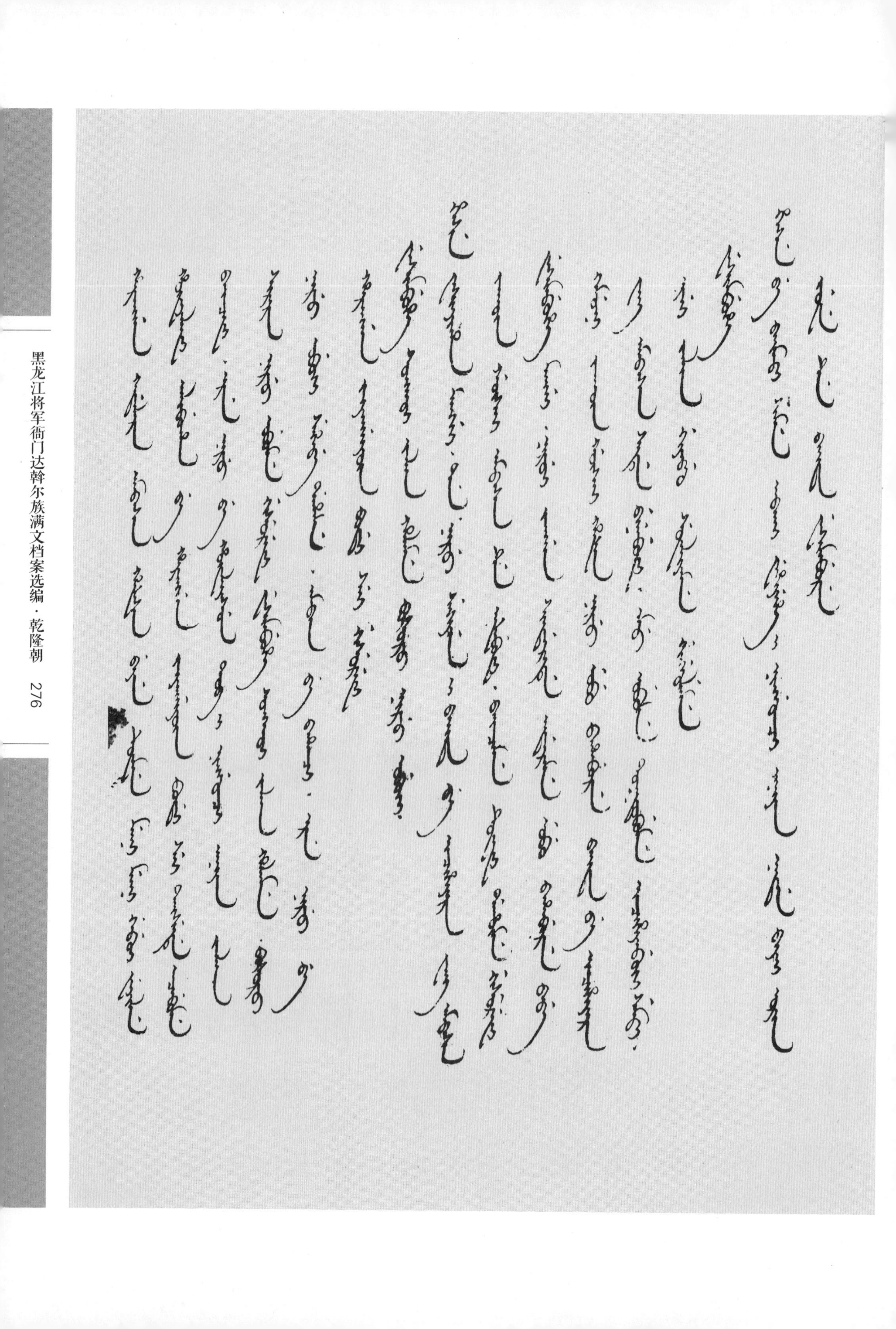

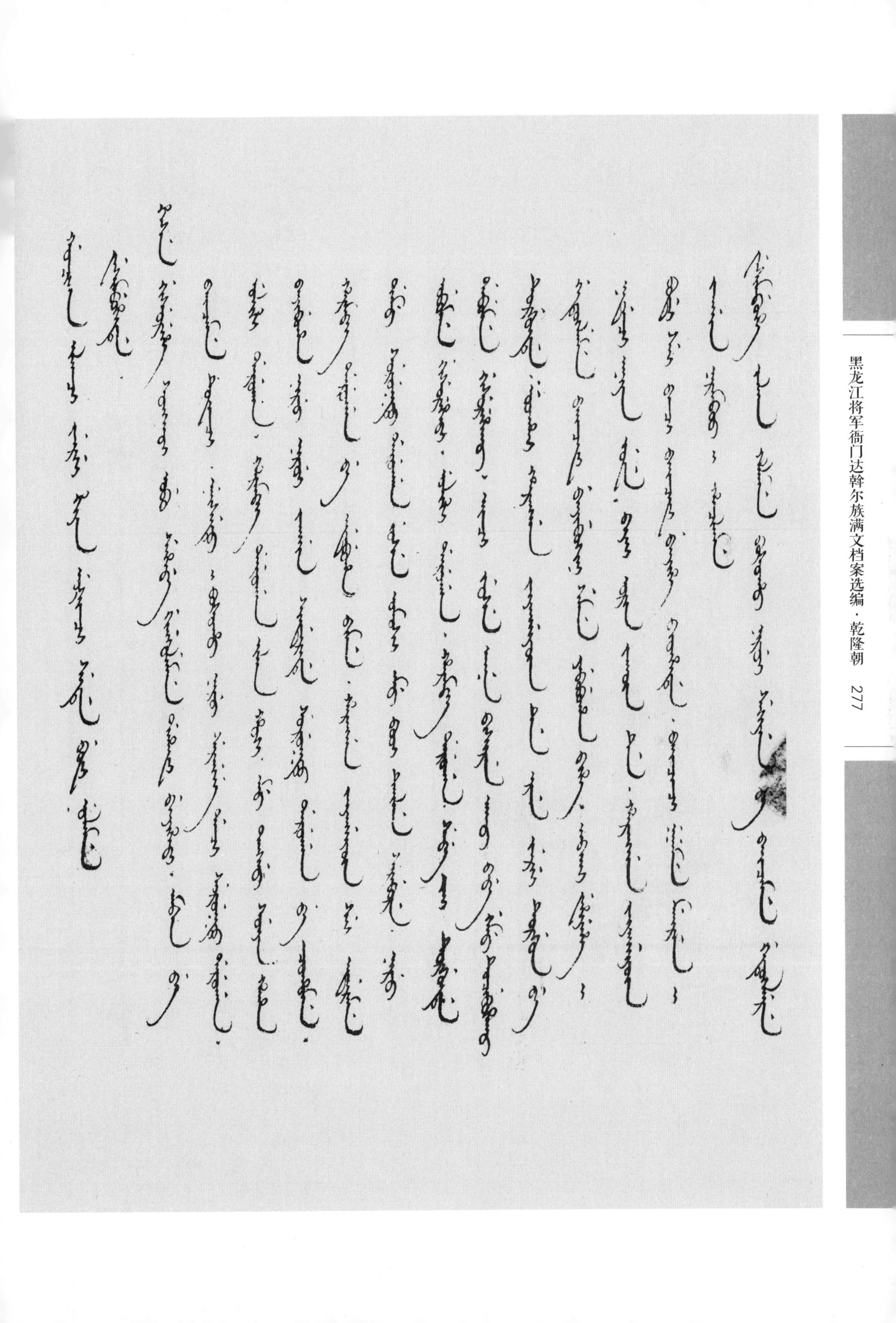

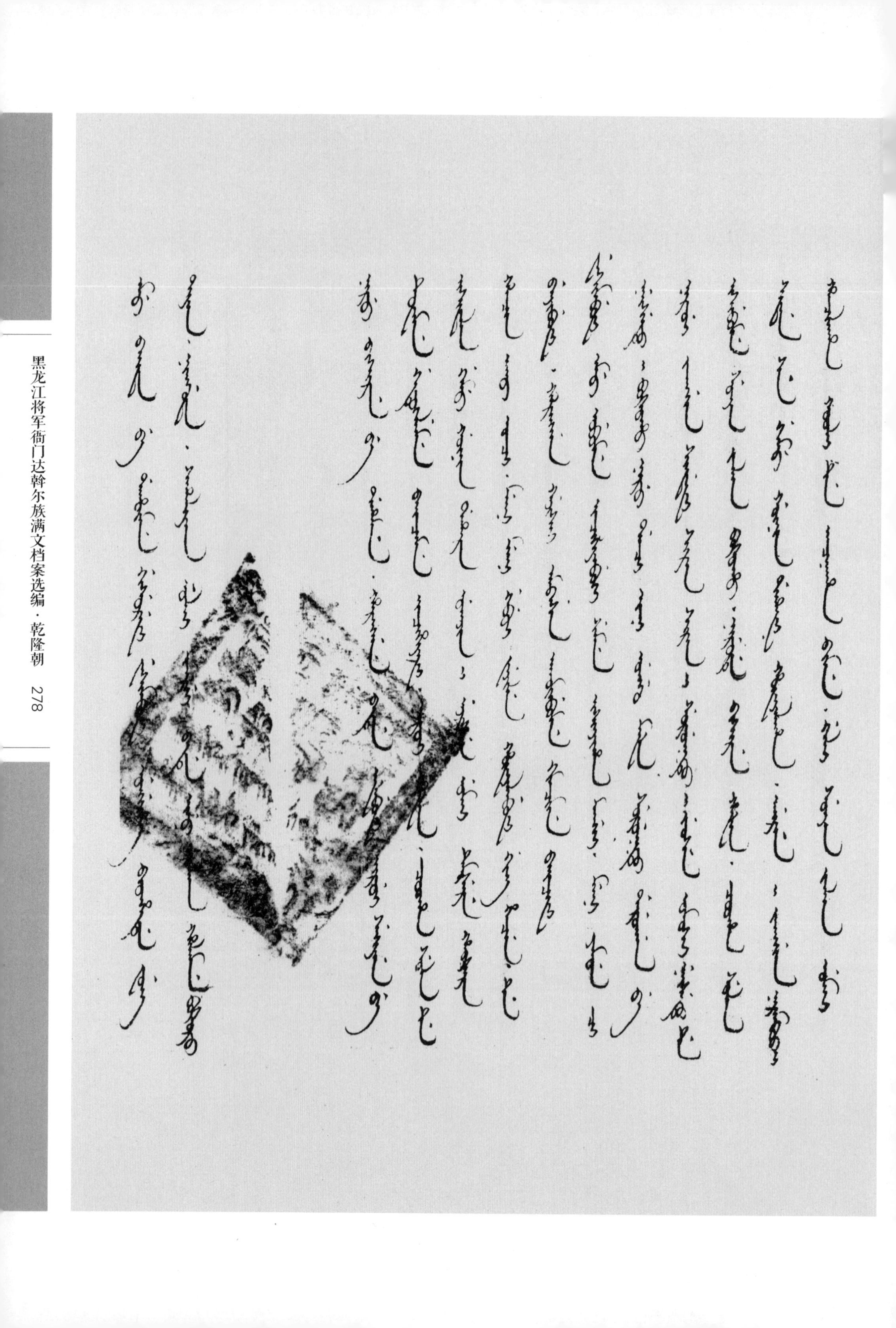

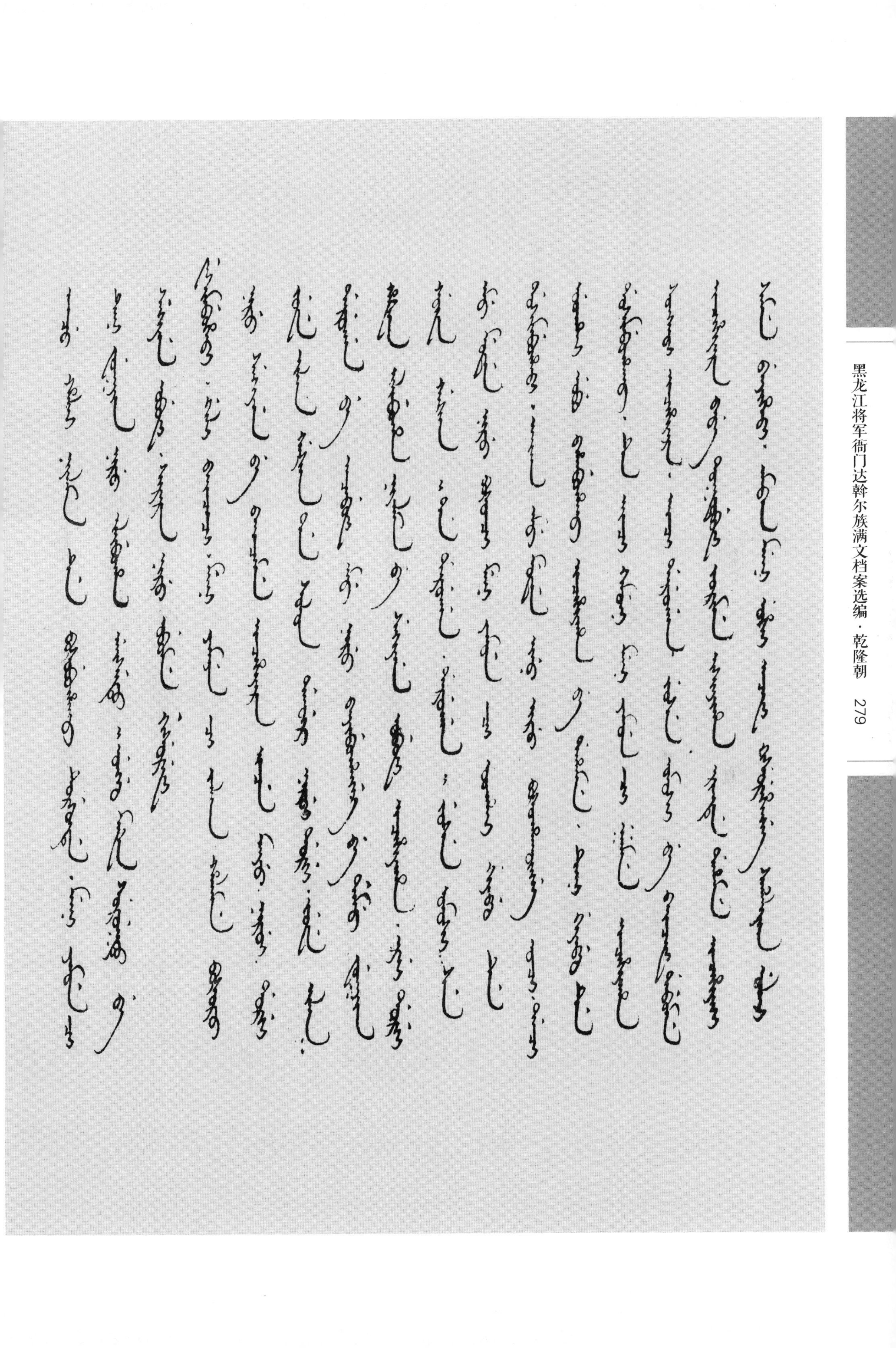

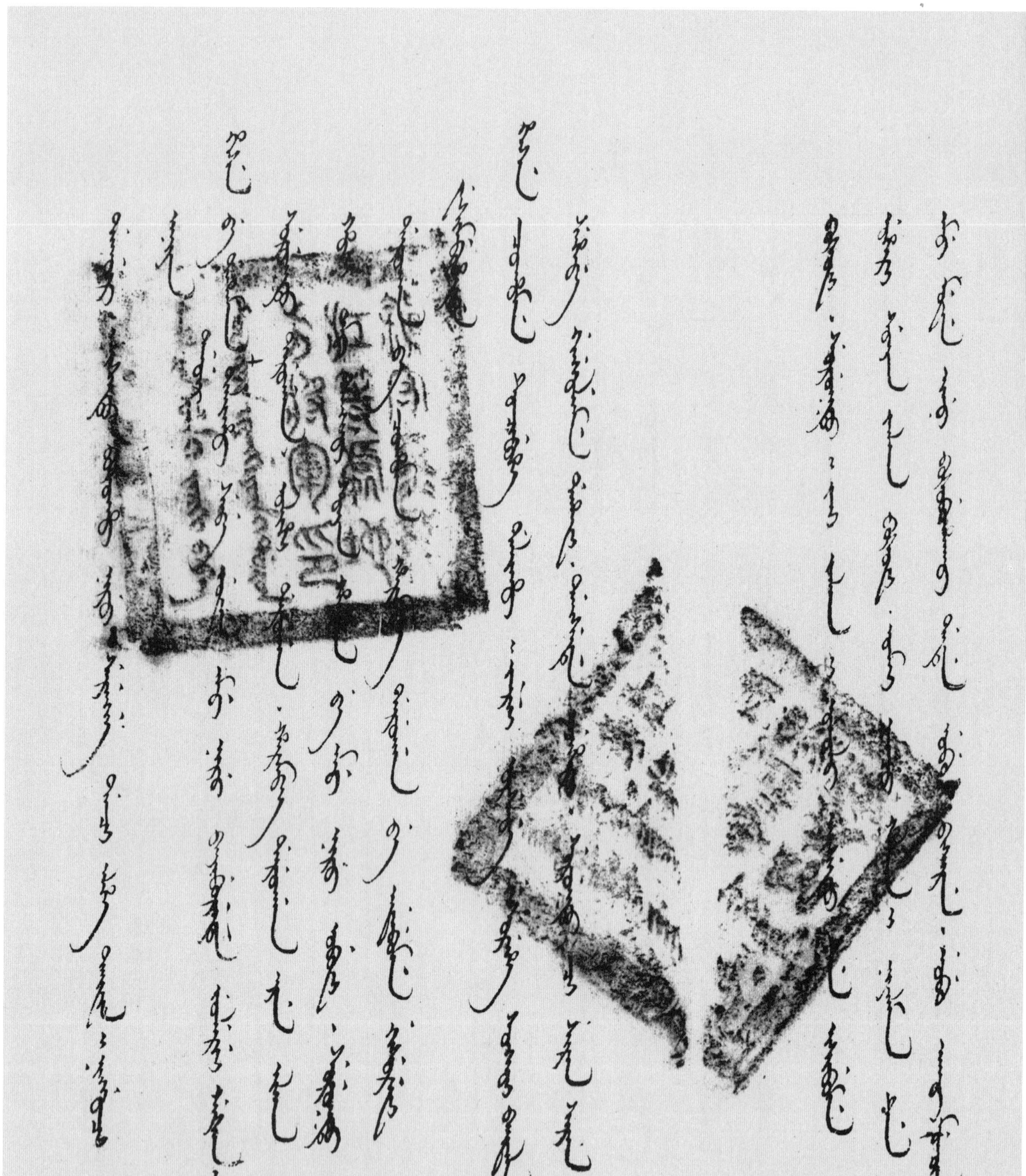

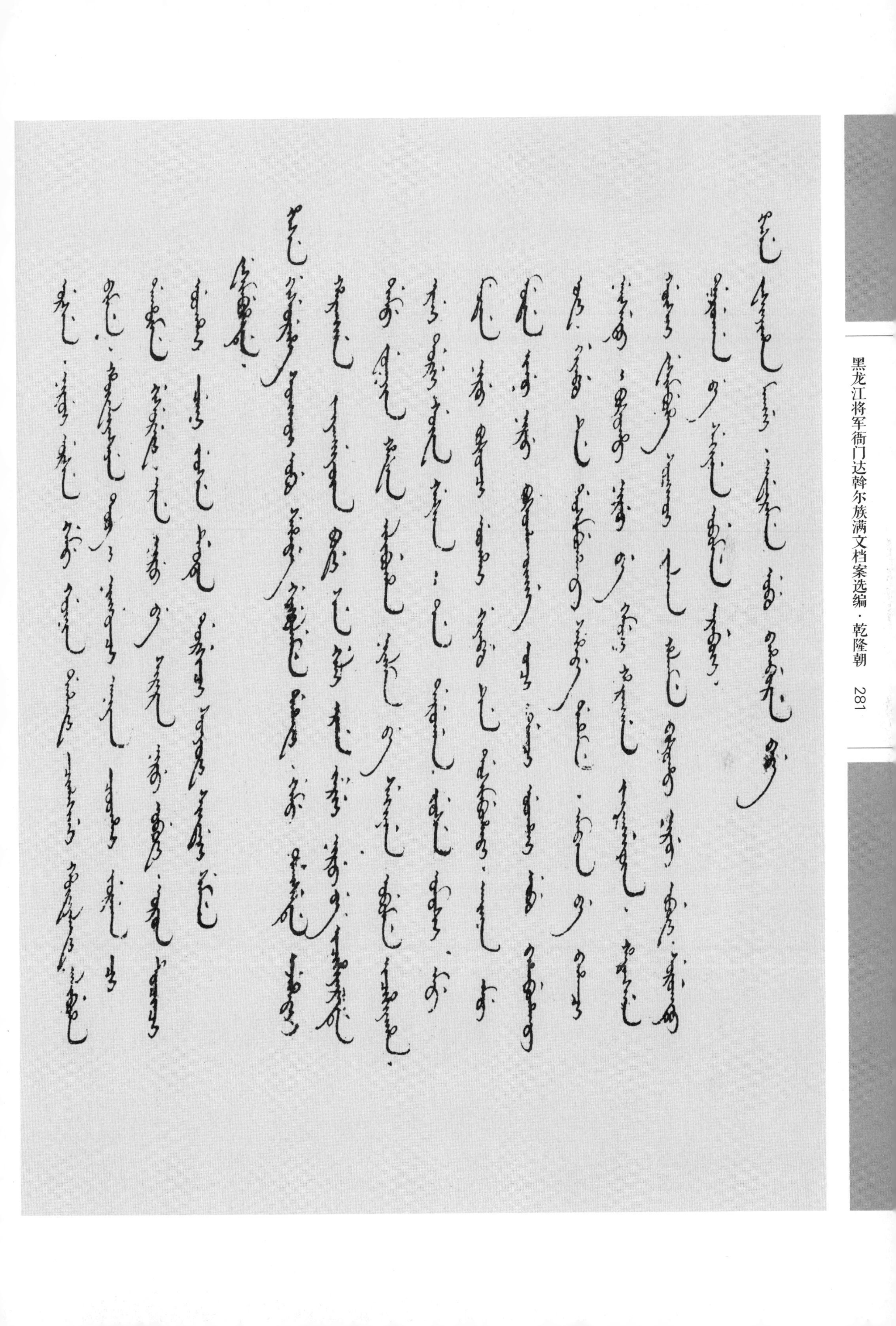

[illegible]

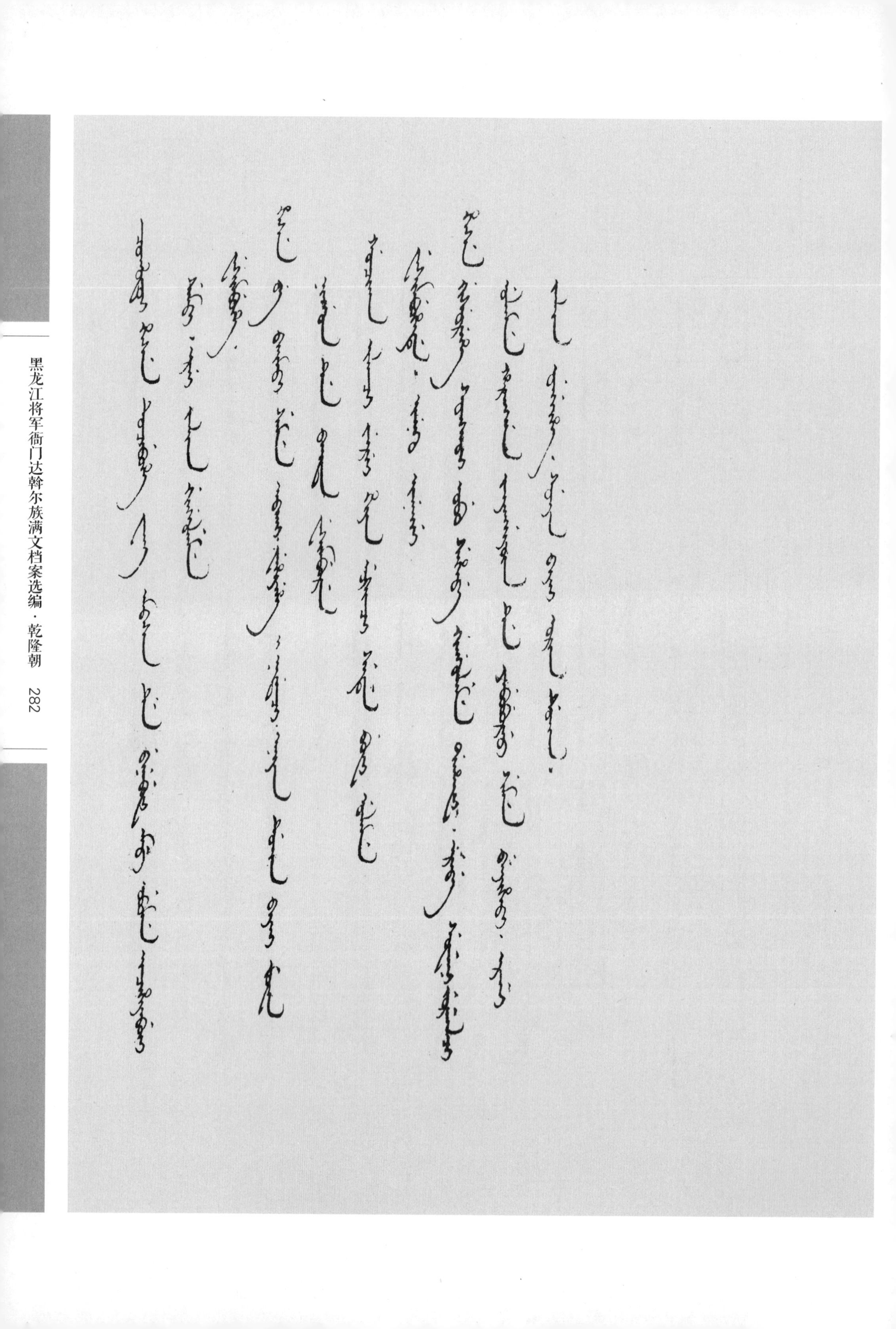

一七六　布特哈索伦达斡尔总管纳木球等为报索伦达斡尔捕貂丁数并派员解送貂皮事呈黑龙江将军衙门文

乾隆七年七月二十七日

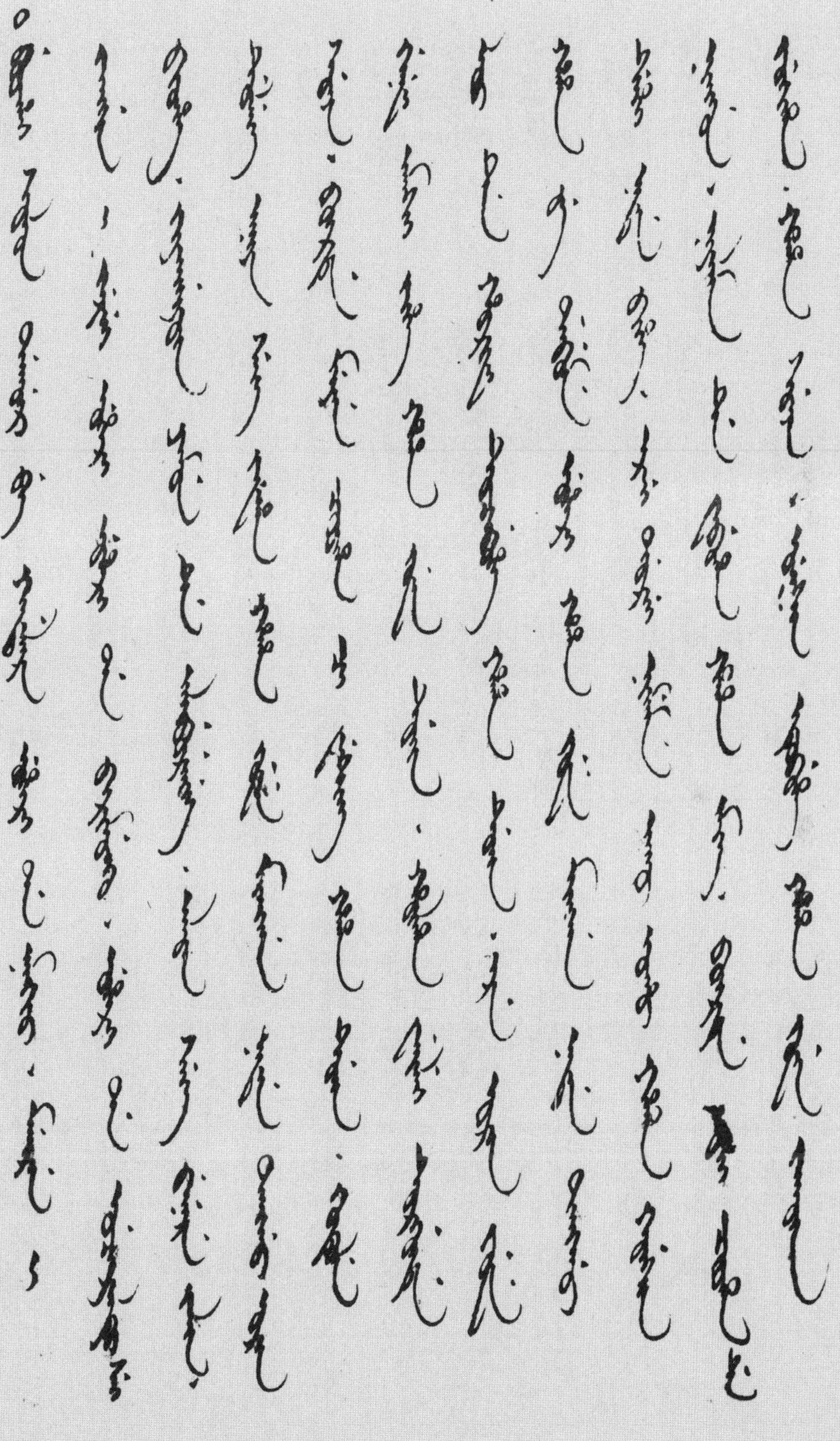

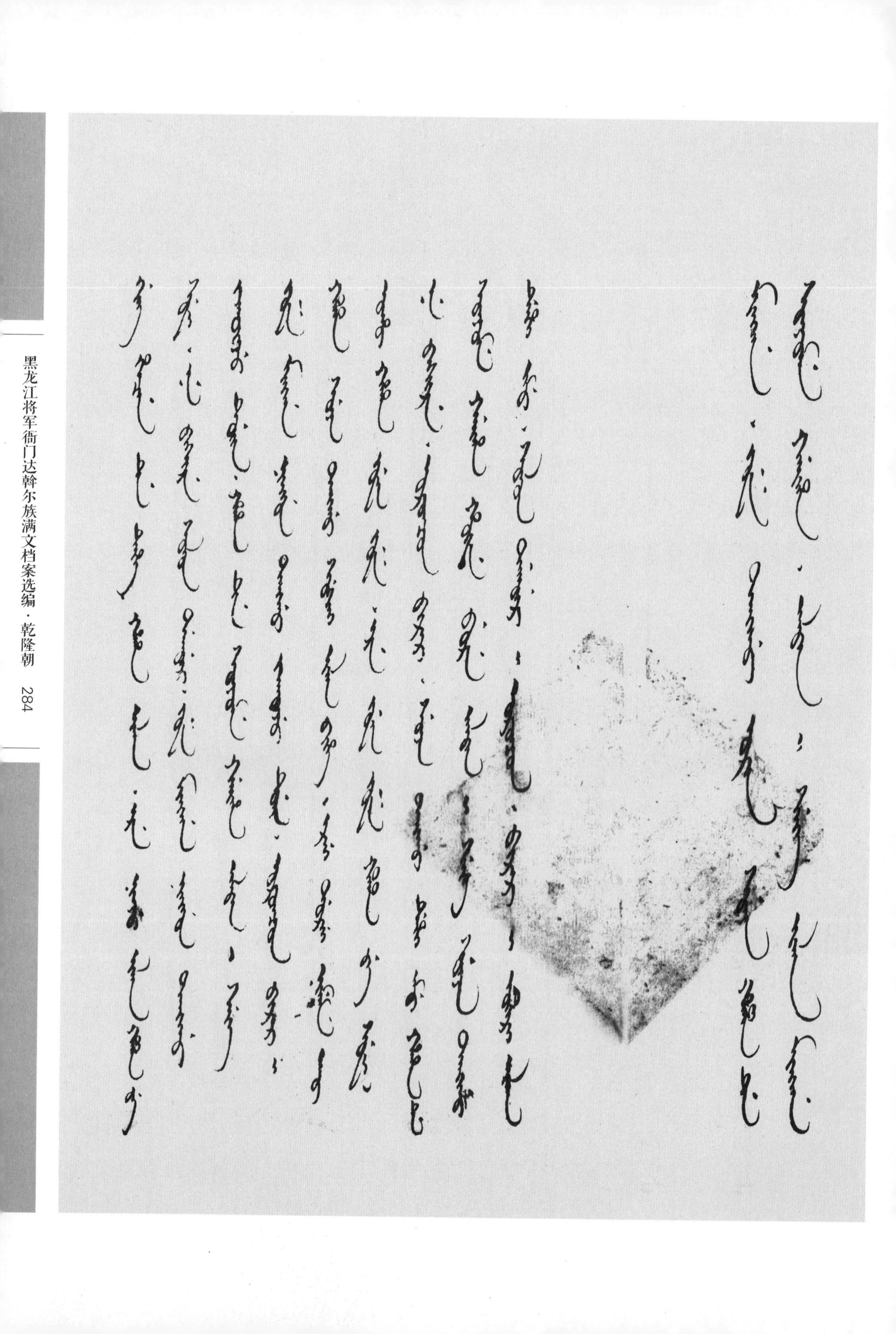

[illegible]

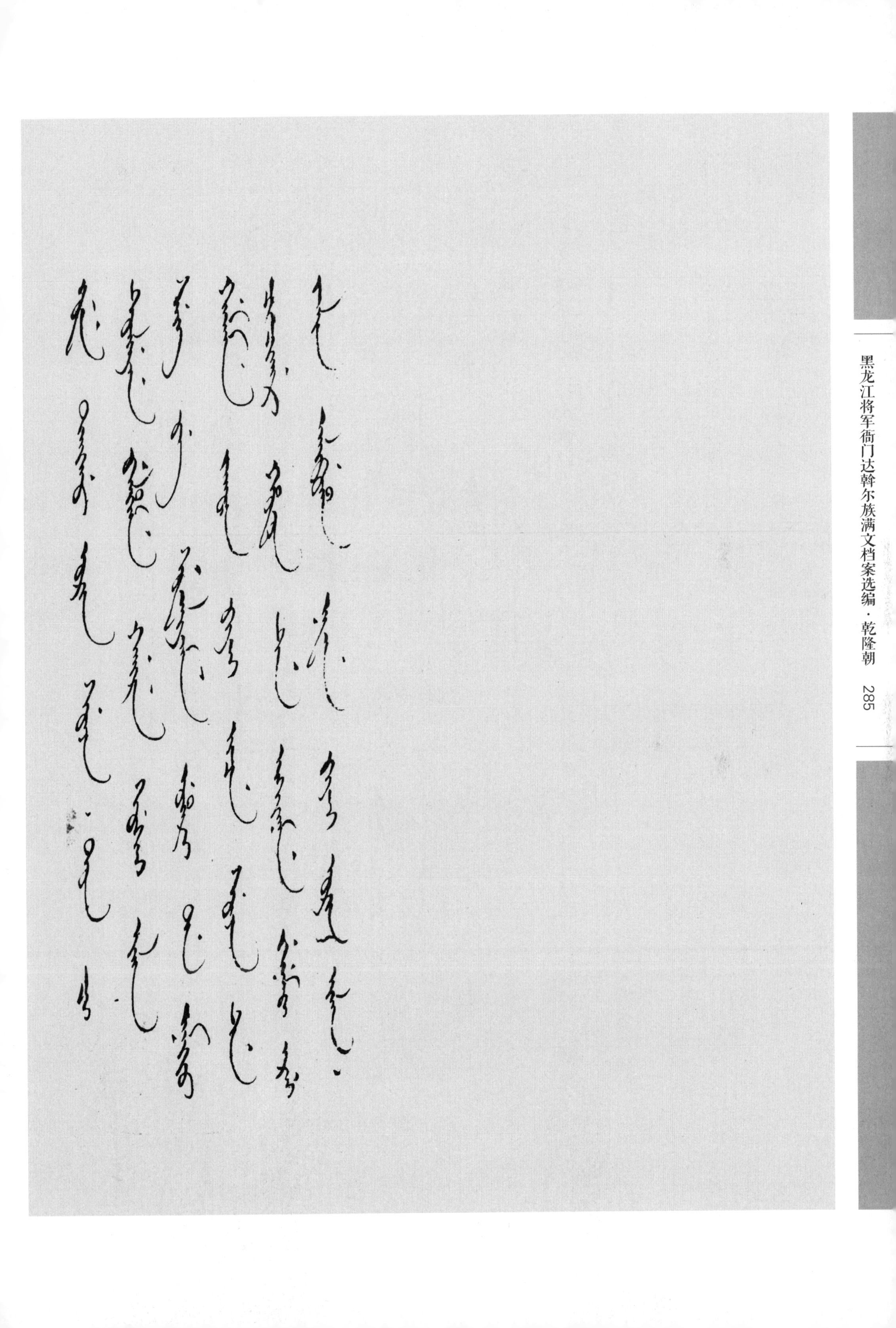

[illegible]

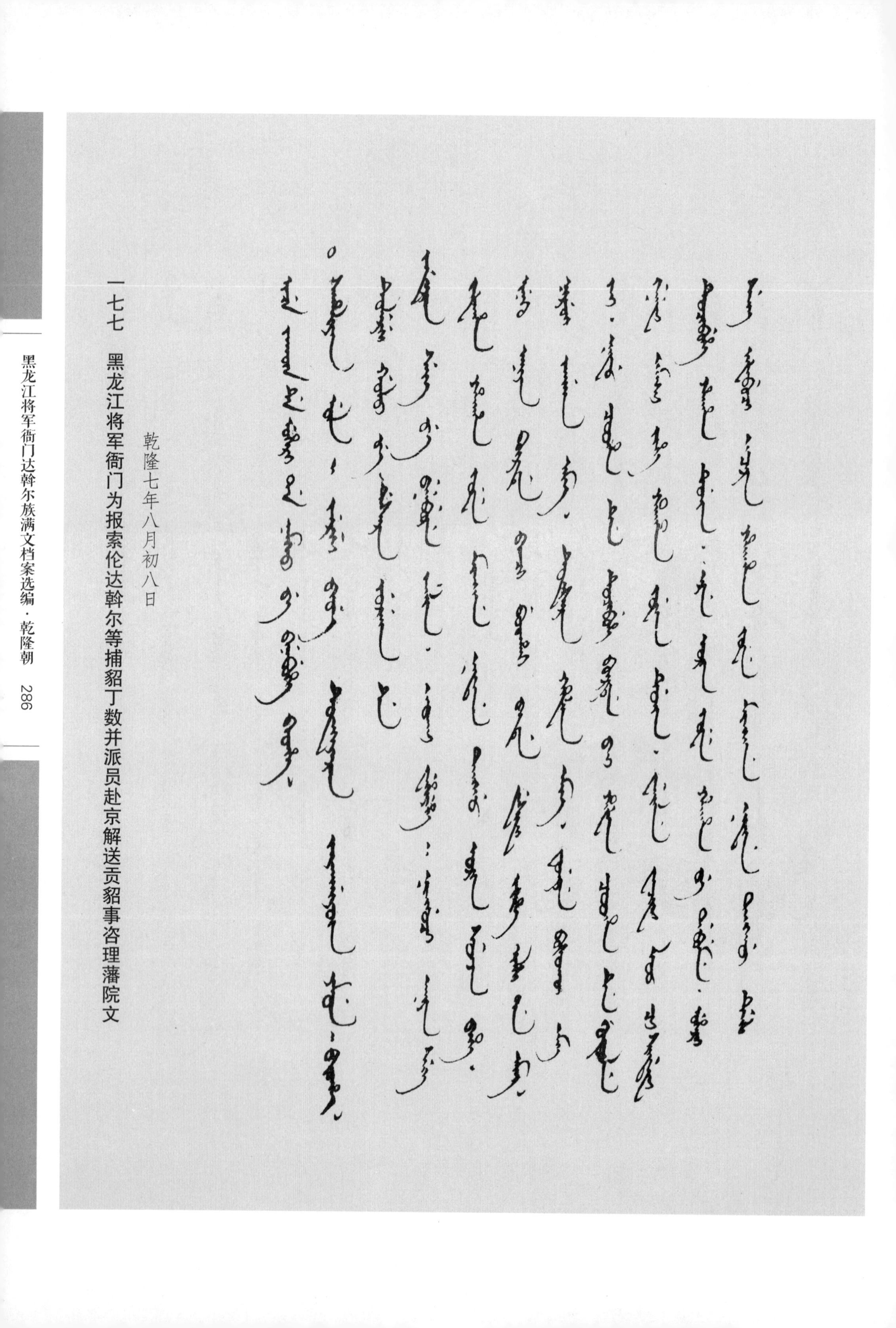

一七七　黑龙江将军衙门为报索伦达斡尔等捕貂丁数并派员赴京解送贡貂事咨理藩院文

乾隆七年八月初八日

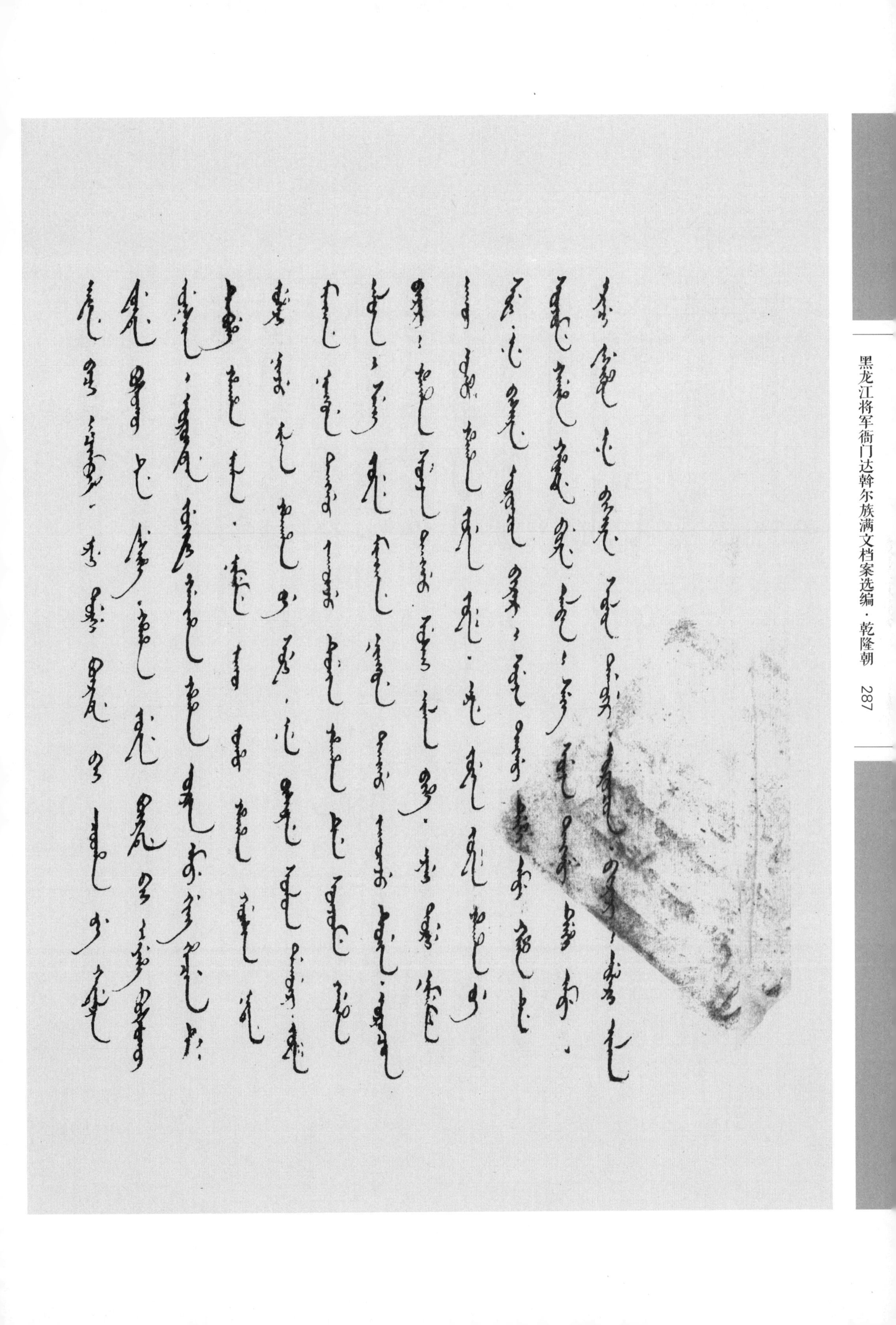

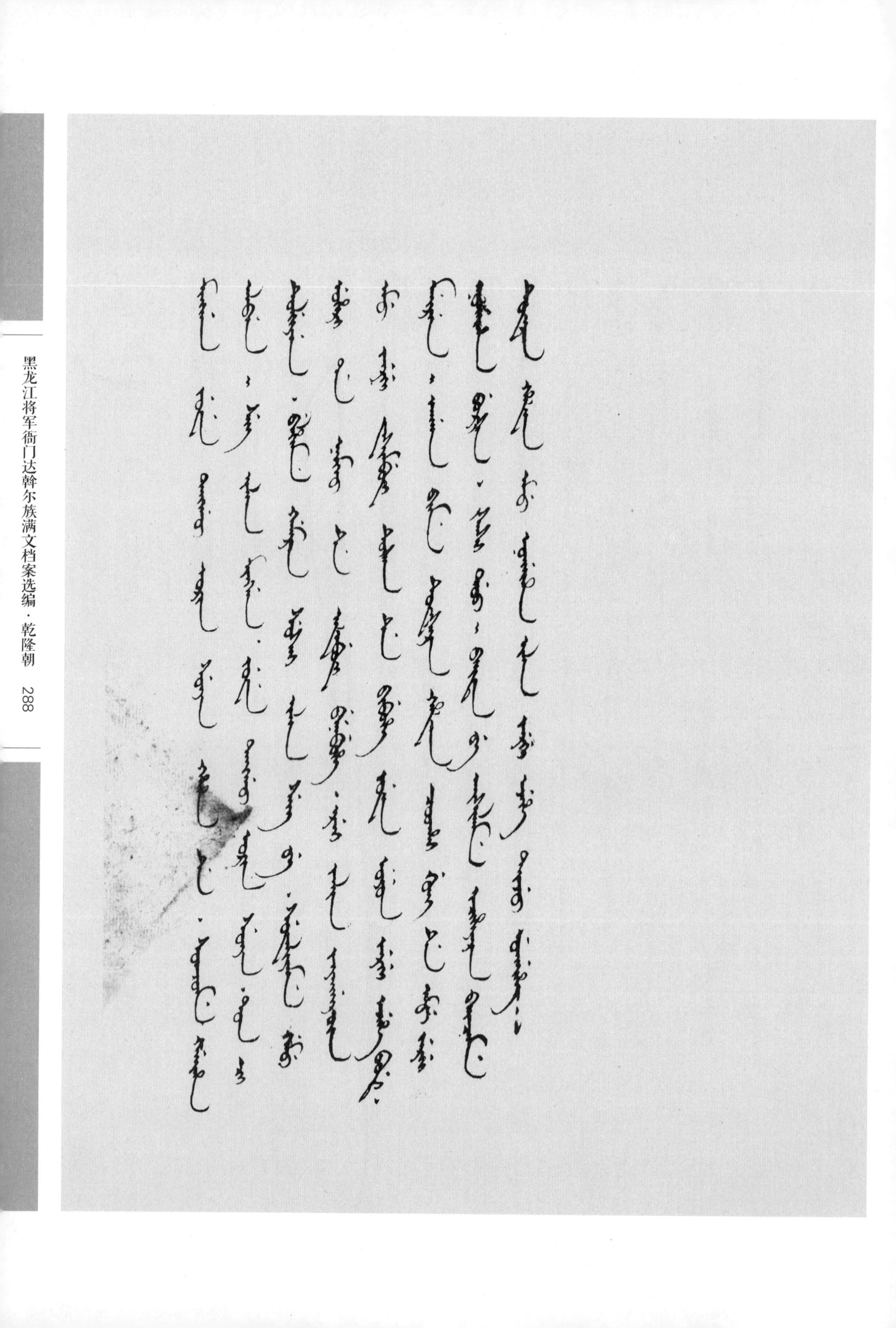

一七八 黑龙江副都统衙门为造送镶黄旗达斡尔世管佐领罗尔布哈尔等源流册事咨黑龙江将军衙门文

乾隆七年九月初七日

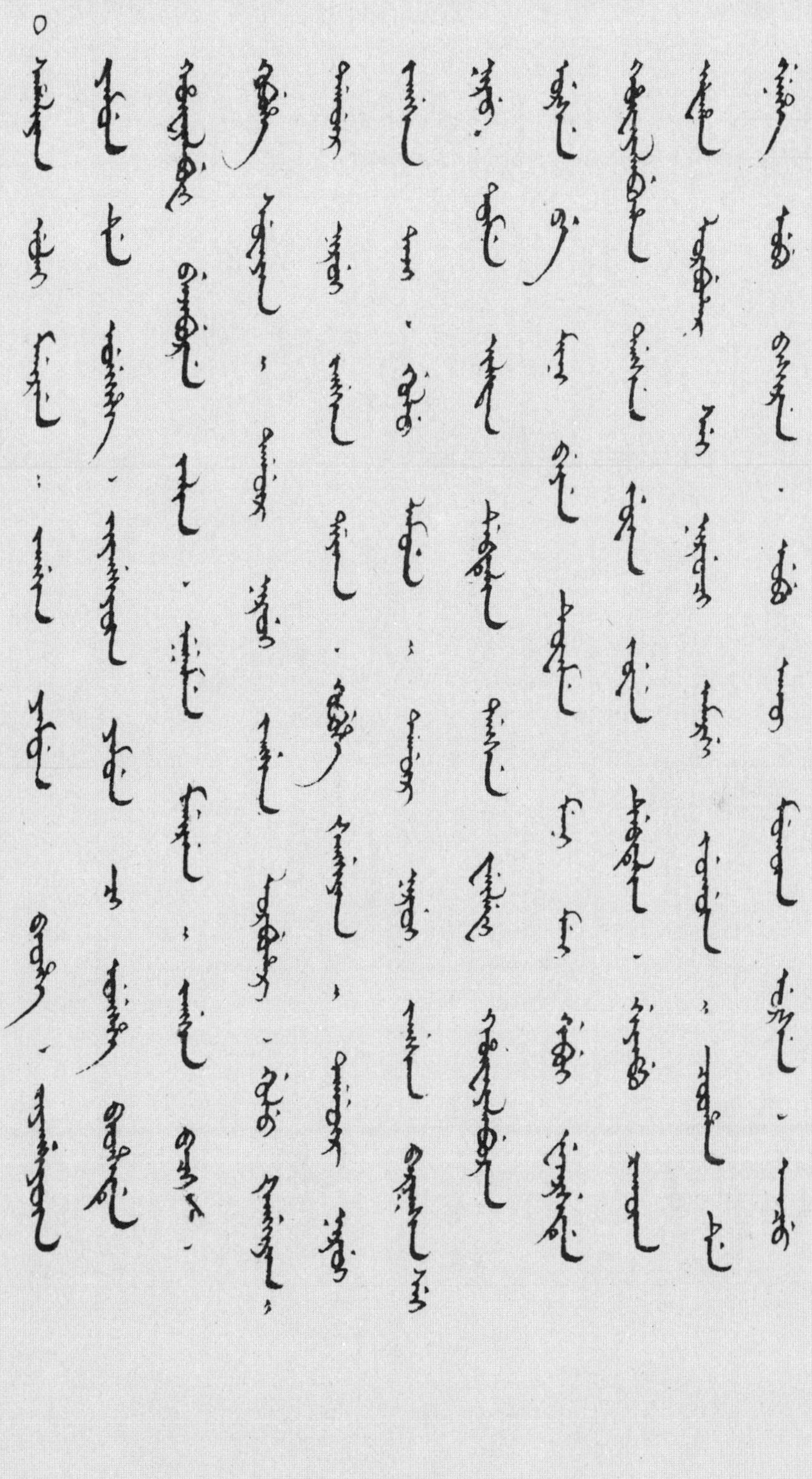

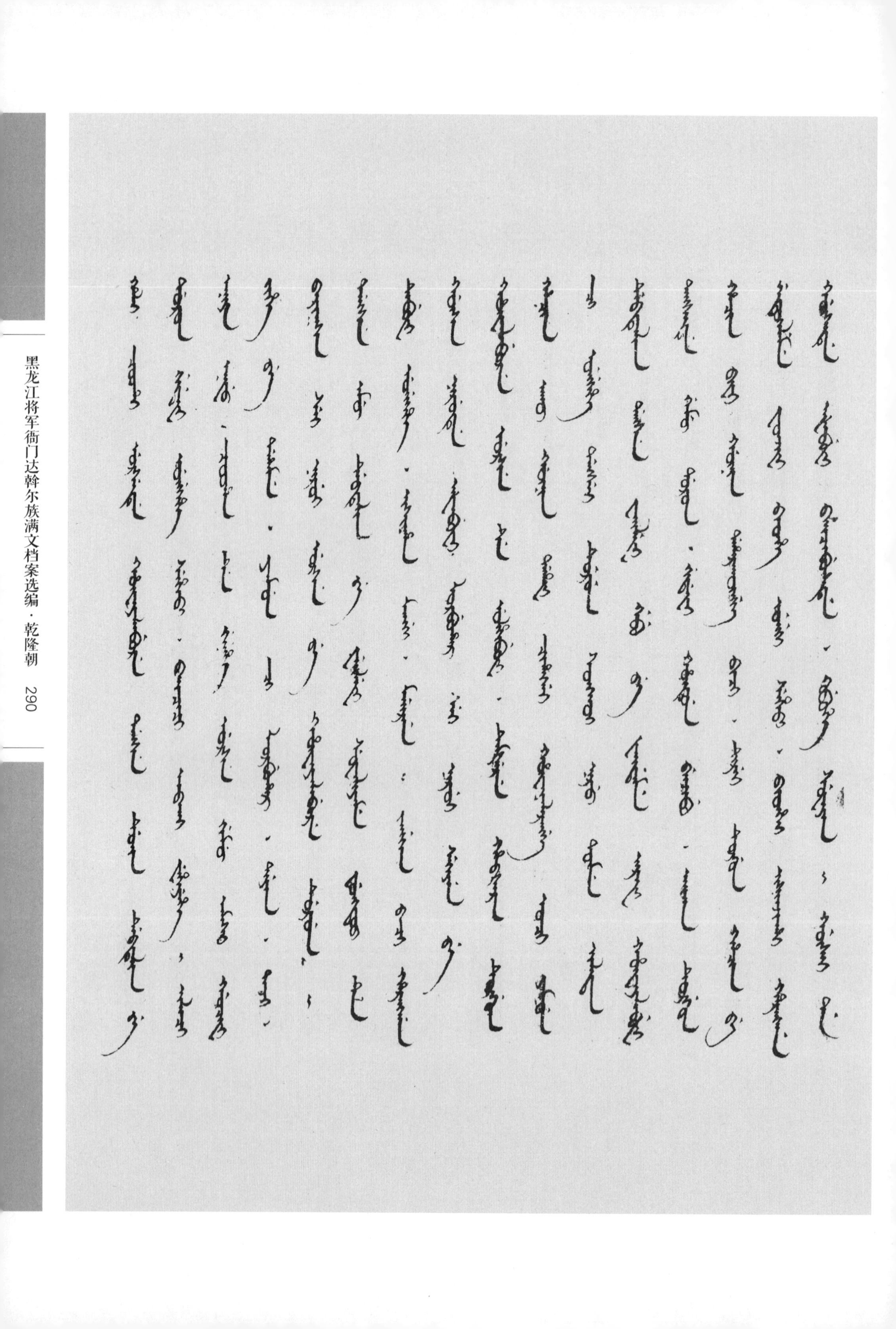

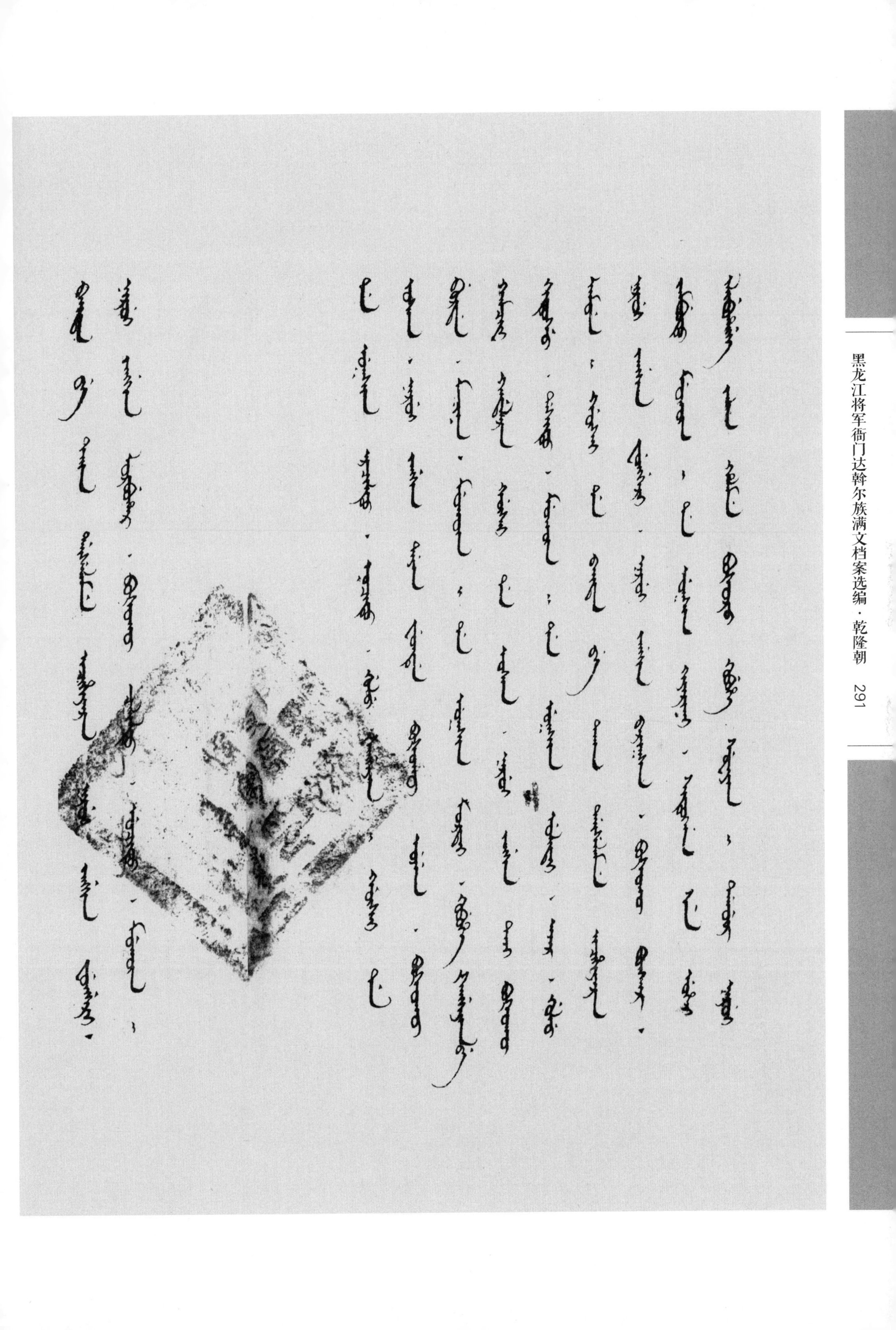

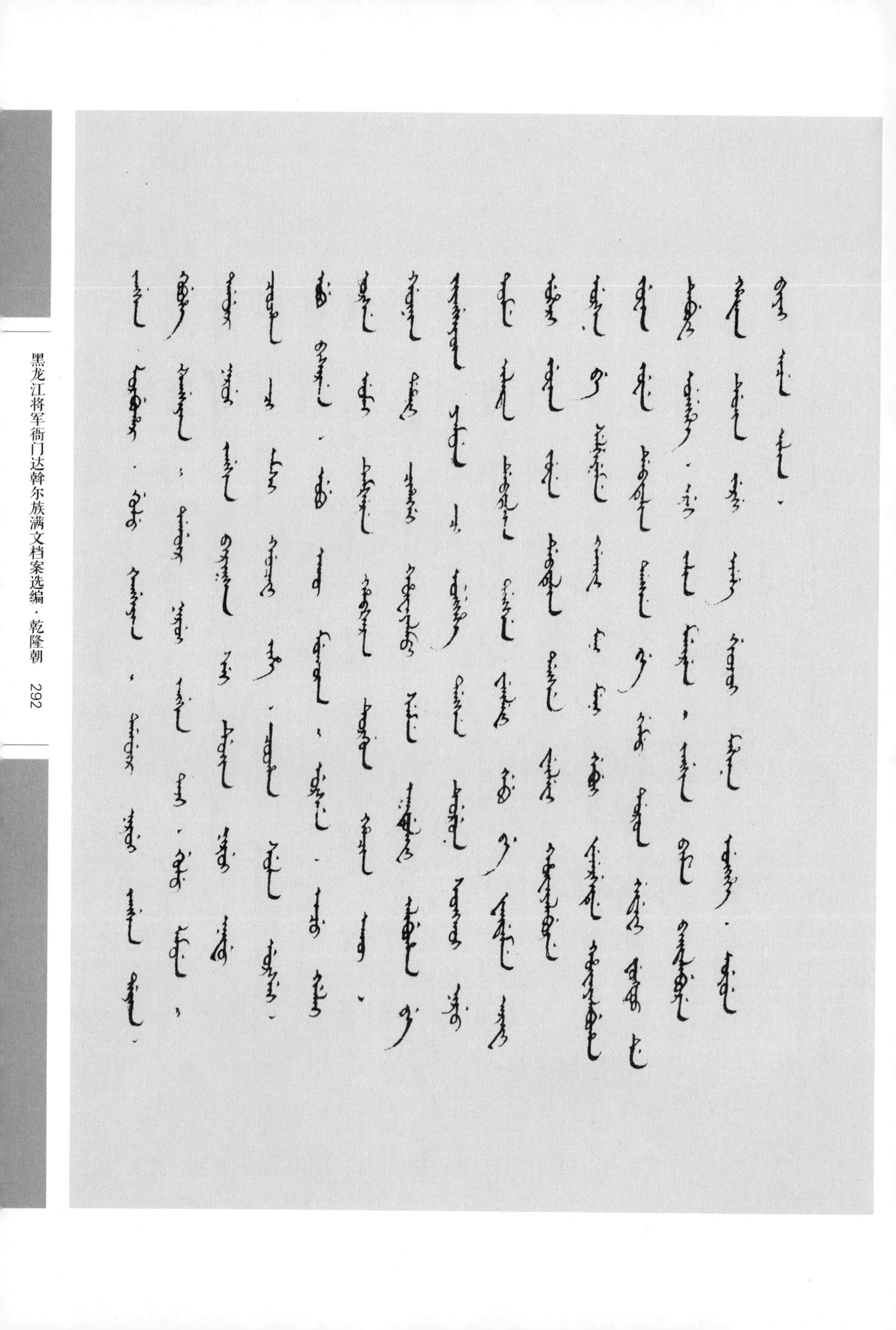

[illegible]

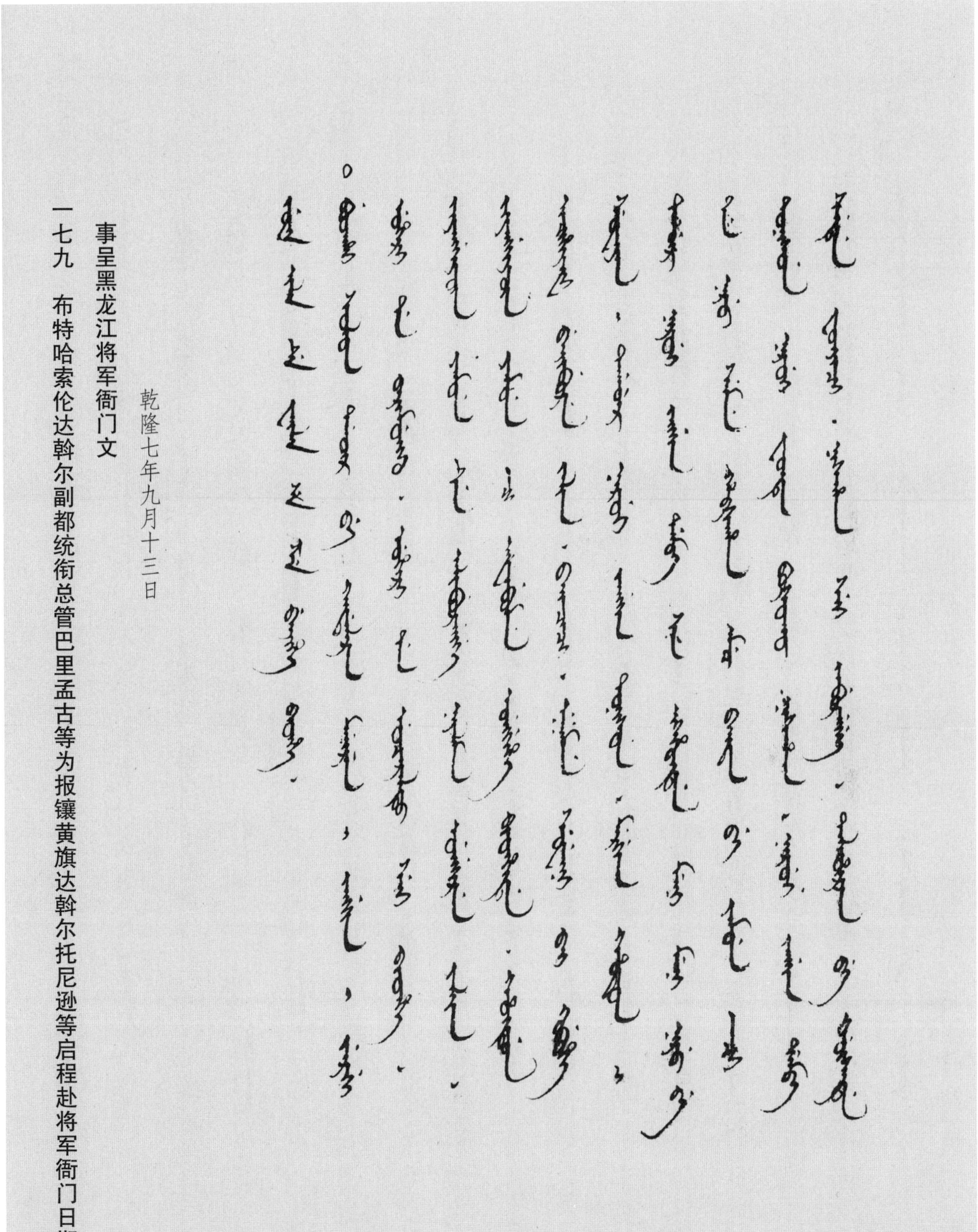

乾隆七年九月十三日

事呈黑龙江将军衙门文

一七九 布特哈索伦达斡尔副都统衔总管巴里孟古等为报镶黄旗达斡尔托尼逊等启程赴将军衙门日期

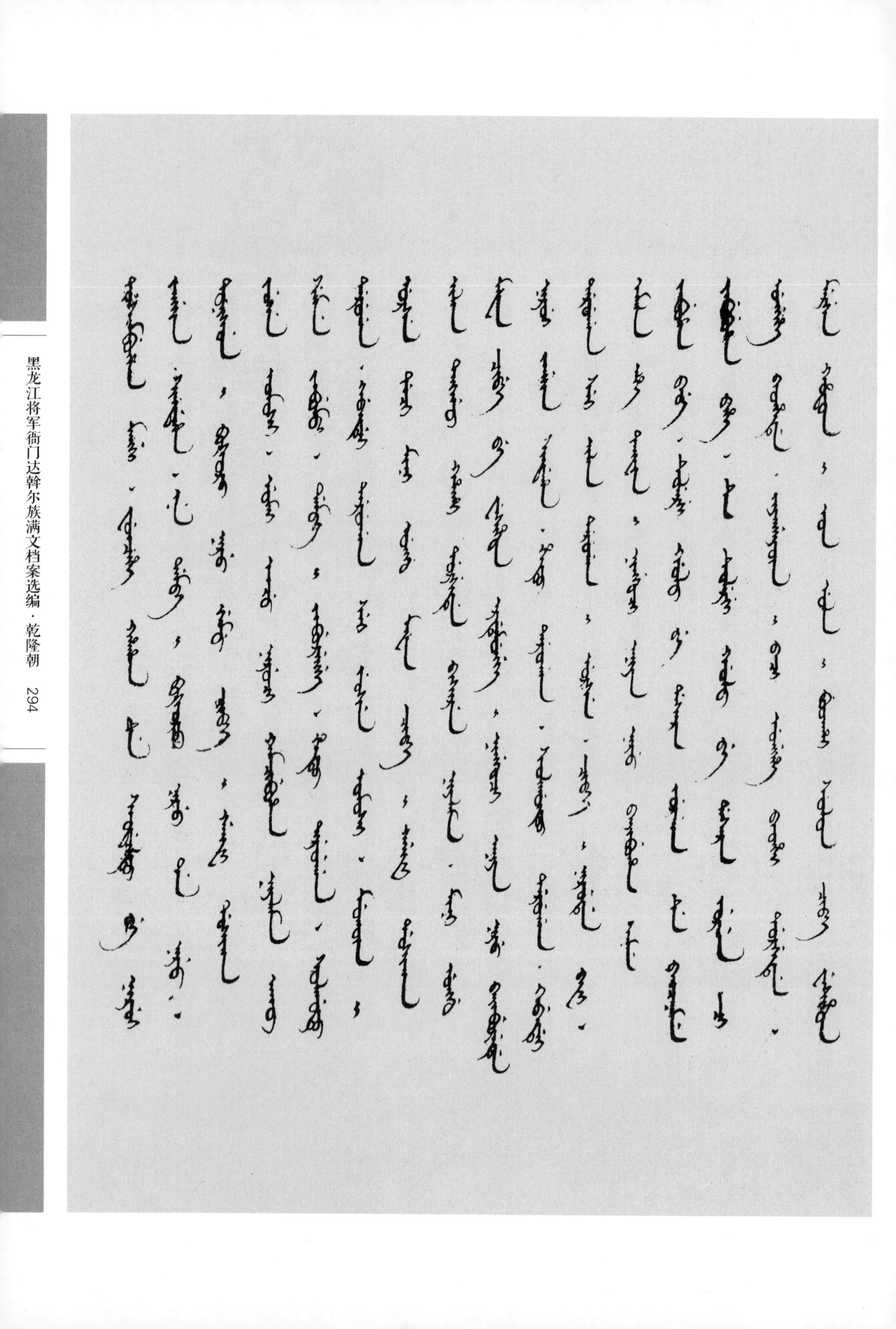

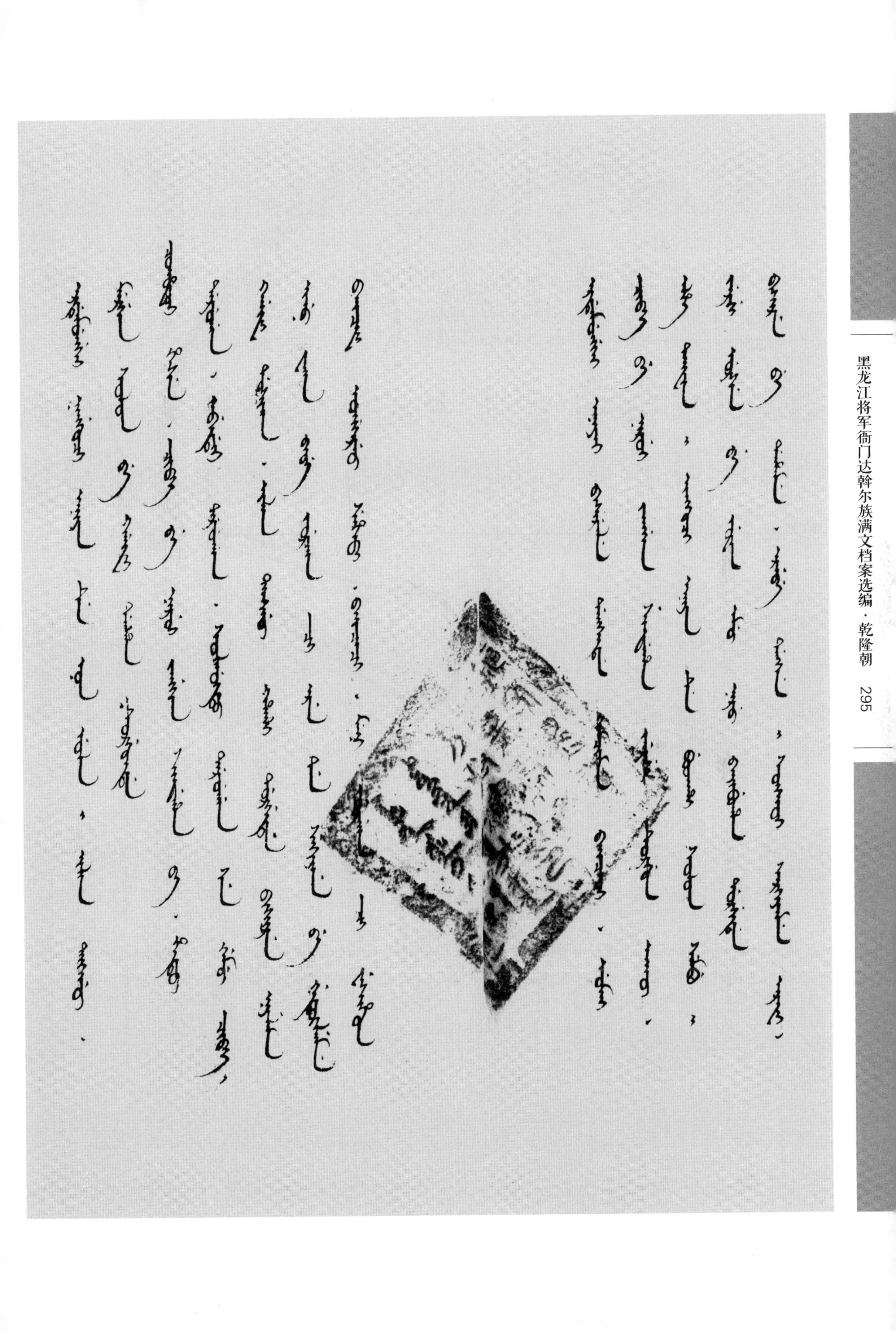

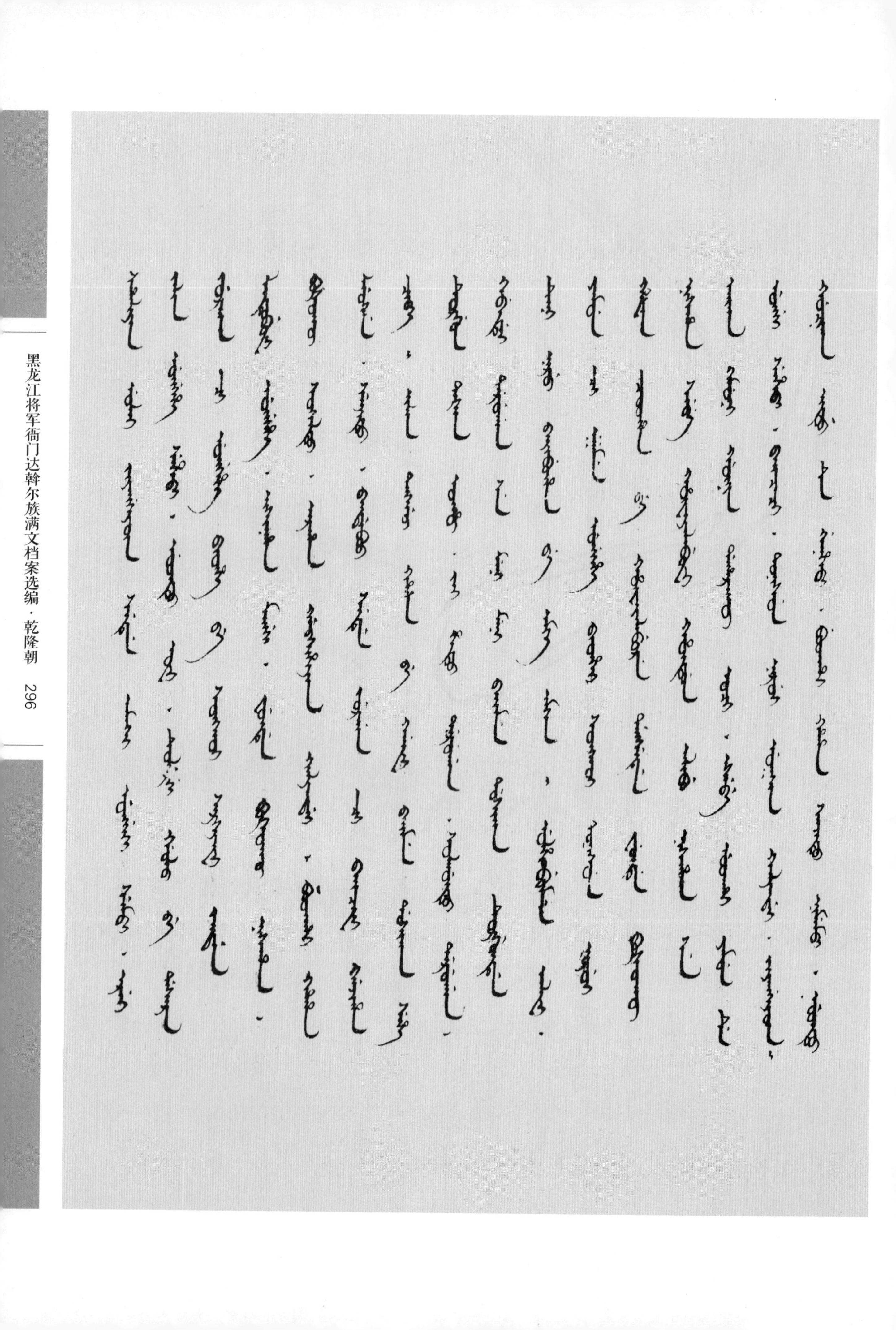

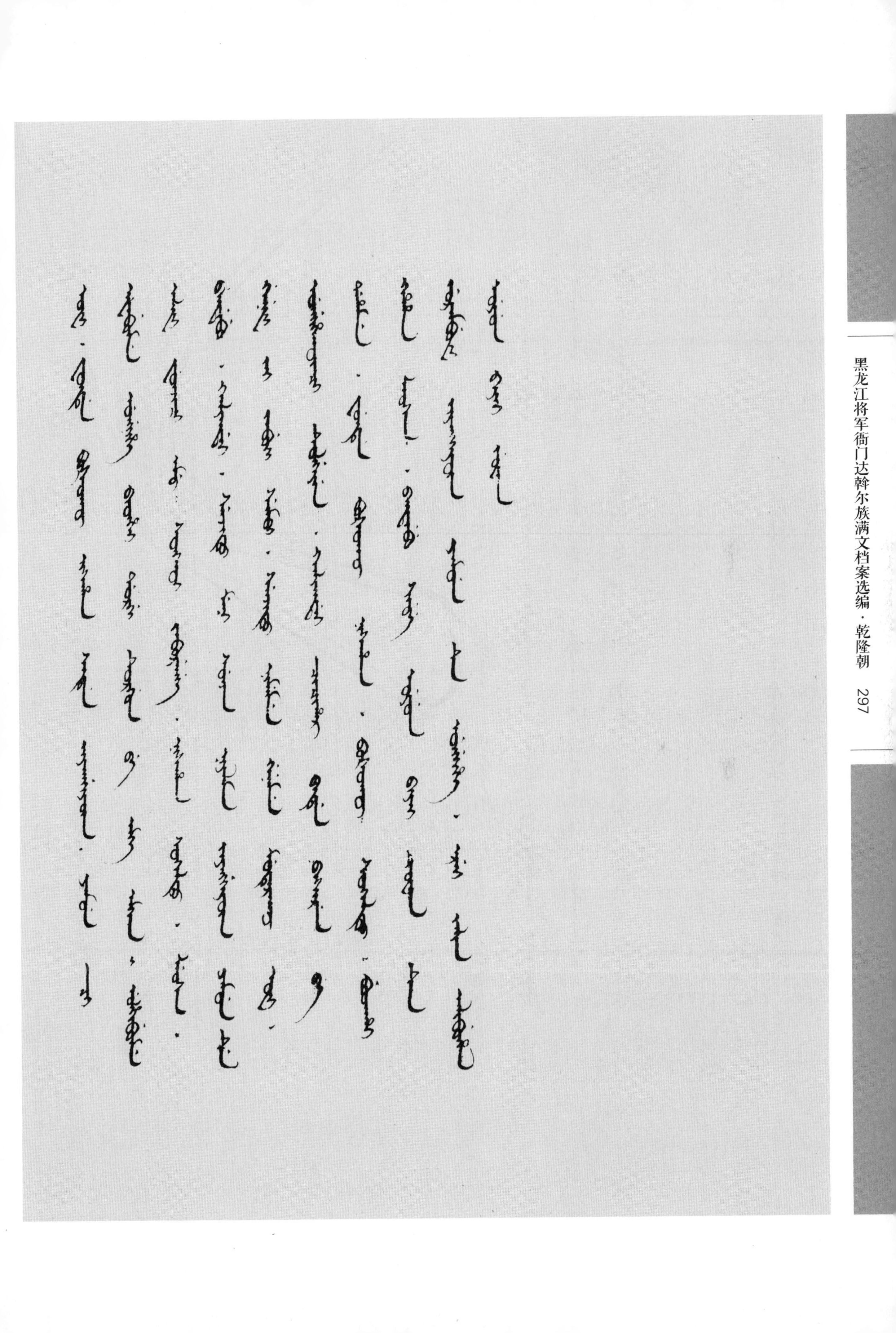

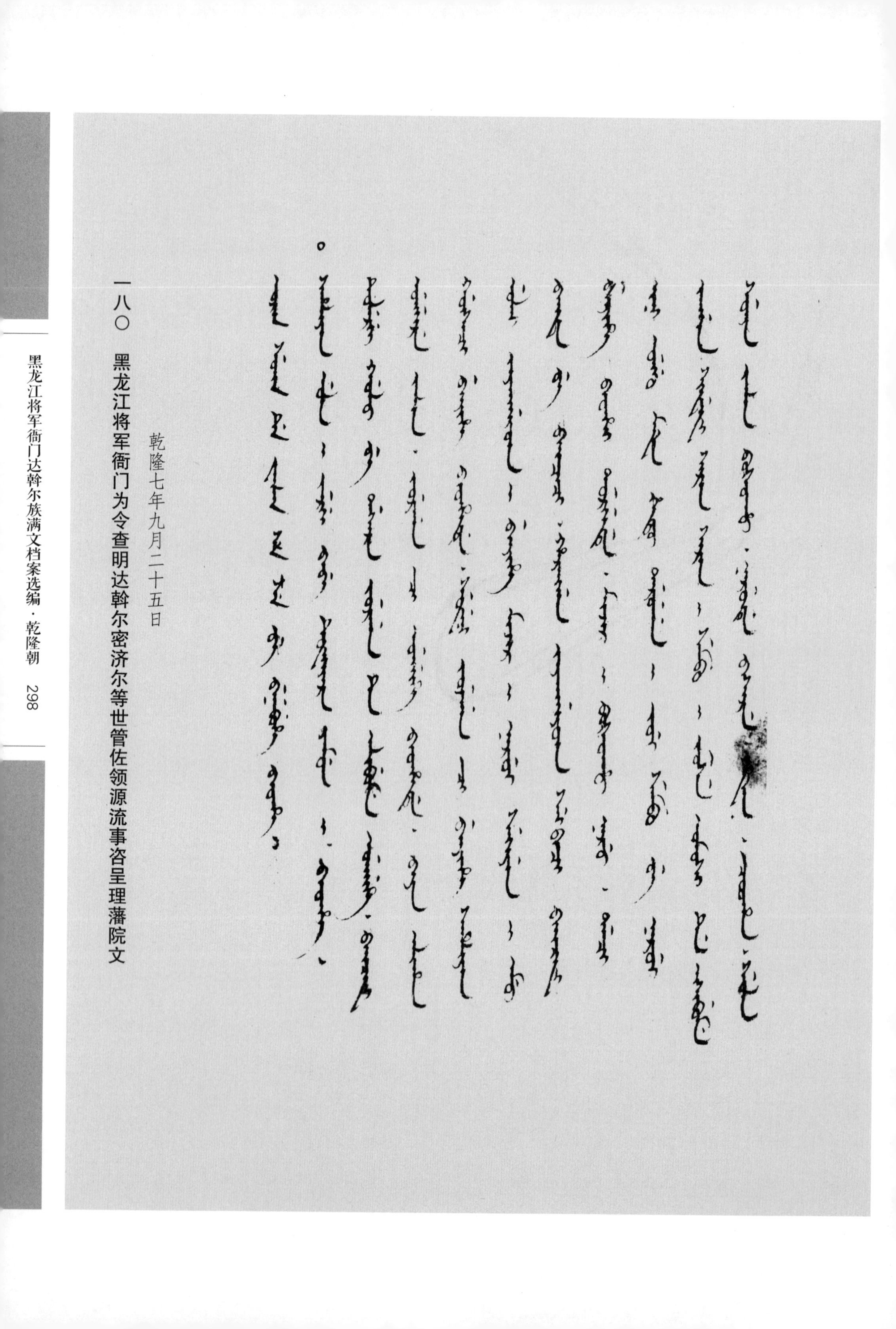

一八〇 黑龙江将军衙门为令查明达斡尔密济尔等世管佐领源流事咨呈理藩院文

乾隆七年九月二十五日

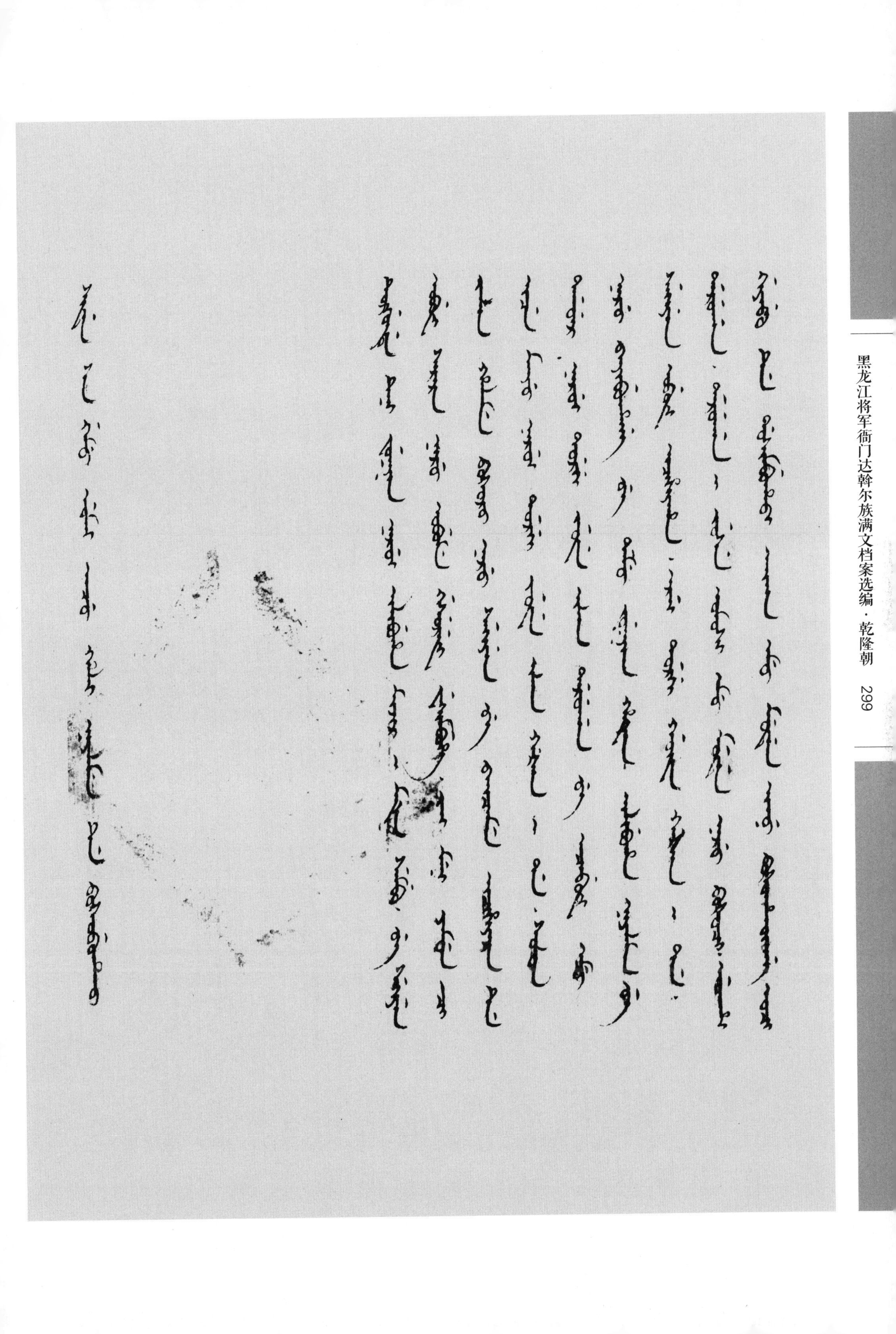

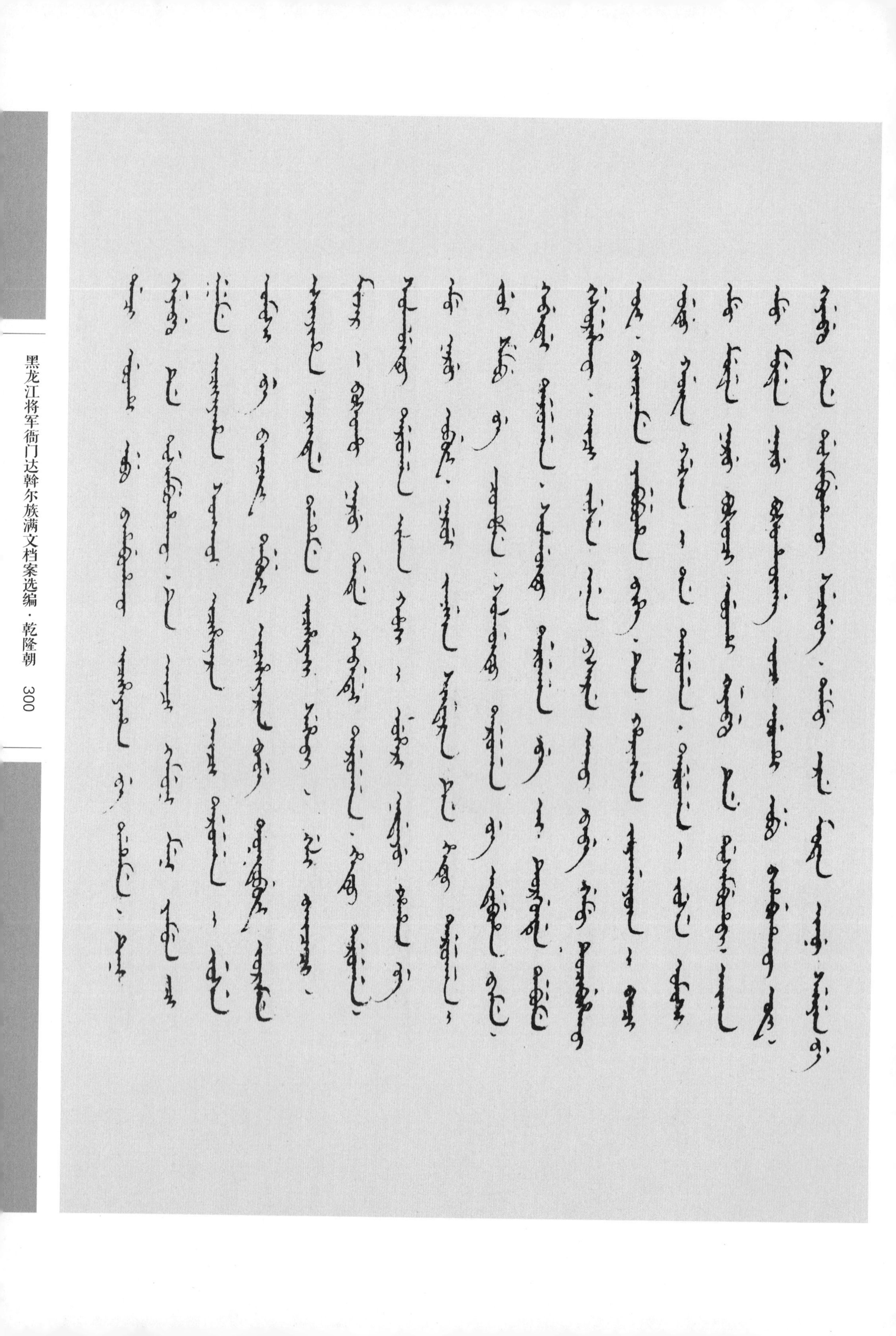

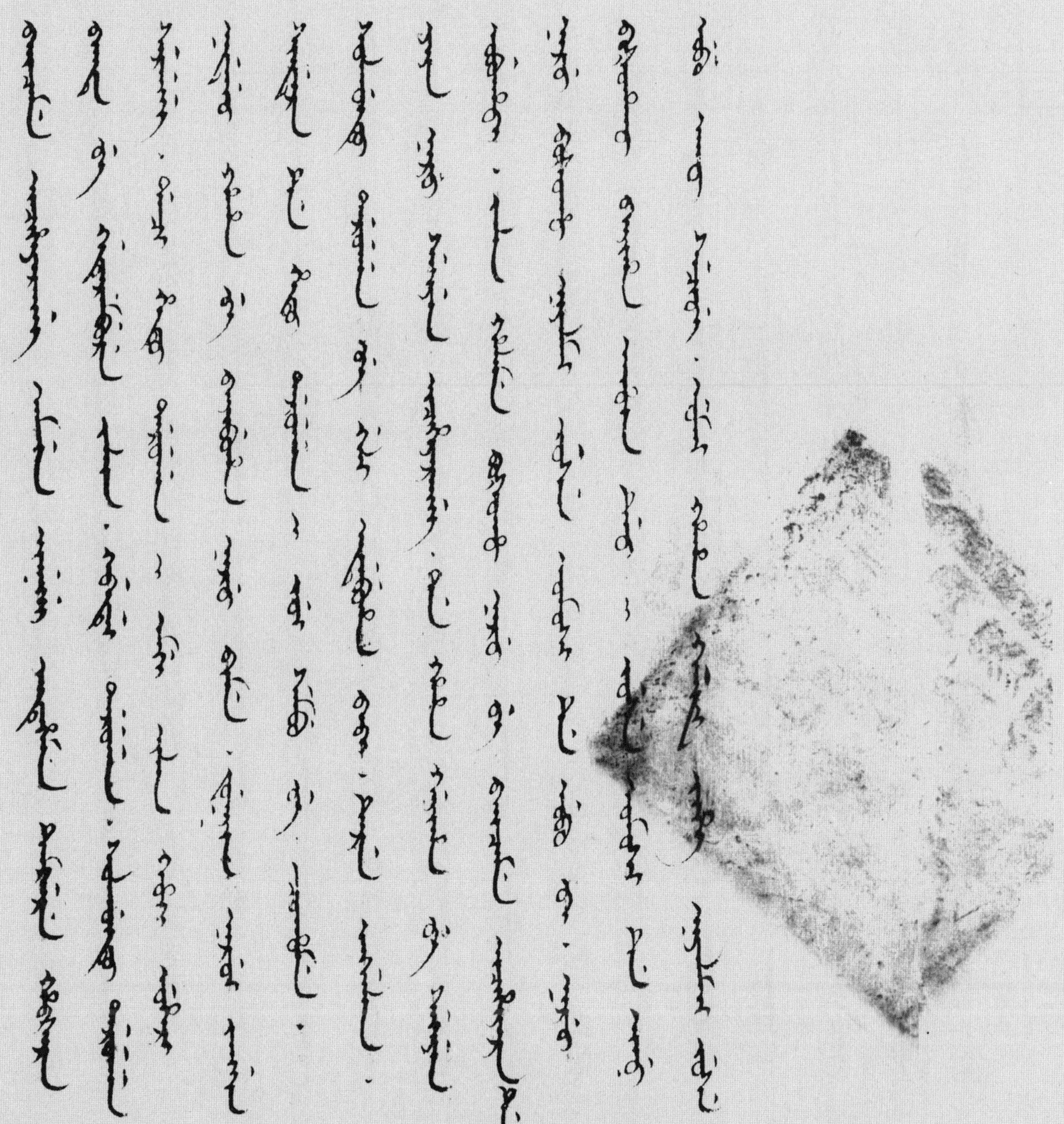

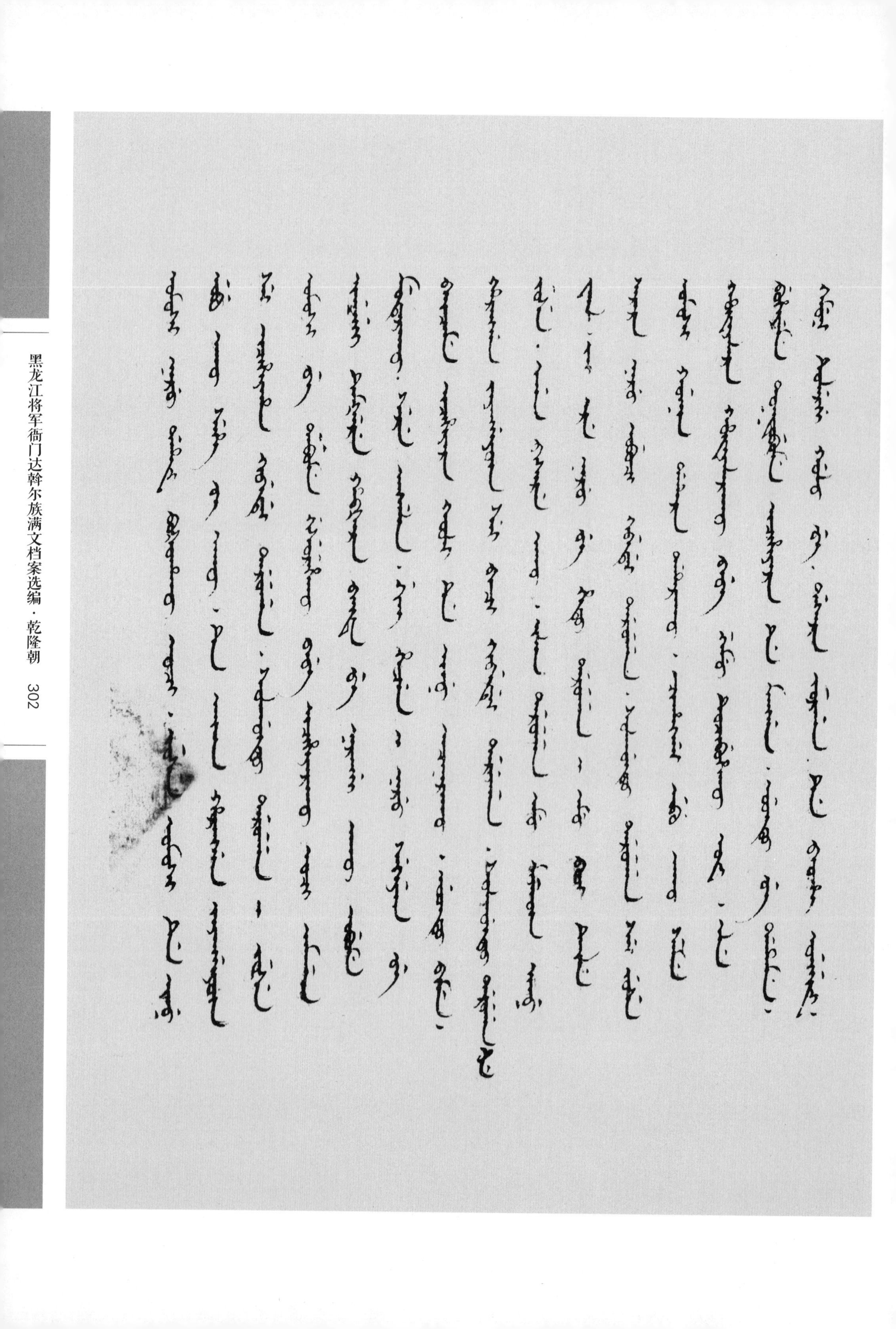

[illegible]

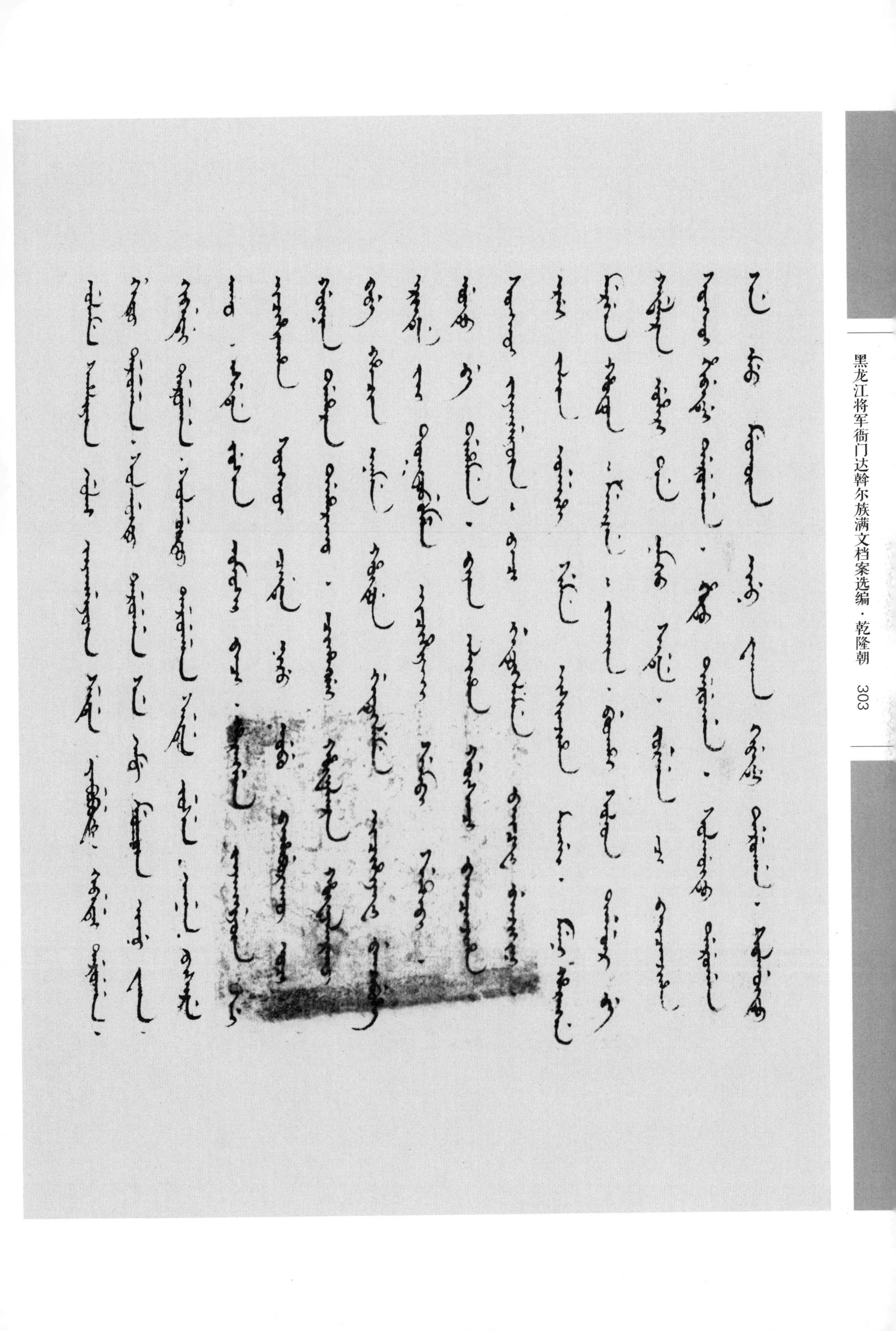

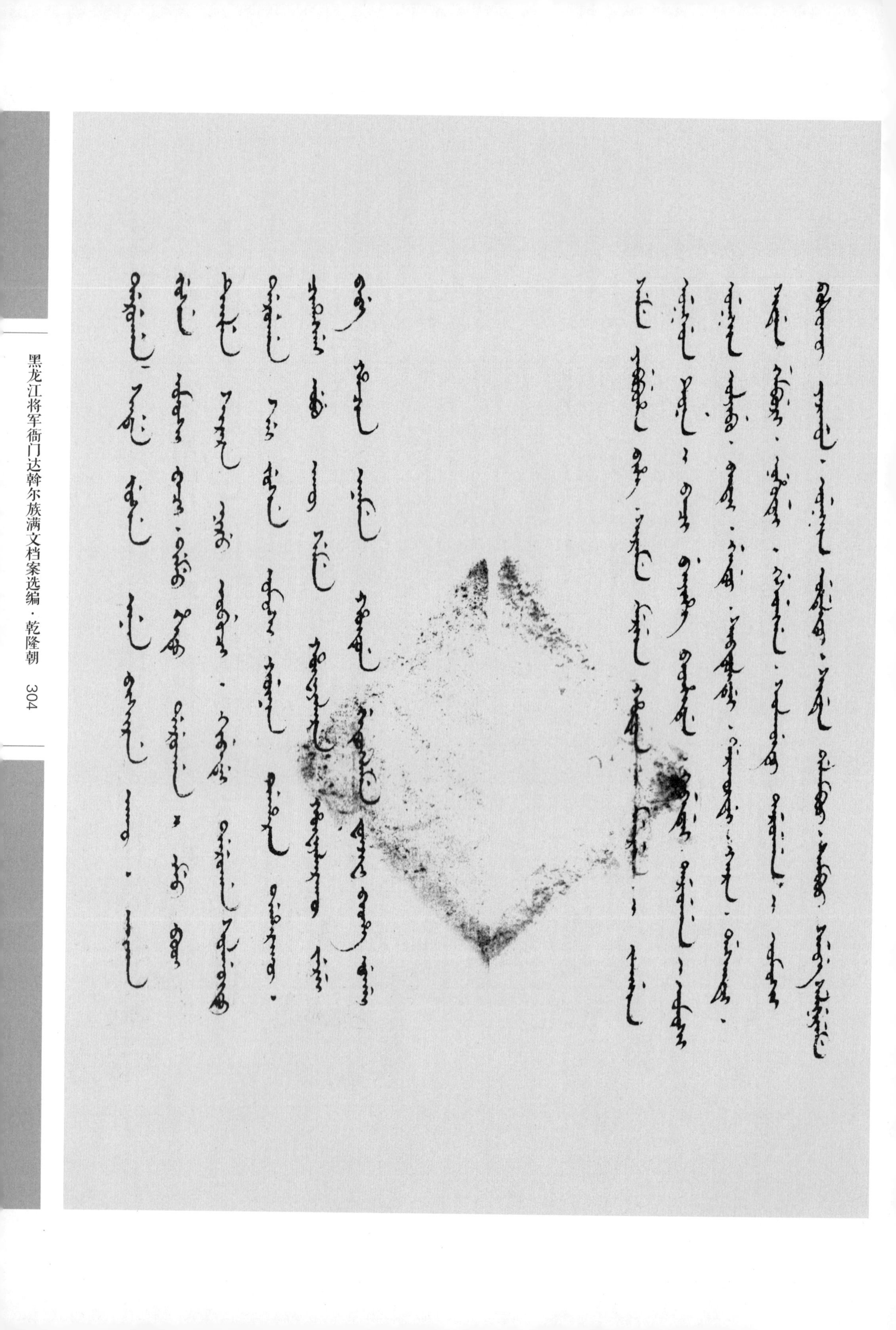

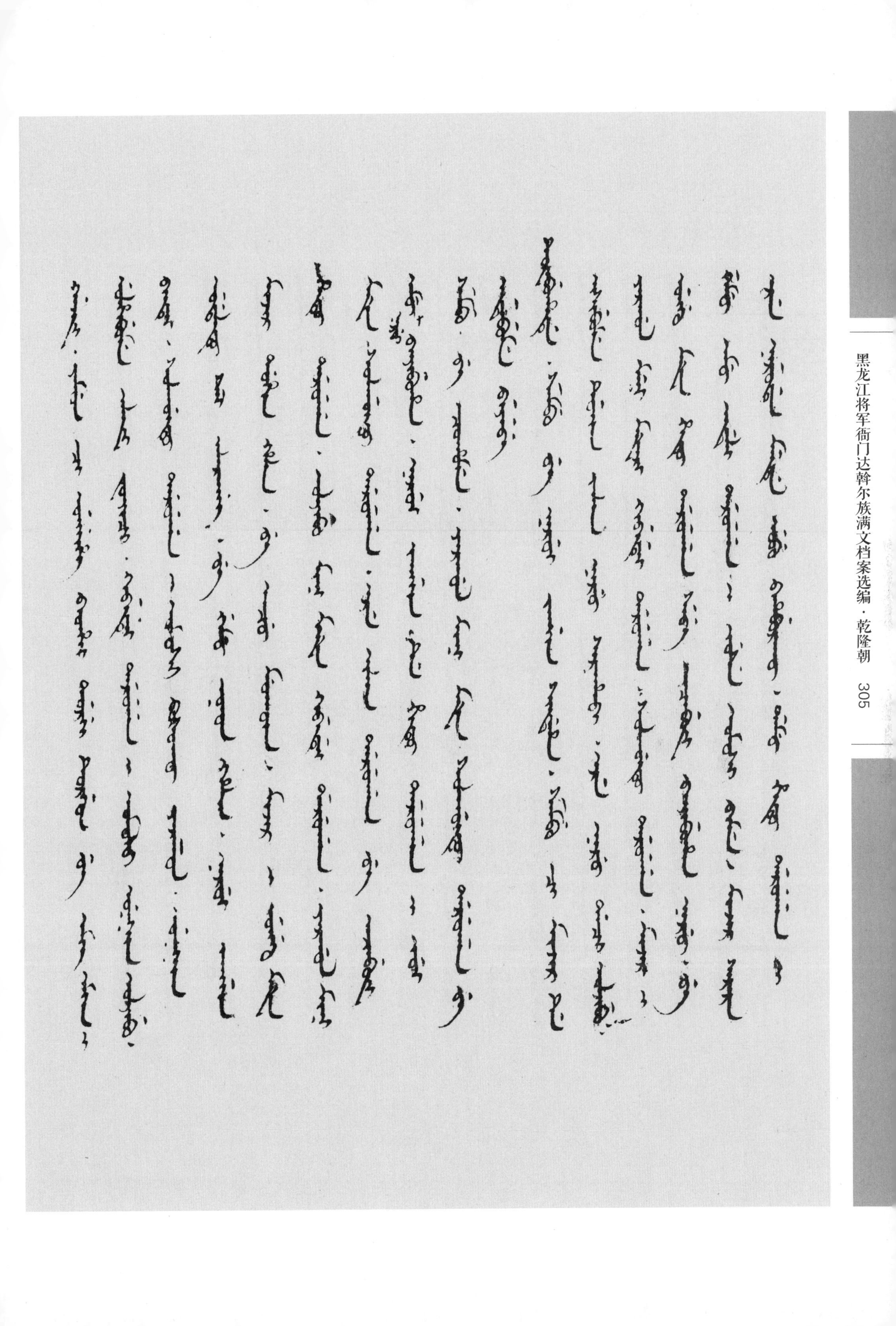

[illegible]

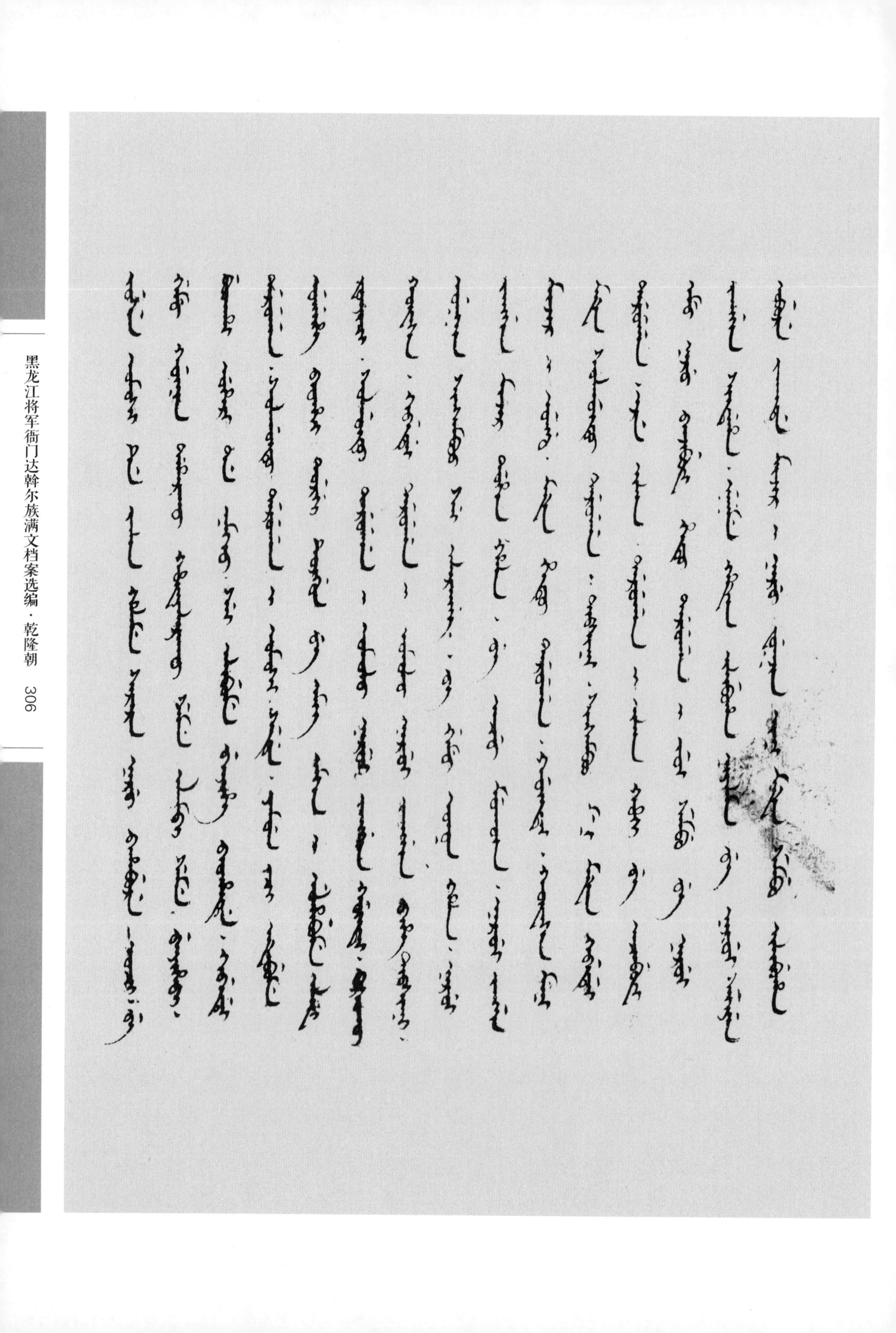

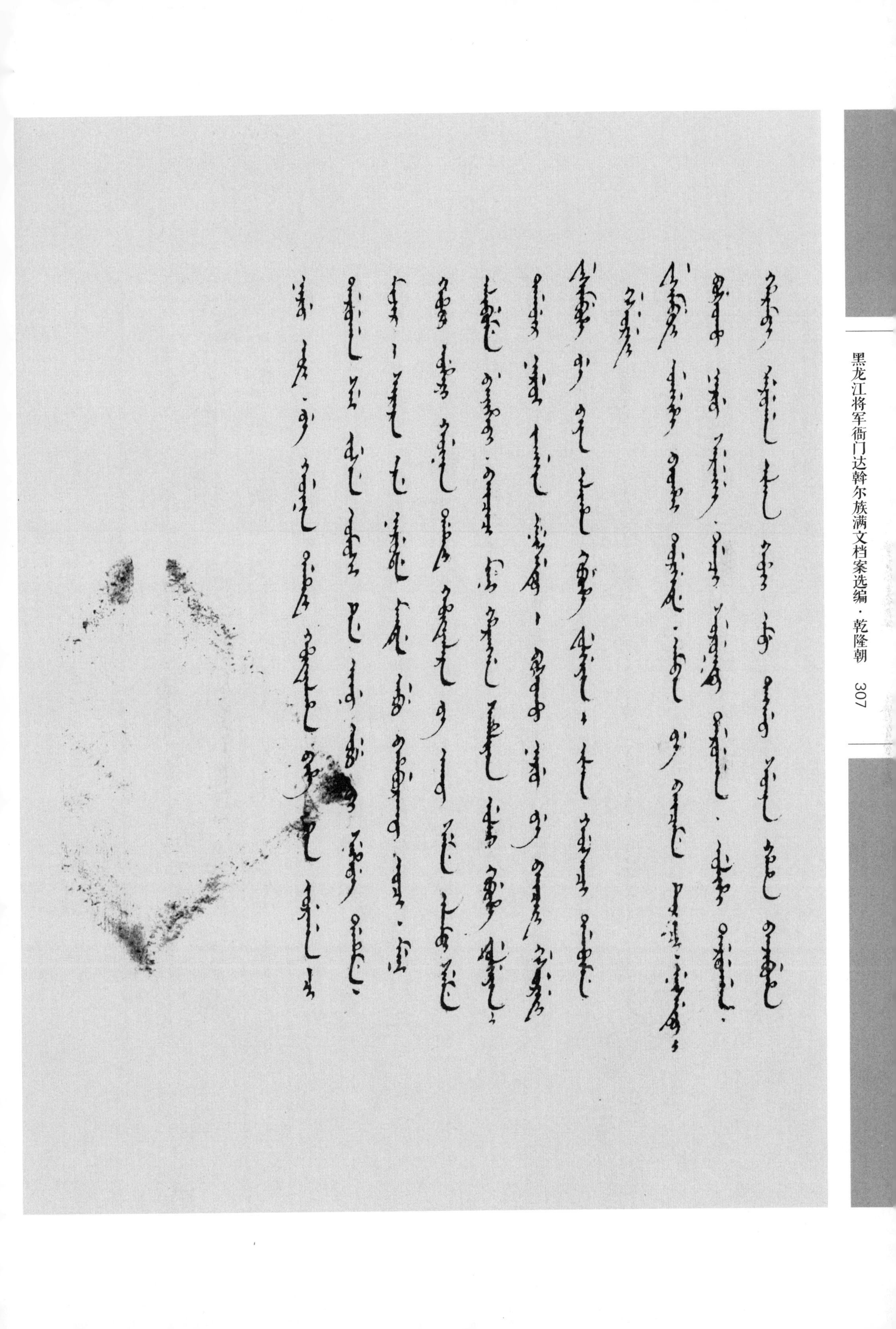

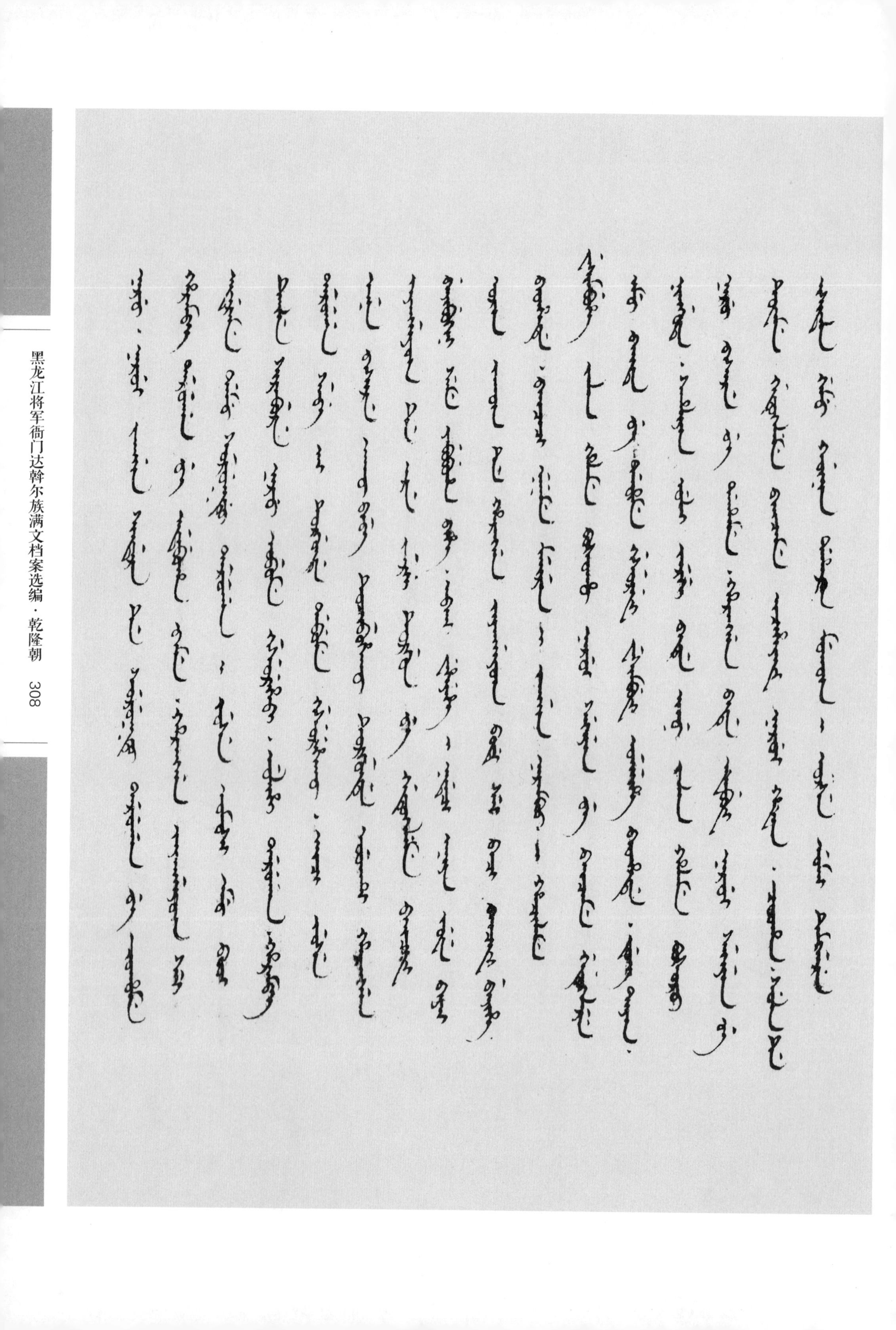

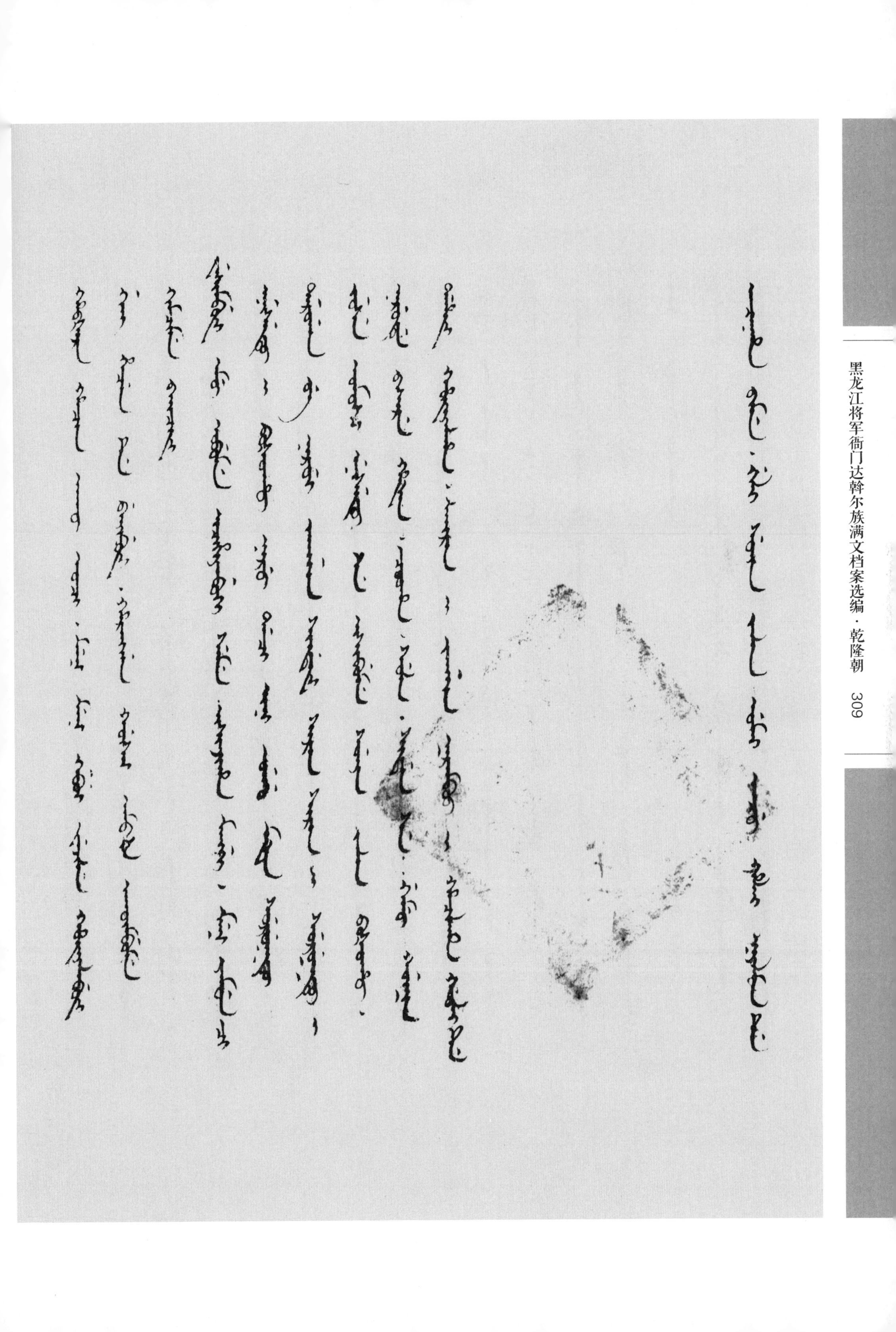

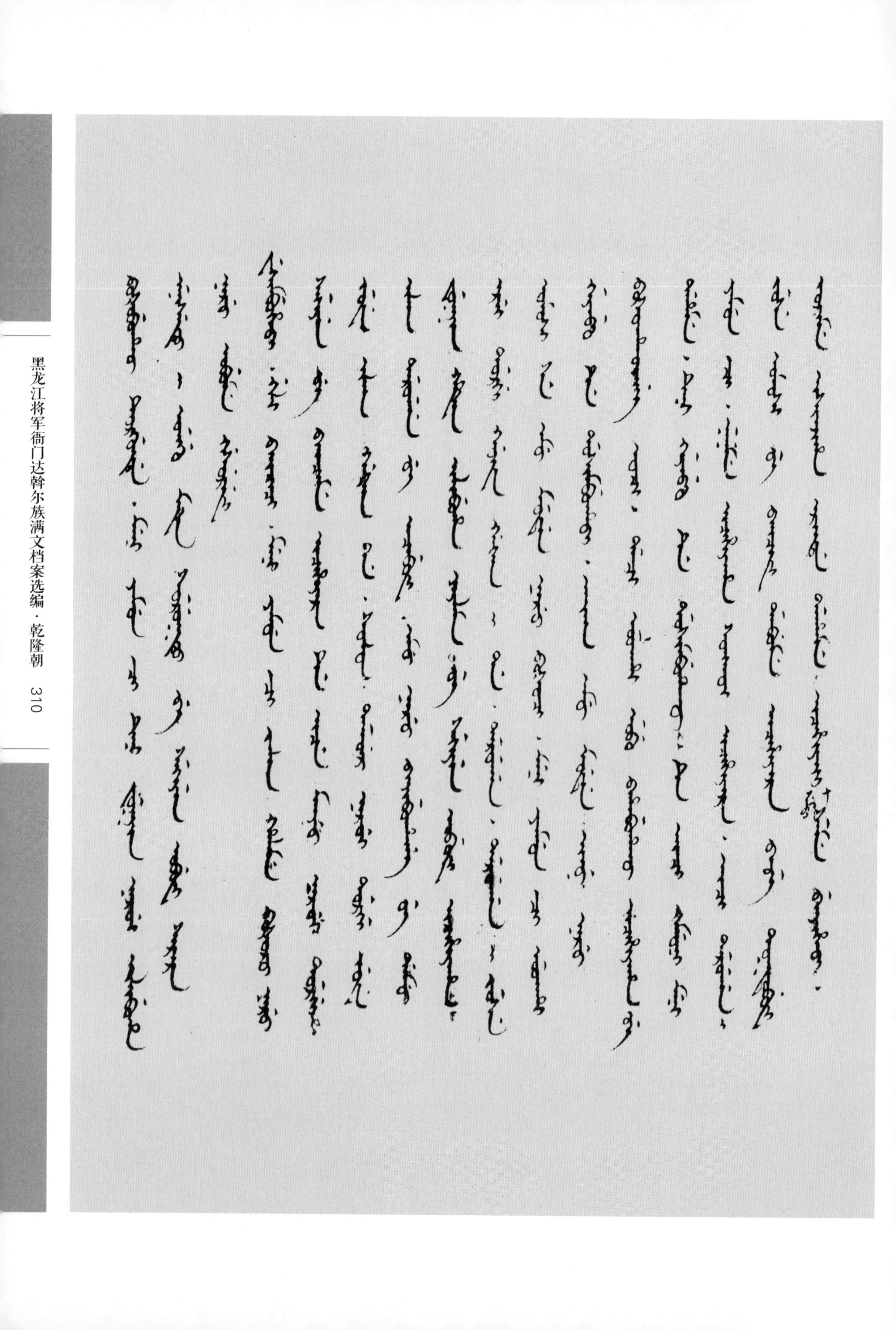

[illegible]

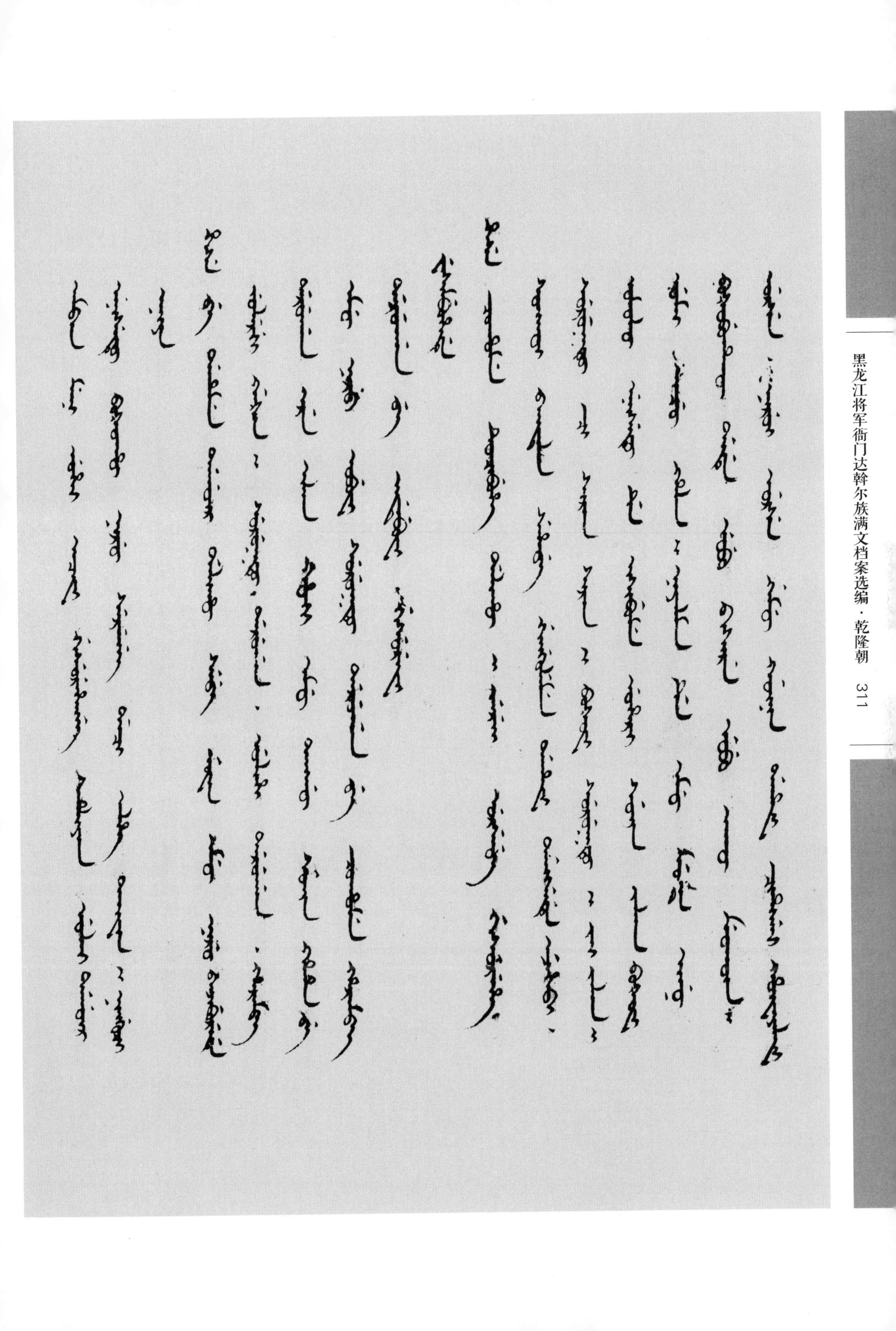

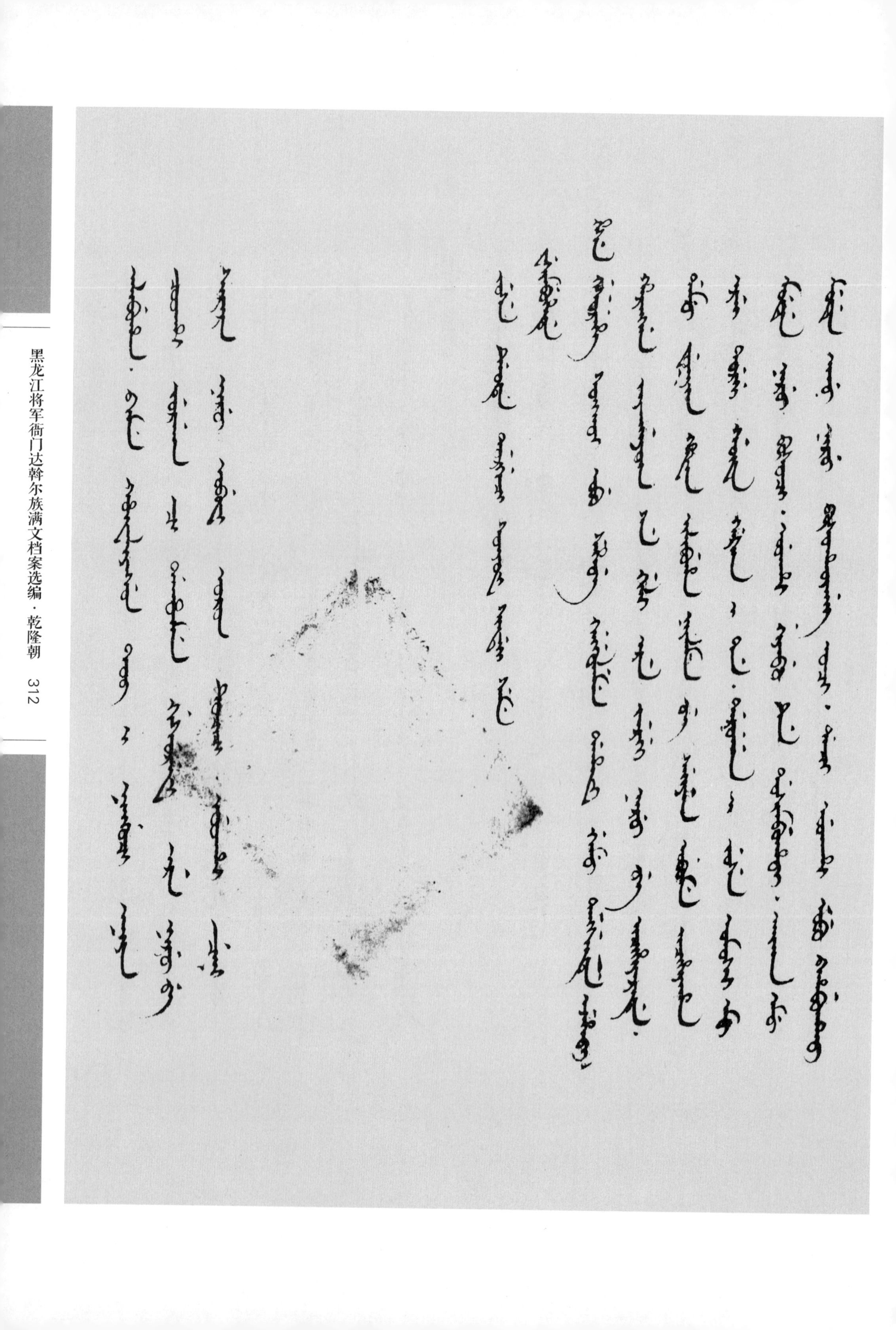

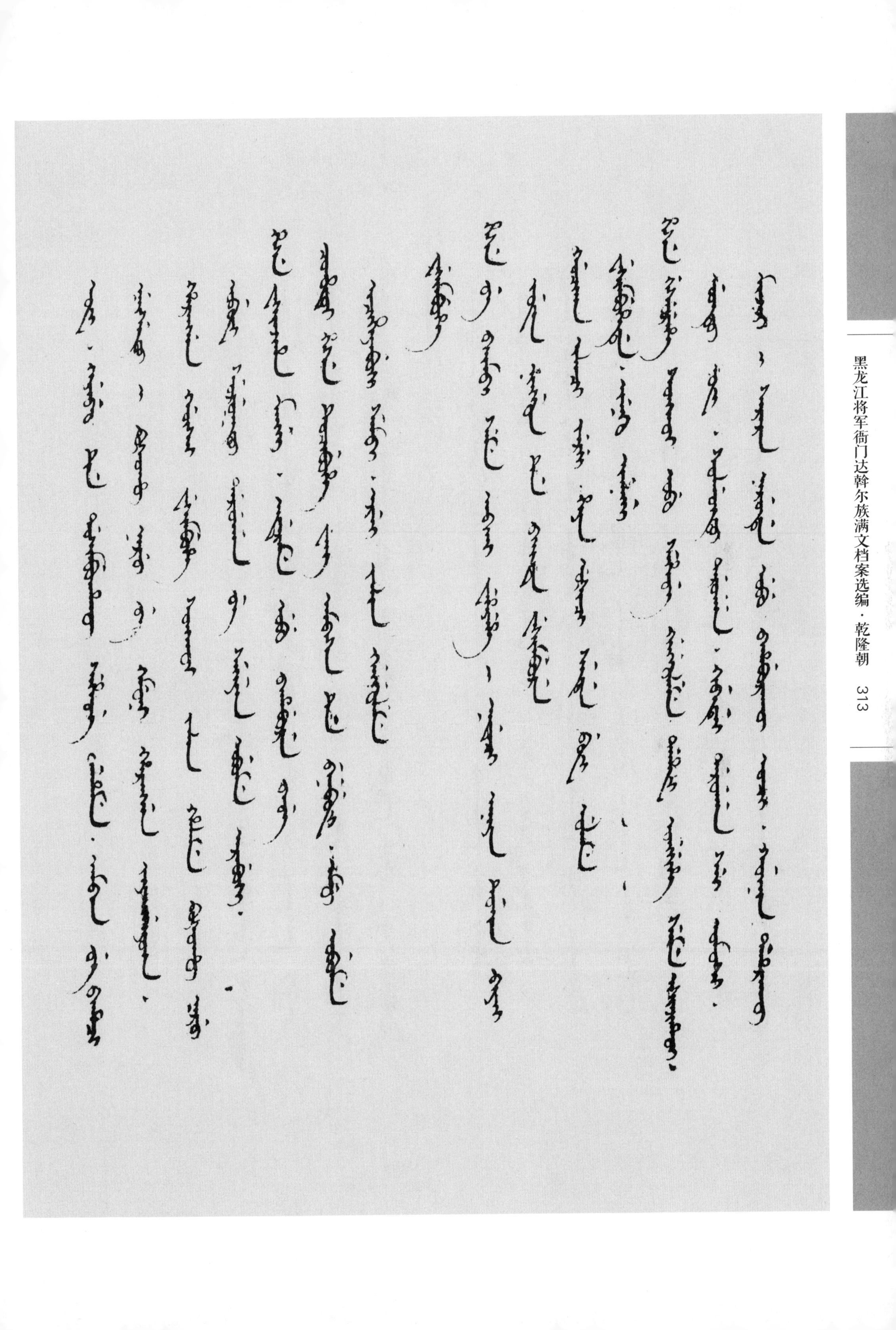

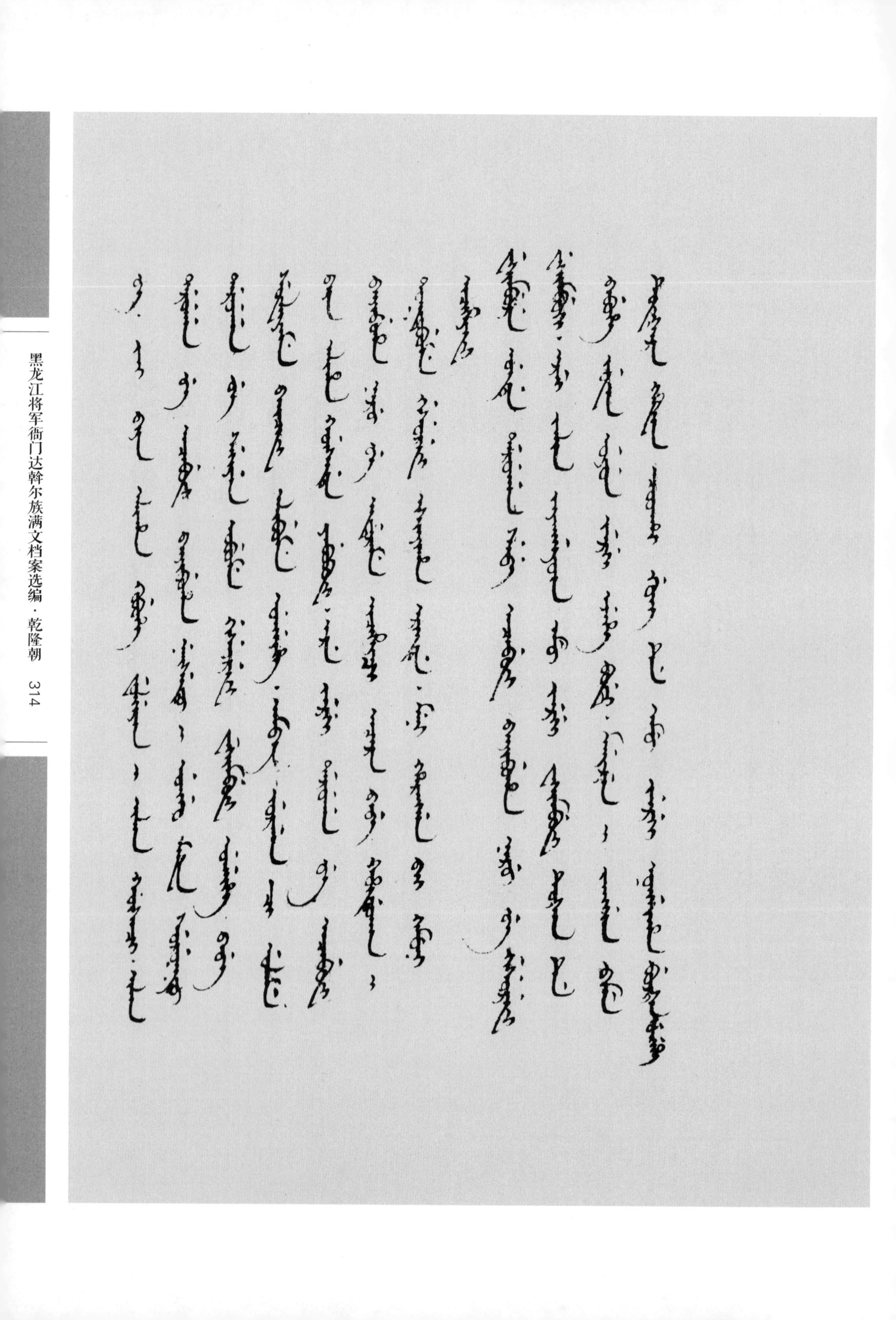

一八一 兵部为俟军机大臣议奏奉旨后再办理撤回布特哈原籍索伦达斡尔官兵军械事宜事咨黑龙江将军文

乾隆七年十月二十三日

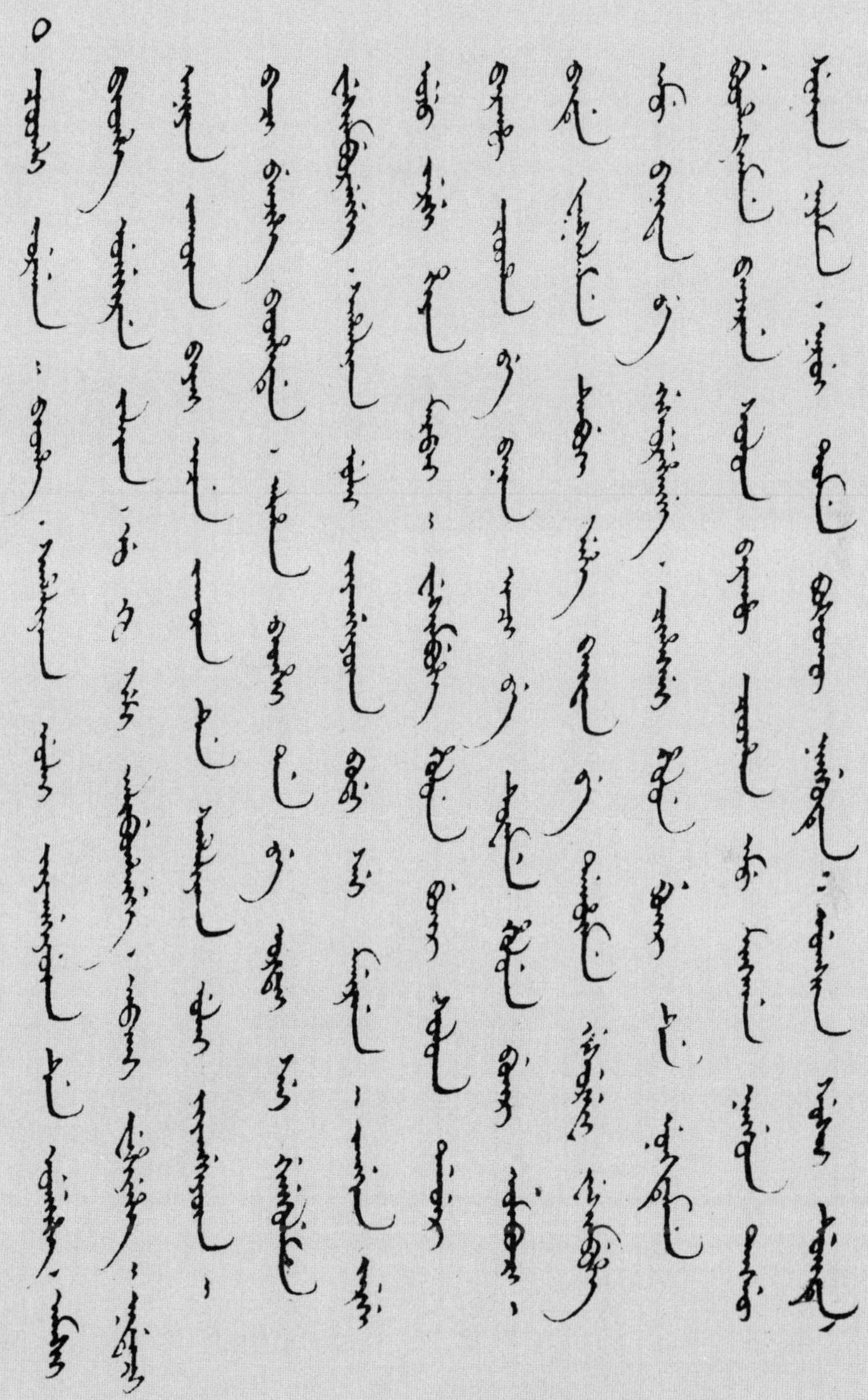

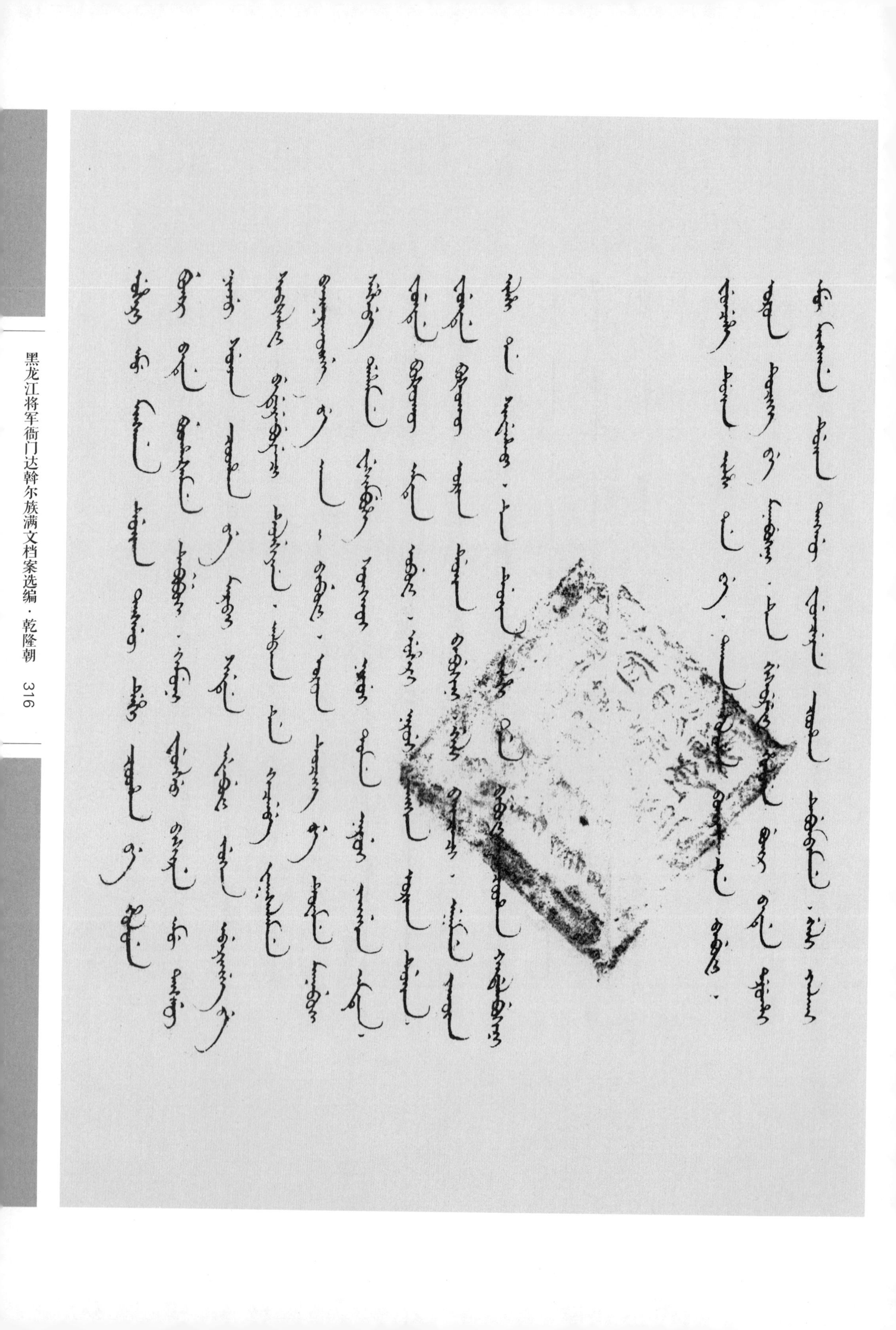

[illegible]

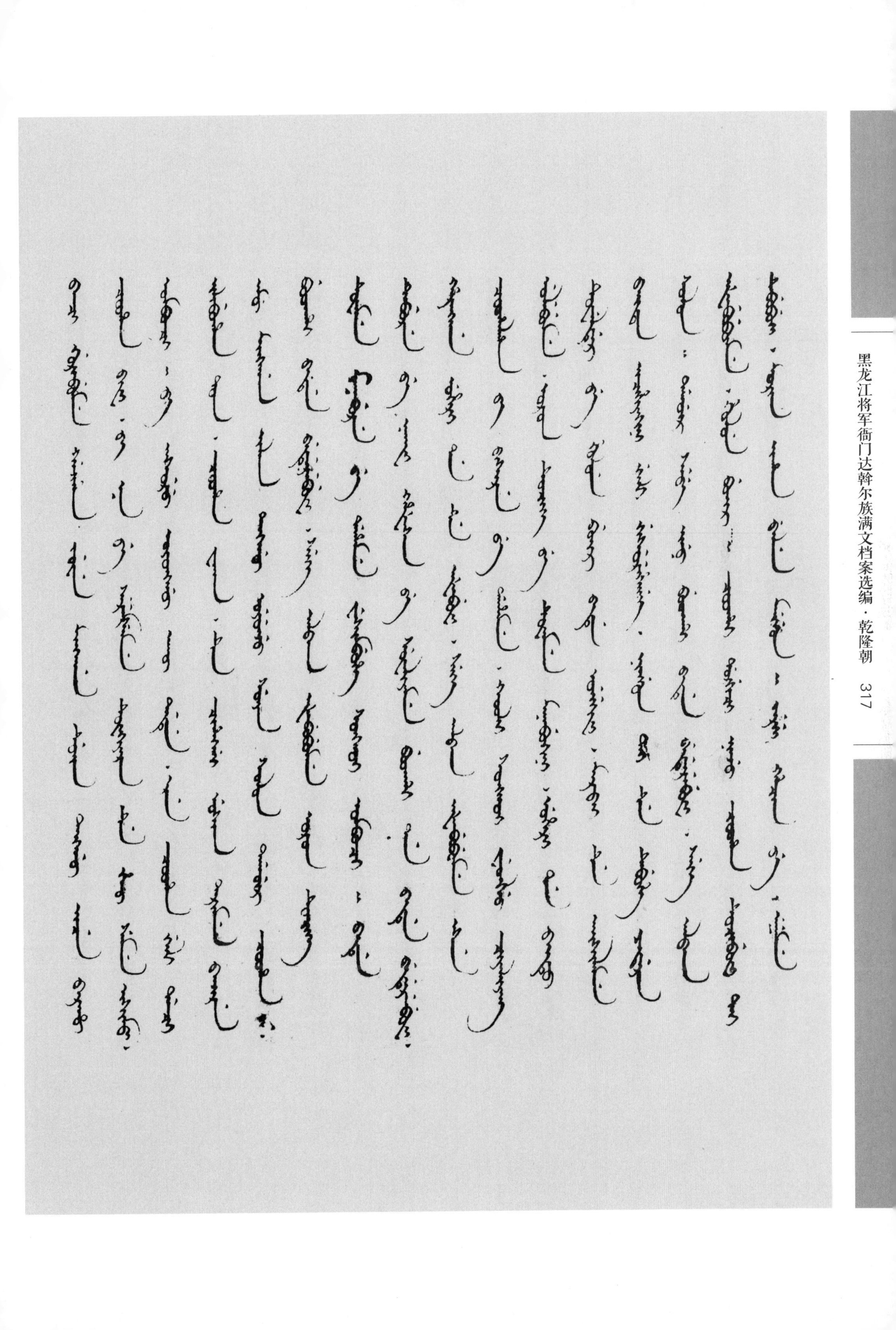

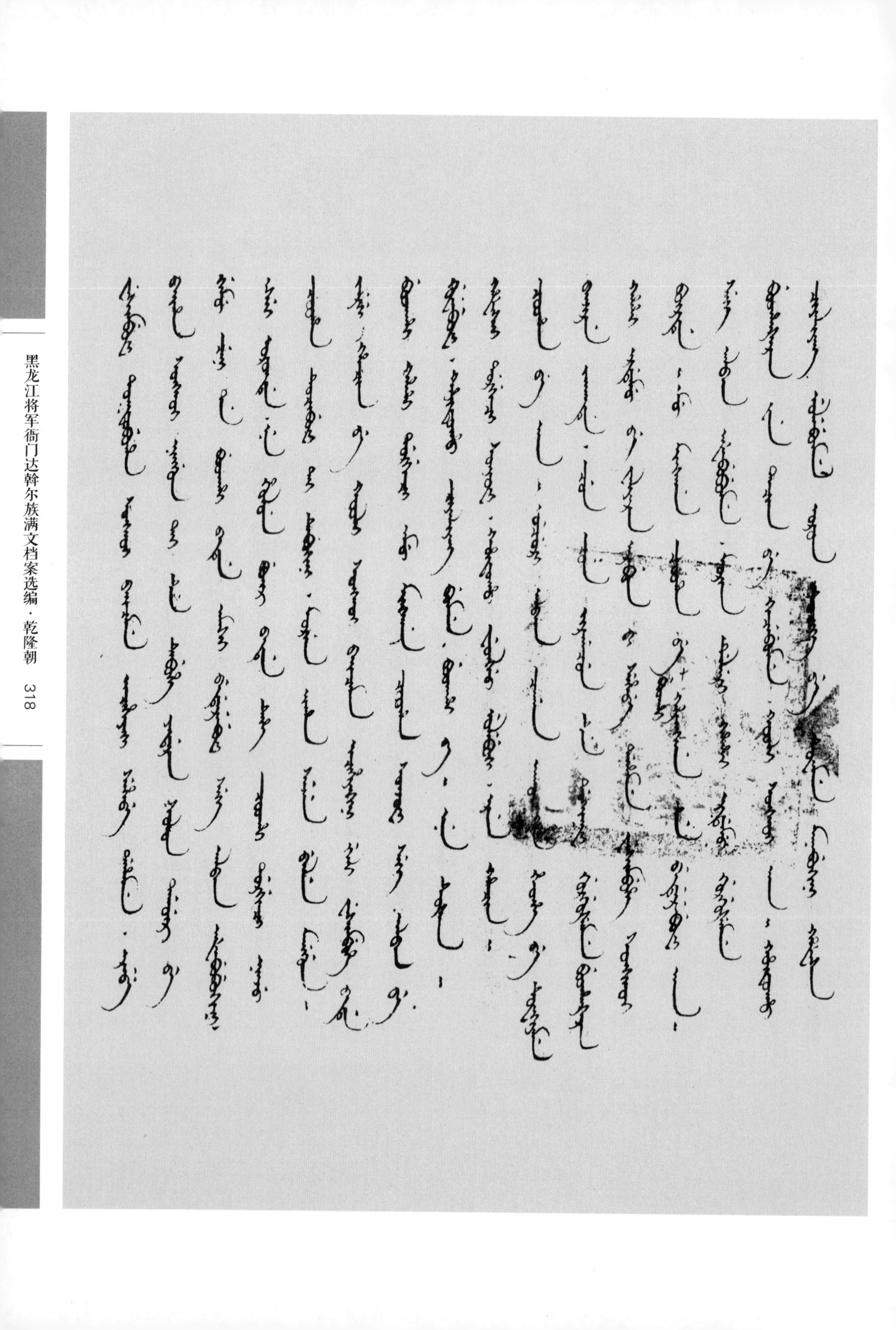

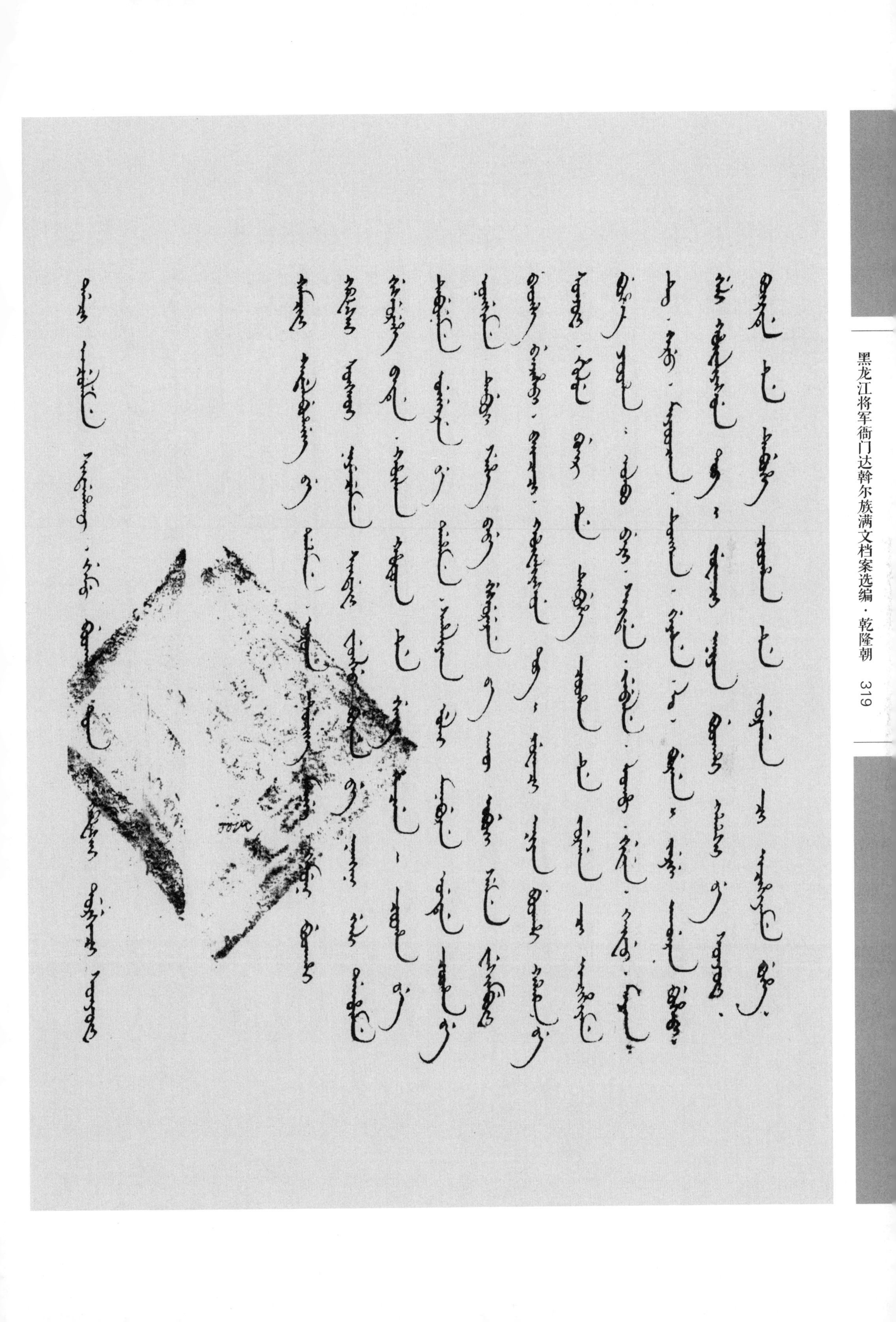

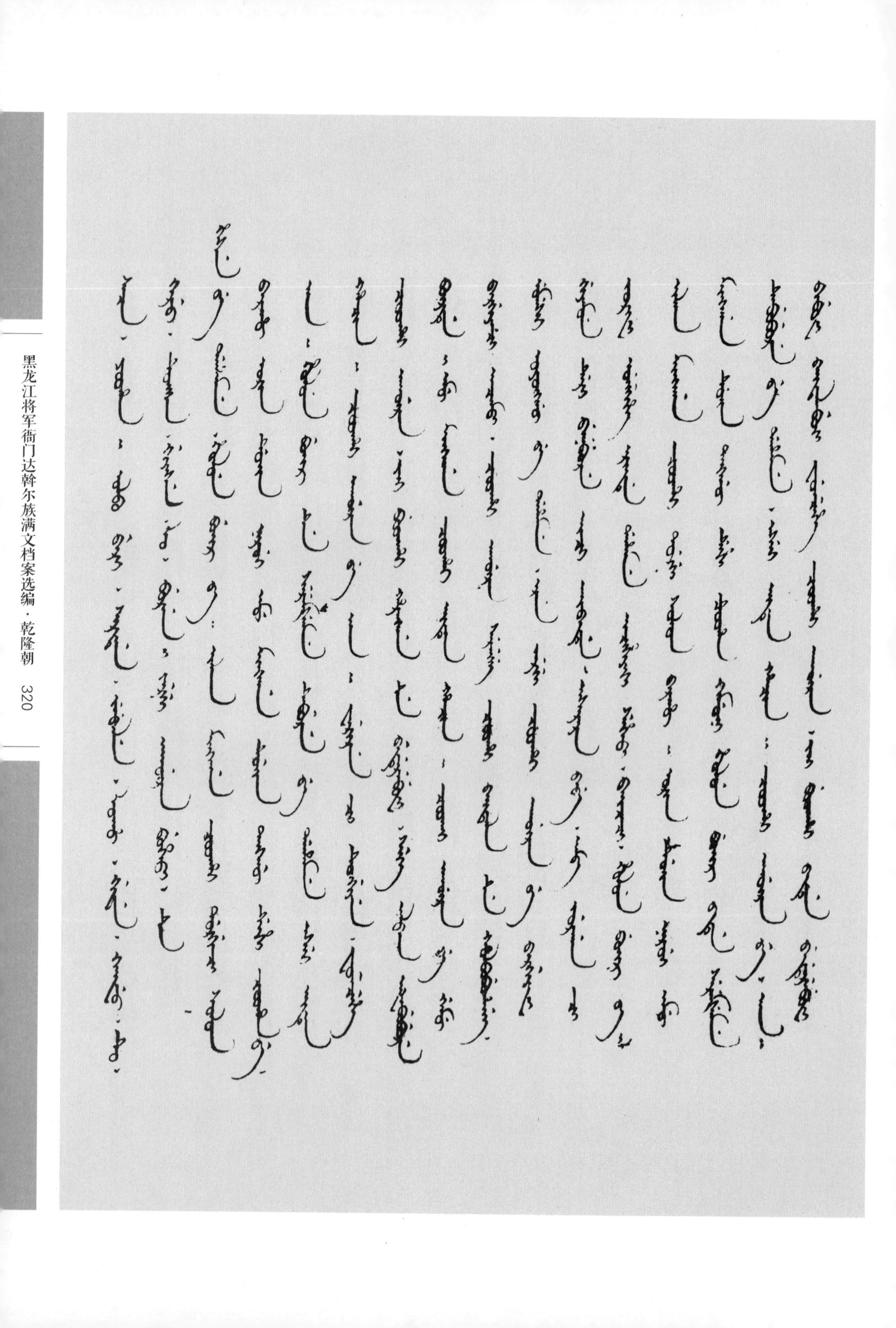

[illegible]

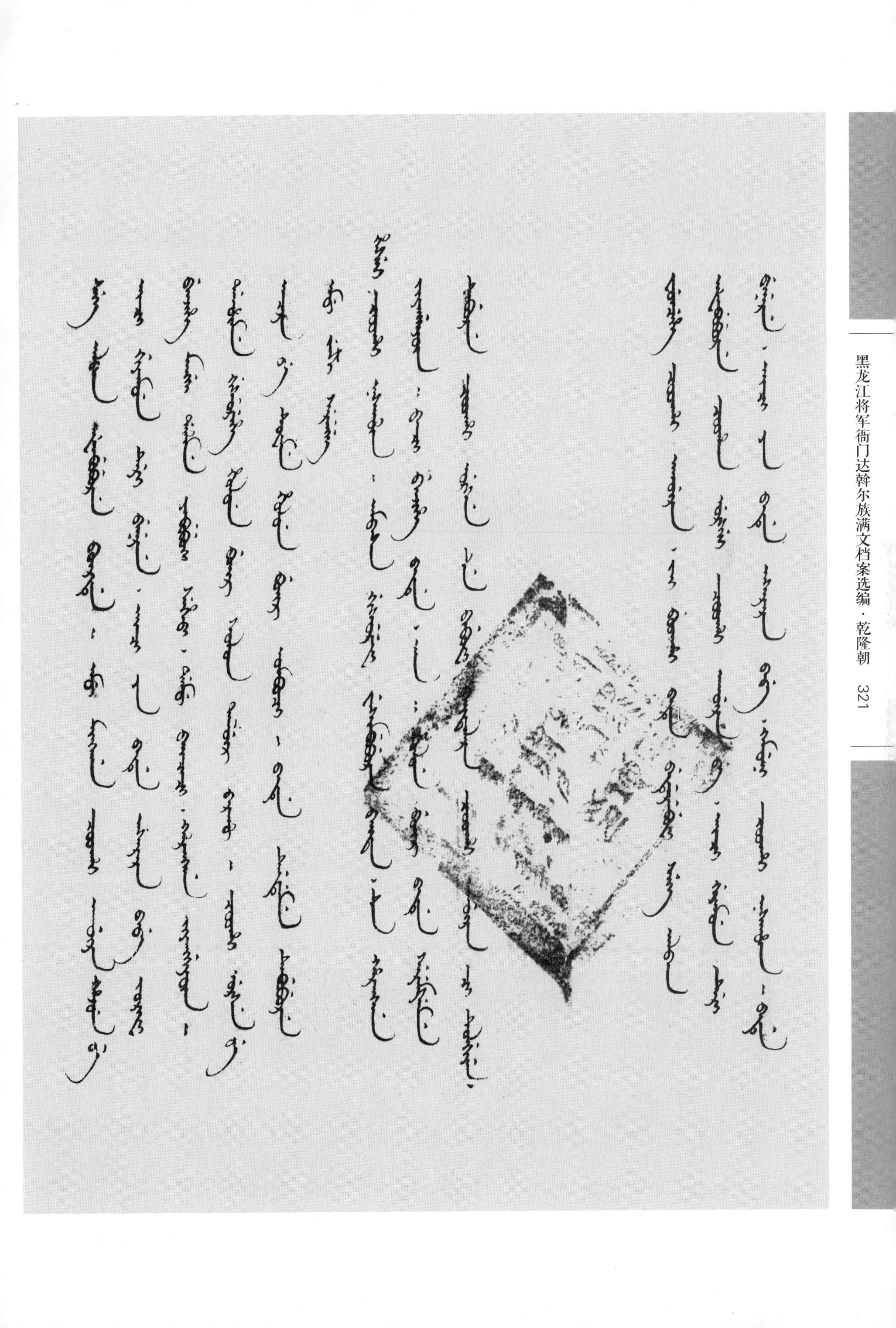

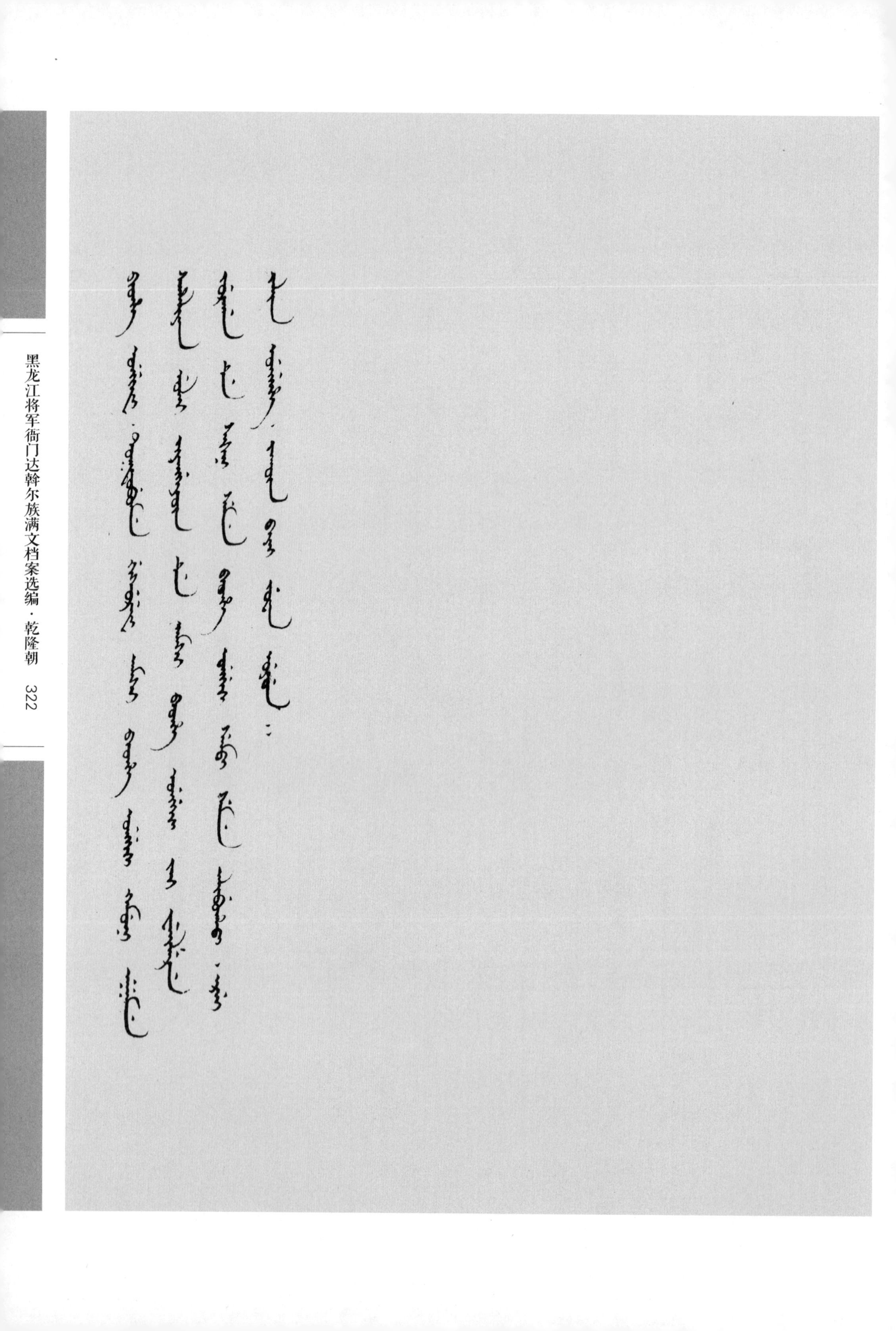

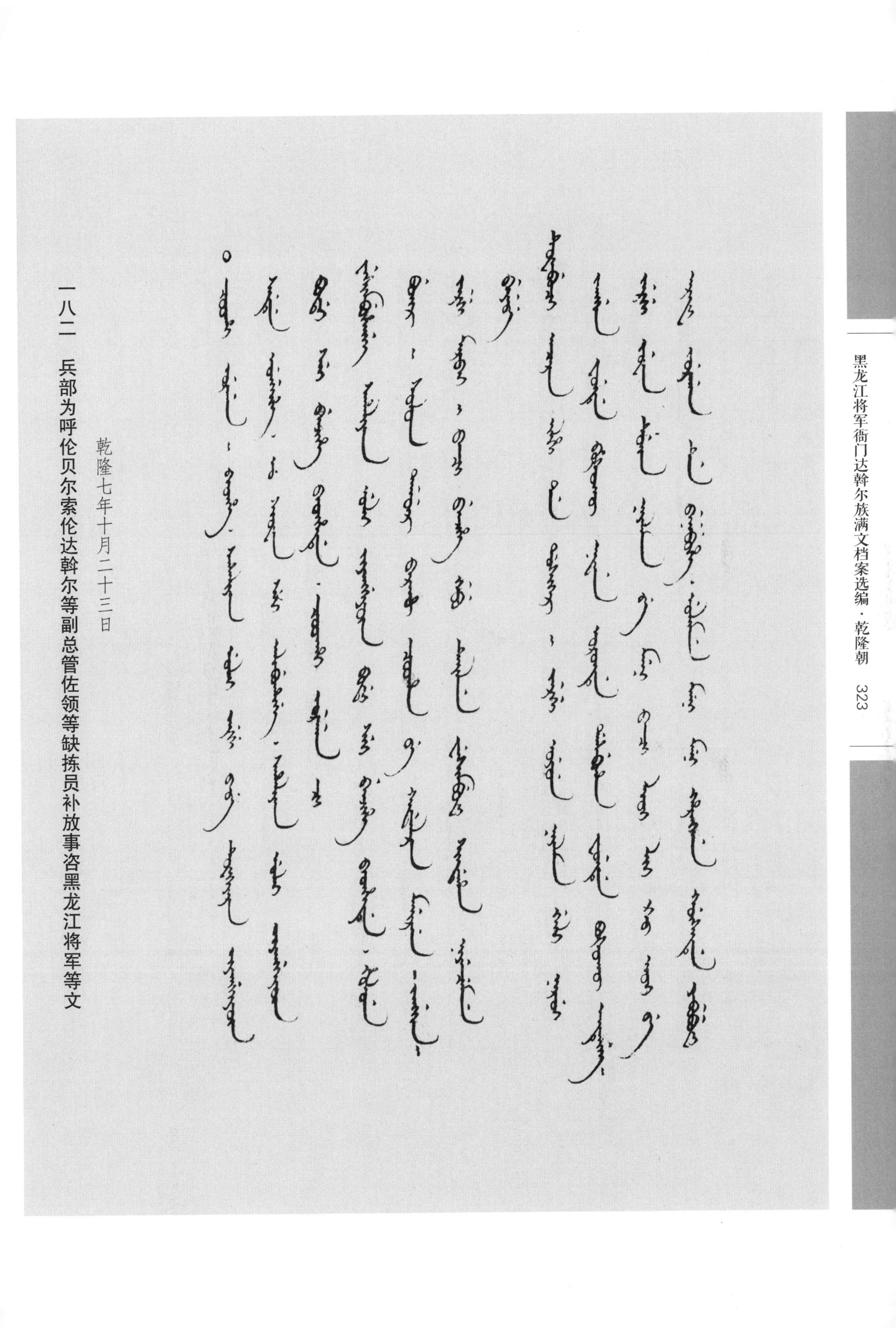

乾隆七年十月二十三日

一八二 兵部为呼伦贝尔索伦达斡尔等副总管佐领等缺拣员补放事咨黑龙江将军等文

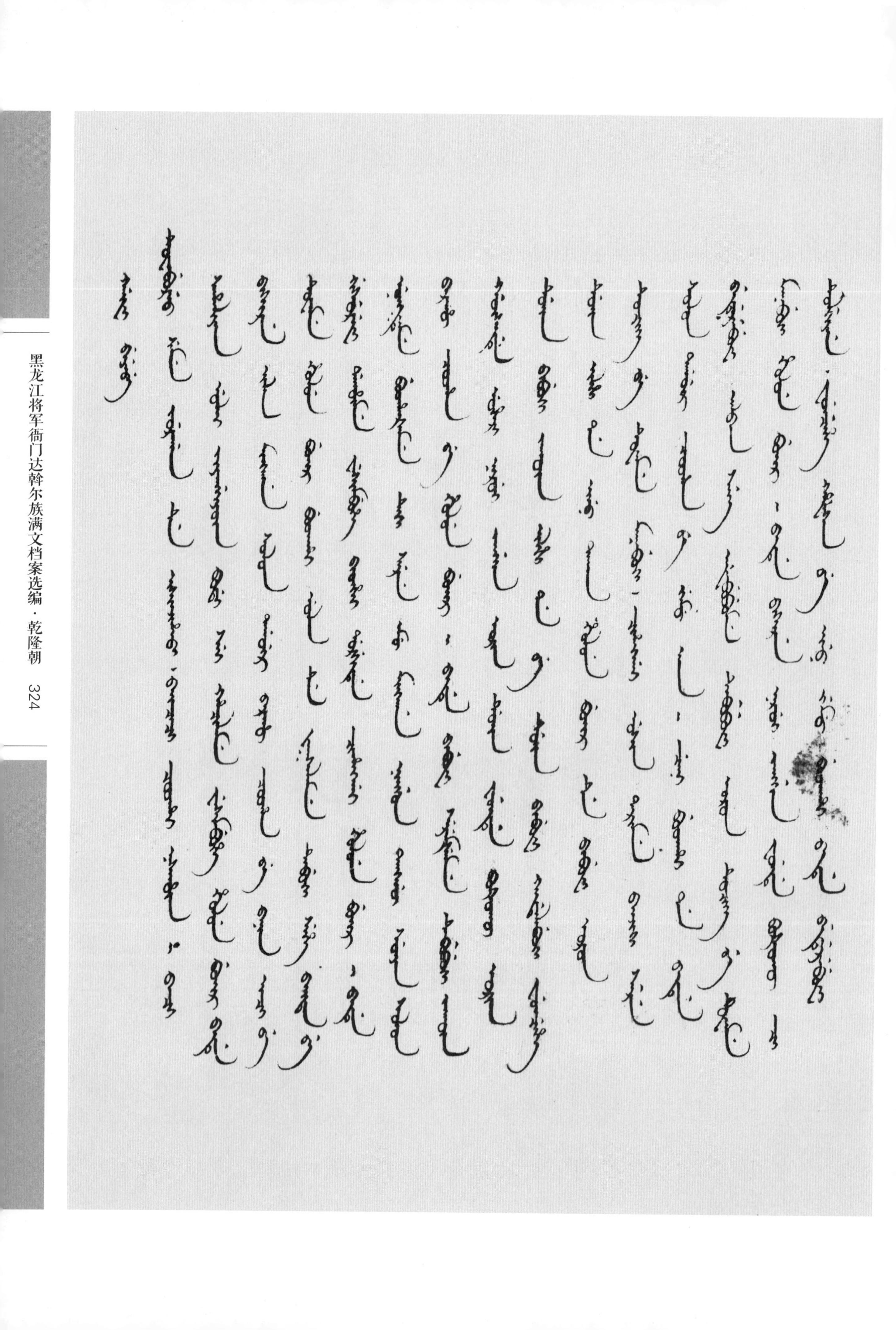

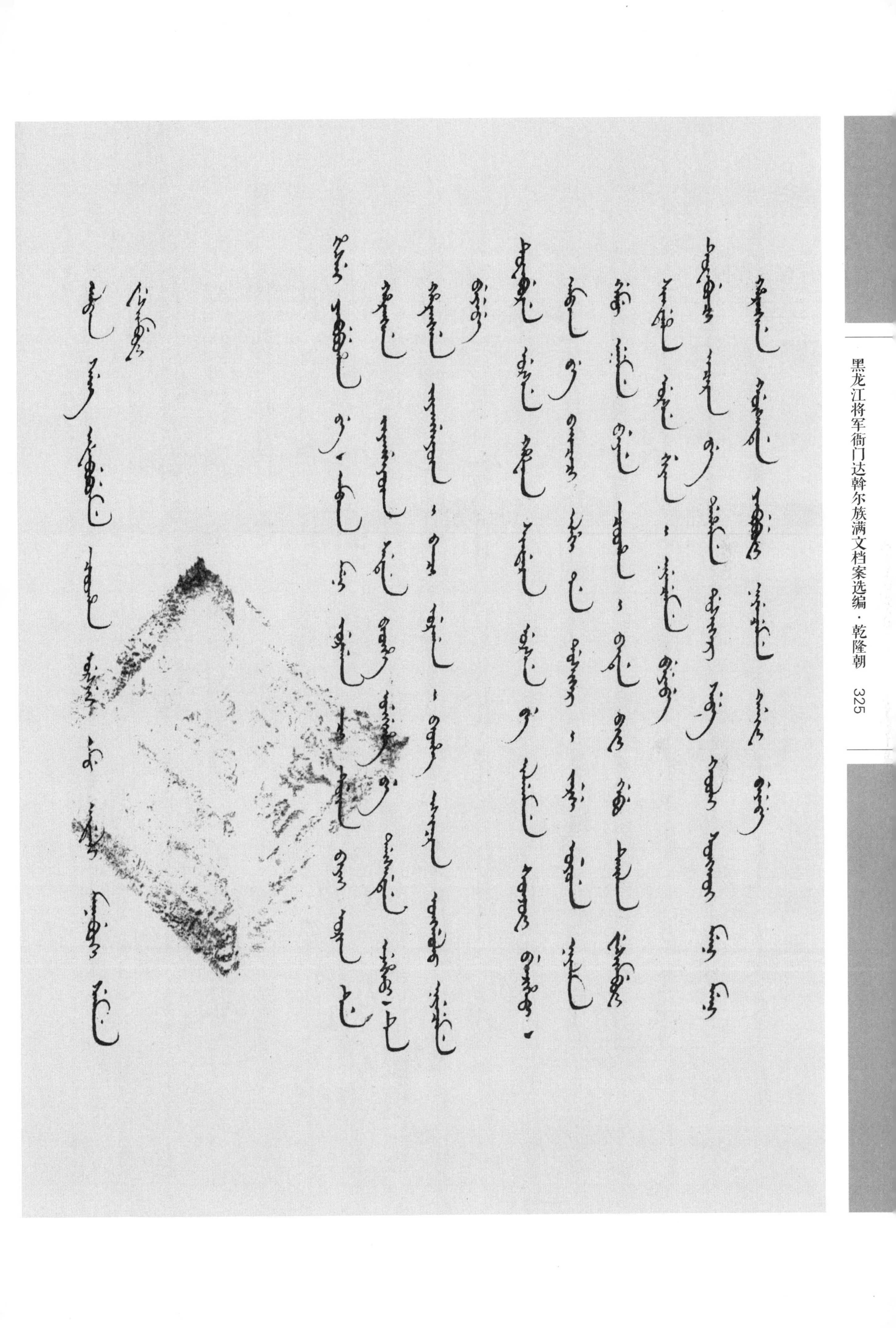

[illegible]

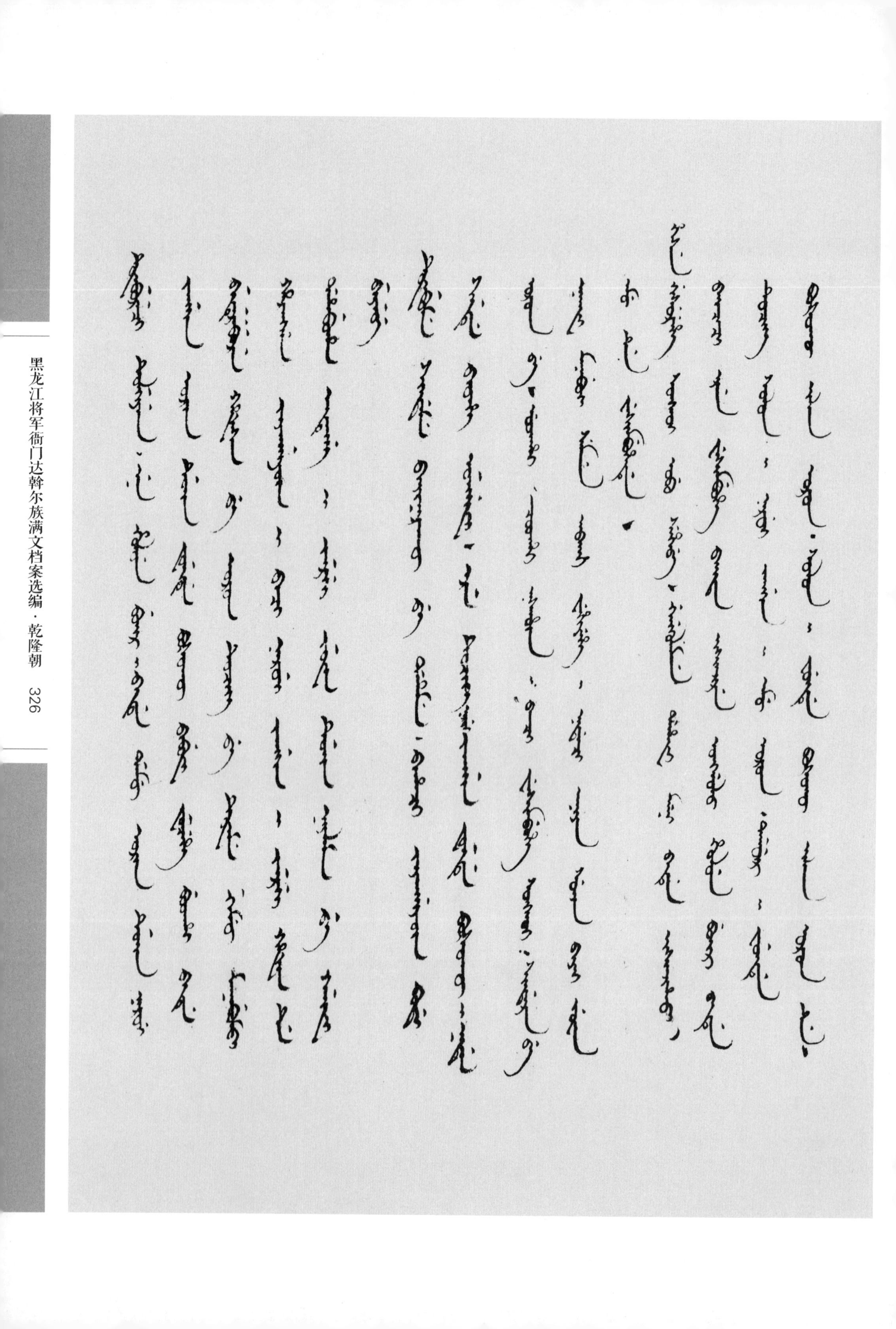

[illegible]

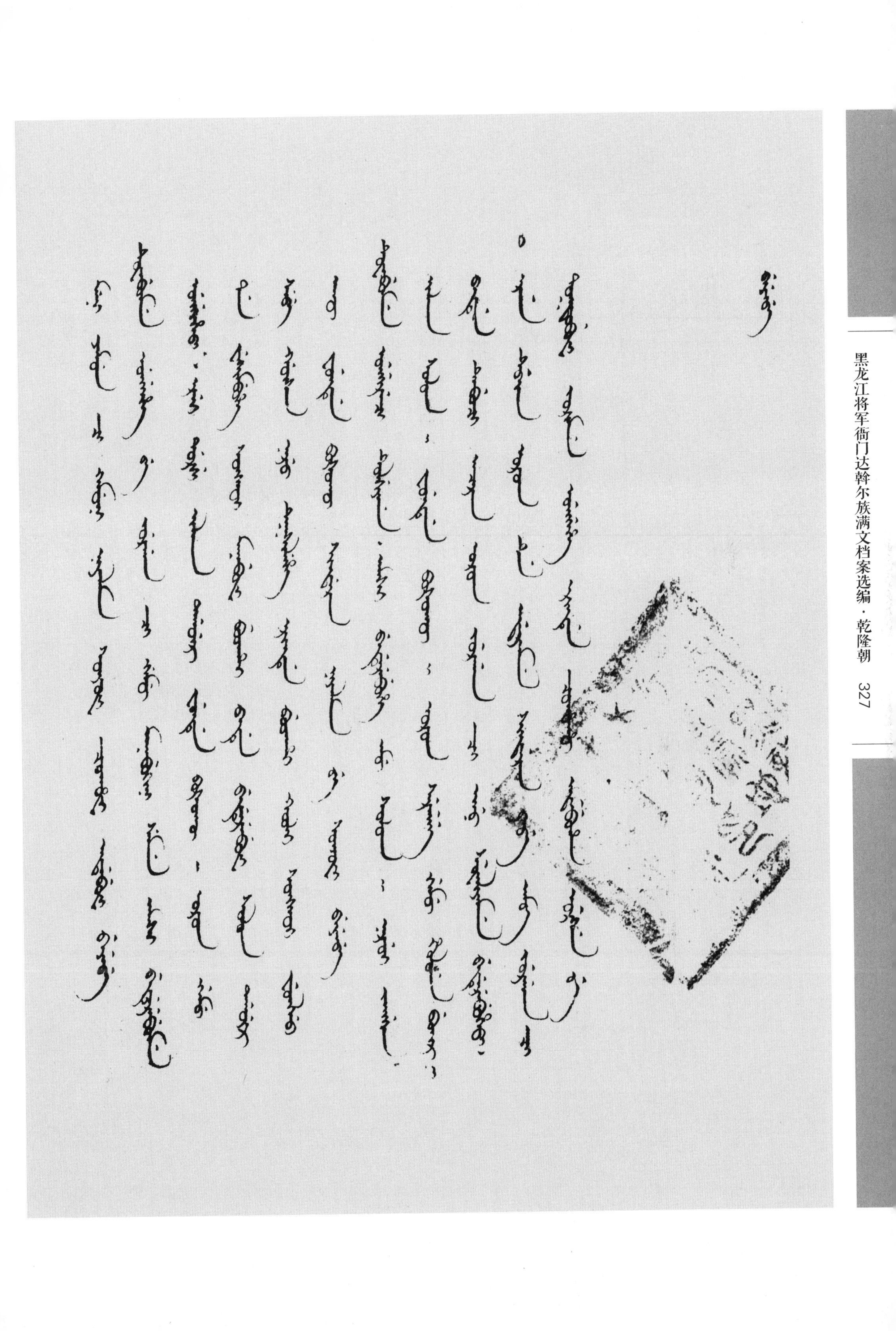

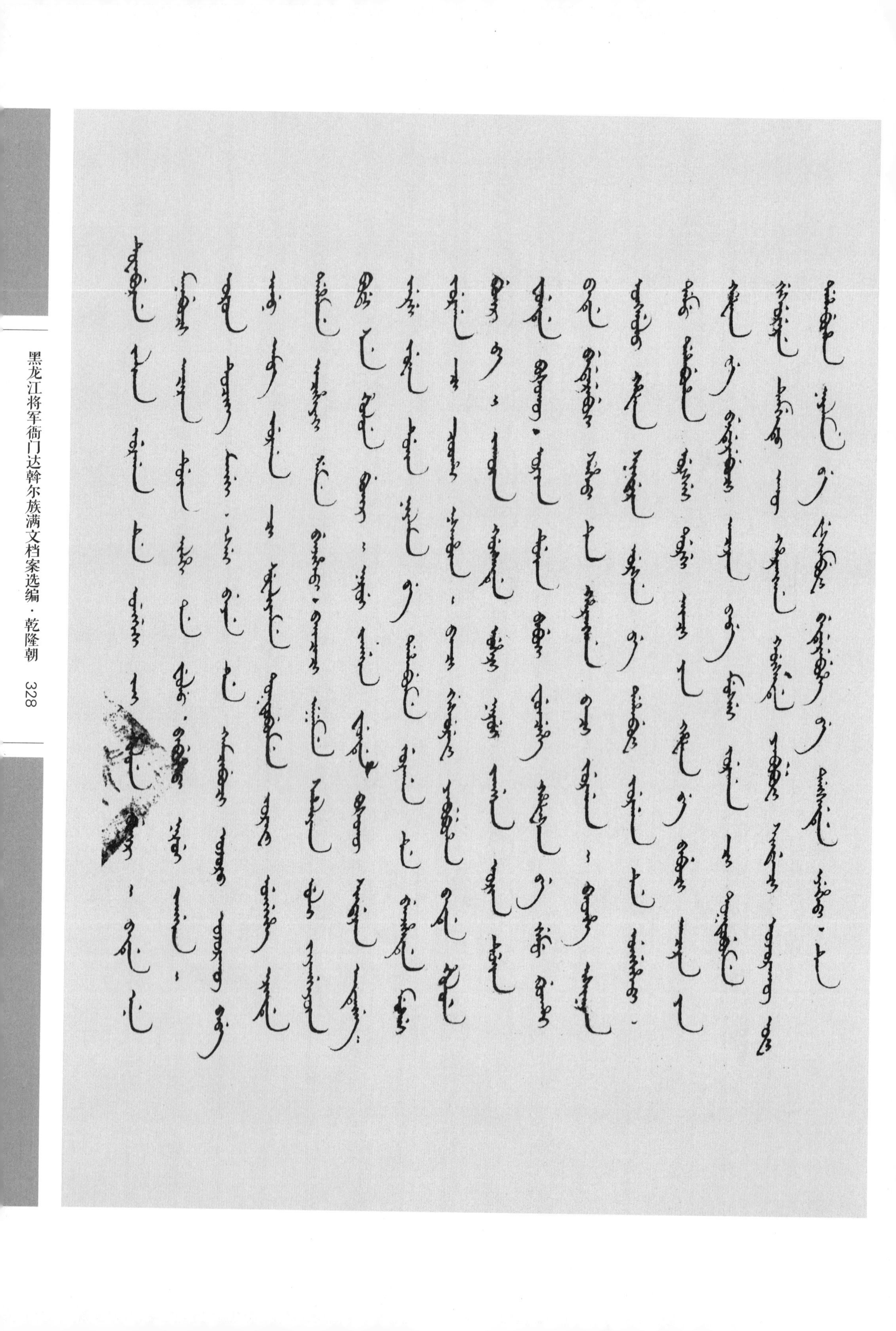

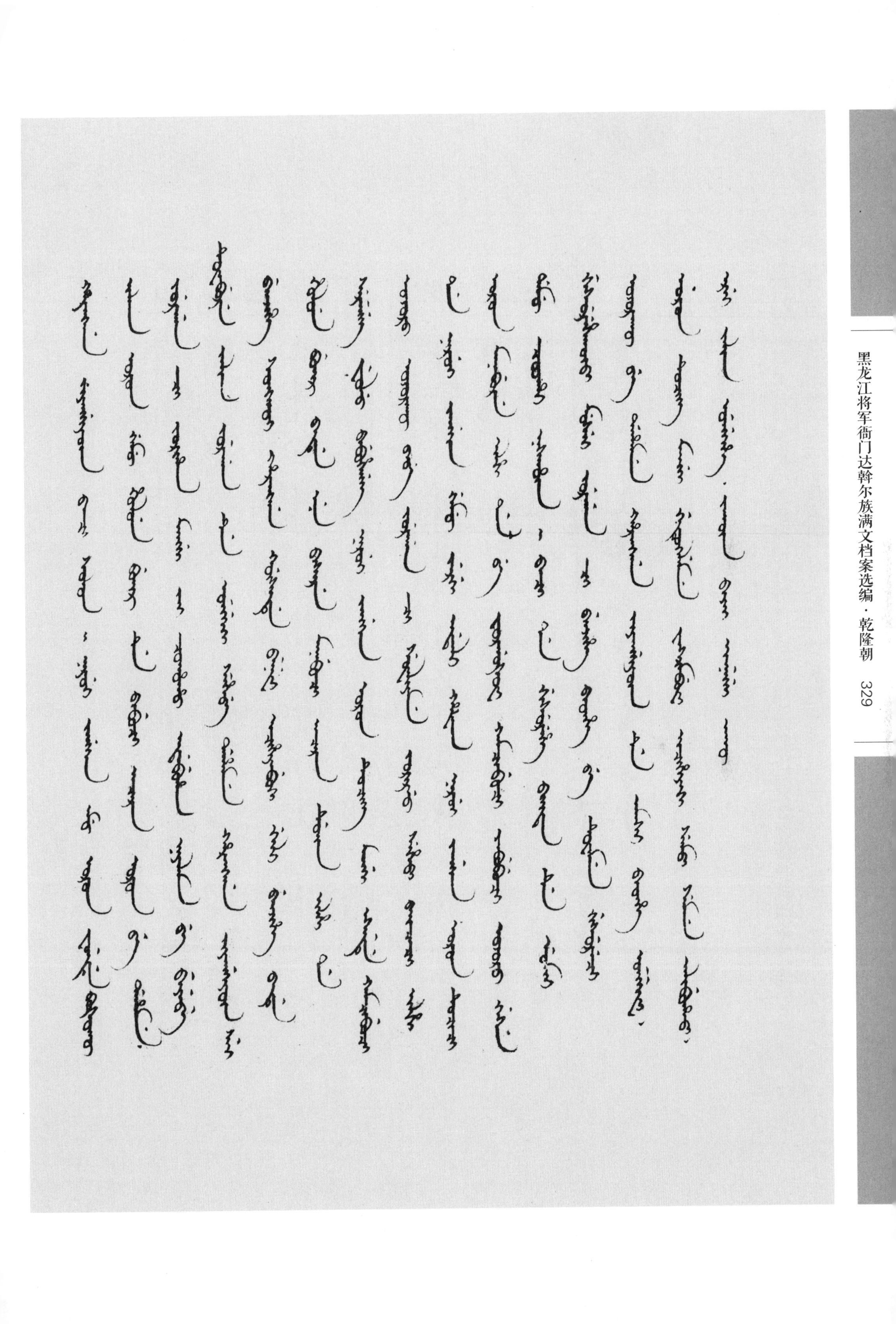

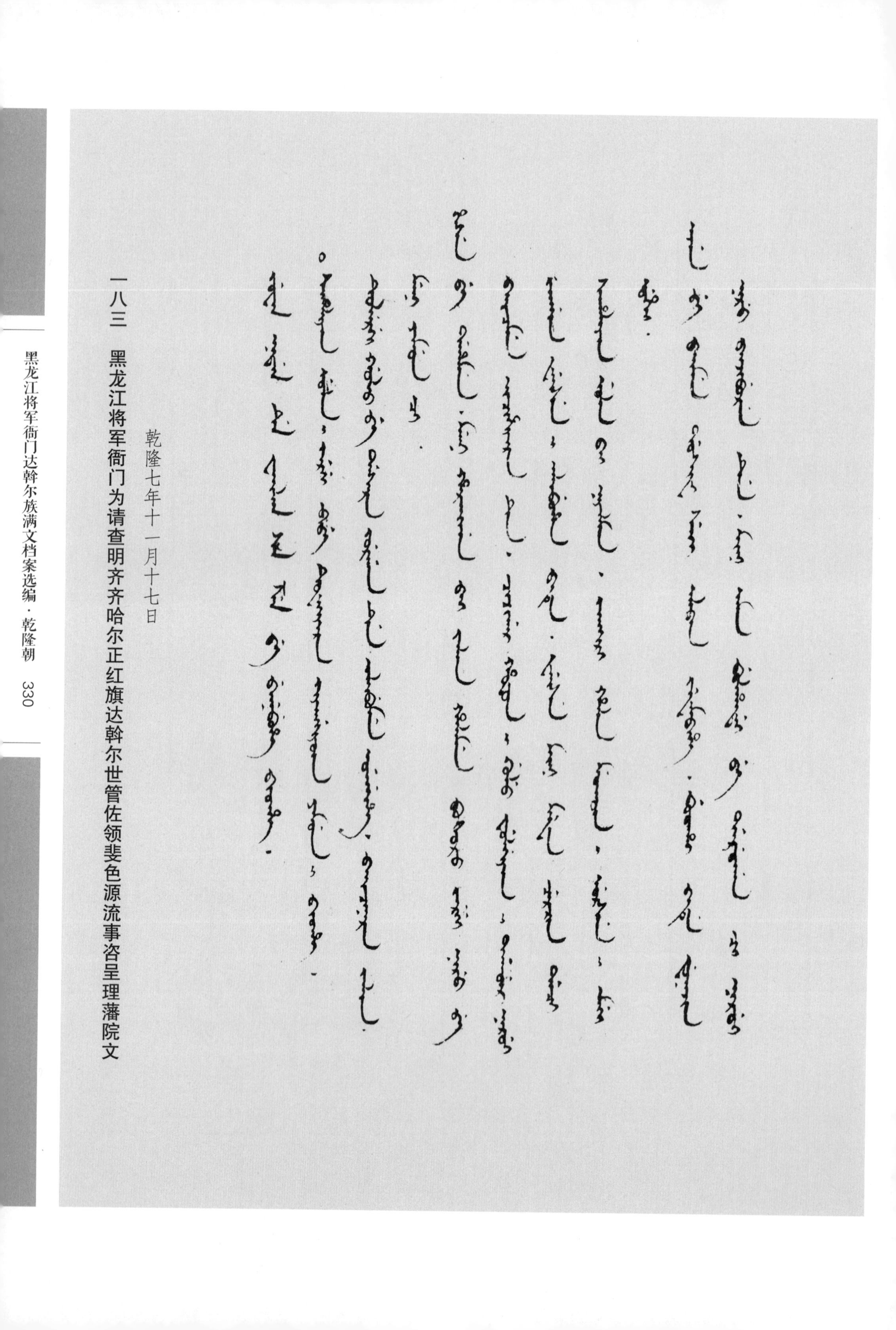

一八三 黑龙江将军衙门为请查明齐齐哈尔正红旗达斡尔世管佐领斐色源流事咨呈理藩院文

乾隆七年十一月十七日

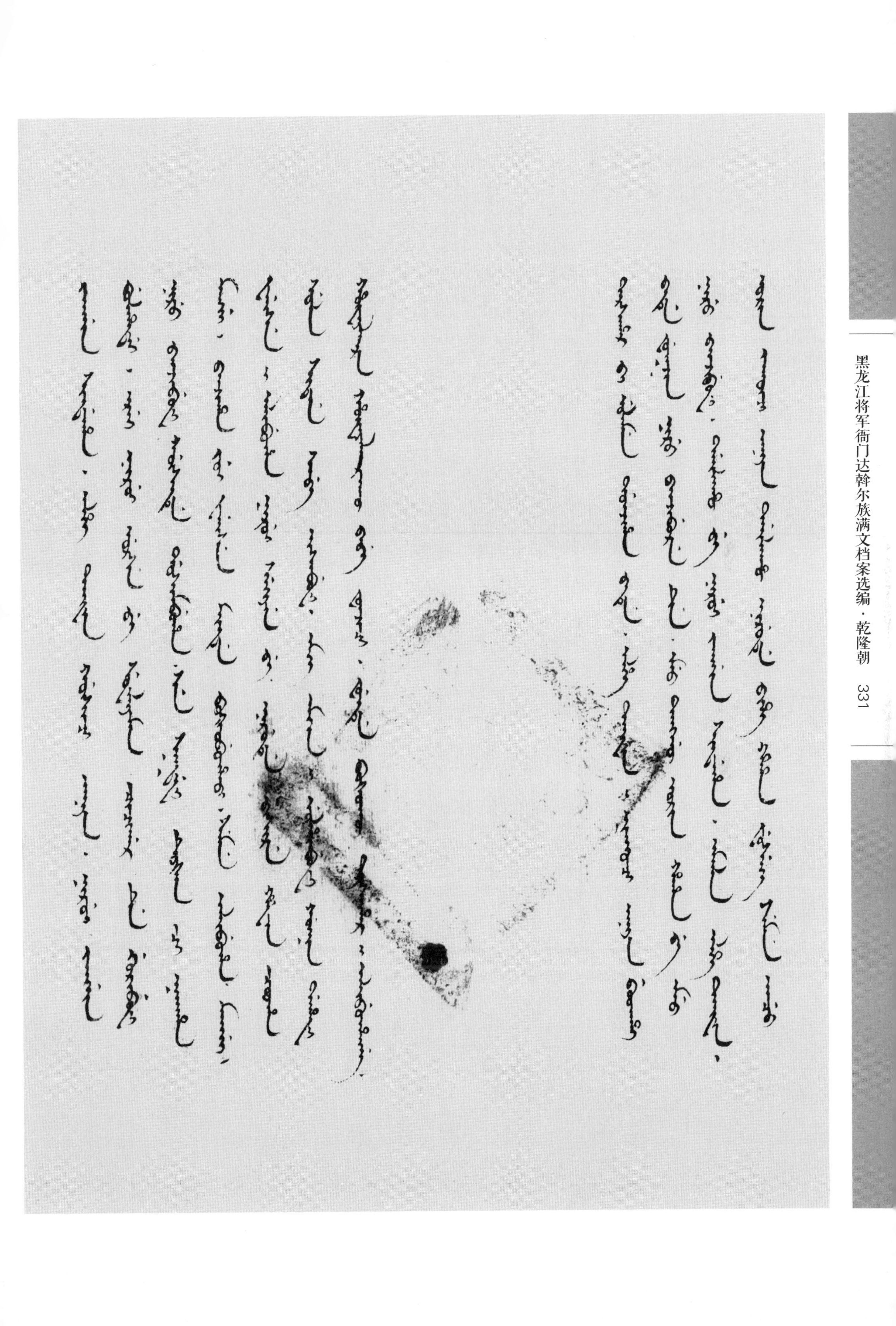

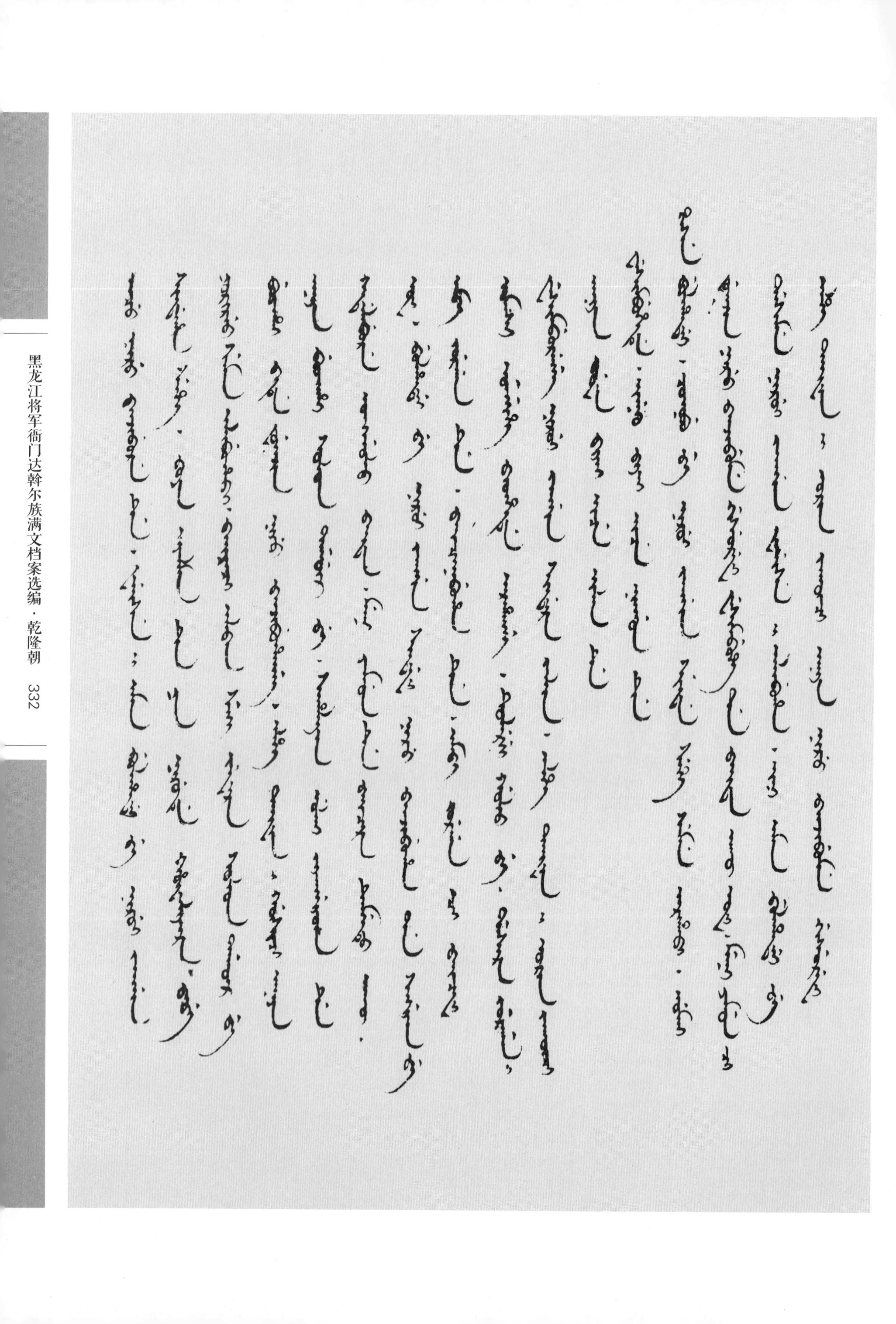

[illegible]

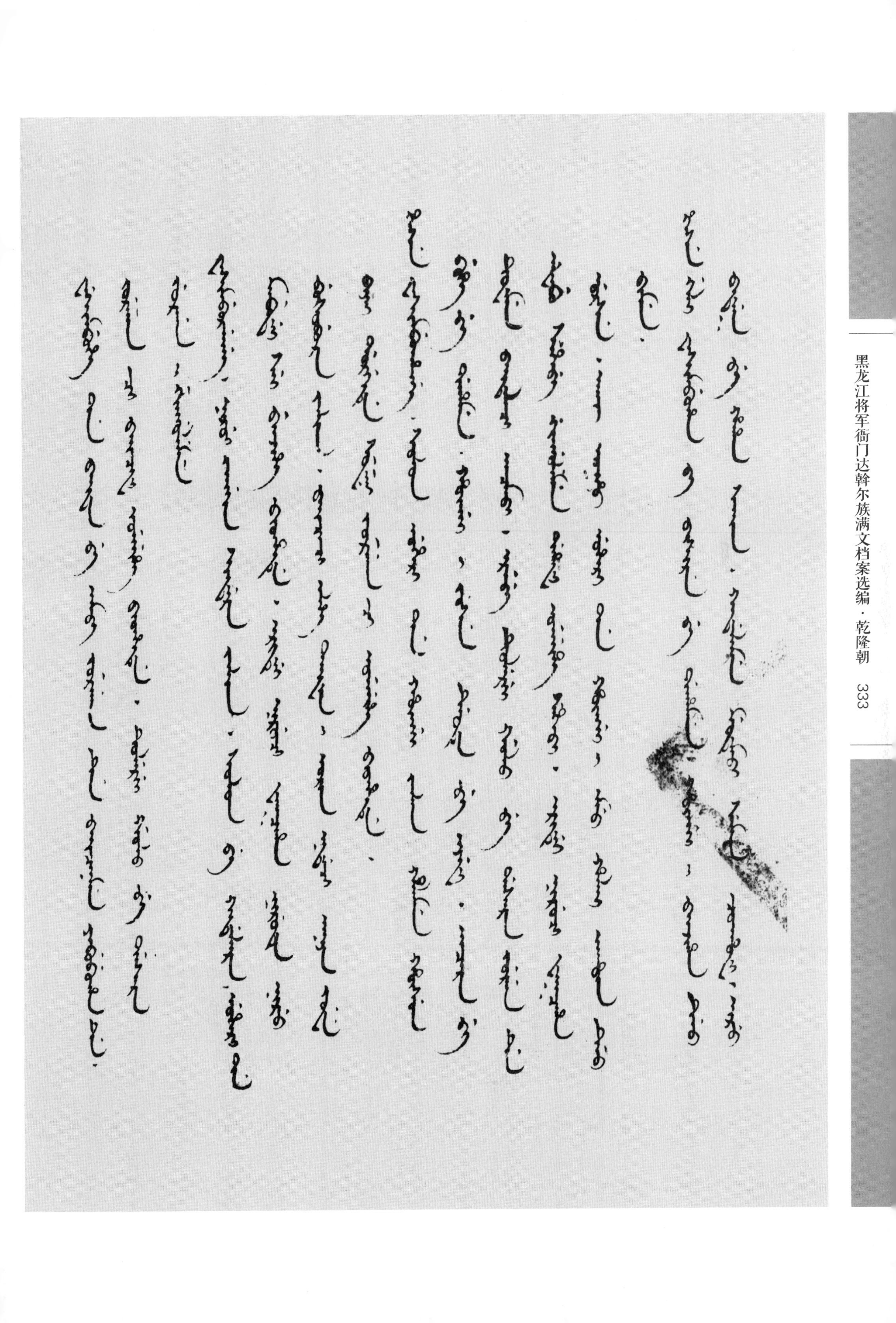

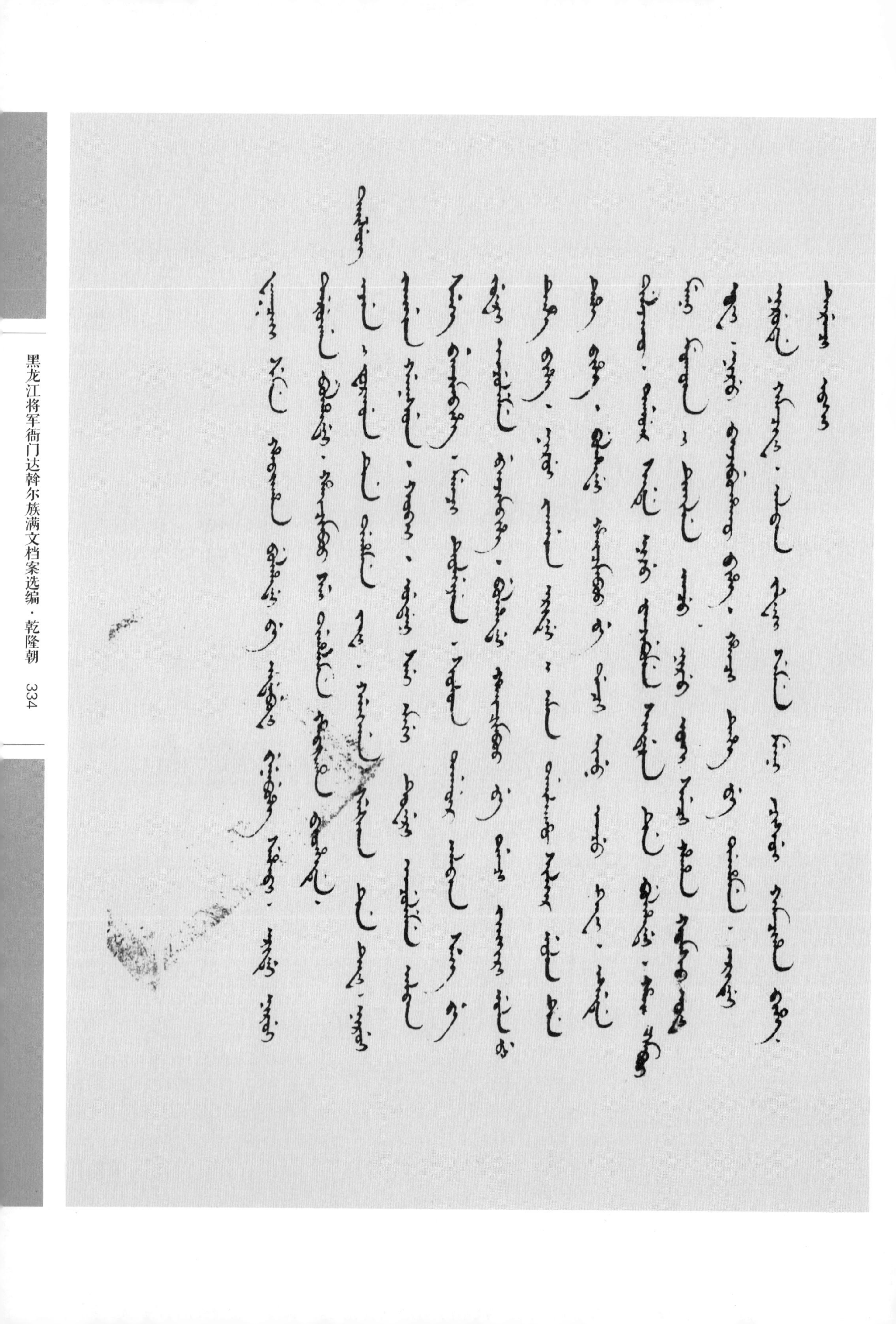

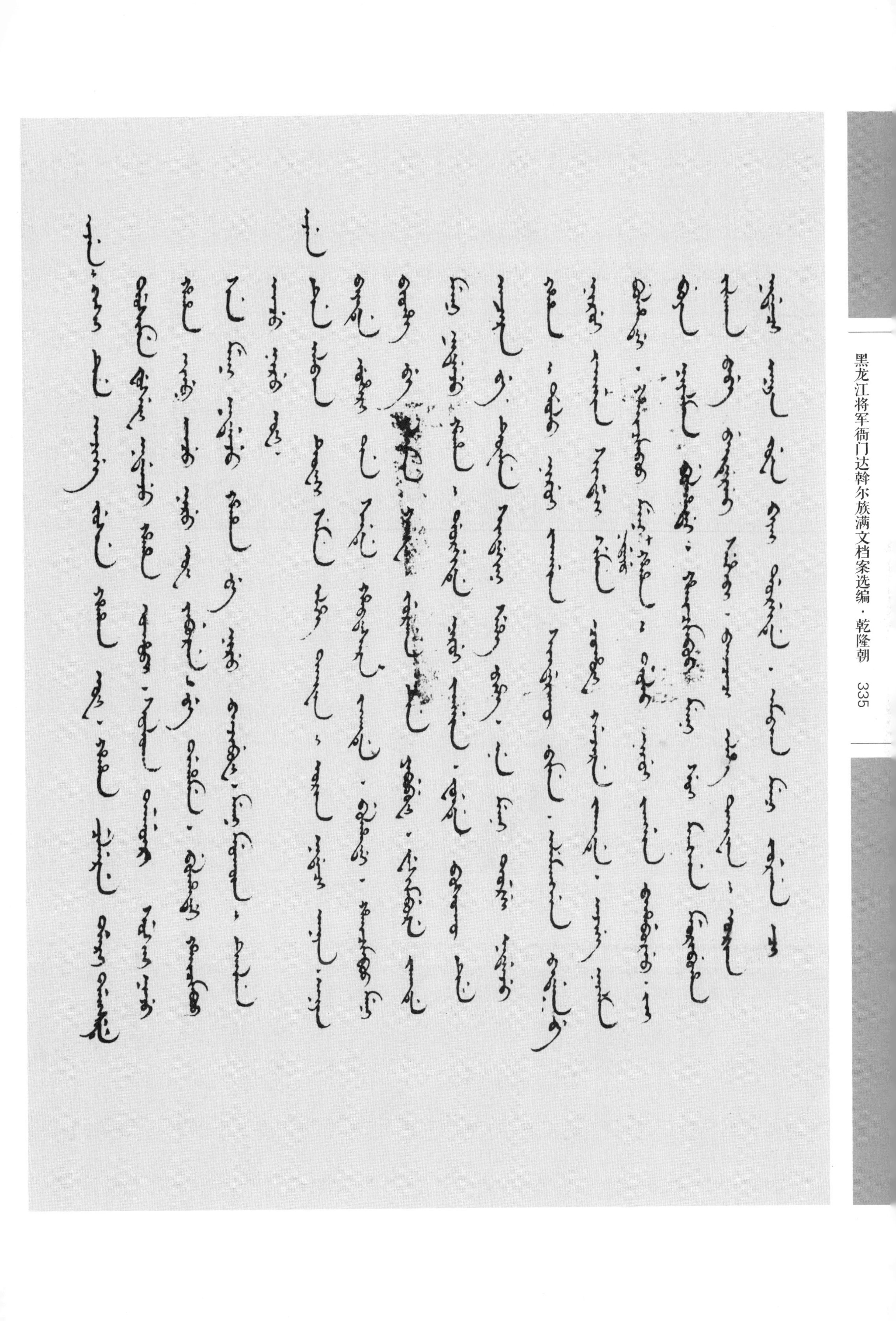

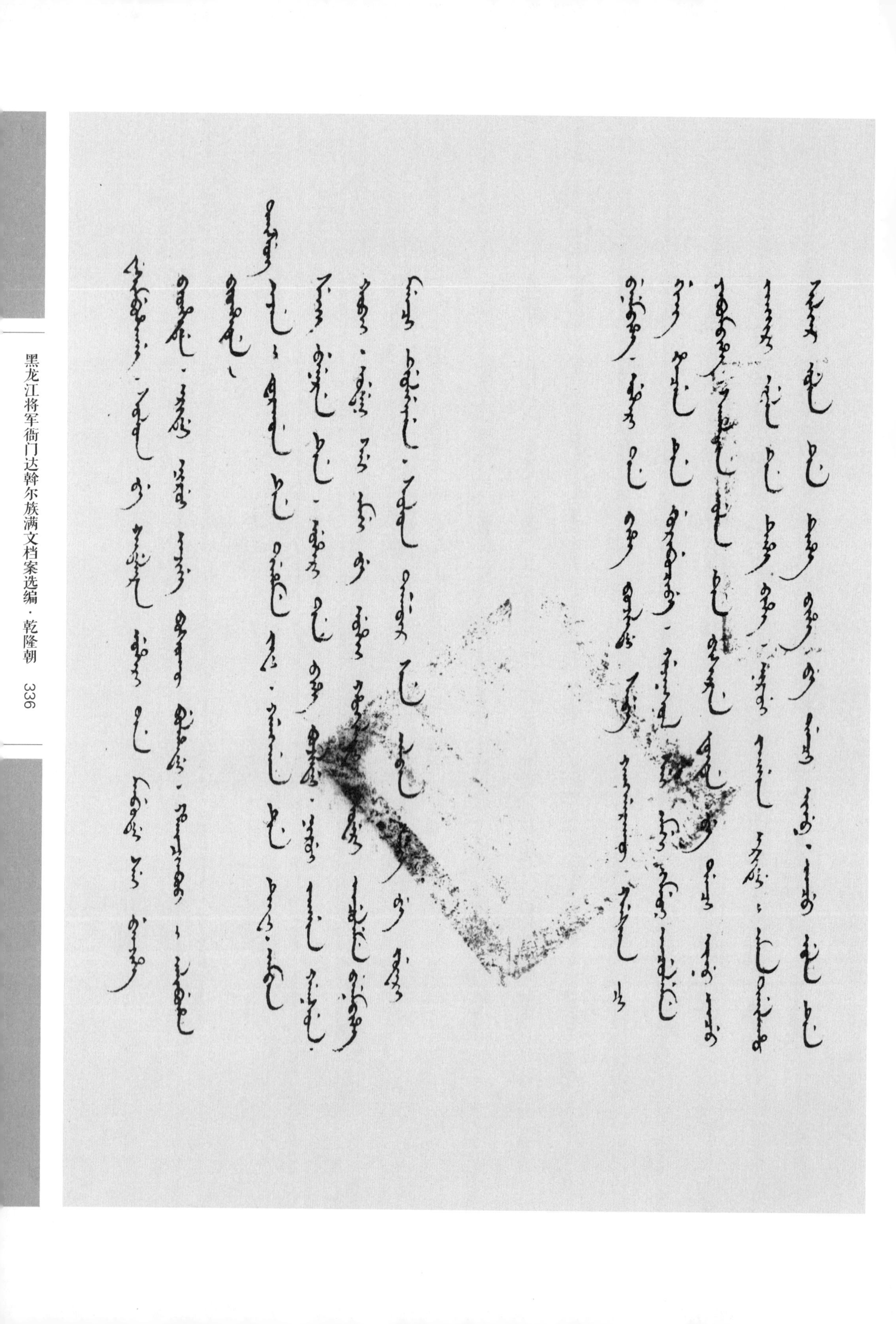

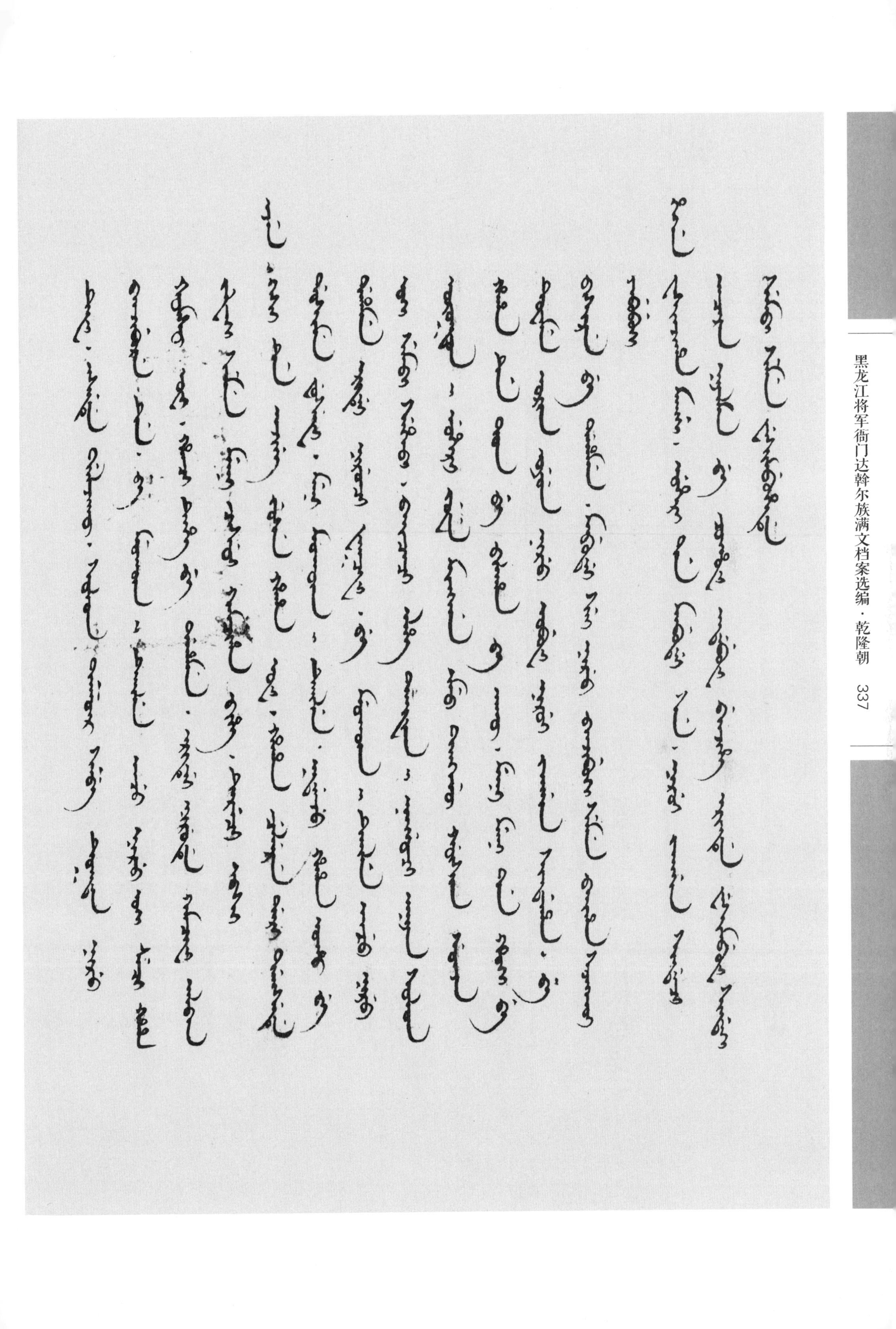

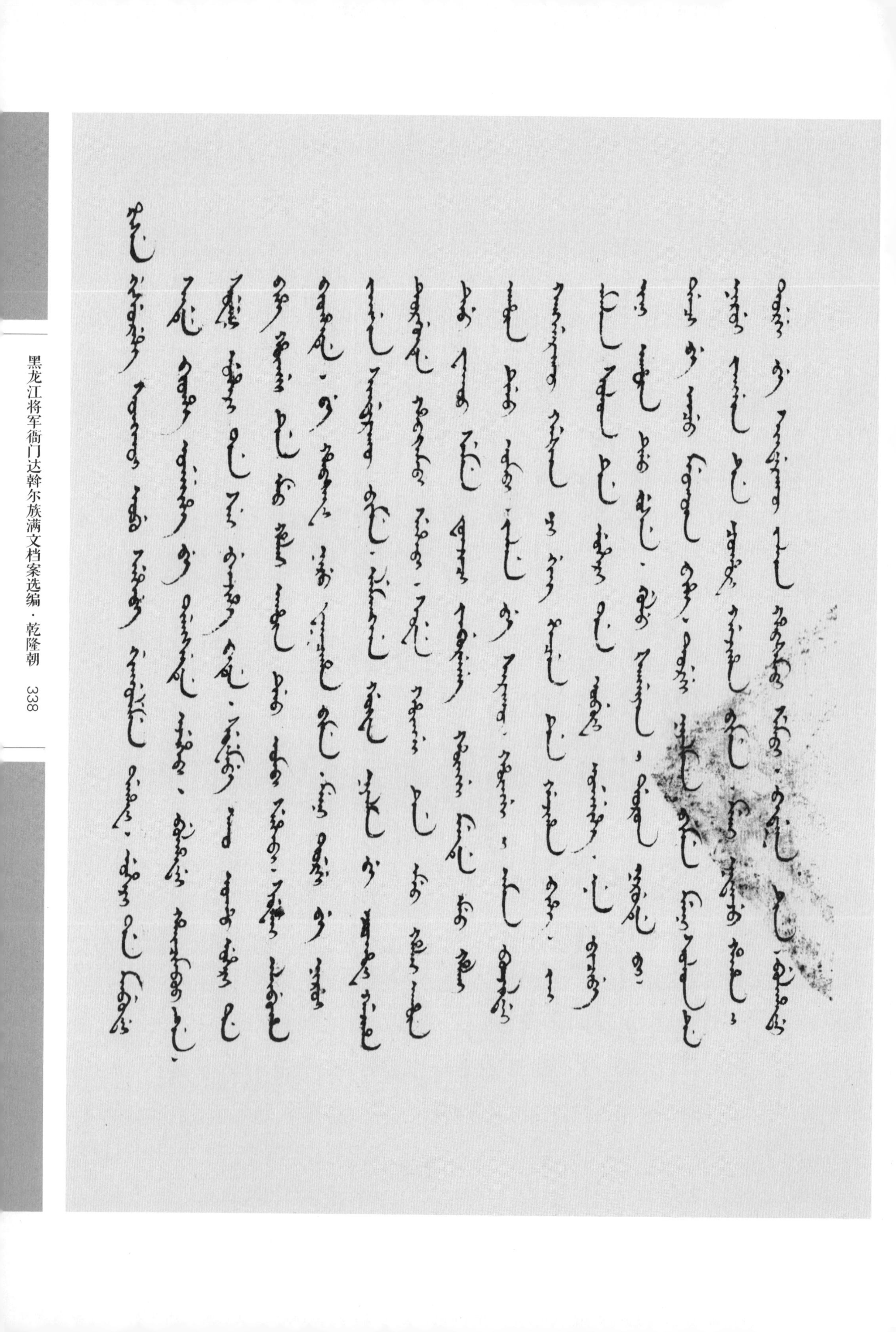

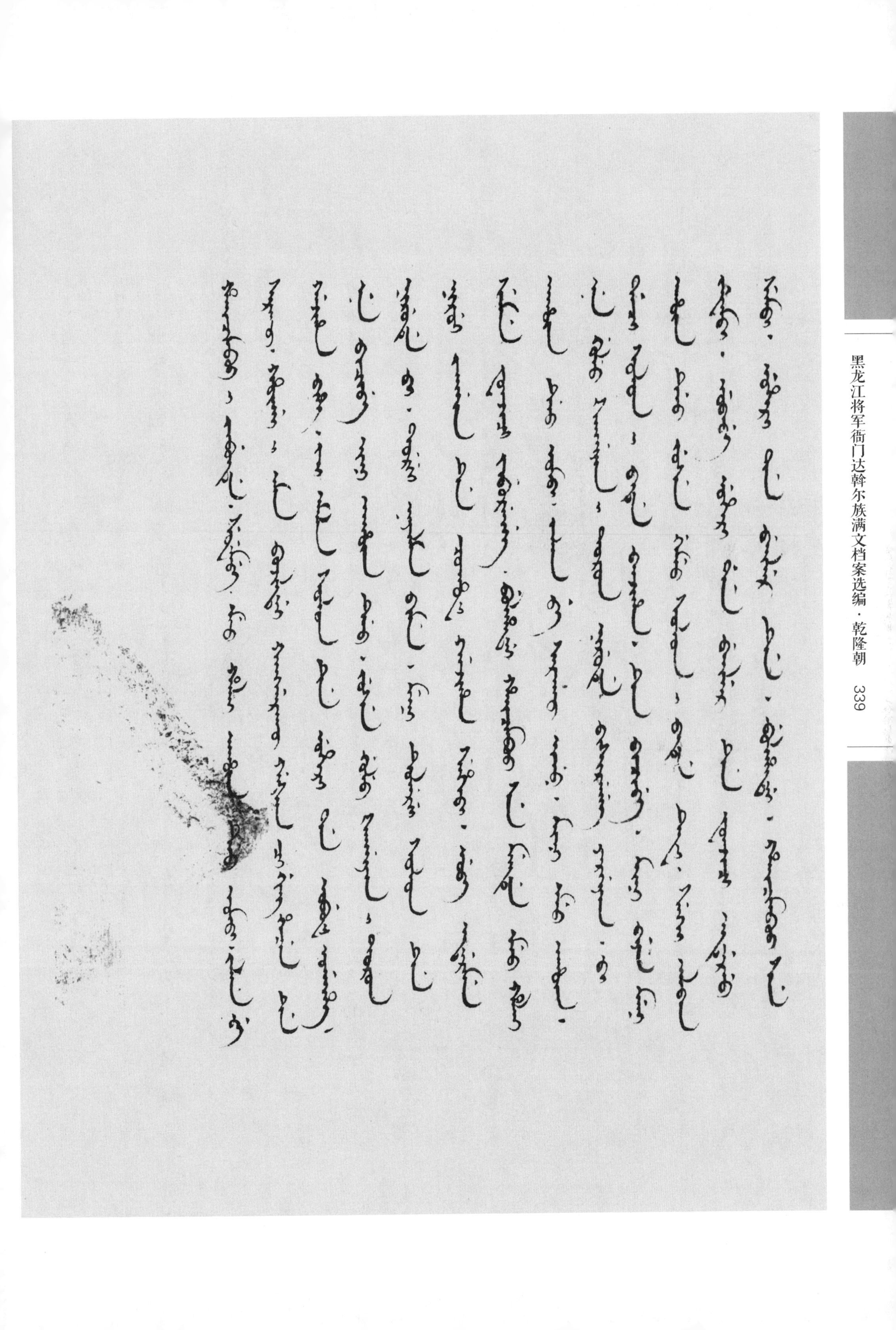

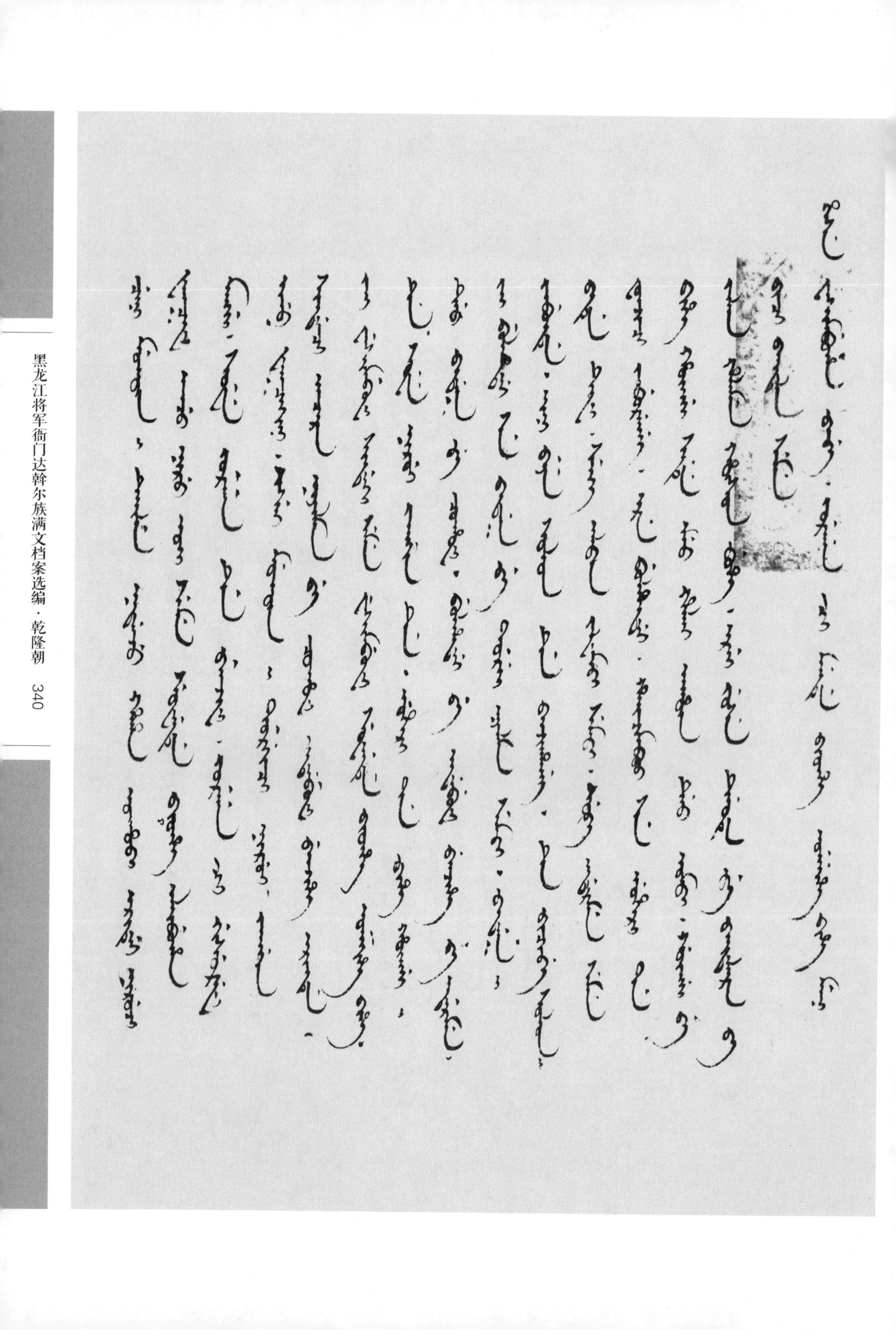

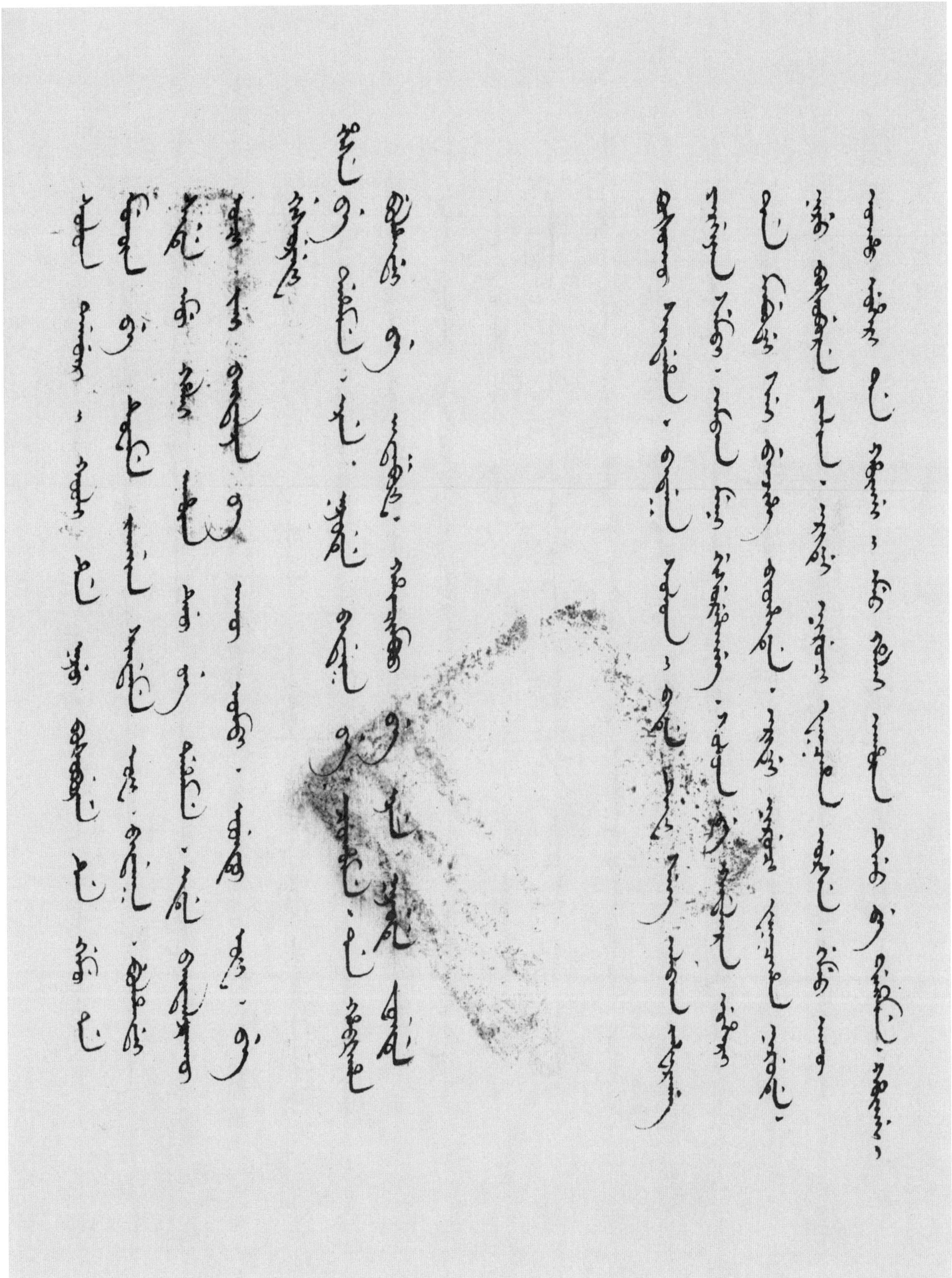

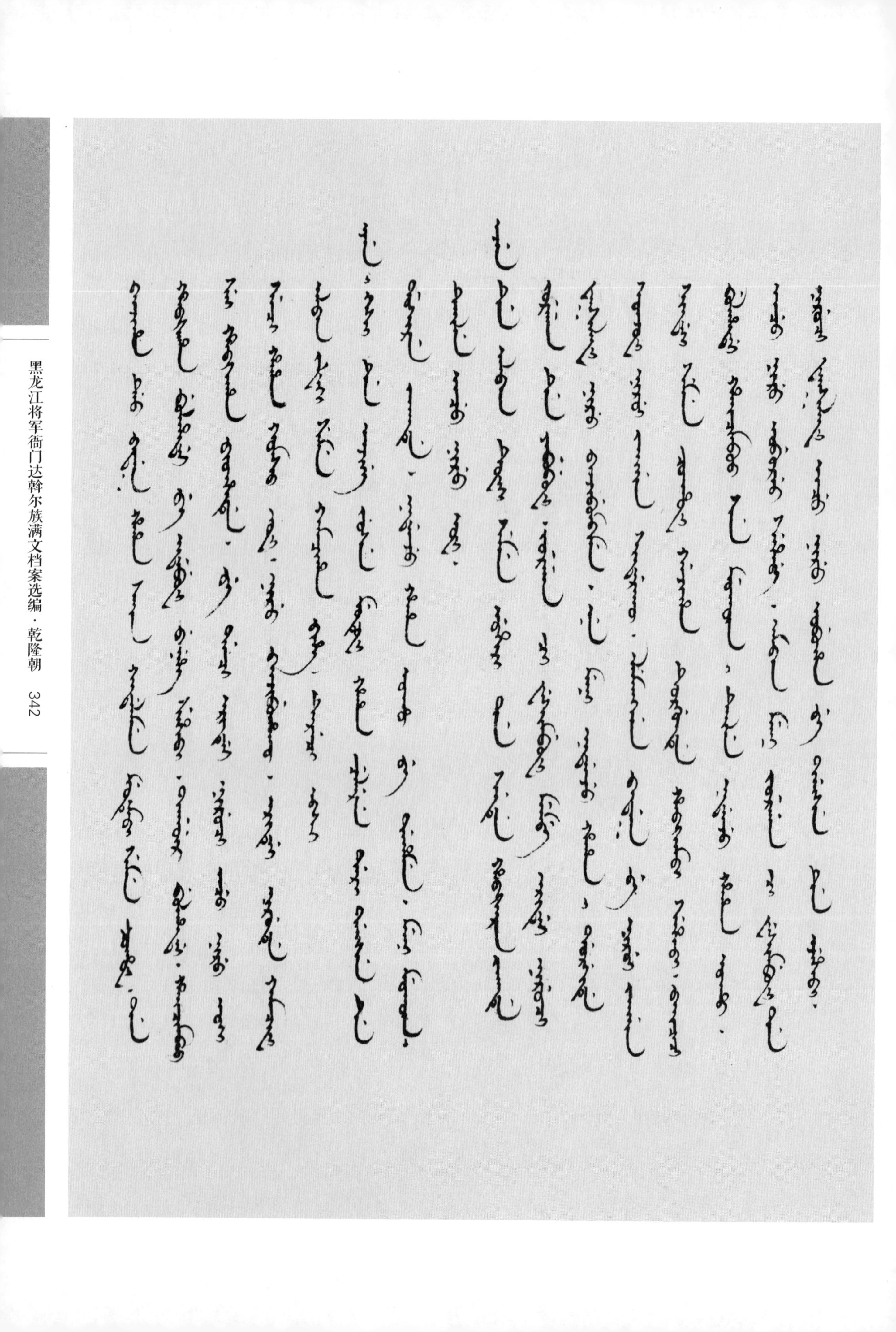

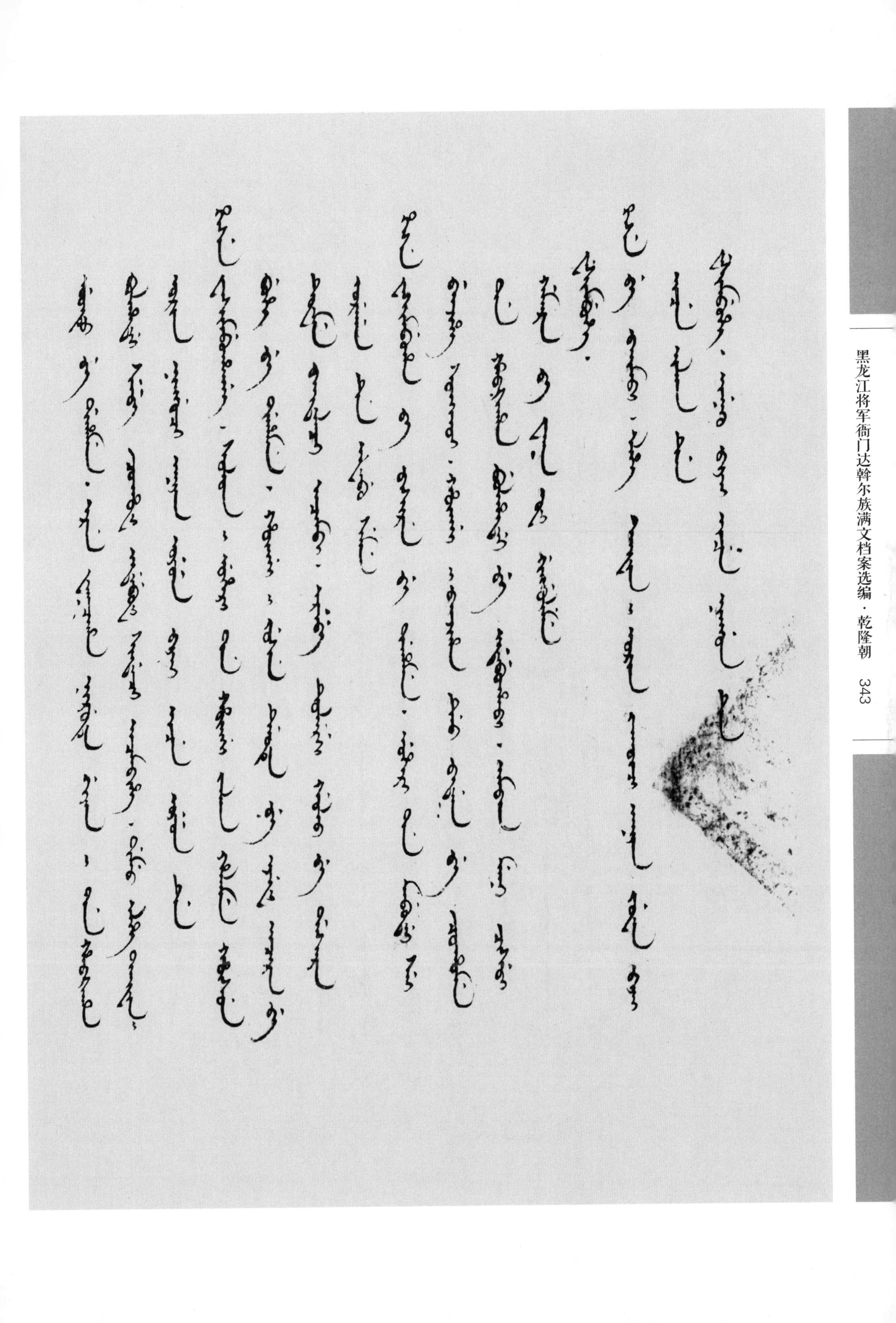

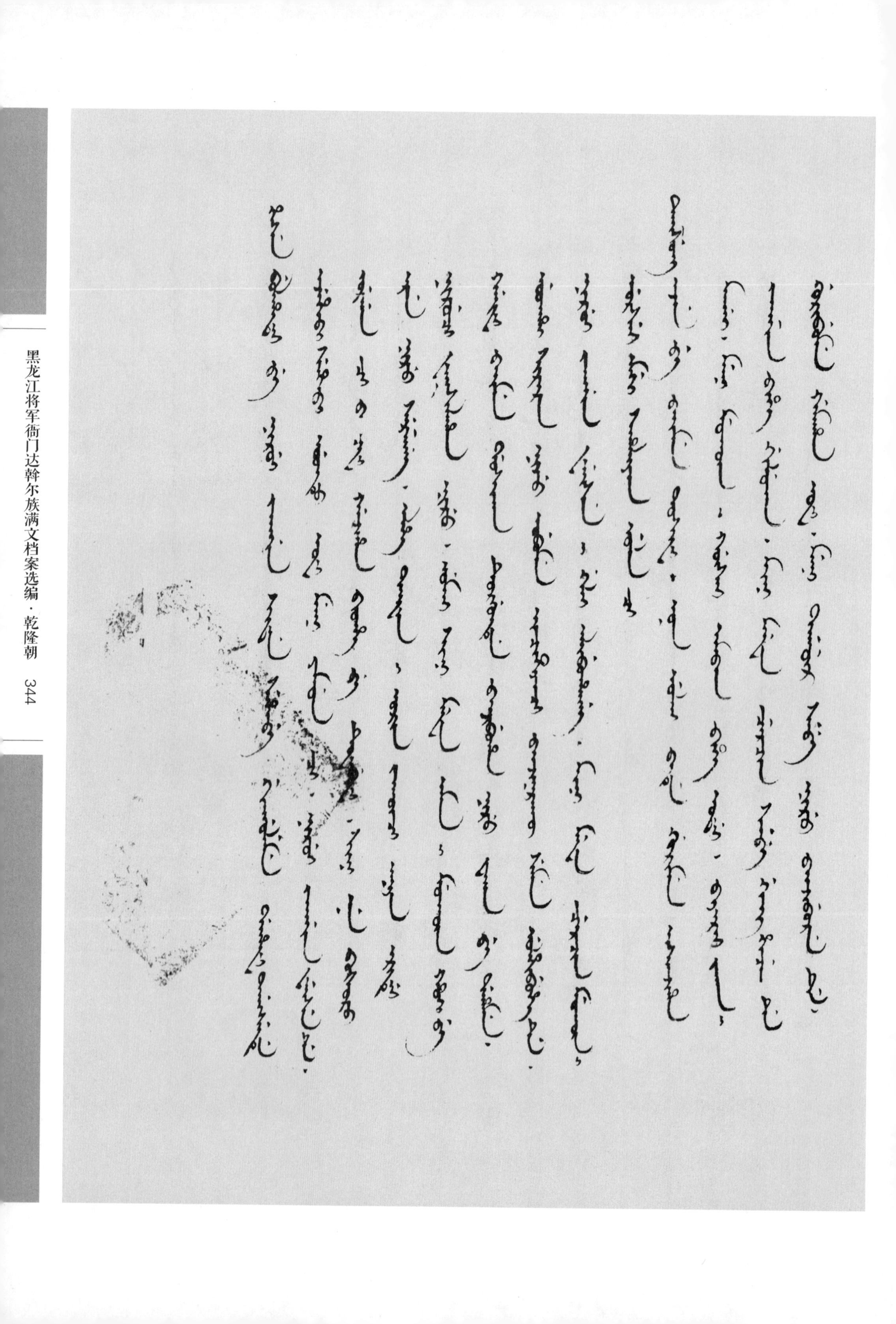

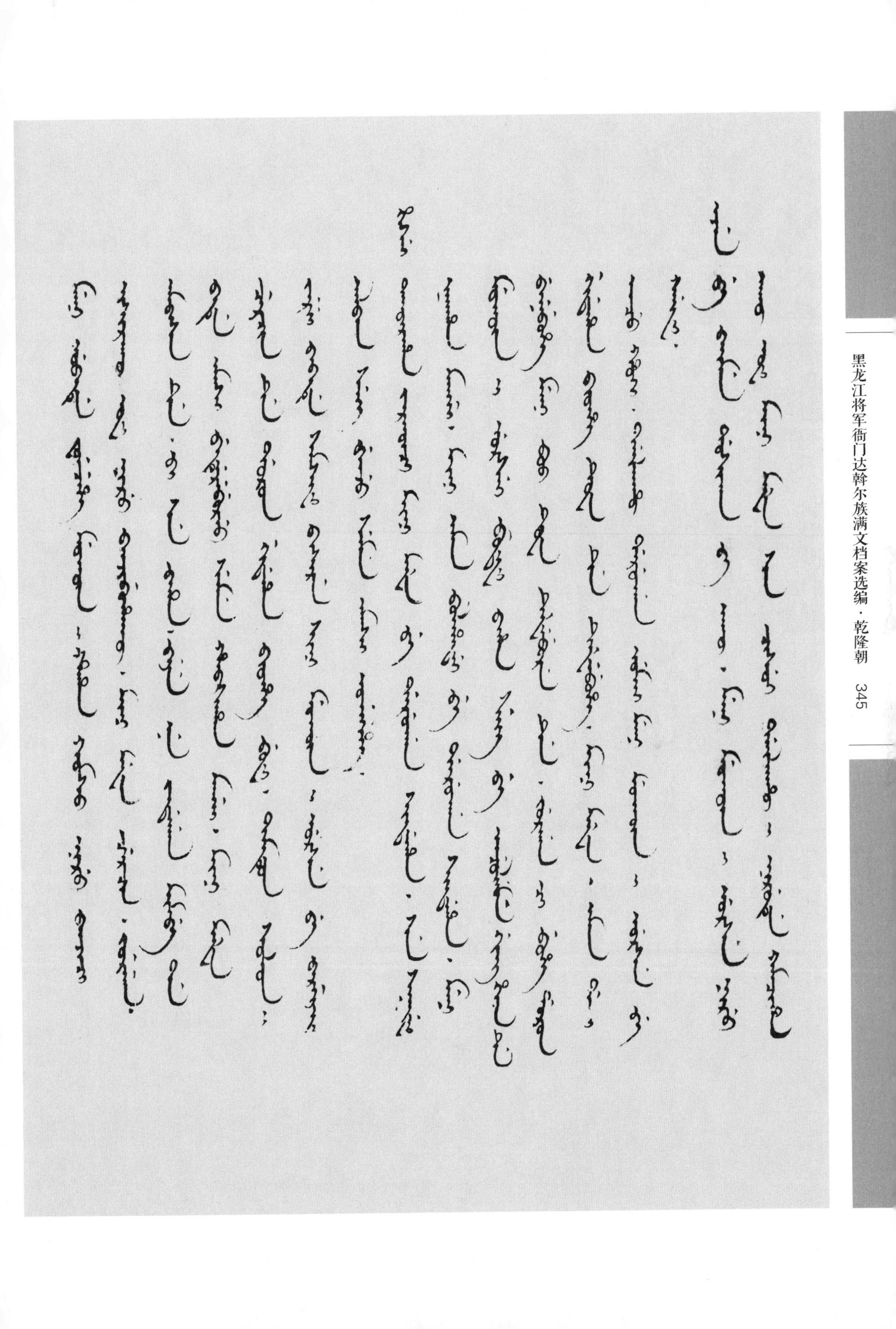

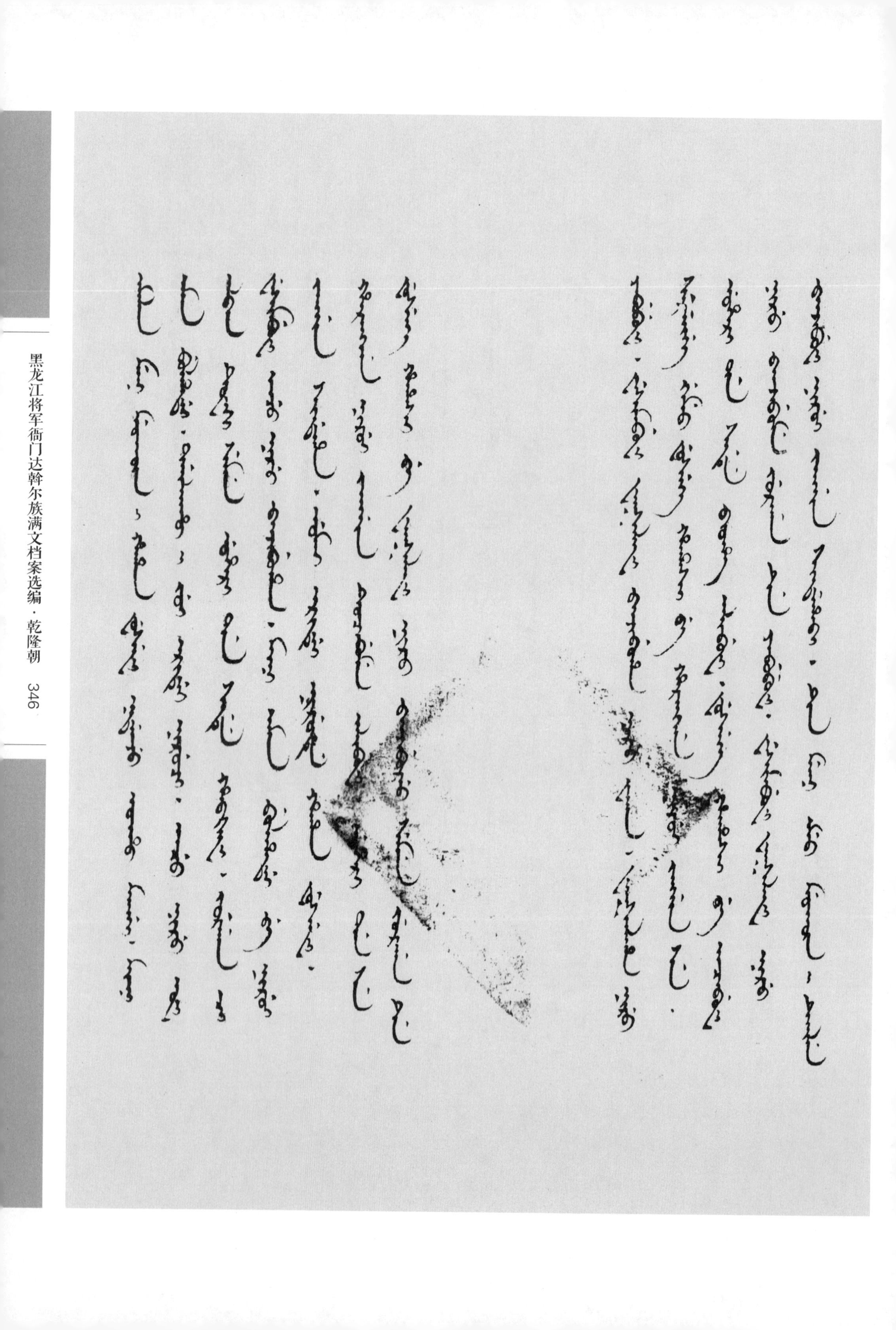

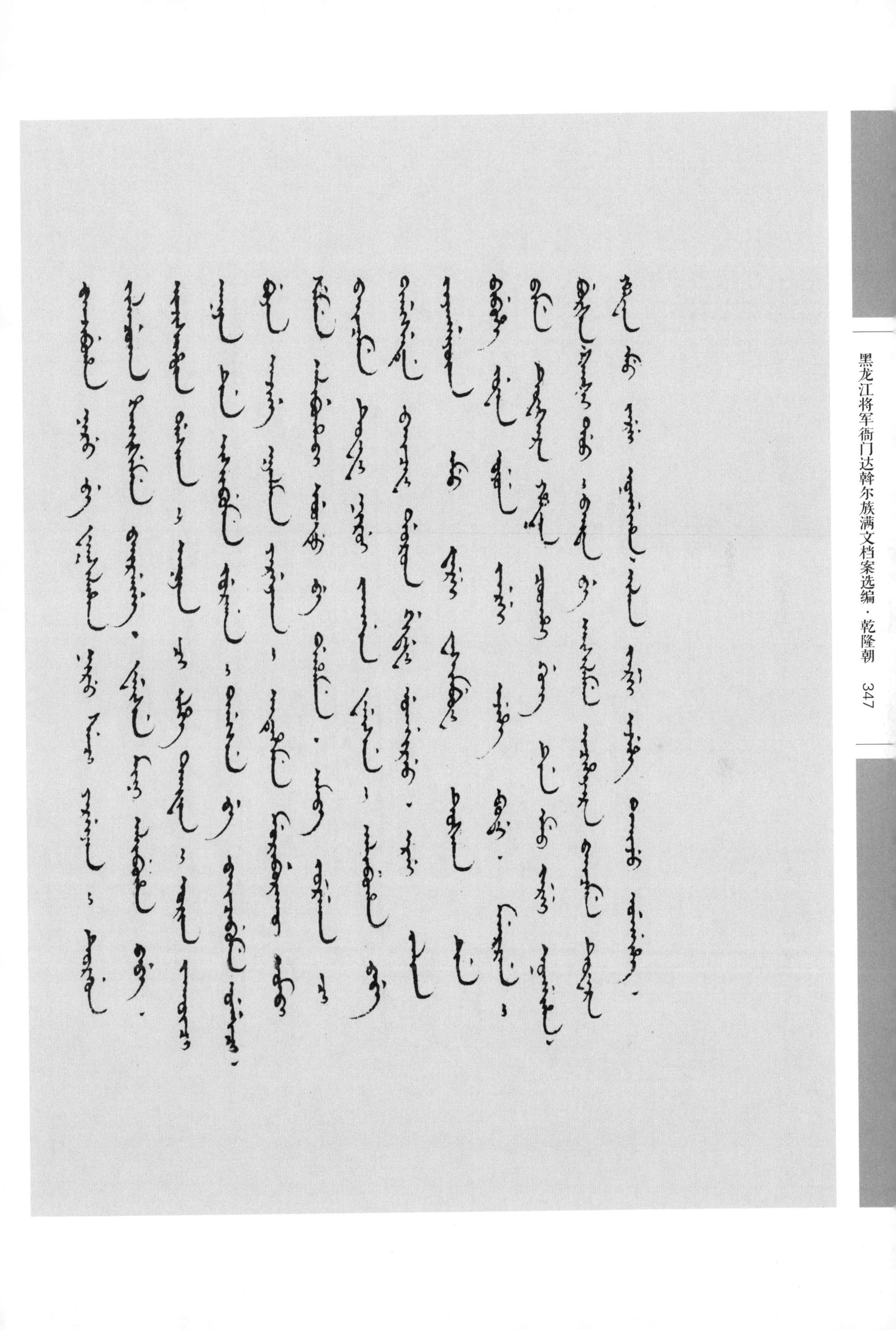

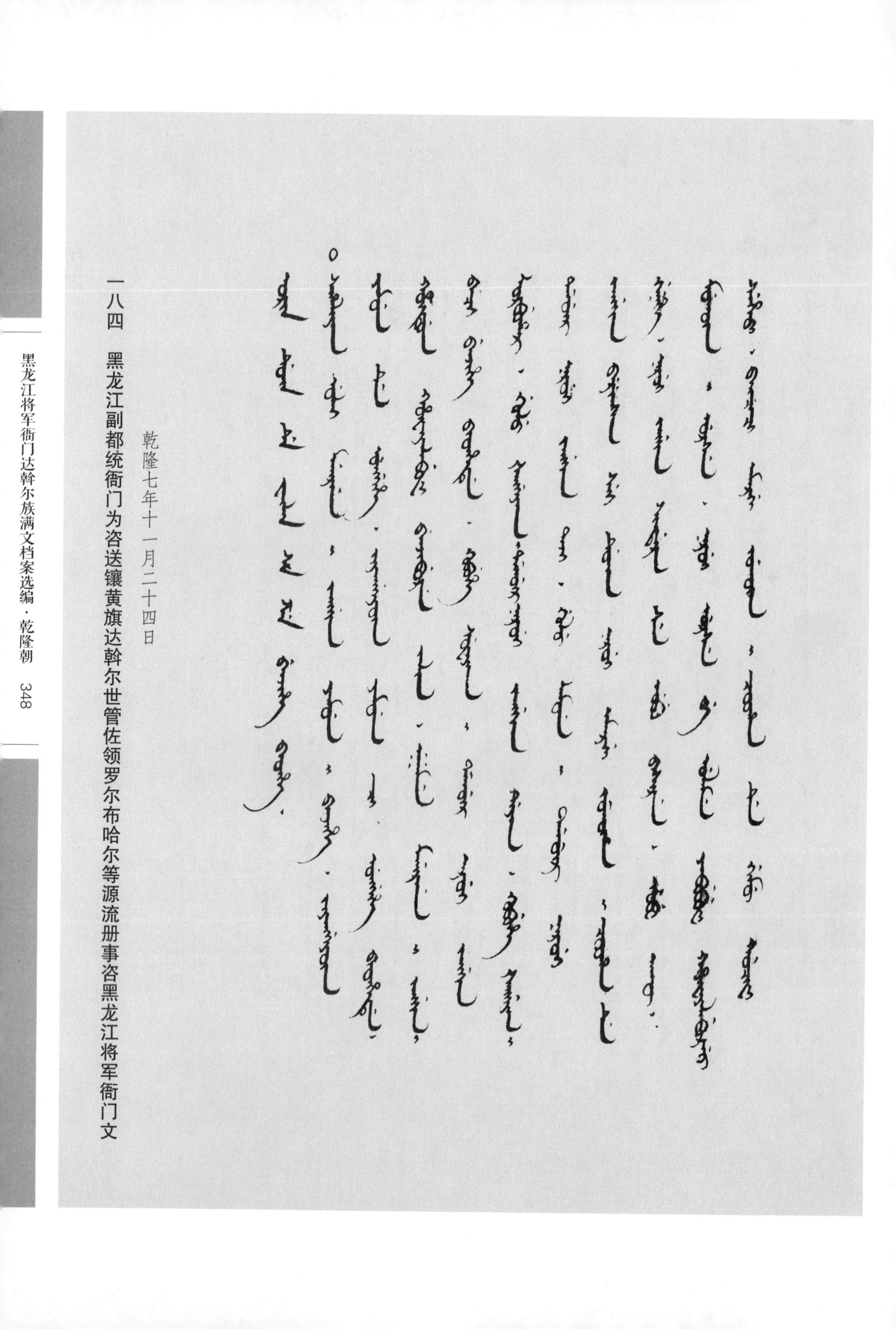

一八四 黑龙江副都统衙门为咨送镶黄旗达斡尔世管佐领罗尔布哈尔等源流册事咨黑龙江将军衙门文

乾隆七年十一月二十四日

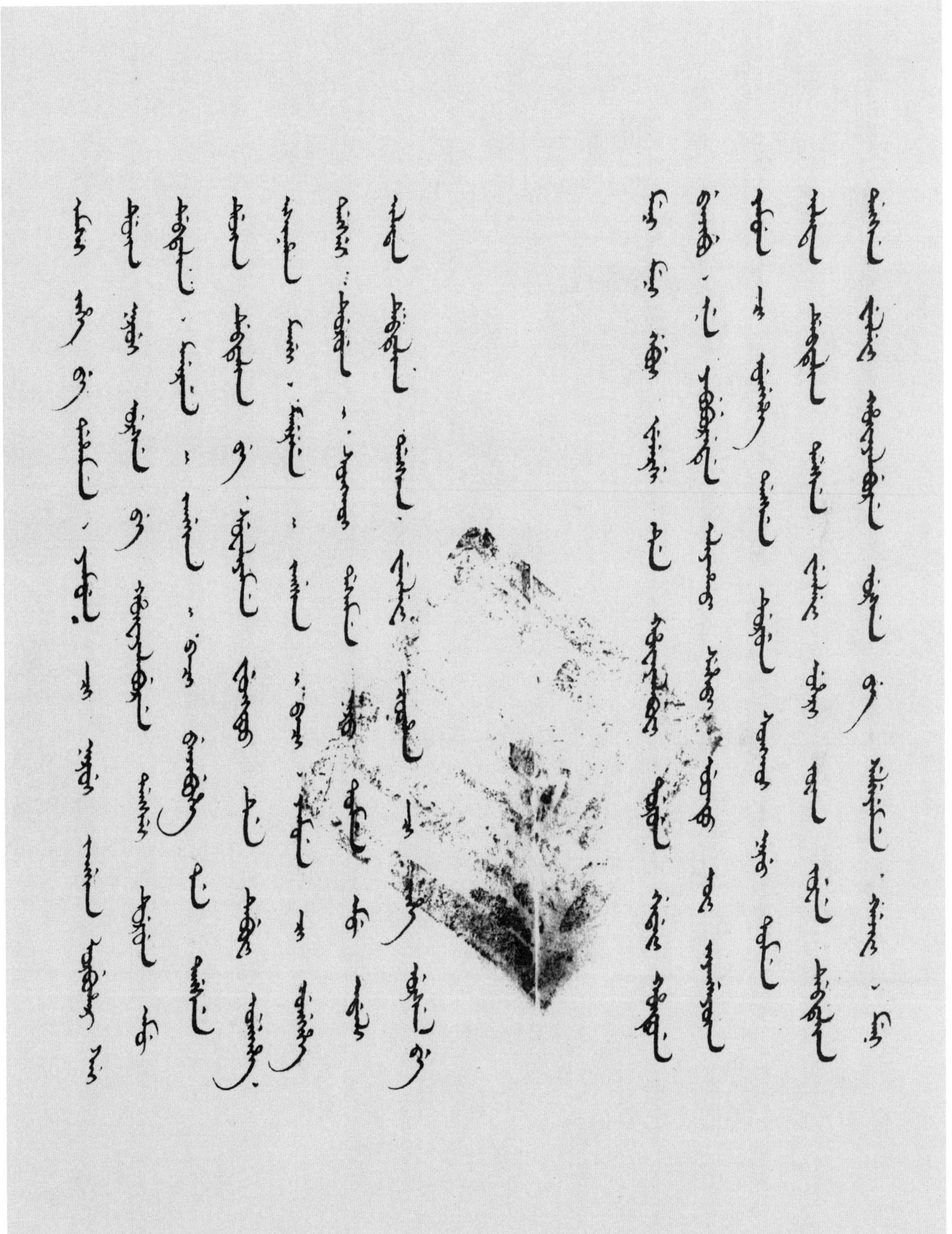

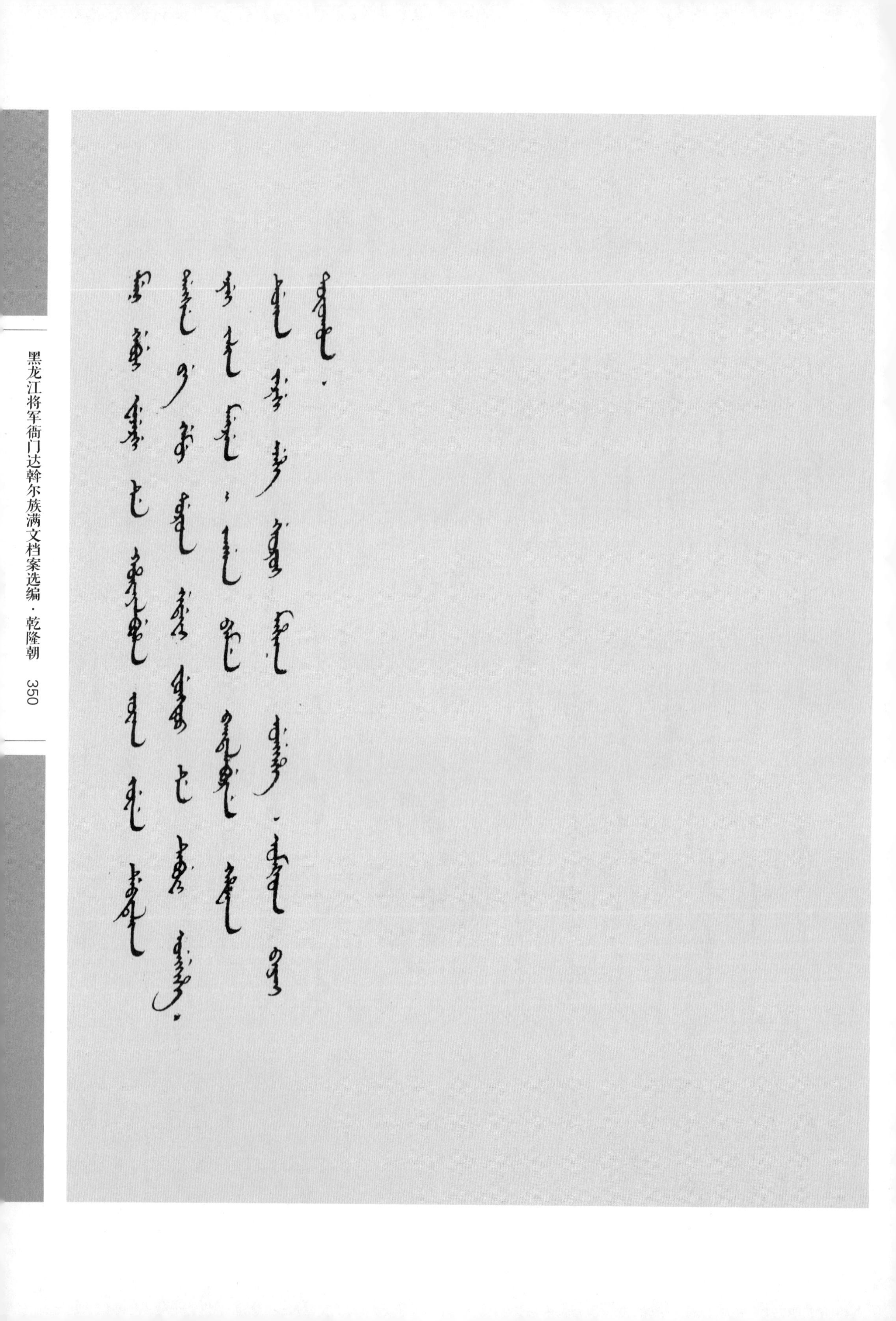

[illegible]

[illegible]

[illegible]

[illegible]

[illegible]

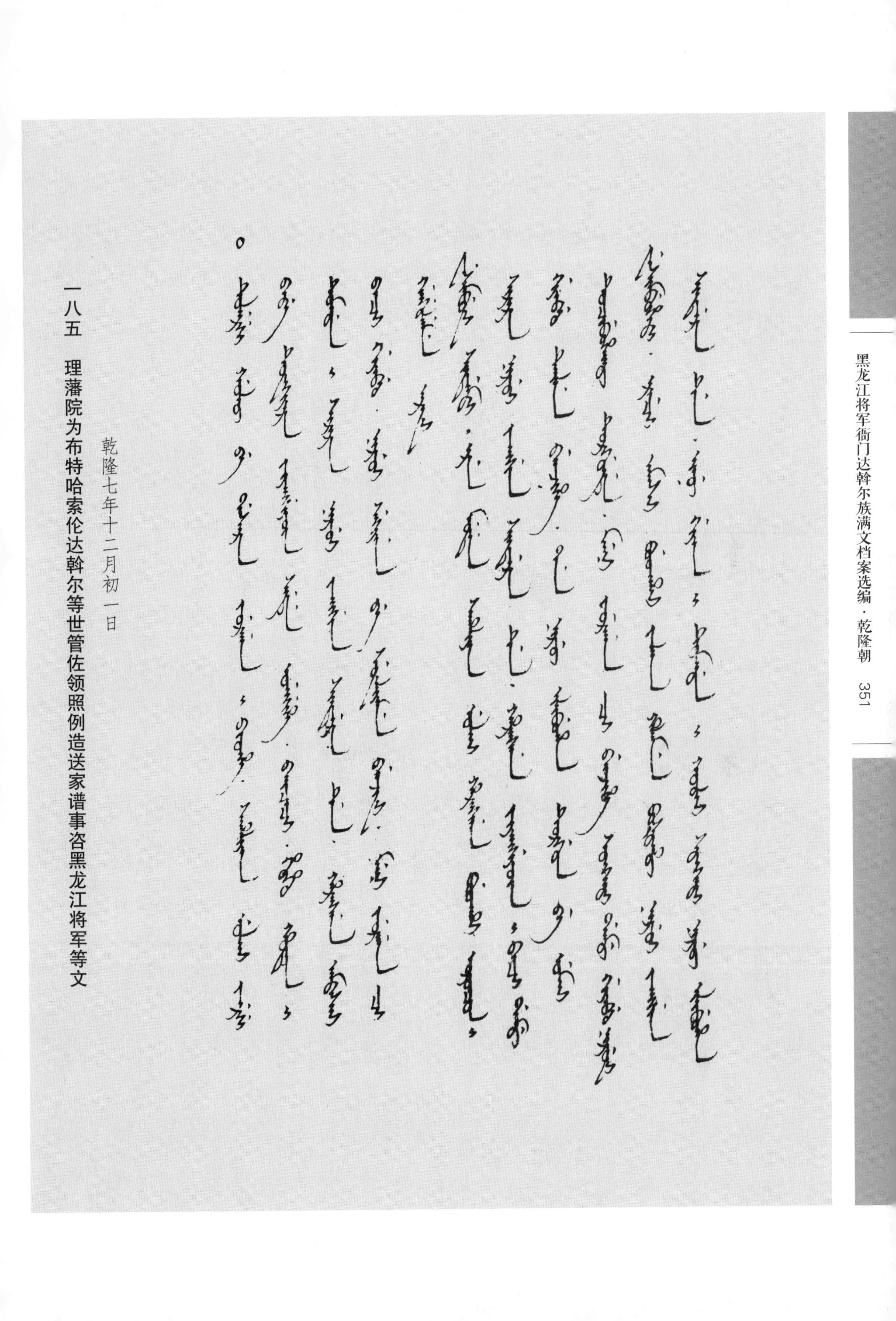

乾隆七年十二月初一日

一八五 理藩院为布特哈索伦达斡尔等世管佐领照例造送家谱事咨黑龙江将军等文

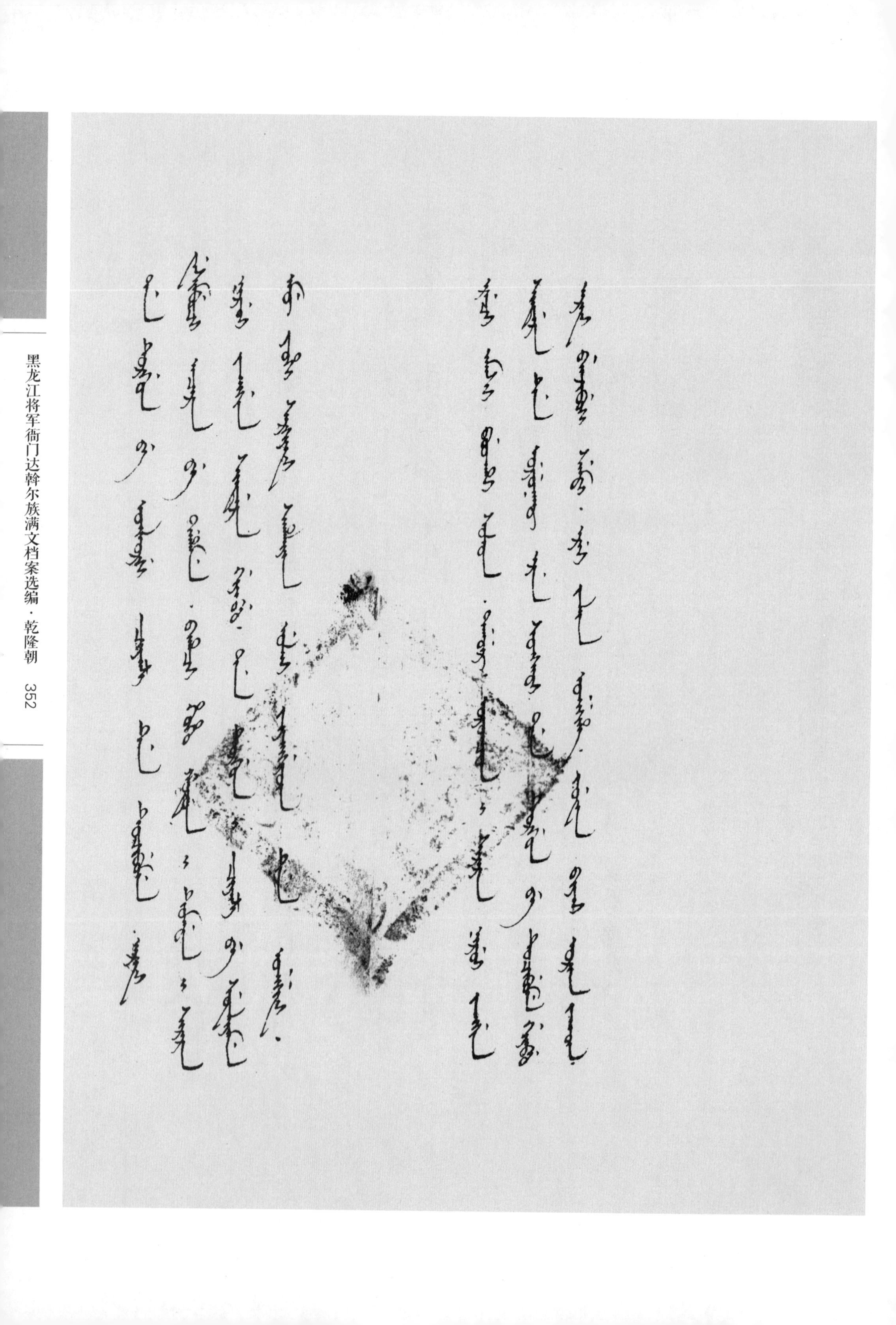

一八六 黑龙江将军衙门为查明索伦达斡尔等世管佐领世袭并造送源流册事咨值月旗都统衙门文

乾隆七年十二月十九日

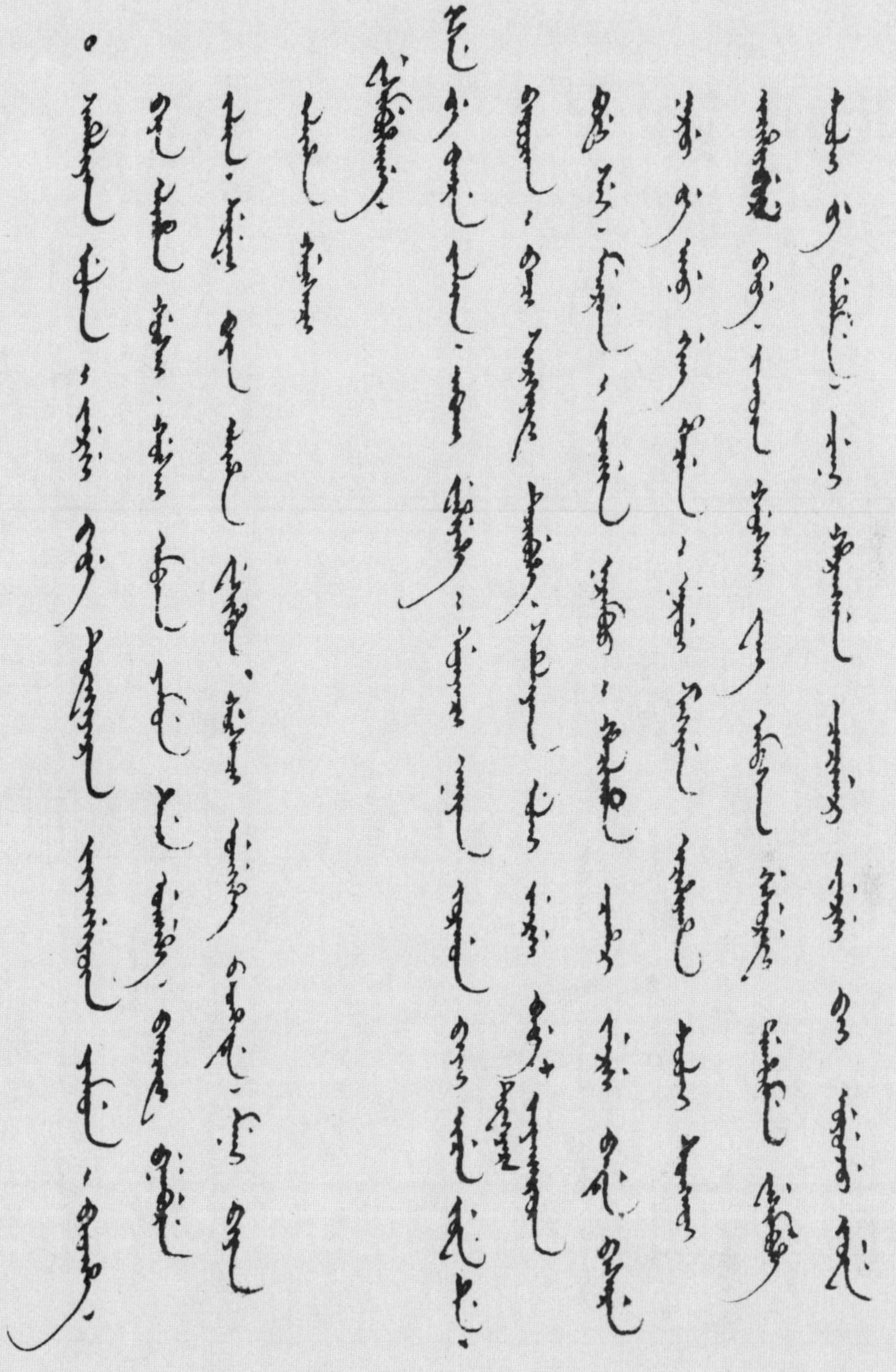

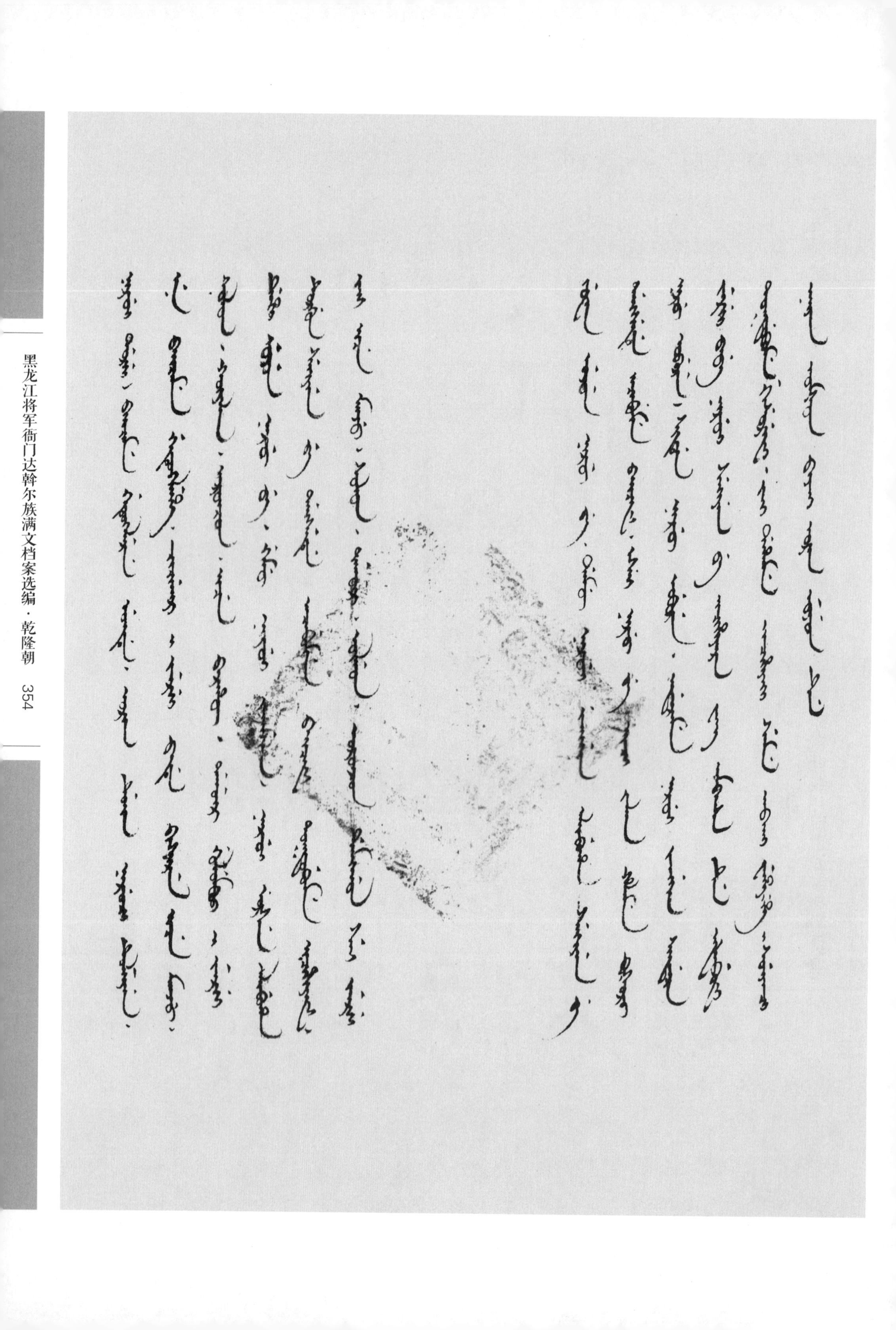

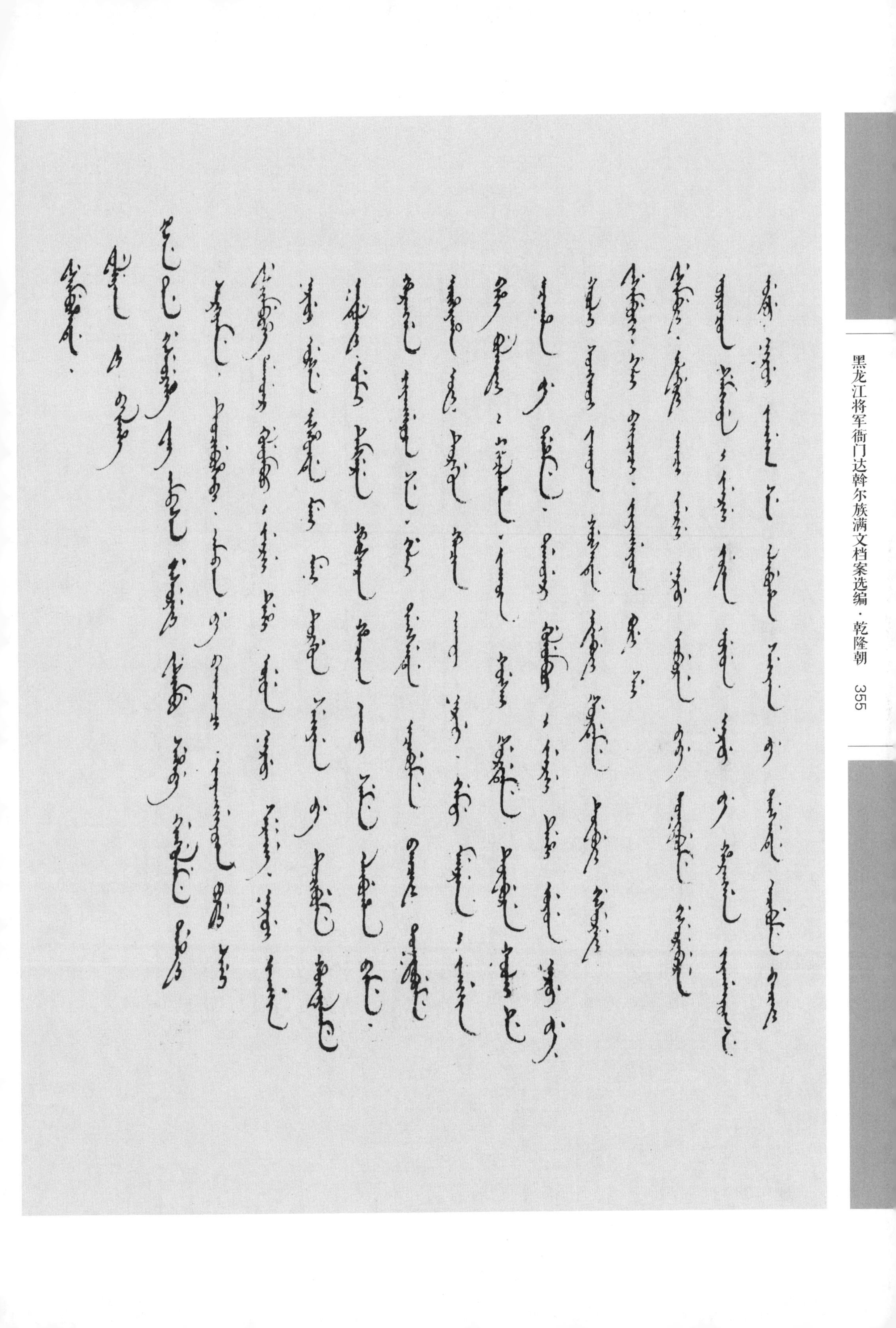

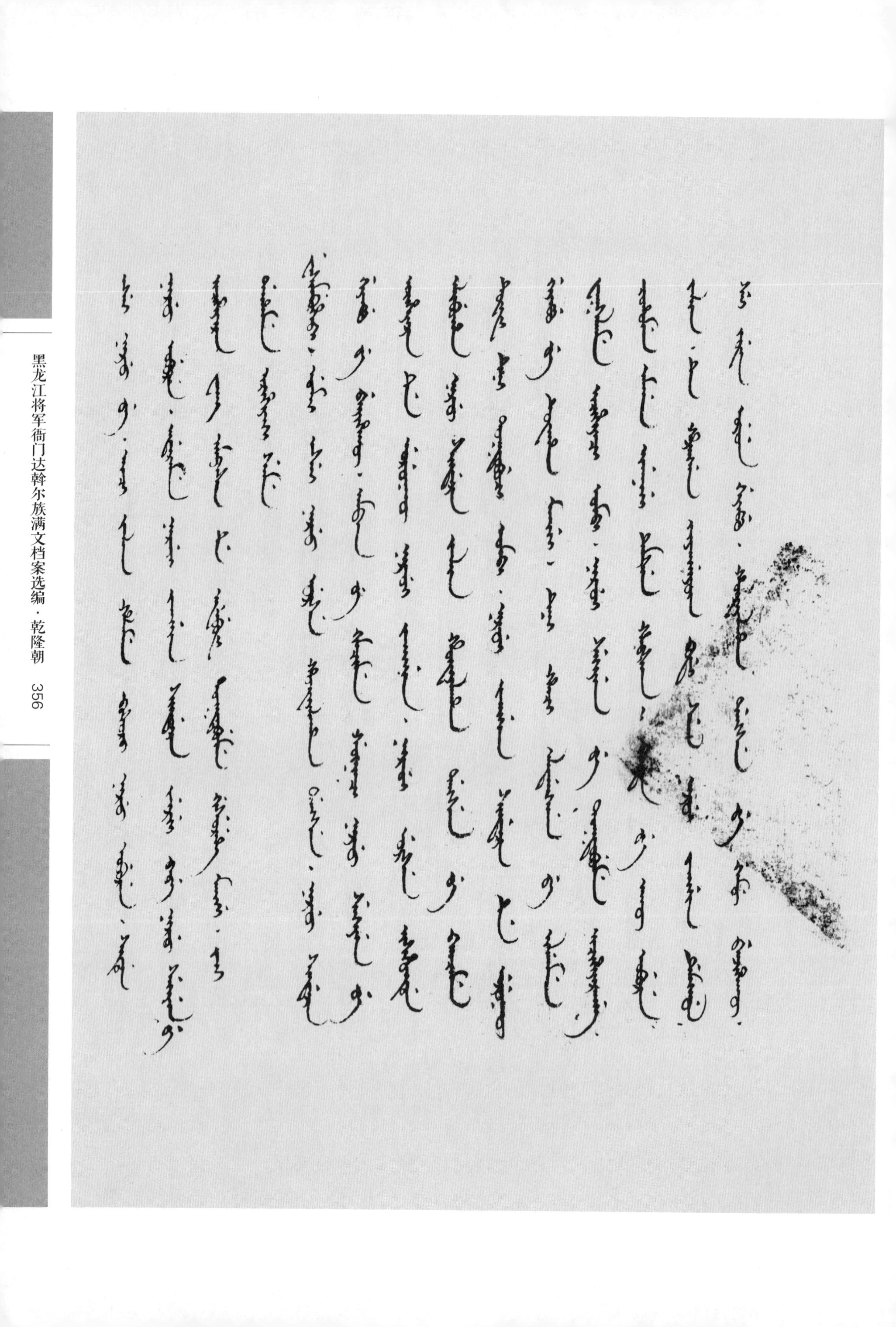

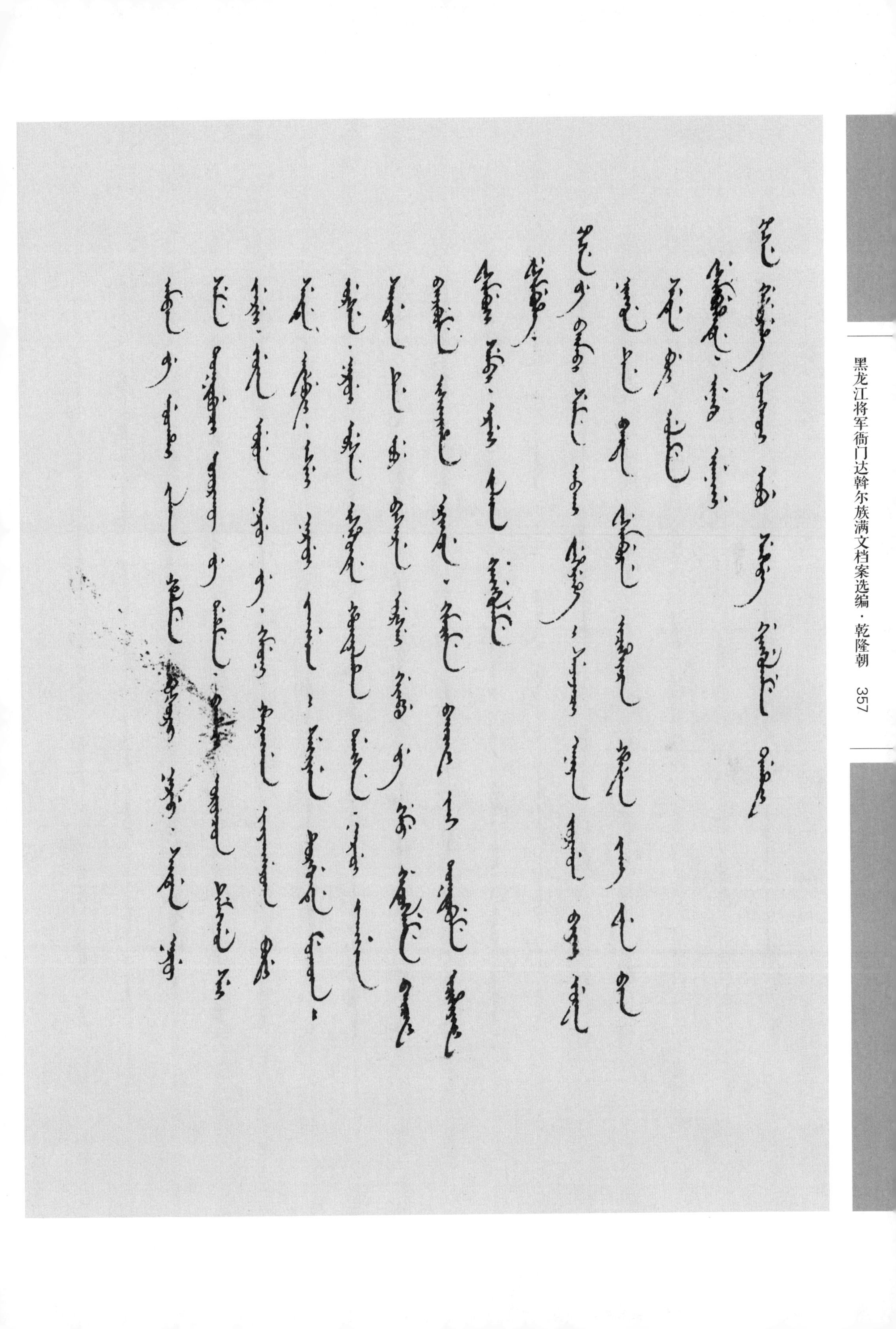

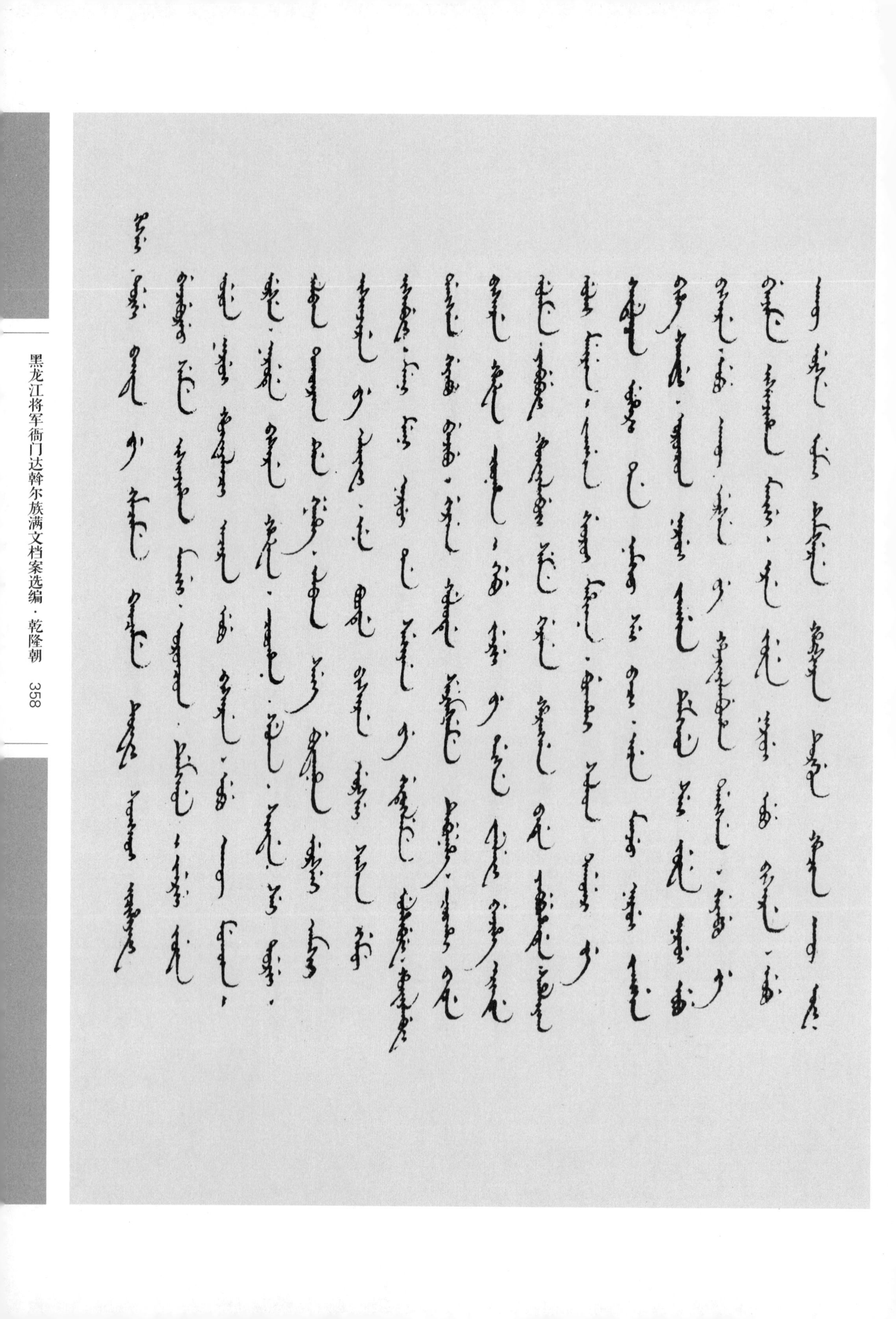

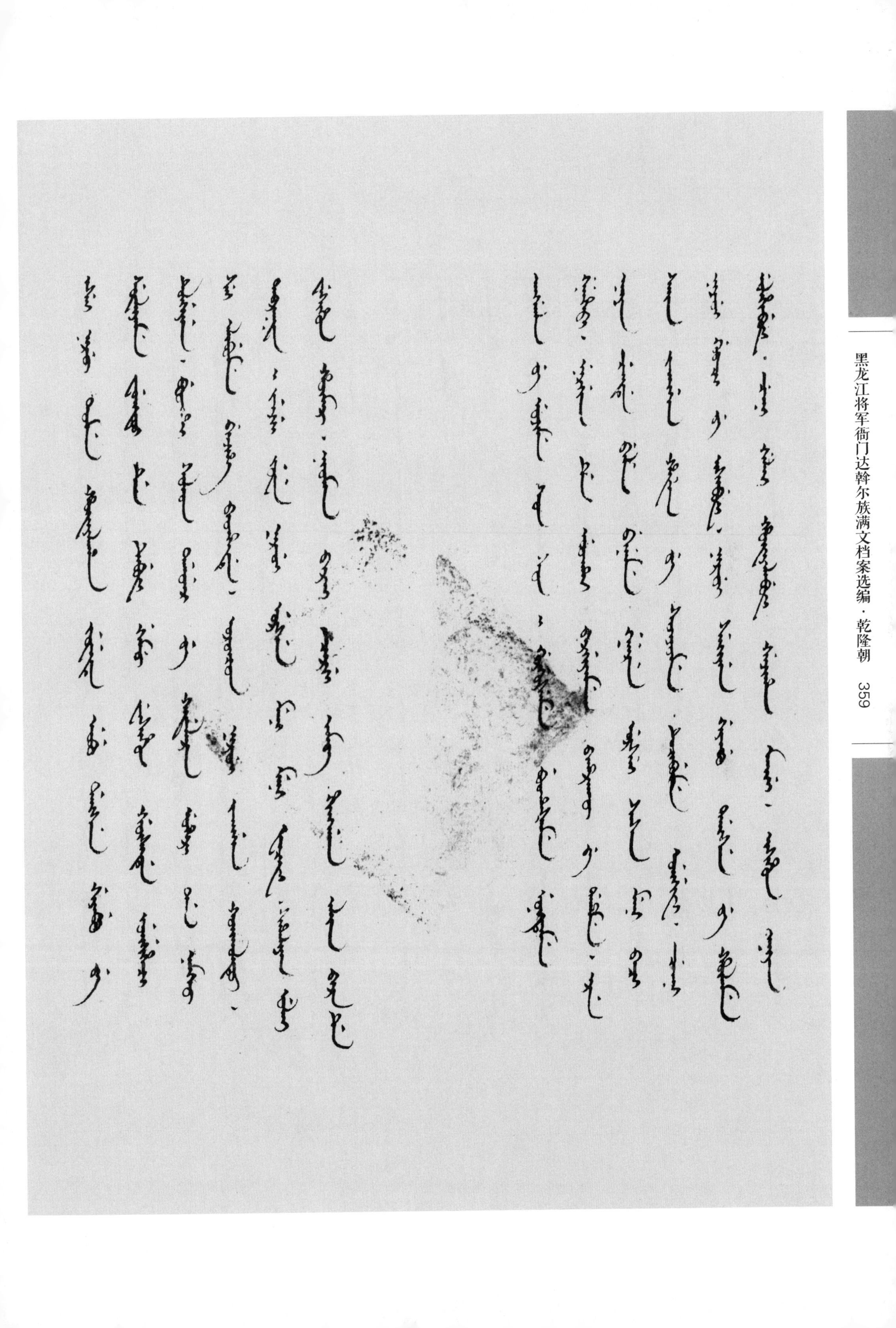

[illegible]

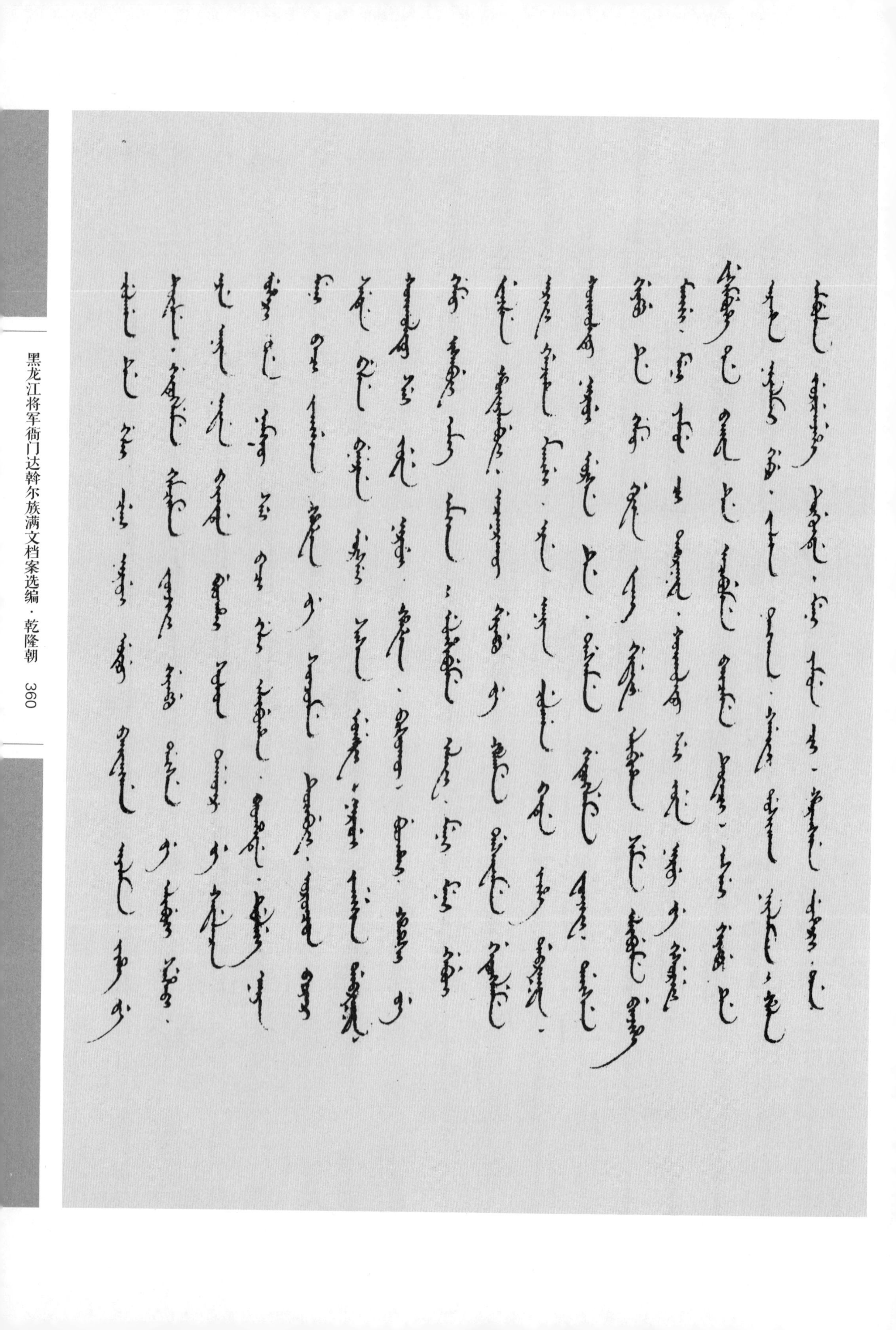

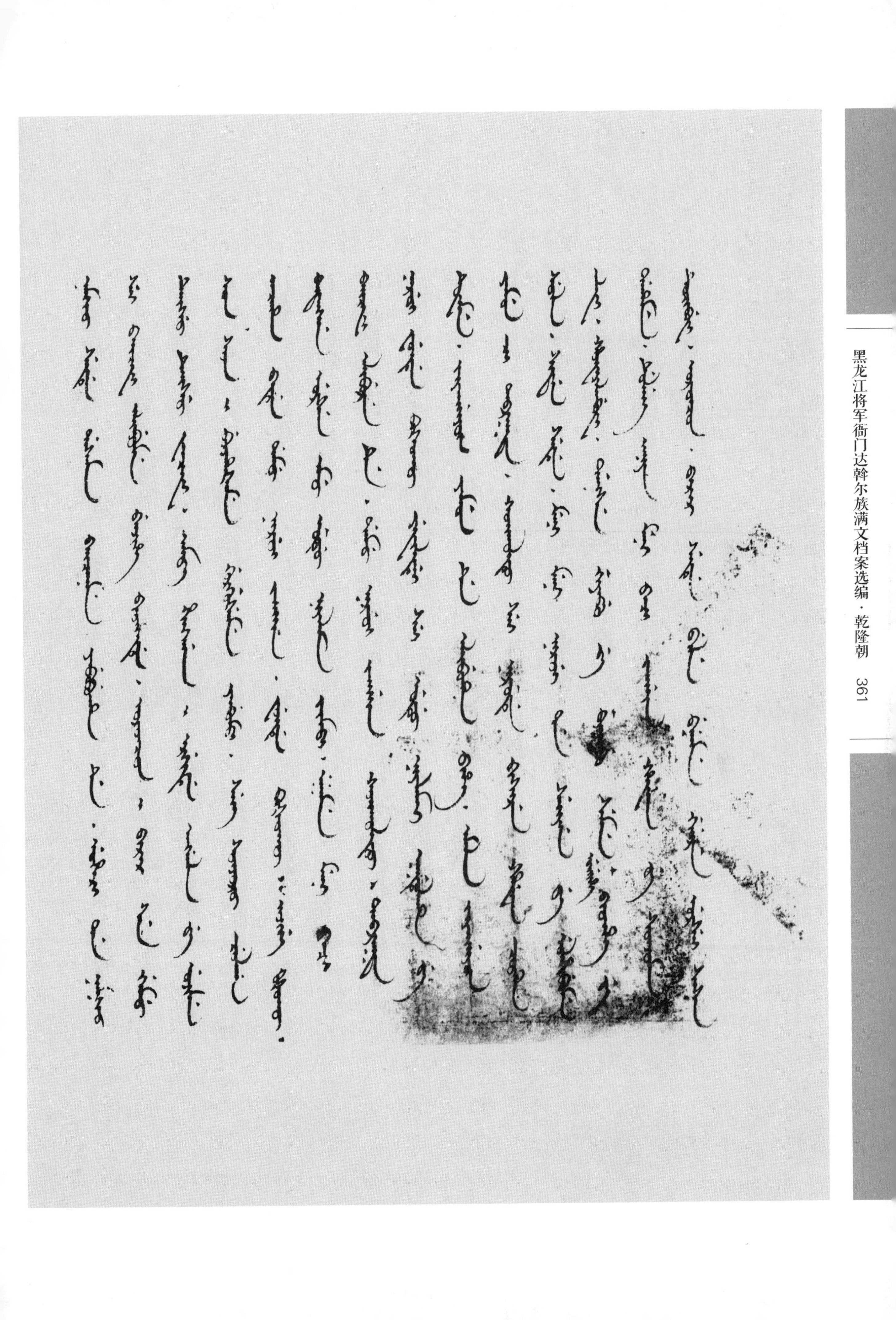

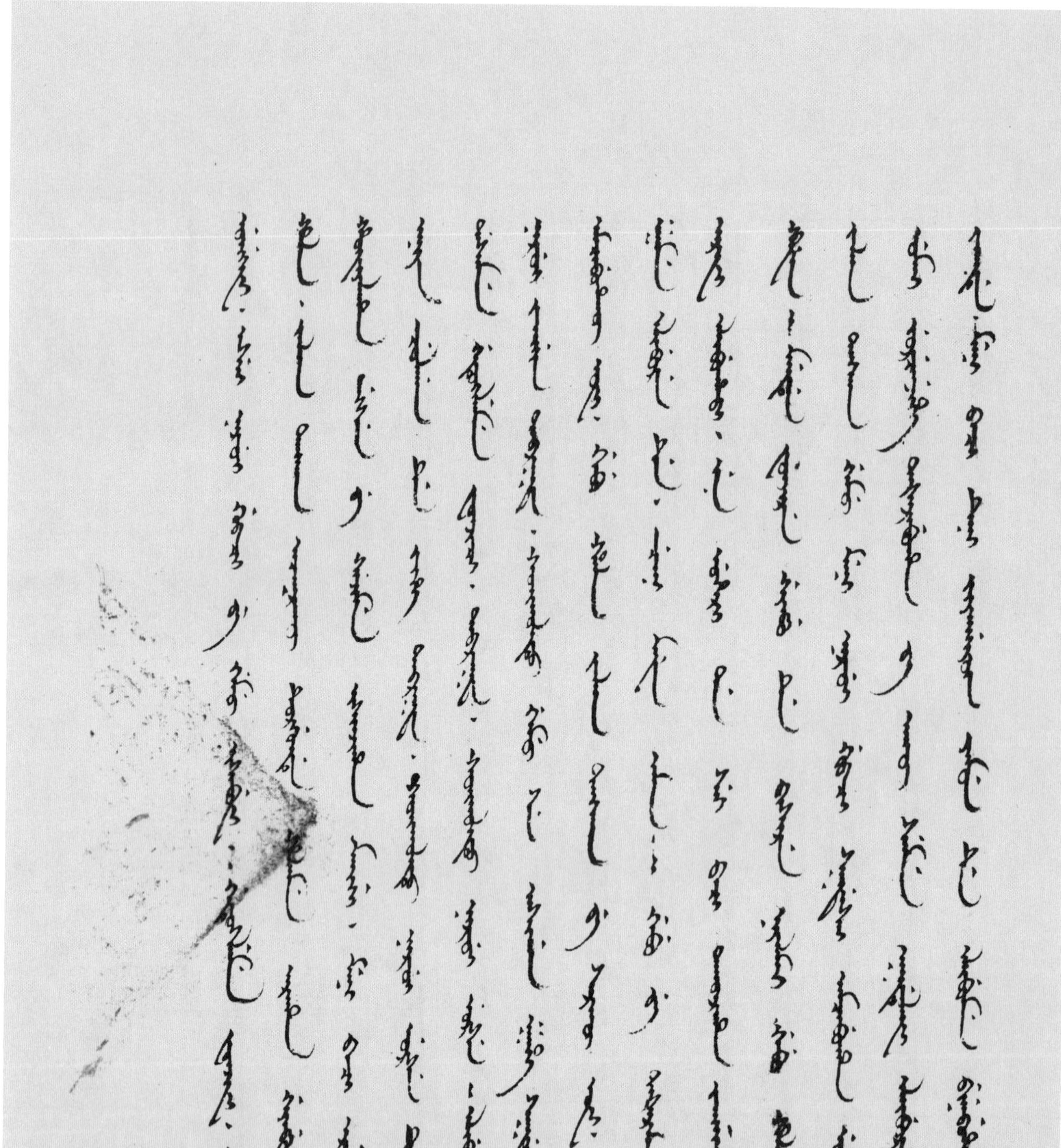

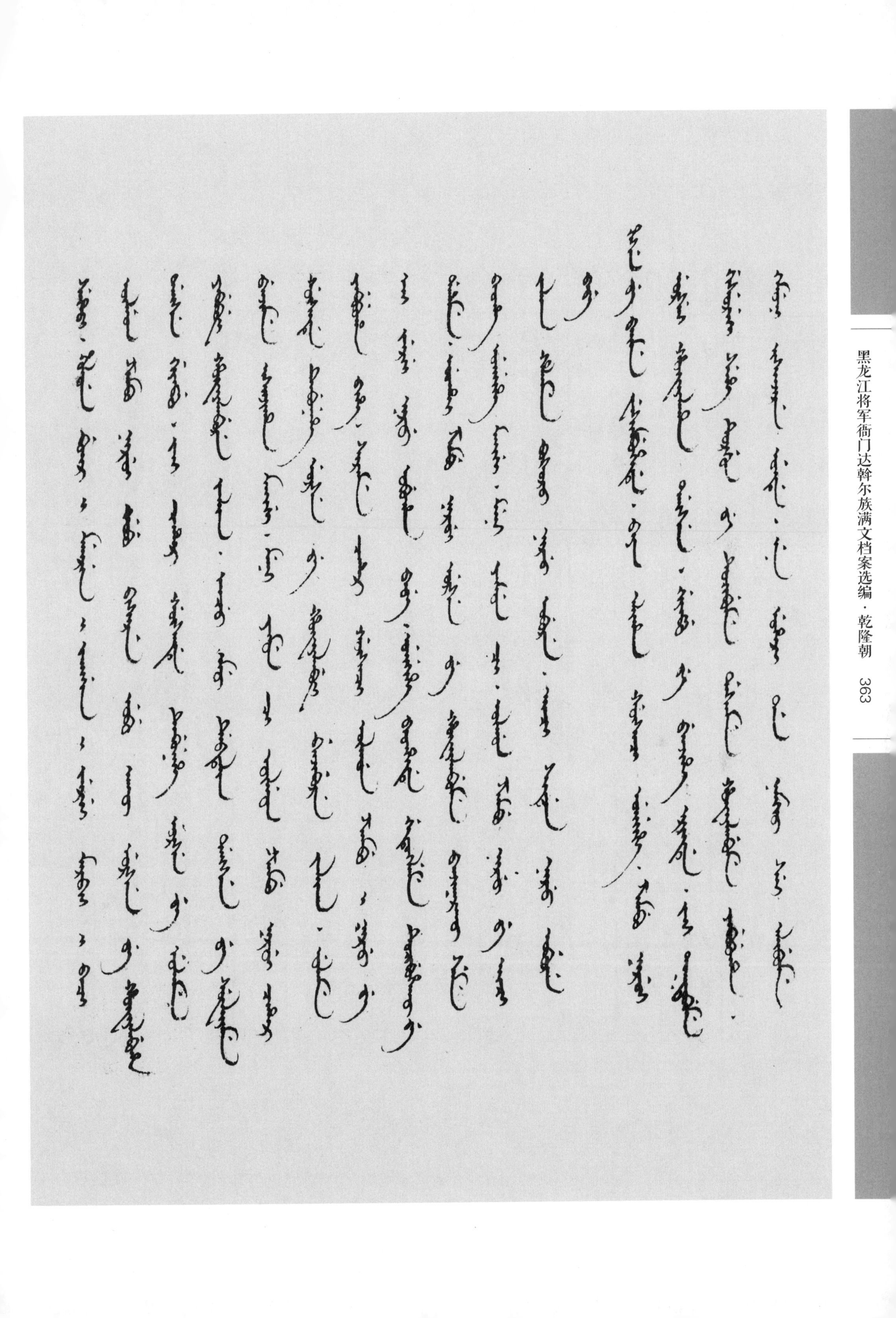

[illegible]

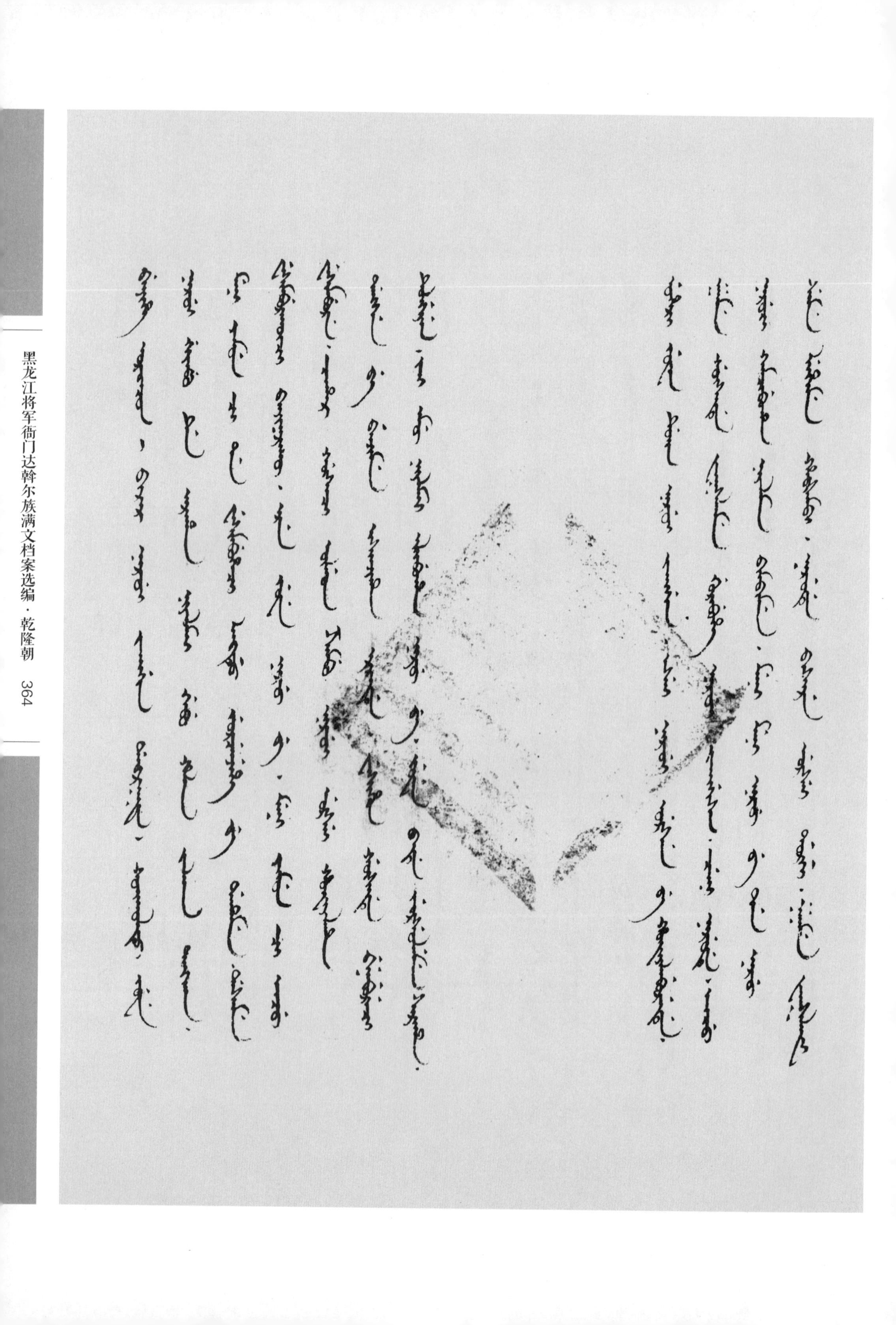

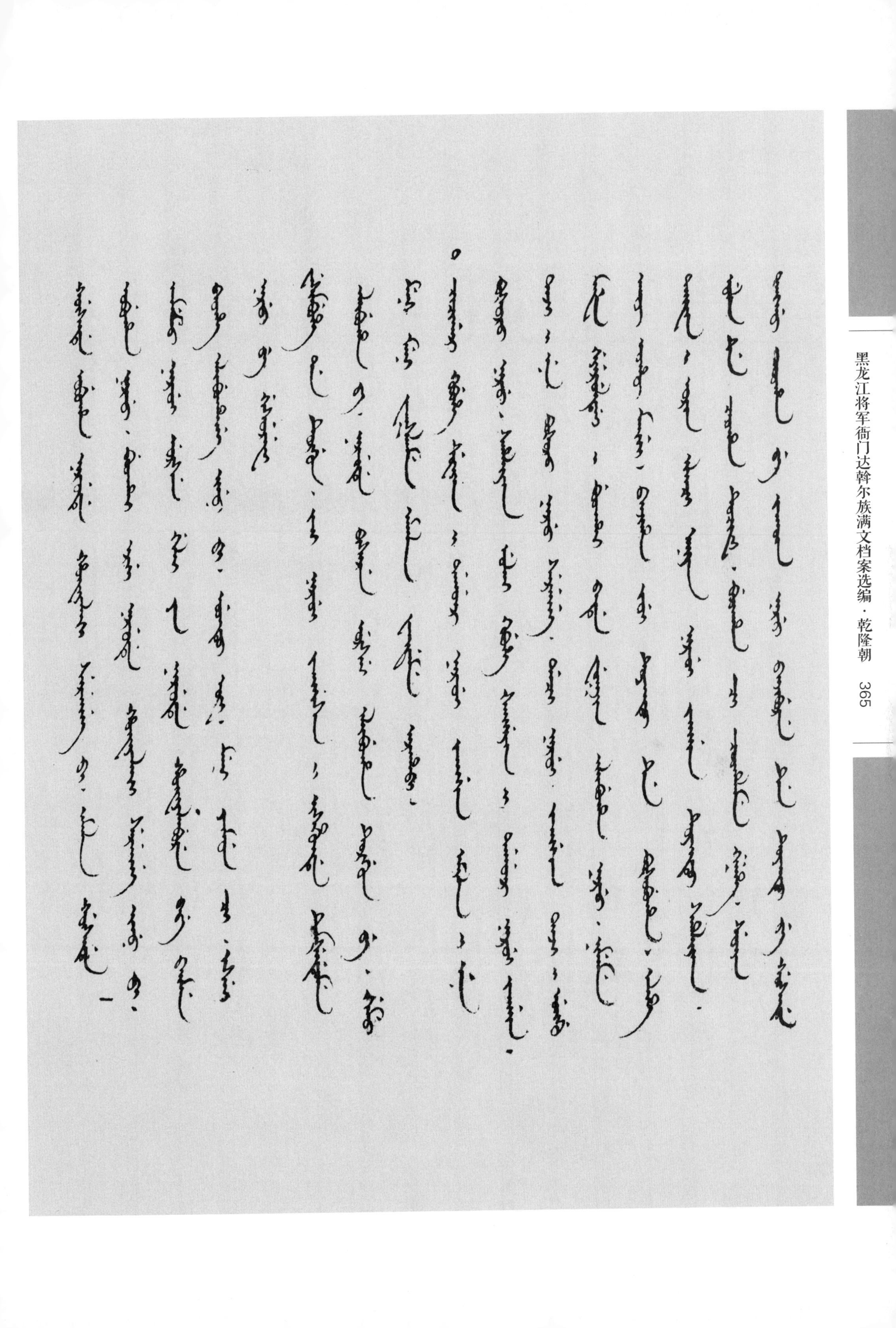

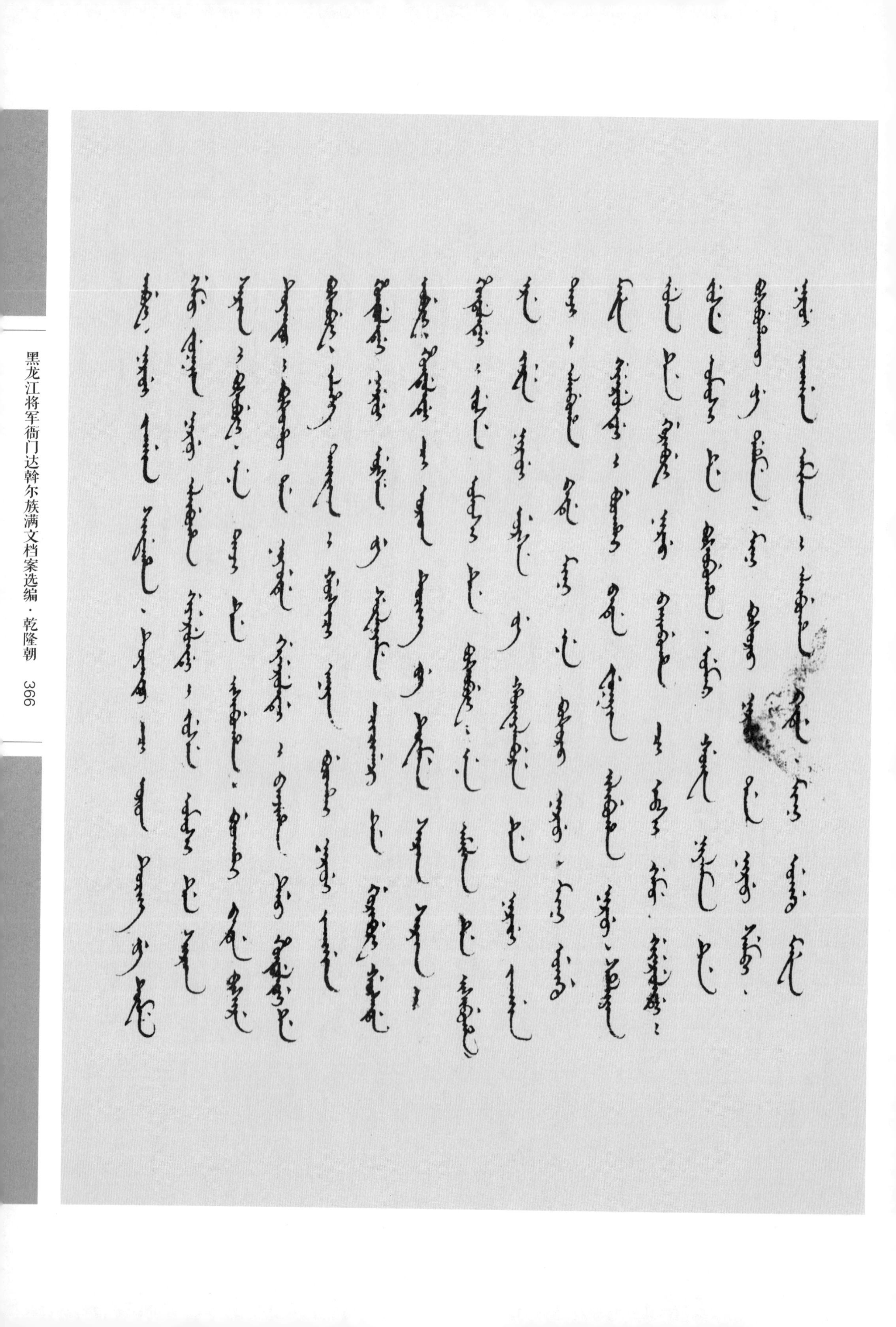

[illegible]

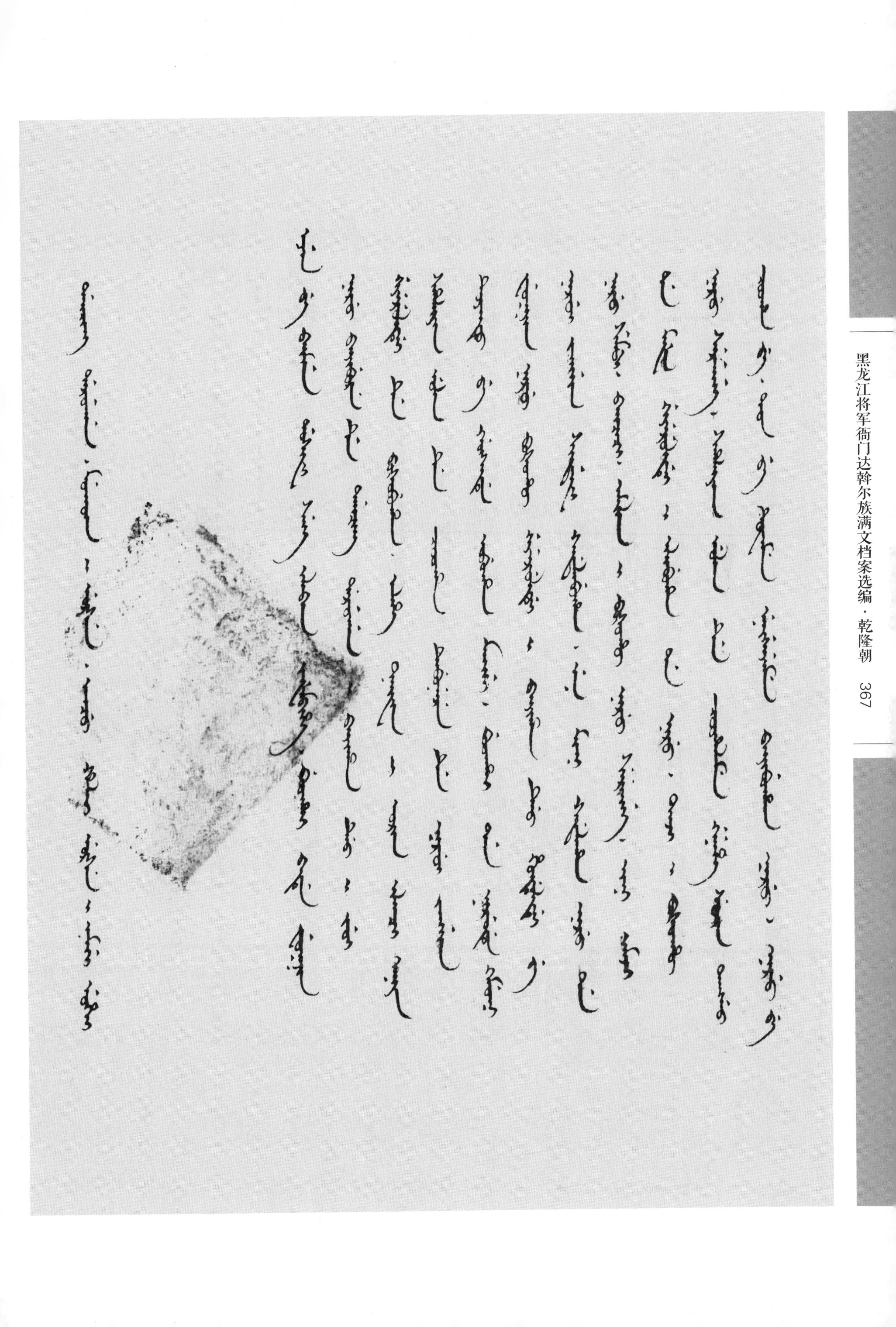

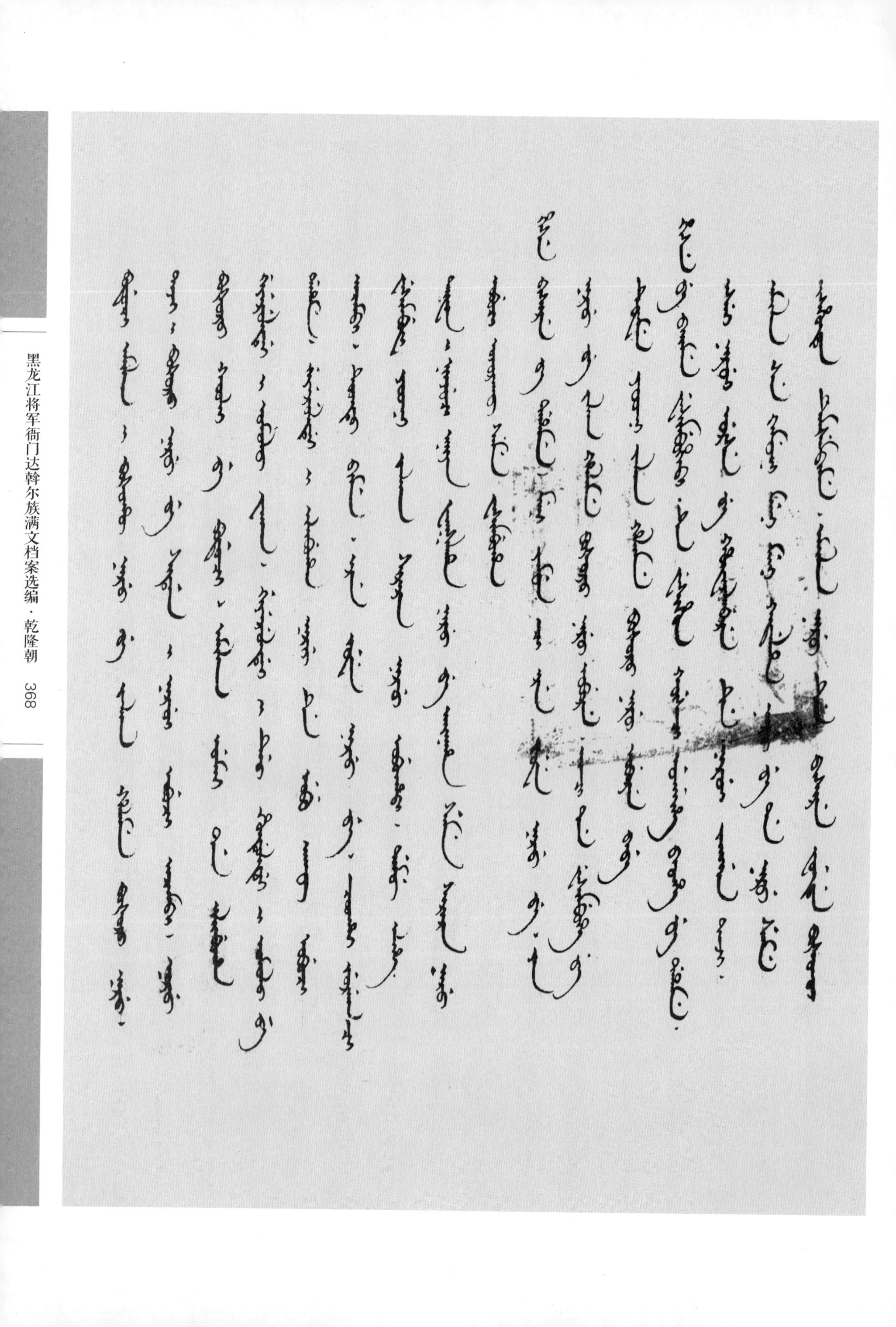

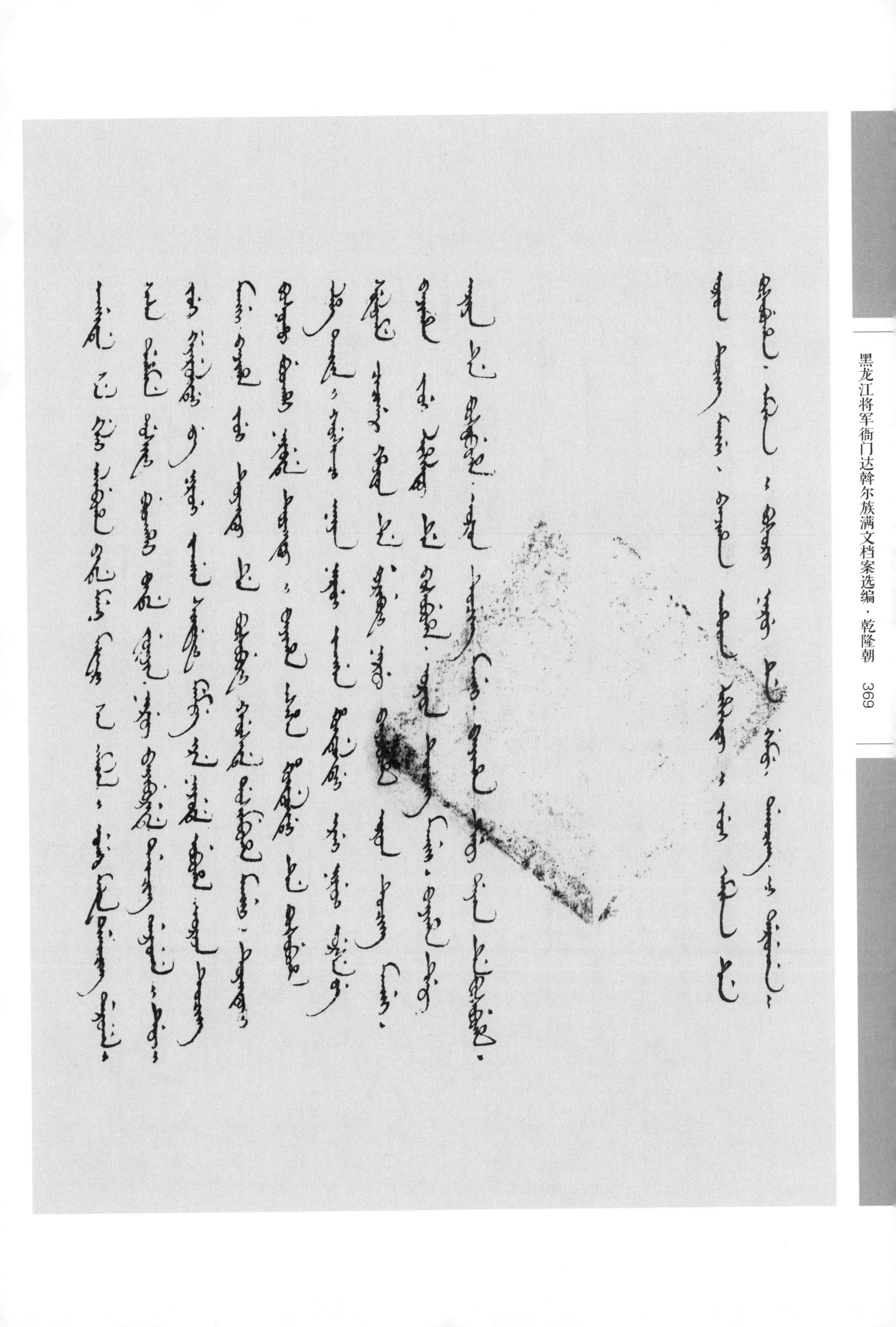

[illegible]

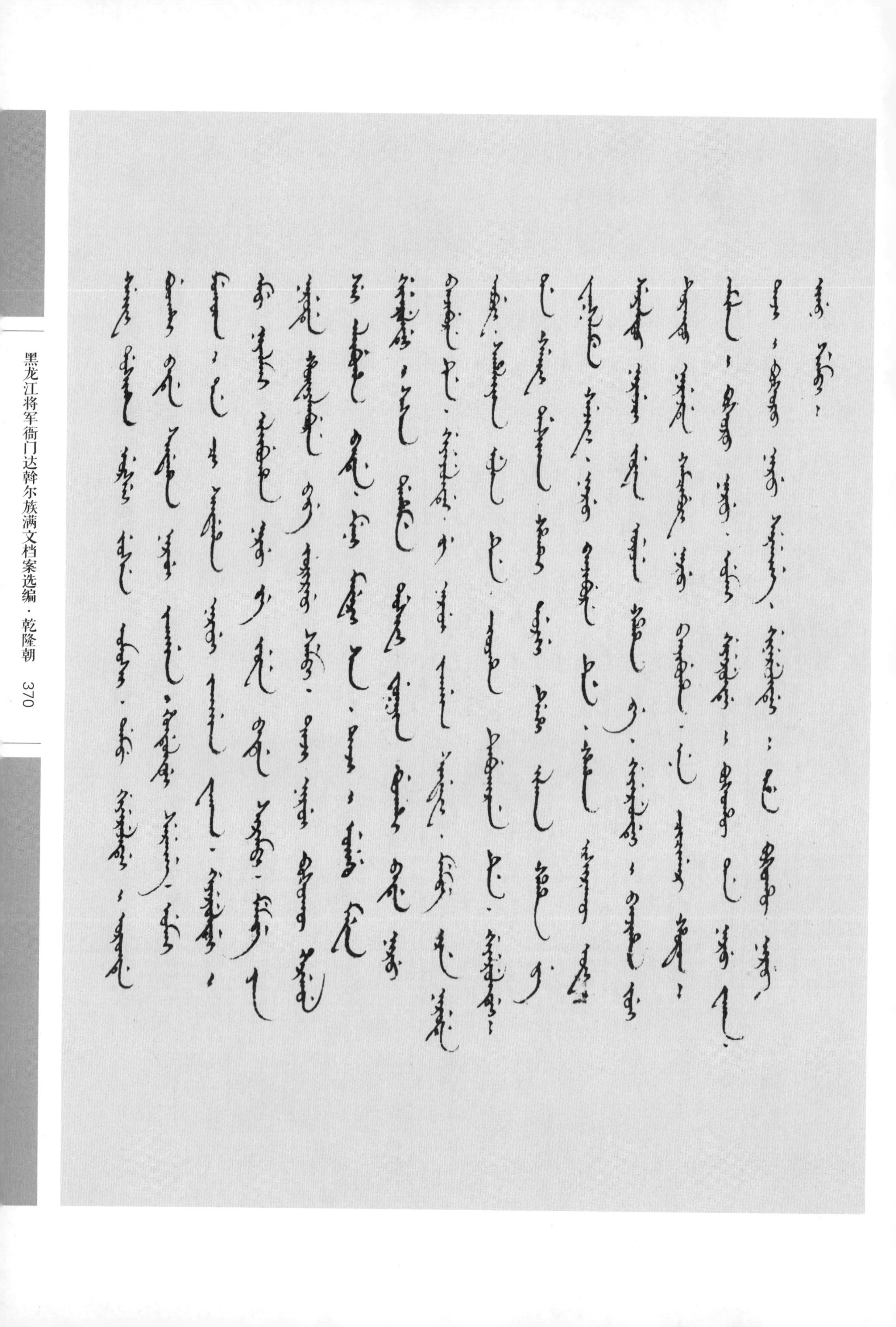

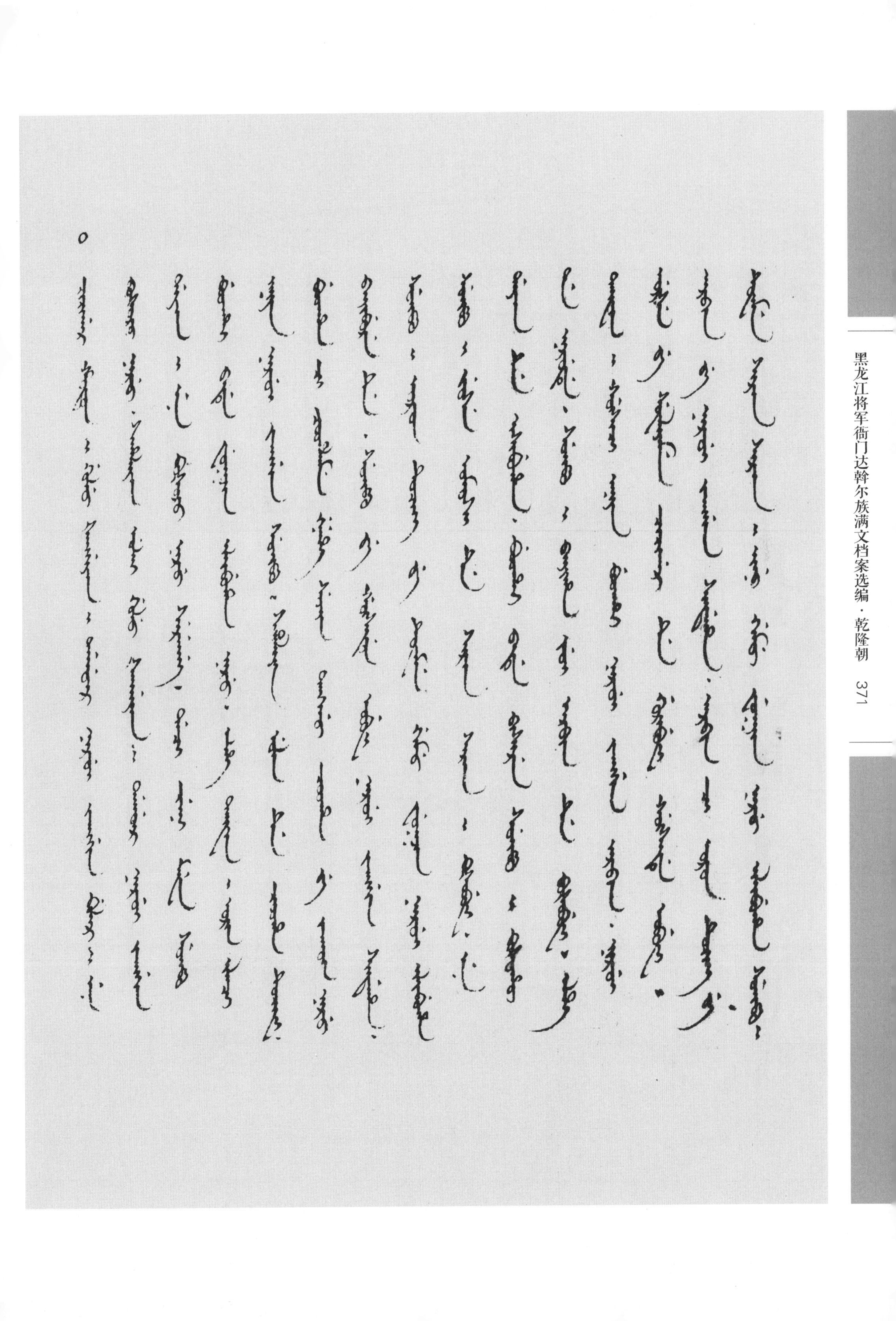

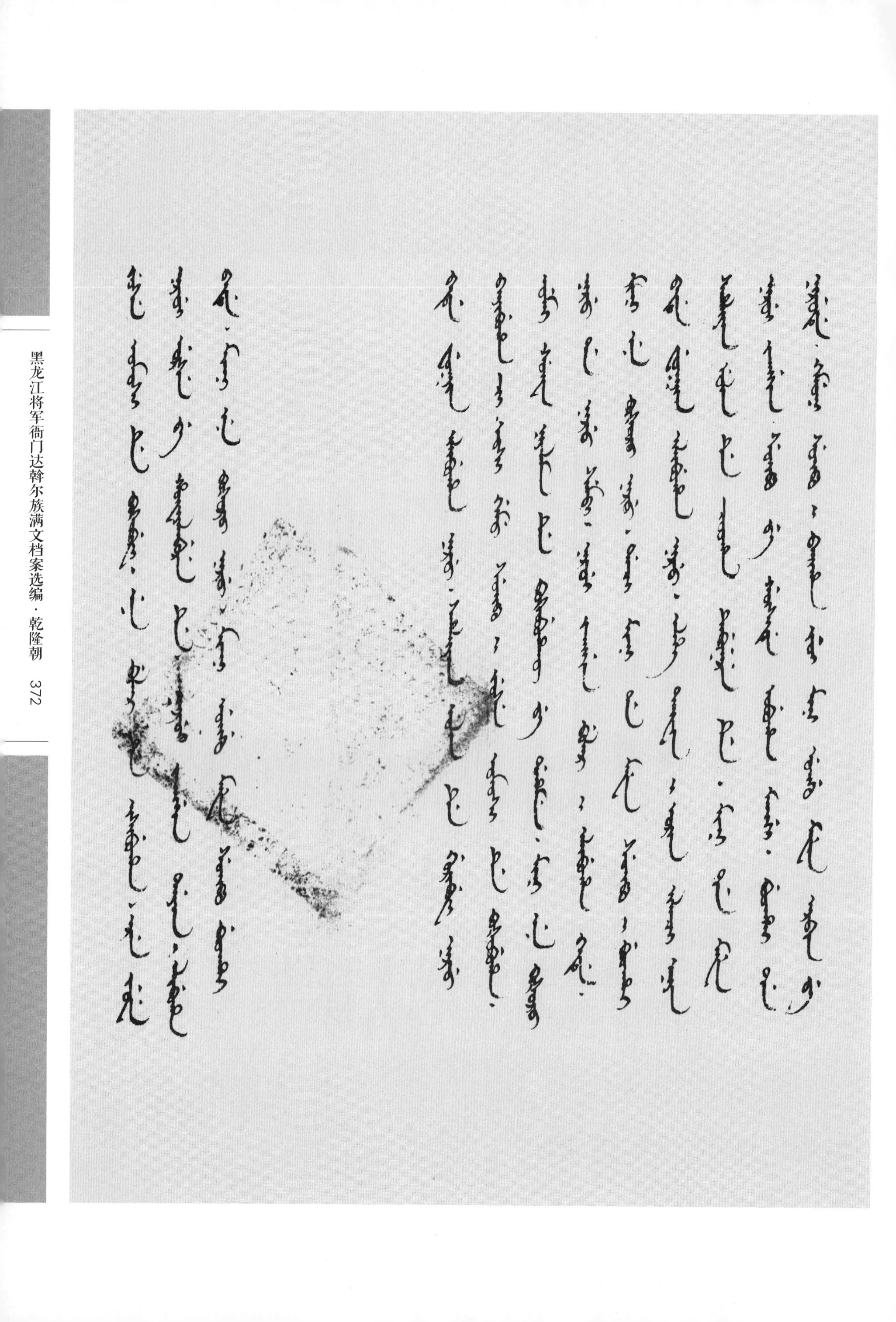

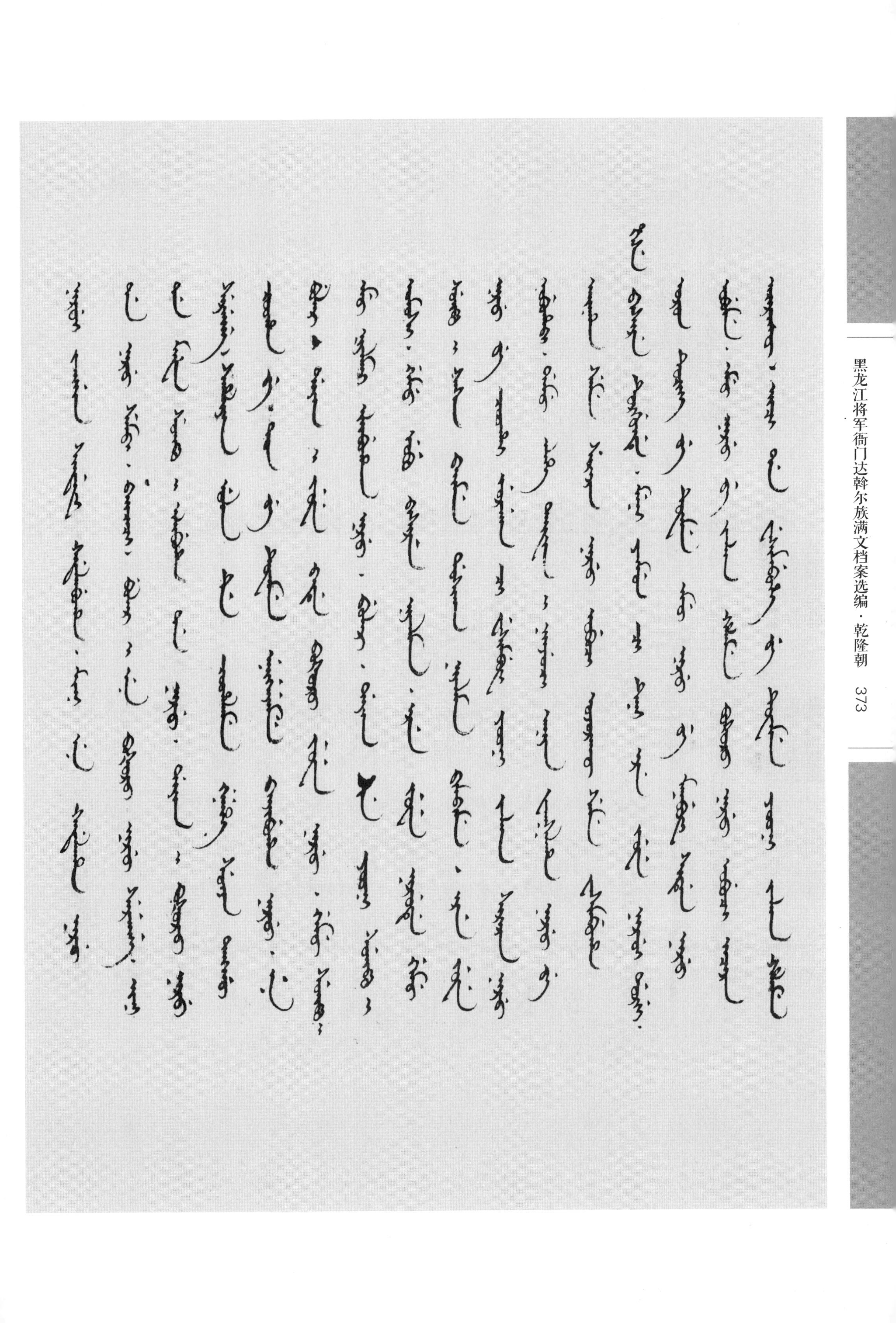

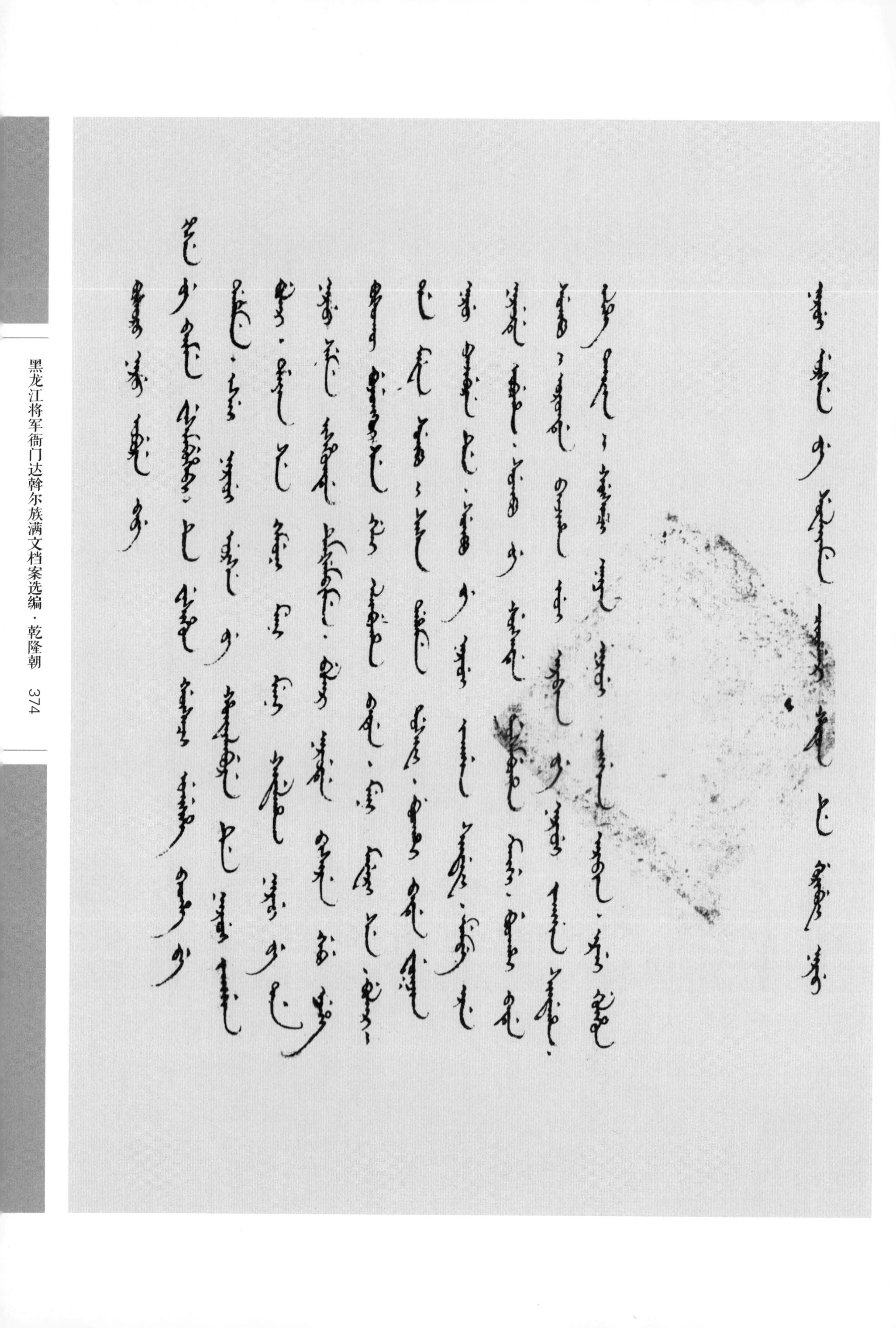

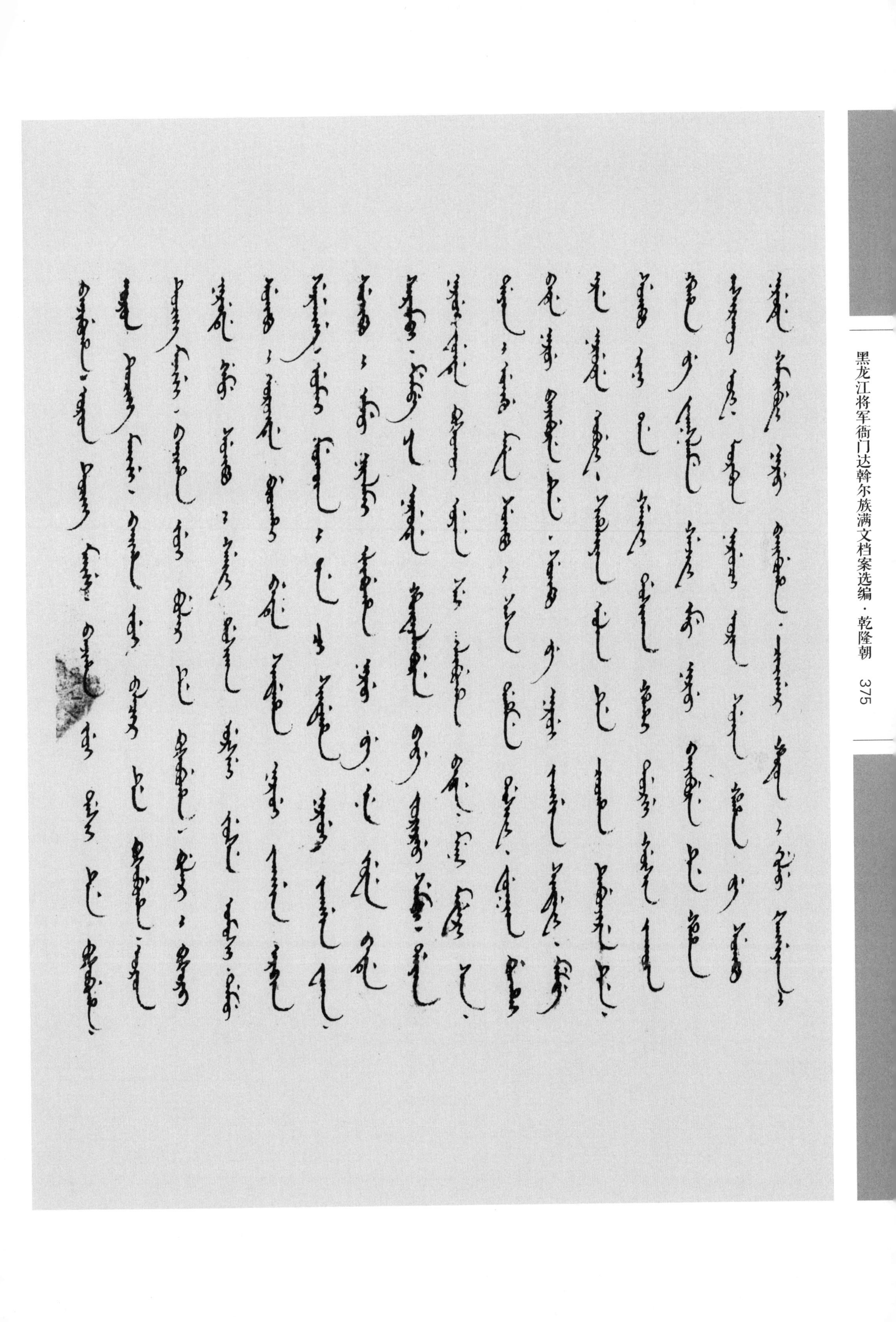

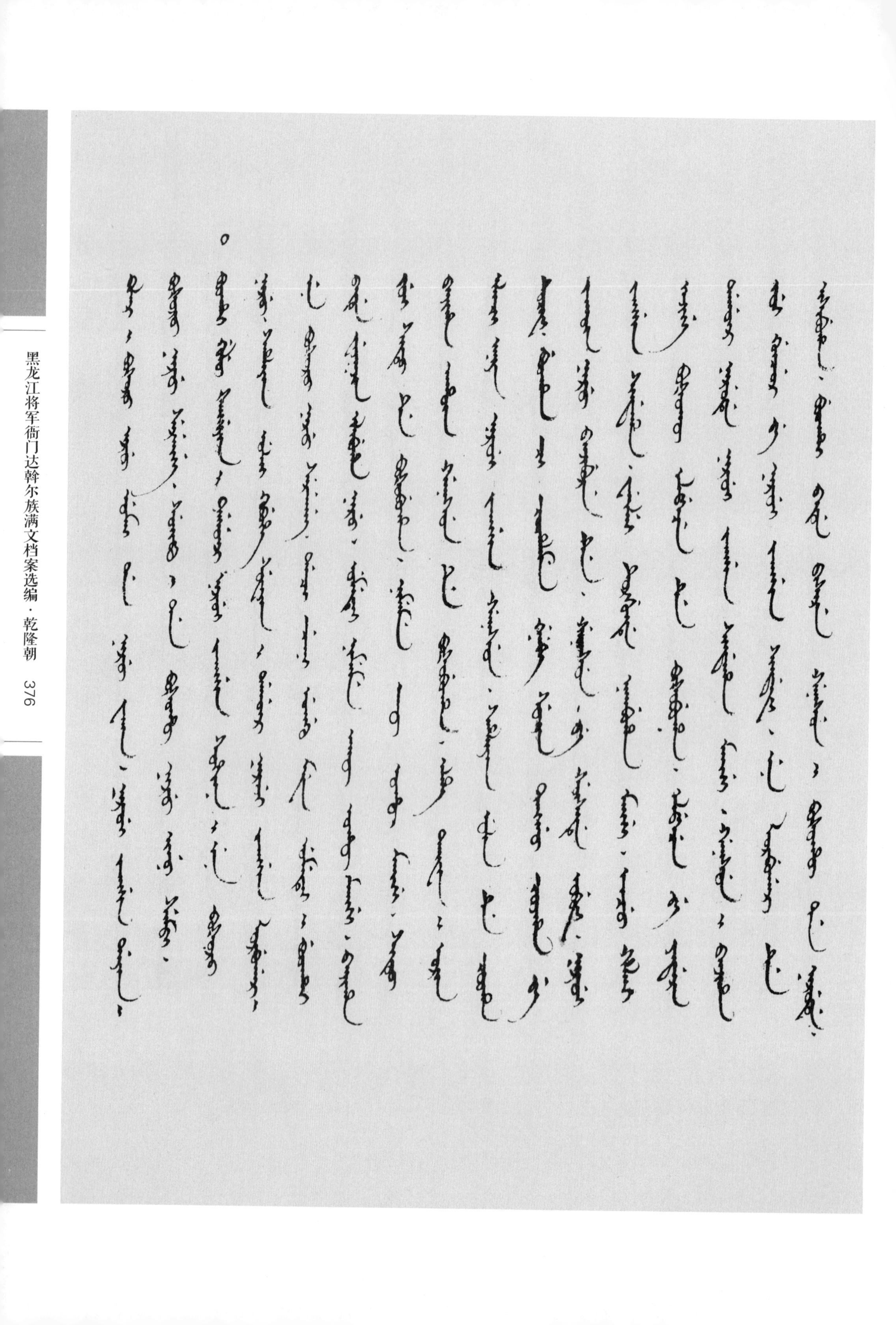

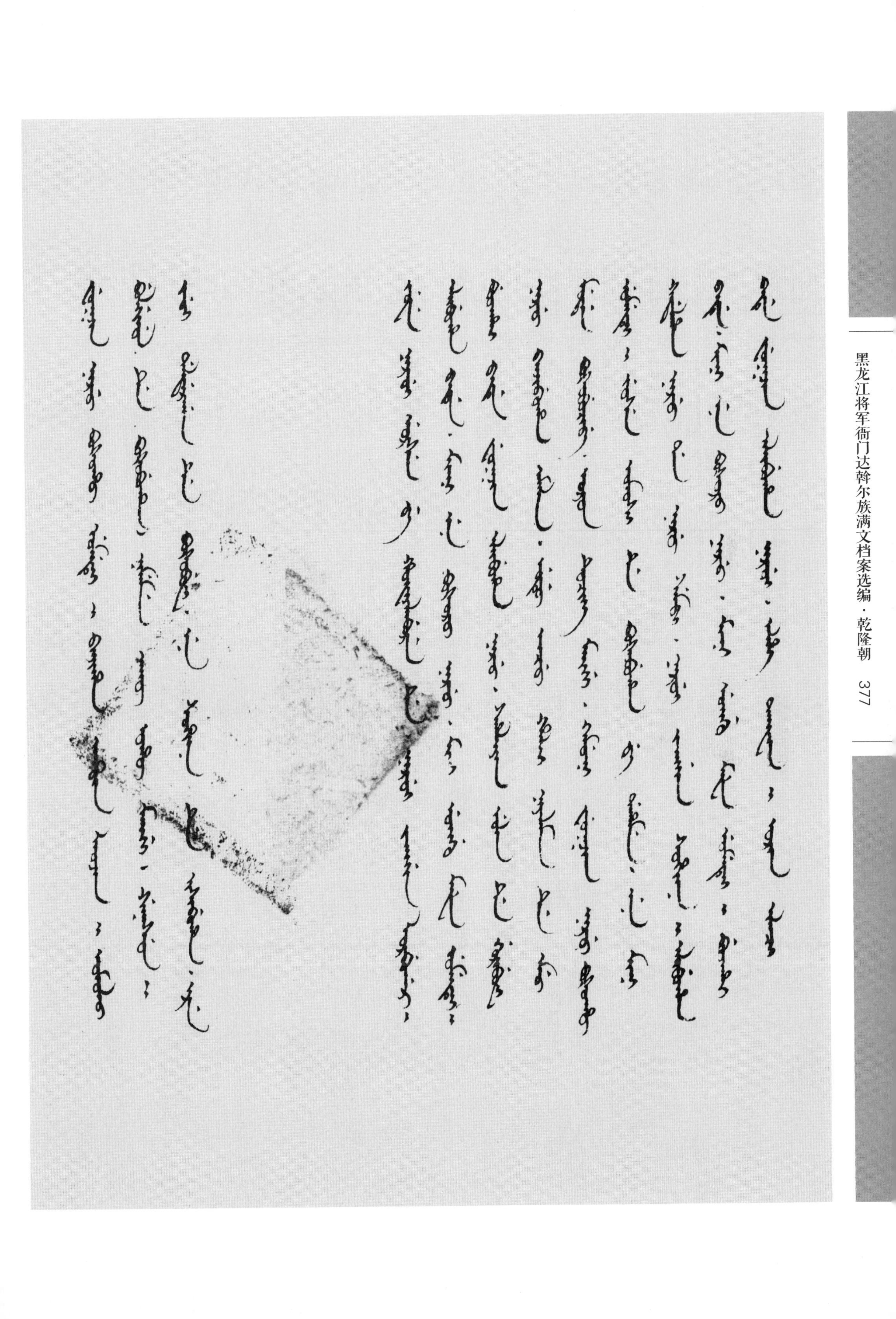

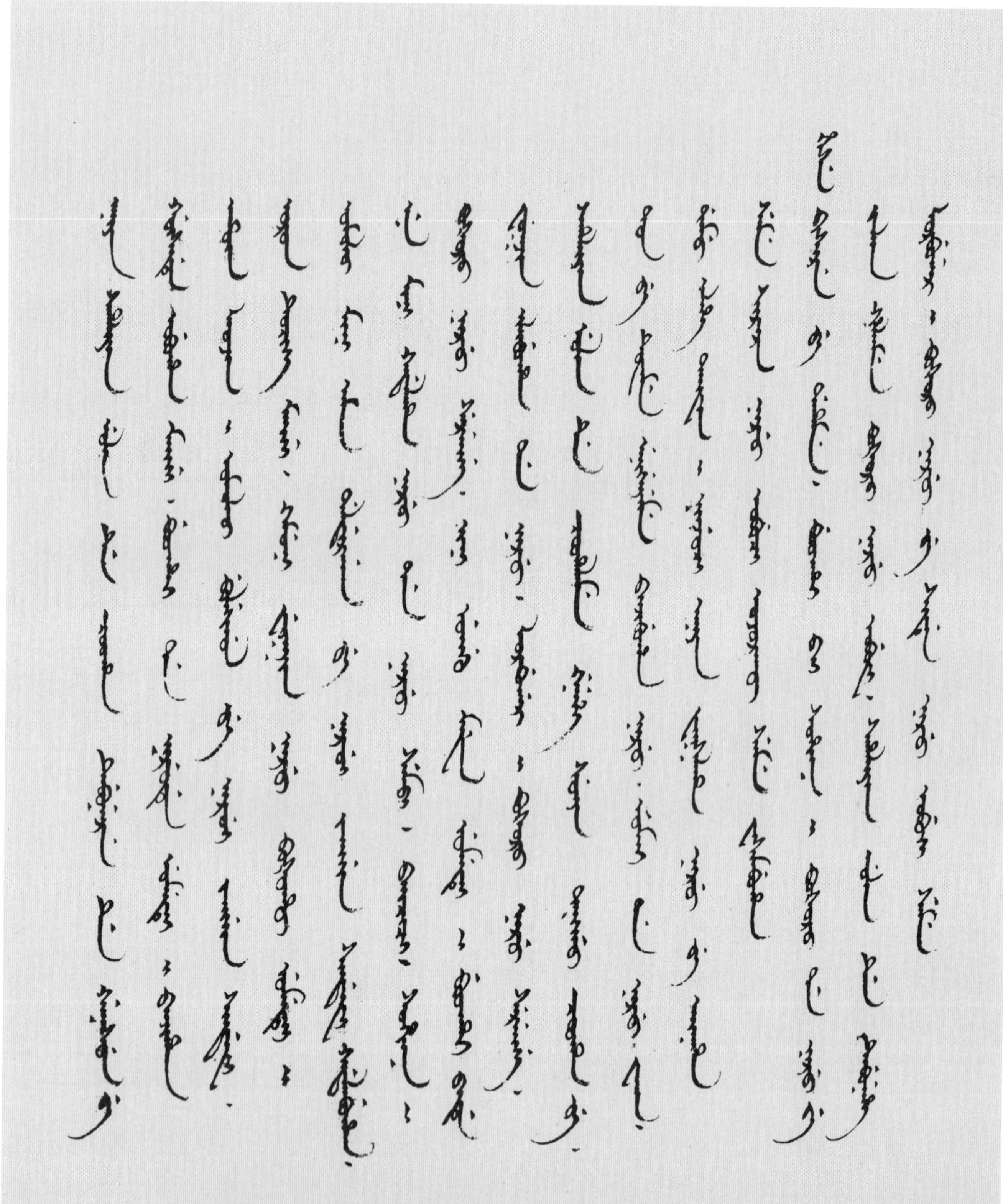

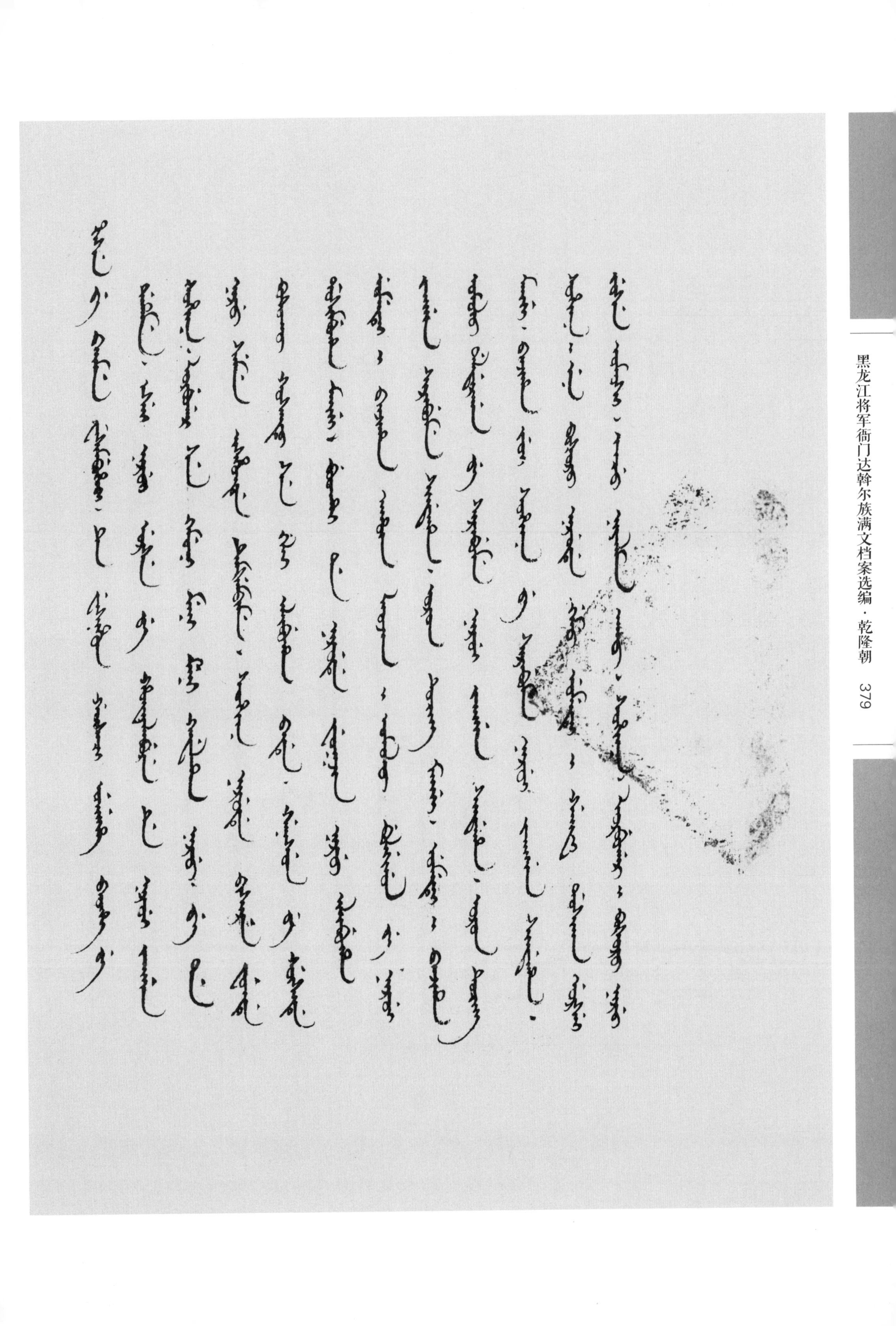

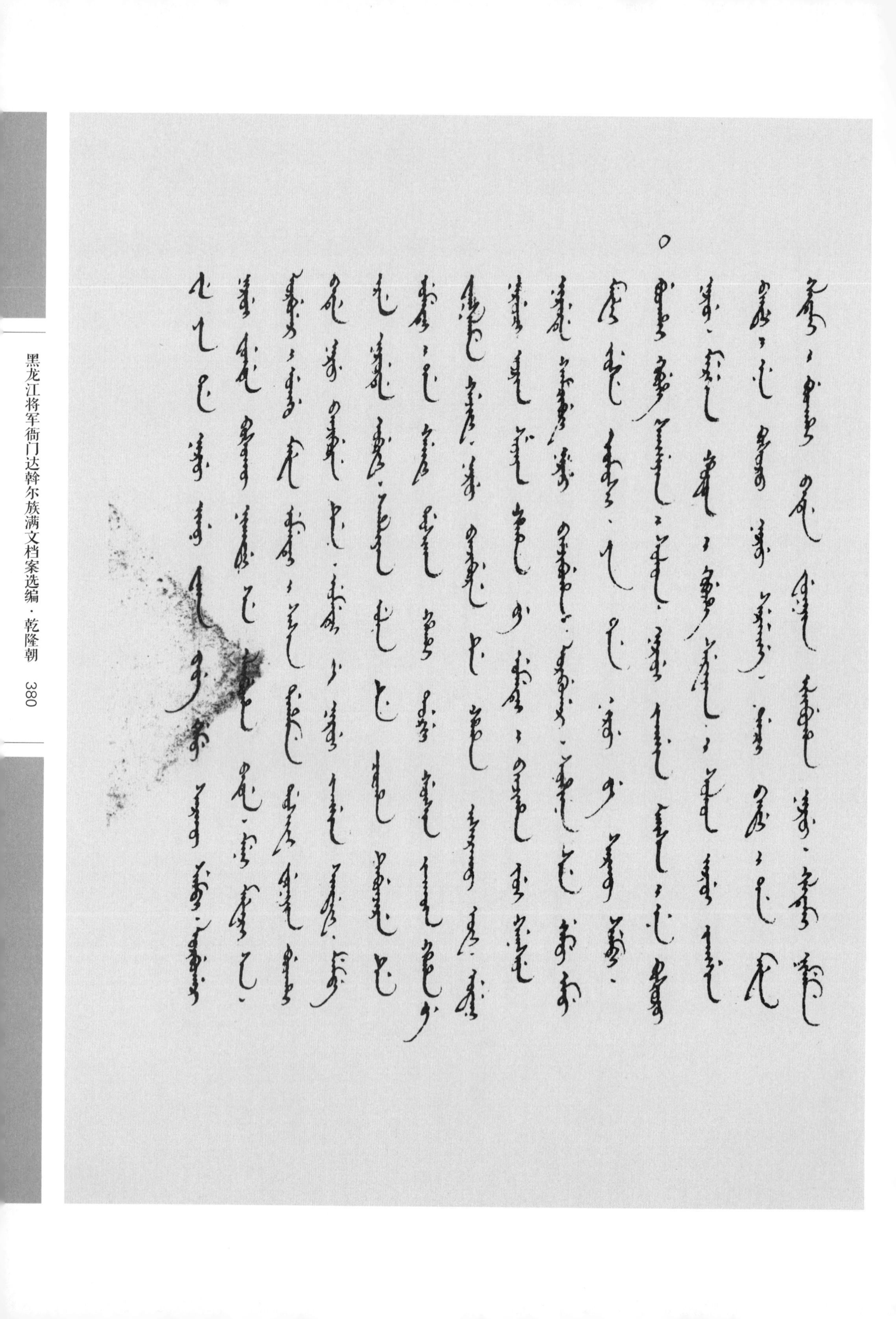

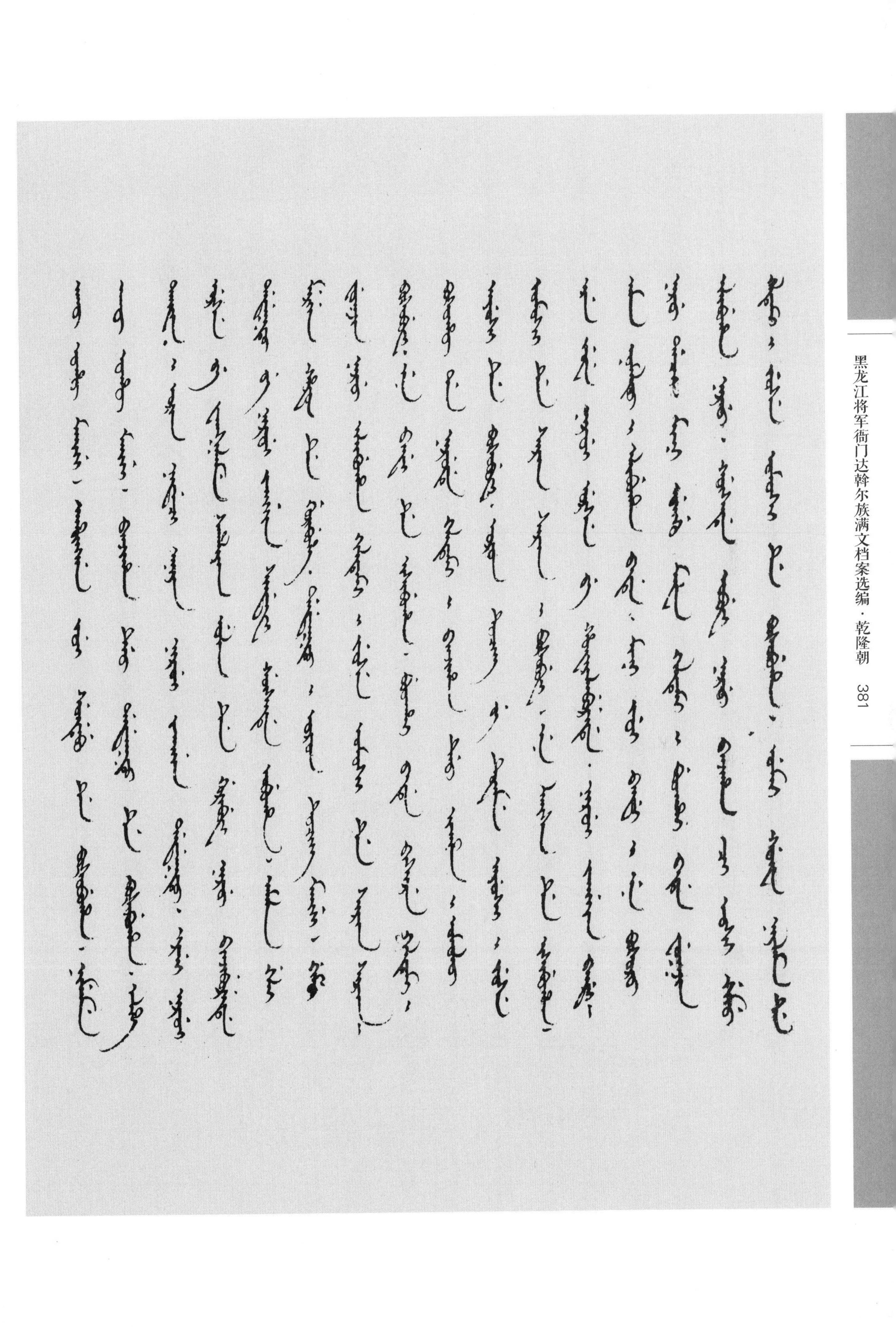

[illegible]

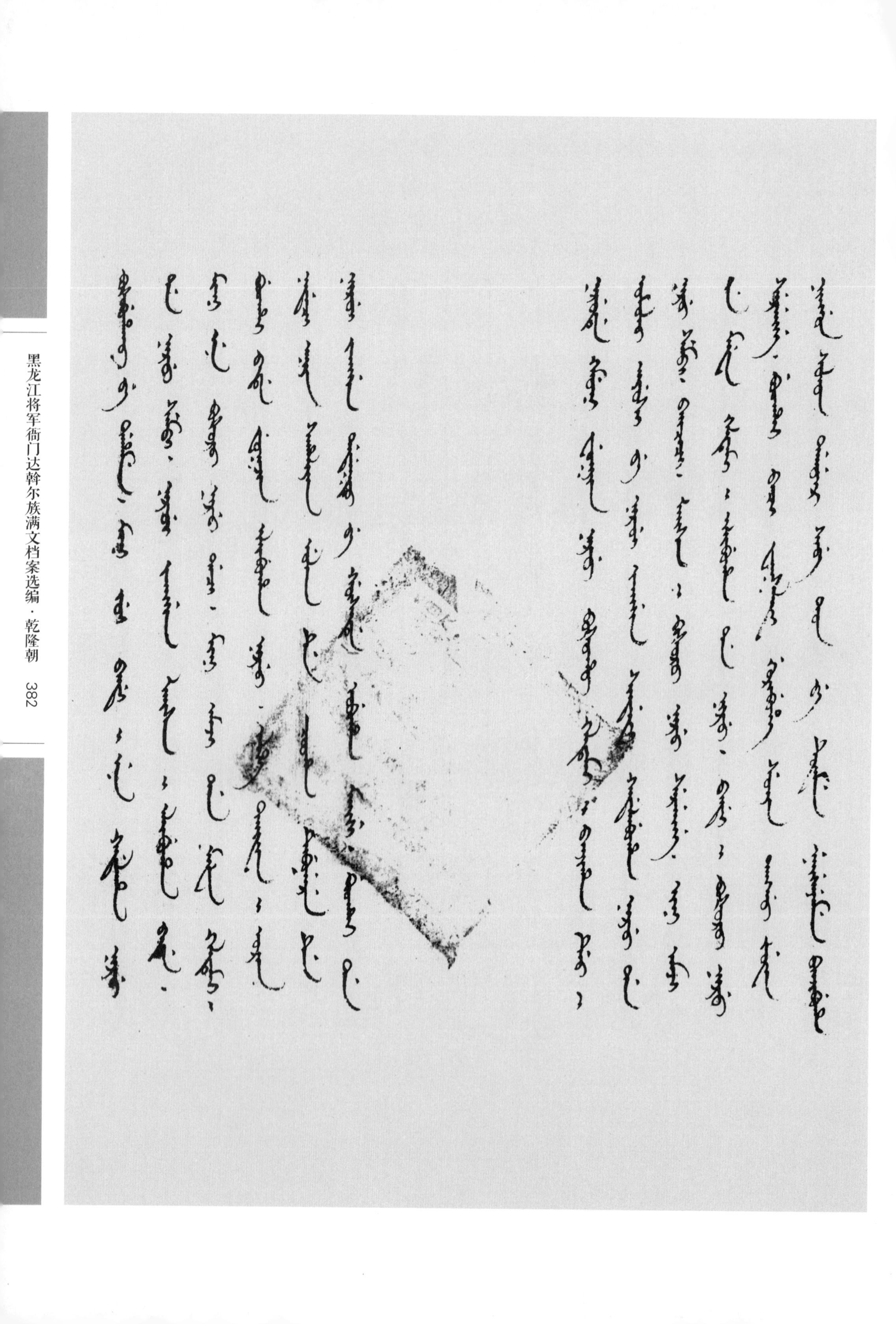

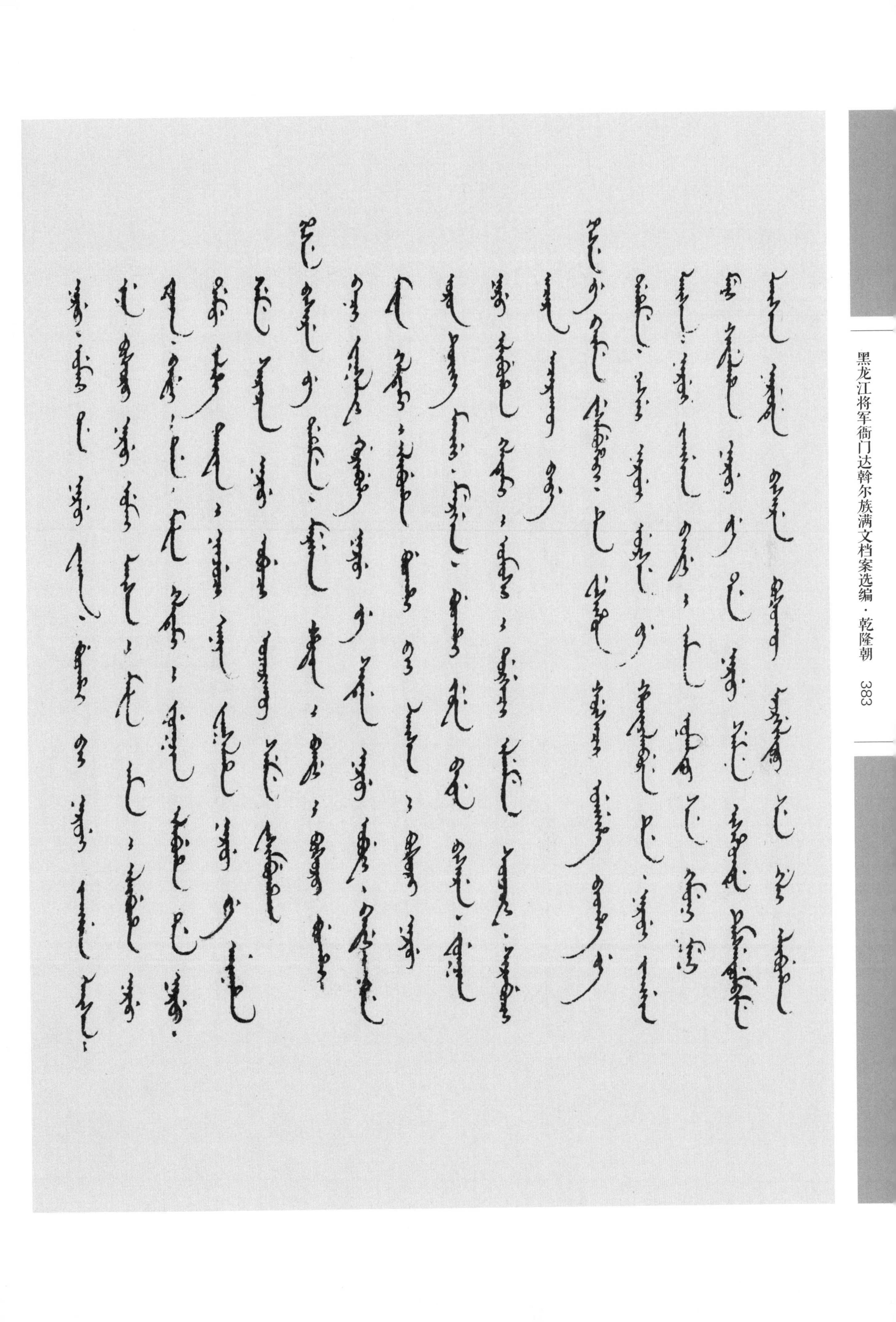

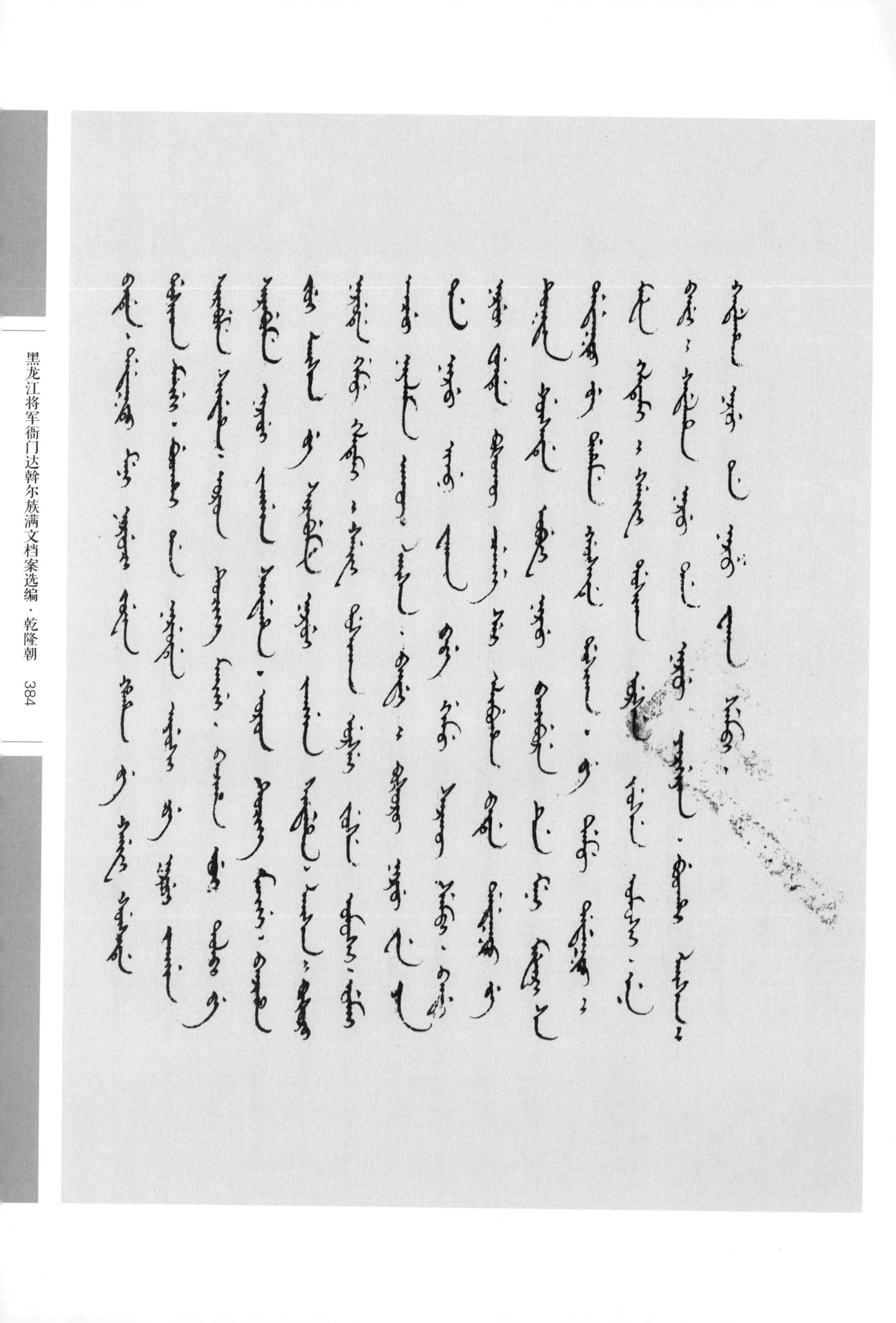

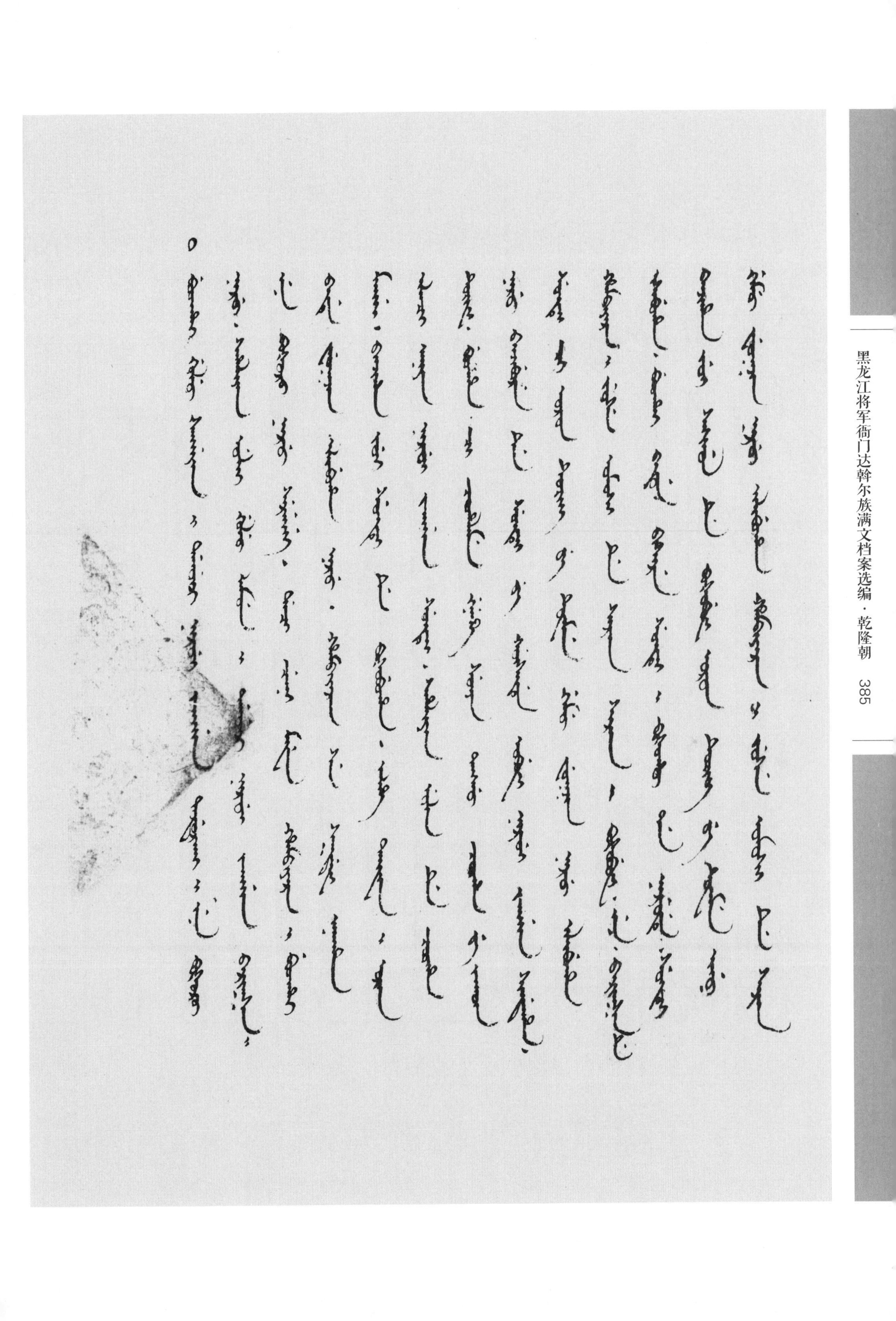

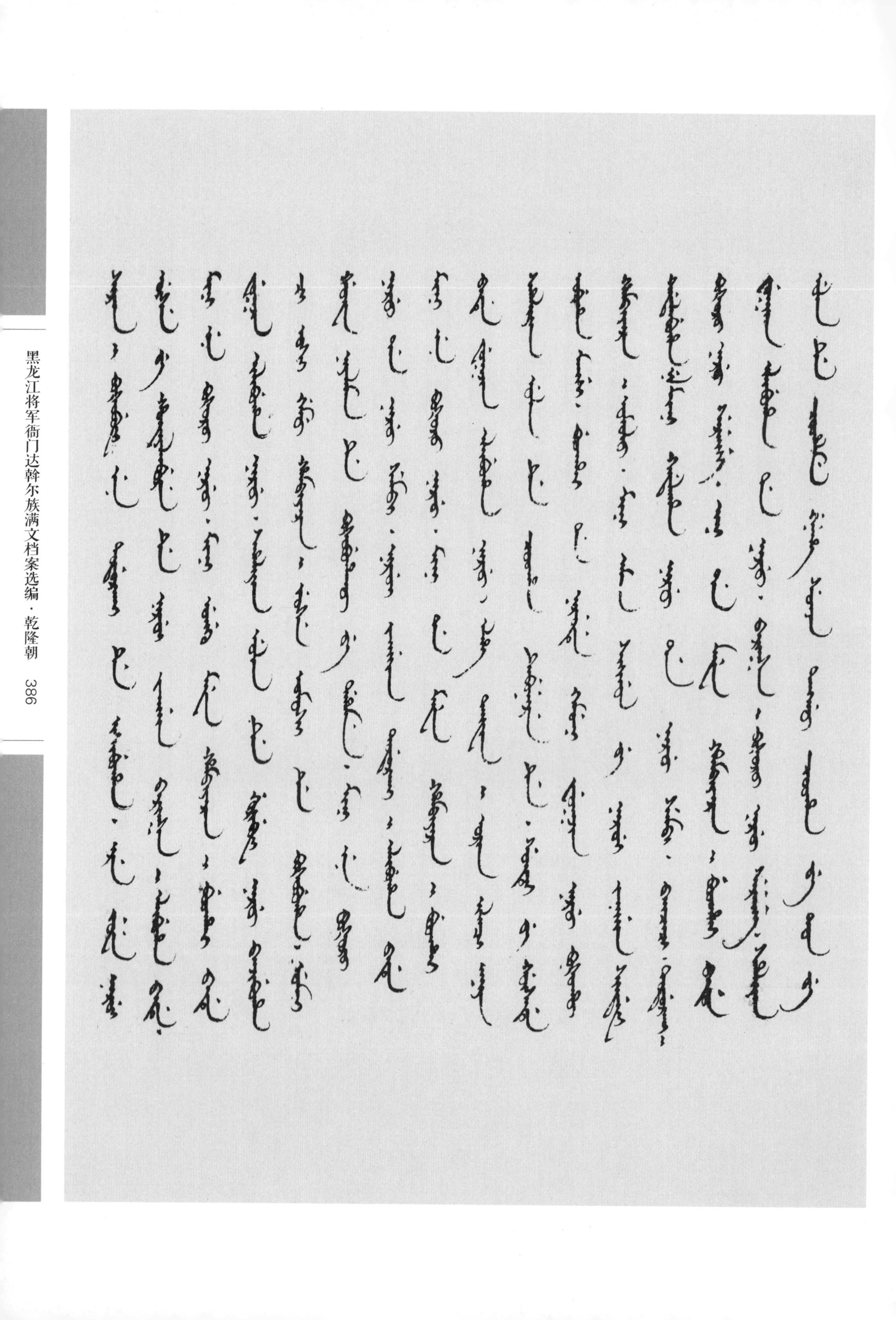

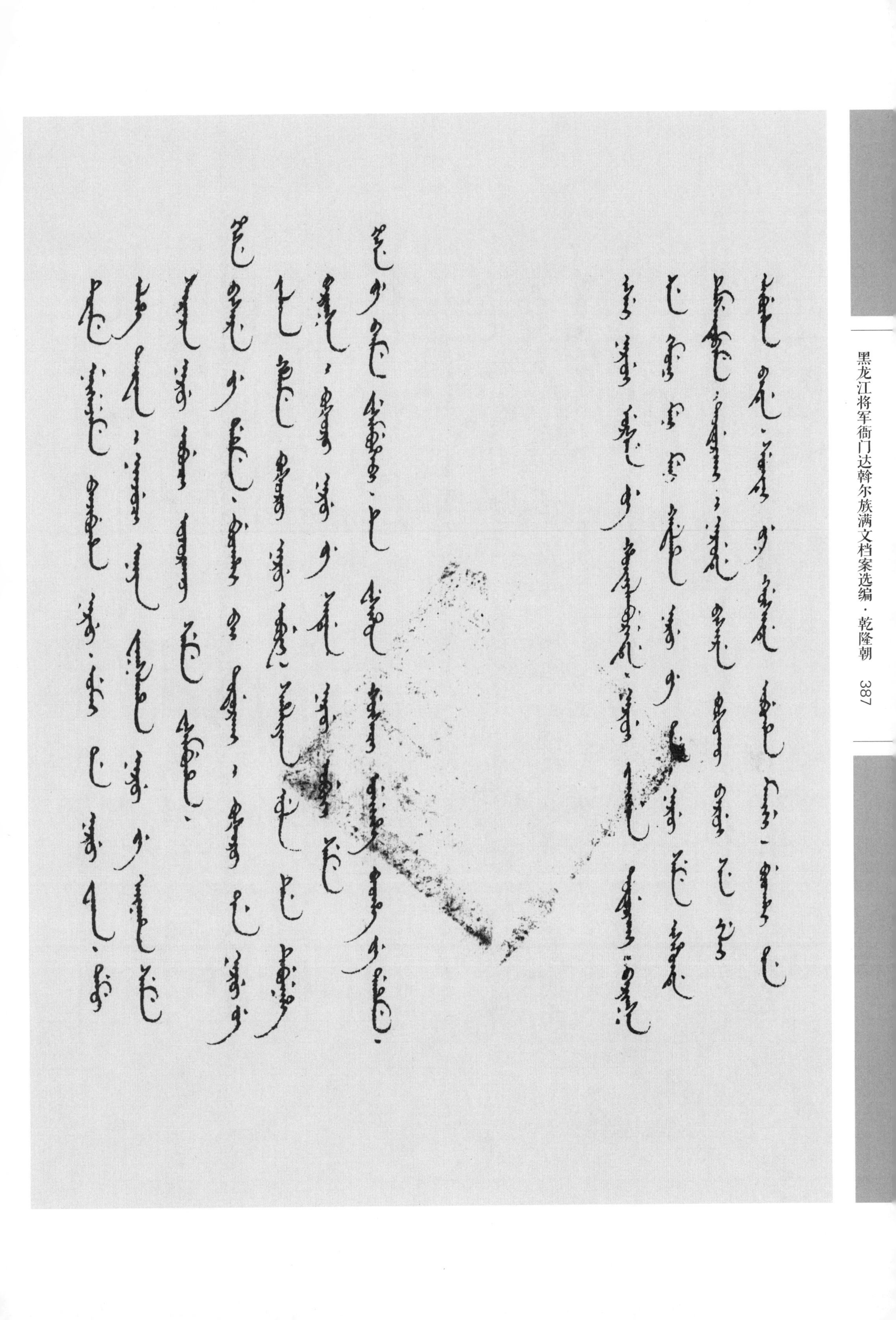

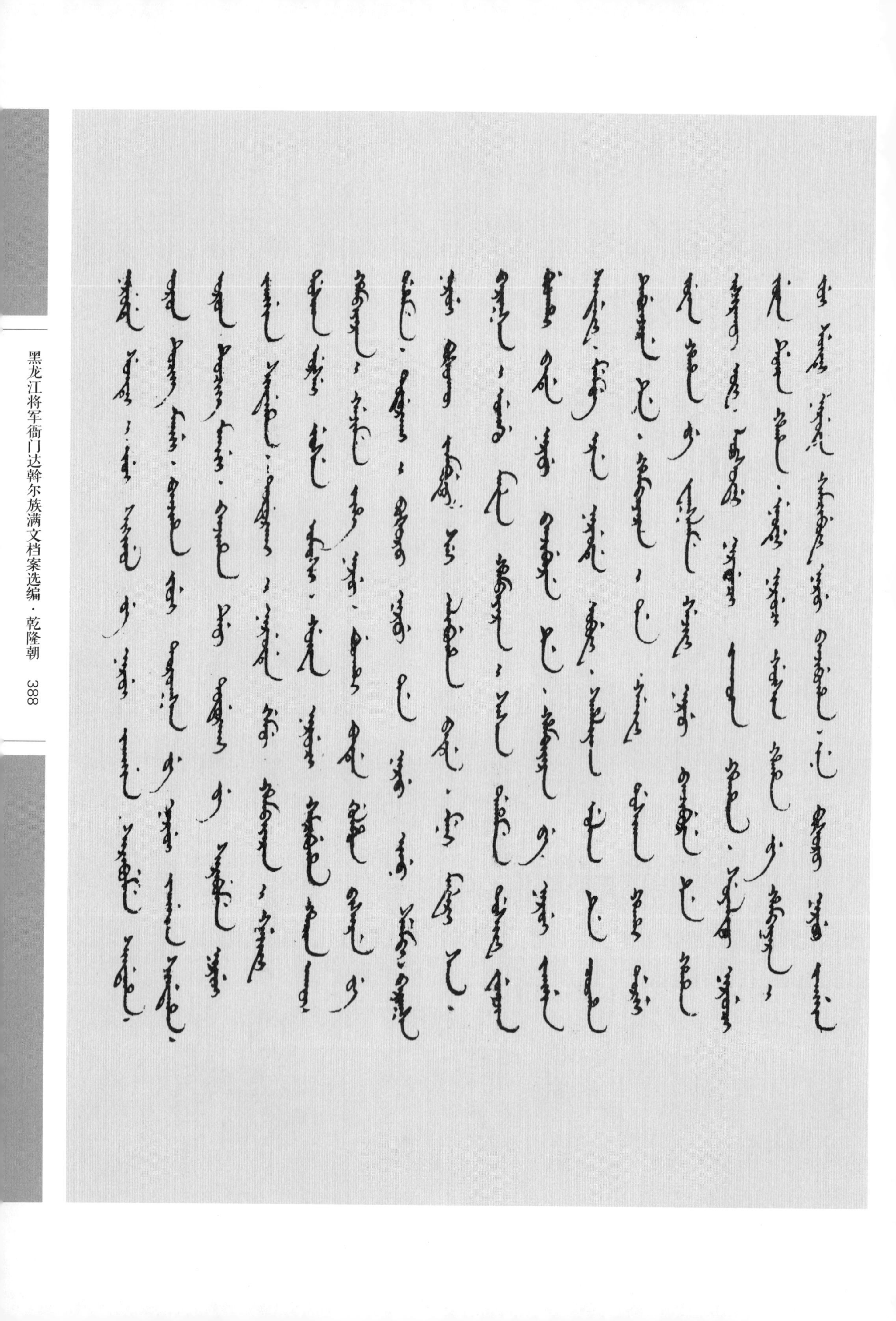

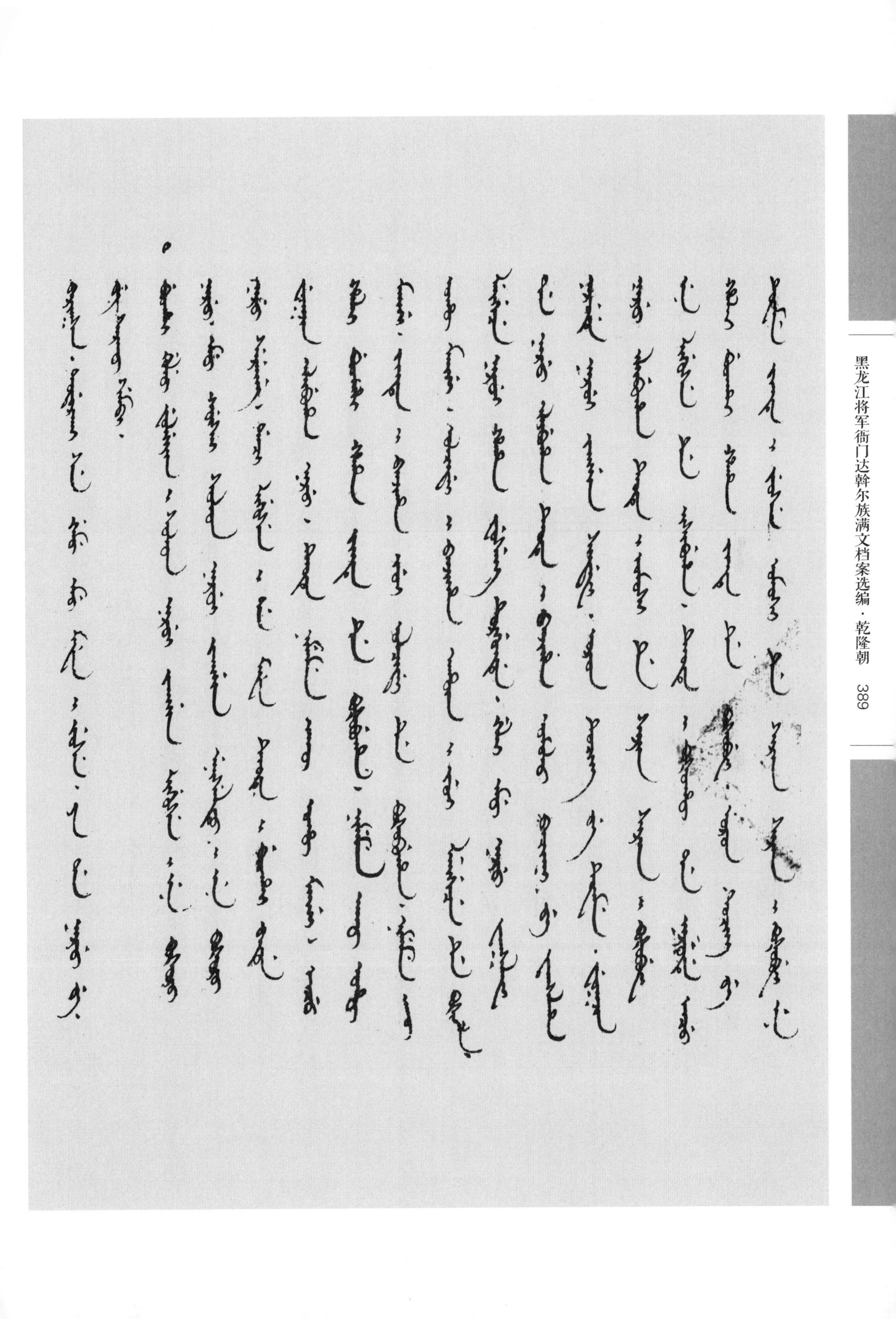

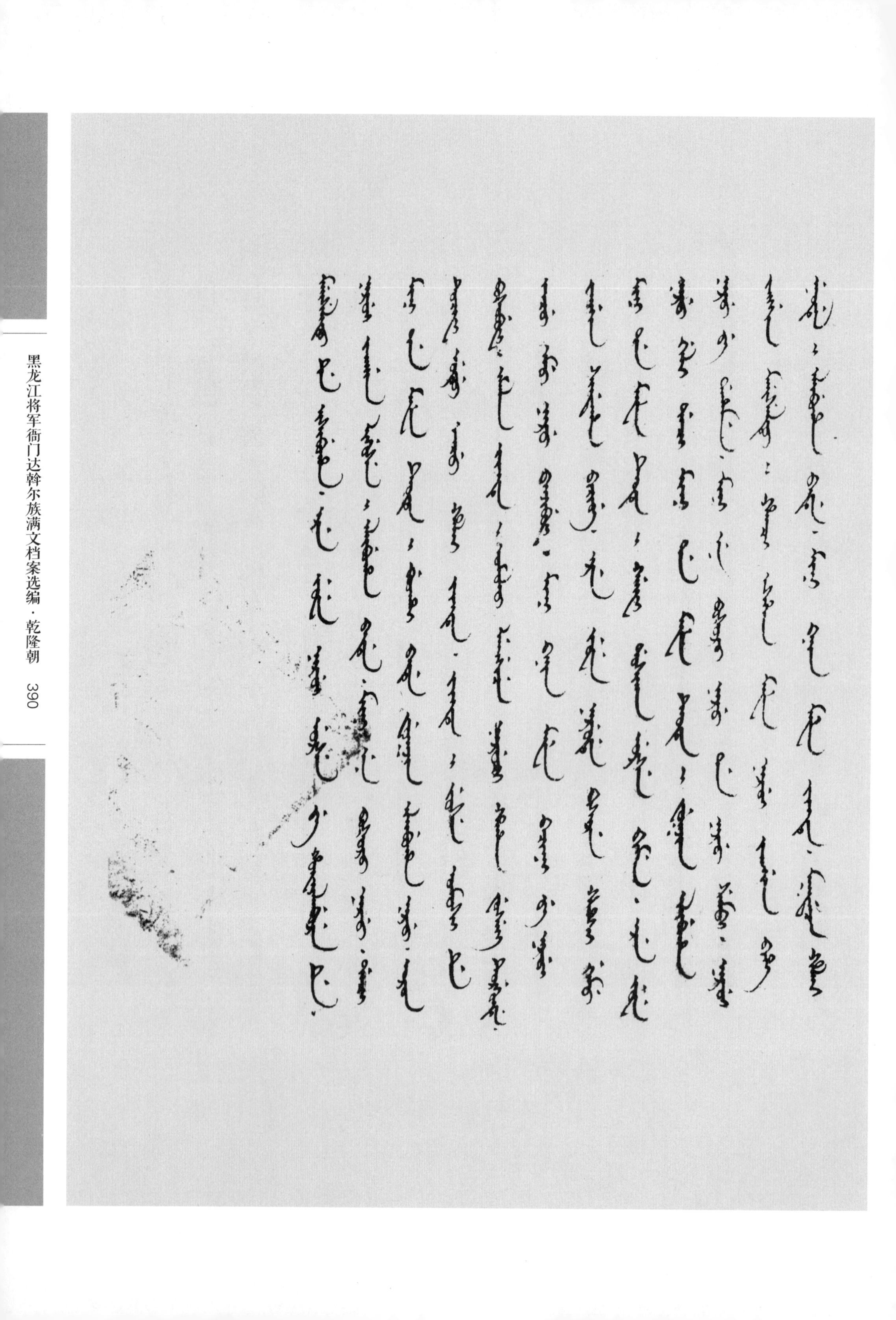

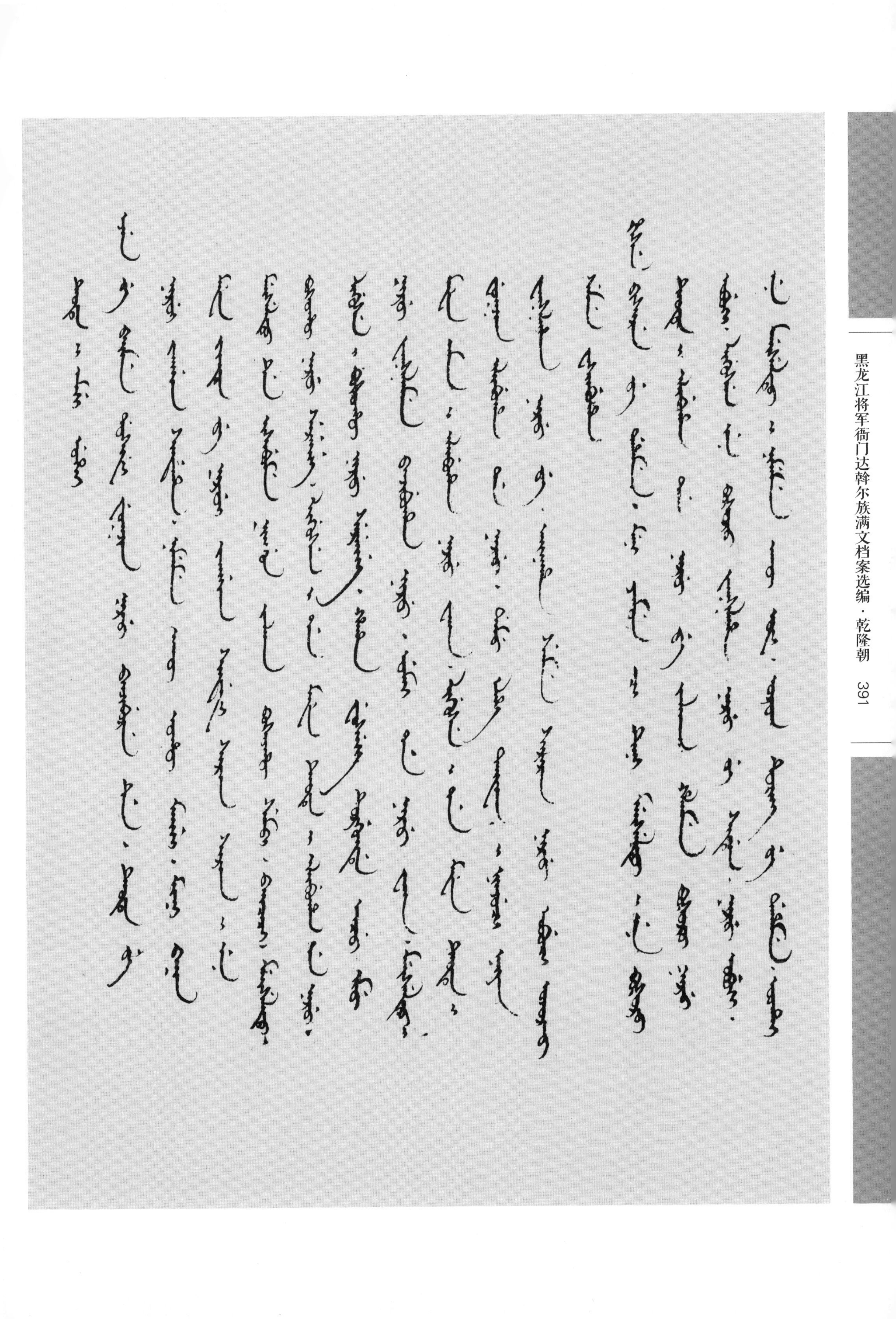

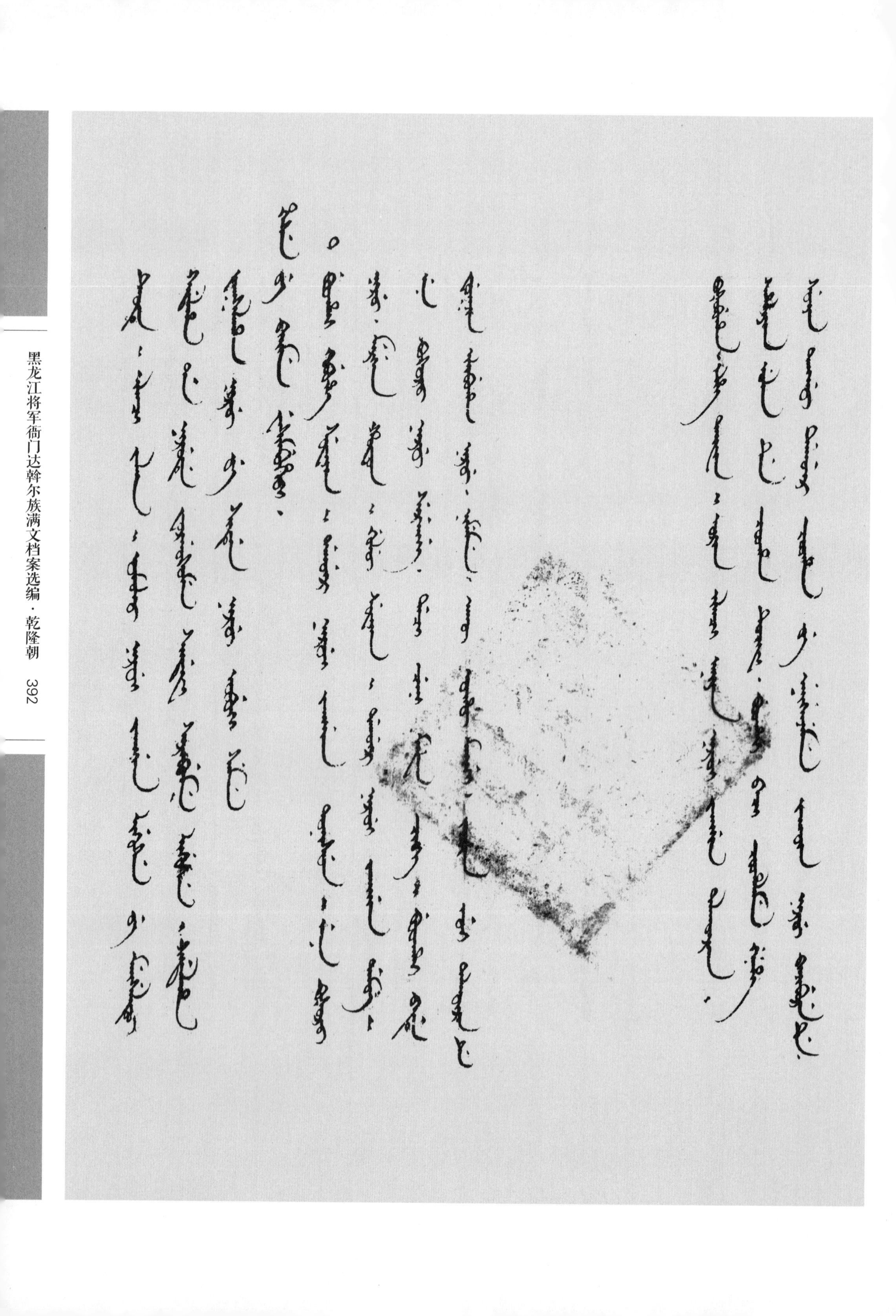

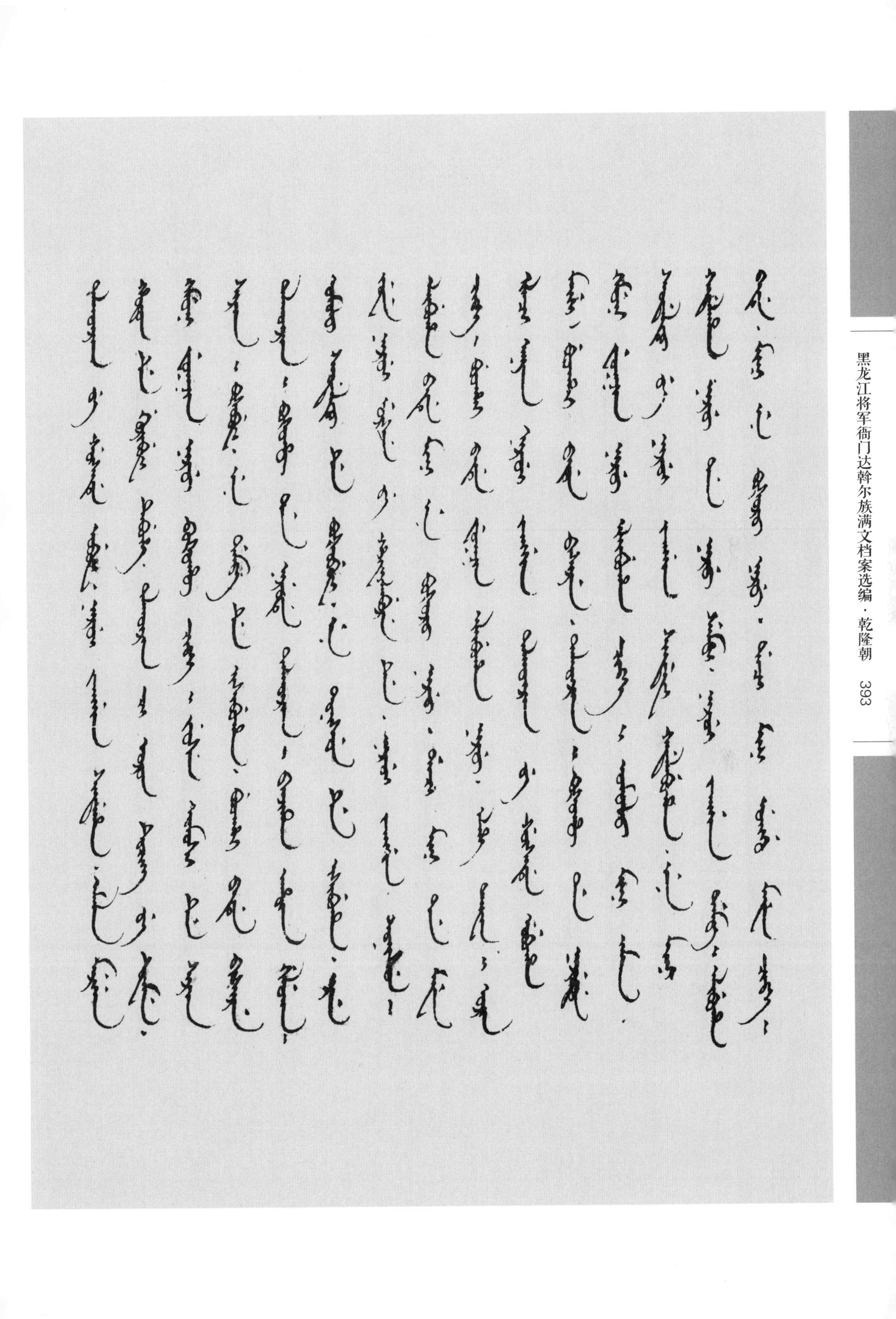

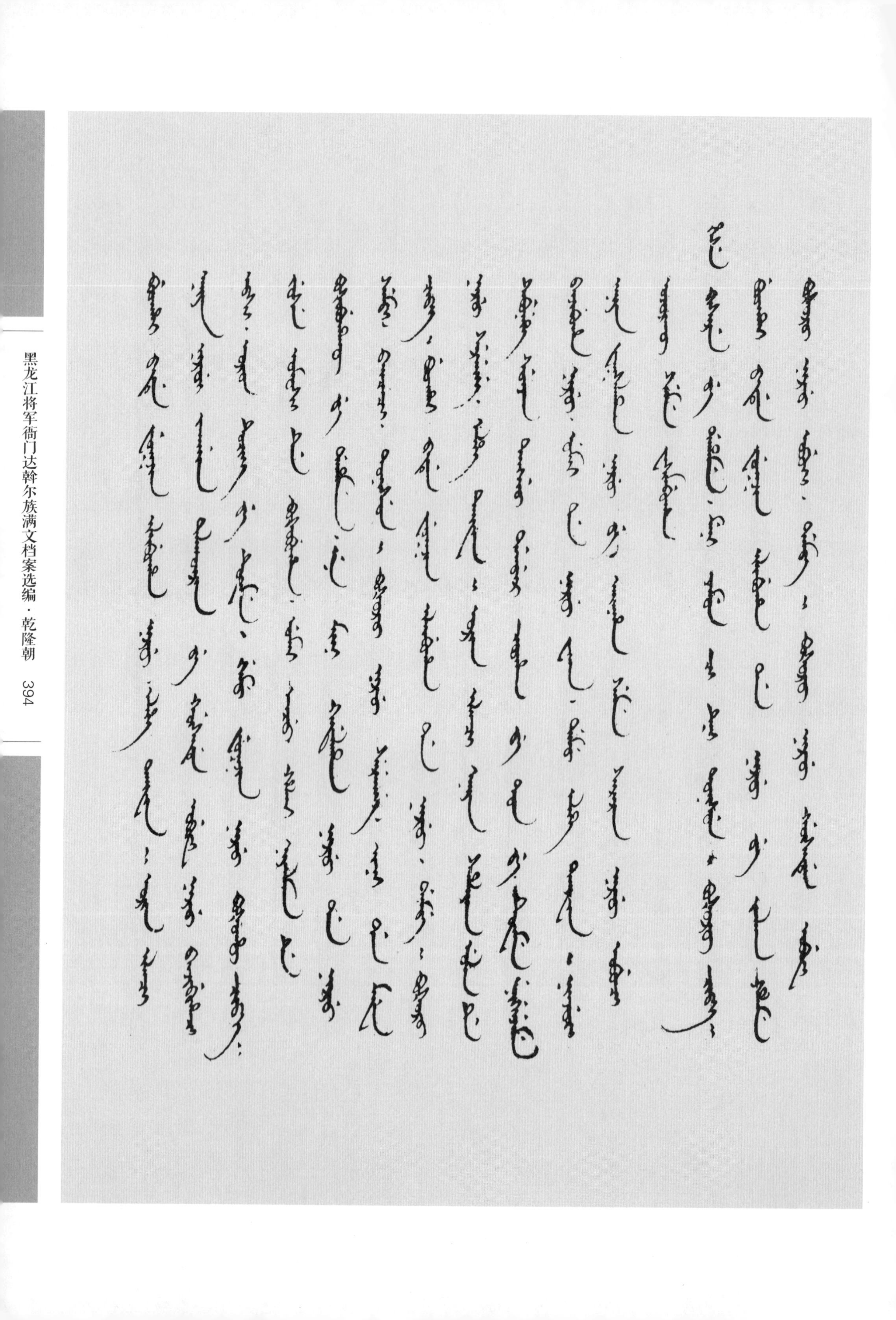

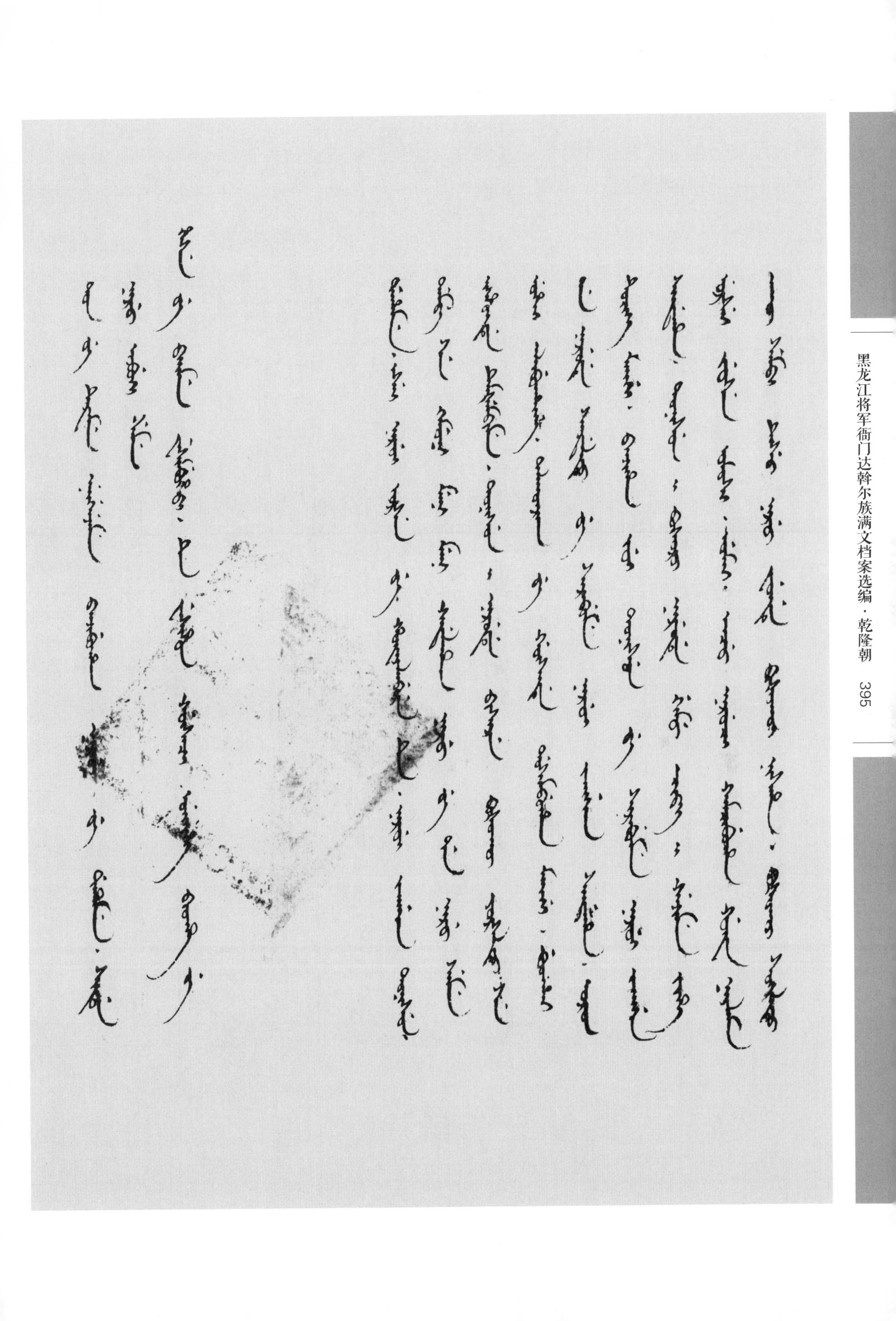

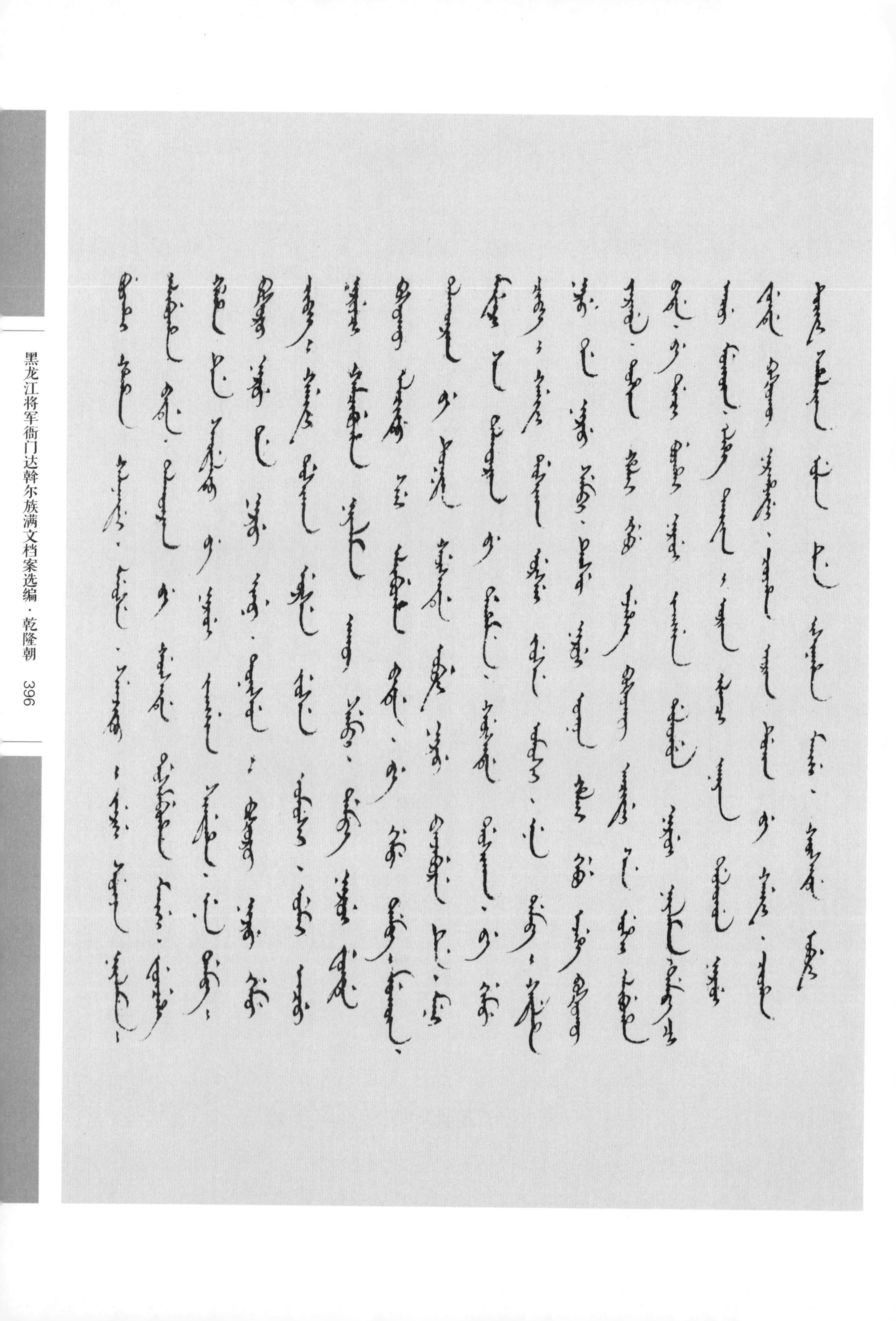

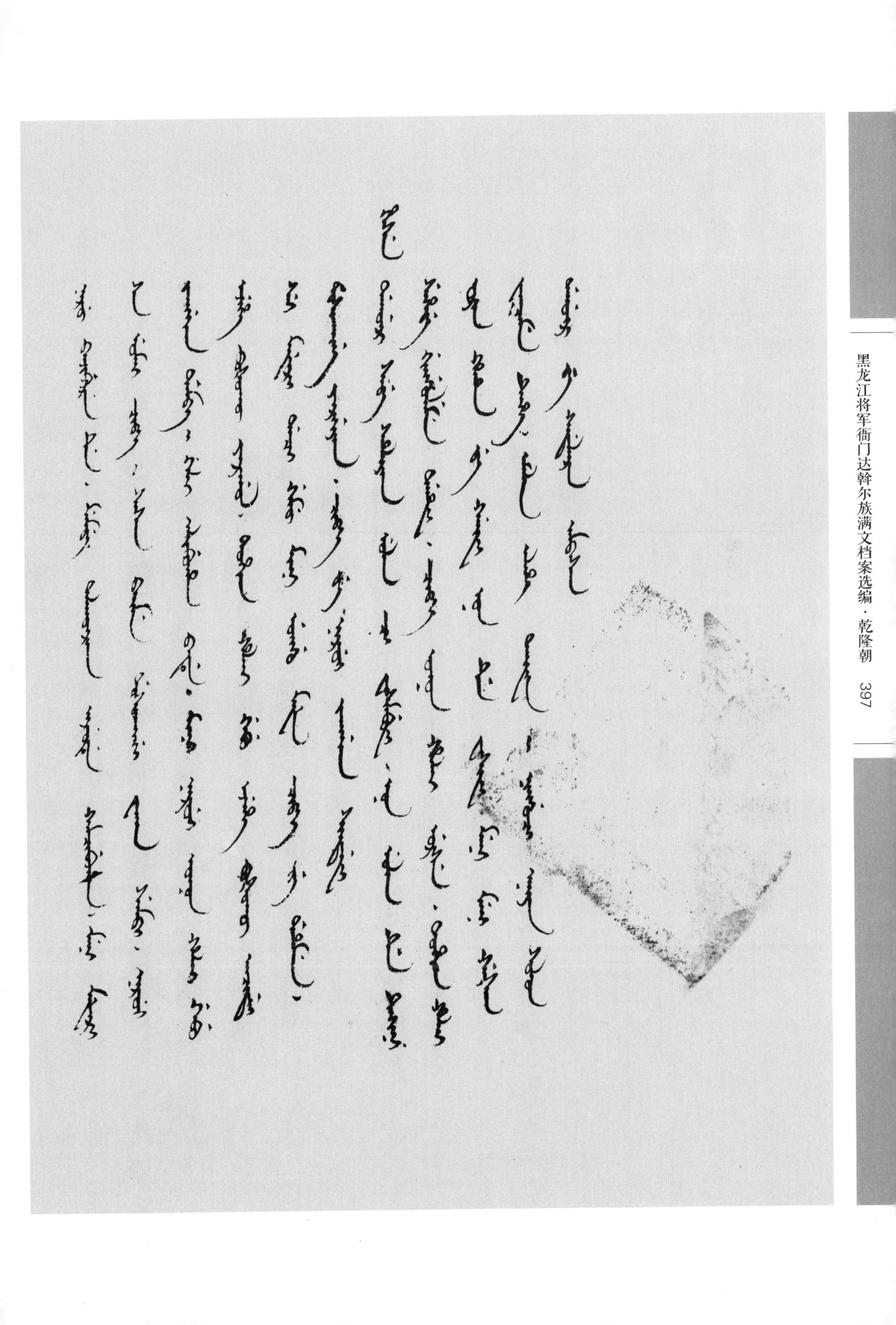

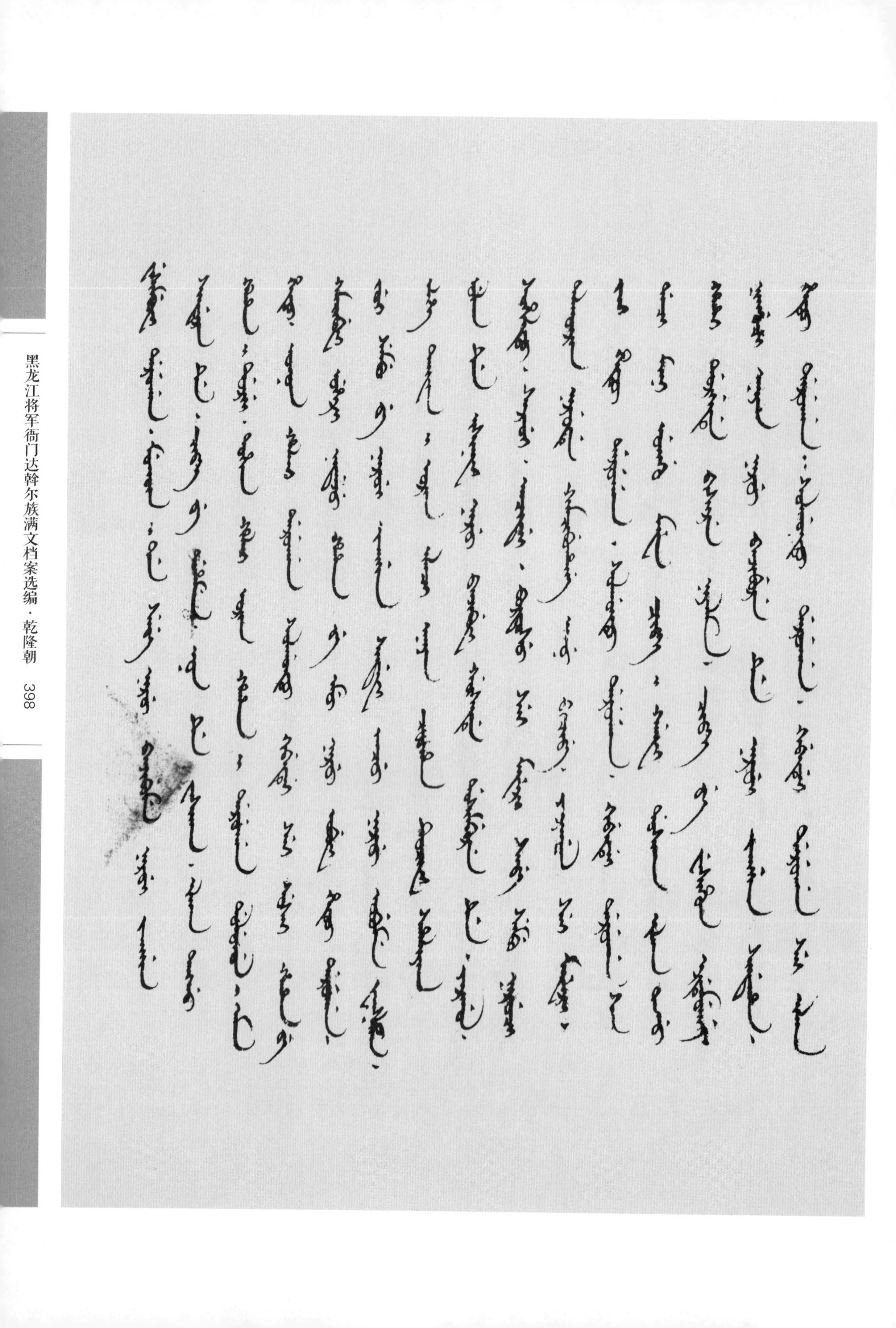

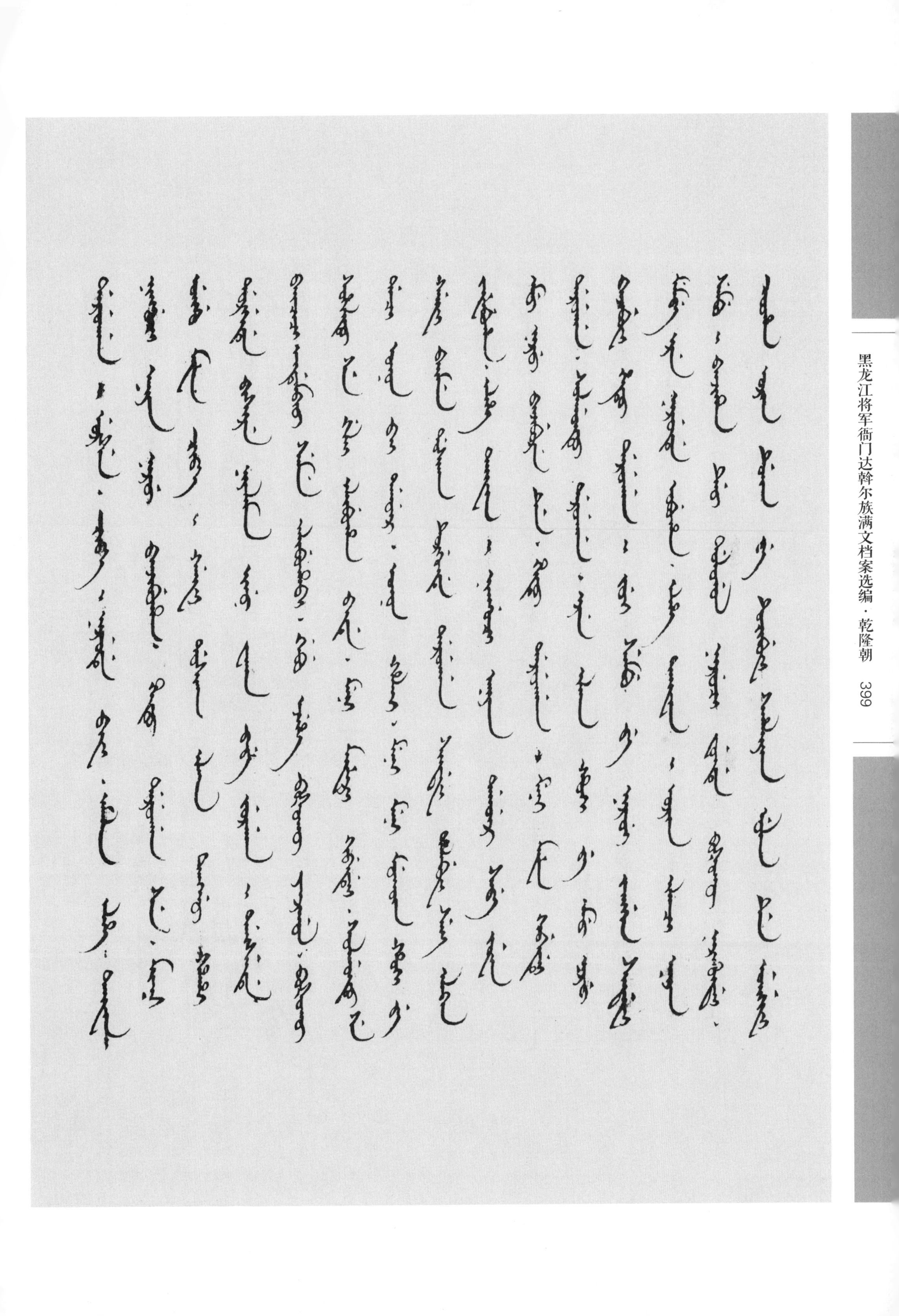

[illegible]

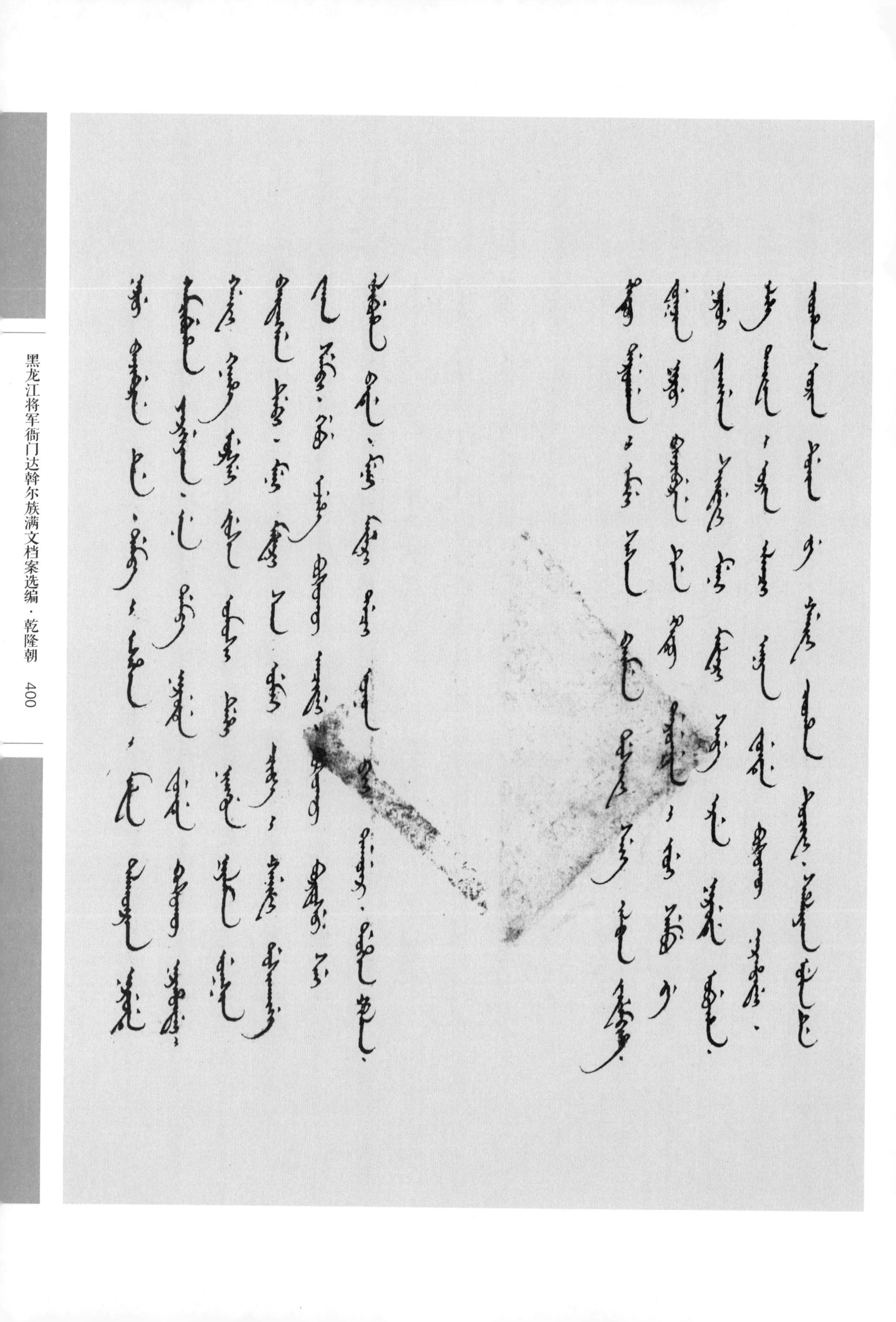

[illegible]

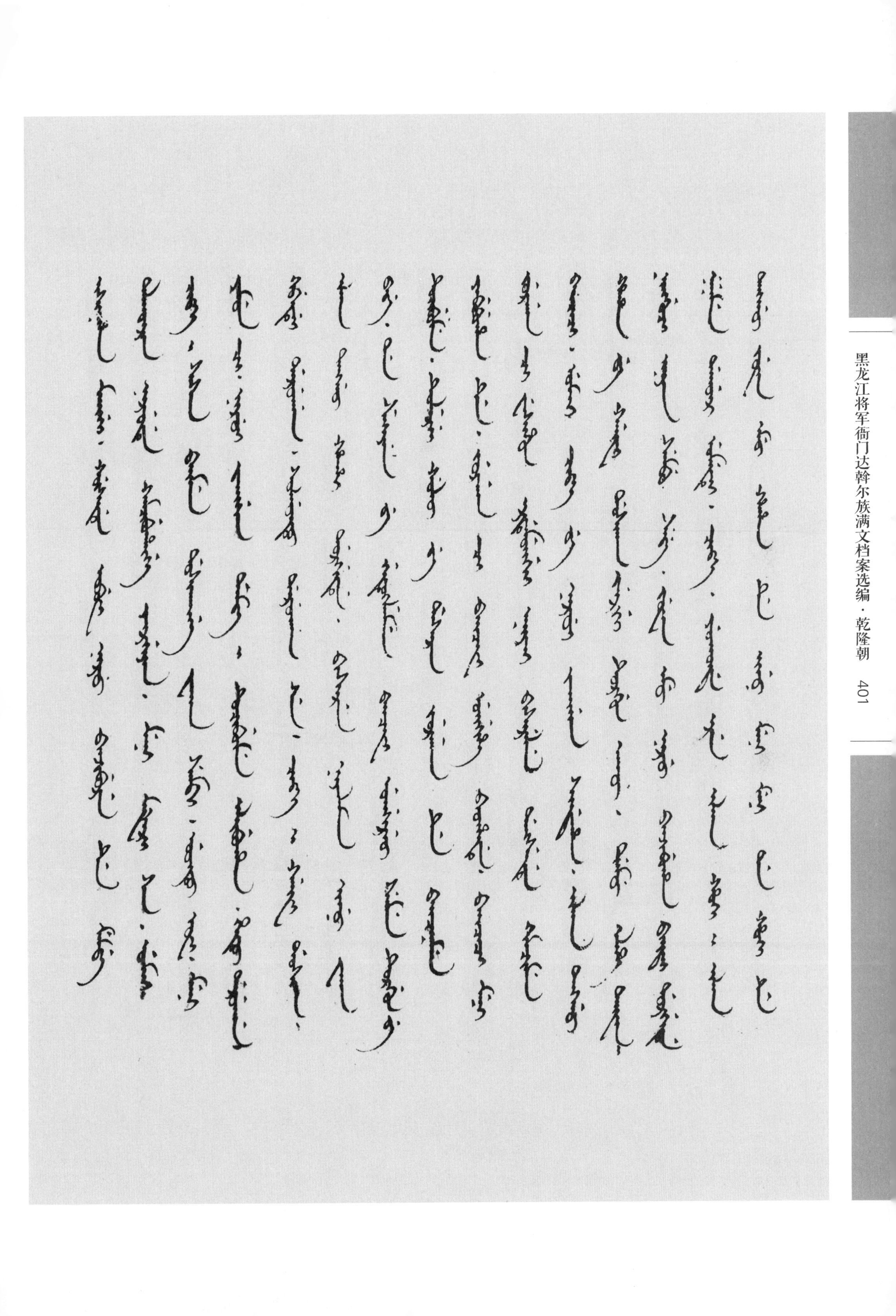

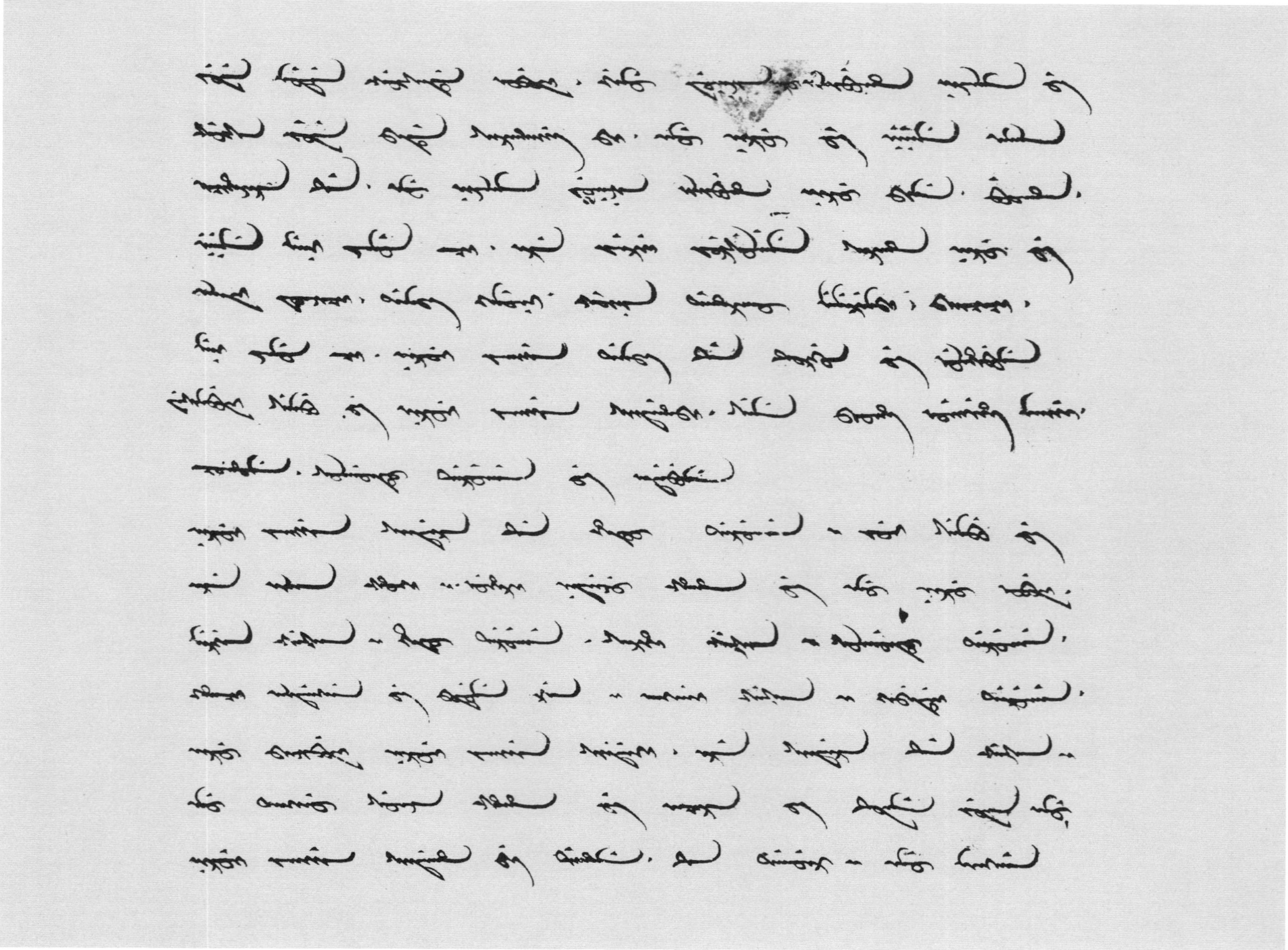

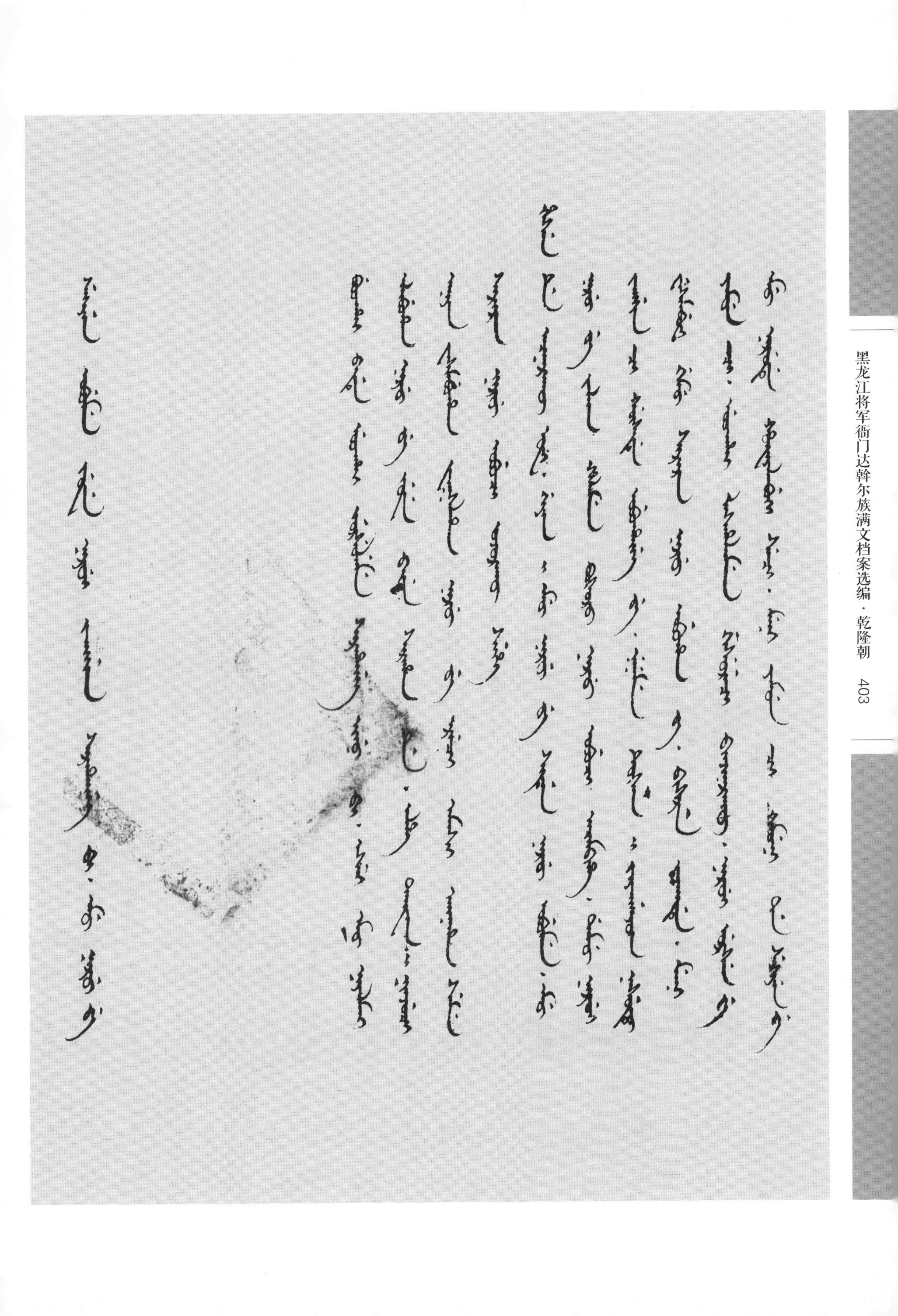

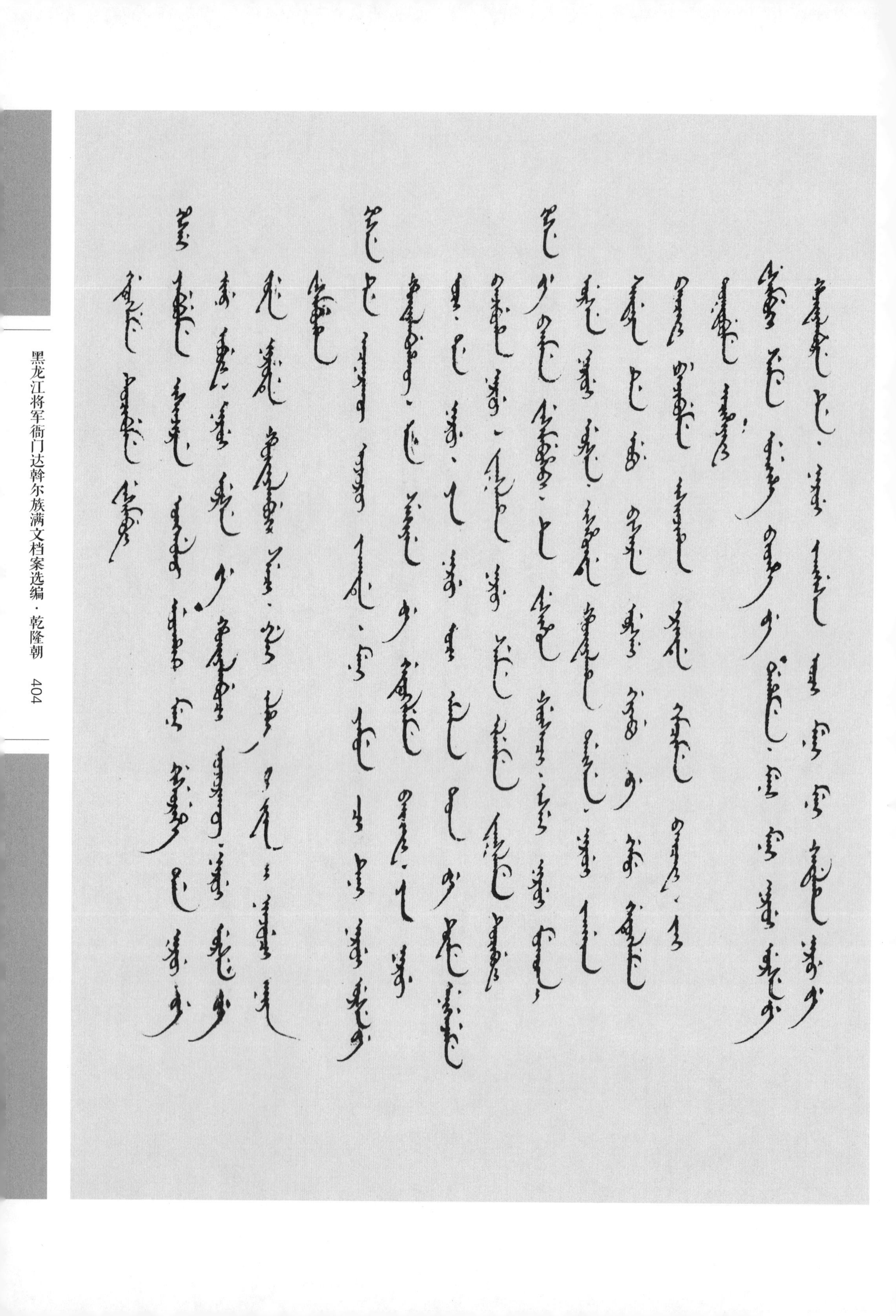

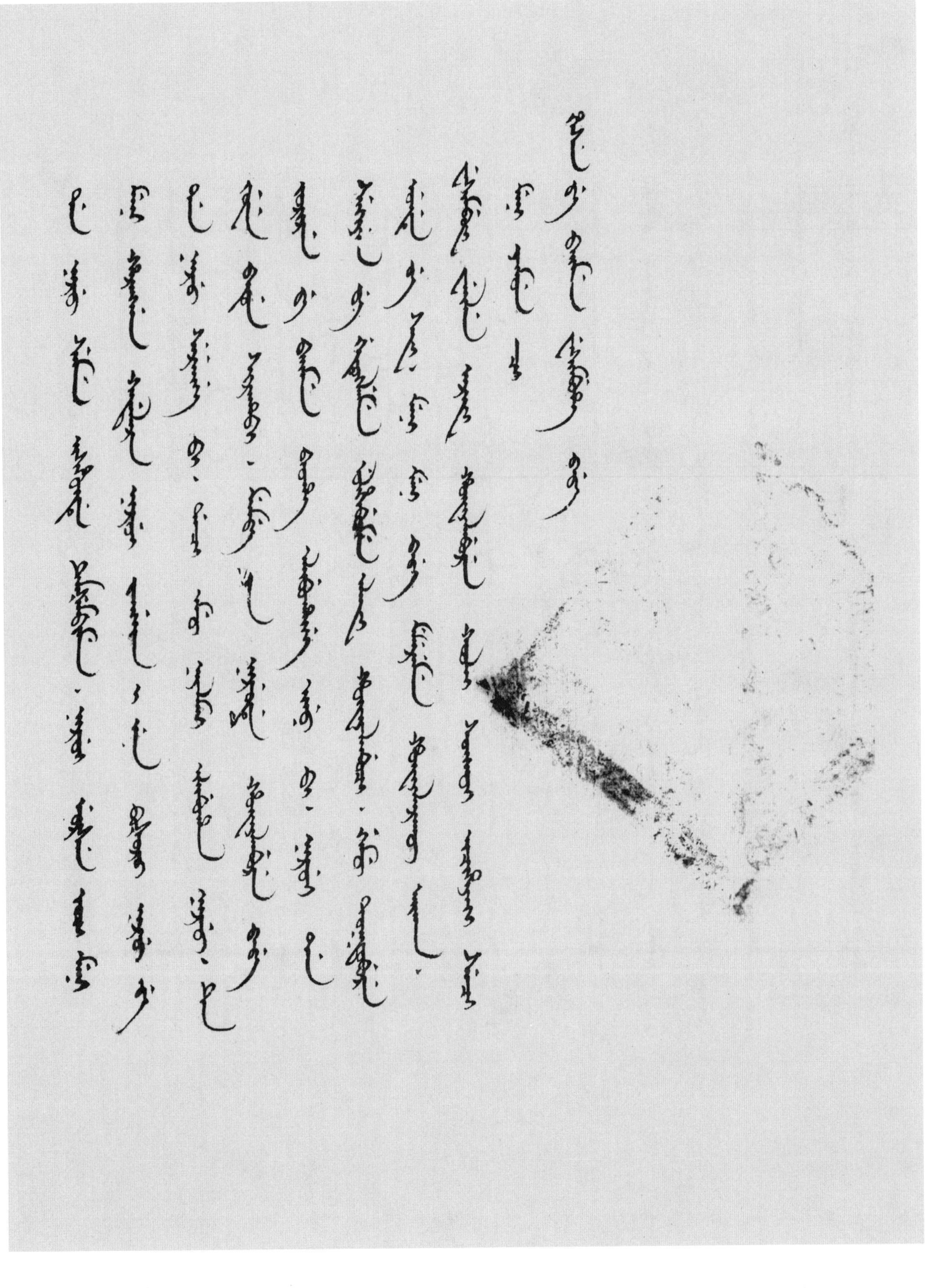

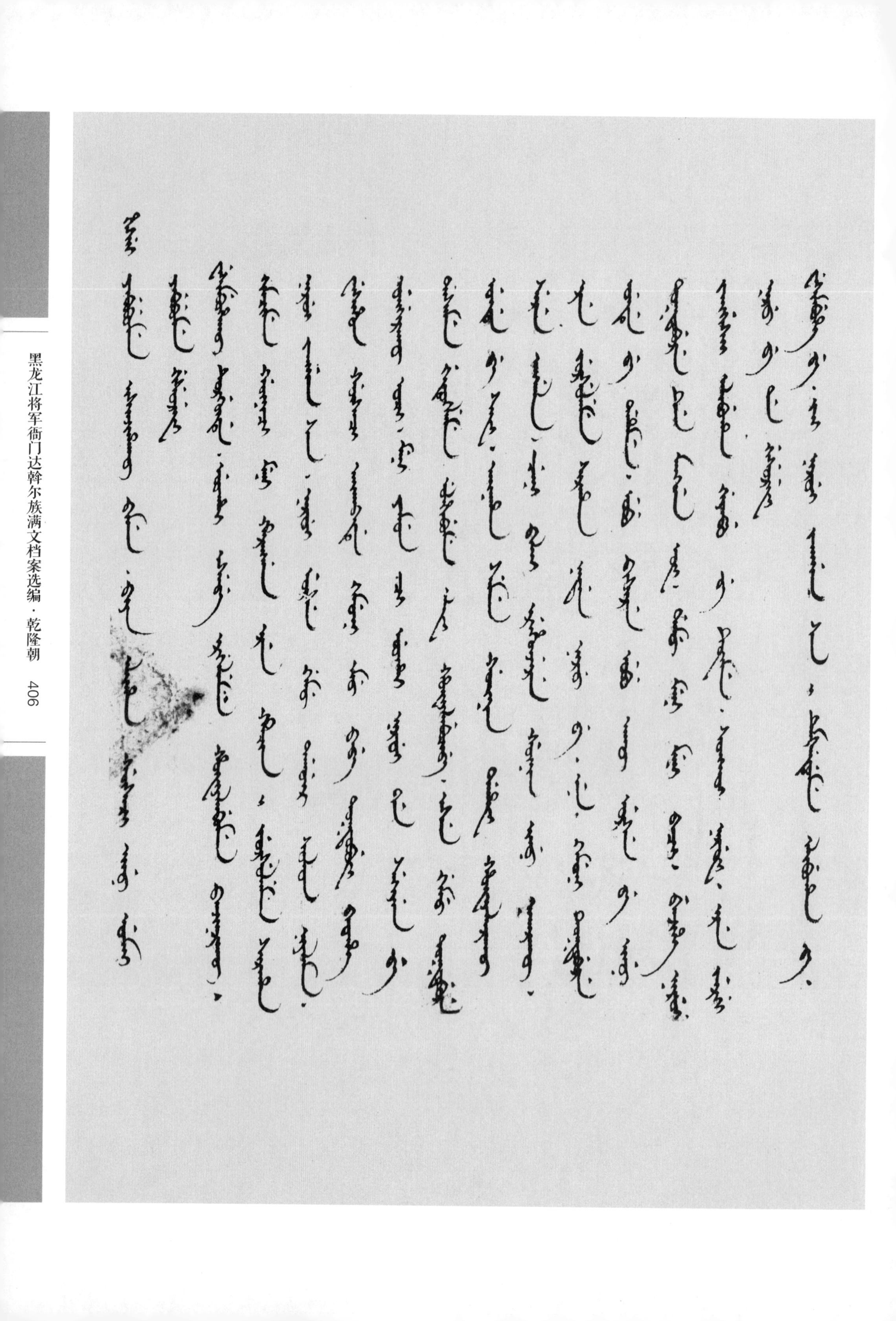

[illegible]

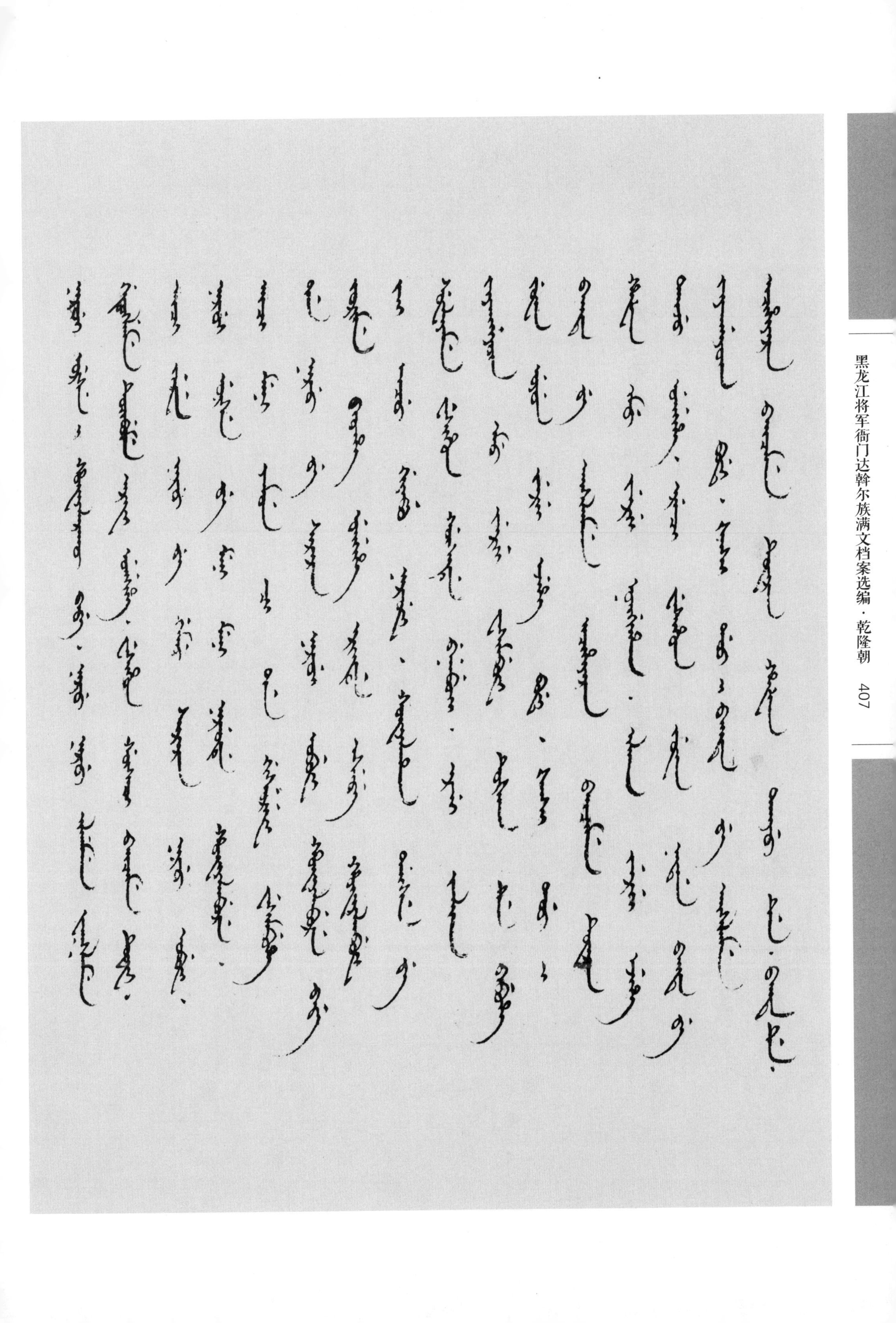

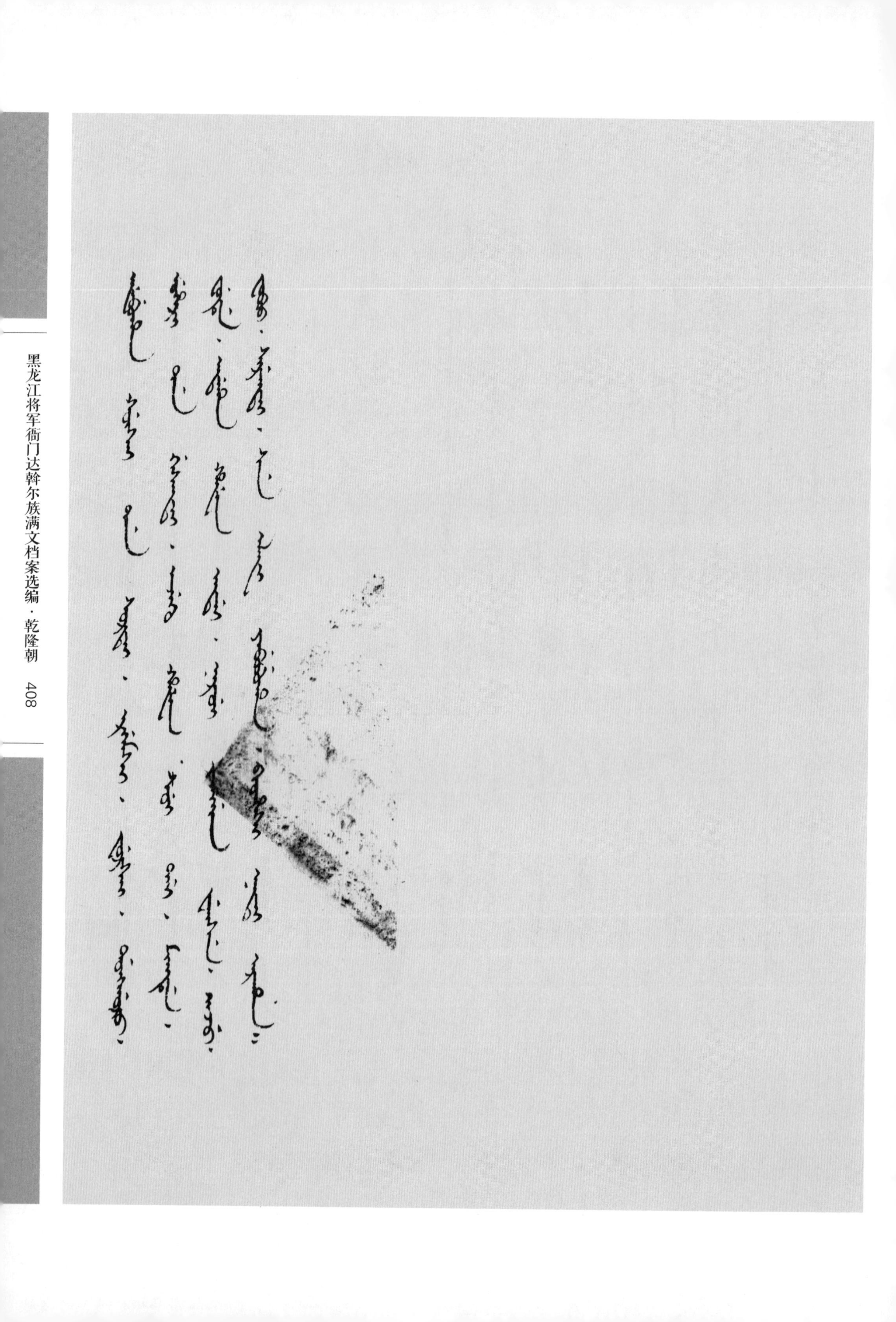

一八七 兵部为知会呼伦贝尔旧索伦达斡尔兵丁返回布特哈地方照例贡貂事咨黑龙江将军等文

乾隆八年正月初六日

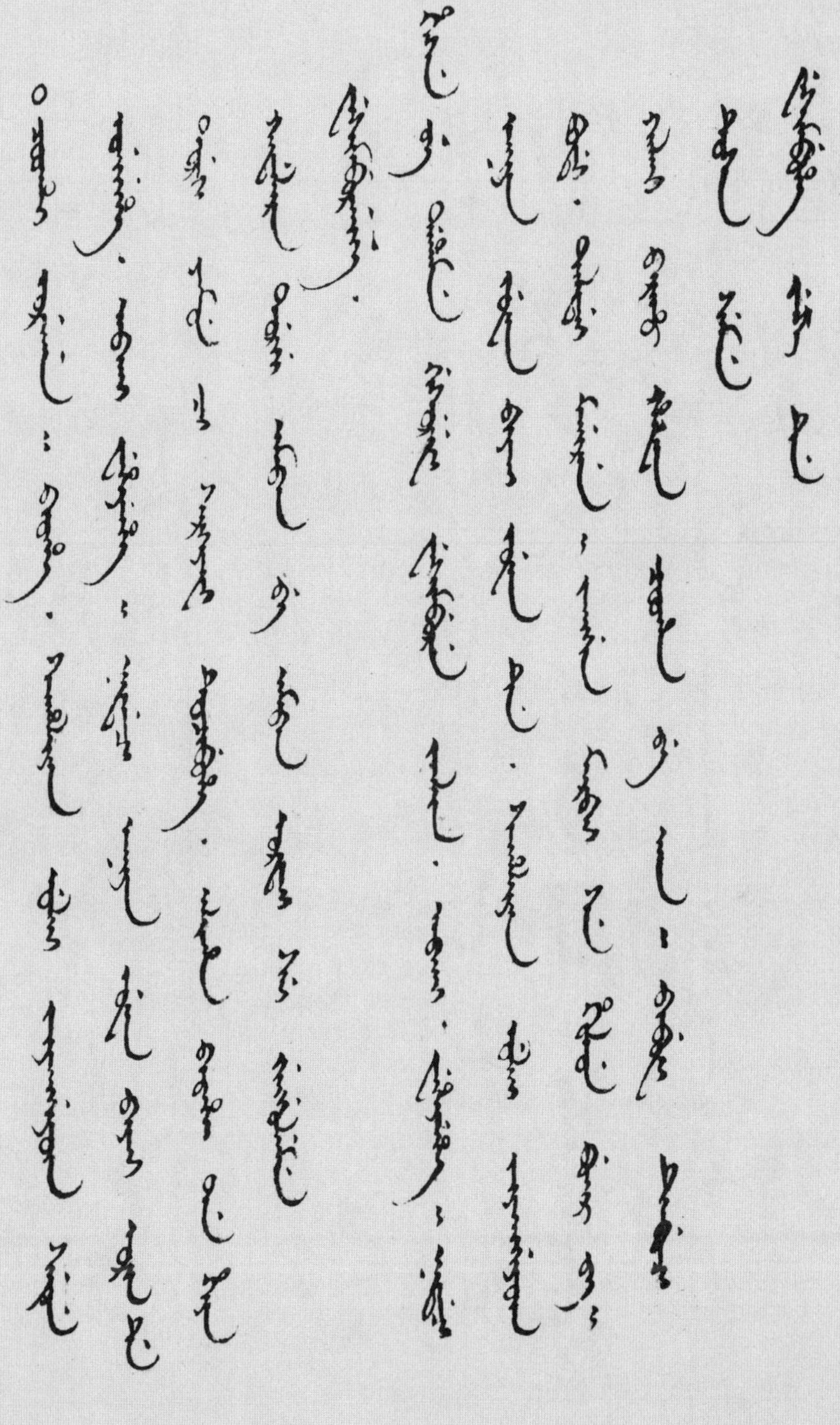

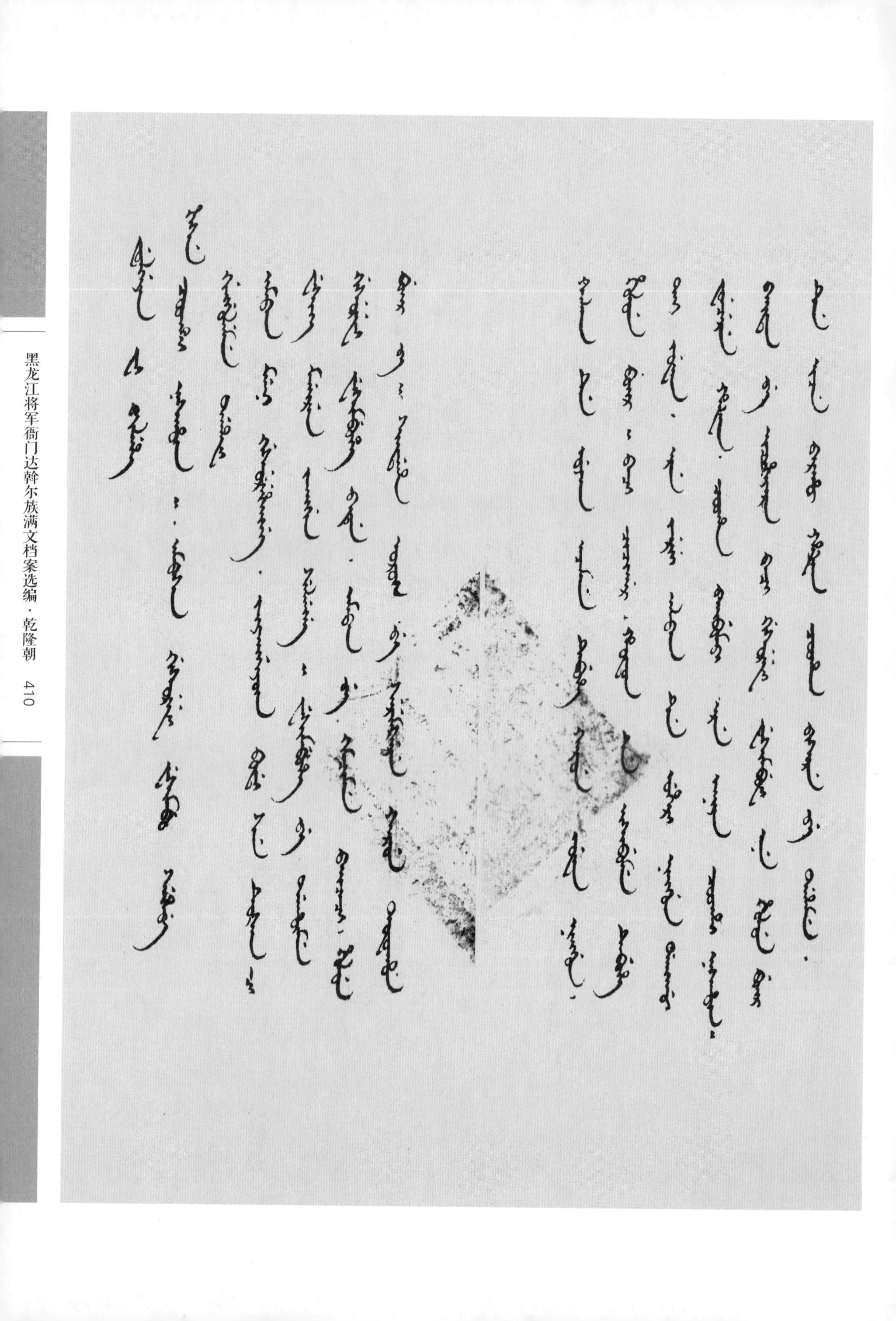

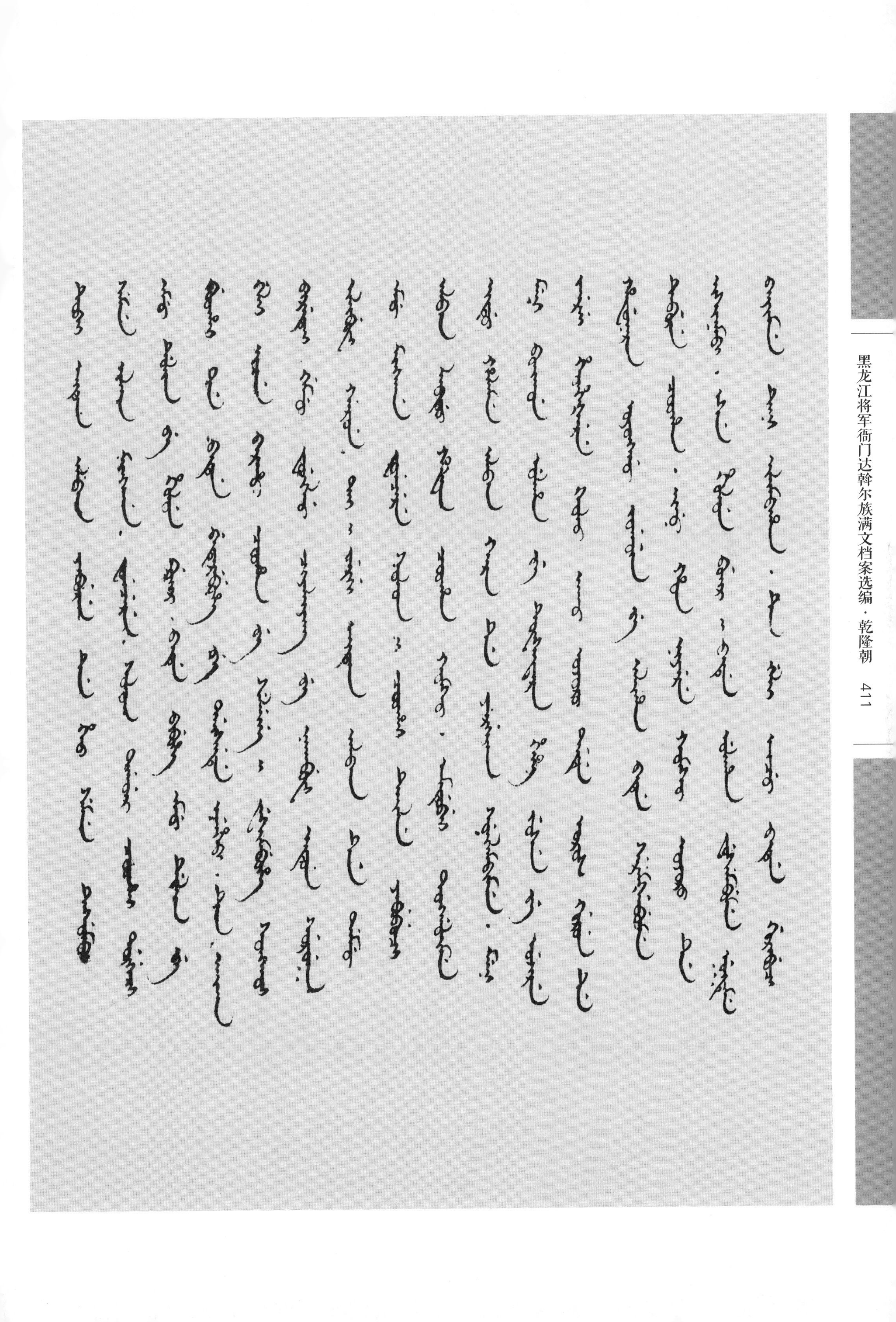

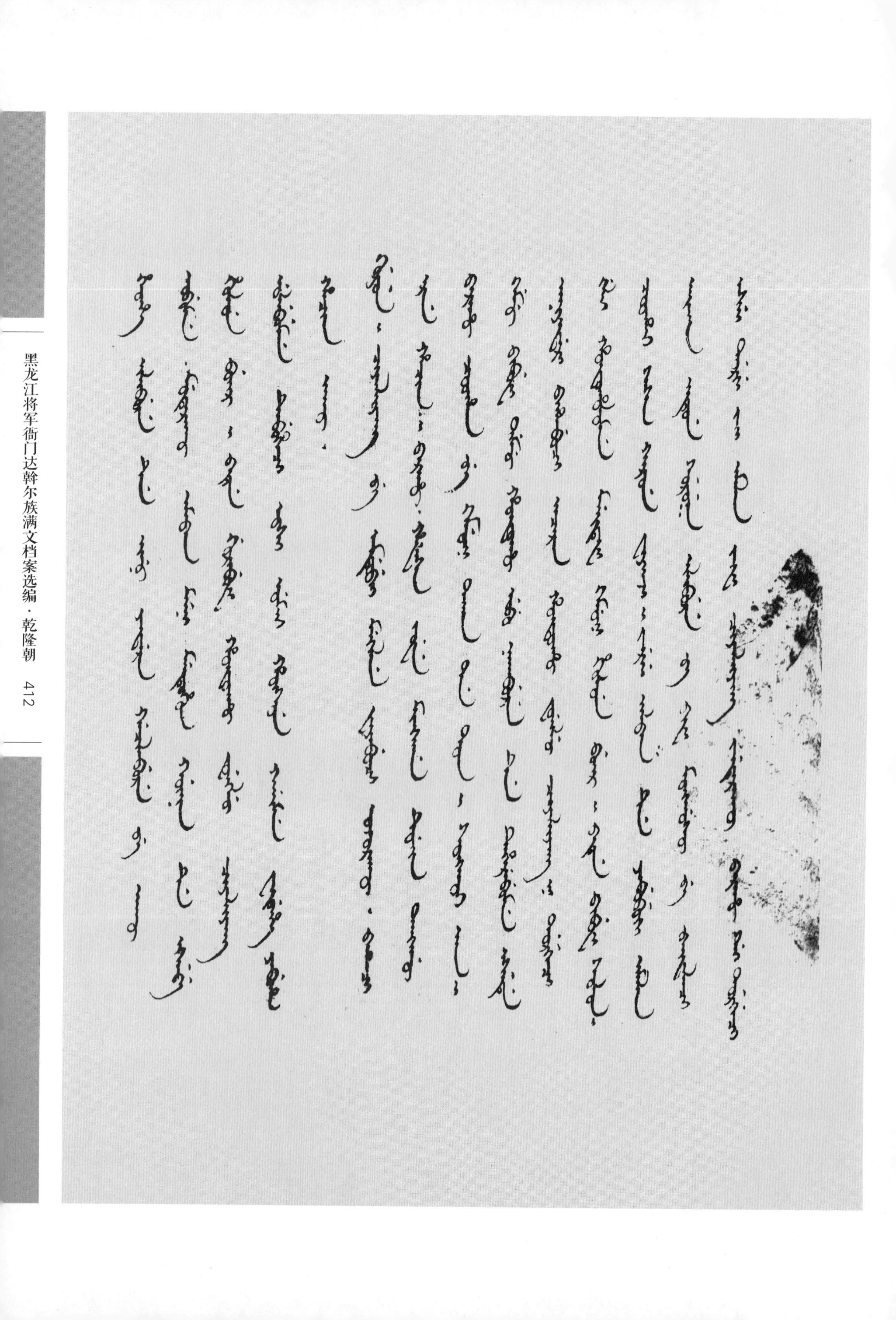

[illegible]

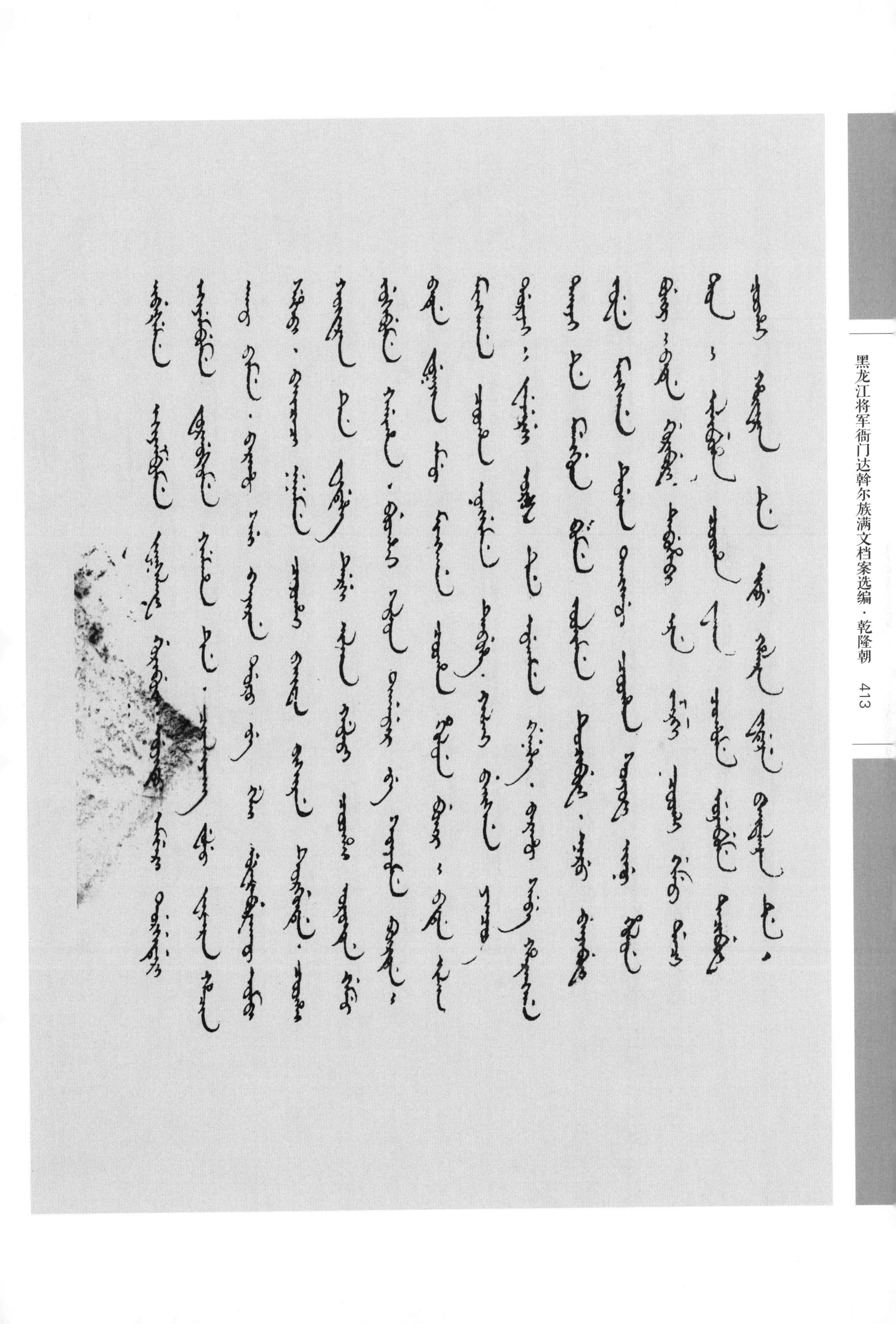

[illegible]

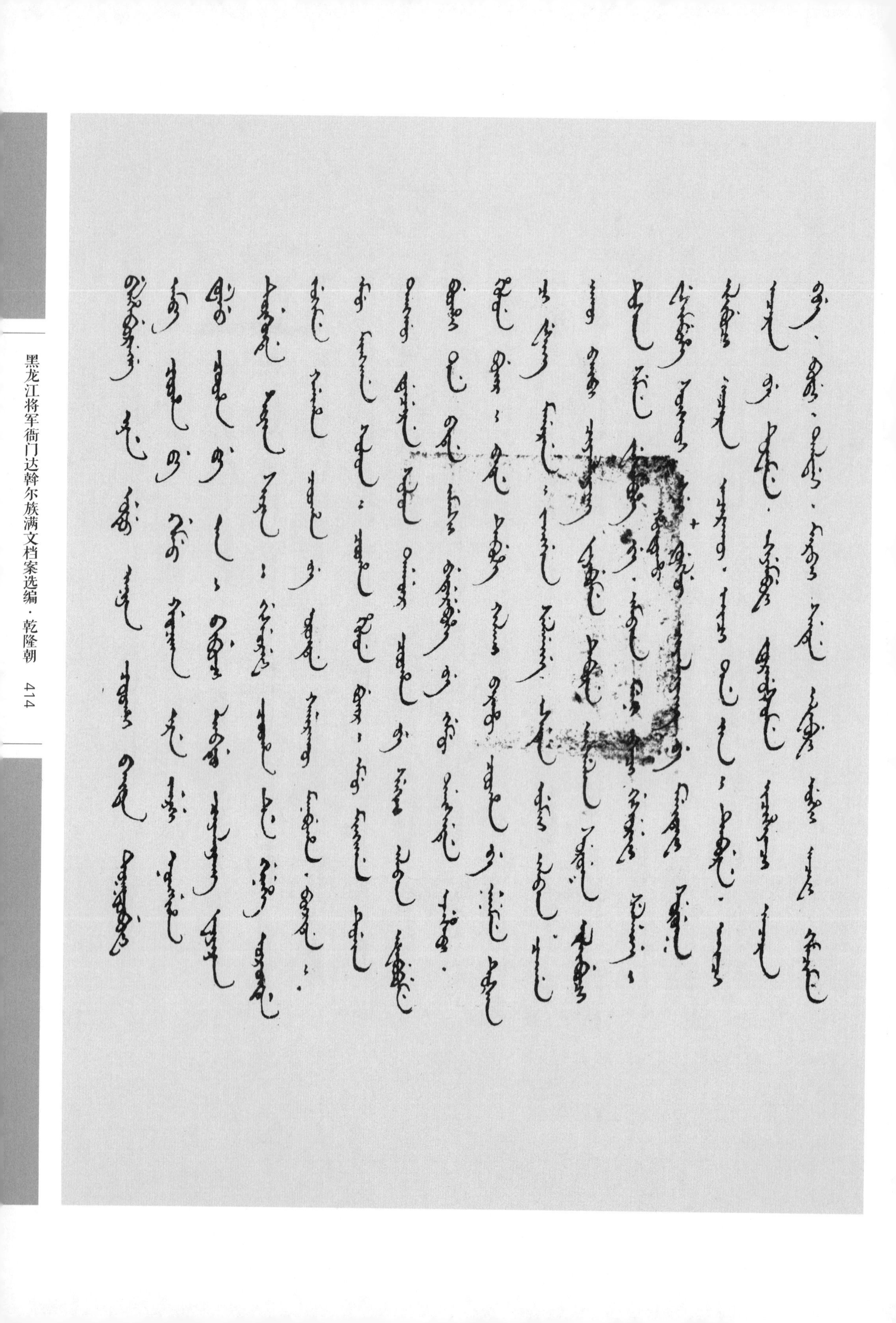

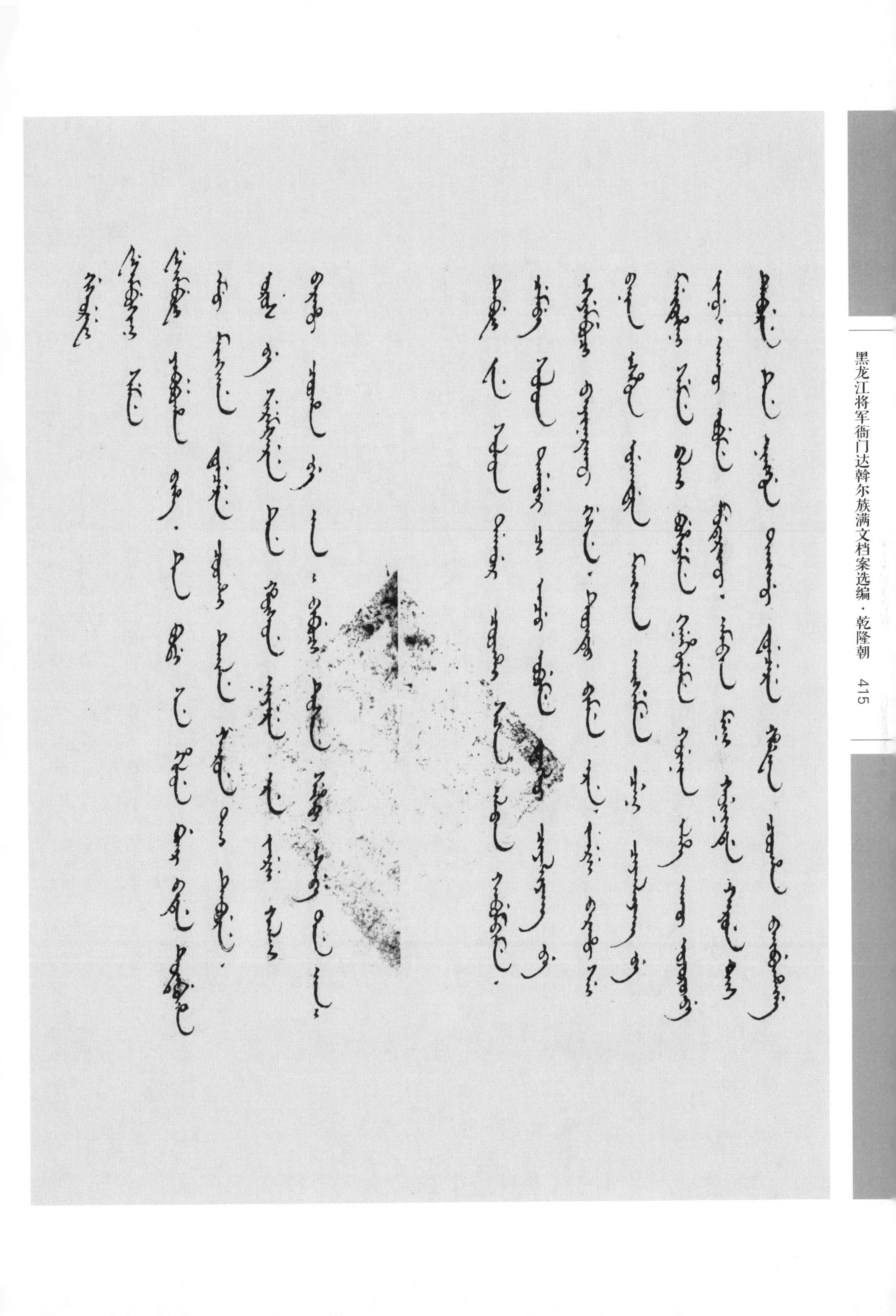

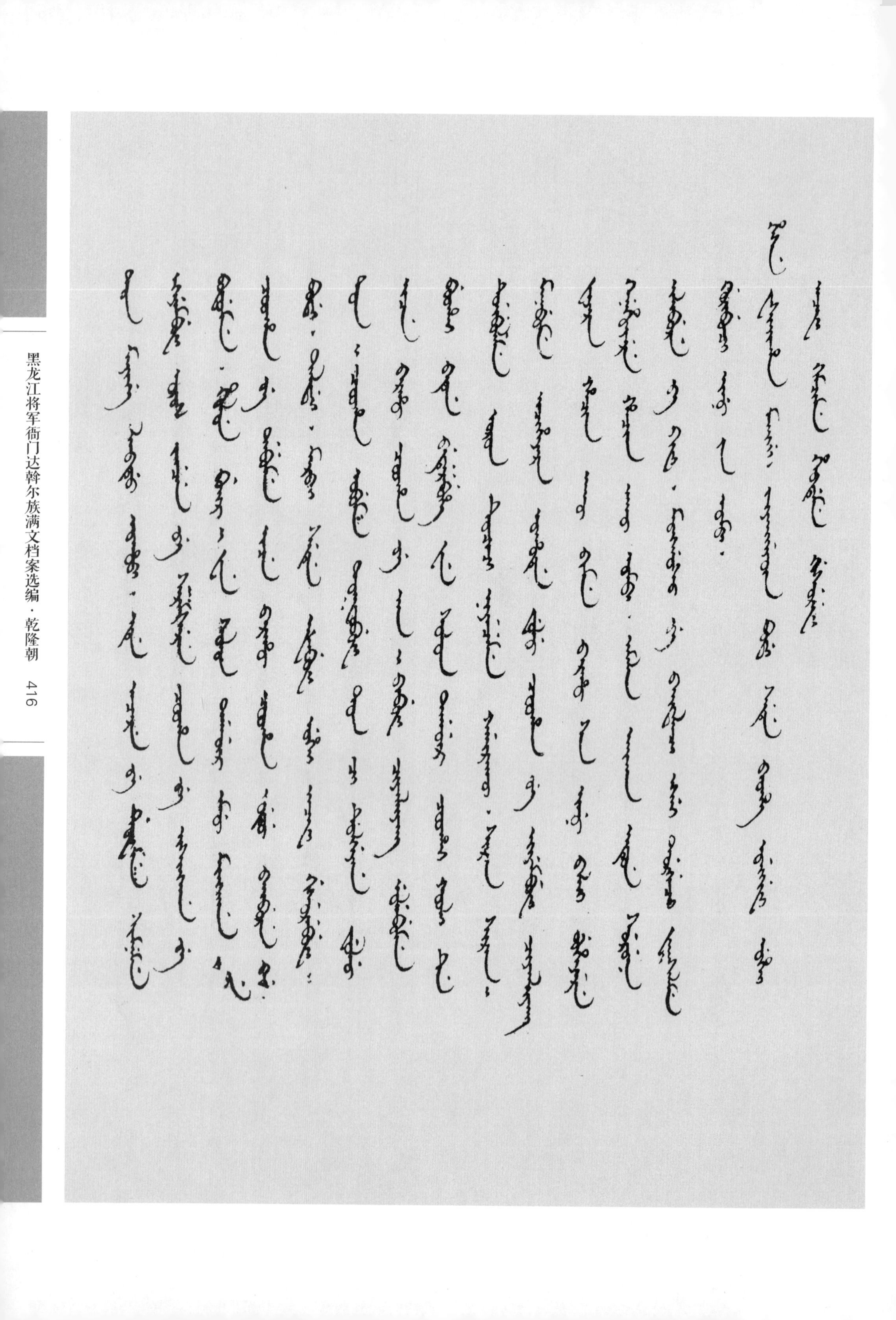

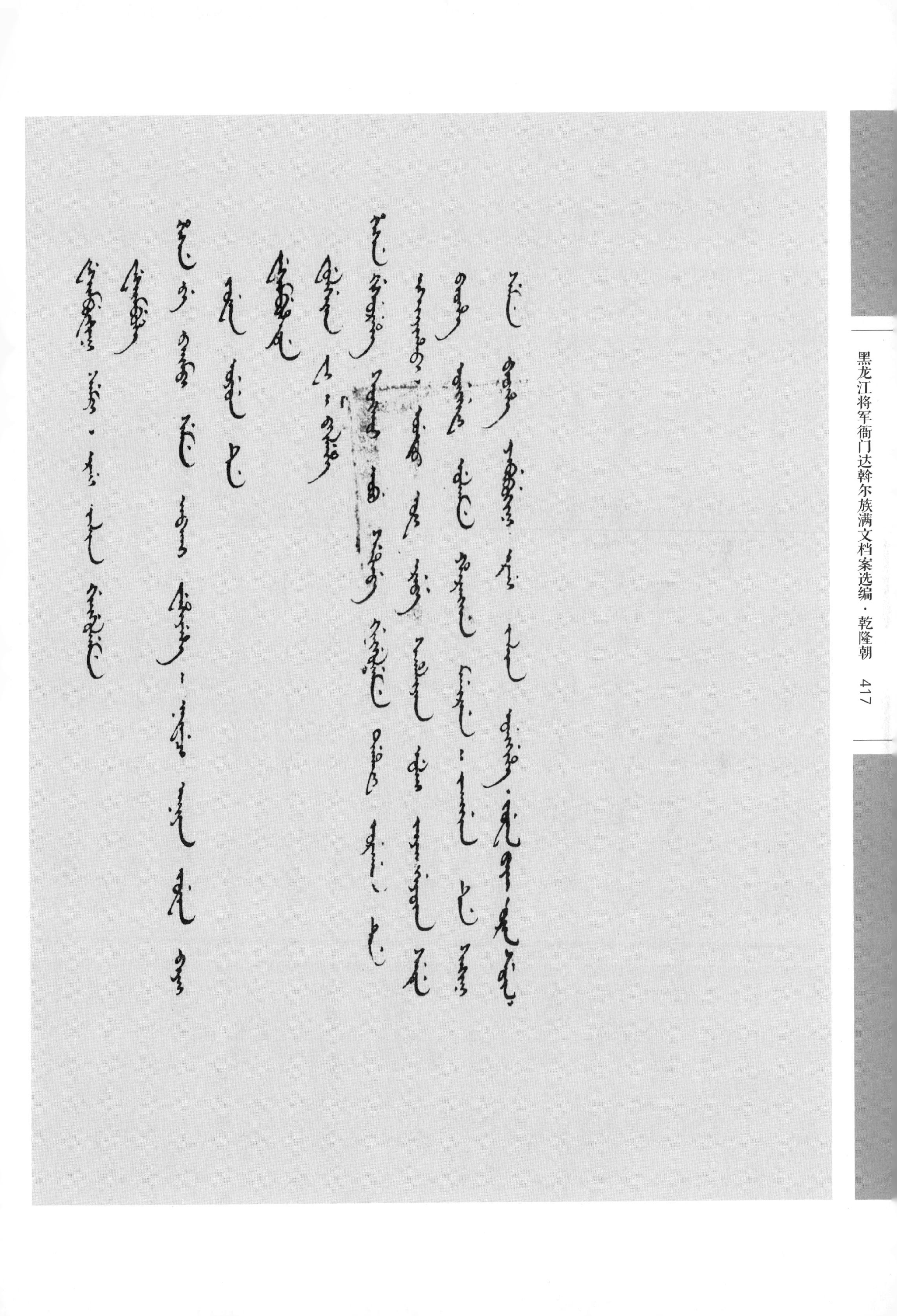

一八八 黑龙江将军博第等题请布特哈索伦达斡尔丁停止耕种官田照常贡貂本

乾隆八年二月初三日

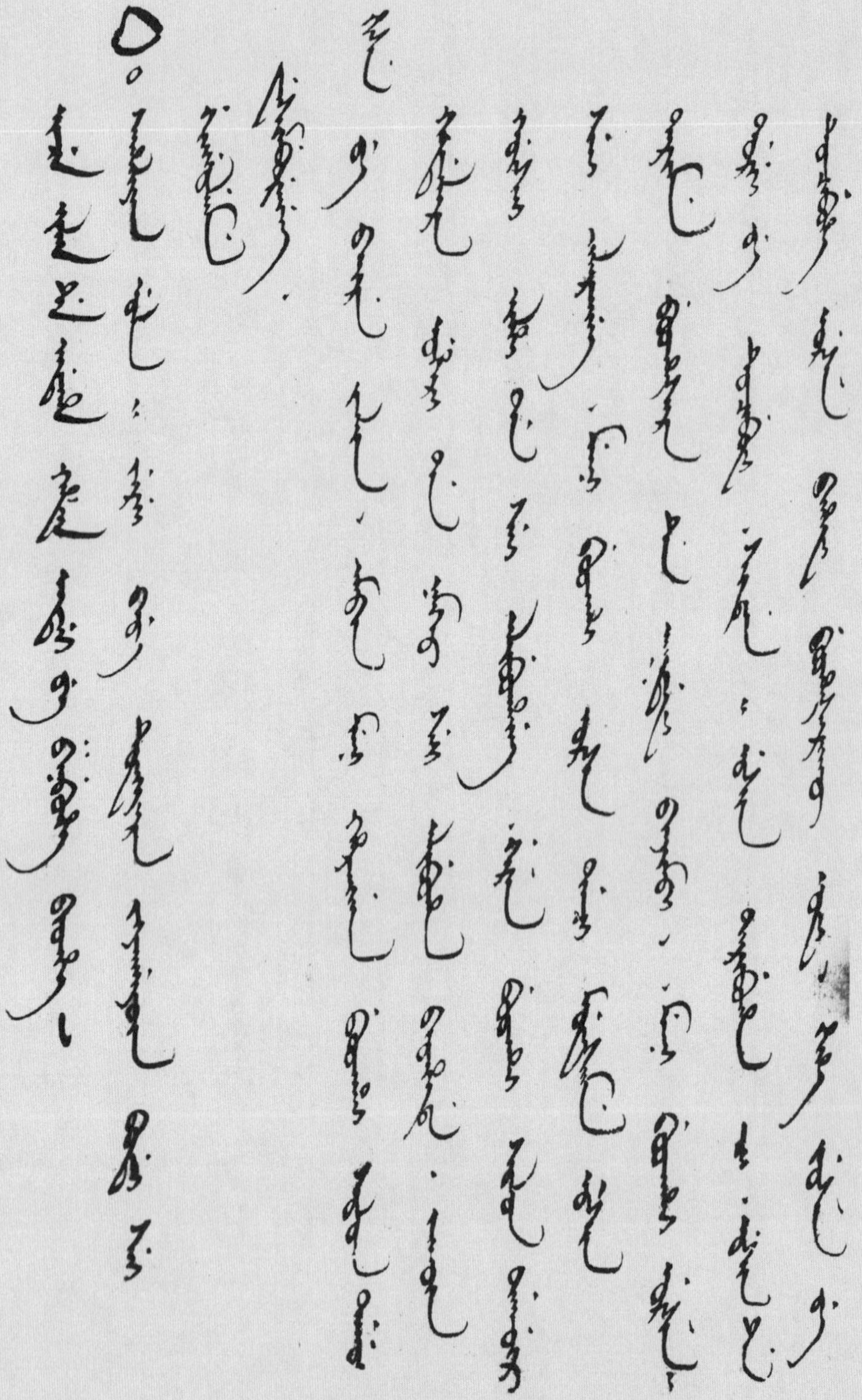

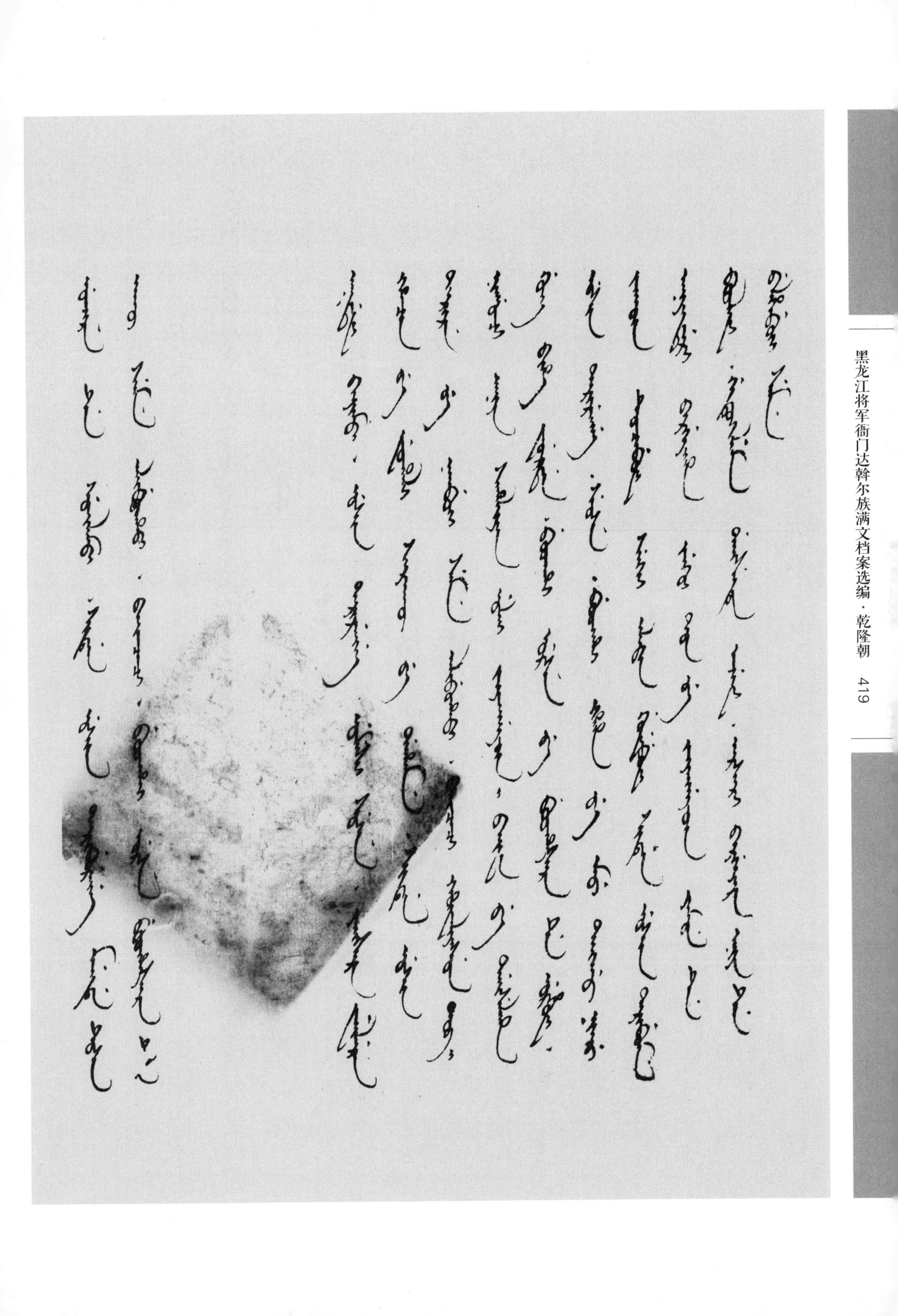

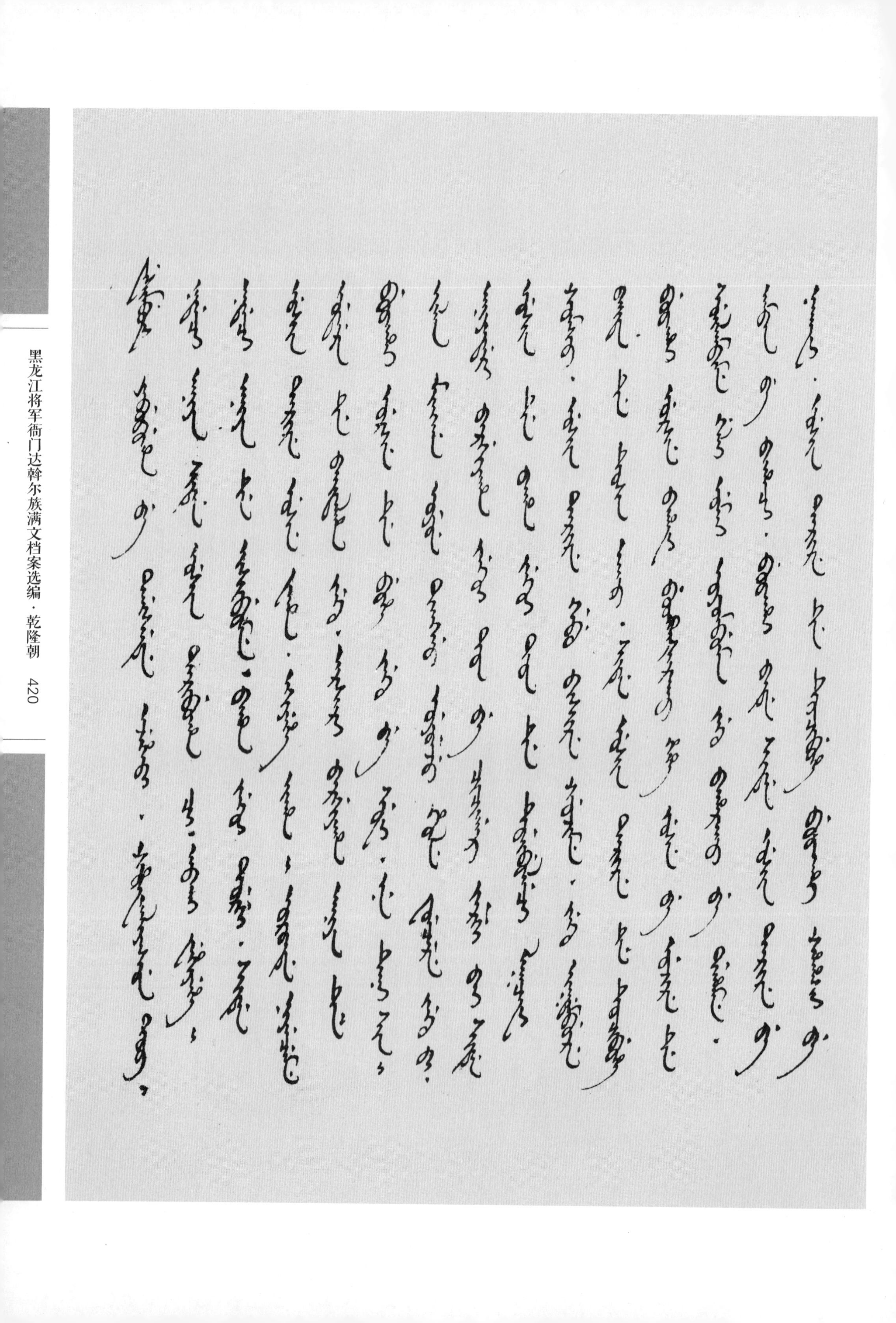

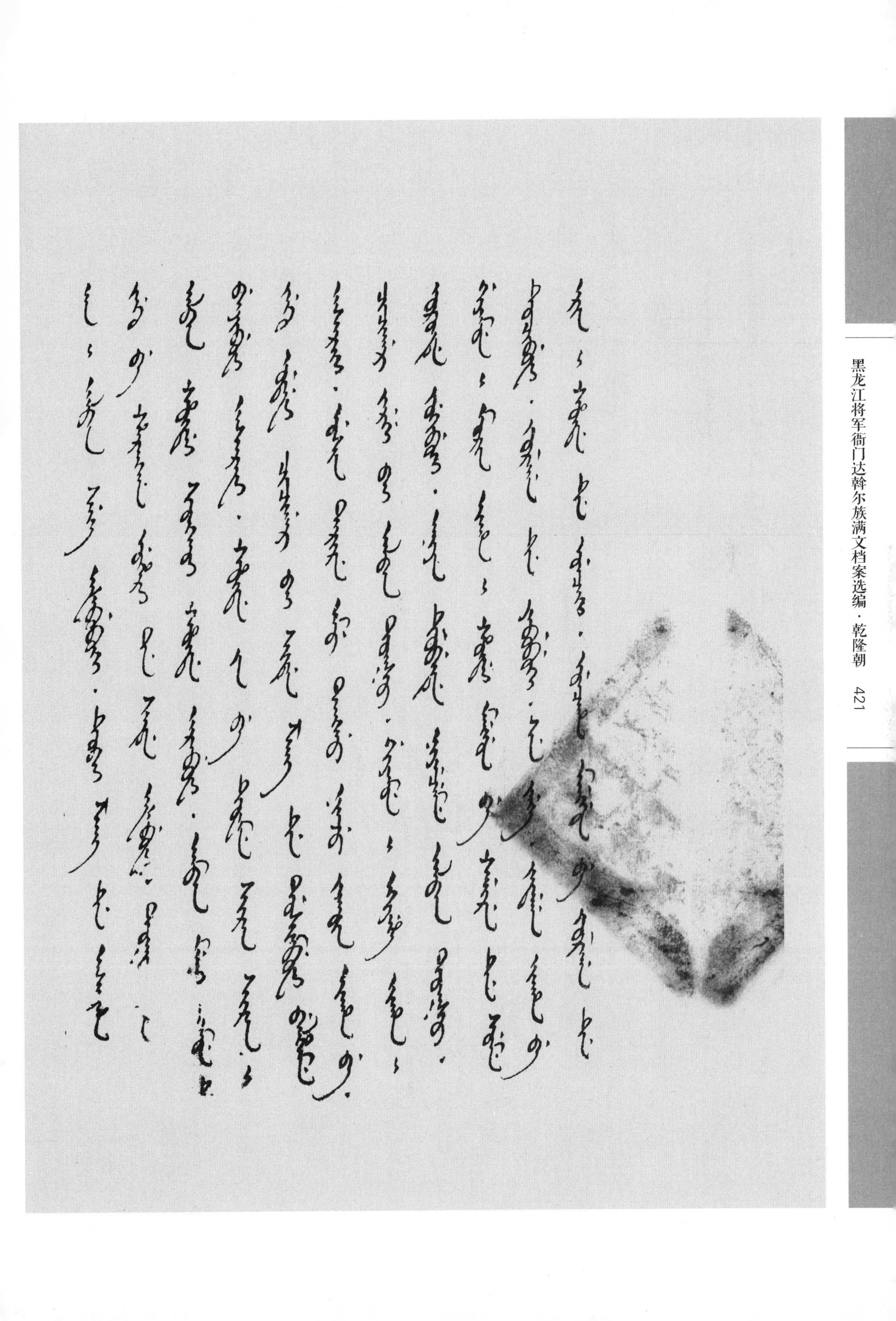

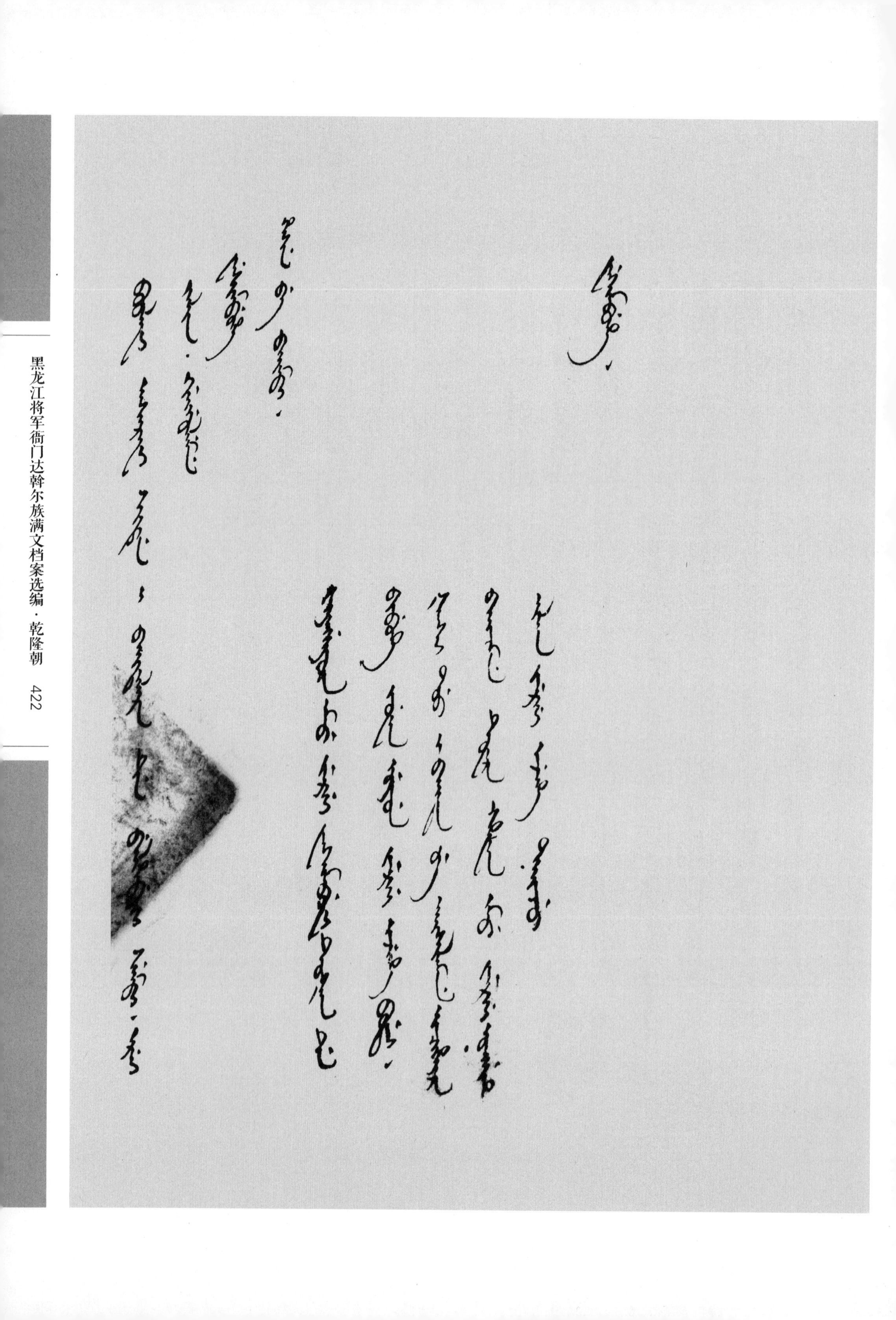

一八九 黑龙江将军衙门为催送呼伦贝尔索伦达斡尔官兵俸禄钱粮册事咨管带呼伦贝尔索伦巴尔虎官兵副都统文

乾隆八年二月初五日

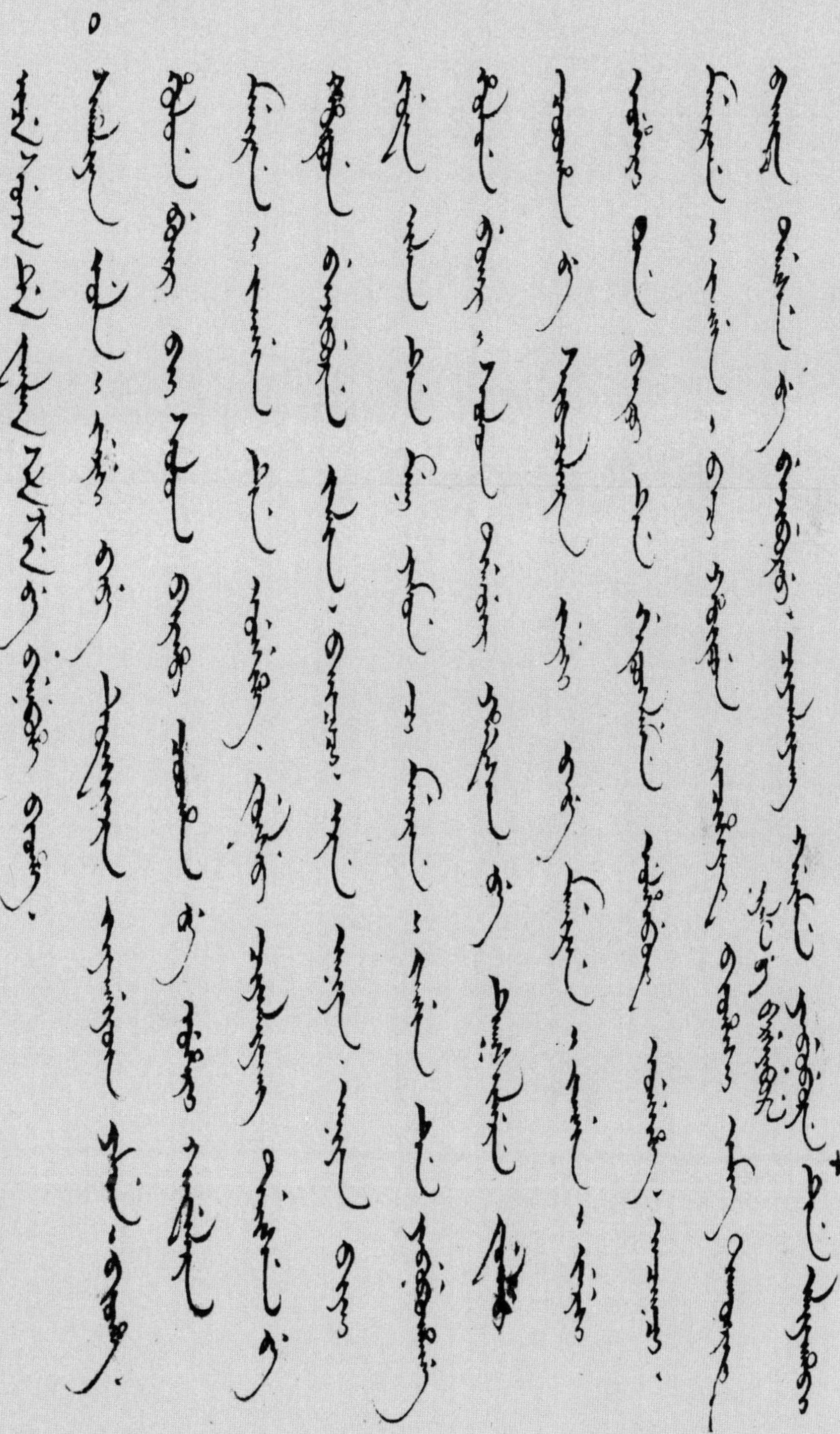

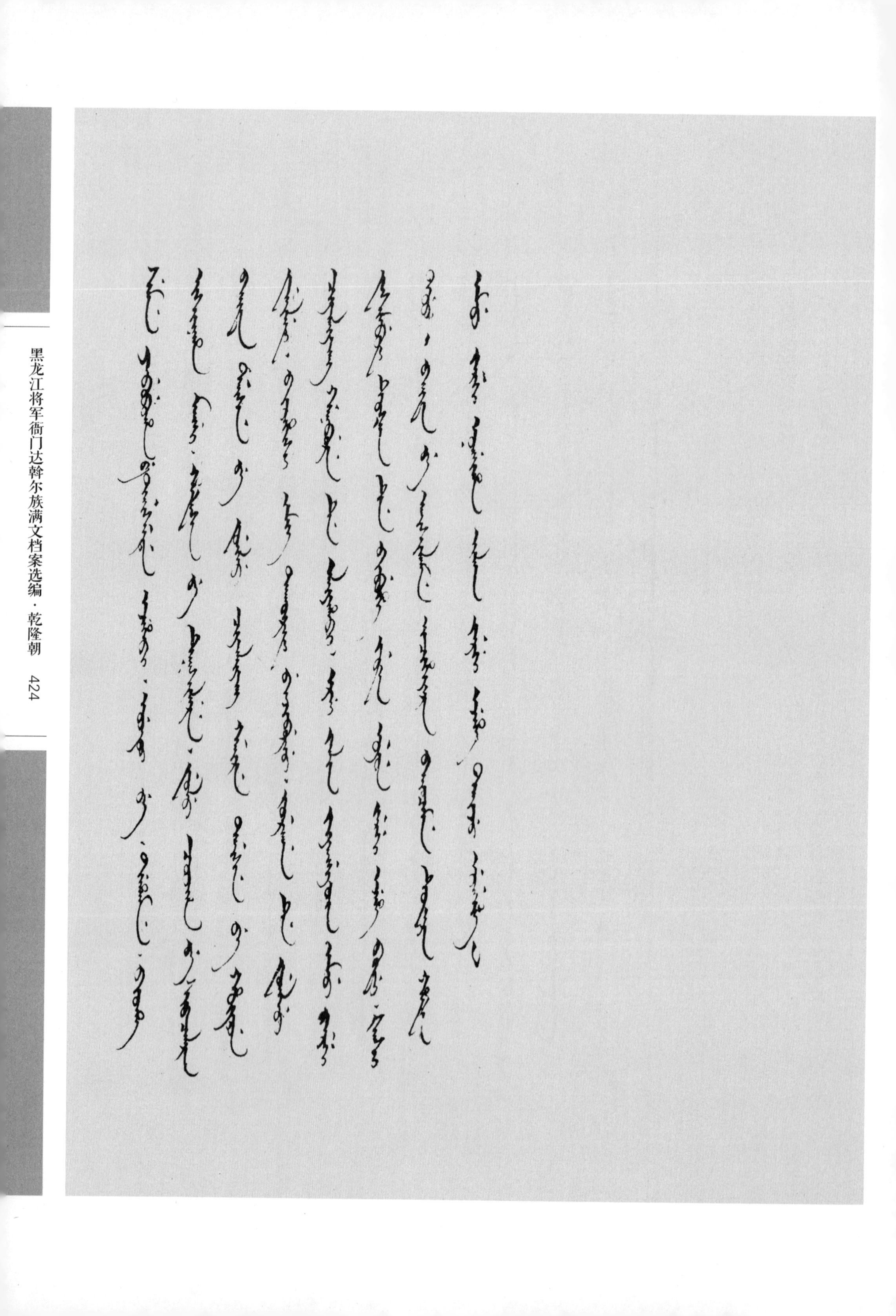

[illegible]

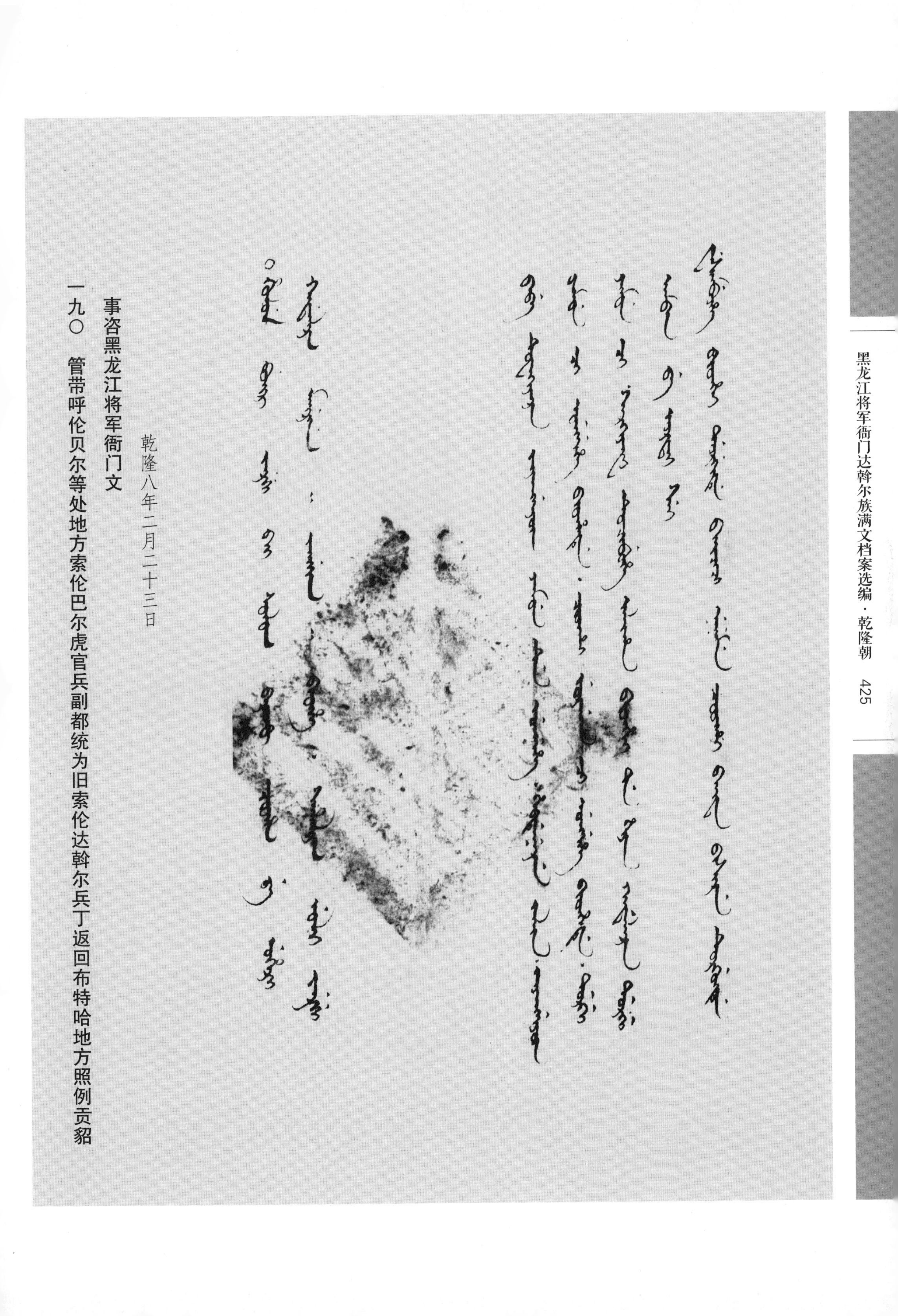

一九〇　管带呼伦贝尔等处地方索伦巴尔虎官兵副都统为旧索伦达斡尔兵丁返回布特哈地方照例贡貂事咨黑龙江将军衙门文

乾隆八年二月二十三日

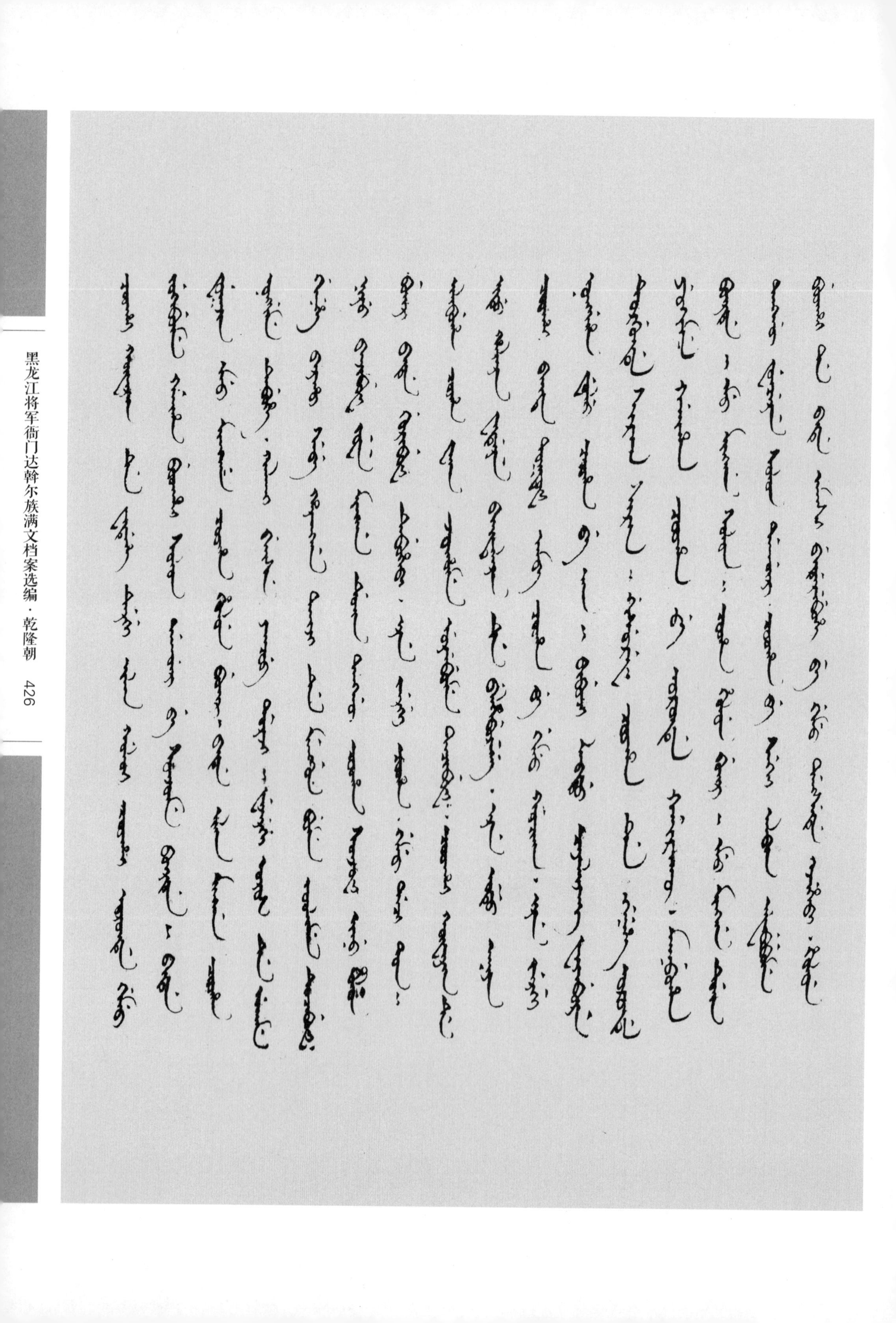

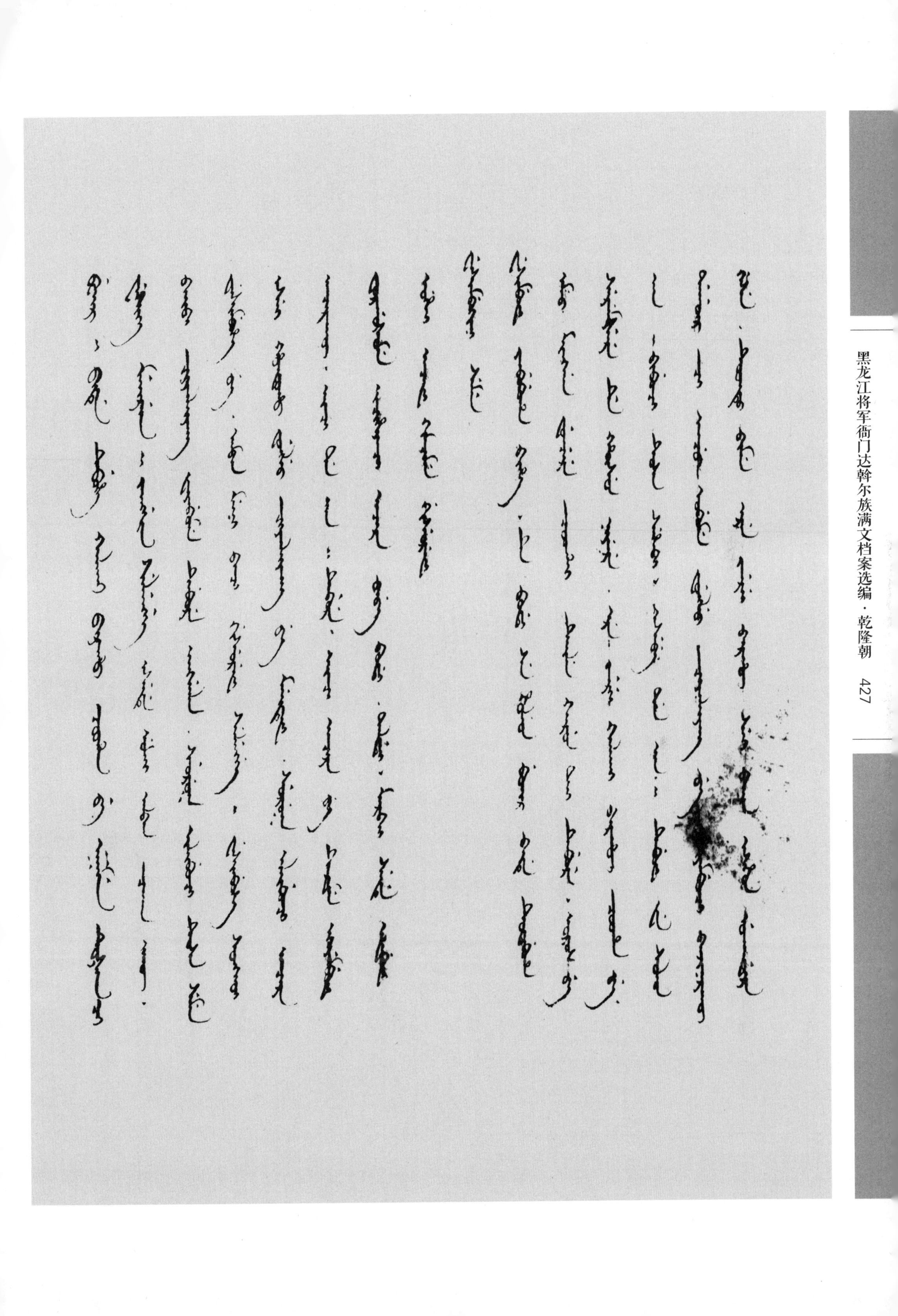

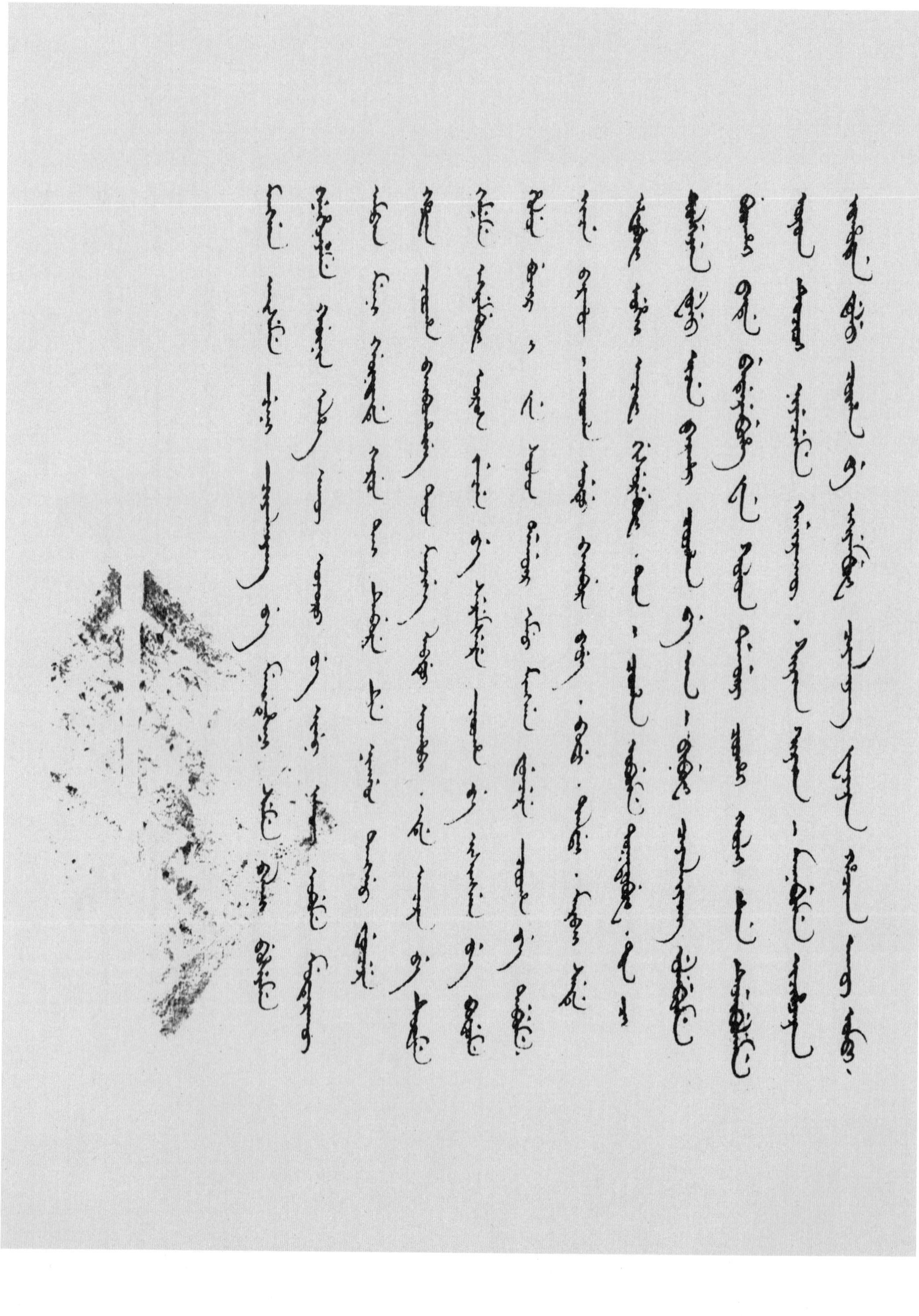

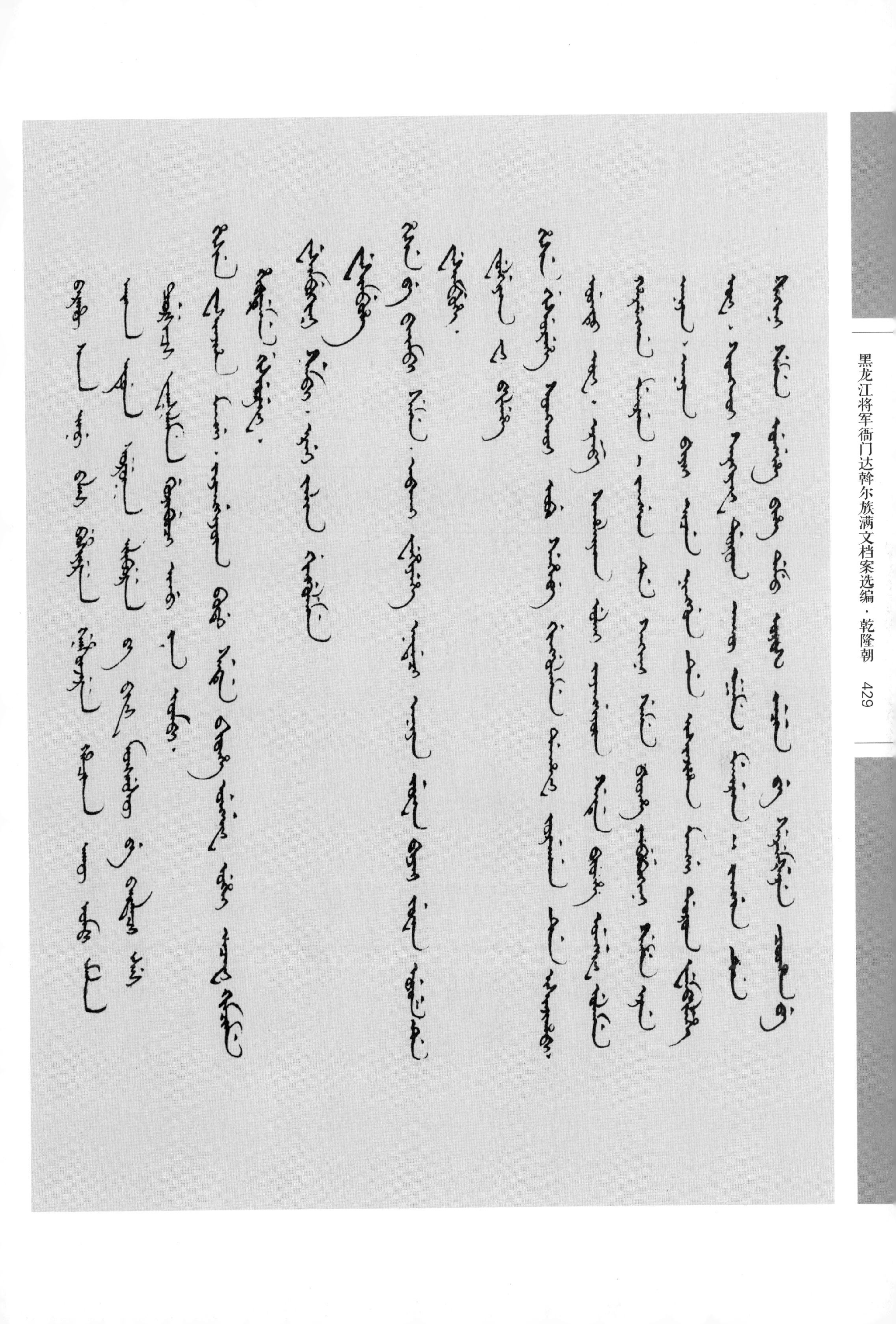

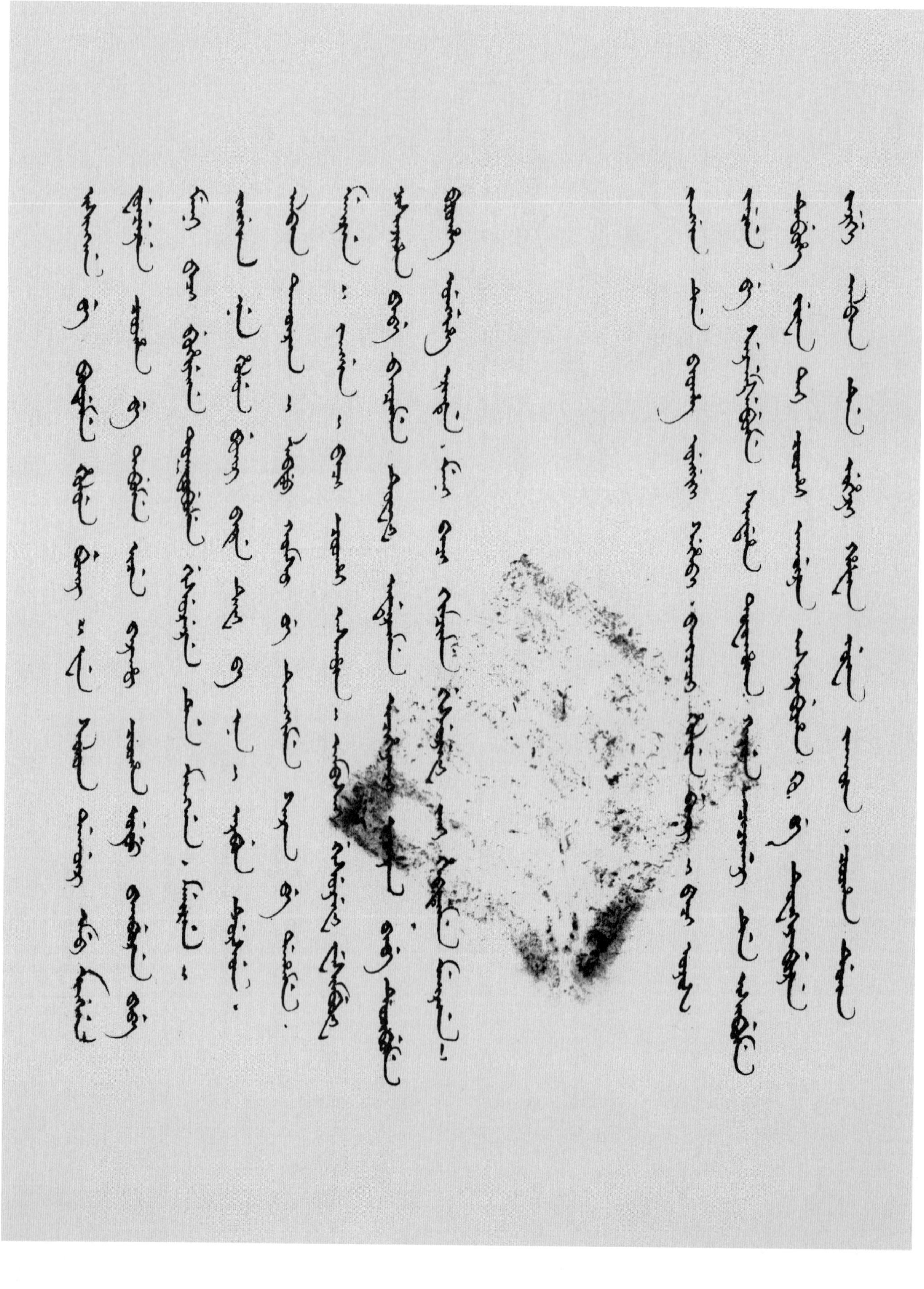

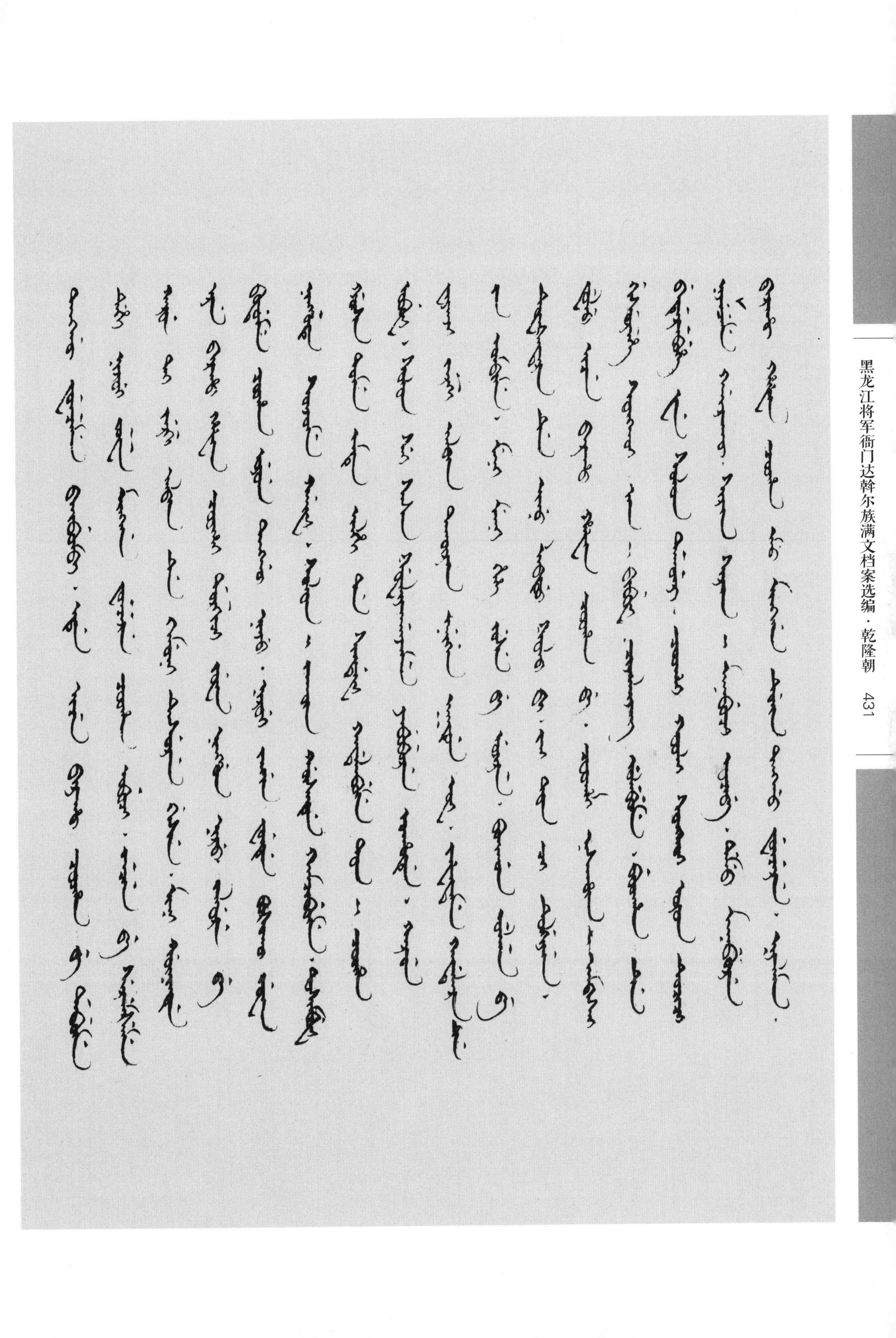

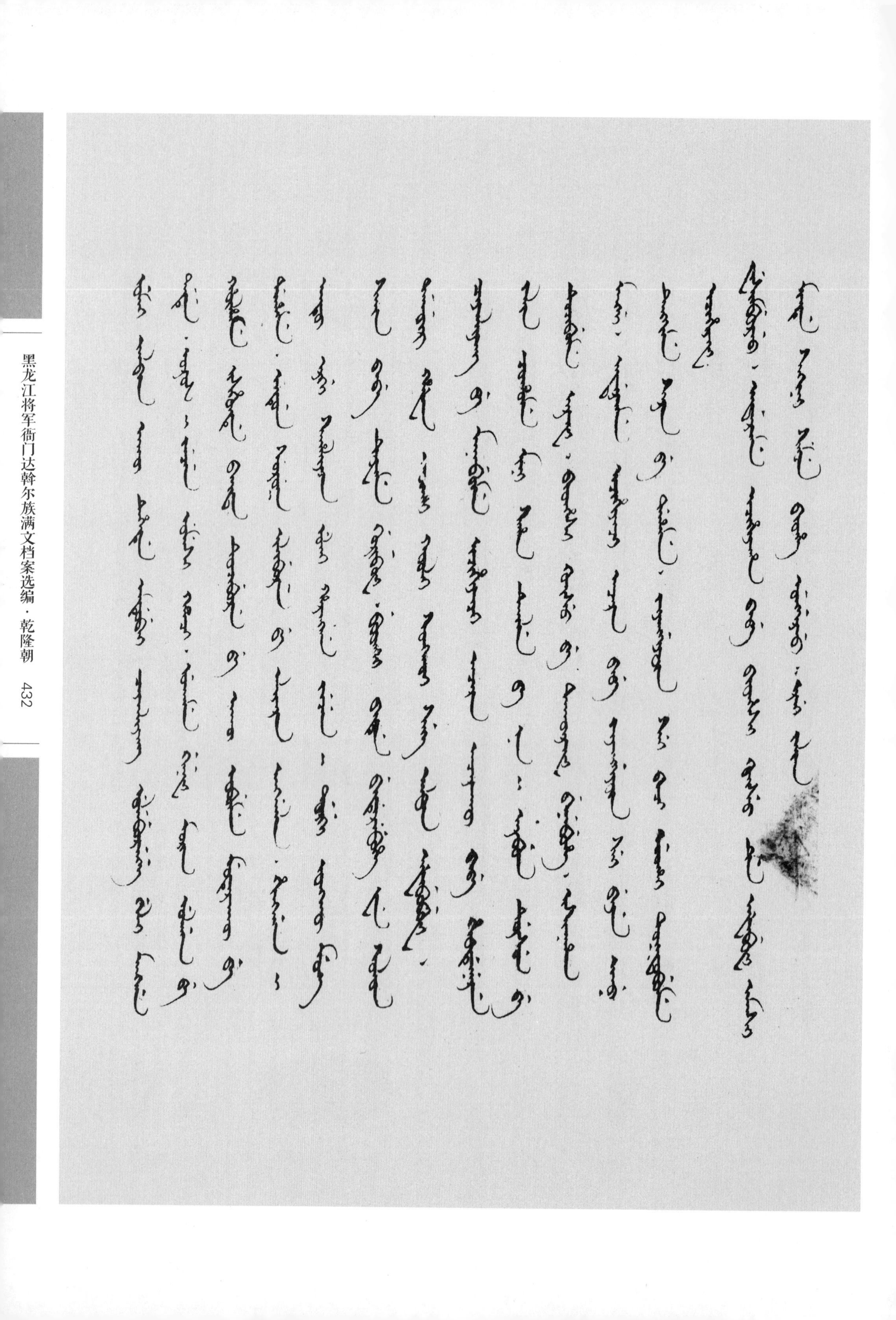

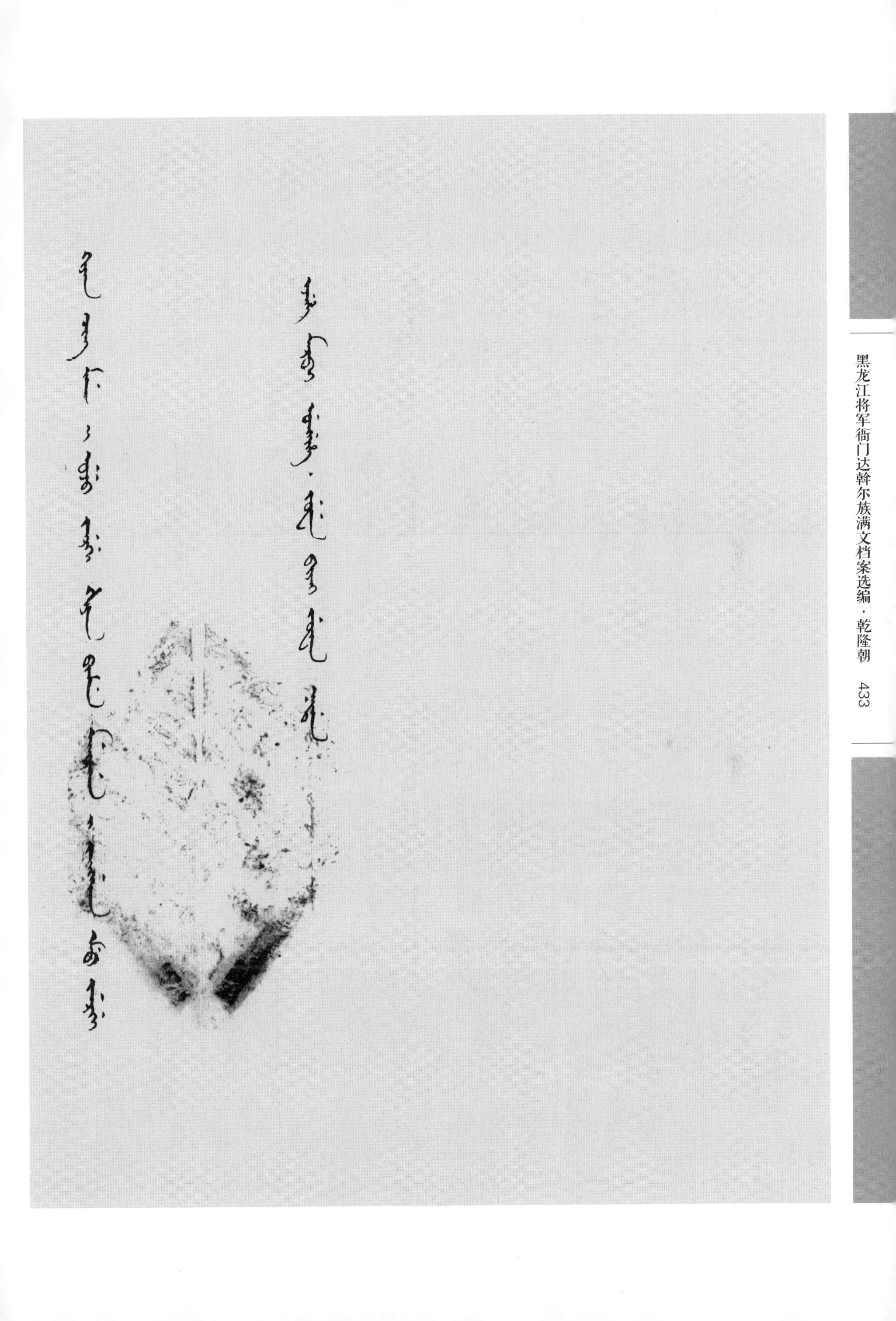

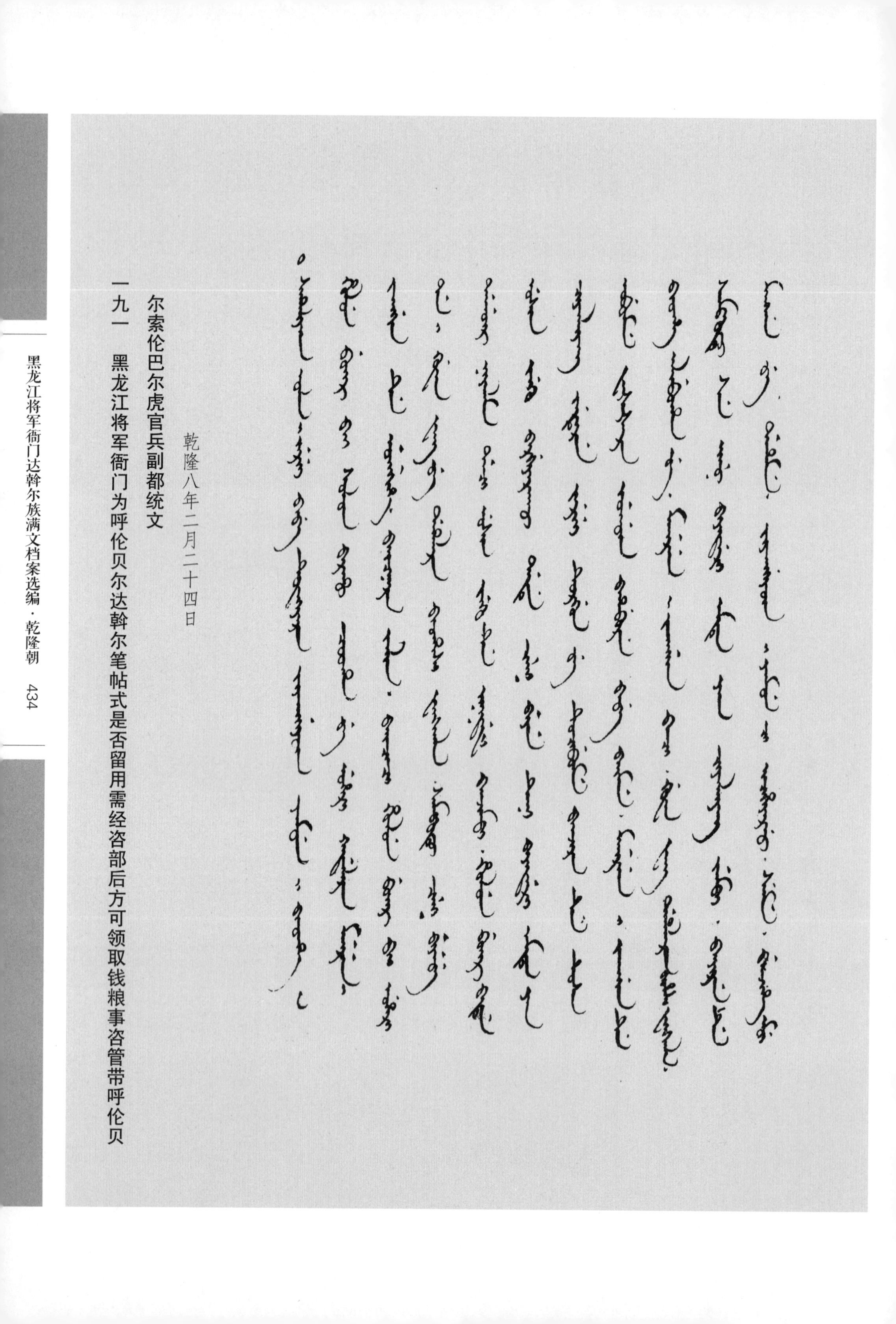

一九一 黑龙江将军衙门为呼伦贝尔达斡尔笔帖式是否留用需经咨部后方可领取钱粮事咨管带呼伦贝尔索伦巴尔虎官兵副都统文

乾隆八年二月二十四日

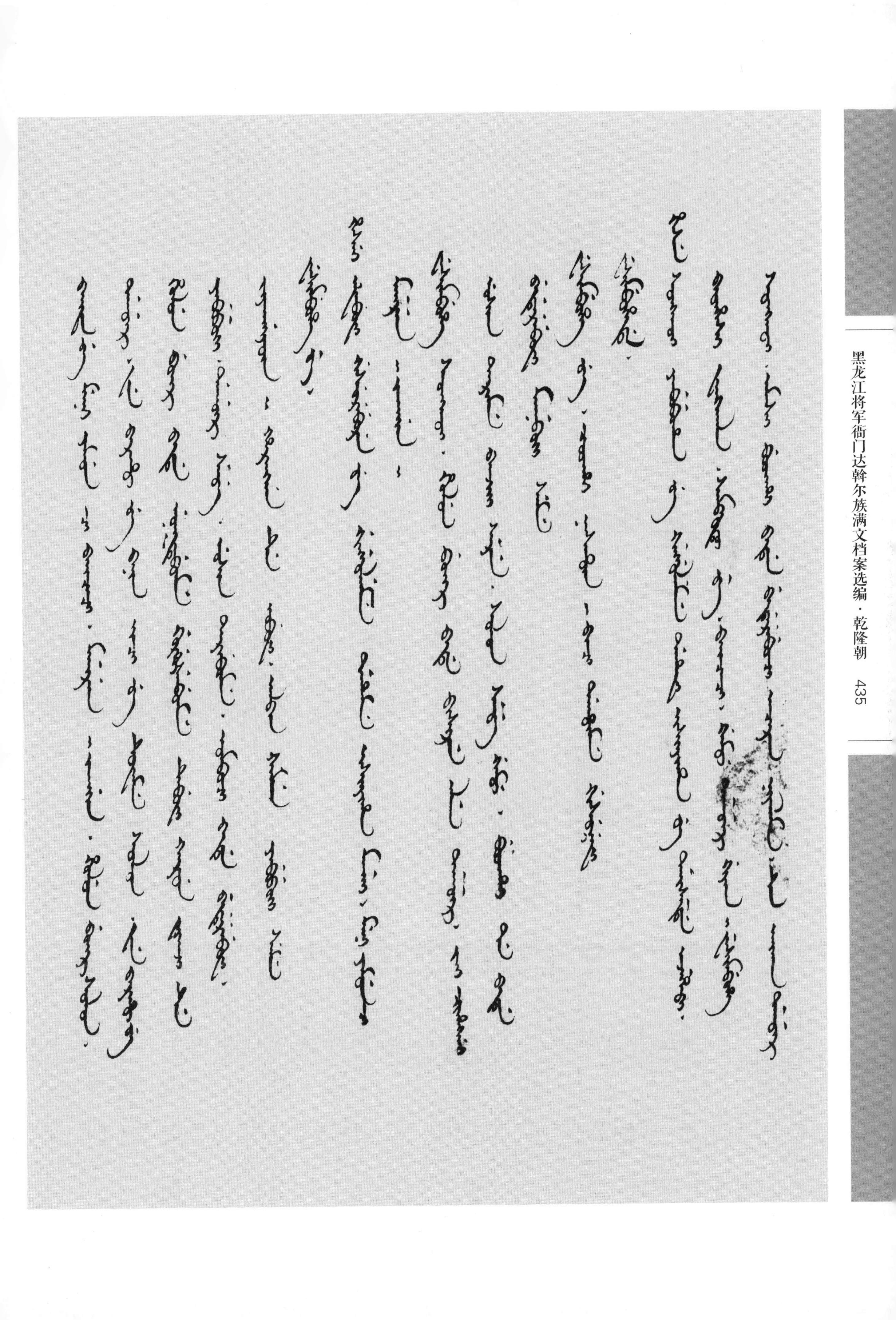

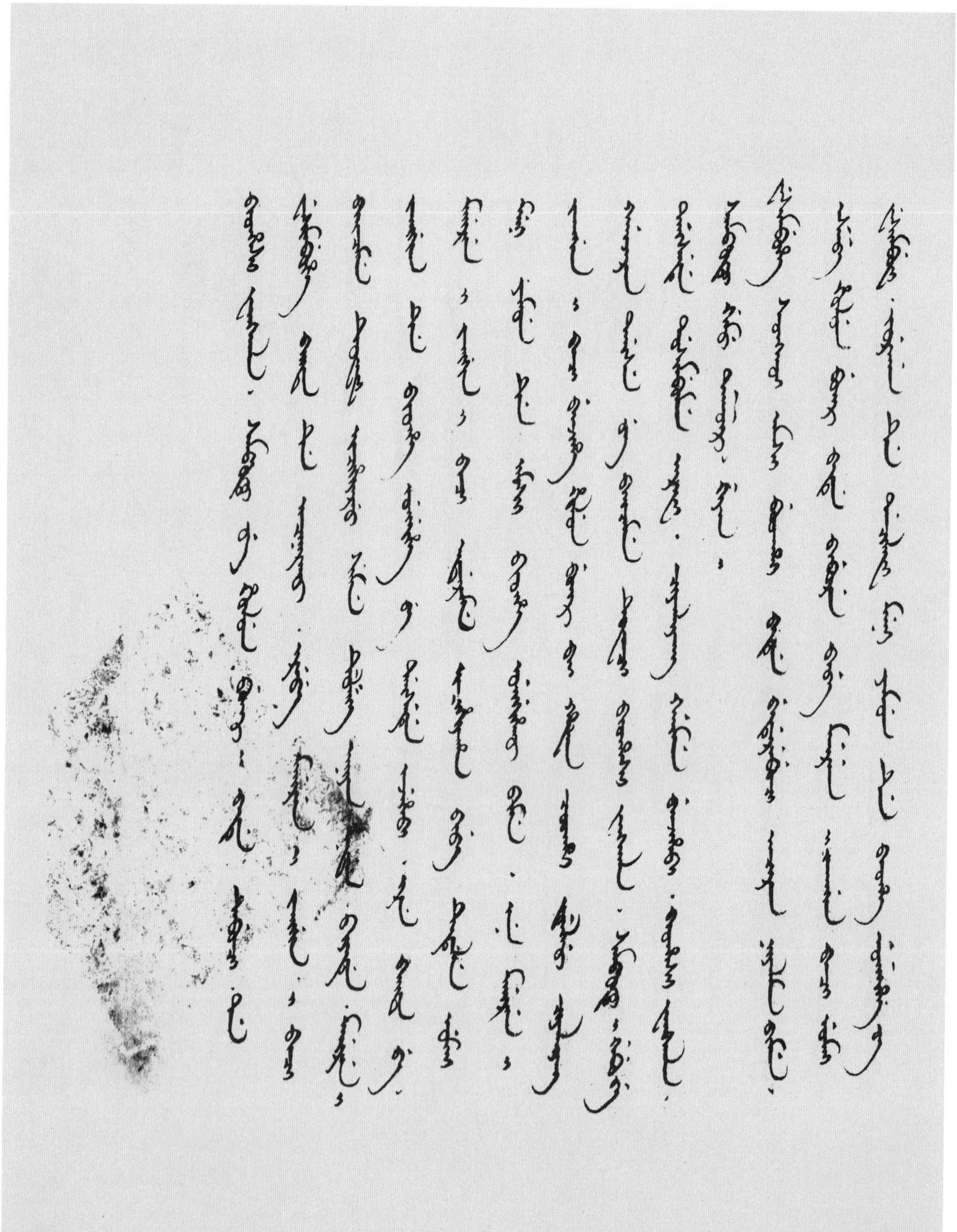

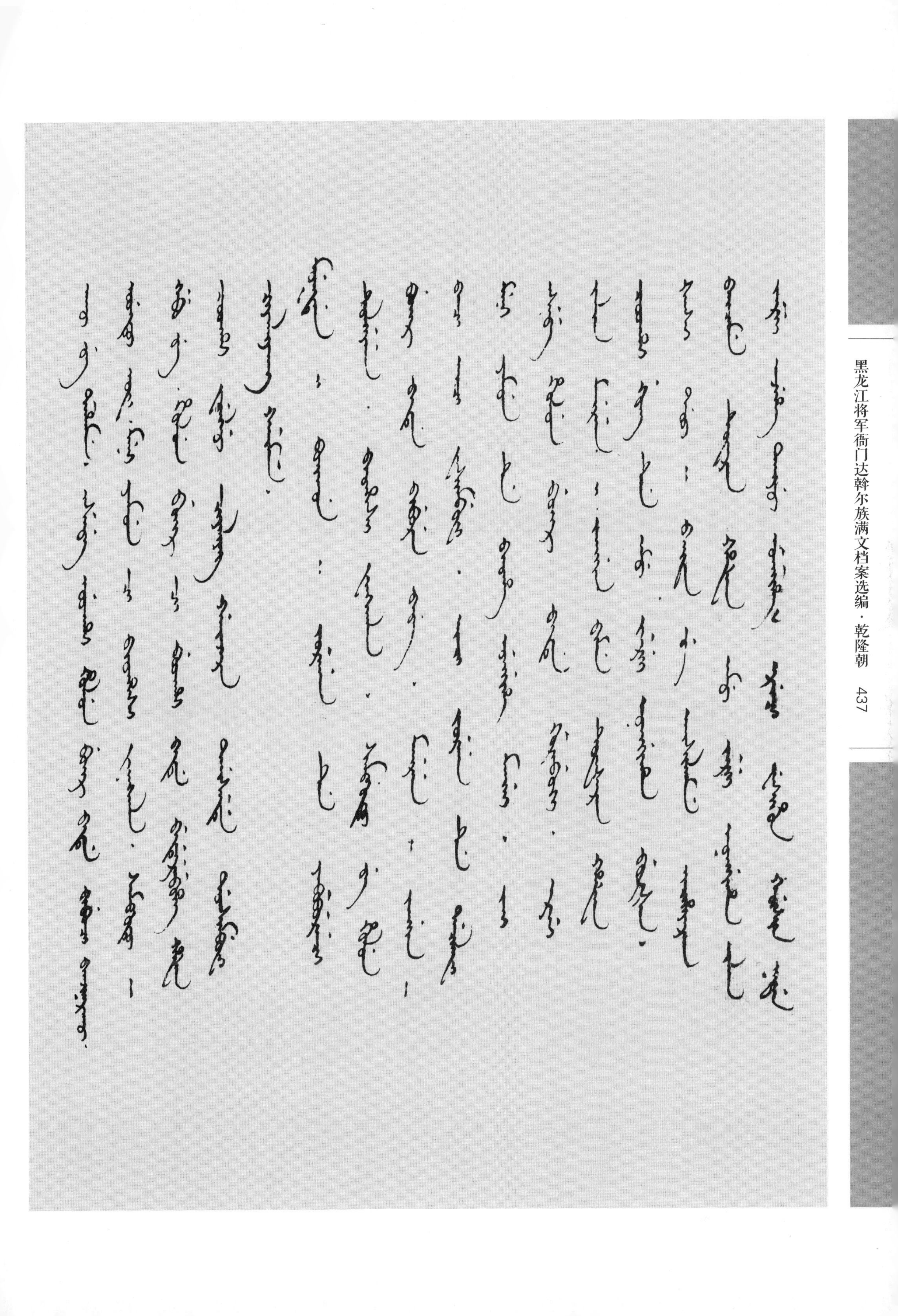

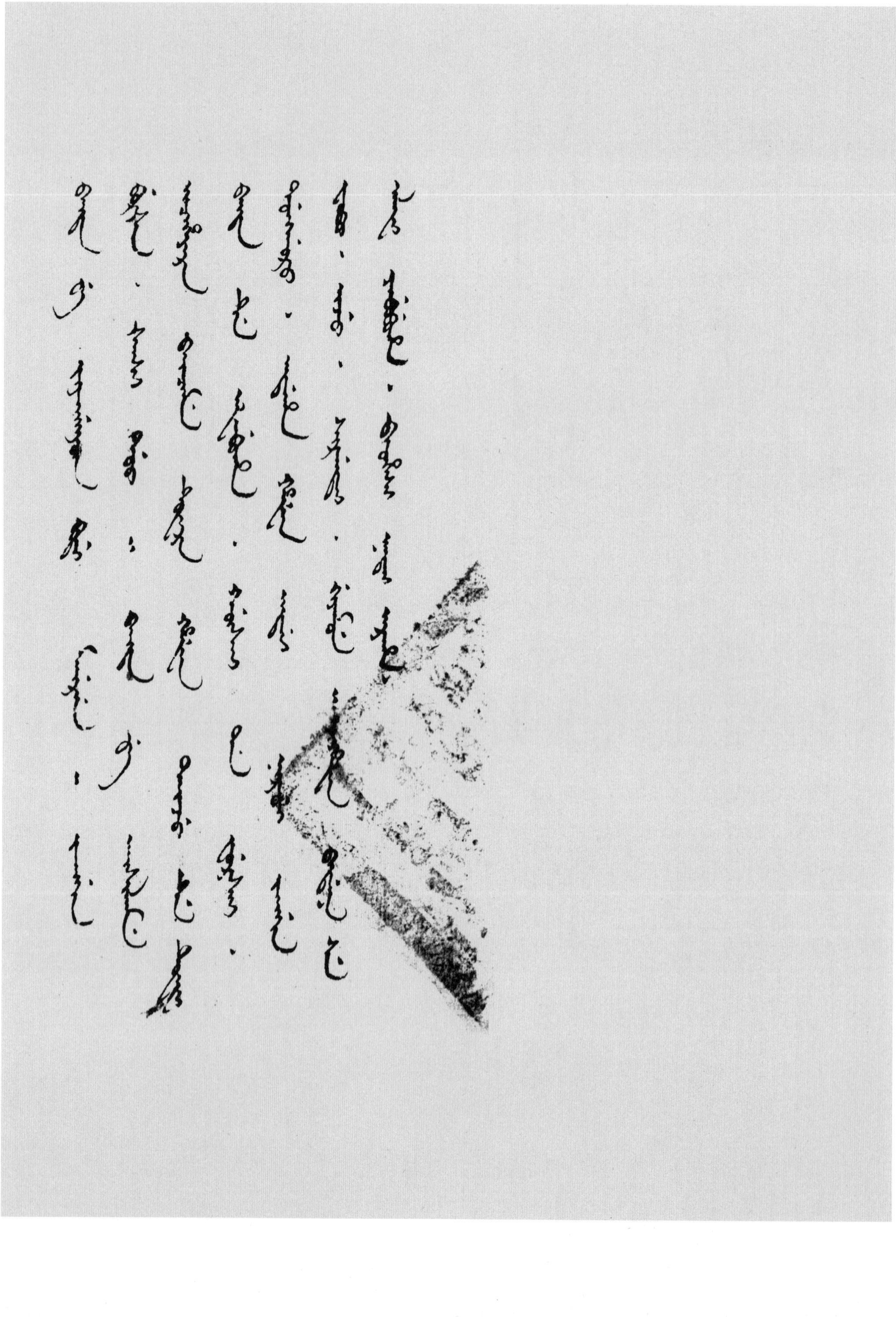

一九二 黑龙江将军衙门为催报索伦达斡尔等贡貂数目事札布特哈索伦达斡尔总管纳木球等文

乾隆八年二月二十九日

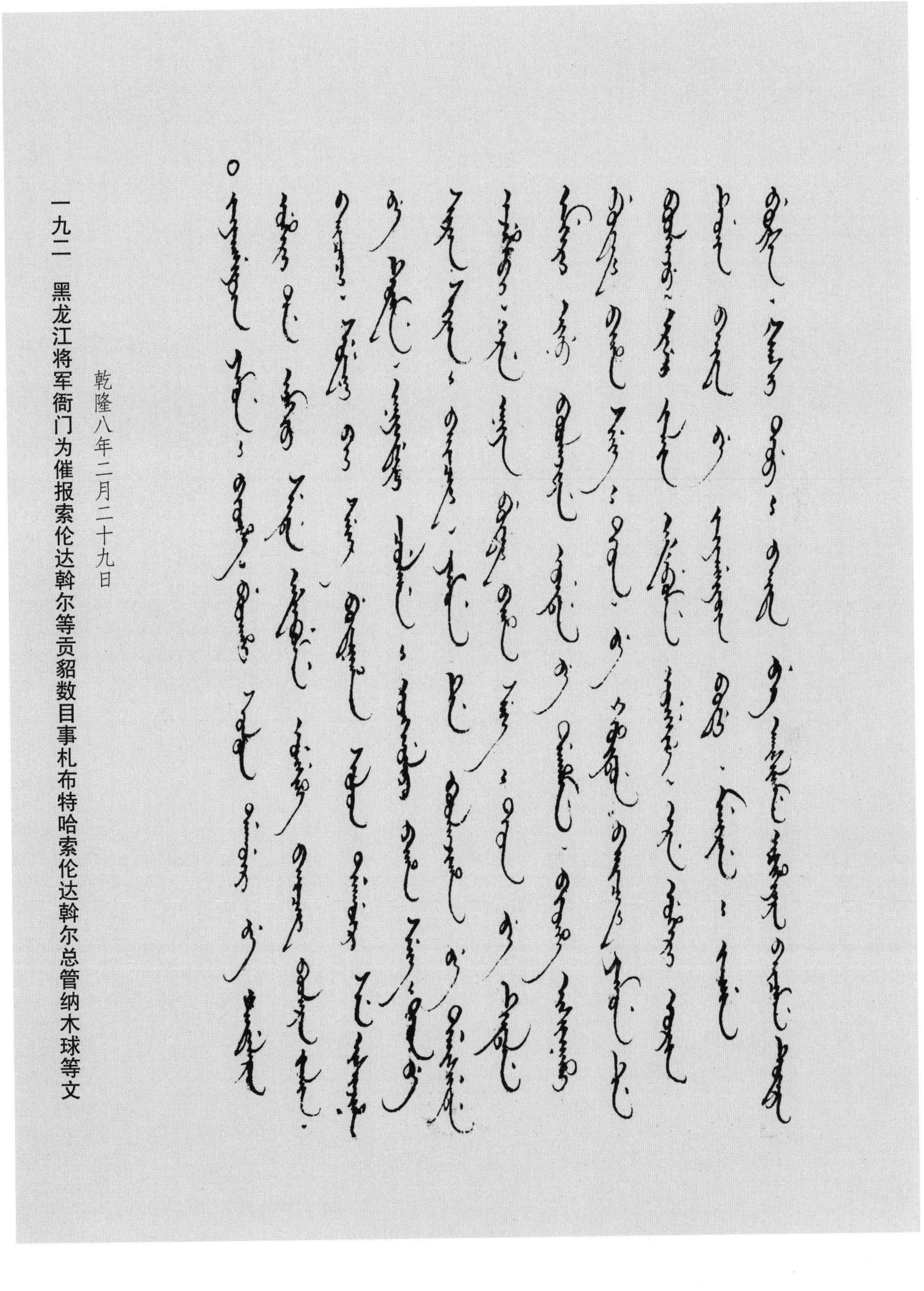

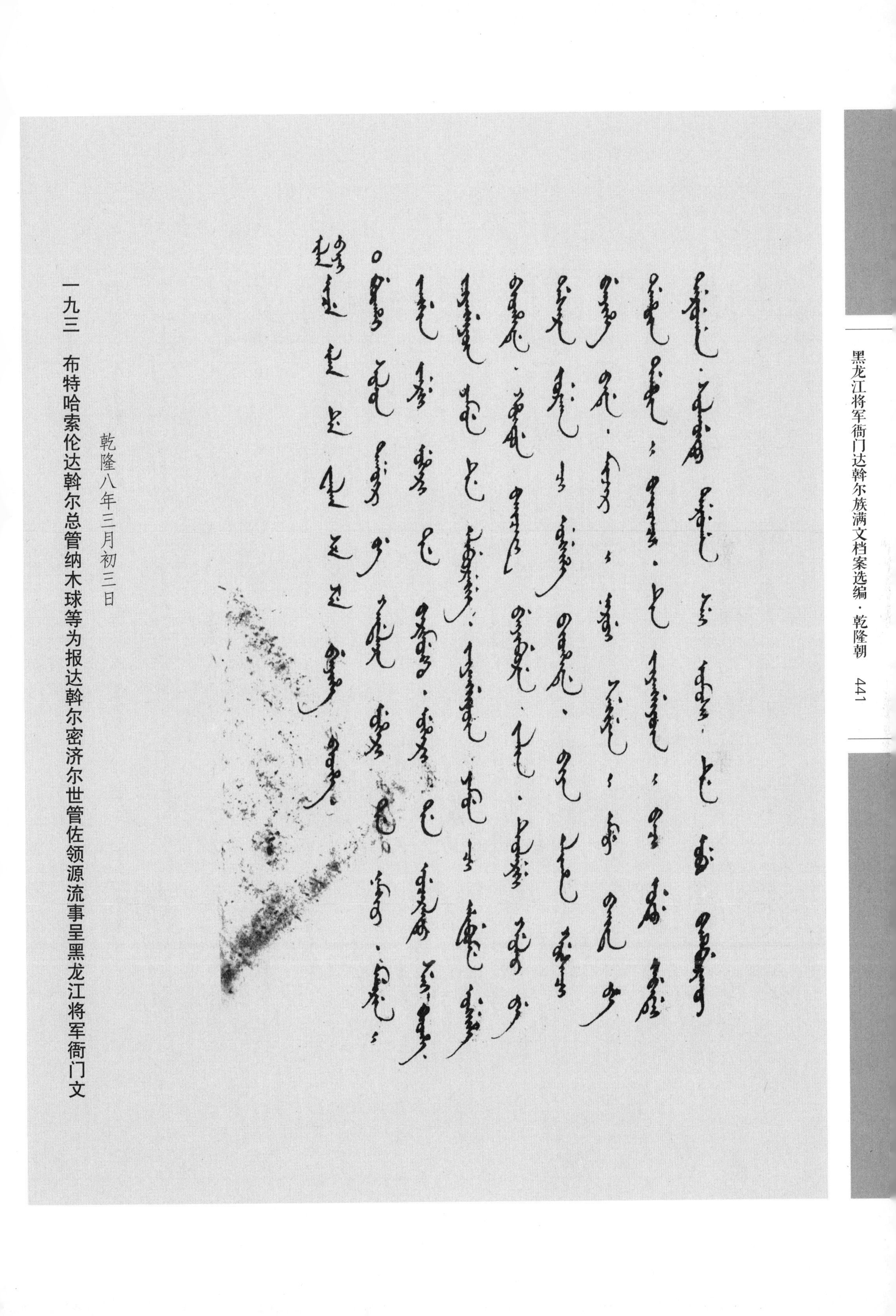

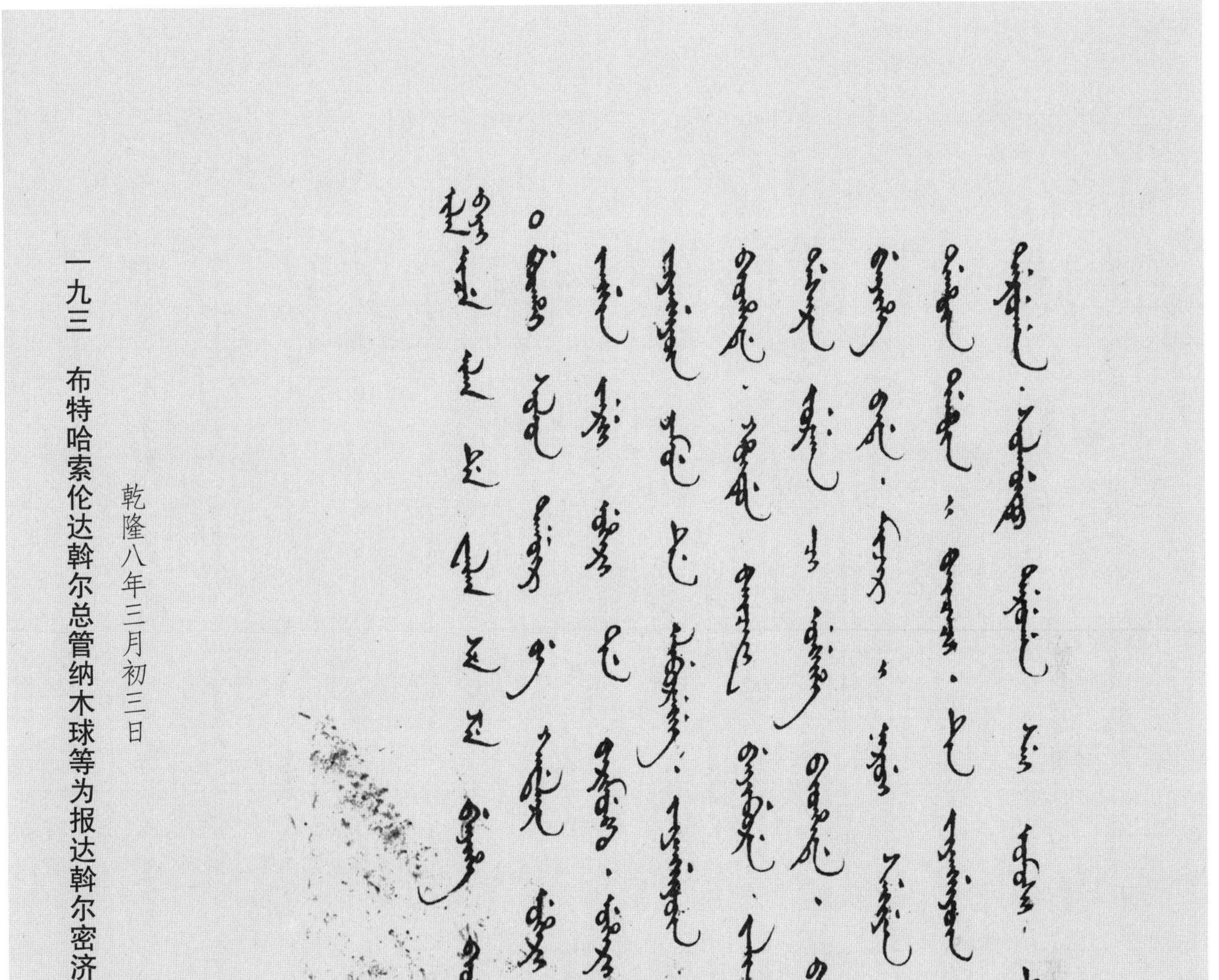

一九三　布特哈索伦达斡尔总管纳木球等为报达斡尔密济尔世管佐领源流事呈黑龙江将军衙门文

乾隆八年三月初三日

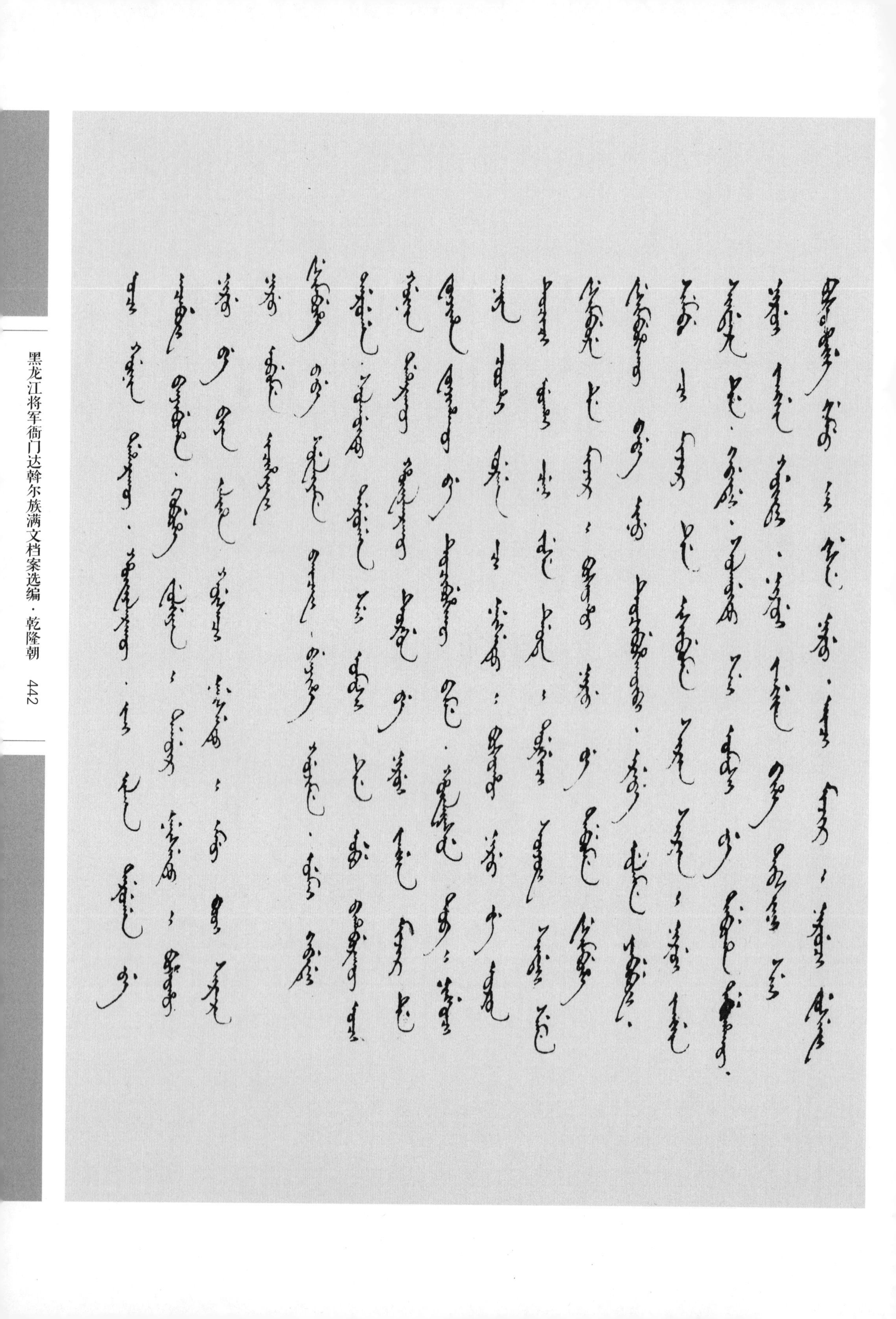

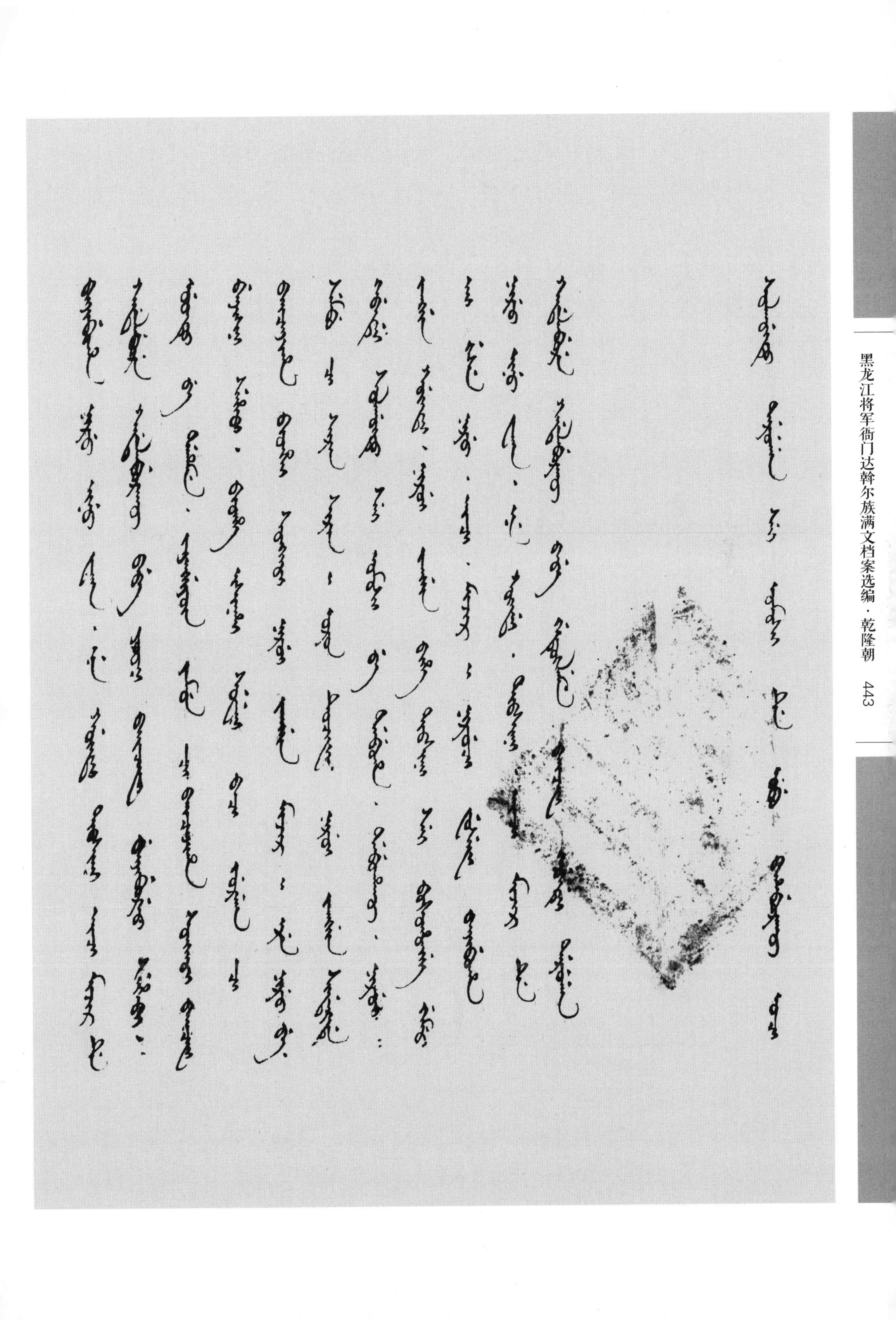

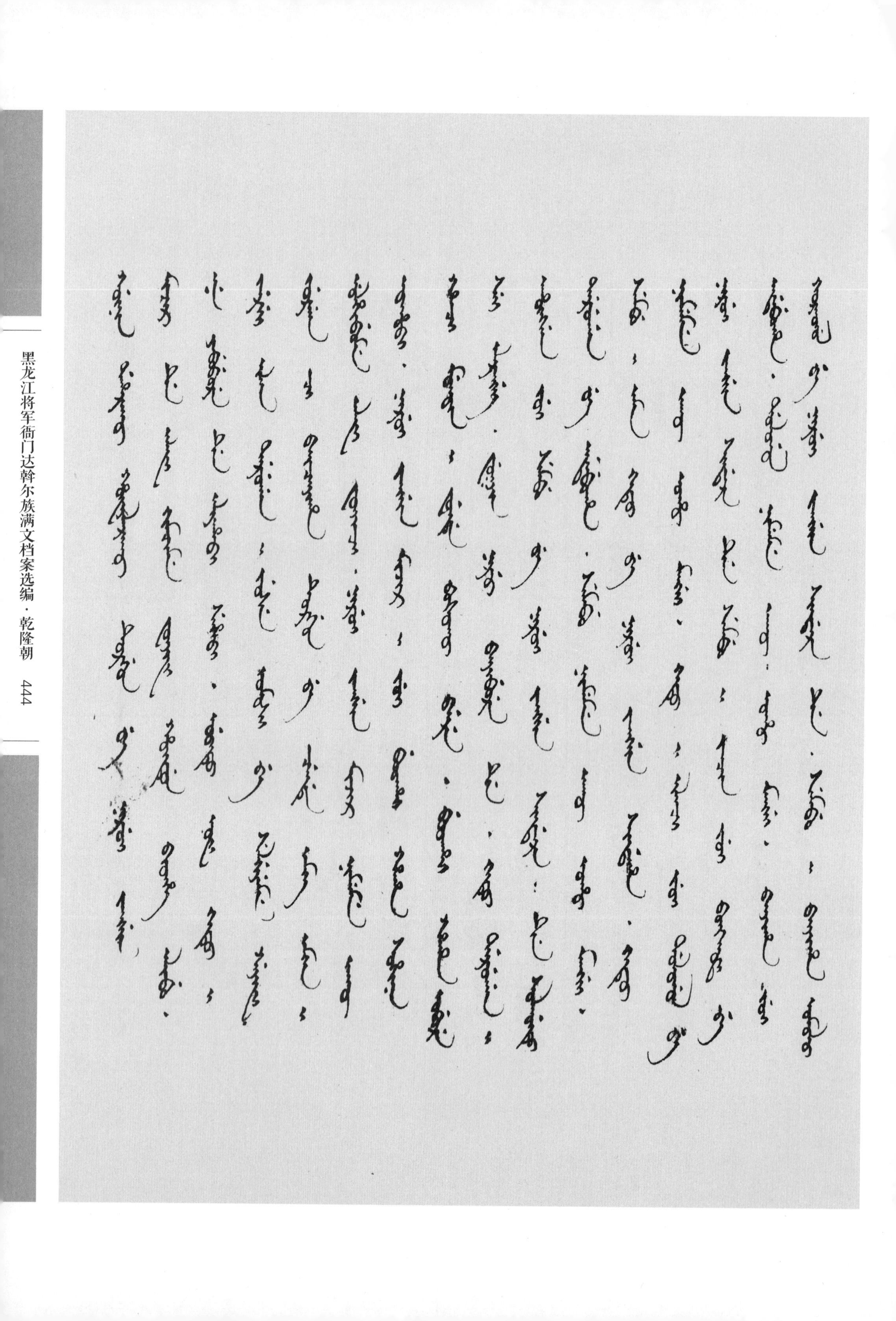

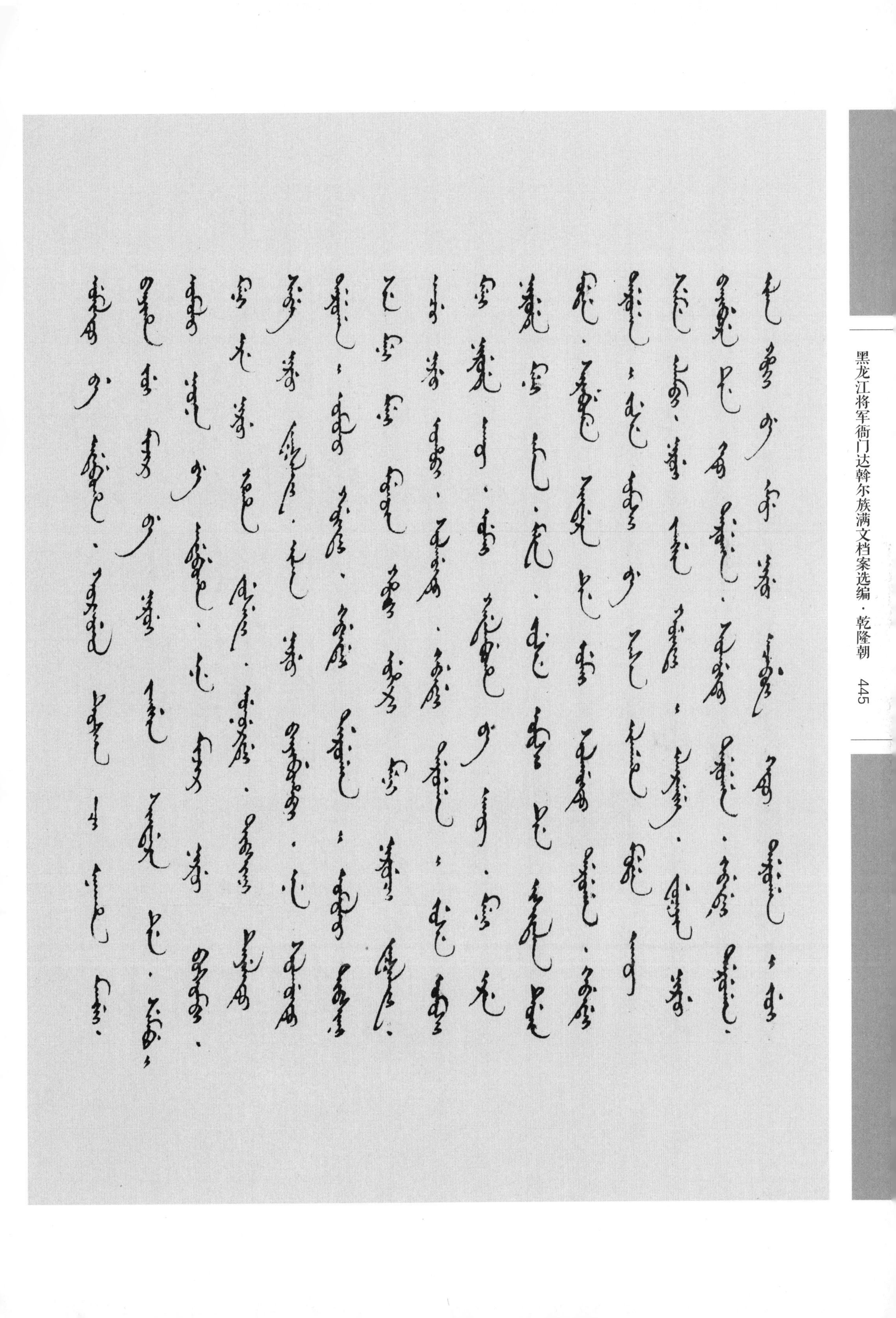

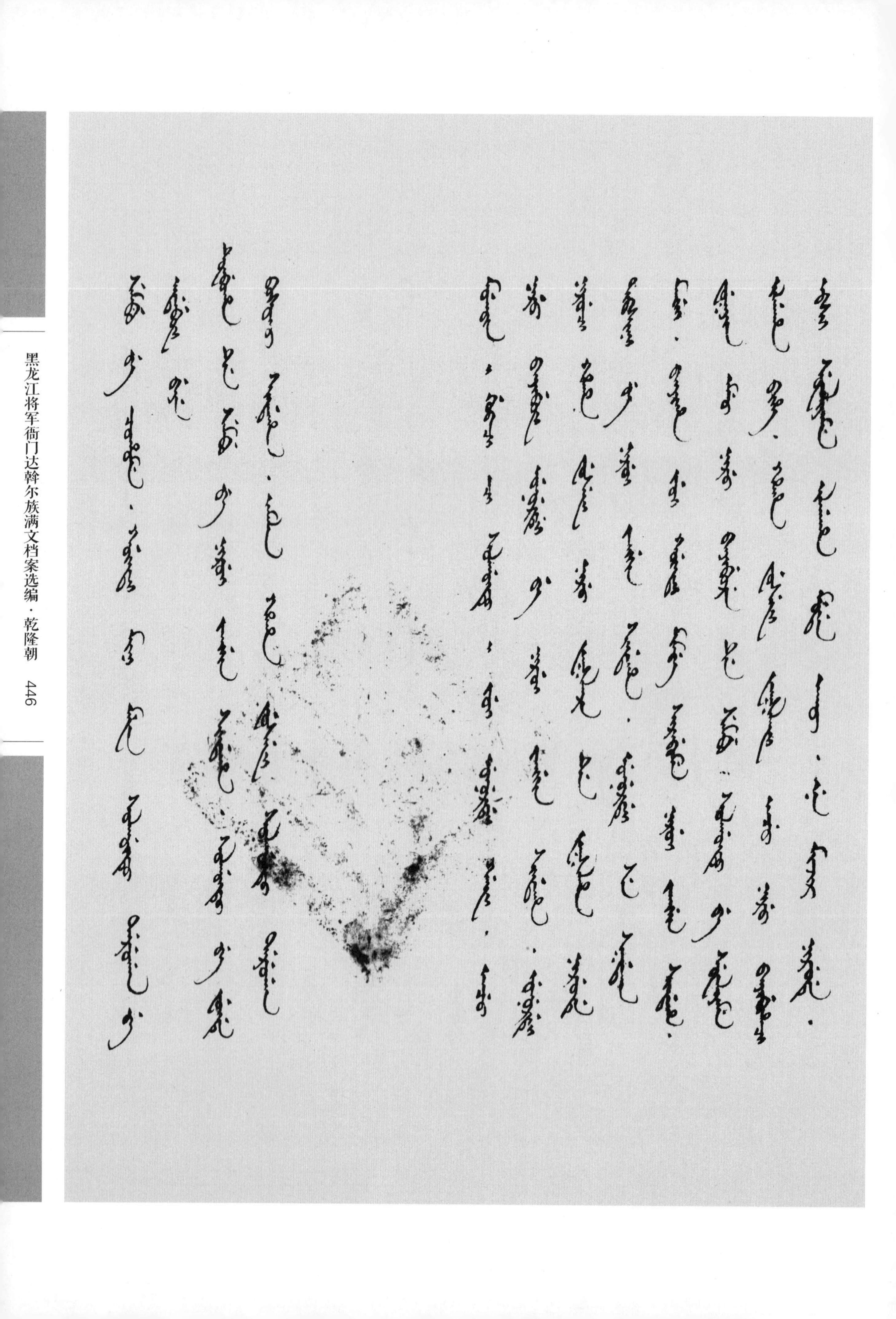

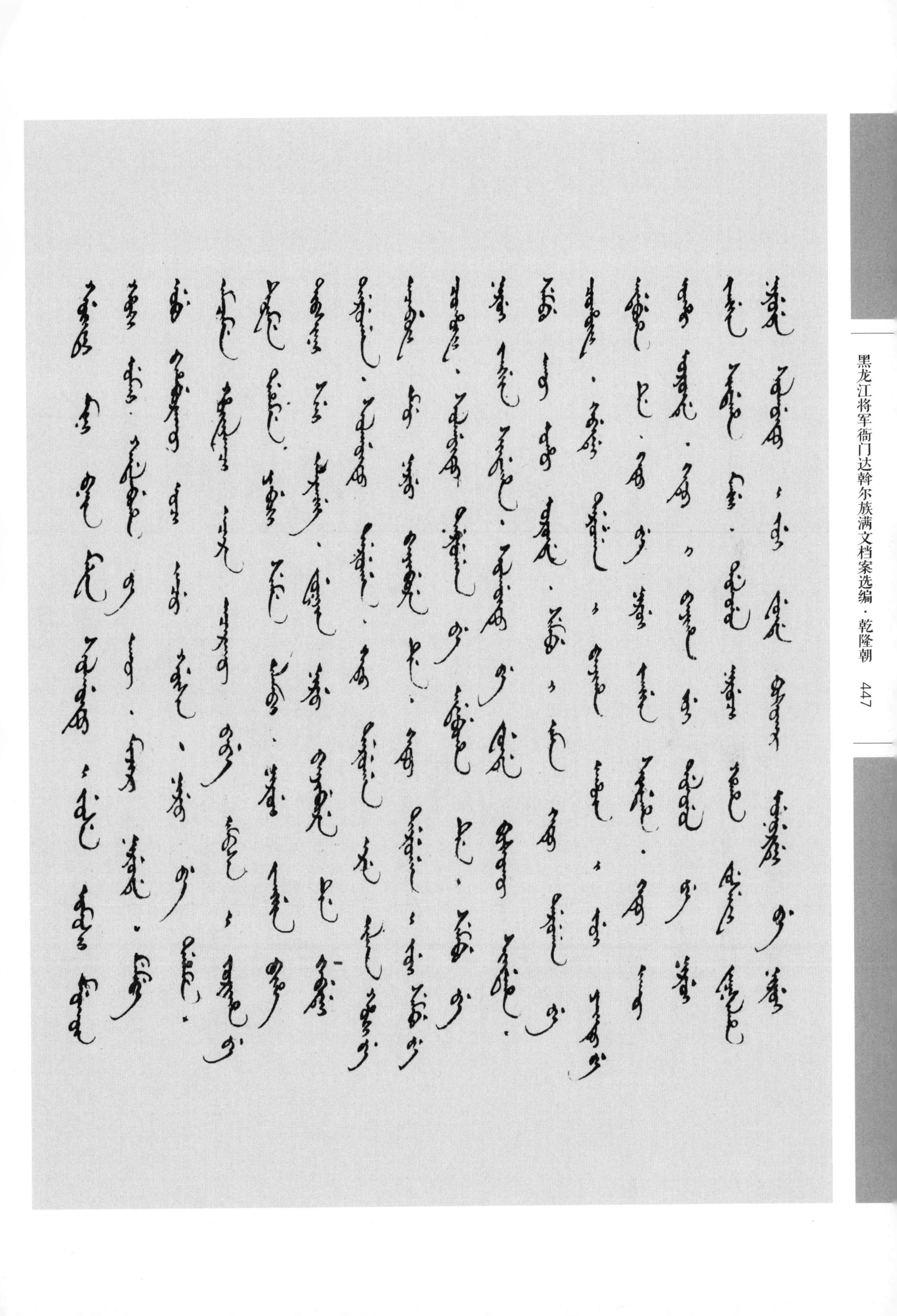

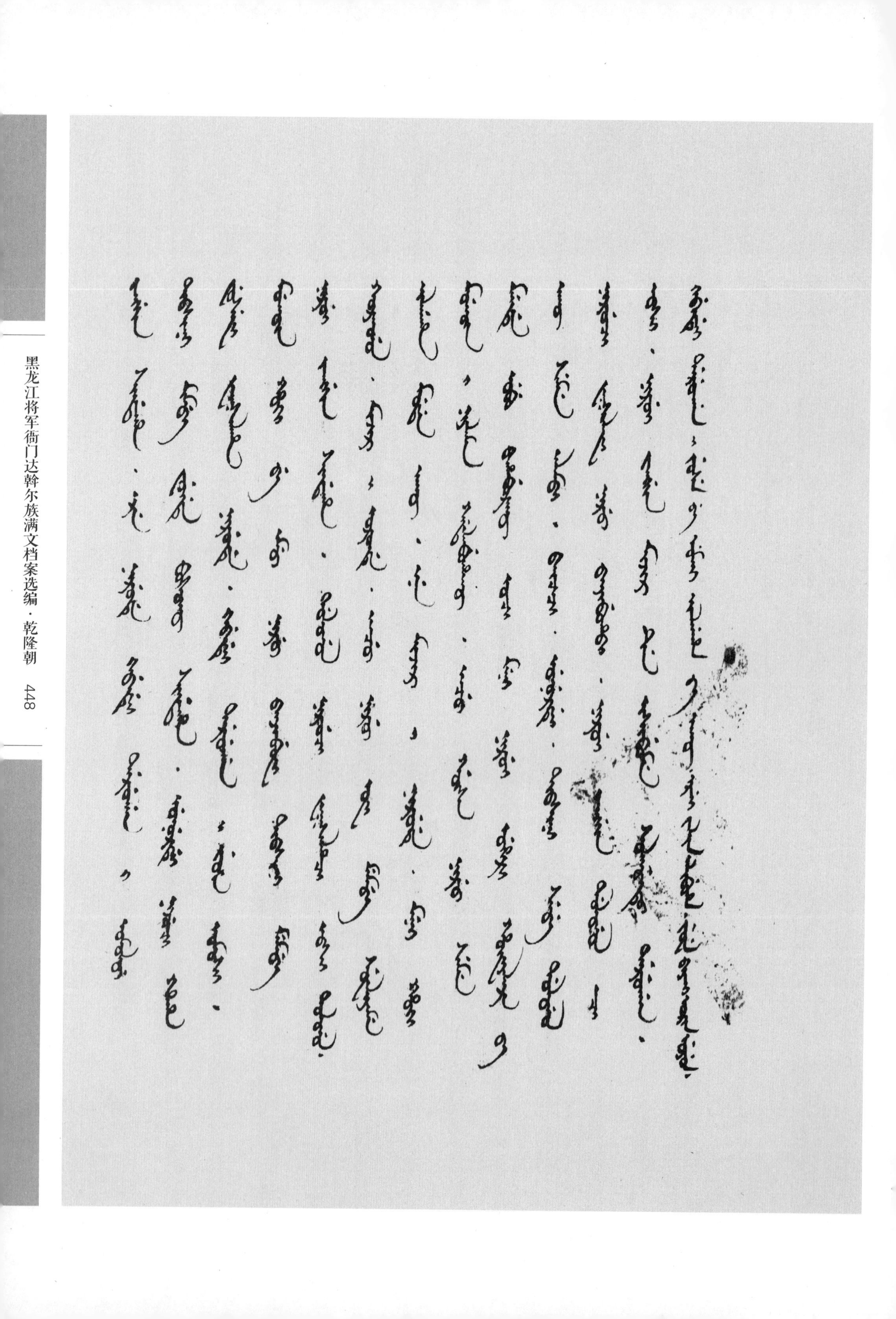

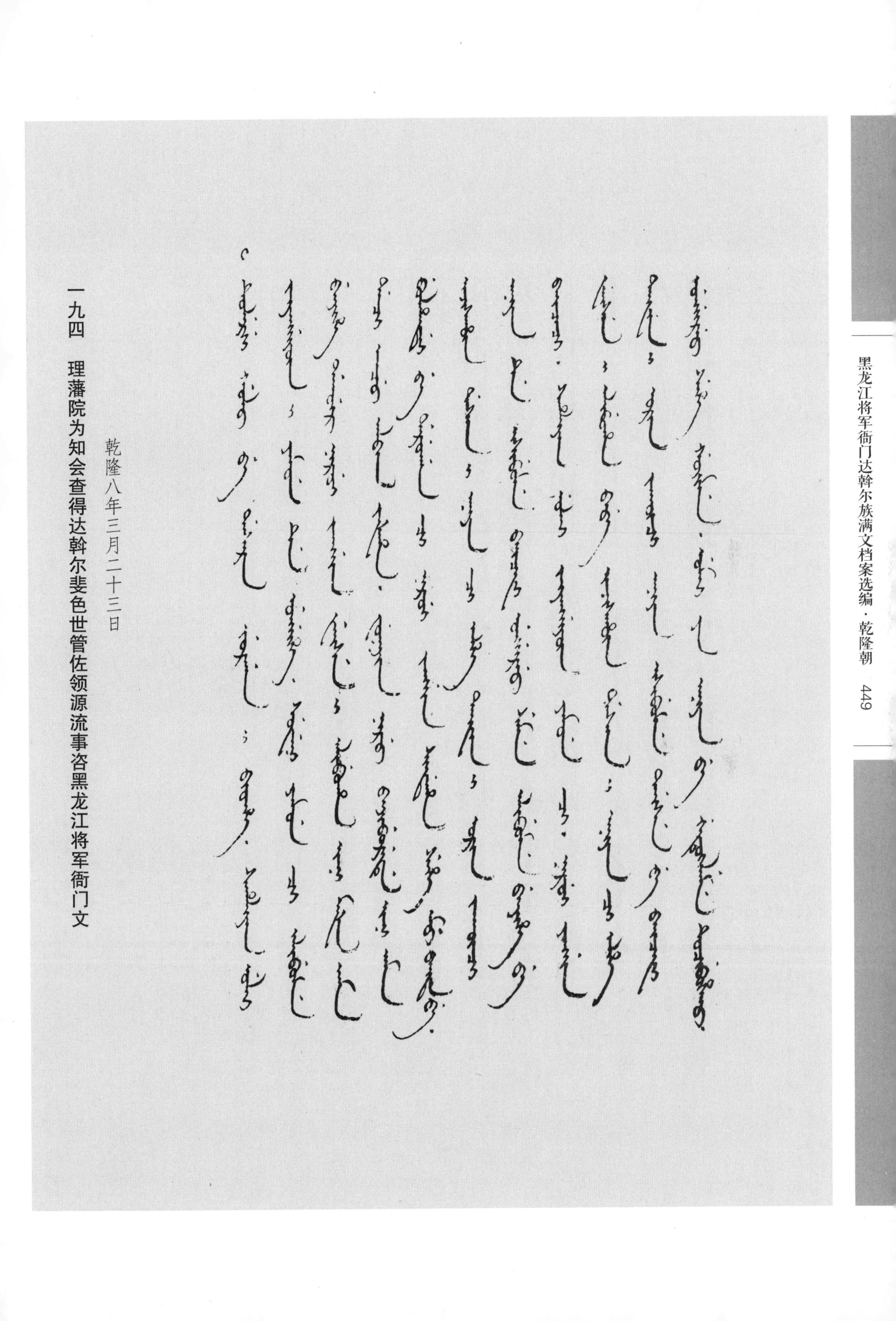

一九四 理藩院为知会查得达斡尔斐色世管佐领源流事咨黑龙江将军衙门文

乾隆八年三月二十三日

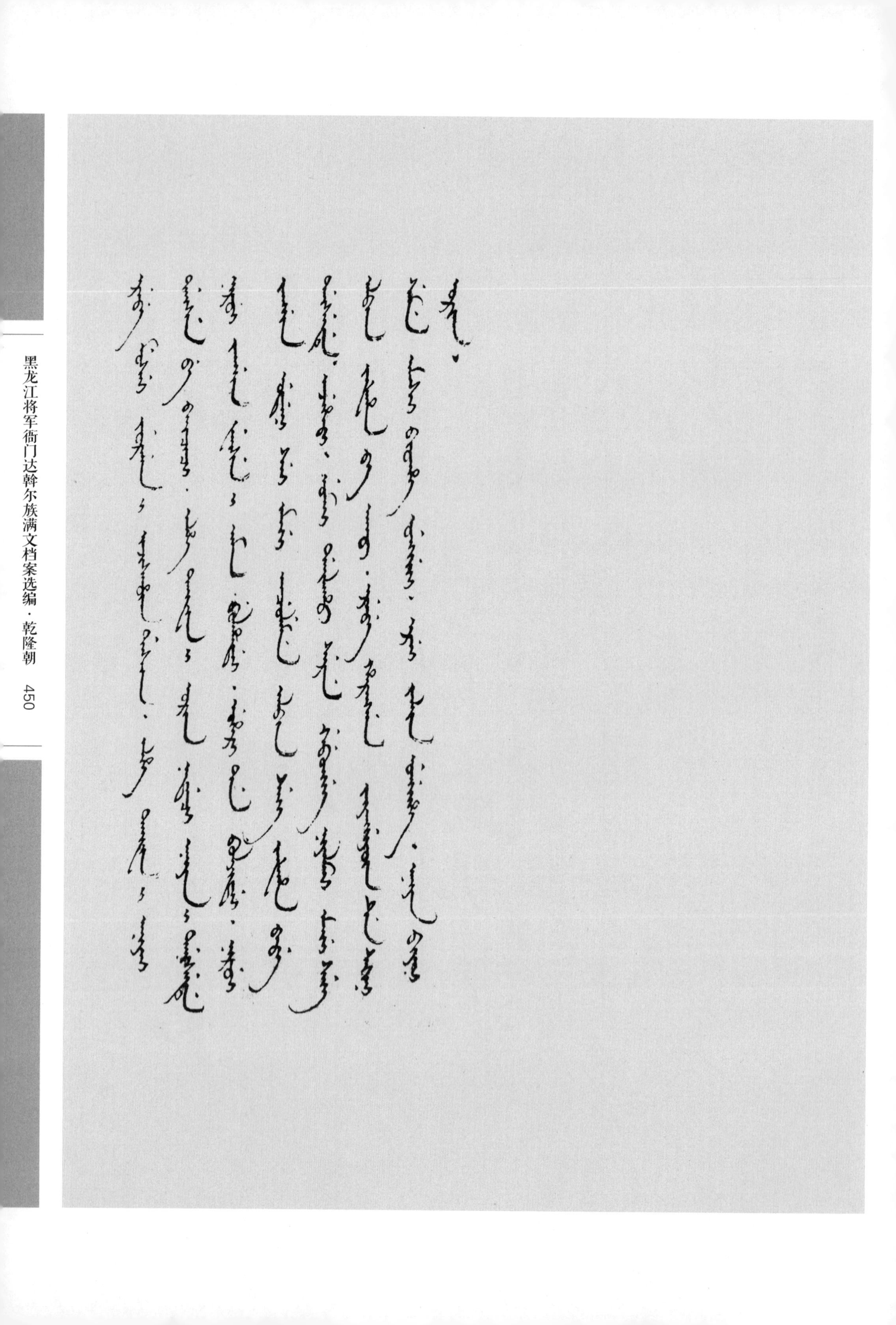

[illegible]

[illegible]

[illegible]

[illegible]

[illegible]

[illegible]

[illegible]

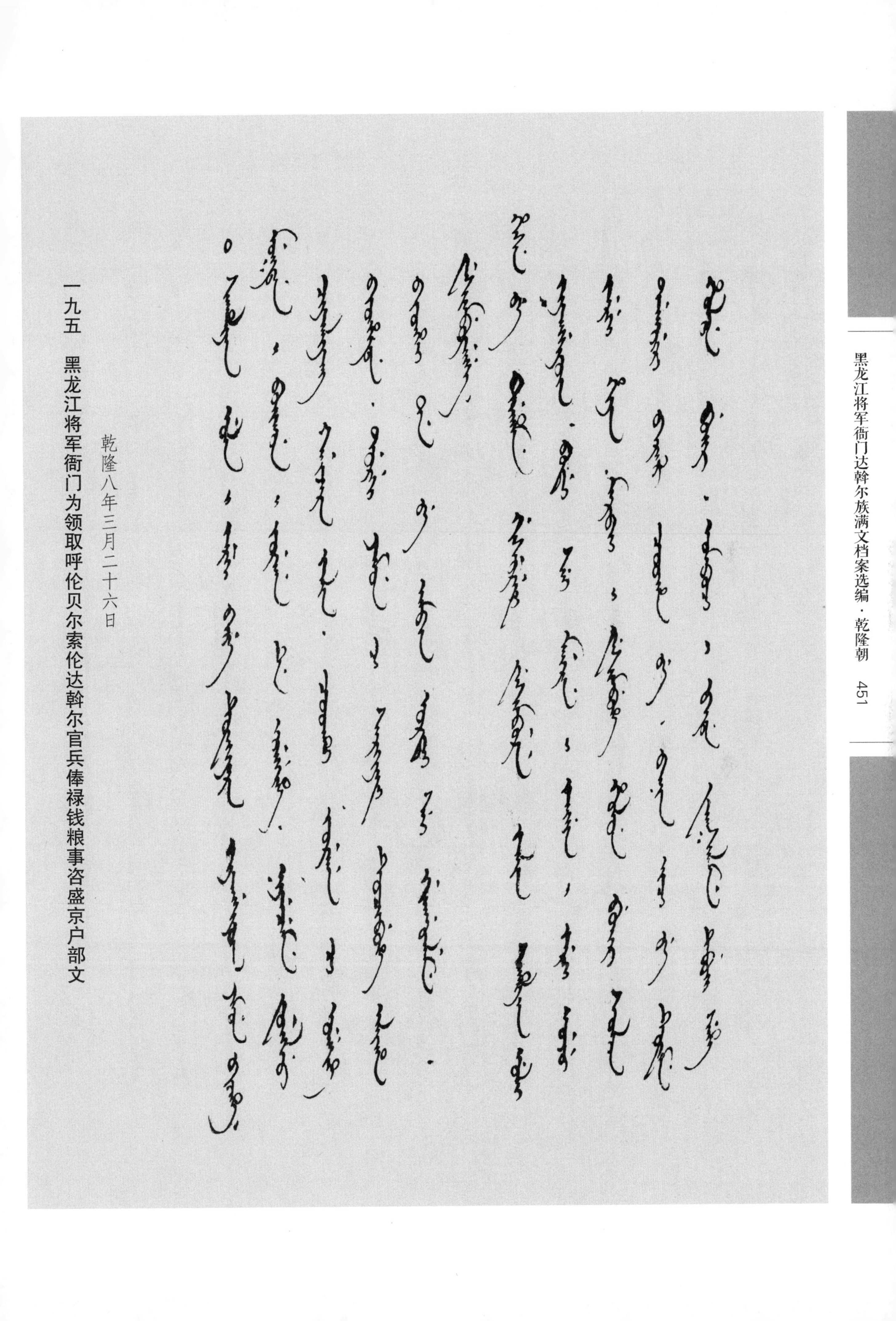

一九五　黑龙江将军衙门为领取呼伦贝尔索伦达斡尔官兵俸禄钱粮事咨盛京户部文

乾隆八年三月二十六日

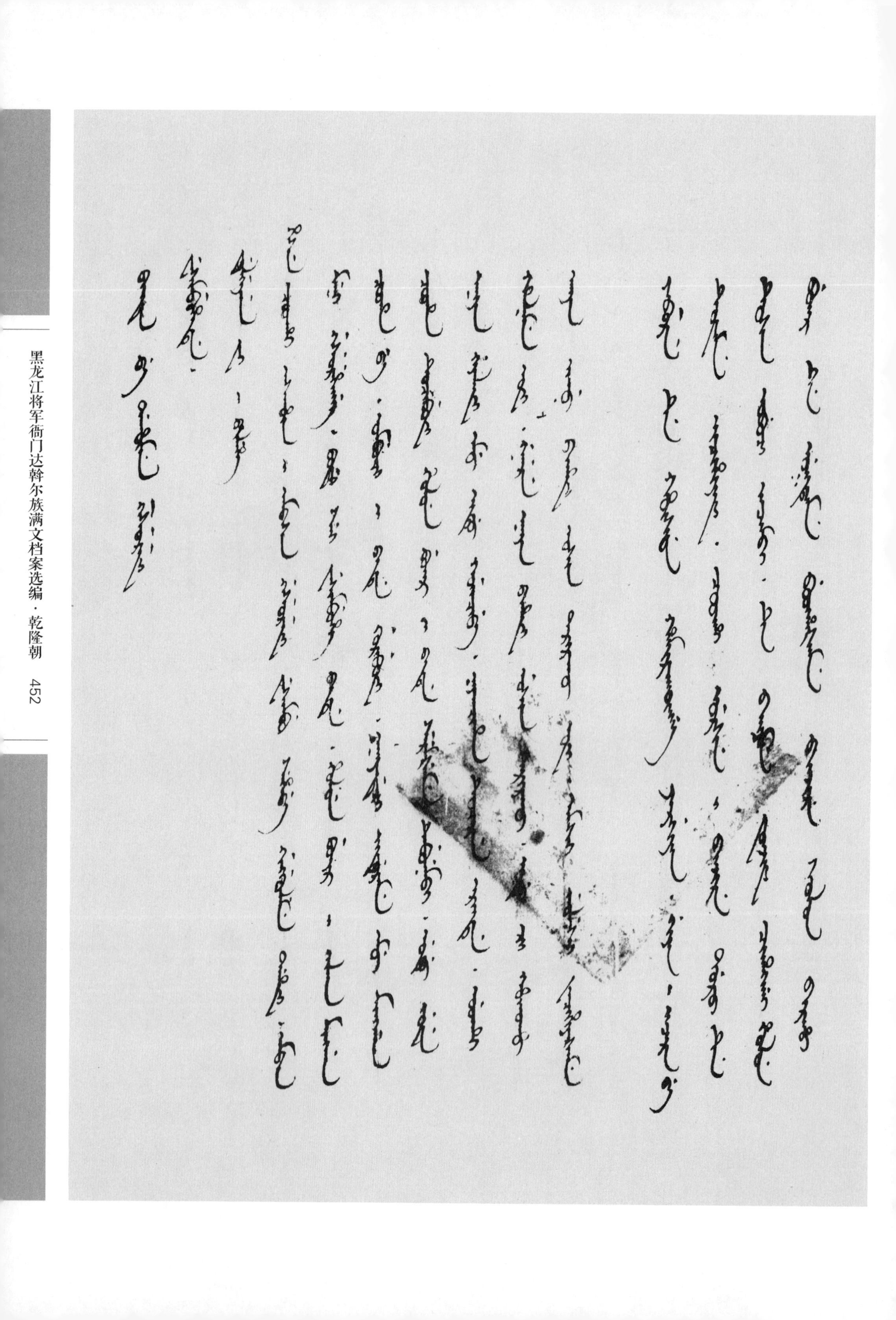

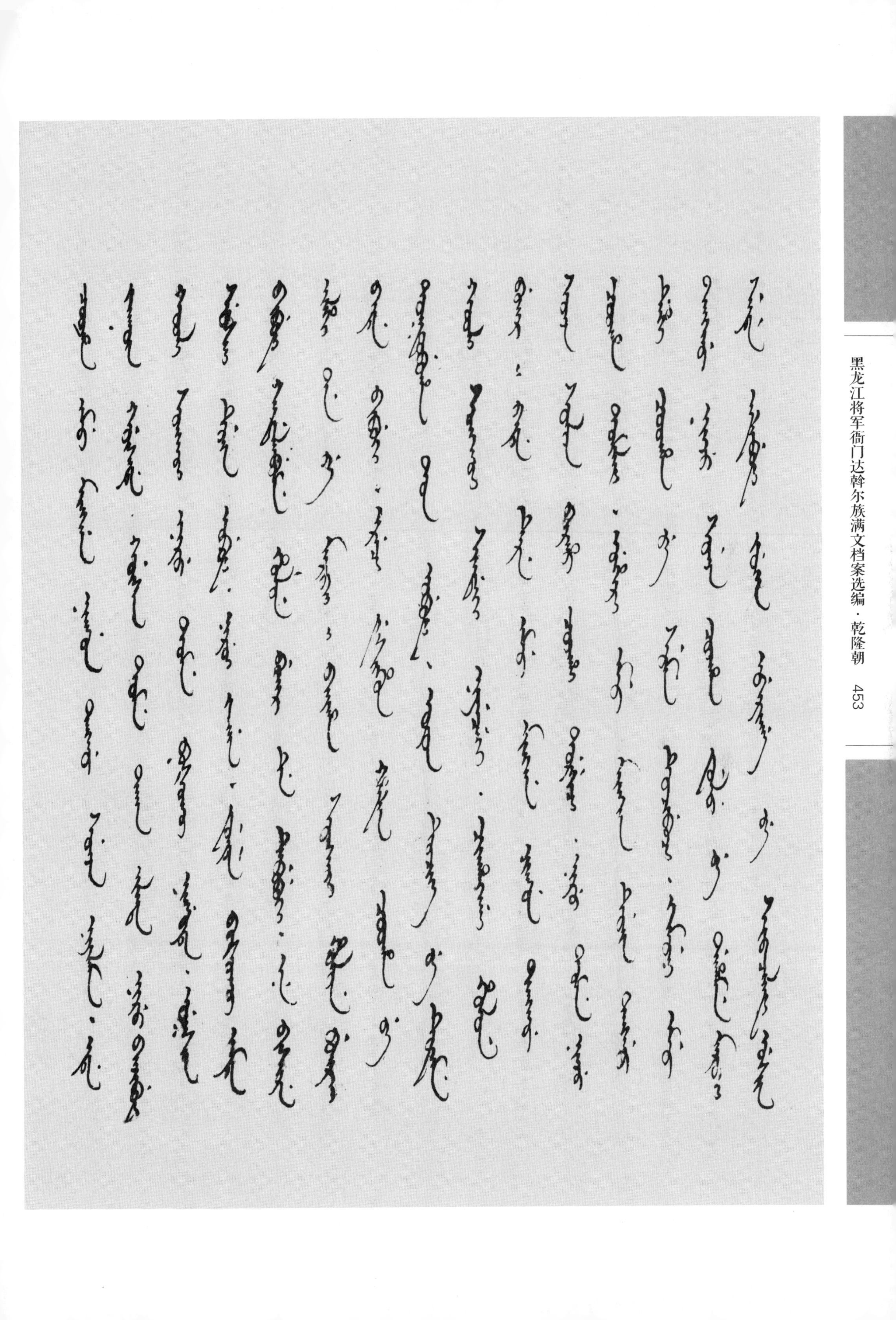

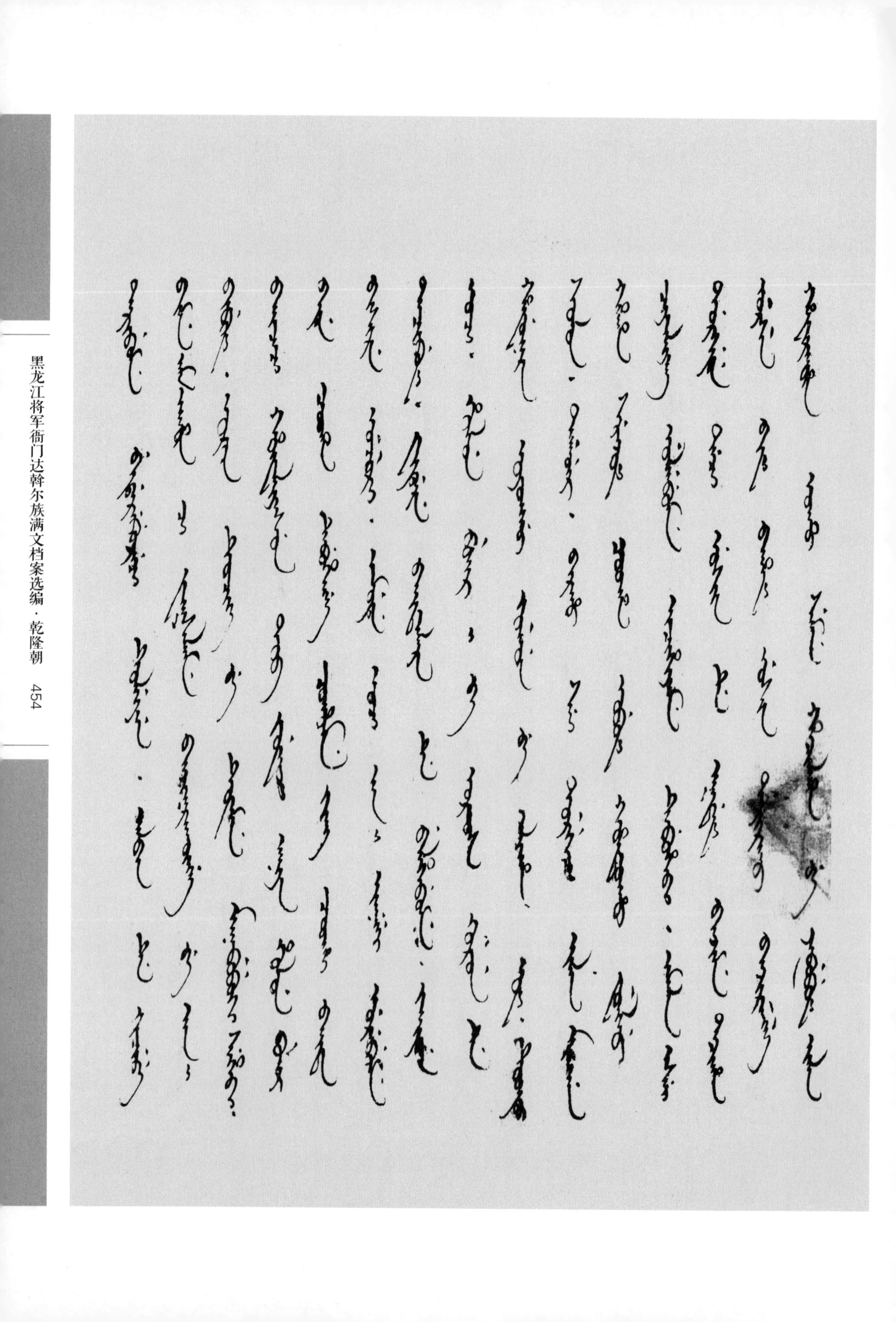

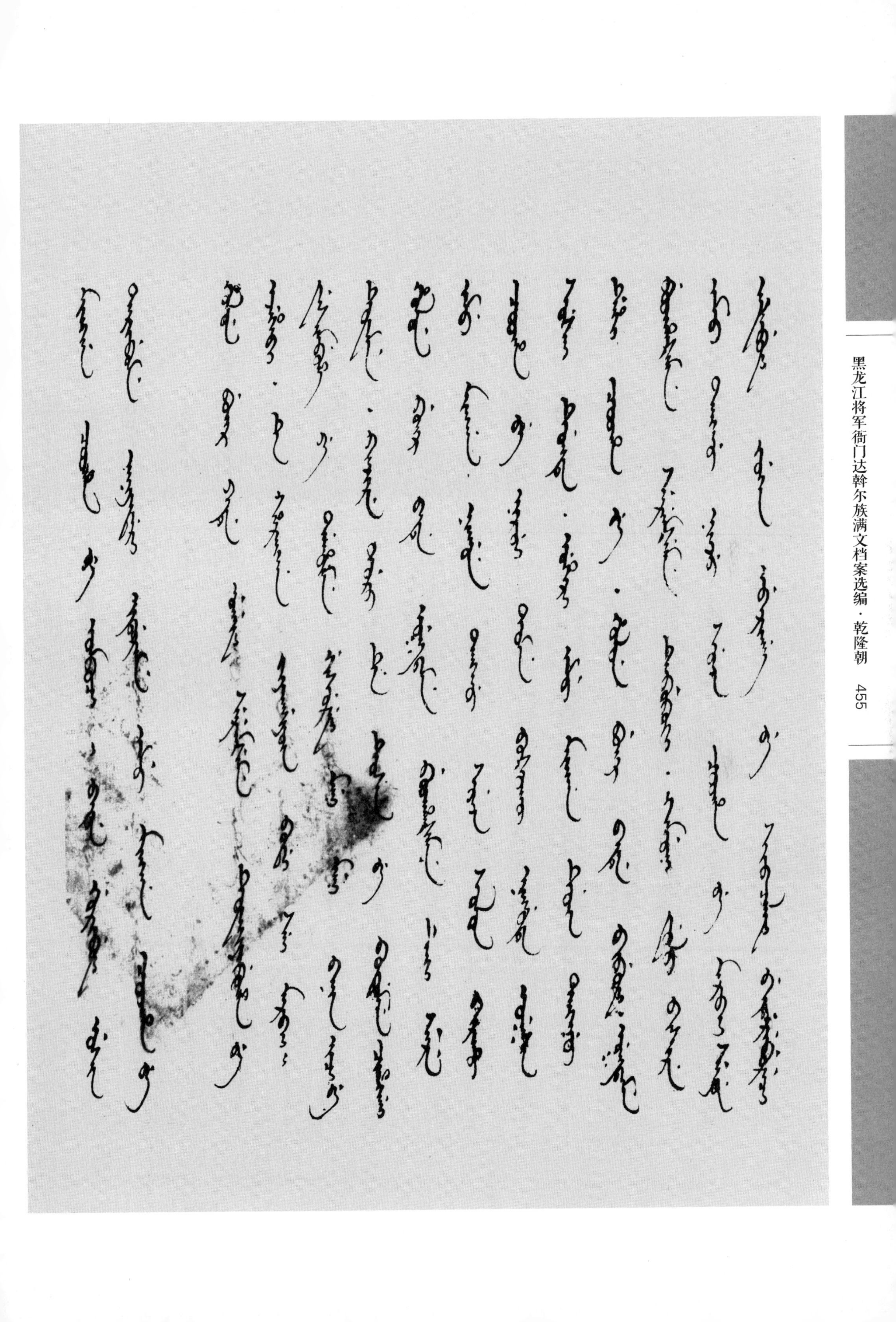

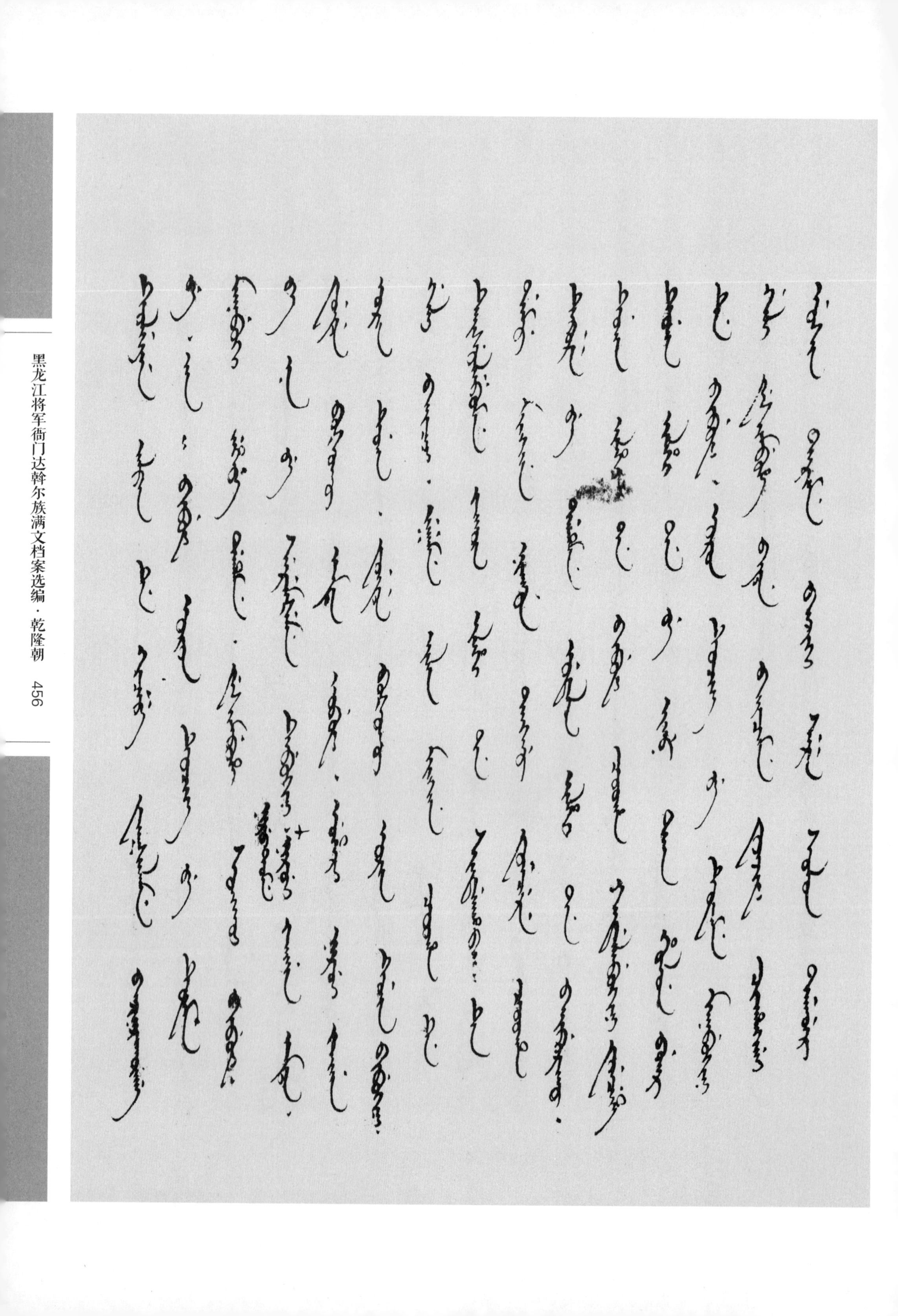

[illegible]

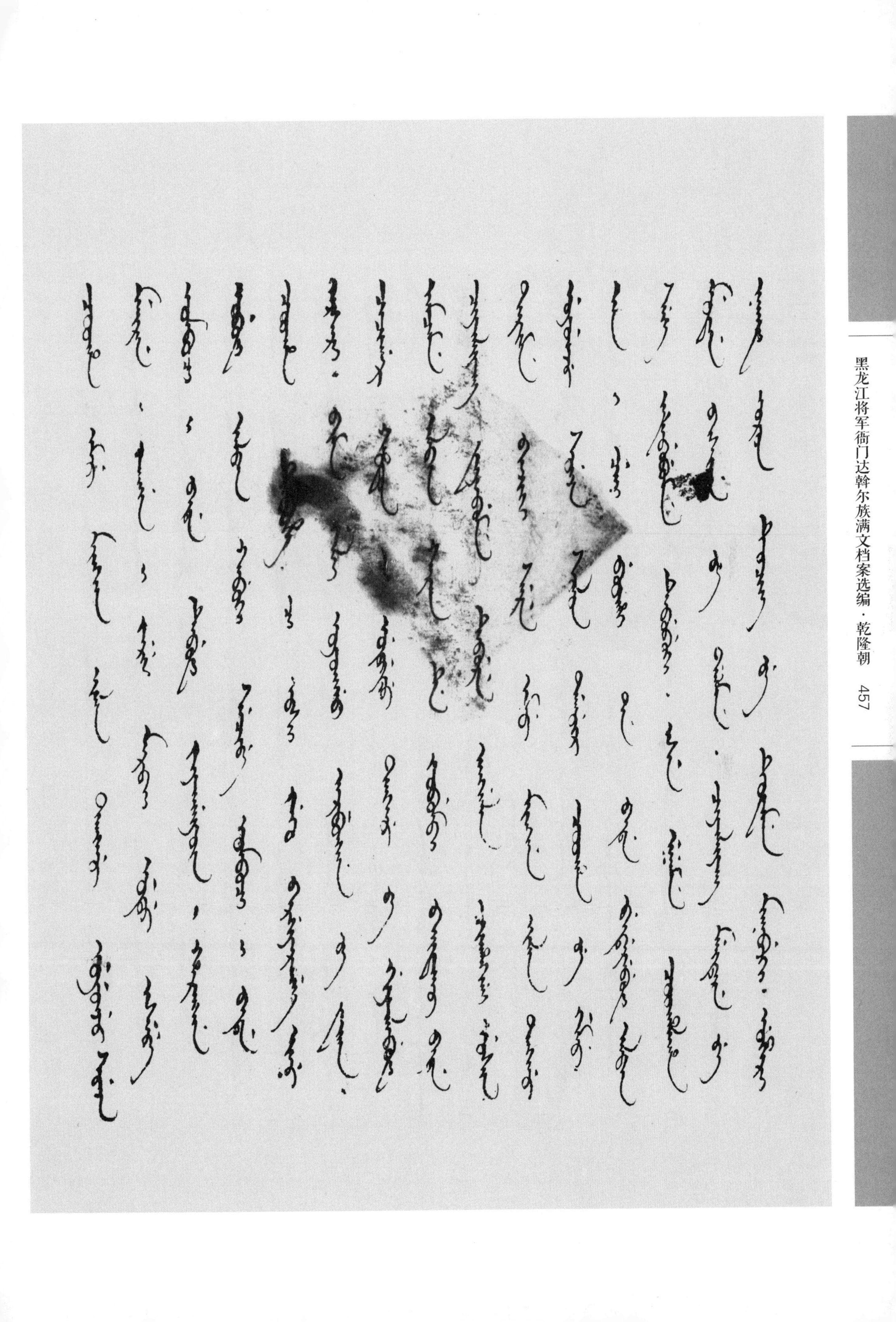

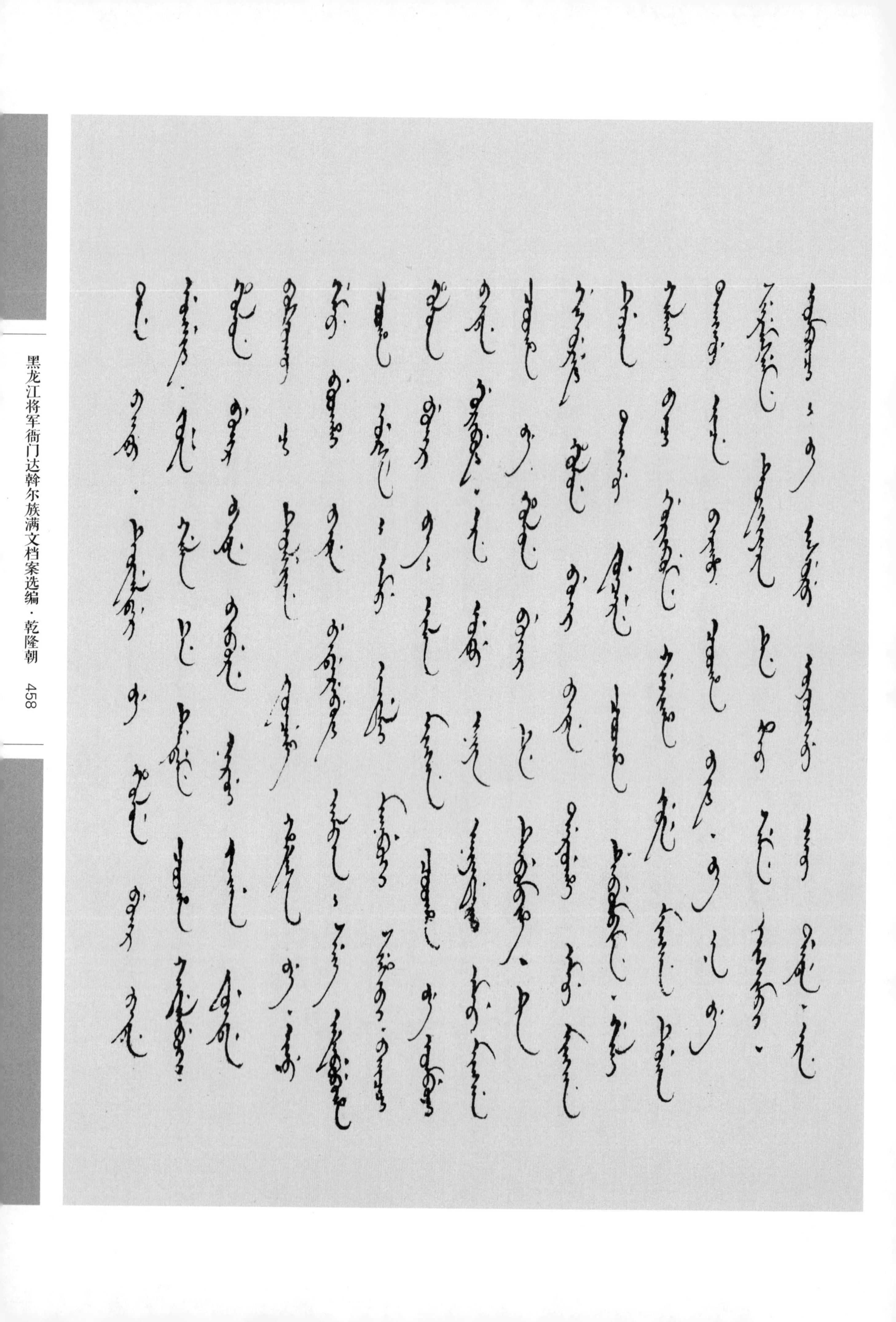

[illegible]

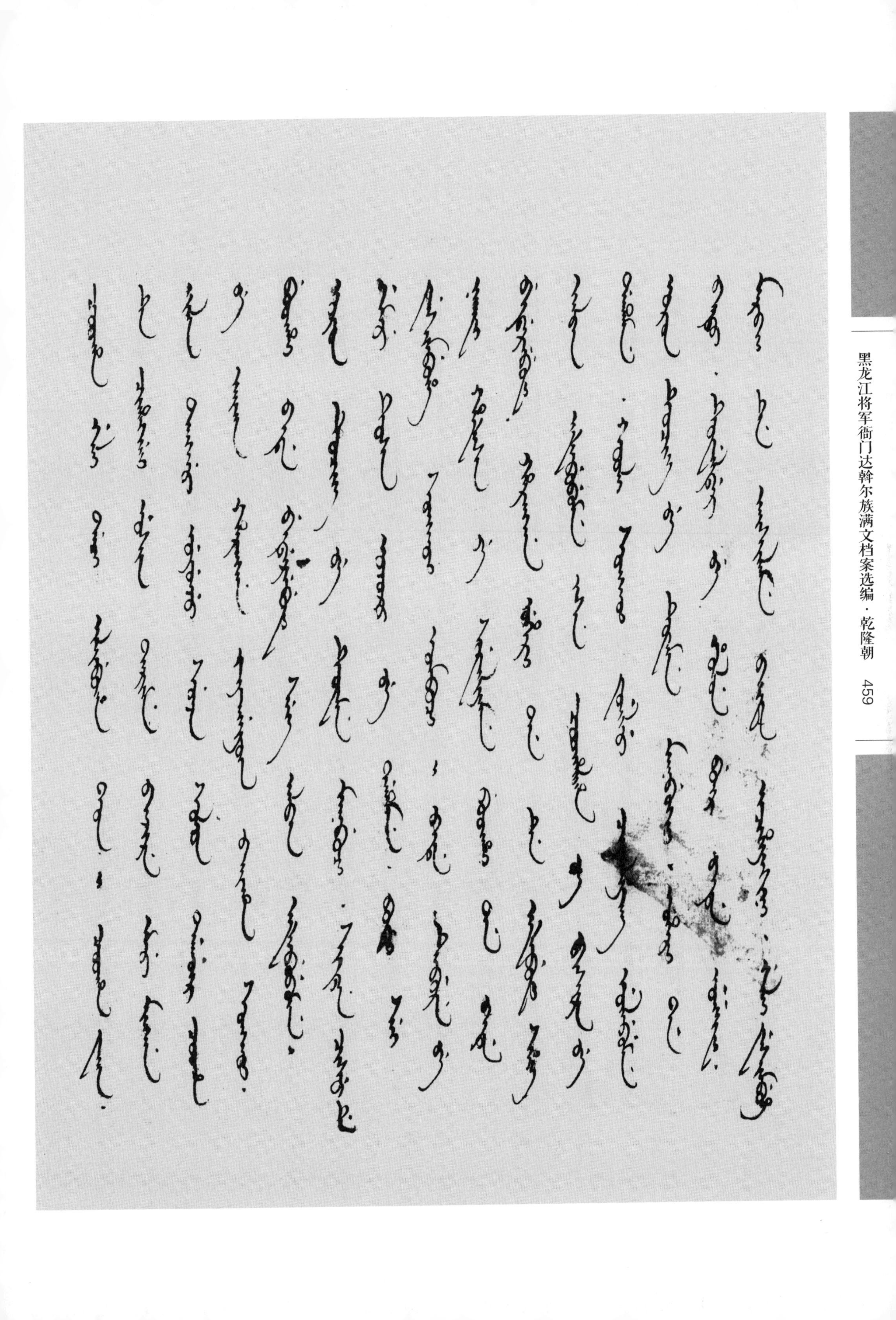

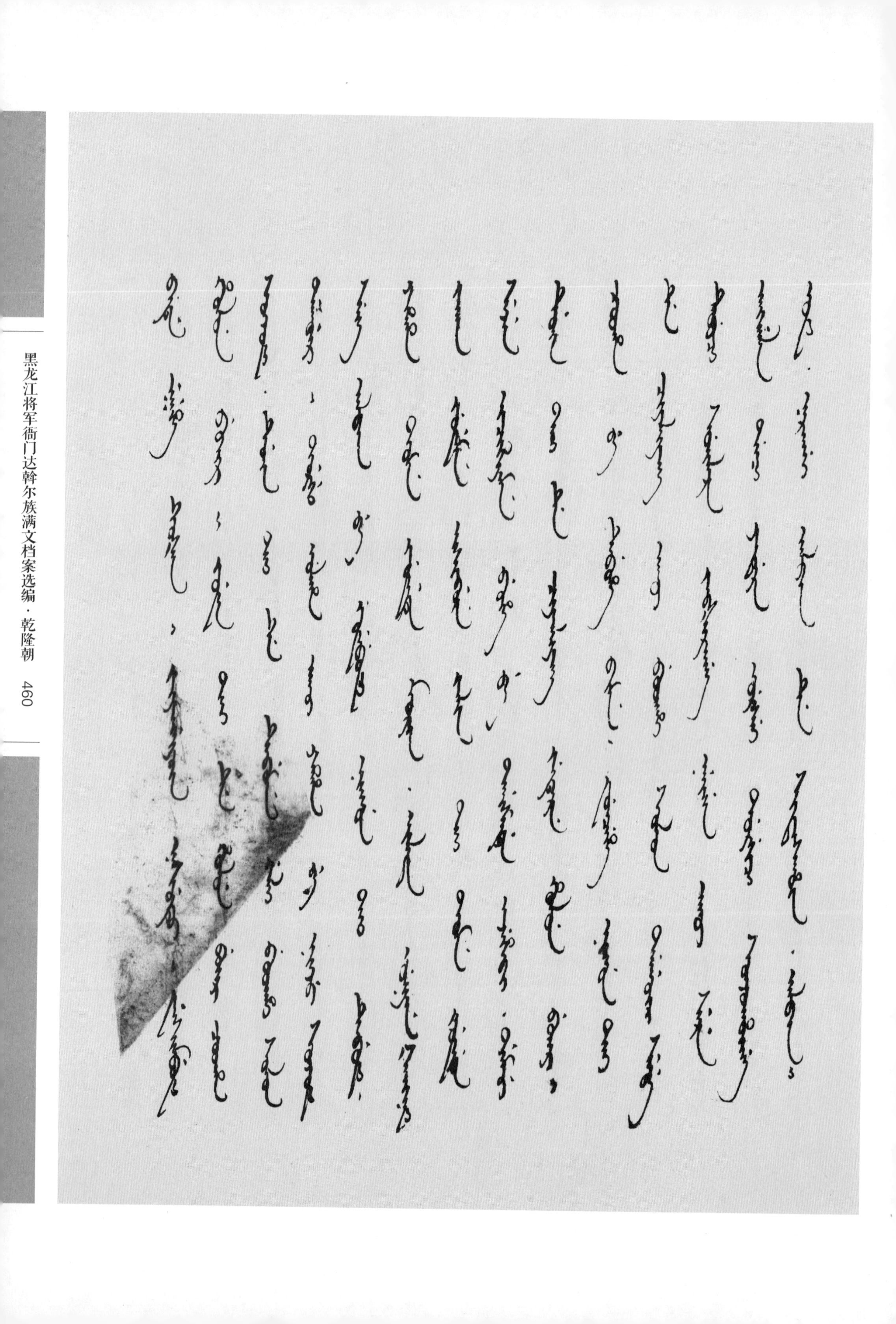

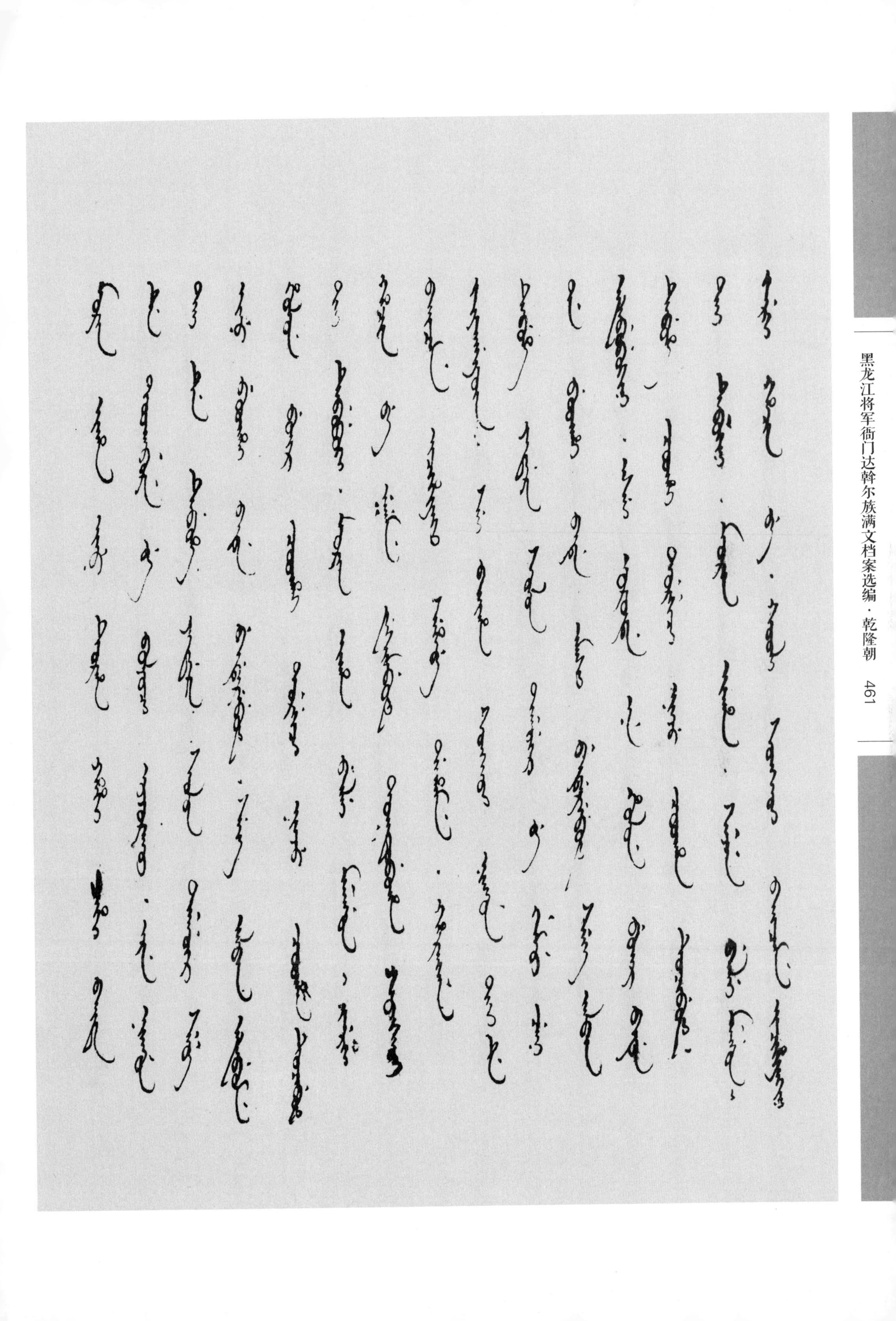

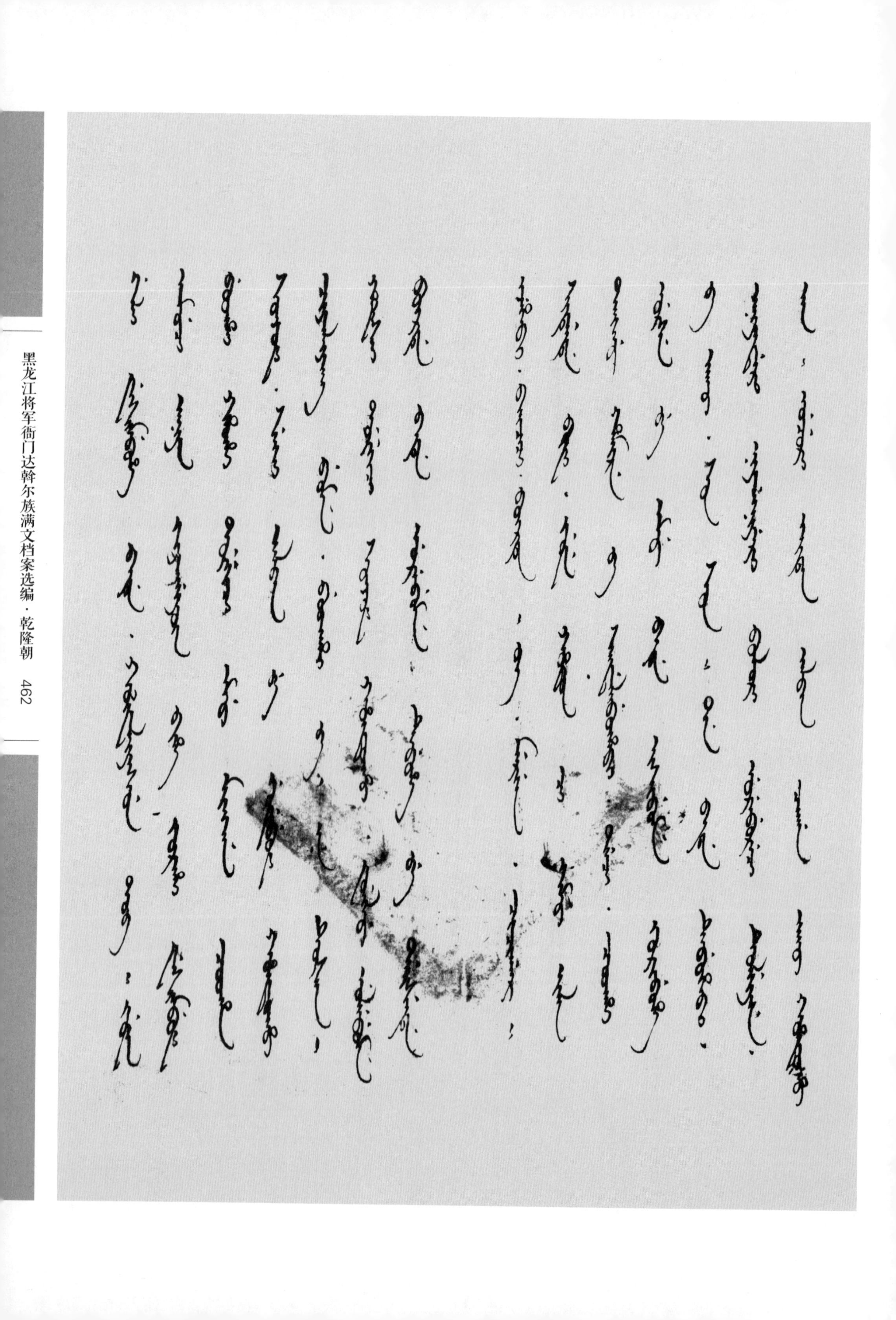

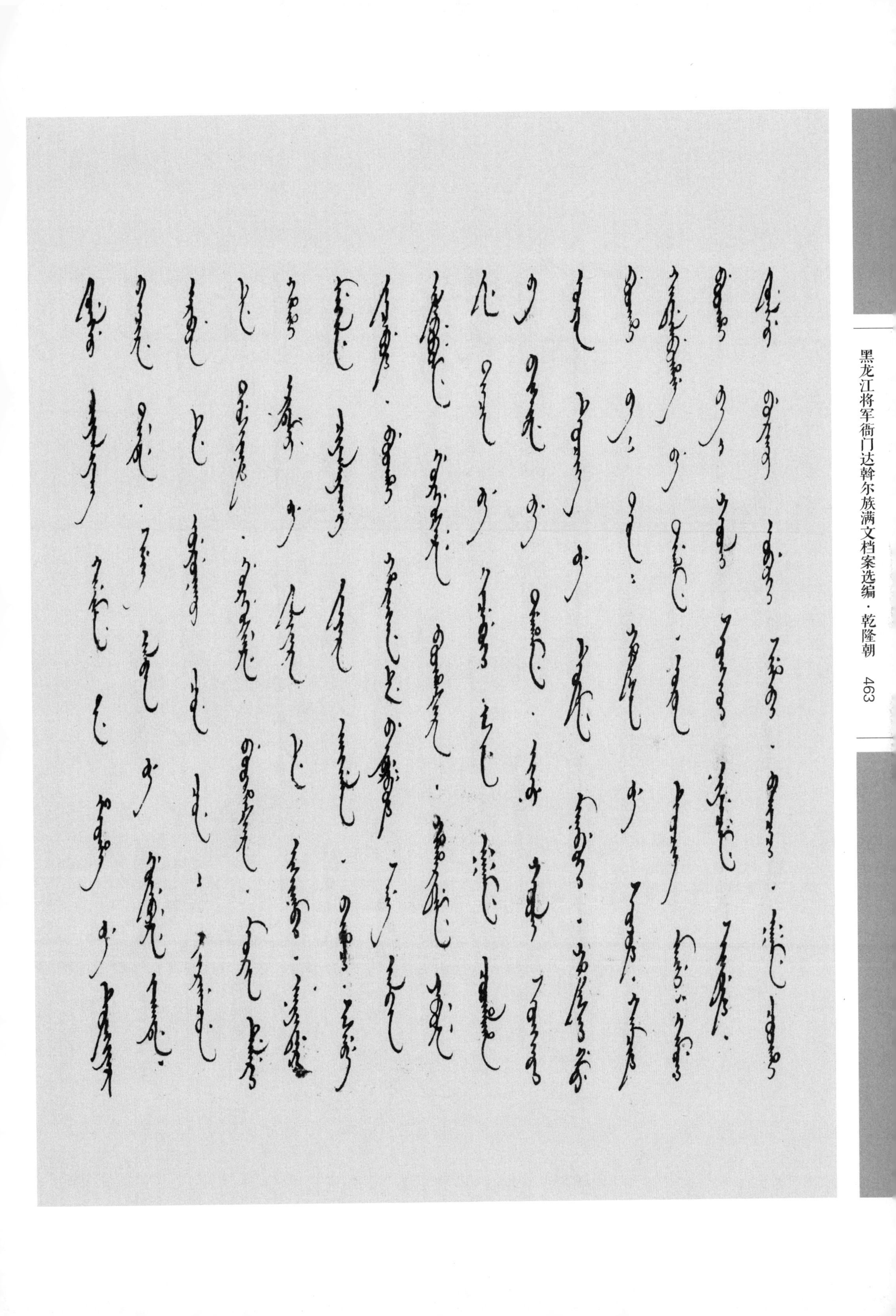

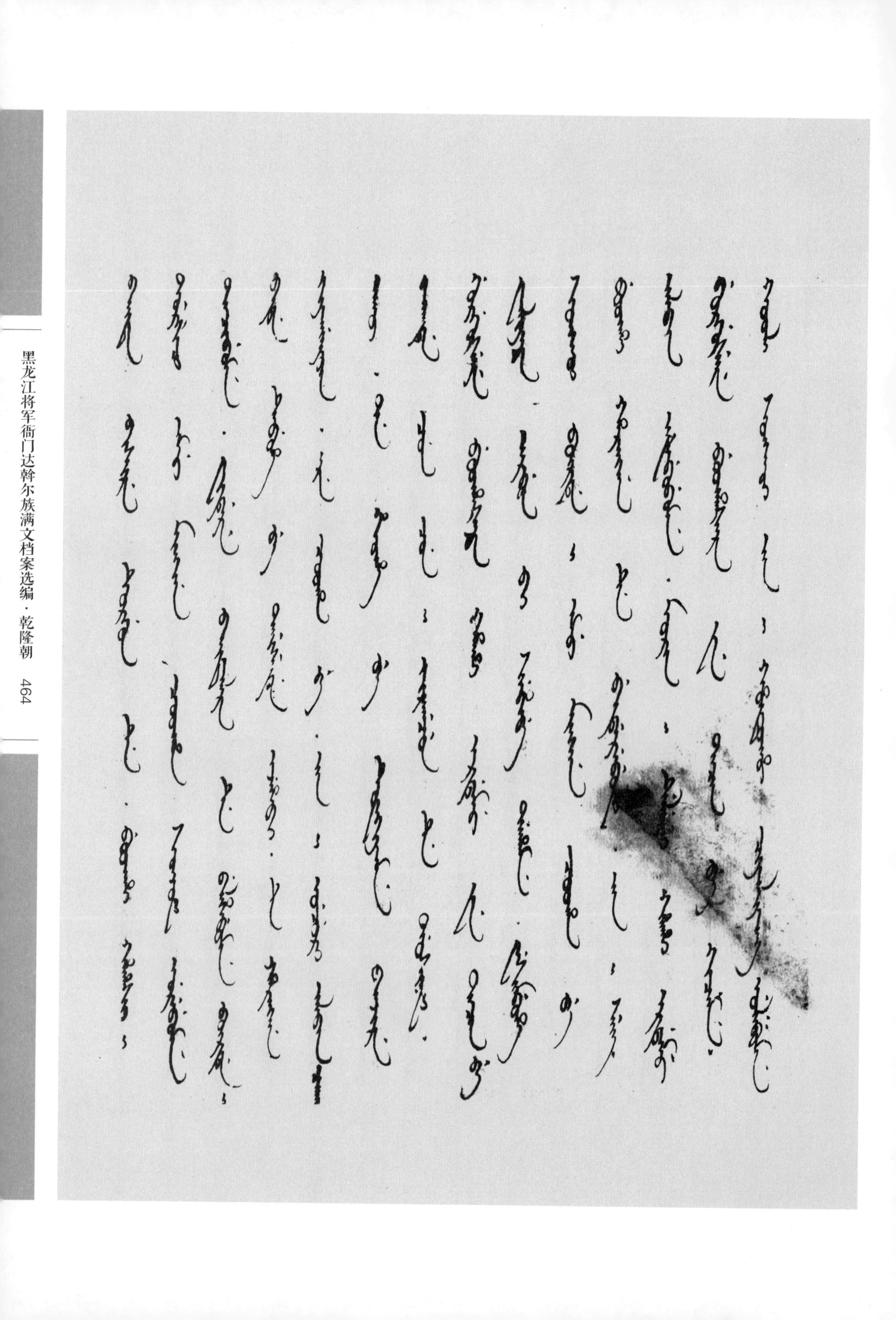

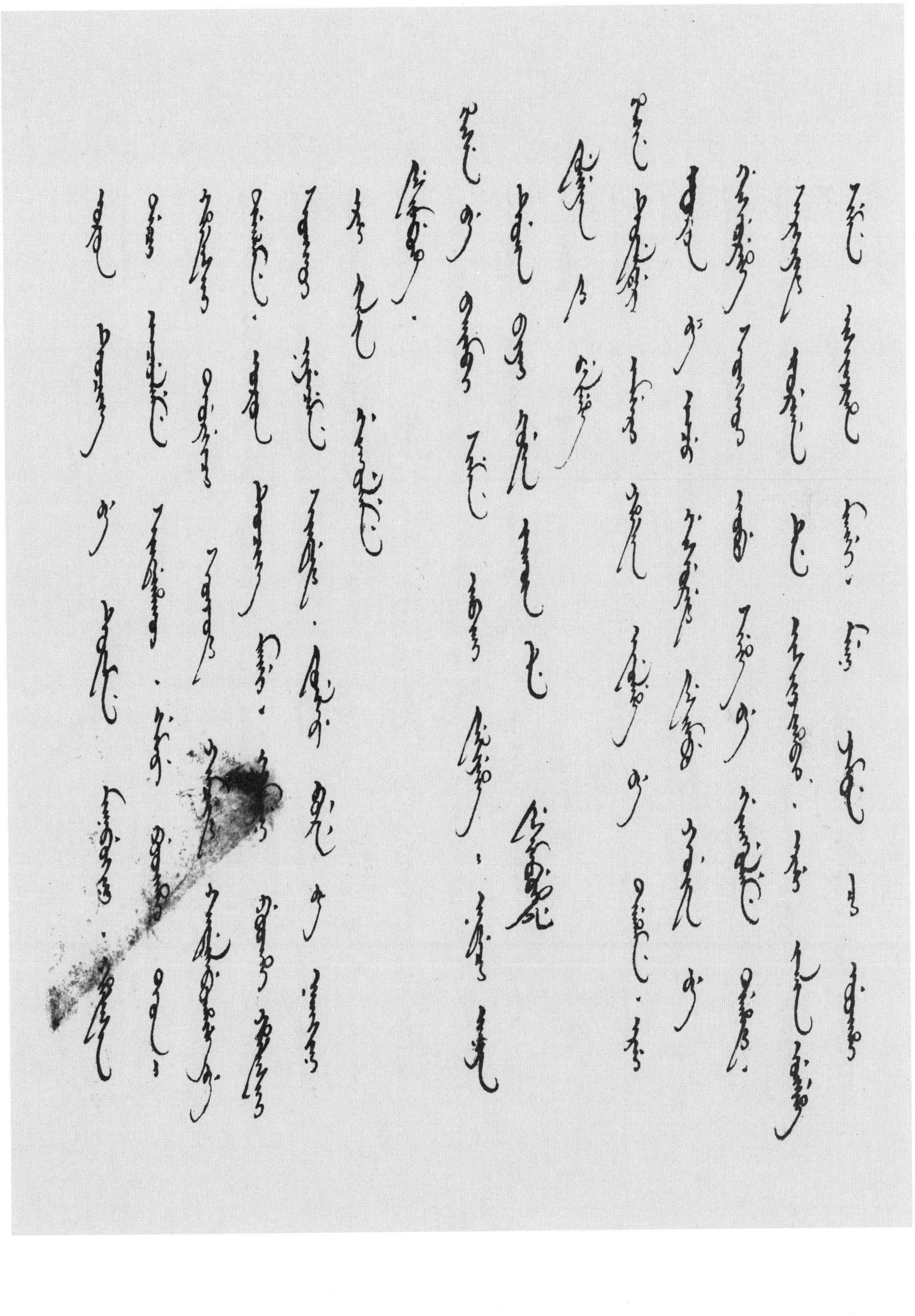

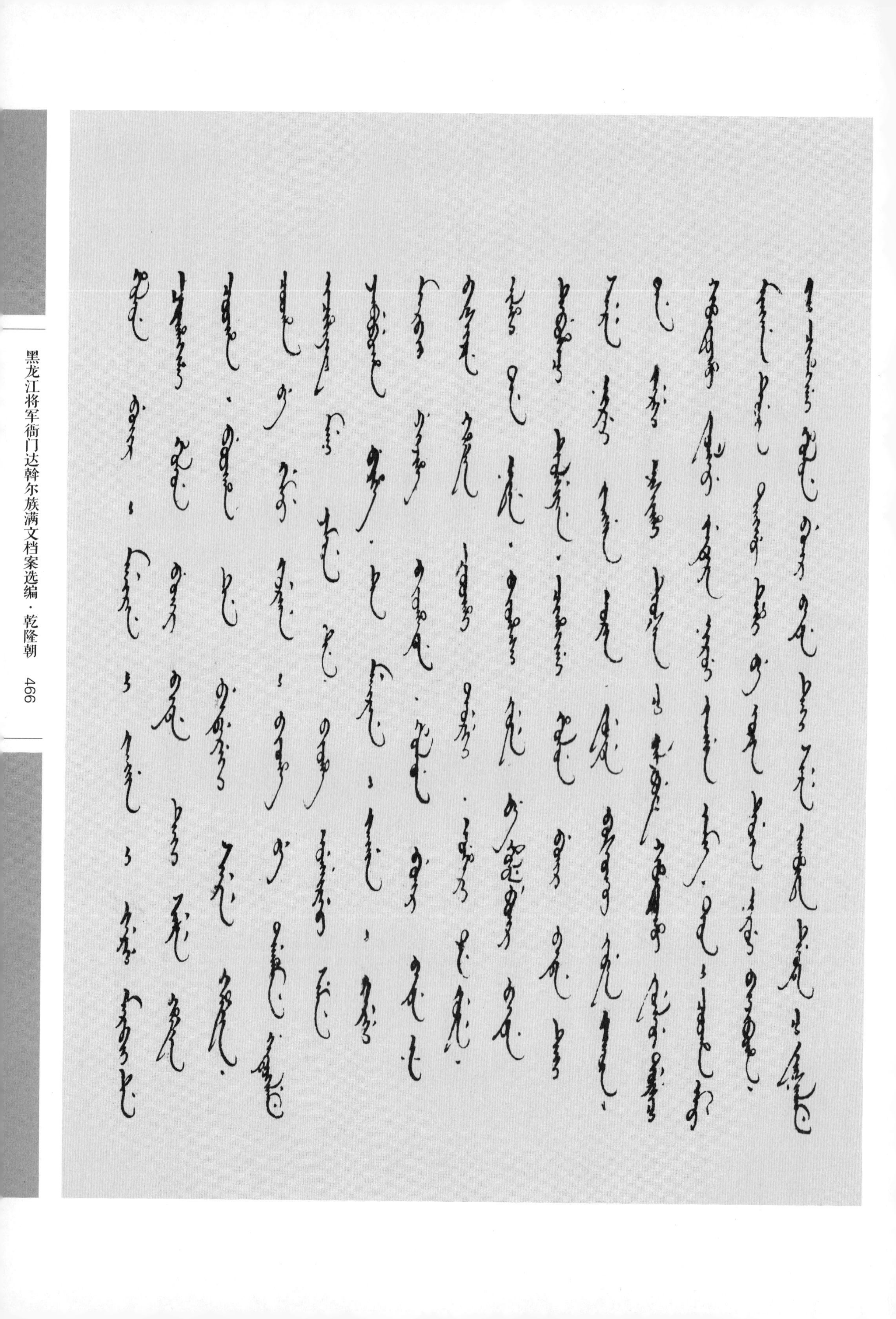

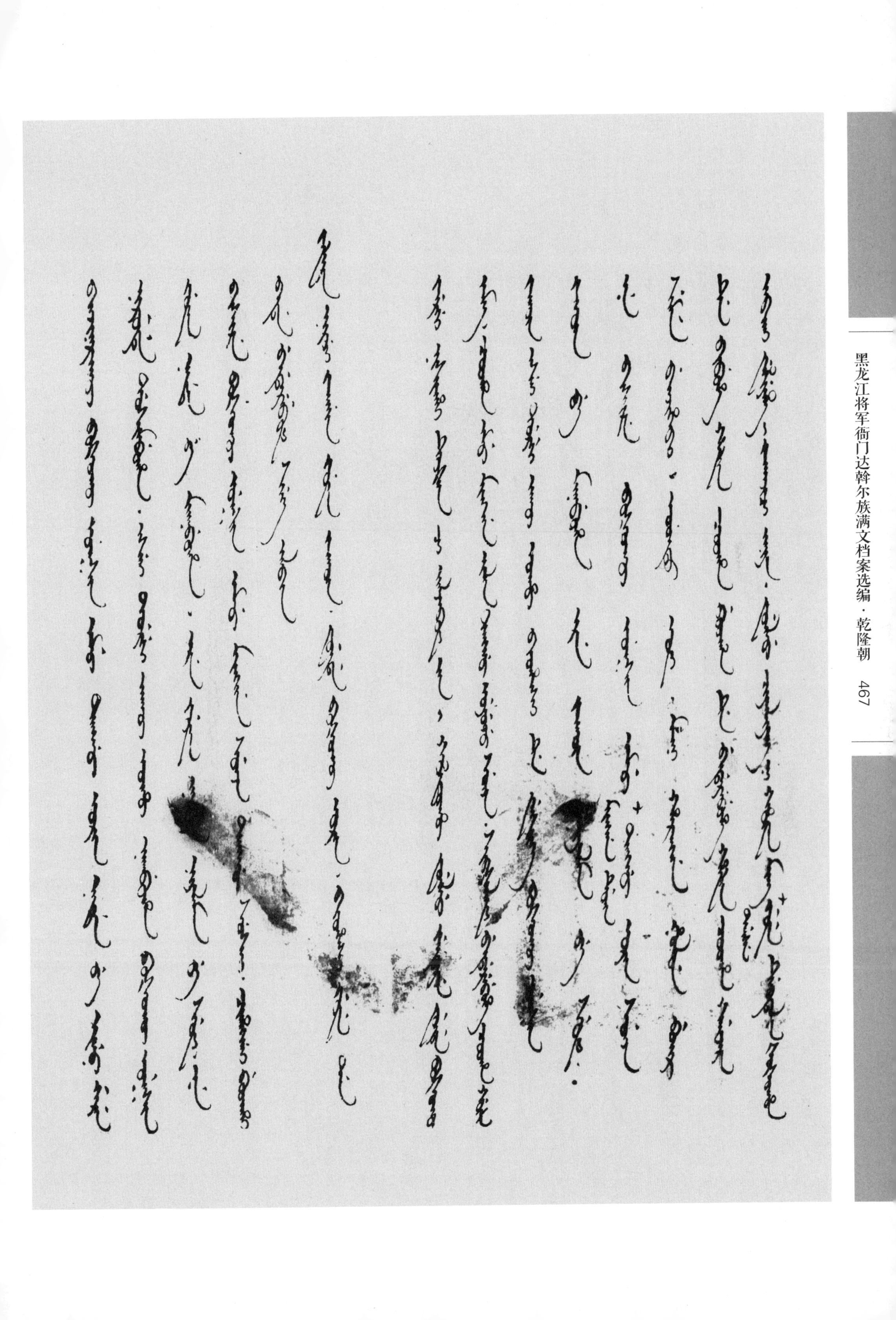

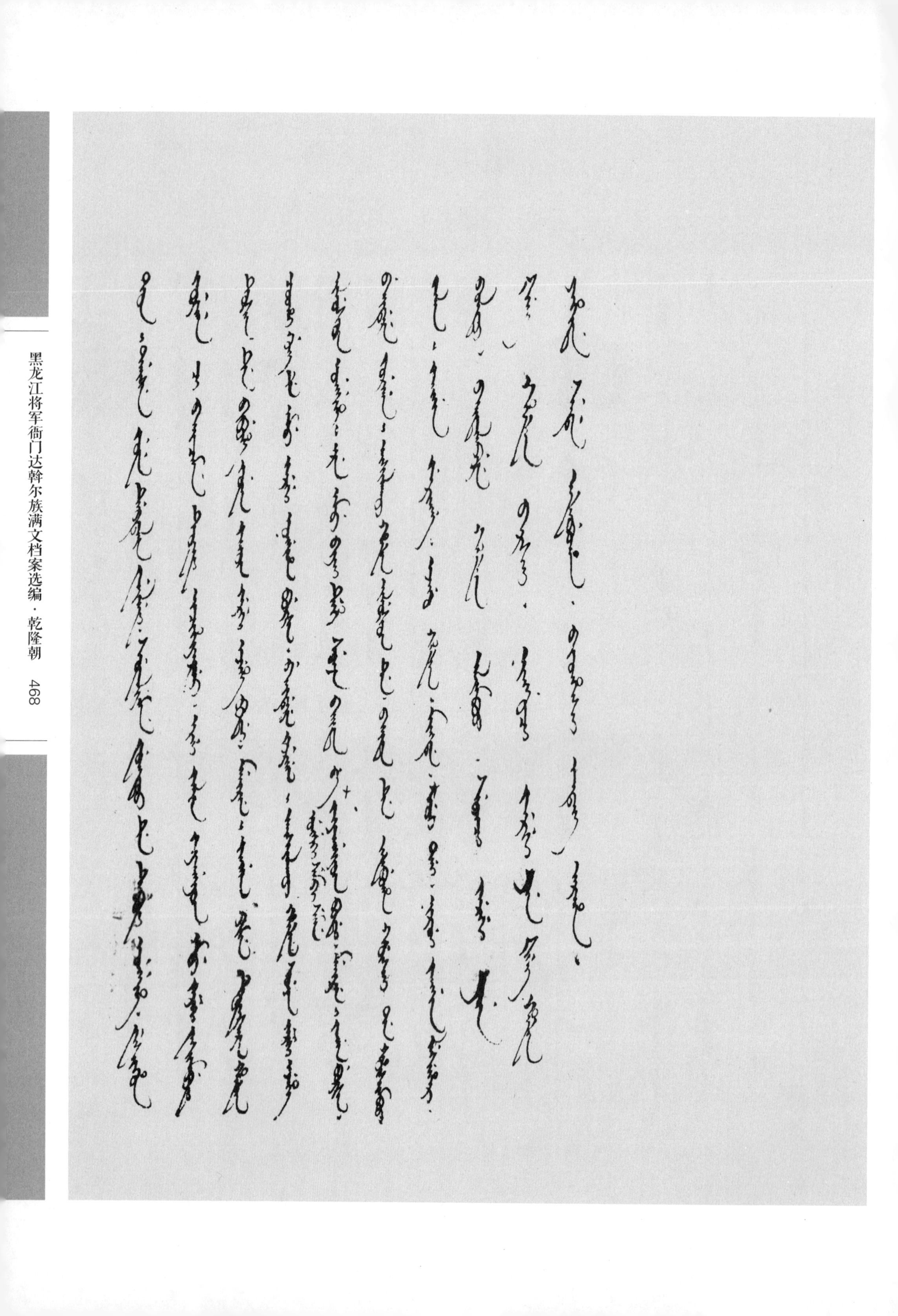

[illegible]

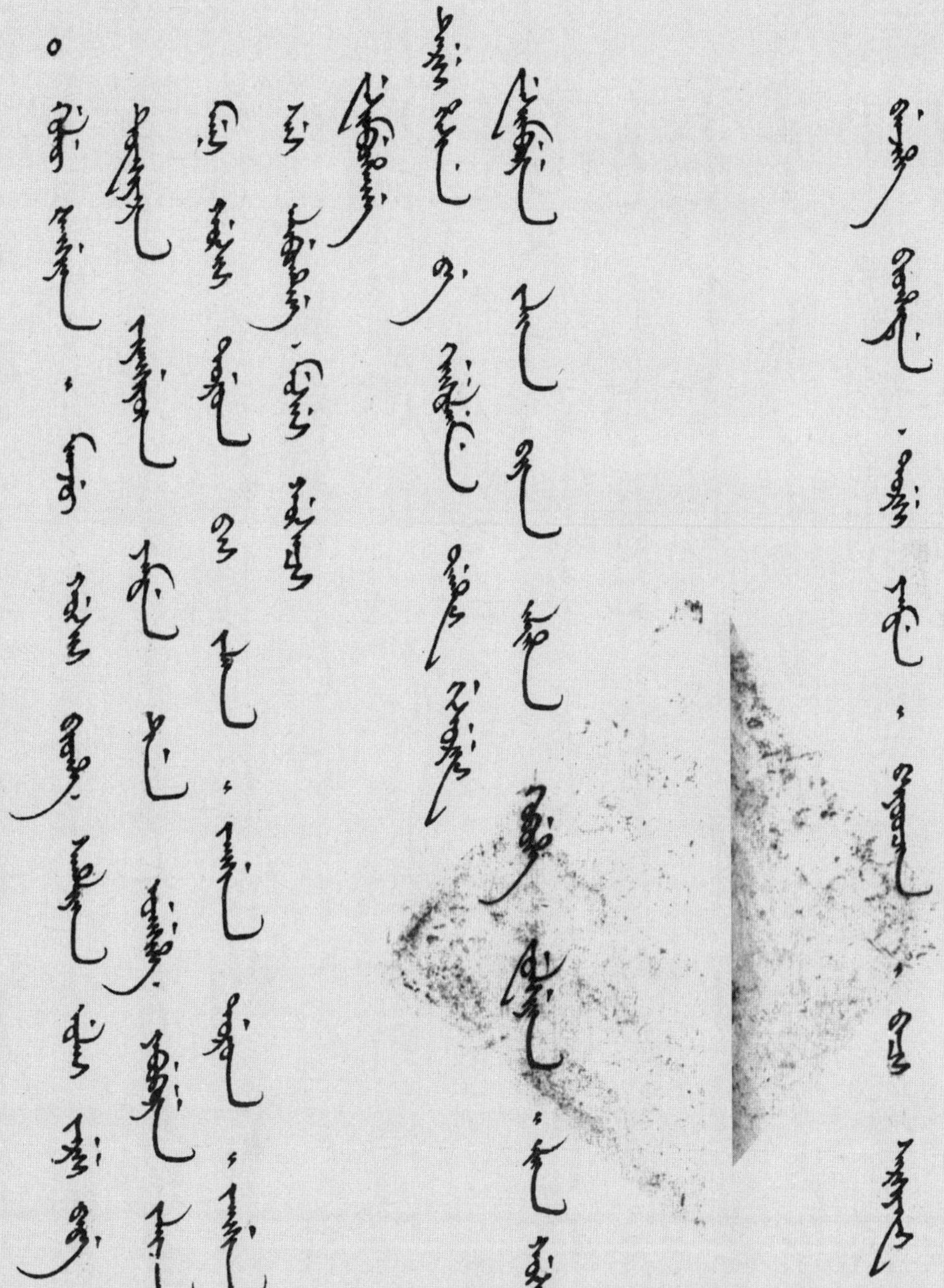

一九六　正白满洲旗为查明齐齐哈尔正白旗达斡尔科提雅世管佐领源流事咨黑龙江将军衙门文

乾隆八年三月二十九日

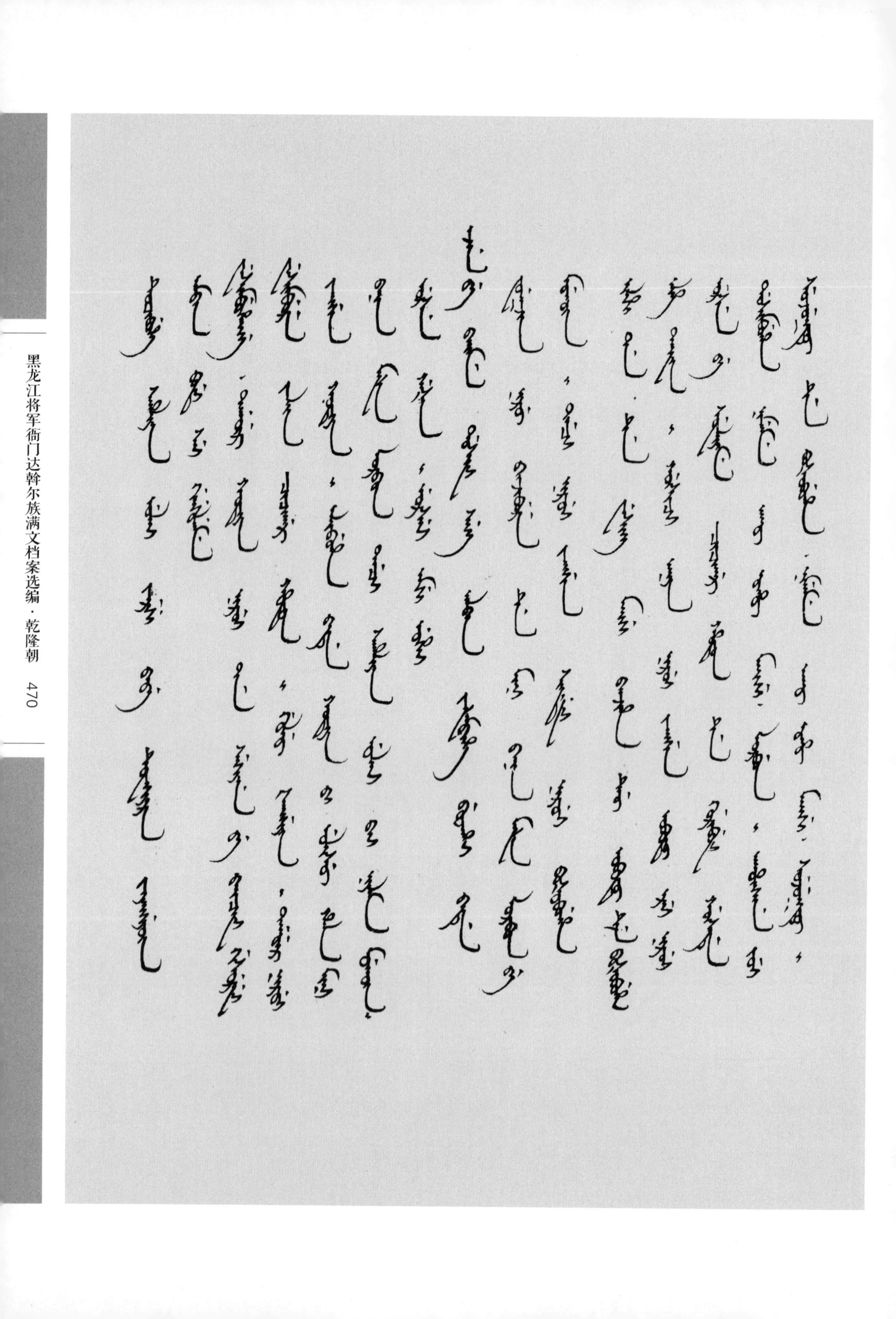

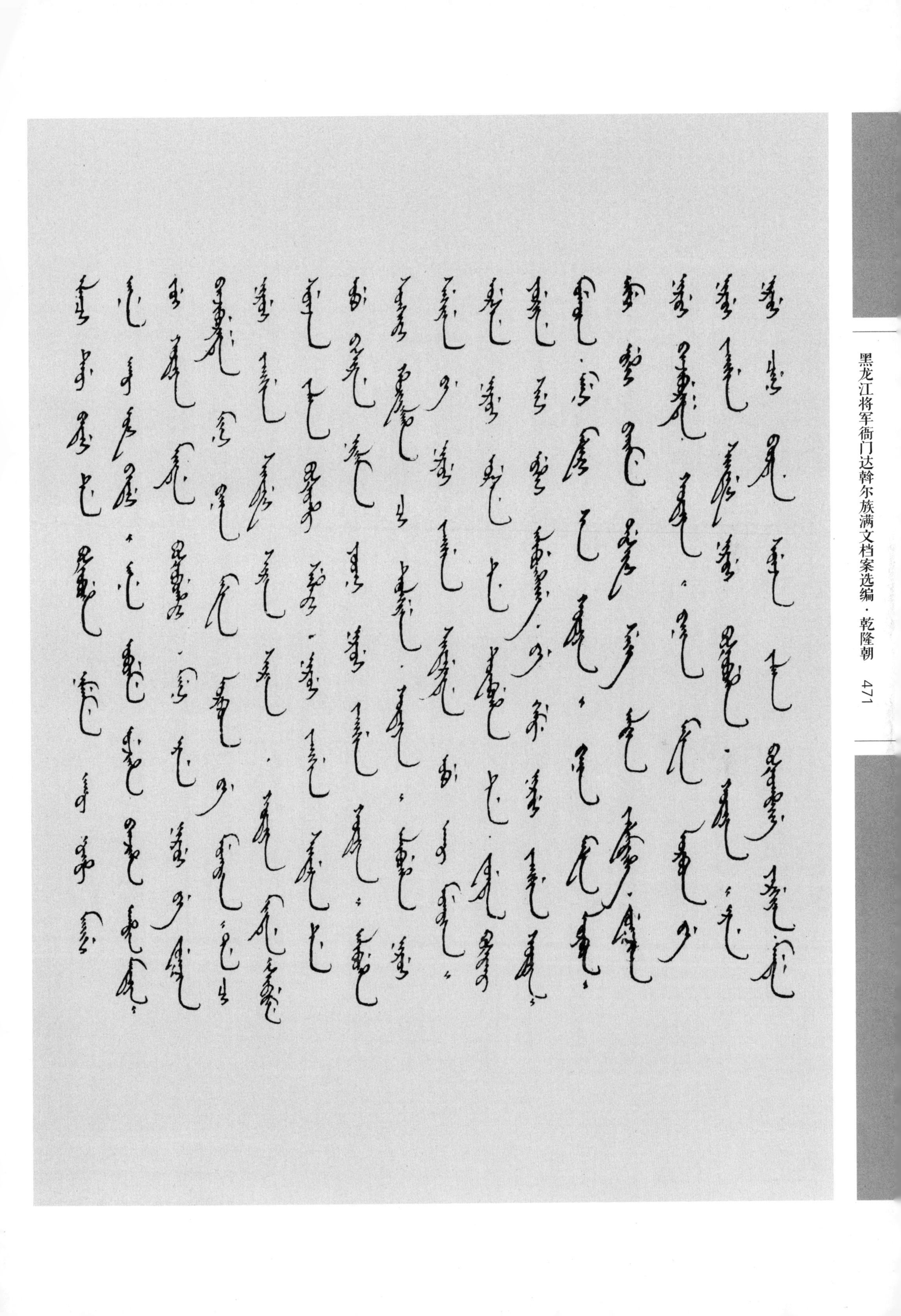

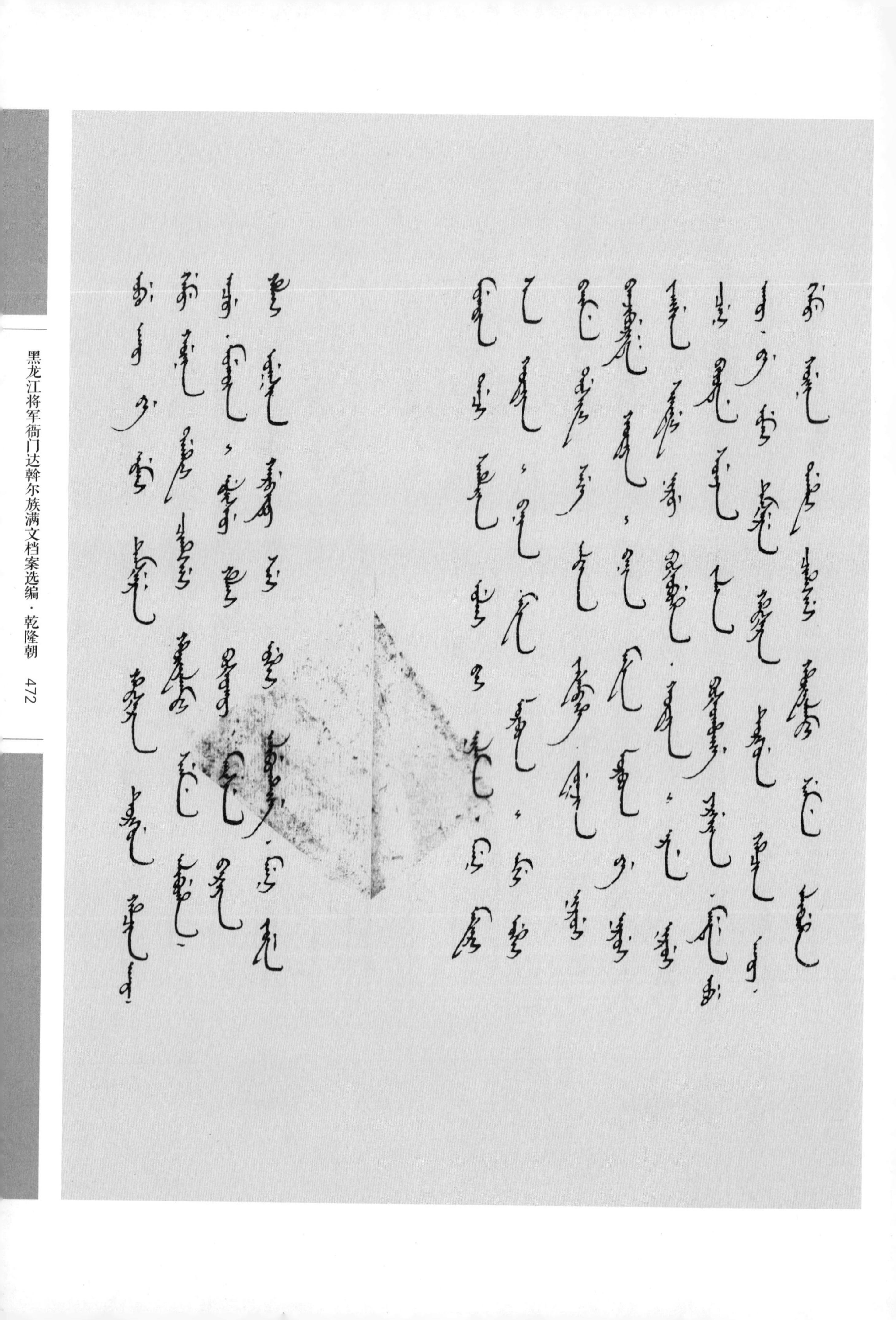

[illegible]

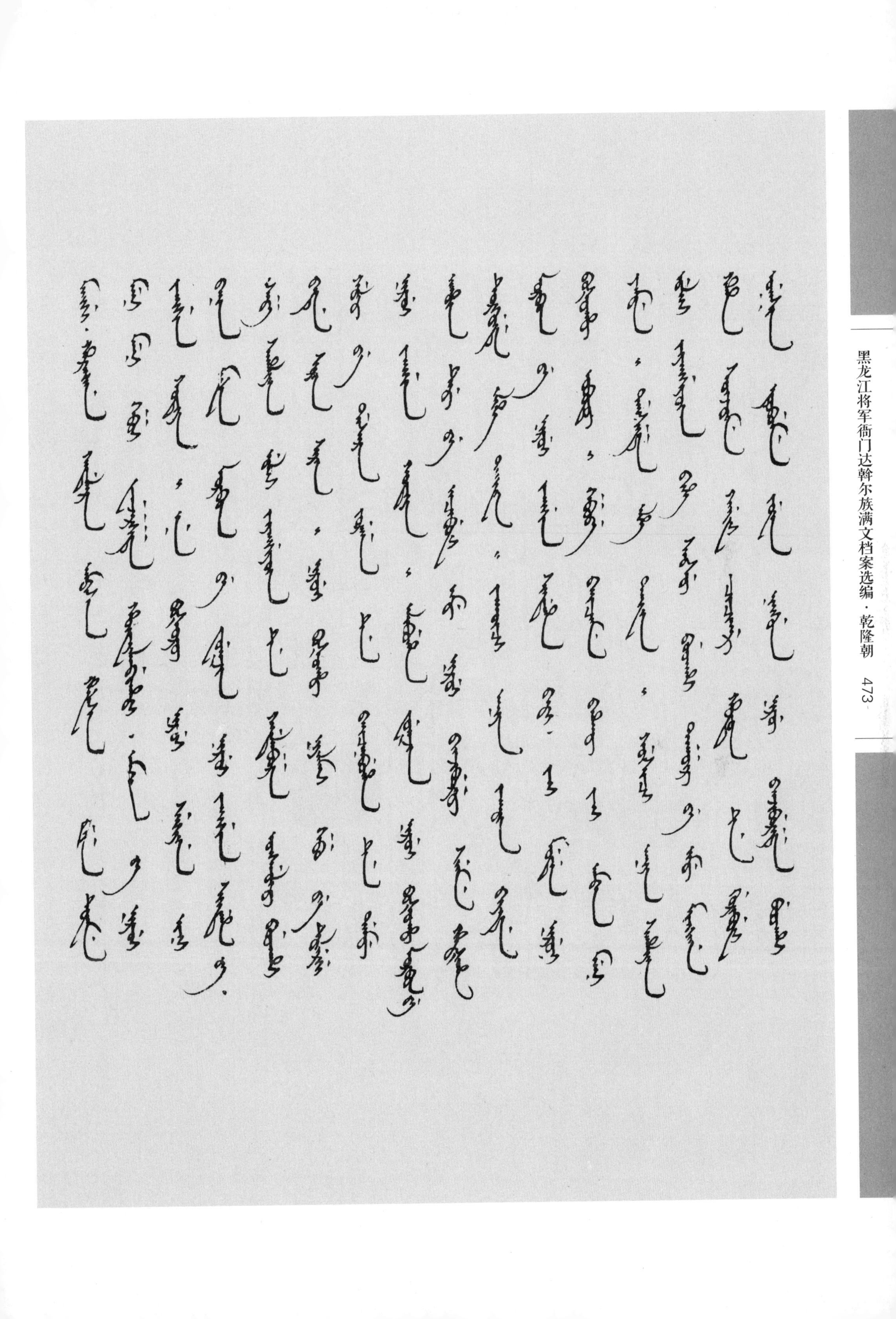

[illegible]

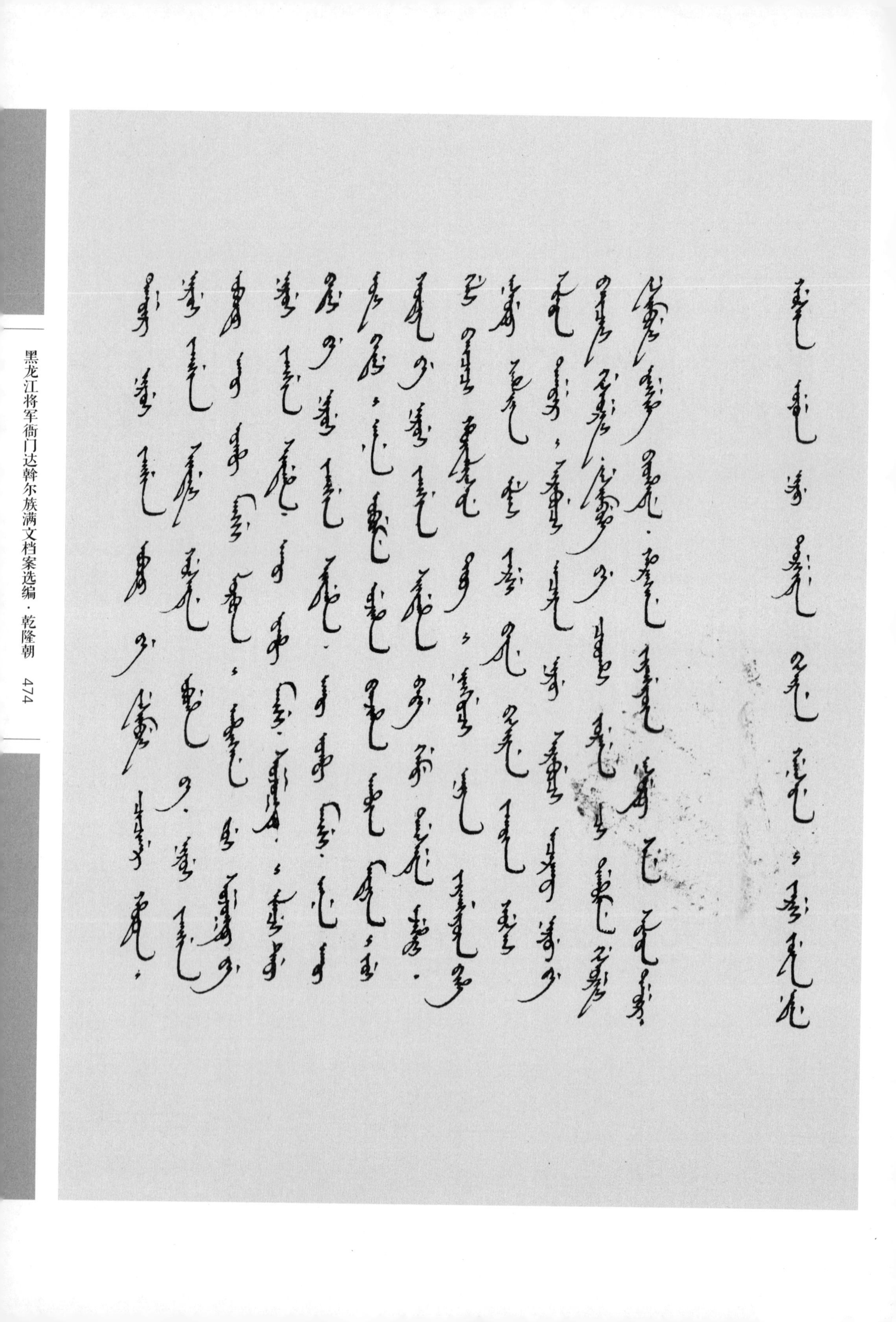

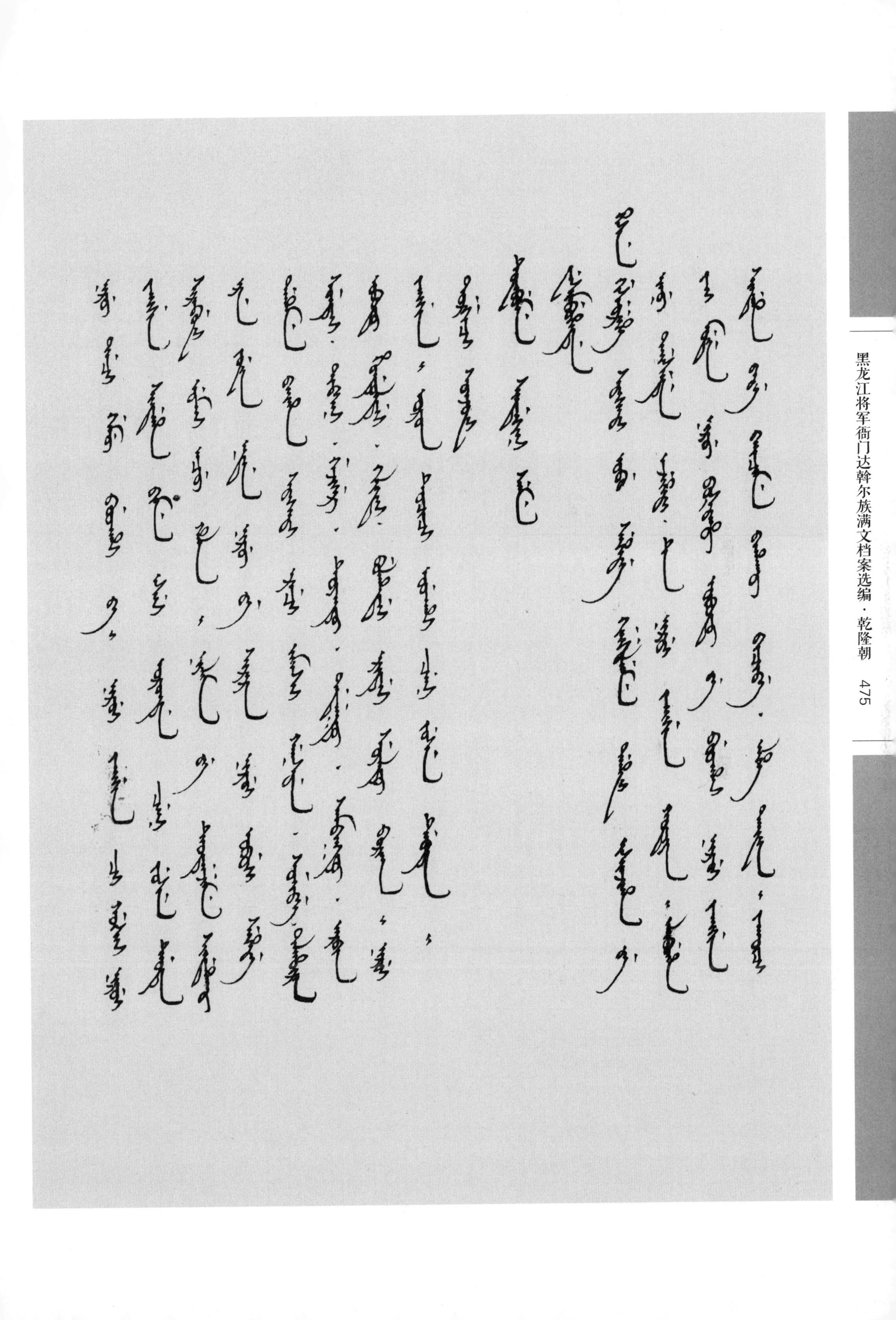

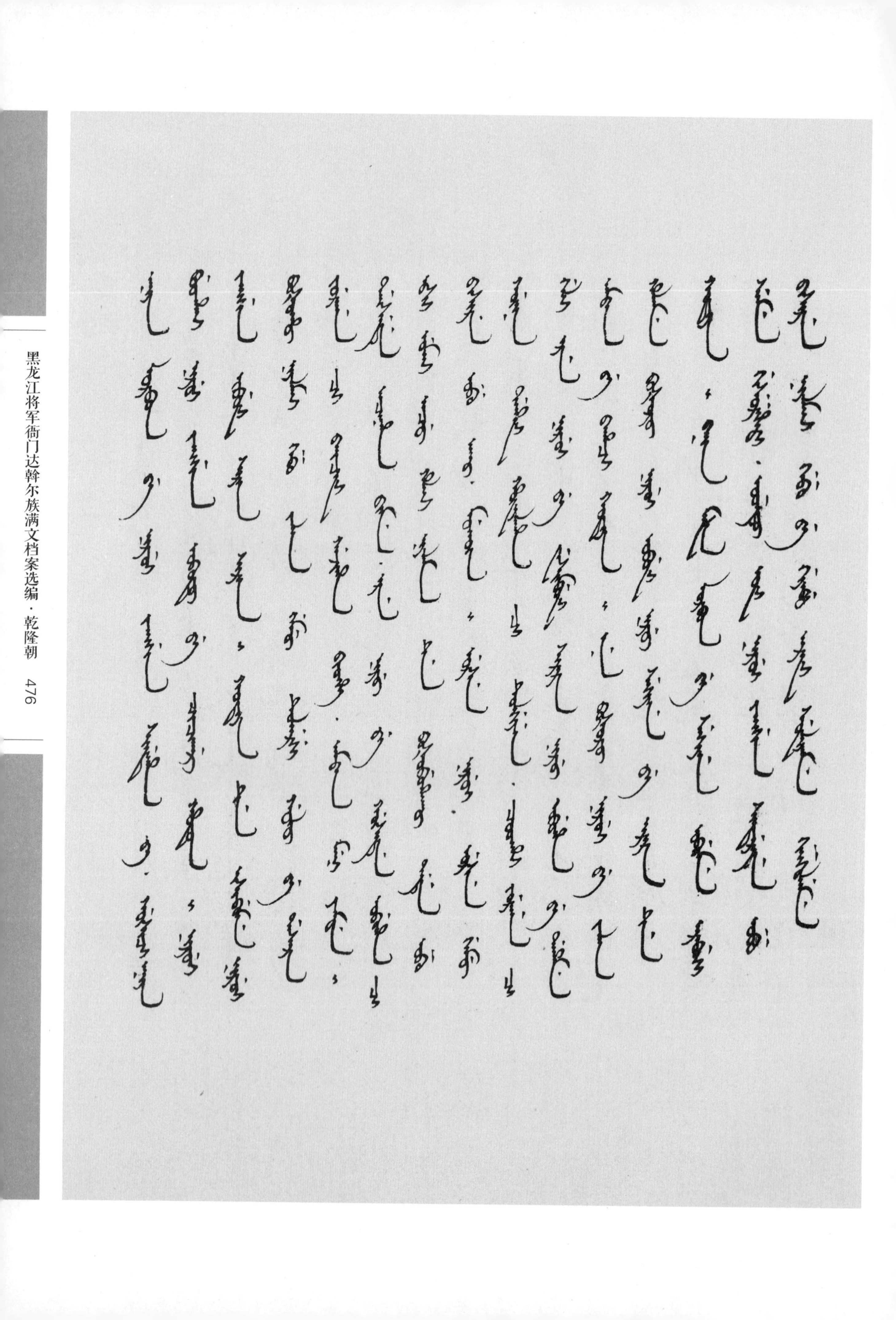

[illegible]

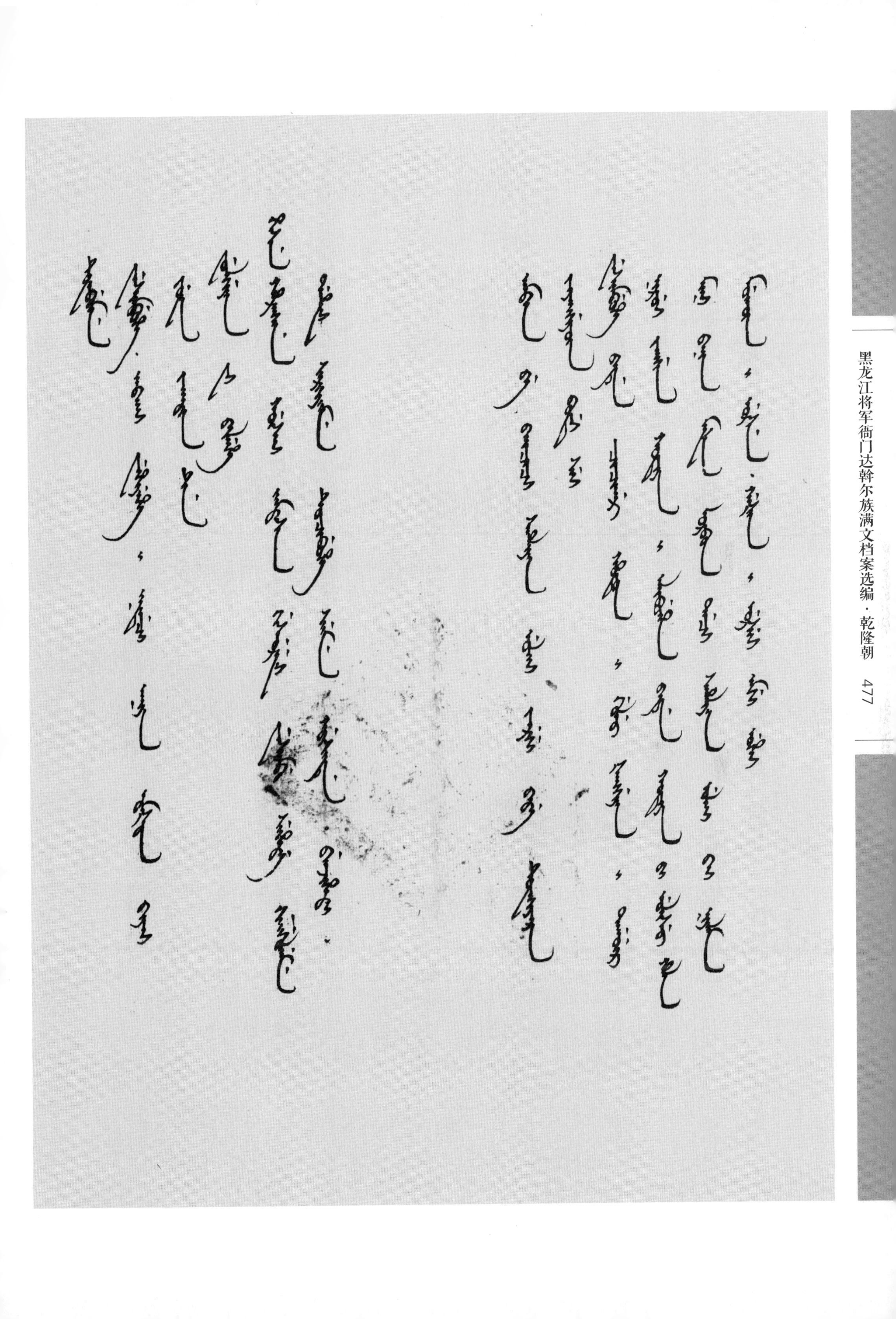

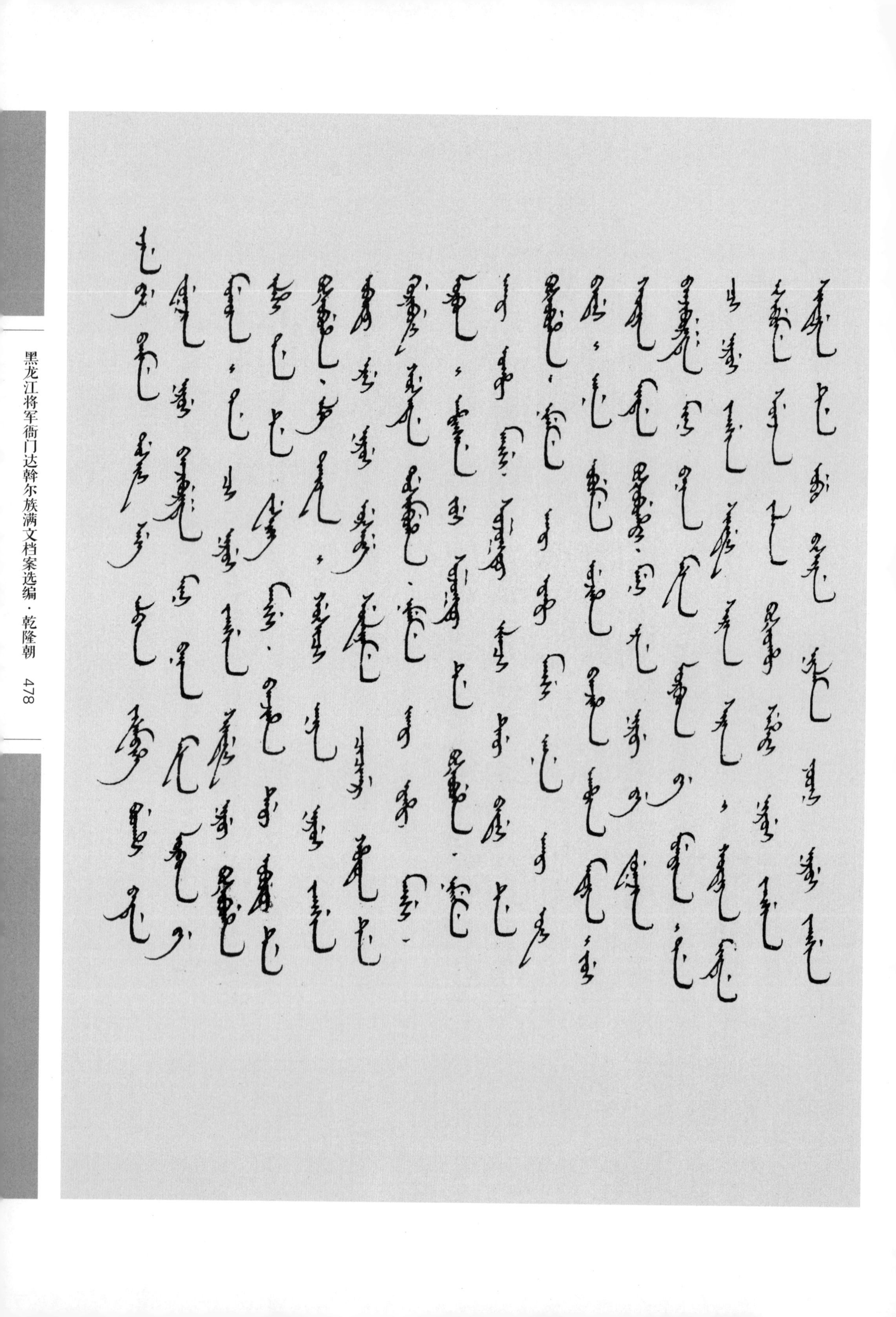

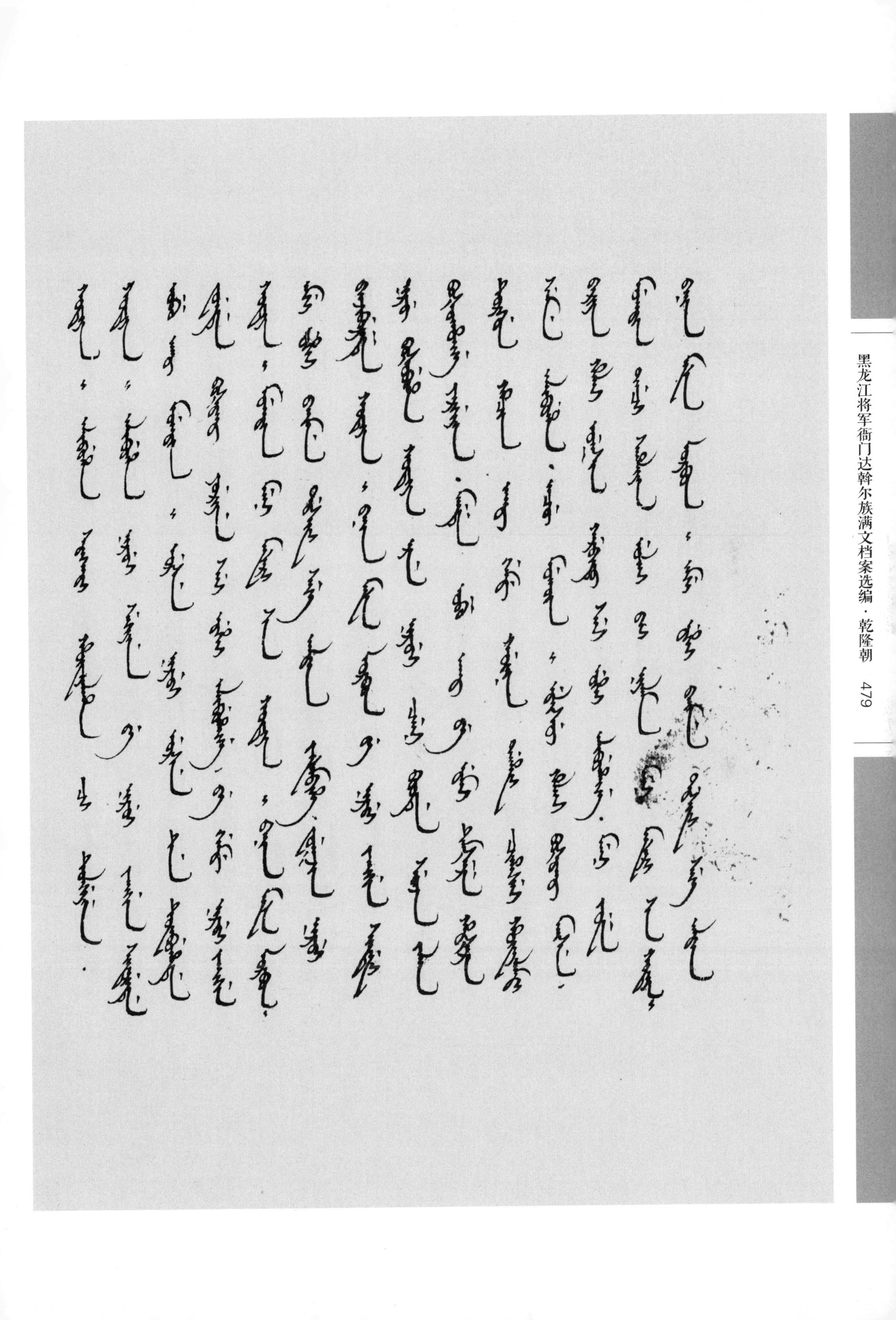

[illegible]

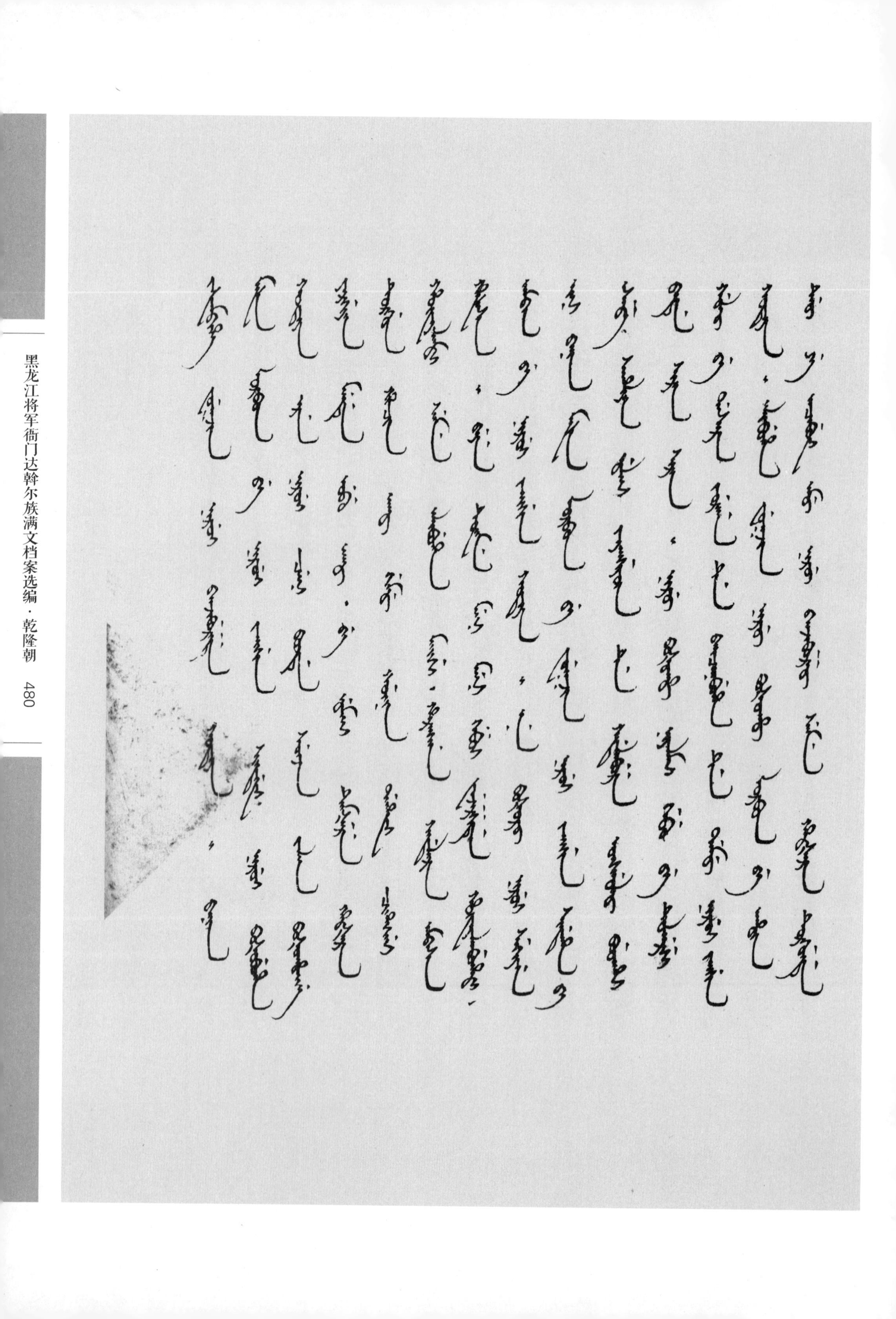

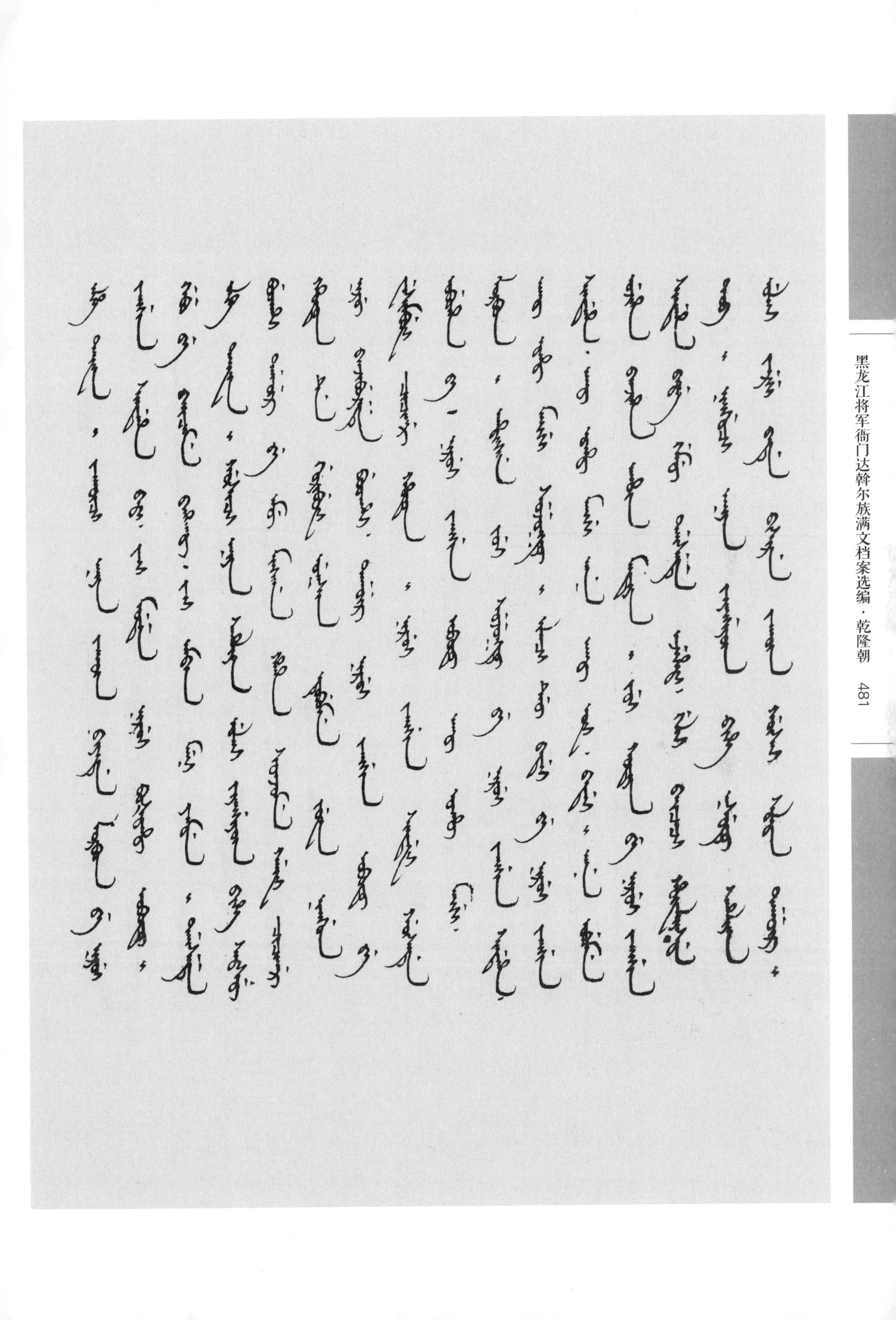

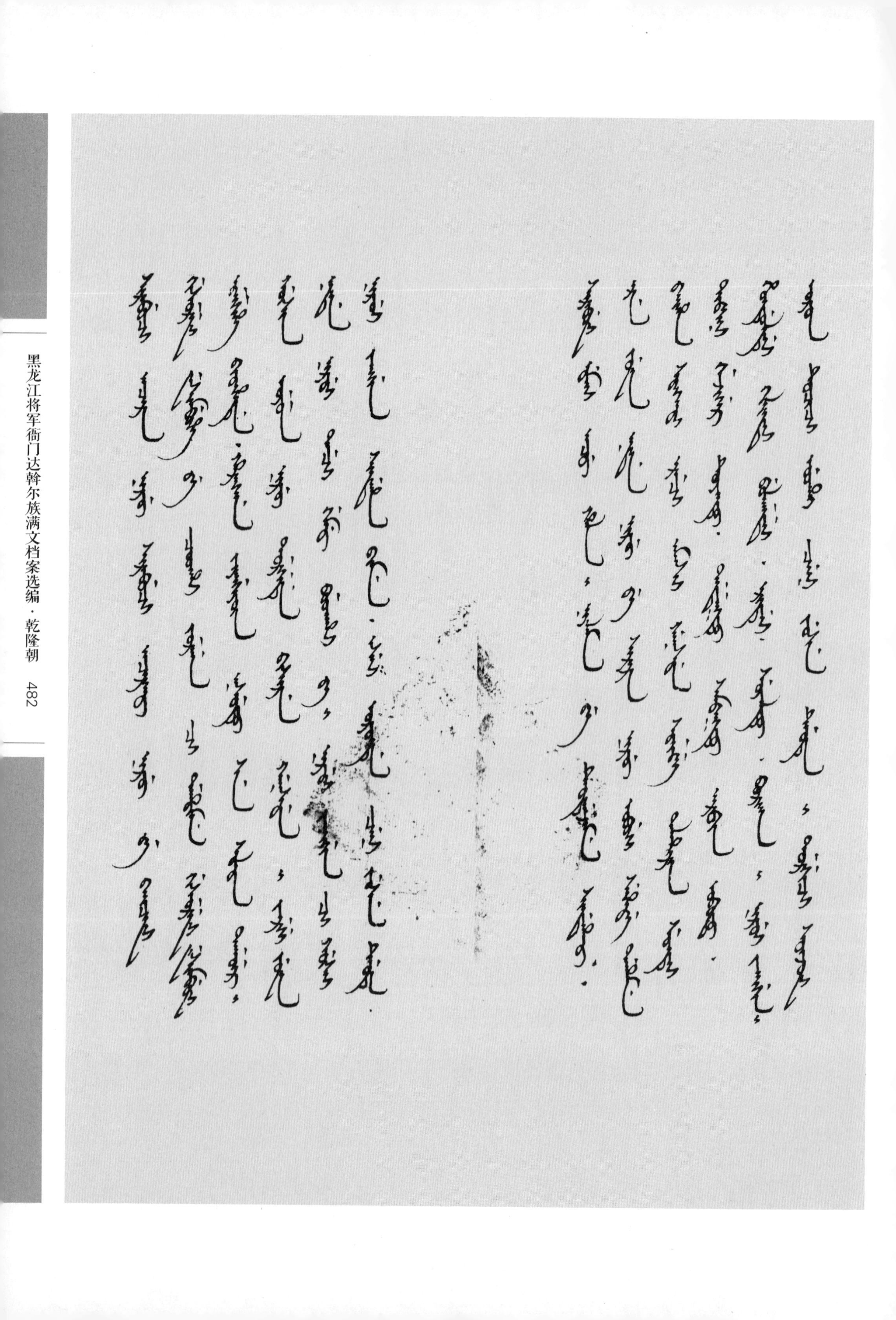

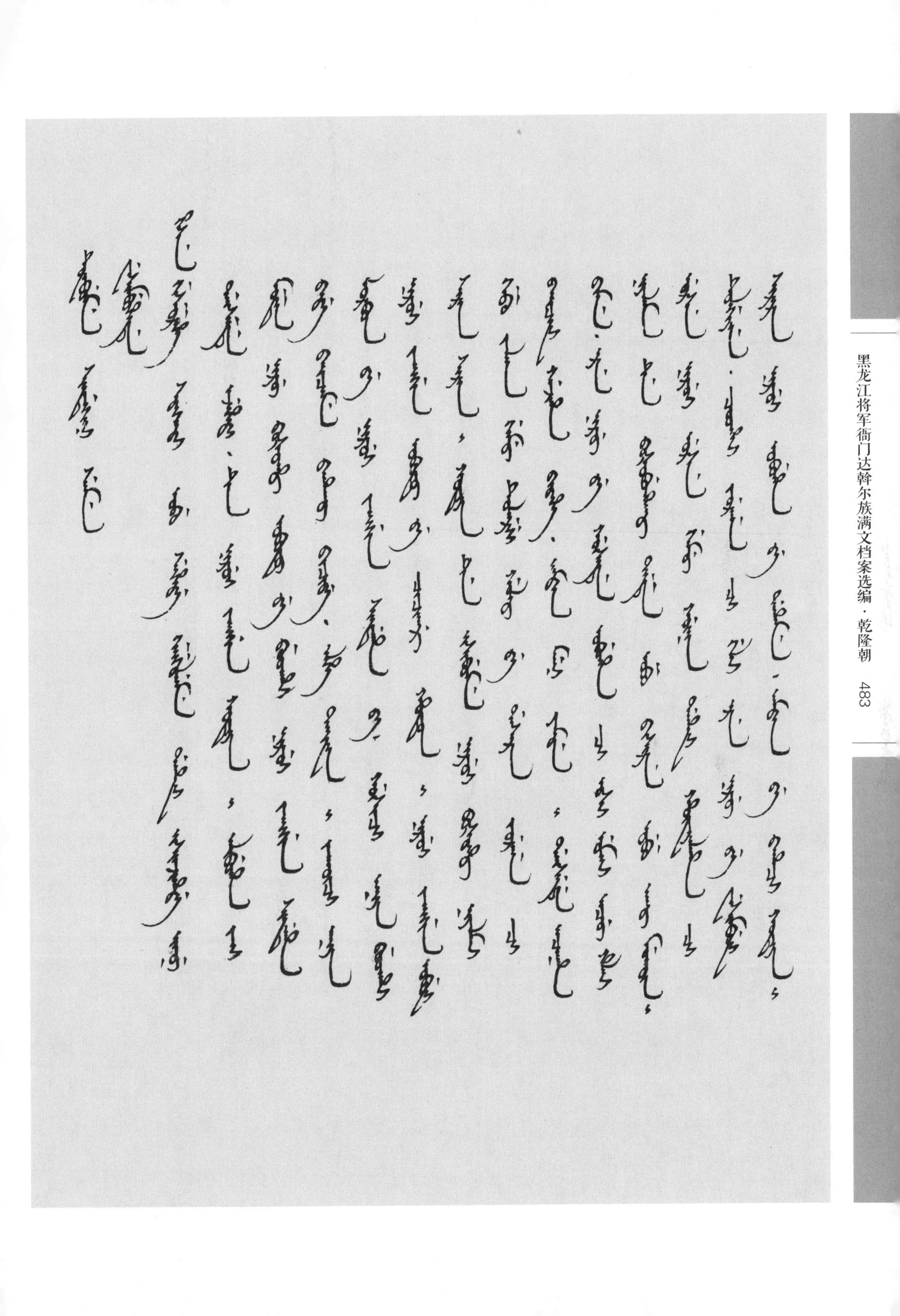

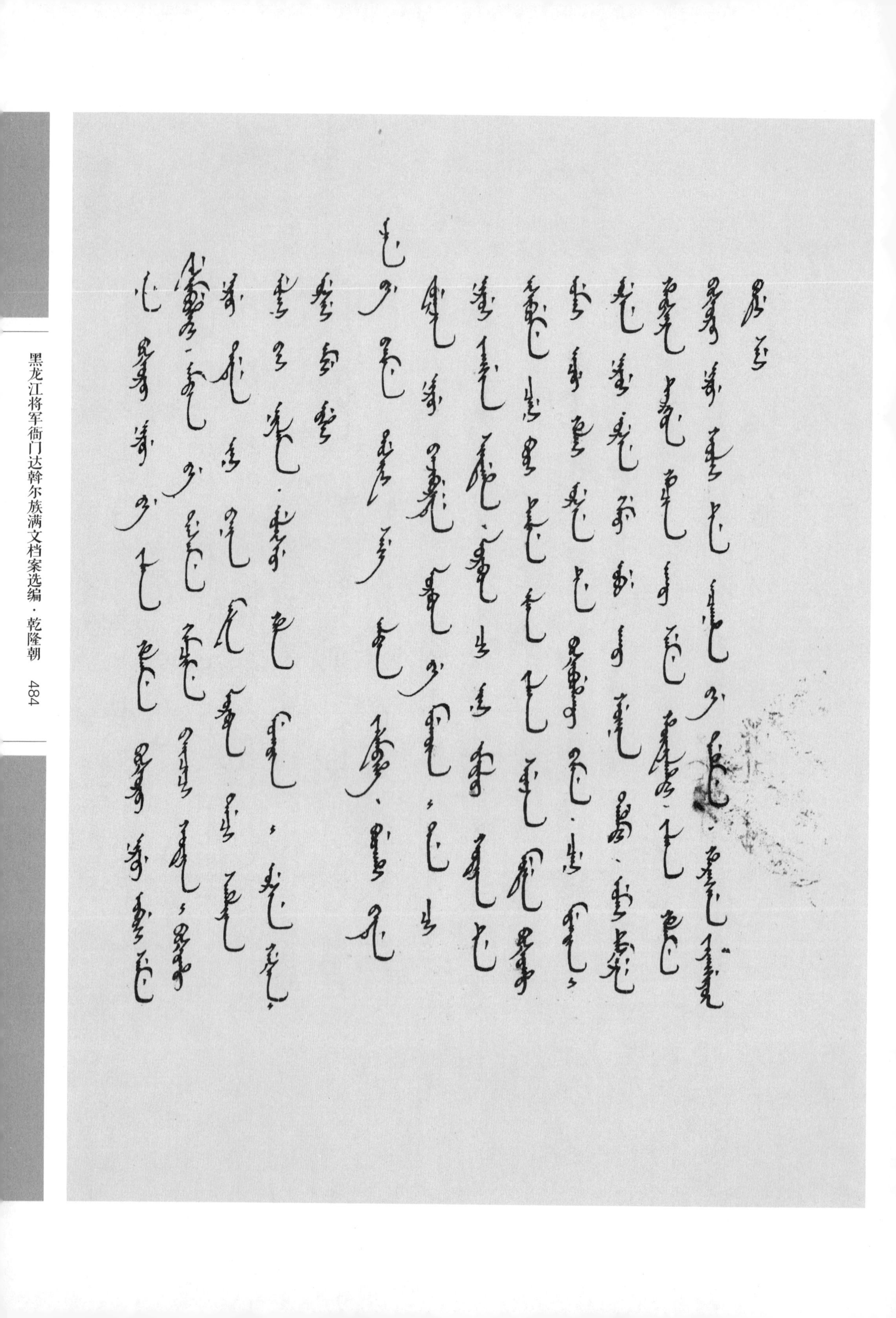

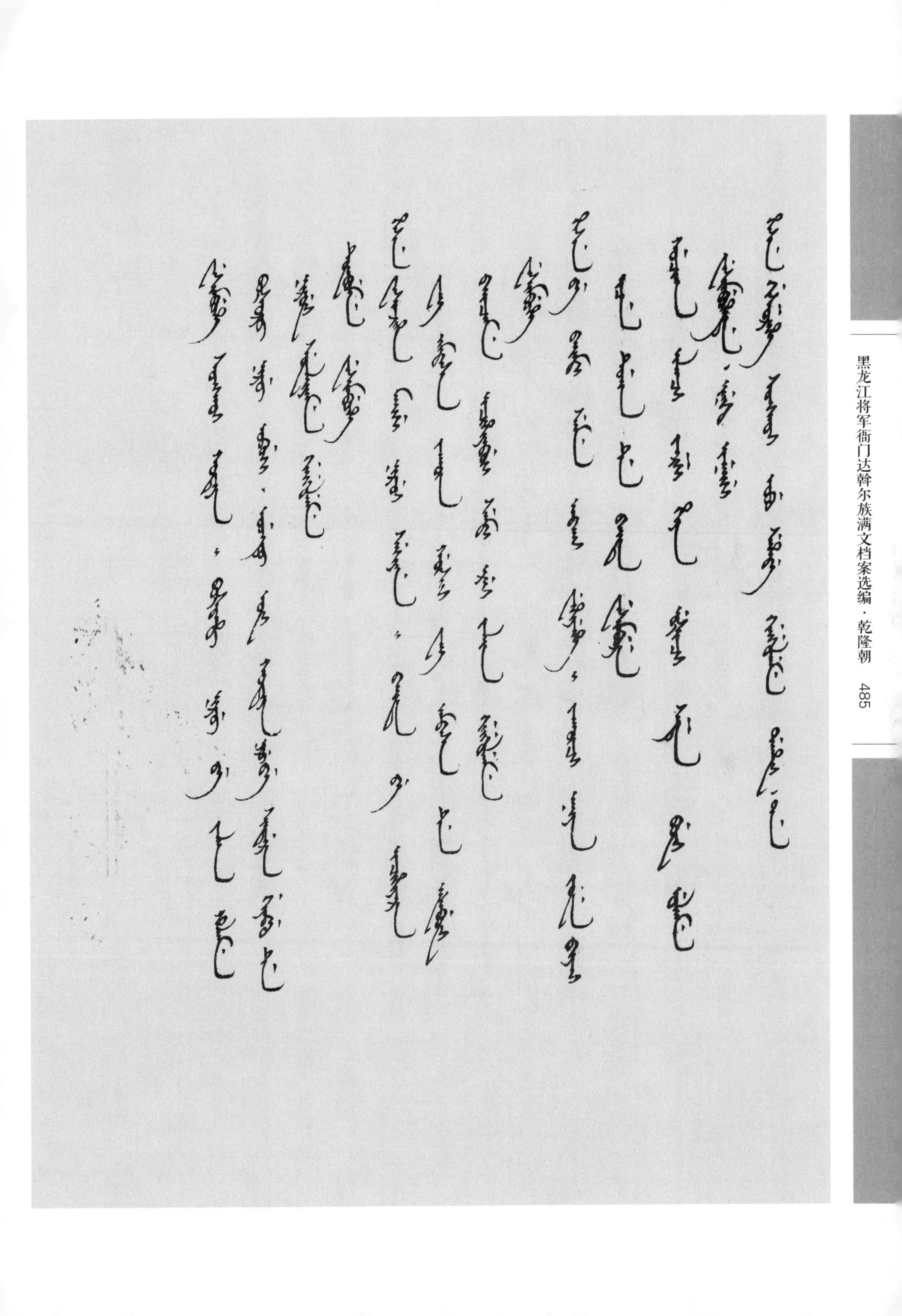

[illegible]

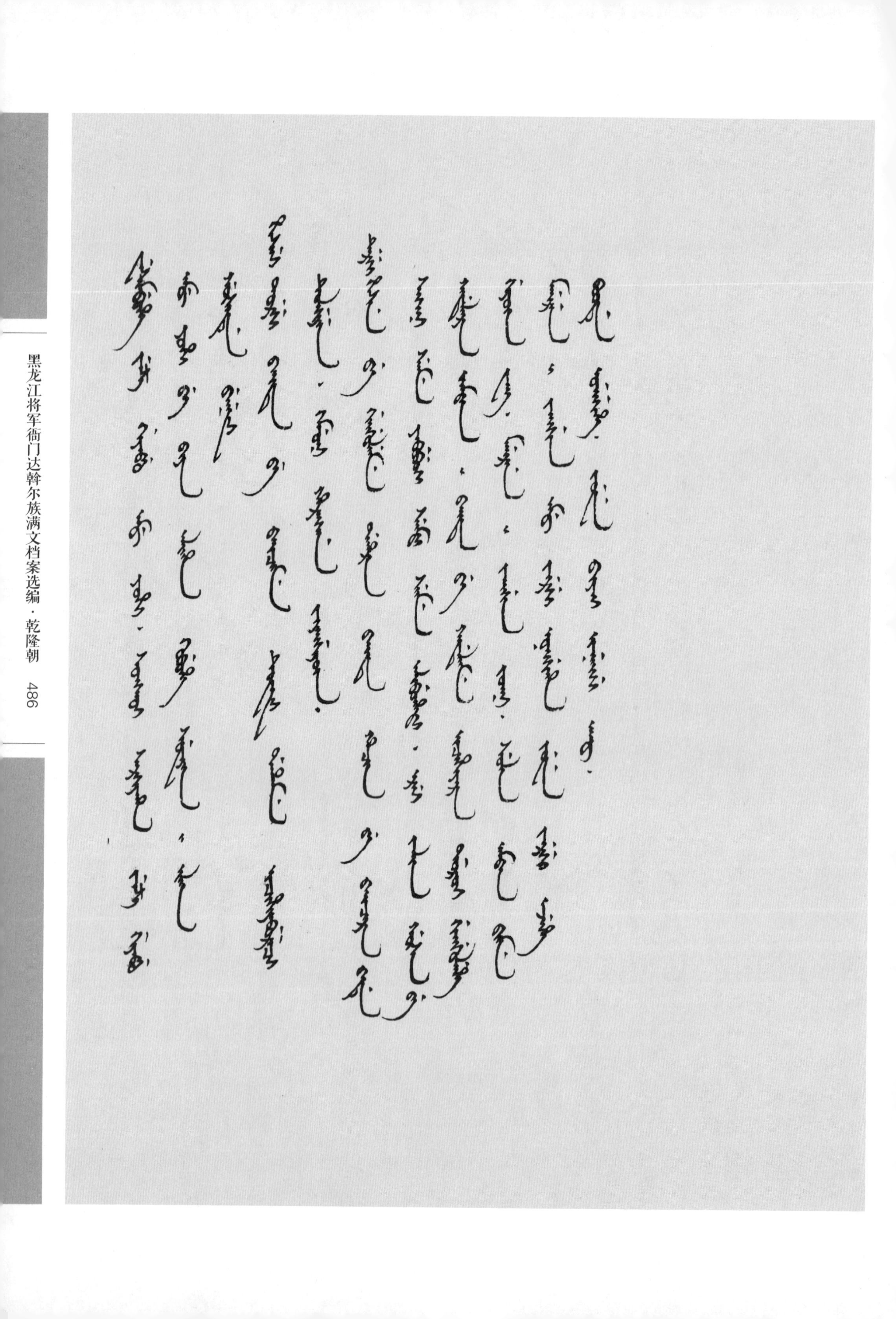

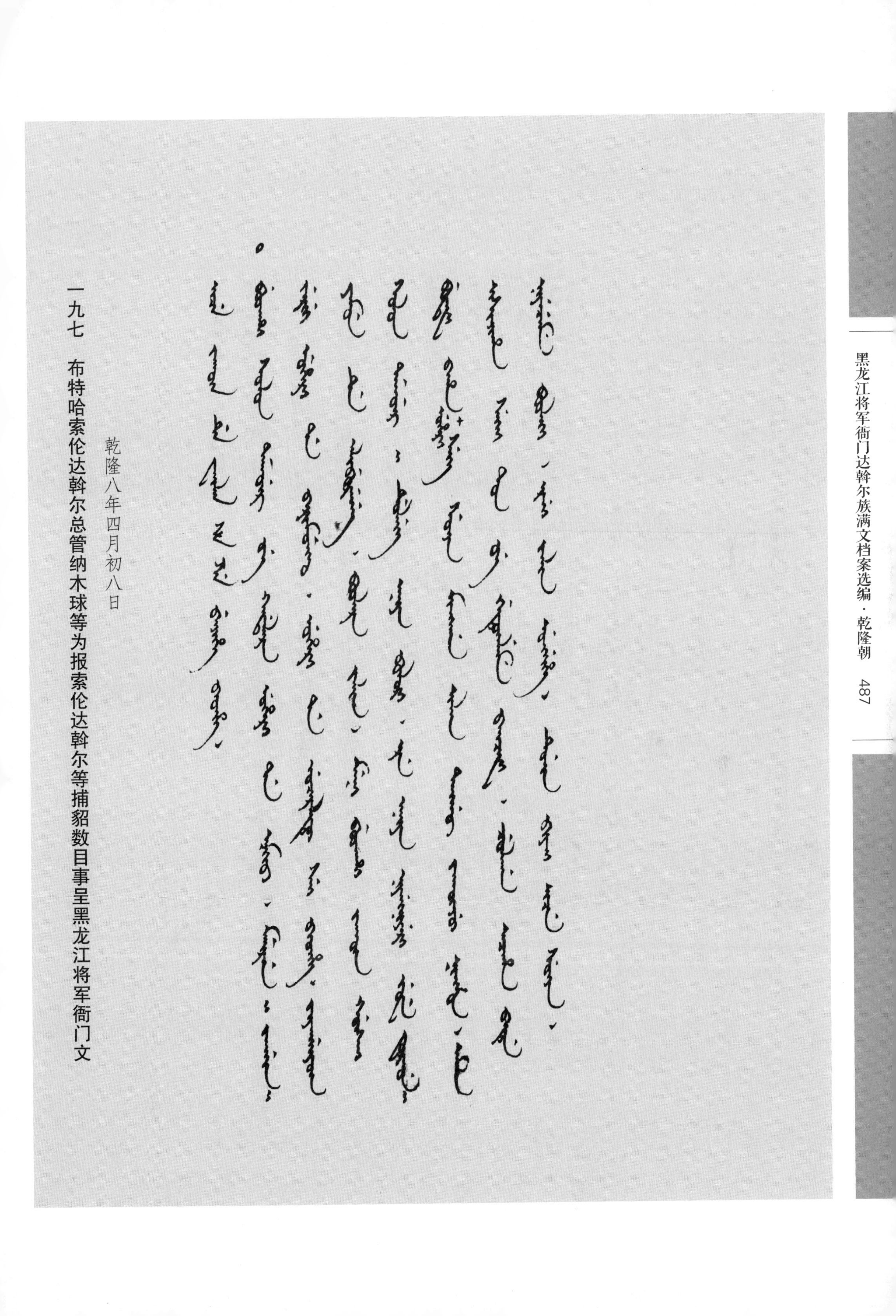

一九七 布特哈索伦达斡尔总管纳木球等为报索伦达斡尔等捕貂数目事呈黑龙江将军衙门文

乾隆八年四月初八日

一九八 值月镶黄三旗为查明镶黄旗达斡尔托尼逊丹巴等世管佐领源流事咨黑龙江将军衙门文

乾隆八年四月十八日

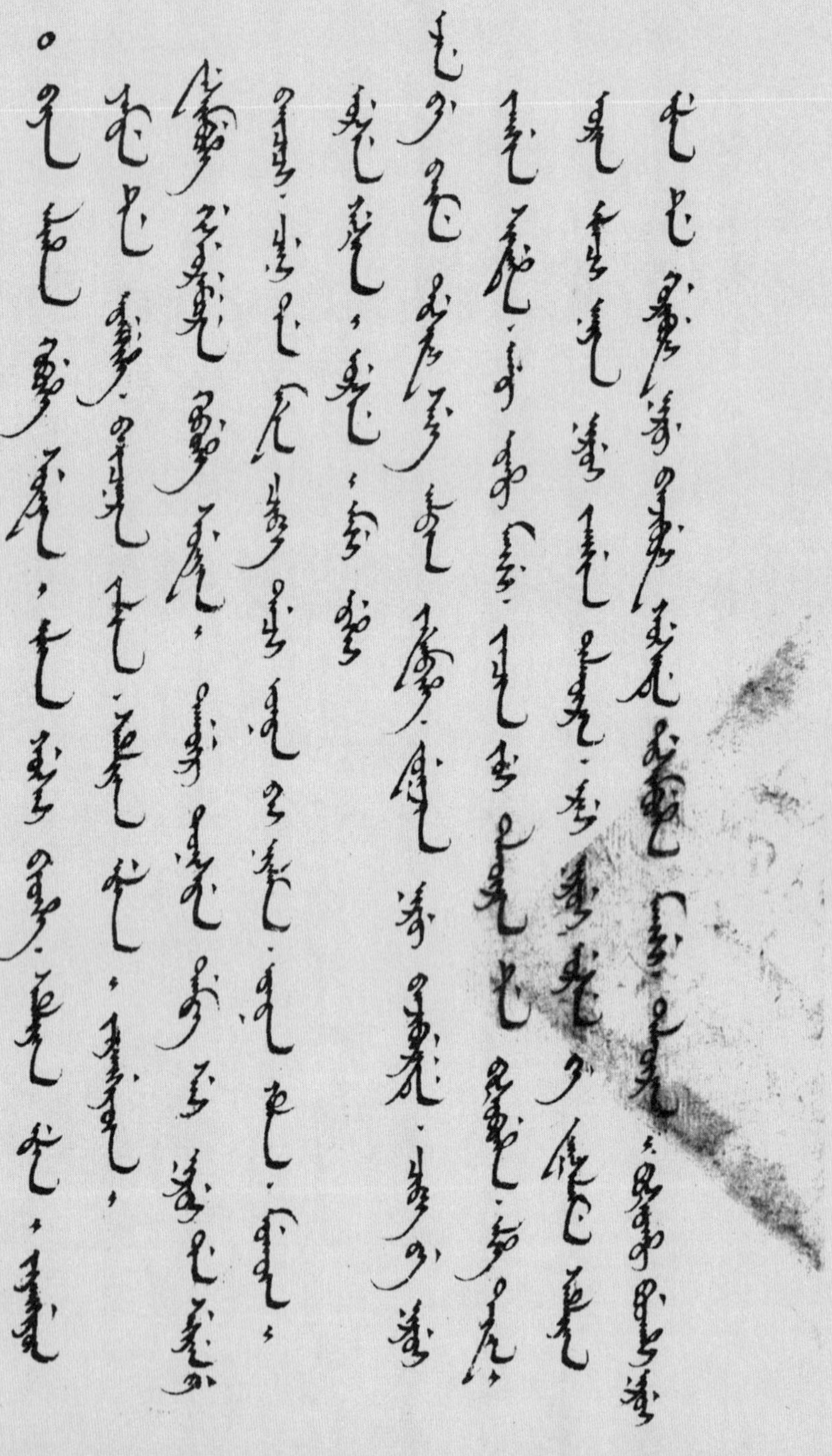

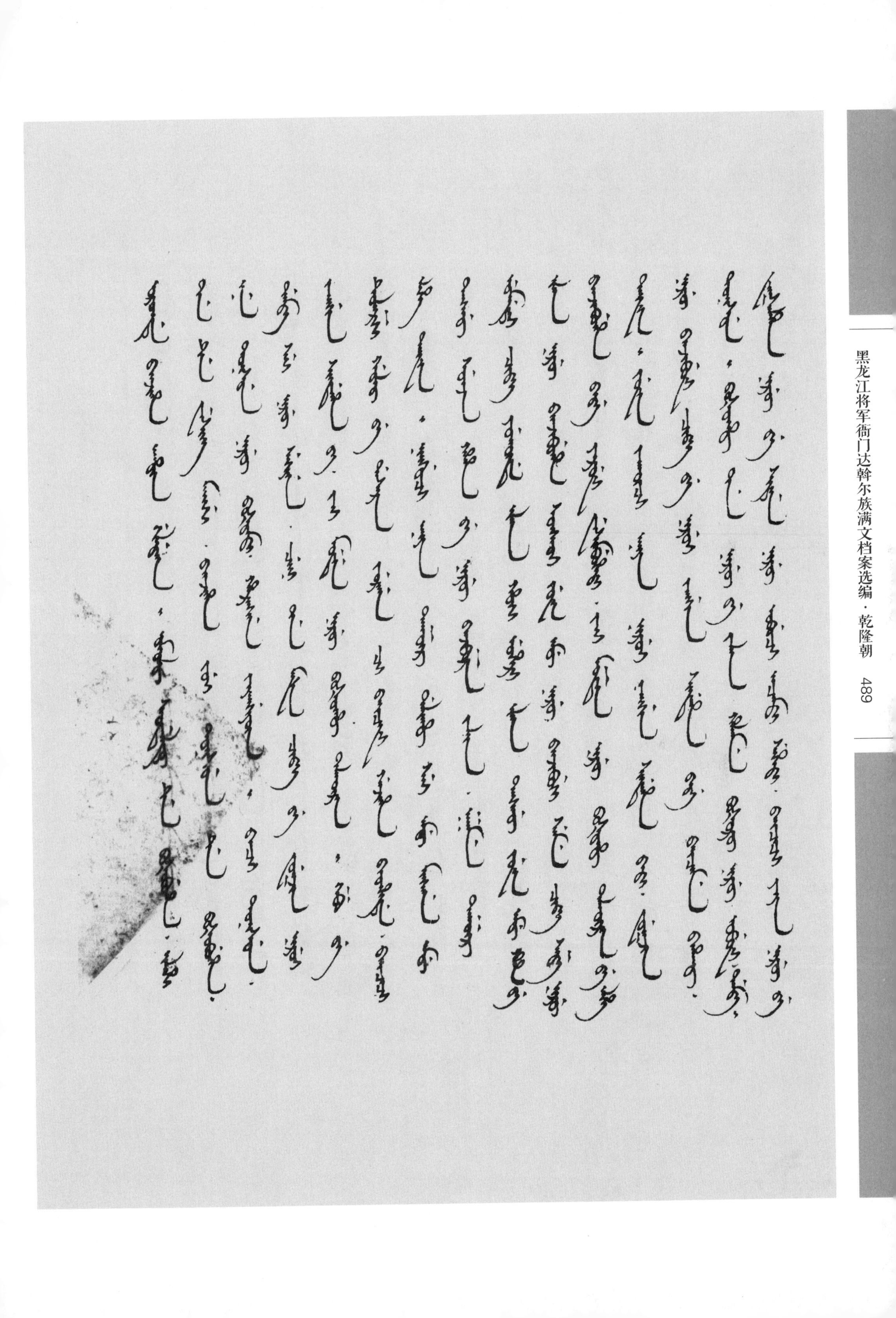

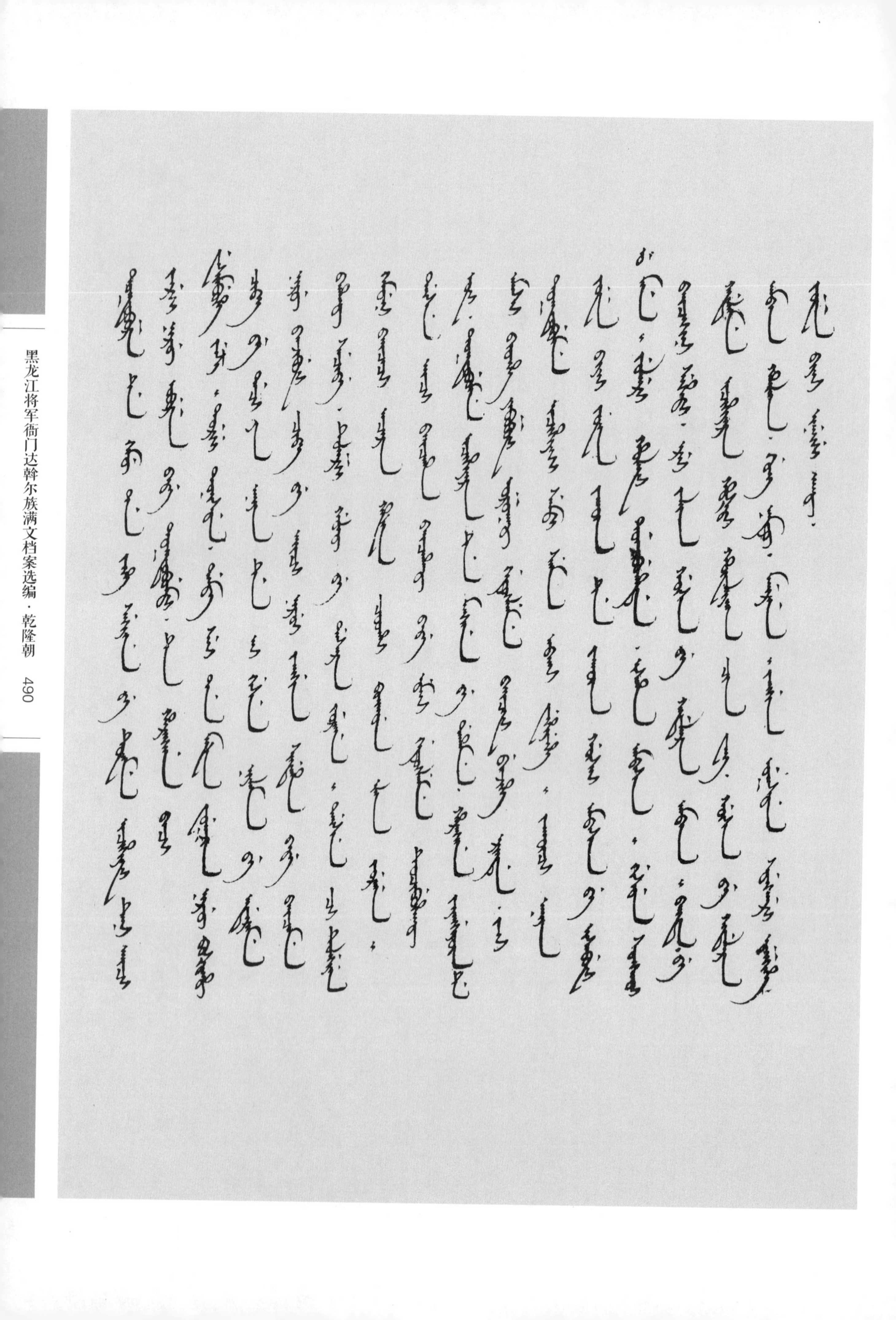

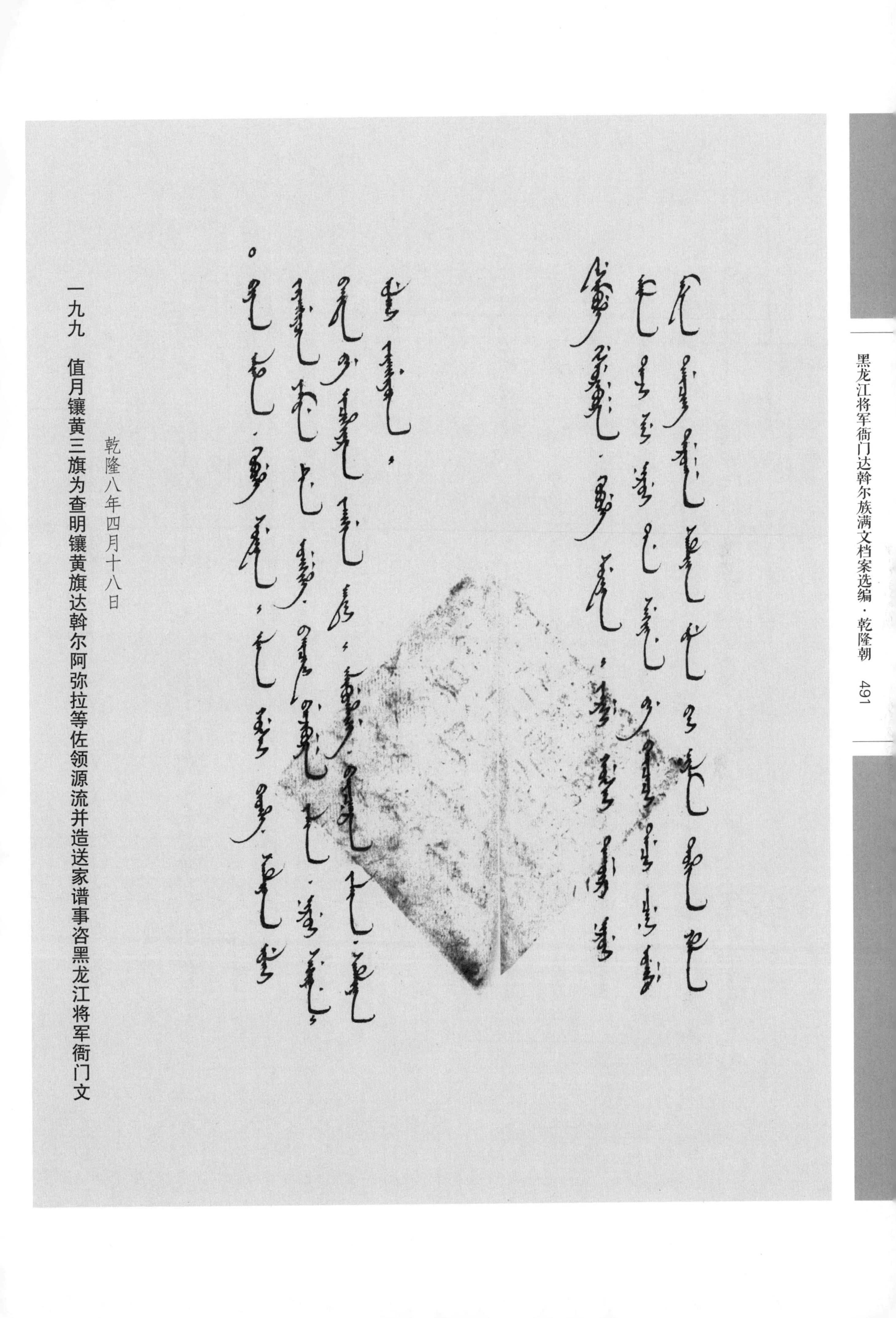

一九九　值月镶黄三旗为查明镶黄旗达斡尔阿弥拉等佐领源流并造送家谱事咨黑龙江将军衙门文

乾隆八年四月十八日

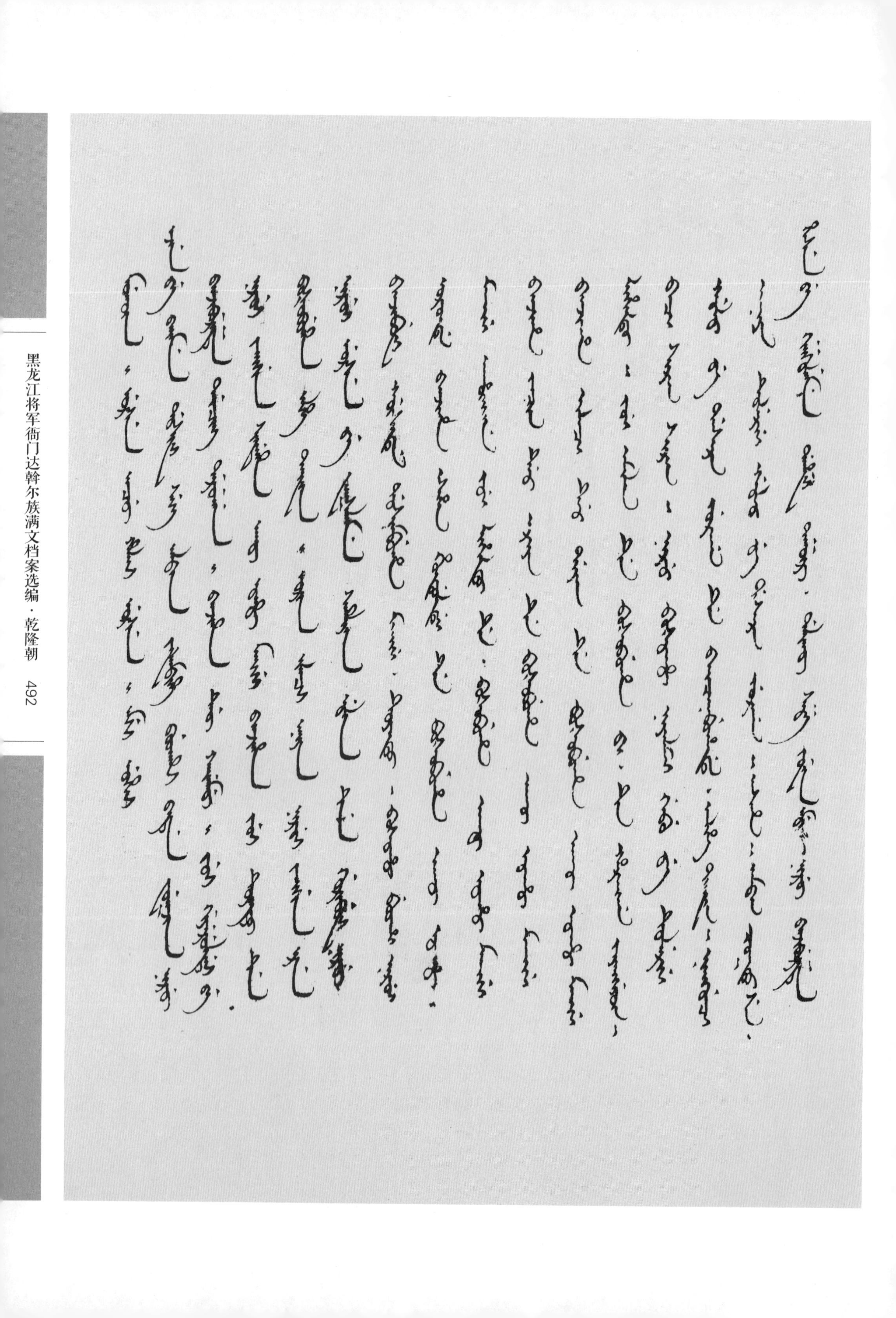

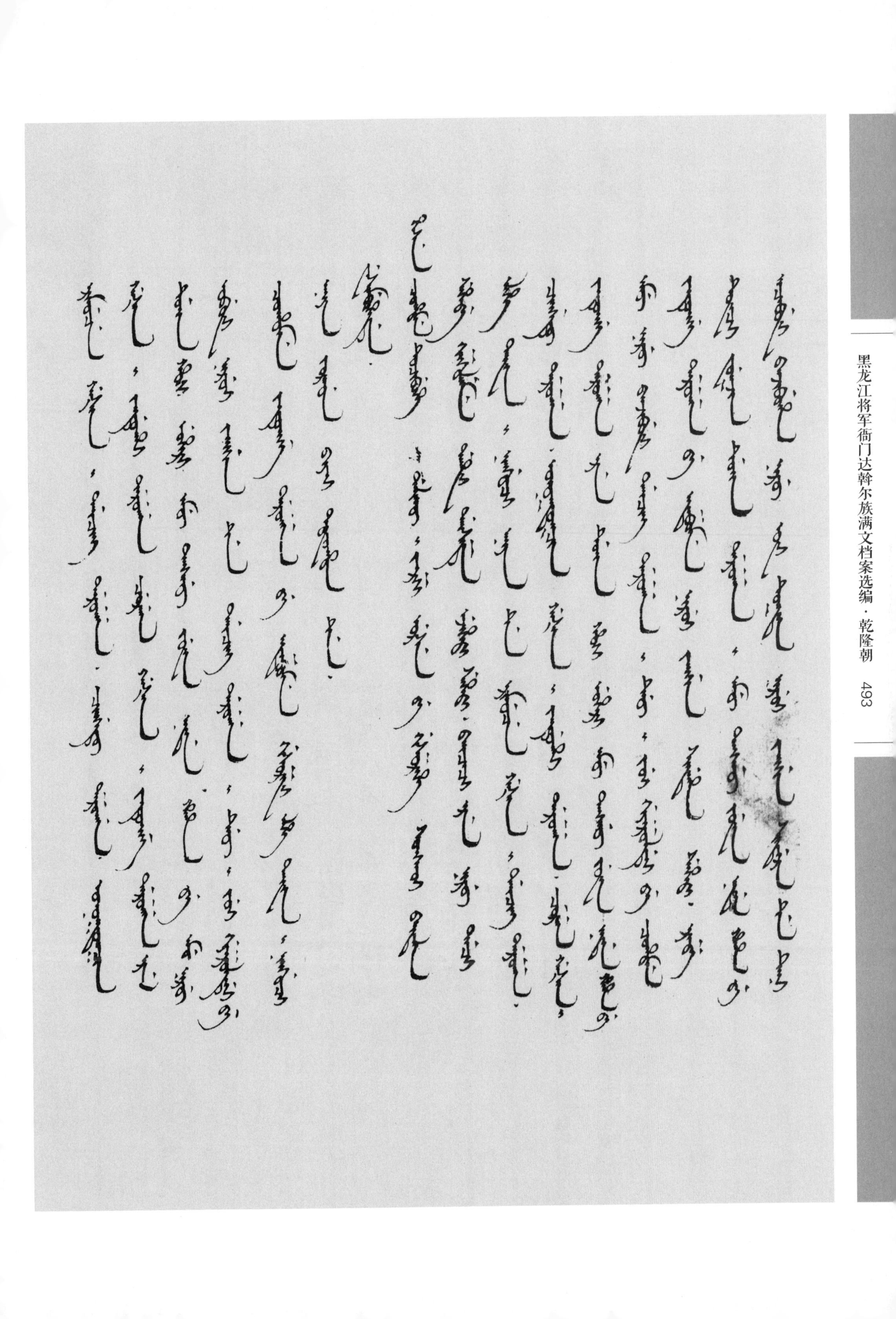

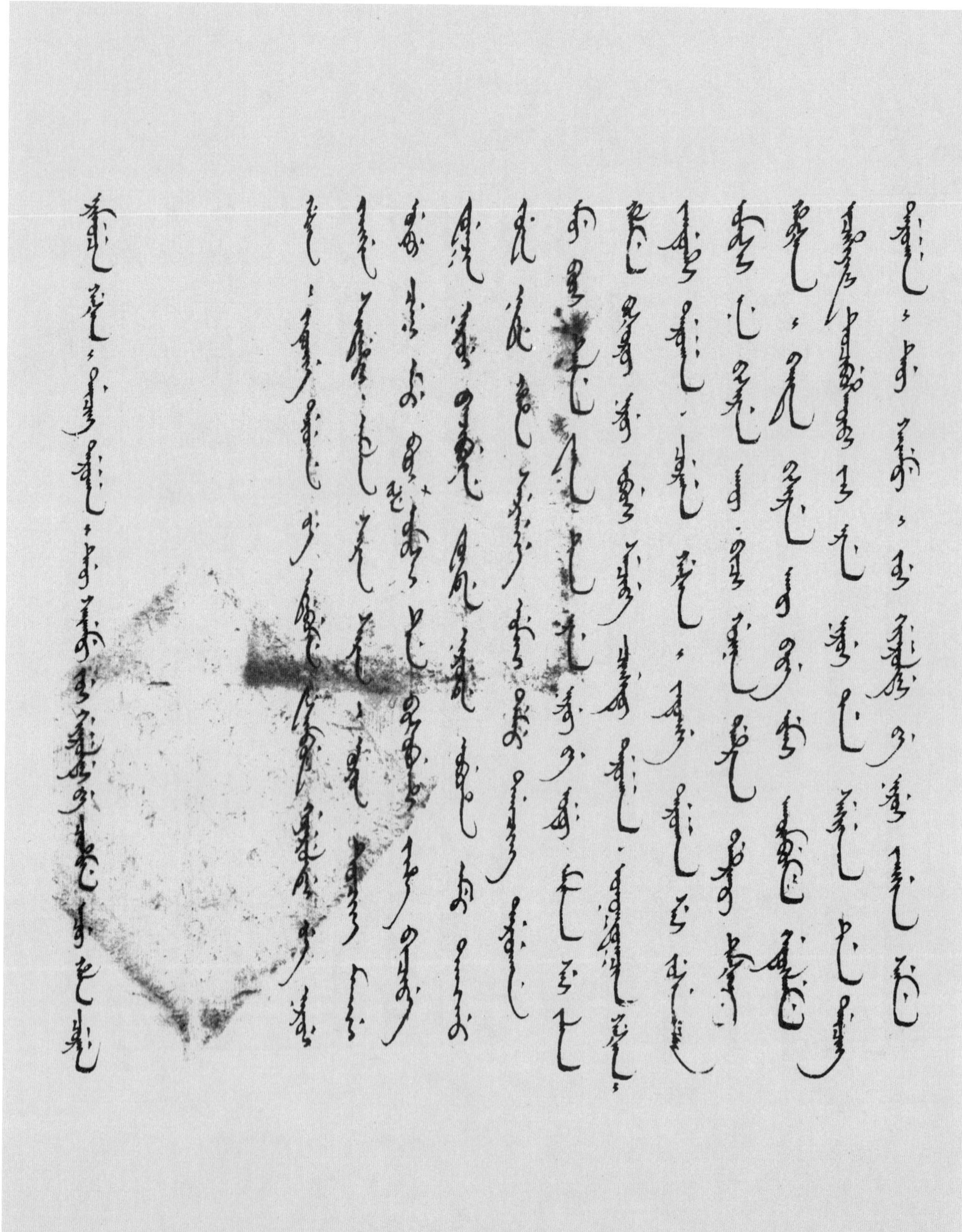

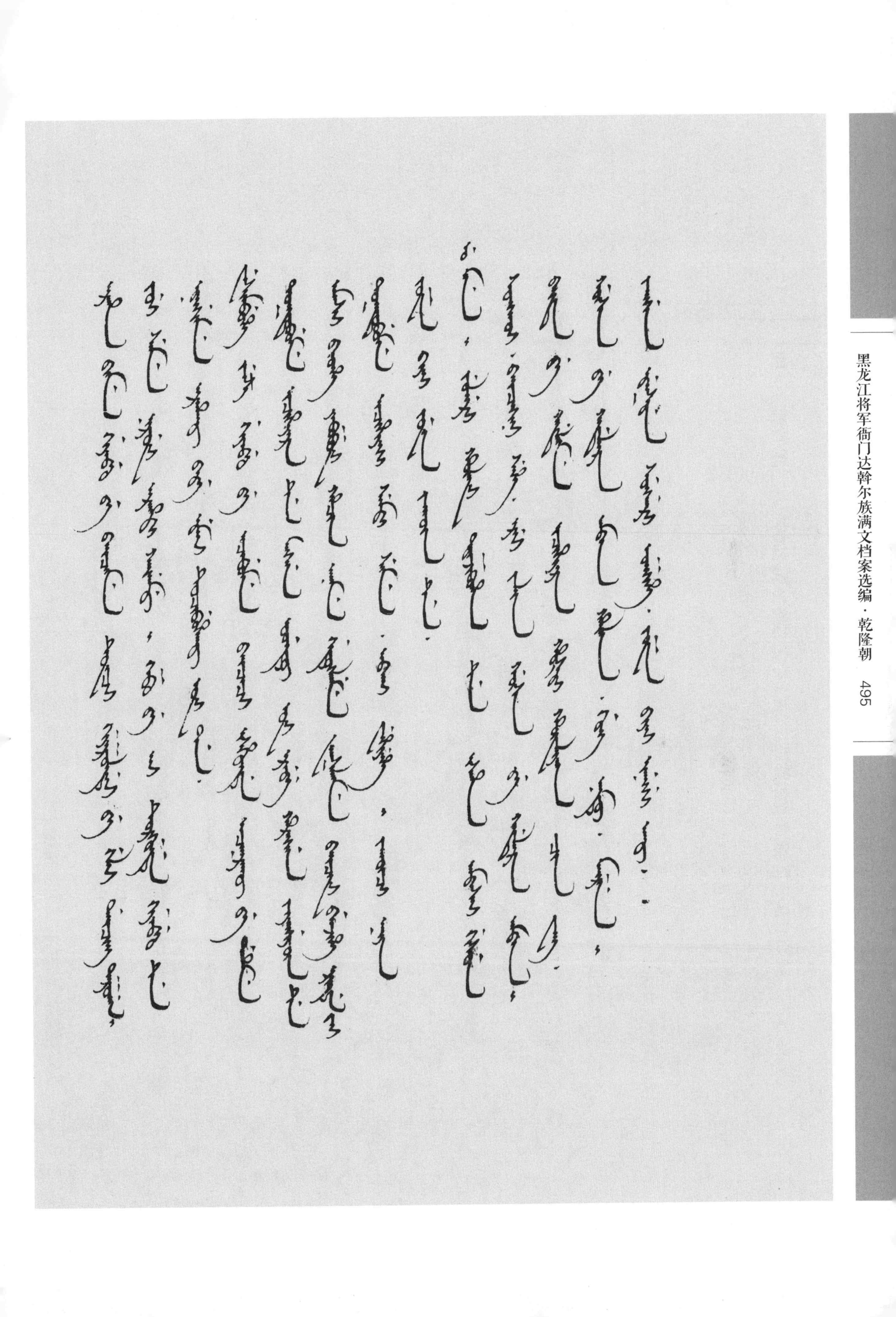

二〇〇　黑龙江将军衙门为令查明镶白旗达斡尔塔济佐领根源并造送家谱事咨黑龙江副都统文

乾隆八年四月三十日

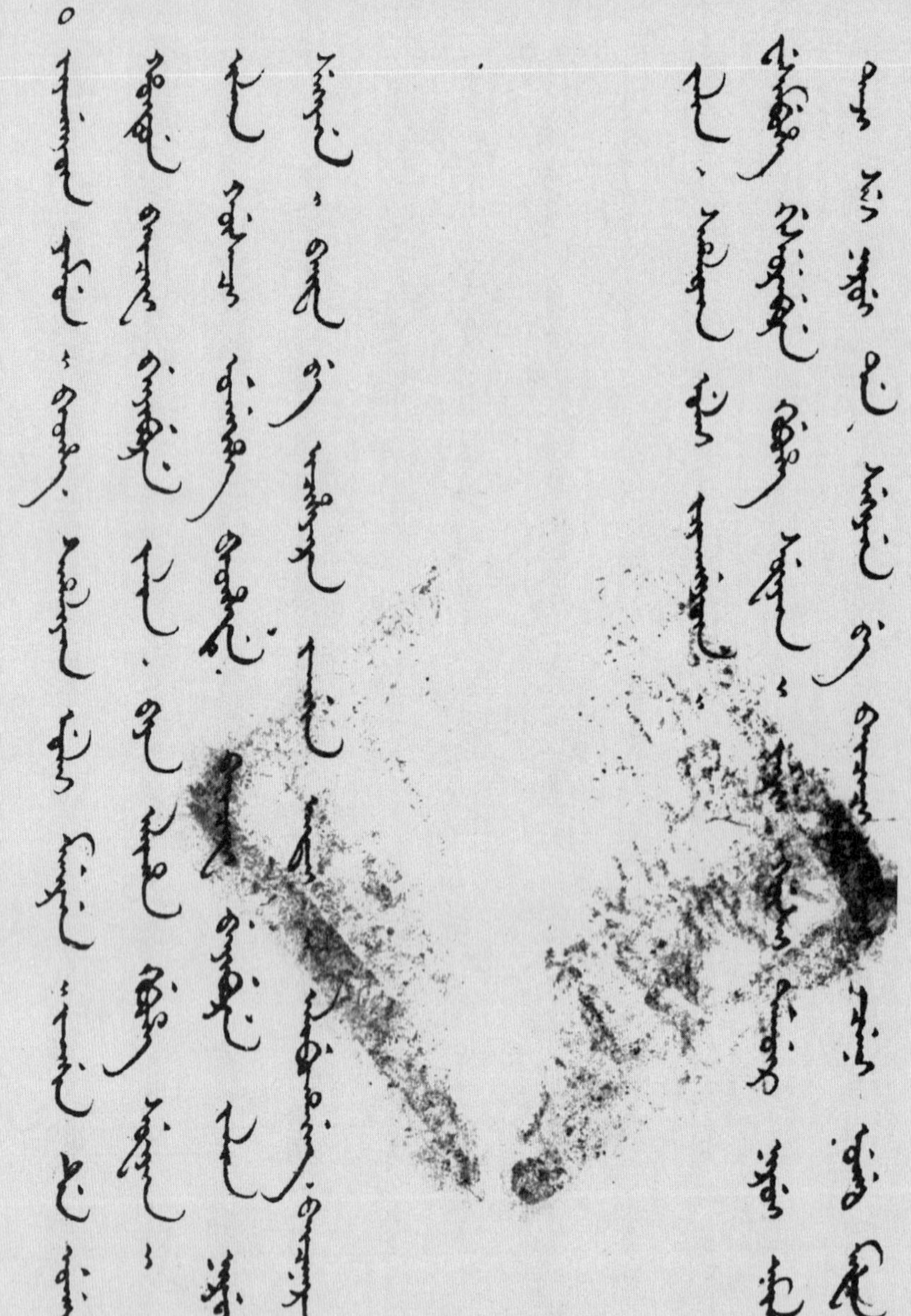

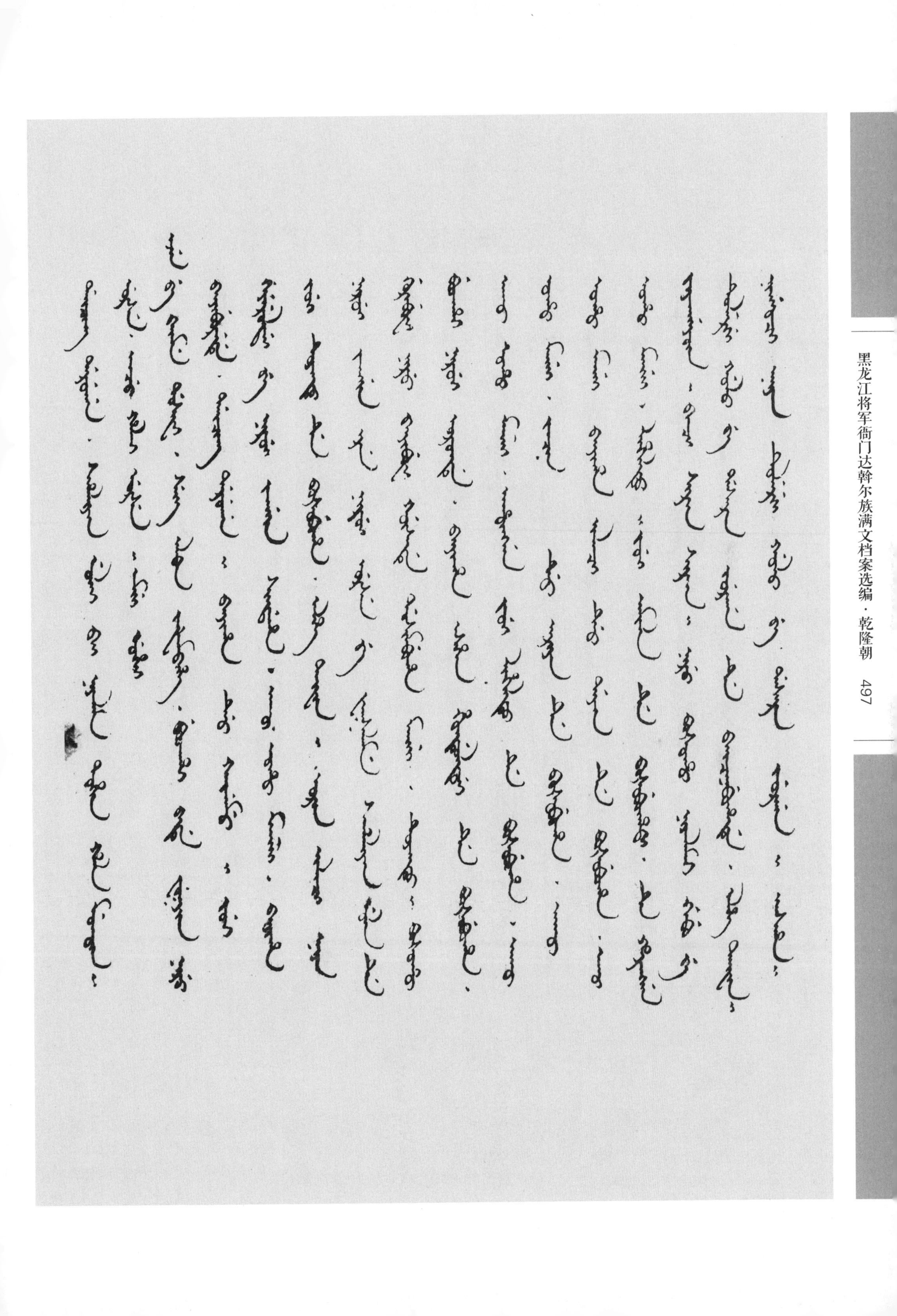

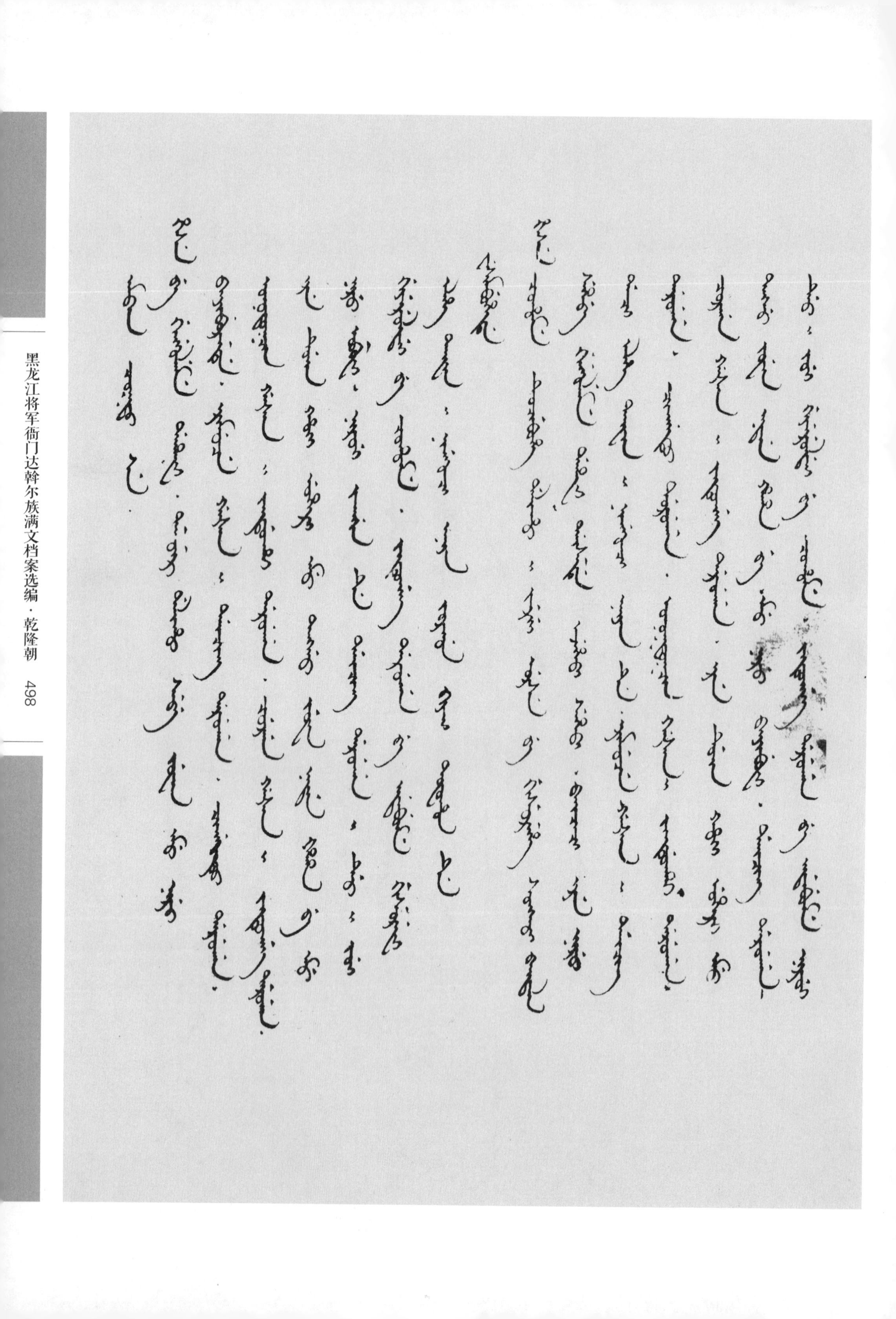

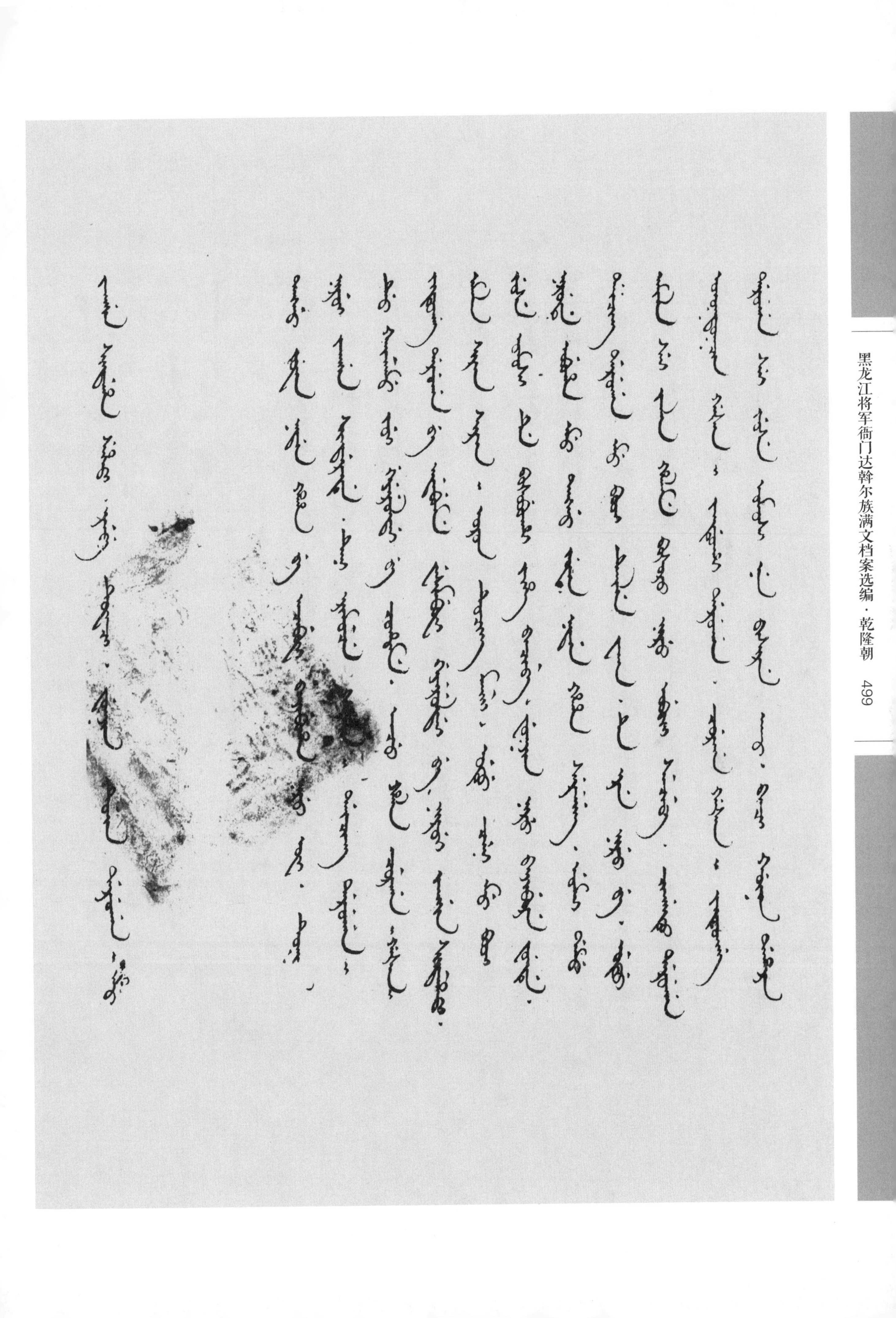

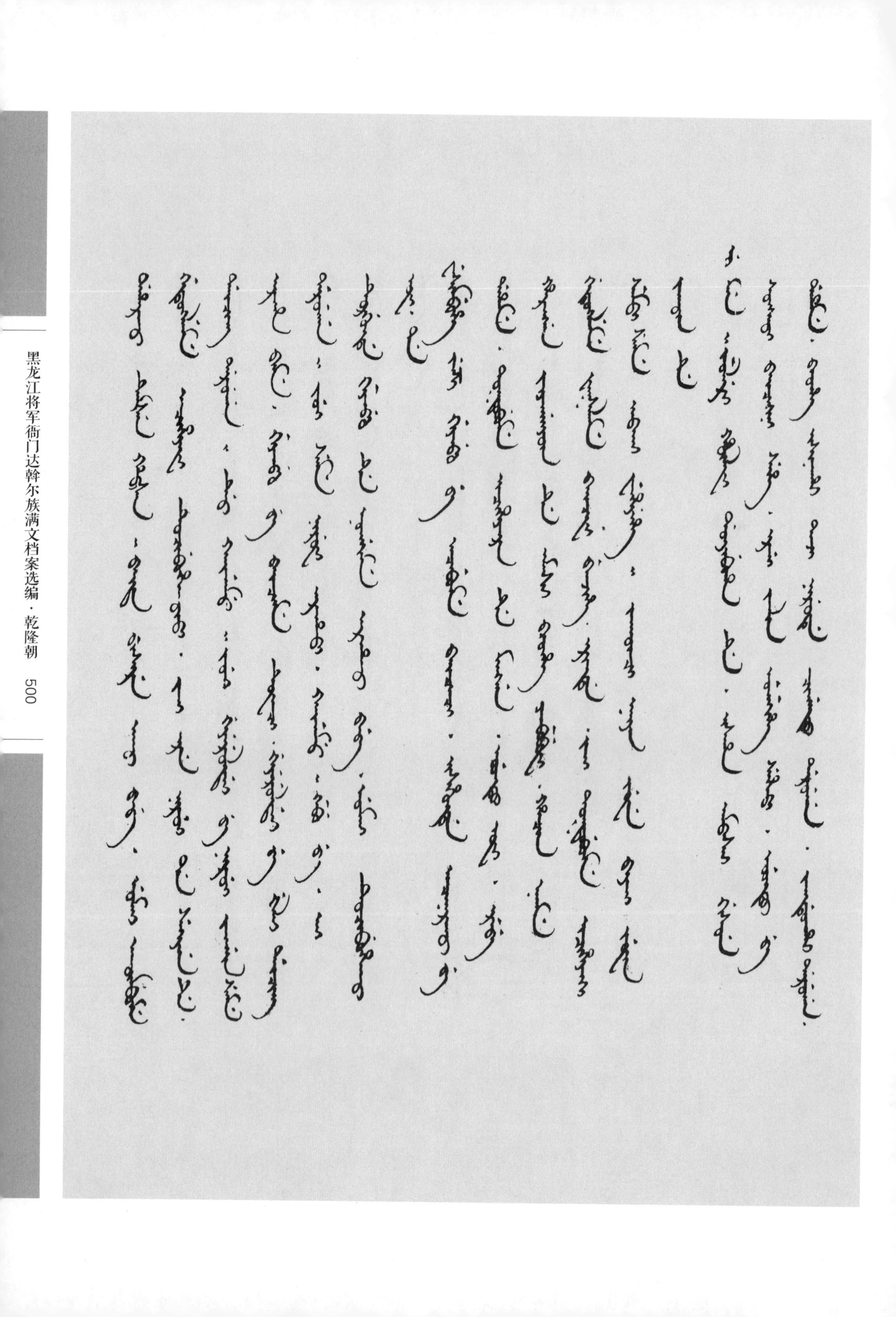

[illegible]

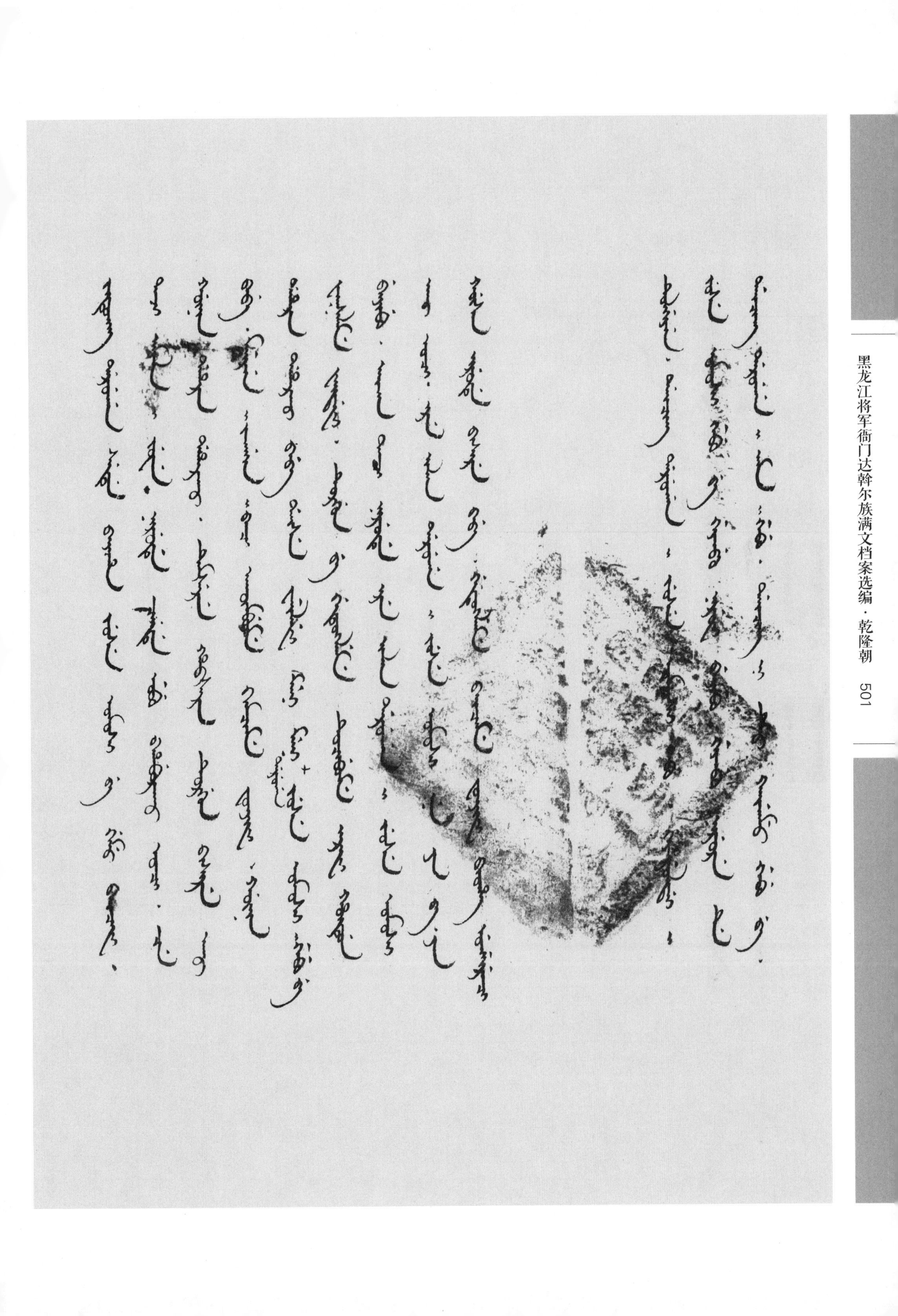

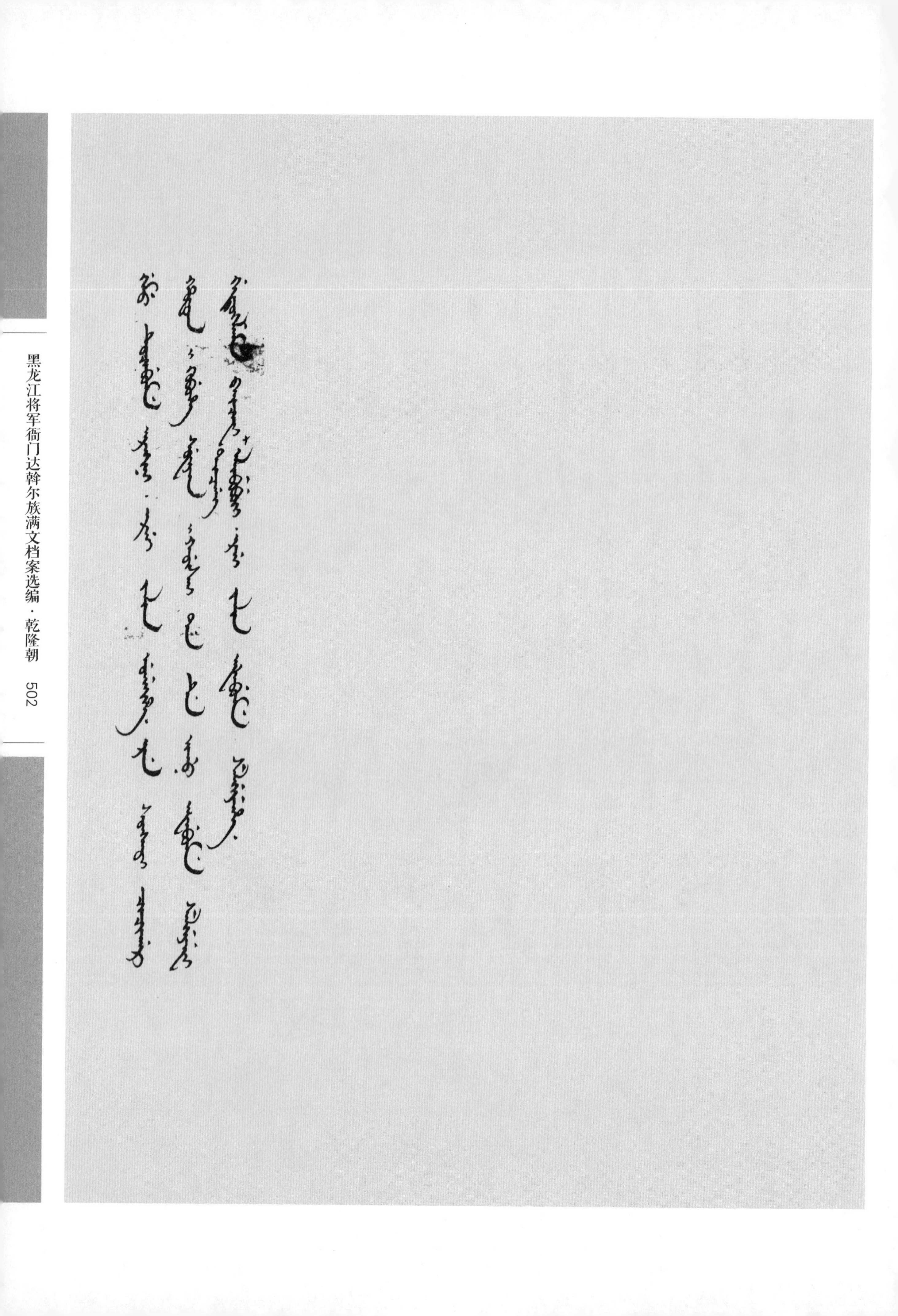

二〇一　黑龙江将军衙门为令查明齐齐哈尔正白旗达斡尔布拉尔等佐领源流事咨黑龙江副都统文

乾隆八年四月三十日

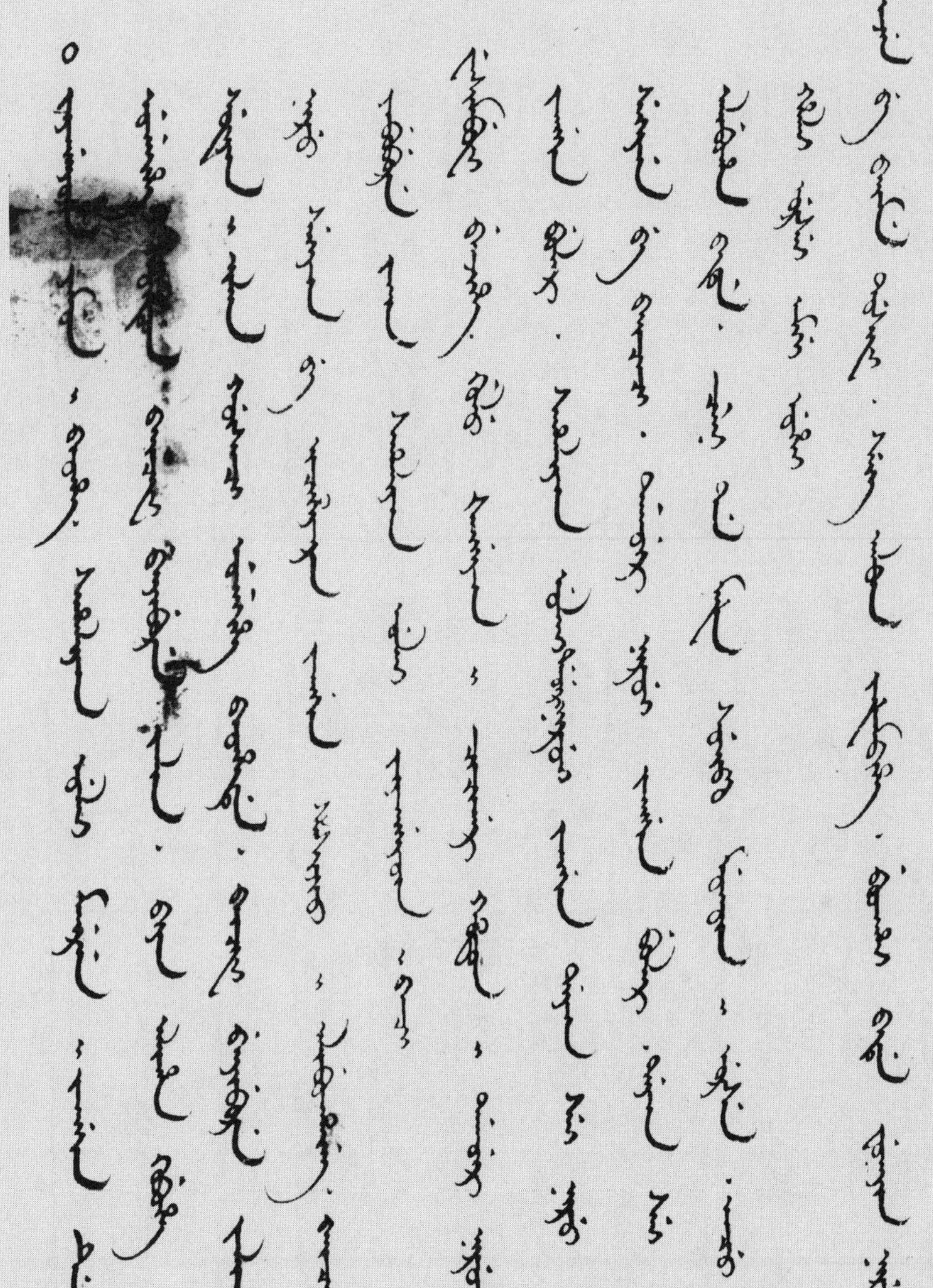

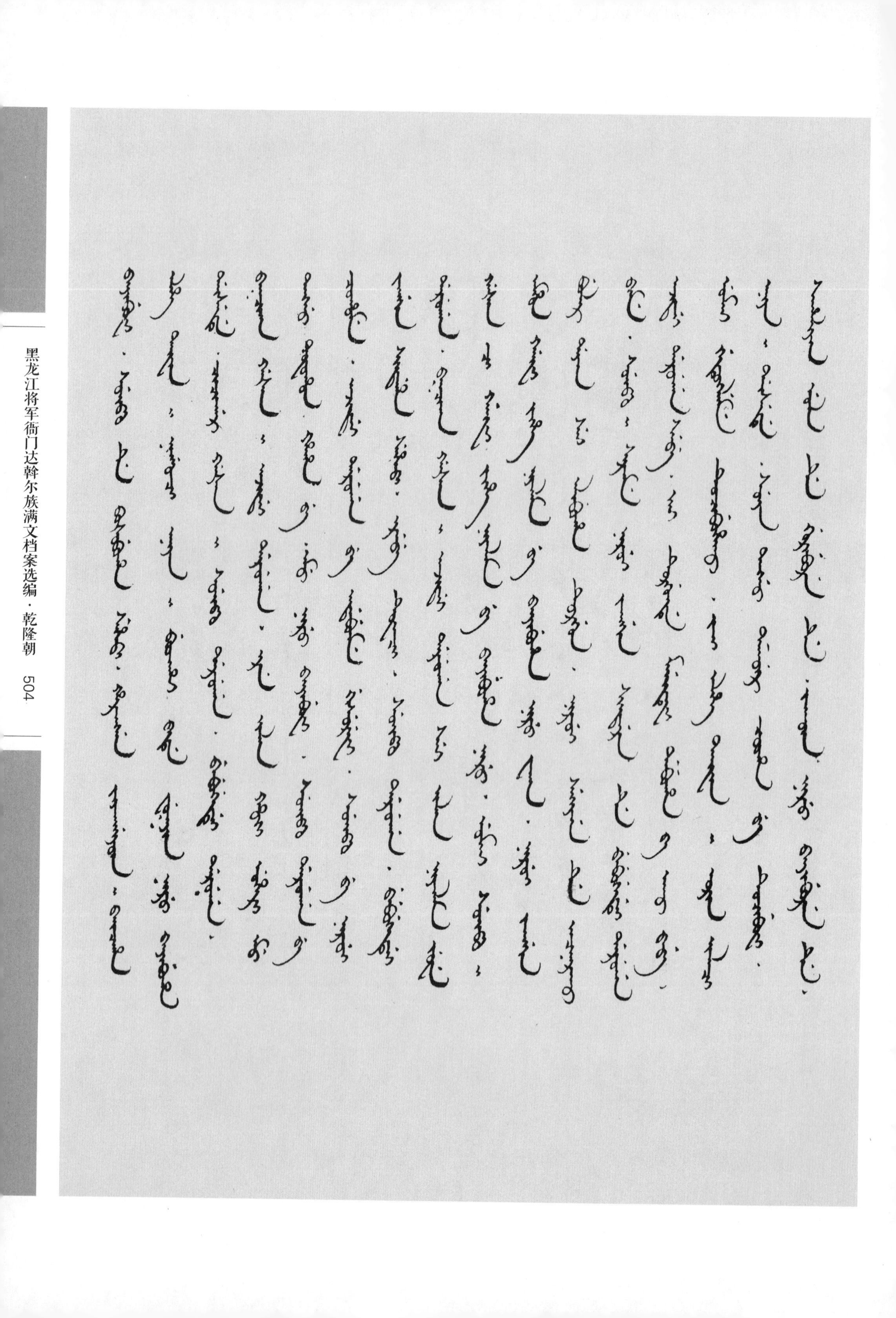

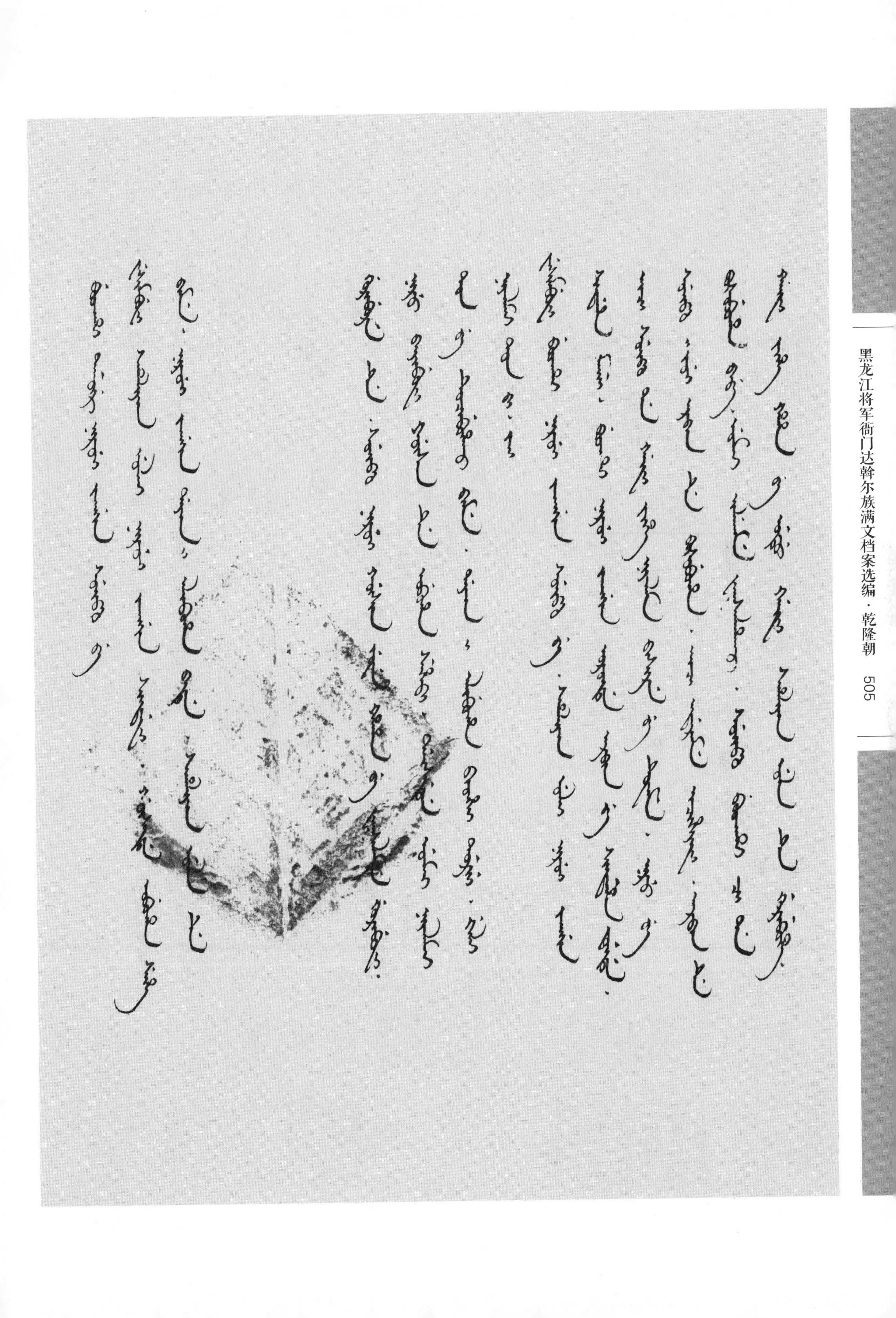

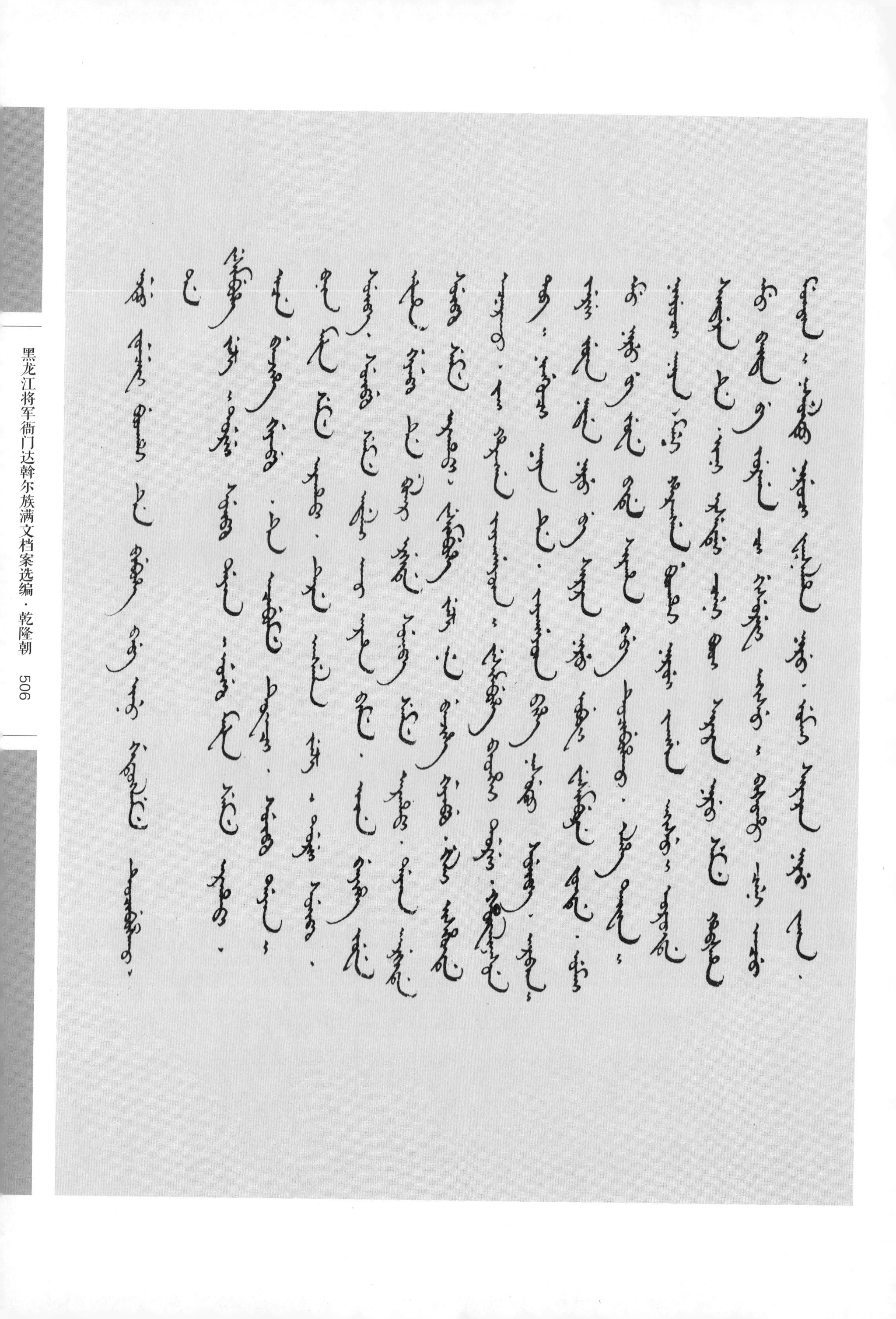

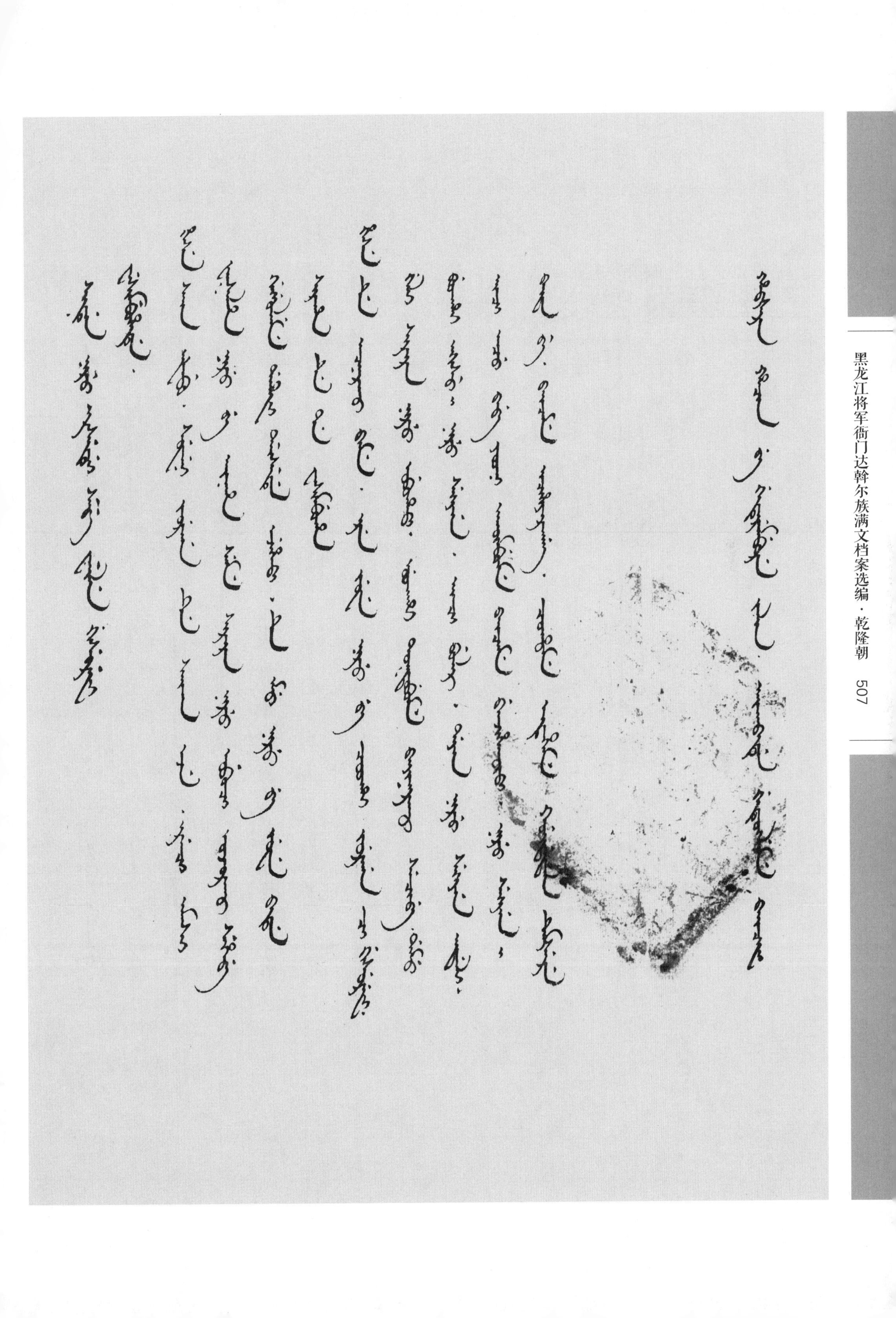

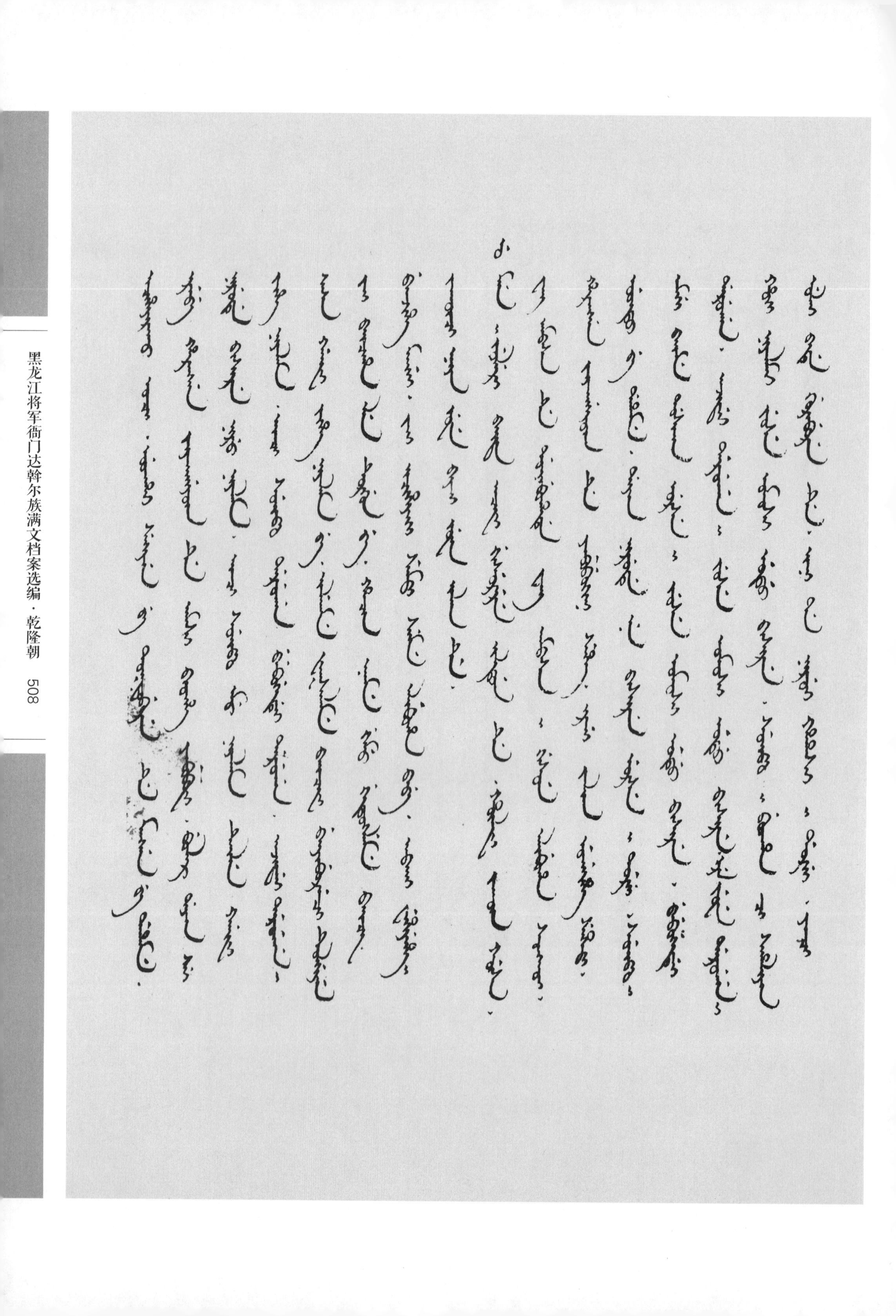

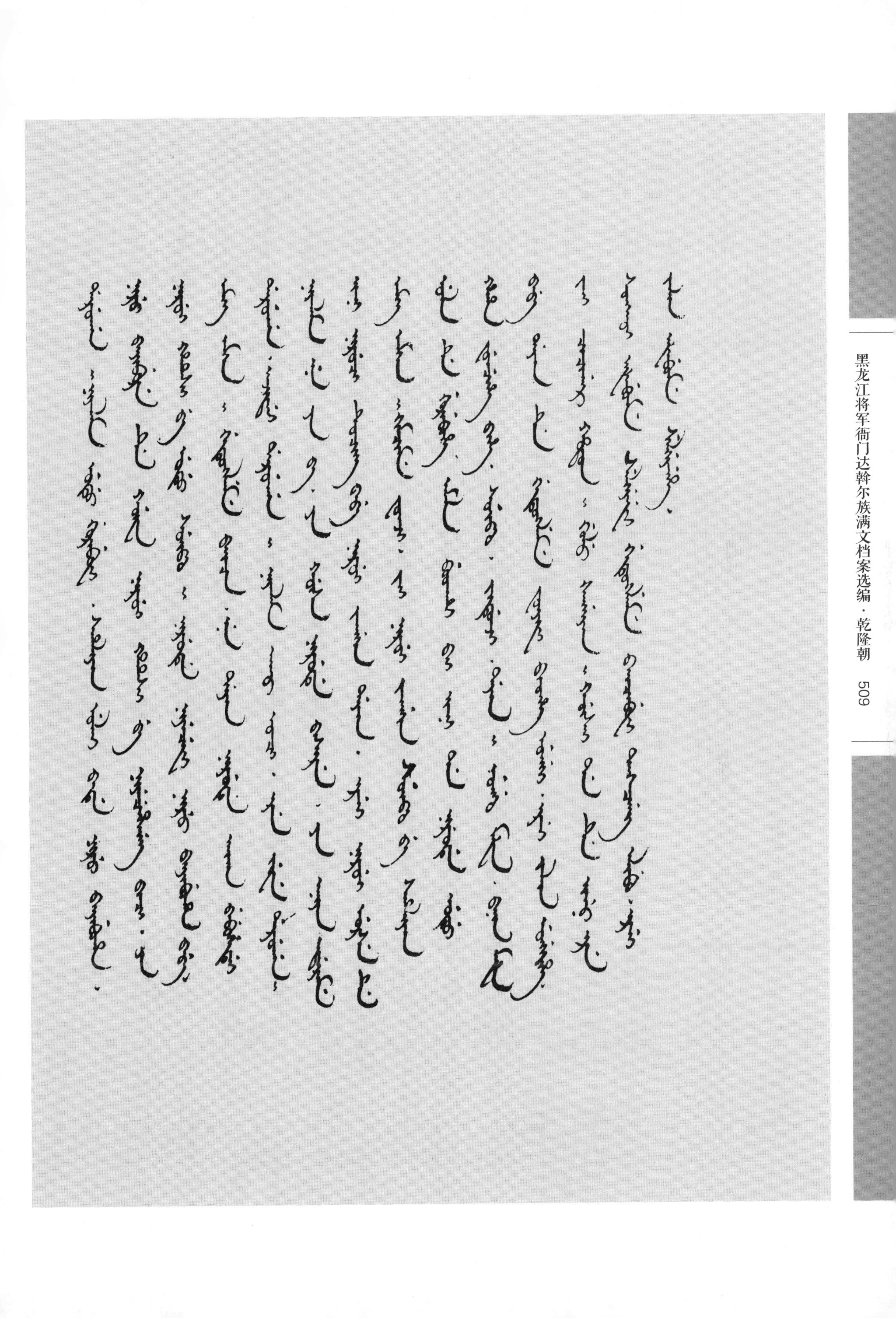

[illegible]

二〇二　黑龙江将军衙门为令查明布特哈正白旗达斡尔托多尔凯等佐领源流并造送家谱事咨黑龙江副都统文

乾隆八年四月三十日

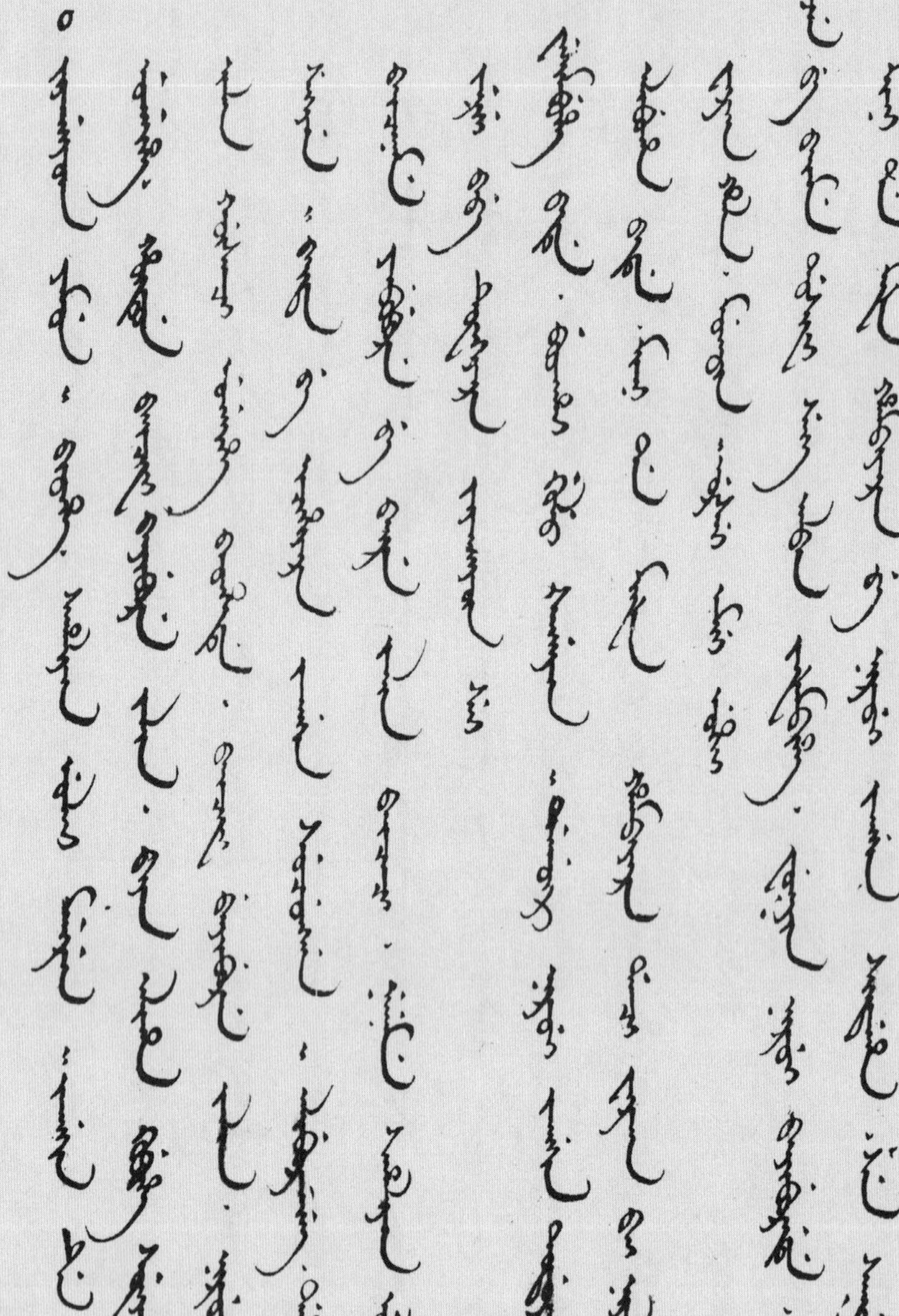

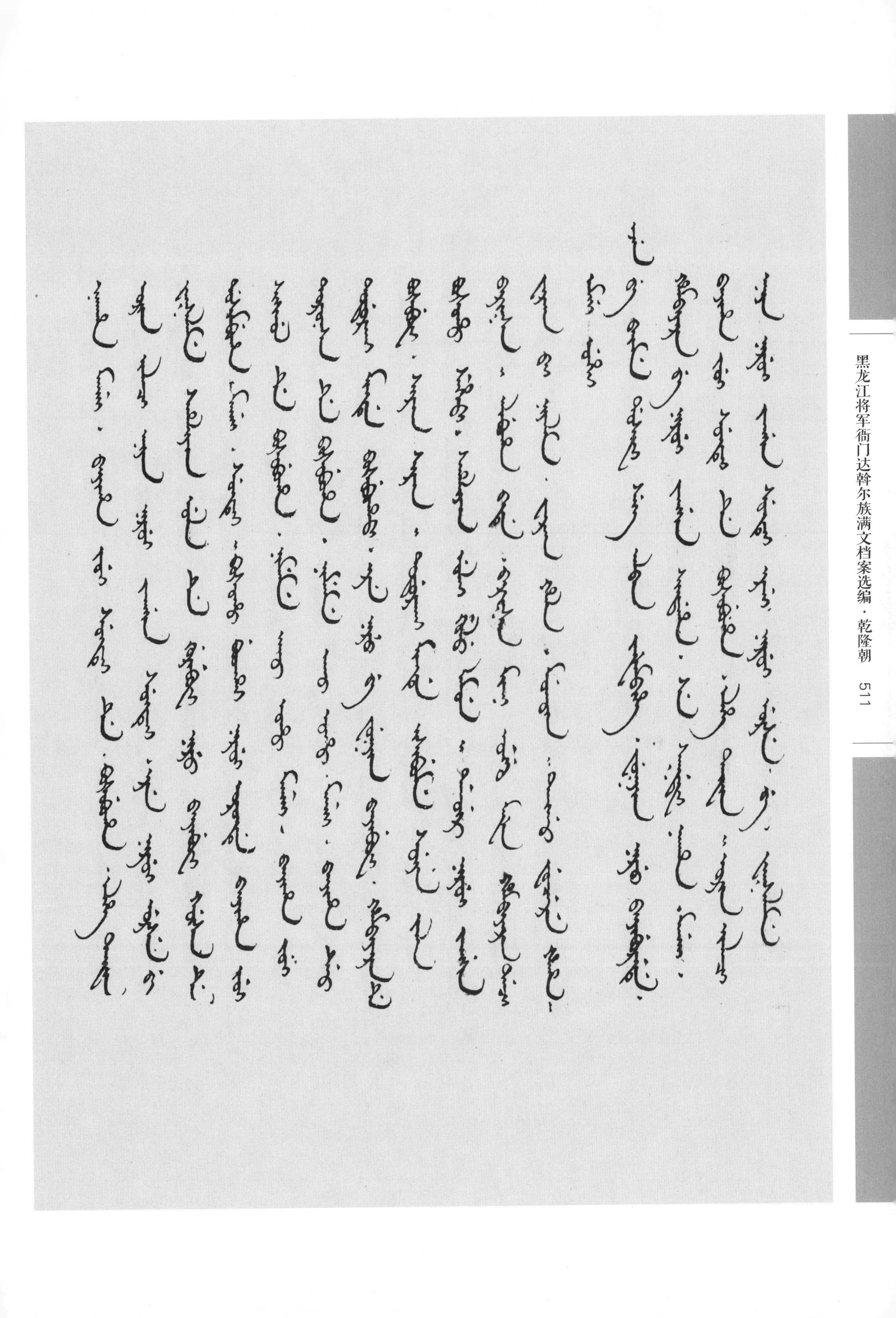

[illegible]

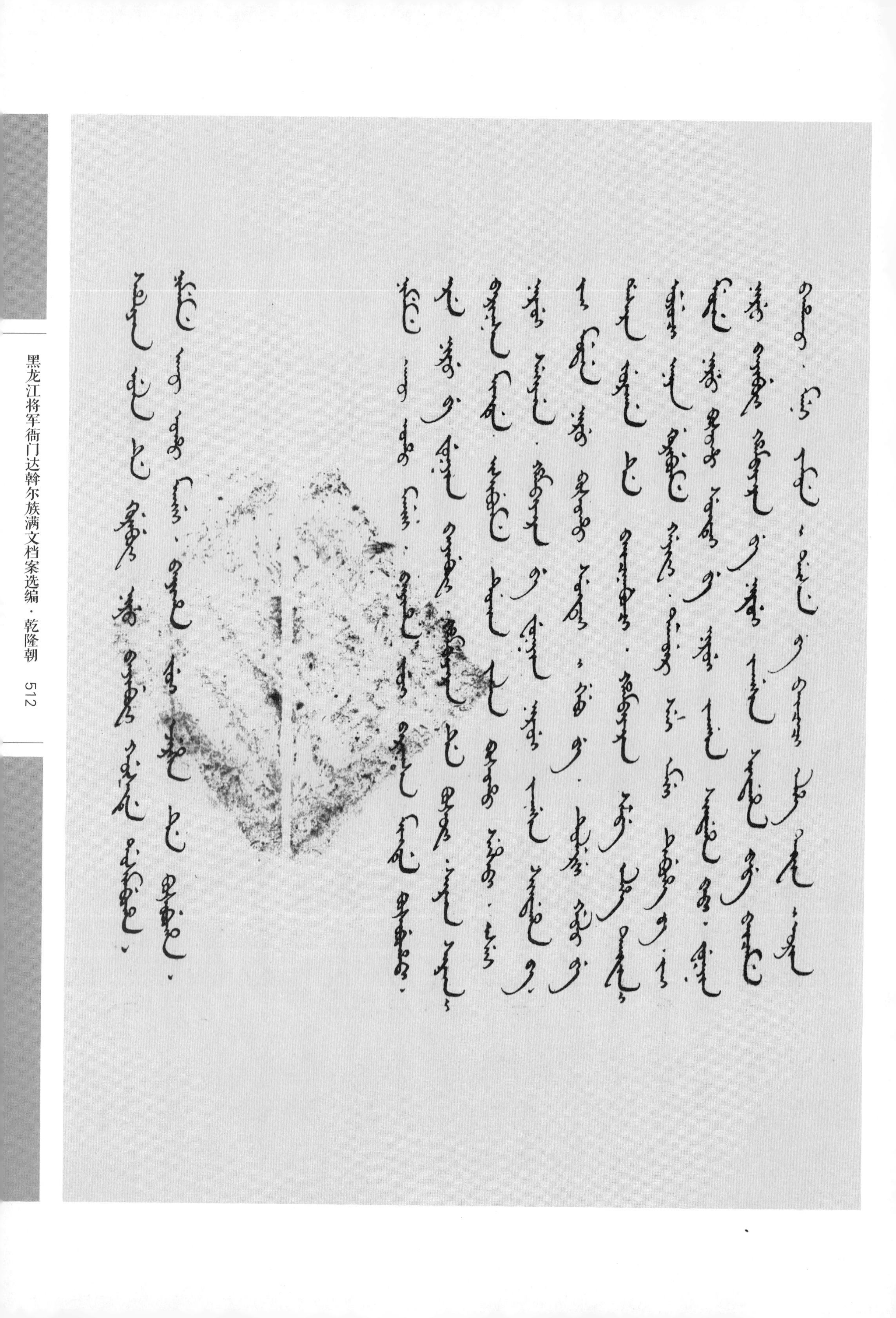

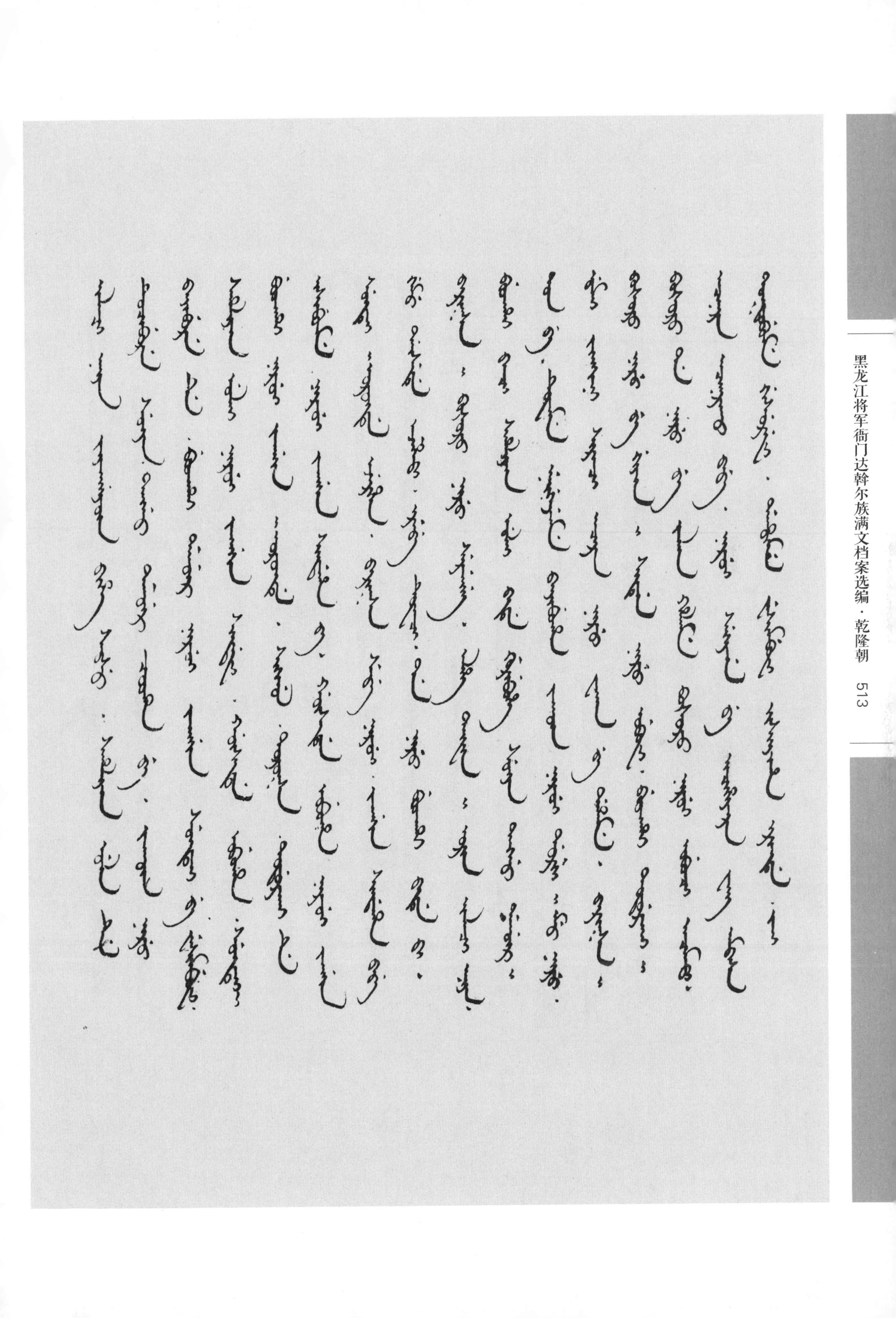

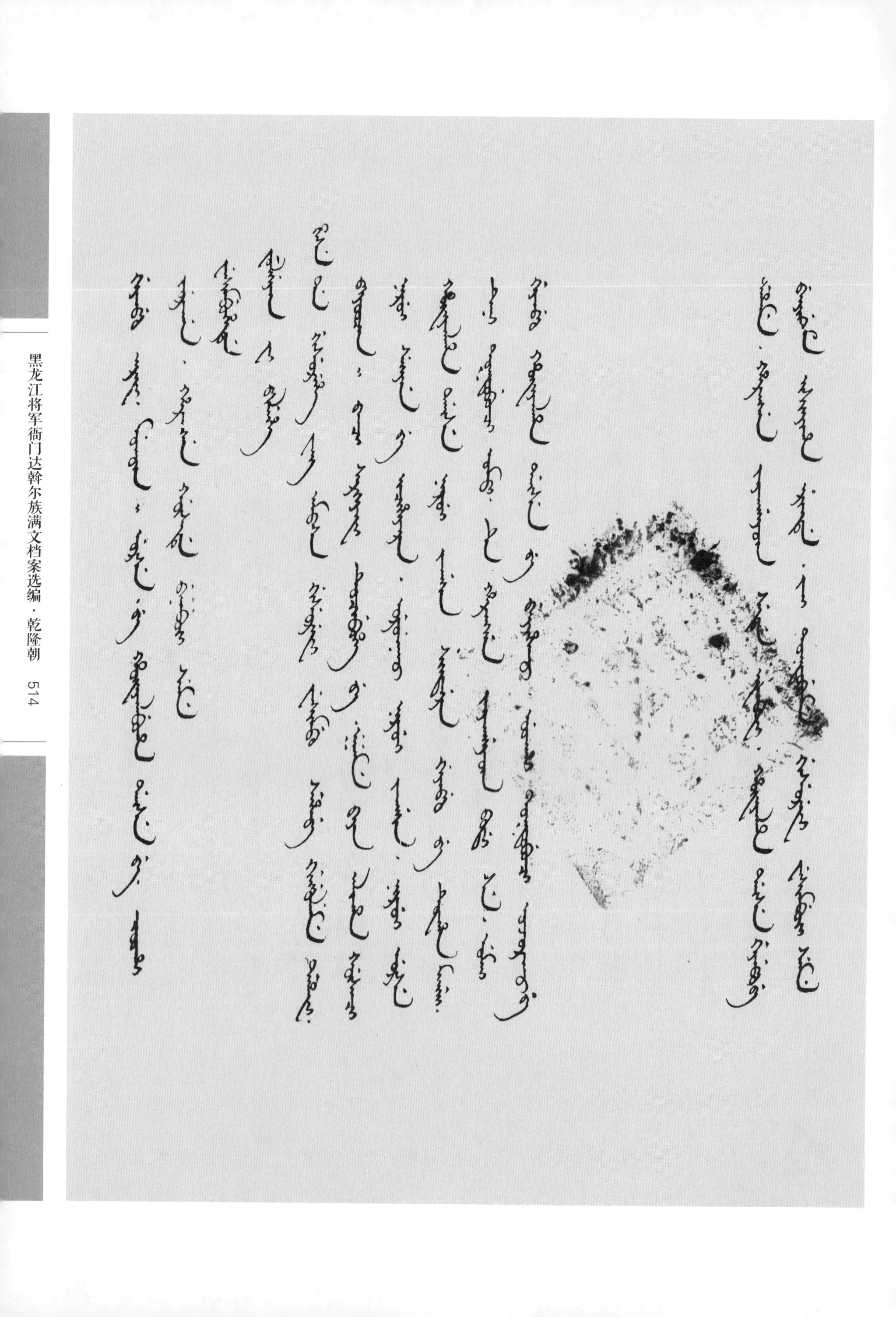

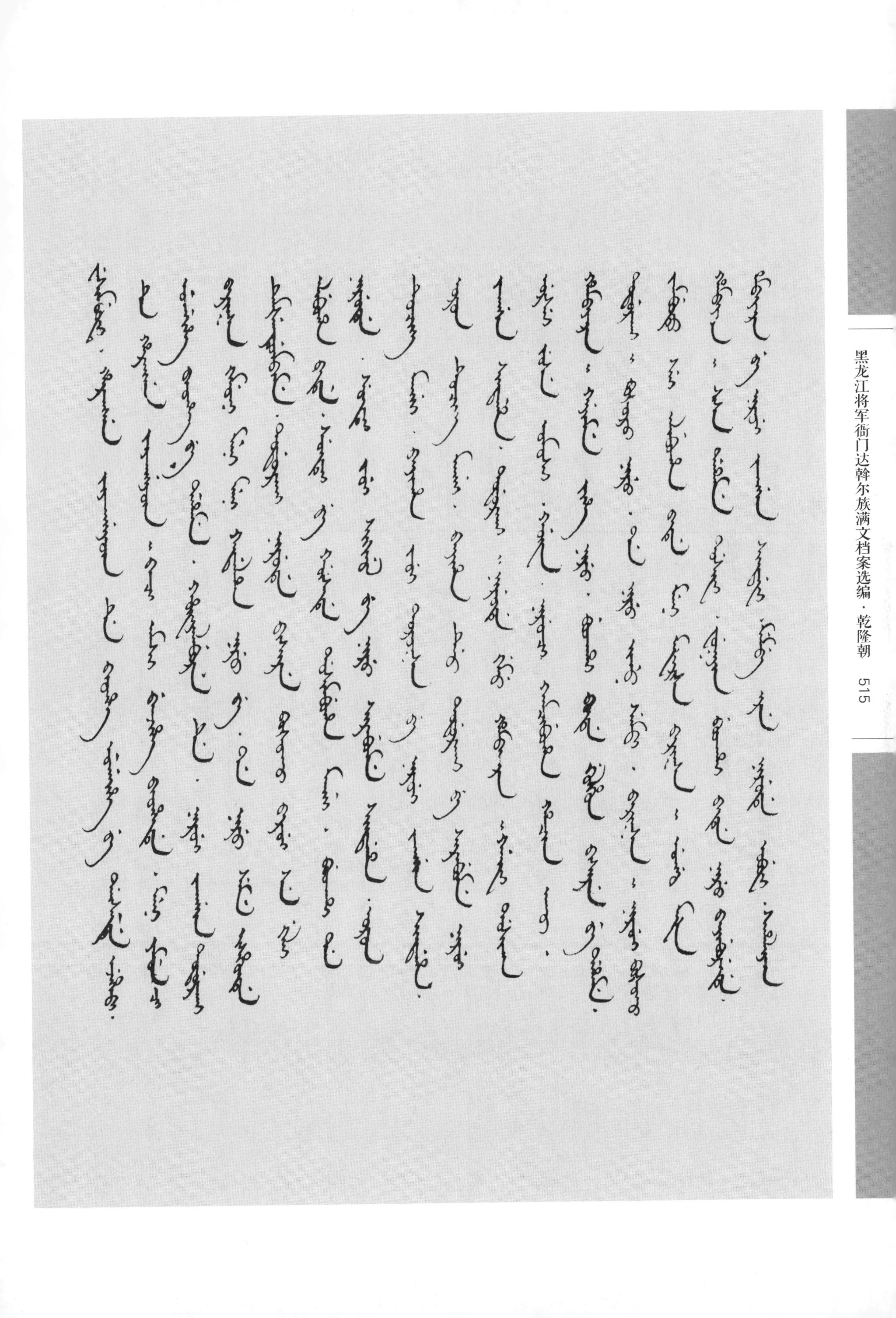

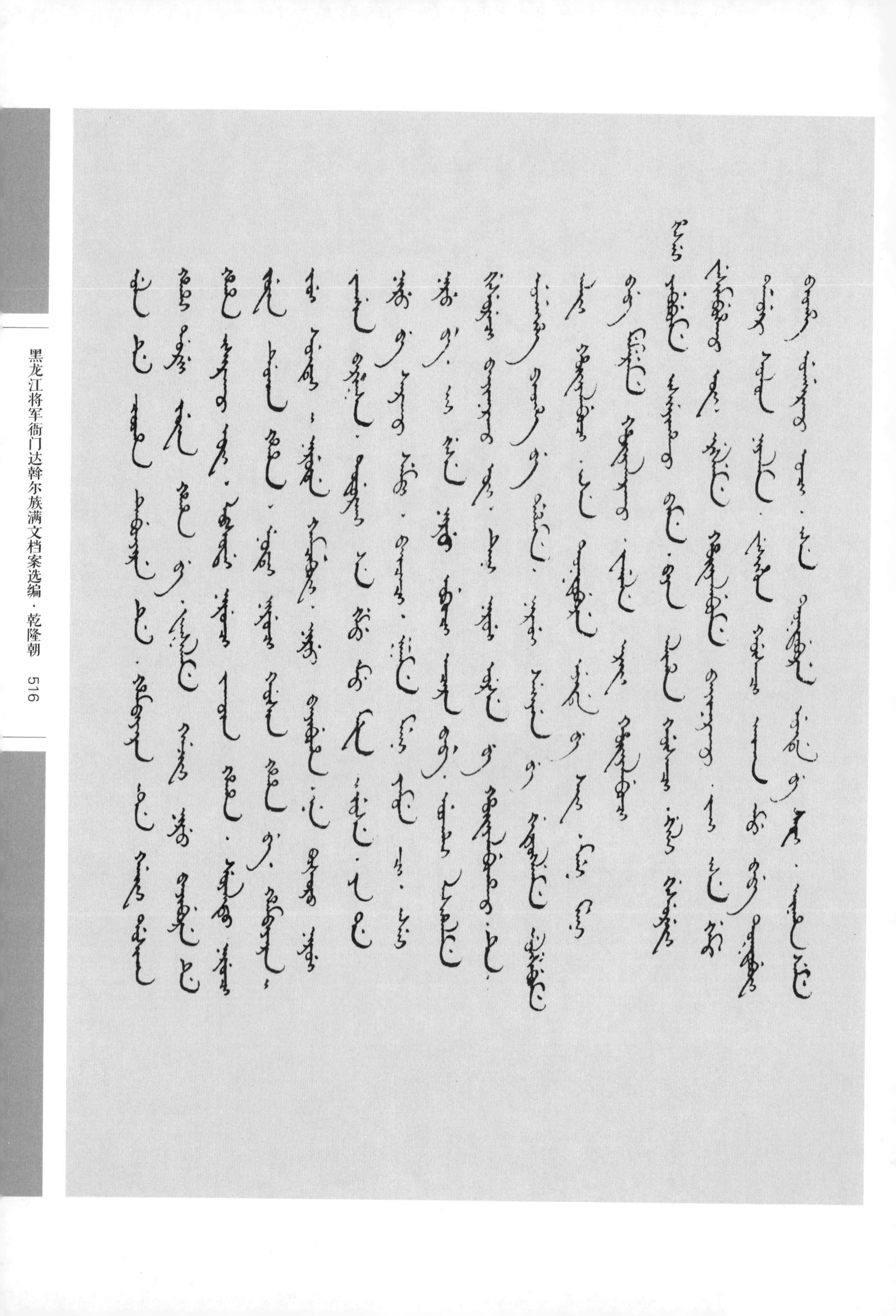

[illegible]

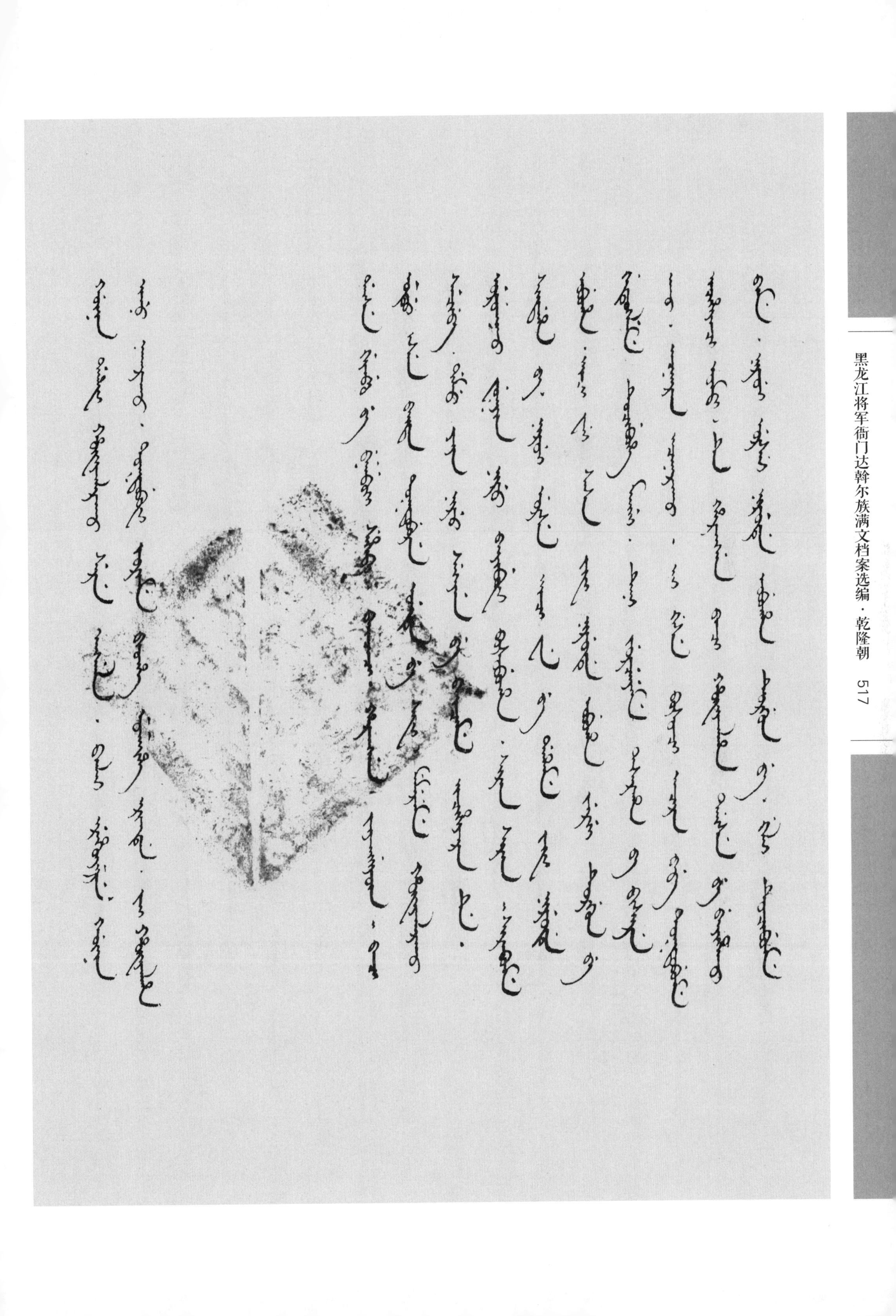

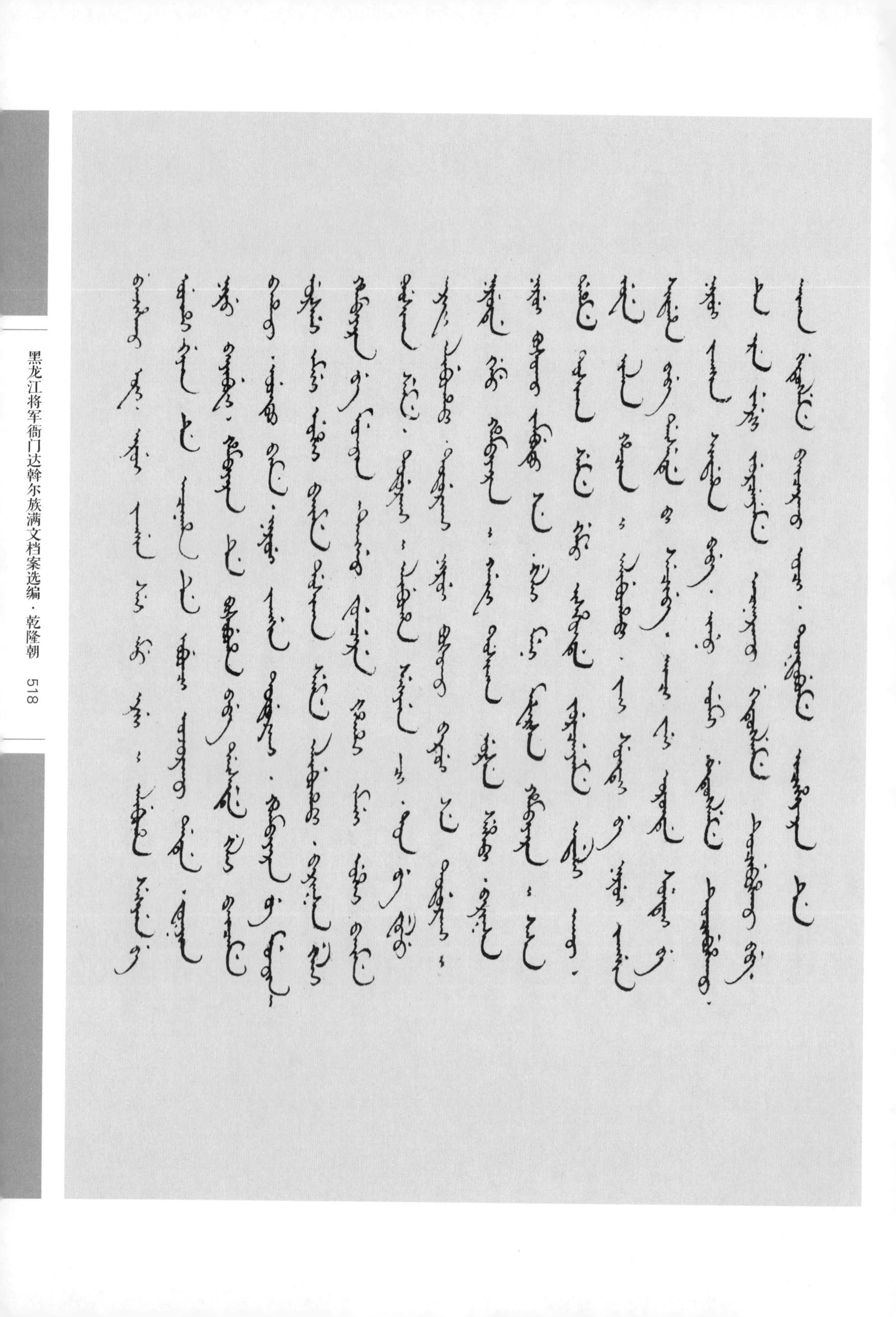

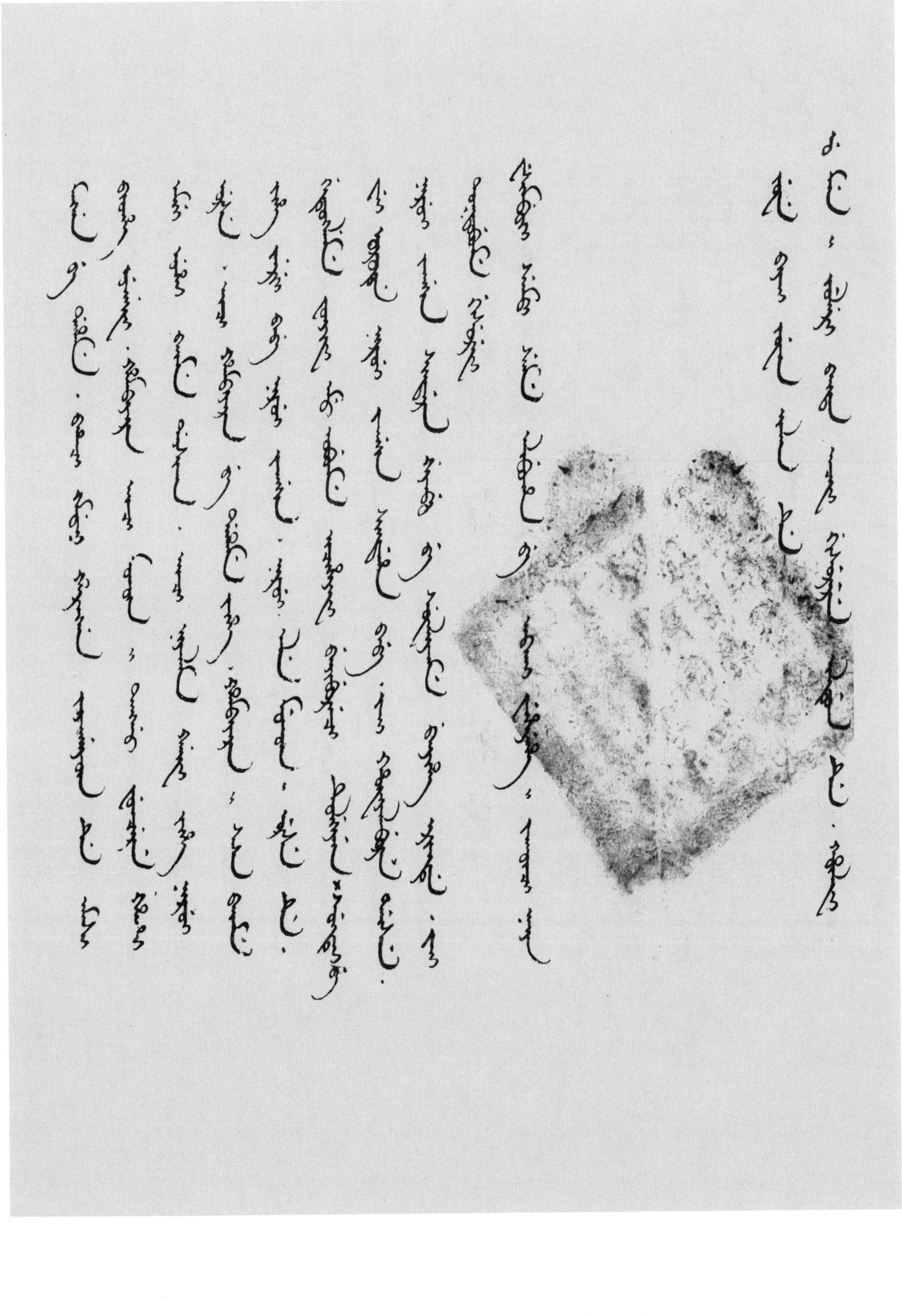

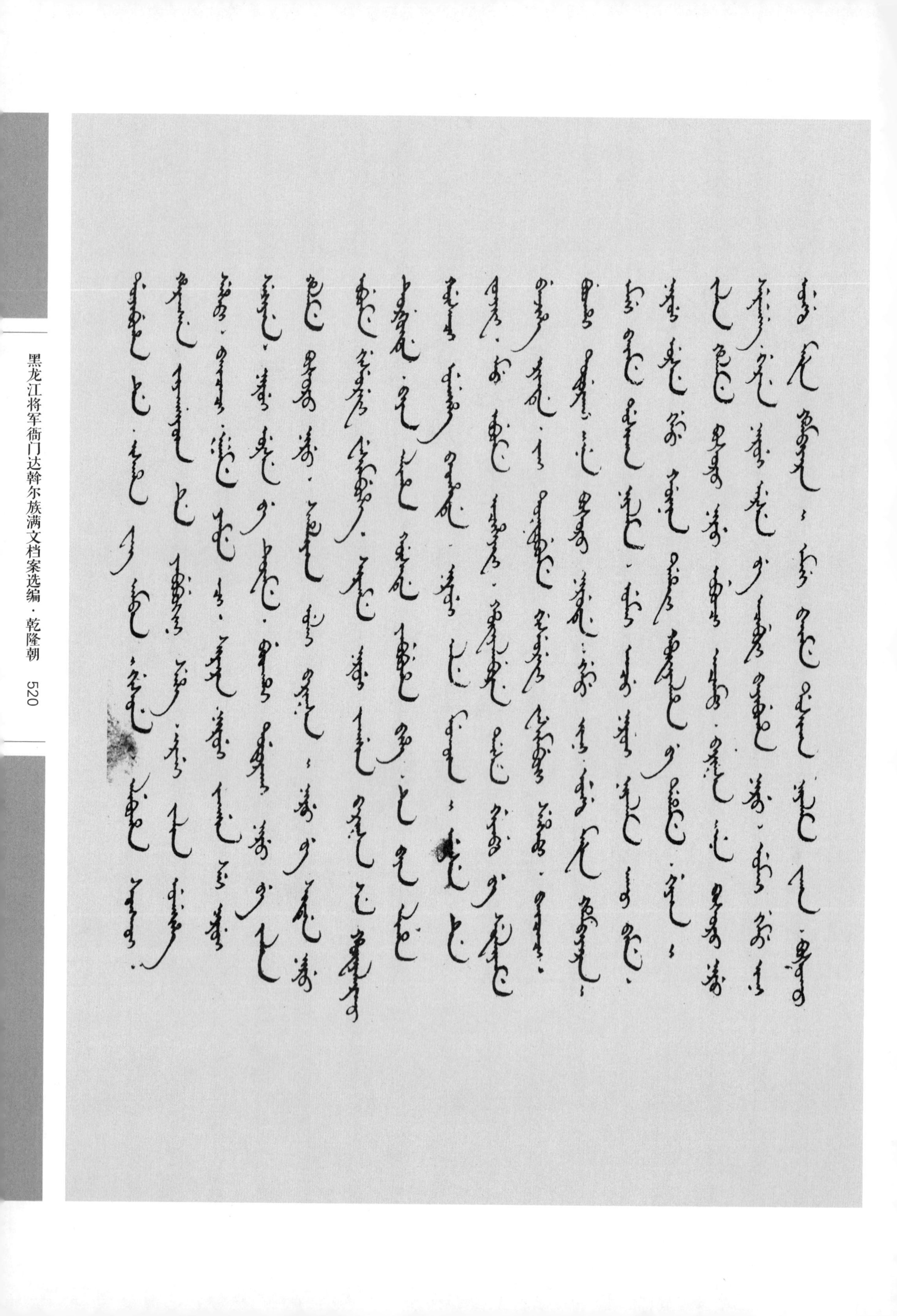

[illegible]

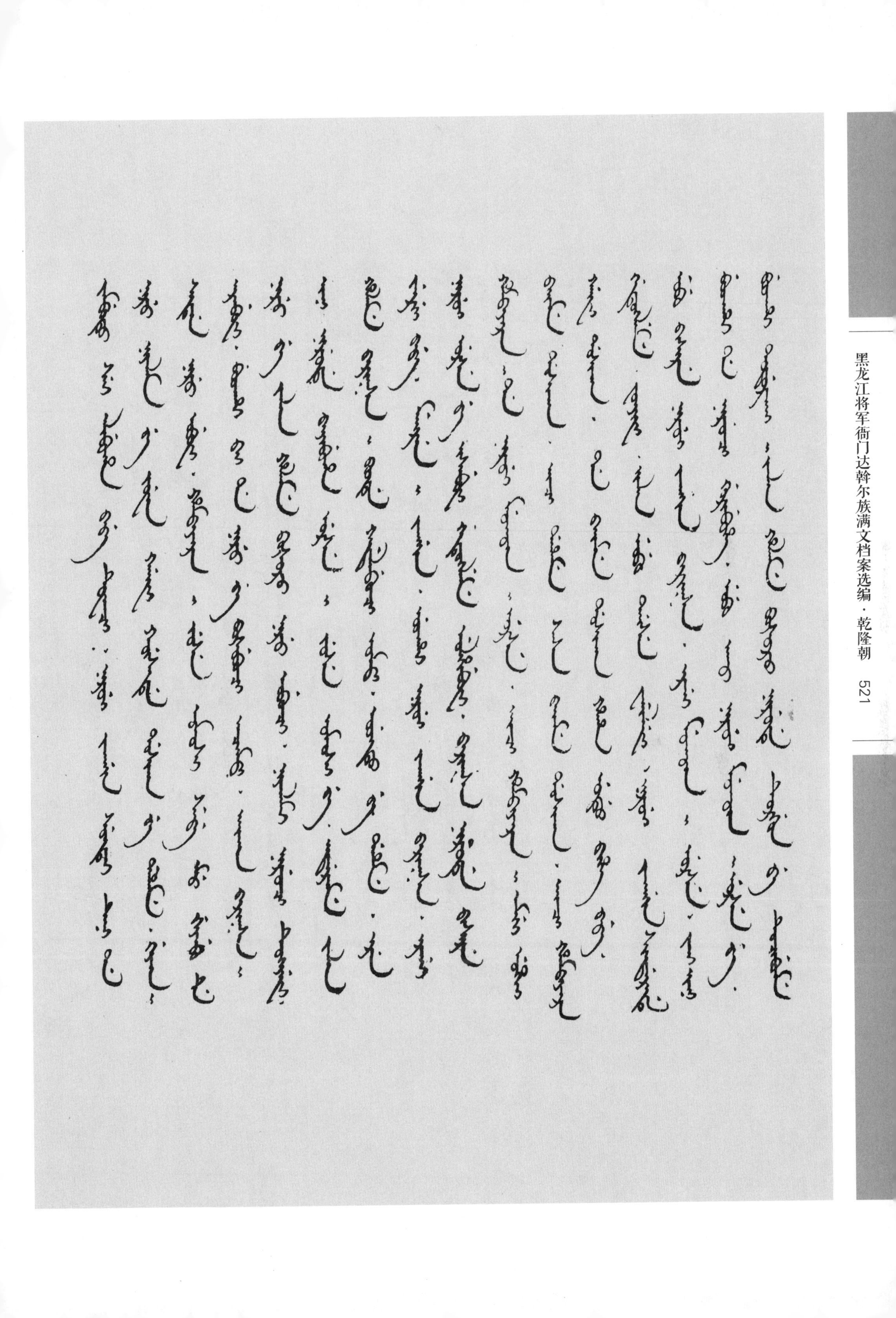

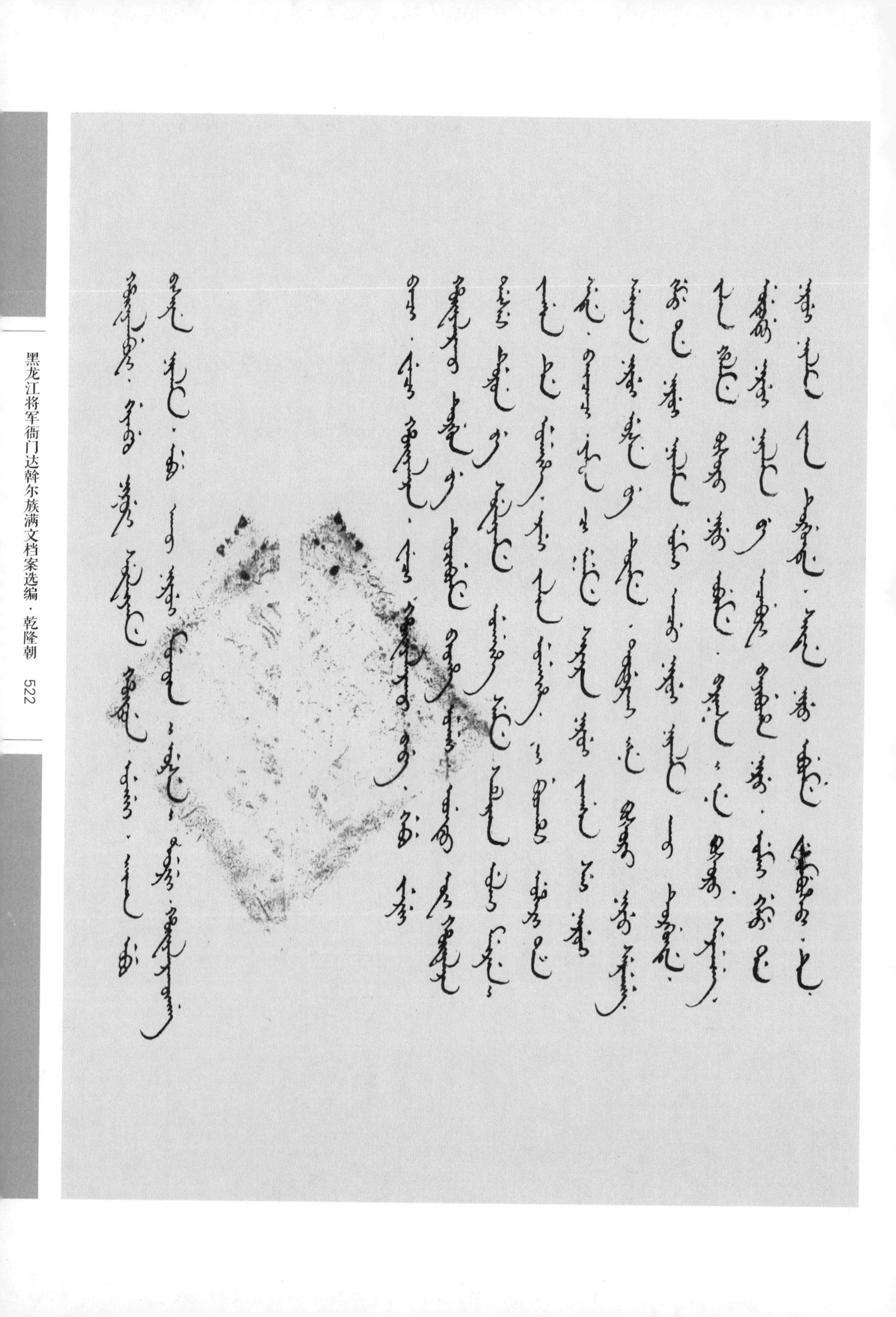

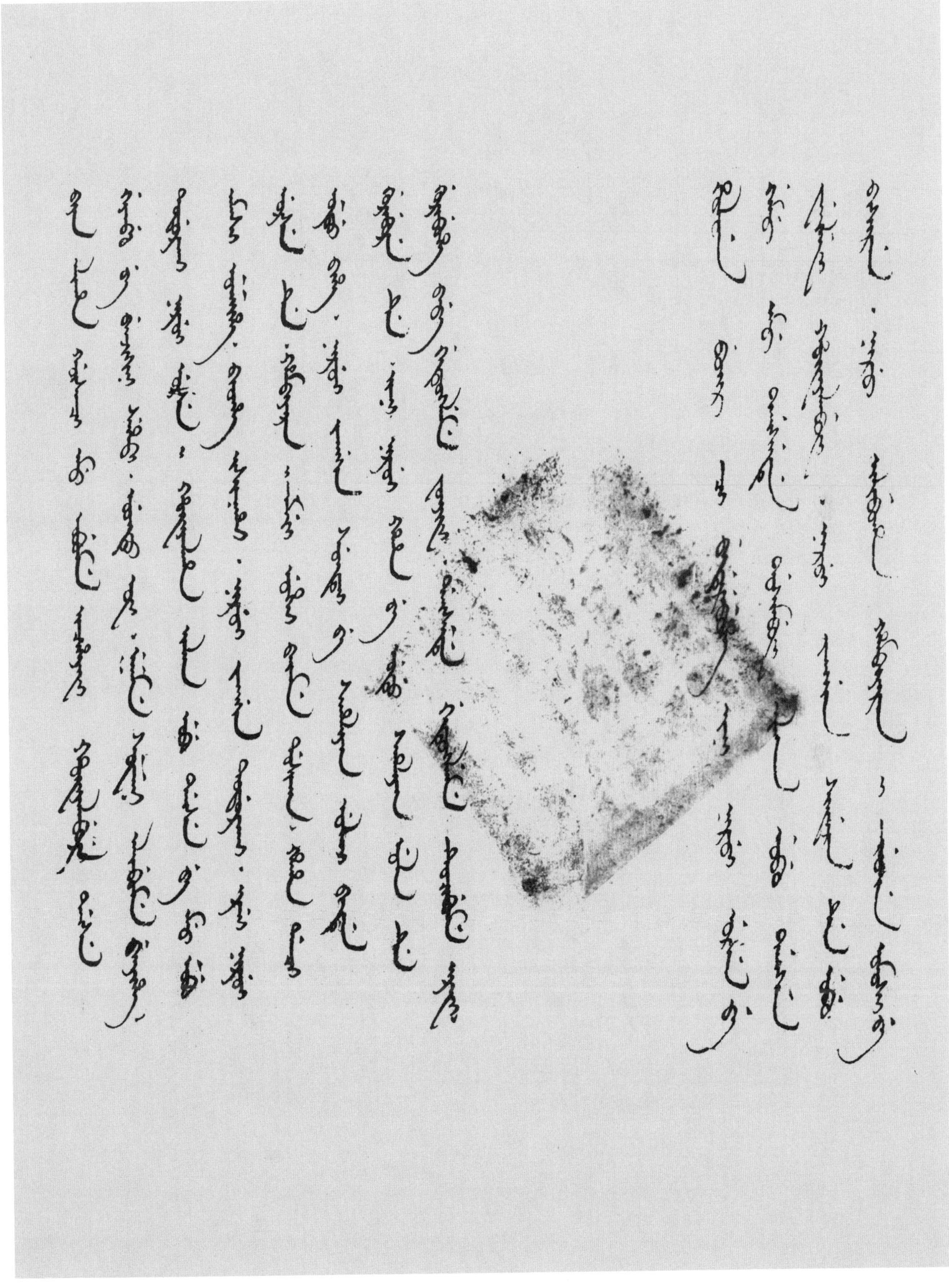

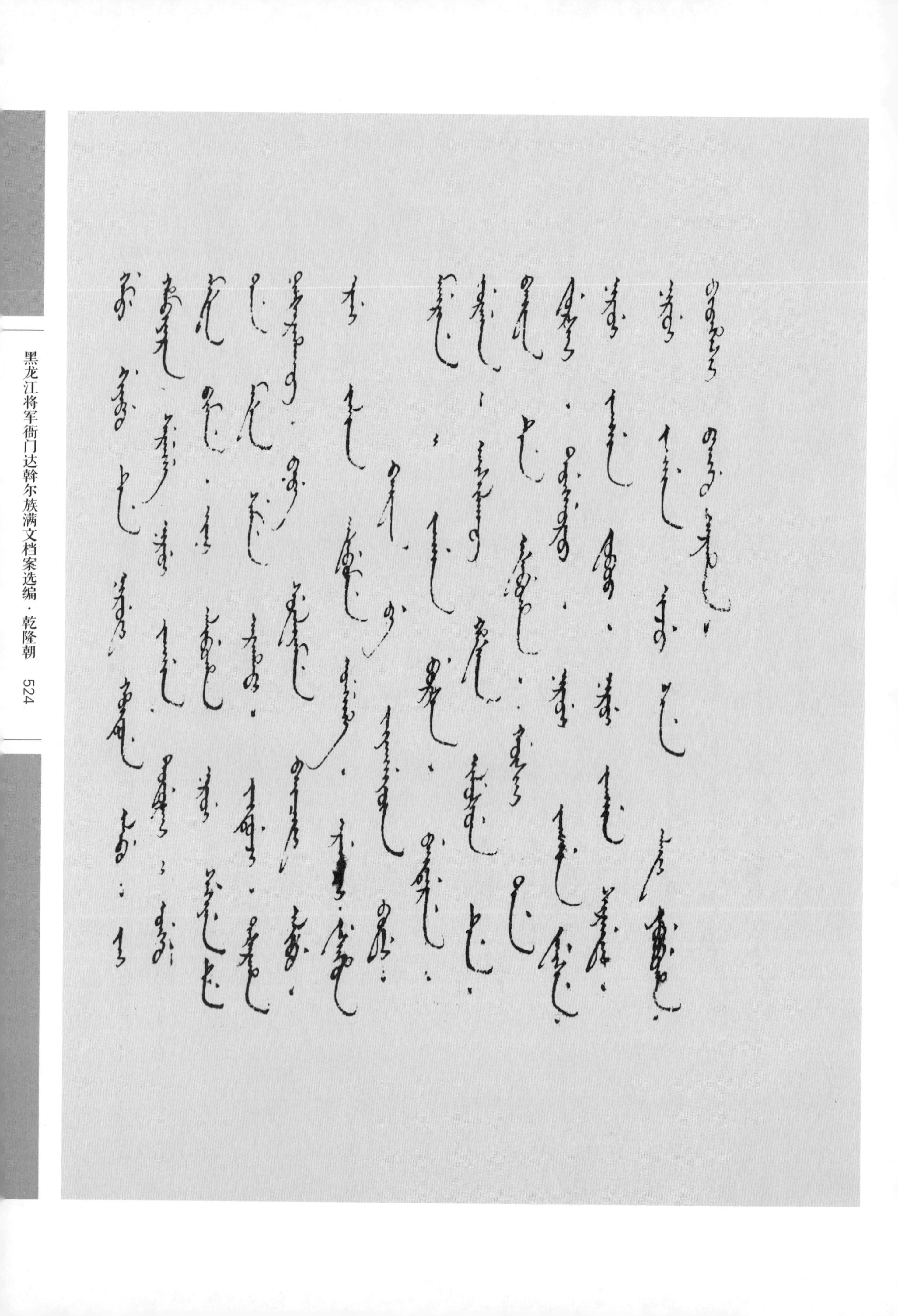

[illegible]

二〇三 值月镶黄三旗为查明齐齐哈尔正白旗达斡尔布拉尔等佐领源流事咨黑龙江将军衙门文

乾隆八年四月

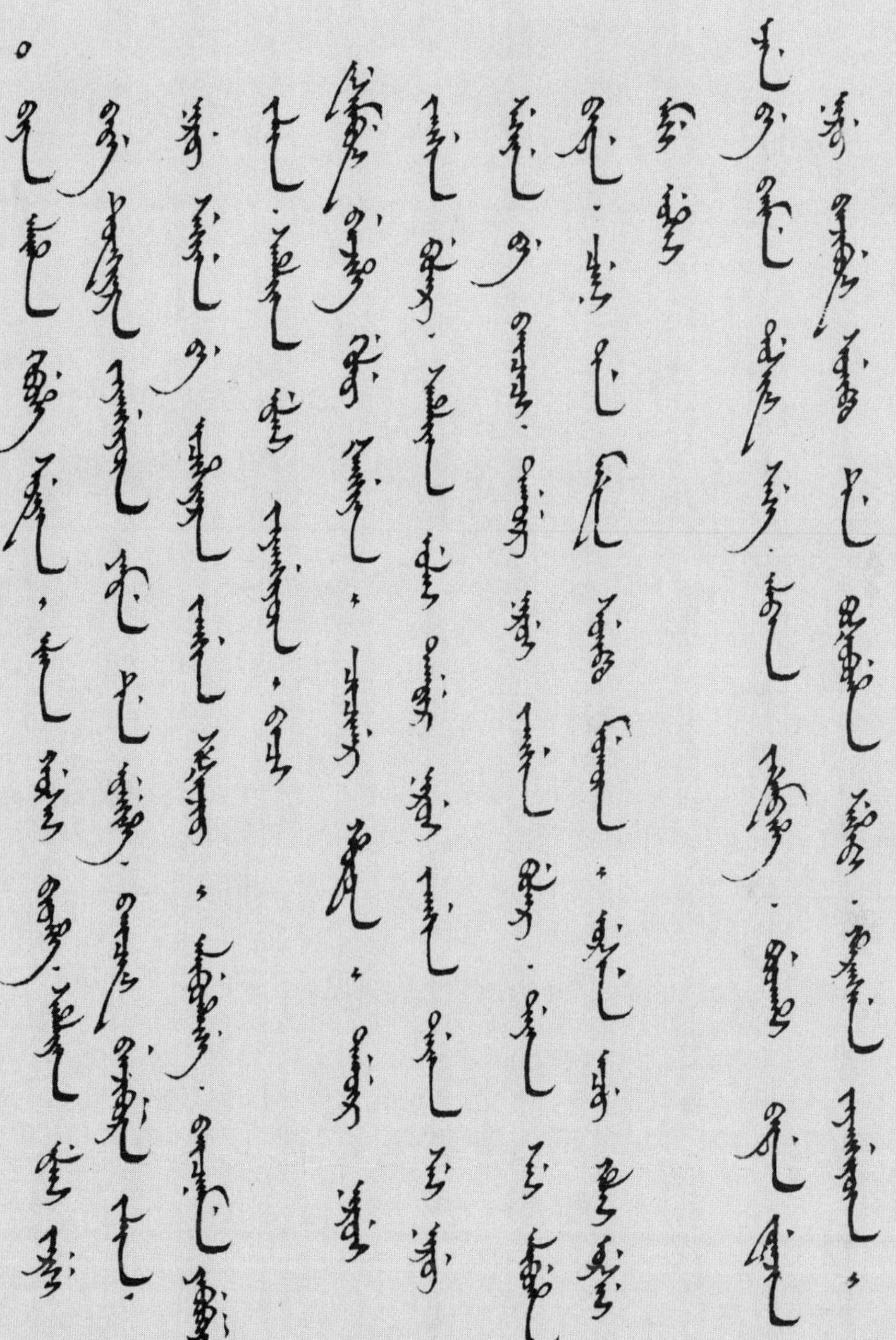

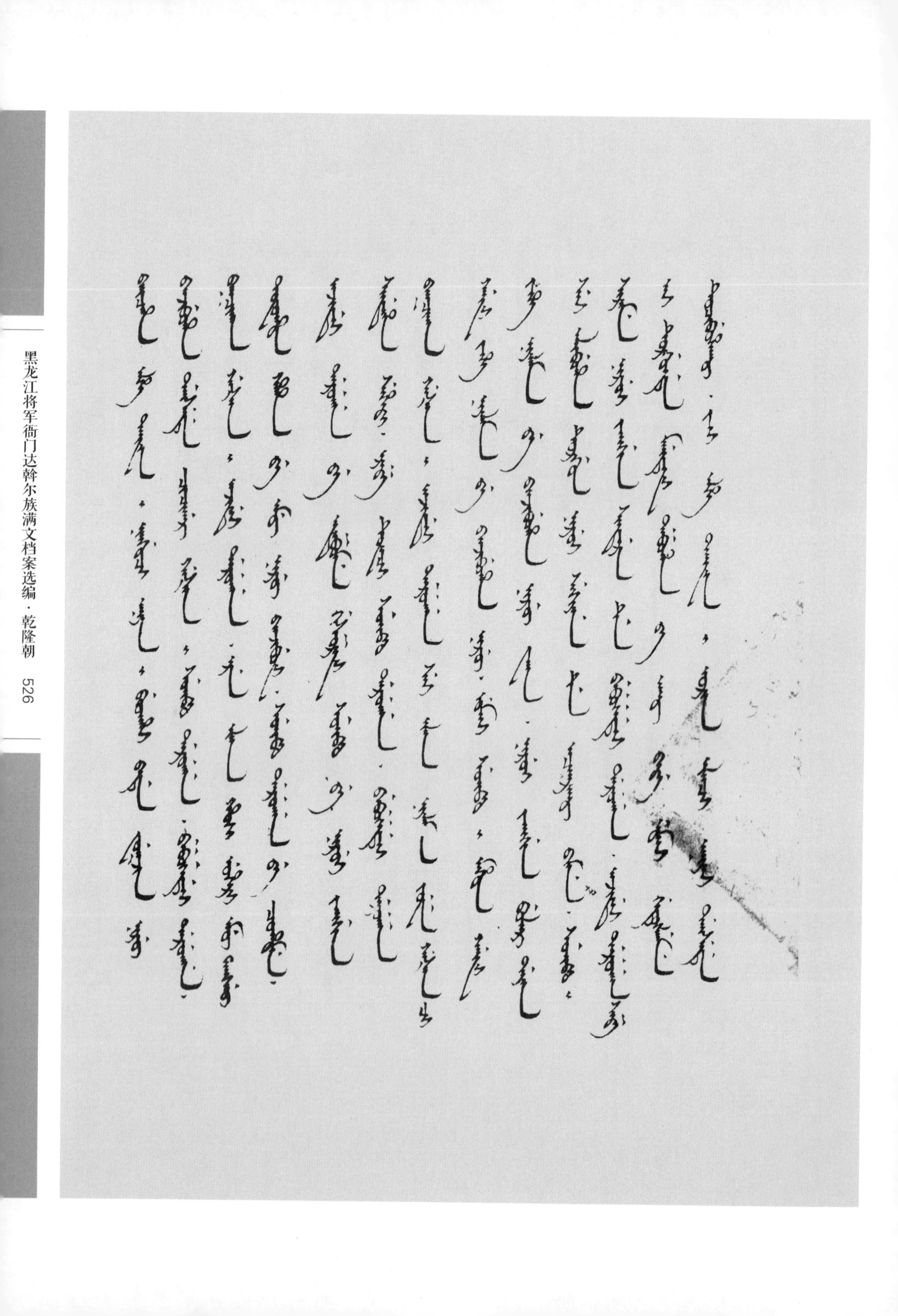

[illegible]

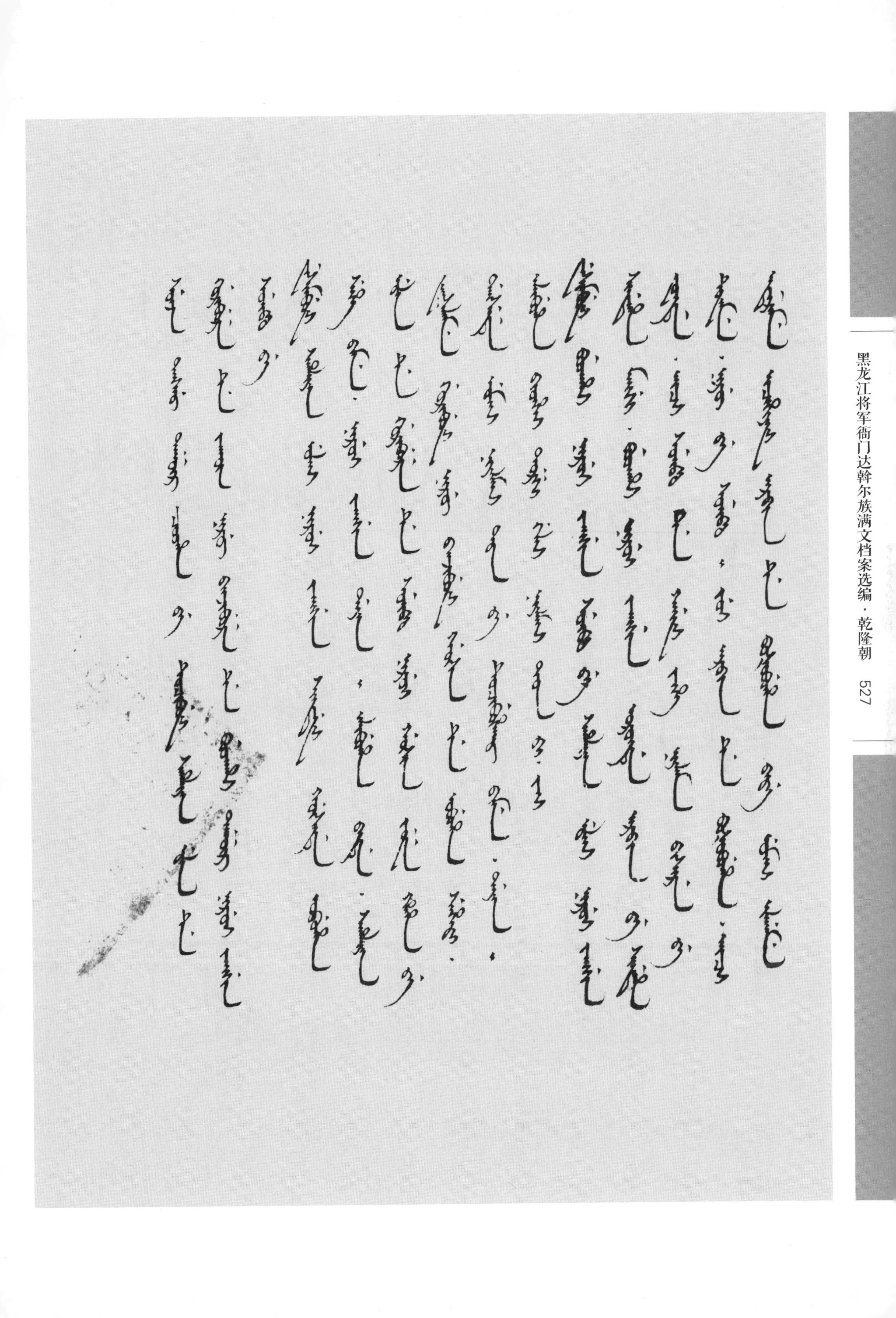

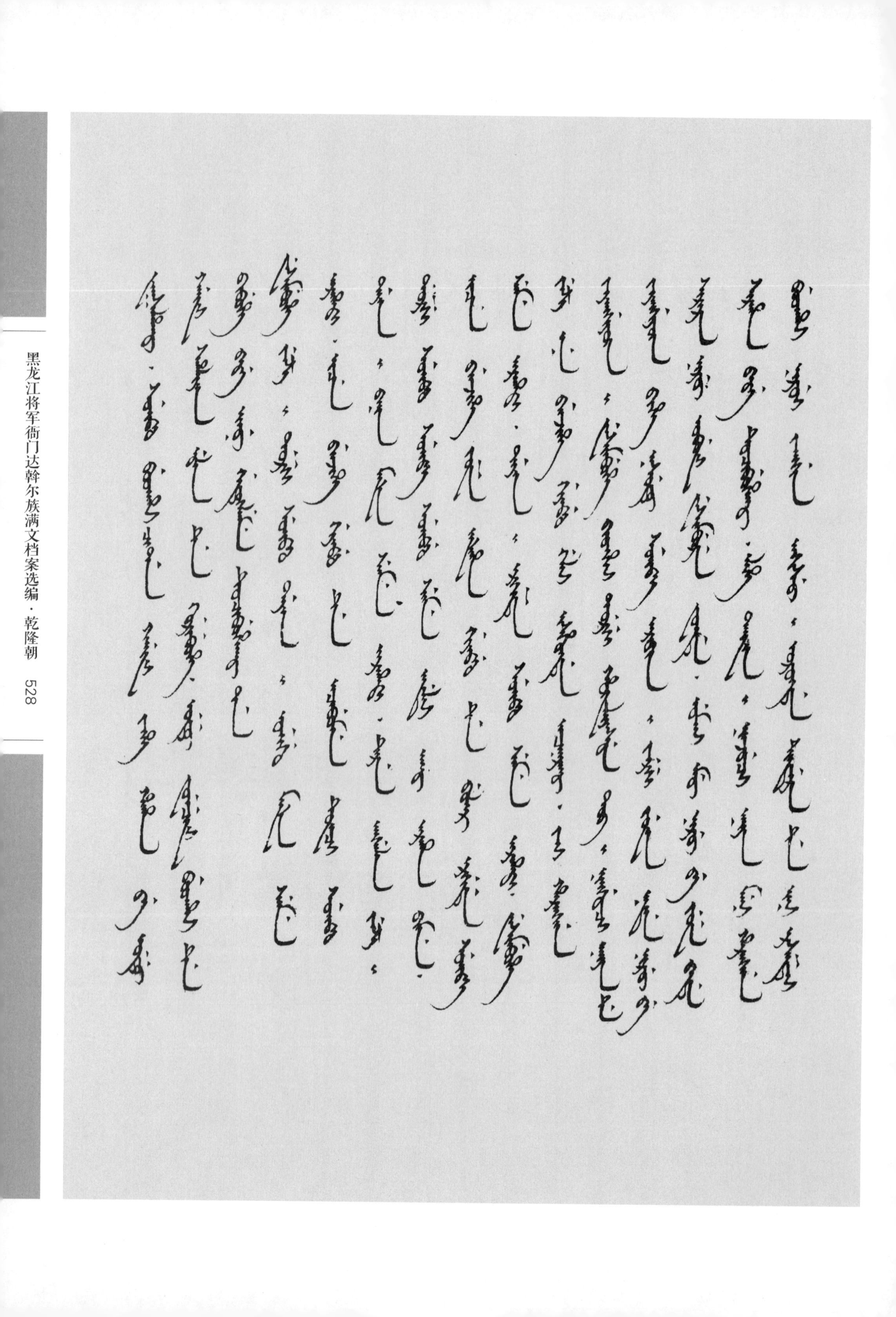

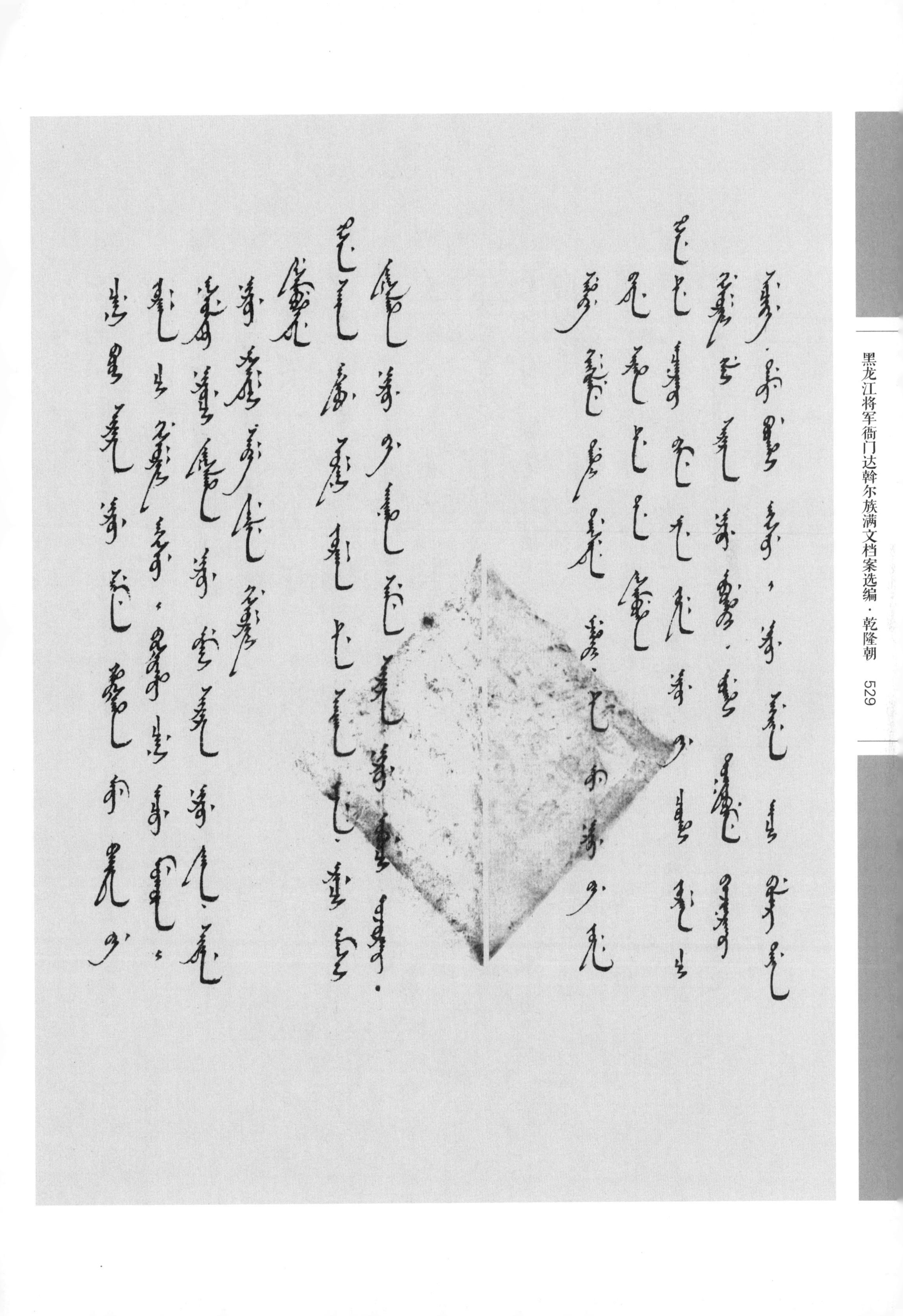

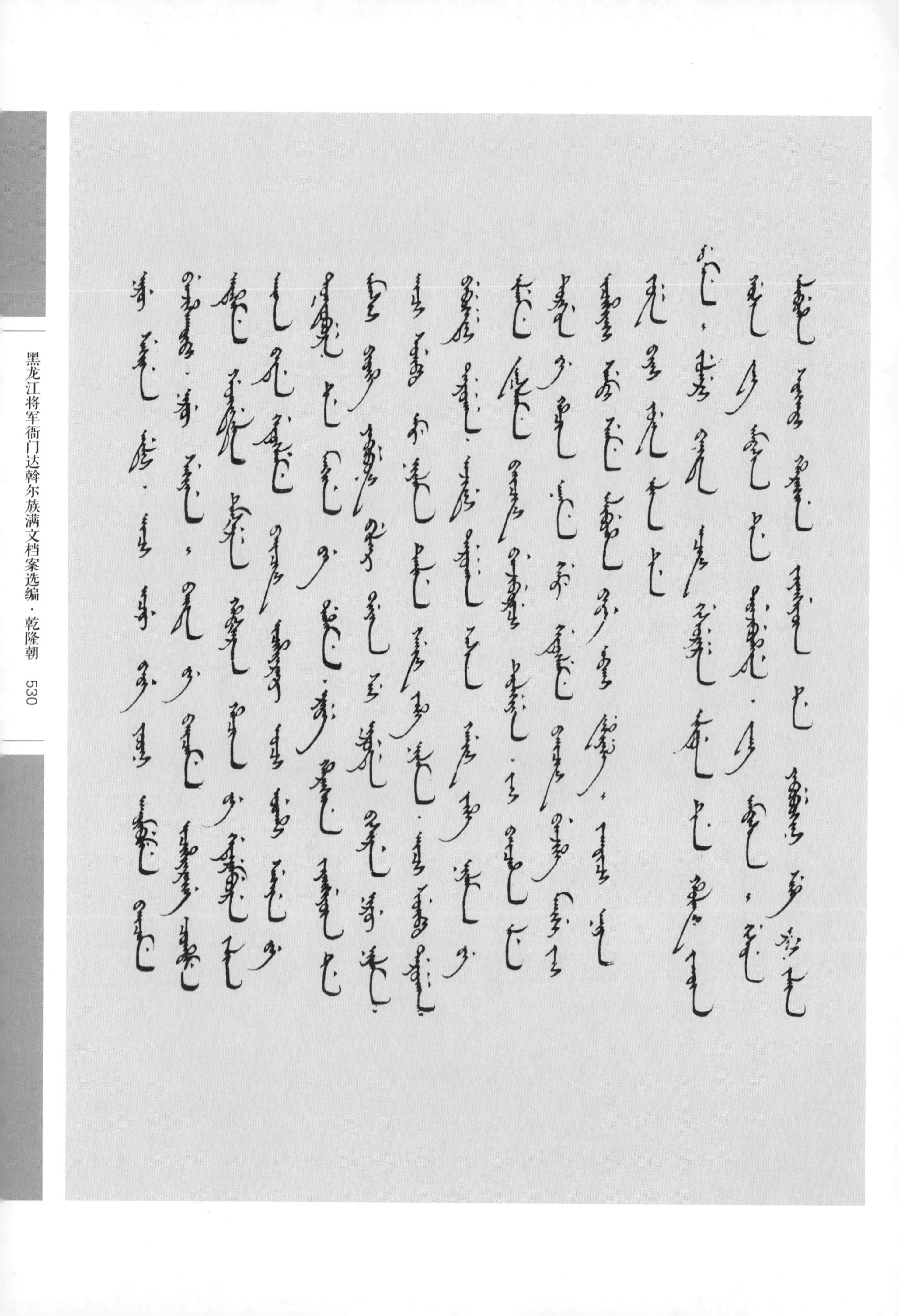

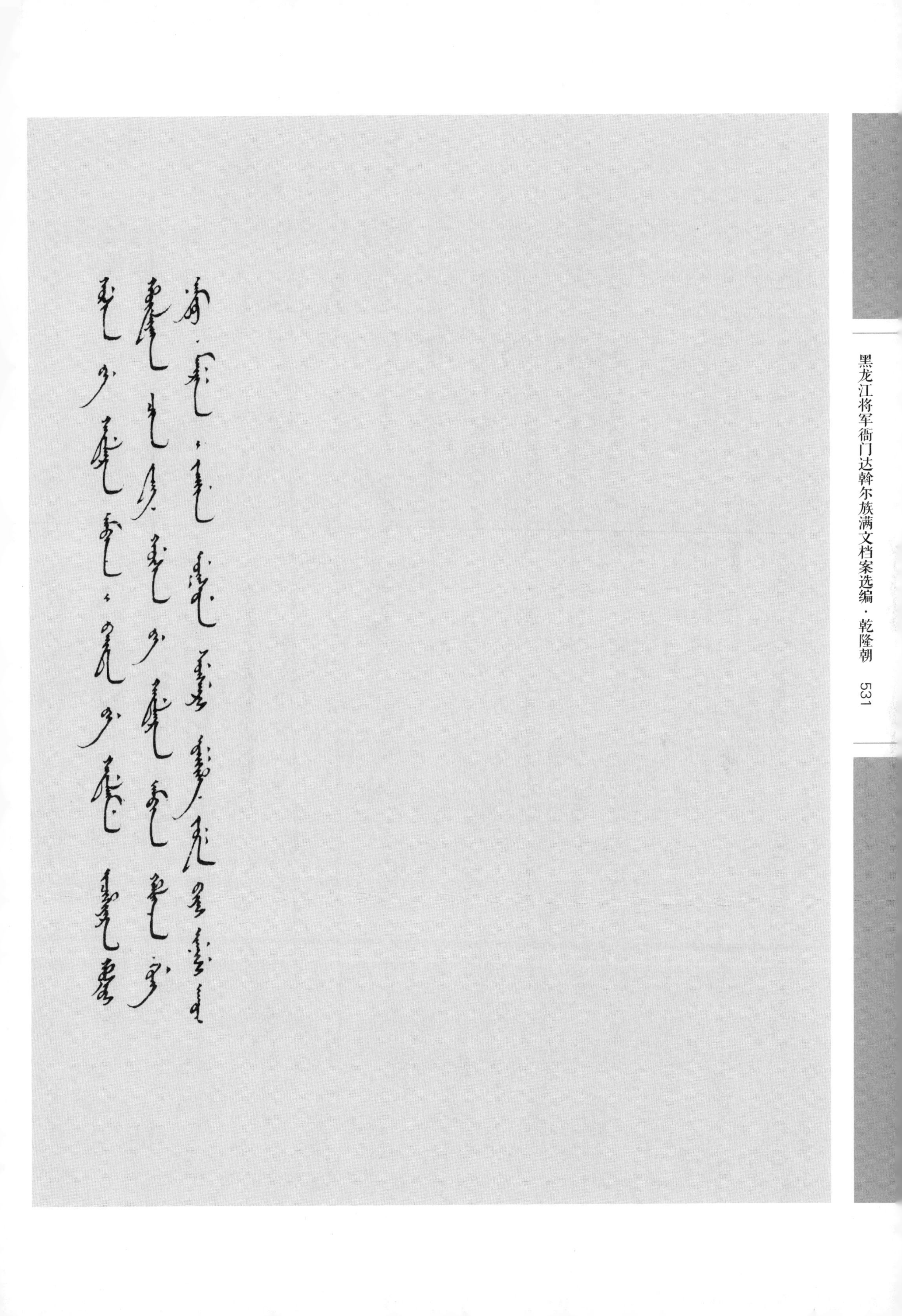

[illegible]

[illegible]

[illegible]

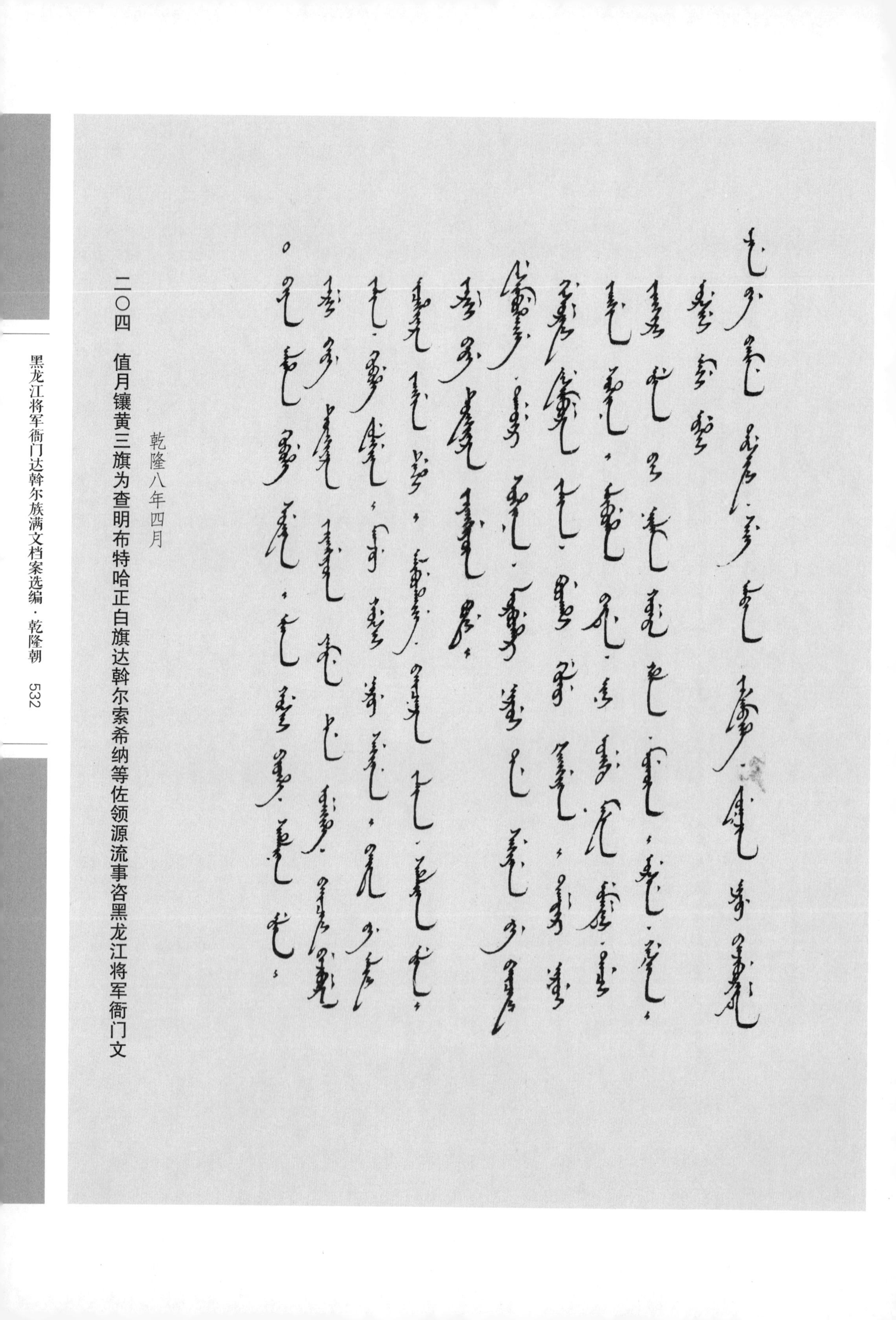

二〇四 值月镶黄三旗为查明布特哈正白旗达斡尔索希纳等佐领源流事咨黑龙江将军衙门文

乾隆八年四月

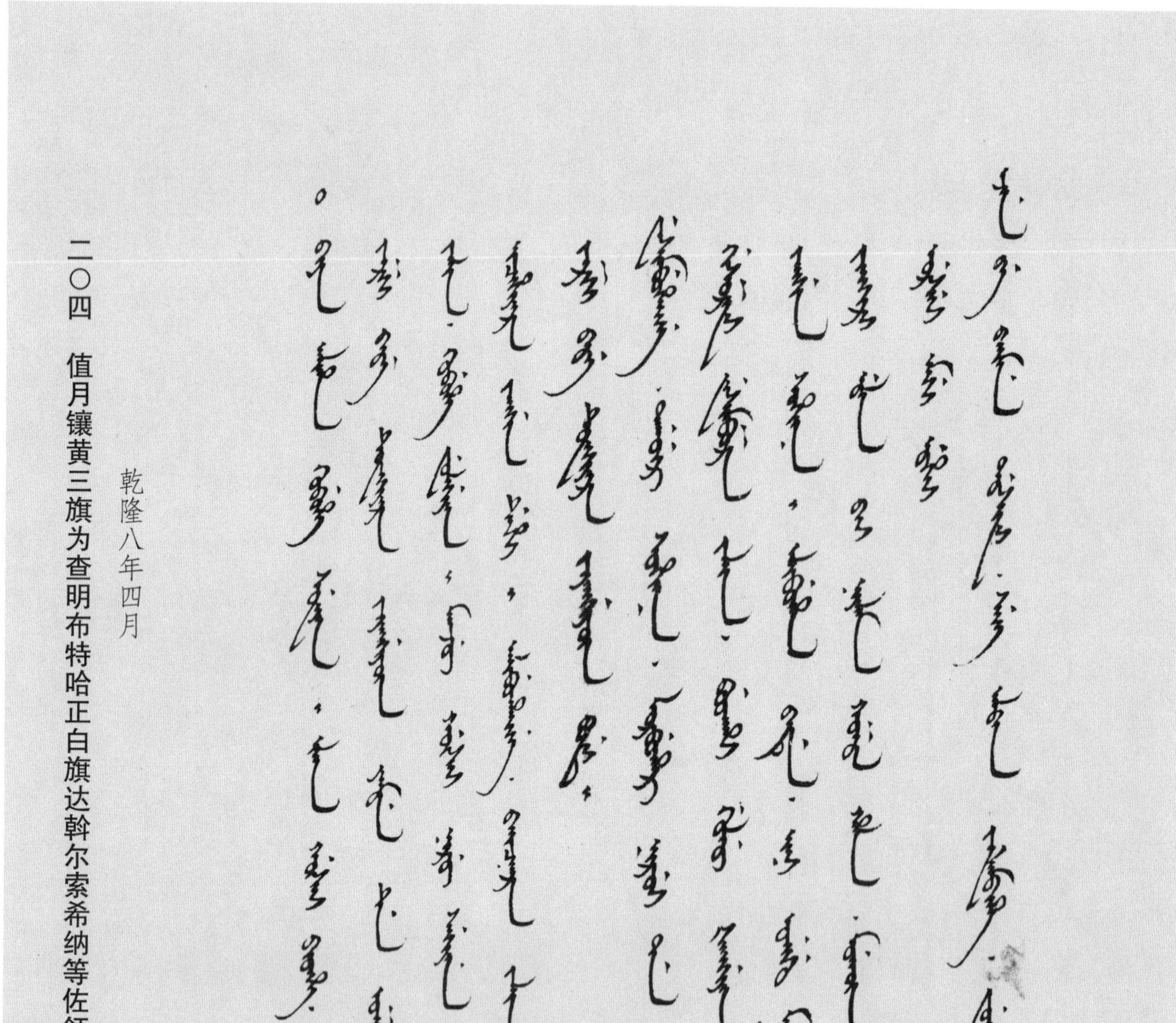

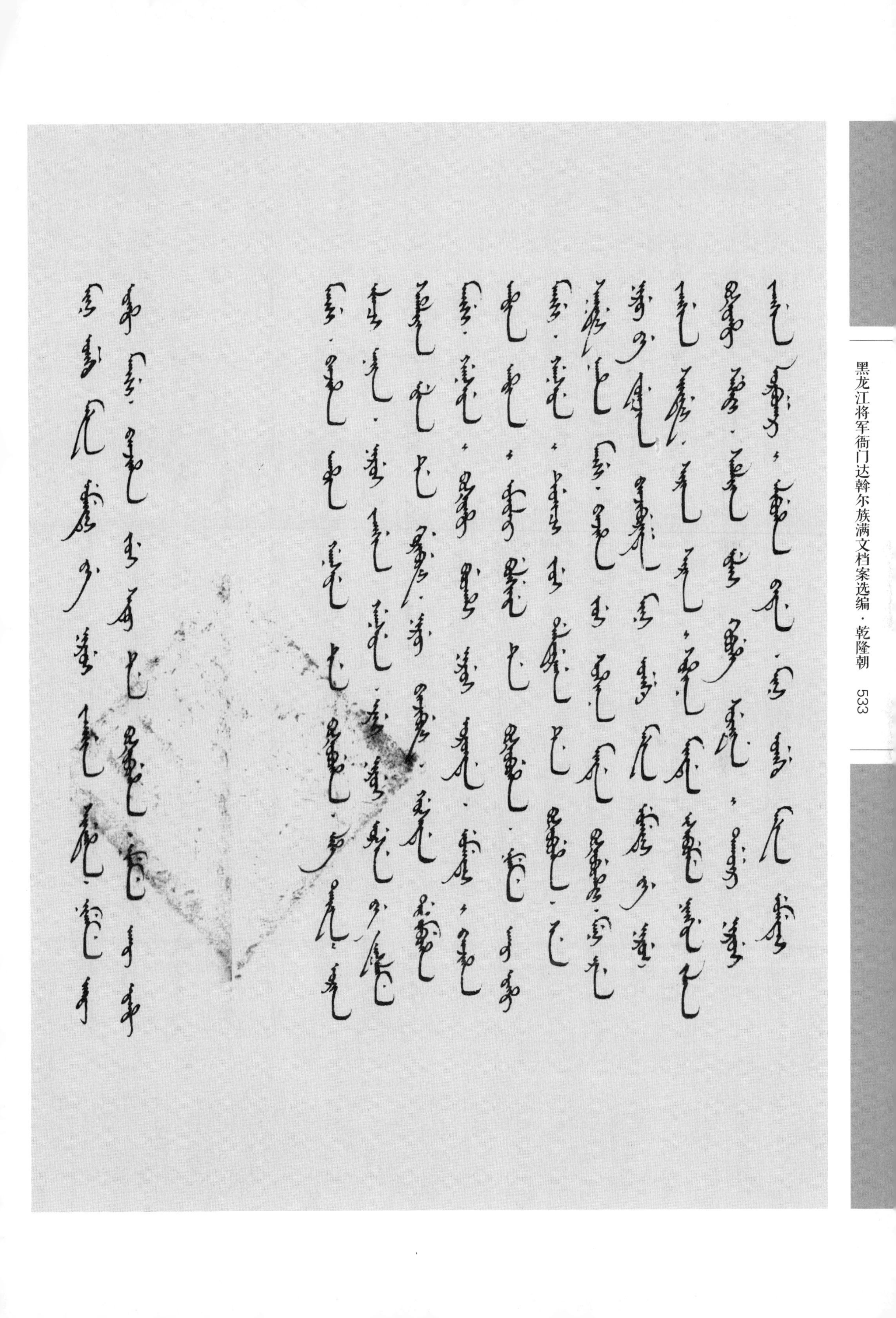

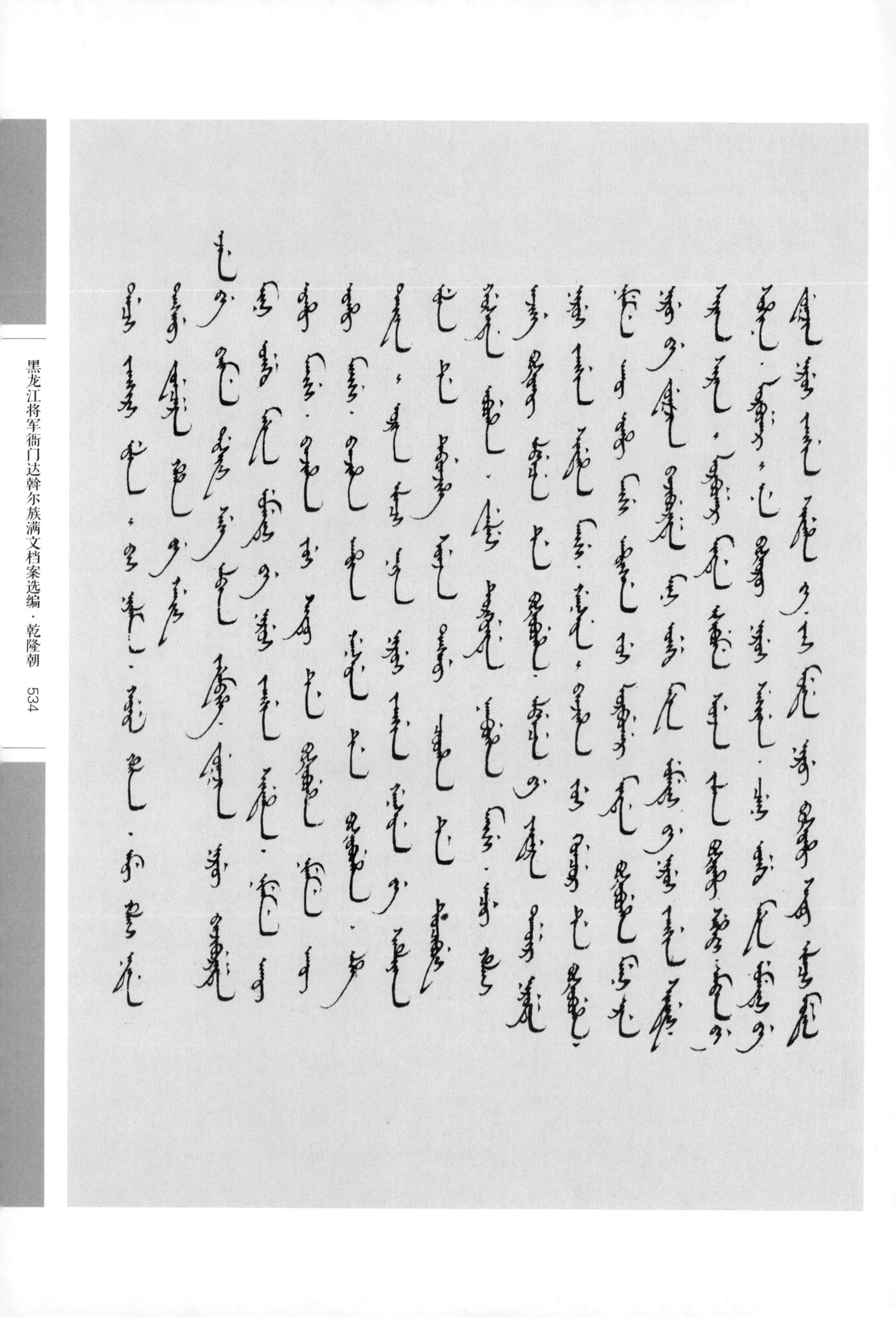

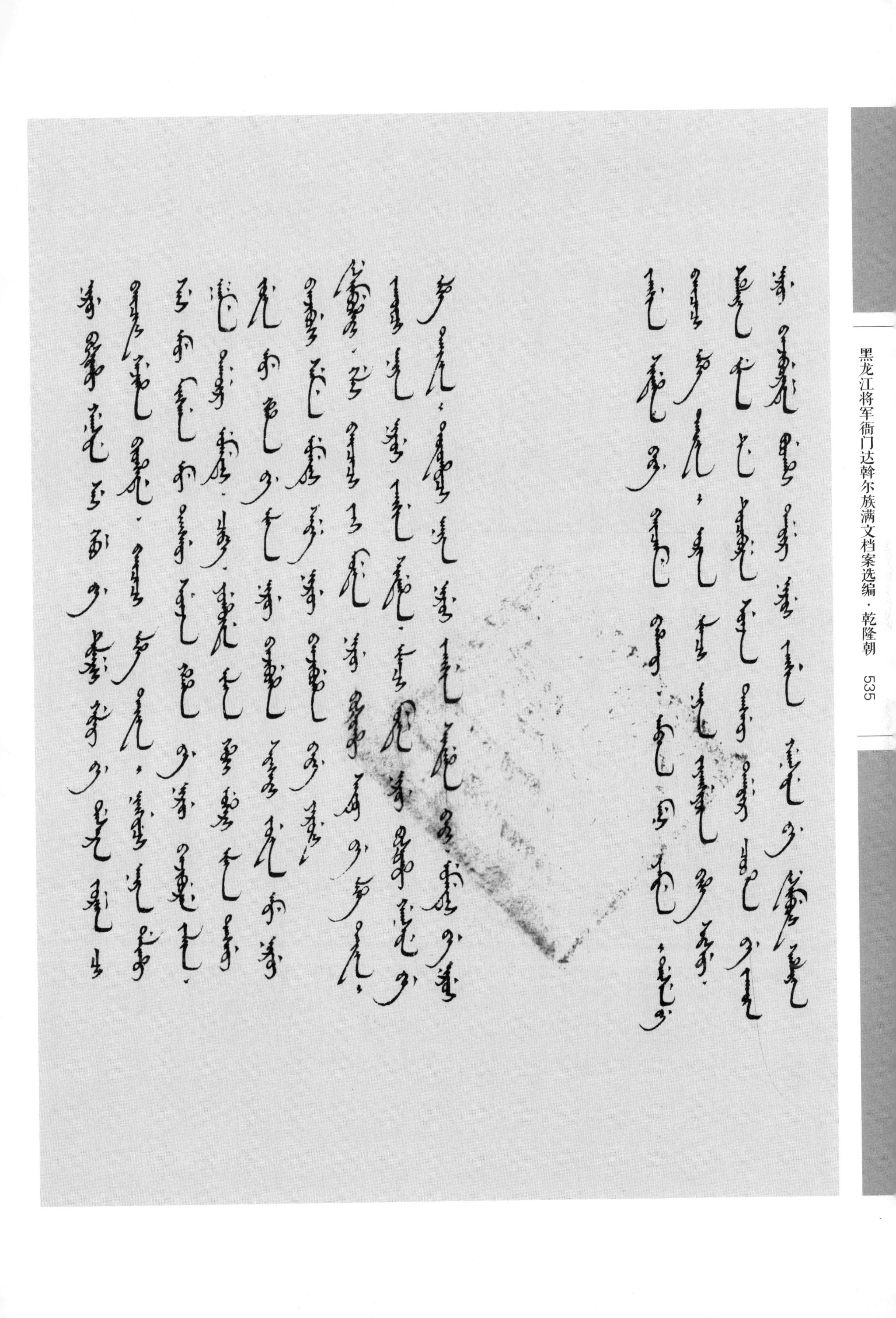

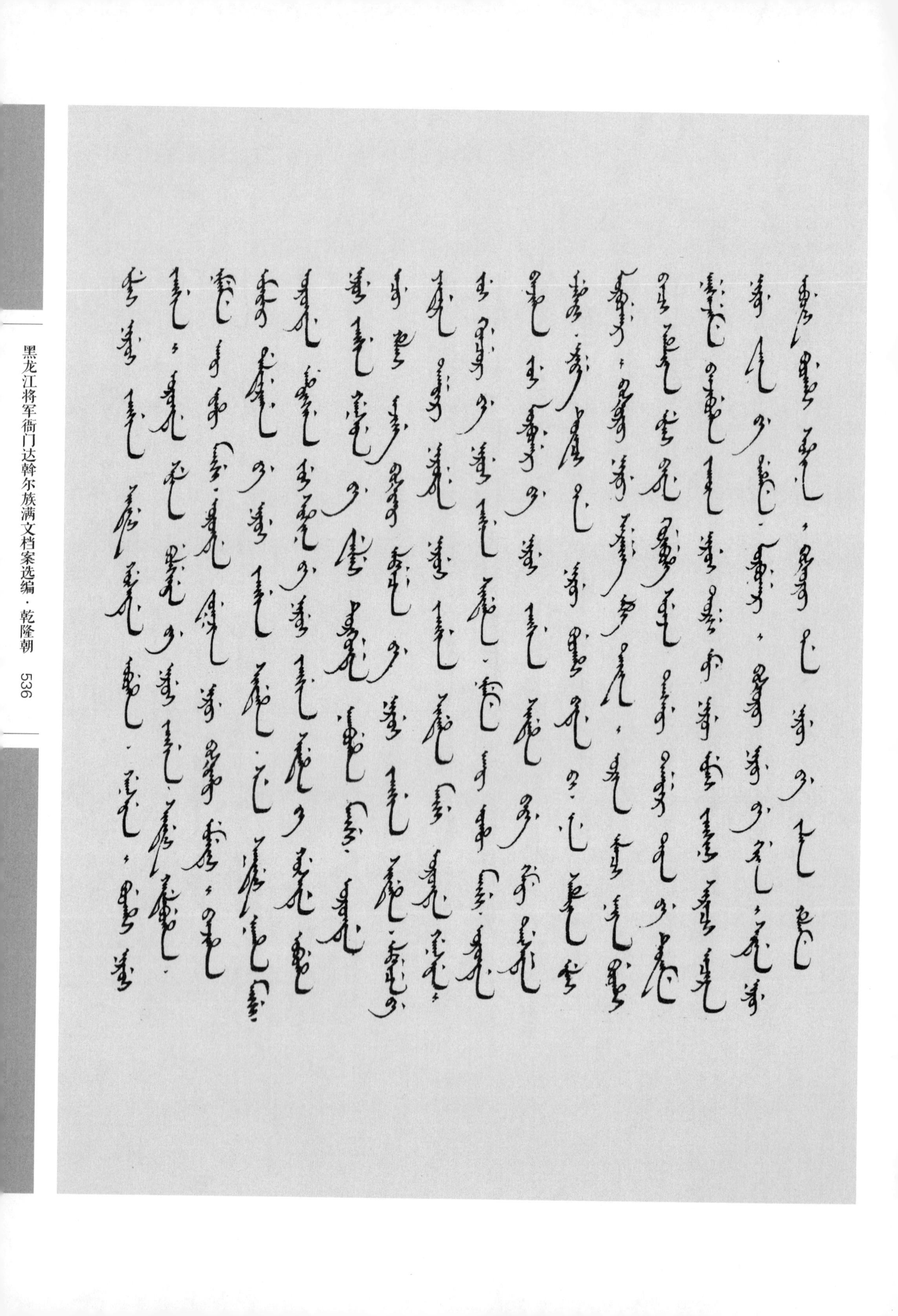

[illegible]

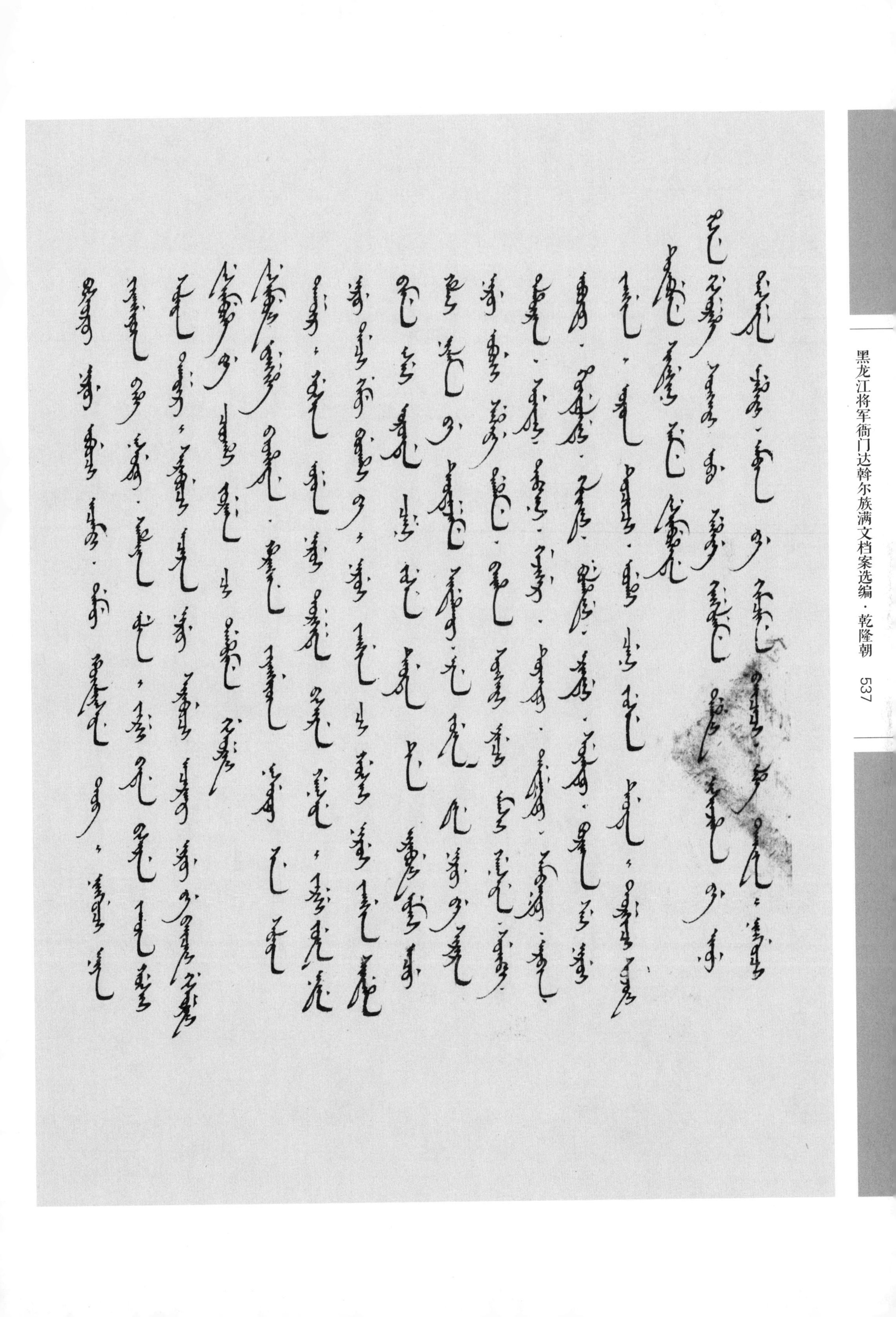

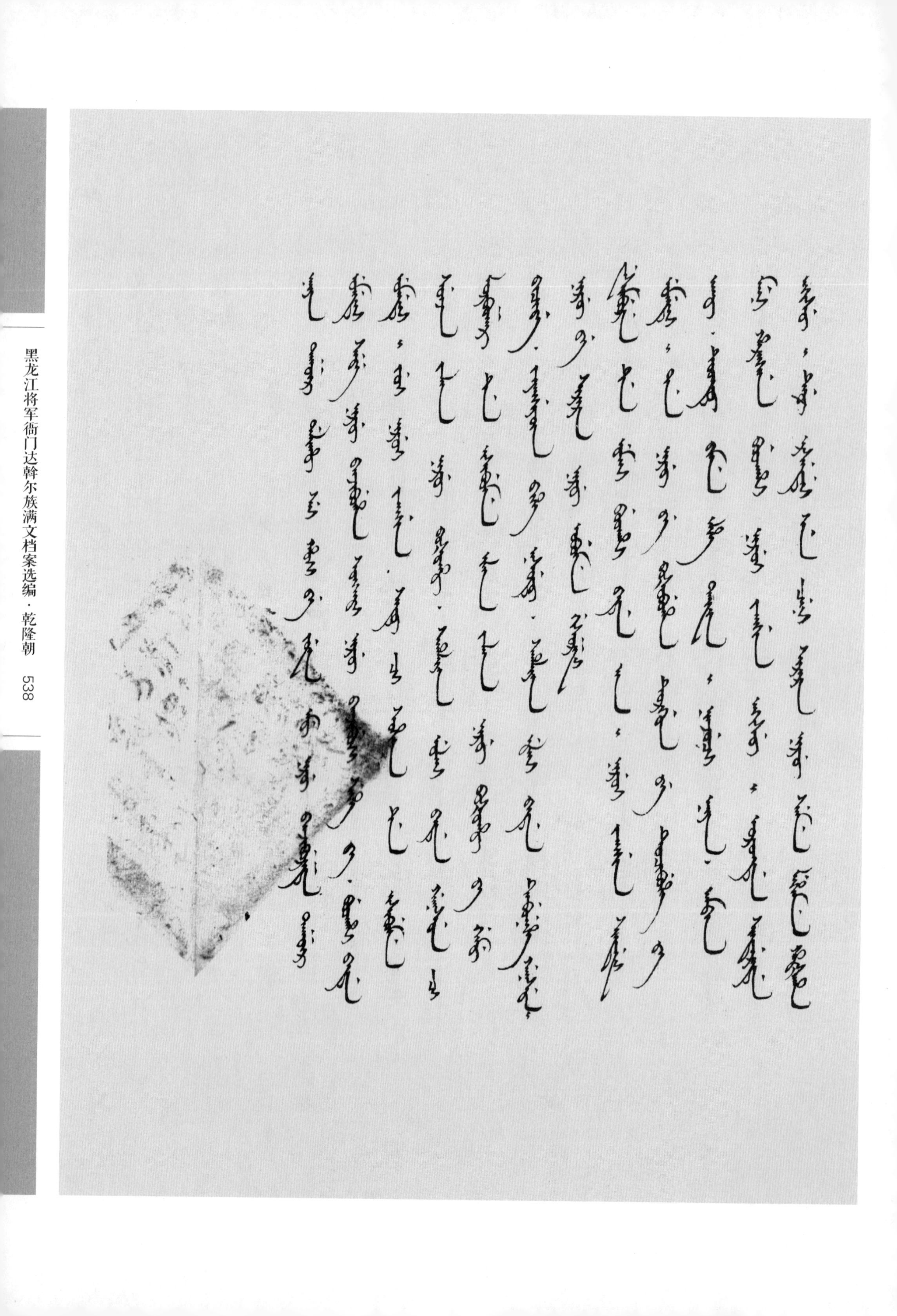

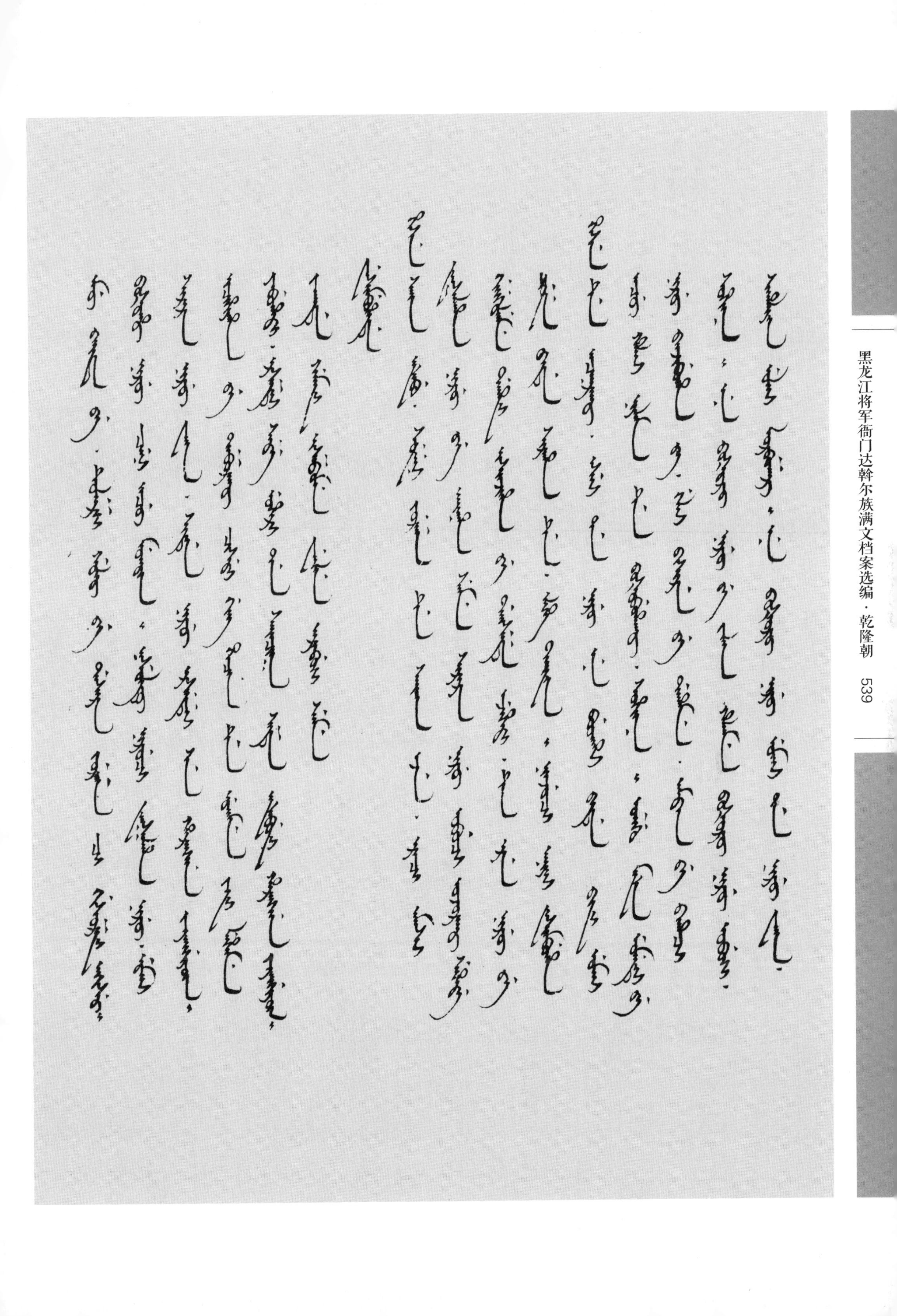

[illegible]

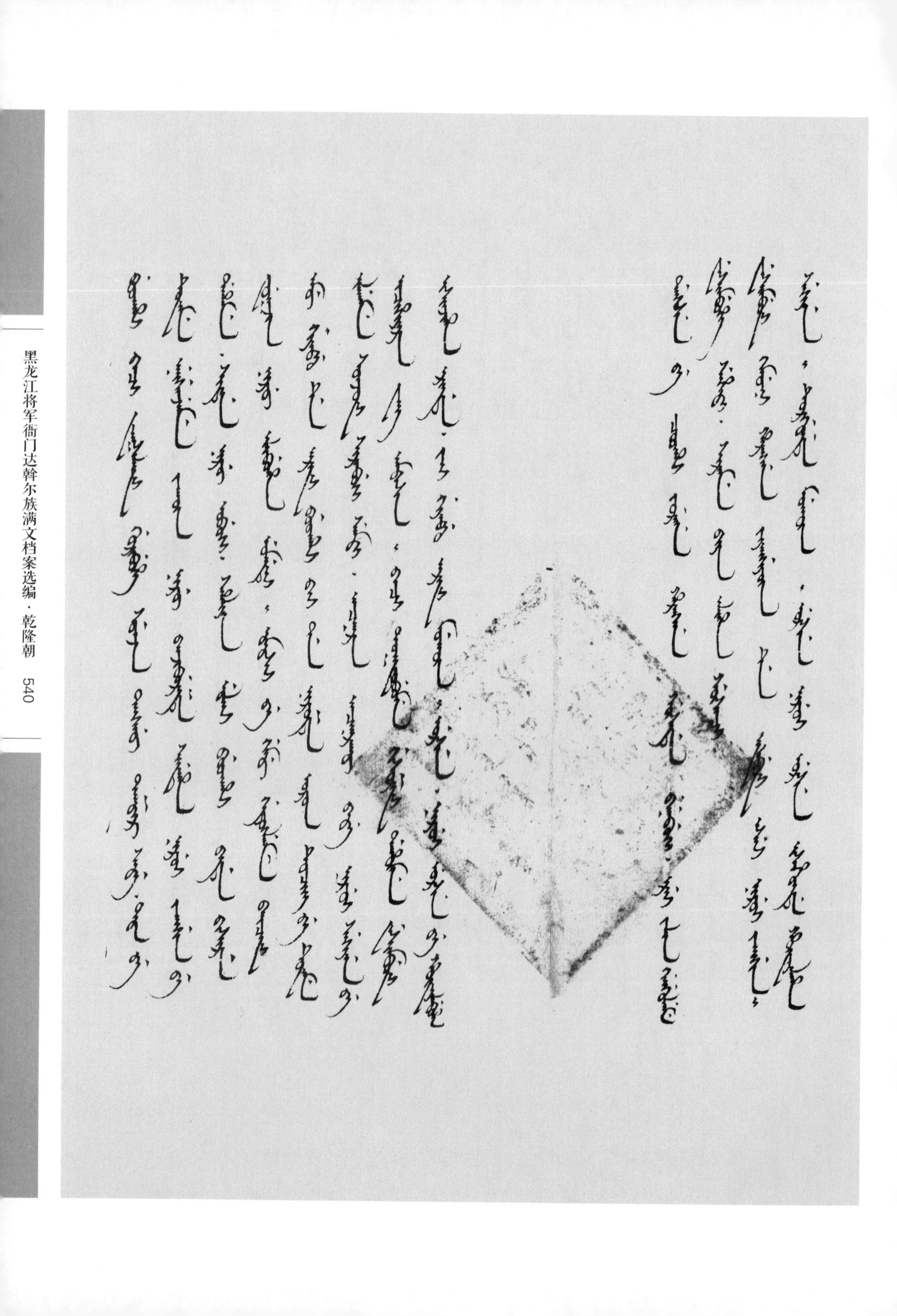

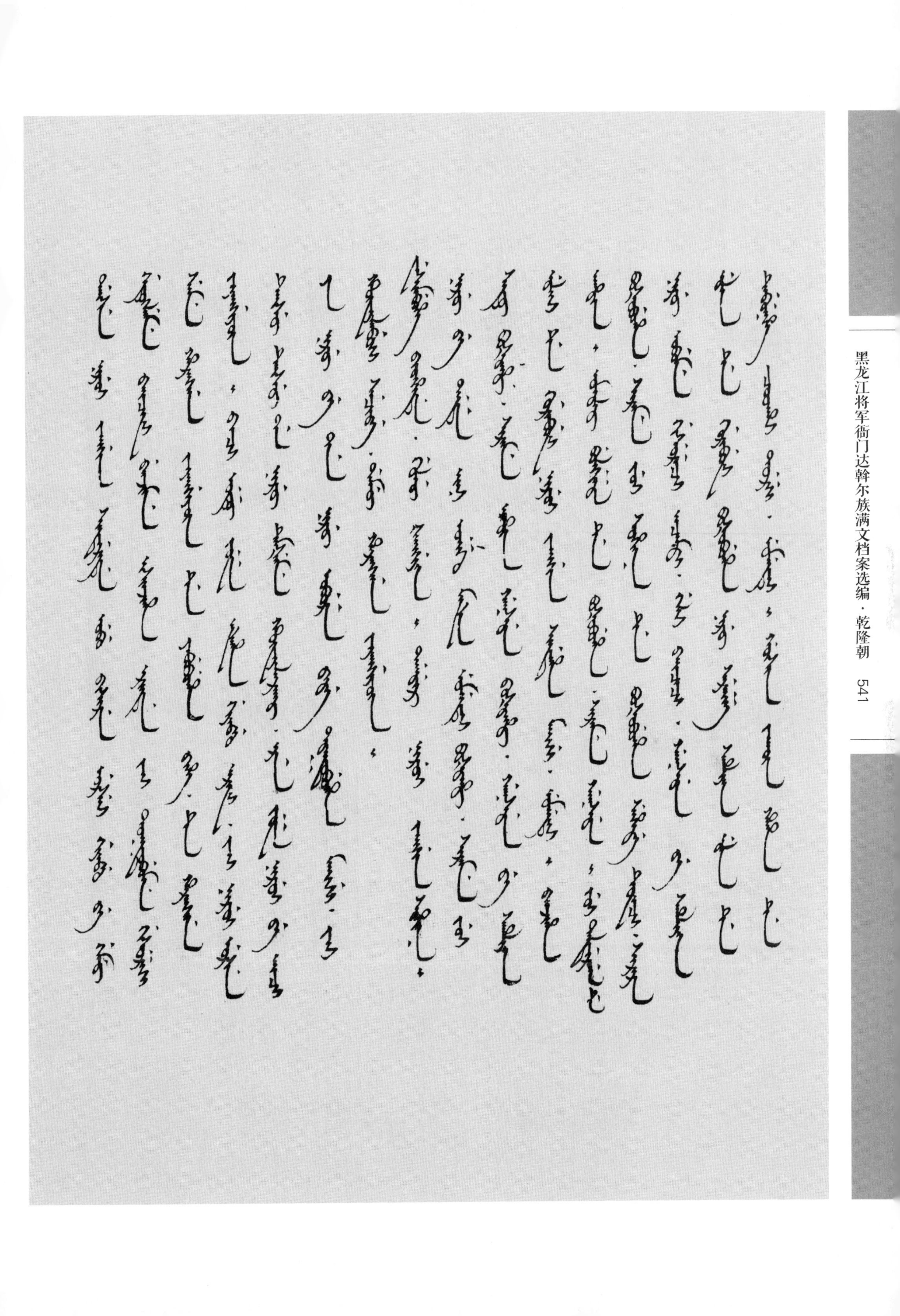

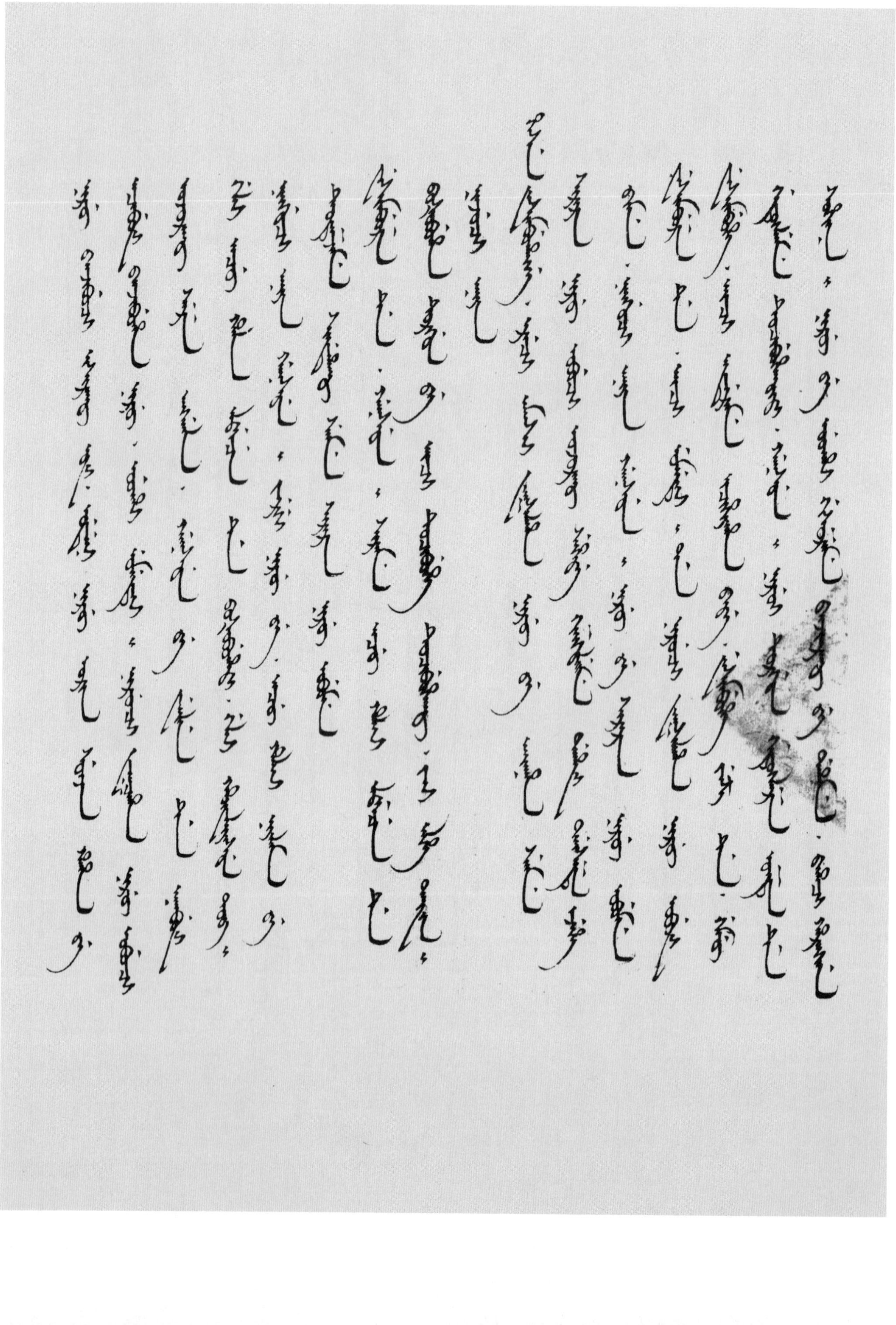

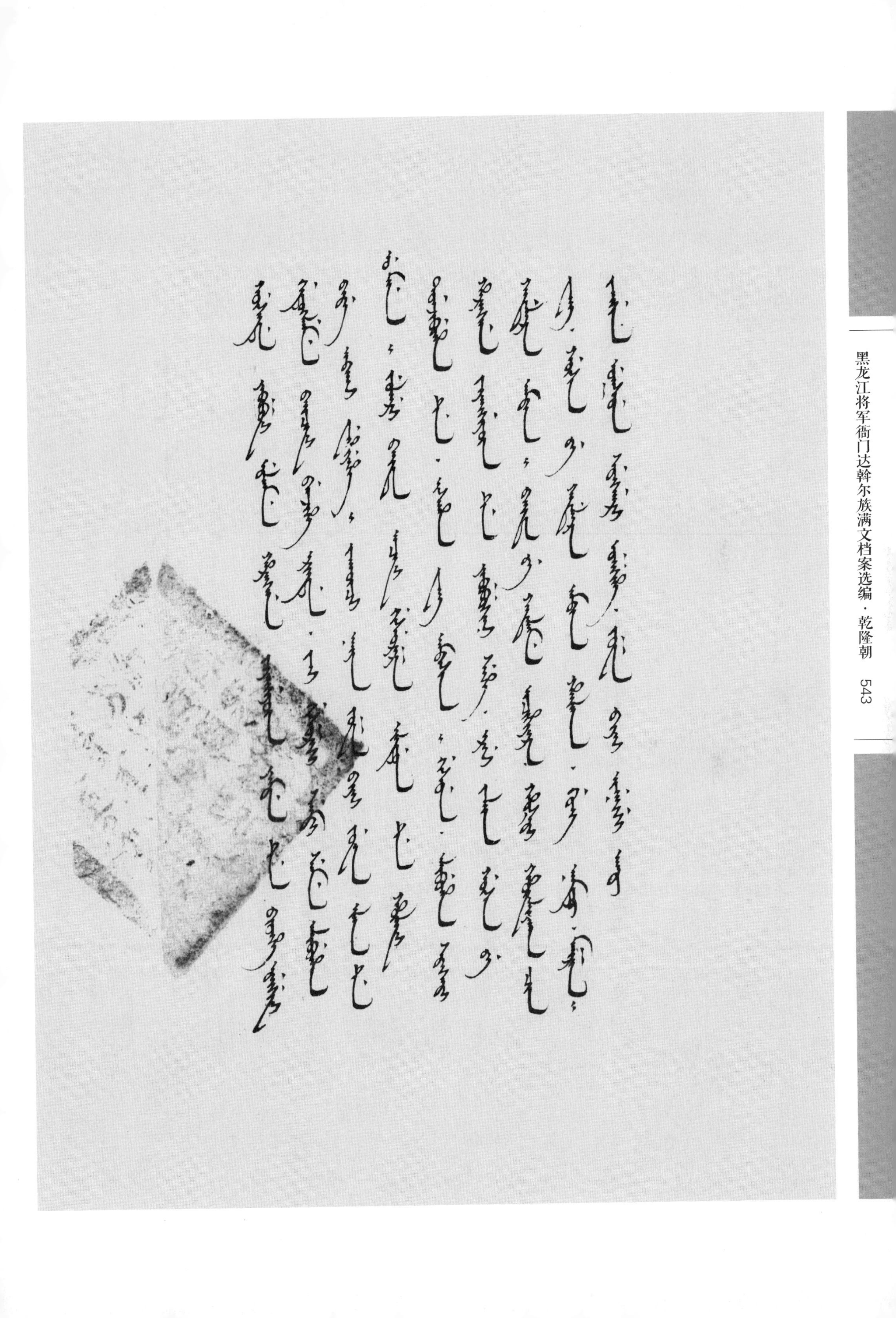

[illegible]

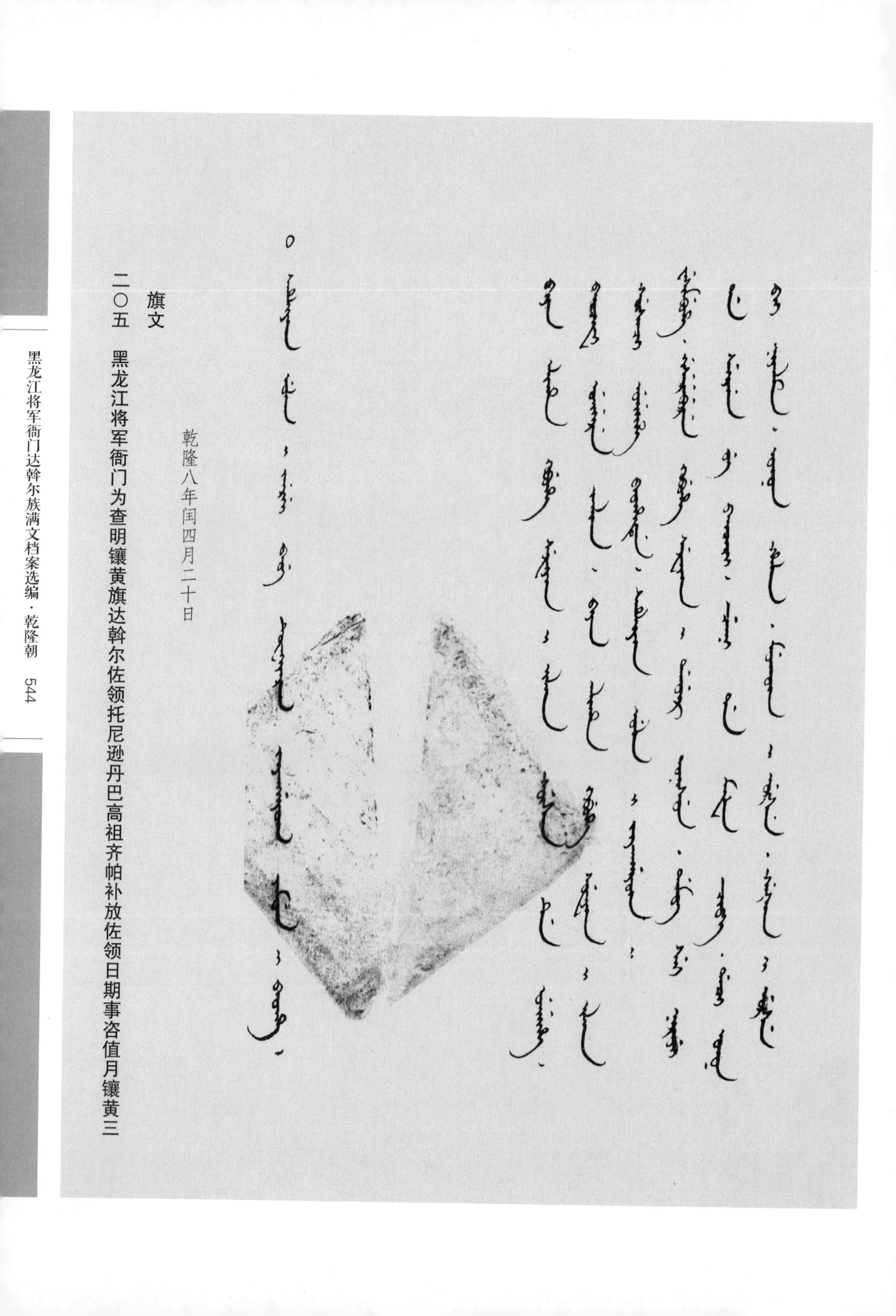

二〇五 黑龙江将军衙门为查明镶黄旗达斡尔佐领托尼逊丹巴高祖齐帕补放佐领日期事咨值月镶黄三旗文

乾隆八年闰四月二十日

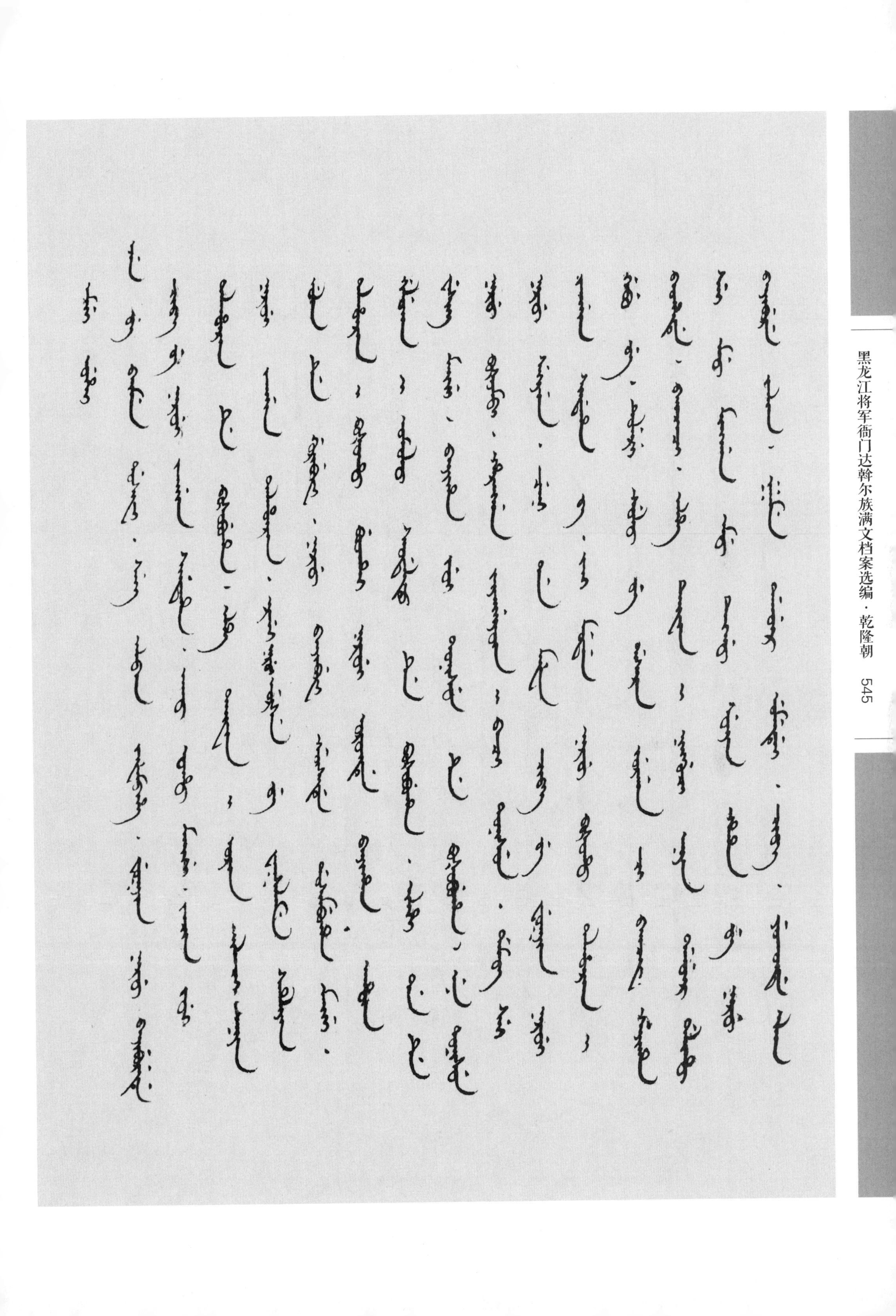

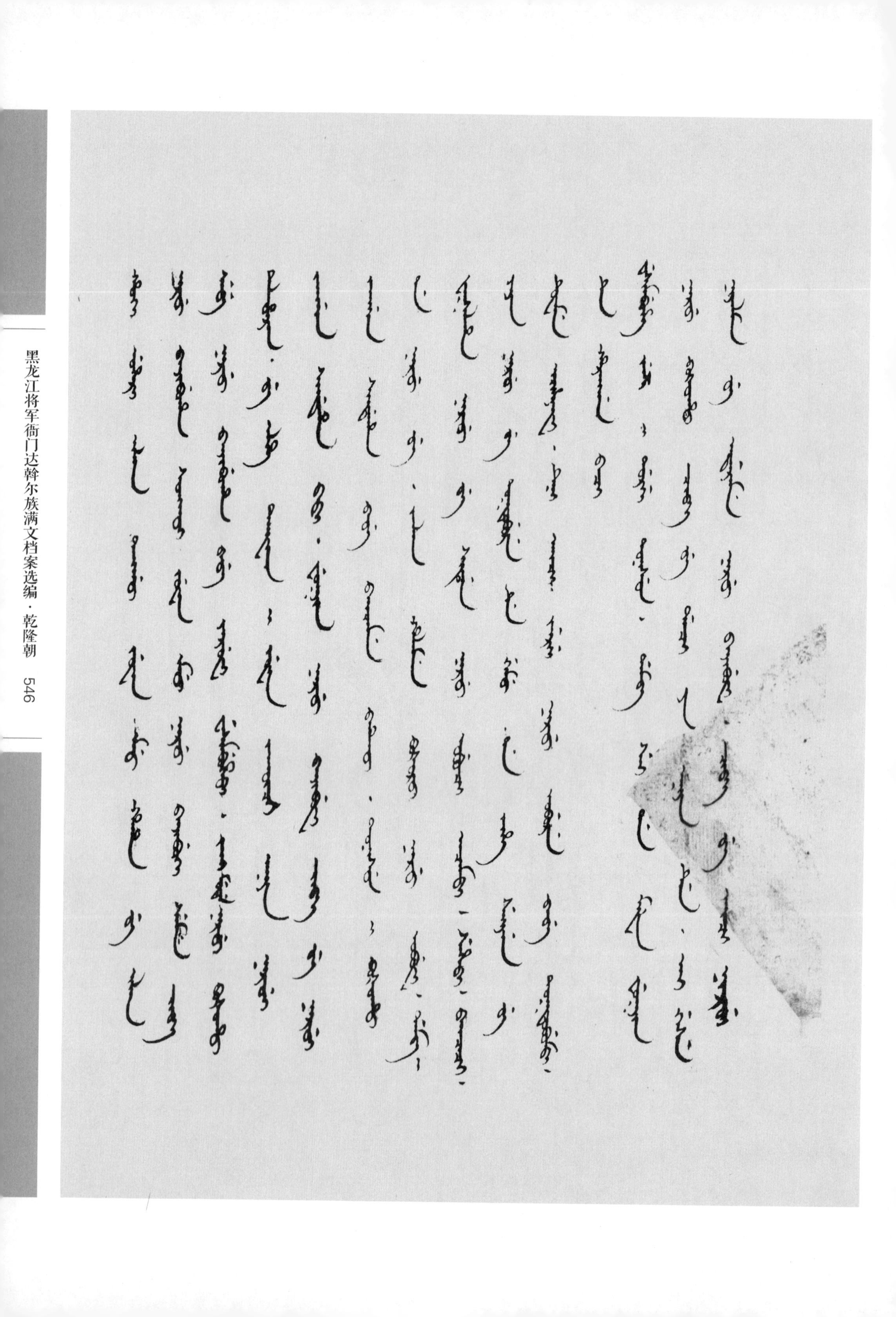

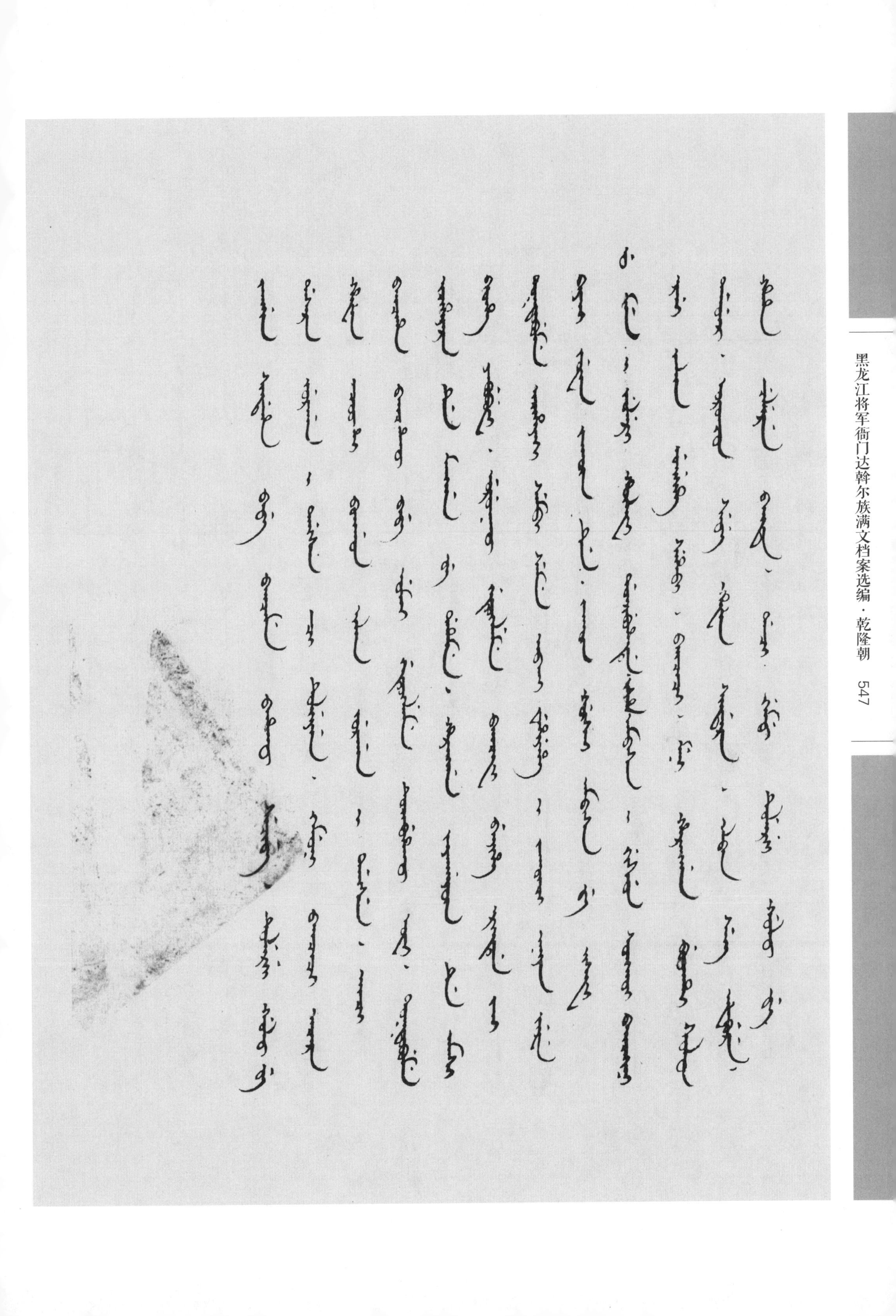

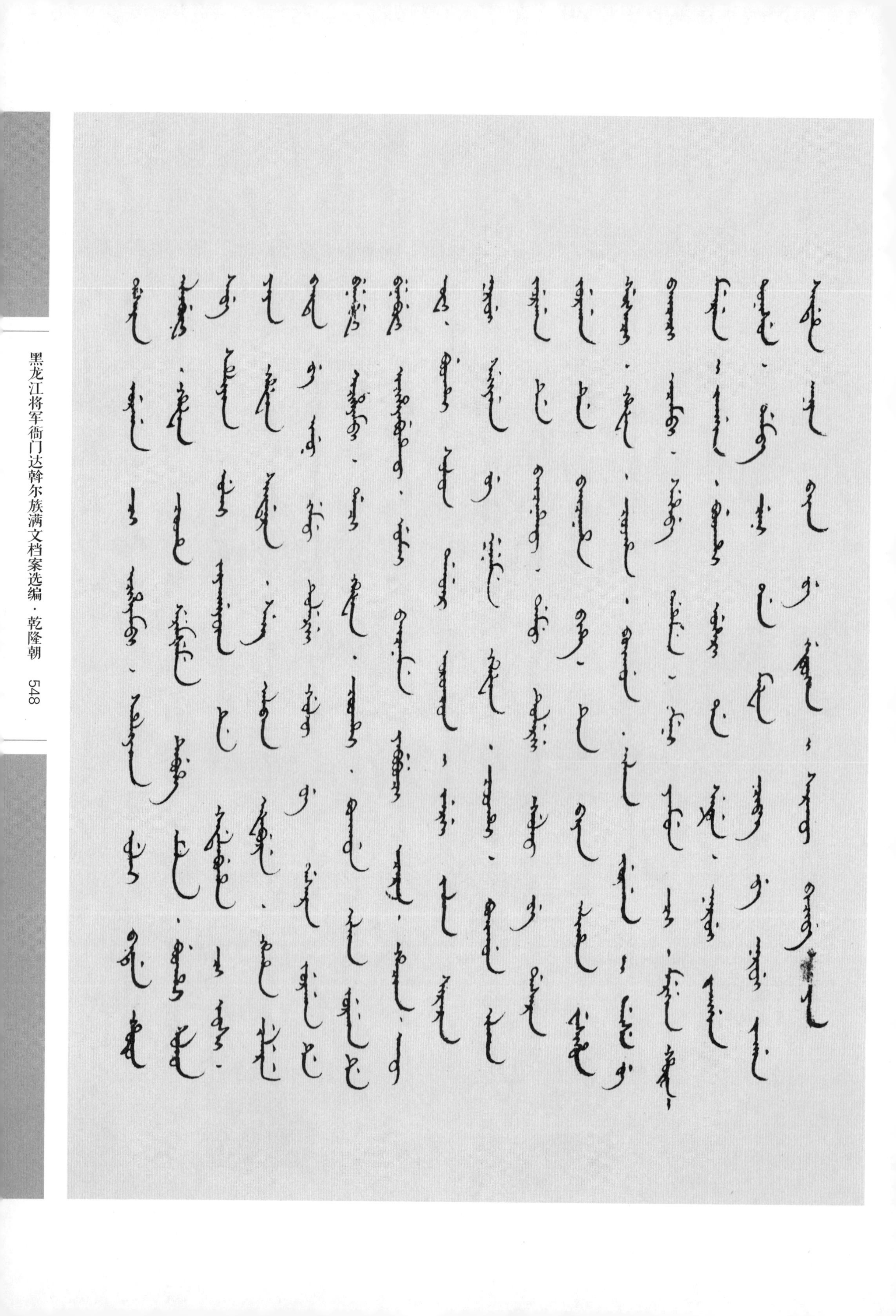

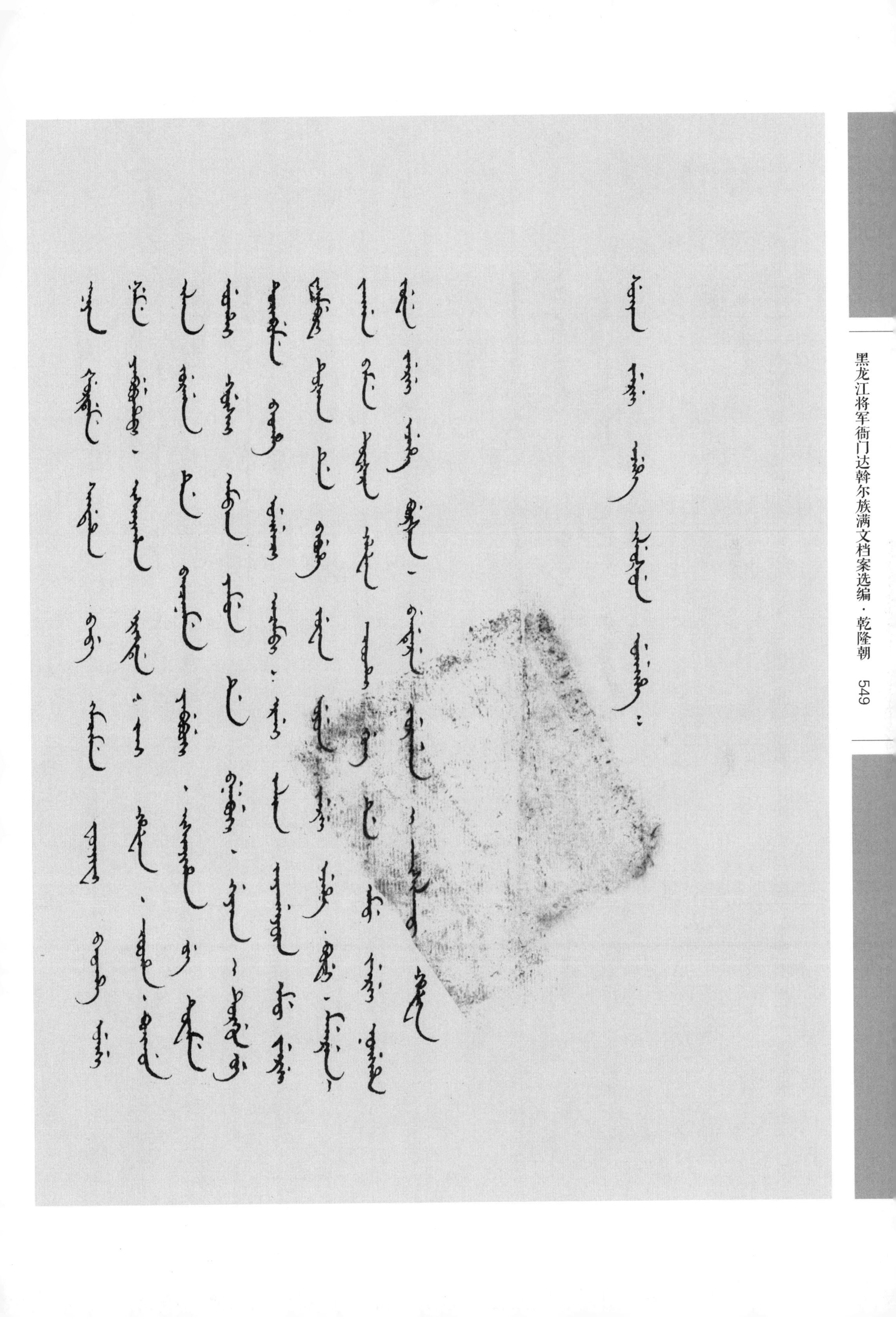

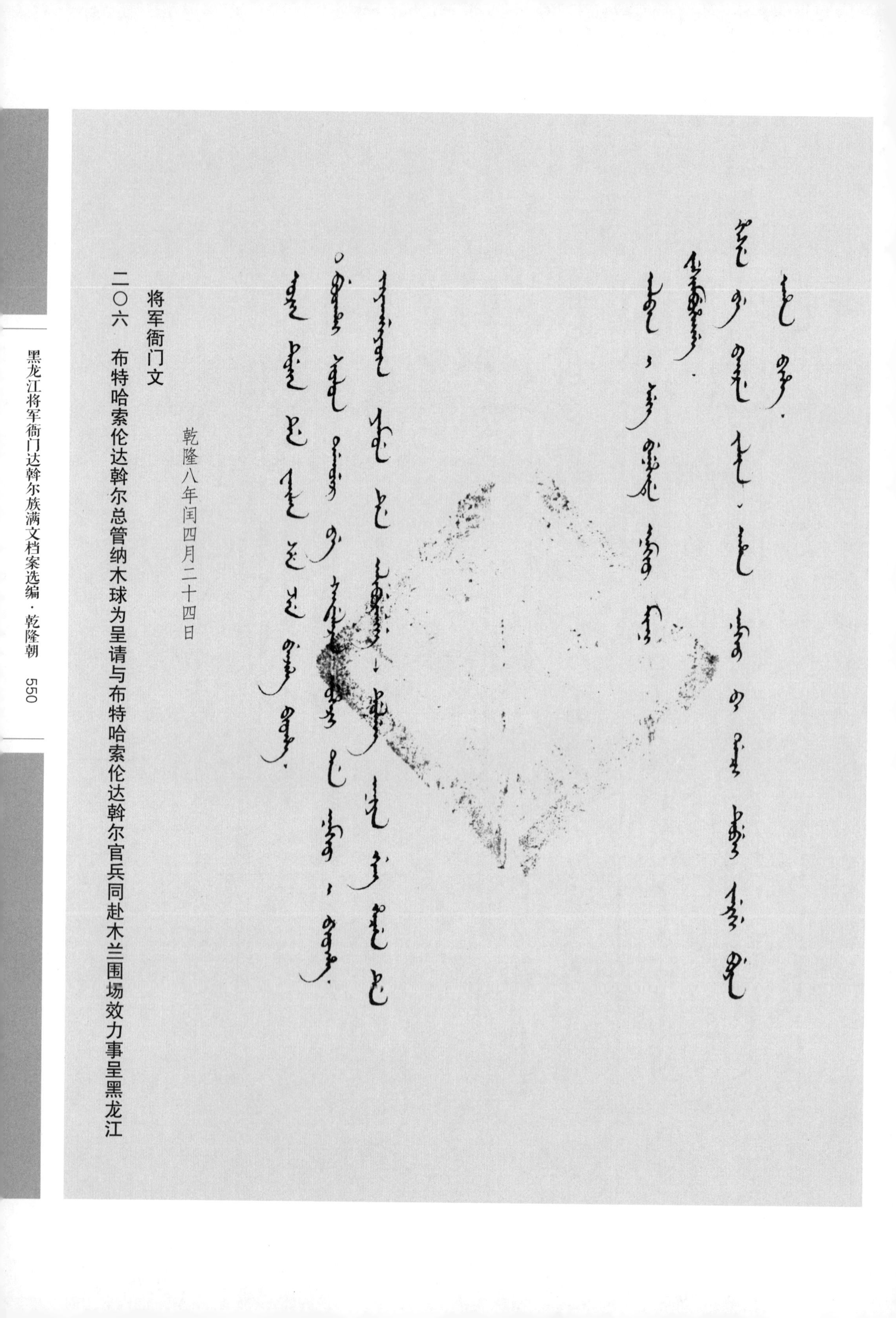

乾隆八年闰四月二十四日

将军衙门文

二〇六　布特哈索伦达斡尔总管纳木球为呈请与布特哈索伦达斡尔官兵同赴木兰围场效力事呈黑龙江

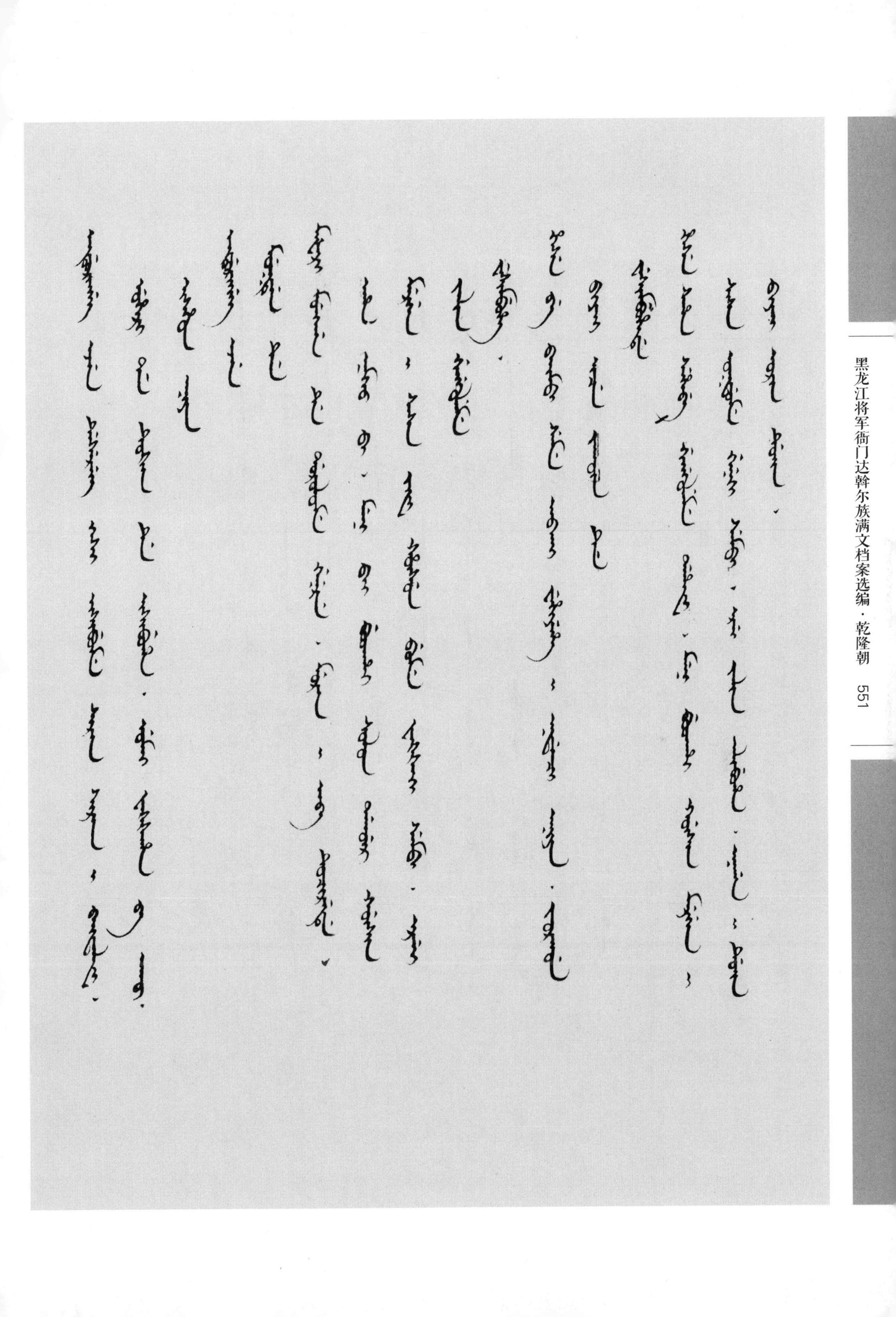

[illegible]

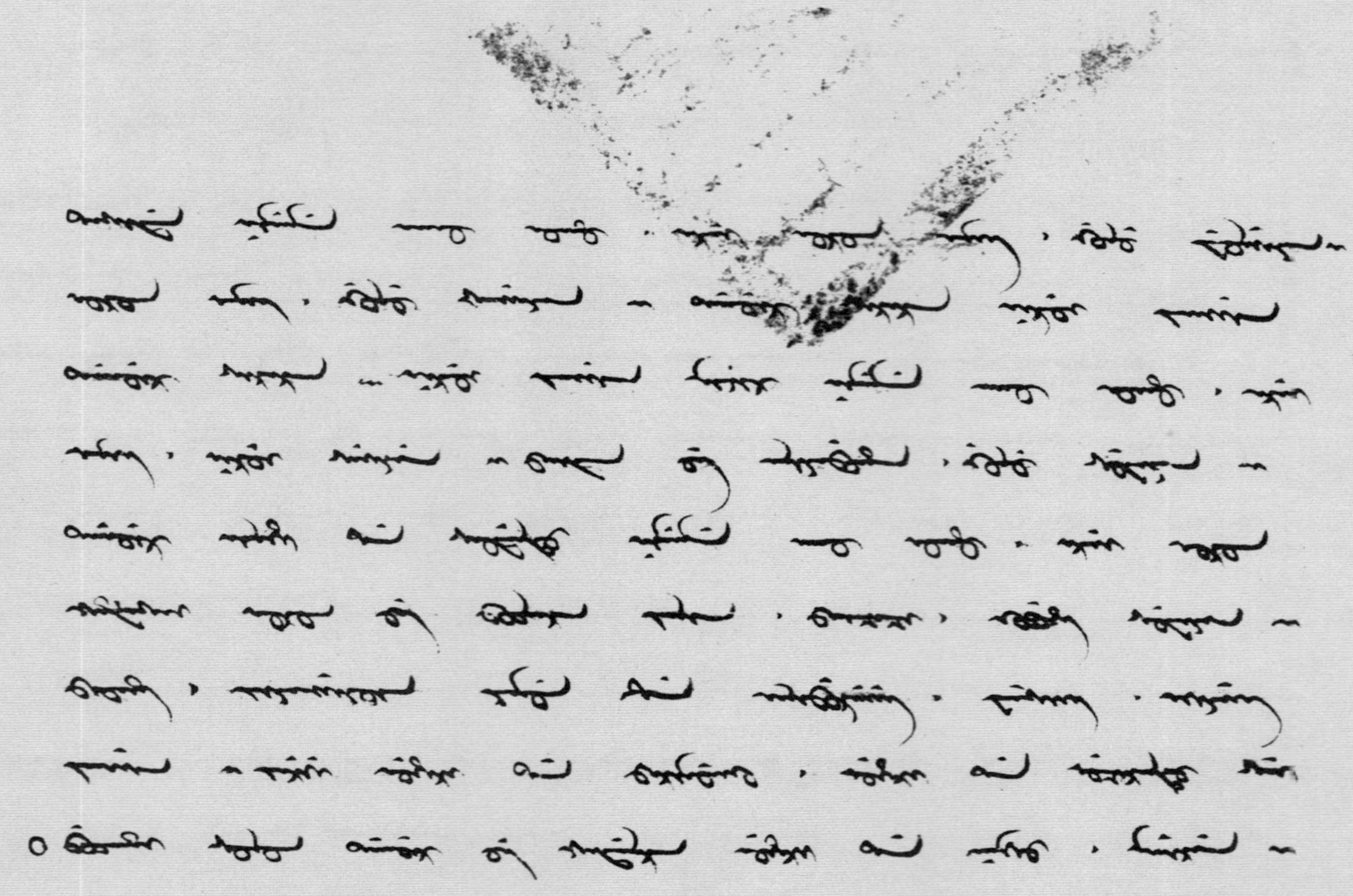

乾隆八年闰四月二十四日

二〇七　布特哈索伦达斡尔总管纳木球等为报镶黄旗达斡尔副总管缫达勒图等员遗缺数目事呈黑龙江将军衙门文

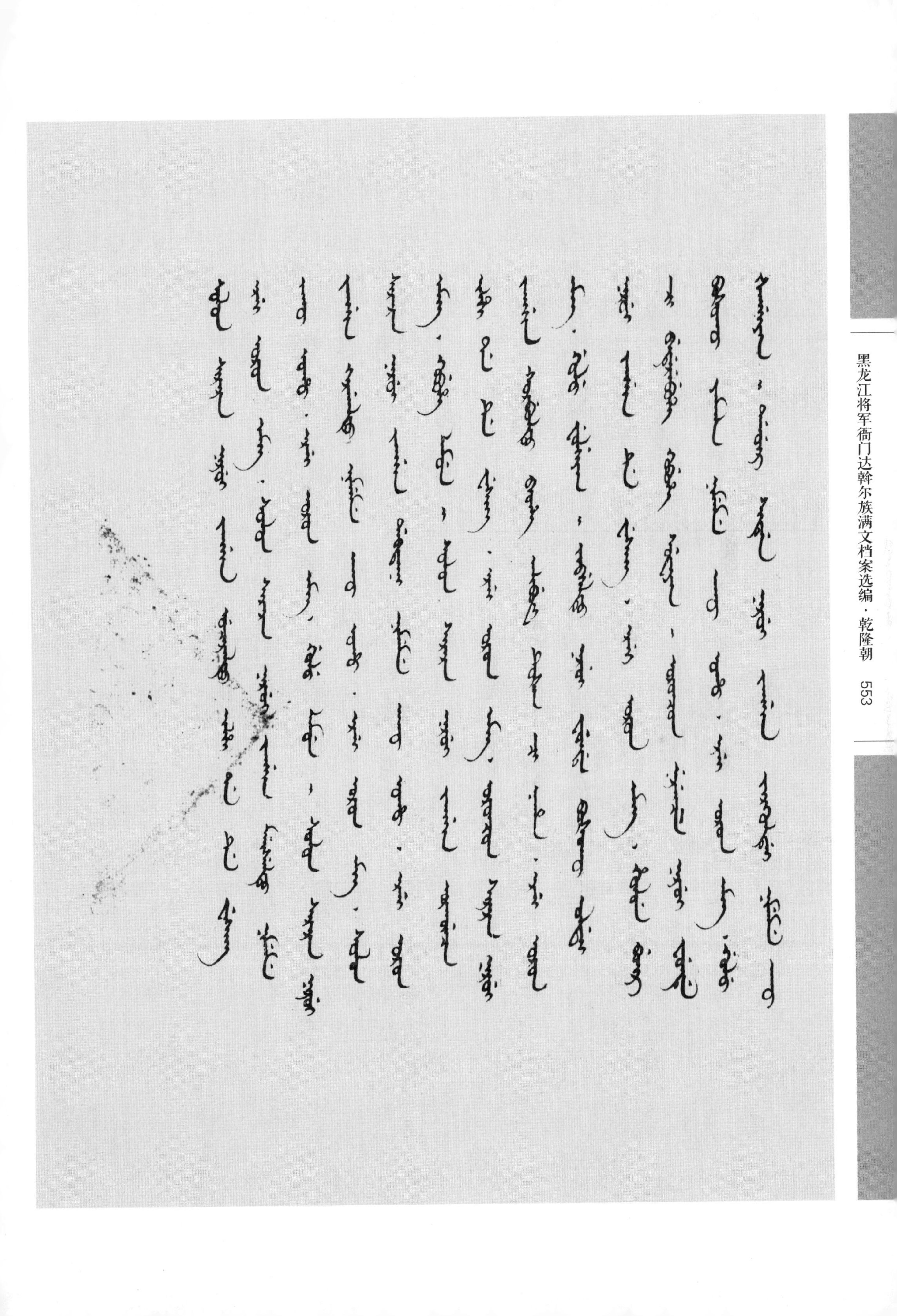

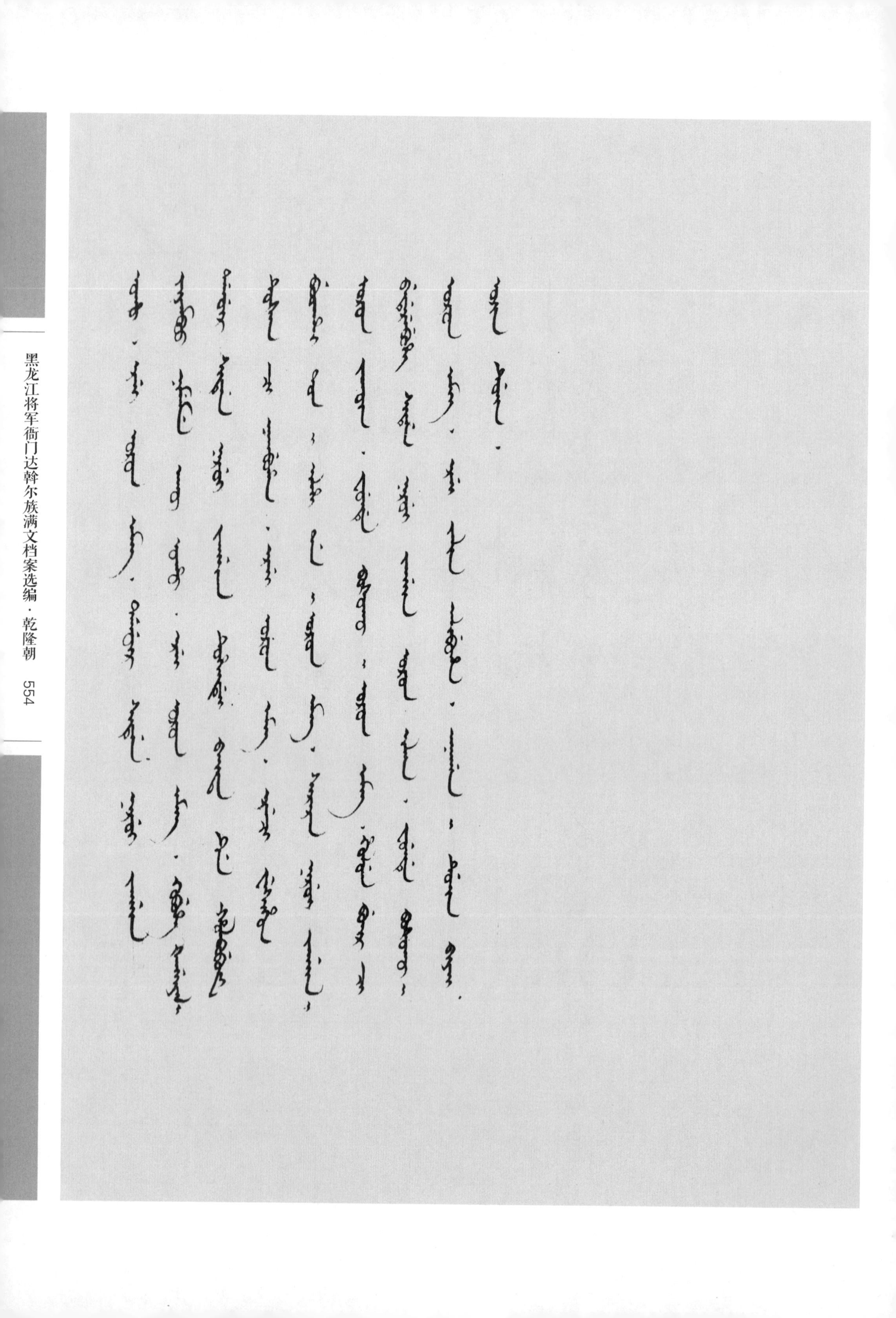

二〇八 布特哈索伦达斡尔总管纳木球等为报镶黄旗达斡尔佐领托尼逊高祖齐帕承袭佐领日期事呈黑龙江将军衙门文

乾隆八年闰四月二十七日

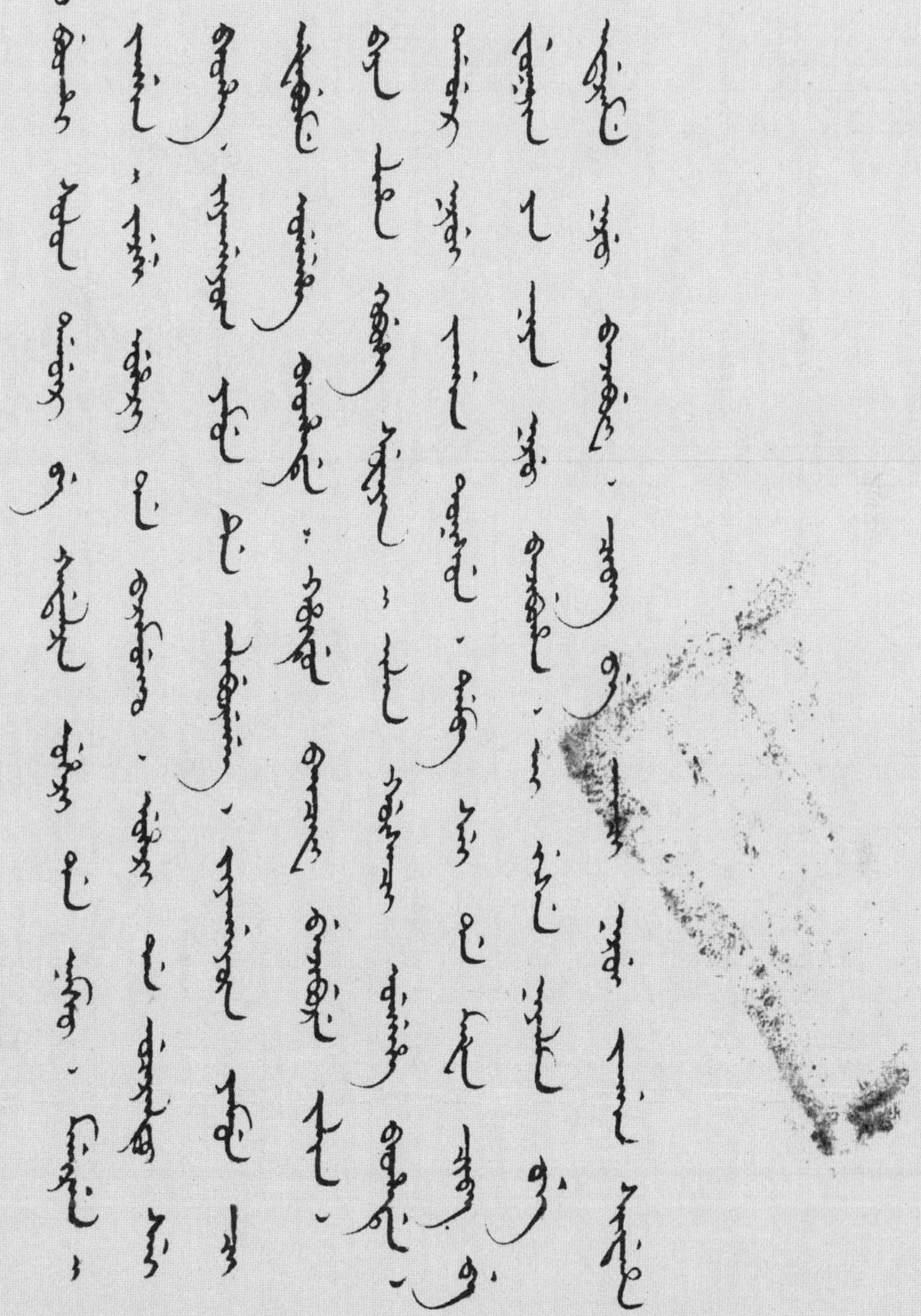

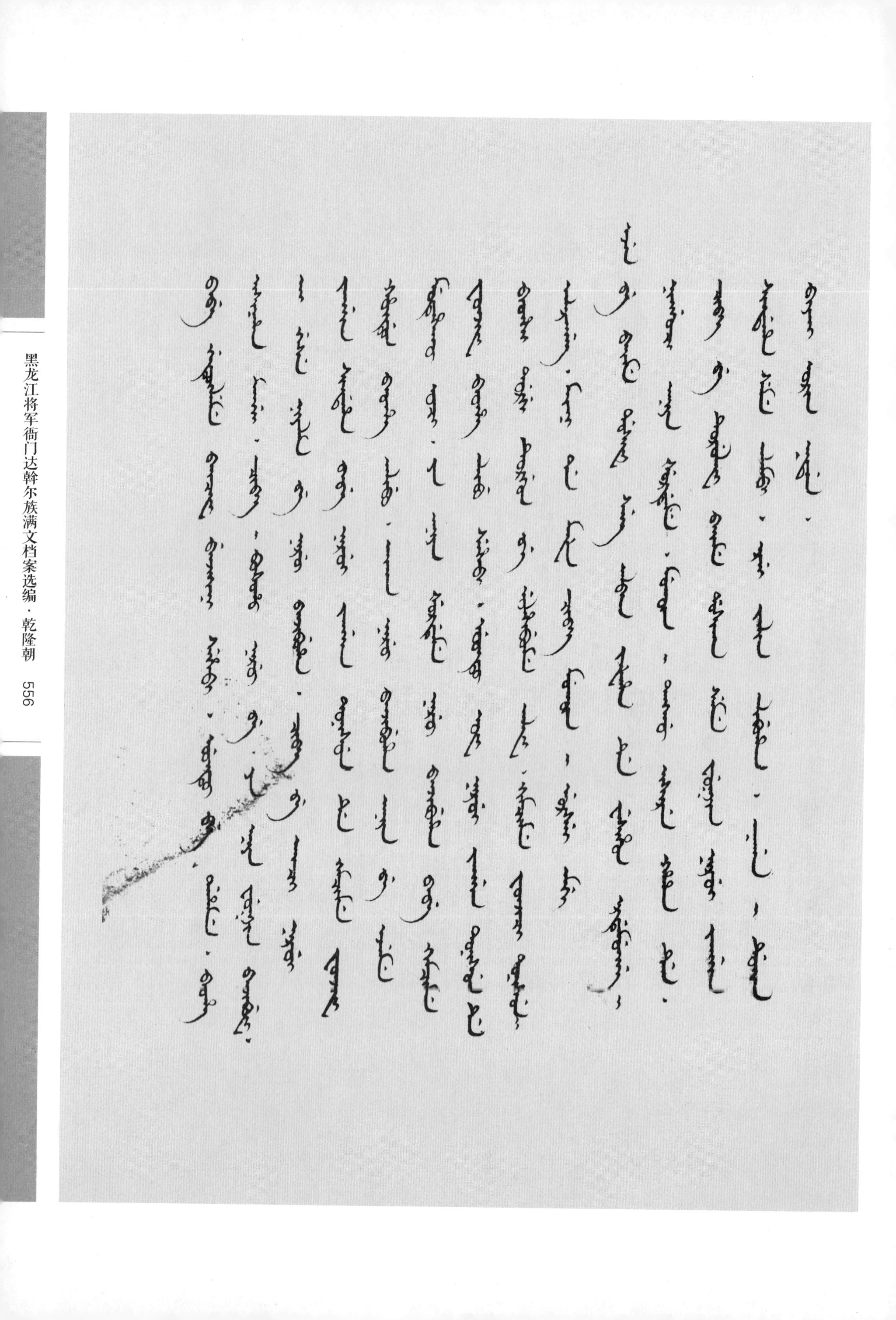

二〇九 黑龙江副都统衙门为派员解送黑龙江正蓝旗达斡尔巴里克萨佐领源流册事咨黑龙江将军衙门文

乾隆八年五月初五日

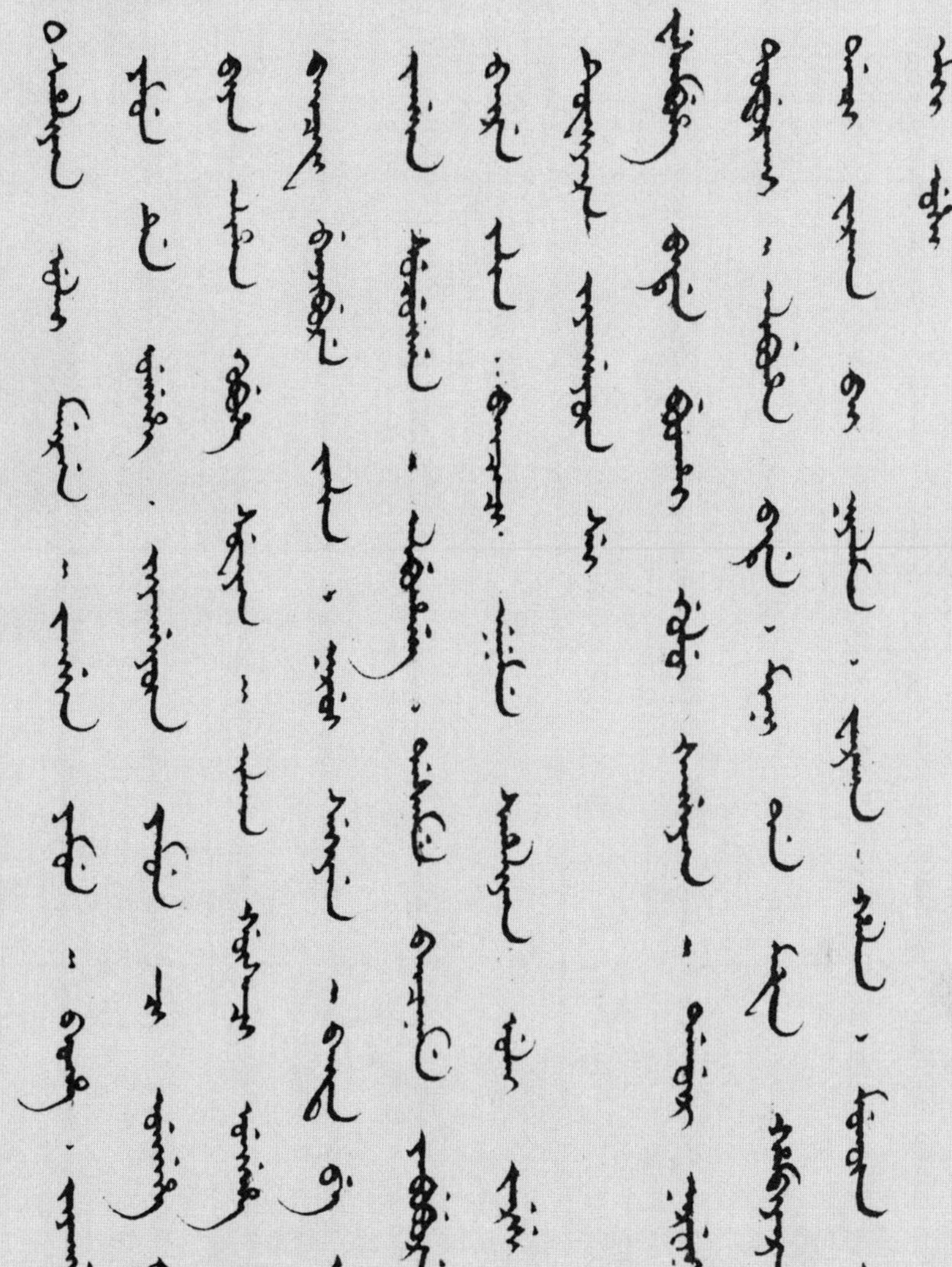

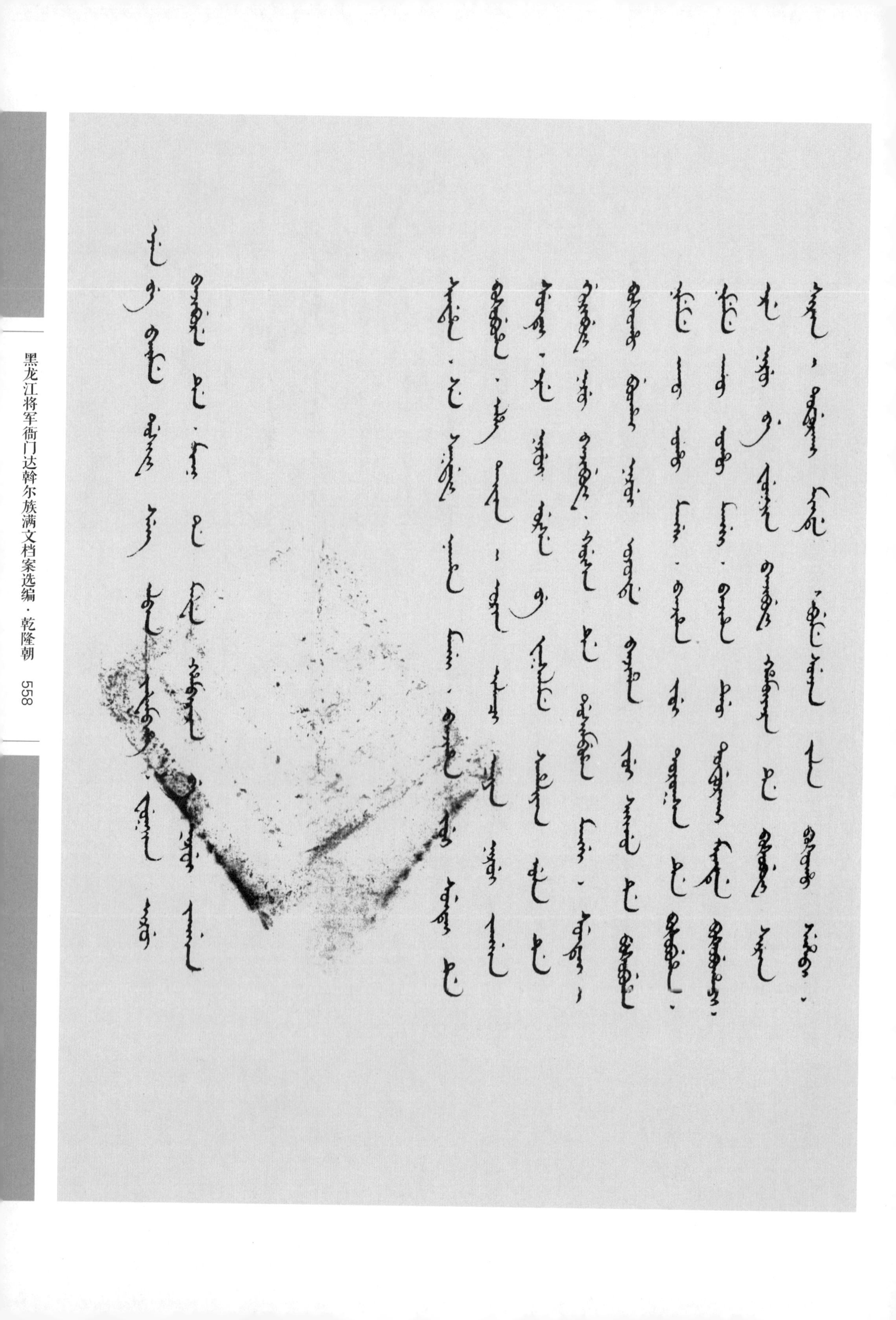

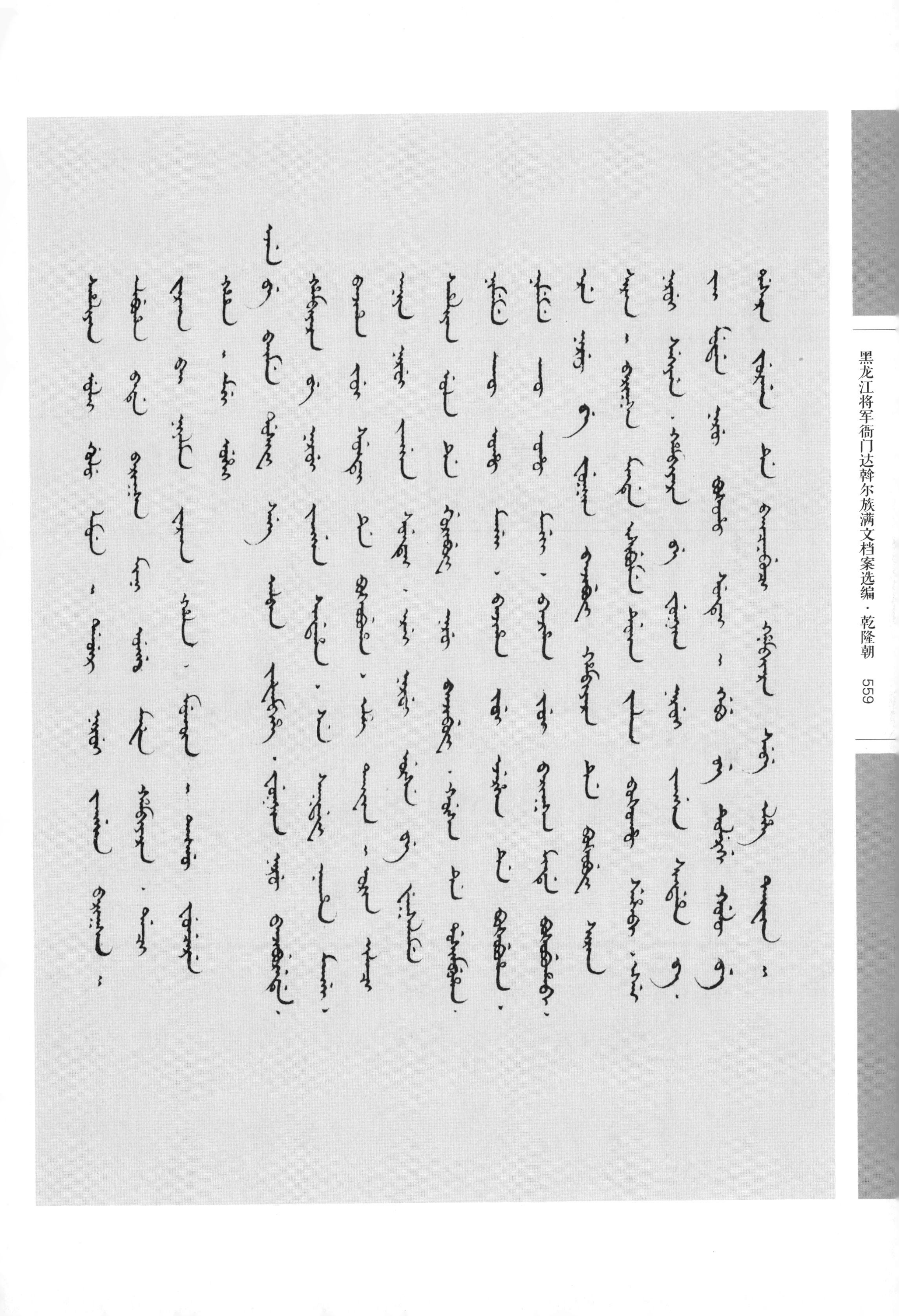

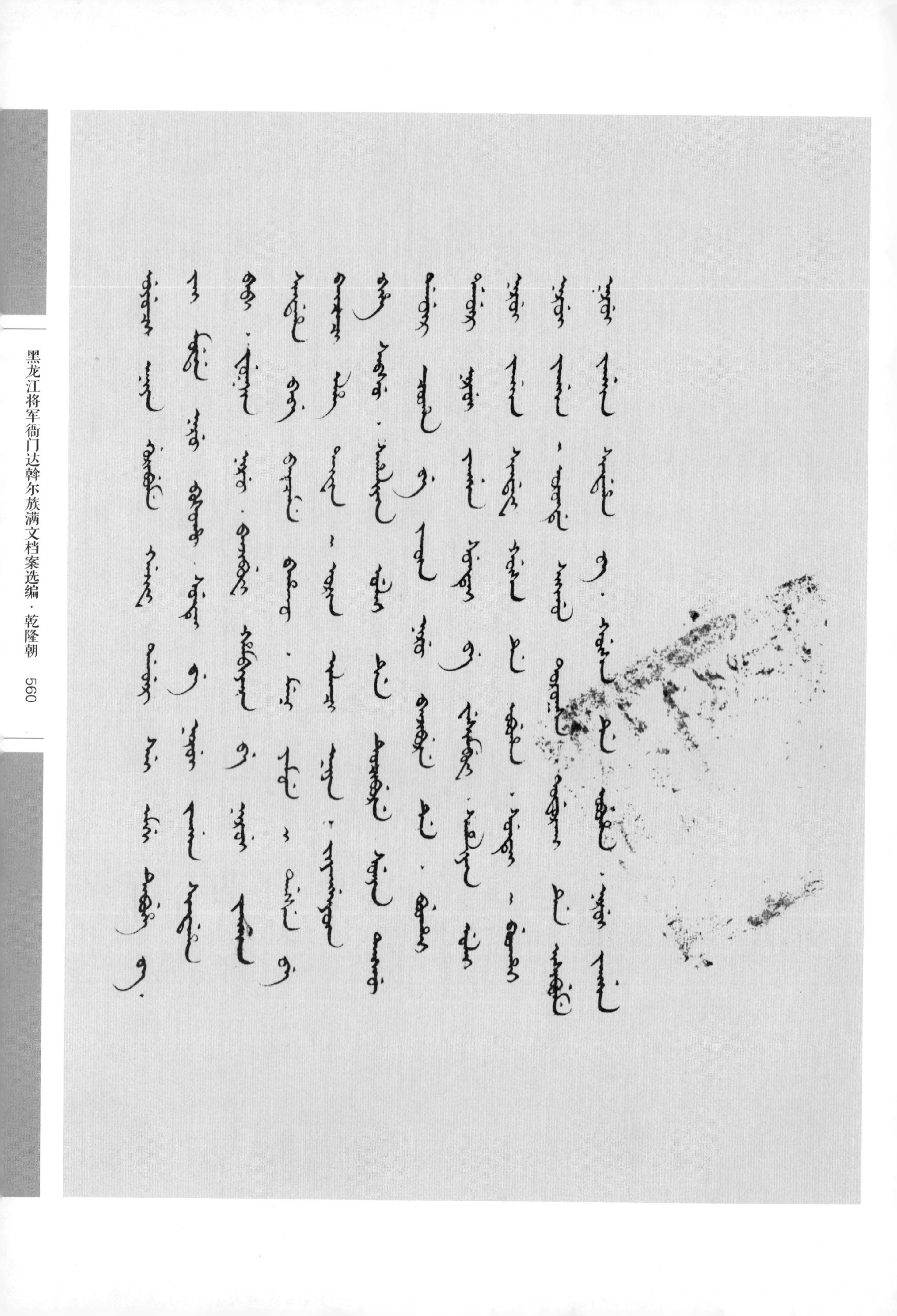

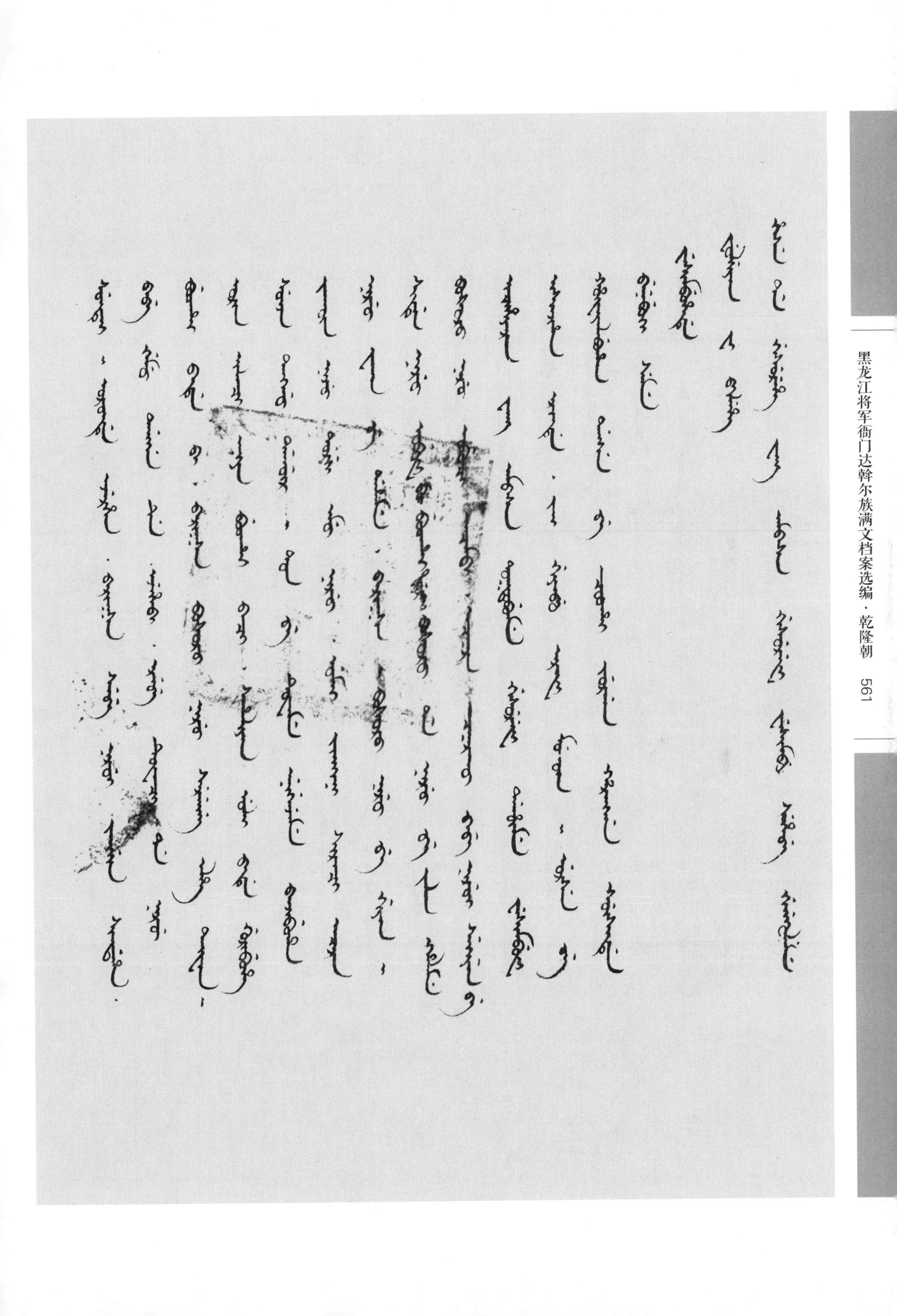

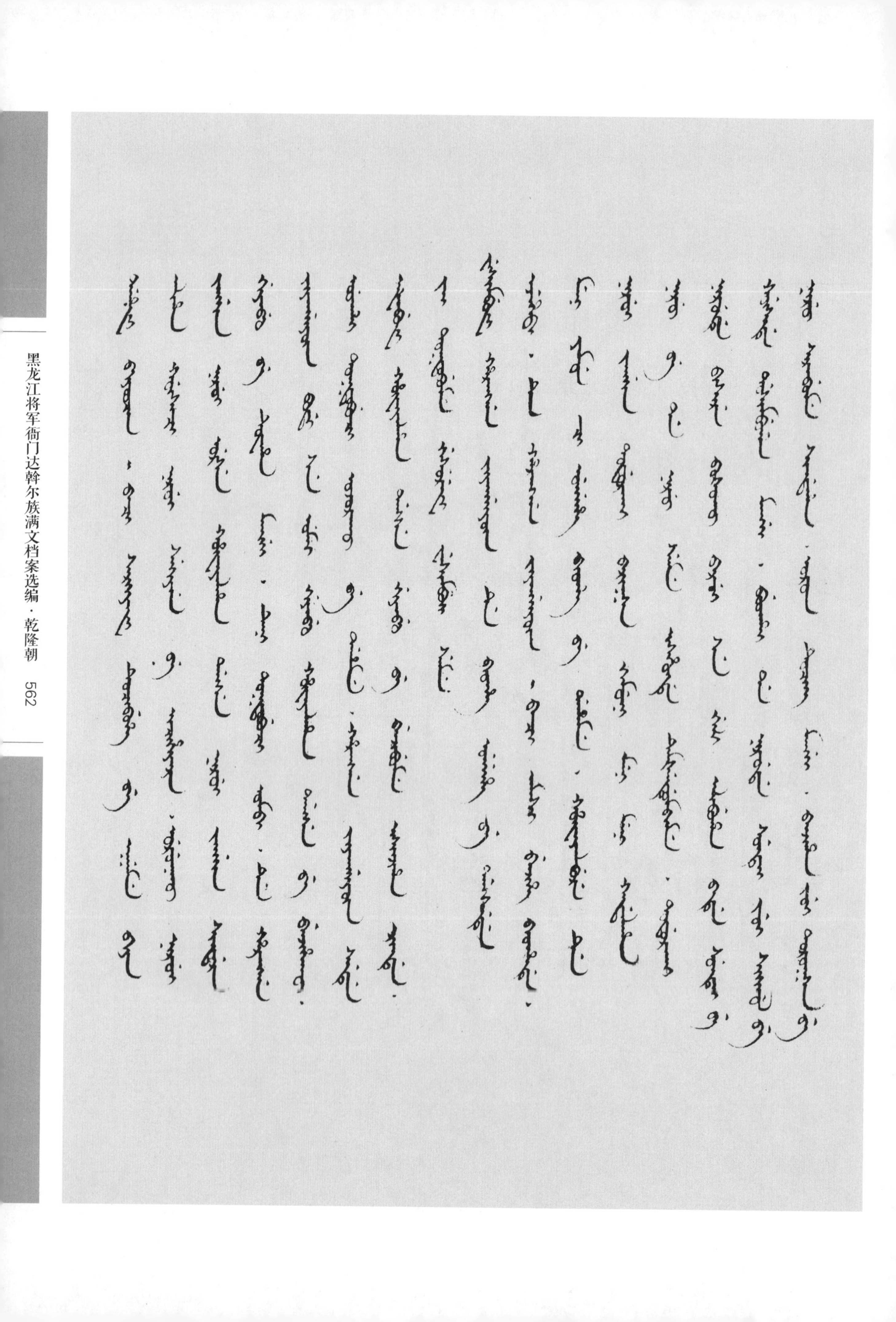

[illegible]

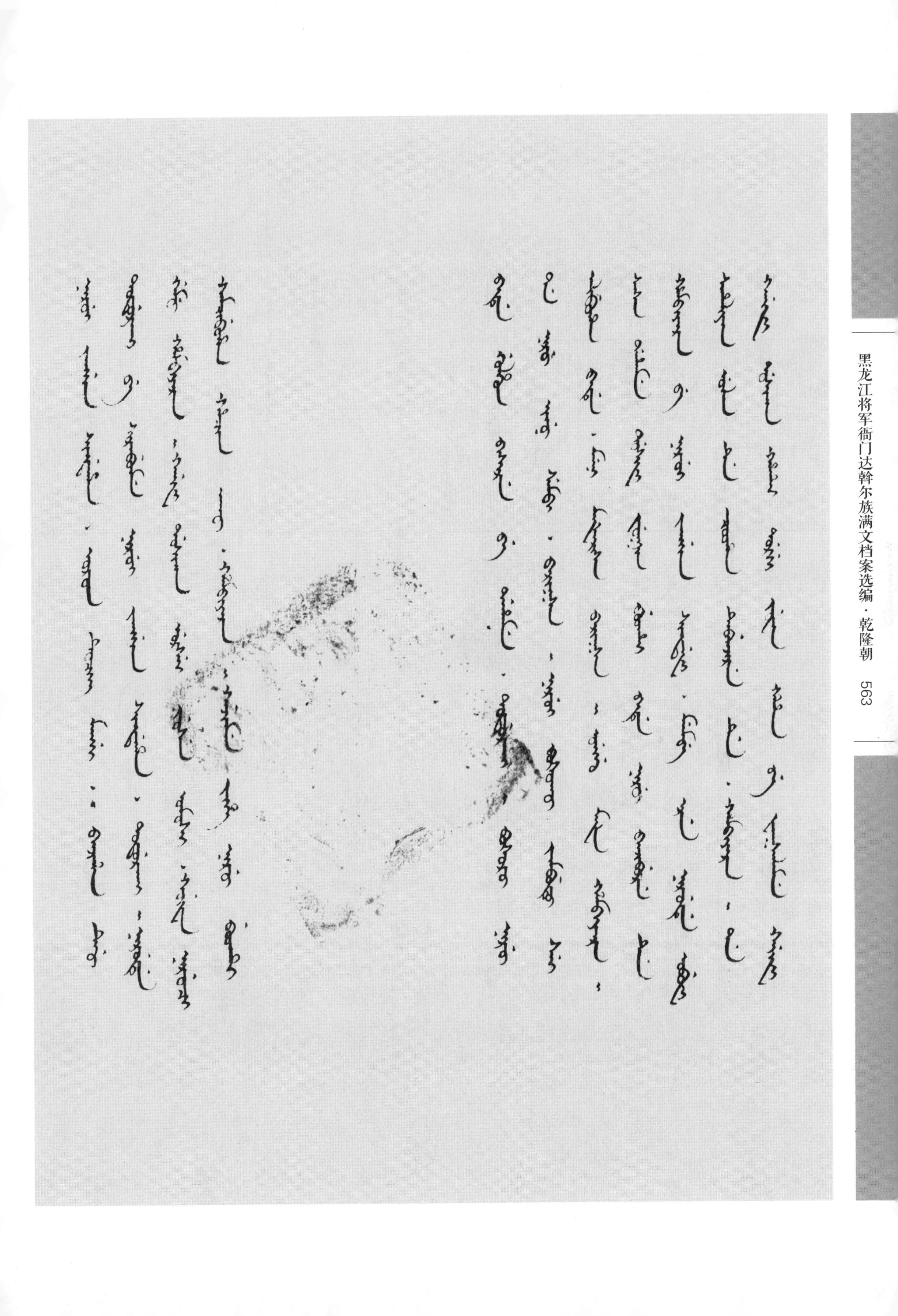

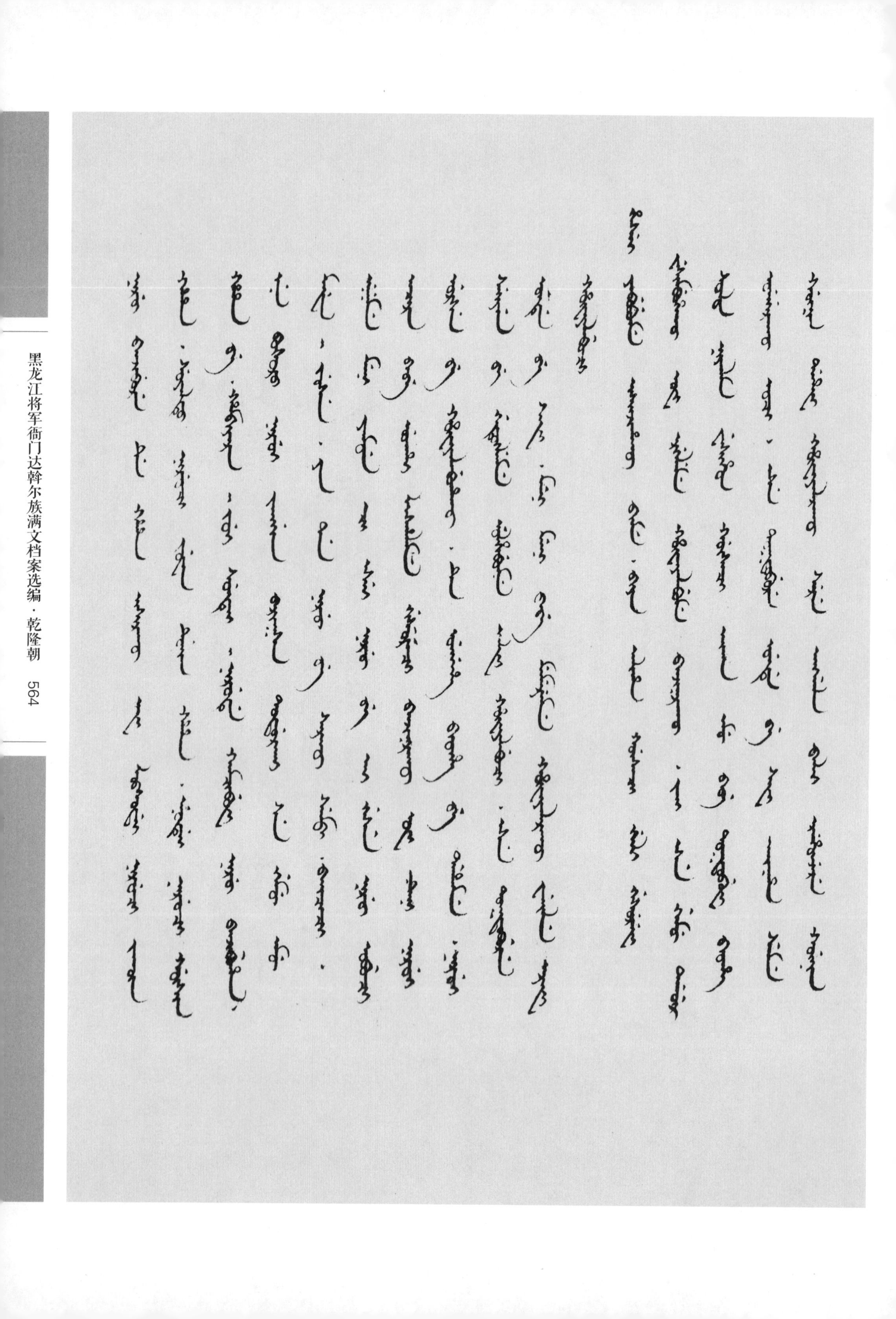

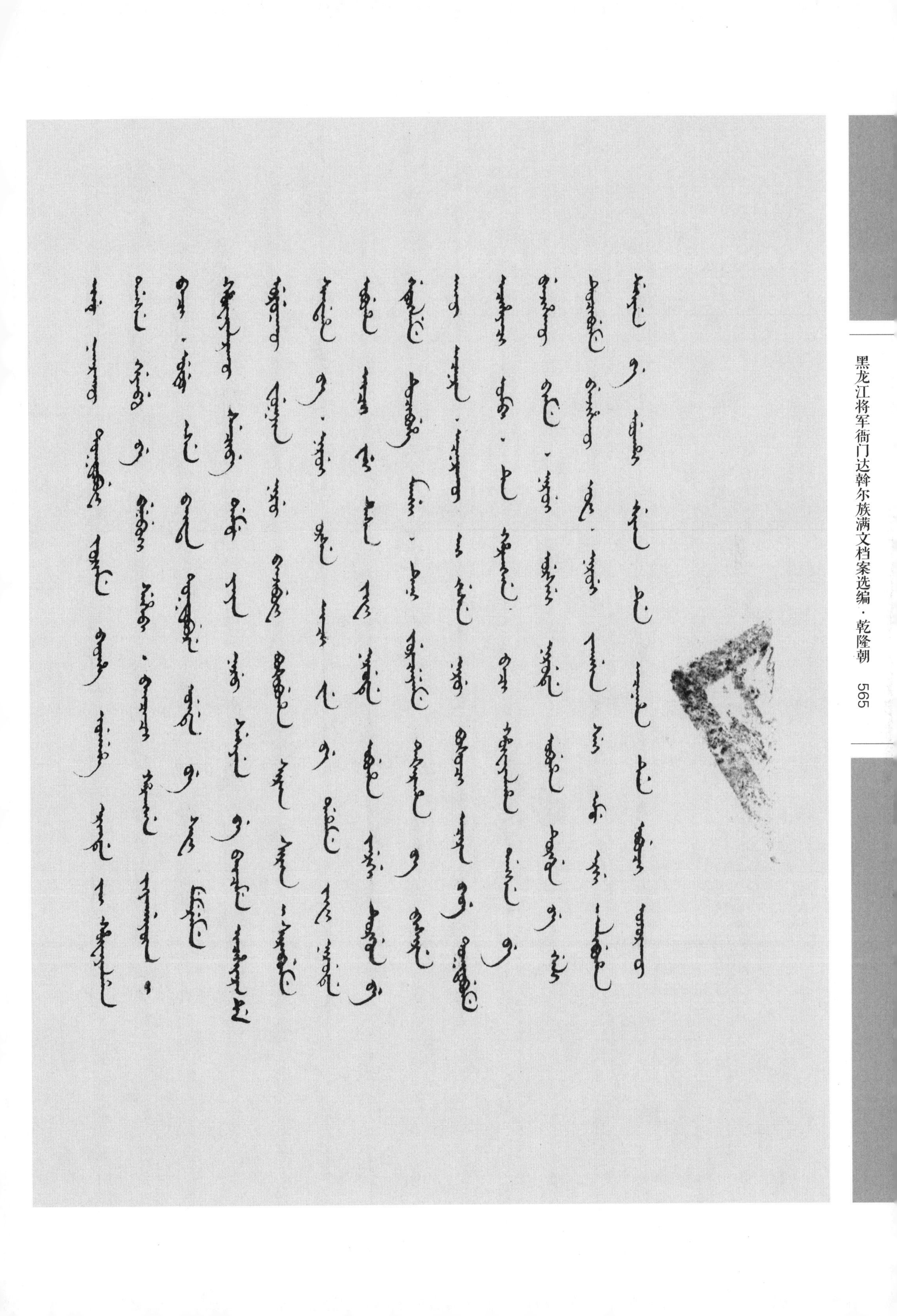

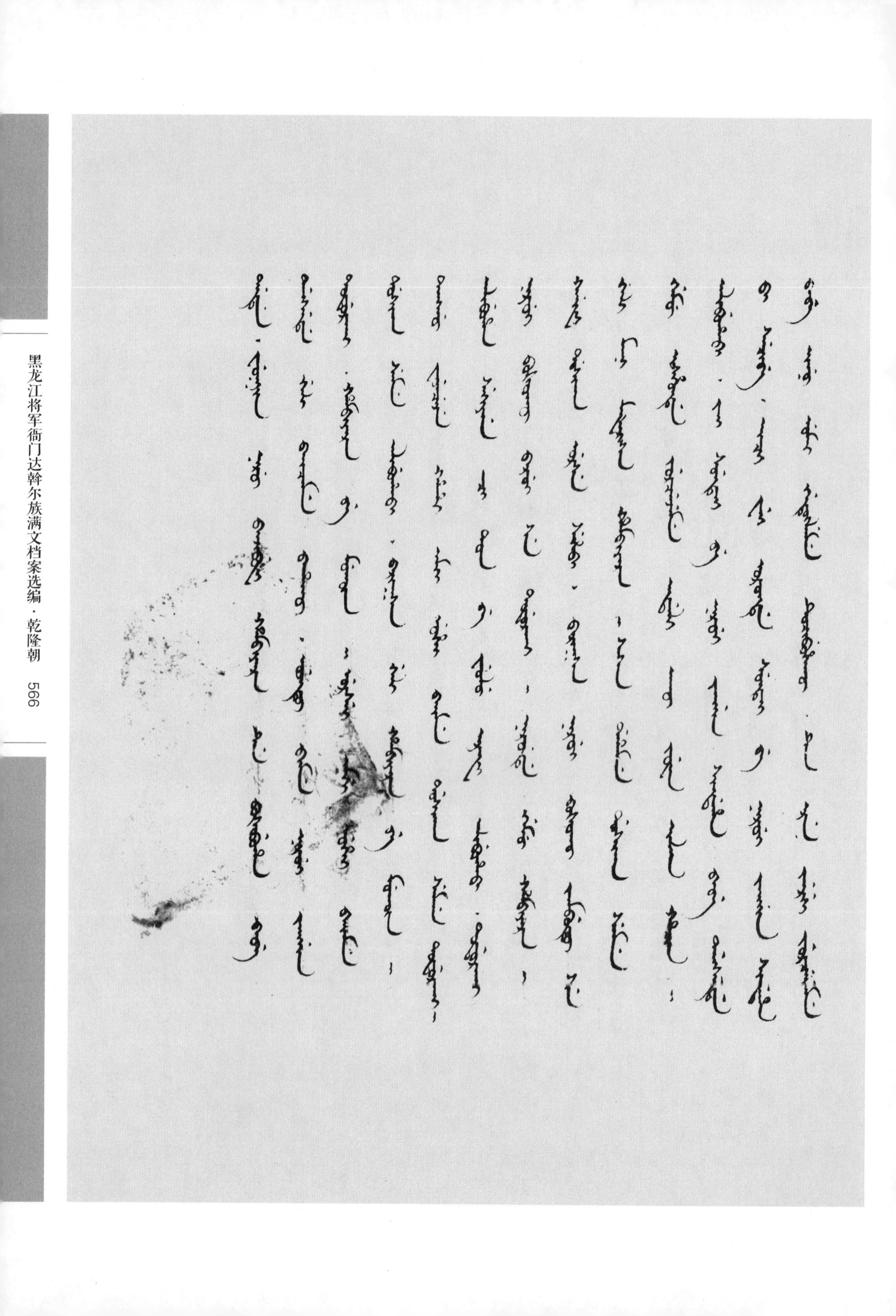

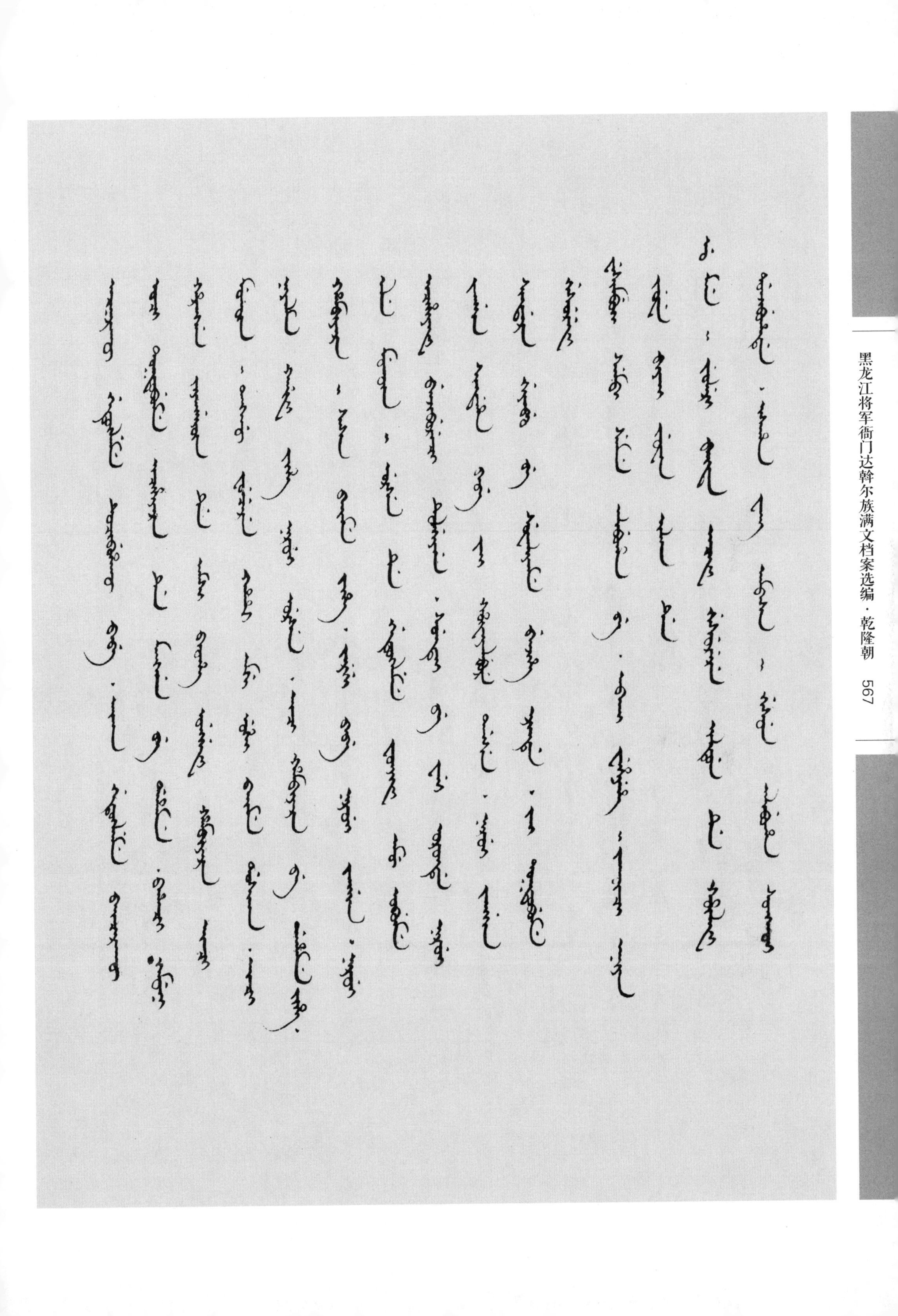

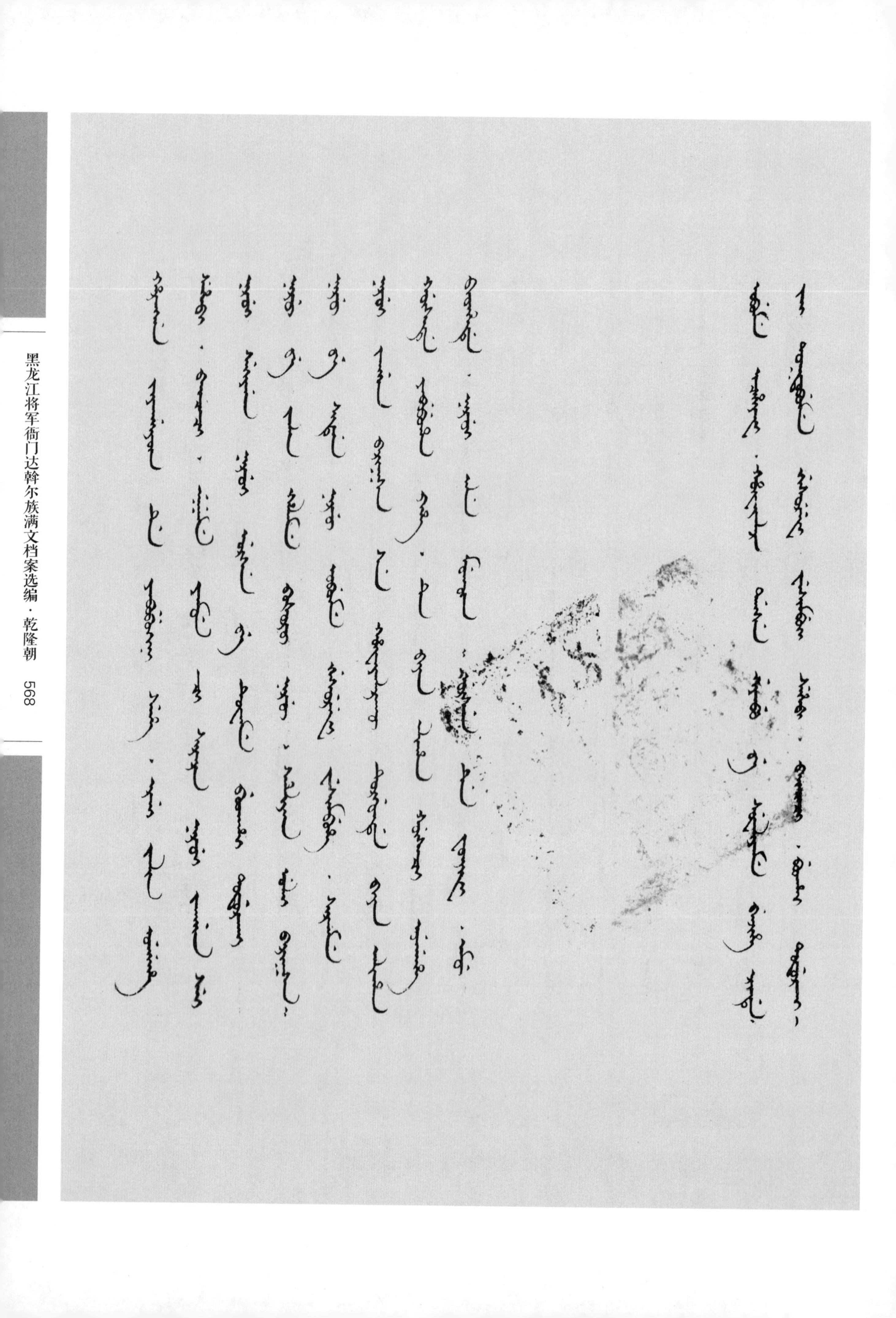

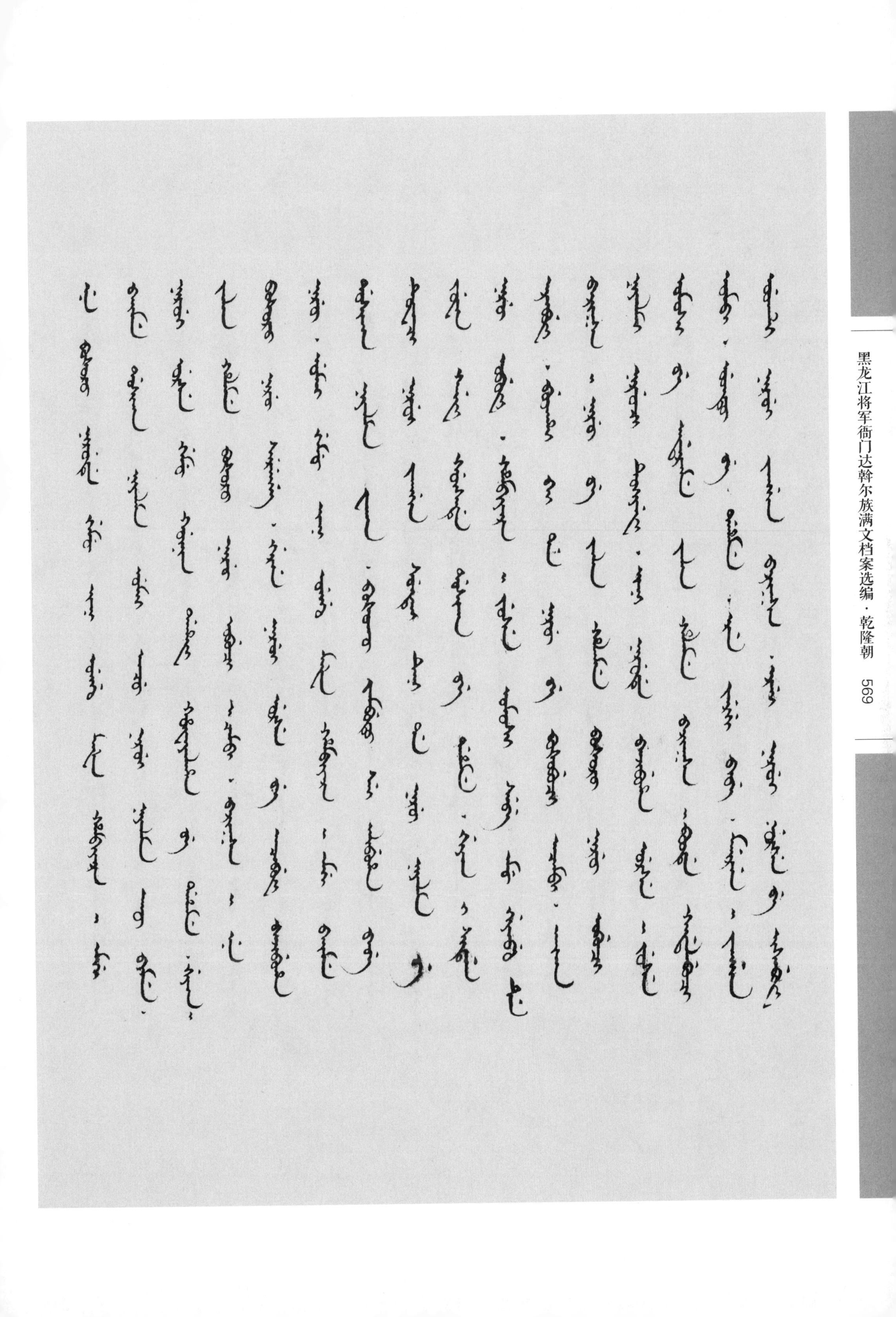

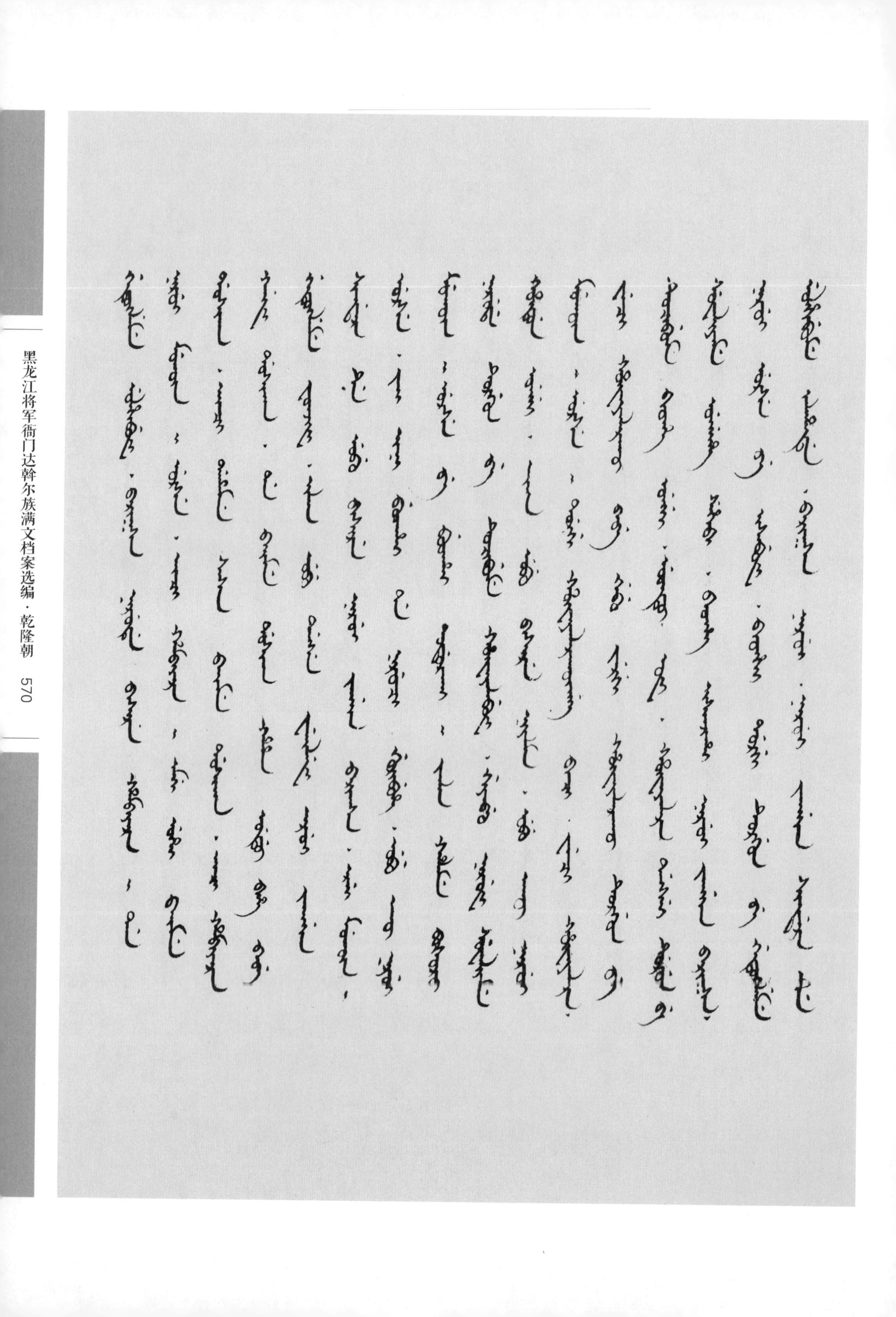

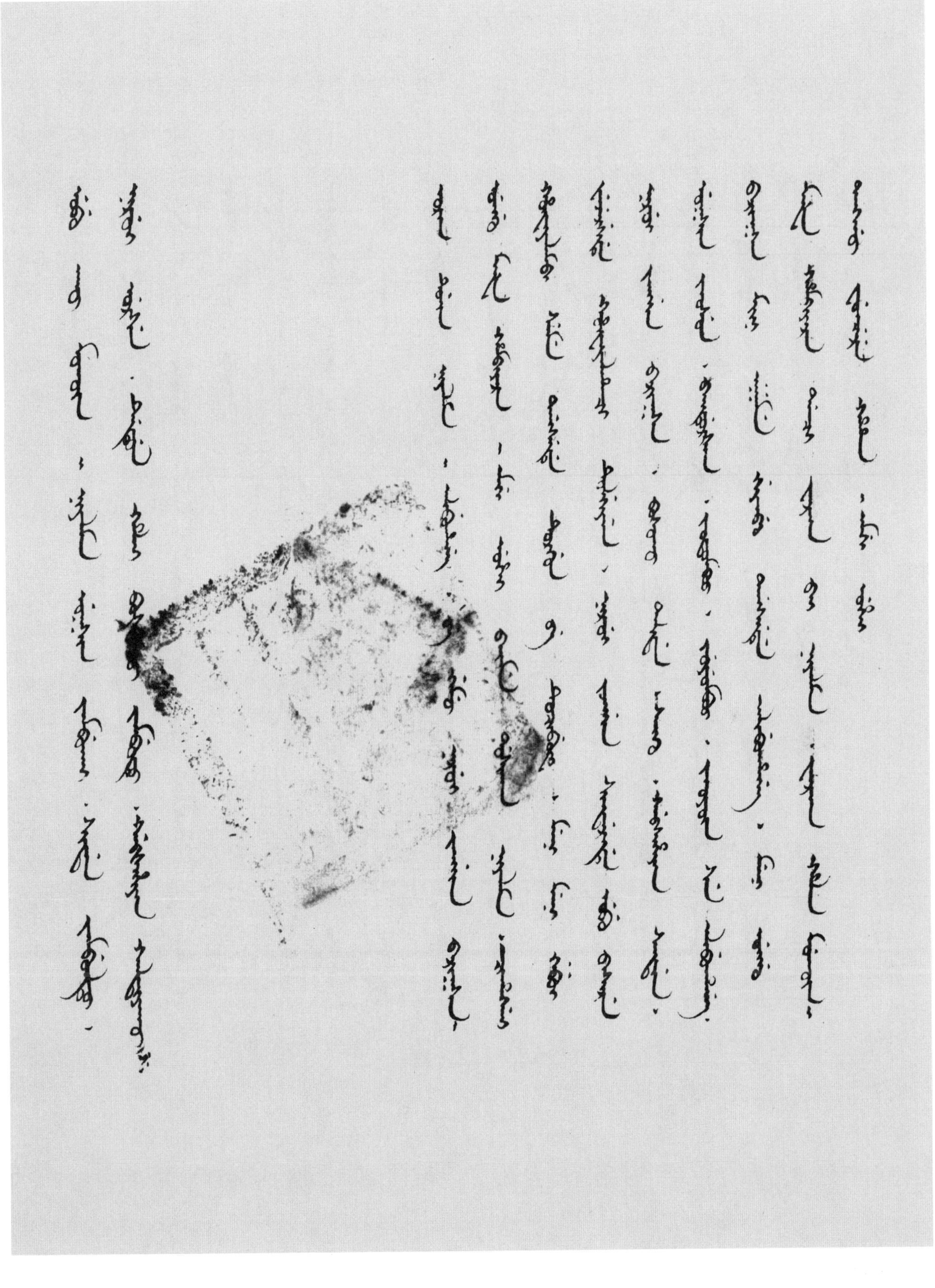

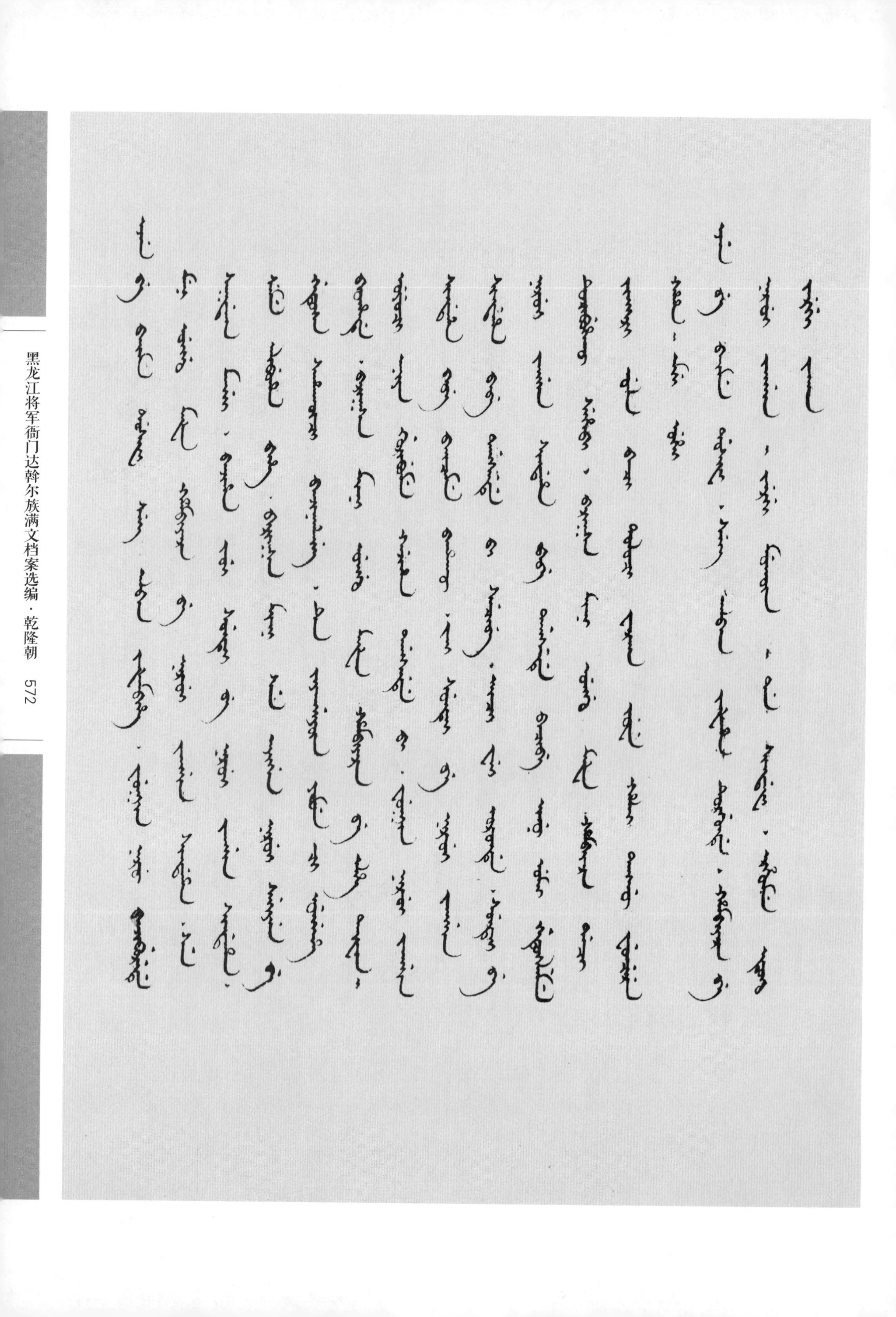

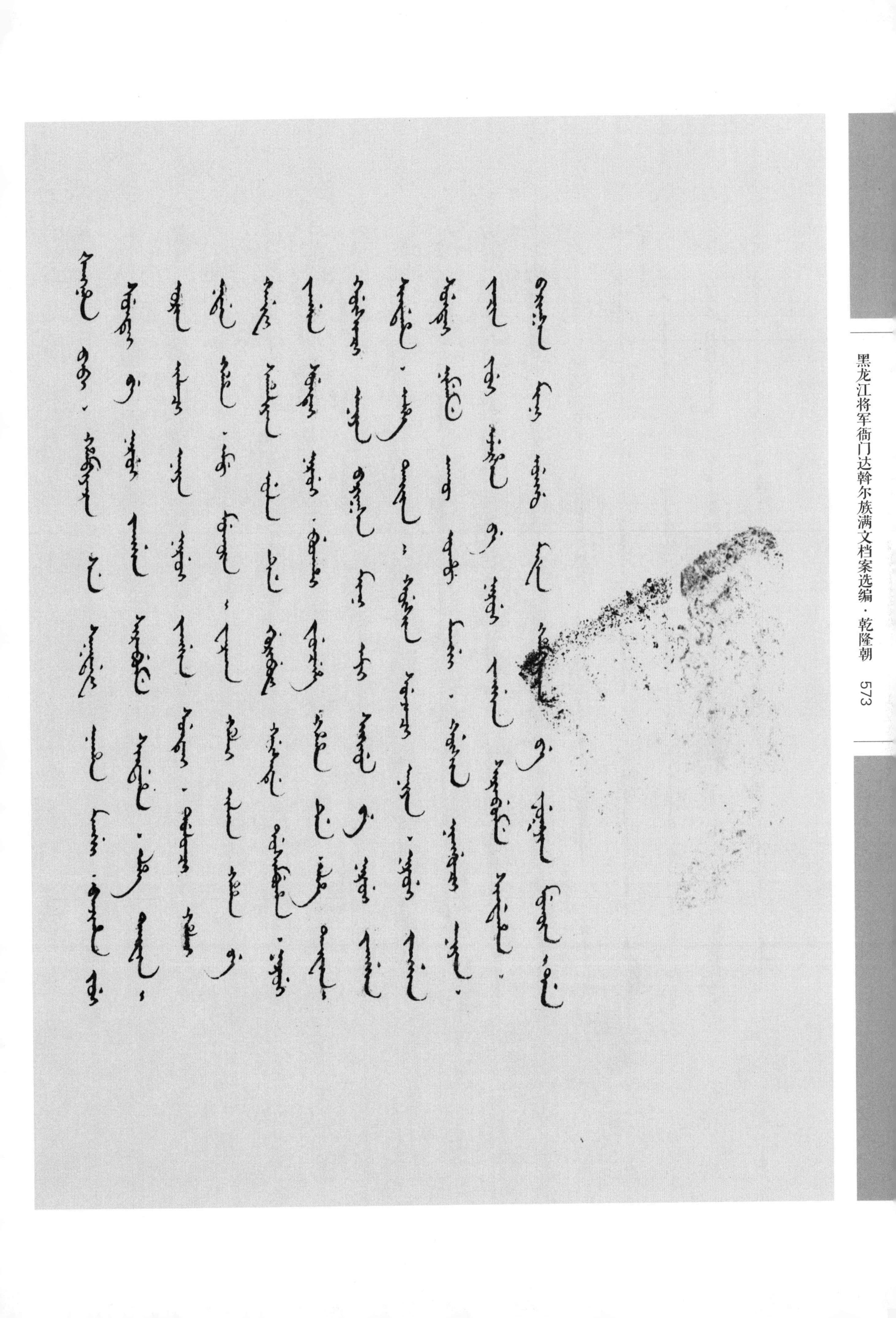

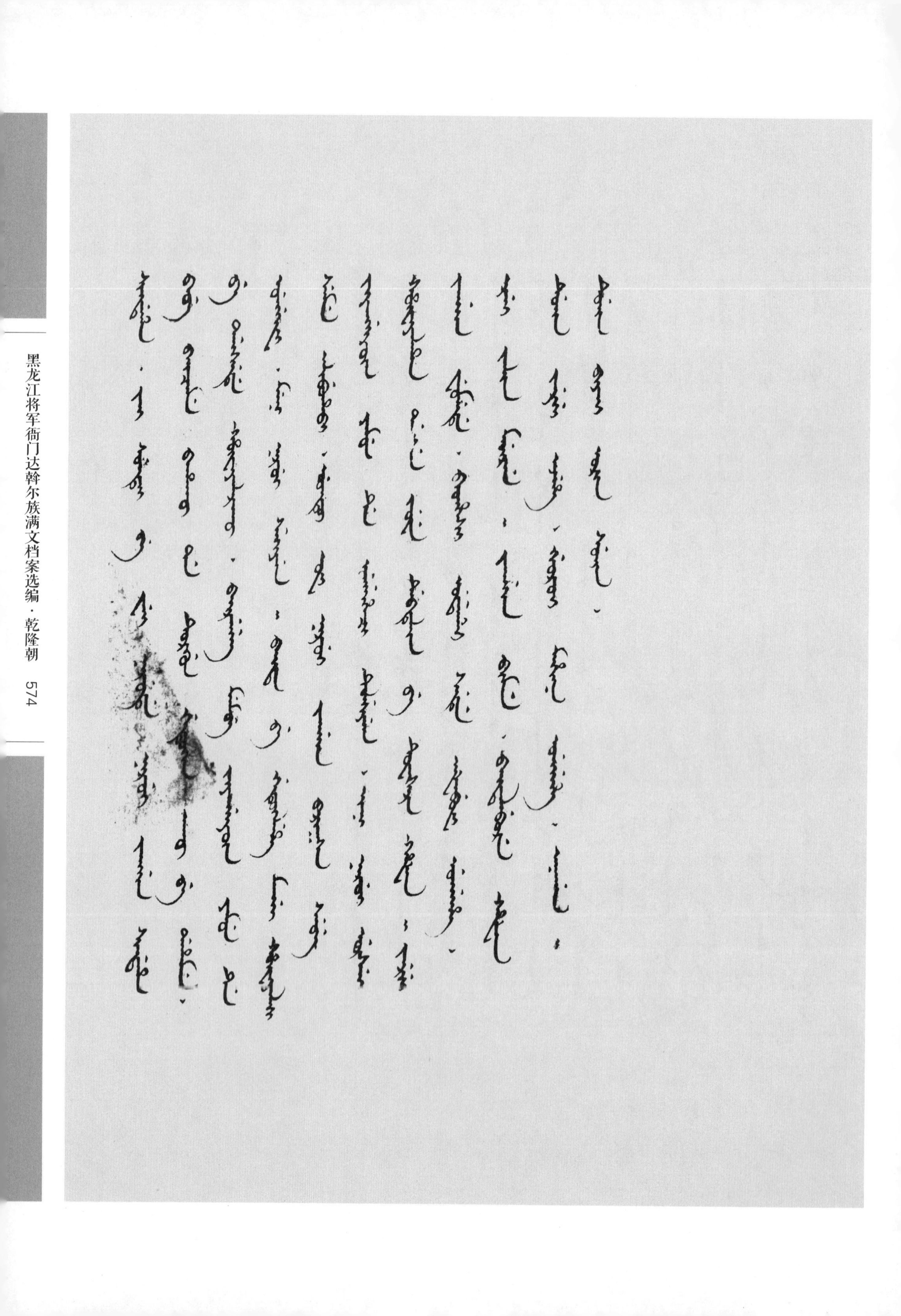

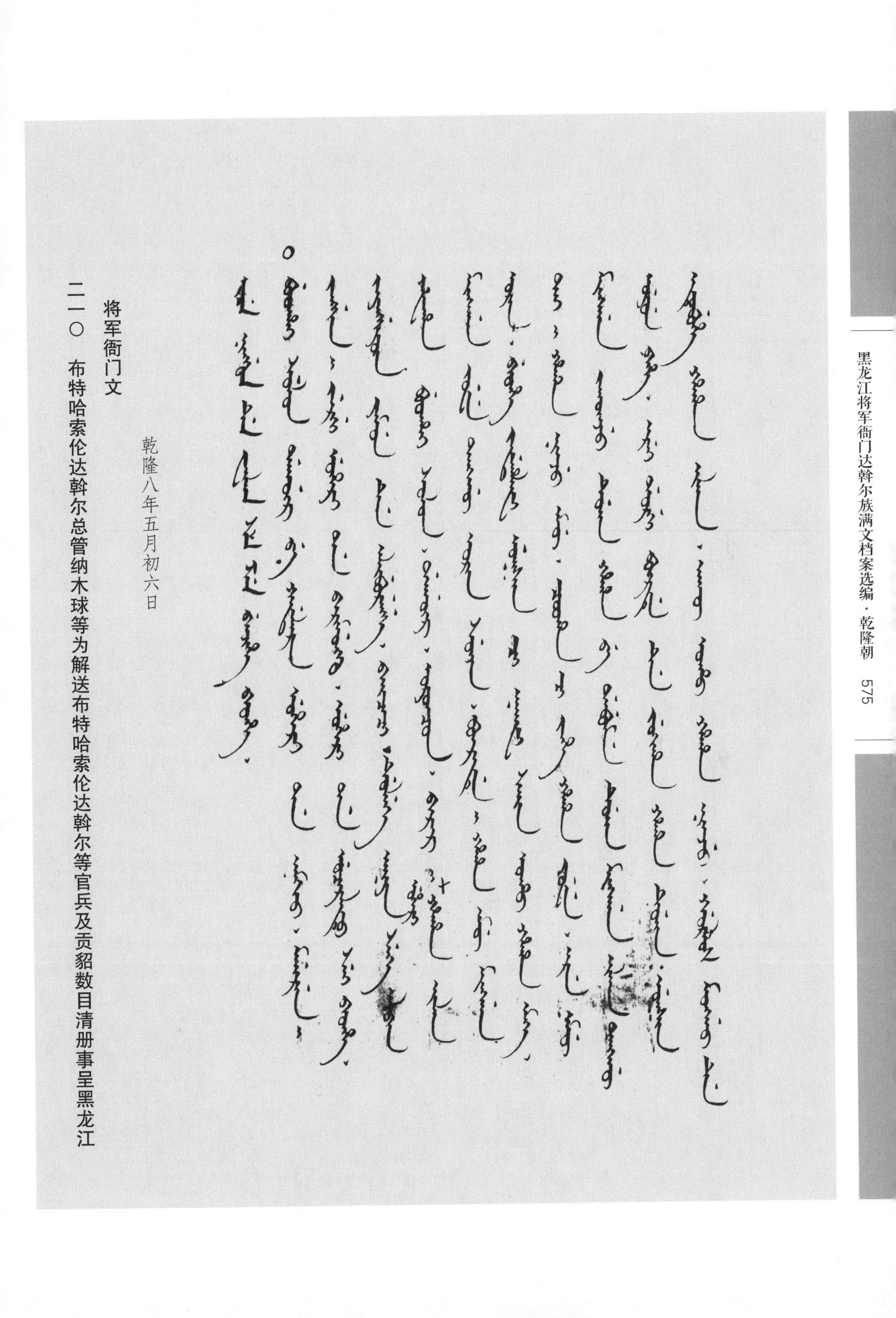

二一〇 布特哈索伦达斡尔总管纳木球等为解送布特哈索伦达斡尔等官兵及贡貂数目清册事呈黑龙江将军衙门文

乾隆八年五月初六日

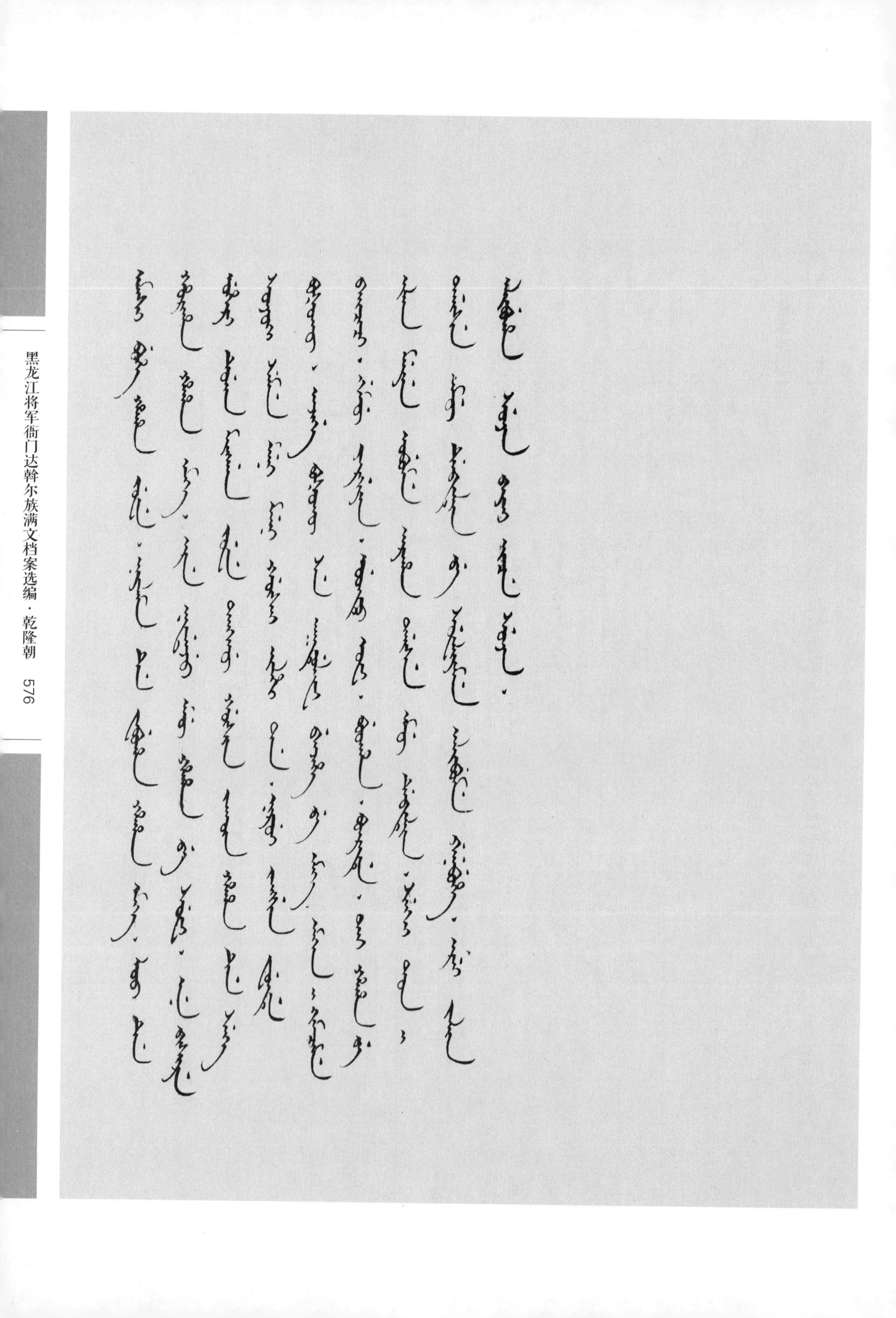

[illegible]

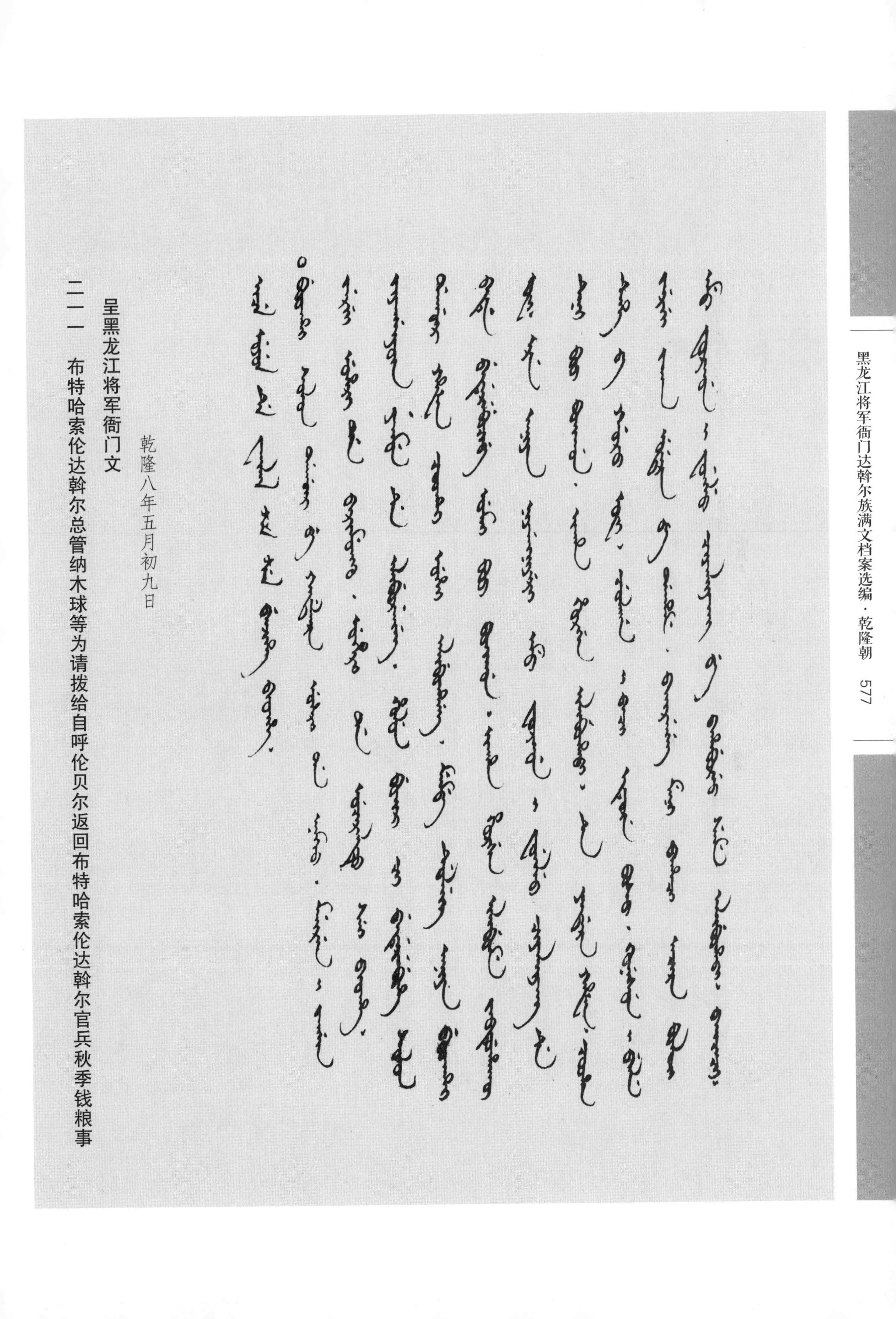

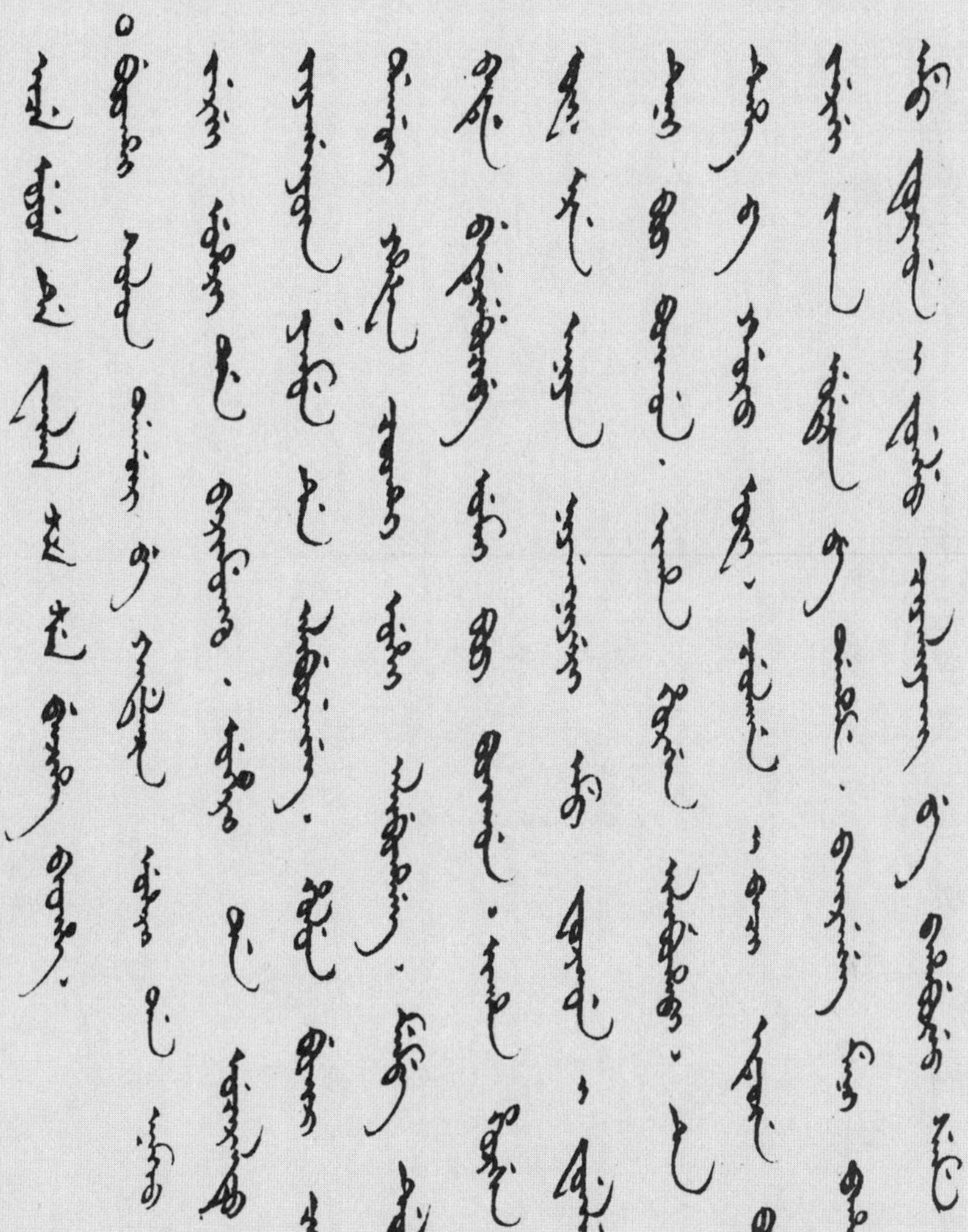

乾隆八年五月初九日

二一一 布特哈索伦达斡尔总管纳木球等为请拨给自呼伦贝尔返回布特哈索伦达斡尔官兵秋季钱粮事呈黑龙江将军衙门文

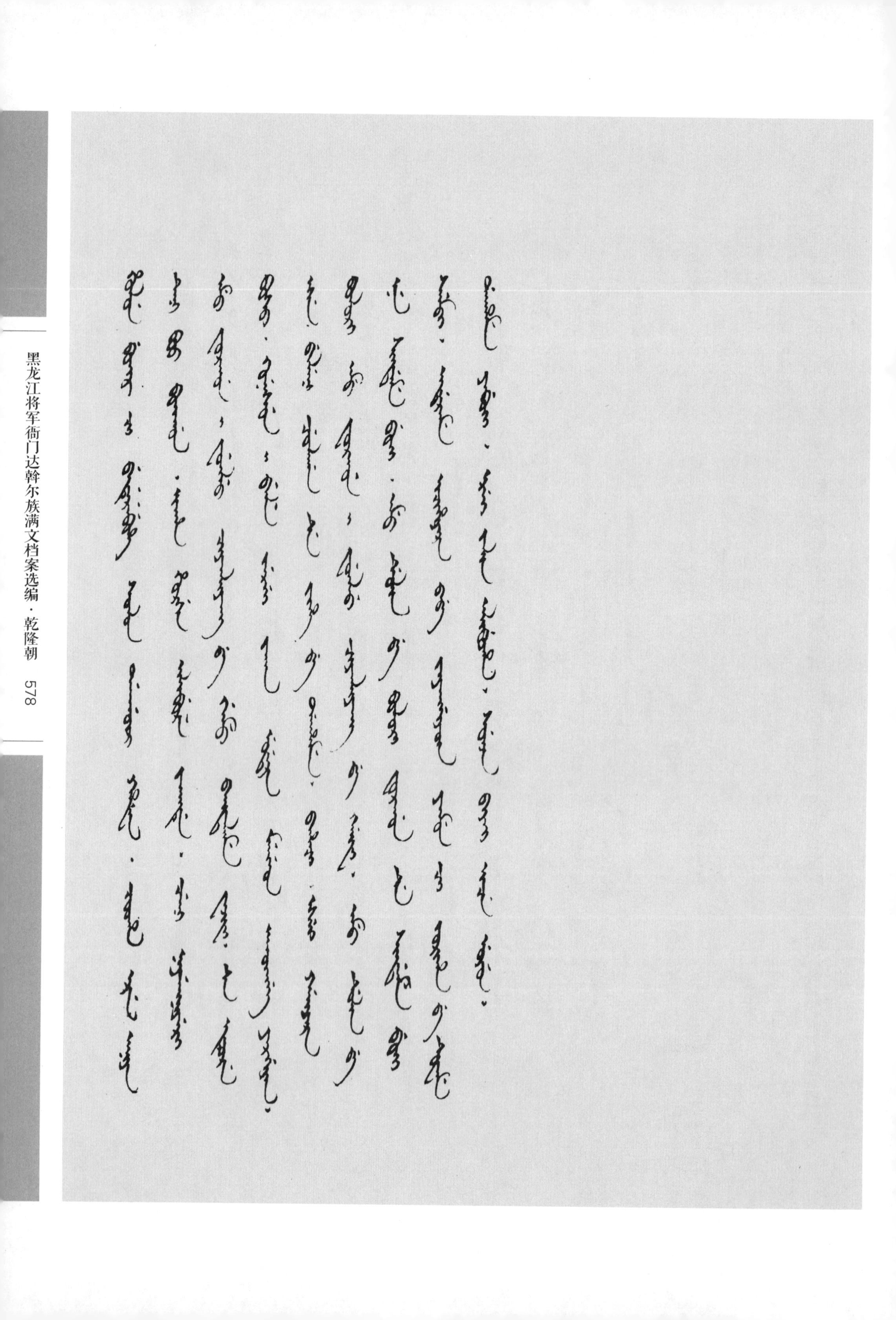

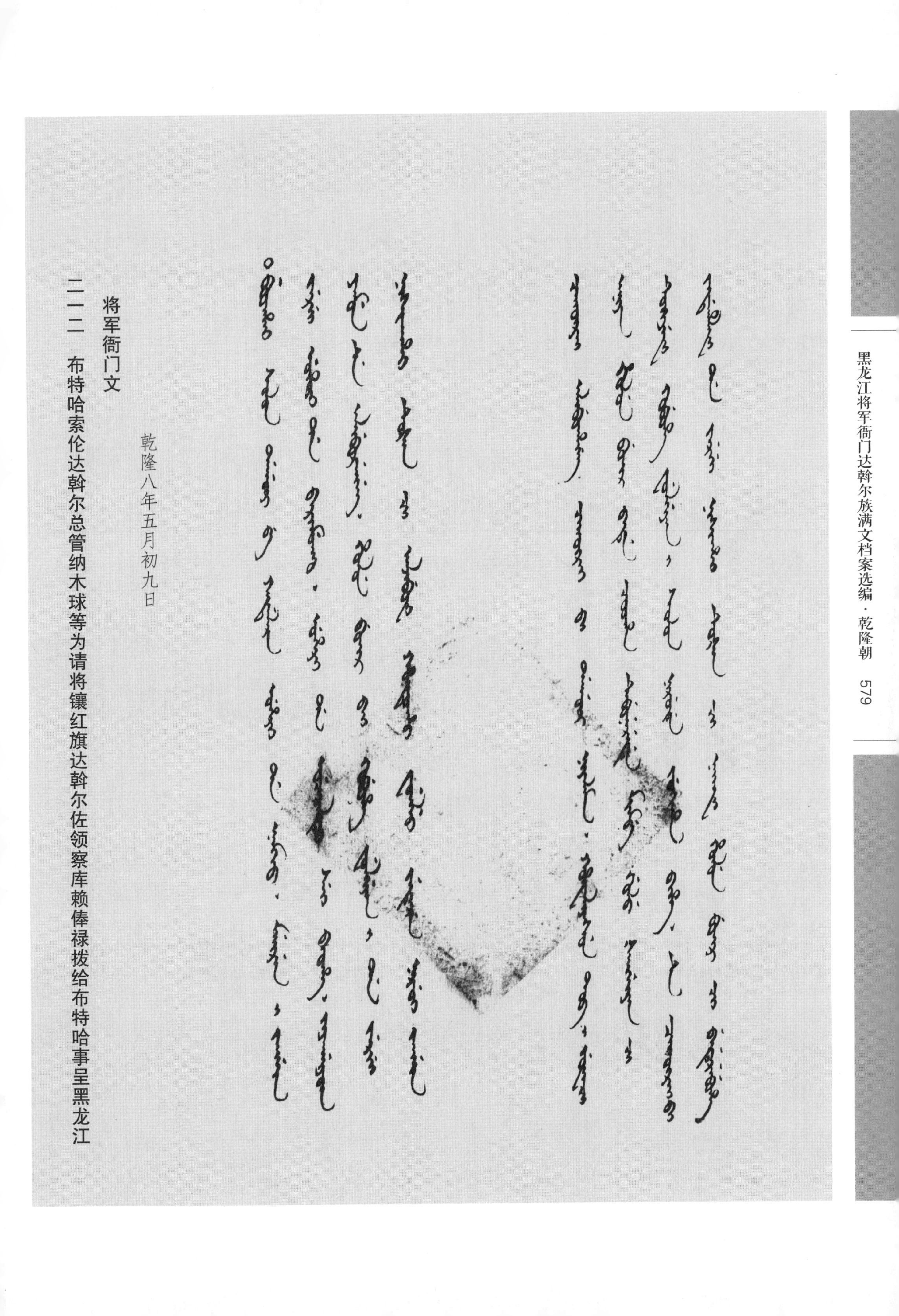

乾隆八年五月初九日

二一二 布特哈索伦达斡尔总管纳木球等为请将镶红旗达斡尔佐领察库赖俸禄拨给布特哈事呈黑龙江将军衙门文

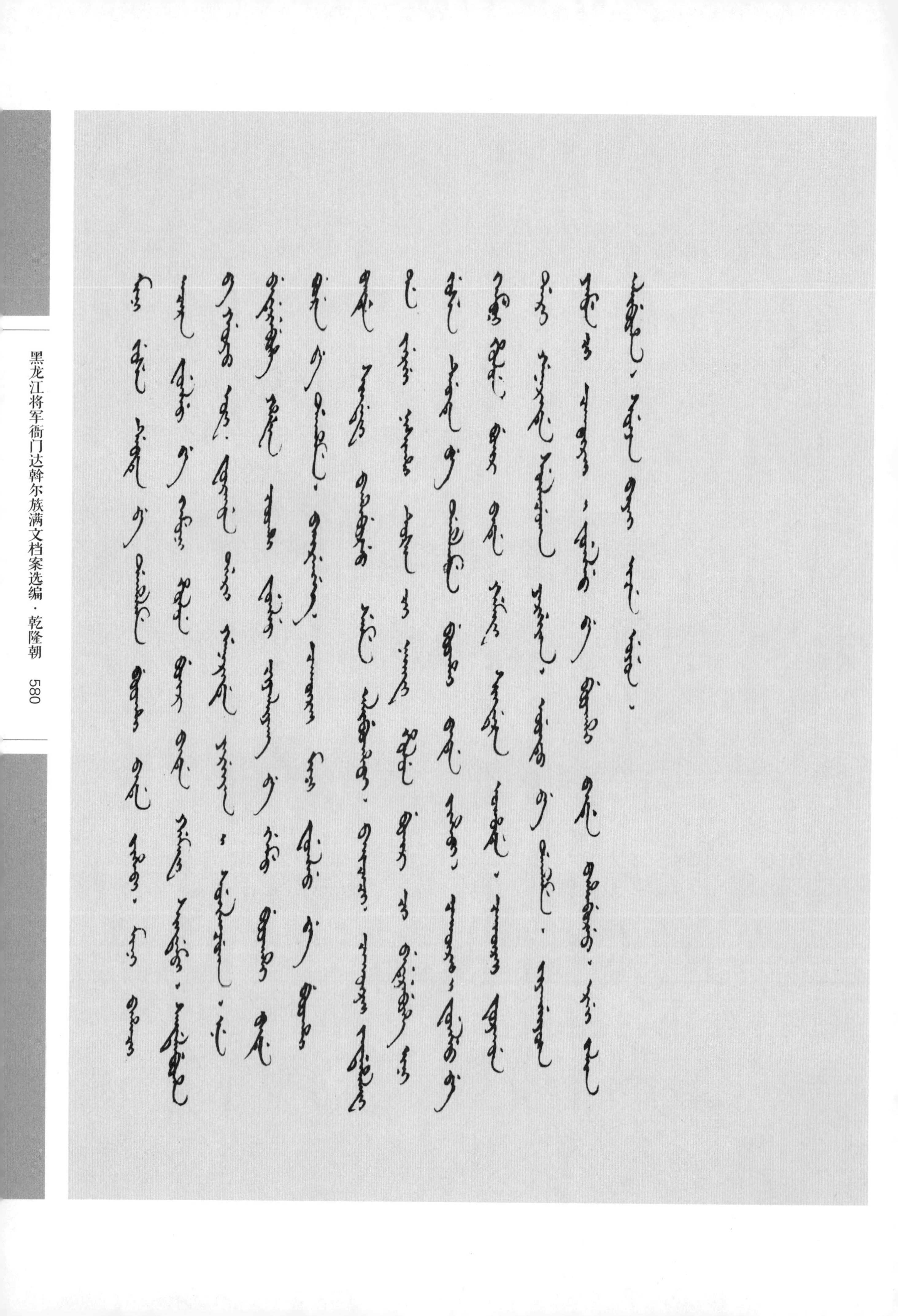

二一三 布特哈索伦达斡尔总管纳木球等为布特哈镶黄旗达斡尔公中佐领纳苏勒图等年迈休致事呈黑龙江将军衙门文

乾隆八年五月十二日

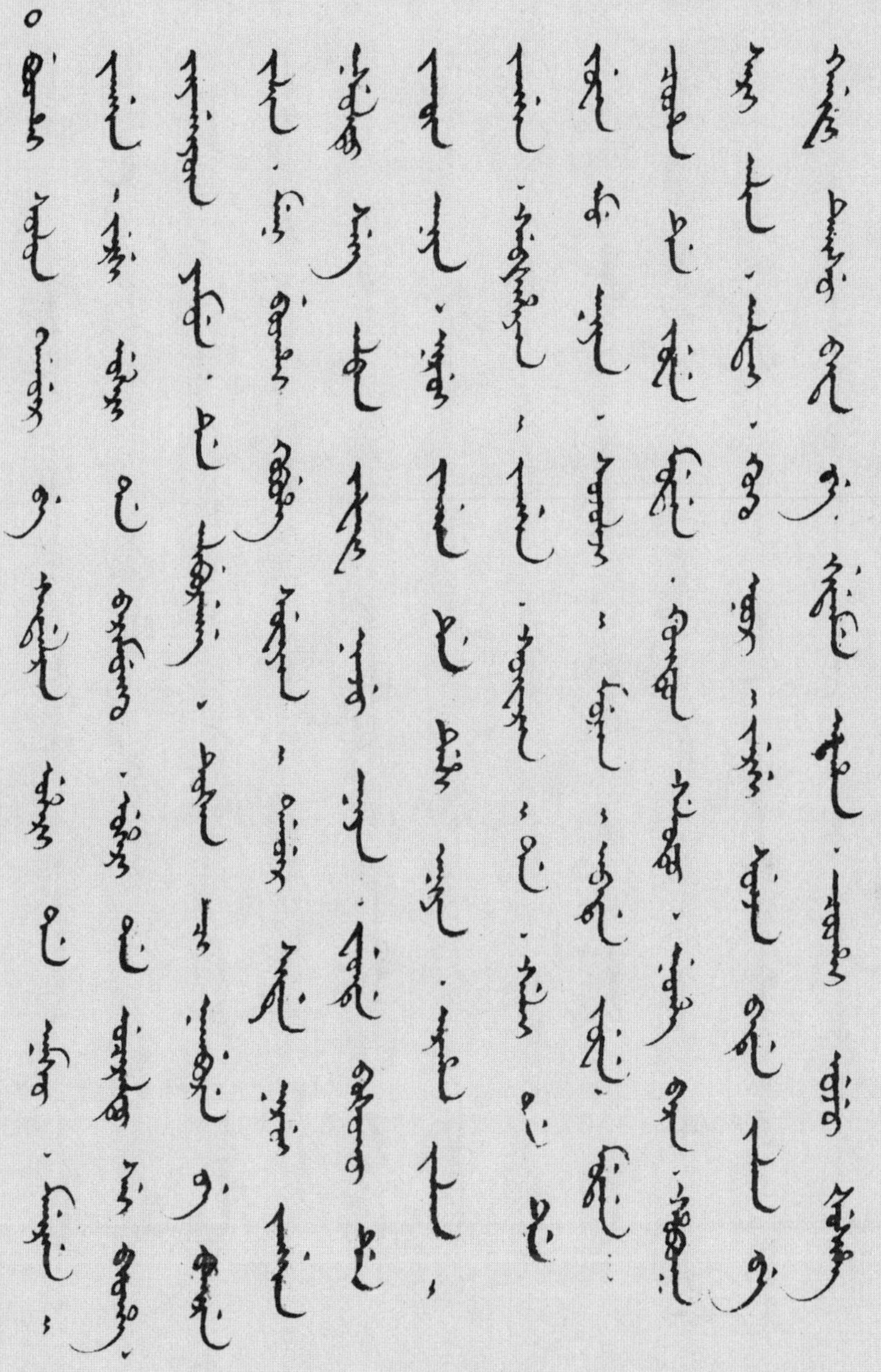

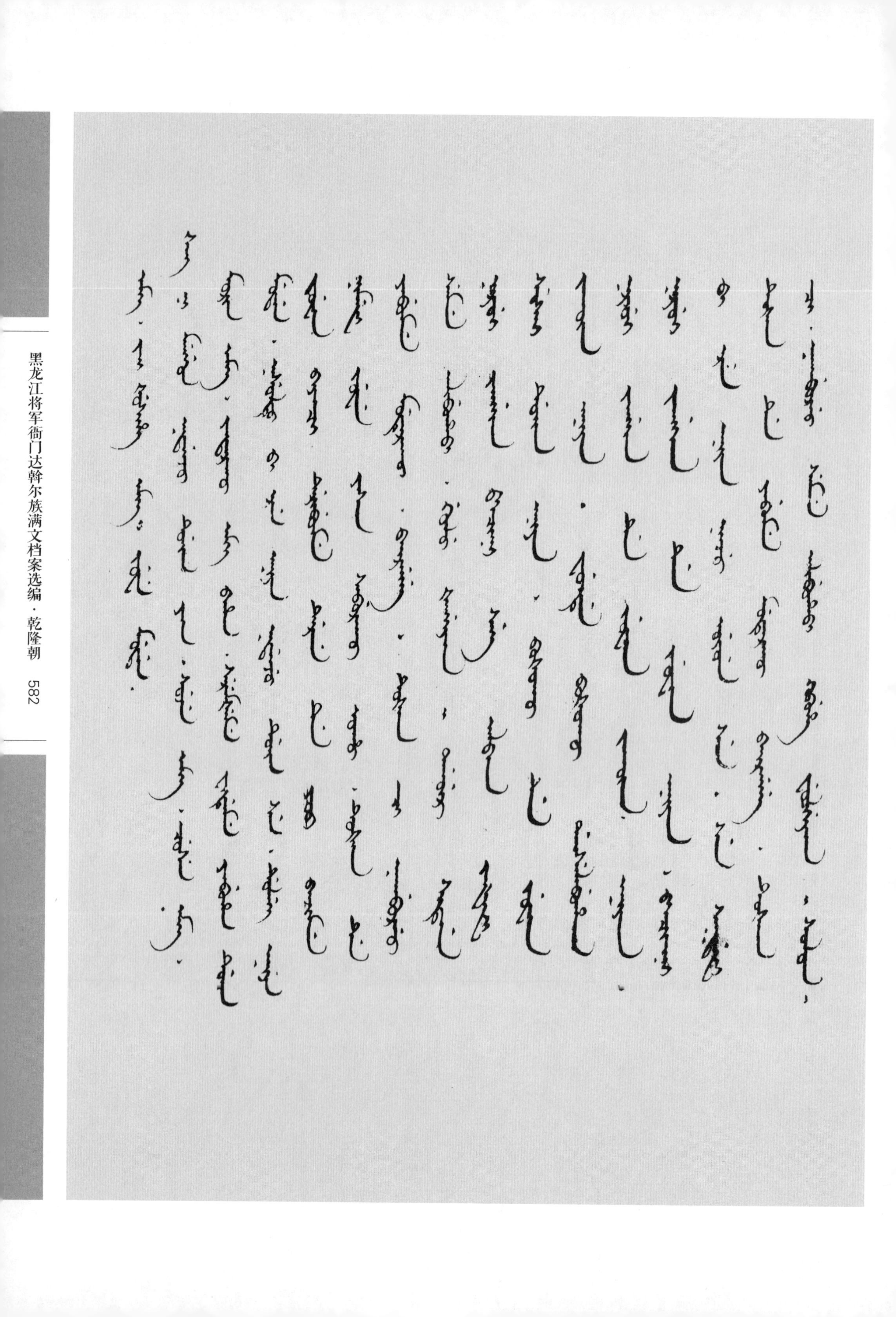

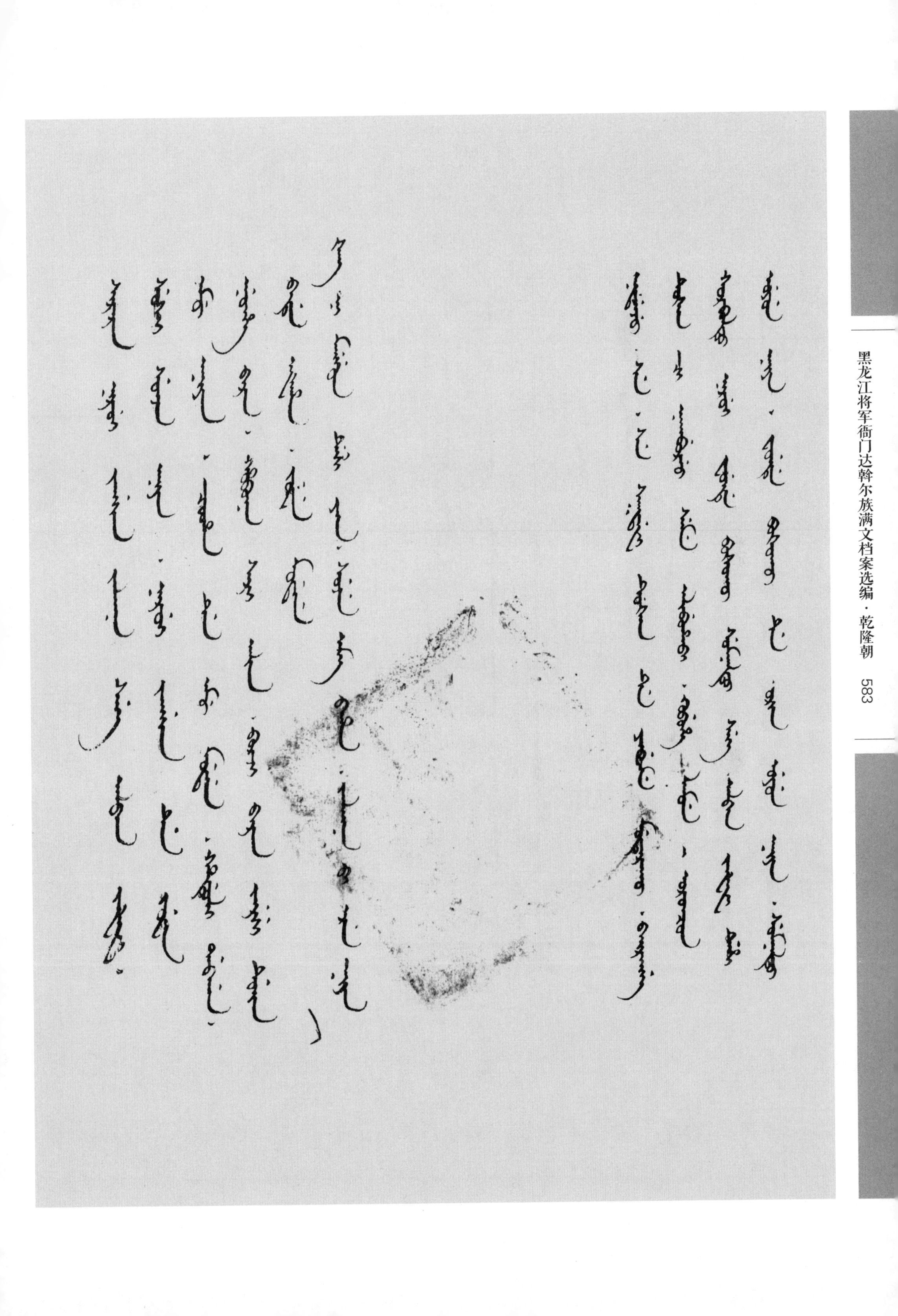

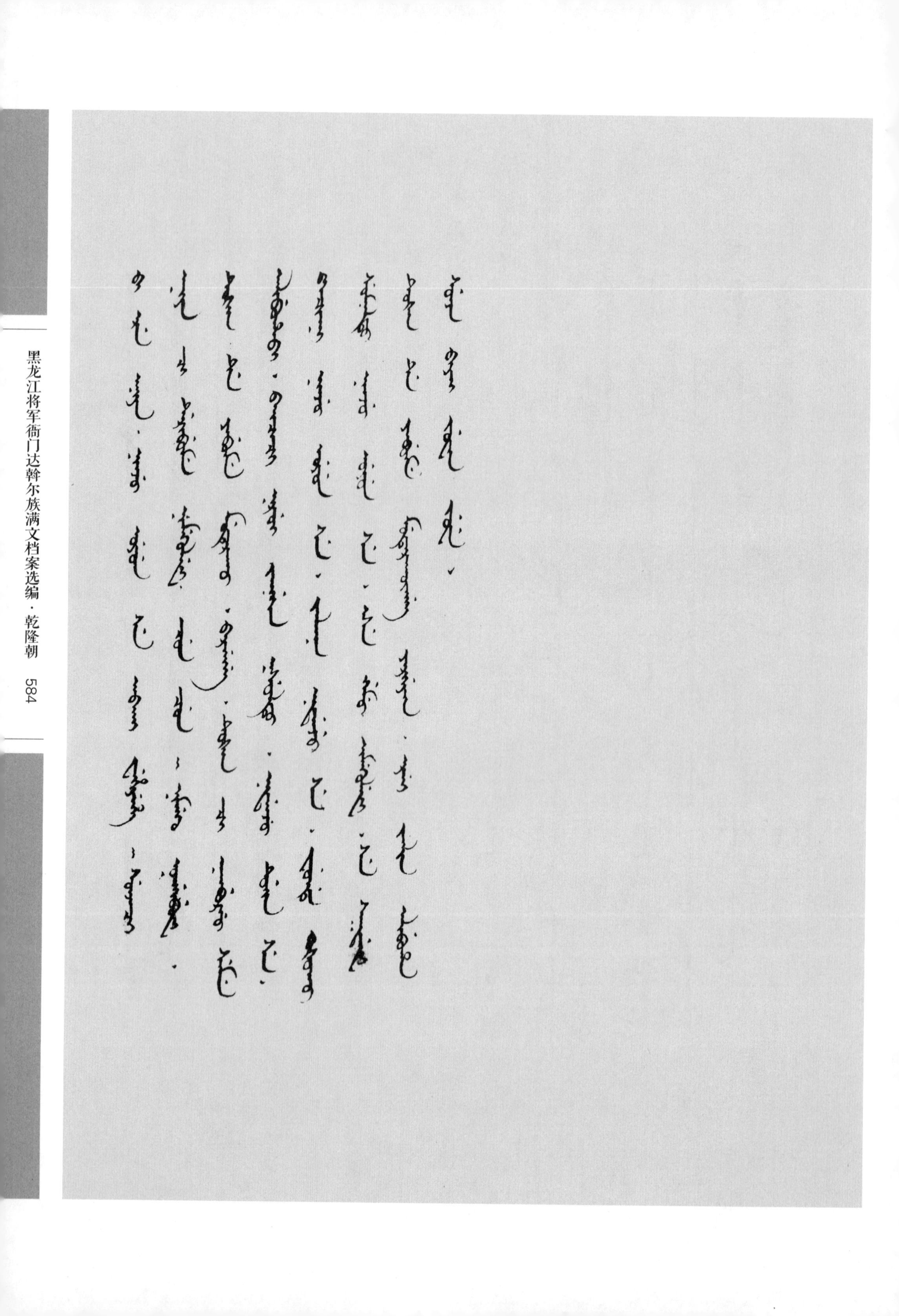

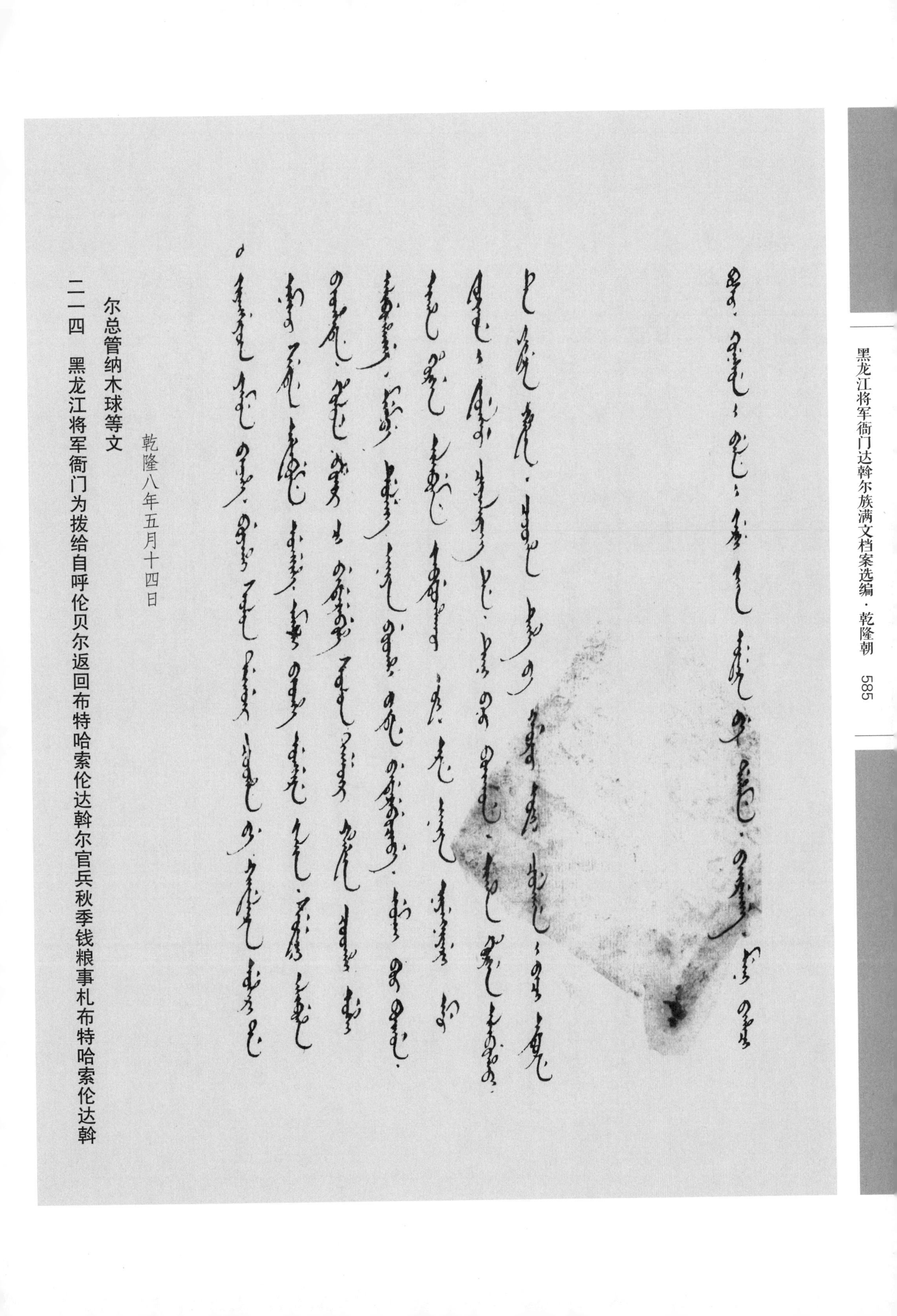

乾隆八年五月十四日

二一四　黑龙江将军衙门为拨给自呼伦贝尔返回布特哈索伦达斡尔官兵秋季钱粮事札布特哈索伦达斡尔总管纳木球等文

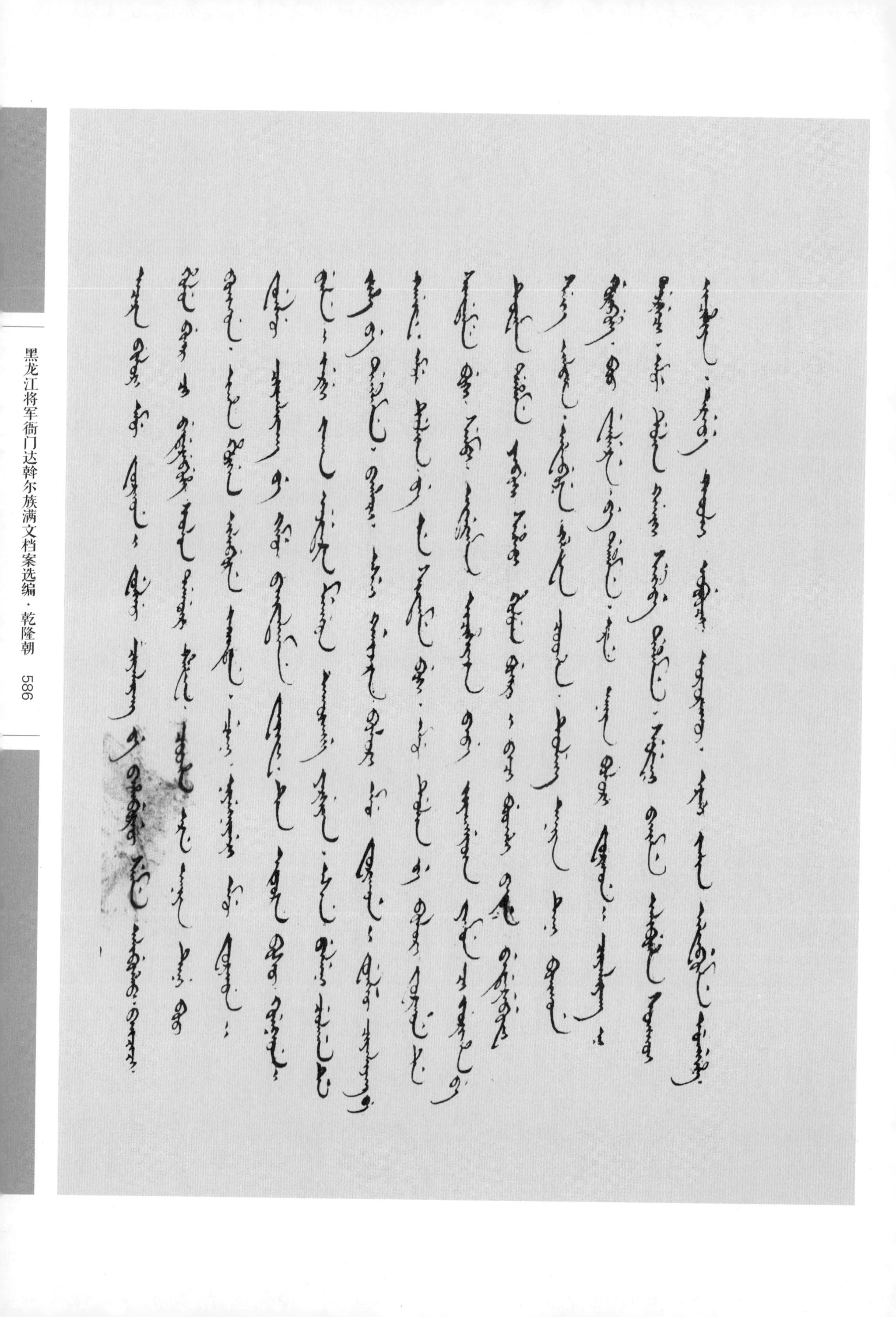

[illegible]

二一五 布特哈索伦达斡尔总管纳木球等为请原隶镶黄达斡尔旗索伦牛录拨归该旗索伦旗事呈黑龙江将军衙门文

乾隆八年五月十五日

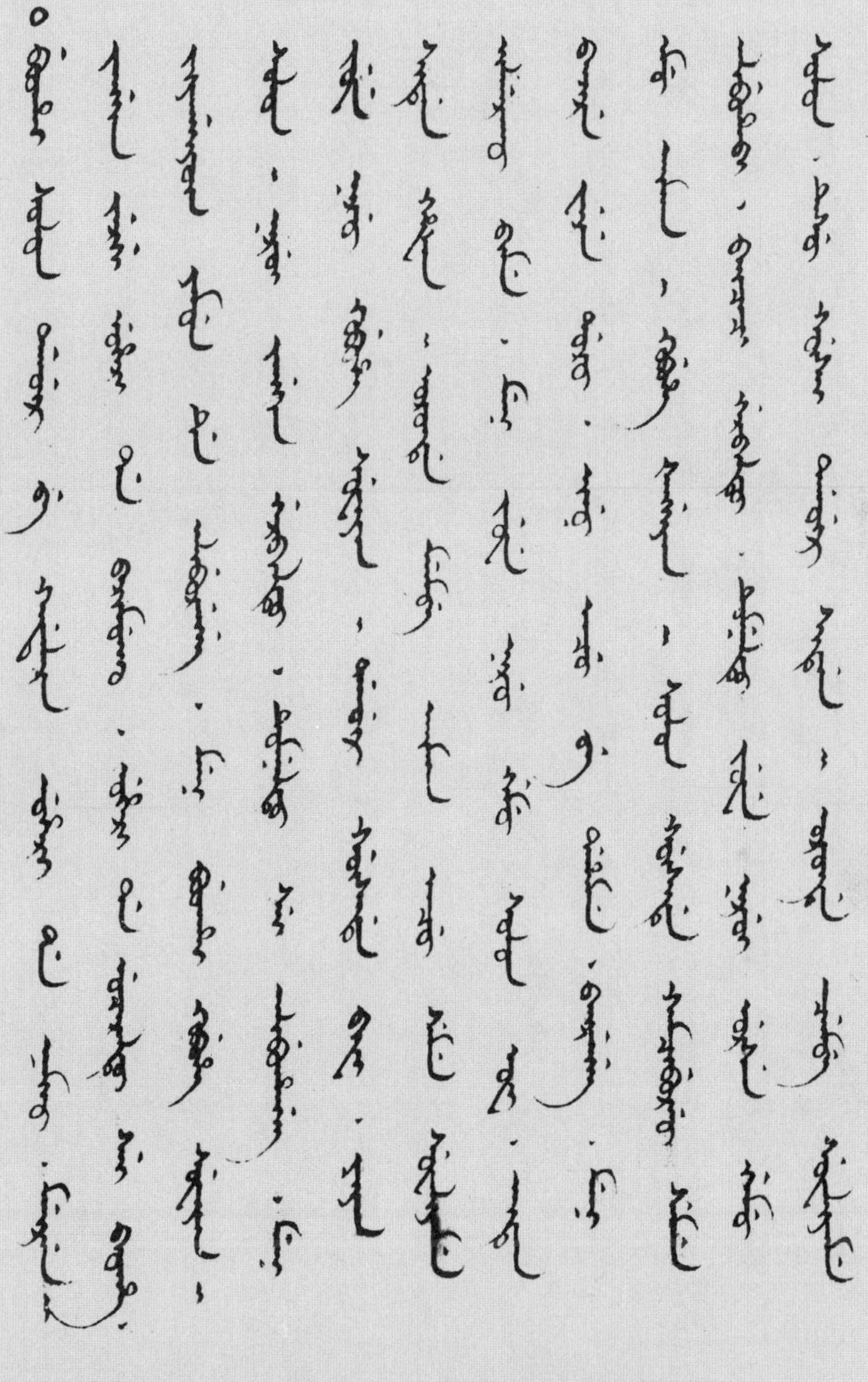

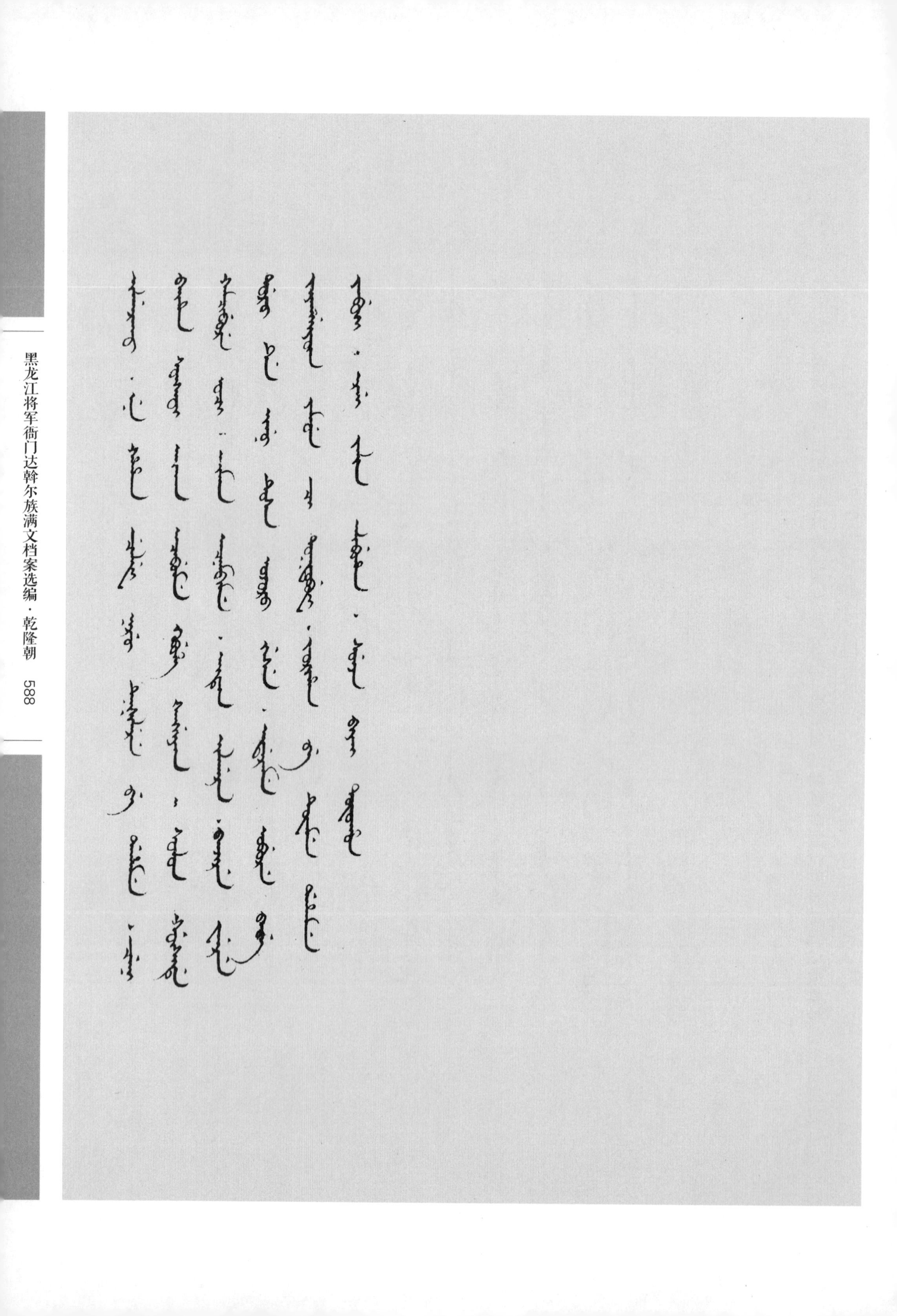

[illegible]

[illegible]

[illegible]

[illegible]

[illegible]

[illegible]

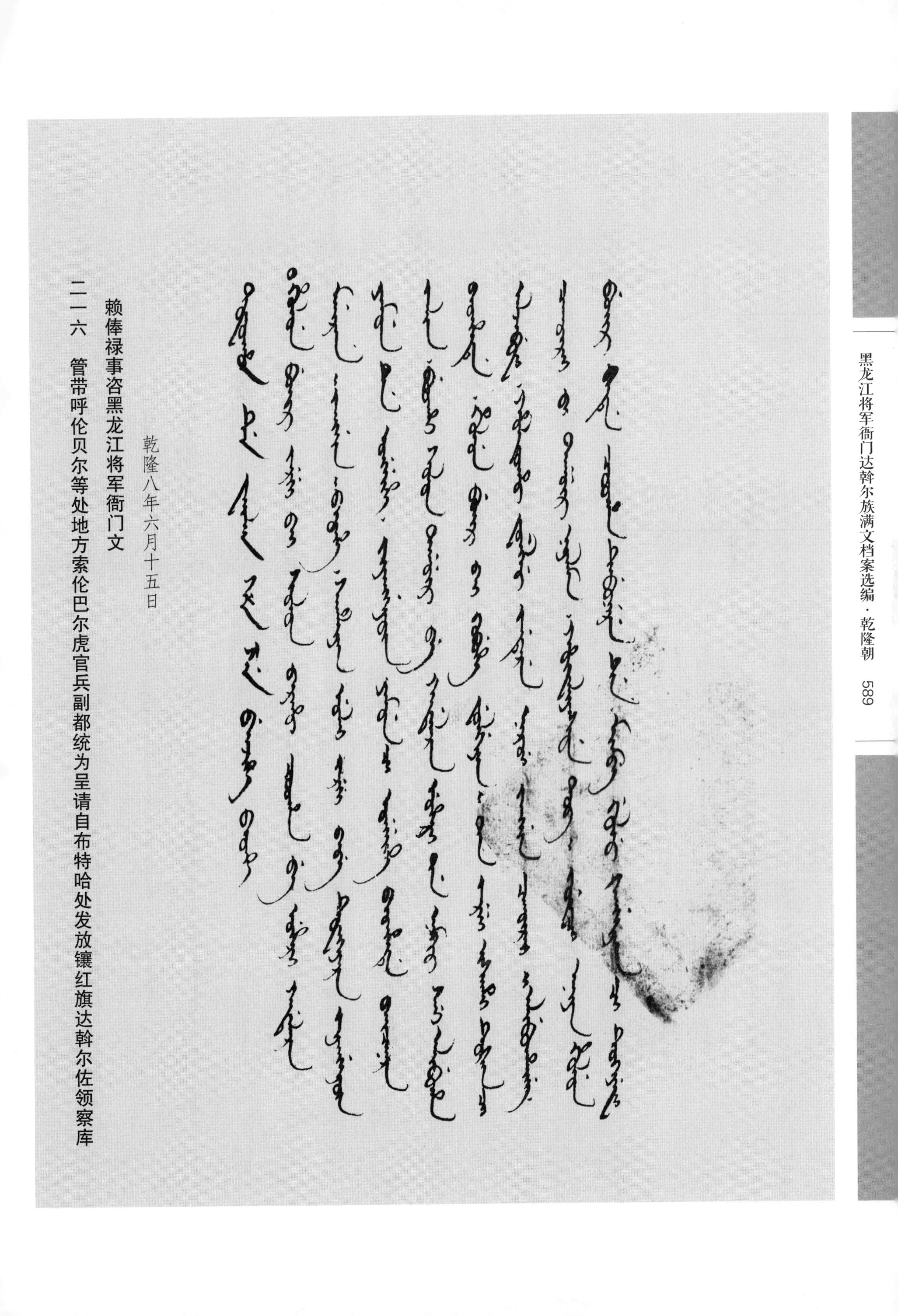

二一六 管带呼伦贝尔等处地方索伦巴尔虎官兵副都统为呈请自布特哈处发放镶红旗达斡尔佐领察库赖俸禄事咨黑龙江将军衙门文

乾隆八年六月十五日

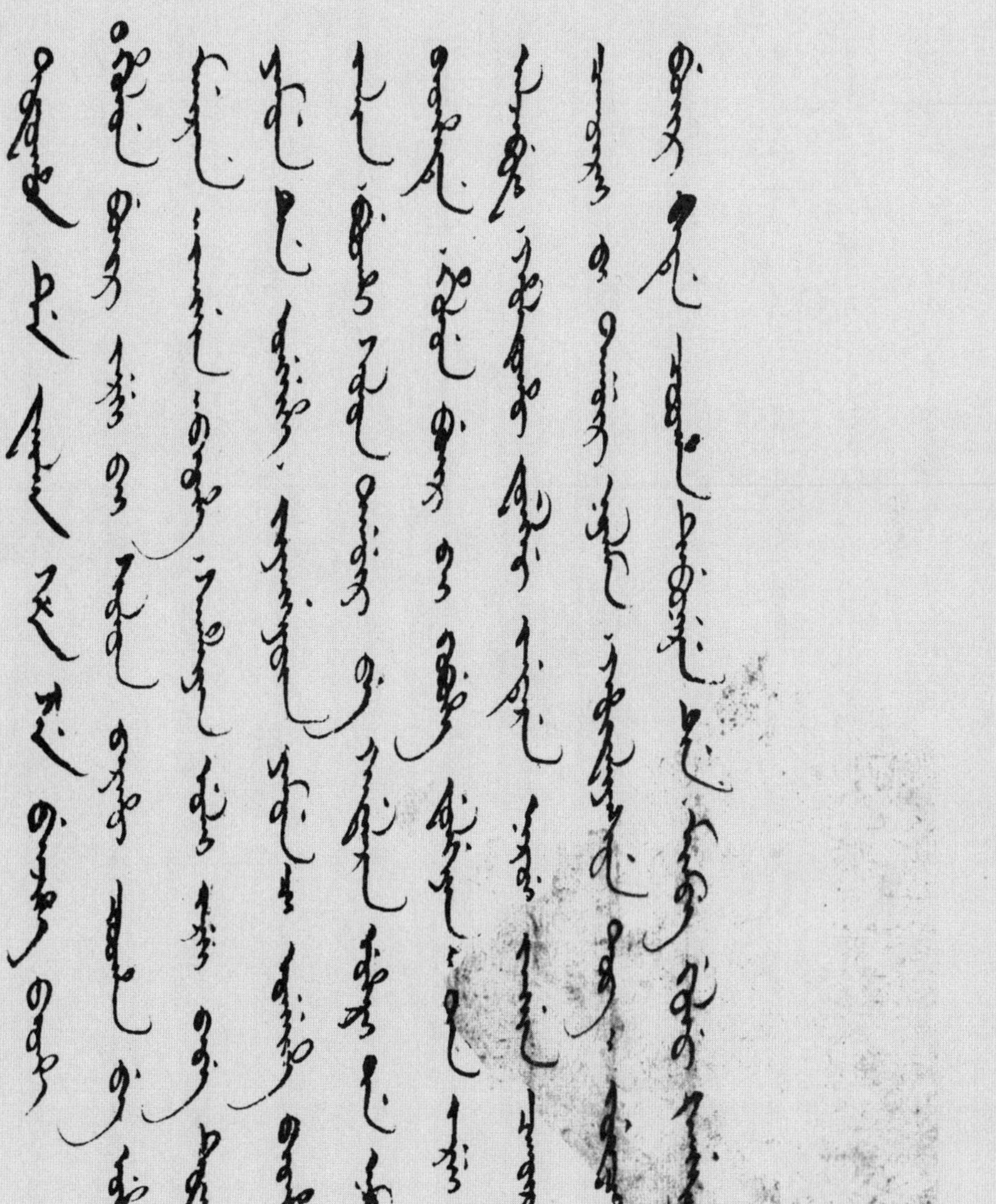

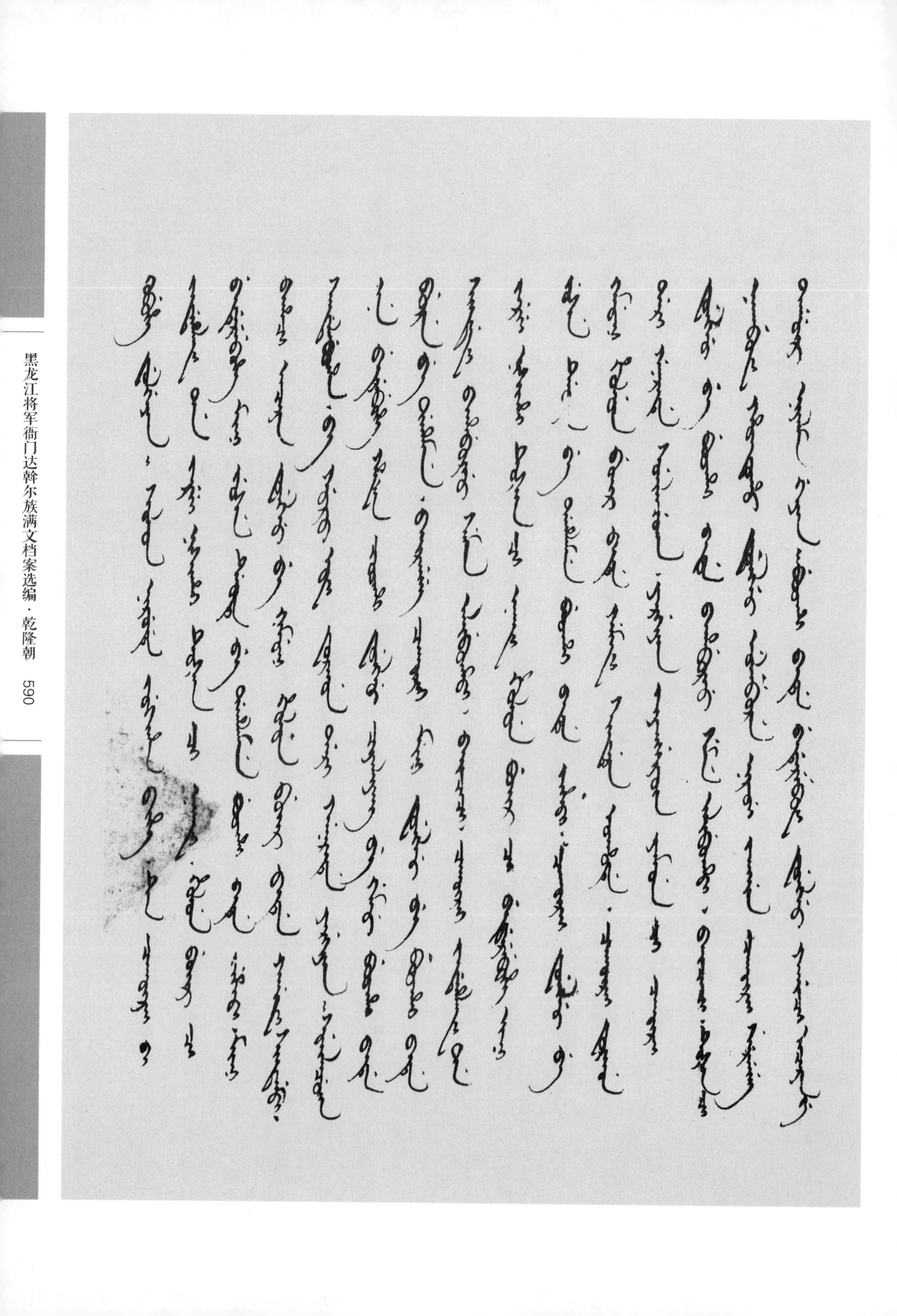

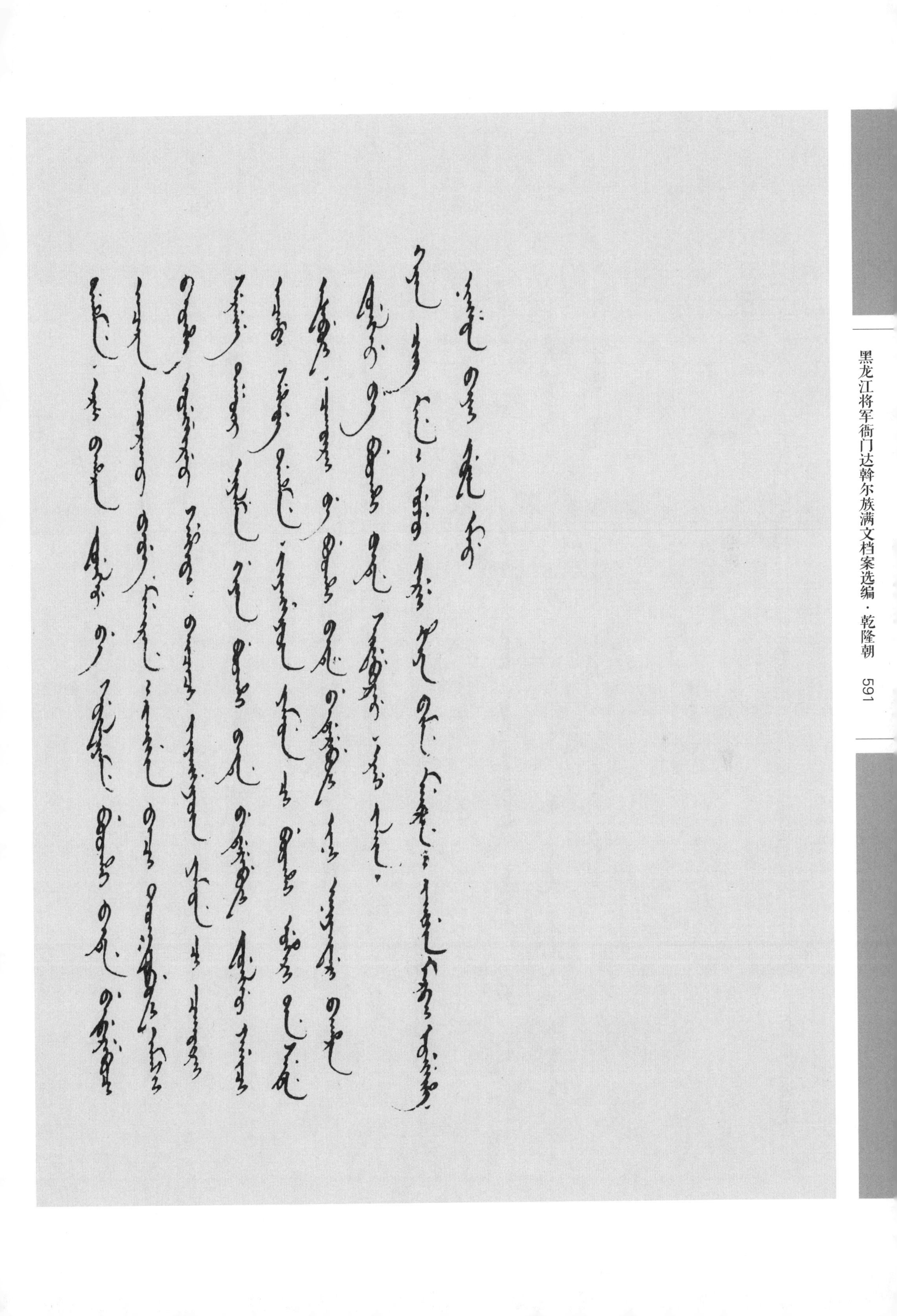

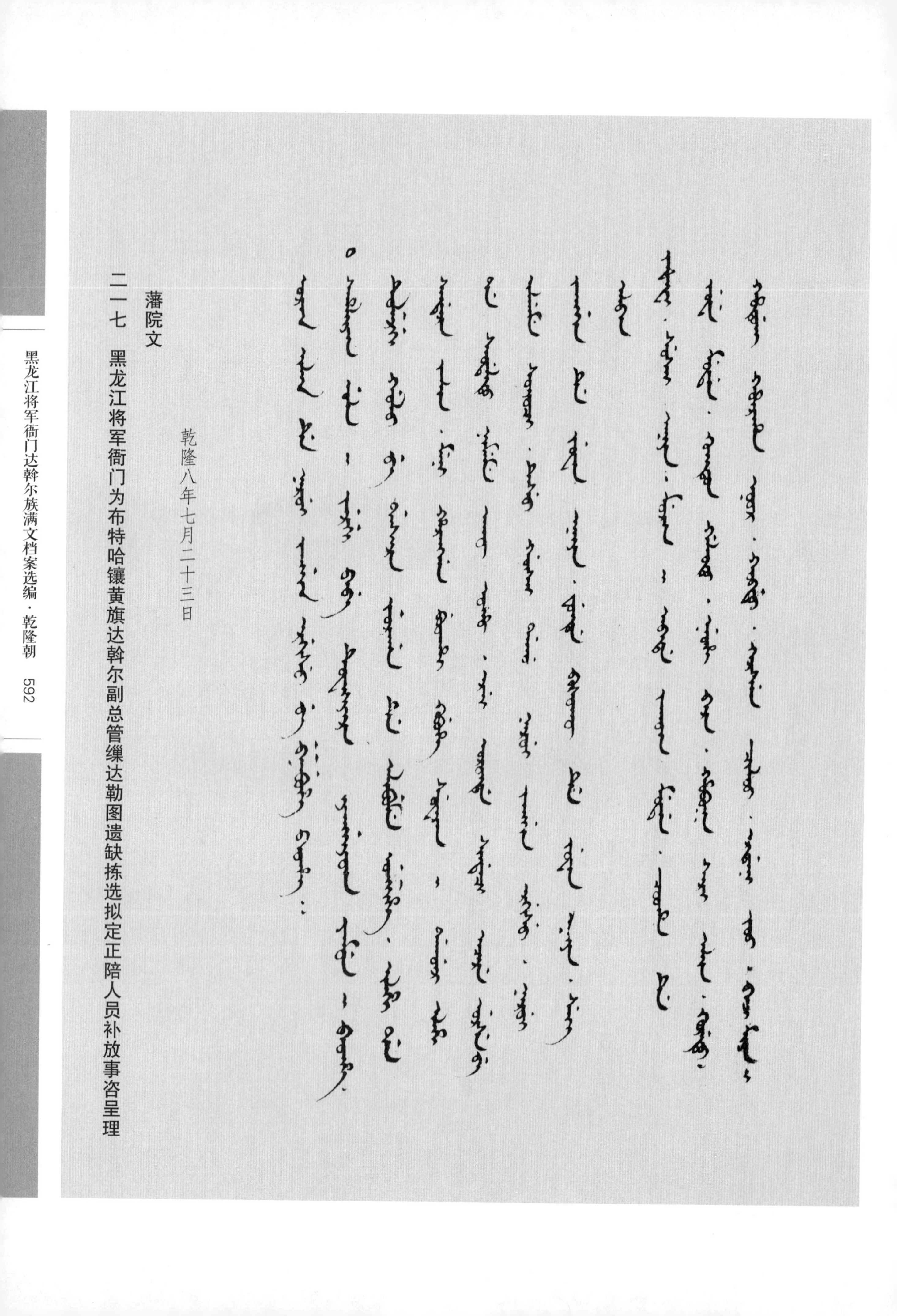

二一七　黑龙江将军衙门为布特哈镶黄旗达斡尔副总管缐达勒图遗缺拣选拟定正陪人员补放事咨呈理藩院文

乾隆八年七月二十三日

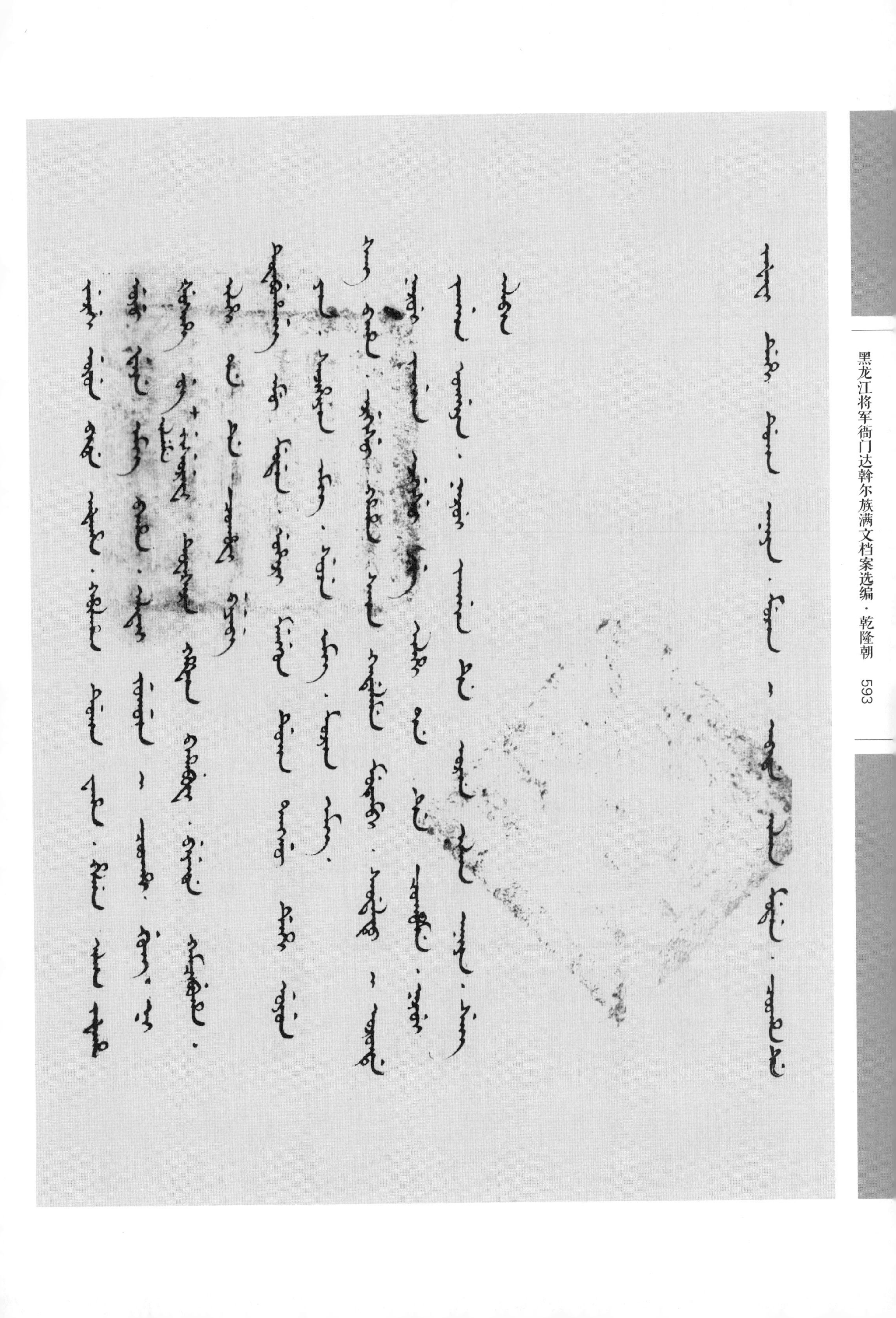

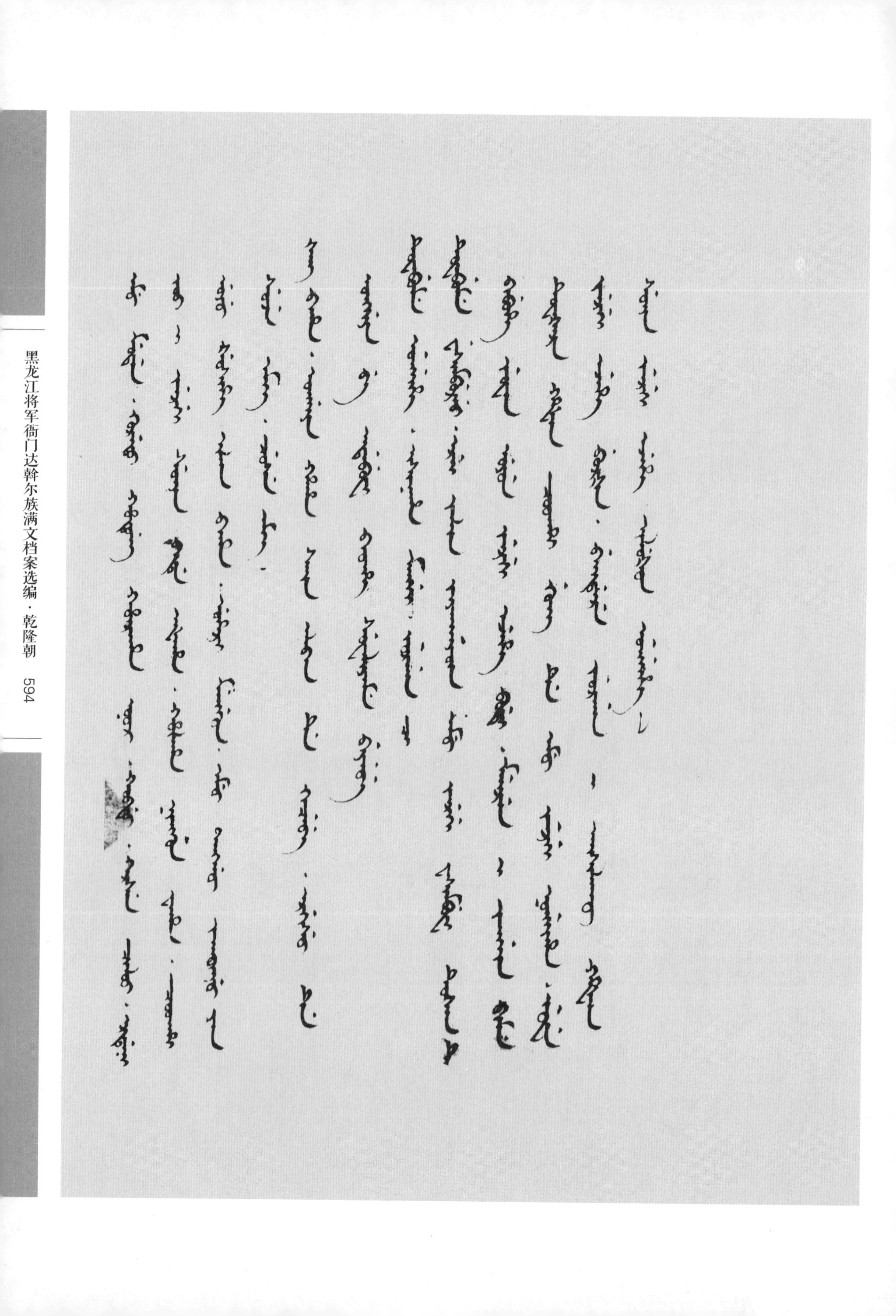

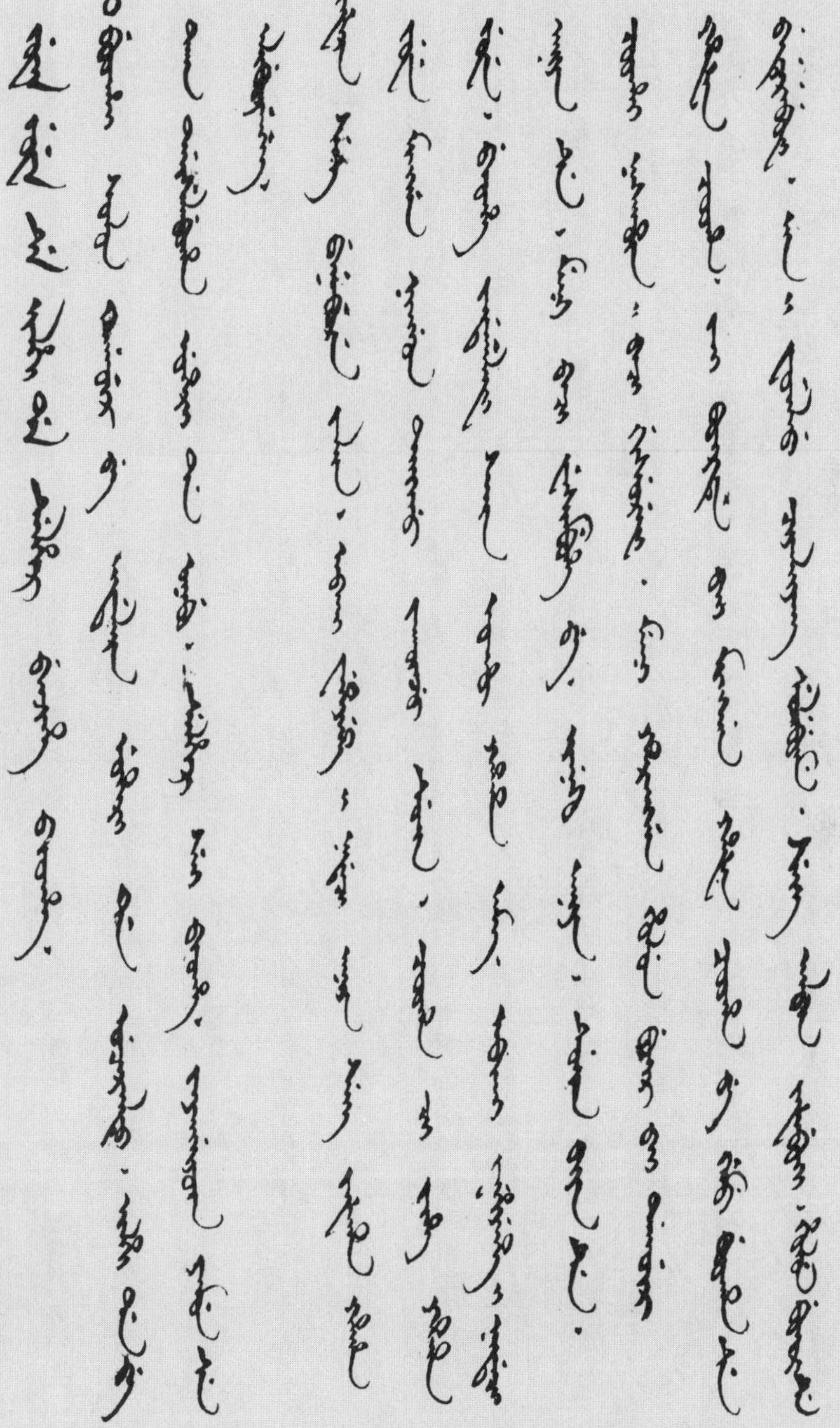

乾隆八年八月十二日

二一八 布特哈索伦达斡尔总管乌察喇勒图等为报索伦达斡尔等捕貂丁数并派员解送貂皮事呈黑龙江将军衙门文

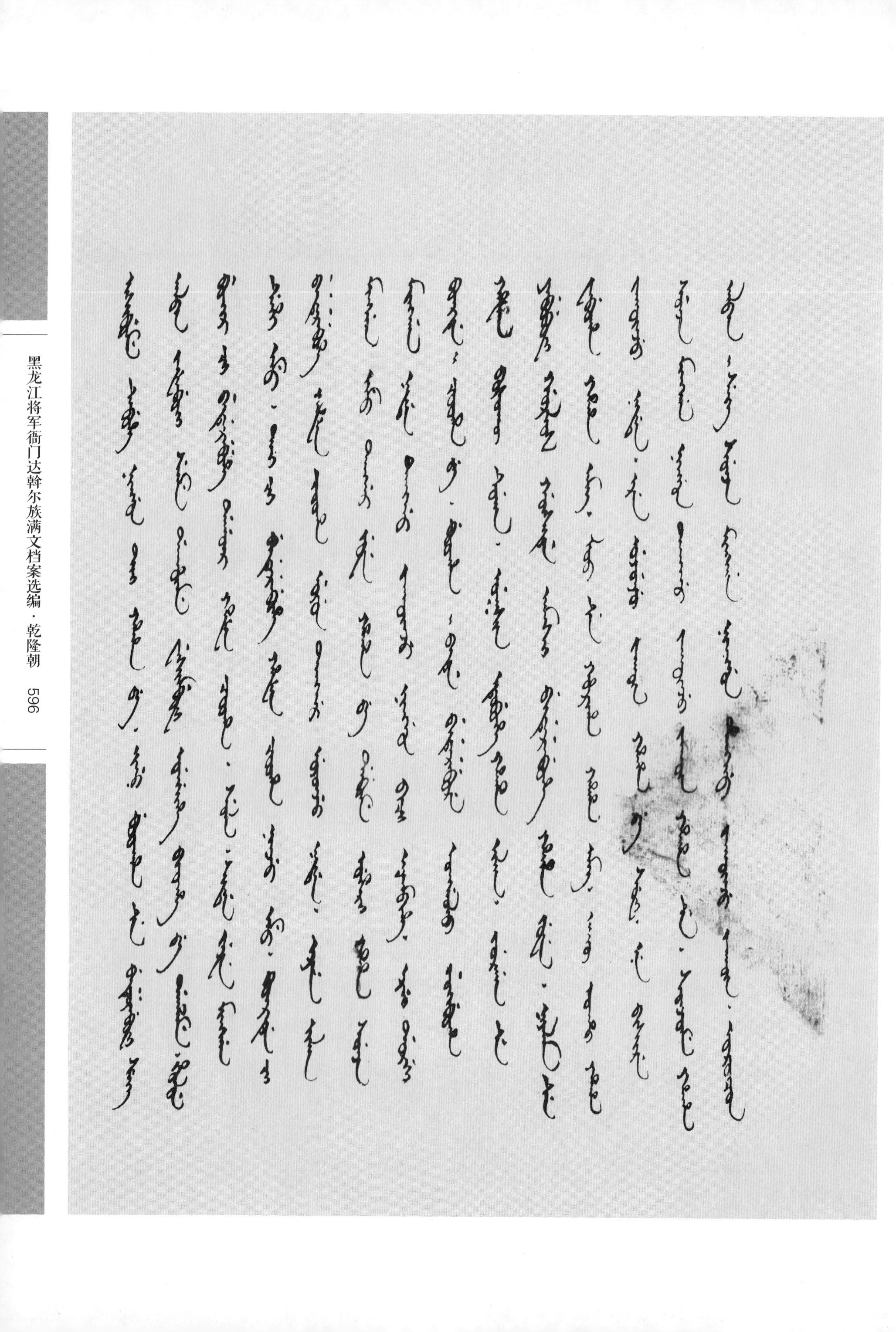

[illegible]

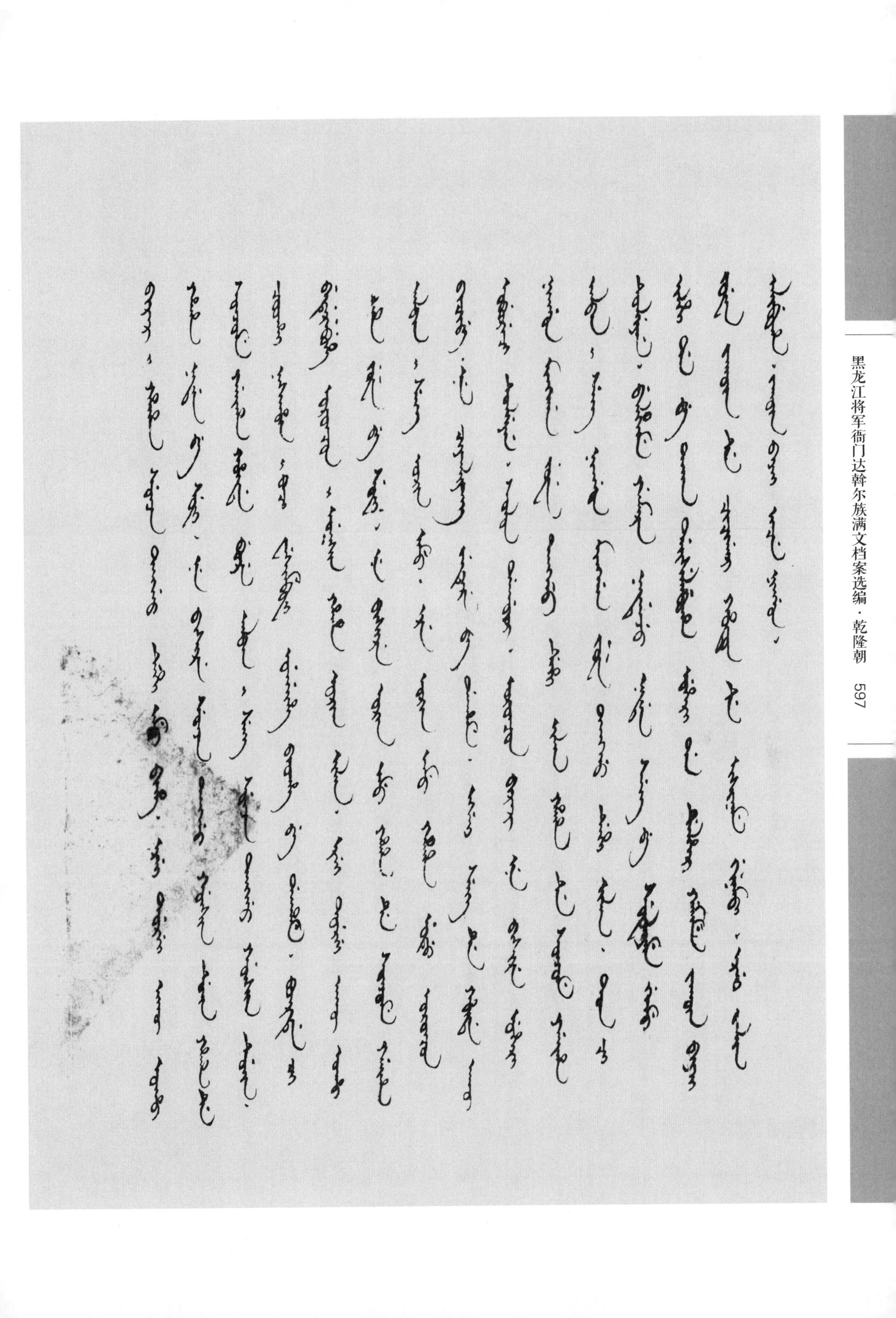

二一九 值月镶红三旗为查明达斡尔罗尔布哈尔佐领源流事咨黑龙江将军衙门文

乾隆八年八月十七日

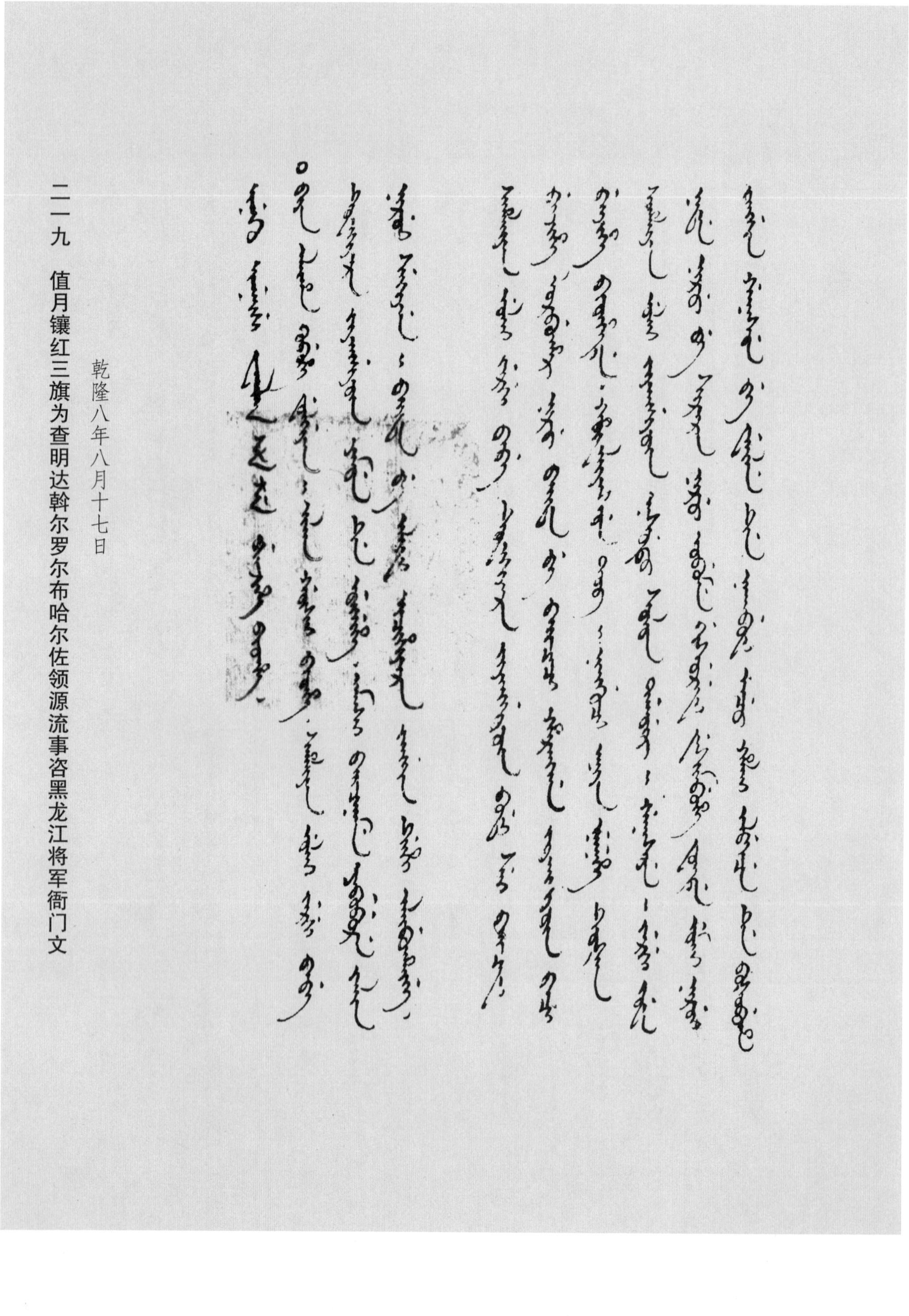

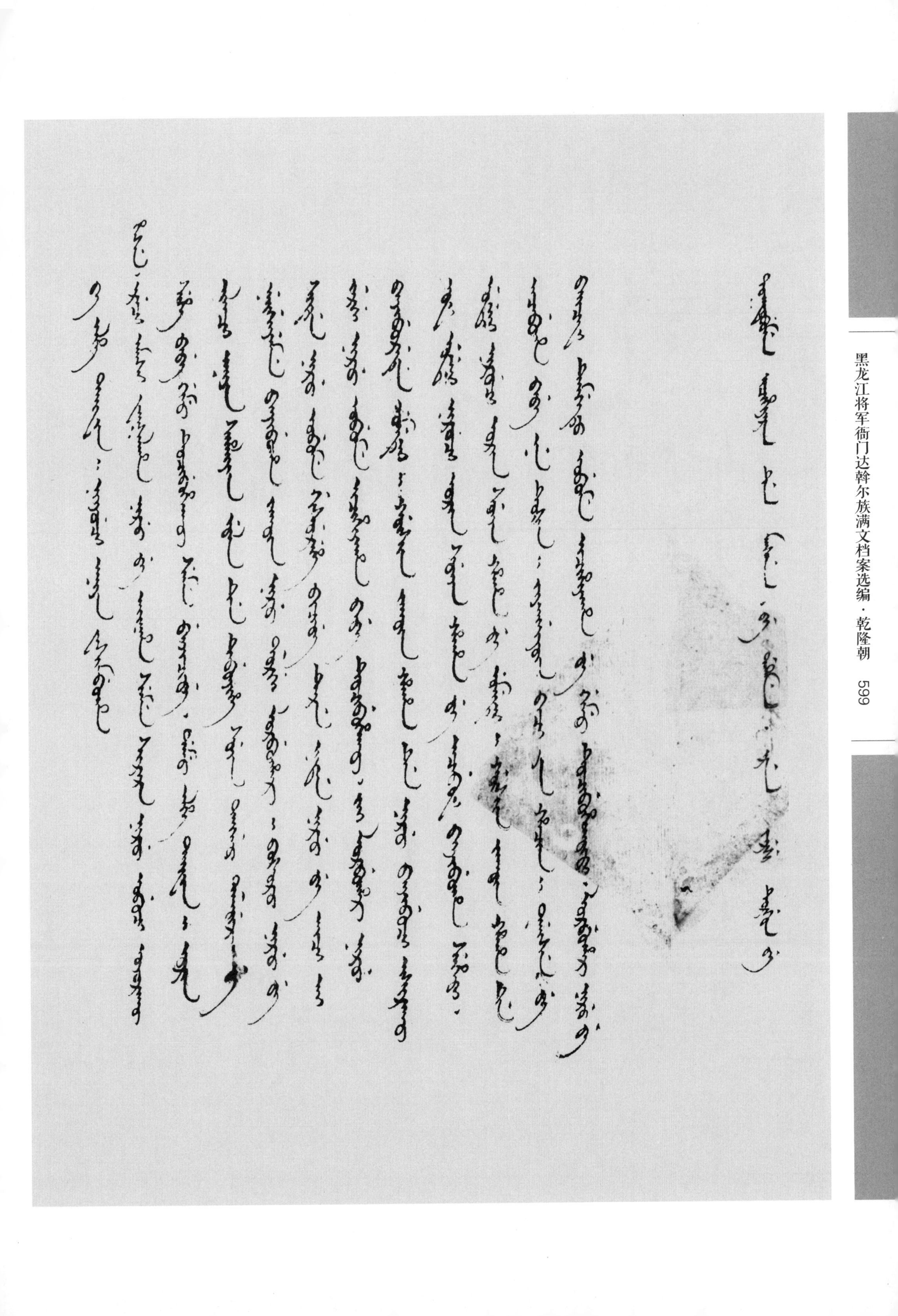

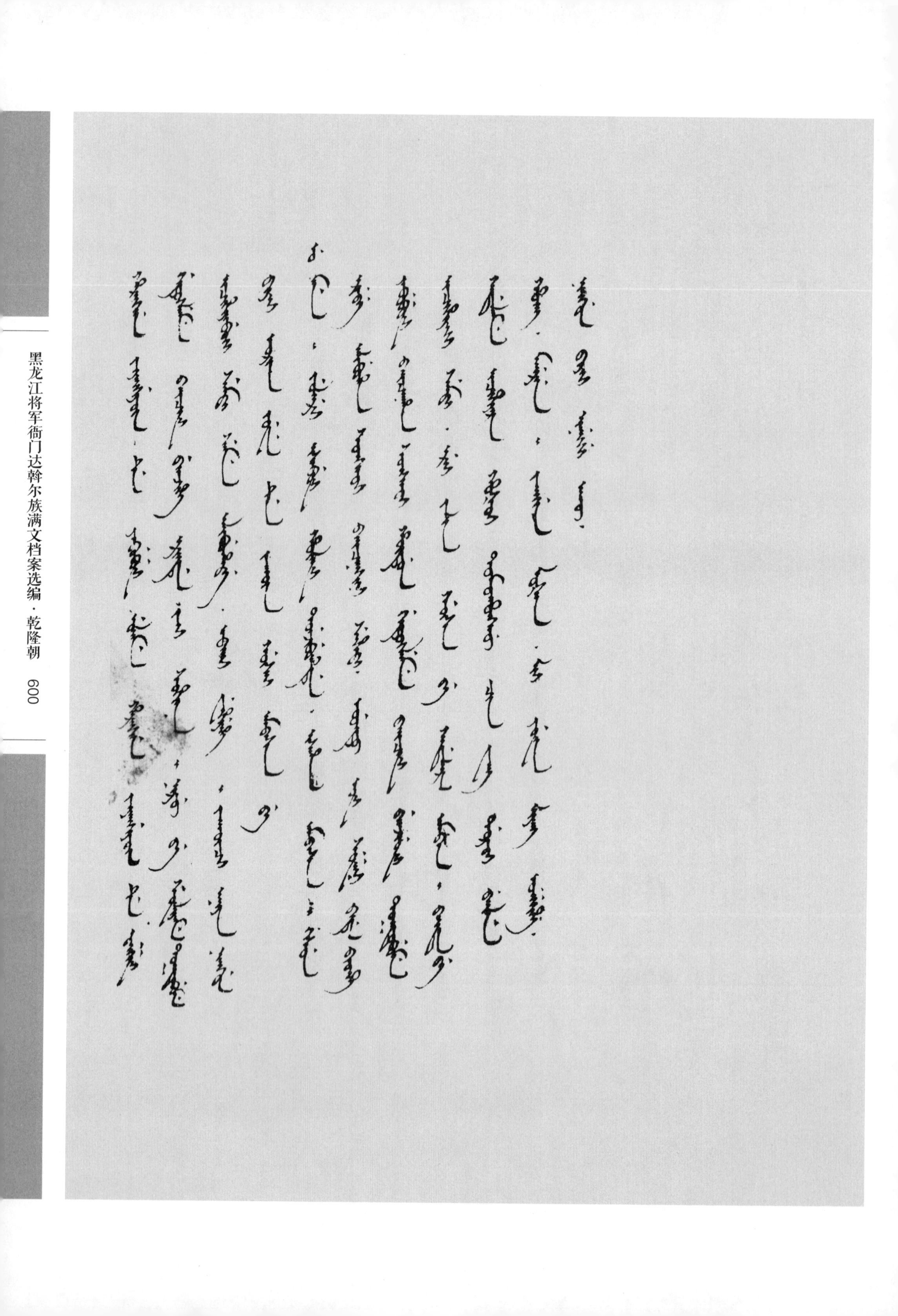

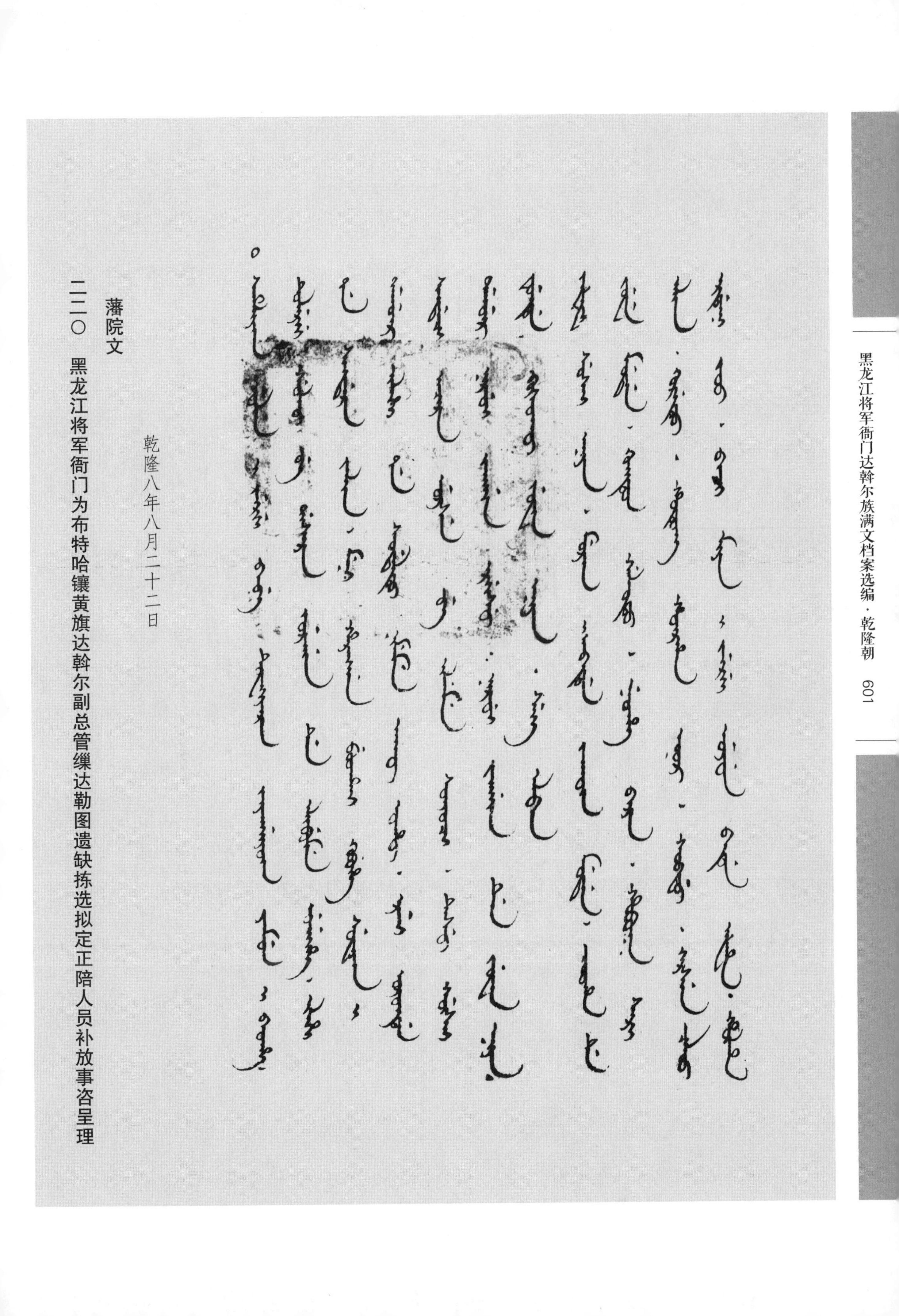

二二〇 黑龙江将军衙门为布特哈镶黄旗达斡尔副总管缫达勒图遗缺拣选拟定正陪人员补放事咨呈理藩院文

乾隆八年八月二十二日

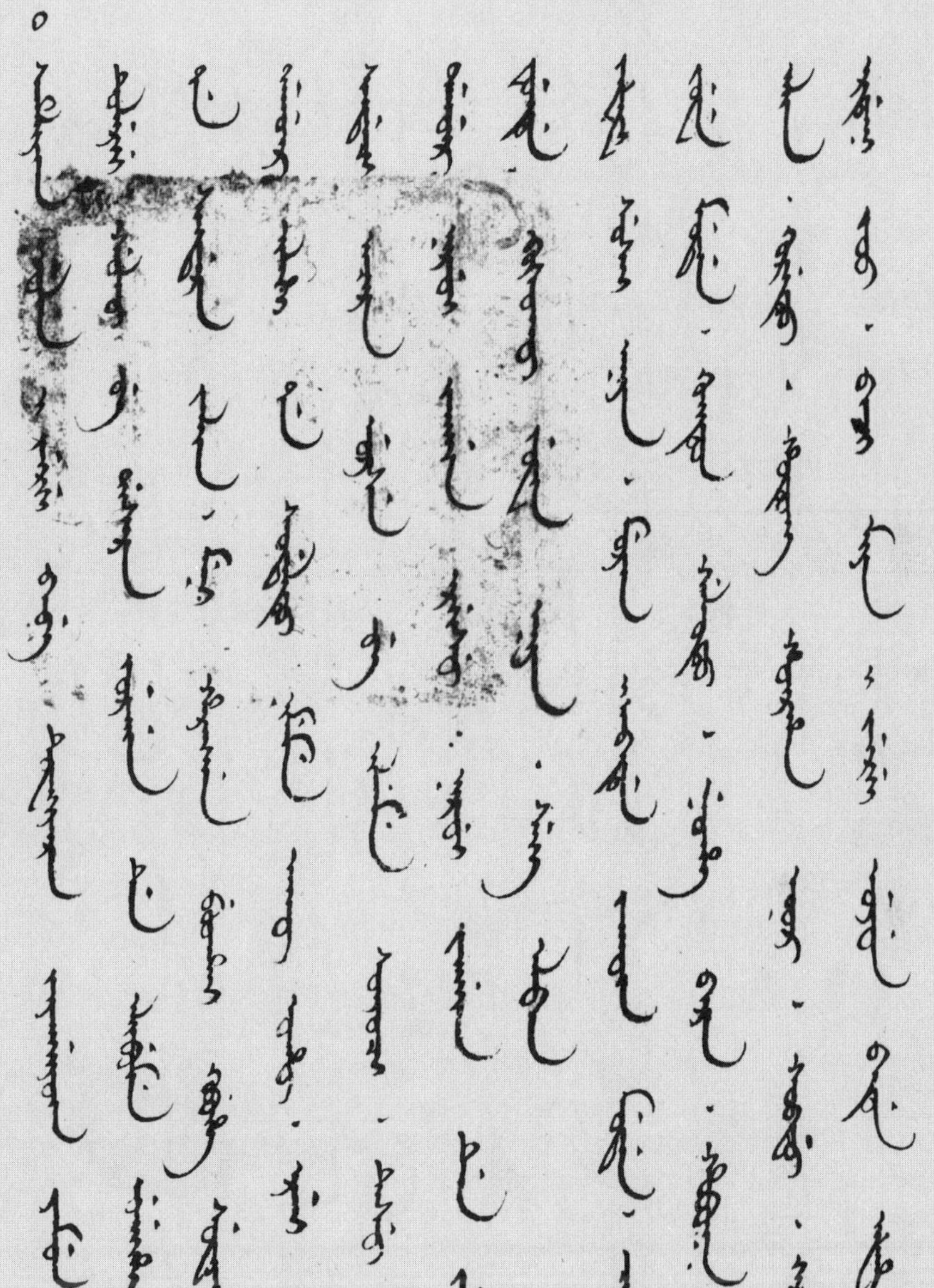

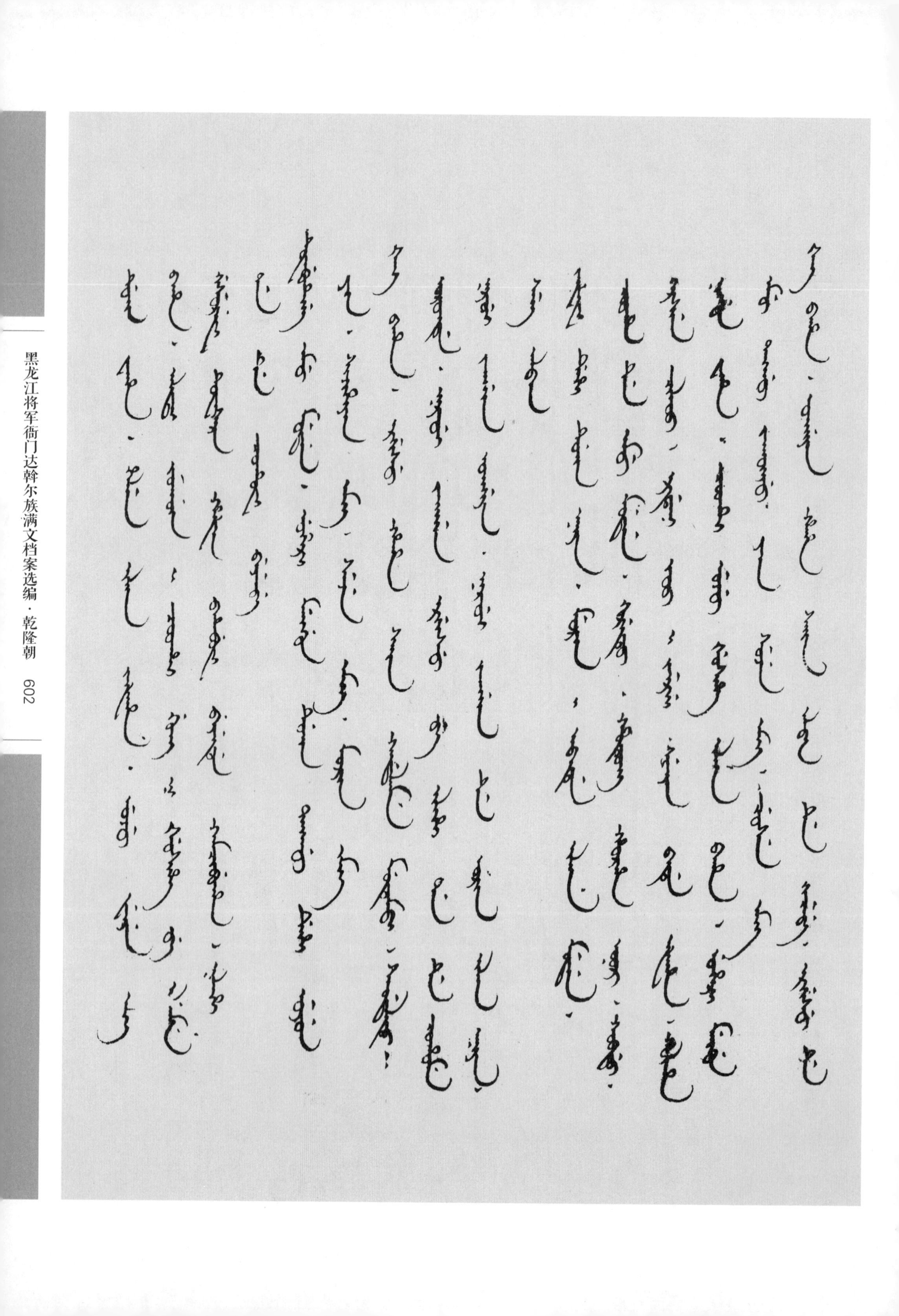

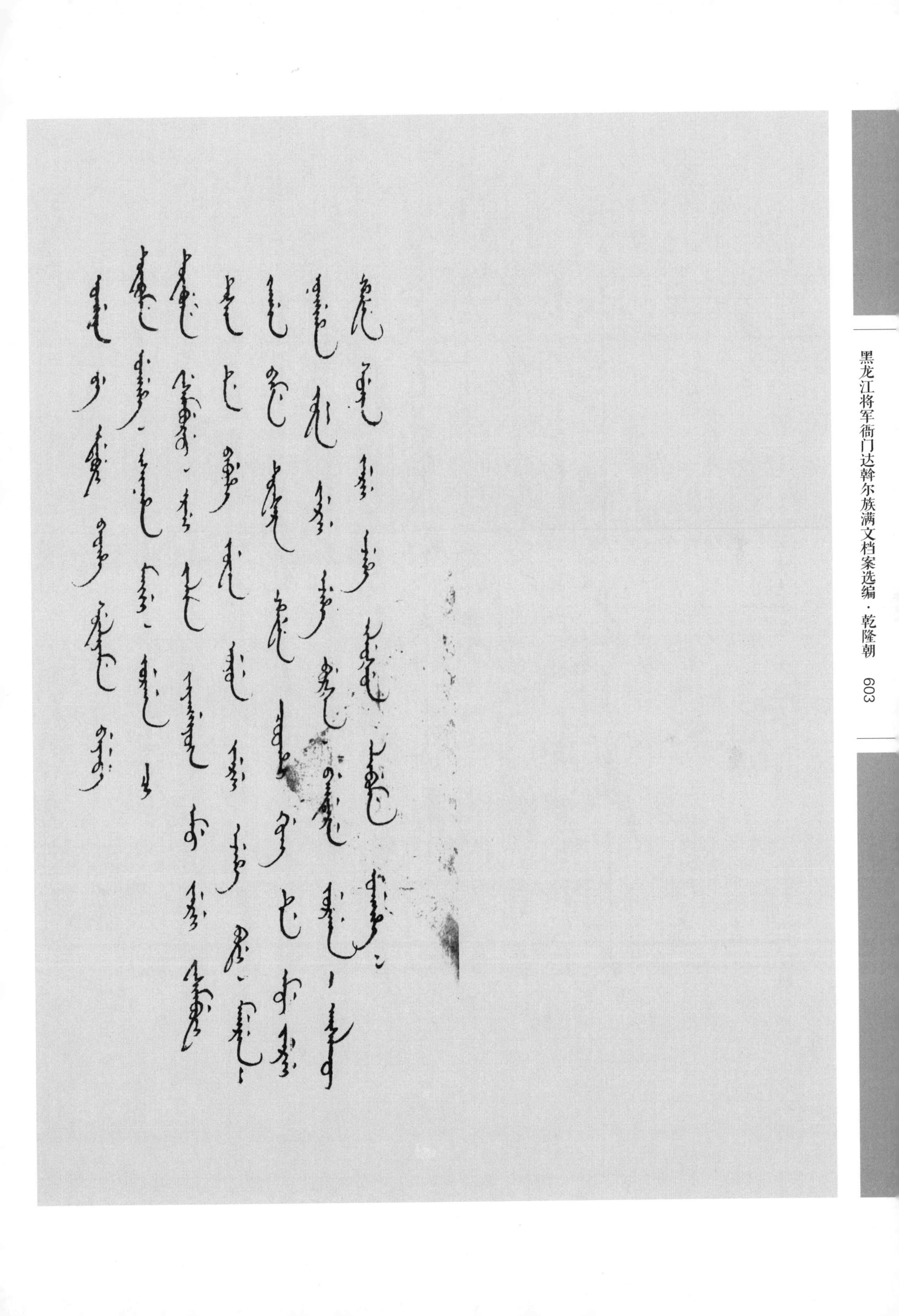

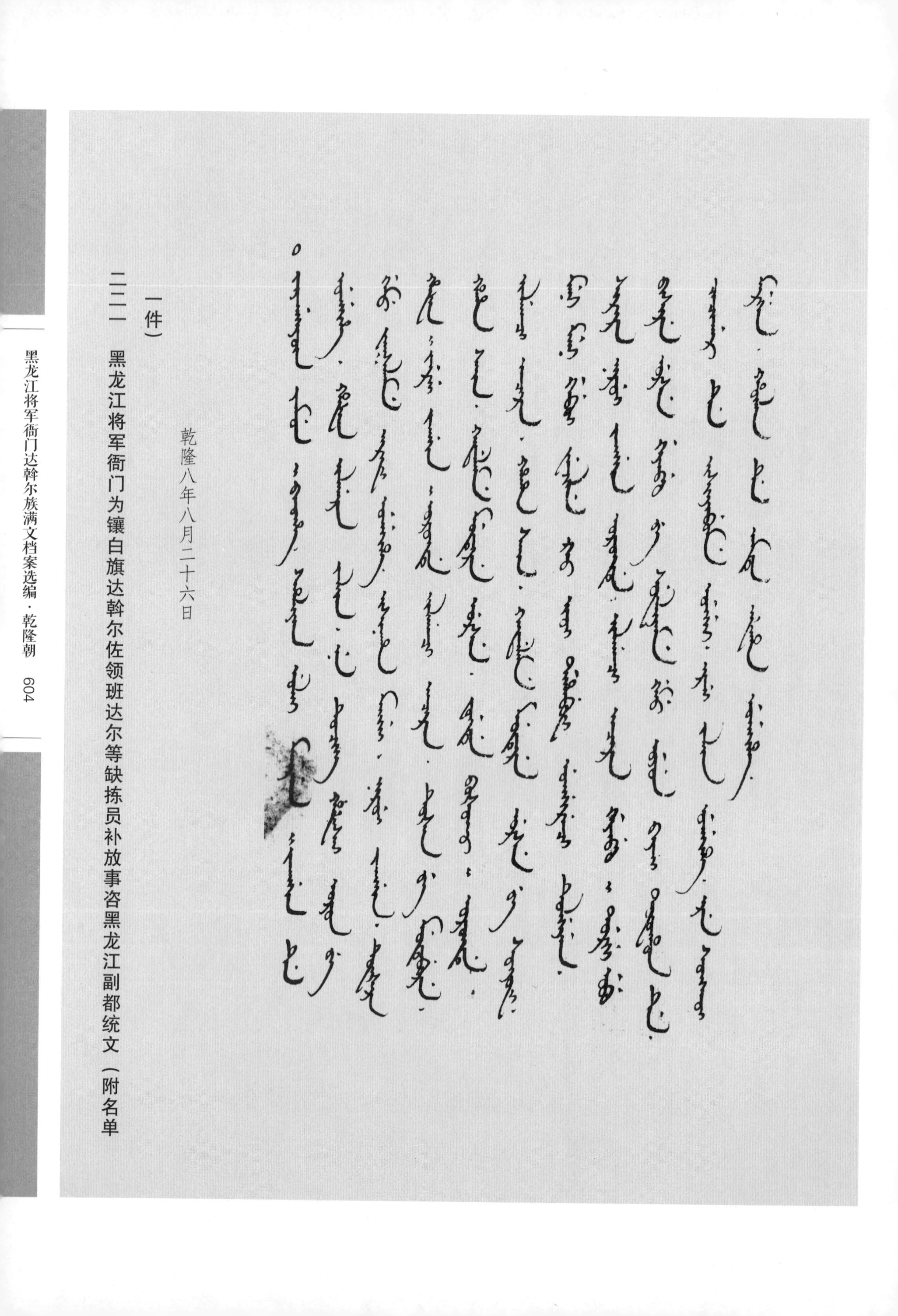

二二二一 黑龙江将军衙门为镶白旗达斡尔佐领班达尔等缺拣员补放事咨黑龙江副都统文（附名单一件）

乾隆八年八月二十六日

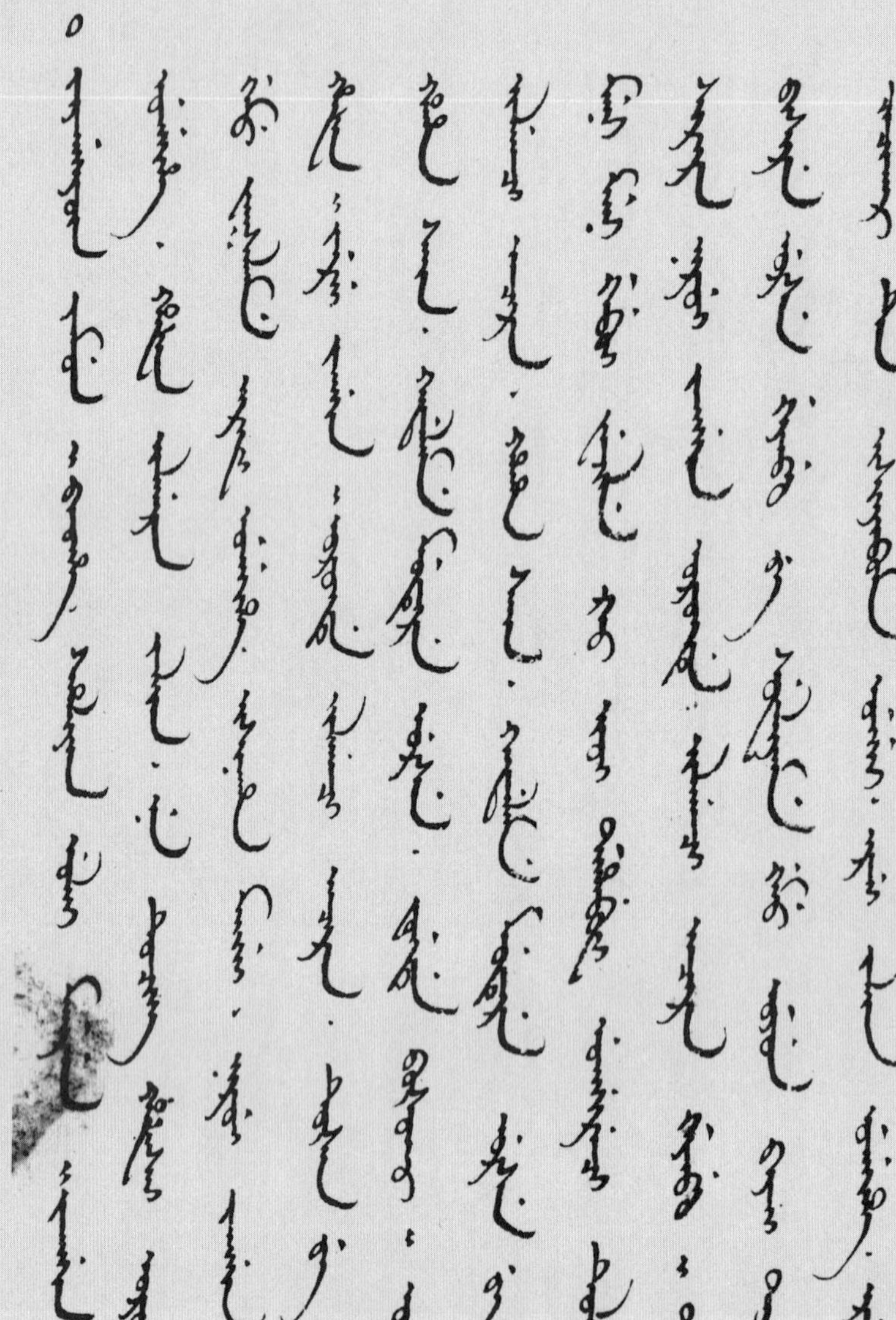

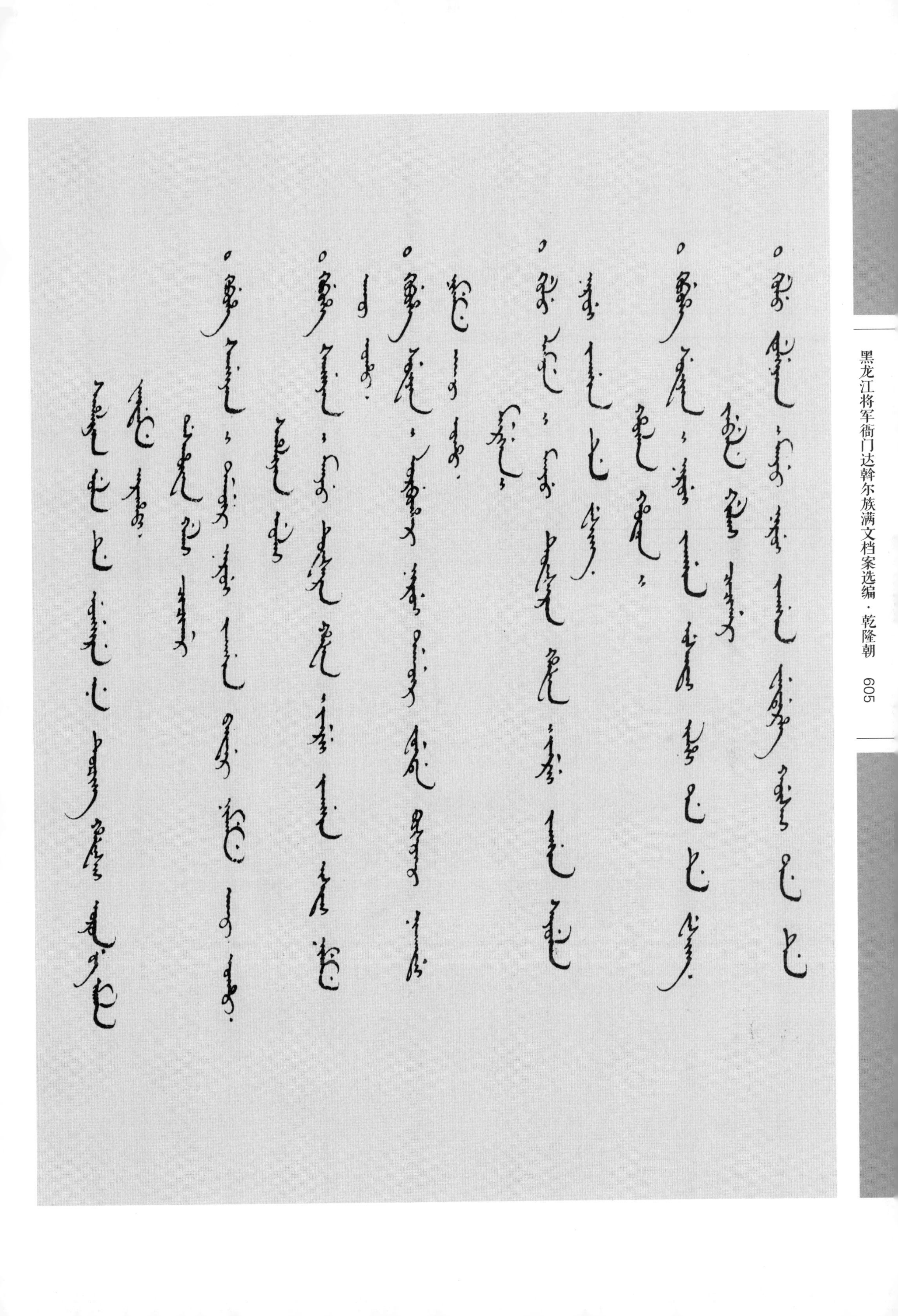

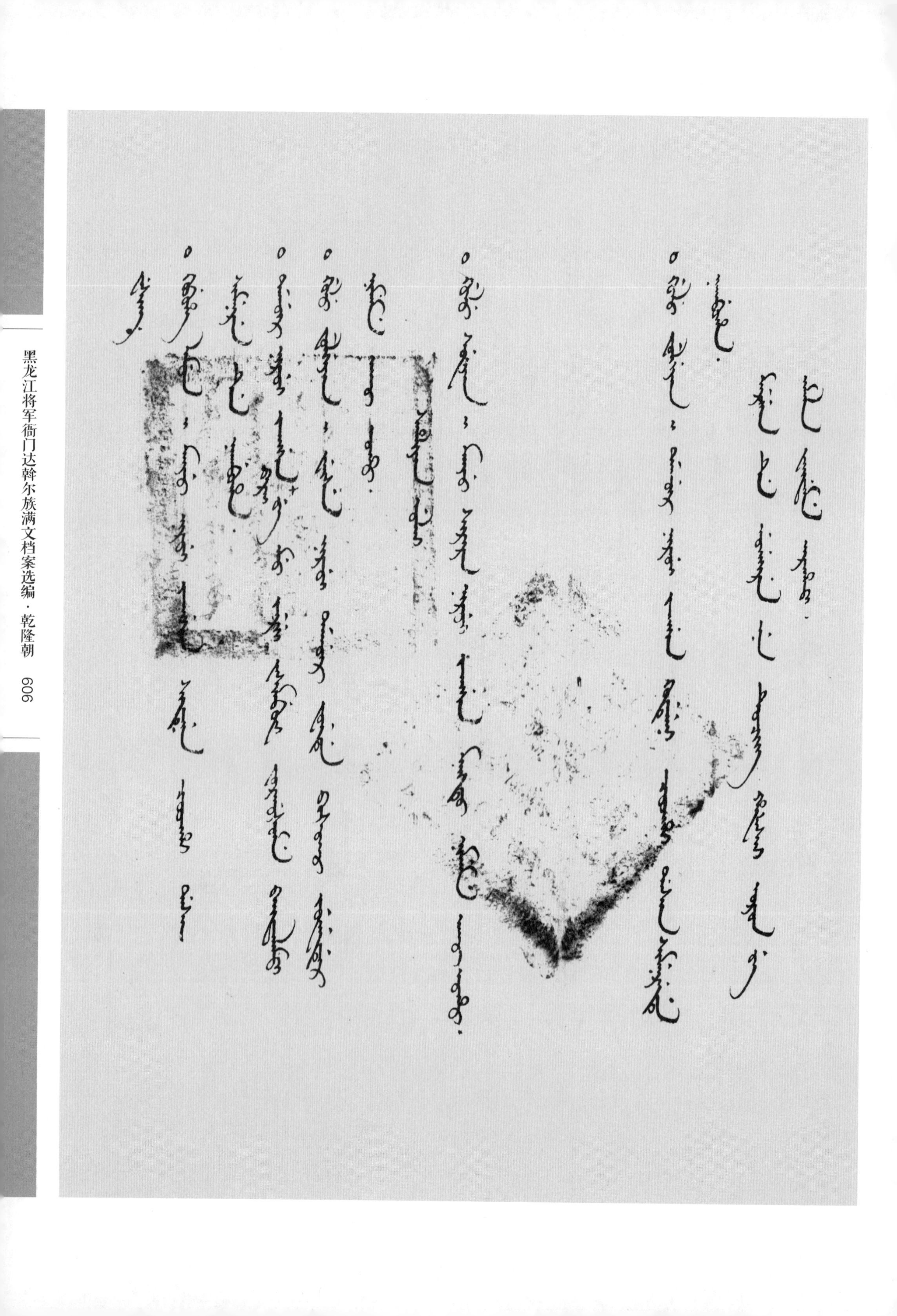

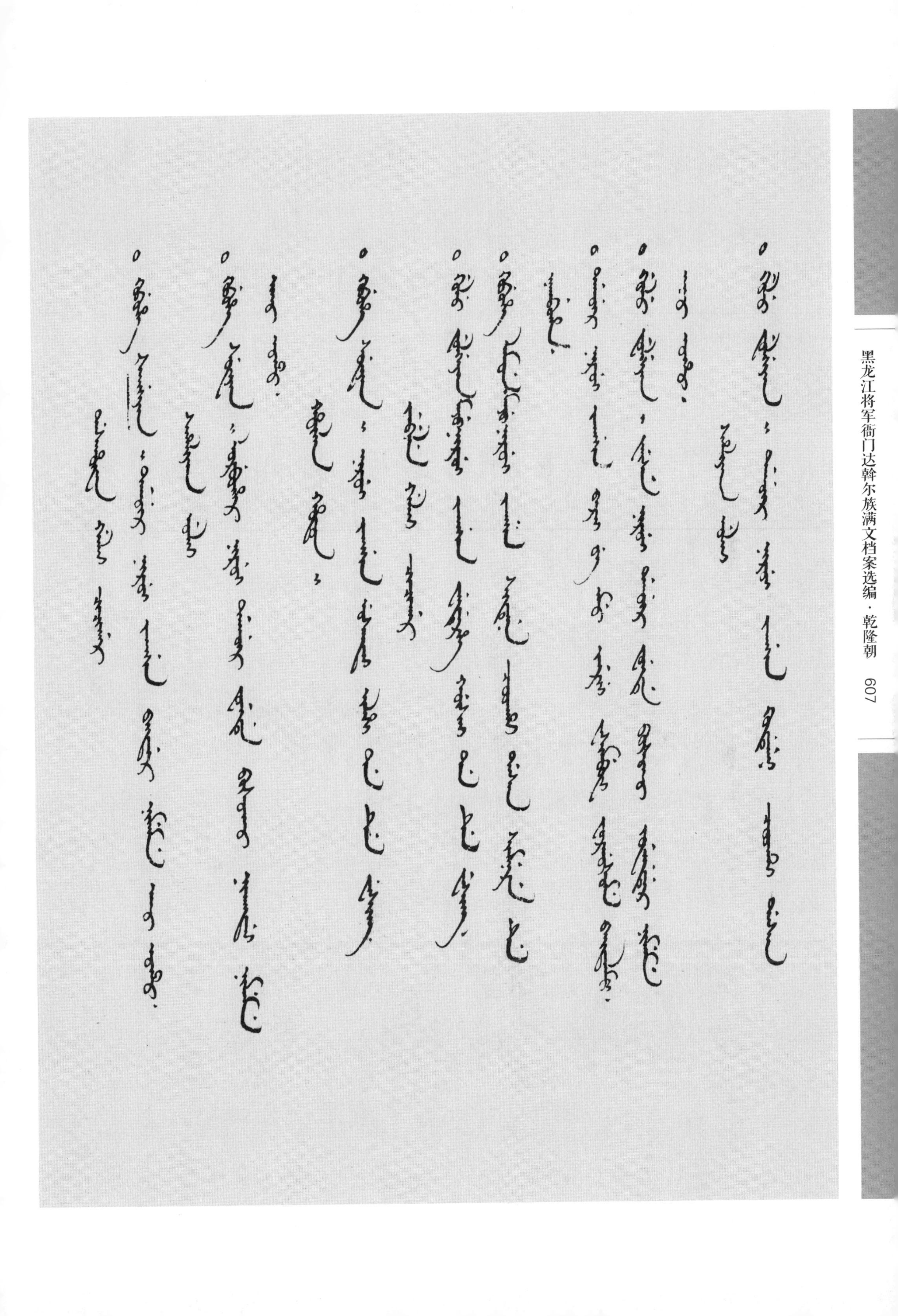

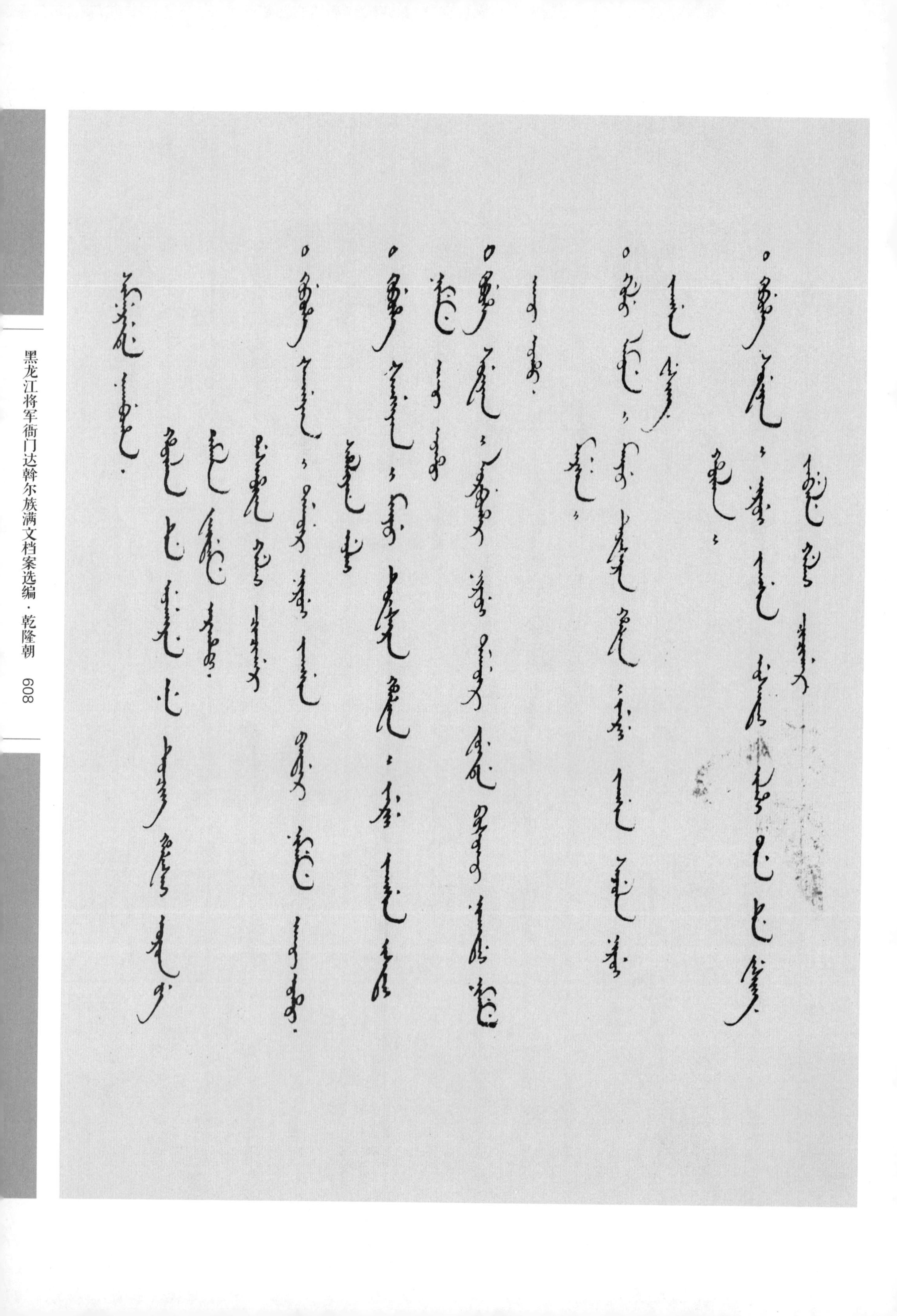

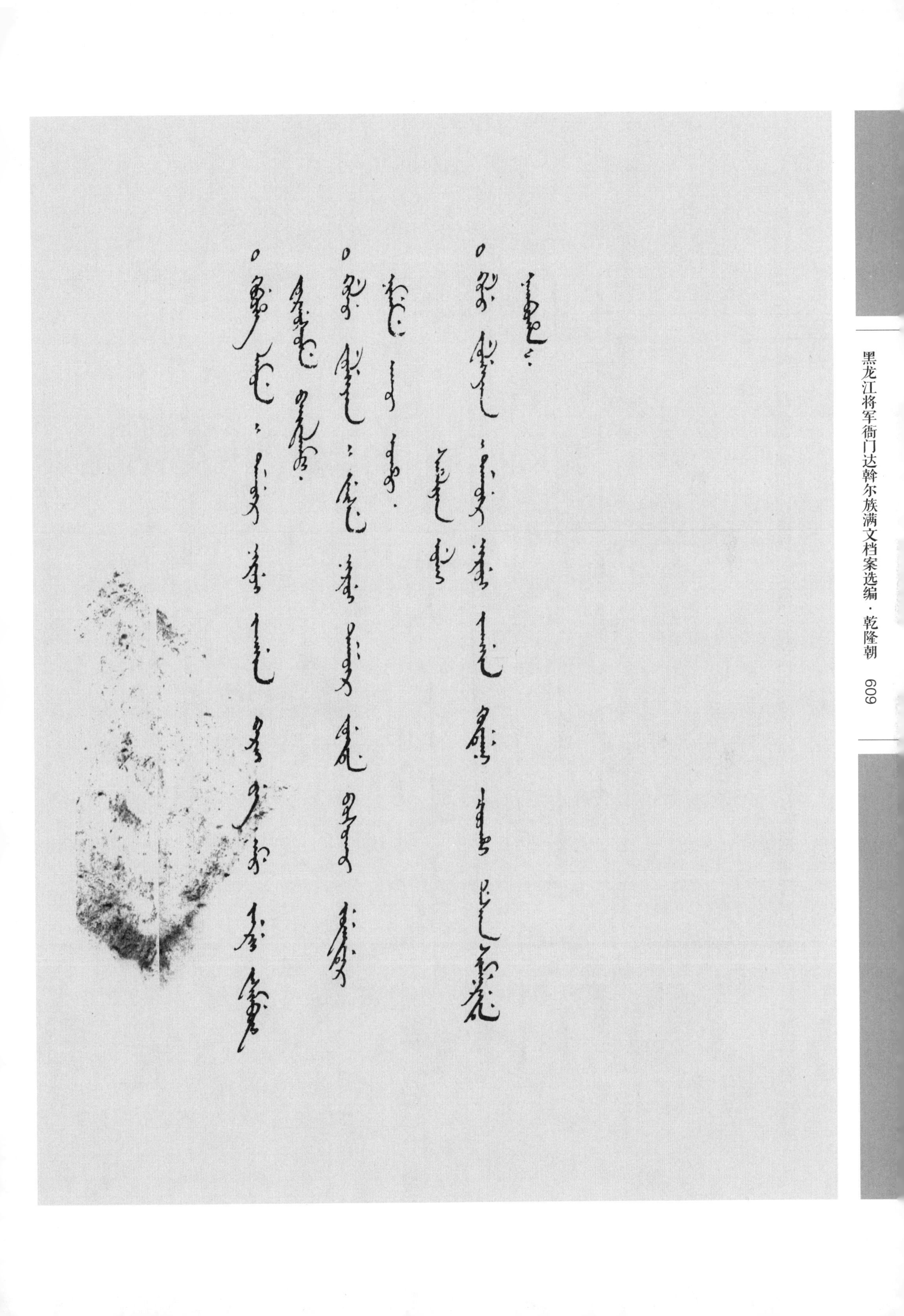

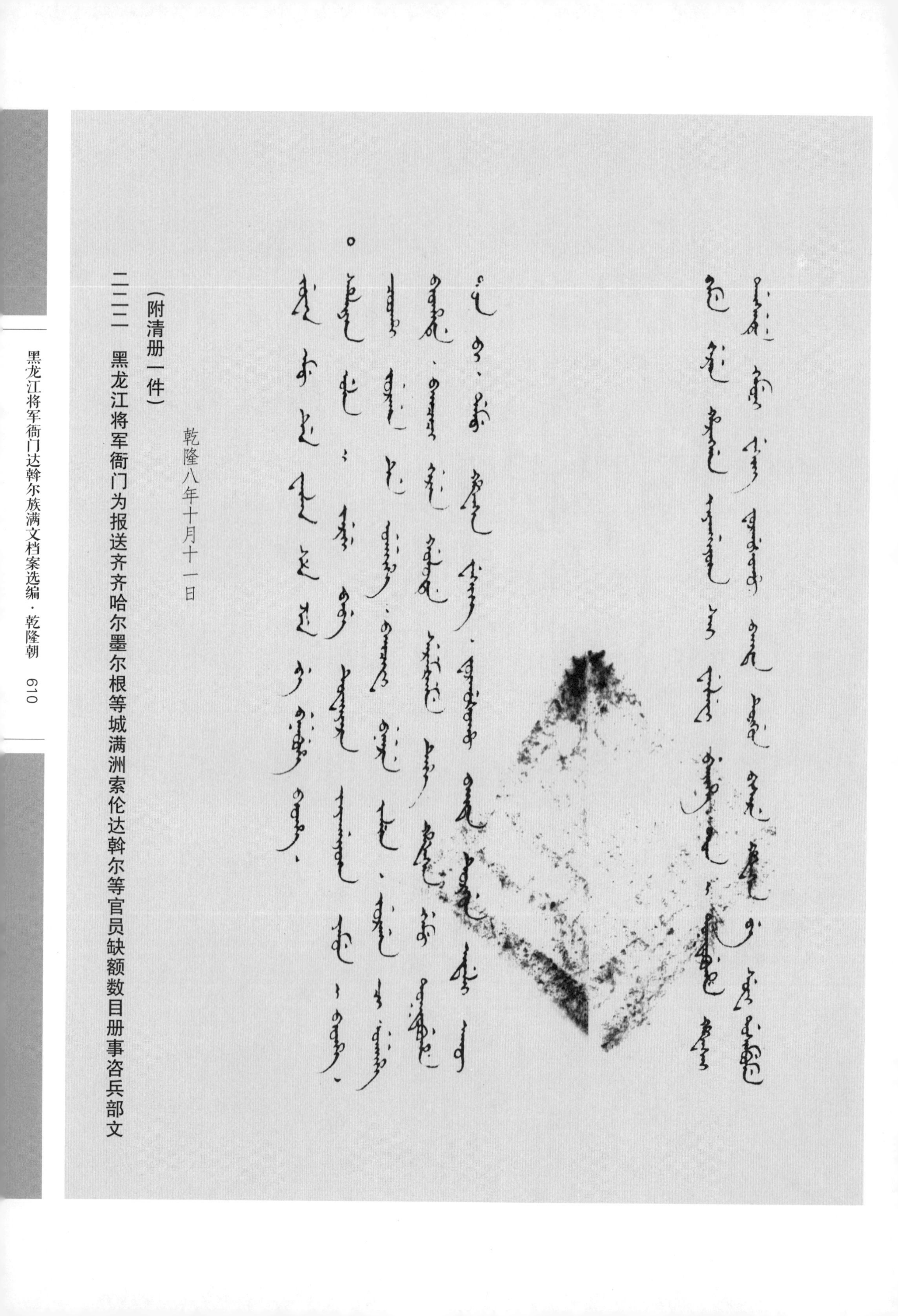

乾隆八年十月十一日

二二二 黑龙江将军衙门为报送齐齐哈尔墨尔根等城满洲索伦达斡尔等官员缺额数目册事咨兵部文

（附清册一件）

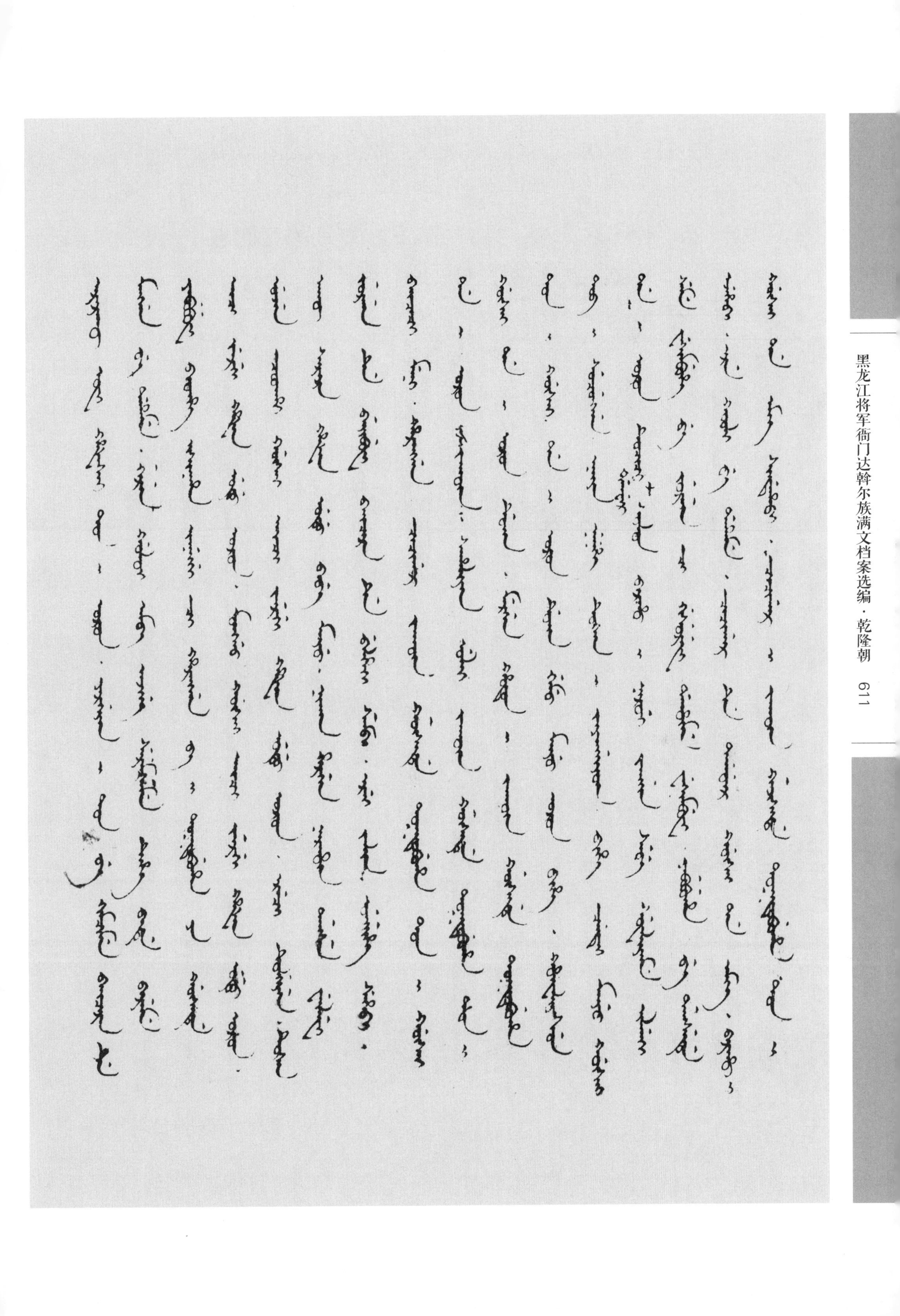

[illegible]

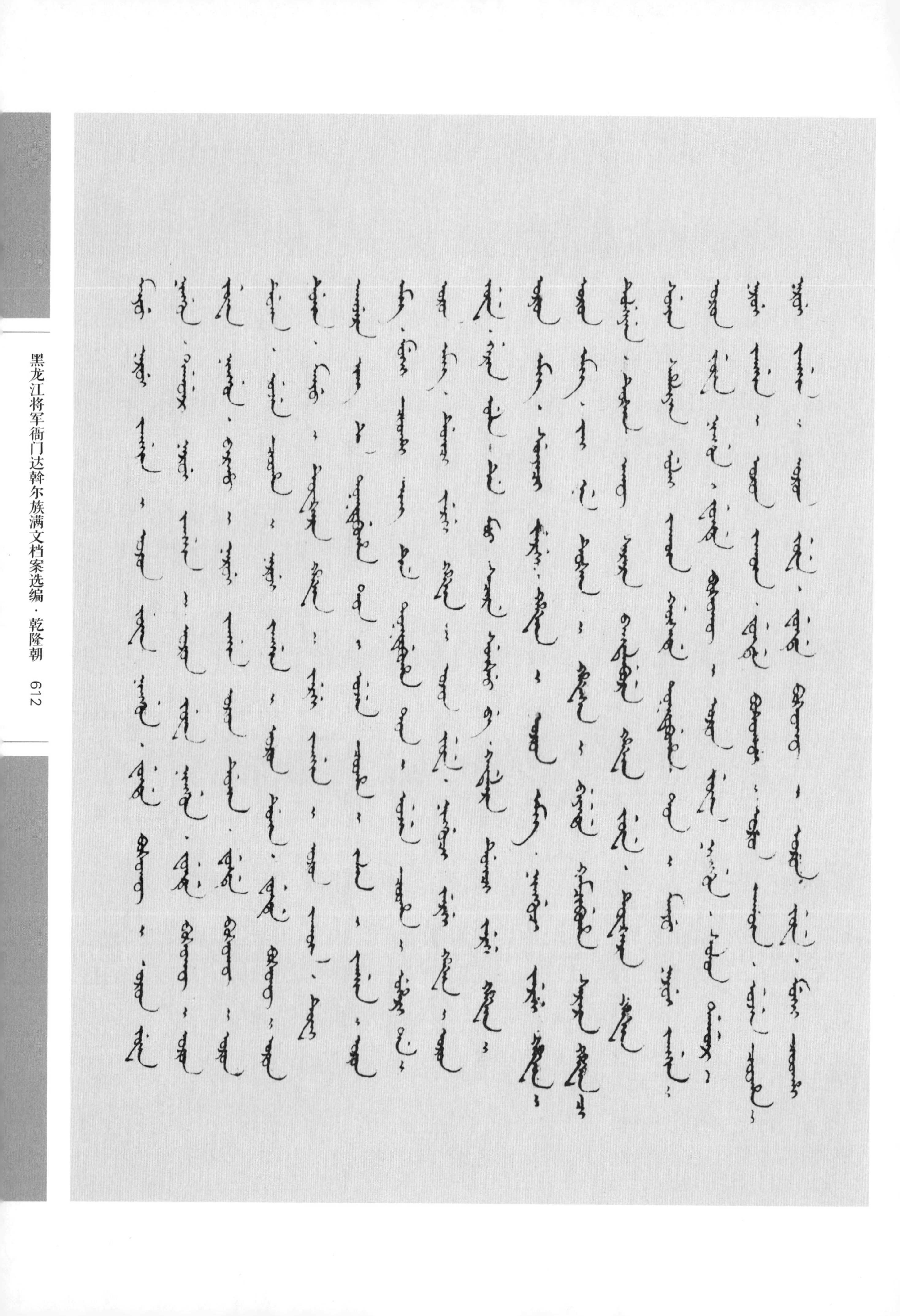

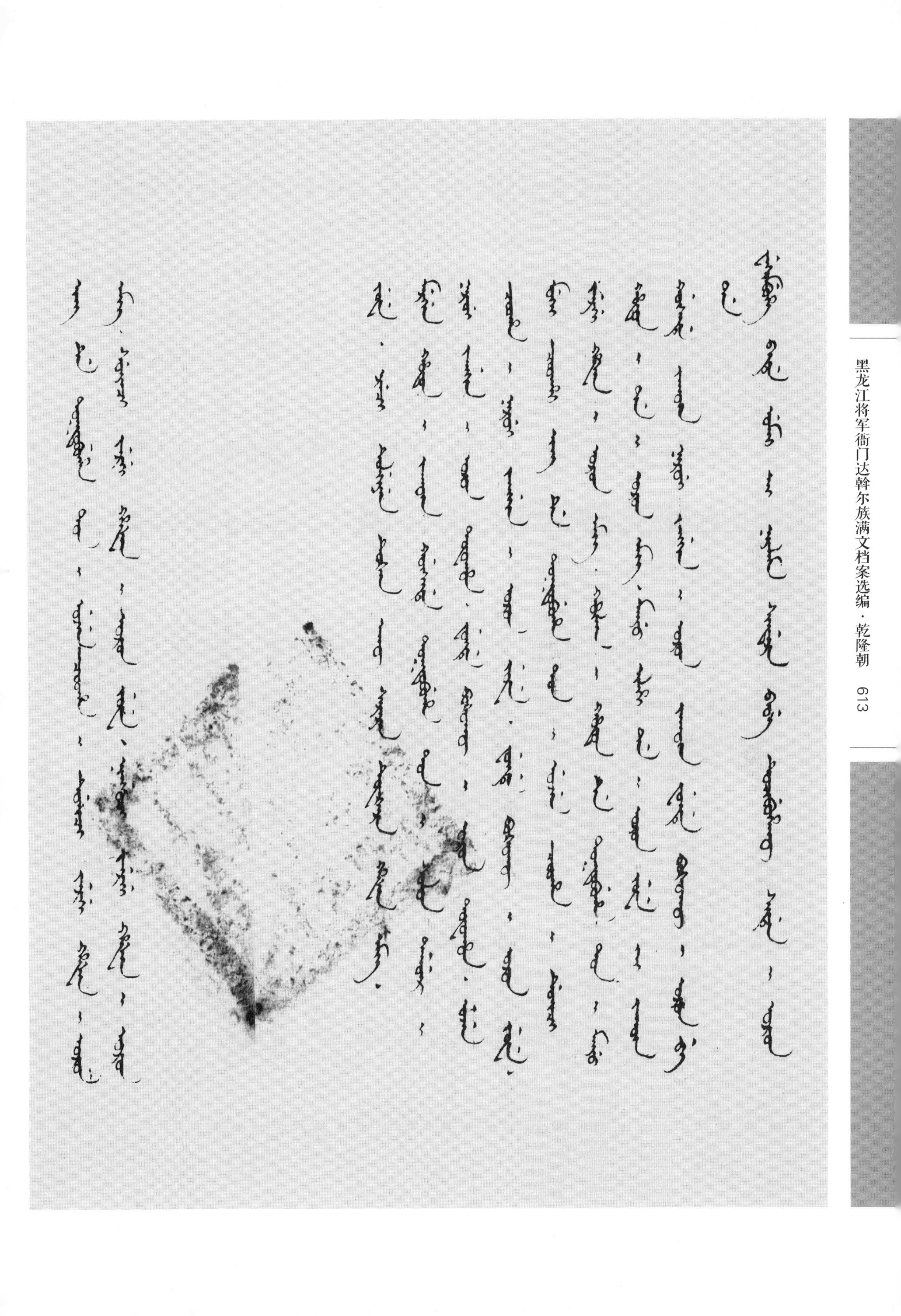

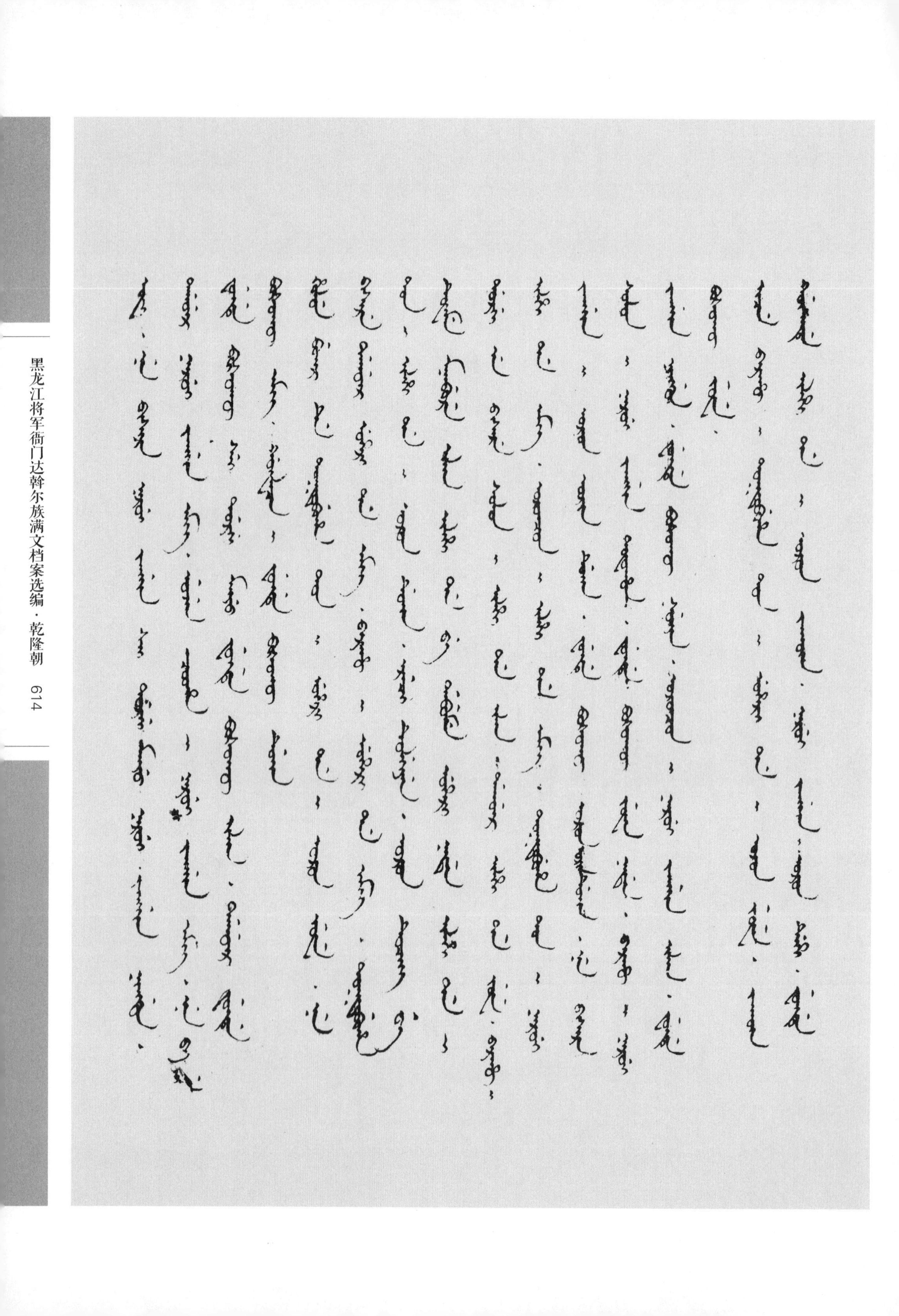

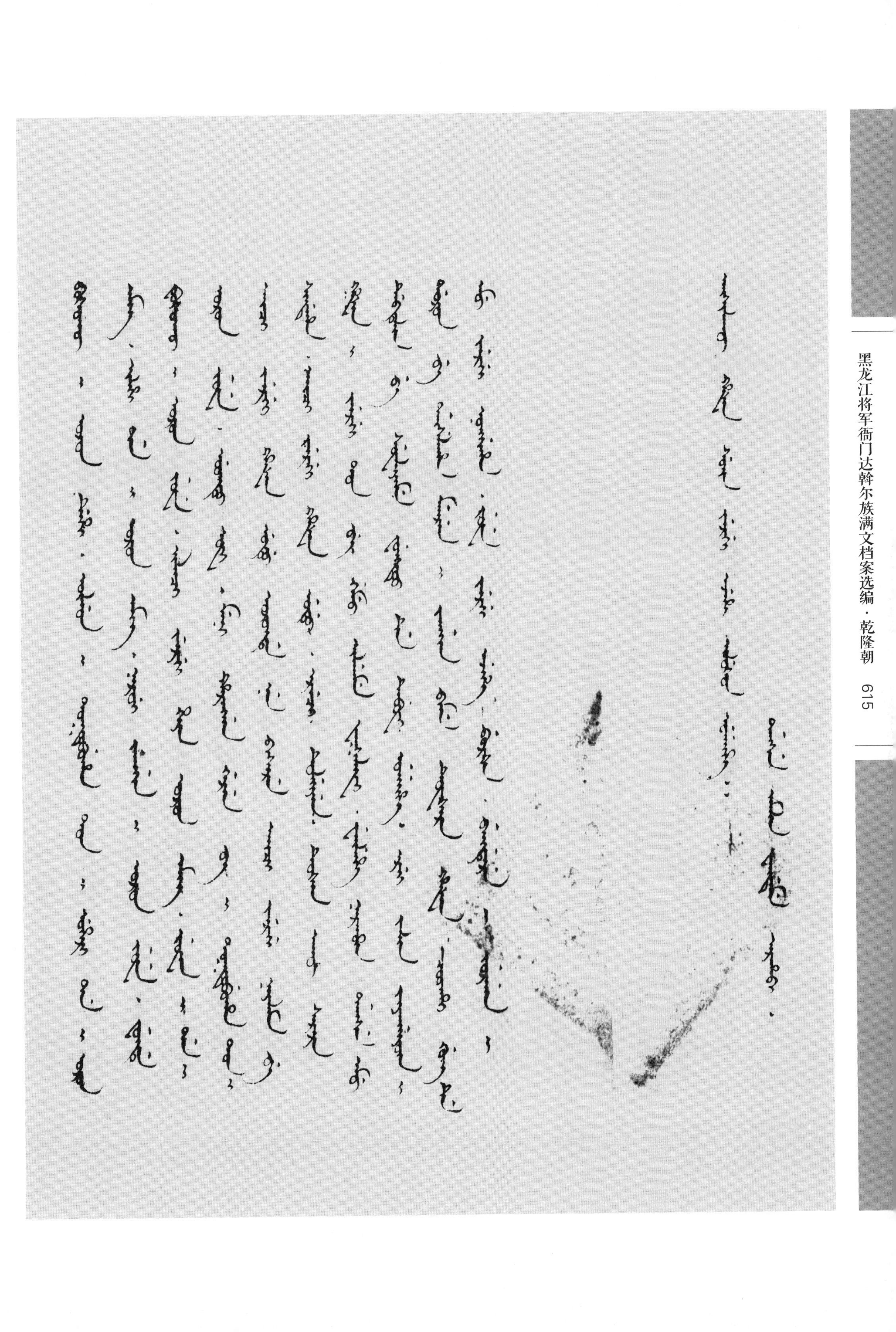

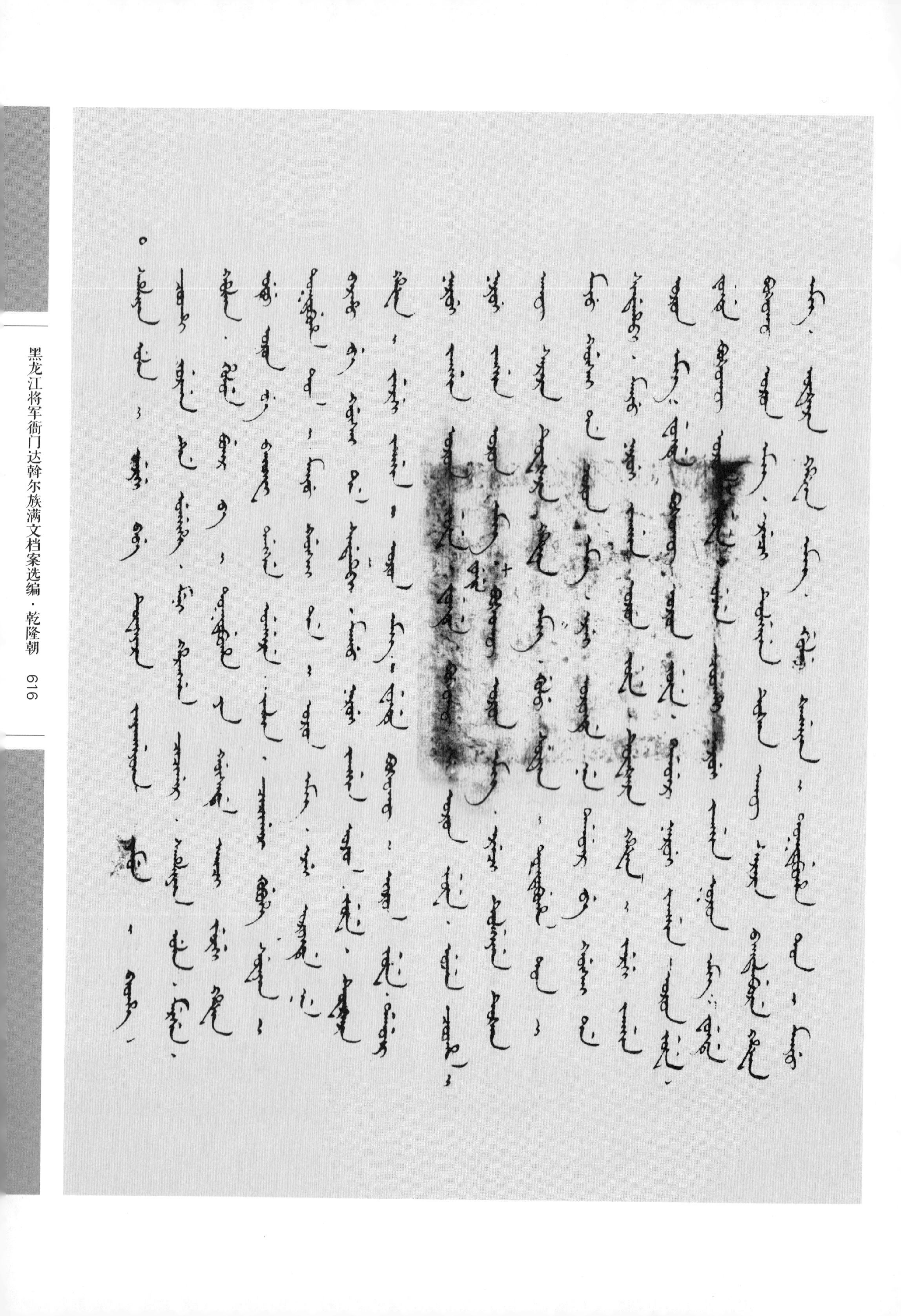

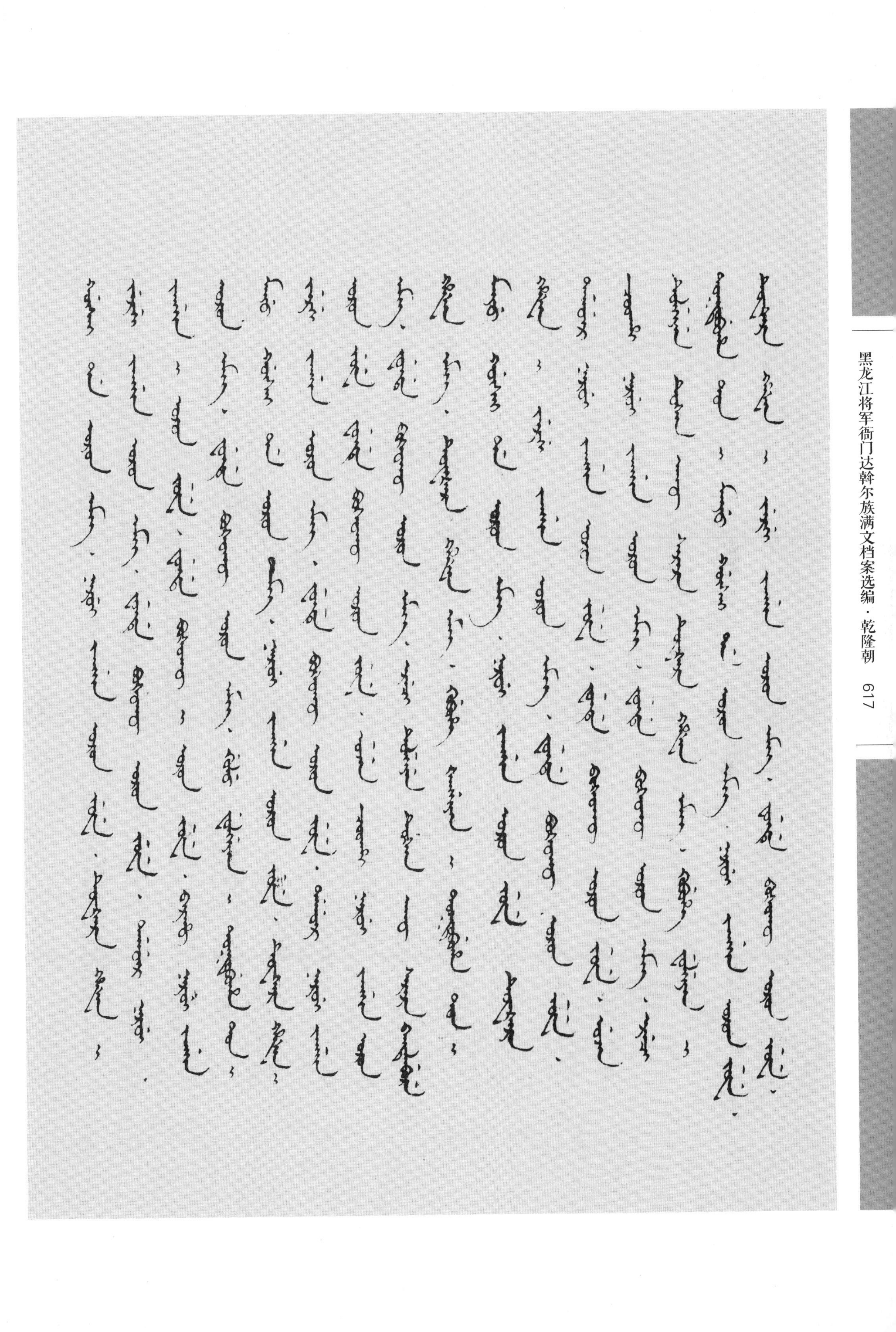

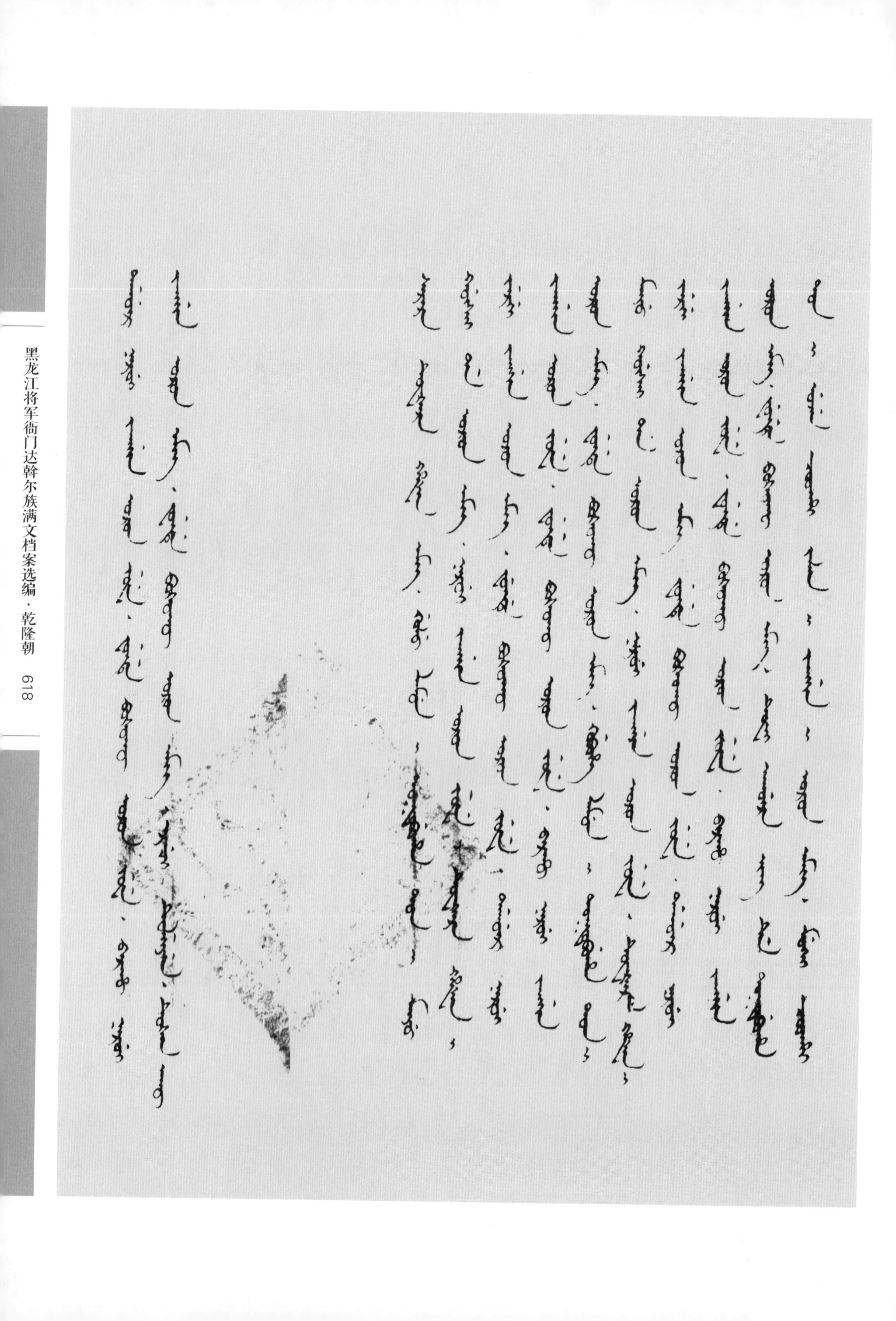

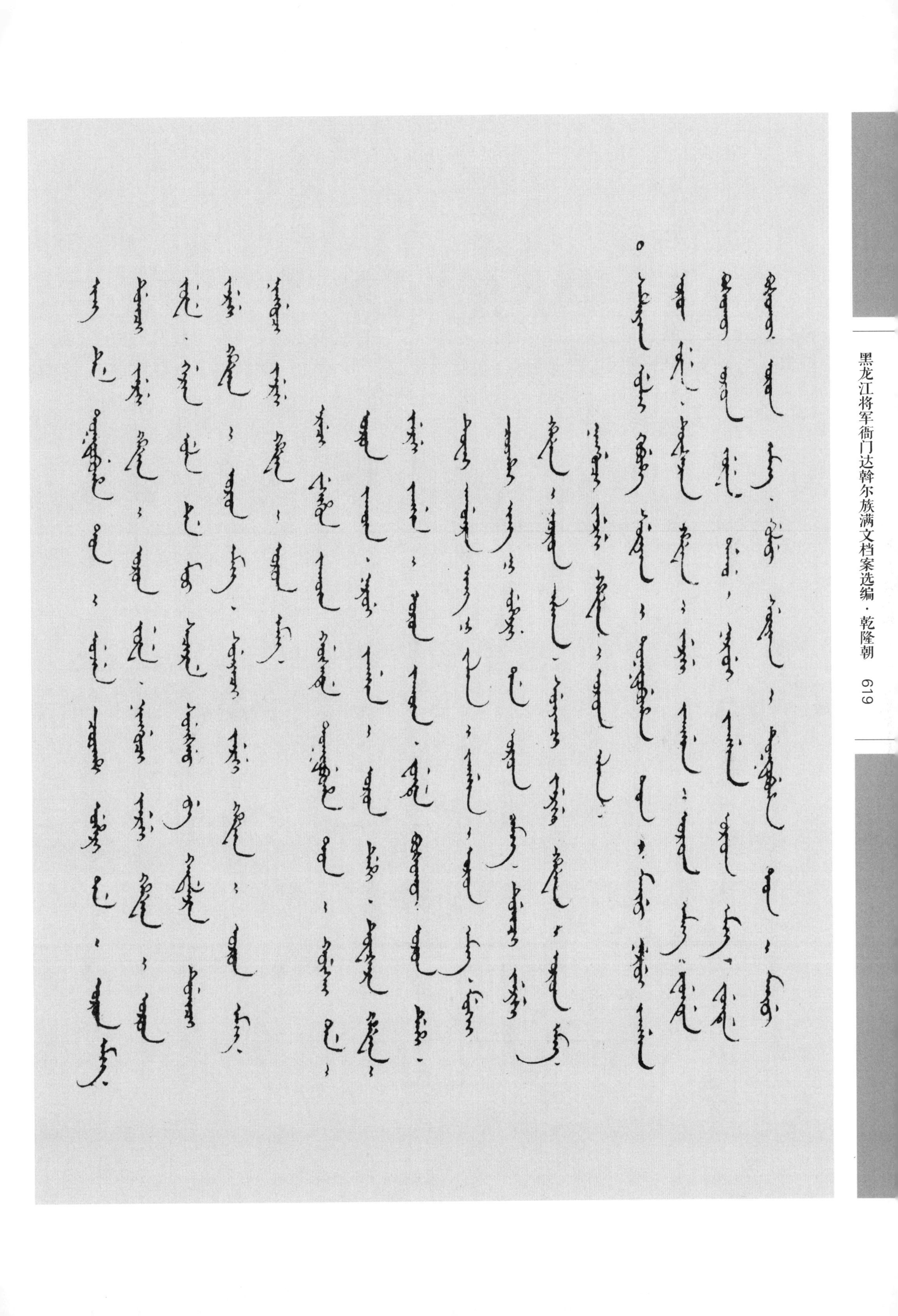

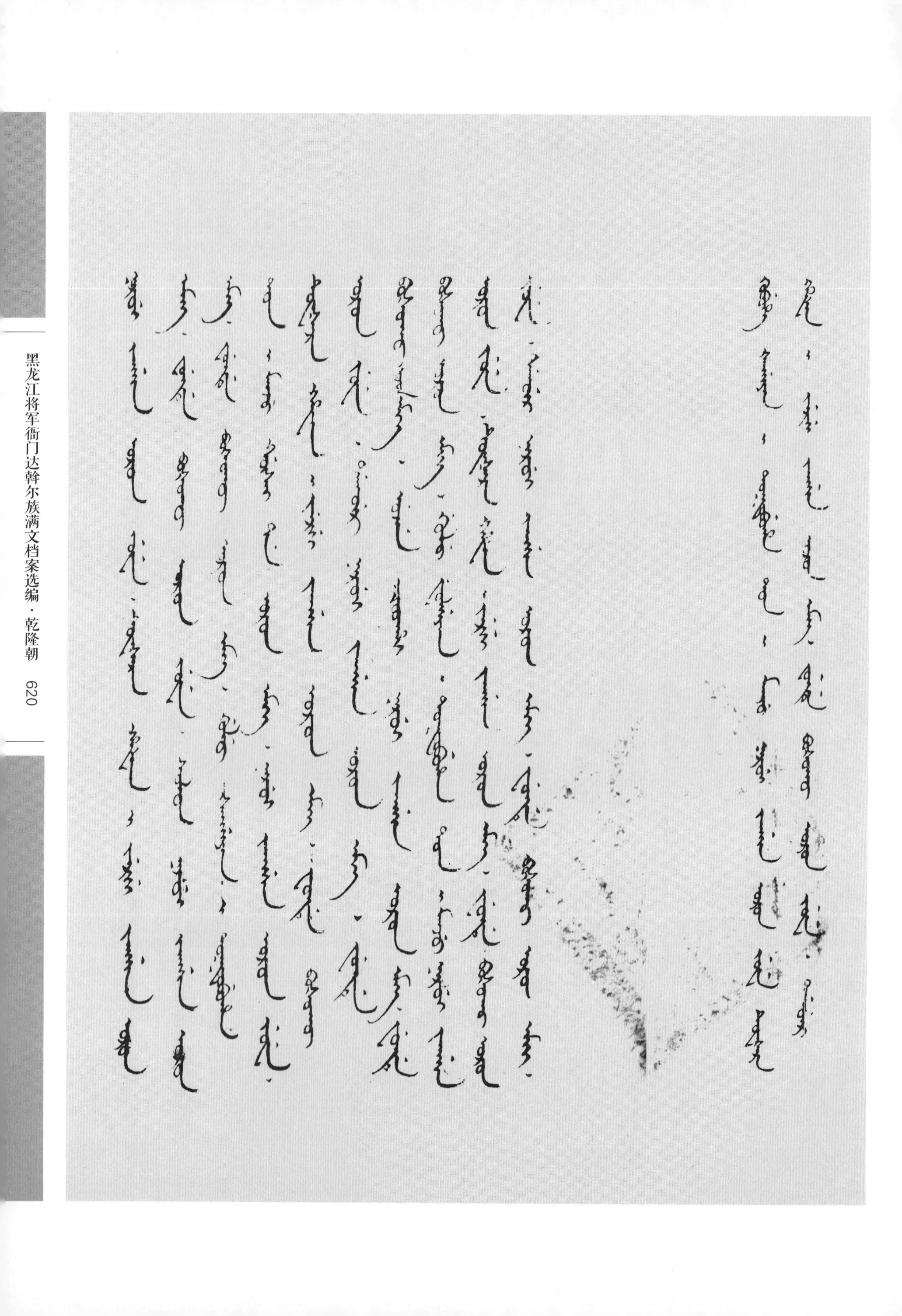

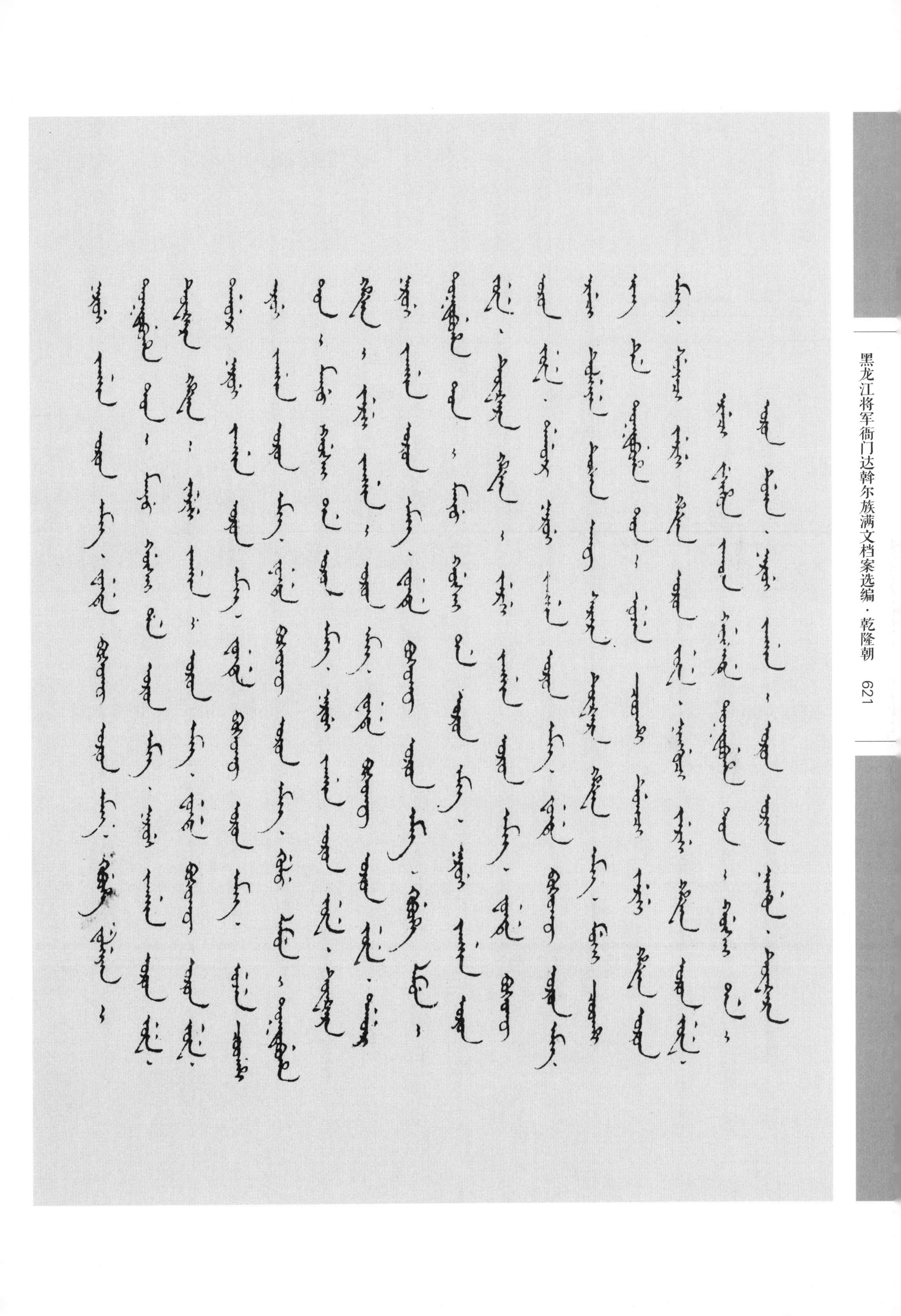

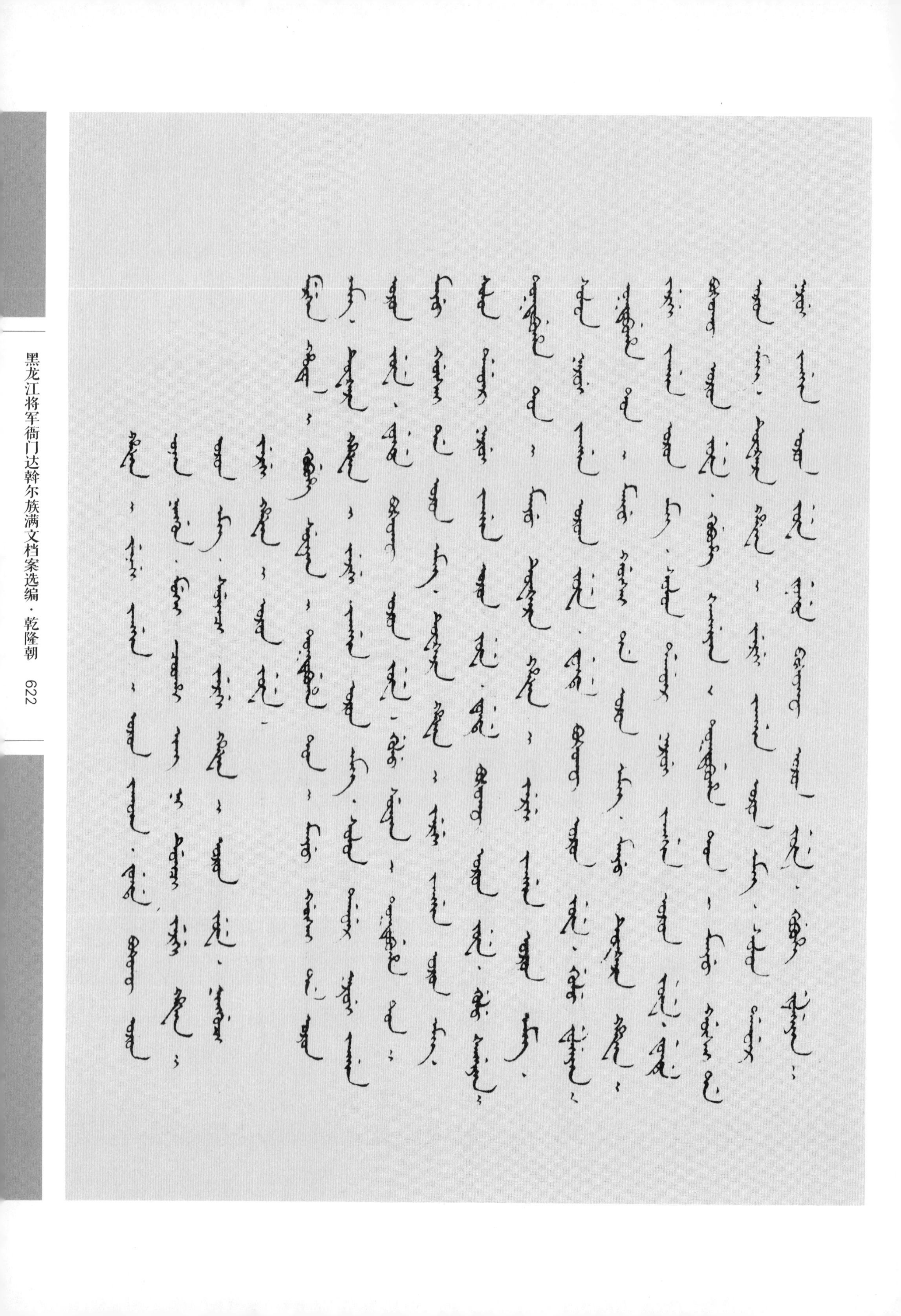

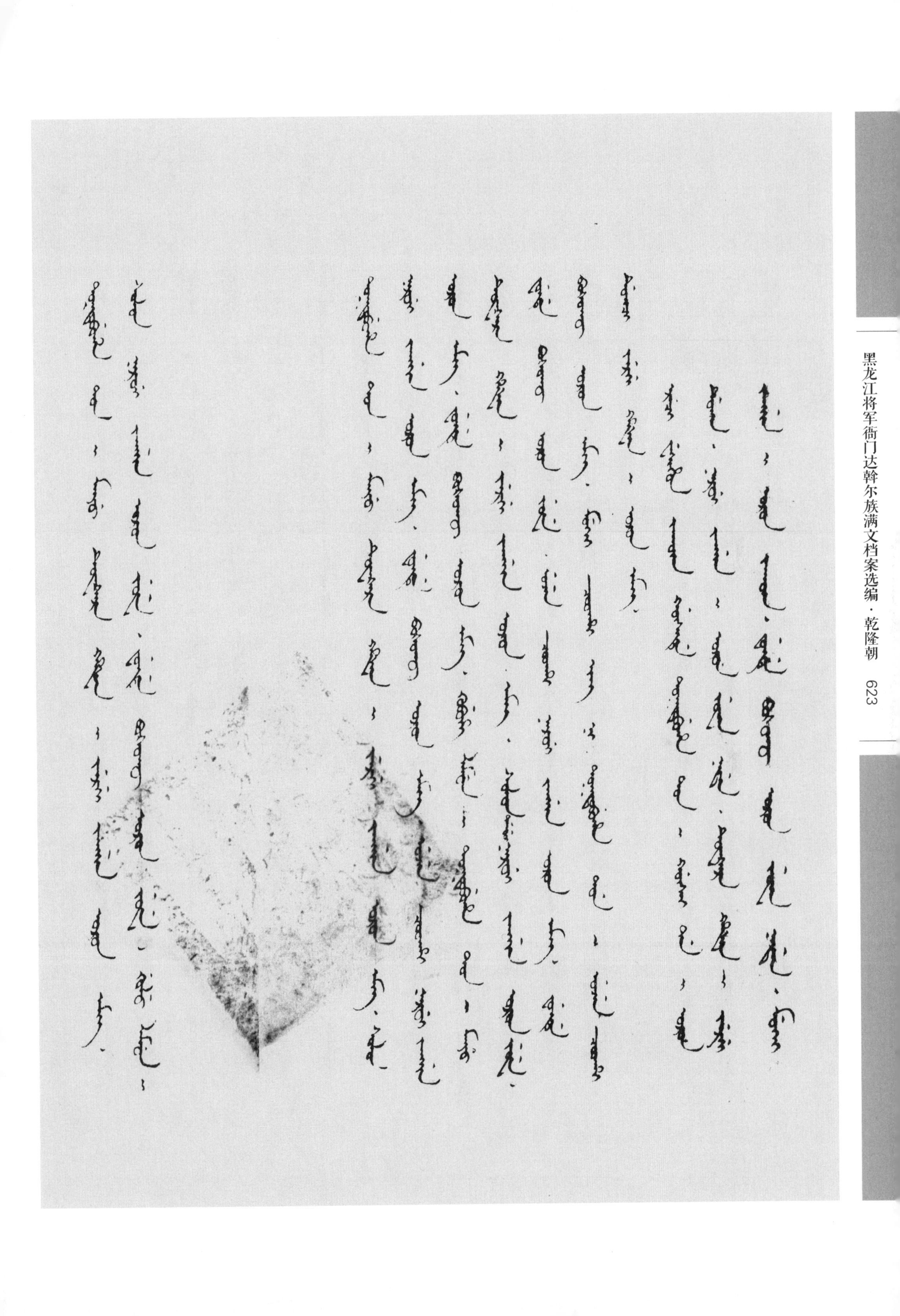

[illegible]

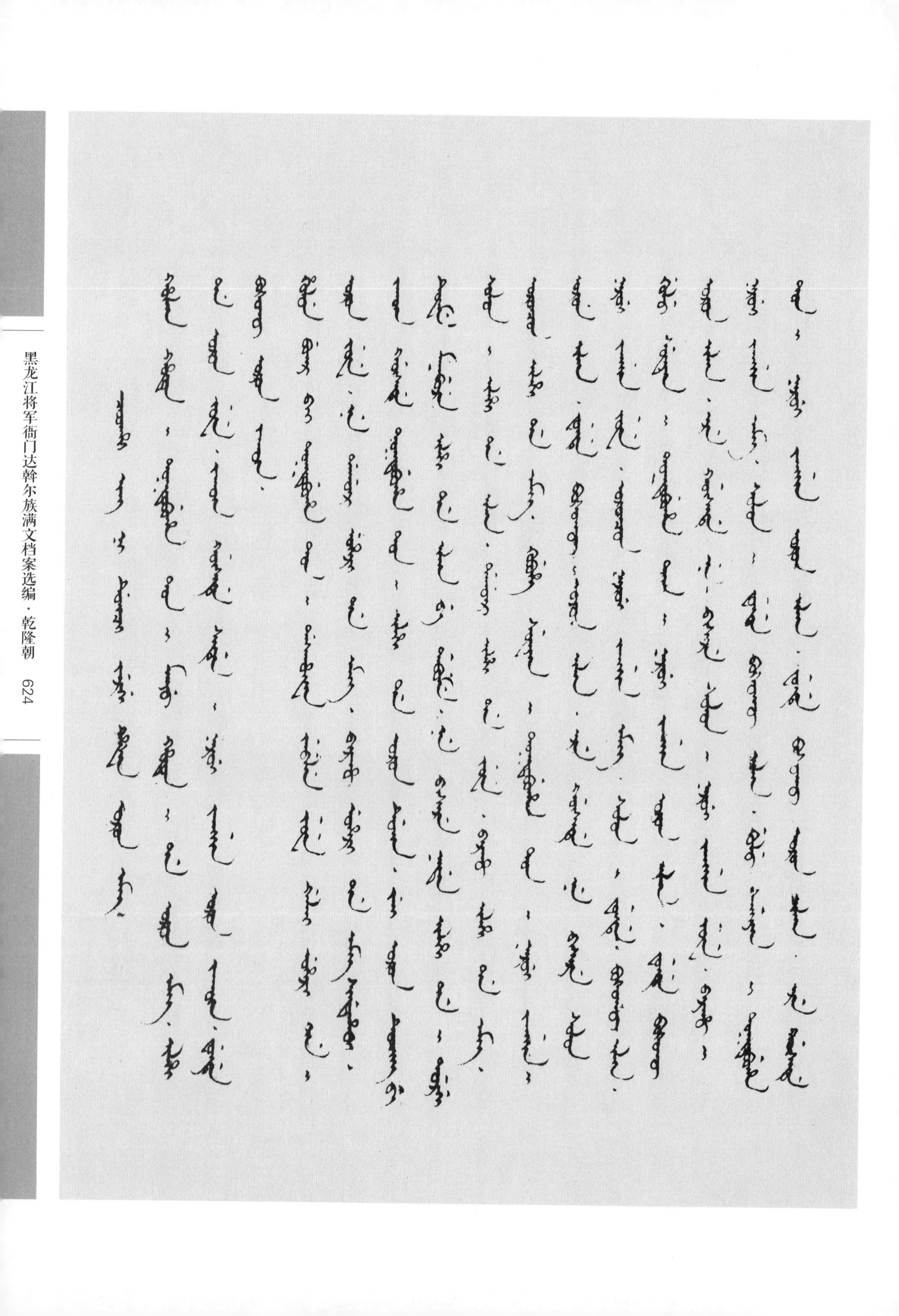

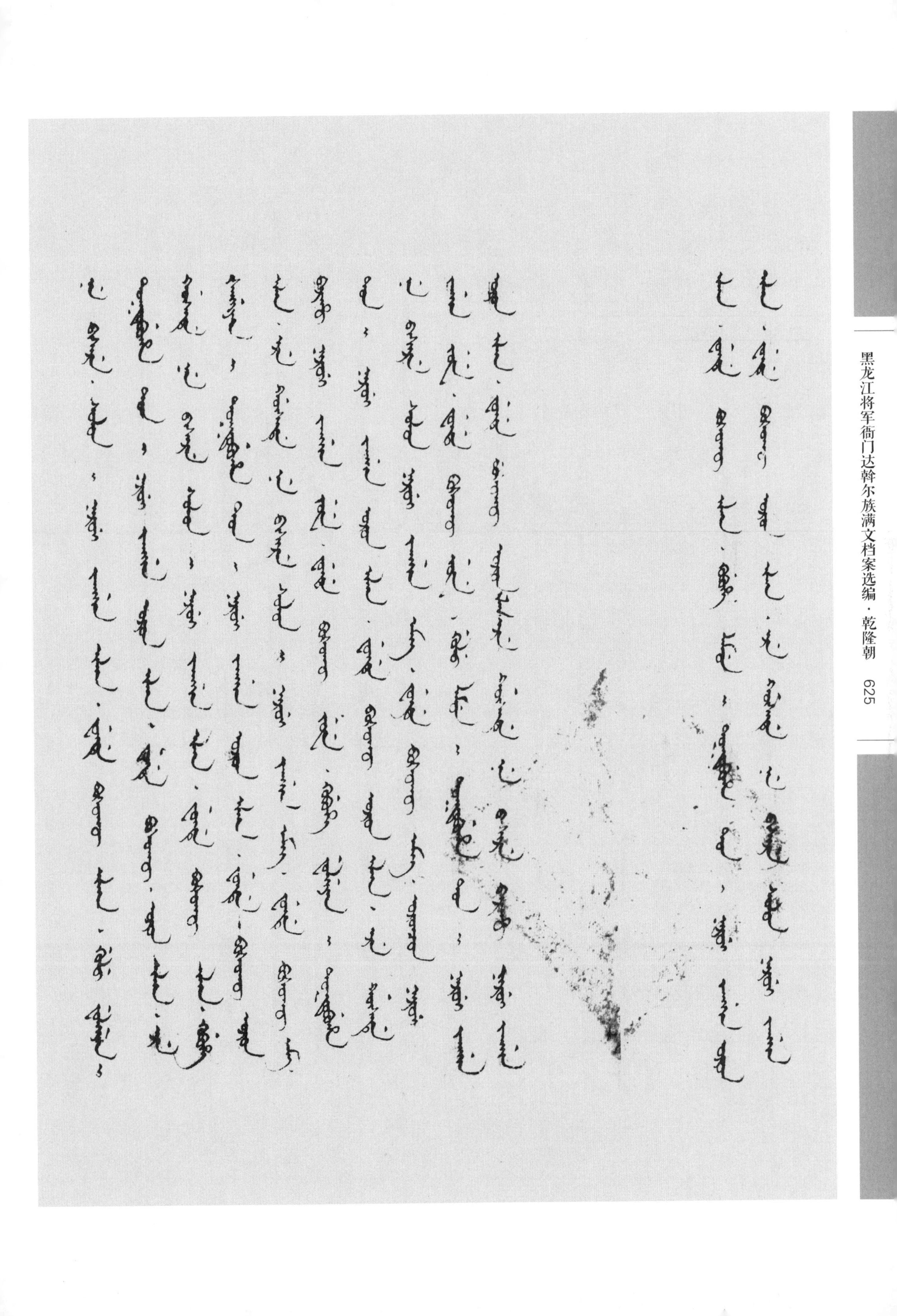

[illegible]

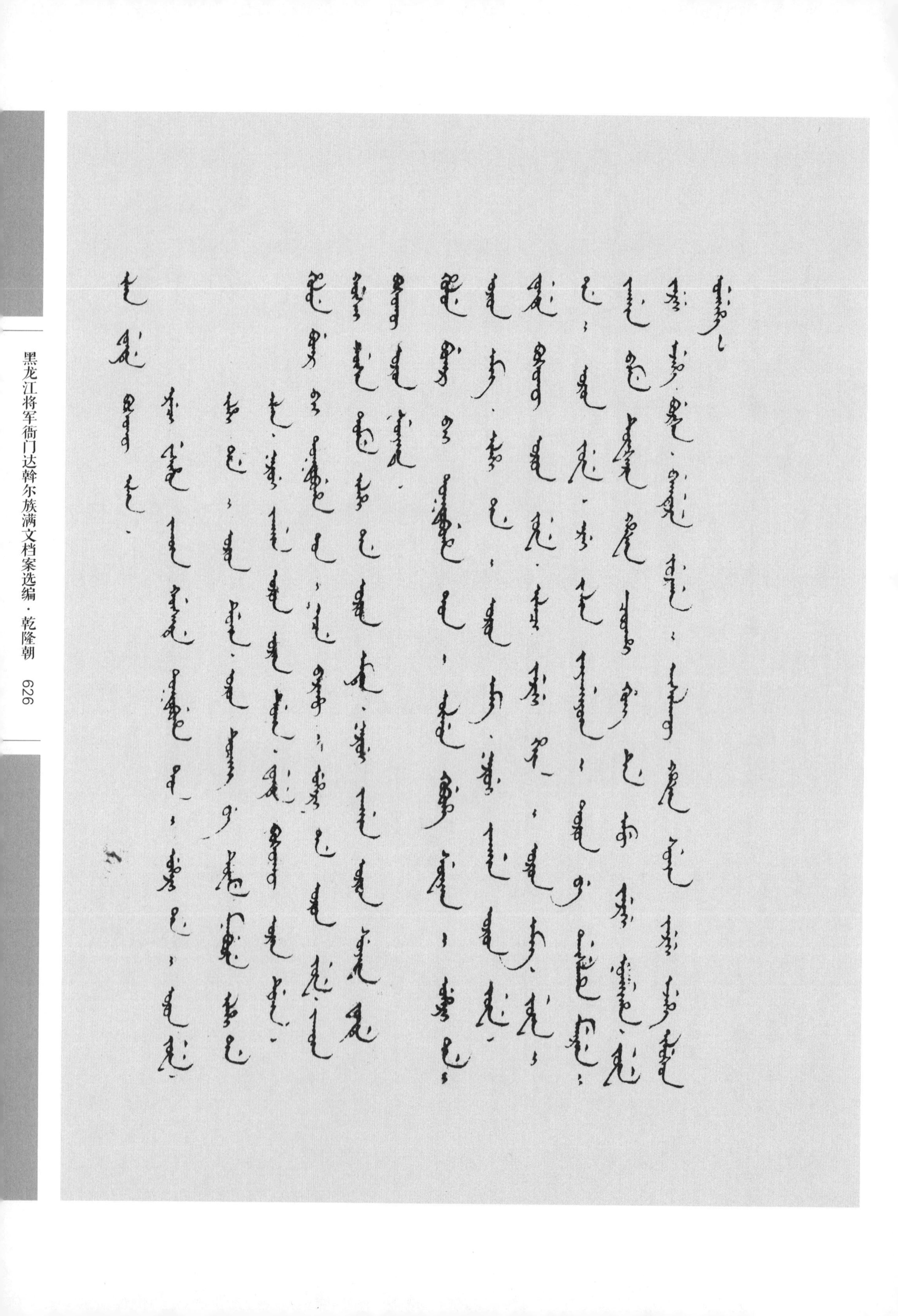

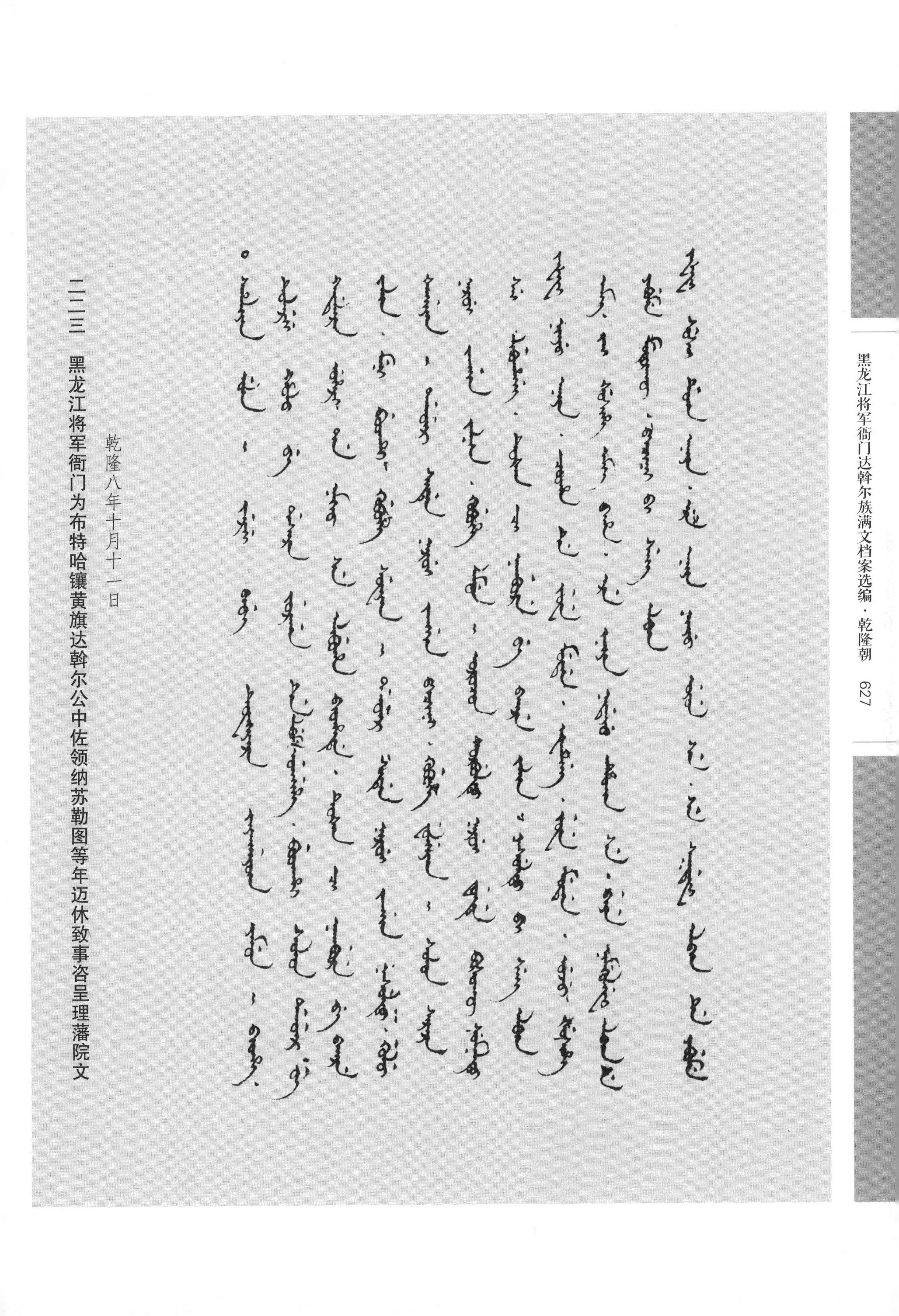

二二三 黑龙江将军衙门为布特哈镶黄旗达斡尔公中佐领纳苏勒图等年迈休致事咨呈理藩院文

乾隆八年十月十一日

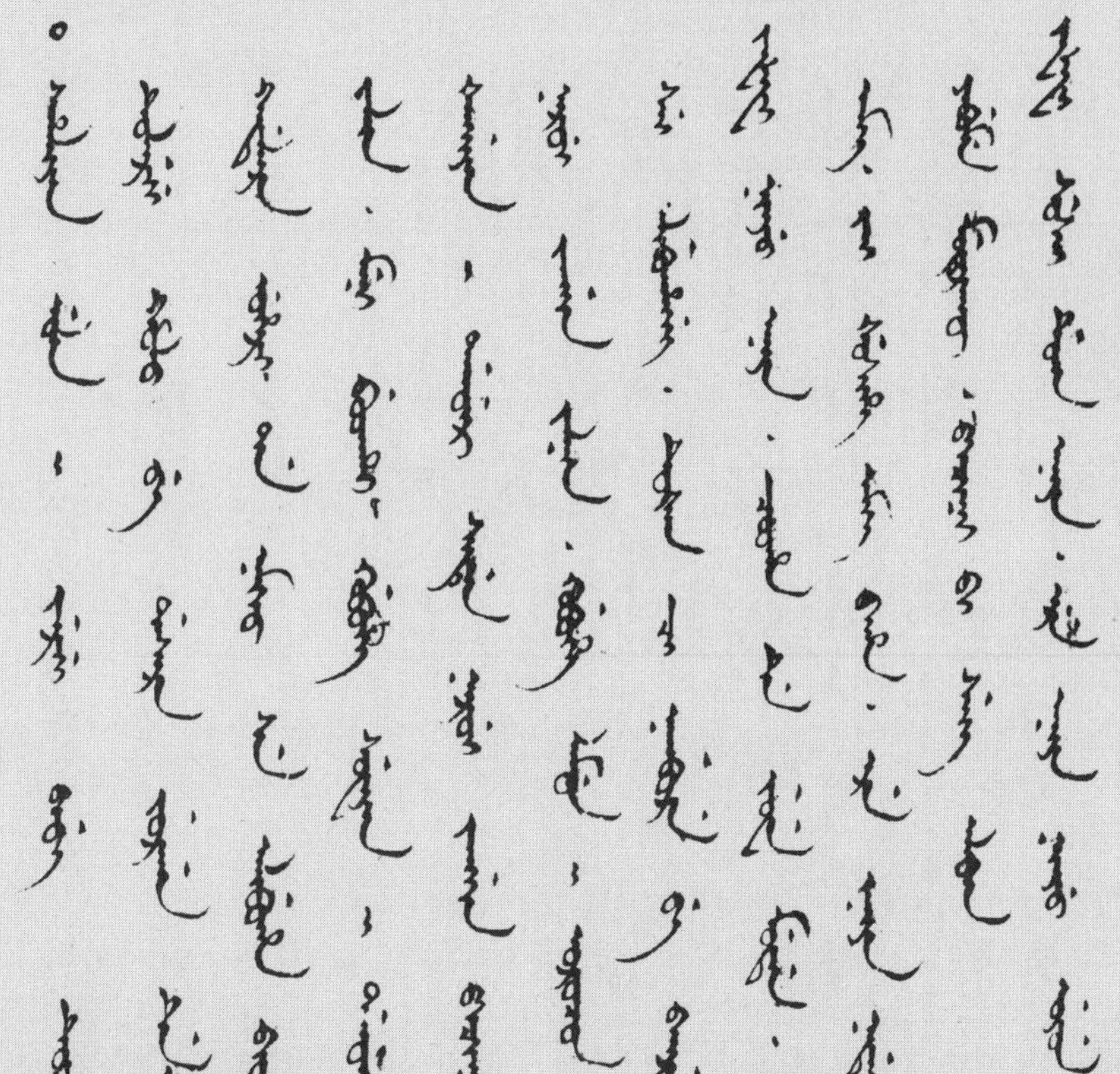

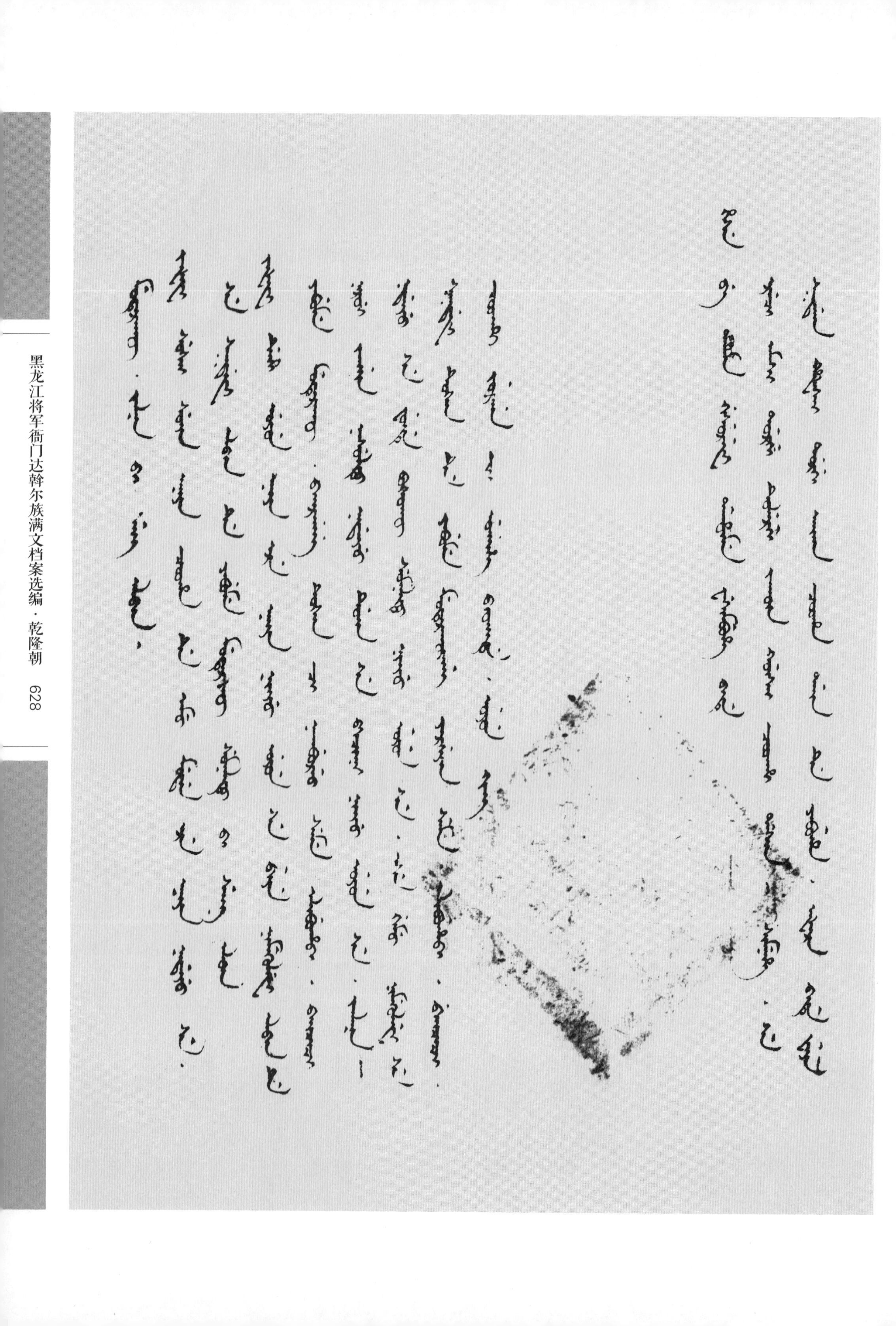

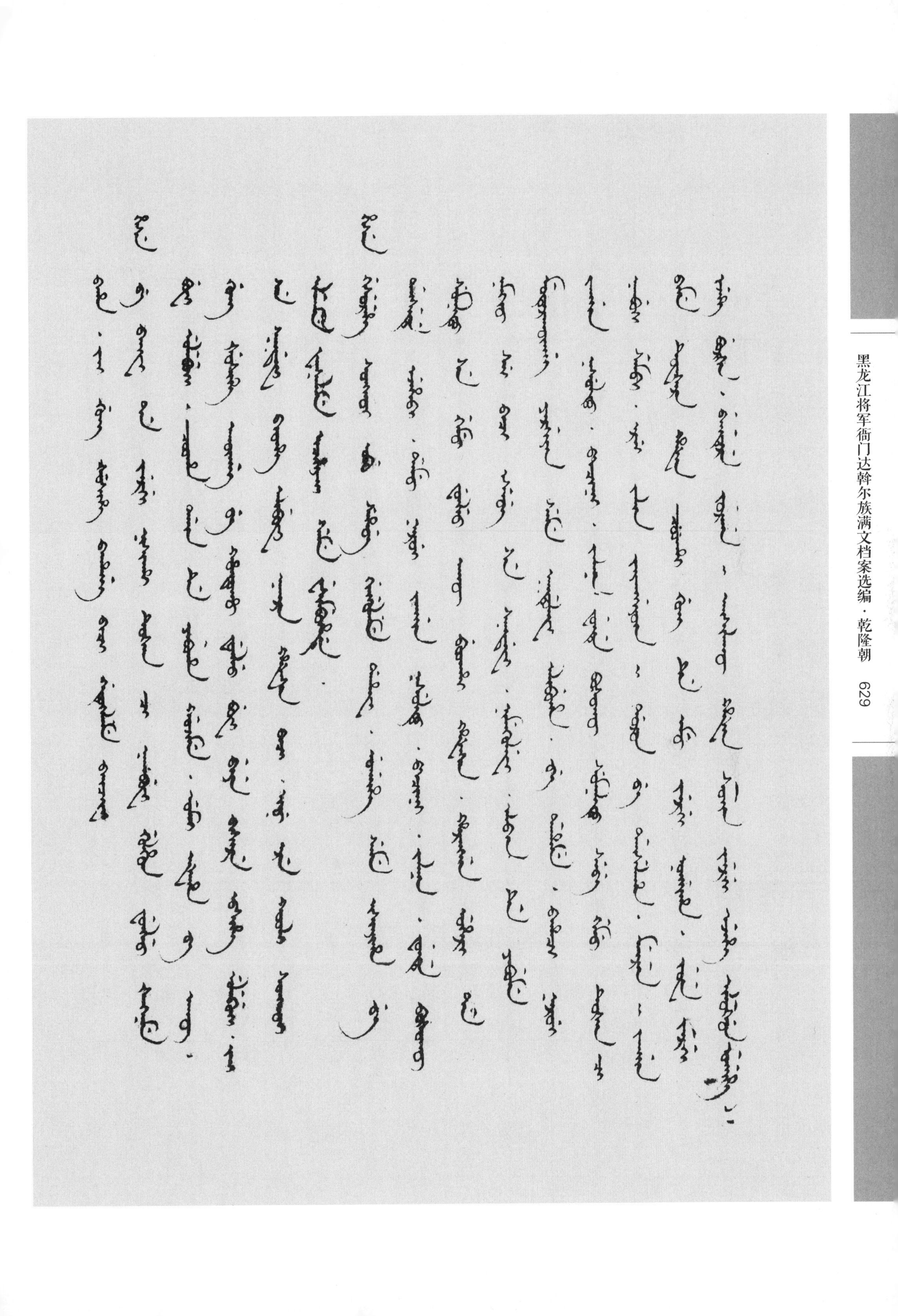

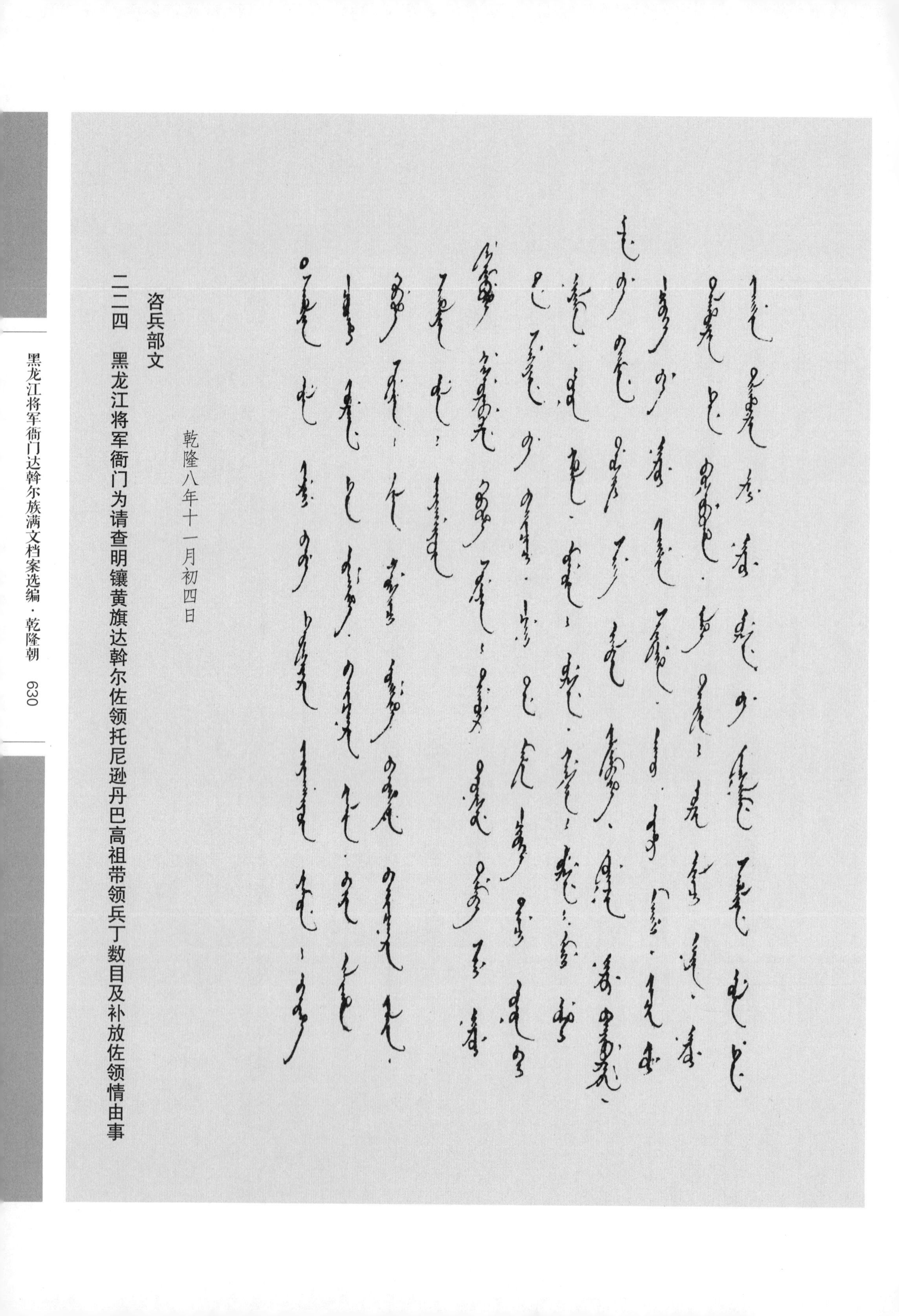

二二四　黑龙江将军衙门为请查明镶黄旗达斡尔佐领托尼逊丹巴高祖带领兵丁数目及补放佐领情由事

咨兵部文

乾隆八年十一月初四日

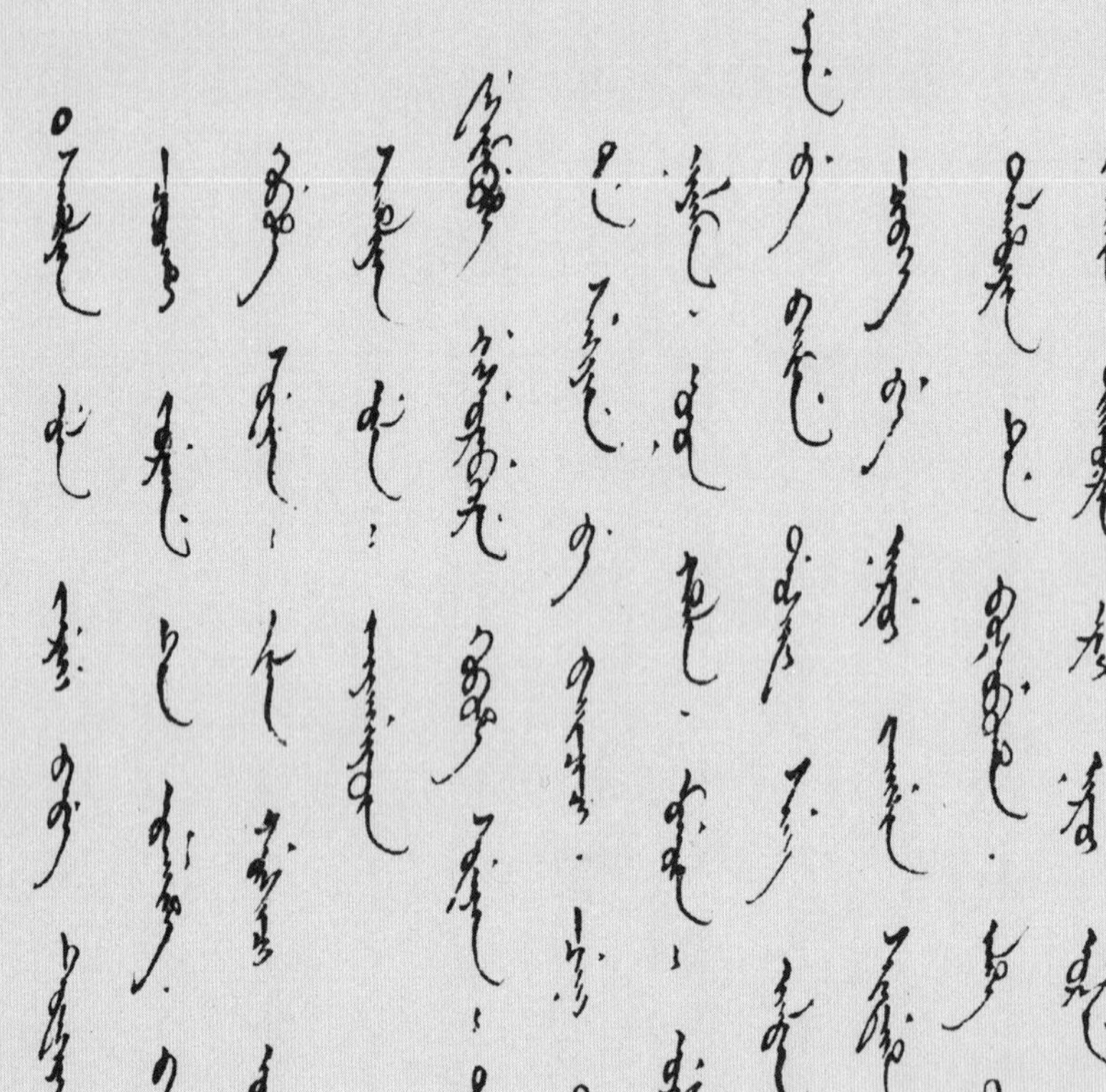

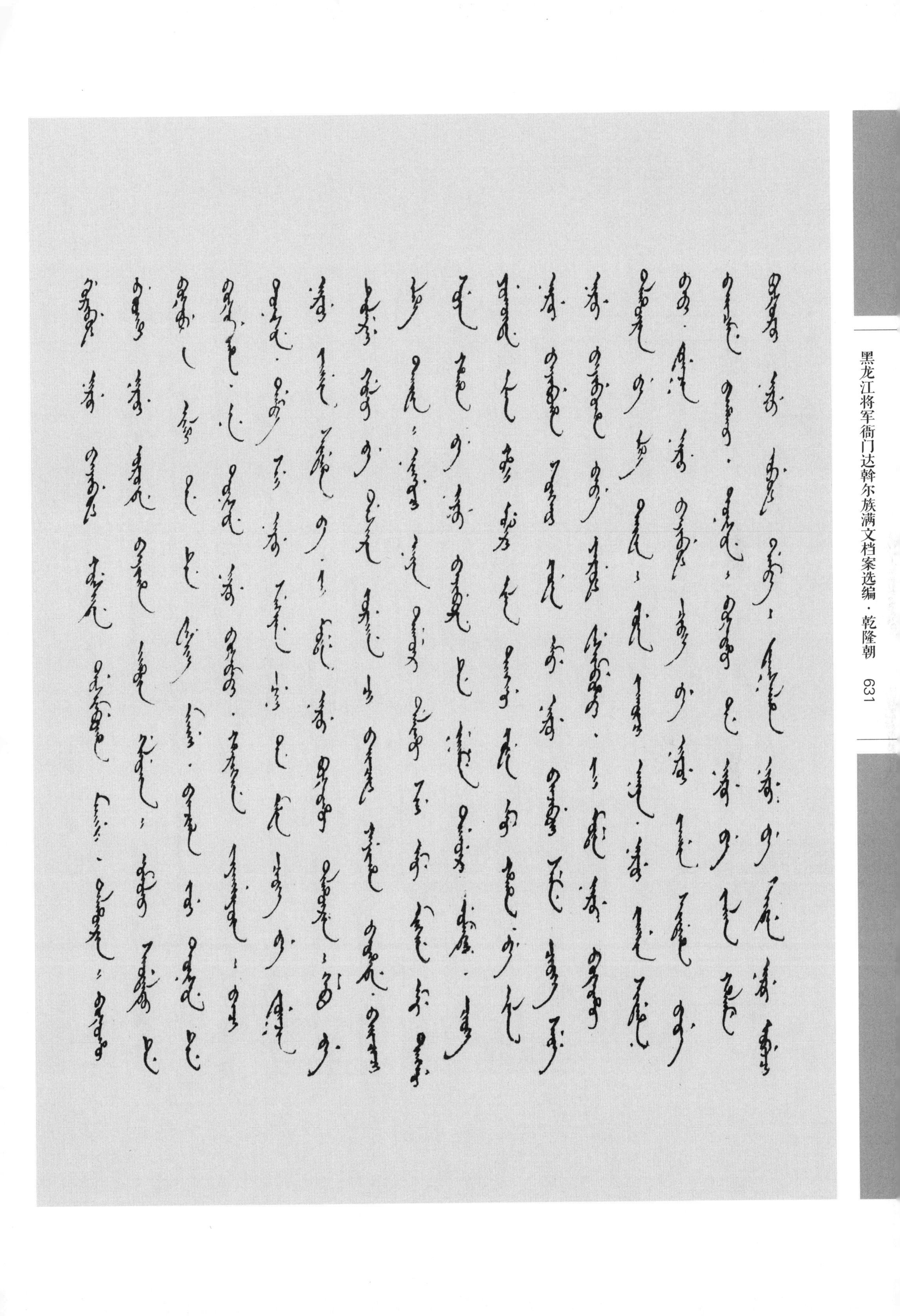

[illegible]

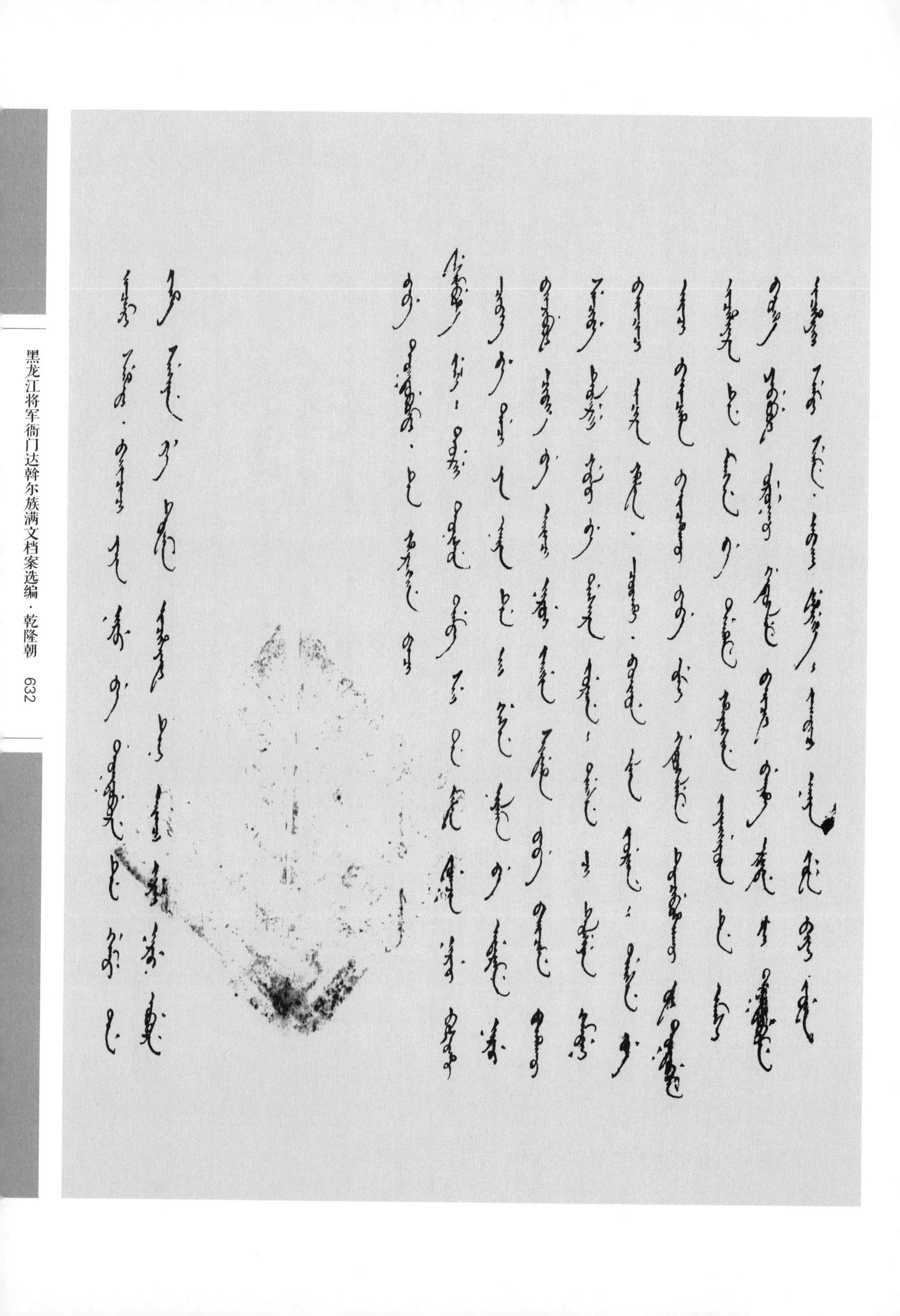

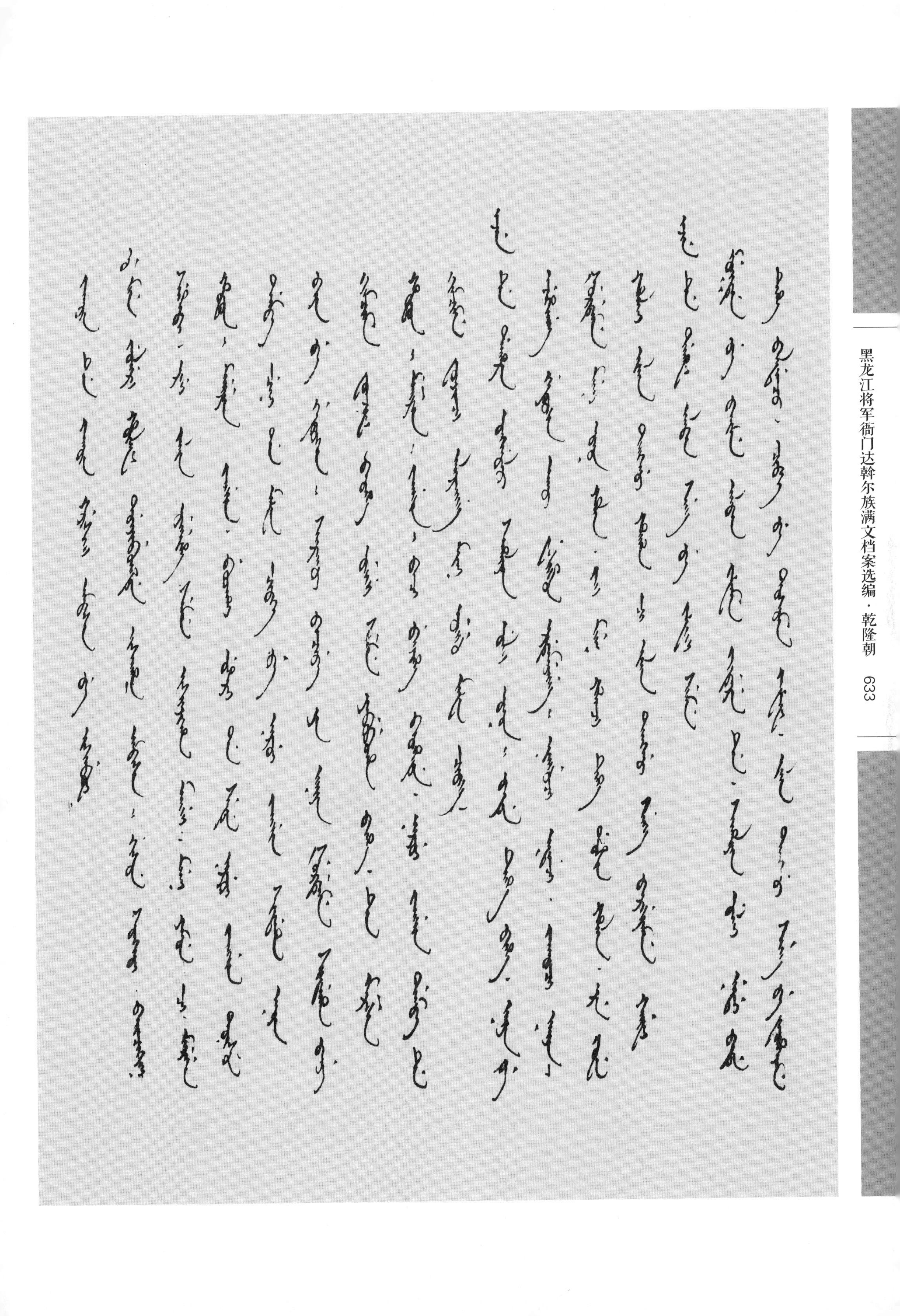

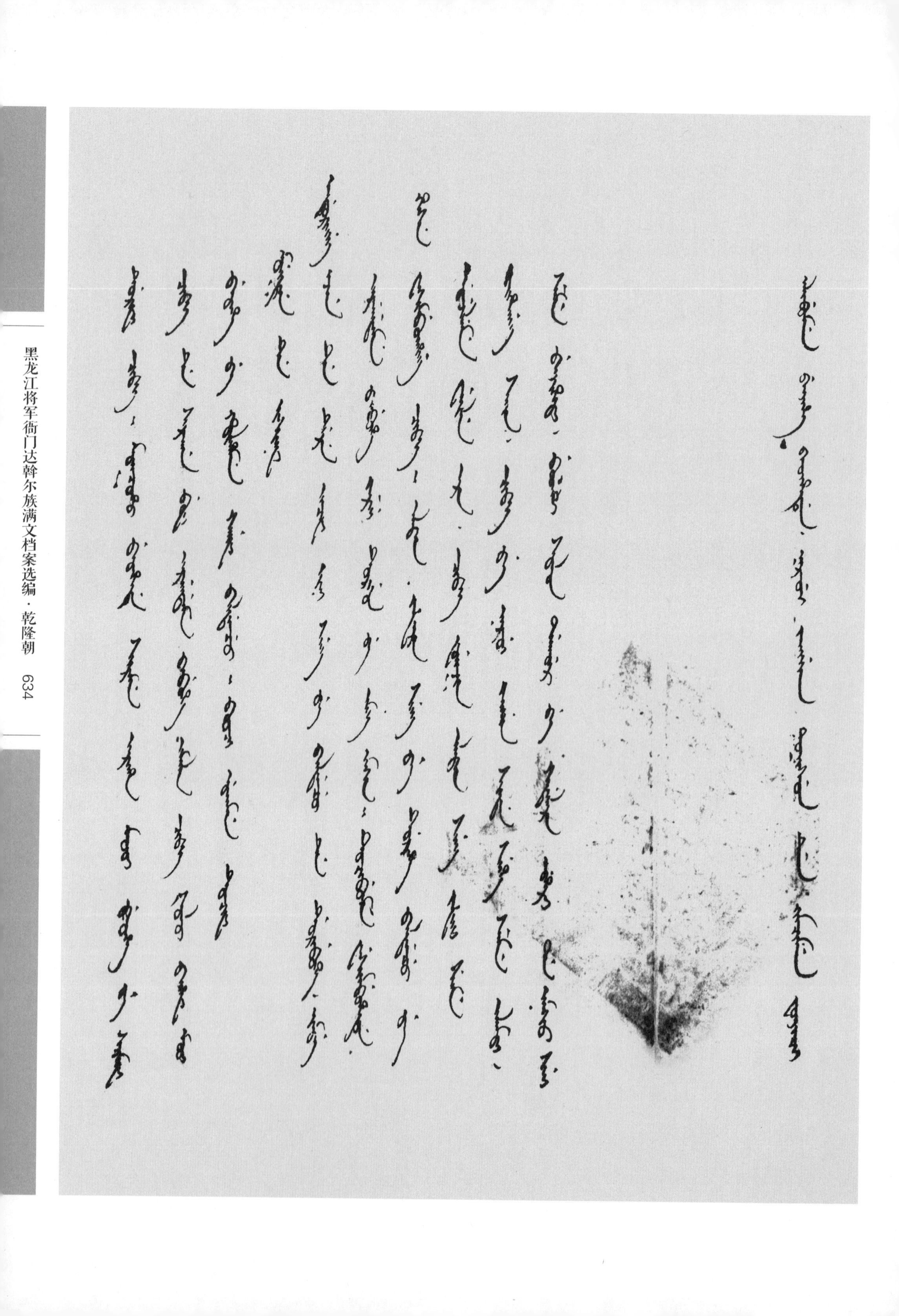

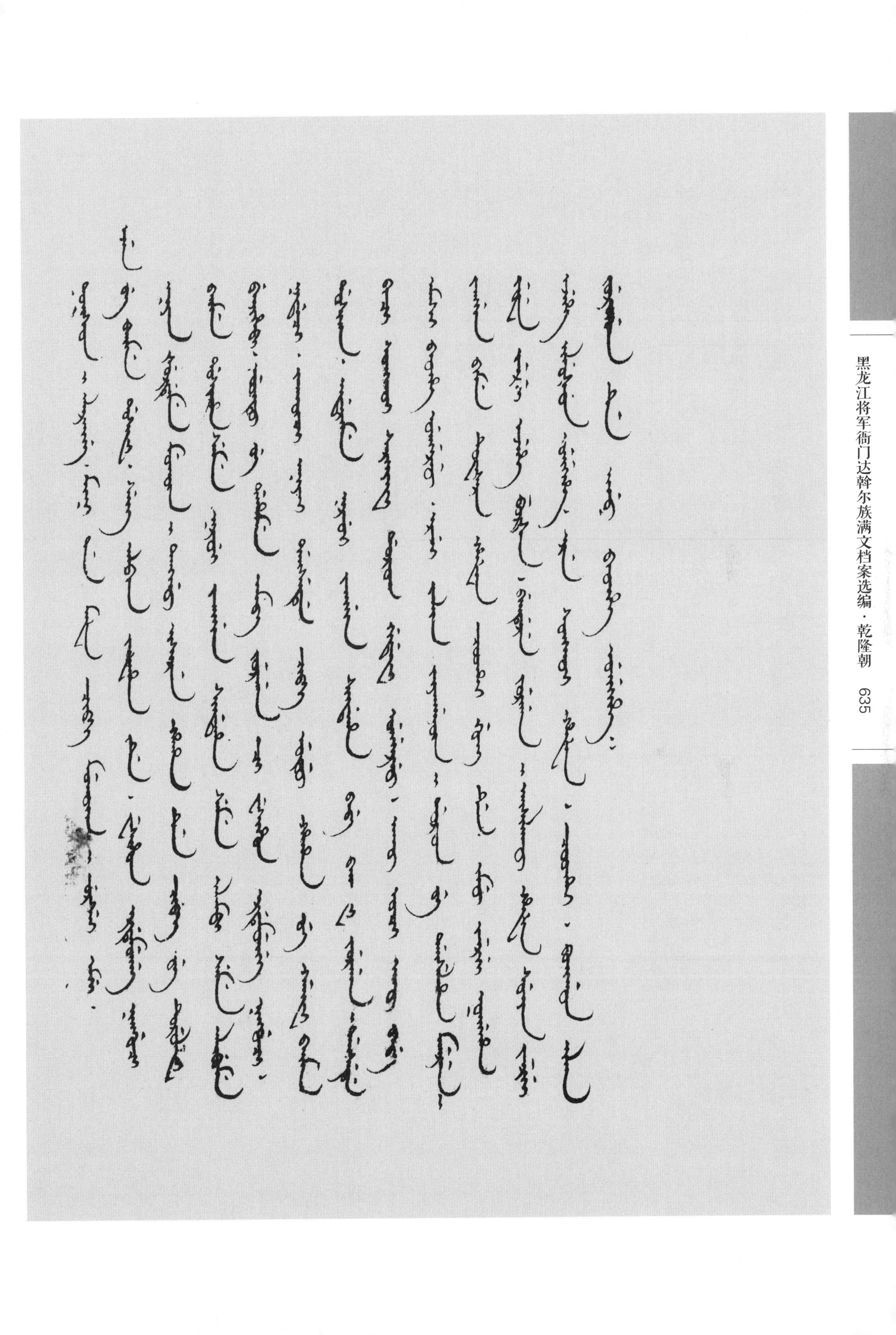

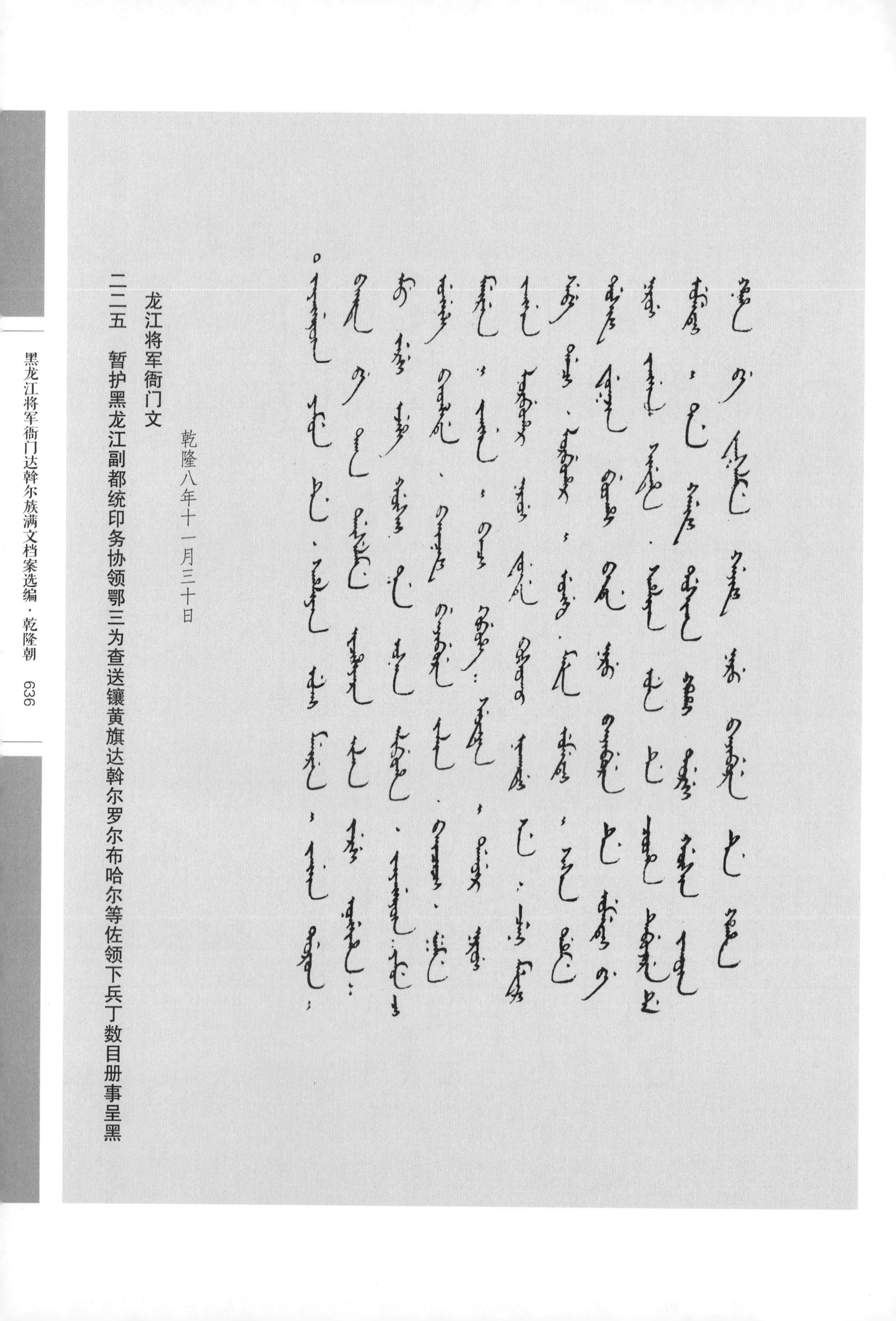

二二二五　暂护黑龙江副都统印务协领鄂三为查送镶黄旗达斡尔罗尔布哈尔等佐领下兵丁数目册事呈黑龙江将军衙门文

乾隆八年十一月三十日

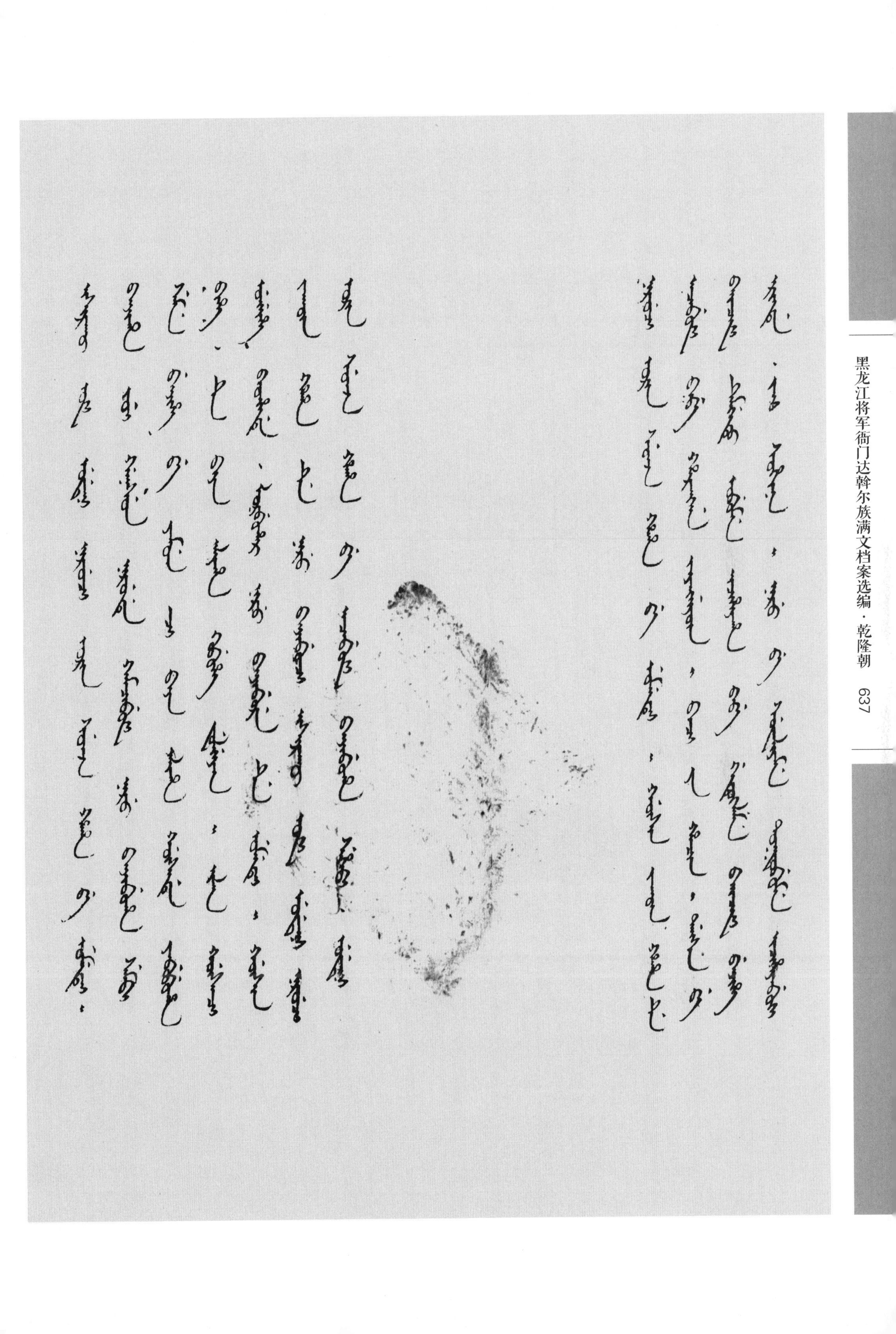

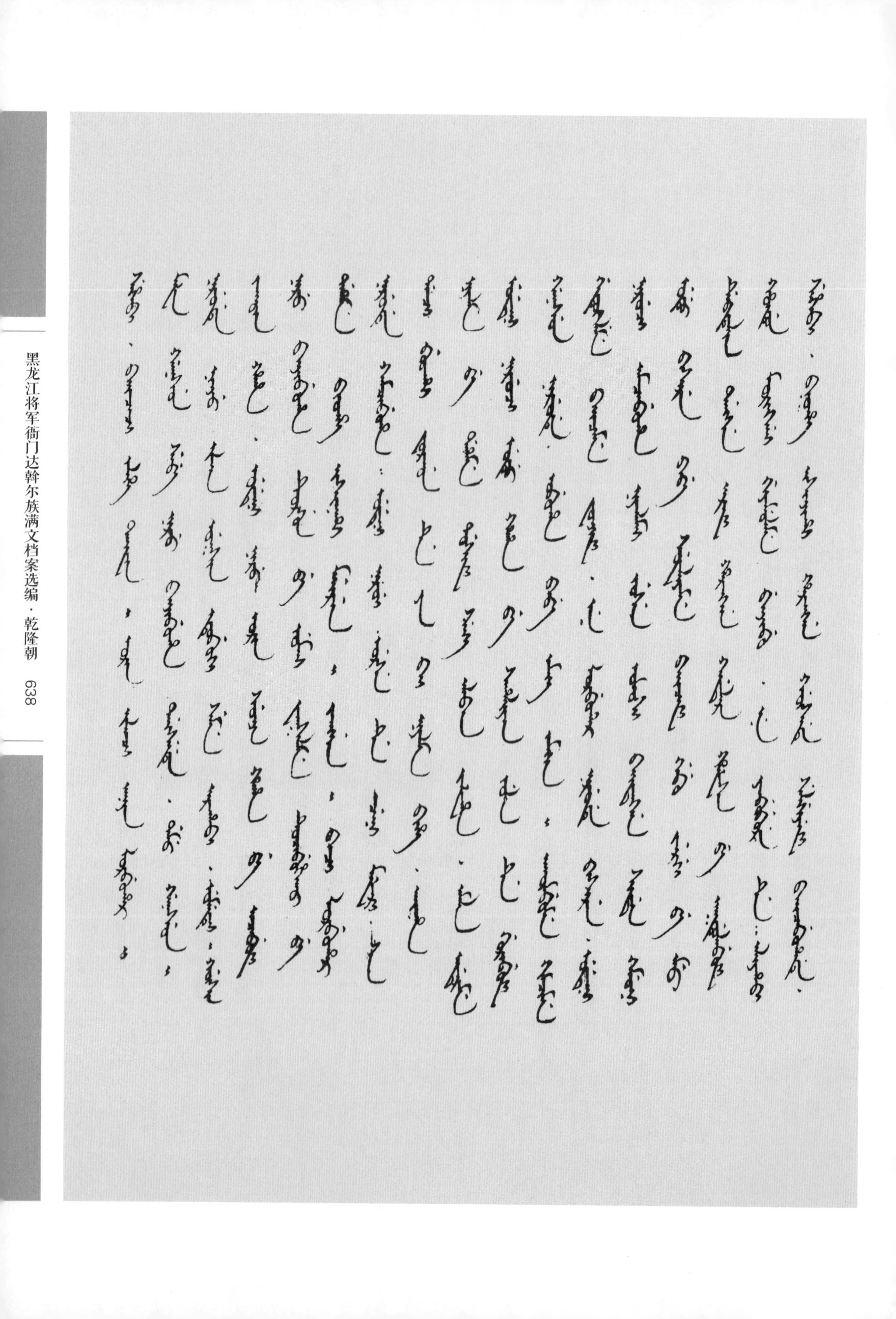

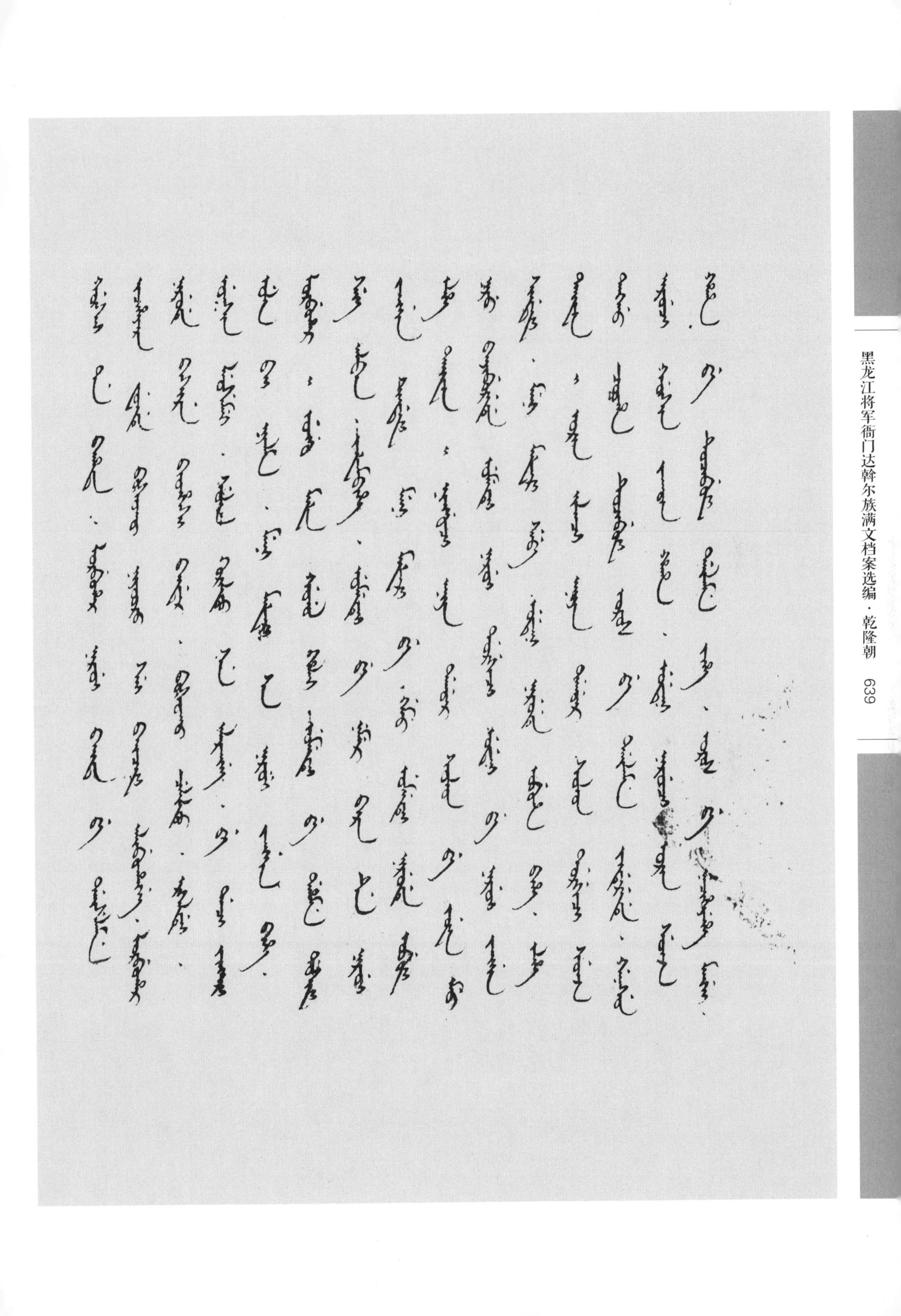

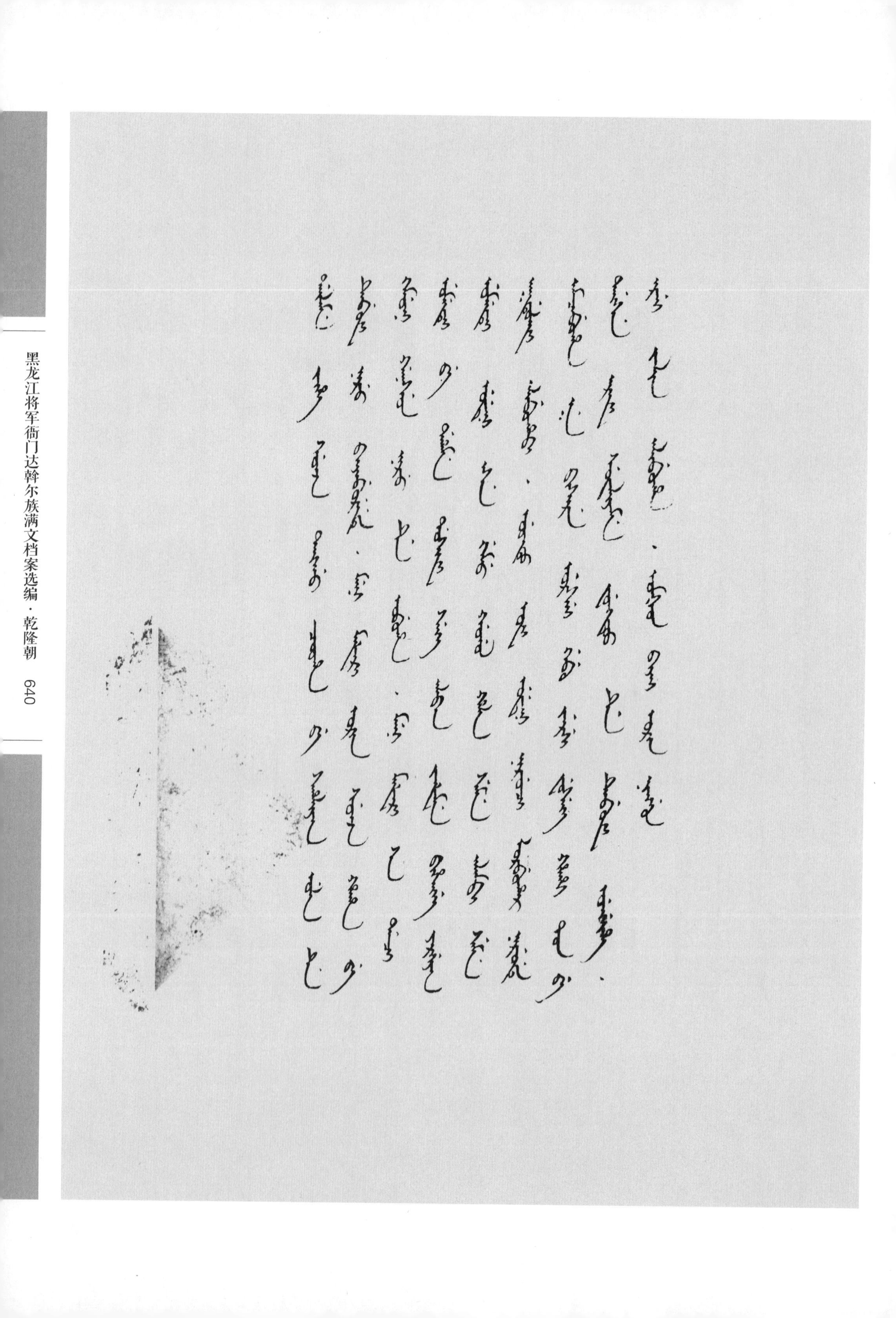

[illegible]

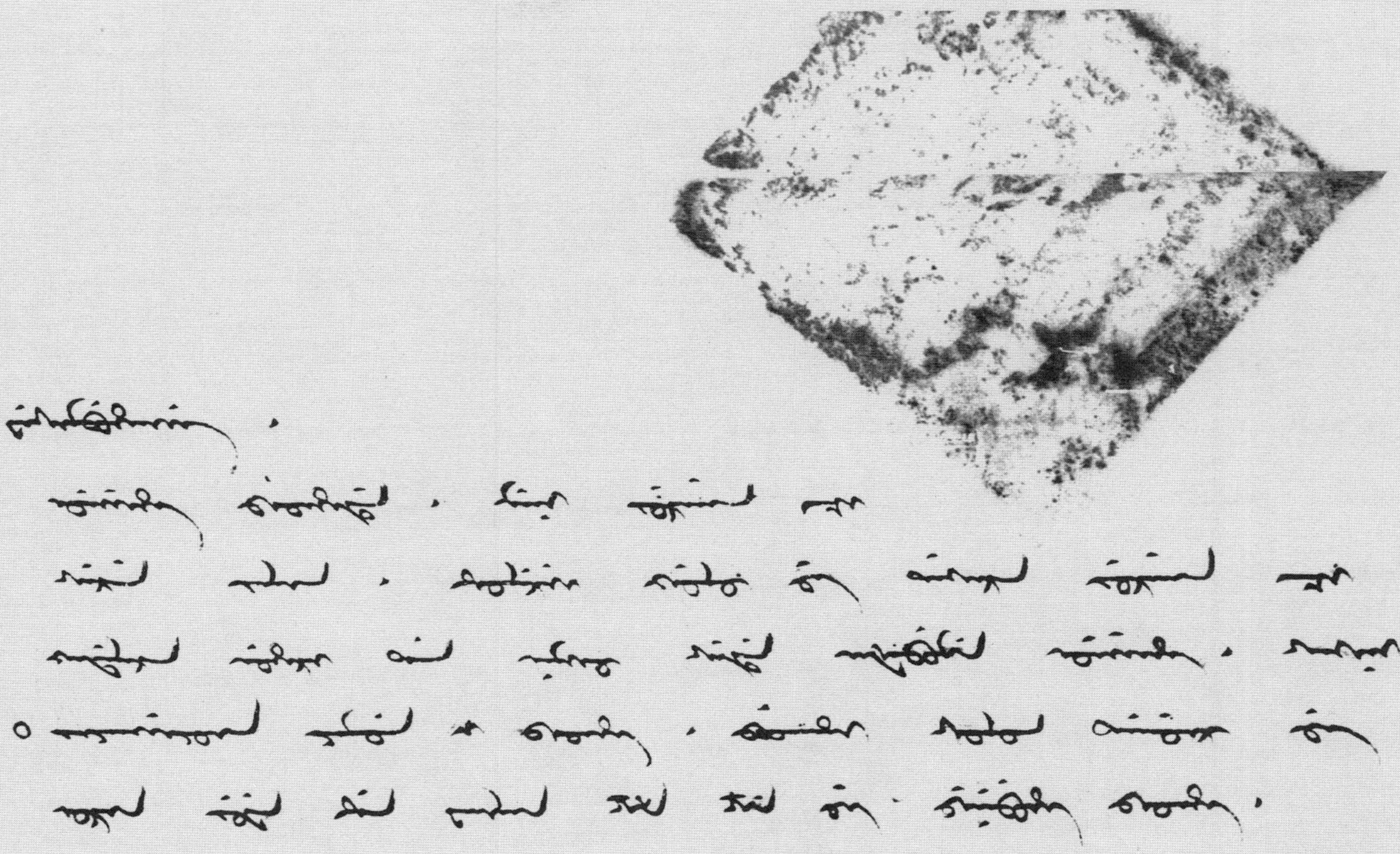

乾隆九年正月二十二日

二二六 黑龙江将军衙门为镶黄旗达斡尔佐领纳苏勒图等年迈休致事札布特哈索伦达斡尔总管纳木球等文

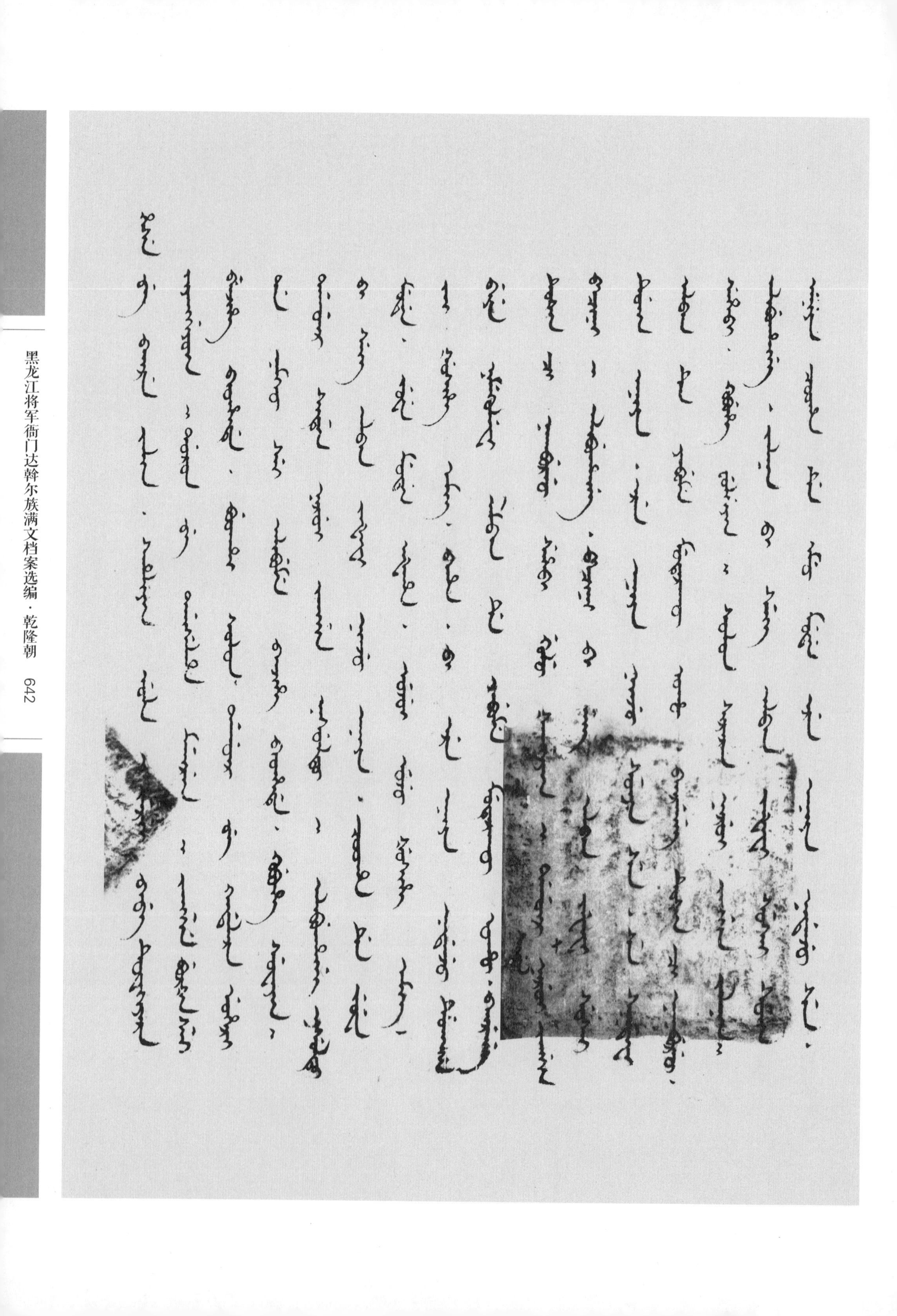

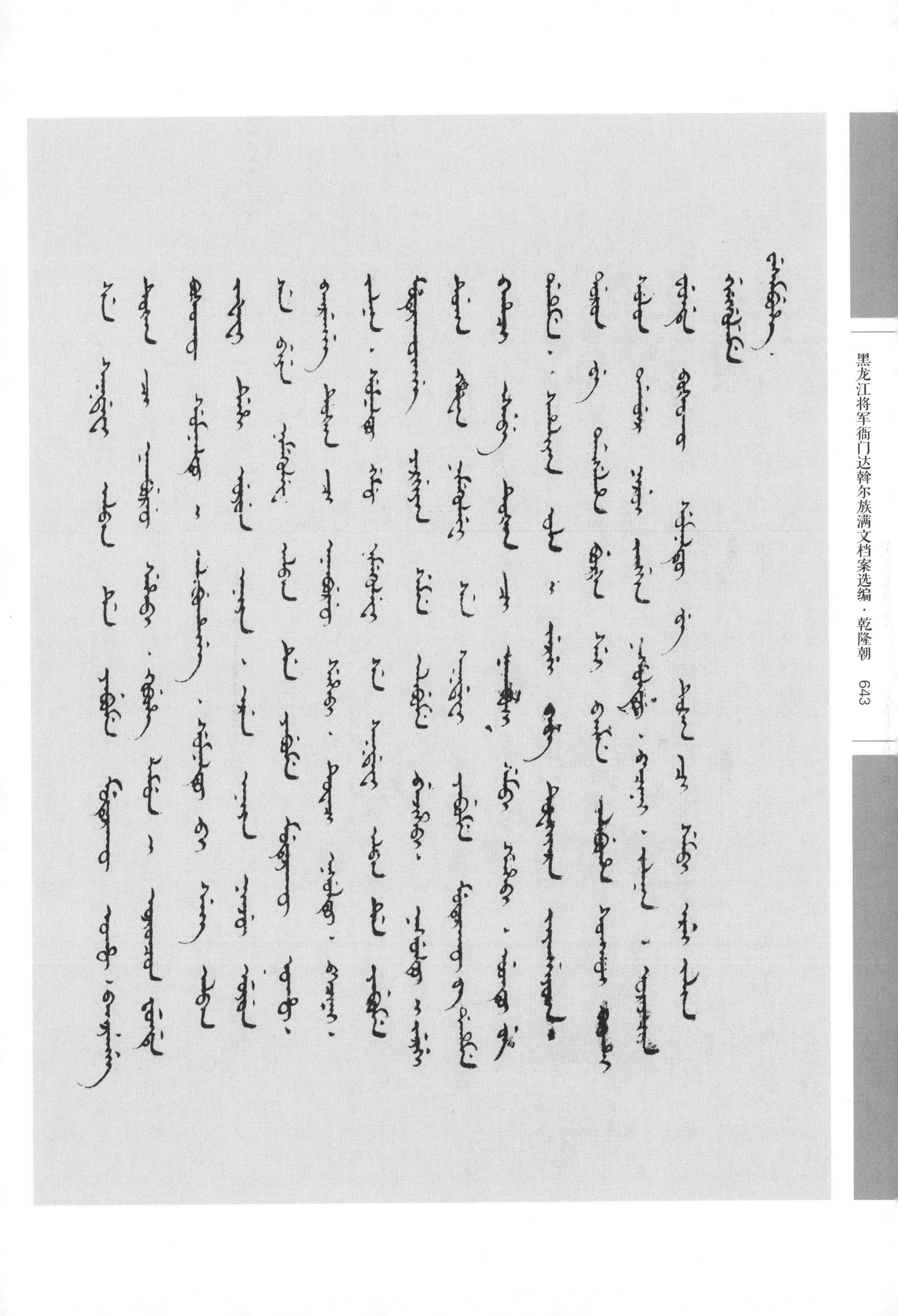

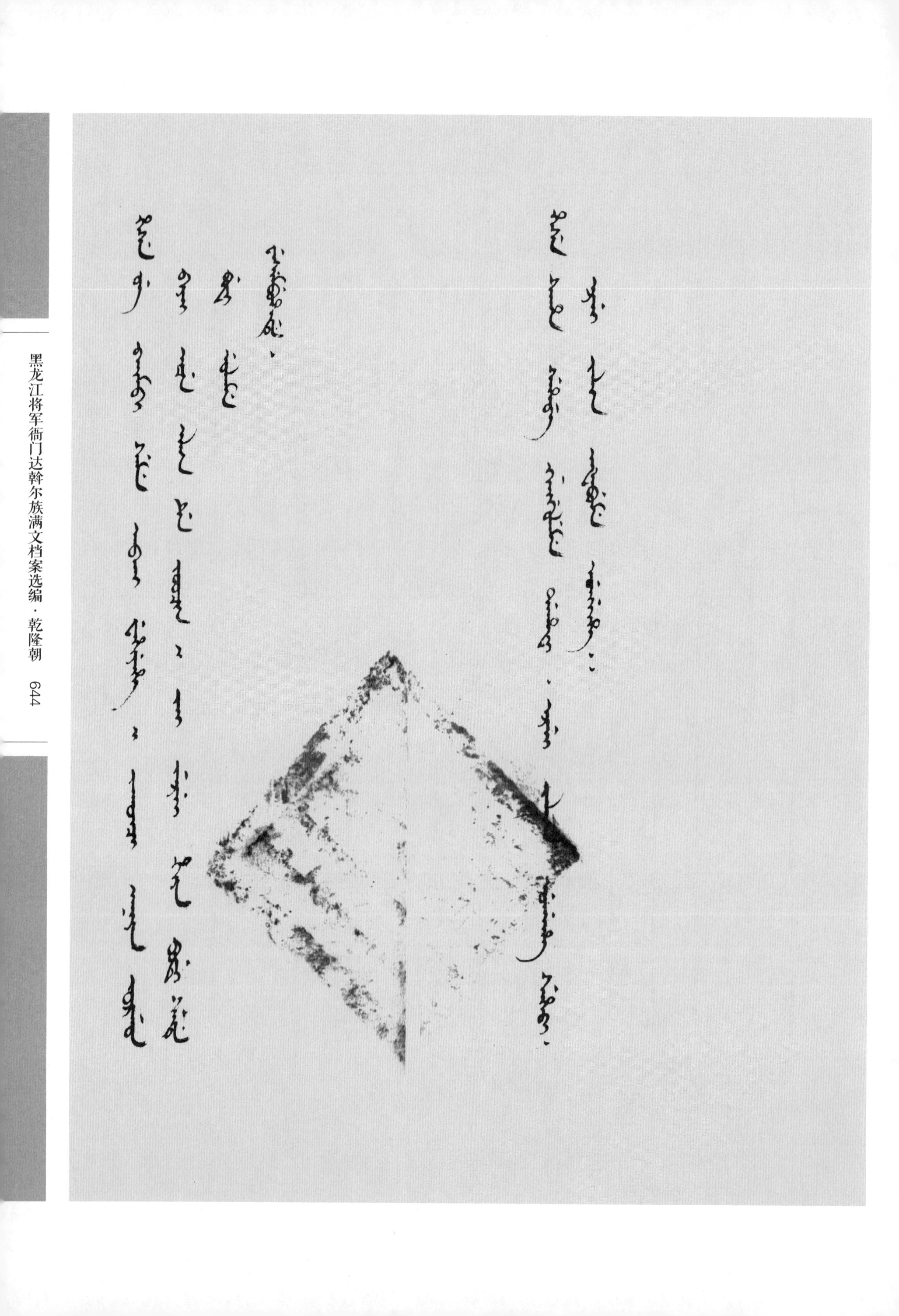

[illegible]

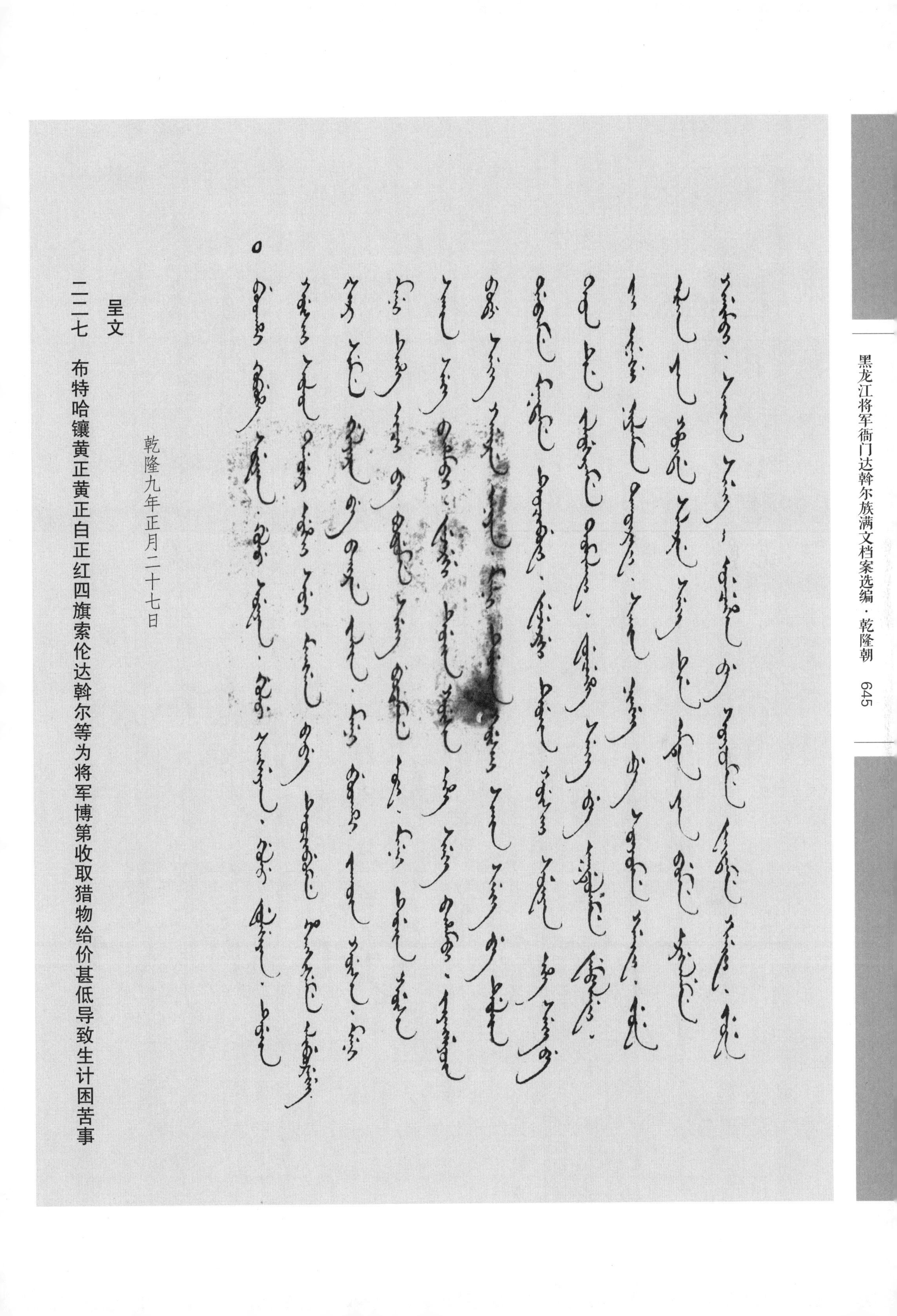

二二七　布特哈镶黄正黄正白正红四旗索伦达斡尔等为将军博第收取猎物给价甚低导致生计困苦事

呈文

乾隆九年正月二十七日

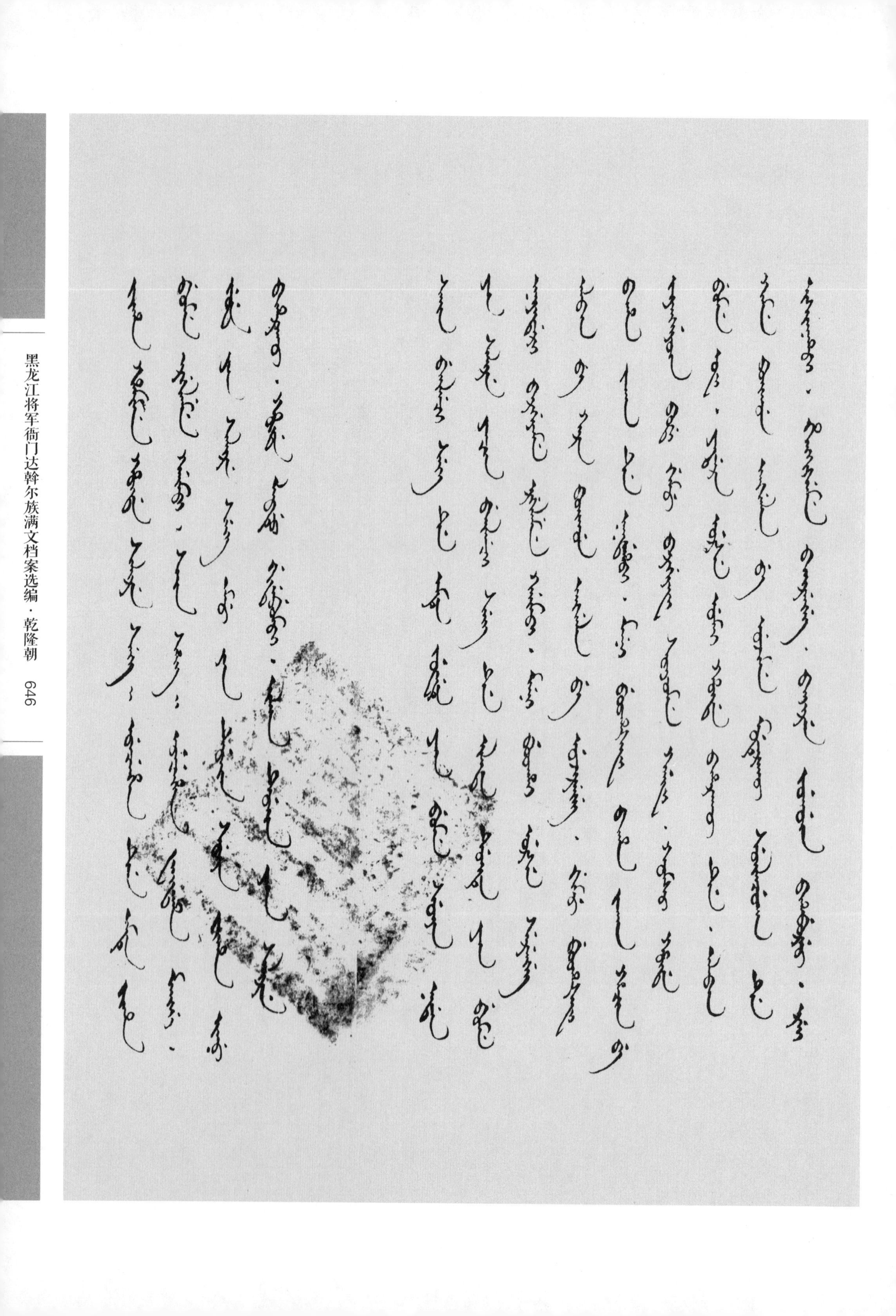

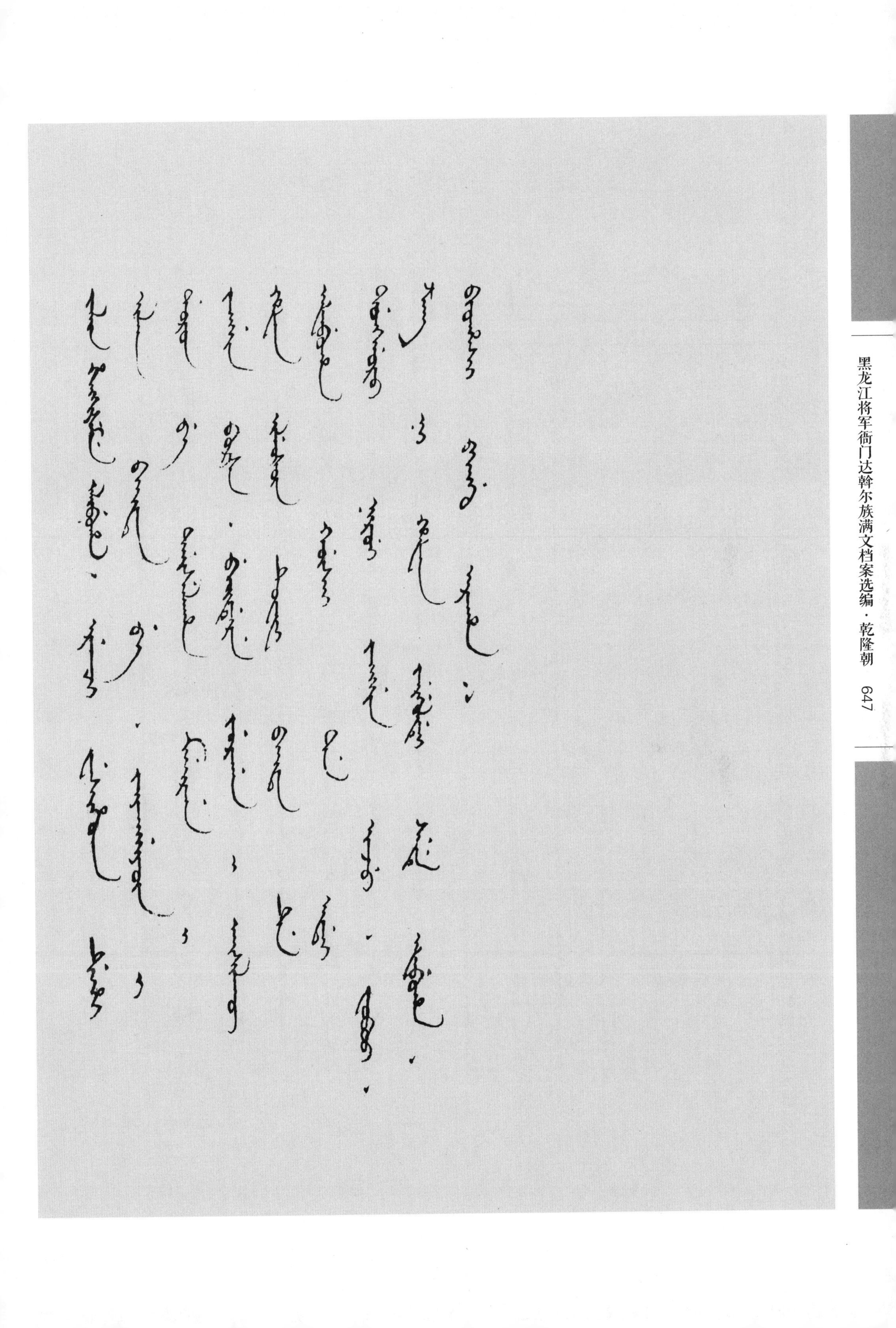

[illegible]

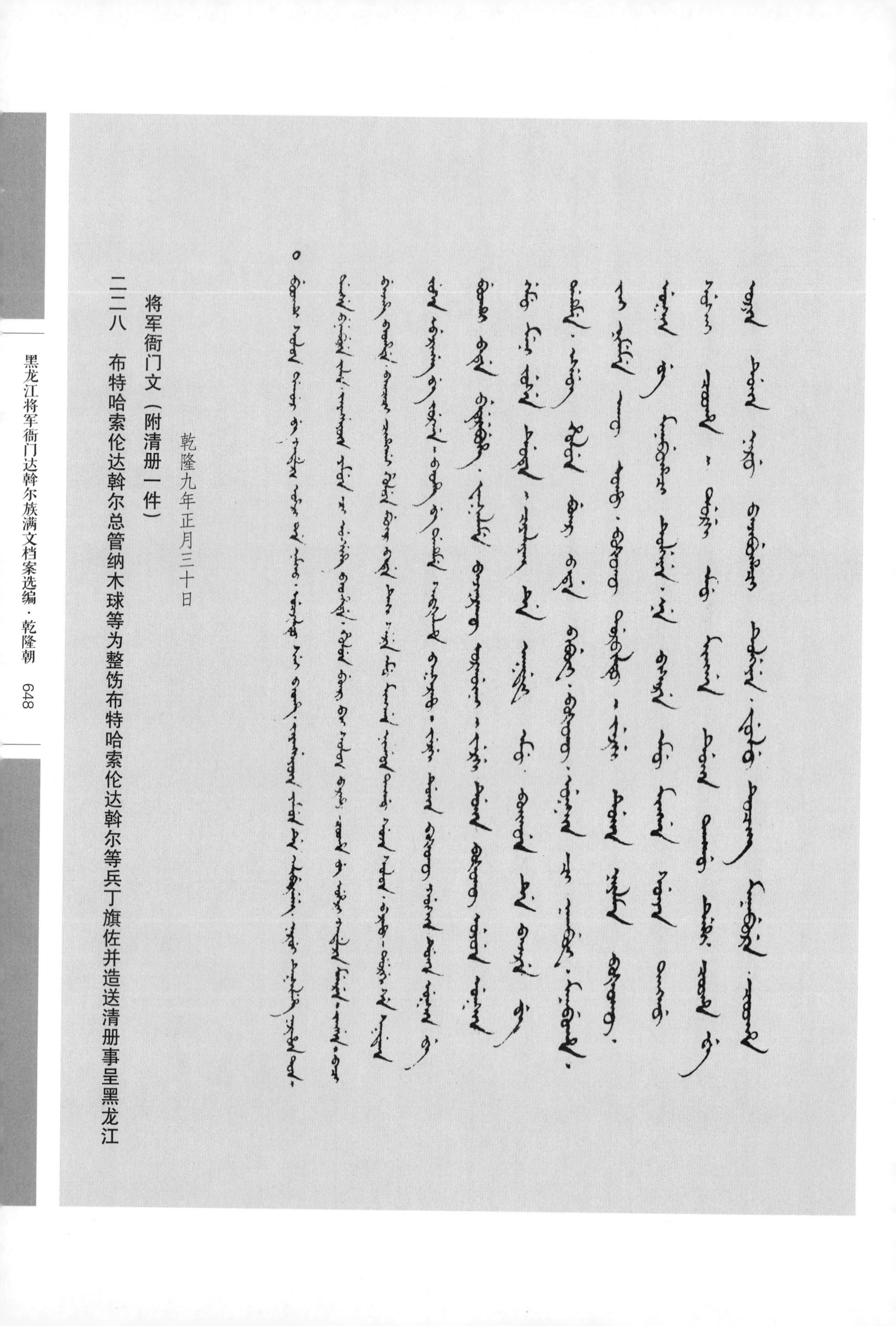

二二二八　布特哈索伦达斡尔总管纳木球等为整饬布特哈索伦达斡尔等兵丁旗佐并造送清册事呈黑龙江将军衙门文（附清册一件）

乾隆九年正月三十日

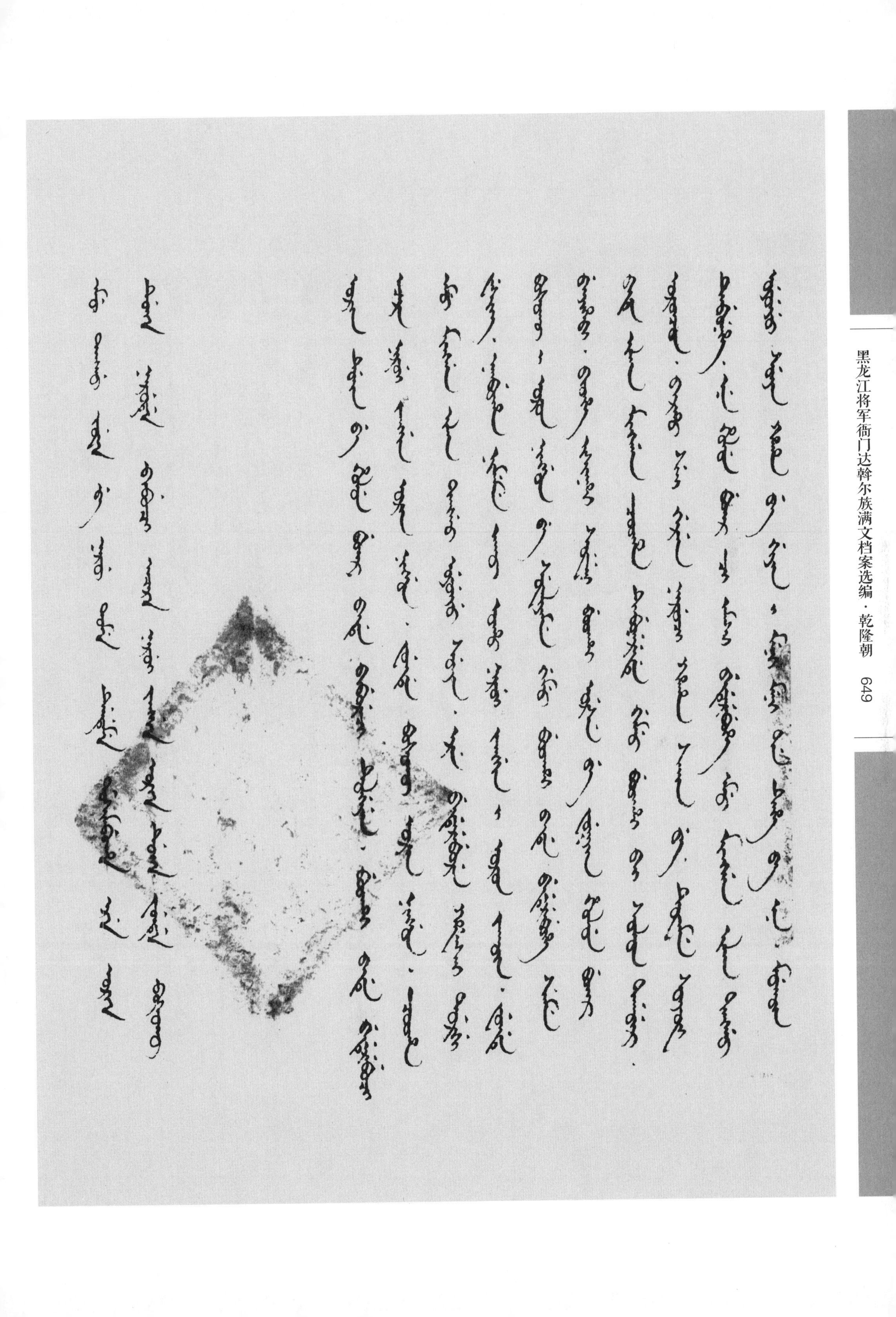

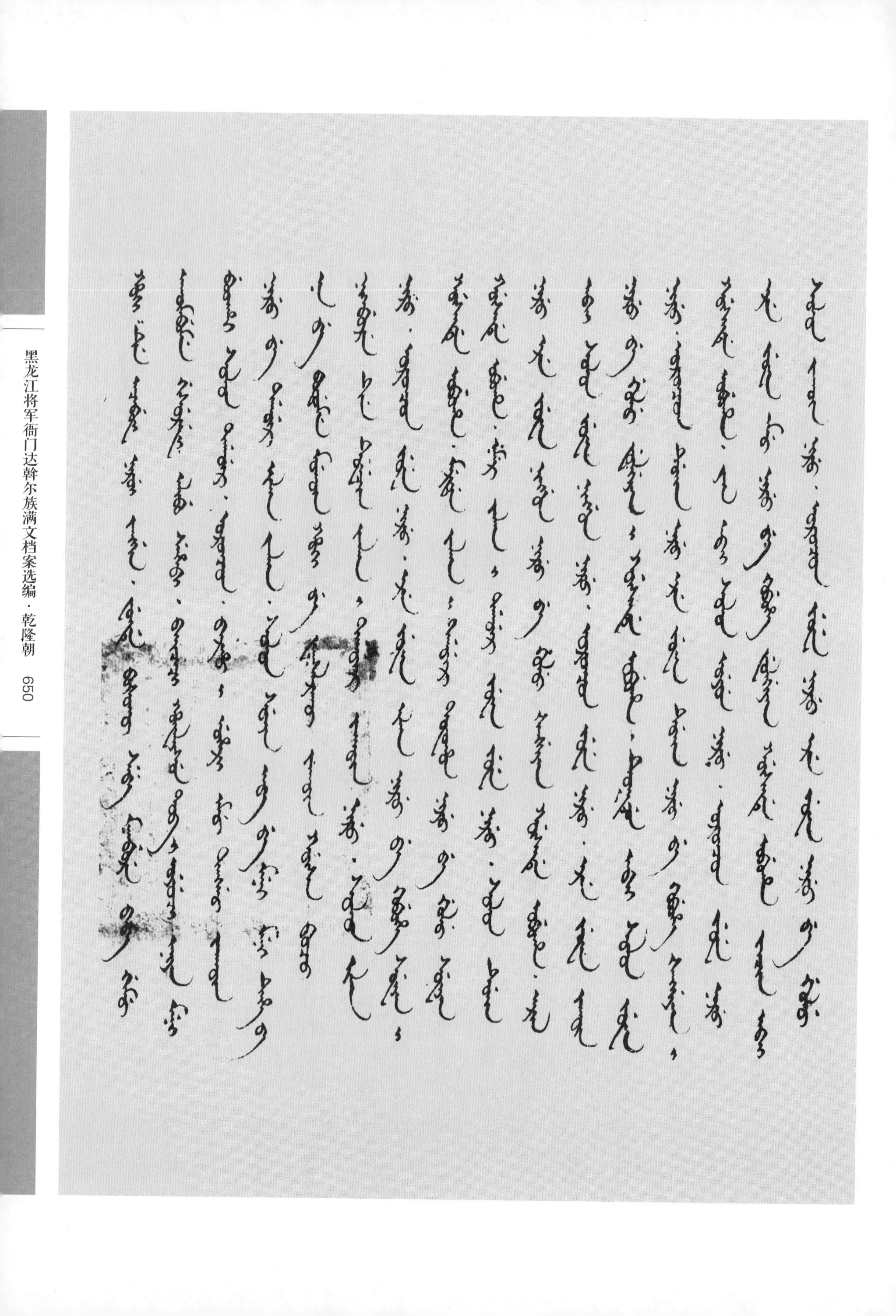

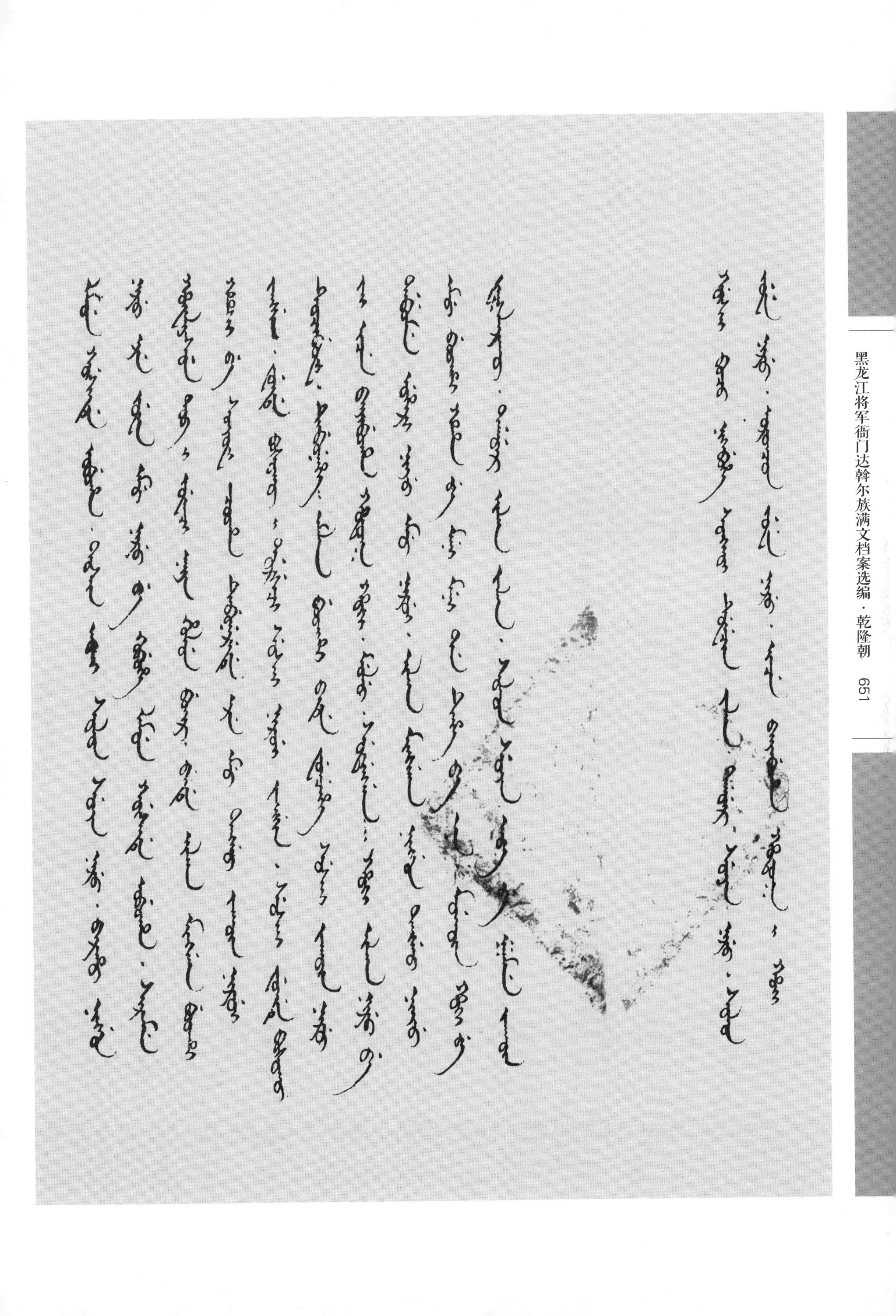

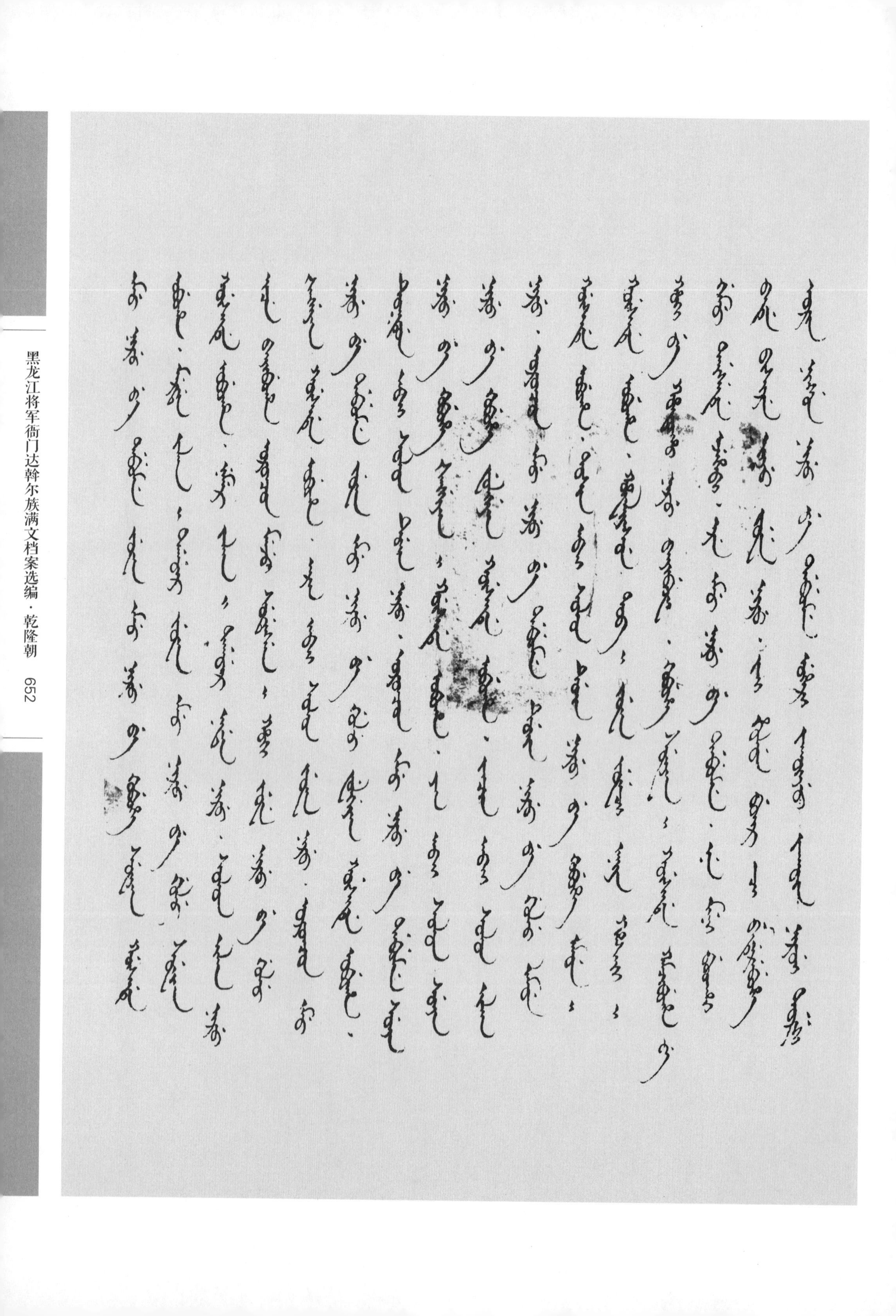

[illegible]

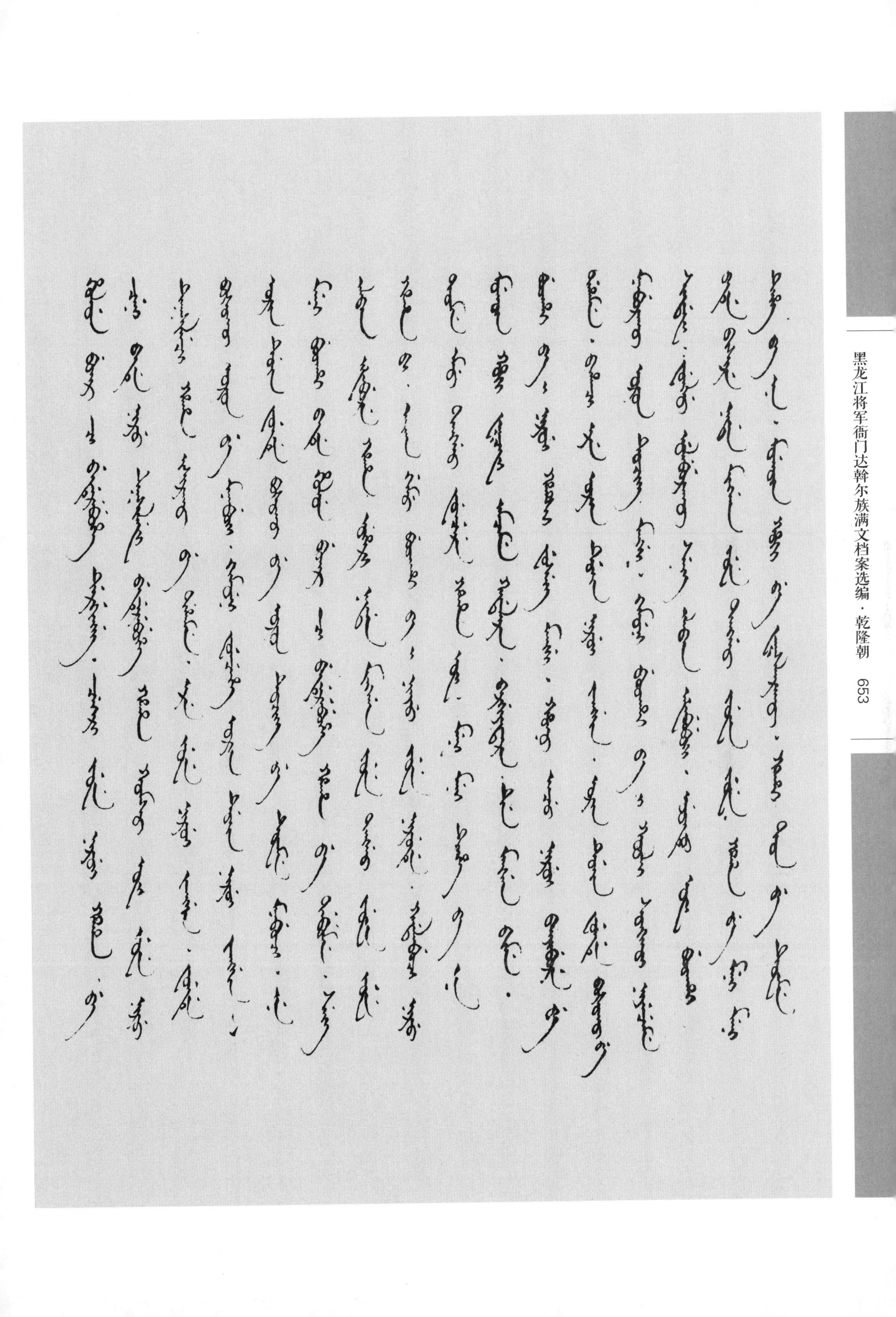

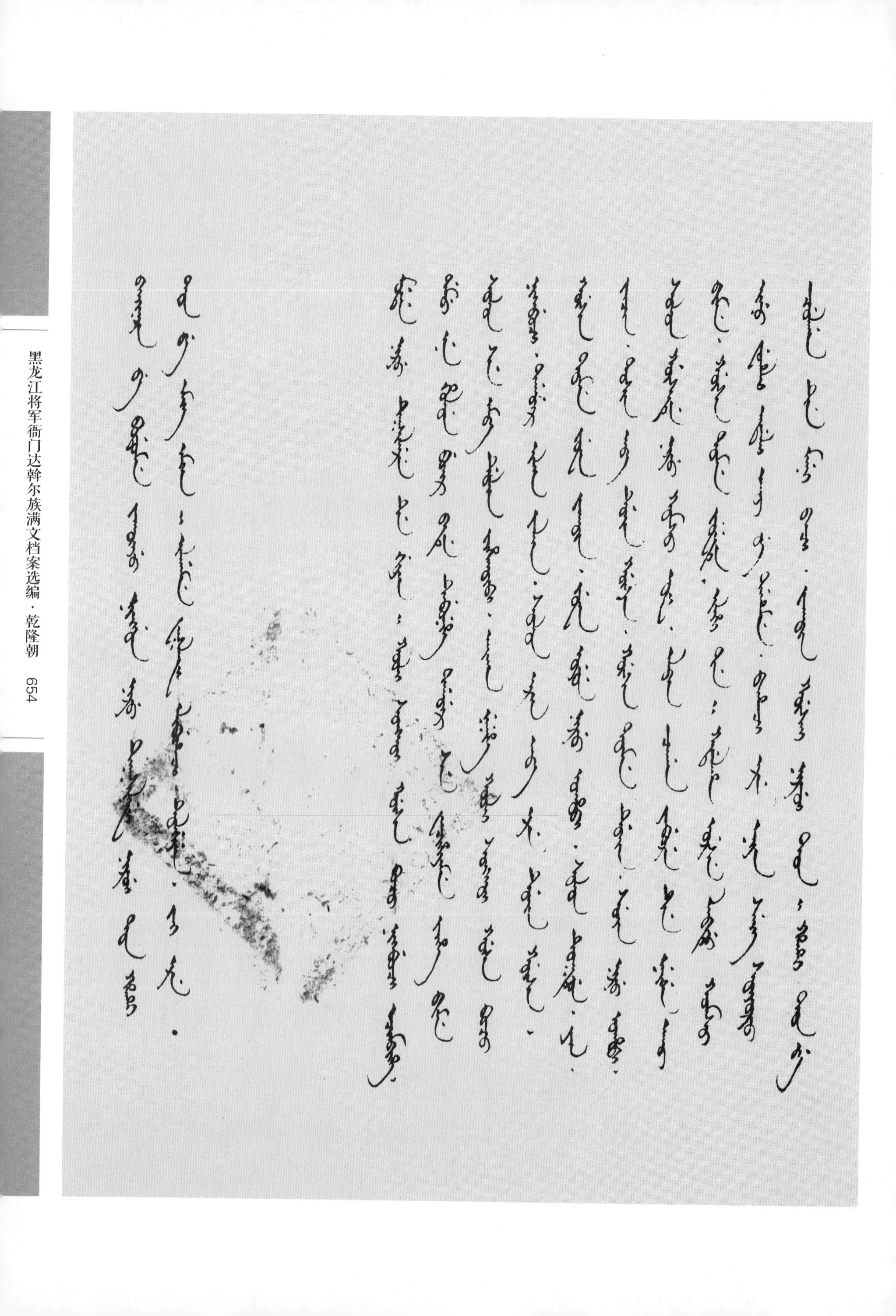

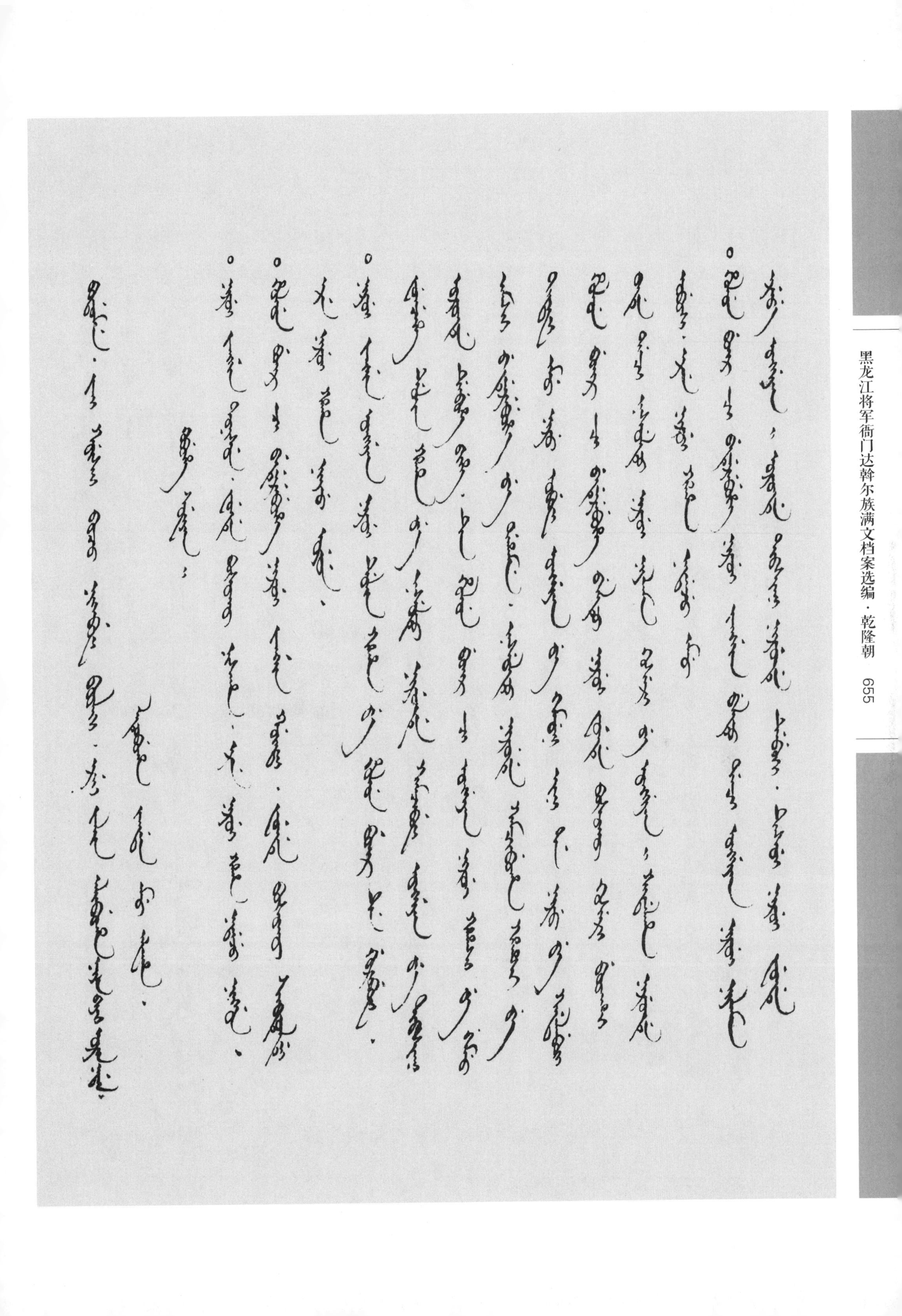

[illegible]

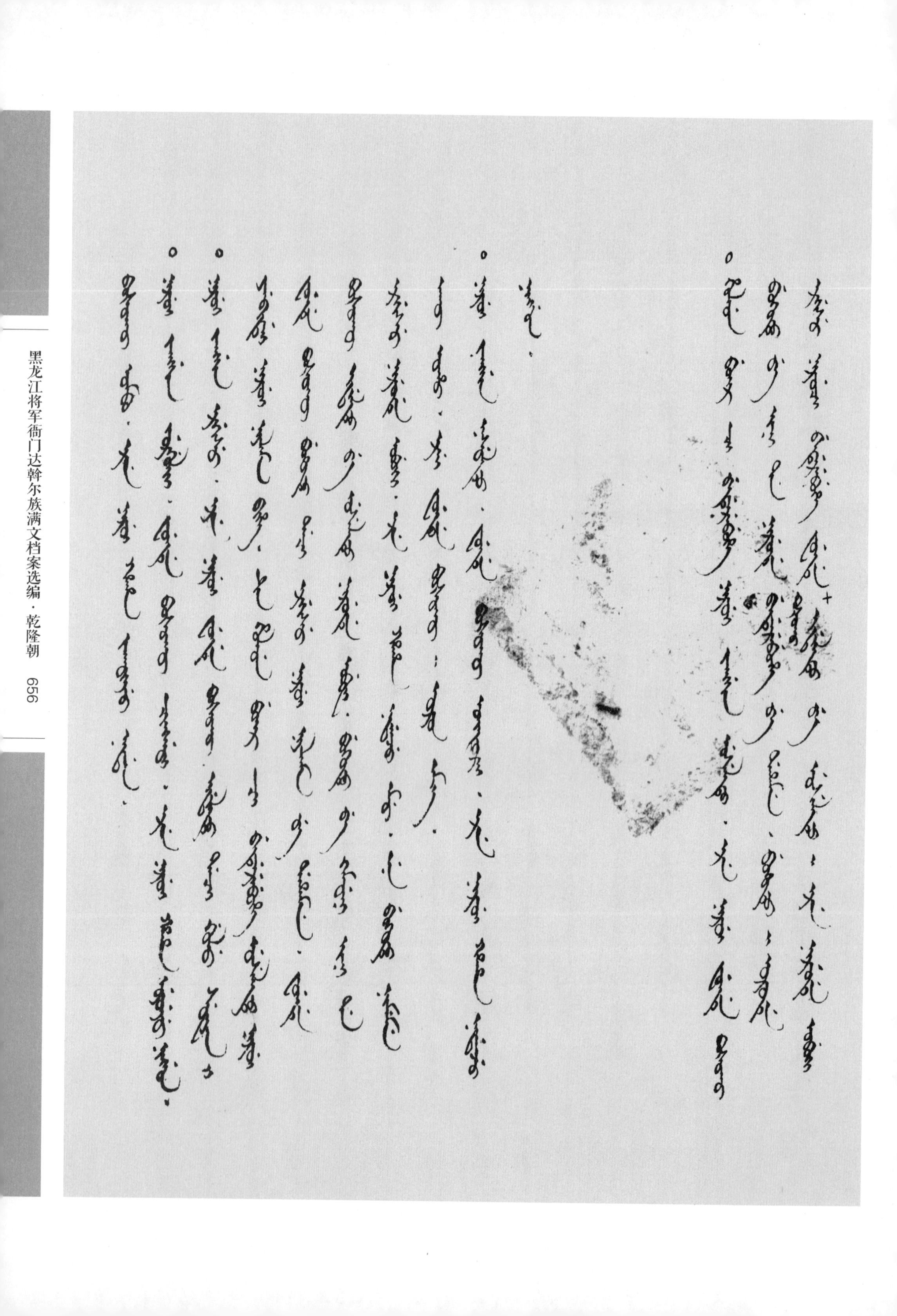

[illegible]

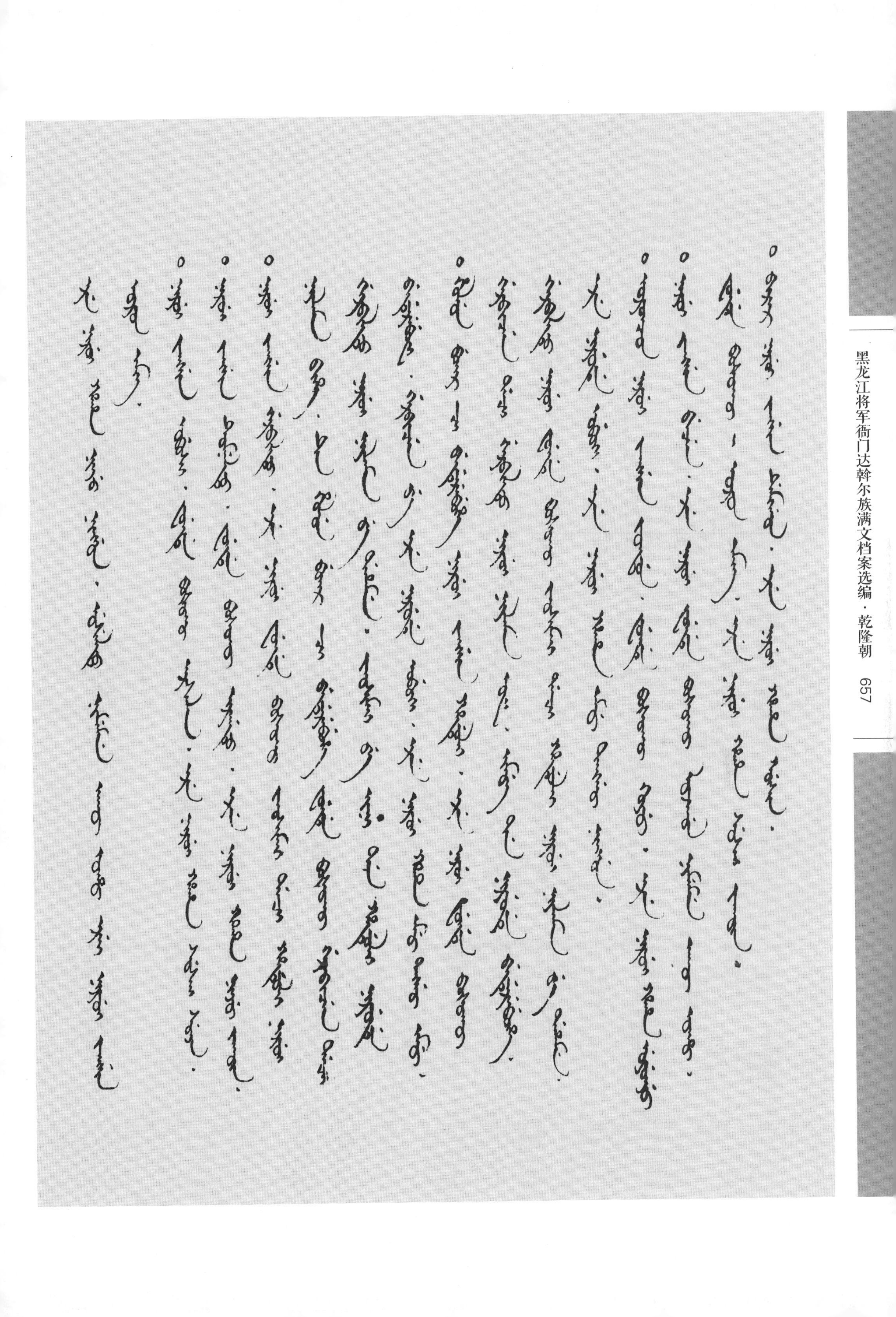

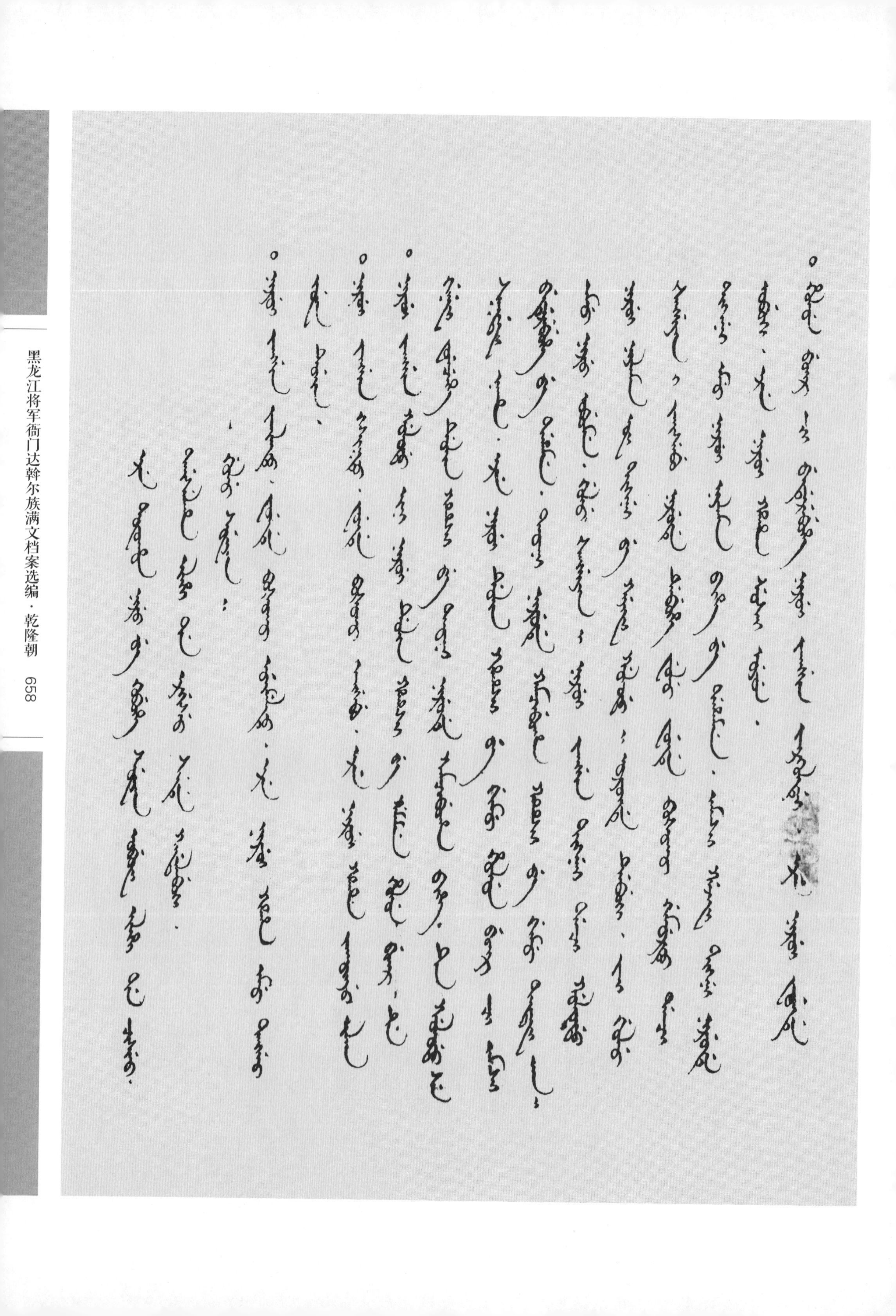

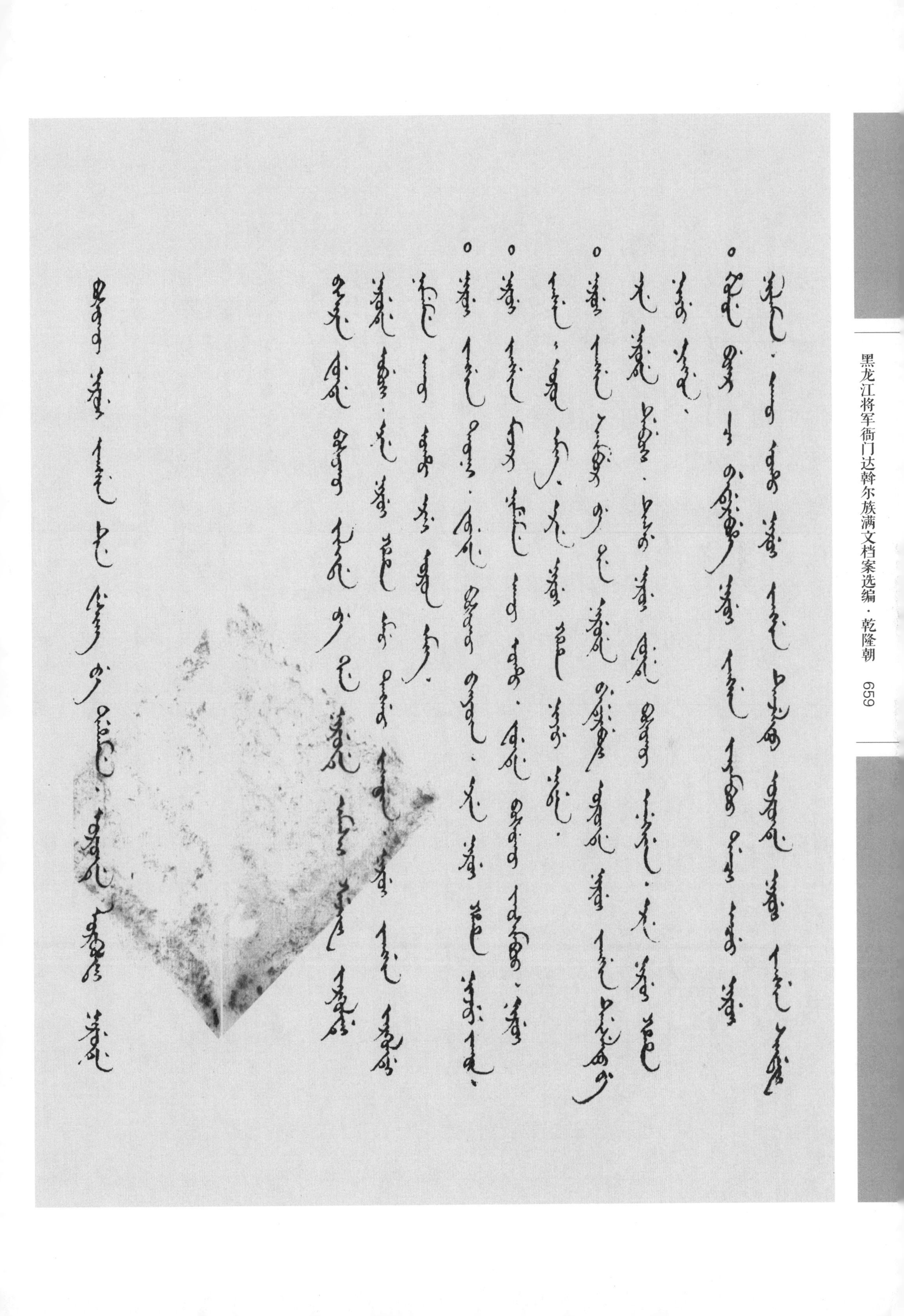

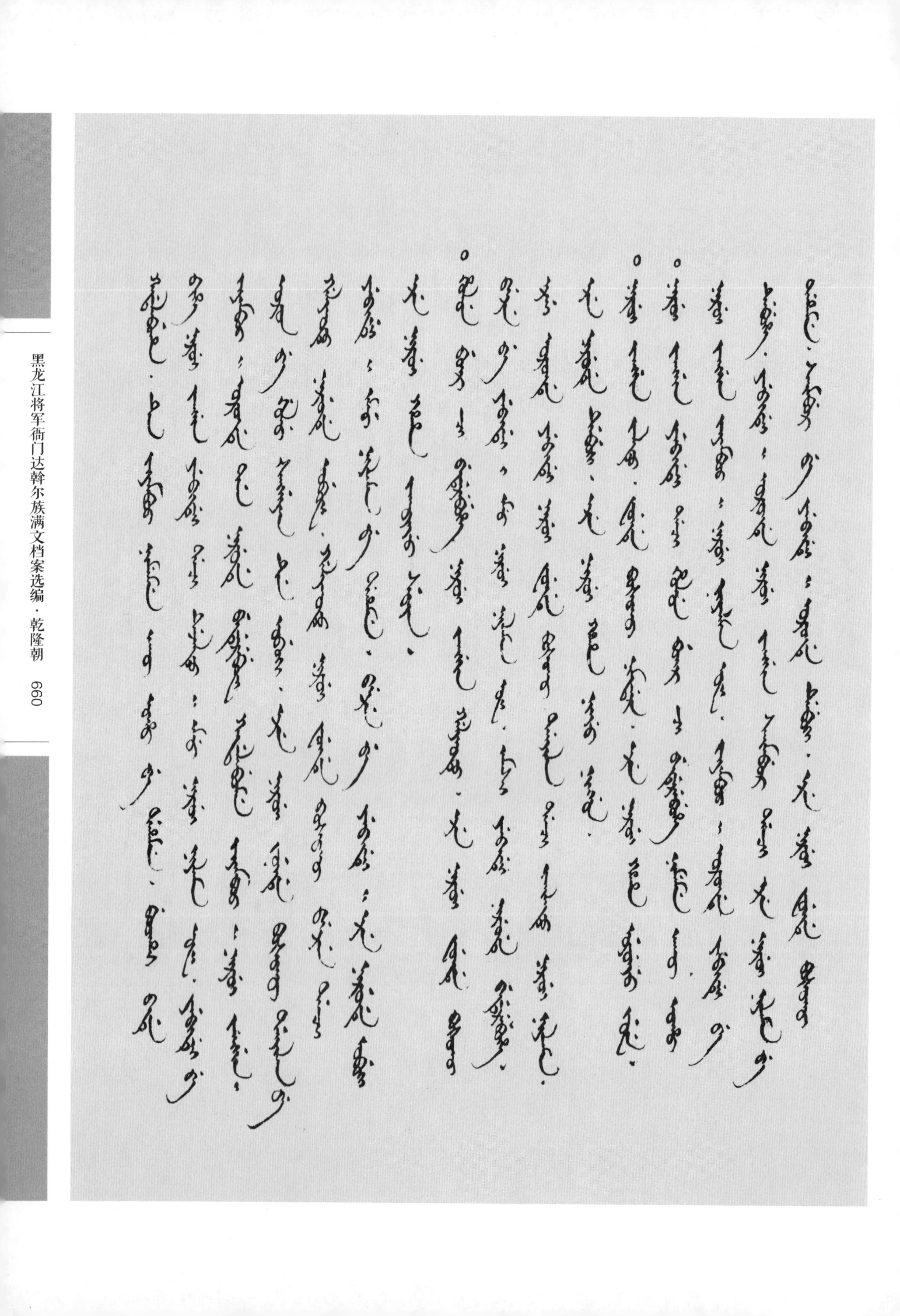

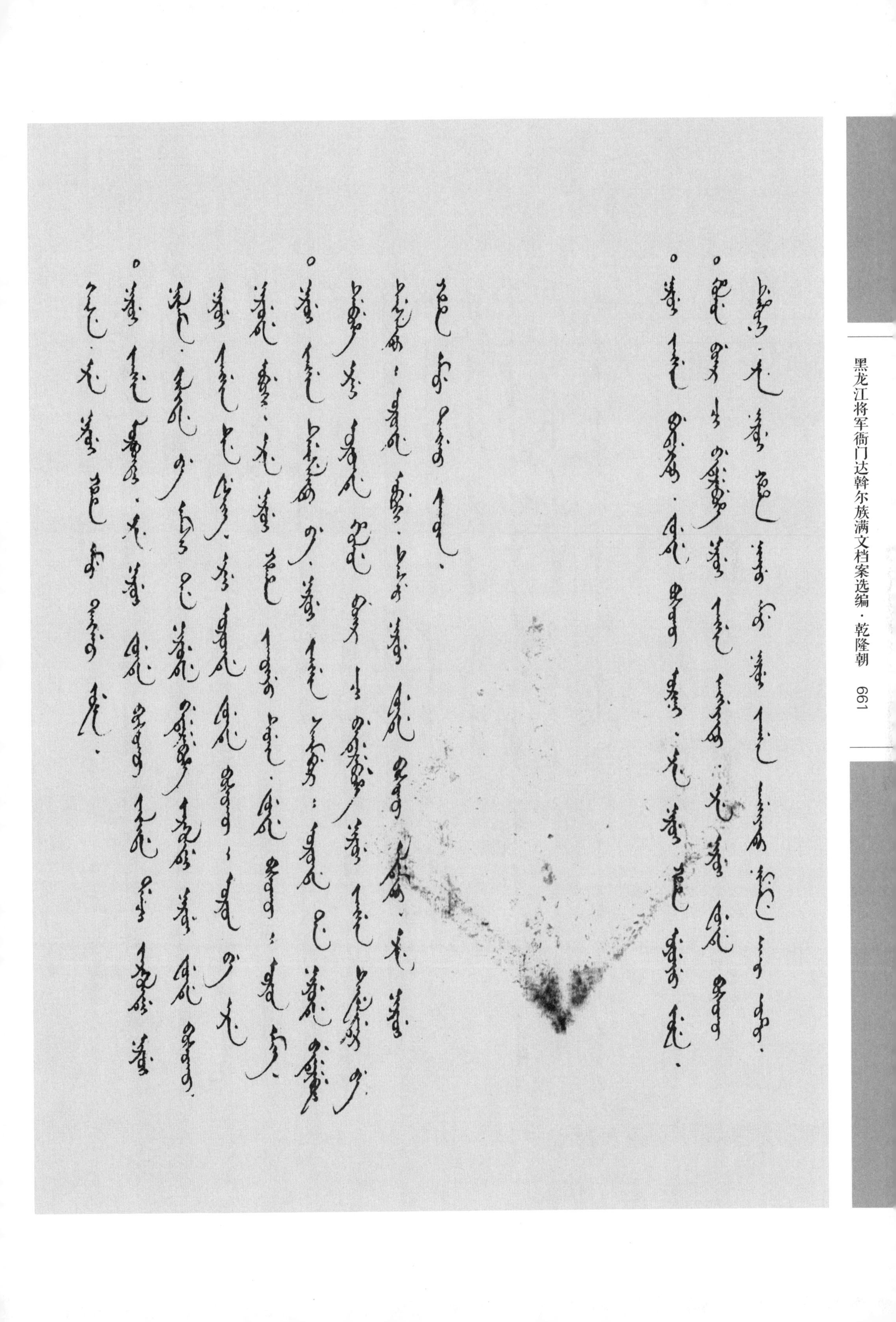

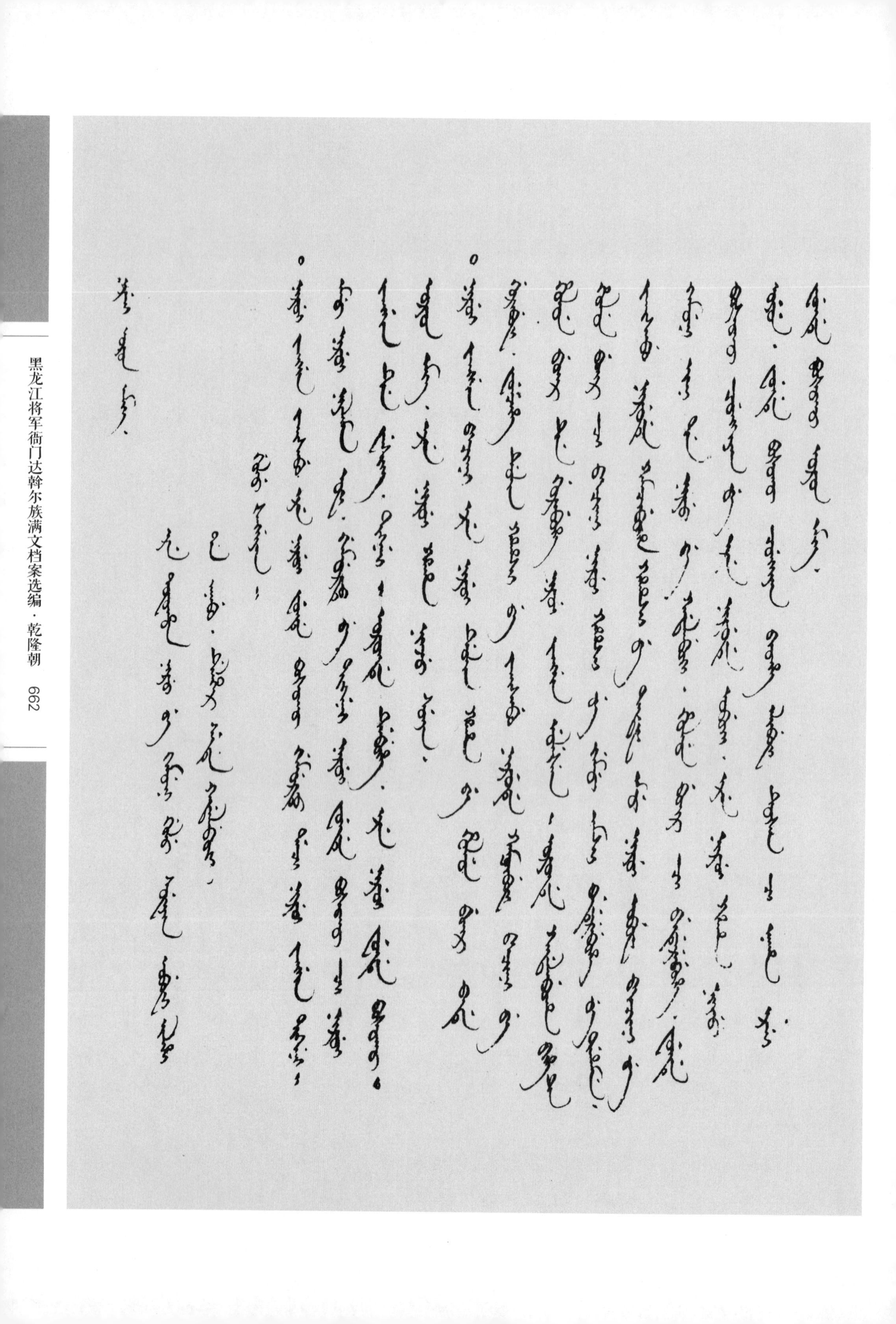

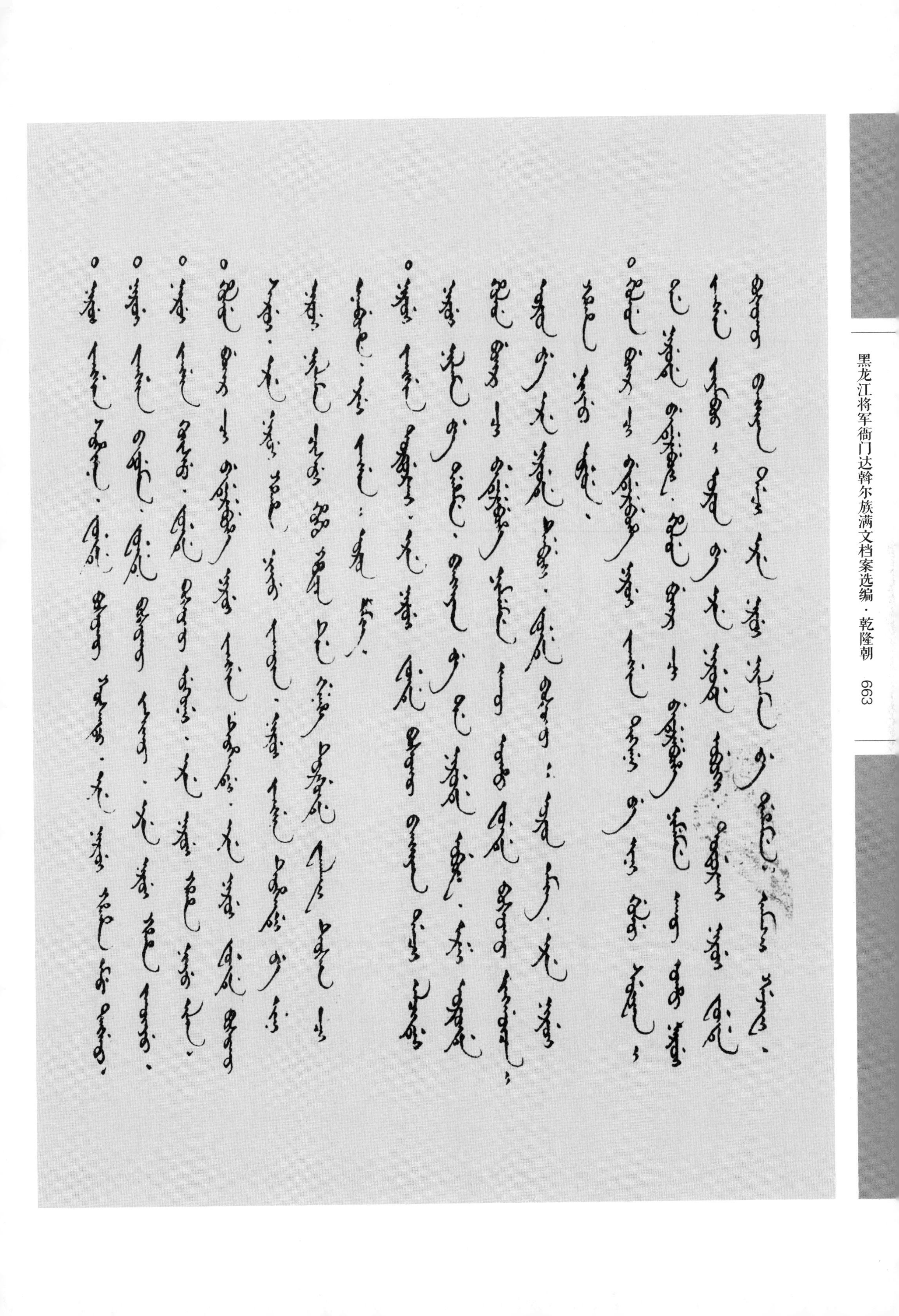

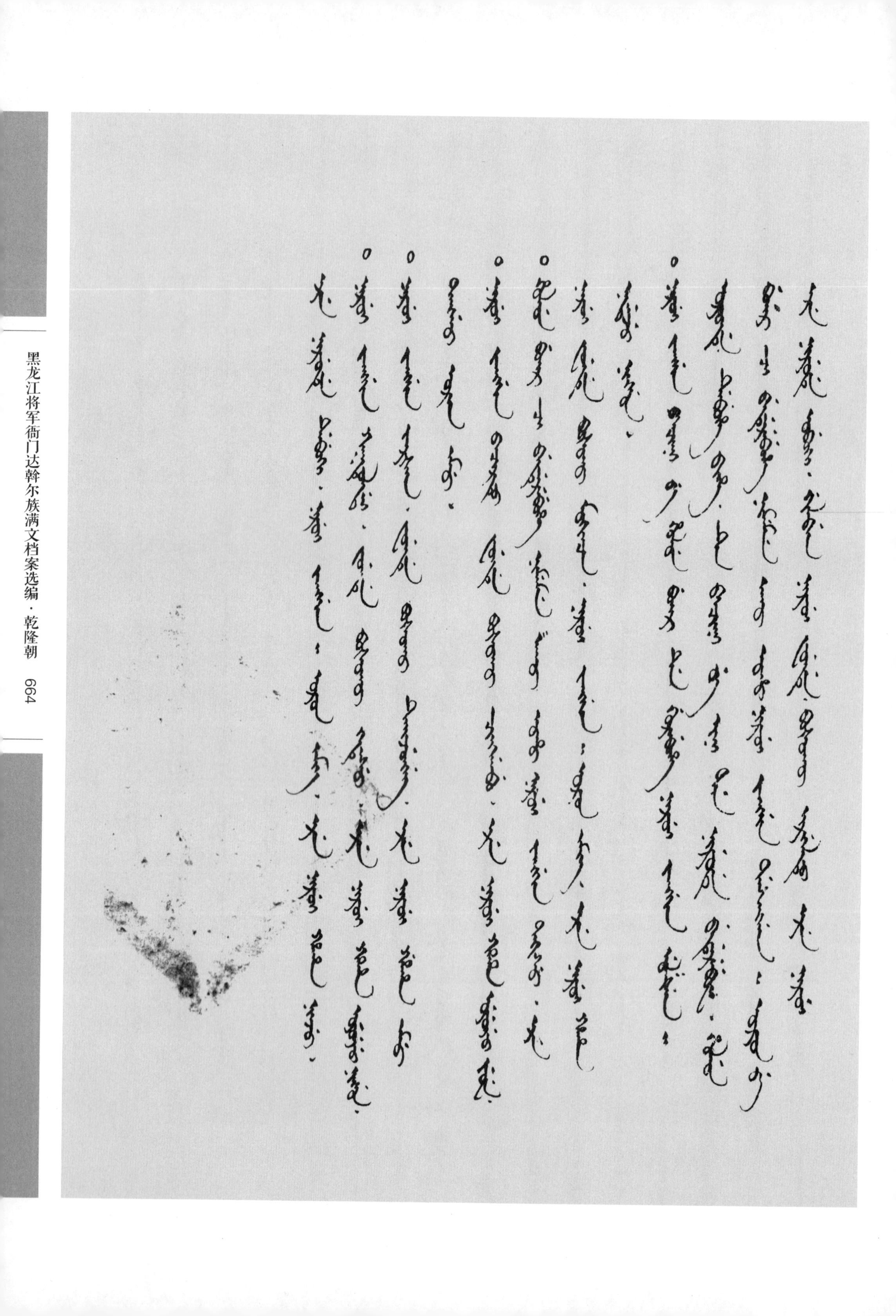

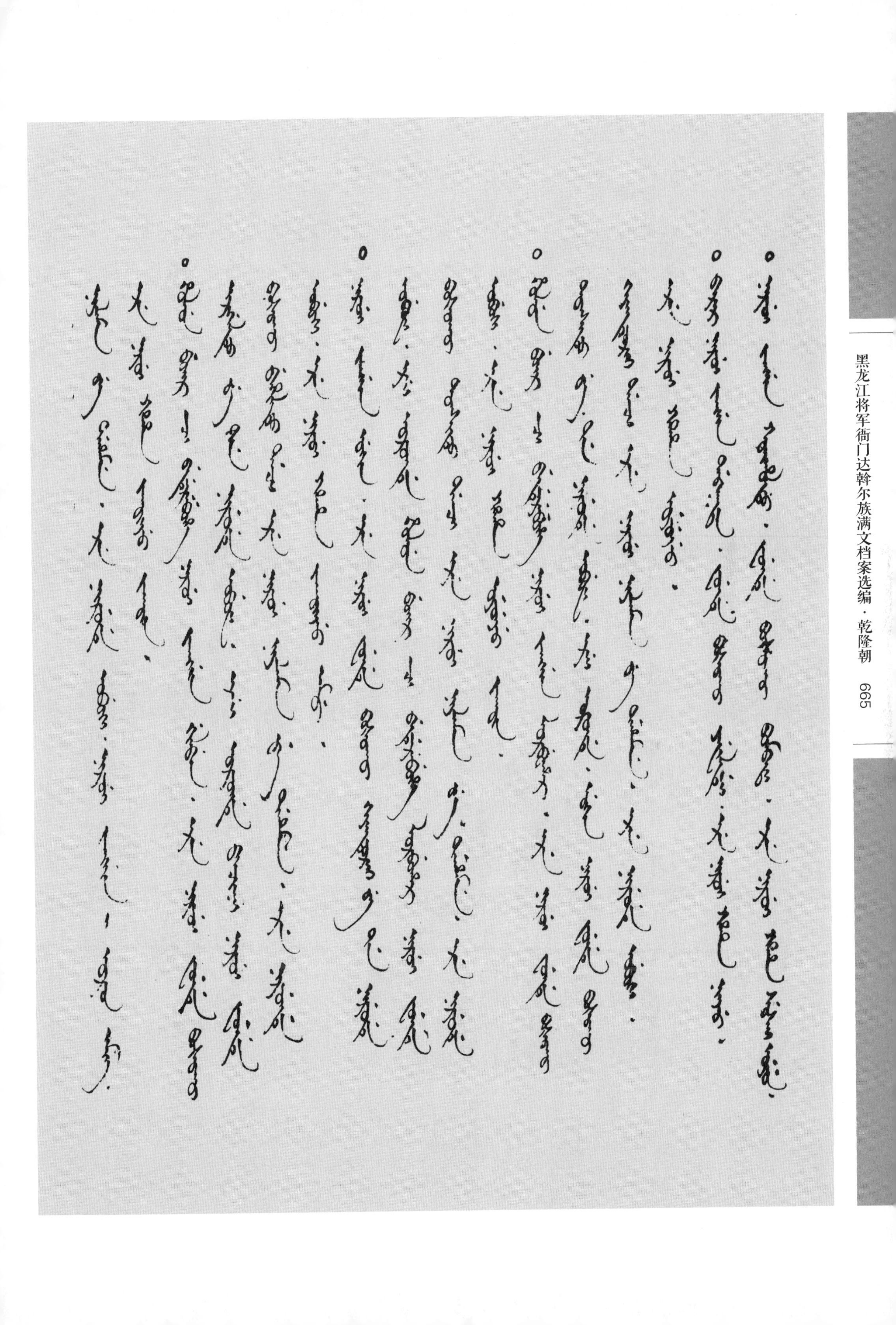

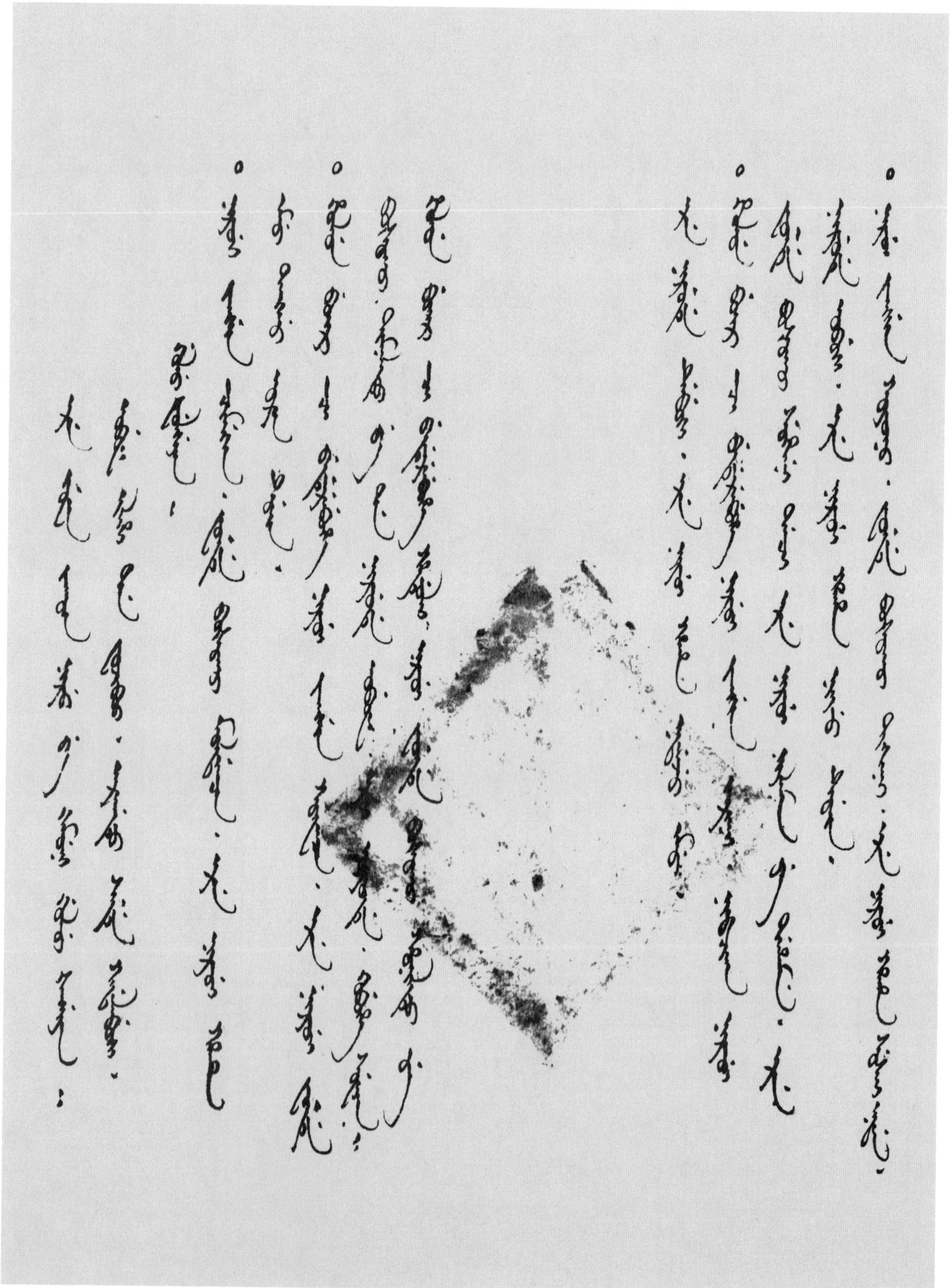

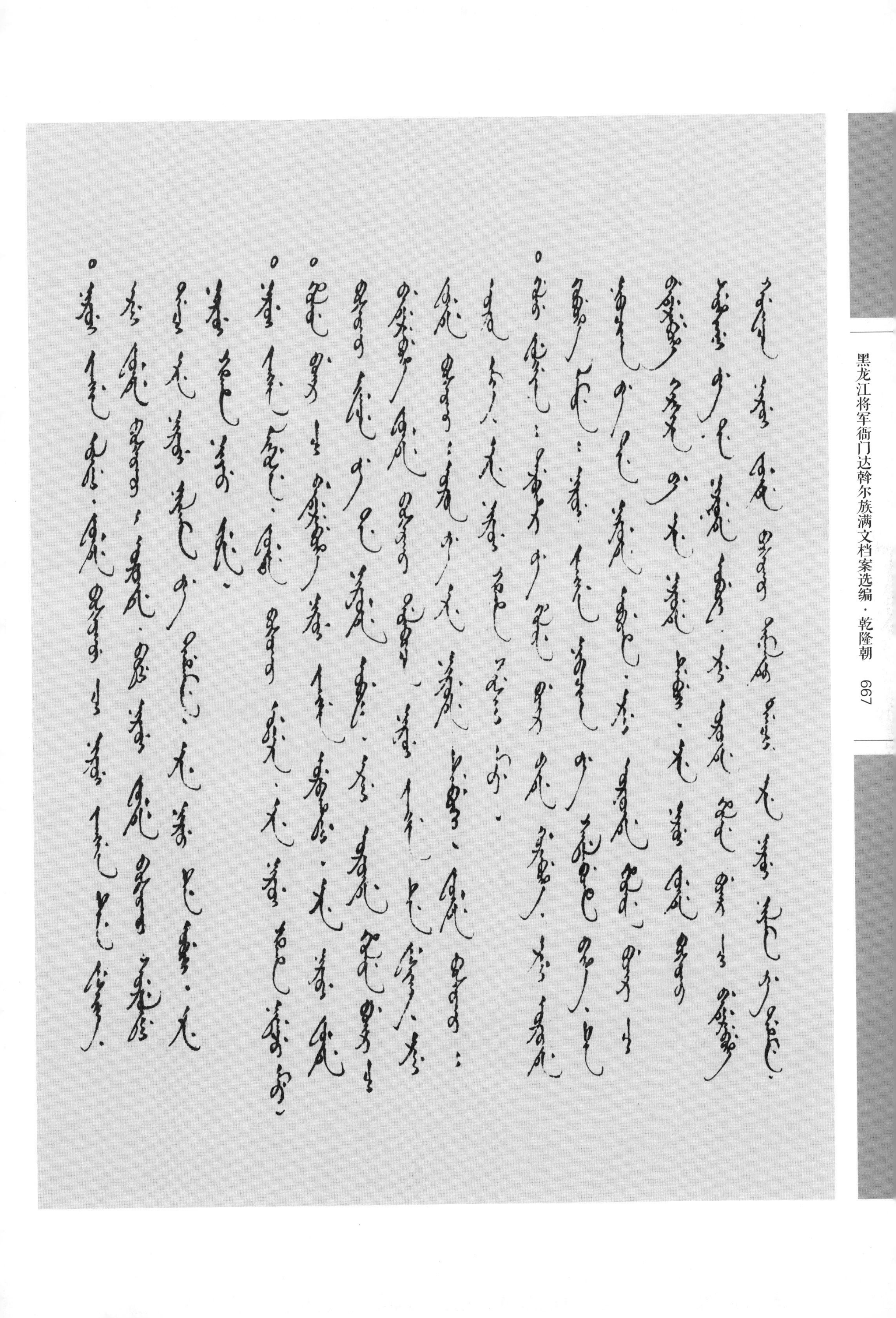

[illegible]

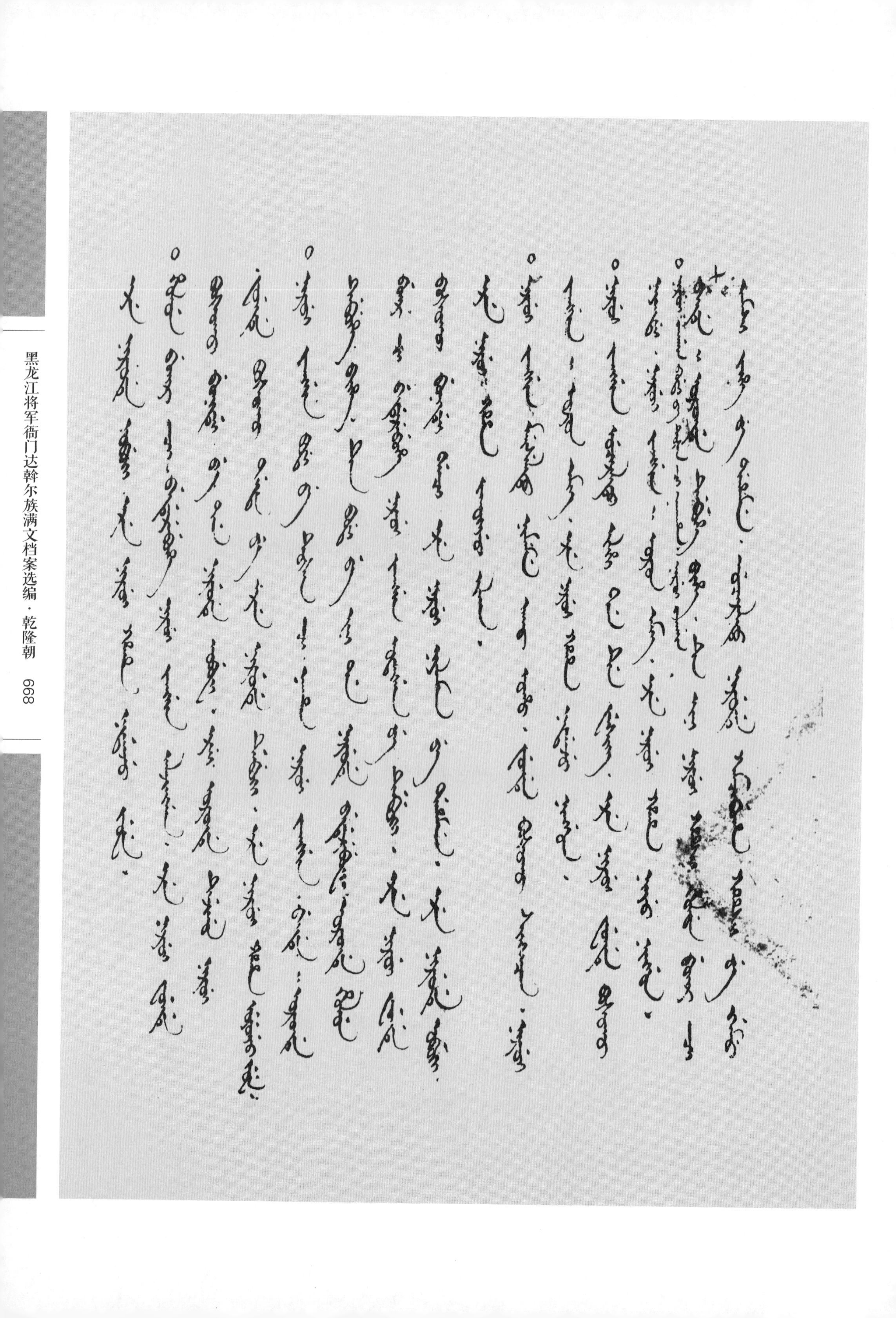

[illegible]

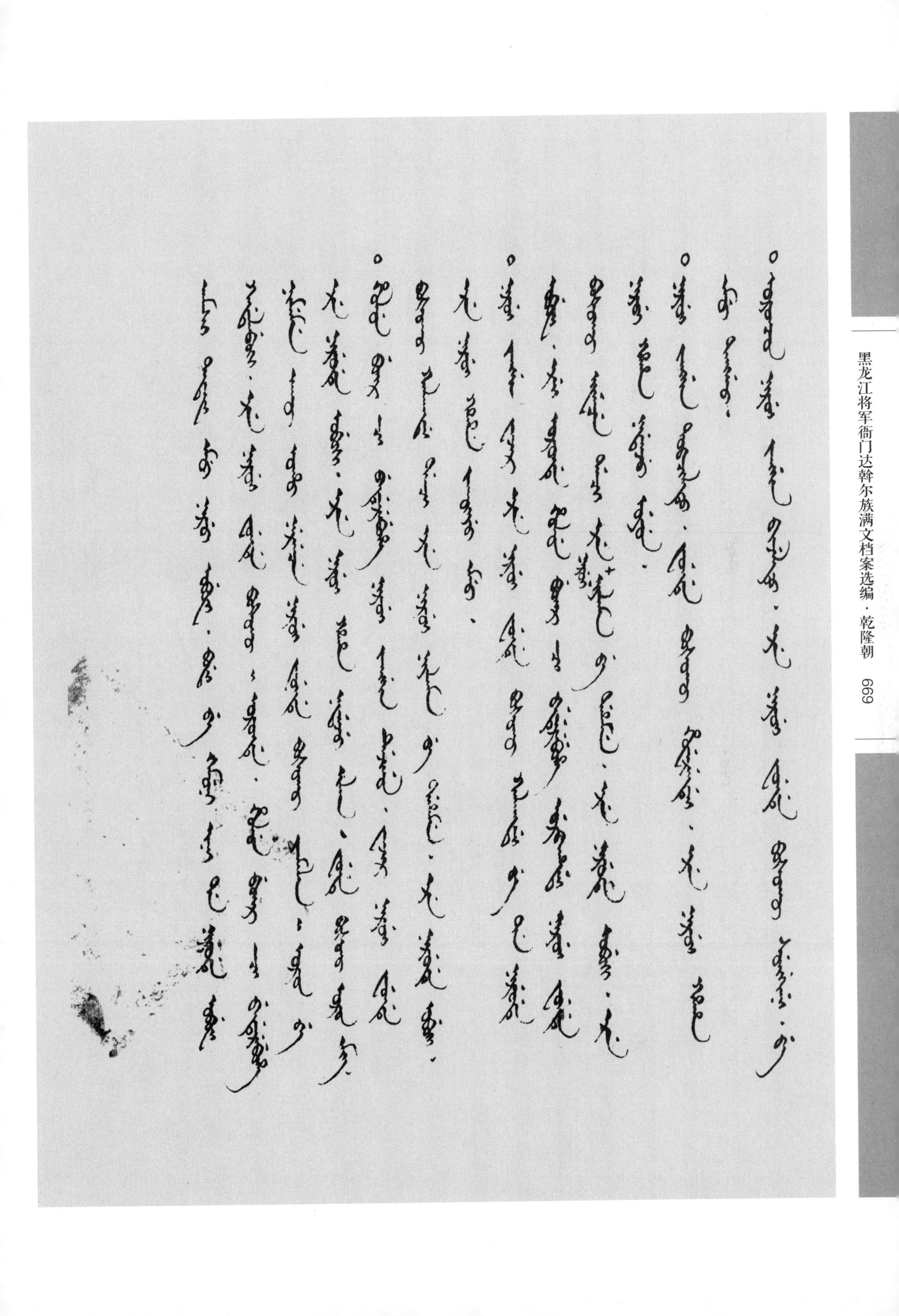

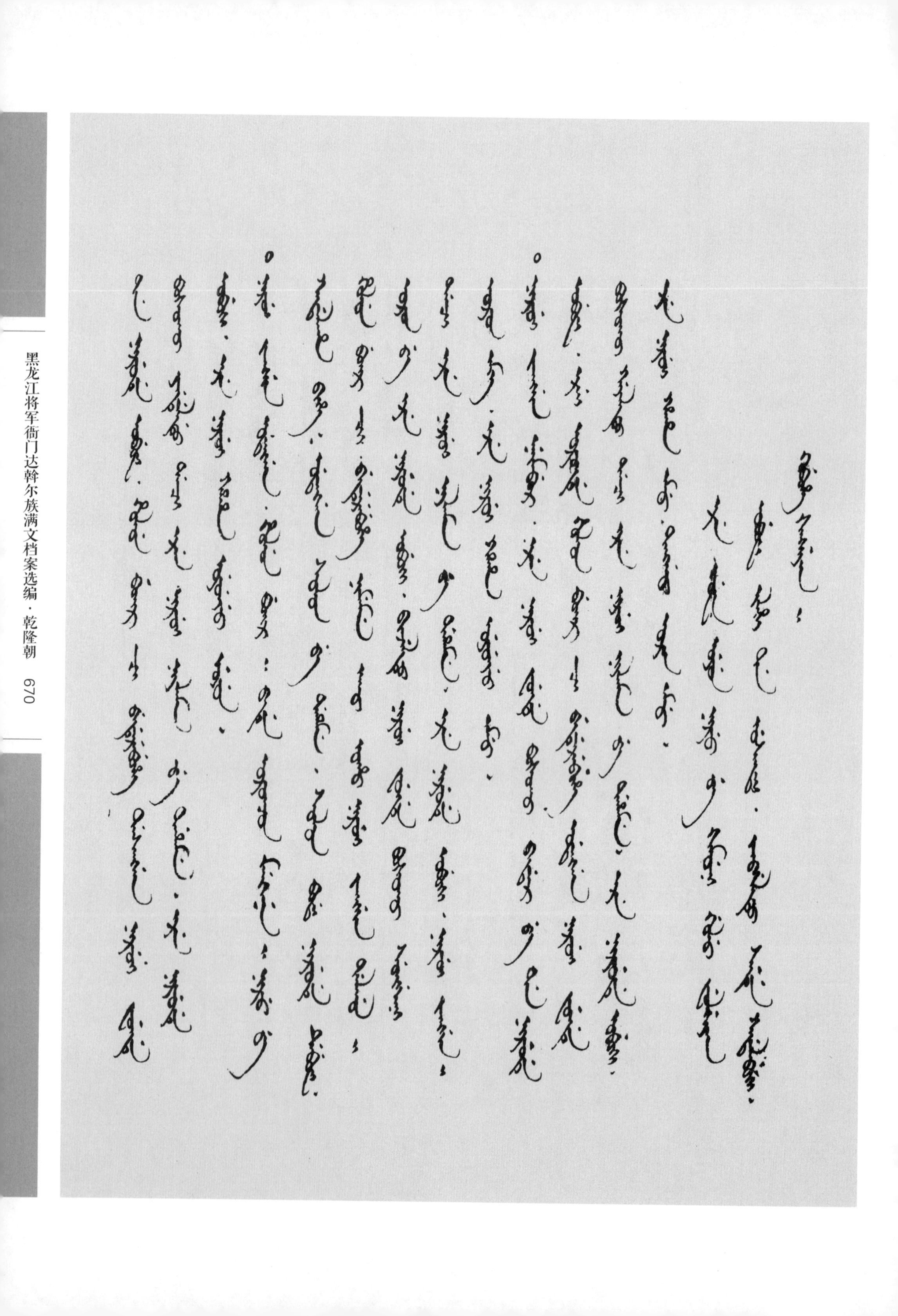

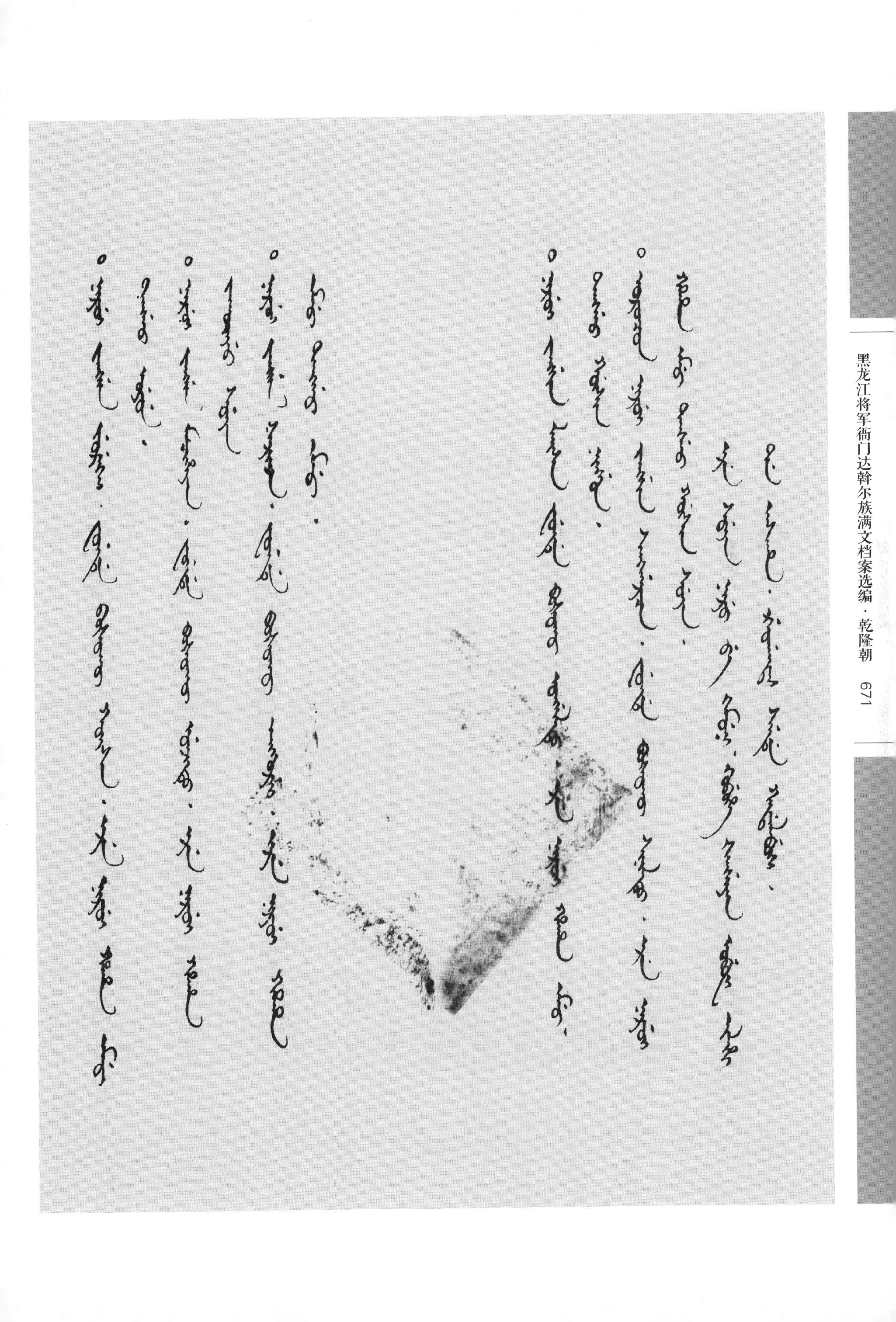

[illegible]

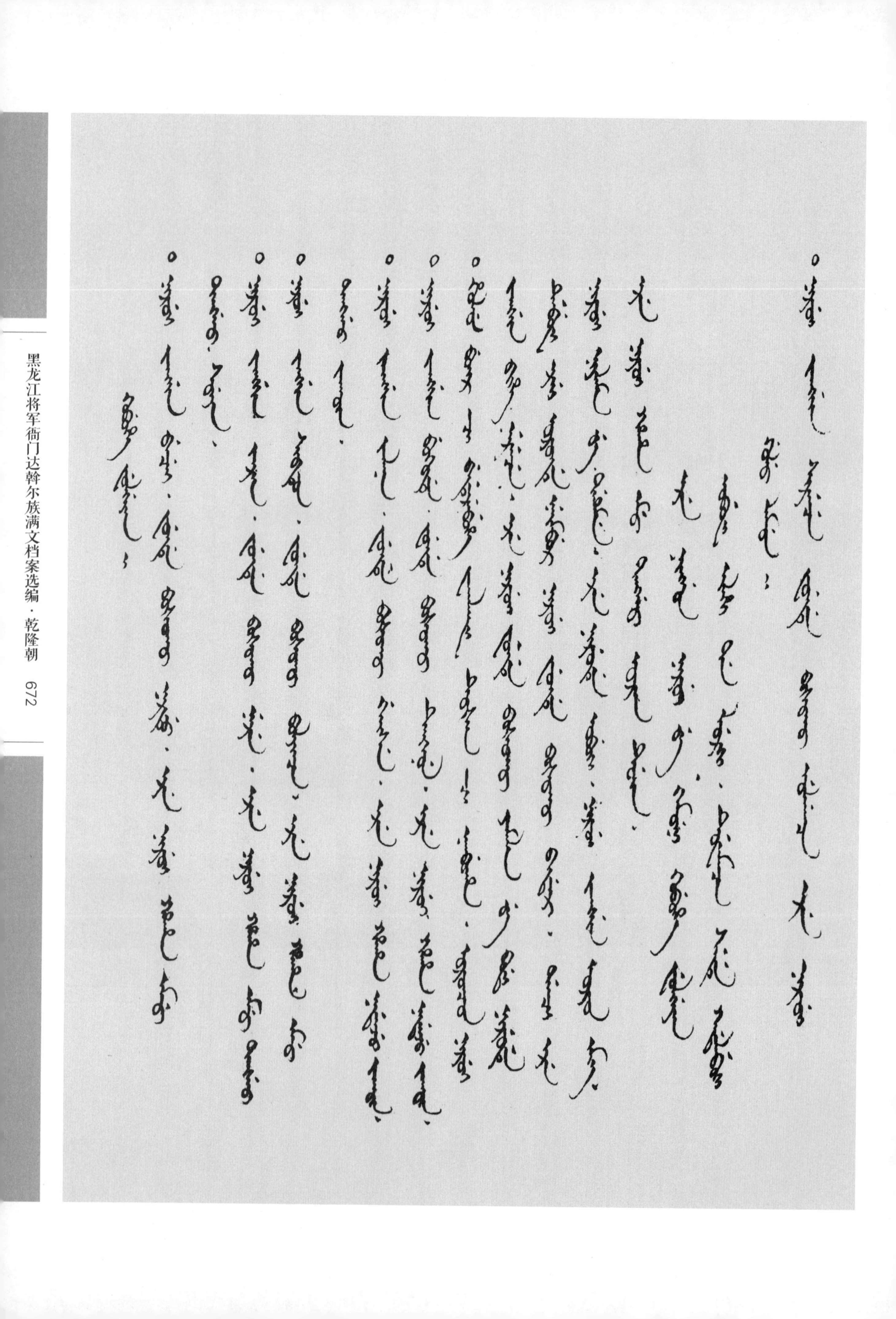

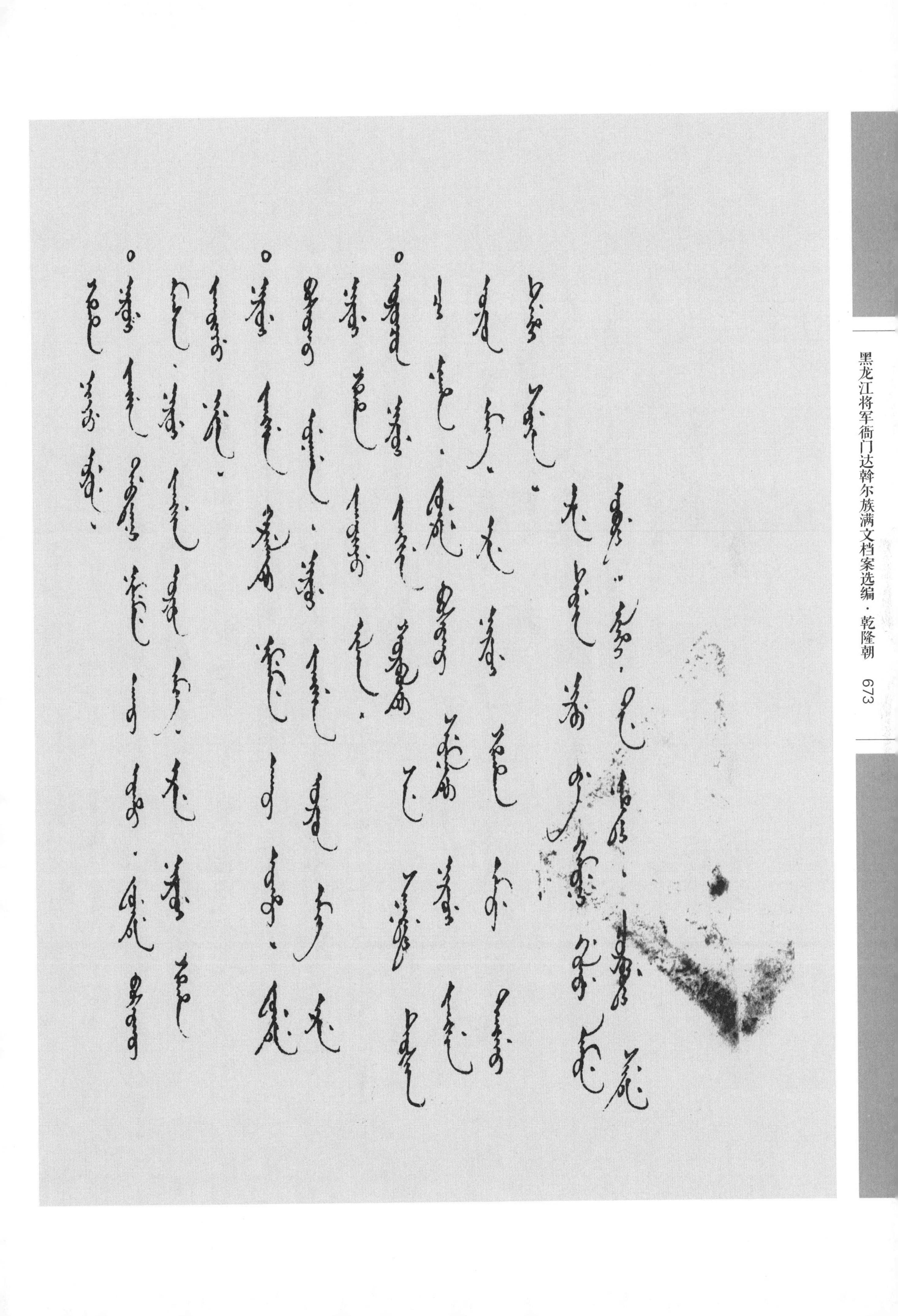

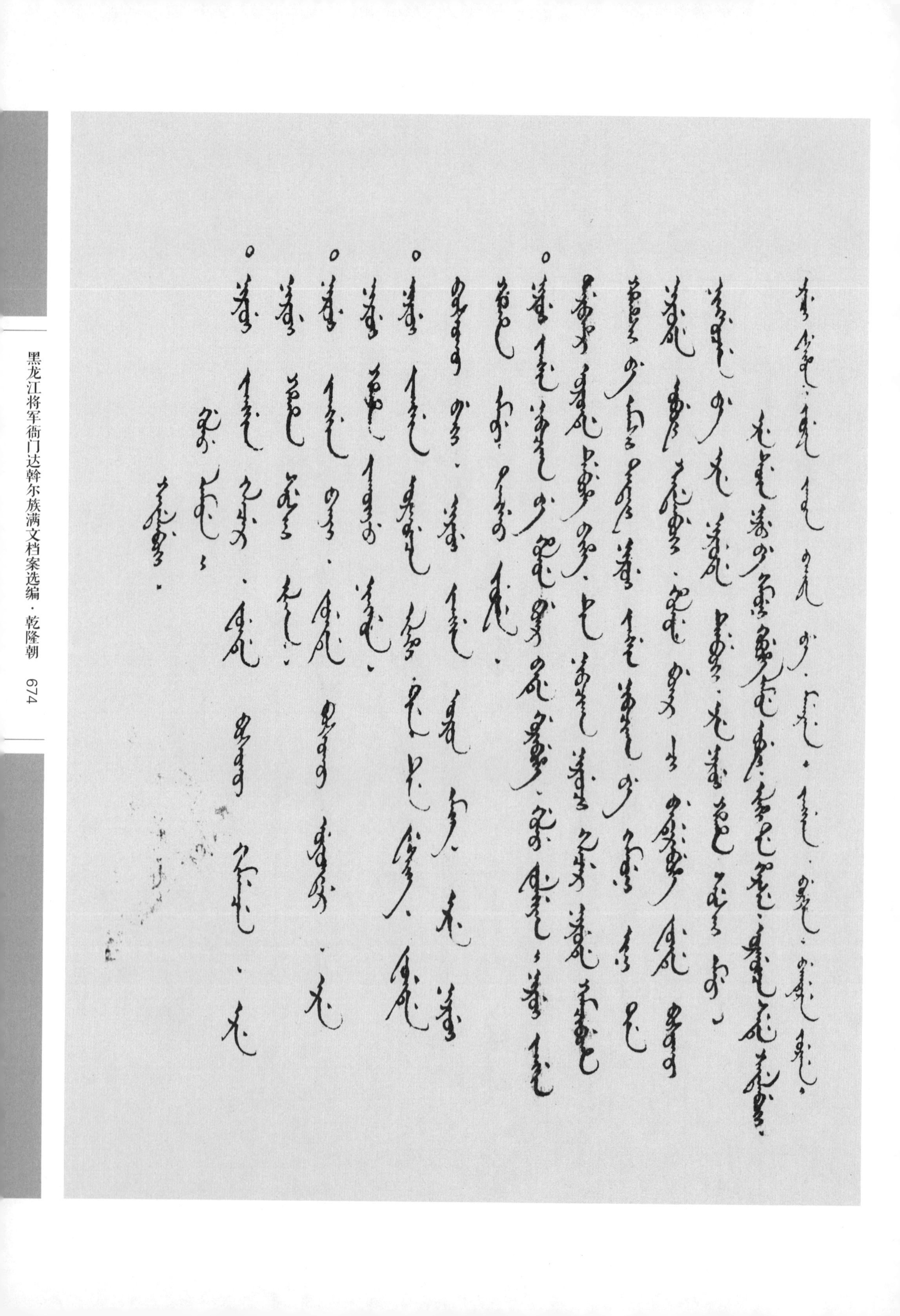

[illegible]

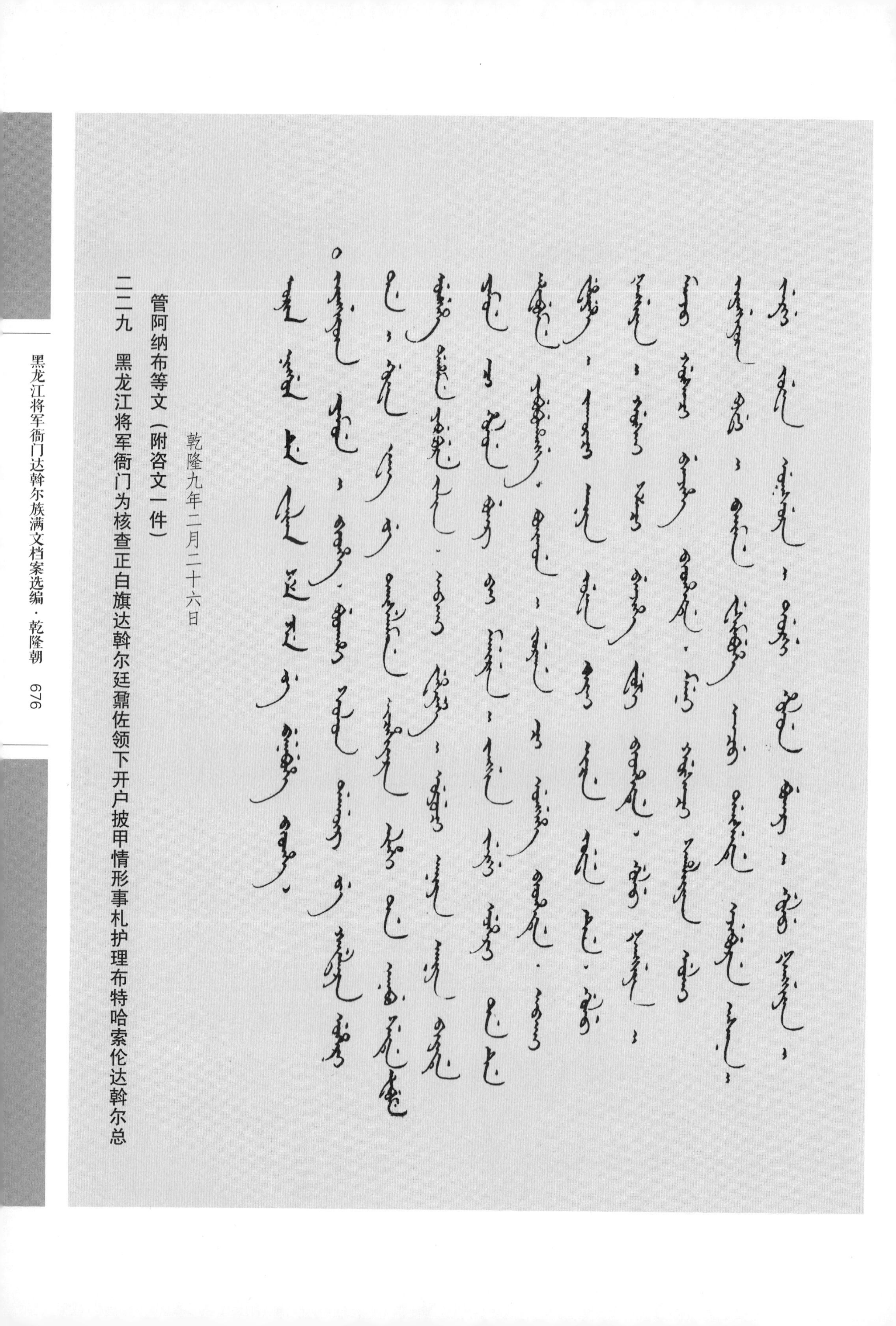

二二九　黑龙江将军衙门为核查正白旗达斡尔廷鼐佐领下开户披甲情形事札护理布特哈索伦达斡尔总管阿纳布等文（附咨文一件）

乾隆九年二月二十六日

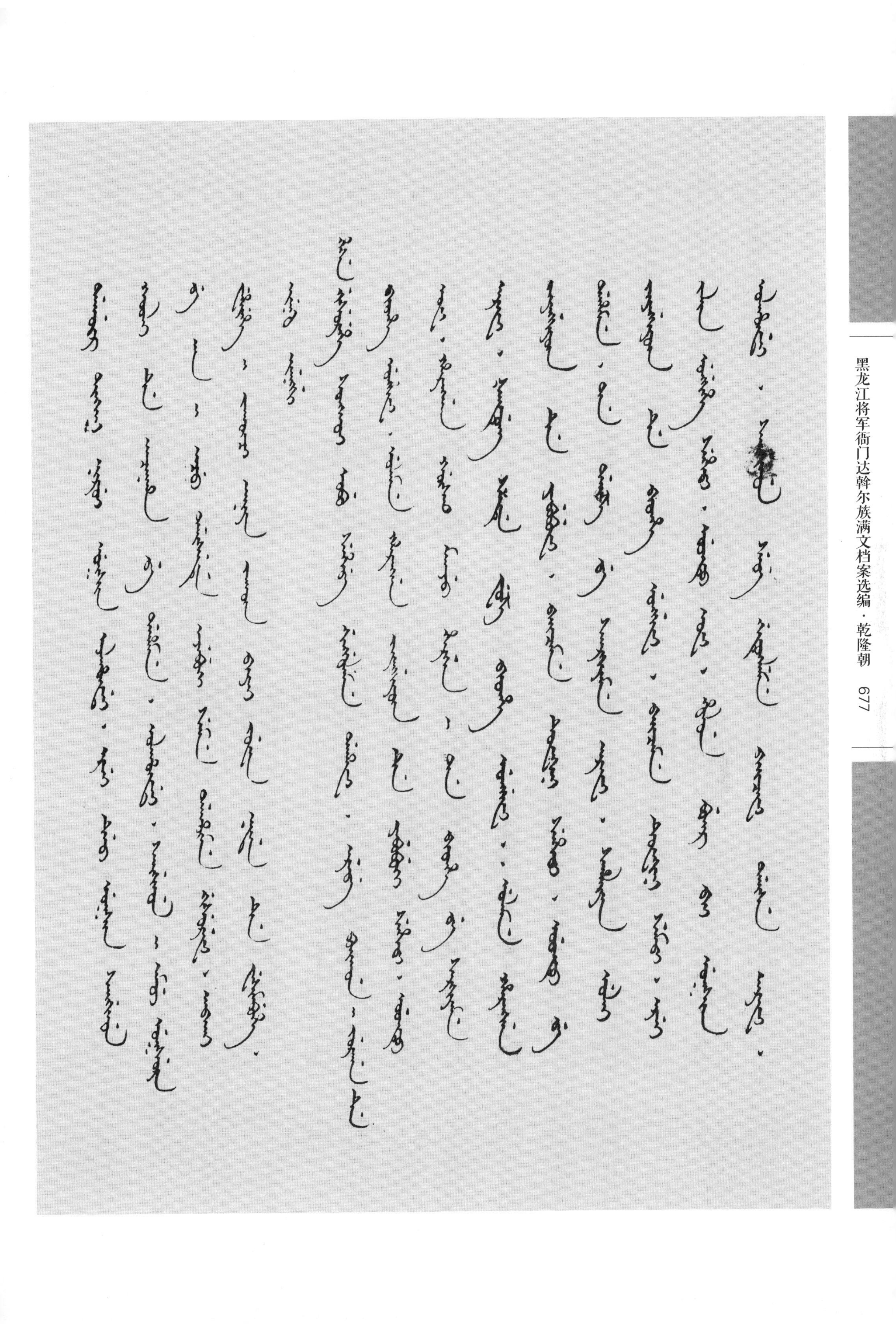

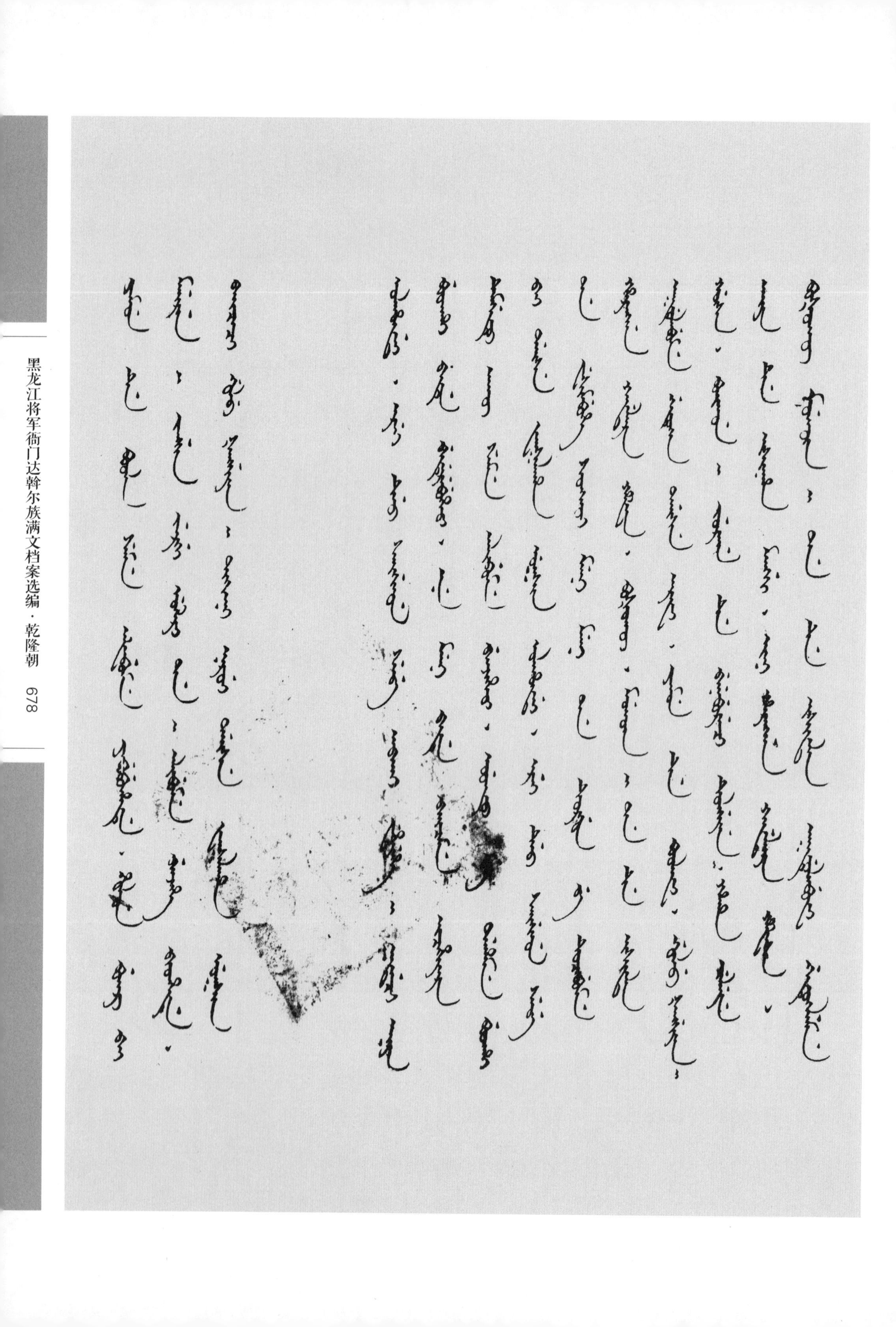

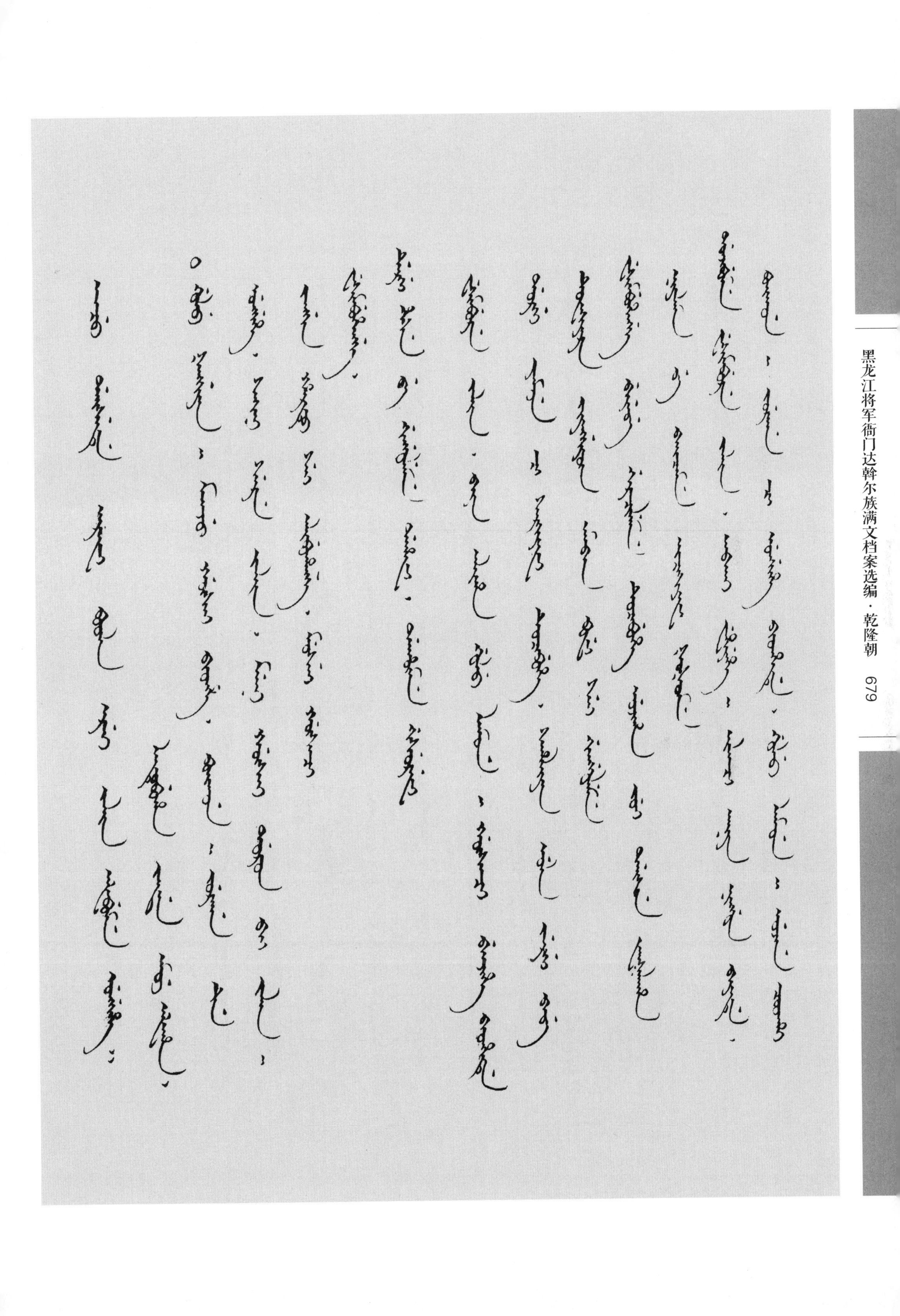

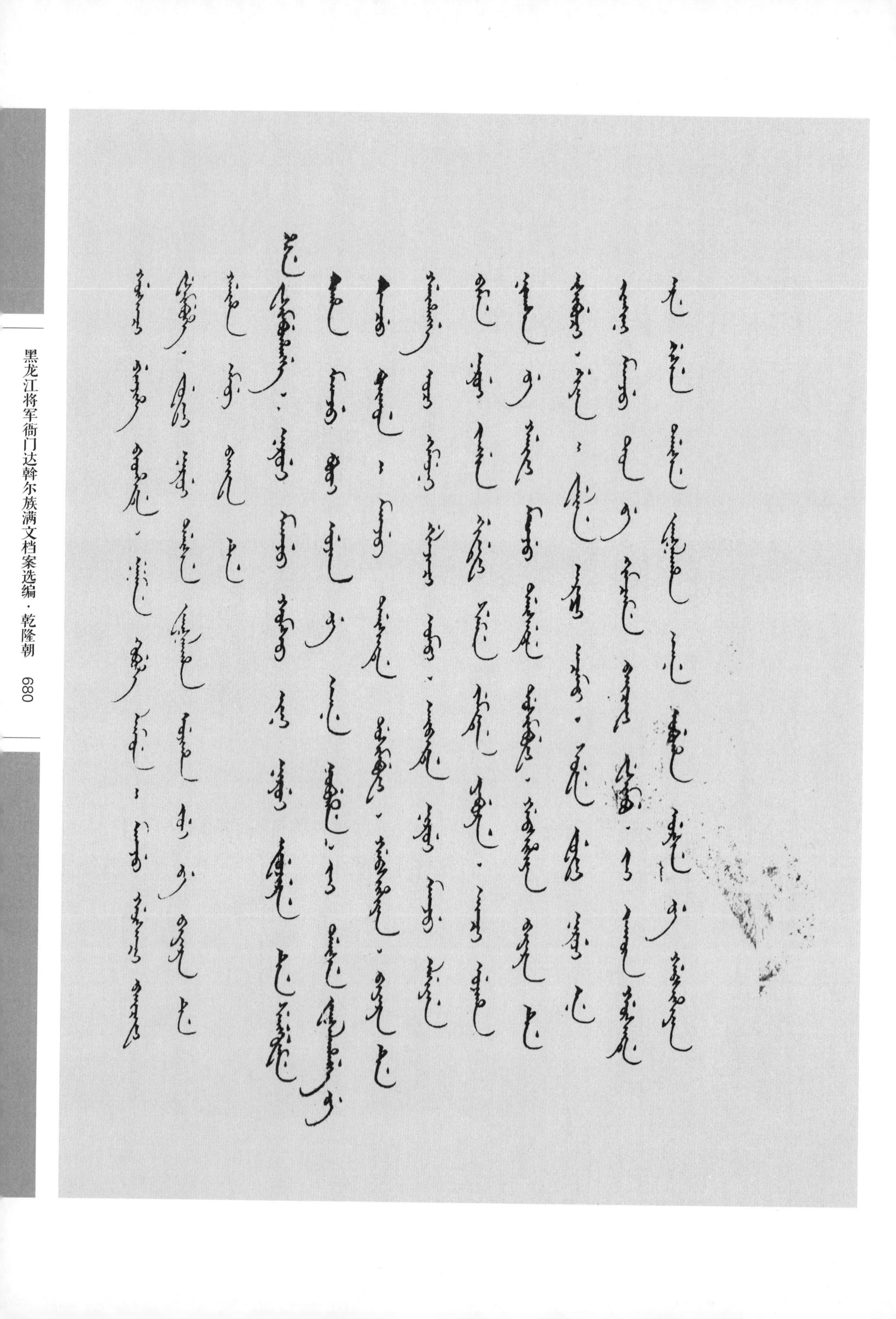

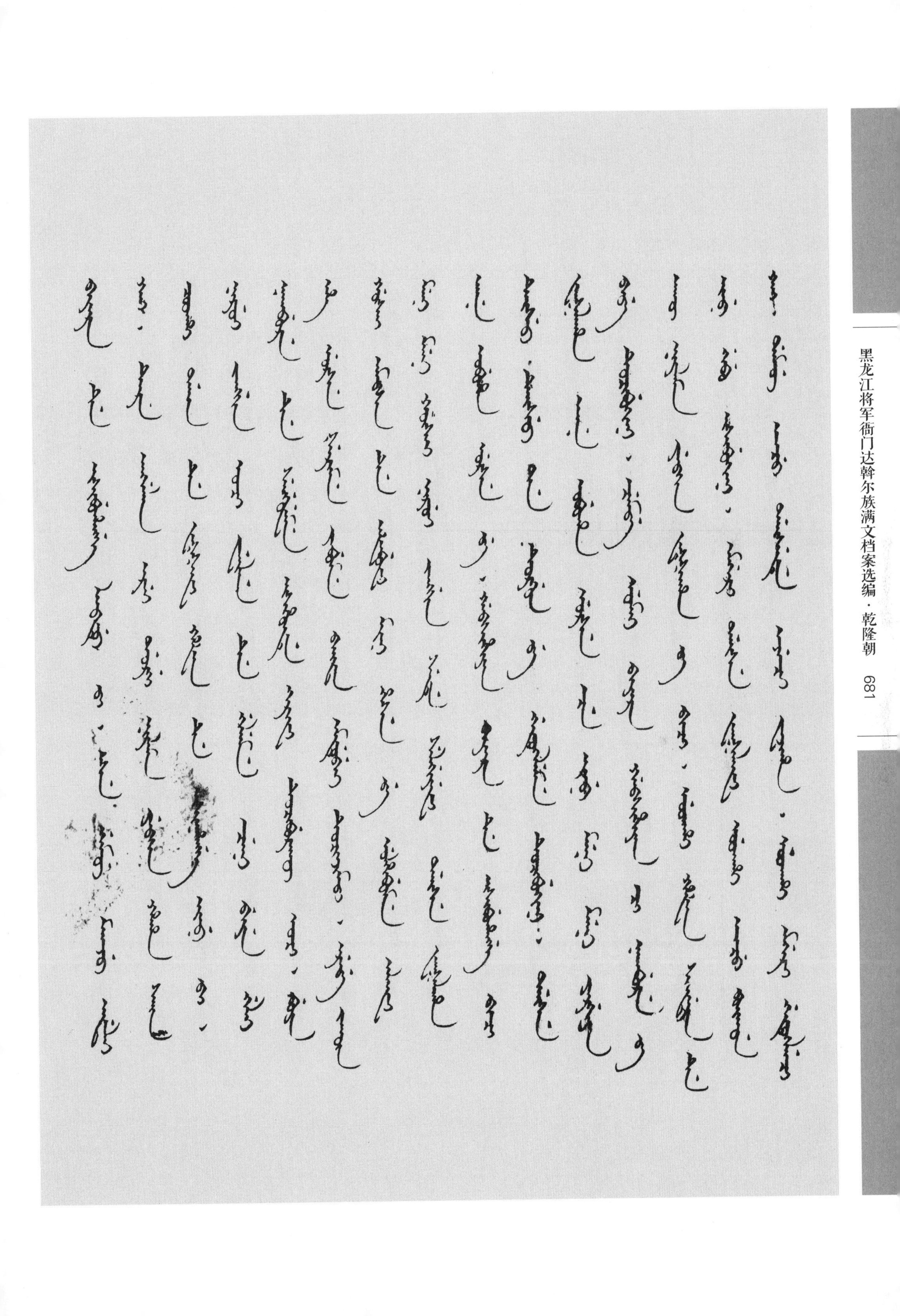

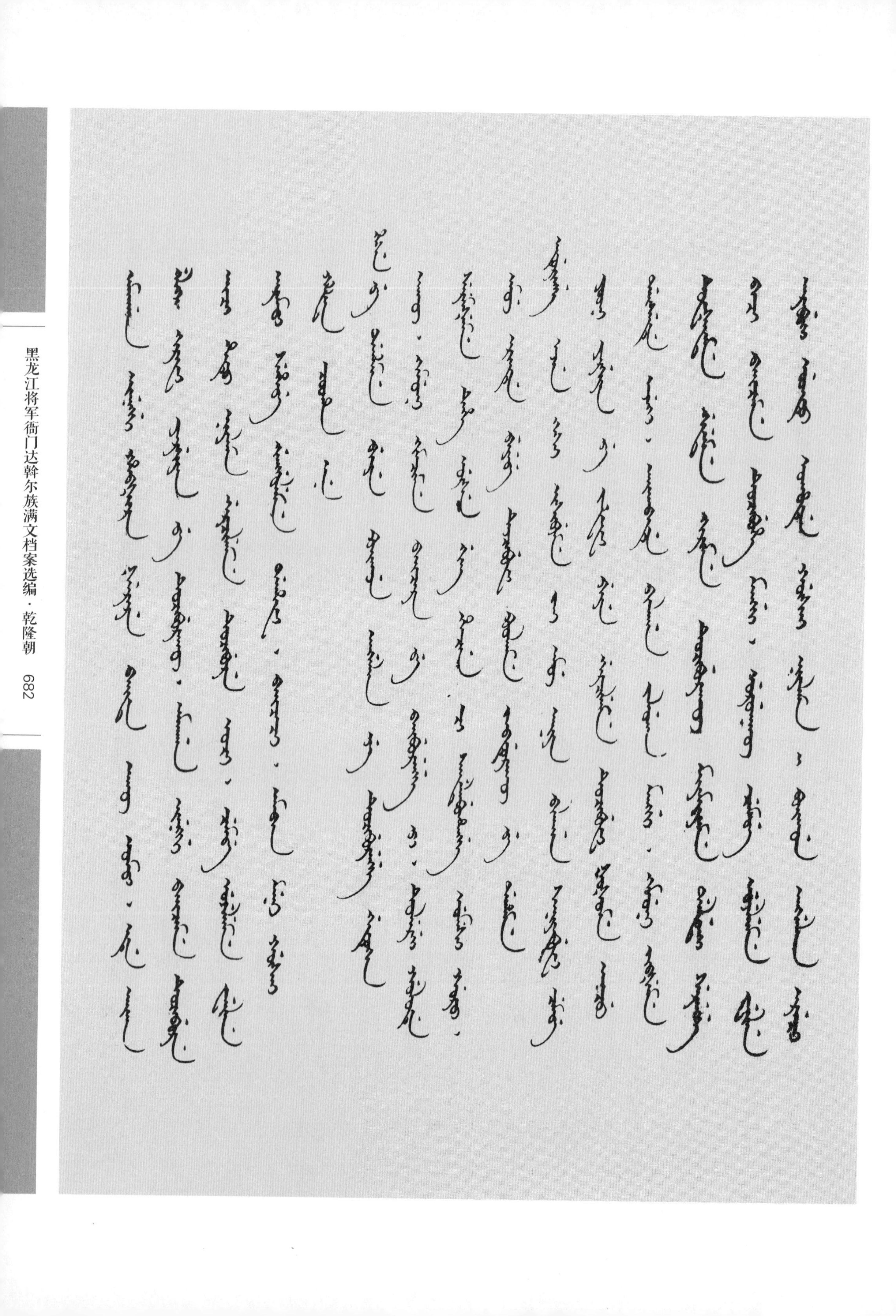

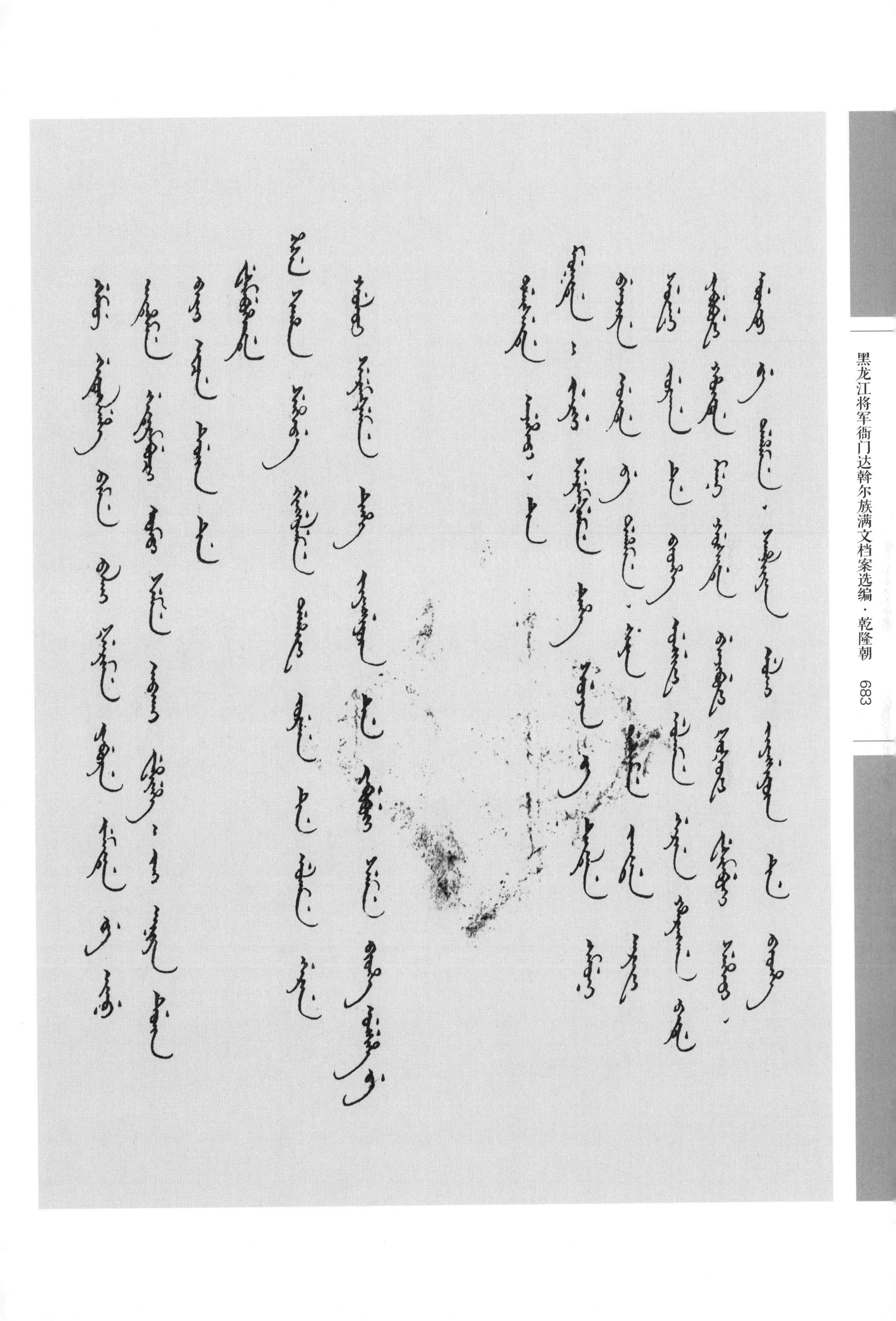

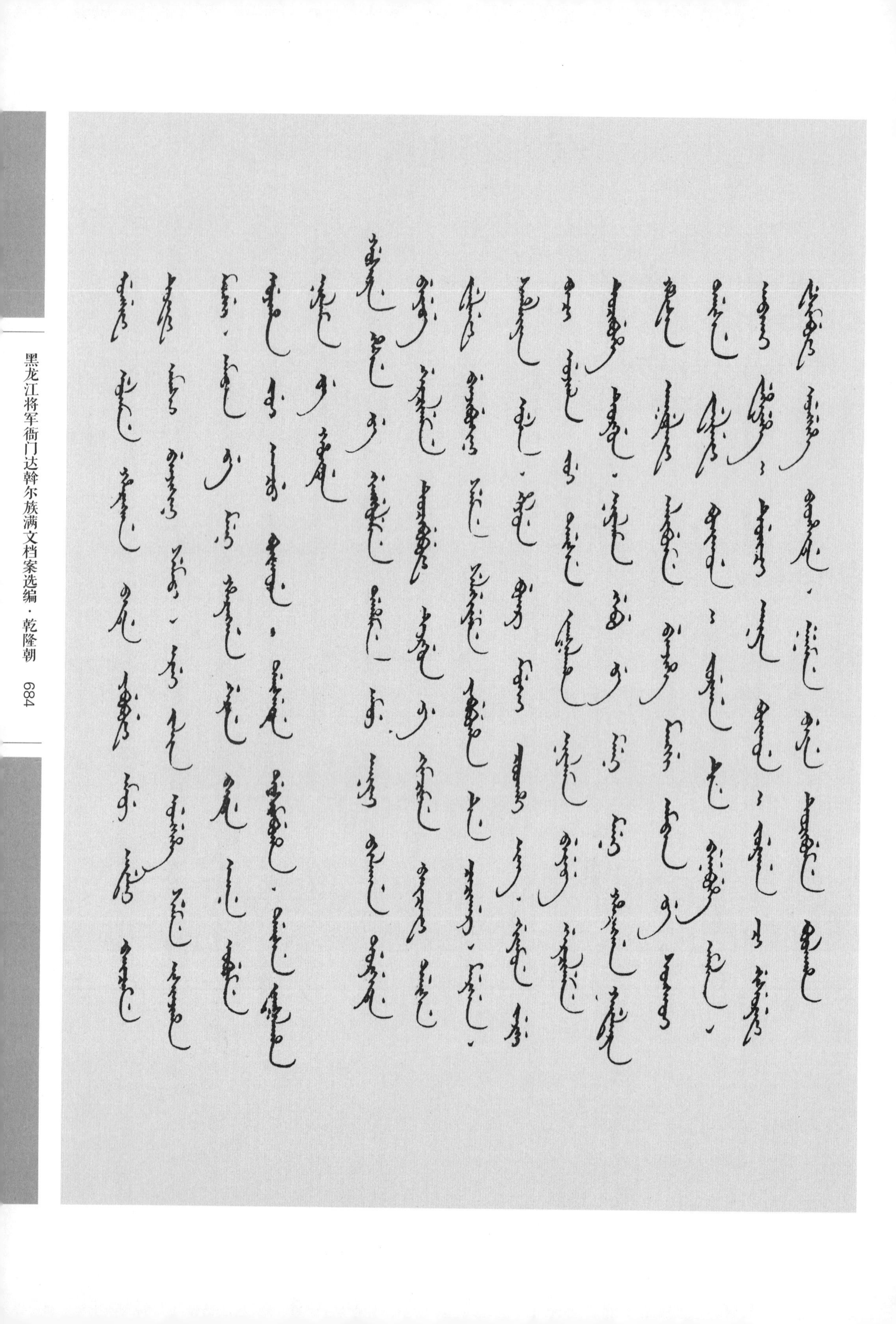

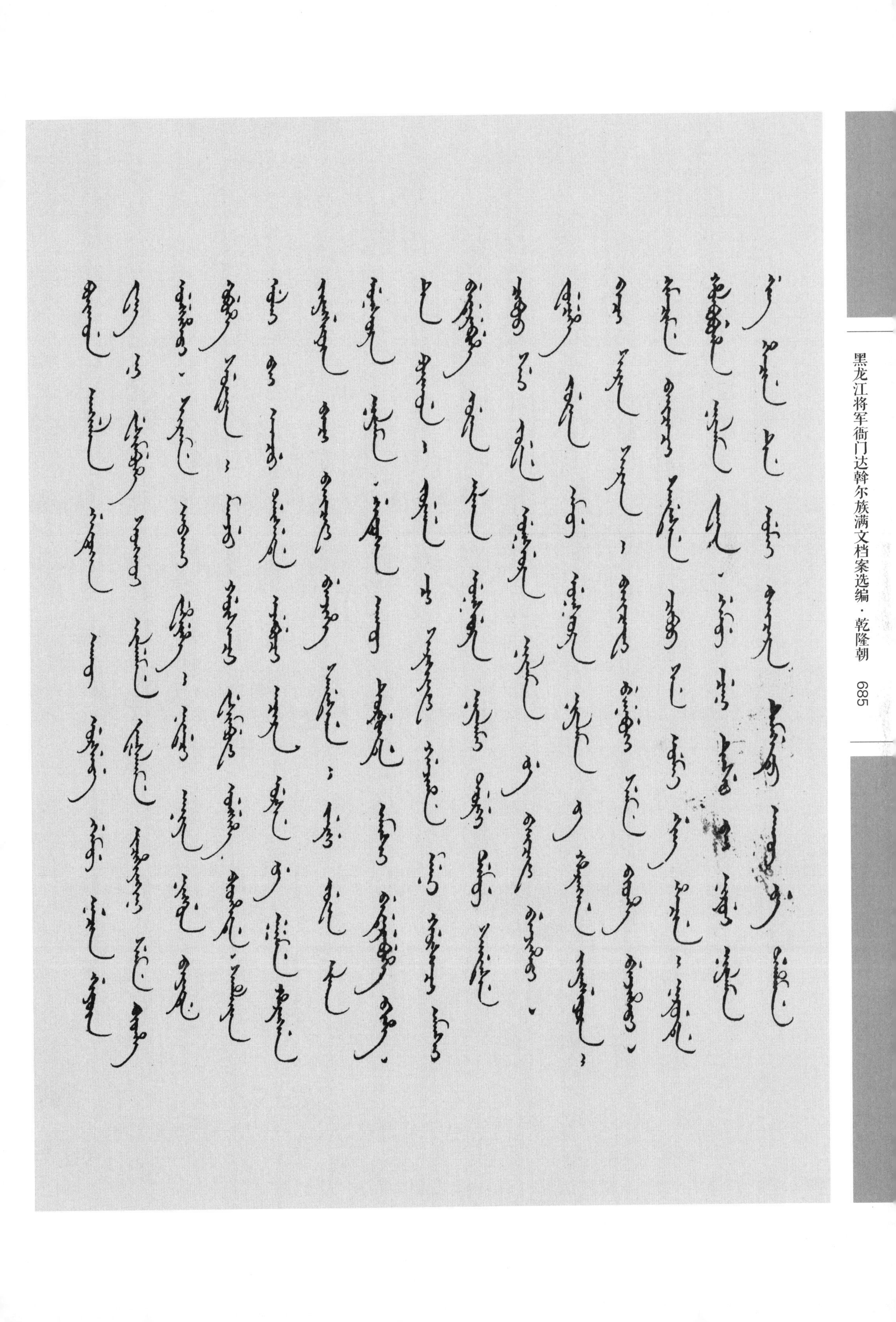

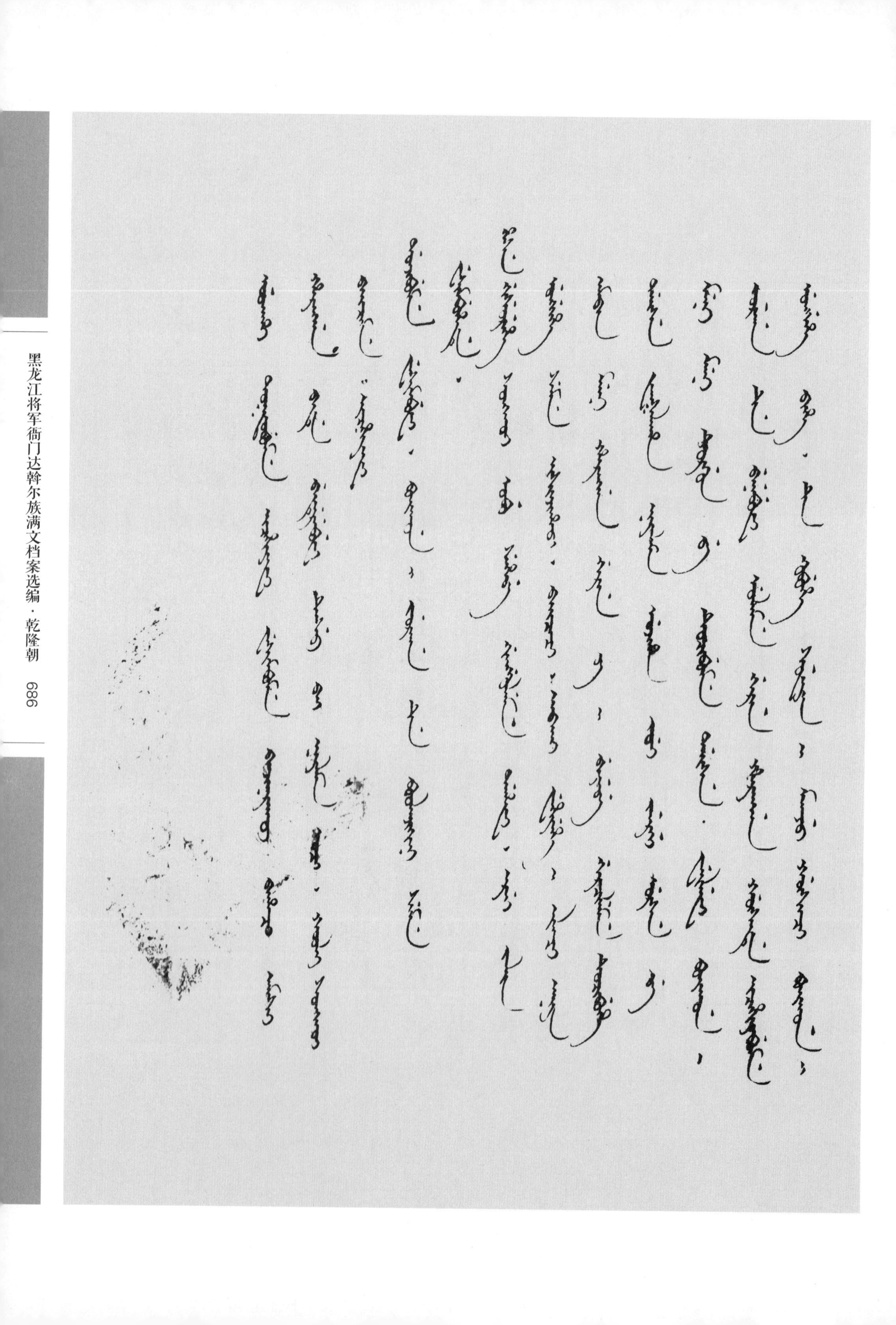

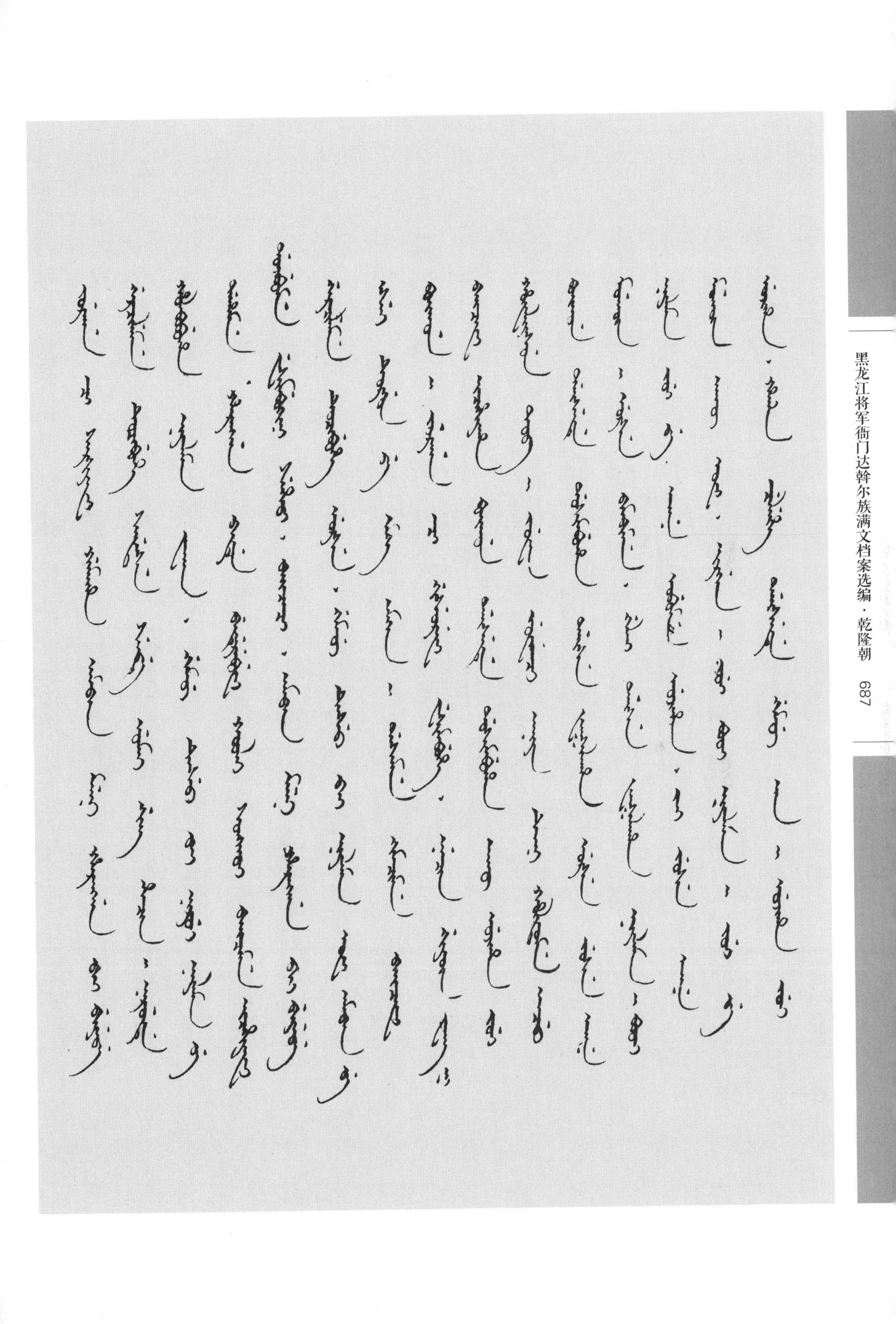

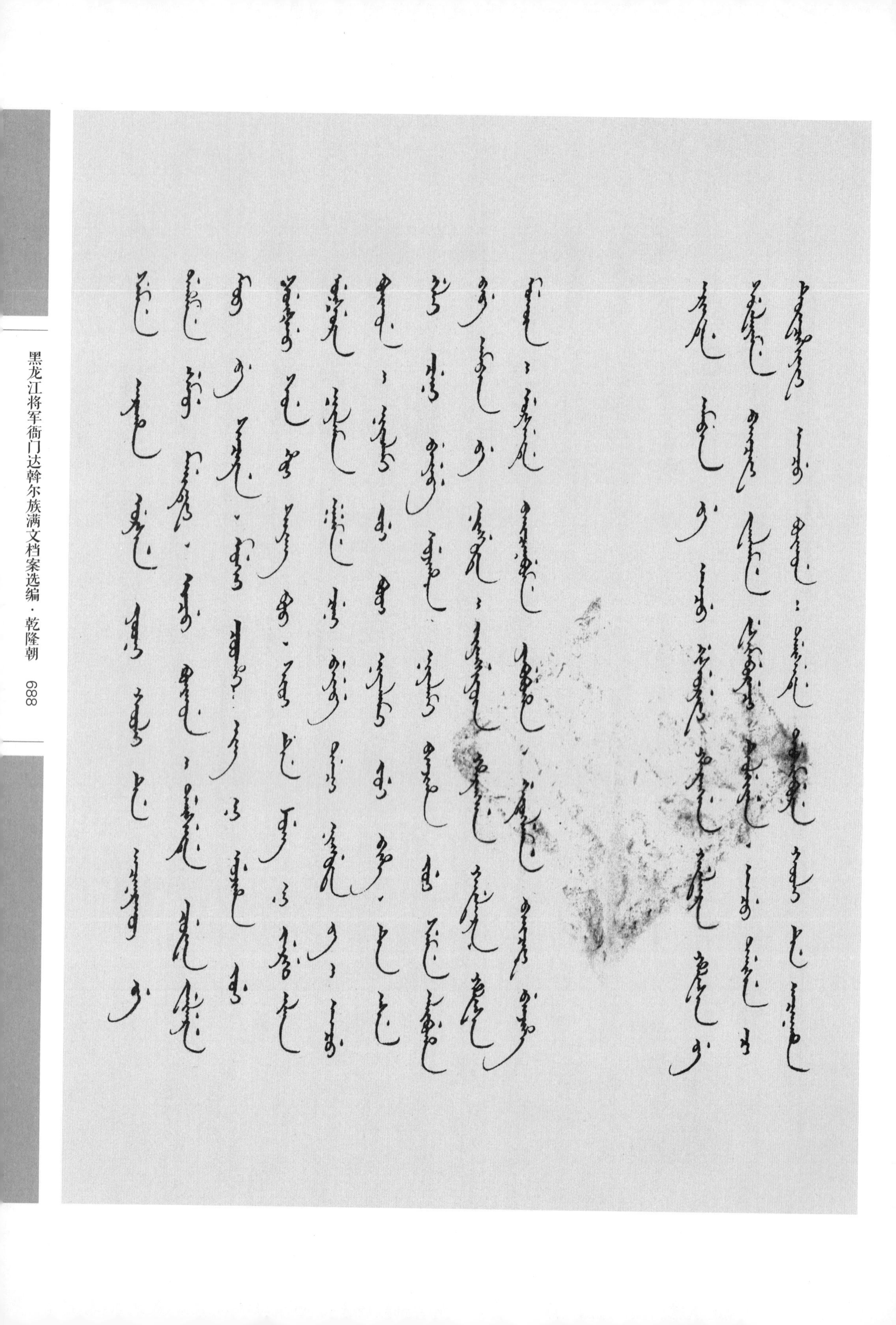

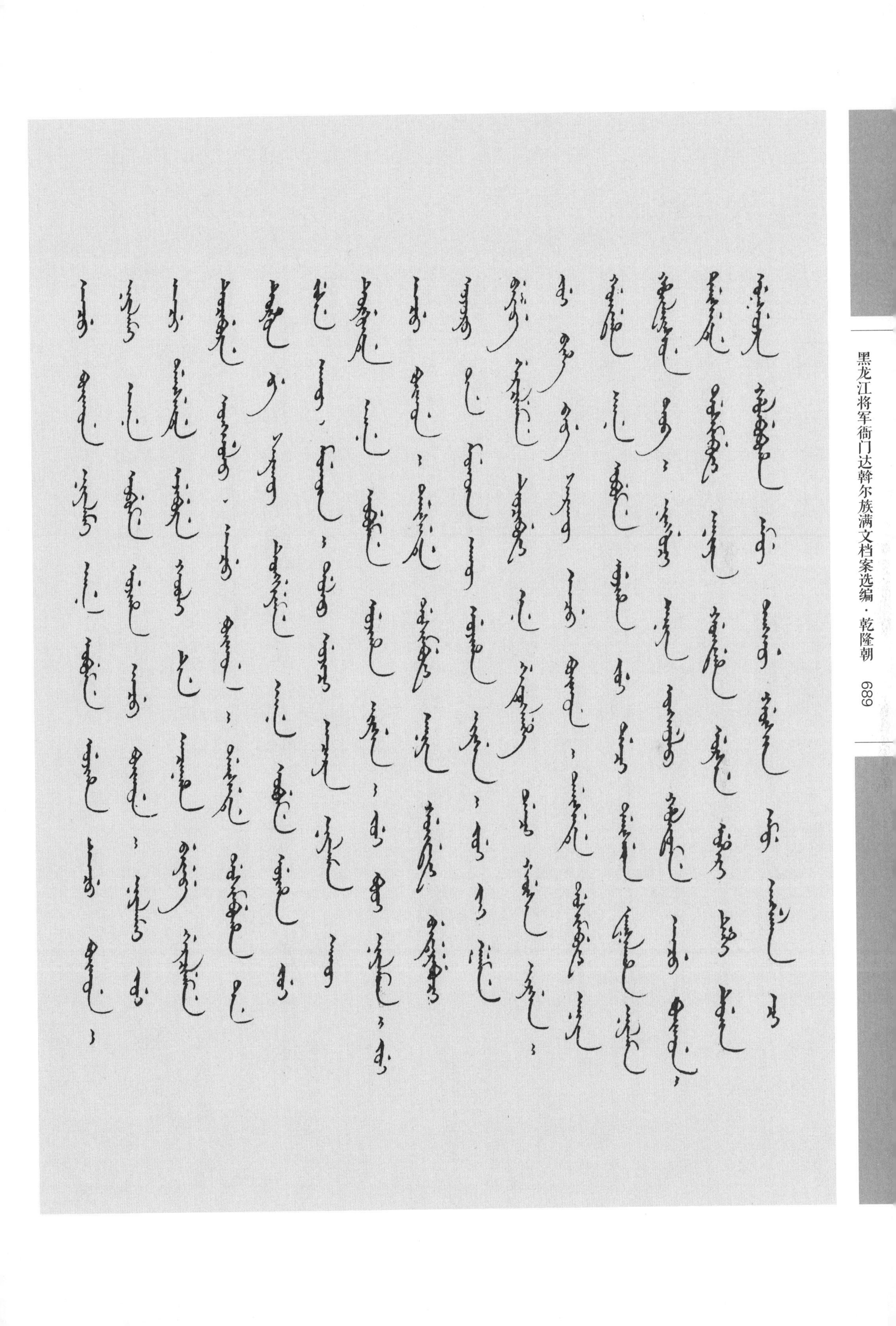

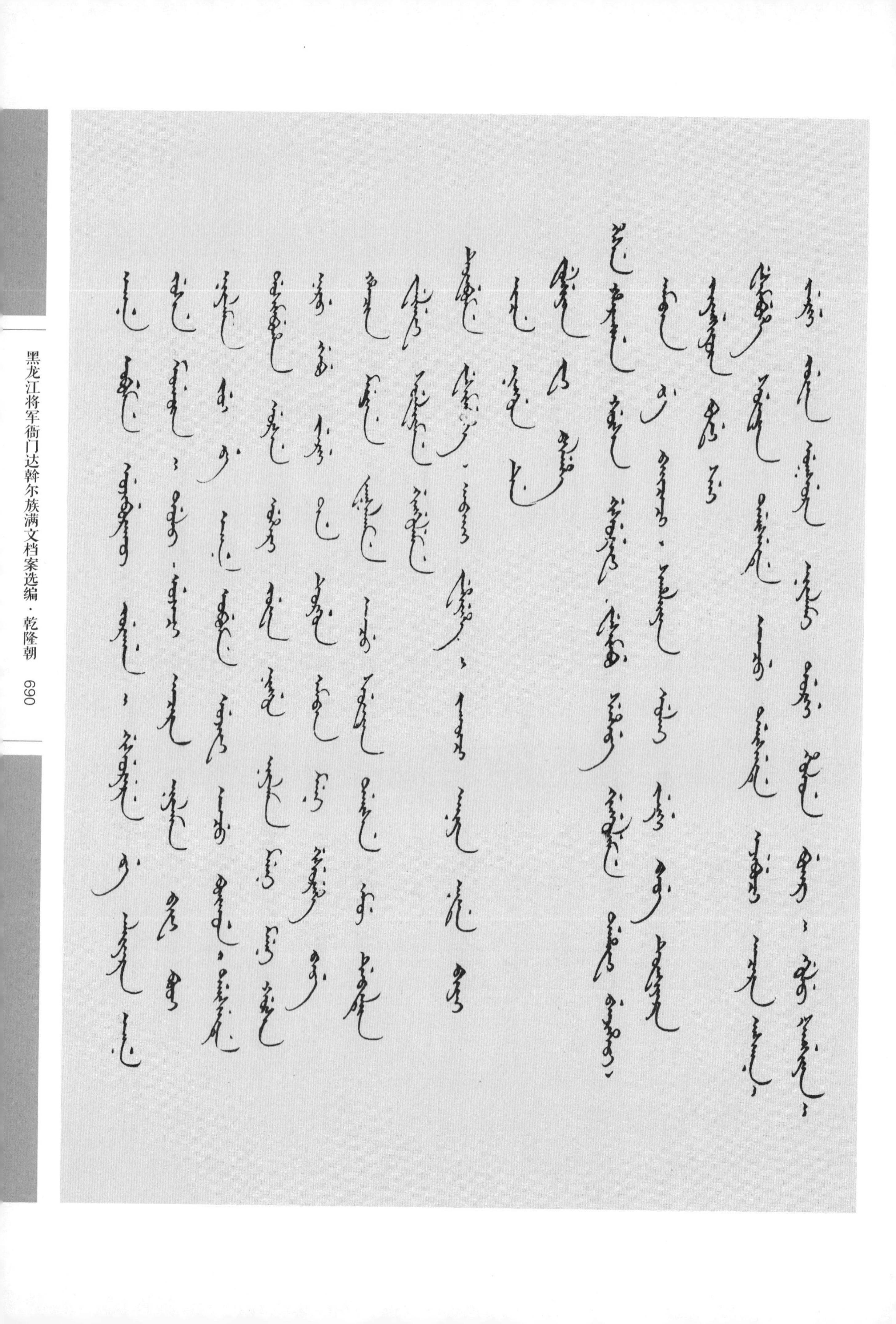

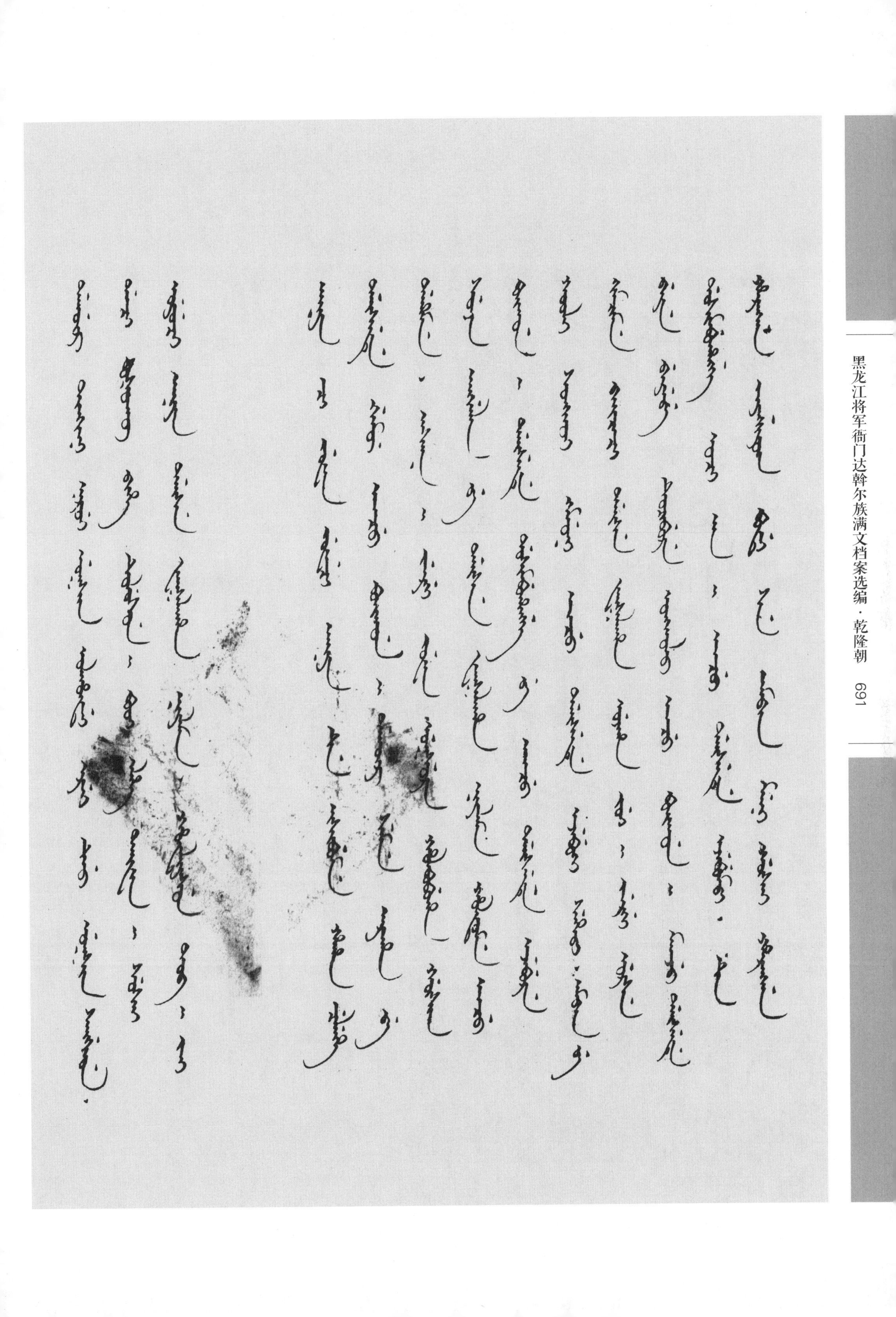

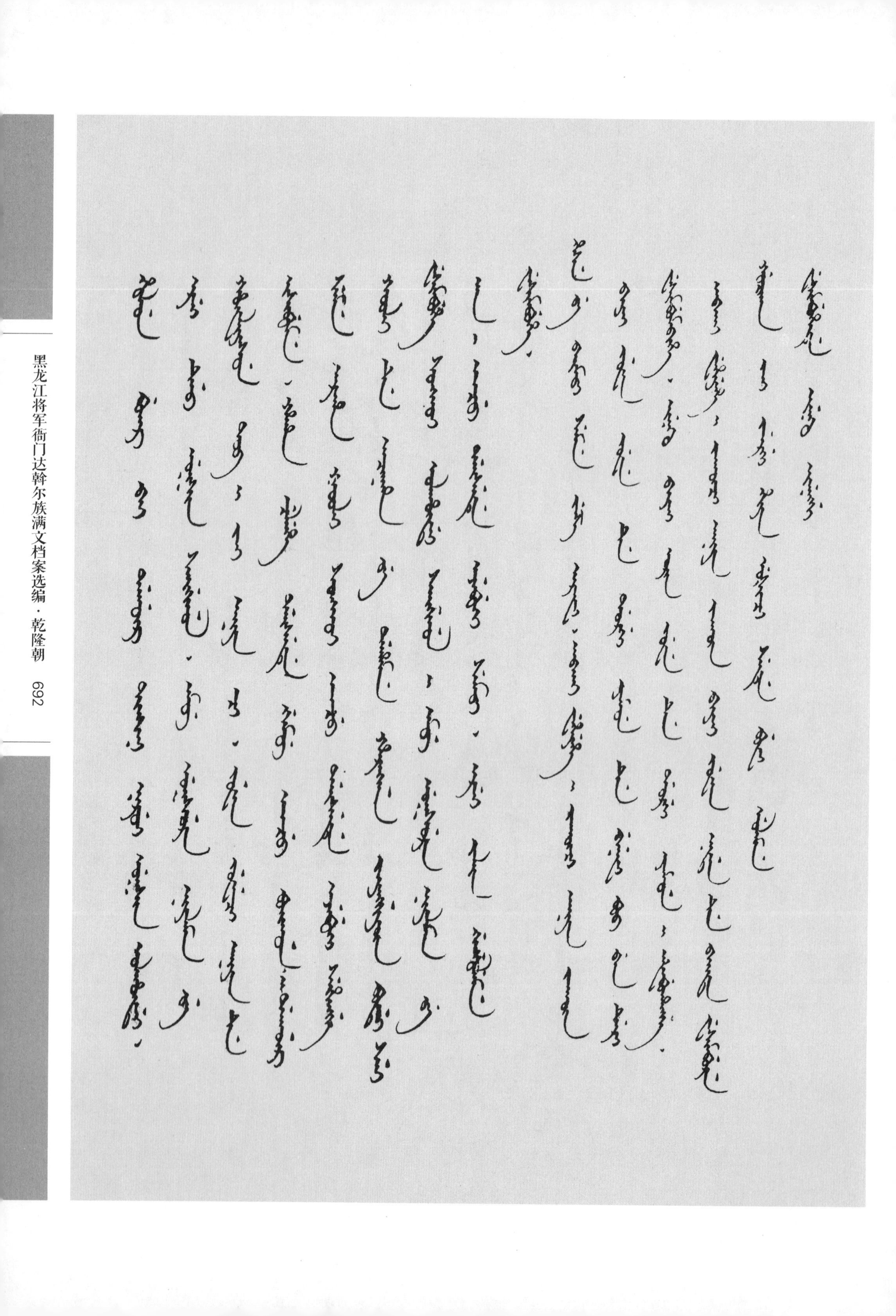

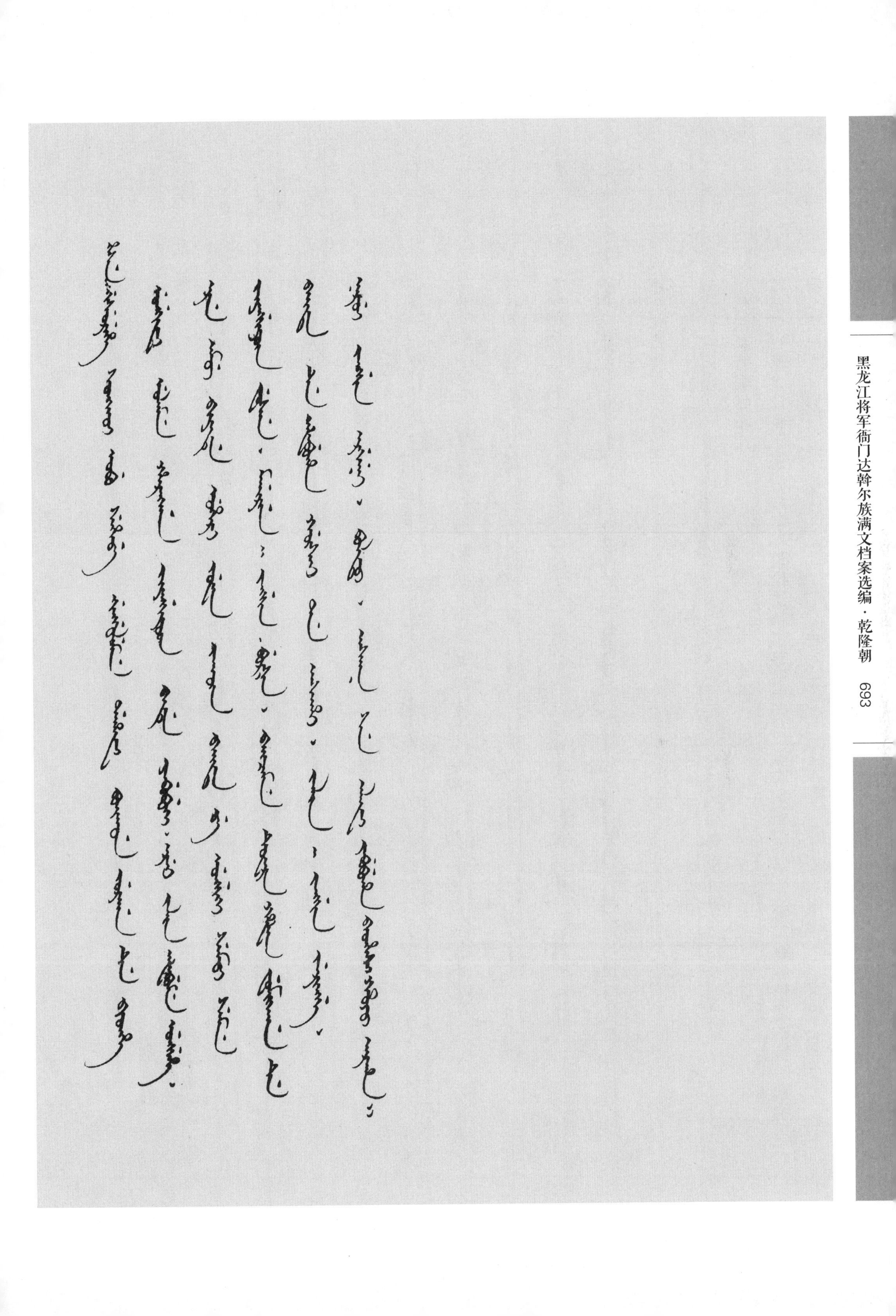

二三〇 黑龙江将军衙门为本年索伦达斡尔等解送貂皮等次稍差遵旨停止赏赐事札护理布特哈索伦达斡尔总管阿纳布文

乾隆九年三月初一日

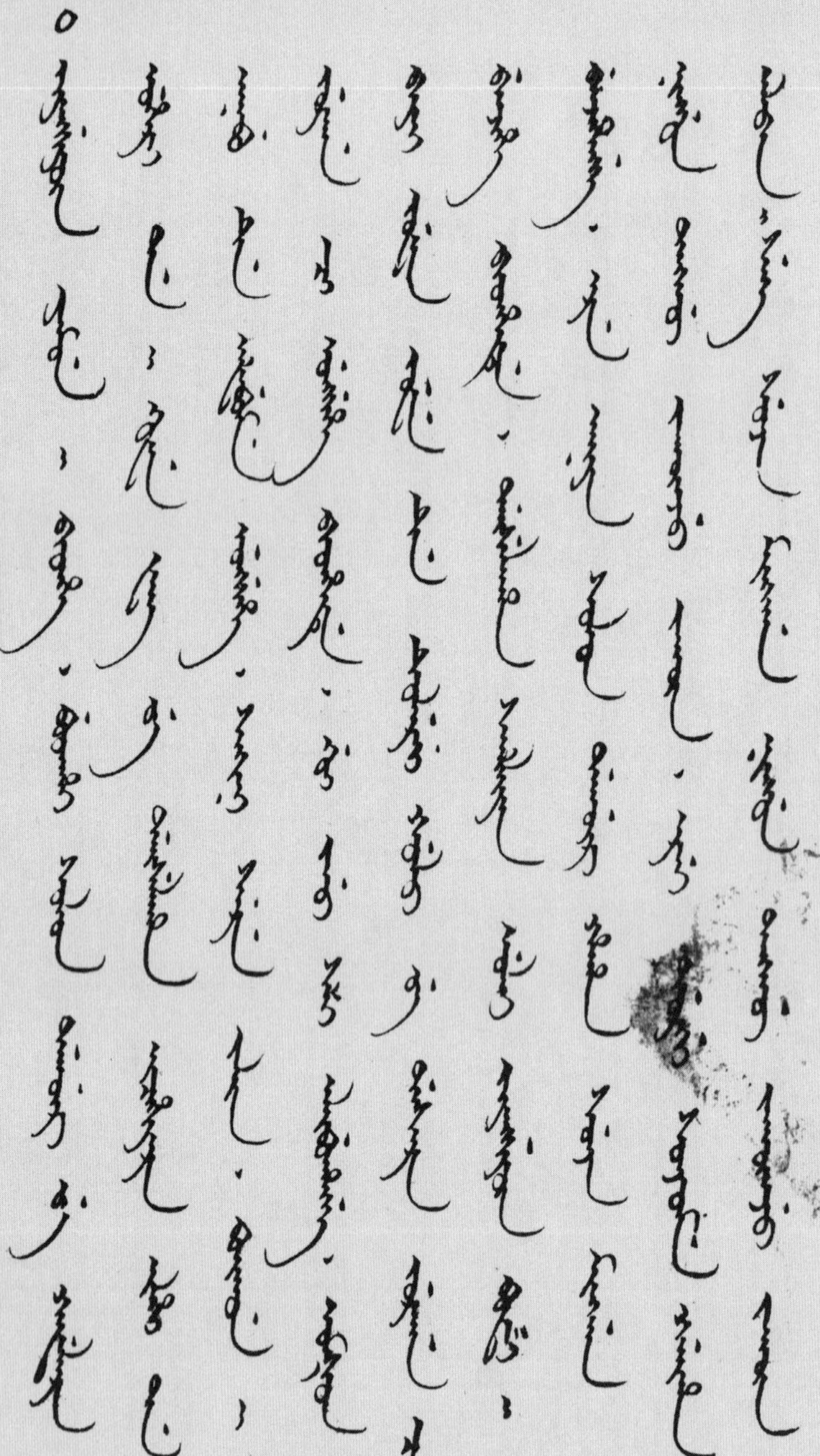

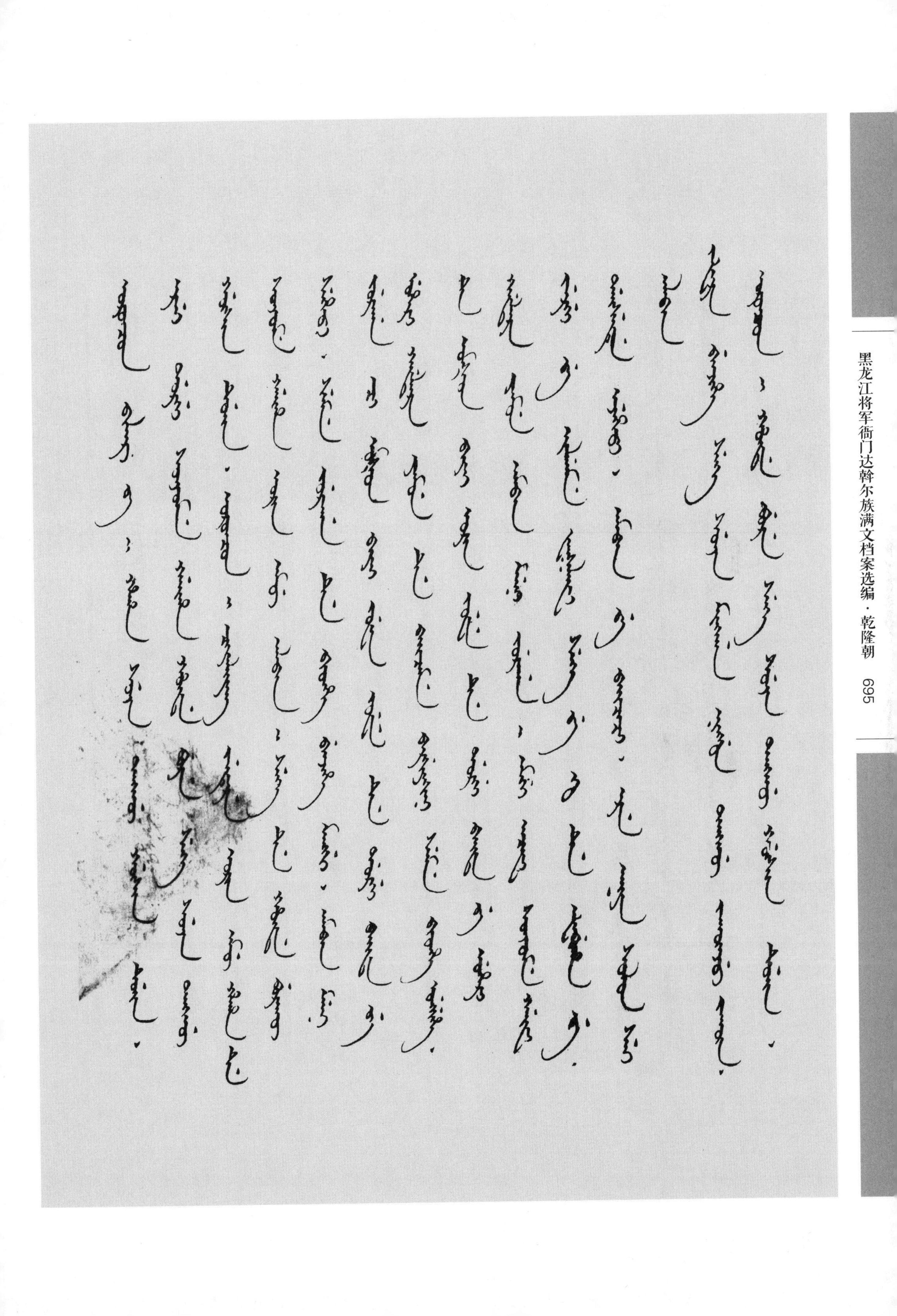

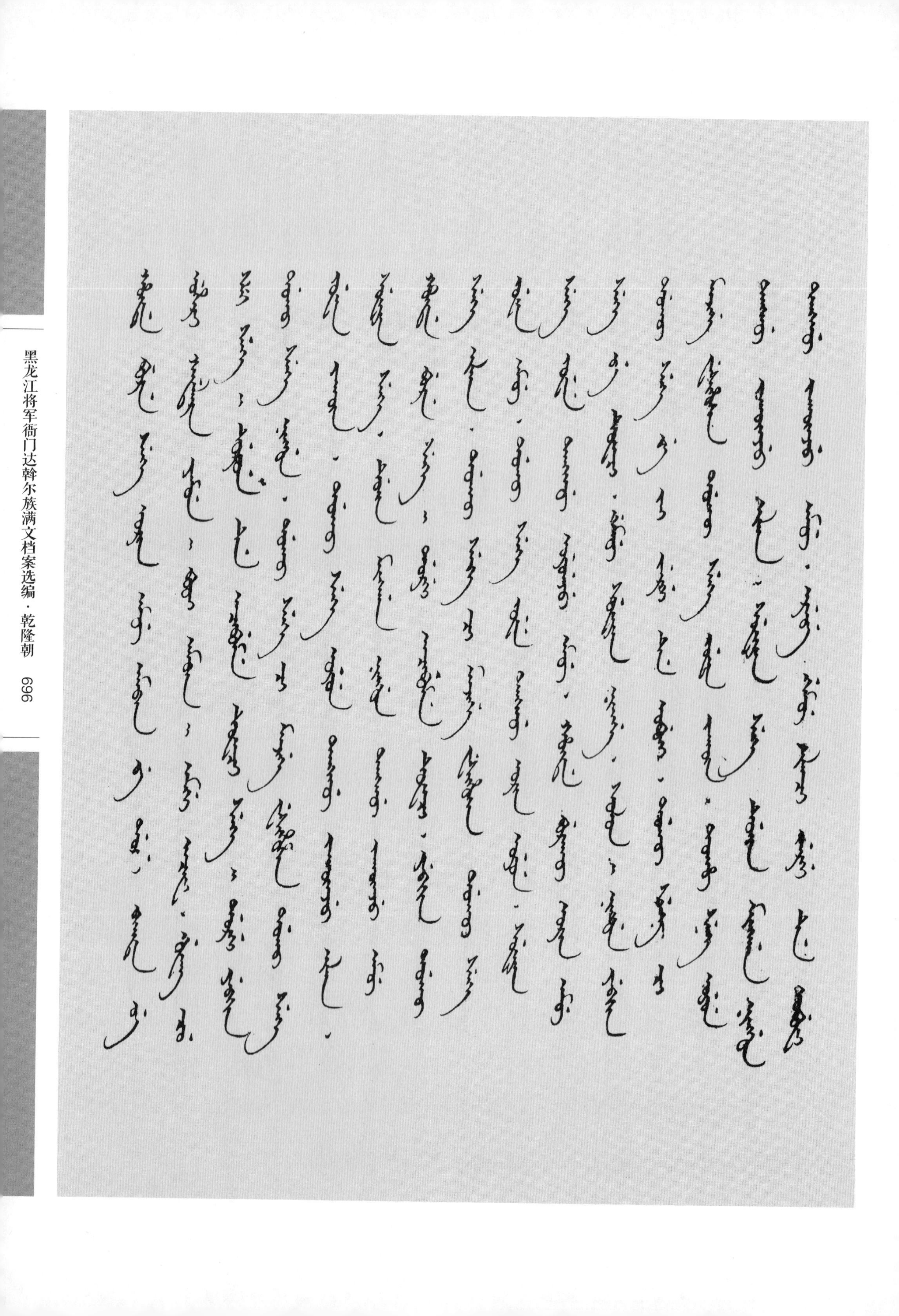

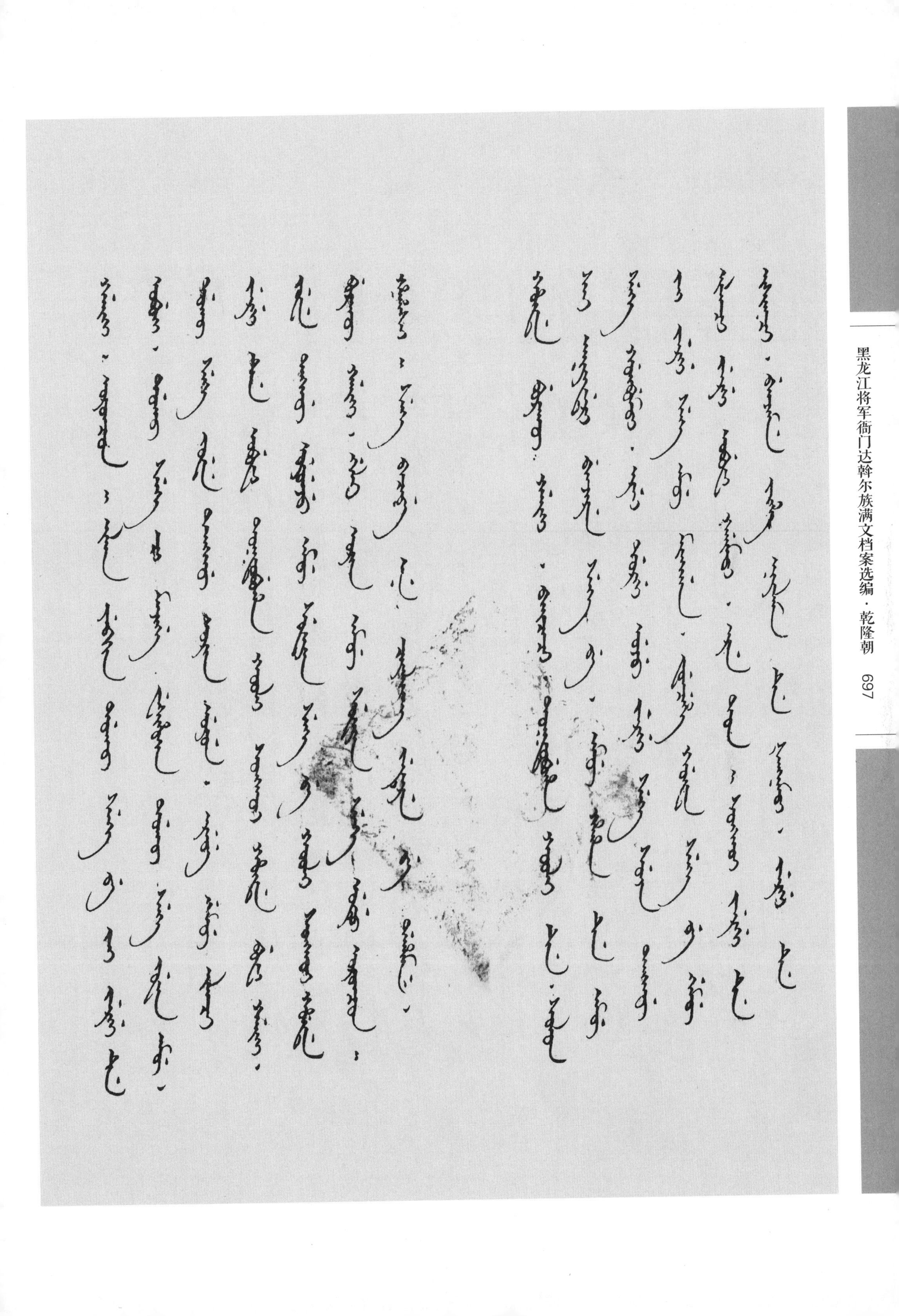

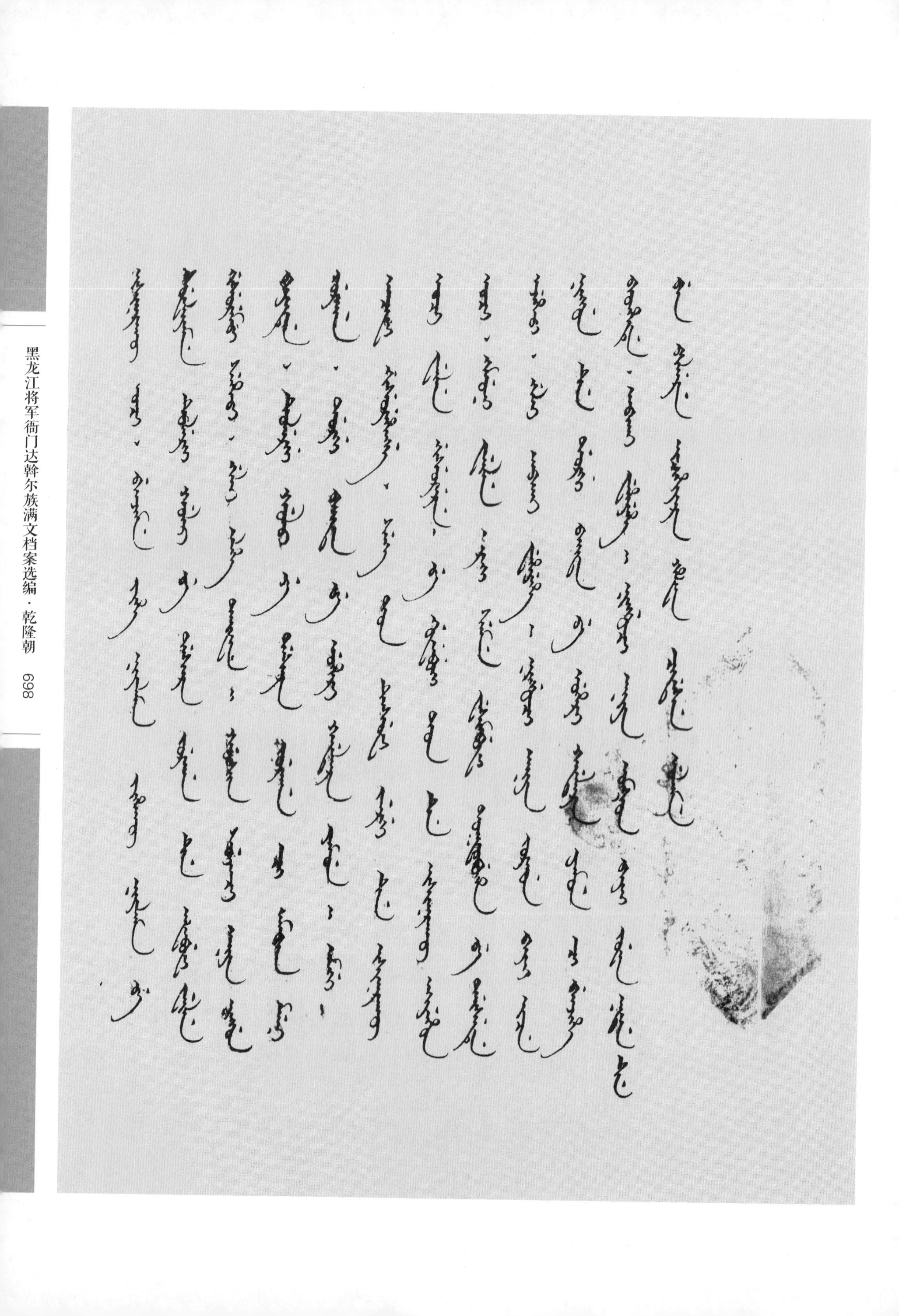

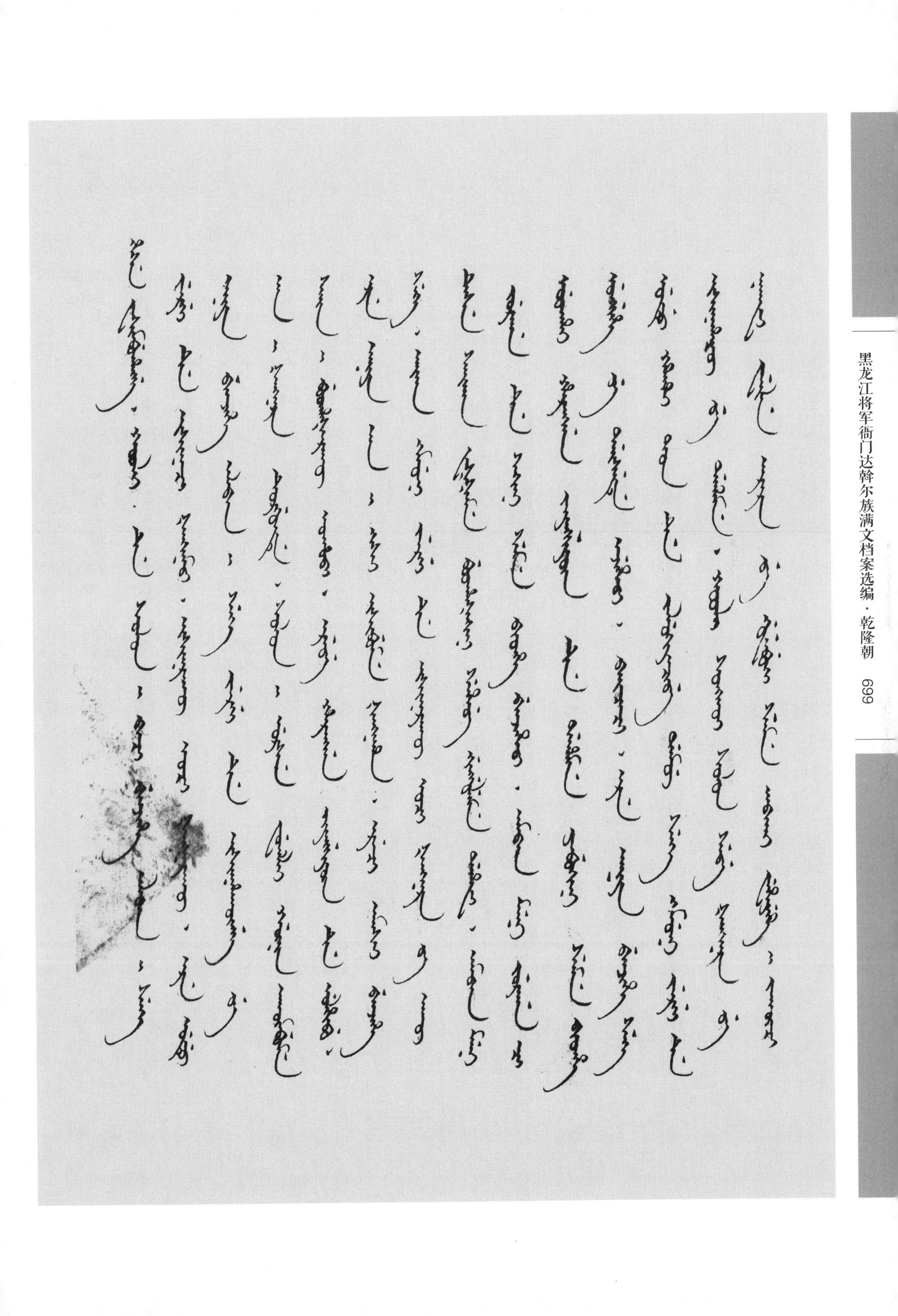

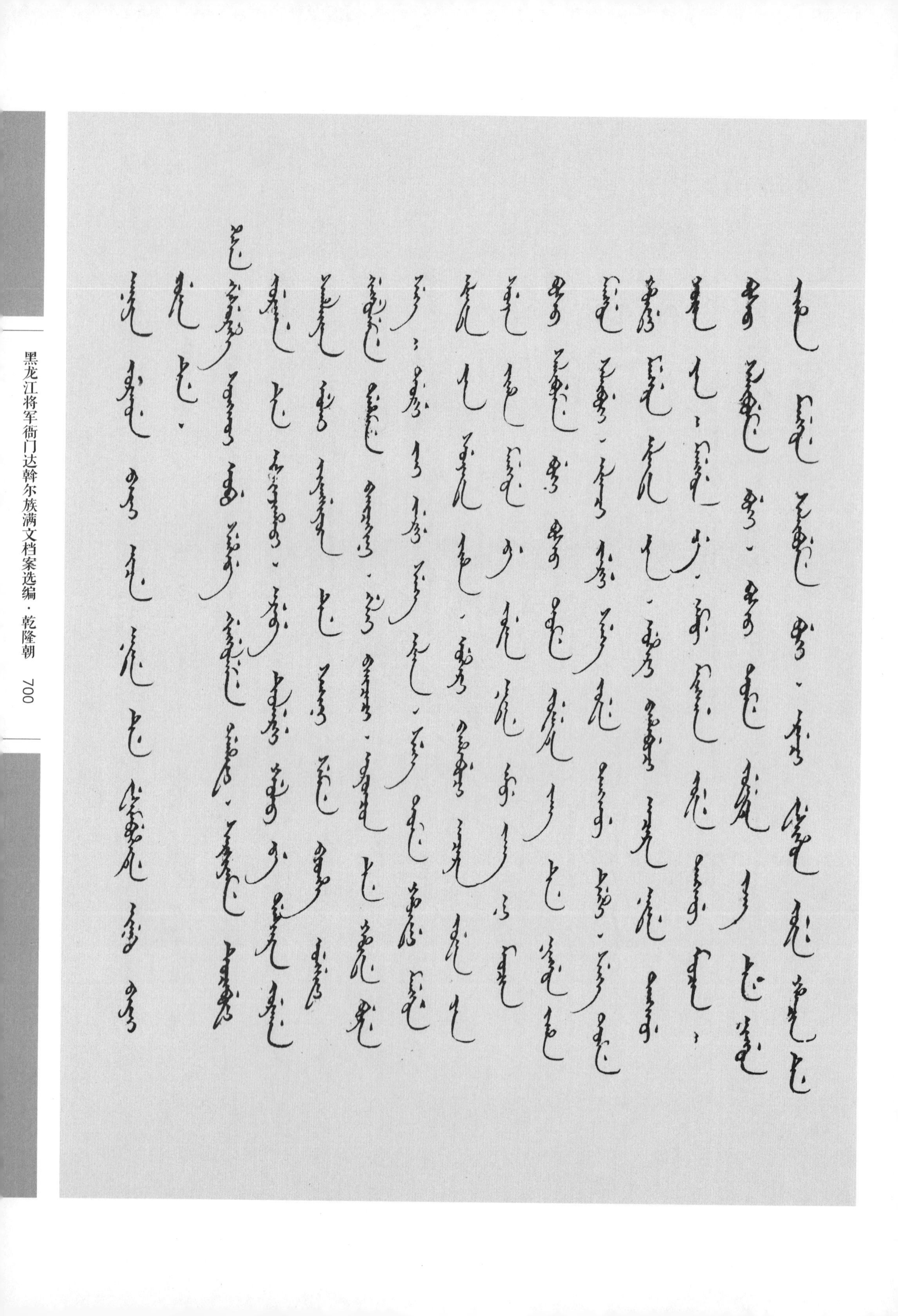

[illegible]

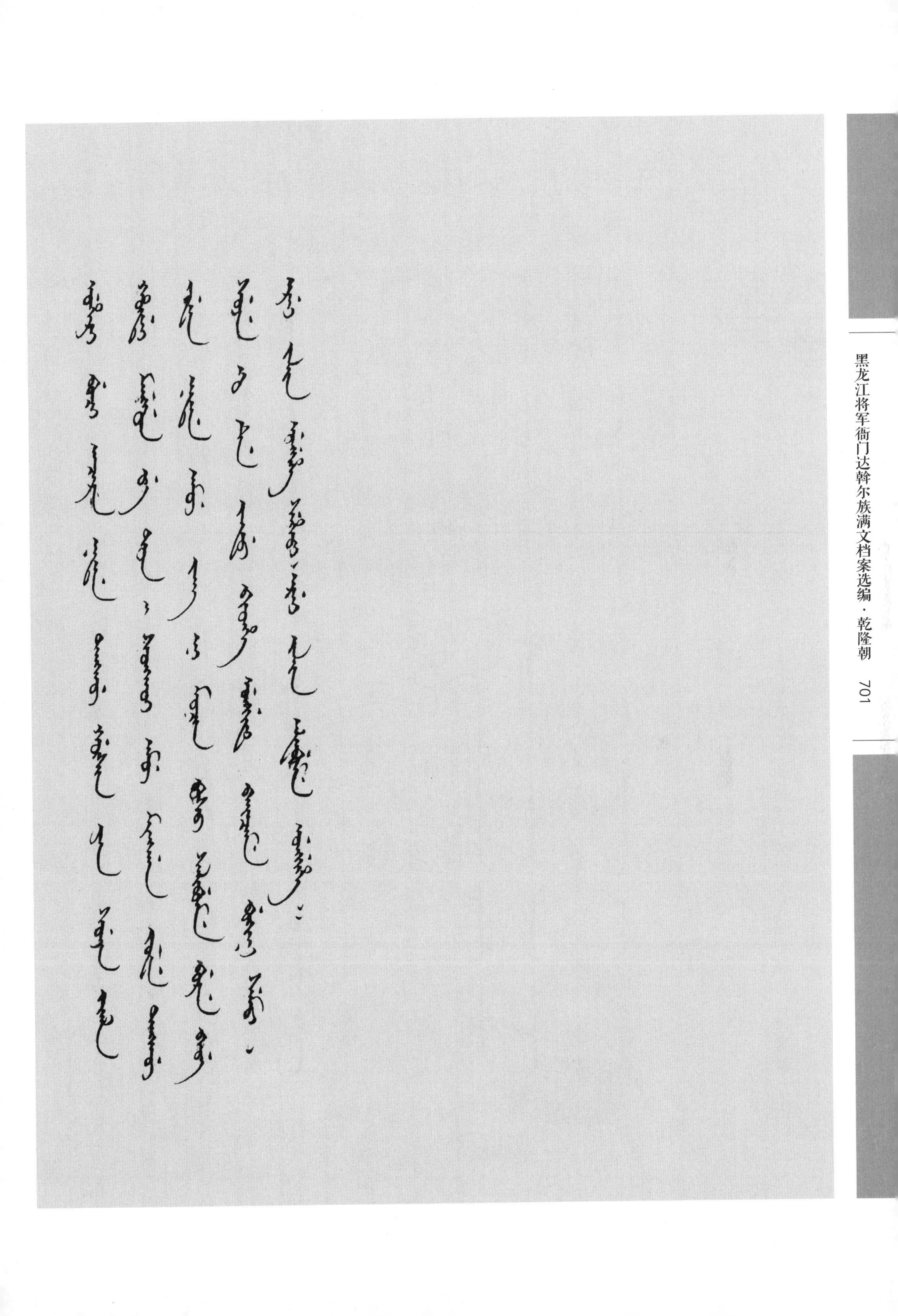

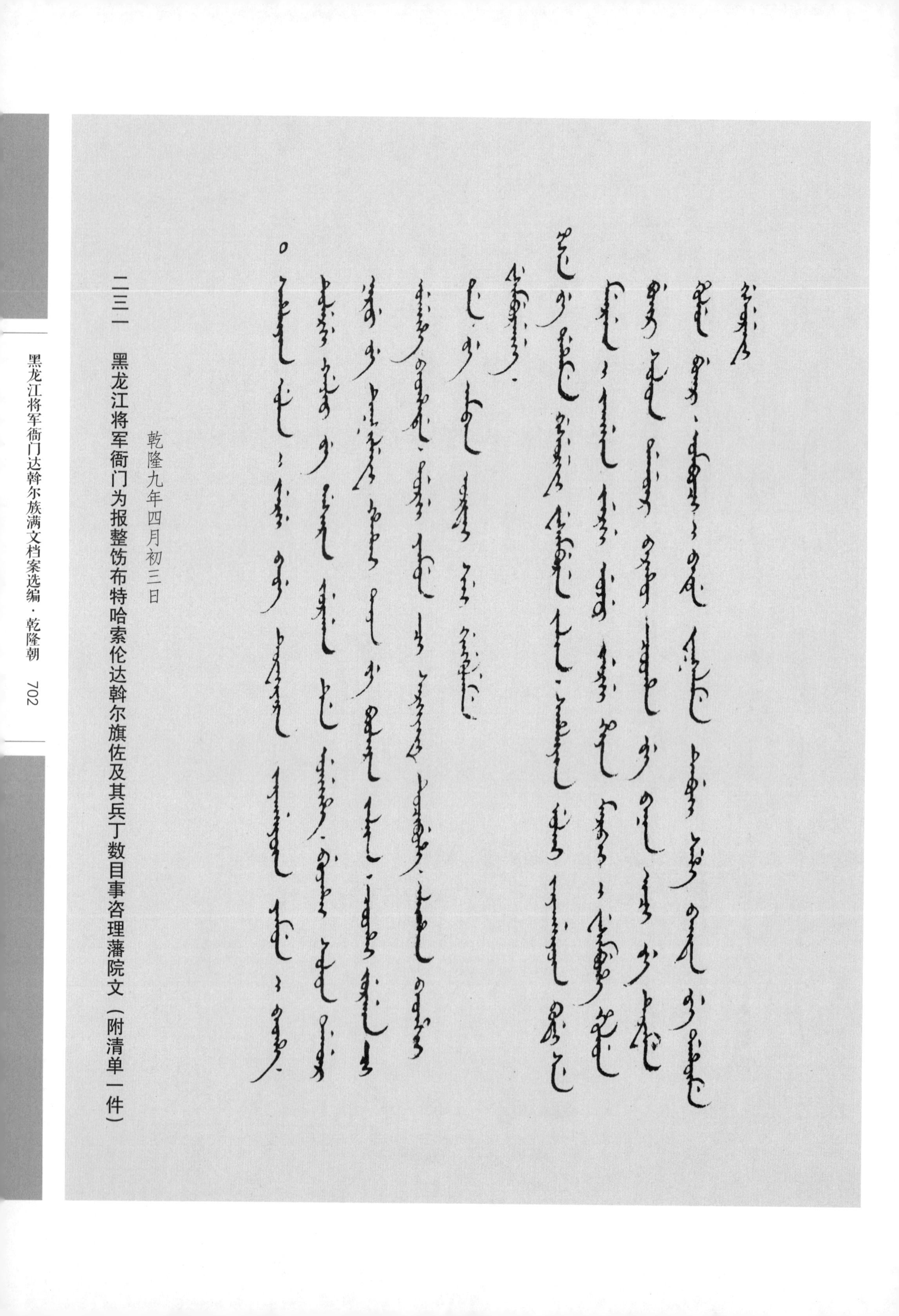

二三一 黑龙江将军衙门为报整饬布特哈索伦达斡尔旗佐及其兵丁数目事咨理藩院文（附清单一件）

乾隆九年四月初三日

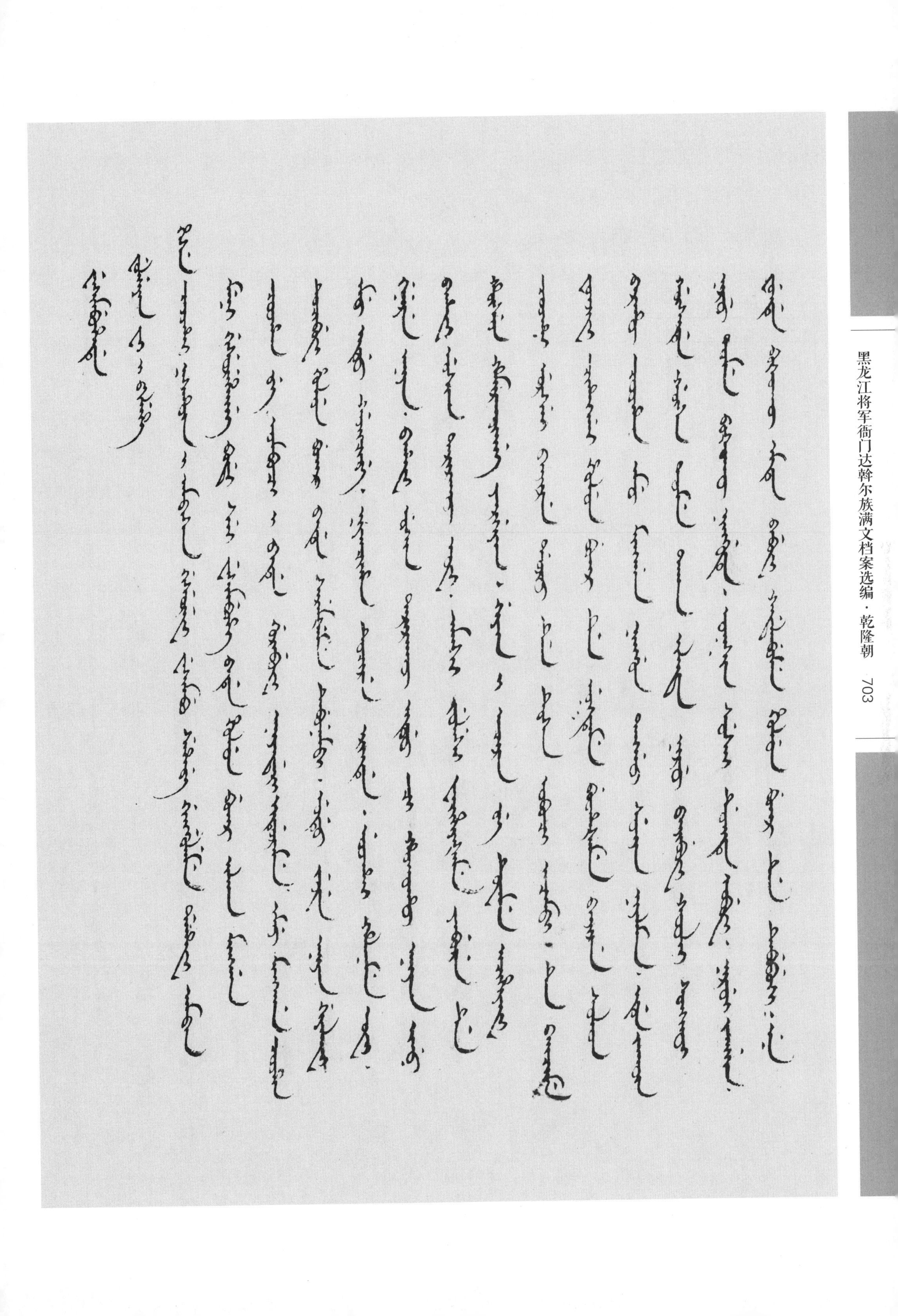

[illegible]

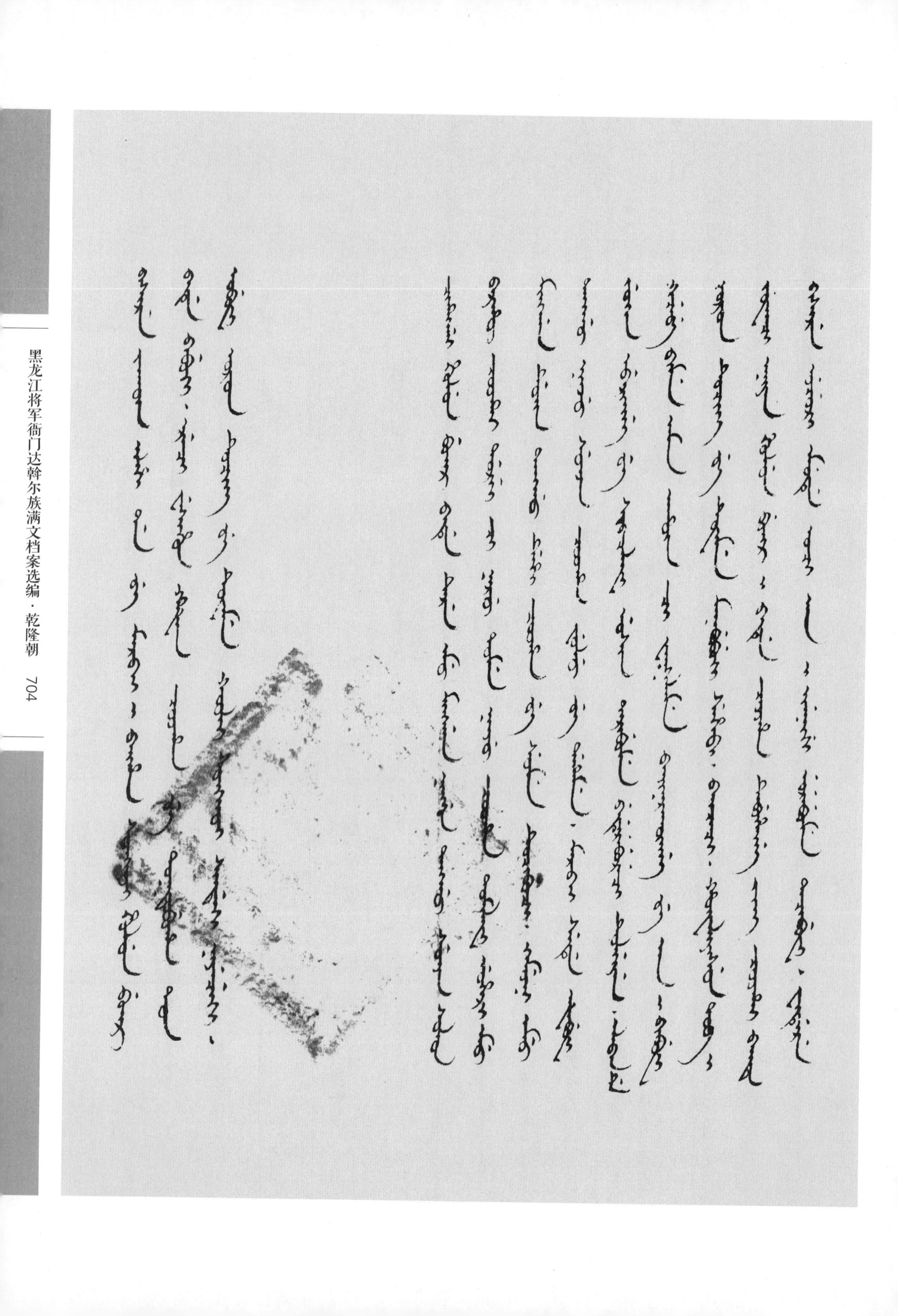

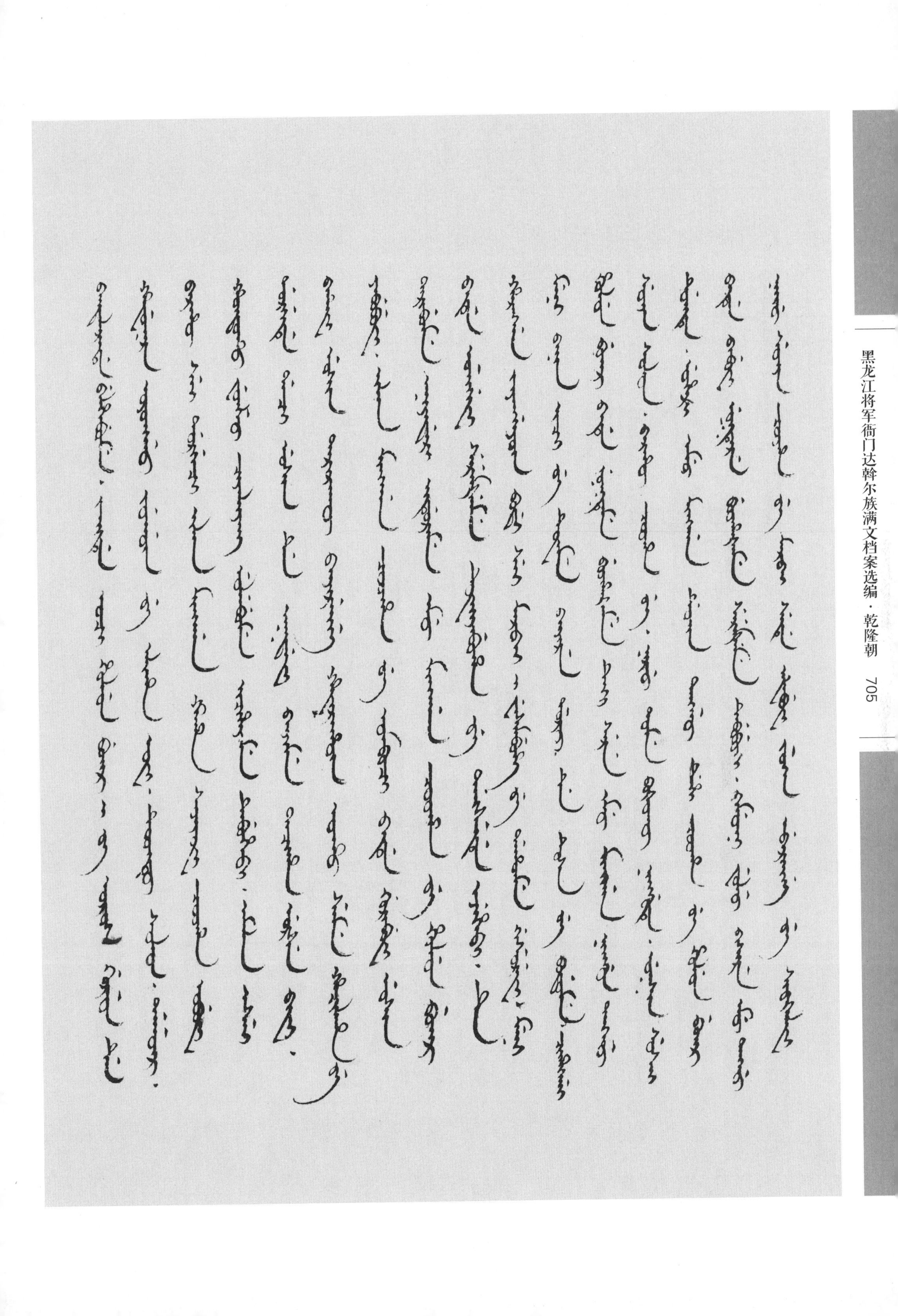

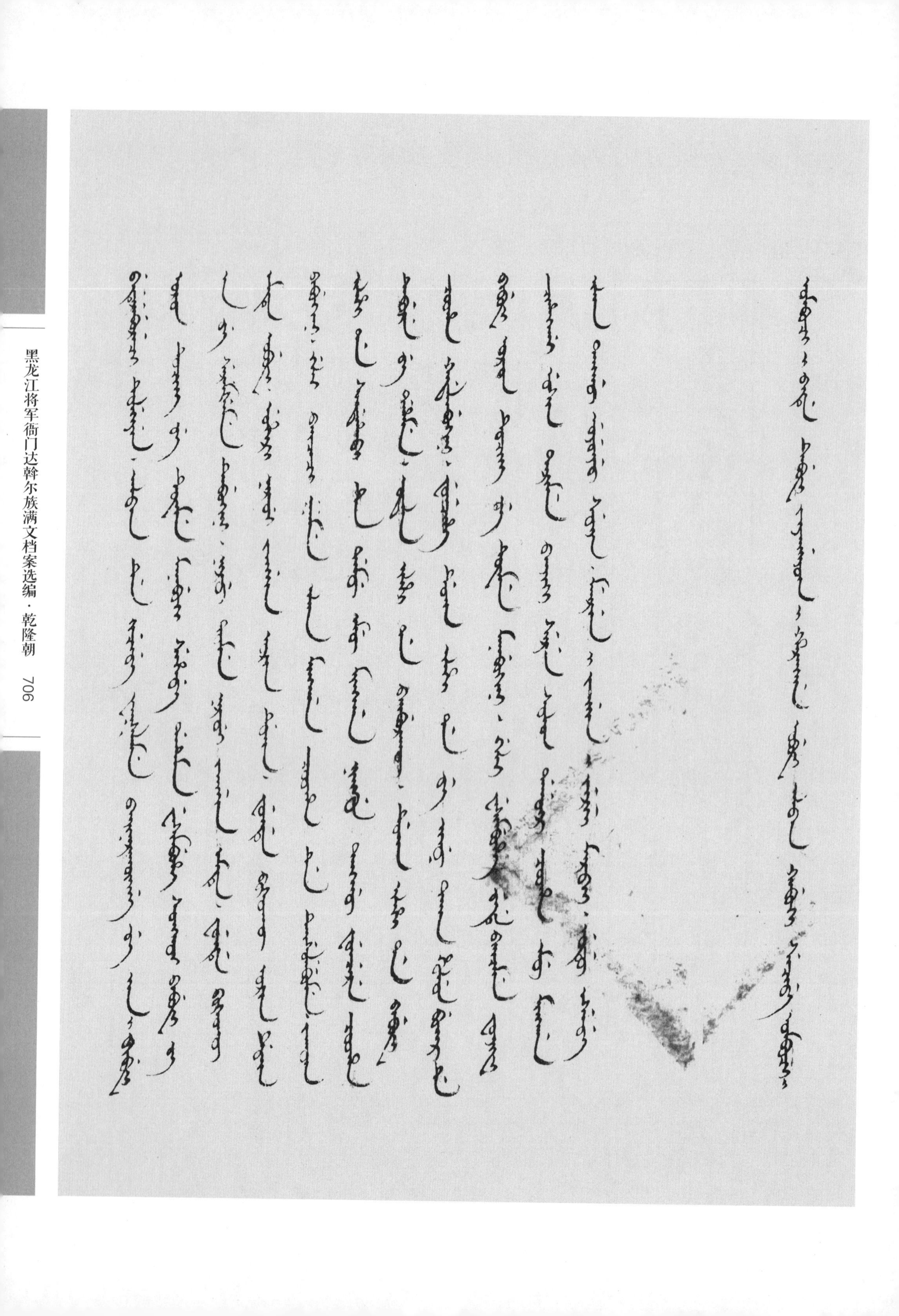

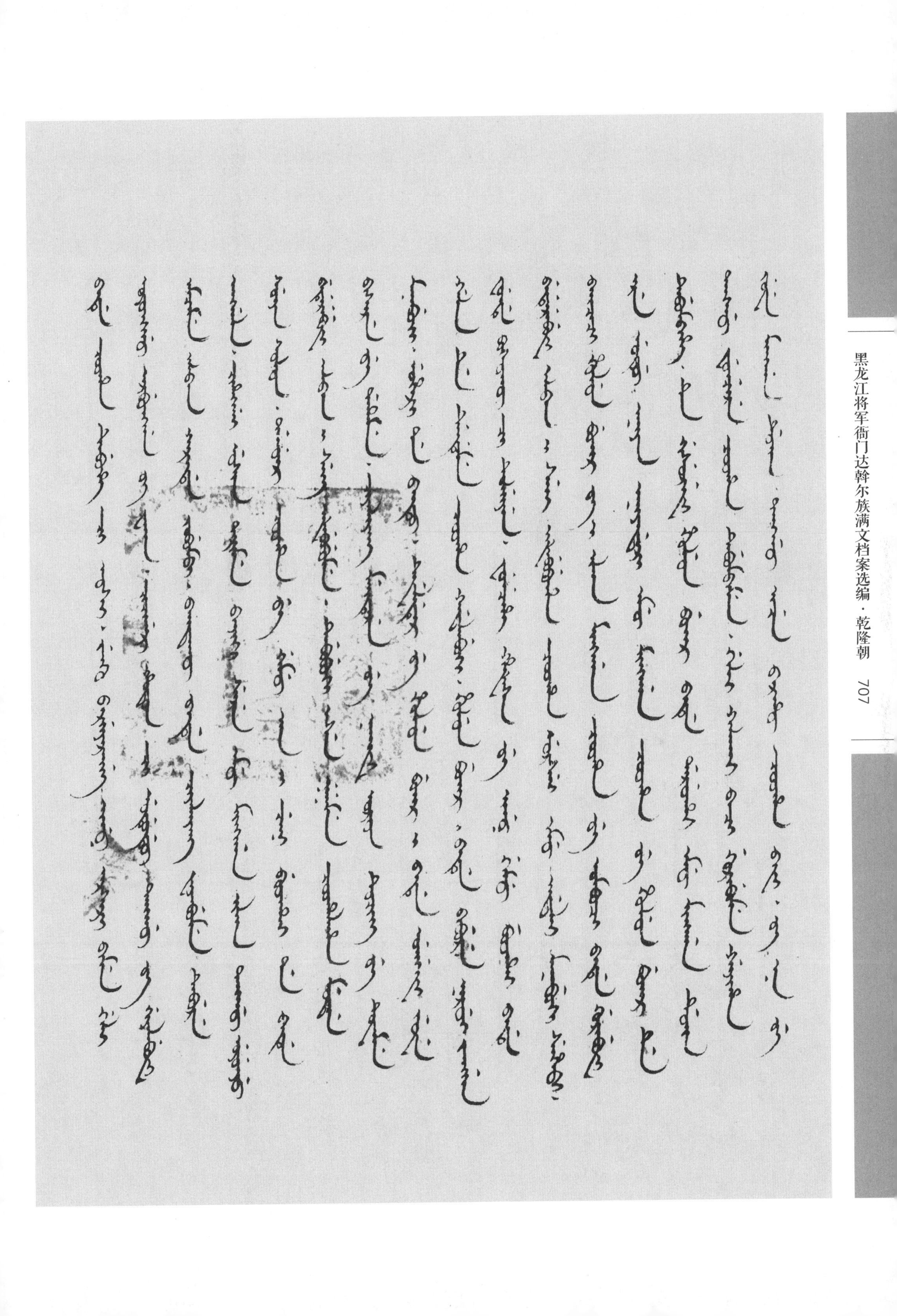

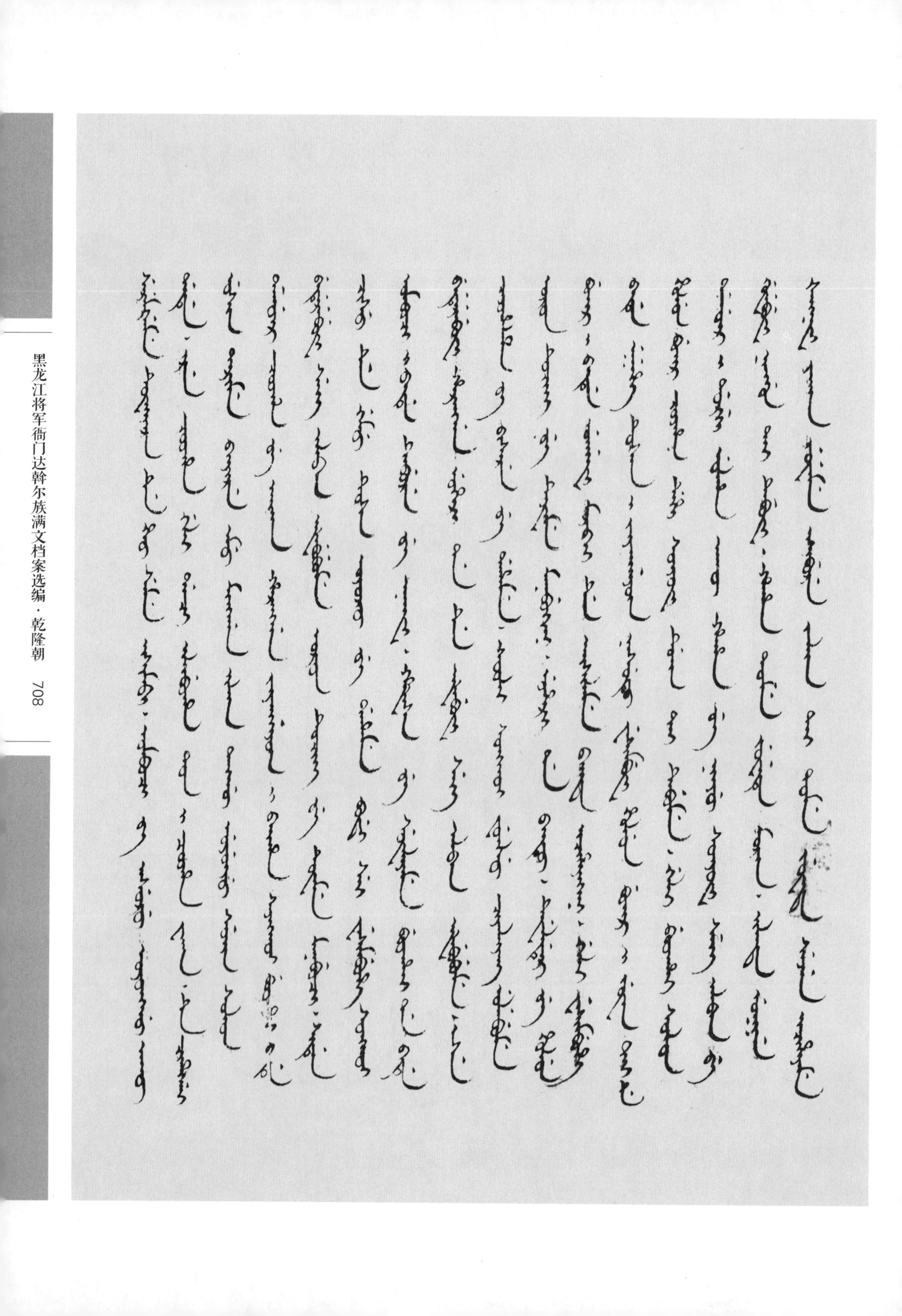

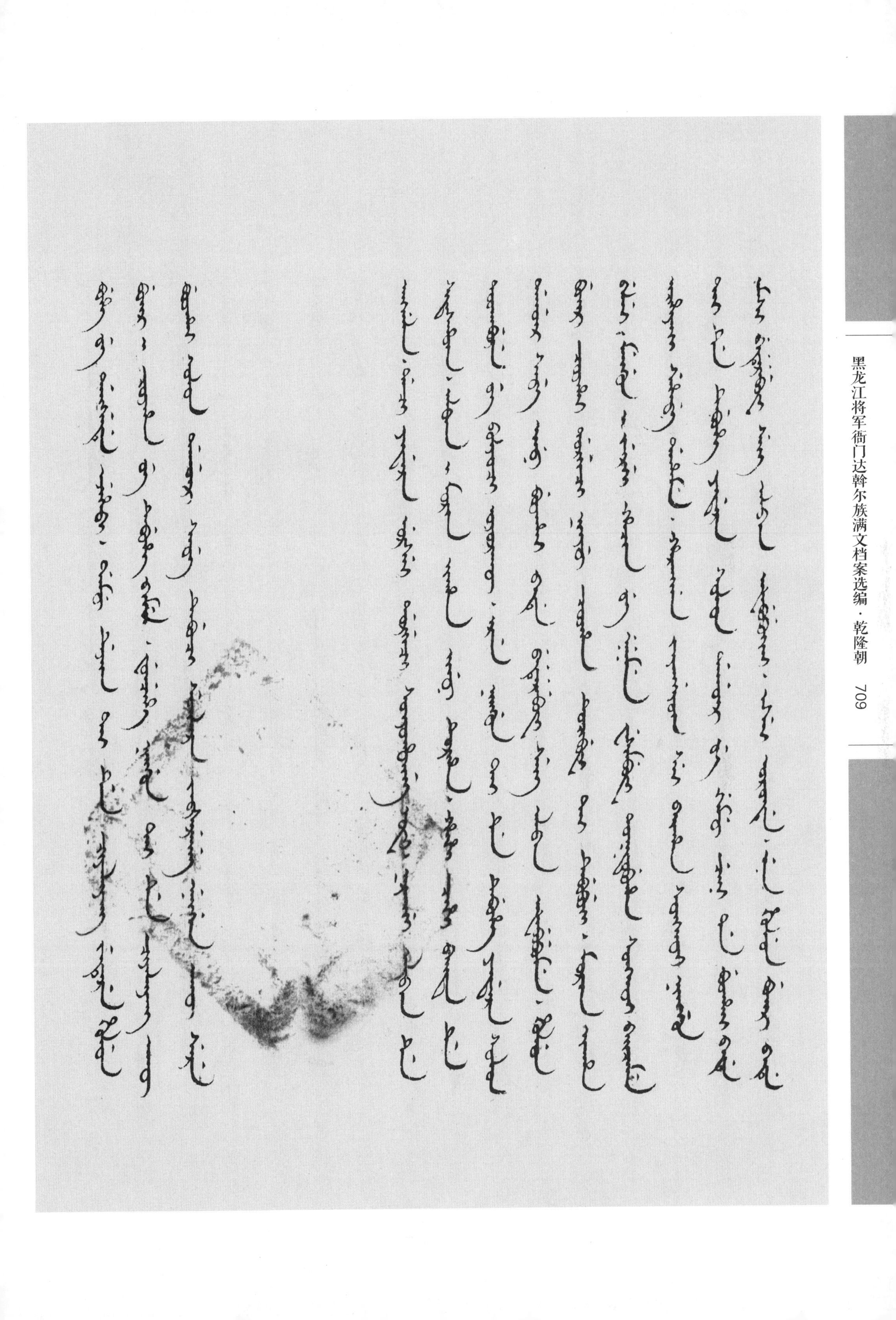

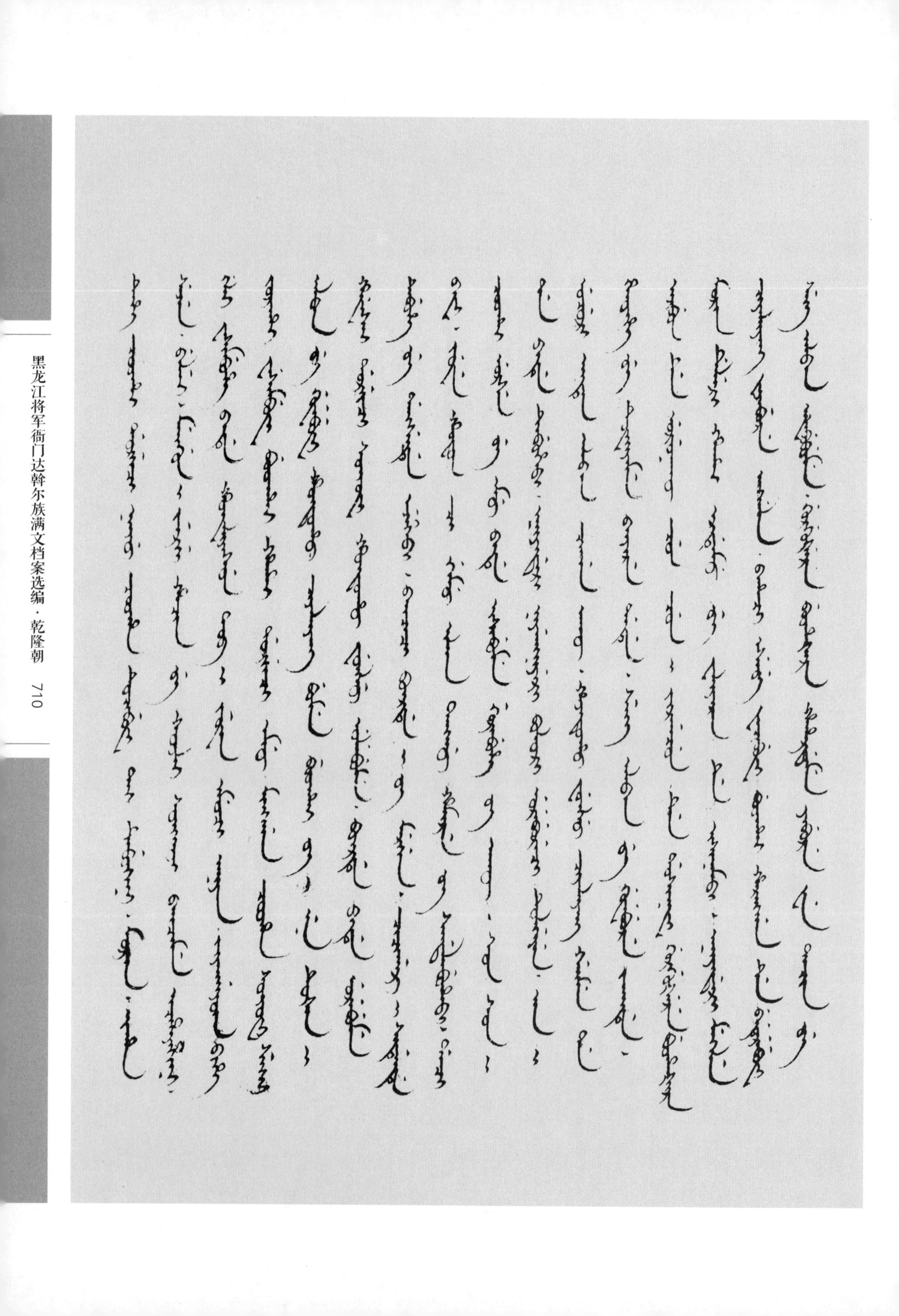

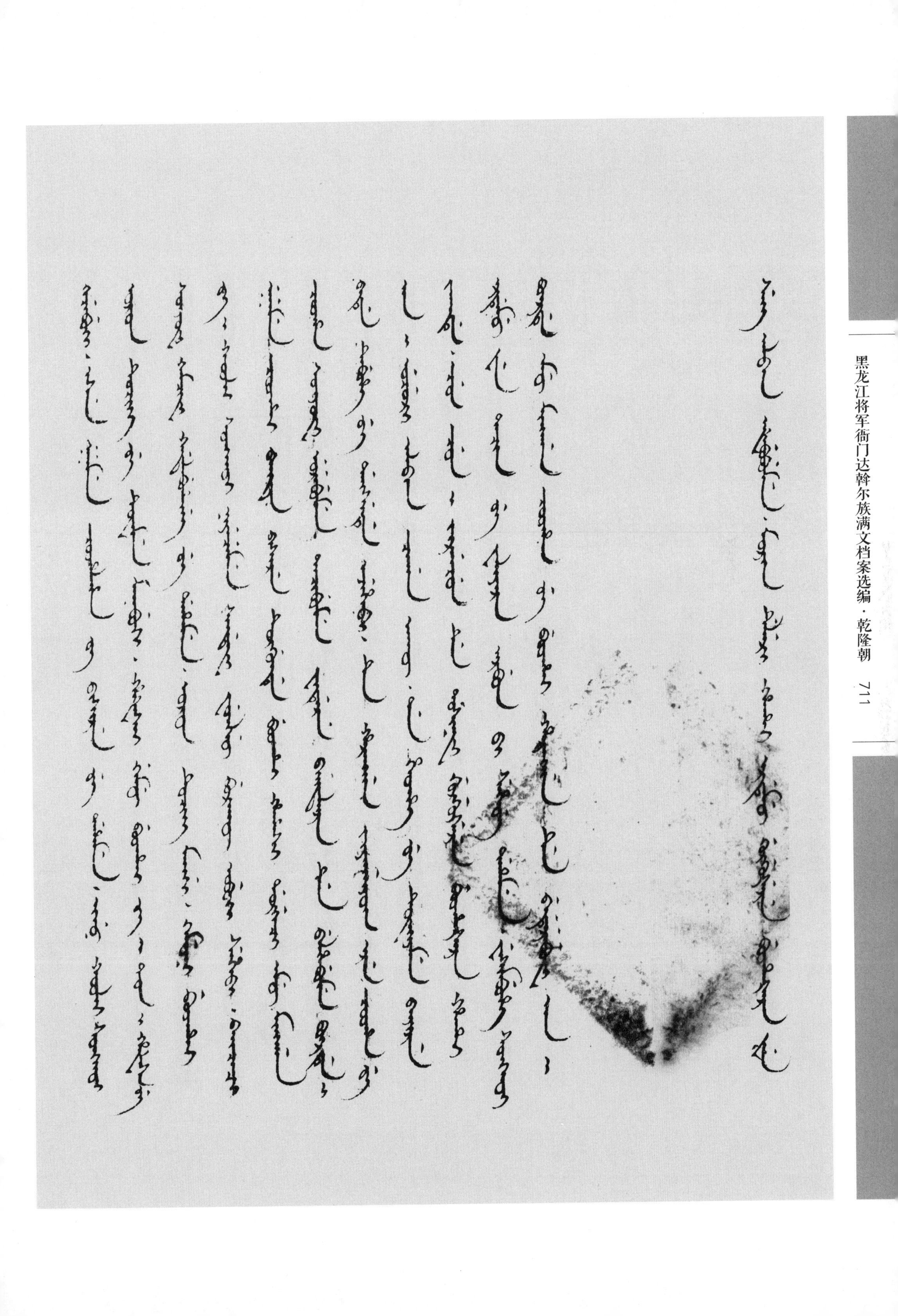

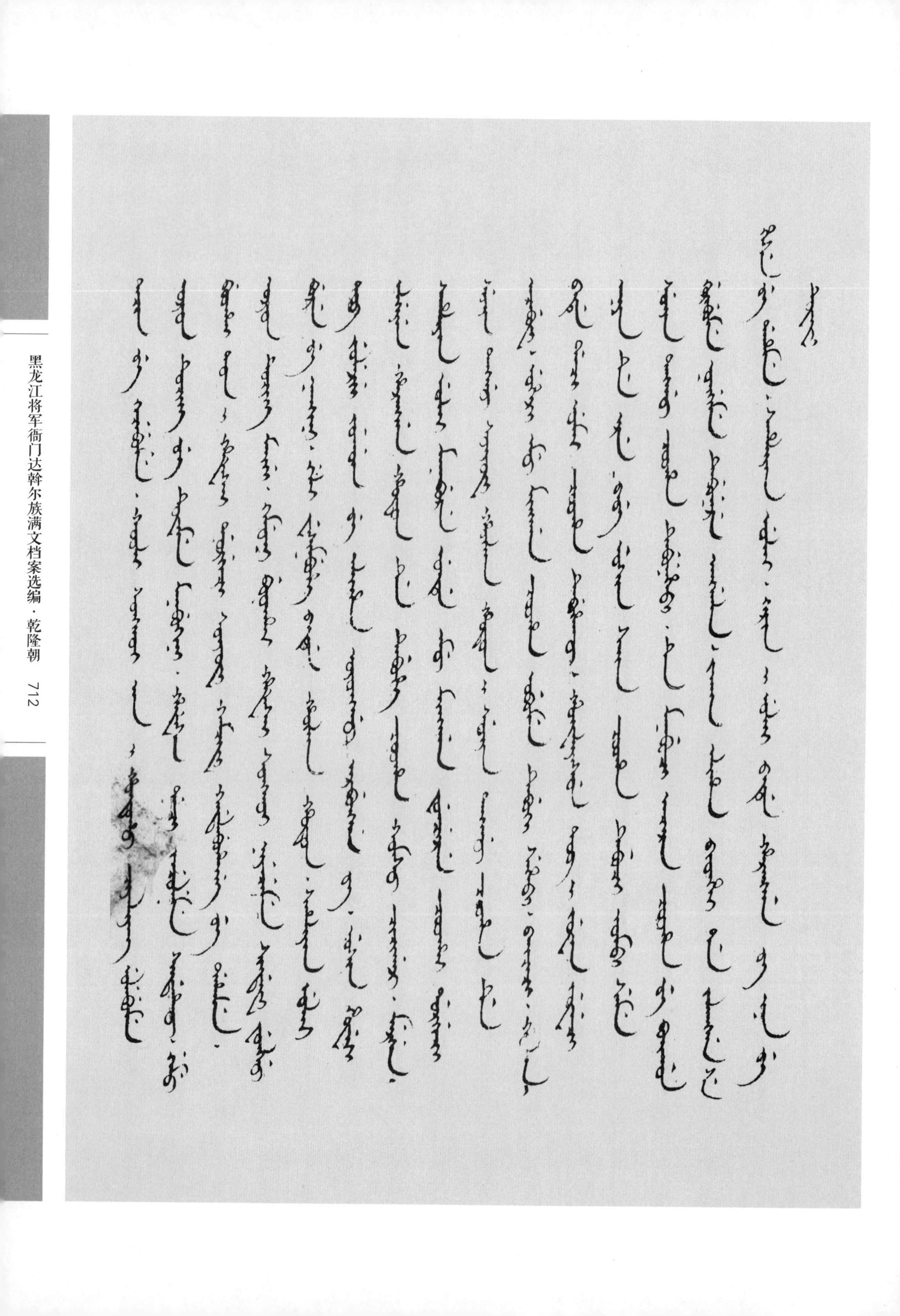

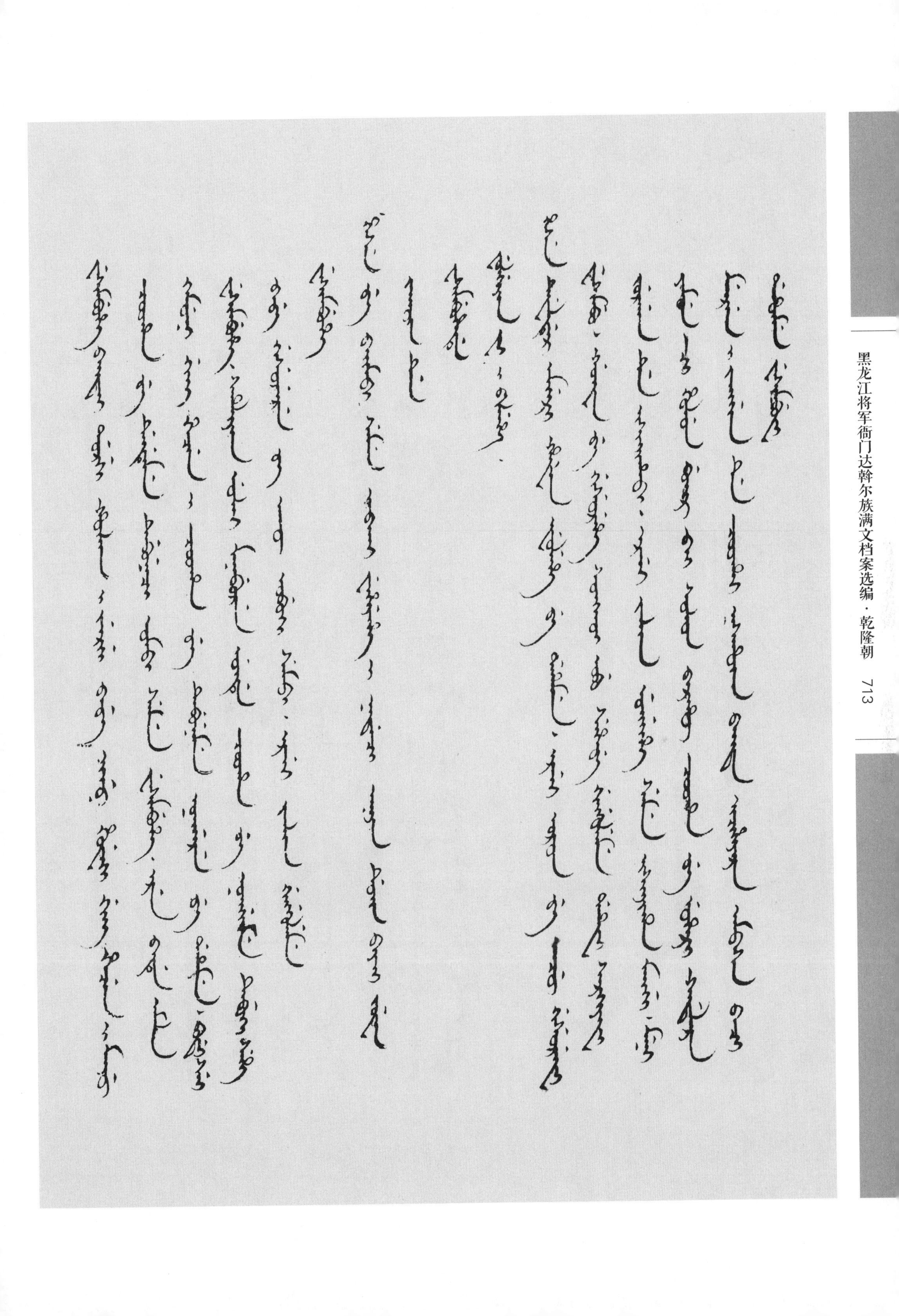

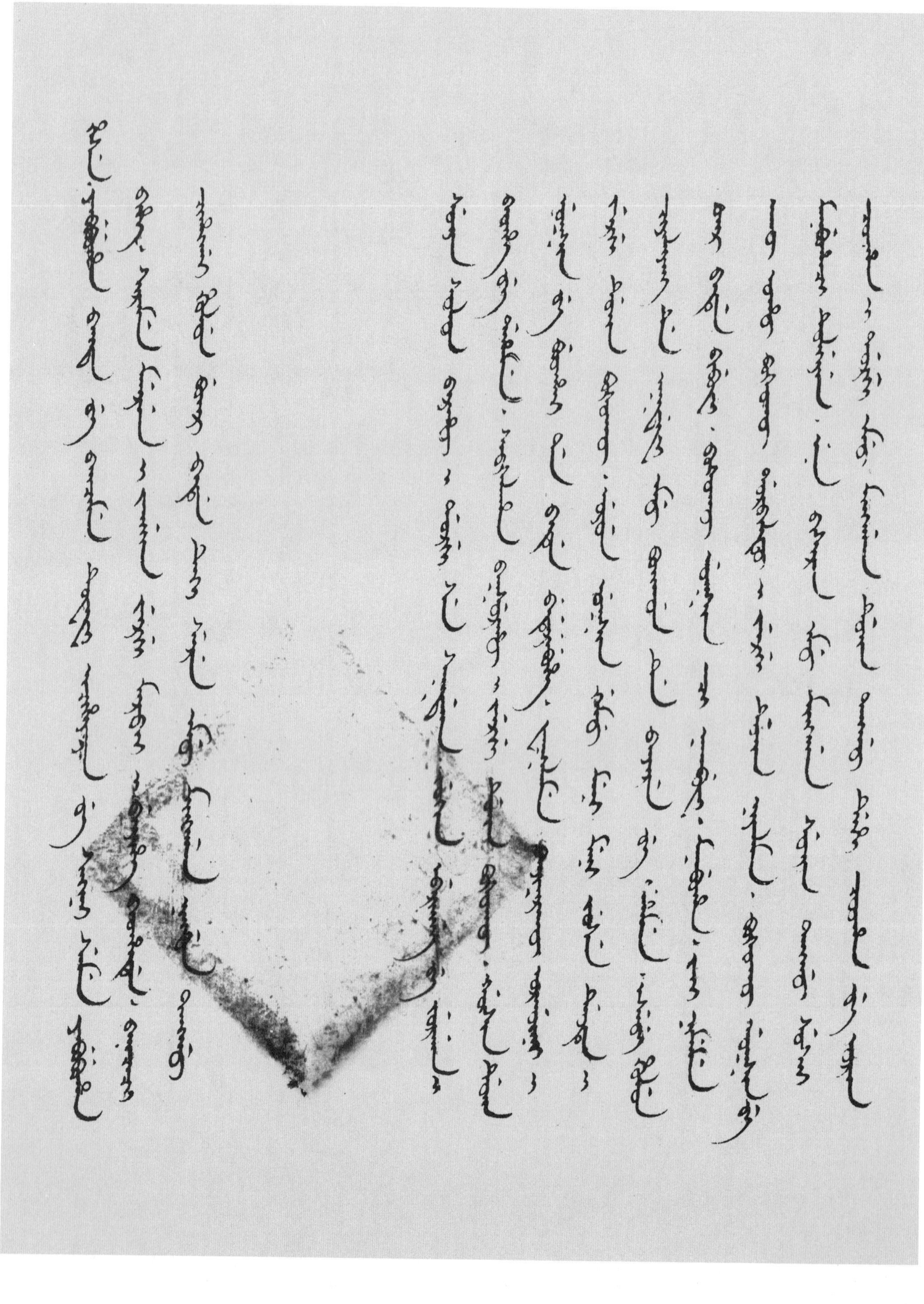

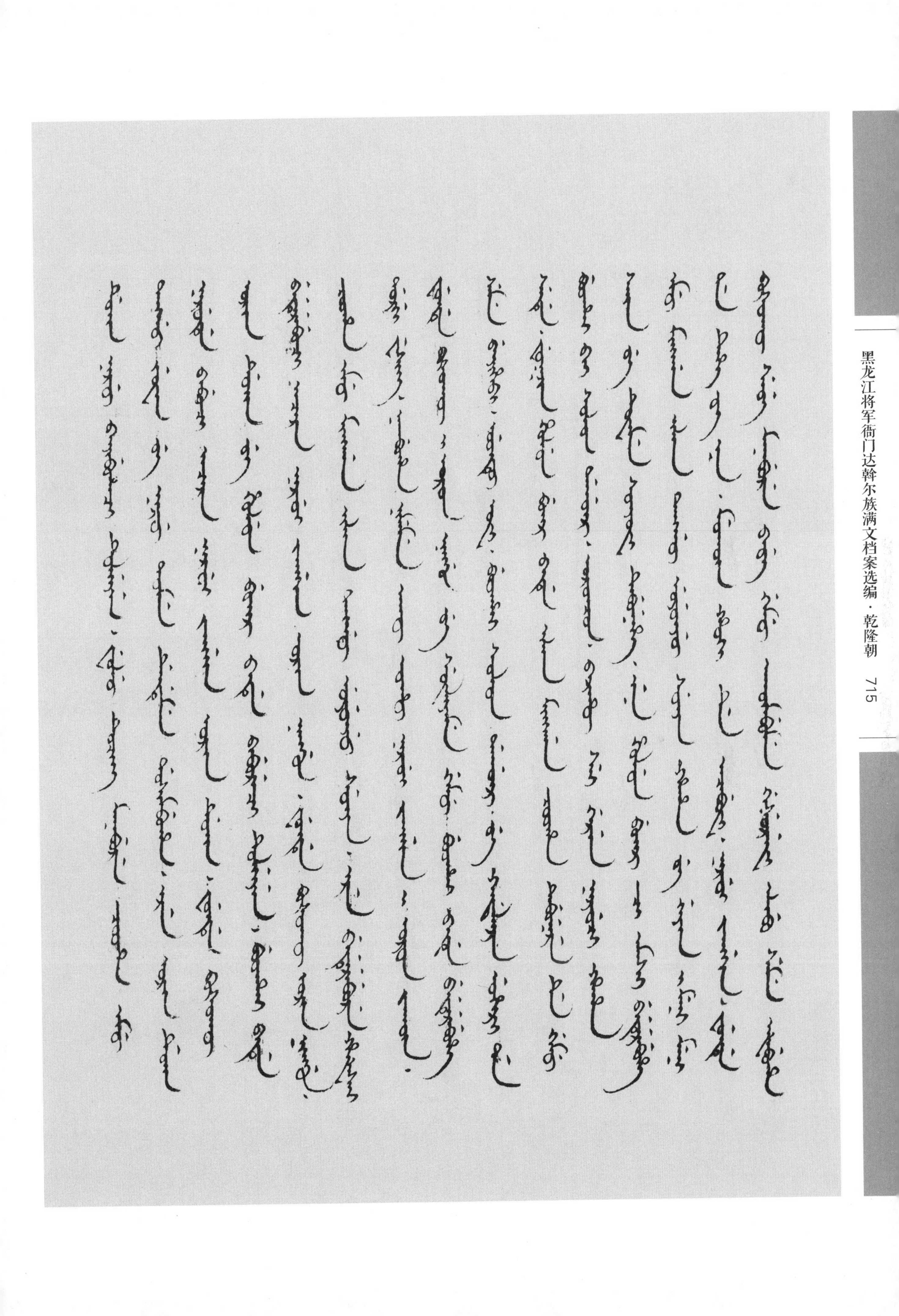

[illegible]

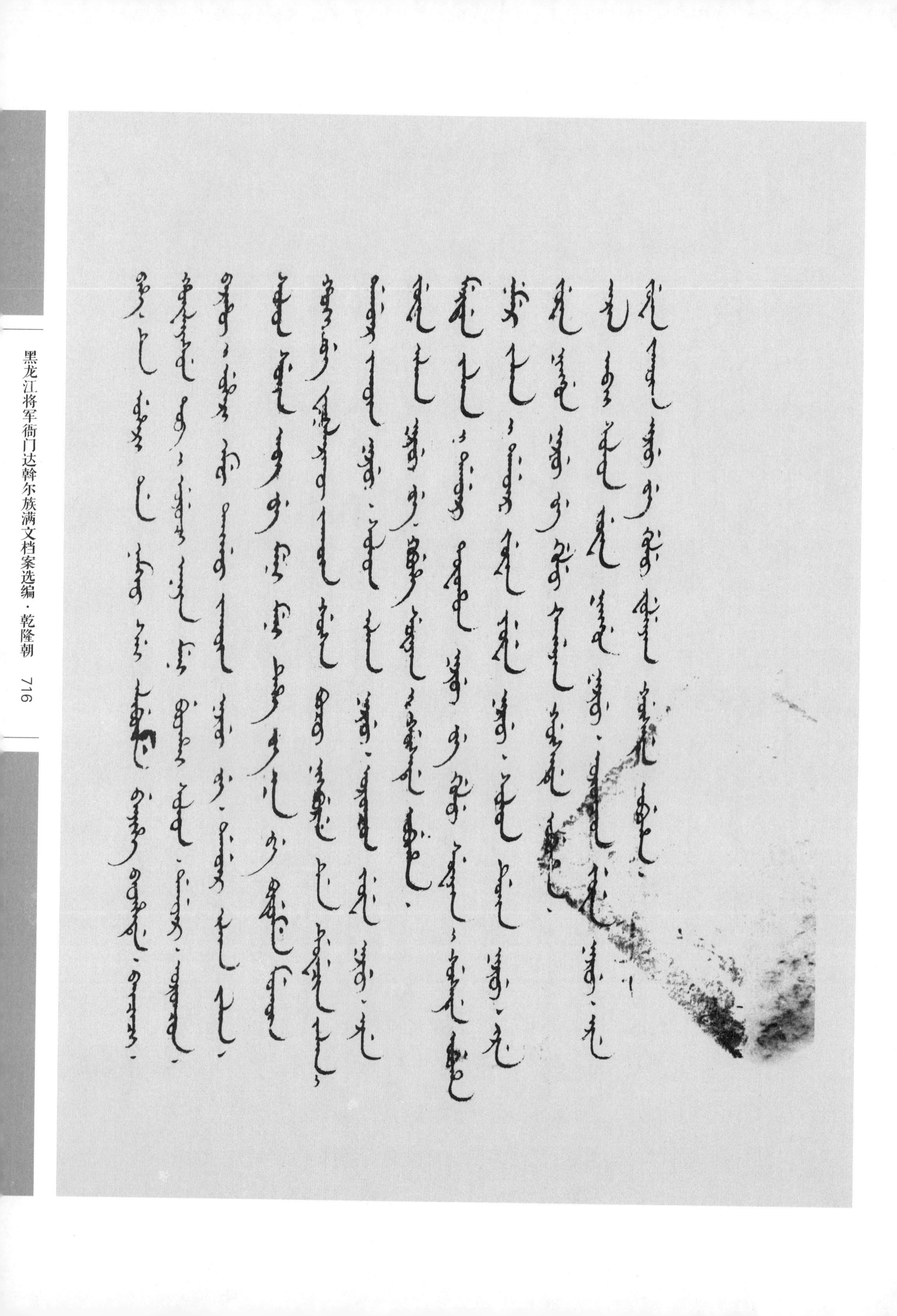

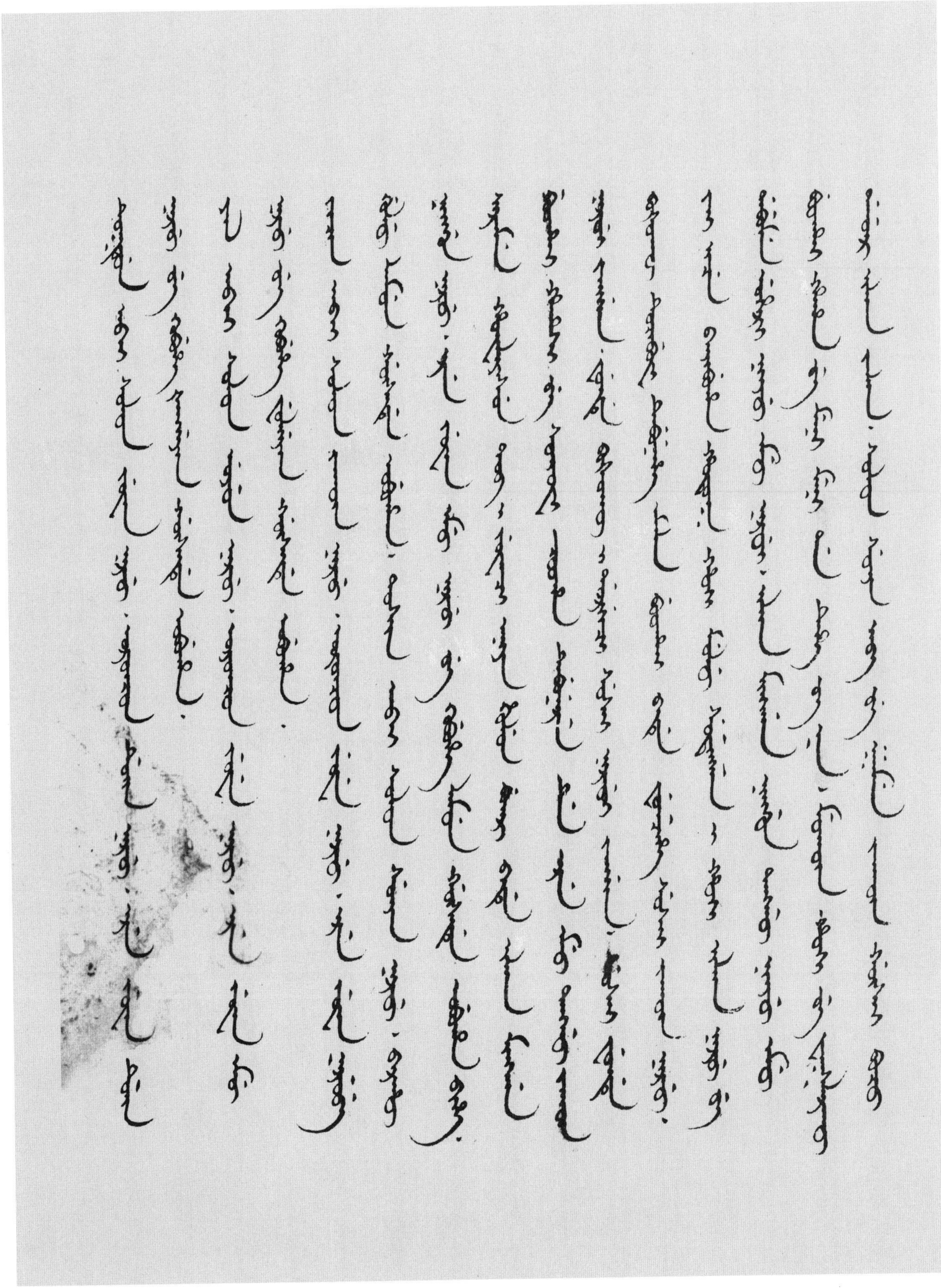

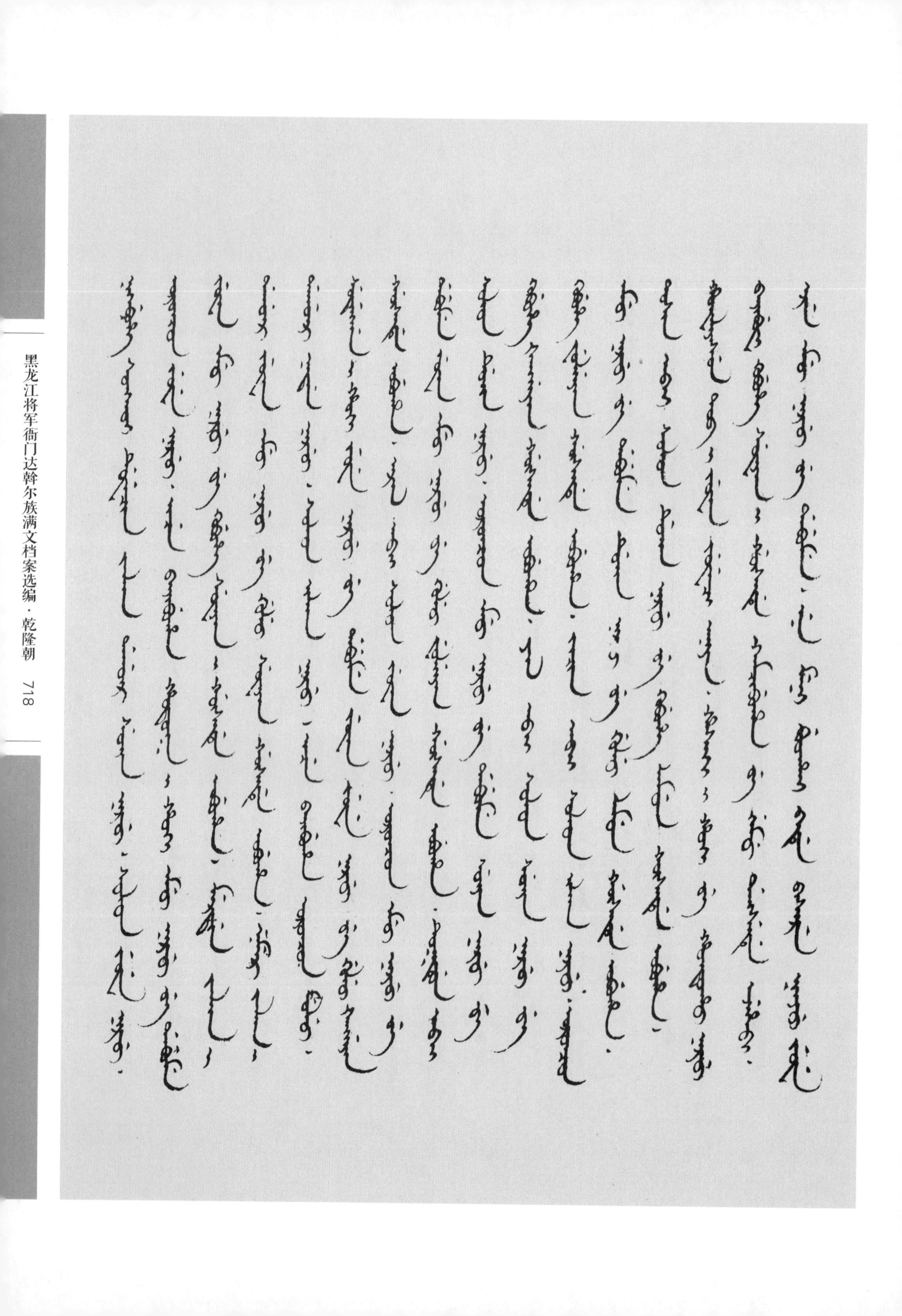

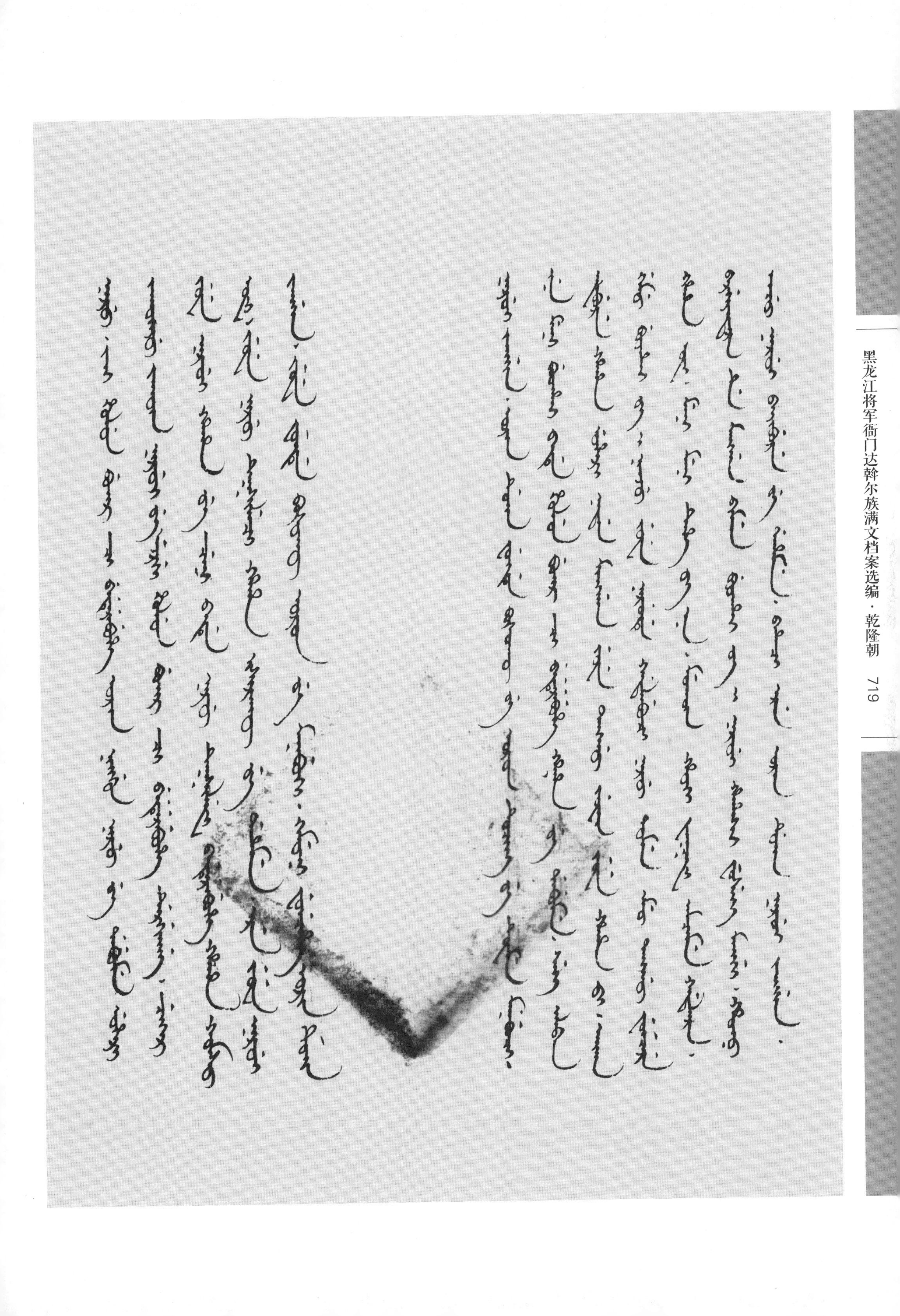

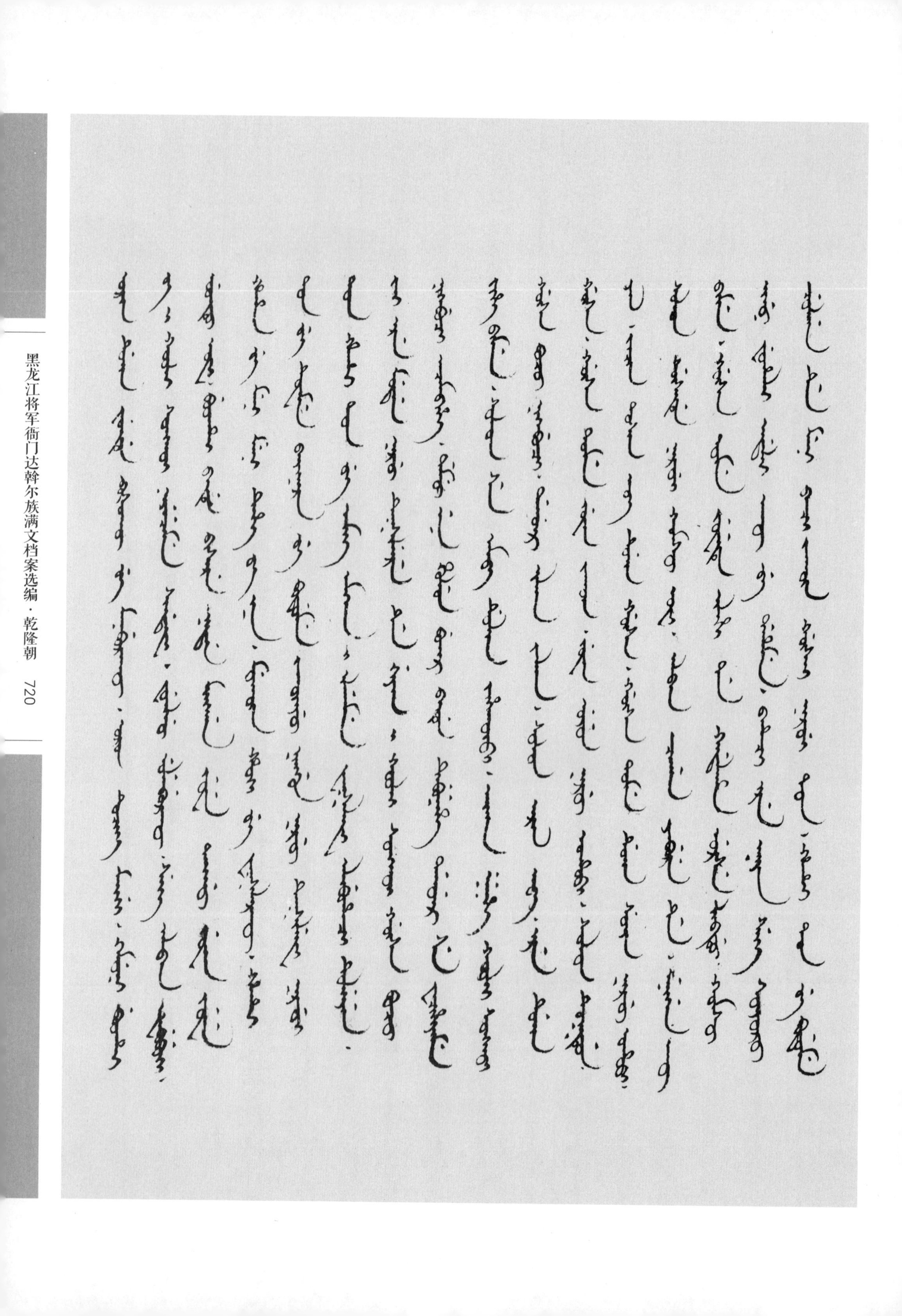

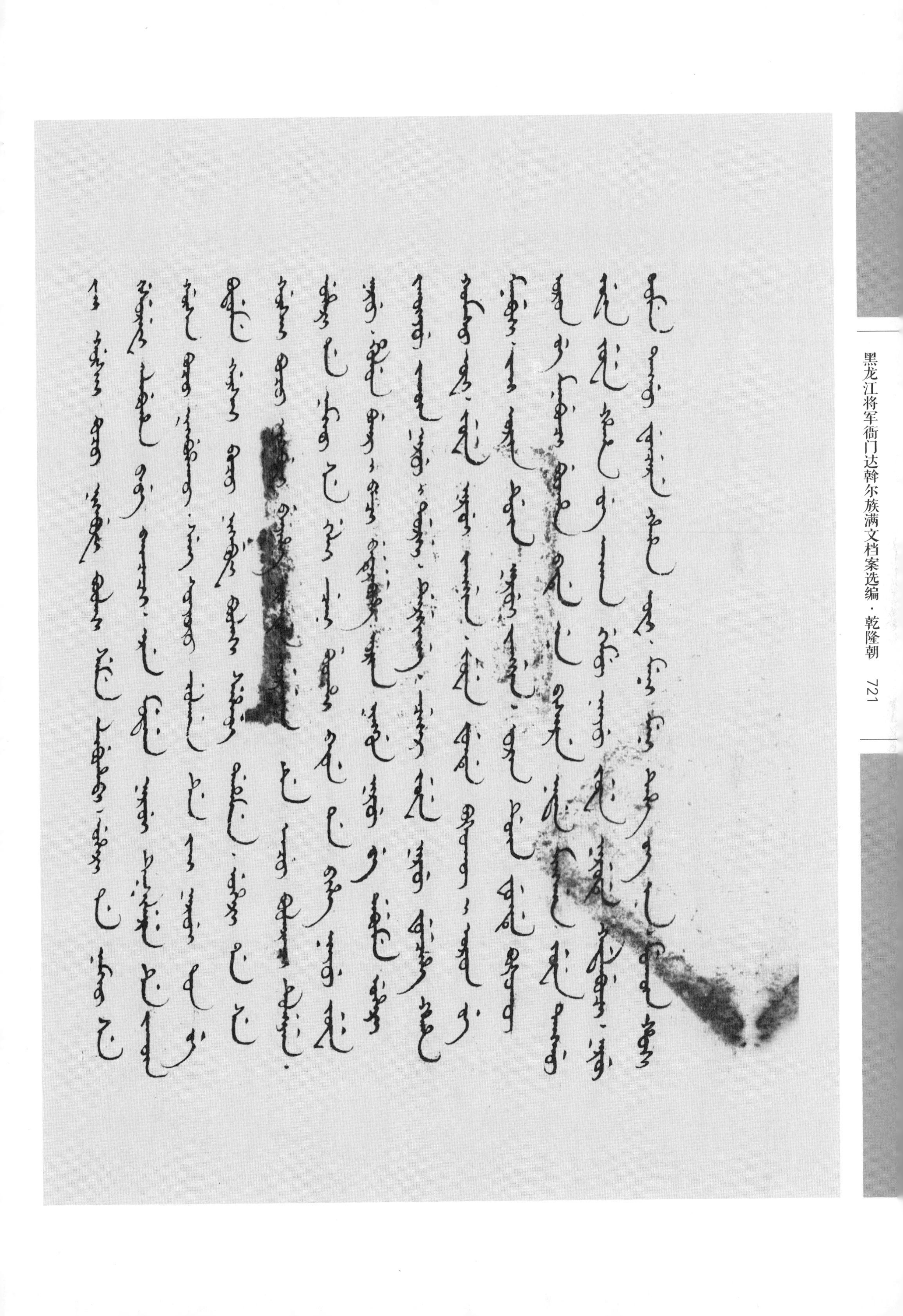

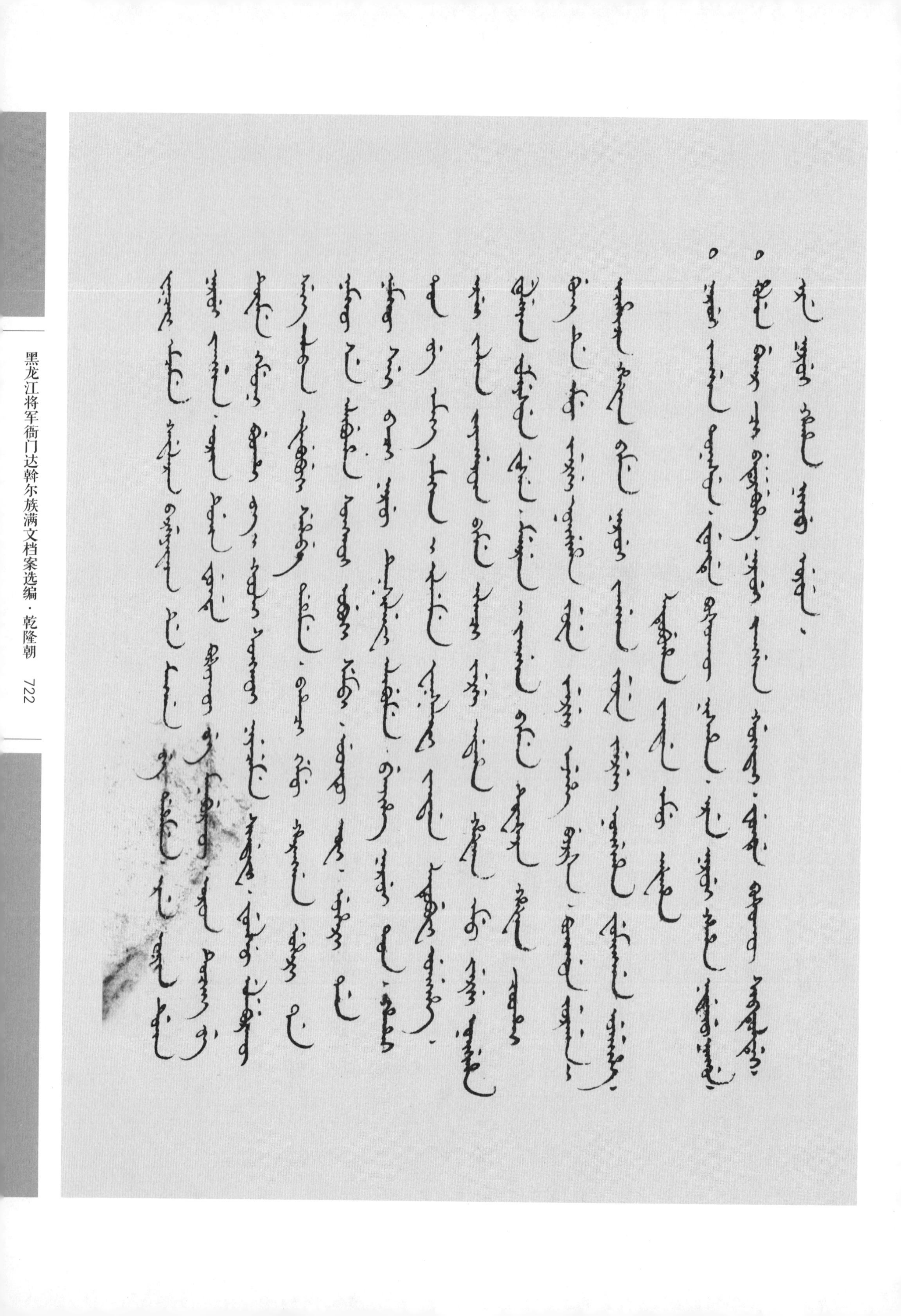

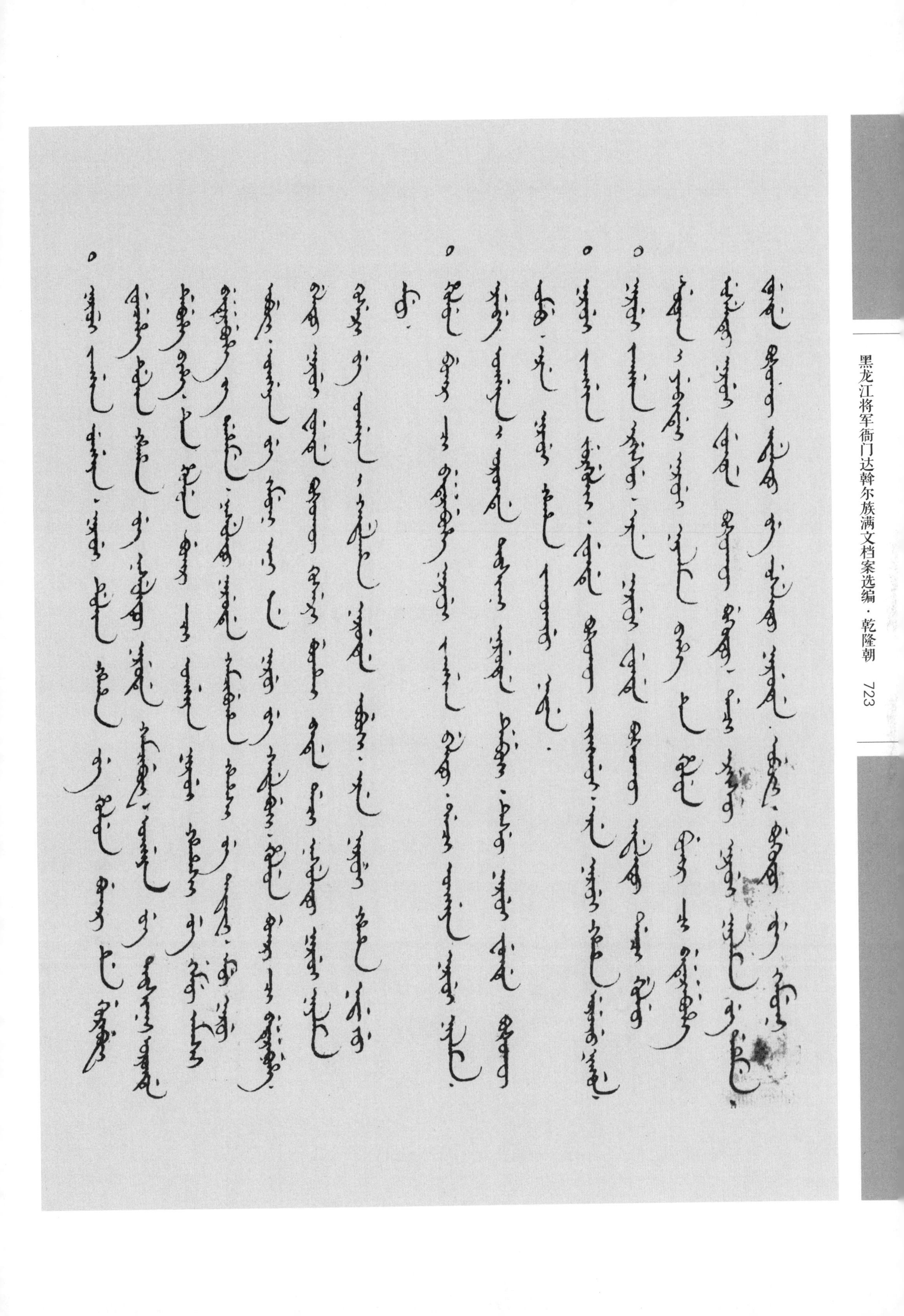

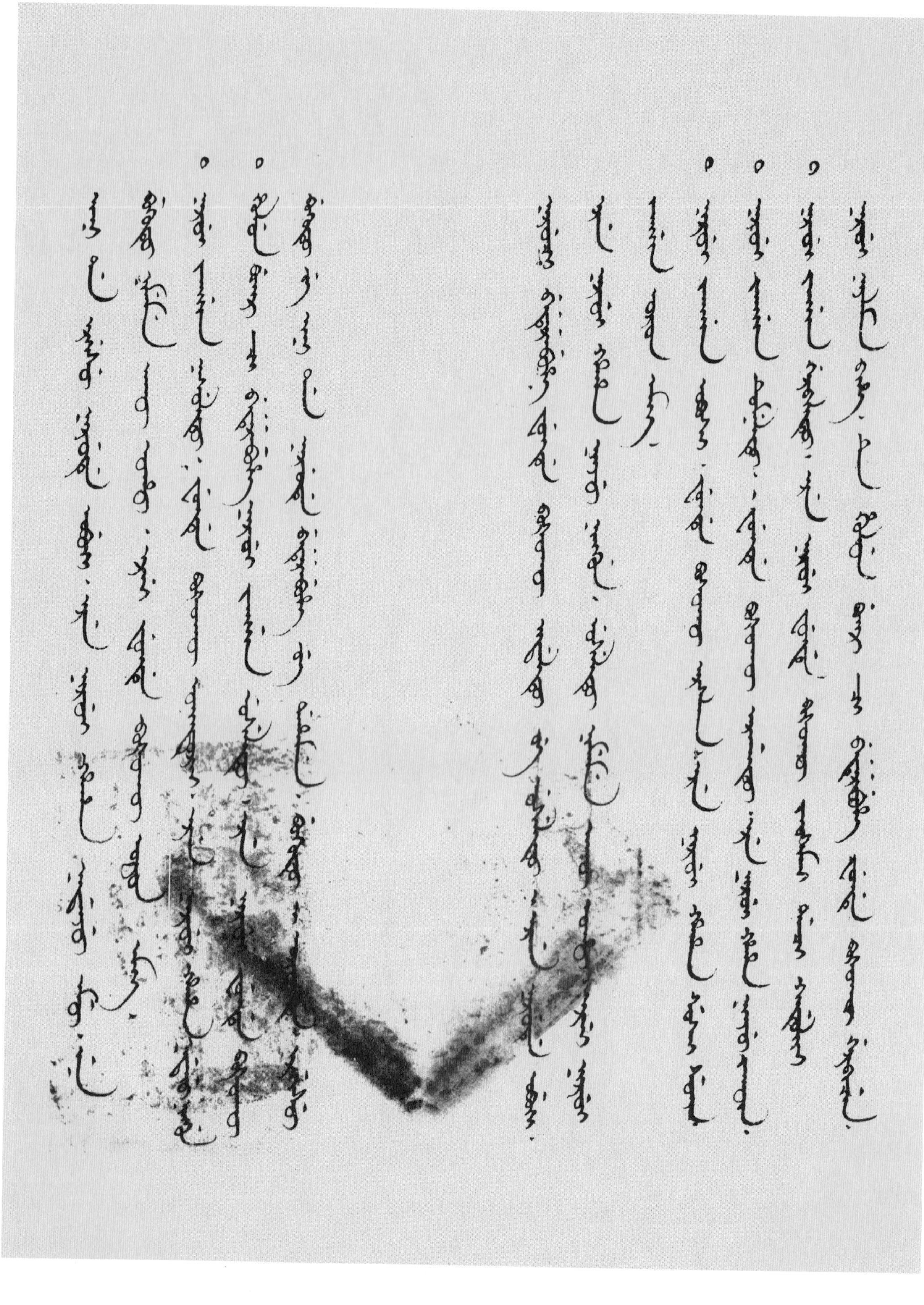

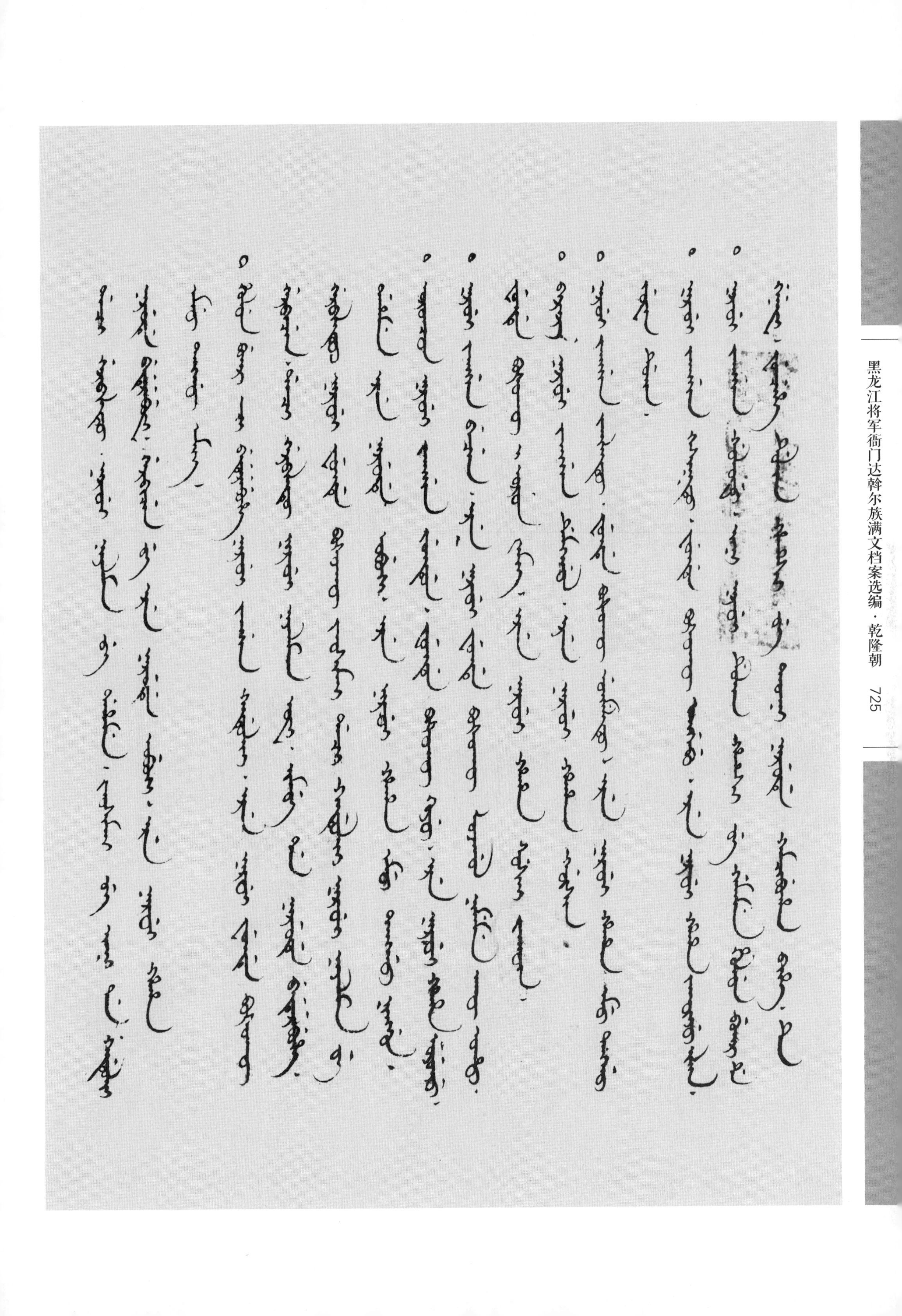

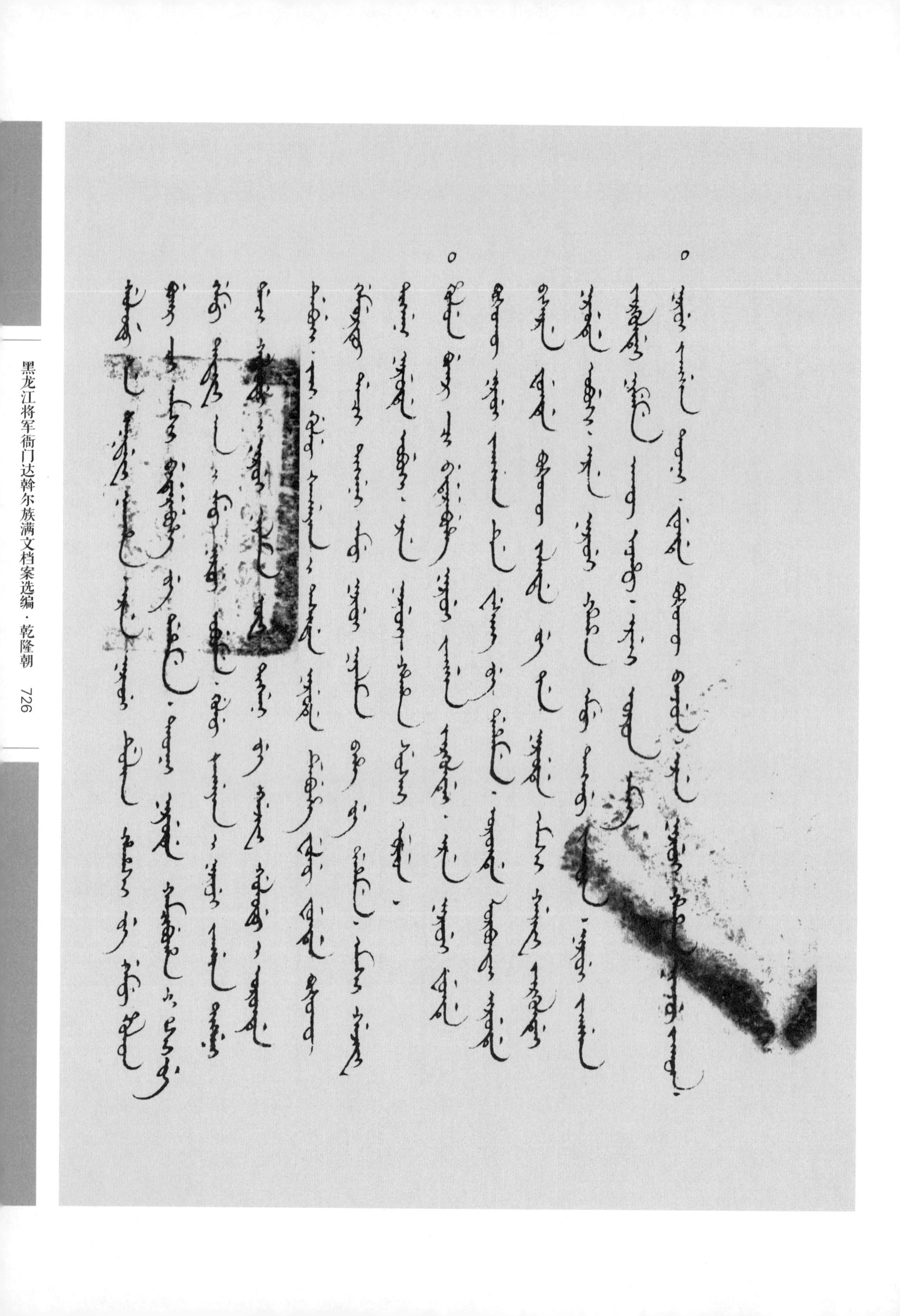

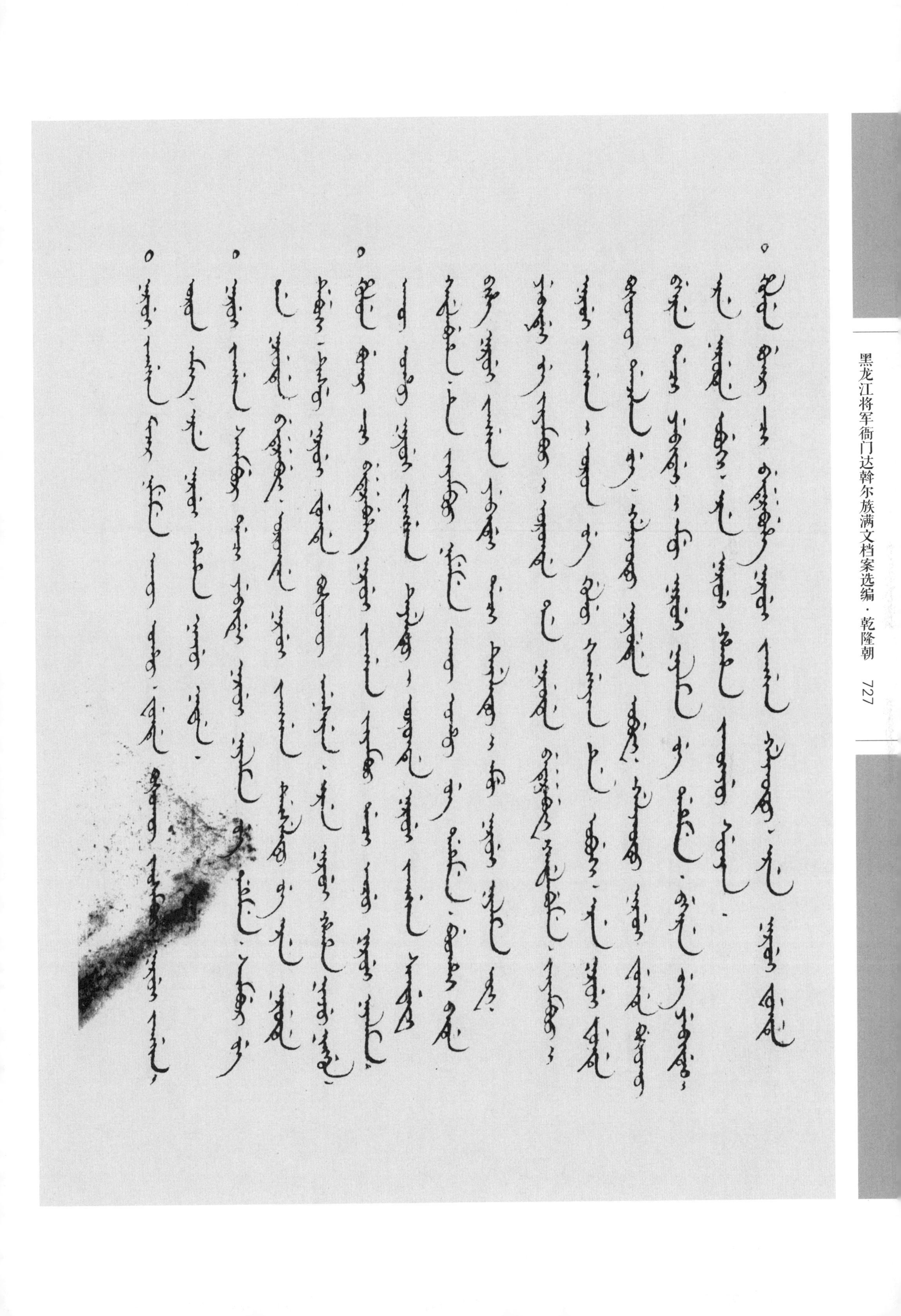

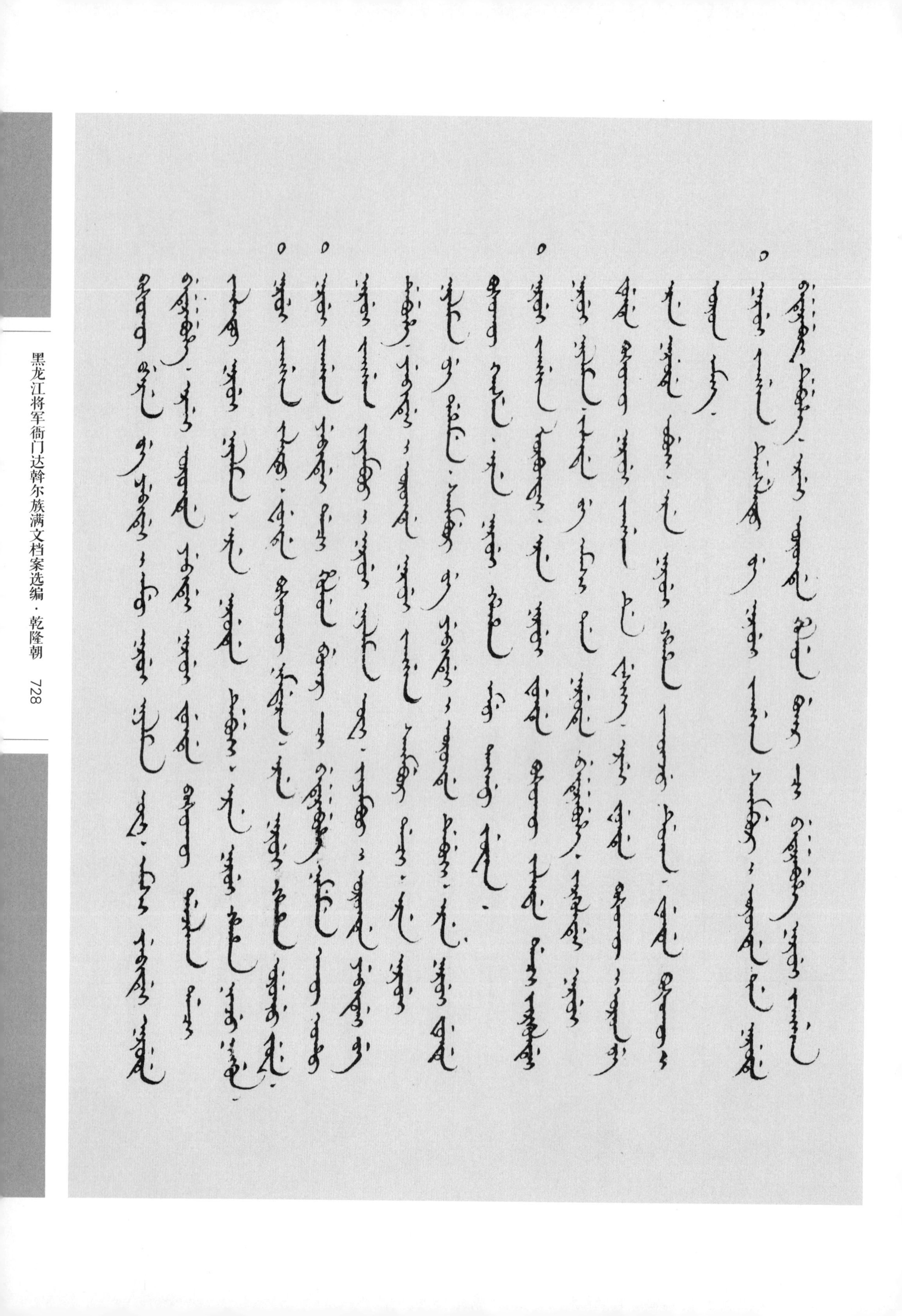

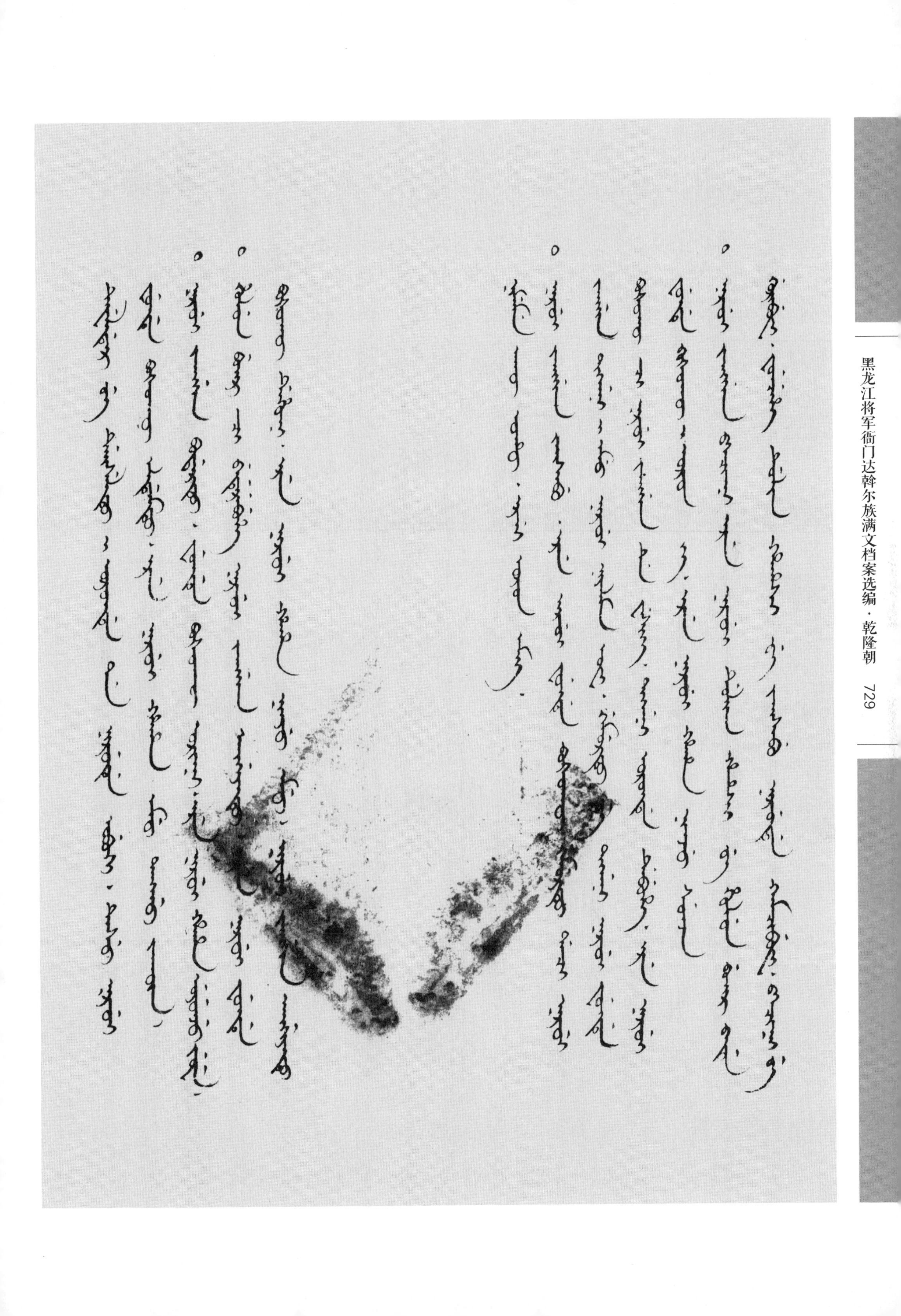

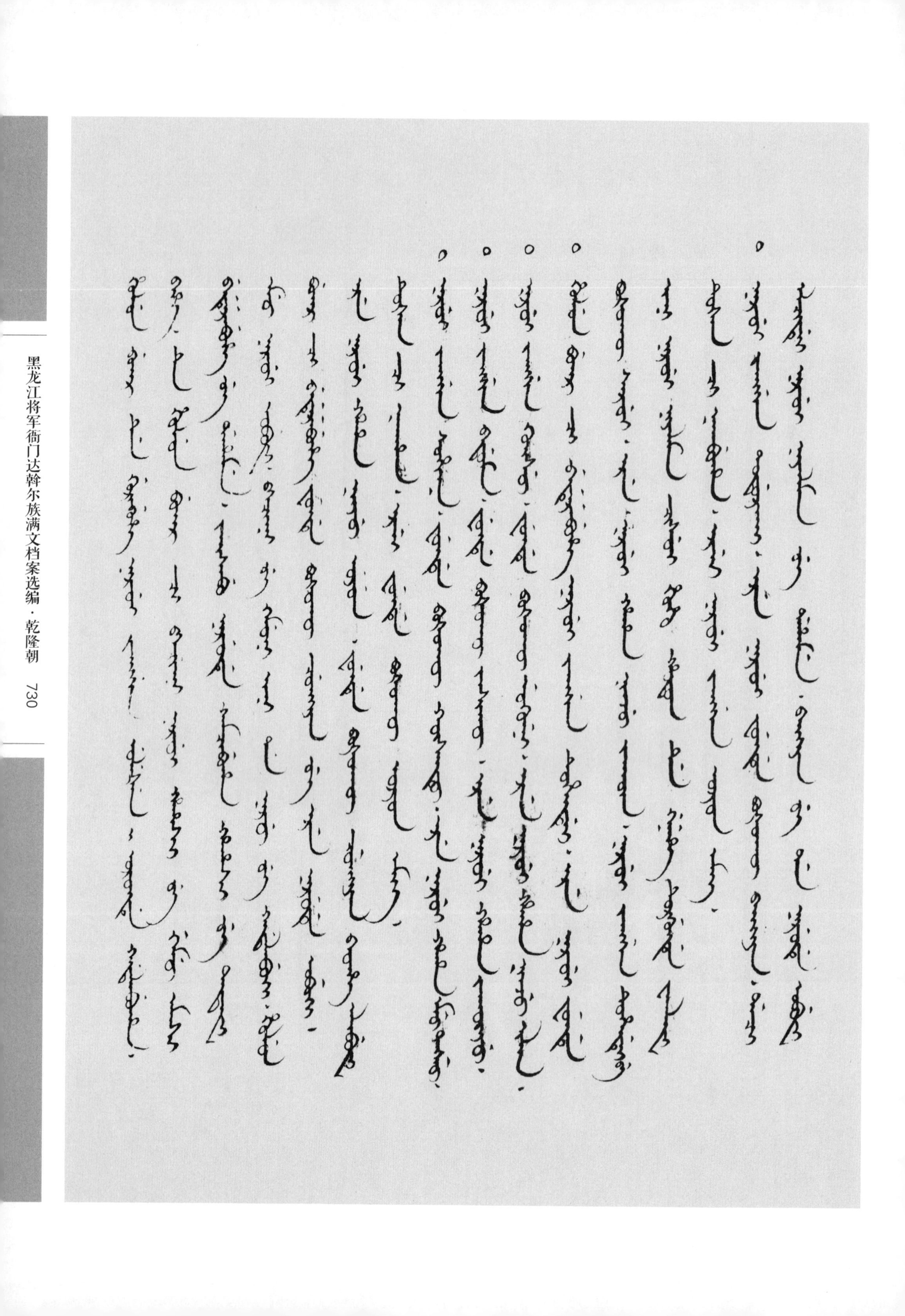

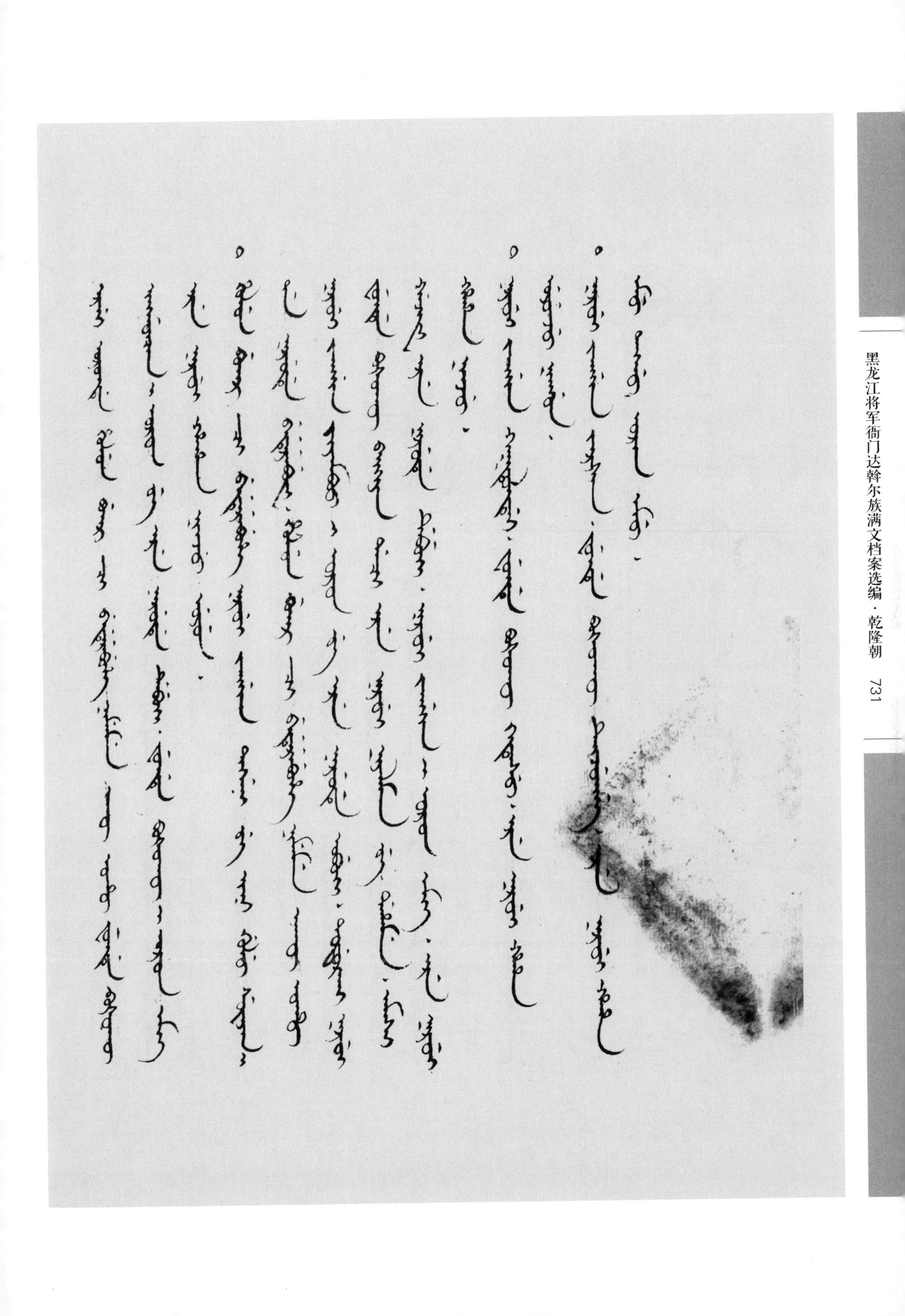

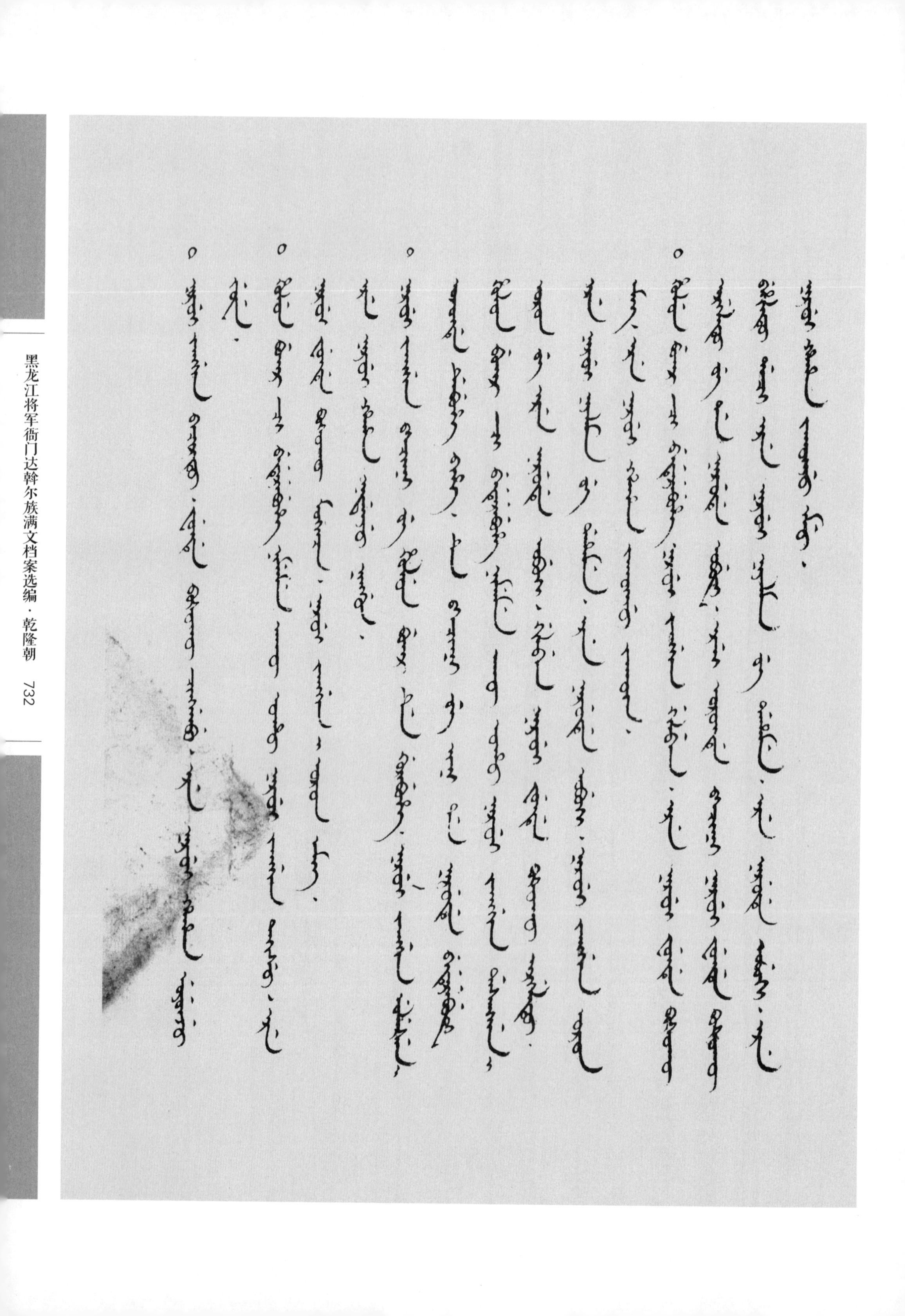

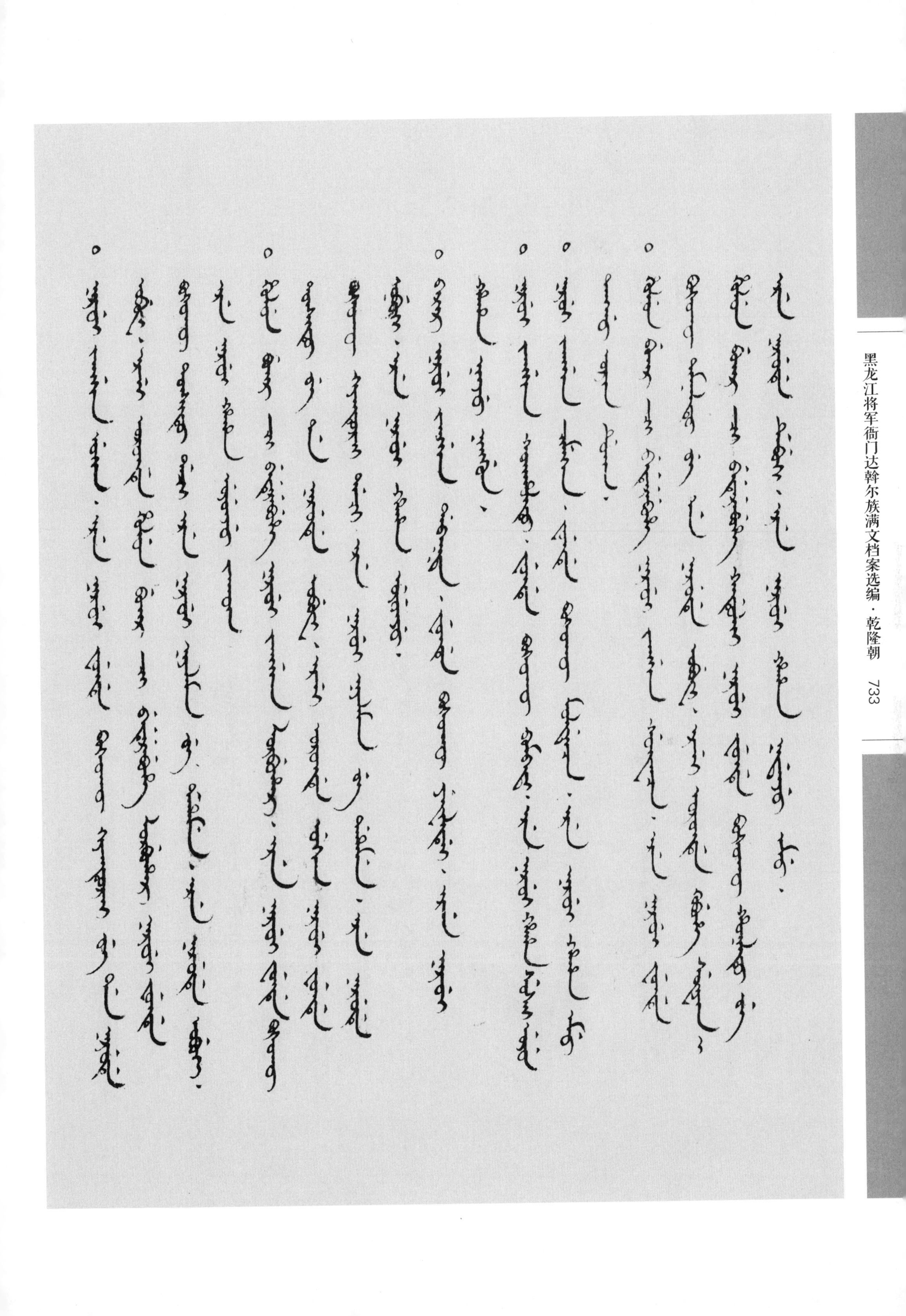

[illegible]

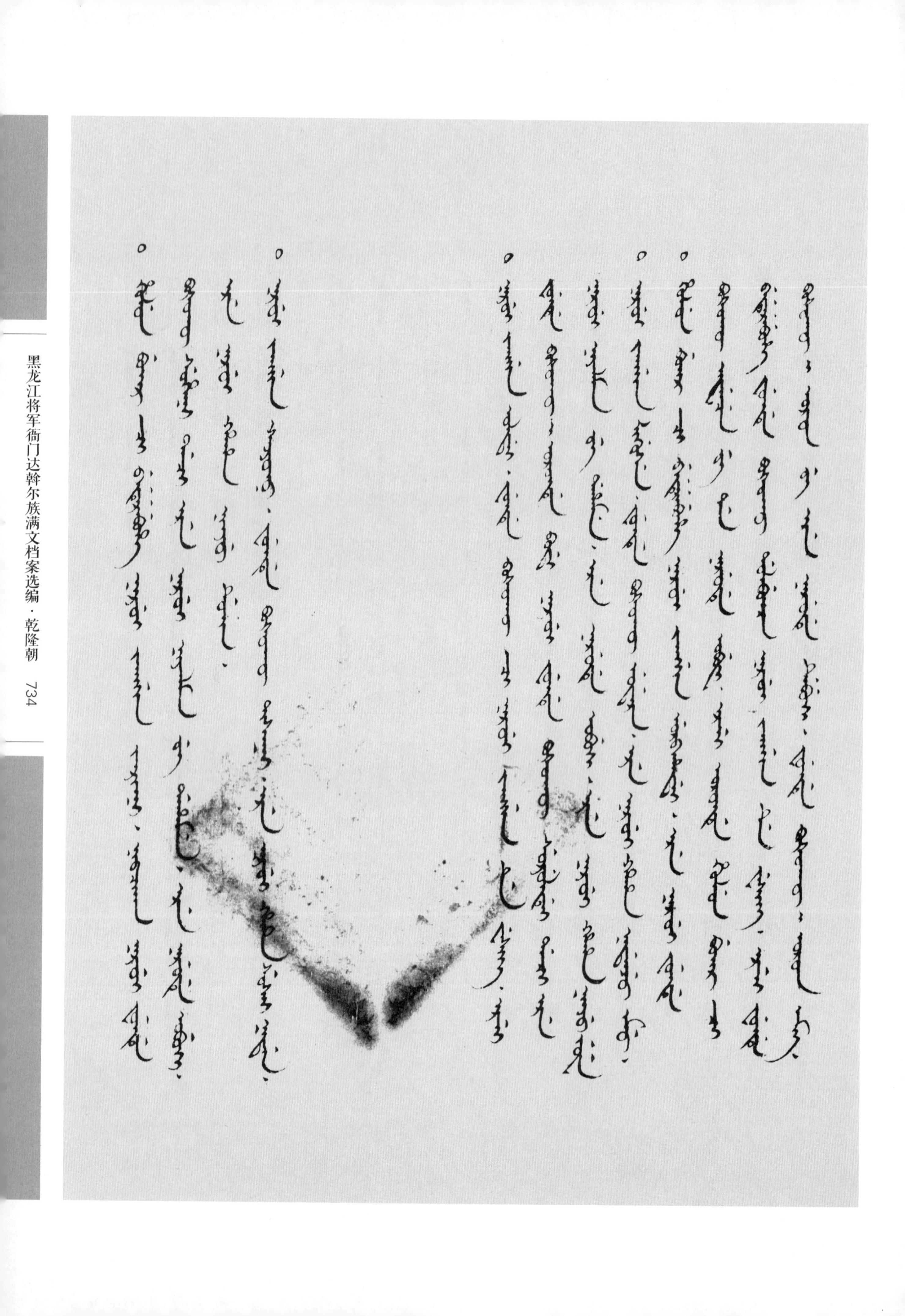

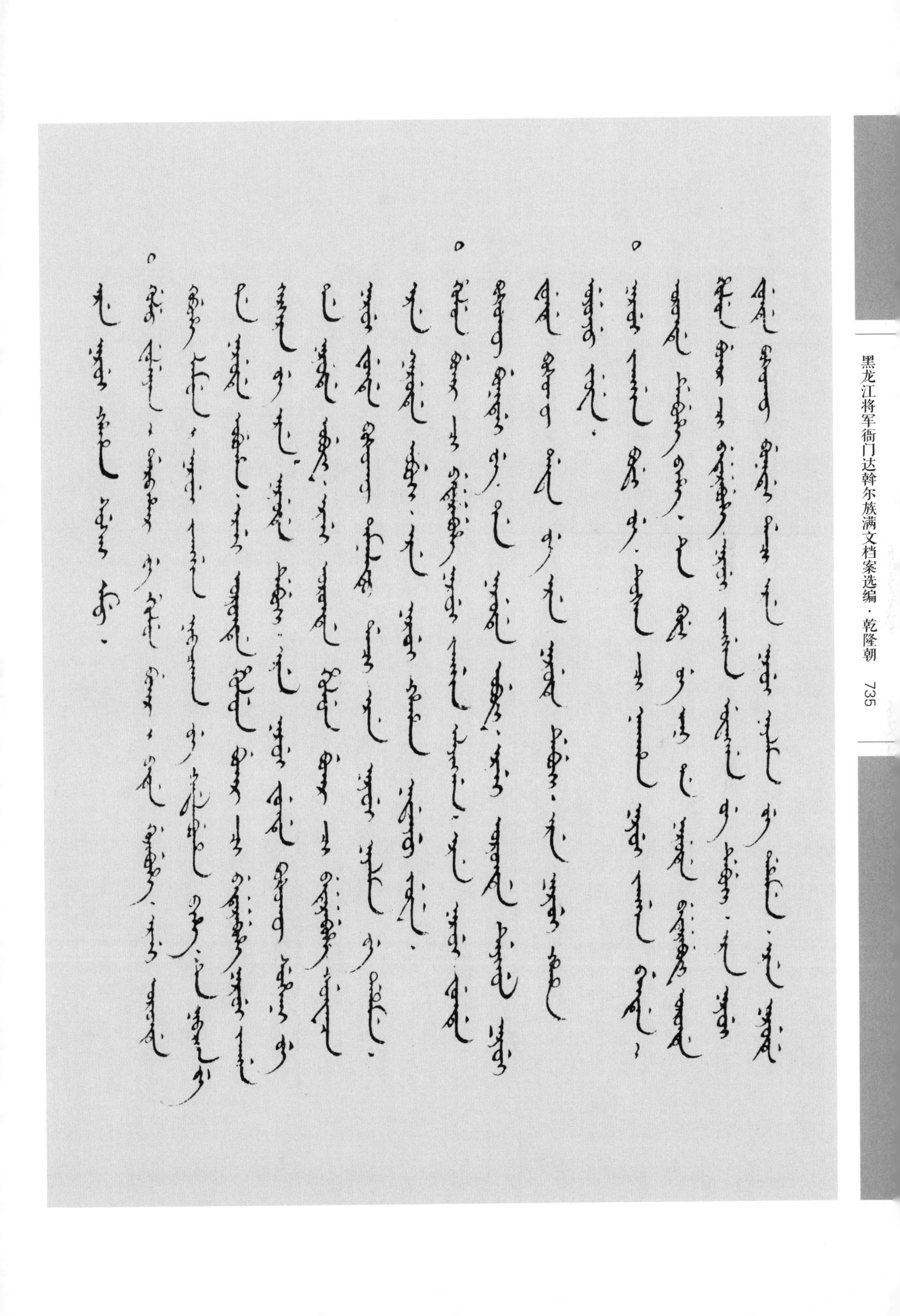

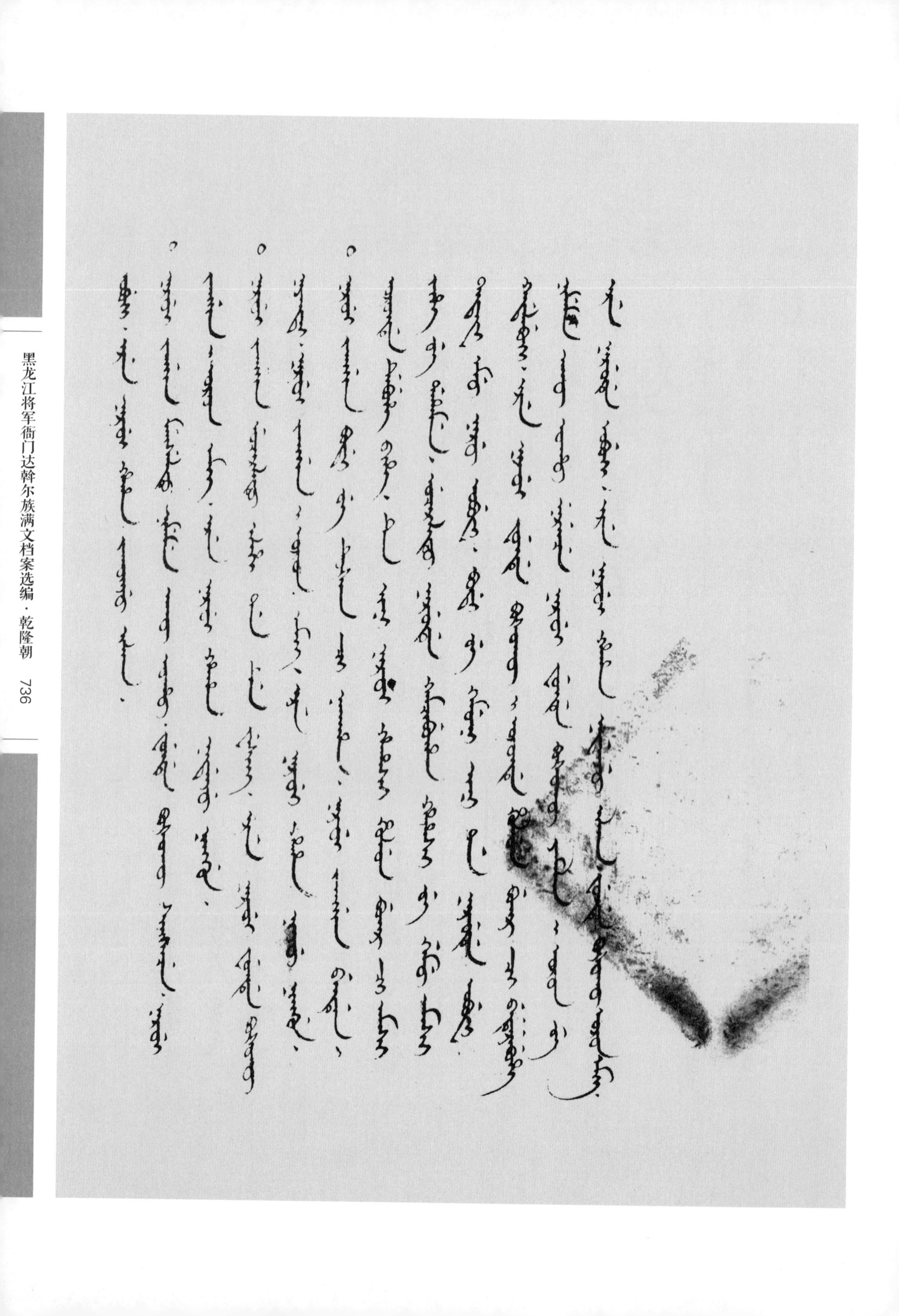

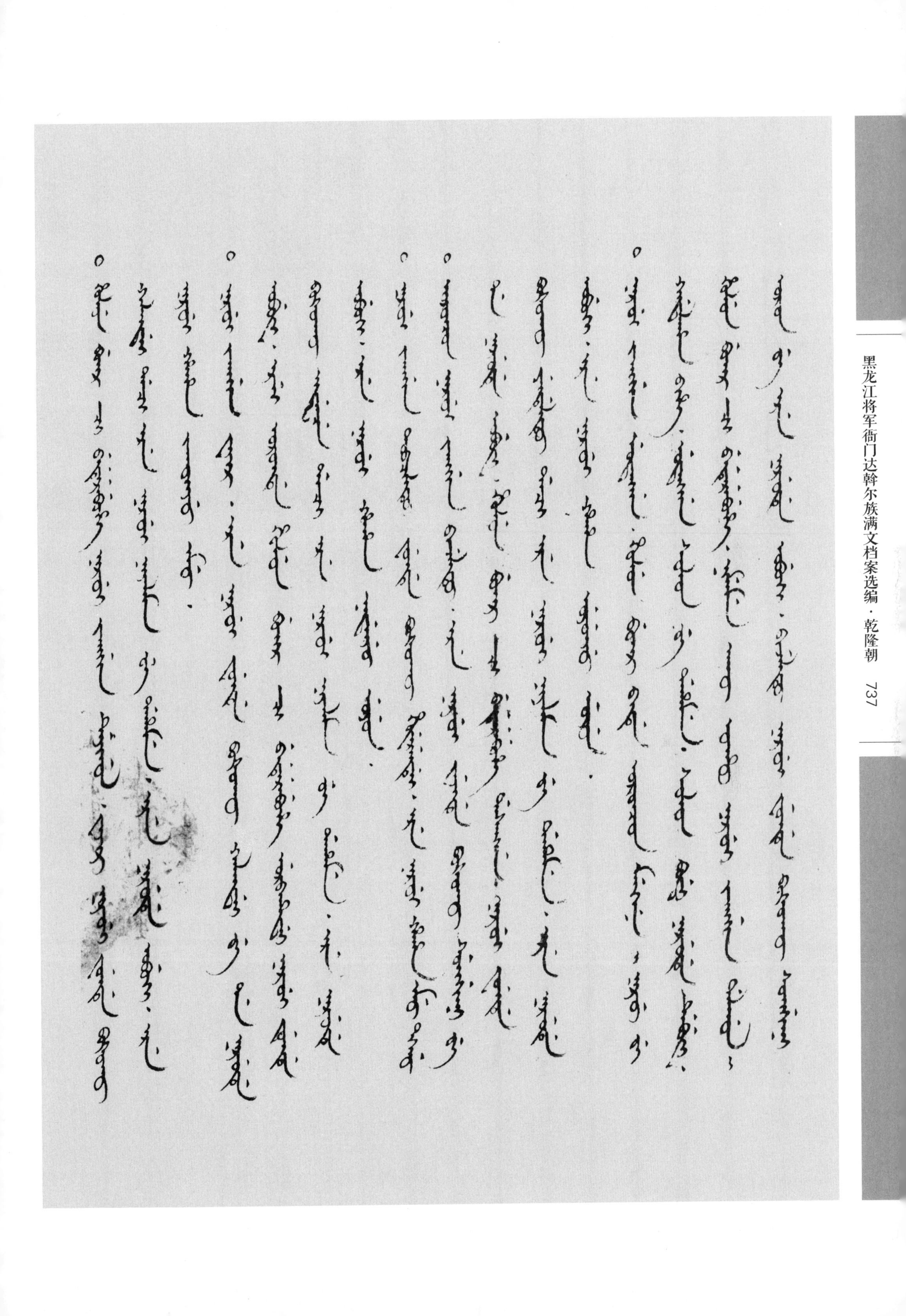

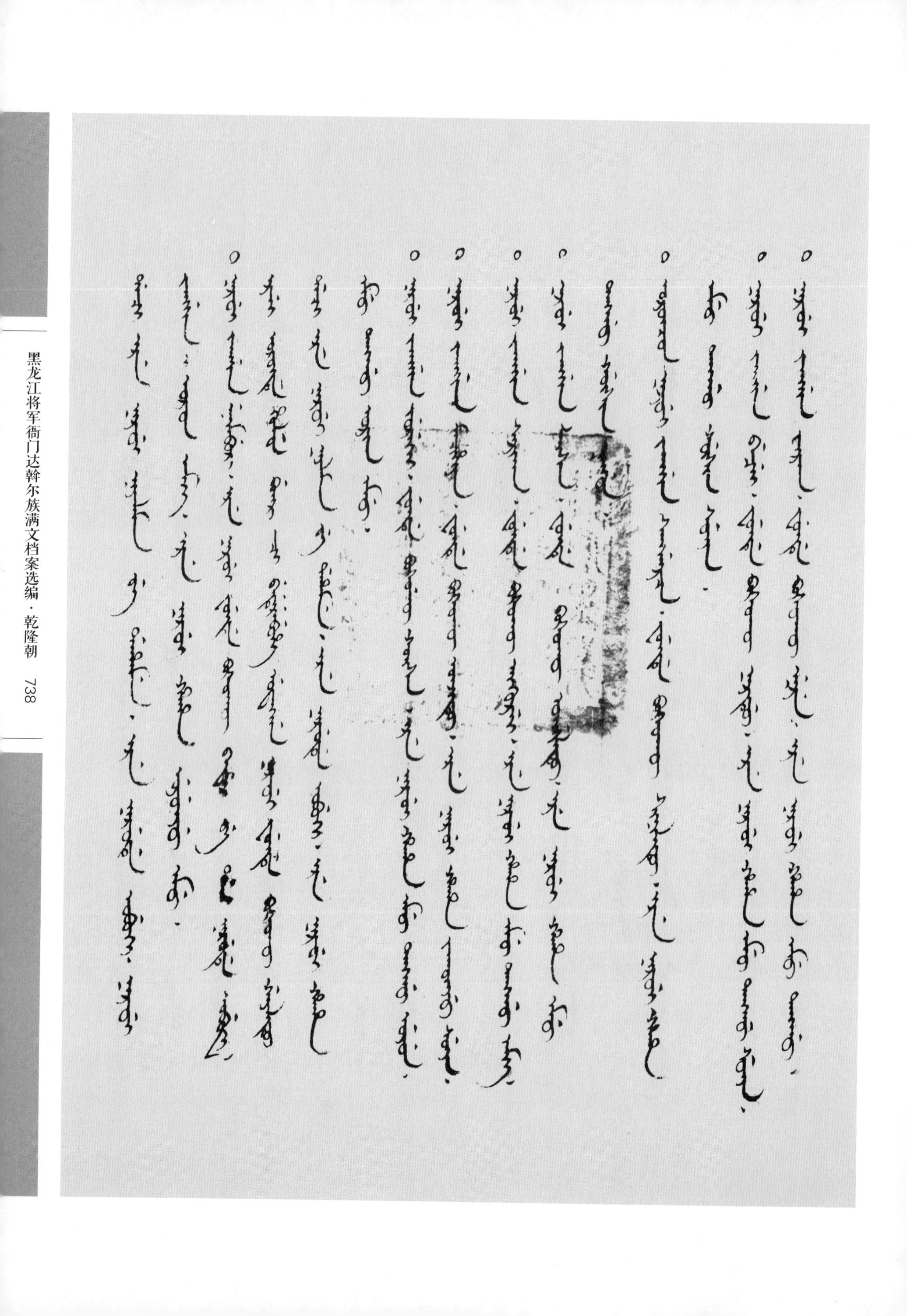

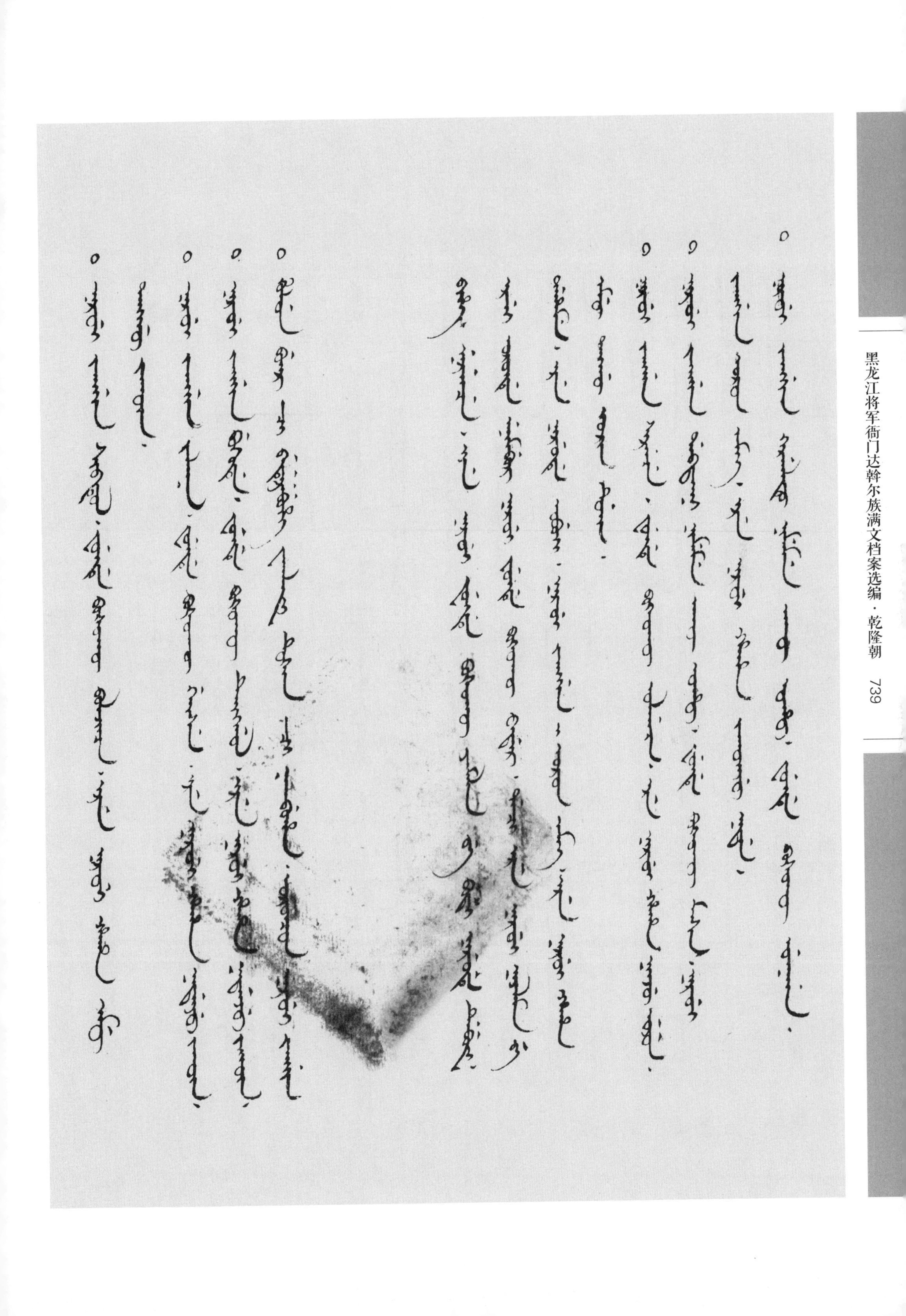

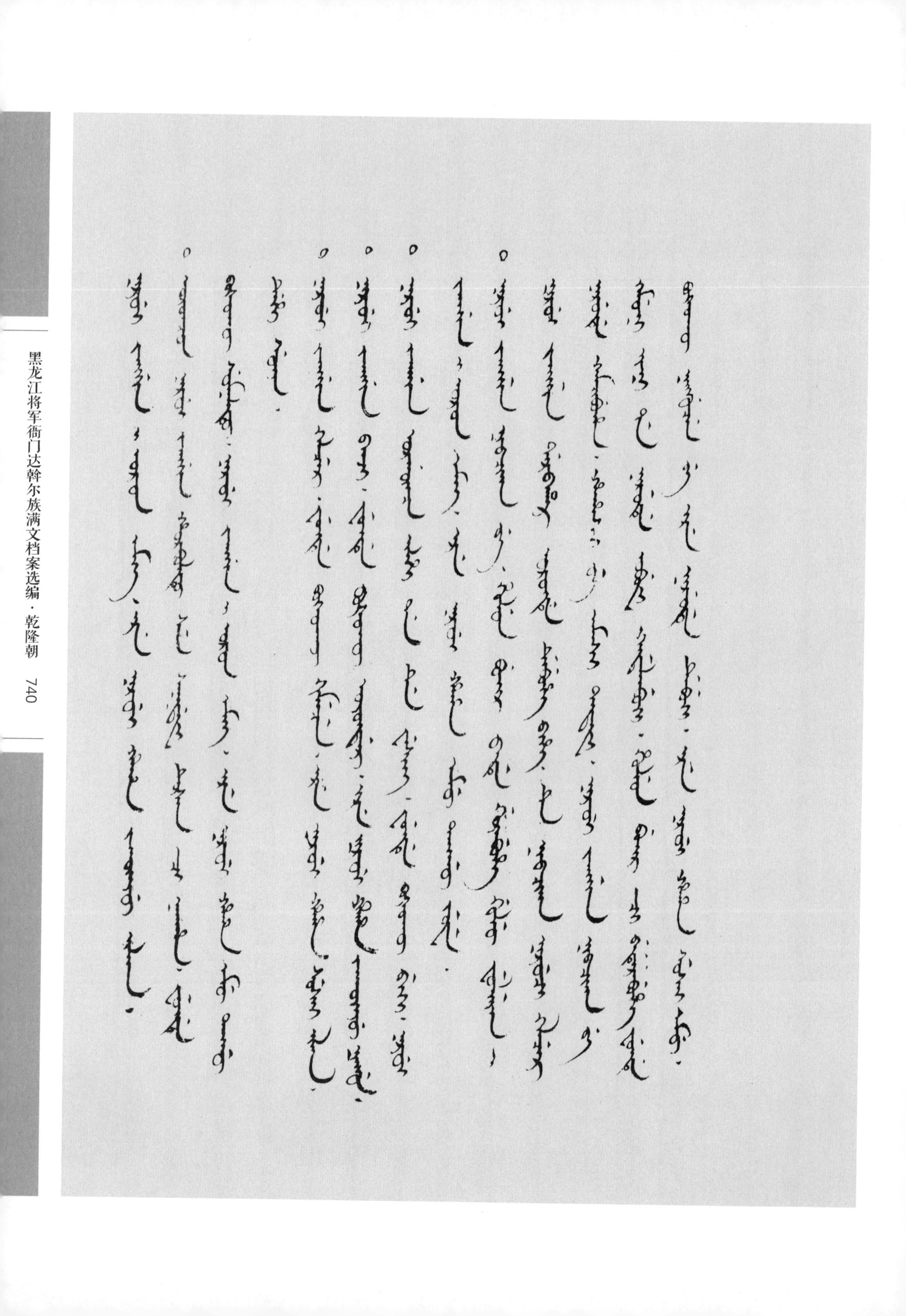

[illegible]